JEAN-PIERRE COUWENBERGH

GUIDE DE RÉFÉRENCE

AUTOCAD 2012

EYROLLES

Éditions Eyrolles
61, bd Saint-Germain
75240 Paris Cedex 05
www.editions-eyrolles.com

Direction de la collection « Guide de référence » : gheorghi@grigorieff.com

Mise en page : Asiatype

Sommaire

Préface

Bienvenue dans AutoCAD 2012, le leader incontesté des systèmes de DAO (Dessin assisté par ordinateur) avec plus de 8 millions de licences dans le monde. Premier logiciel de dessin développé sur micro-ordinateur, AutoCAD a vu le jour en Californie en décembre 1982 au sein de la société Autodesk, elle-même fondée en avril de la même année. Autodesk fête donc ses 27 ans cette année. Depuis cette époque, l'ordinateur devient progressivement le principal outil de travail du dessinateur ou du concepteur, qui peut dessiner ou concevoir en deux ou trois dimensions directement à l'écran de son ordinateur grâce aux multiples fonctions d'AutoCAD. Grâce à sa très grande flexibilité et à sa polyvalence, les champs d'application d'AutoCAD sont très variés : architecture, mécanique, cartographie, électronique• Pour chacune de ces disciplines, il existe également une série de modules complémentaires permettant de rendre l'utilisation du logiciel encore plus efficace.

La version 2012 d'AutoCAD offre une série importante de nouvelles fonctionnalités très performantes au niveau du dessin 2D et de la modélisation 3D. Il s'agit en particulier de la création de réseaux associatifs, des poignées multifonctionnelles, de la saisie semi-automatique des fonctions sur la ligne de commande, de la création de vues à partir du modèle 3D et du nouvel outil AutoCAD WS pour le travail collaboratif.

Fidèle à l'esprit de la collection « Guide de référence », cet ouvrage poursuit un but unique : procurer au lecteur, qu'il soit débutant ou déjà expérimenté, tous les éléments indispensables à son travail, lui expliquer les commandes, lui montrer ce qu'elles permettent de réaliser et reprendre, point par point, la marche à suivre pour parvenir à ses fins (réaliser un dessin, le modifier, l'habiller, le mettre en page et l'imprimer). Très pratique cet ouvrage présente ainsi de manière concise, à travers 27 chapitres progressifs, toutes les techniques pour réaliser un dessin en 2D ou concevoir un projet en 3D.

Bonne lecture !

CHAPITRE 1
DÉMARRER AVEC AUTOCAD

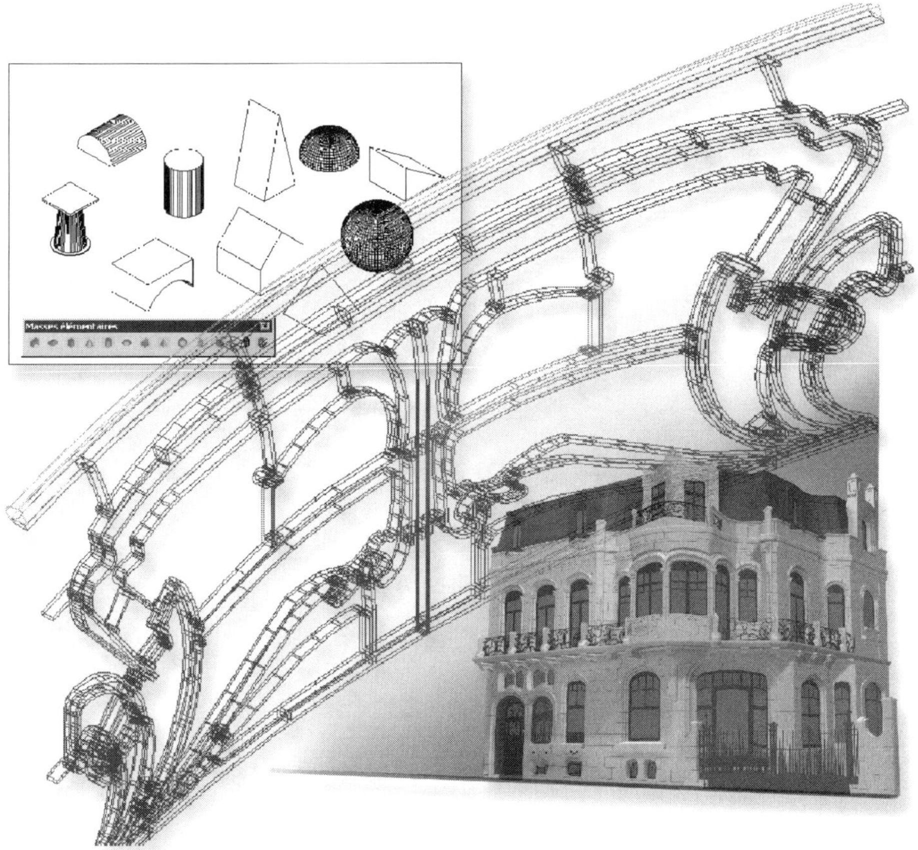

Un peu d'histoire

Fig.1.1
(Doc. Autodesk)

Autodesk fête cette année son 29e anniversaire et sort la 26e version d'AutoCAD. La société Autodesk Inc. a en effet vu le jour en Californie en avril 1982. Elle fut fondée par seize personnes (fig.1.1) dont John Walker (le président), Dan Drake (vice-président et principal concepteur d'AutoCAD), Mike Riddle (concepteur du programme Interact qui fut à la base de la première version d'AutoCAD), Richard Handyside (fondateur de la filiale de Londres) et Rudolf Kuenzli (fondateur de la filiale suisse).

La première présentation d'AutoCAD (appelée MicroCAD à cette époque) date du mois d'août 1982. Quant à la première version officielle (1.0), encore appelée AutoCAD-80, elle date de décembre 1982 et fut une version tournant sous CPM/80. La première version pour IBM-PC (AutoCAD- 86) date de janvier 1983. Depuis cette époque de nombreuses versions ont vu le jour, dont les principales furent :

- Version 1.0 (Release 1) de décembre 1982
- Version 1.2 (Release 2) d'avril 1983
- Version 1.3 (Release 3) d'août 1983
- Version 1.4 (Release 4) d'octobre 1983
- Version 2.0 (Release 5) d'octobre 1984
- Version 2.1 (Release 6) de mai 1985
- Version 2.5 (Release 7) de juin 1986
- Version 2.6 (Release 8) d'avril 1987
- Release 9 de septembre 1987
- Release 10 d'octobre 1988
- Release 11 d'octobre 1990

- Release 12 de juin 1992
- Release 13 de septembre 1994
- Release 14 de mars 1997
- Release 2000 d'avril 1999
- Release 2000i de juillet 2000
- Release 2002 de juin 2001
- Release 2004 de janvier 2003
- Release 2005 de mars 2004
- Release 2006 de mars 2005
- Release 2007 de mars 2006
- Release 2008 de mars 2007
- Release 2009 de mars 2008
- Release 2010 de mars 2009
- Release 2011 de mars 2010
- Release 2012 de mars 2011

Les améliorations et les nouveautés de la version 2012

Proposant des innovations constantes, la version 2012 d'AutoCAD fera le bonheur tant des dessinateurs que des concepteurs grâce à l'intégration d'une série de nouveautés pour le dessin en 2D et 3D. Les principales améliorations et nouveautés sont les suivantes.

- **Les commandes avec autocomplétion :** AutoCAD 2012 offre des options d'autocomplétion (ou aide à la saisie) permettant d'accéder aux commandes plus efficacement. Lorsque l'on tape des caractères sur la ligne de commandes, AutoCAD complète automatiquement l'entrée avec une commande ou un alias de commandes. Si l'on effectue une pause, il affiche une liste de toutes les commandes dont le préfixe correspond à ce que l'on a tapé, que l'on peut parcourir afin de sélectionner l'élément qui convient.
- **Les poignées multifonctionnelles :** leur puissance a été étendue à plusieurs autres objets AutoCAD incluant les lignes, les arcs, les arcs elliptiques, les cotations, les lignes de repères multiples et aussi les faces 3D, les bords, et les segments. Il est facile d'accéder aux options de paramétrage de ces poignées en passant simplement le curseur au-dessus d'une poignée. Par exemple, lors du choix de l'option « allonger » pour une ligne sélectionnée, les dimensions d'entrée dynamique pour la longueur totale et la longueur incrémentale sont affichées.

- **Le groupement d'objets :** la fonctionnalité de groupement a été améliorée dans AutoCAD 2012, la rendant plus facile à utiliser. On peut désormais y accéder à partir du panneau Groupe de l'onglet Accueil du ruban. L'outil Groupe remplace la boîte de dialogue traditionnelle de groupement d'objets avec une simple invite de commandes pour sélectionner les objets. L'outil Purger a été mis à jour pour supporter la purge de groupes qui ne contiennent pas d'objet.
- **La sélection implicite :** les options de sélection offrent plus de flexibilité et de contrôle lors de la sélection d'objets. Lorsque vous cliquez le premier point d'une fenêtre implicite, vous avez maintenant la possibilité d'utiliser un Wpolygon, Cpolygon, ou trajet en addition à la traditionnelle fenêtre de sélection rectangulaire.
- **Les fichiers en référence externe :** AutoCAD 2012 permet de mettre en surbrillance et de sélectionner des références externes plus aisément. Si vous passez votre curseur sur le bord d'une image attachée, d'un DWF ou de fichiers PDF, un aperçu de sélection est affiché, même si le cadre de ces objets ne l'est pas.
- **Autodesk Exchange :** il apporte le contenu utile directement dans l'espace de travail AutoCAD. Avec des fonctions d'accès à des vidéos de démarrage, des plug-ins téléchargeables et l'aide en ligne, Autodesk Exchange s'affiche lors du démarrage d'AutoCAD 2012. Une case à cocher en bas à gauche de la fenêtre sert à le désactiver au démarrage ; il sera toujours possible d'y accéder à n'importe quel moment à partir du centre d'information dans le coin en haut à droite de la fenêtre AutoCAD.
- **Le contrôle de fenêtres contextuelles :** de nouveaux contrôles de fenêtres permettent de changer les paramètres des fenêtres, les vues et les styles visuels directement à partir du coin en haut à gauche des fenêtres. Il est ainsi très facile de changer le point de vue en 3D, ou de passer d'un style filaire 2D à un style réaliste.
- **L'amélioration de l'icône de SCU :** cette icône a été mise à jour pour permettre des manipulations directes. Il suffit de la sélectionner et d'utiliser ensuite les poignées multifonctionnelles pour changer le SCU. De façon à déplacer facilement l'origine, ou à aligner automatiquement le SCU avec des objets incluant des surfaces courbes ou des solides, il est toujours possible de désactiver cette fonctionnalité de sélection de SCU.
- **Le marqueur Autosnap 3D :** dans la boîte de dialogue Options, ce marqueur est renommé « marqueur Autosnap 2D » et un nouveau contrôle pour le marqueur Autosnap 3D est ajouté. Avec différentes

couleurs, il est à présent plus facile de distinguer les marqueurs Autosnap 2D et 3D dans la fenêtre d'édition.

- **La 3D avec Autodesk Inventor Fusion :** il ajoute aux possibilités existantes de conception 3D d'AutoCAD, un nouvel ensemble d'outils pour les professionnels de la modélisation 3D. Il permet d'éditer avec flexibilité et de valider des modèles à partir de presque n'importe quelle source. Autodesk Inventor Fusion rend la manipulation des modèles 3D intuitive et apporte le principe de la modélisation directe pour des changements rapides de conception sans limitation.
- **L'importation de modèles 3D :** on peut désormais importer plusieurs formats de fichiers 3D, tels que CATIA, NX, Parasolid, Pro/Engineer, Rhino et SolidWorks.
- **L'amélioration des vues pour la documentation du modèle :** la création, dans l'espace papier, des différentes vues d'un modèle 3D est à présent plus interactive. De plus, les différentes vues sont automatiquement mises à jour lorsqu'un changement d'ingénierie est effectué. Ainsi, AutoCAD 2012 se rapproche d'Autodesk Inventor auquel il emprunte plusieurs fonctionnalités.
- **L'amélioration de l'accrochage aux objets :** le comportement des accrochages aux objets perpendiculaires et tangents est plus flexible dans cette version du logiciel. De plus, lors de l'édition des points finaux des lignes et des segments de polylignes avec l'aide des poignées, plusieurs points d'accrochage sont proposés en fonction de l'emplacement du curseur. En d'autres termes, AutoCAD trouve le point d'accrochage pour rendre les objets tangents ou perpendiculaires, ainsi que les points tangents et perpendiculaires relativement à la poignée sélectionnée. Le pictogramme d'accrochages aux objets s'affiche à chaque emplacement possible lorsqu'on bouge le curseur de l'objet.
- **Les raccords et chanfreins :** les outils Raccord et Chanfrein ont été mis à jour pour afficher un aperçu lorsqu'on passe le curseur sur le second objet de la sélection Raccord et Chanfrein. Il est alors possible de confirmer et de changer le rayon ou la distance.
- **Les réseaux 2D et 3D associatifs :** à présent, il est facile de gagner du temps en établissant un ensemble de relations entre les objets en réseau, par exemple les fenêtres d'un bâtiment ou les poutres d'un pont. Il est aussi possible de conserver un réseau d'objets le long d'un chemin spécifié, au lieu de simplement créer un réseau de façon rectangulaire ou polaire. Désormais, les réseaux 2D et 3D associatifs font gagner du temps. En effet, des modifications (sur le nombre d'objets, leur

répartition, la forme du réseau) peuvent être apportées au réseau sans qu'il soit nécessaire de le recréer. En outre, on peut introduire, dans les réseaux, des notions paramétriques et des formules.

- **Le réseau associatif 3D :** la fonctionnalité de réseaux associatifs, si intéressante en 2D, est également utile en modélisation 3D. Chaque type de réseaux associatifs (rectangulaire, polaire et chemin) inclut la possibilité de mettre en réseau des objets sélectionnés dans un espace 3D. L'utilisation de l'option Niveau permet de spécifier le nombre d'éléments dans la direction Z, pendant ou après la création du réseau.
- **La commande Copier :** elle comporte désormais une option de copie en réseau linéaire. C'est en réalité l'association de la commande réseau avec la commande copier.
- **L'amélioration des calques :** une nouvelle option de gestion de calques permet de geler rapidement des calques spécifiés dans toutes les fenêtres, excepté la fenêtre courante.
- **L'effacement des objets dupliqués :** la fonction d'effacement d'objets dupliqués (doublons), qui faisait autrefois parti des Express Tools, été a intégrée aux commandes de base d'AutoCAD.
- **La conversion de formats de fichiers :** cette commande de conversion est désormais intégrée à AutoCAD.
- **AutoCAD WS :** AutoCAD 2012 s'étend au Web en intégrant des outils d'accès direct aux sites Web AutoCAD WS et aux applications mobiles. AutoCAD WS permet de visualiser, d'éditer et de partager les dessins DWG via un navigateur Web ou un appareil mobile.
- **L'explorateur de contenu :** ce nouvel outil, dénommé « Autodesk Content Explorer », permet de trouver instantanément du contenu basé sur les objets dans les dessins et les attributs du texte. Ainsi, il est possible d'explorer et de naviguer dans les dessins DWG de façon à accéder et à insérer des blocs, calques, types de lignes, styles, et bien d'autres choses encore. Contrairement au Design Center, Autodesk Content Explorer est basé sur un index de type Google, de telle façon qu'il peut chercher rapidement des objets de dessins dans des répertoires contenant des milliers de fichiers, les résultats apparaissant instantanément.
- **L'explorateur de contenu du réseau :** en plus de rechercher du contenu sur un ordinateur local, le Content Explorer peut aussi chercher du contenu sur un ou plusieurs ordinateurs serveurs. Il faut pour cela qu'un logiciel soit installé séparément sur l'ordinateur serveur. Appelé « Autodesk Content Service », il est disponible dans les outils d'installation d'AutoCAD 2012 sous Outils et utilitaires. Il faut donc

s'assurer que ce programme est bien activé et qu'il est installé sur un ou plusieurs ordinateurs serveurs.

- **L'option Autodesk Seek Content :** dans le Content Explorer, il est possible d'utiliser cette option pour naviguer et rechercher du contenu sur le Web à partir du site Autodesk Seek. Cette fonction permet de trouver des fichiers par fabricant ou par spécification de produits, qui peuvent ensuite être insérés directement dans le dessin sans naviguer sur un site externe supplémentaire.

Installer AutoCAD

Le processus d'installation ou de déploiement d'AutoCAD 2012 comporte trois étapes principales :

- **La préparation de l'installation.** Il s'agit d'une étape importante pour que l'installation aboutisse sans incident. Elle implique les actions suivantes :
  - Vérifier la configuration système requise en cliquant sur l'onglet idoine, au bas de la fenêtre du programme d'installation (fig.1.2). Notez que vous devez installer Microsoft.NET Framework 4.0 (disponible sur le DVD du produit) avant AutoCAD.

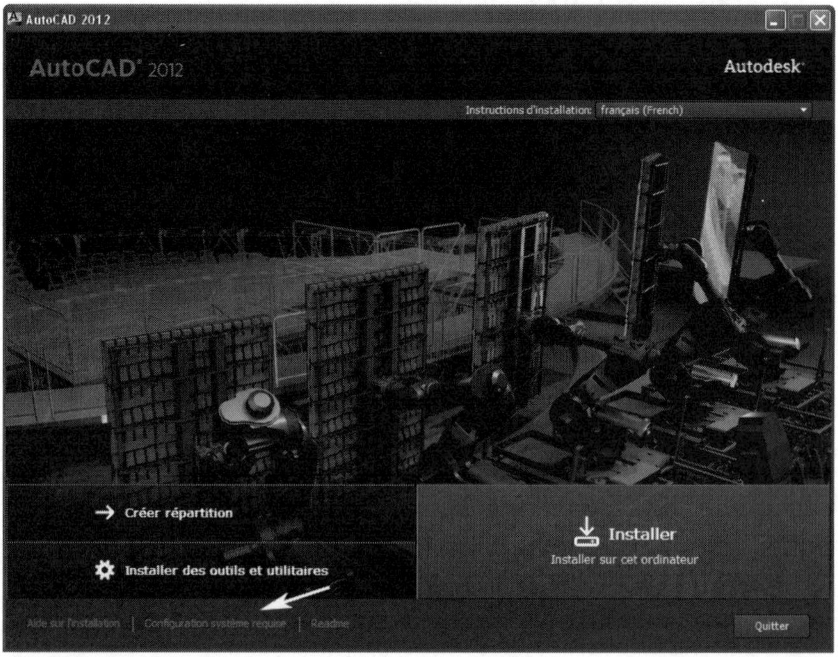

Fig.1.2

- Obtenir les droits d'administrateur sous Windows.
- Mettre à jour Windows et redémarrer l'ordinateur.
- Quitter les applications actives.
- Désactiver les programmes antivirus.

▸ **La saisie des informations** varie selon le type d'installation ou de déploiement dont vous avez besoin. Elle implique aussi une série d'actions :

- Entrer le numéro de série et la clé du produit.
- Entrer les informations de licence autonome ou réseau.
- Accepter le contrat de licence.
- Pour les répartitions, entrer les informations de répartition.
- Choisir l'installation standard ou sélectionner les options de configuration personnalisée.

▸ **L'installation ou le déploiement** s'exécute rapidement une fois que vous avez effectué et spécifié votre choix. Vous devez soit effectuer une installation sur un seul ordinateur, soit créer un déploiement pour plusieurs ordinateurs. Dans les deux cas, vous décidez d'accepter les options par défaut ou de sélectionner vos propres options pour configurer une installation personnalisée.

Les types d'installation possibles

AutoCAD autorise quatre principaux types d'installation différents :

▸ **Installation standard** avec les options par défaut. Il suffit de suivre simplement les instructions du programme d'installation, en indiquant le numéro de série, la clé de produit et les informations de licence. Les composants présélectionnés seront installés avec AutoCAD.

▸ **Installation personnalisée** avec les options sélectionnées. En plus des éléments de l'installation standard, vous devez déterminer :

- Les autres produits à installer avec AutoCAD, comme Autodesk Design Review.
- Les fonctions à installer avec AutoCAD, comme Express Tools.
- Les bibliothèques de contenu normalisé à installer.
- Si vous acceptez ou non l'option par défaut qui permet de créer un raccourci sur le Bureau.
- Si vous choisissez d'installer les Service Packs à partir d'Autodesk, d'un disque local ou du réseau.

- **Déploiement standard** avec les options par défaut. Pour créer un déploiement standard avec les options par défaut, il vous faut fournir vos numéro de série, clé de produit et informations de licence. Vous devez spécifier :
  - Le nom de votre déploiement.
  - Un emplacement pour votre image administrative.
  - Si vous souhaitez disposer d'un fichier journal réseau.
  - Si vous désirez exécuter des installations sur des stations de travail en mode silencieux.
  - Si vous voulez créer un fichier journal client dans le répertoire Temp de chaque station de travail.
- **Déploiement personnalisé** avec les options sélectionnées. Pour un déploiement personnalisé, en plus des éléments ci-dessus, vous devez préciser :
  - Les autres produits à installer, comme Autodesk Design Review.
  - Les fonctions à installer, comme Express Tools.
  - Si vous souhaitez installer les Service Packs disponibles, si vous voulez les fusionner avec le déploiement ou les ajouter.
  - Si vous désirez ajouter d'autres fichiers au déploiement.
  - Un ou plusieurs dossiers dans lesquels le contenu de support sera installé.
  - Les modifications à apporter aux chemins de recherche par défaut et à l'emplacement de certains fichiers programme.
  - Les préférences utilisateur.
  - Si vous souhaitez autoriser l'accès aux canaux de communication, aux mises à jour directes et aux sources RSS.
  - Si vous souhaitez autoriser l'accès aux ressources en ligne.

Pour installer AutoCAD sur un ordinateur autonome, la procédure est la suivante :

1. Insérer le DVD d'AutoCAD 2012 dans le lecteur de l'ordinateur.
2. Dans l'assistant d'installation d'AutoCAD, sélectionner la langue (en haut à droite), puis cliquer sur **Installer sur cet ordinateur** (fig.1.3).
3. Lire et accepter l'accord de licence du logiciel Autodesk correspondant à son pays. Sélectionner son pays et cliquer sur **J'accepte**, puis sur **Suivant** (fig.1.4).

AutoCAD 2012
AutoCAD® 2012
Autodesk
Instructions d'installation: français (French)
Créer répartition
Installer des outils et utilitaires
Installer
Installer sur cet ordinateur
Quitter

Fig.1.3

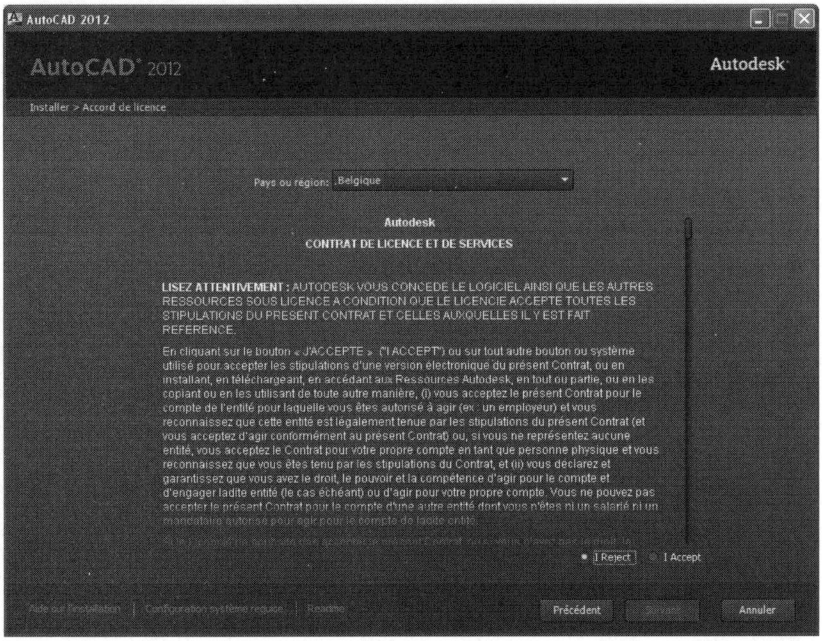
AutoCAD 2012
AutoCAD® 2012
Autodesk
Installer > Accord de licence
Pays ou région: Belgique
Autodesk
CONTRAT DE LICENCE ET DE SERVICES
LISEZ ATTENTIVEMENT : AUTODESK VOUS CONCEDE LE LOGICIEL AINSI QUE LES AUTRES RESSOURCES SOUS LICENCE A CONDITION QUE LE LICENCIE ACCEPTE TOUTES LES STIPULATIONS DU PRESENT CONTRAT ET CELLES AUXQUELLES IL Y EST FAIT REFERENCE.
En cliquant sur le bouton « J'ACCEPTE » ("I ACCEPT") ou sur tout autre bouton ou système utilisé pour accepter les stipulations d'une version électronique du présent Contrat, ou en installant, en téléchargeant, en accédant aux Ressources Autodesk, en tout ou partie, ou en les copiant ou en les utilisant de toute autre manière, (i) vous acceptez le présent Contrat pour le compte de l'entité pour laquelle vous êtes autorisé à agir (ex : un employeur) et vous reconnaissez que cette entité est légalement tenue par les stipulations du présent Contrat (et vous acceptez d'agir conformément au présent Contrat) ou, si vous ne représentez aucune entité, vous acceptez le Contrat pour votre propre compte en tant que personne physique et vous reconnaissez que vous êtes tenu par les stipulations du Contrat, et (ii) vous déclarez et garantissez que vous avez le droit, le pouvoir et la compétence d'agir pour le compte et d'engager ladite entité (le cas échéant) ou d'agir pour votre propre compte. Vous ne pouvez pas accepter le présent Contrat pour le compte d'une autre entité dont vous n'êtes ni un salarié ni un mandataire autorisé pour agir pour le compte de ladite entité.
I Reject
I Accept
Précédent
Suivant
Annuler

Fig.1.4

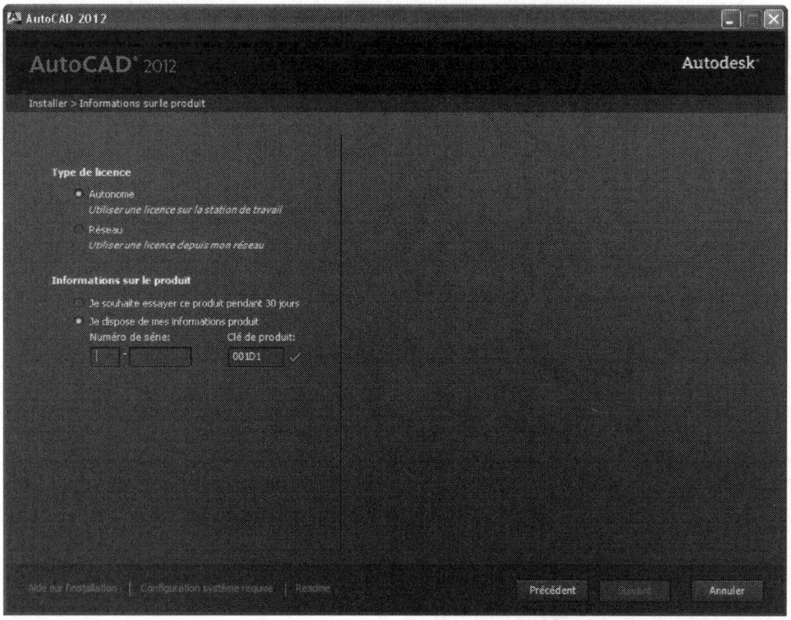

Fig.1.5

4 Sur la page **Informations sur le produit,** spécifier le type de licence et saisir le numéro de série ainsi que la clé de produit, puis cliquer sur **Suivant** (fig.1.5).

5 Sélectionner les éléments à installer : AutoCAD 2012, Autodesk Design Review, Autodesk Fusion 2012 (fig.1.6) et vérifier le chemin d'installation (en bas à gauche). Cliquer sur **Installer** pour commencer l'installation.

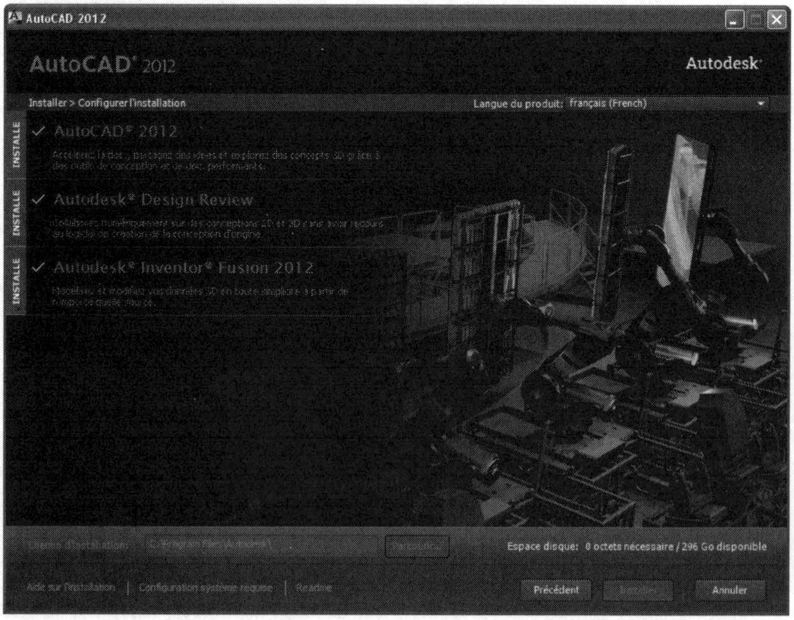

Fig.1.6

6 Sur la page **Configuration de l'installation**, sélectionner le type d'installation et les outils optionnels :

- **Par défaut :** installe les fonctionnalités d'application les plus courantes.
- **Personnalisée :** installe uniquement les fonctionnalités d'application sélectionnées dans la liste.

7 Cliquer sur **Installer** pour continuer la procédure. Lorsque l'installation est terminée, un message indique qu'elle s'est déroulée avec succès.

8 Redémarrer l'ordinateur pour que les modifications du système soient prises en compte.

9 Lors du premier démarrage d'AutoCAD, le logiciel propose d'activer ou non la migration depuis la version précédente installée sur l'ordinateur. Cliquer sur OK ou sur Annuler. AutoCAD s'ouvre alors et affiche la fenêtre d'activation du produit.

10 Vous pouvez alors activer AutoCAD, ou choisir de l'exécuter et de l'activer ultérieurement. Tant qu'AutoCAD n'a pas été enregistré et son code d'accès saisi, le programme s'exécute en mode d'essai et l'assistant d'activation du produit s'affiche pendant 30 jours à partir de la première exécution du programme. Si au bout de 30 jours d'utilisation d'AutoCAD en mode d'essai, vous n'avez pas enregistré AutoCAD ni fourni de code d'activation valide, votre seule possibilité est d'enregistrer et d'activer AutoCAD. Lorsque la période de 30 jours a expiré, l'exécution en mode d'essai n'est plus possible. Quand AutoCAD est enregistré puis activé, l'assistant d'activation du produit n'apparaît plus.

Cliquer sur Activer et accepter l'Autodesk Privacy Policy, puis cliquer sur Continuer. Le processus d'enregistrement est lancé ; une fenêtre vous avertit lorsque l'activation a réussi.

11 Cliquer sur Finir pour poursuivre l'ouverture d'AutoCAD.

Autodesk Exchange

Lors de l'ouverture d'AutoCAD, l'interface Autodesk Exchange s'affiche à l'écran. Il s'agit d'un nouveau portail central pour obtenir de l'aide, des outils d'apprentissage, des conseils et astuces, des vidéos ainsi que des applications téléchargeables. Si vous acceptez la préférence utilisateur par défaut qui permet l'affichage au démarrage d'Autodesk Exchange, vous aurez accès à une sélection dynamique d'outils proposés par la communauté Autodesk (fig.1.7).

Fig.1.7

Outils de la fenêtre de l'application AutoCAD

Par défaut, la fenêtre d'AutoCAD se compose d'une série d'éléments (fig.1.8) :

- **Menu de l'application :** pour rechercher des commandes et accéder aux outils de création, d'ouverture ou de publication de fichiers.
- **Barre d'outils d'accès rapide :** pour activer et afficher les outils les plus fréquemment utilisés.
- **Espace de travail :** pour sélectionner ou sauvegarder une configuration d'affichage à l'écran d'AutoCAD.
- **Ruban :** menu principal d'AutoCAD qui affiche l'ensemble des outils et des paramètres d'AutoCAD.
- **Commandes de la fenêtre :** affichées dans le coin supérieur gauche de chaque fenêtre, elles permettent de modifier les vues, les styles visuels et d'autres paramètres.
- **Outil ViewCube :** pour déterminer l'orientation des vues 3D.
- **Outils de navigation :** comprend une série d'outils pour se déplacer dans le dessin.

- **Zone de commande :** affiche la commande en cours et ses options. Elle sert aussi à la saisie des raccourcis clavier.
- **Environnement de travail :** pour travailler dans l'environnement Objet ou Papier.
- **Outils d'aide au dessin :** par exemple, l'affichage de la grille, le travail en mode orthogonal, etc.
- **Espace dessin :** zone centrale permettant de dessiner.

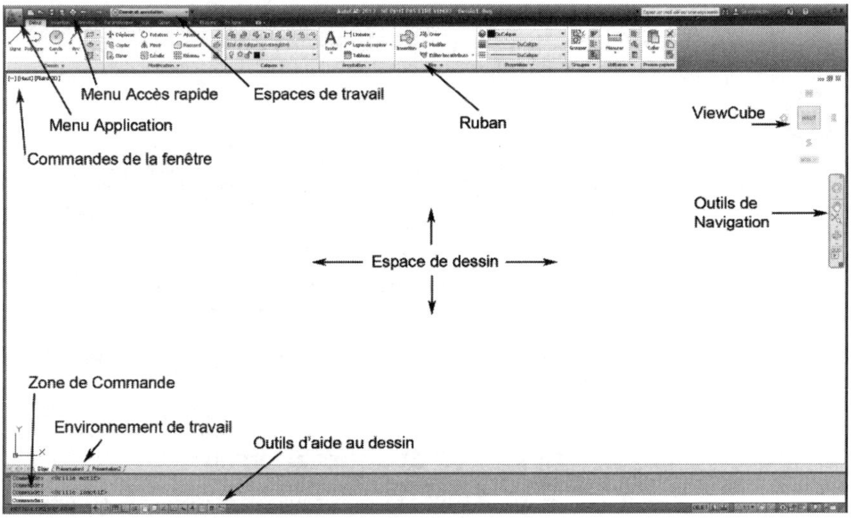

Fig.1.8

Les espaces de travail d'AutoCAD

Les espaces de travail correspondent à des ensembles d'onglets du ruban, de menus, de barres d'outils, palettes et de panneaux de configuration du tableau de bord qui sont regroupés et organisés de manière à vous permettre de travailler dans un environnement de dessin personnalisé, selon les différentes tâches que vous devez accomplir.

Lorsque vous utilisez un espace de travail, seuls sont affichés les onglets, les menus, les barres d'outils et les palettes en rapport avec les tâches de l'espace de travail en question.

Quatre espaces de travail organisés par tâche sont déjà définis dans le produit :

- Dessin 2D et annotation
- Eléments de base 3D

- Modélisation 3D
- AutoCAD classique

Ainsi, par exemple, lorsque vous créez des modèles 3D, vous pouvez utiliser l'espace de travail Modélisation 3D, lequel contient uniquement des onglets, des menus, des palettes et des barres d'outils en rapport avec la modélisation 3D. Les éléments d'interface dont vous n'avez pas besoin pour la modélisation 3D sont masqués, ce qui optimise la zone de l'écran disponible pour votre travail.

Pour changer d'espace de travail, se rendre dans la liste **Espaces de travail** (Workspaces) située dans le menu d'accès rapide et sélectionner celui que vous souhaitez utiliser (fig.1.9).

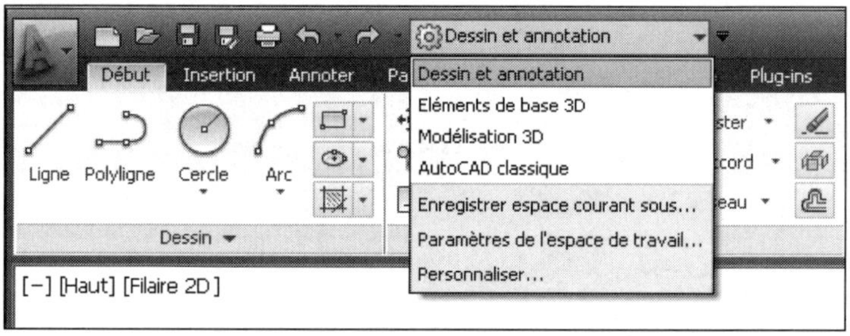

Fig.1.9

L'espace de travail « Dessin 2D et annotations »

L'espace de travail « Dessin 2D et annotations » est comme son nom l'indique l'environnement idéal pour le dessin en deux dimensions. Cet environnement est principalement composé du ruban (partie supérieure), d'une zone de dessin (partie centrale) et d'une zone de commande (partie inférieure) (fig.1.10).

Le ruban regroupe au même endroit les opérations inhérentes à l'espace de travail courant. Il évite de devoir afficher plusieurs barres d'outils, ce qui réduit l'encombrement de l'espace de travail grâce à une seule interface compacte. Le ruban est composé d'un ensemble de groupes de fonctions organisés en onglets indiquant chacun une tâche. Les groupes de fonctions du ruban contiennent la plupart des outils et des contrôles disponibles dans les barres d'outils et les boîtes de dialogue.

Le ruban peut s'afficher horizontalement, verticalement ou sous forme de palette flottante. Lorsque le ruban s'affiche horizontalement, chaque onglet est libellé. Chaque groupe de fonctions est également libellé par défaut.

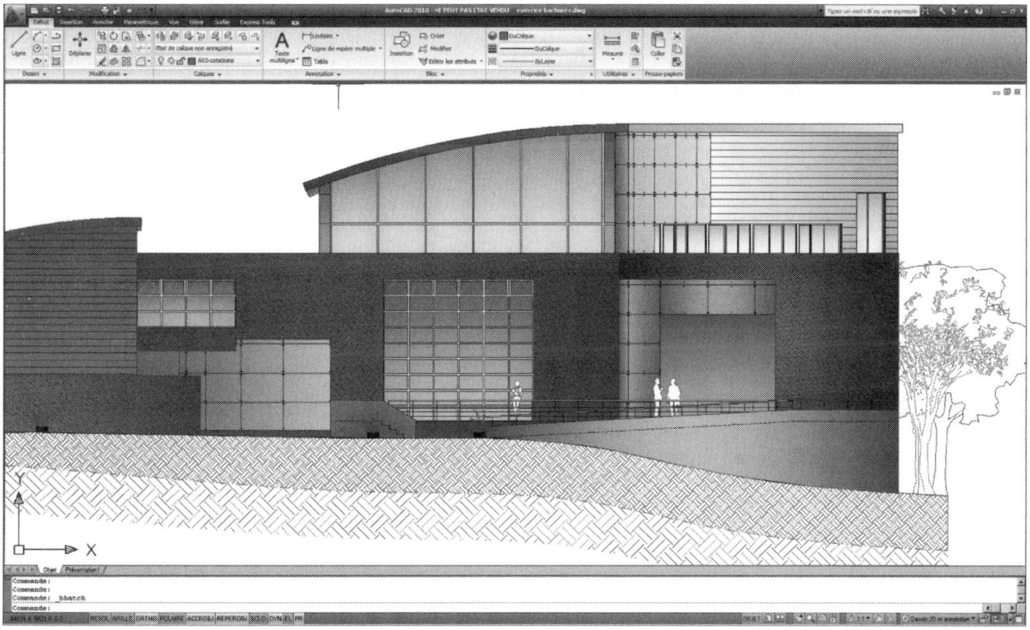

Fig.1.10

Une flèche dans le coin inférieur droit d'un groupe de fonctions indique que vous pouvez développer celui-ci pour afficher d'autres outils et contrôles. Par défaut, un groupe de fonctions développé se ferme automatiquement lorsque vous cliquez sur un autre groupe de fonctions. Pour qu'un groupe de fonctions reste développé, cliquez sur l'icône représentant une punaise dans le coin inférieur droit du groupe de fonctions (fig.1.11).

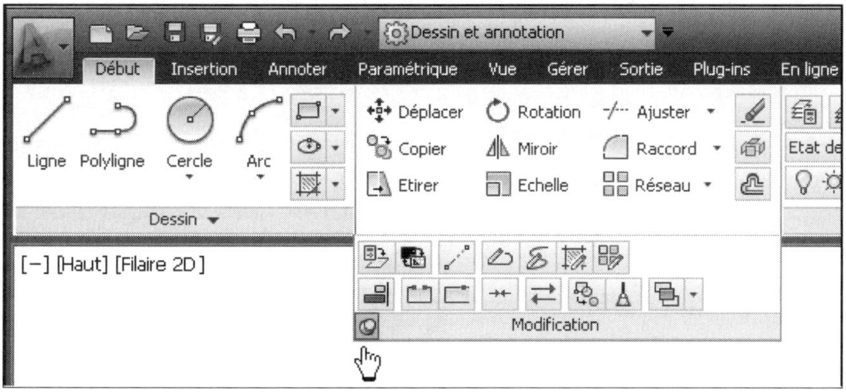

Fig.1.11

Le ruban se compose d'une série d'onglets qui organise l'accès aux fonctions :

- **L'onglet Début** (Home) : comprend les principales fonctions pour le dessin en deux dimensions (fig.1.12).

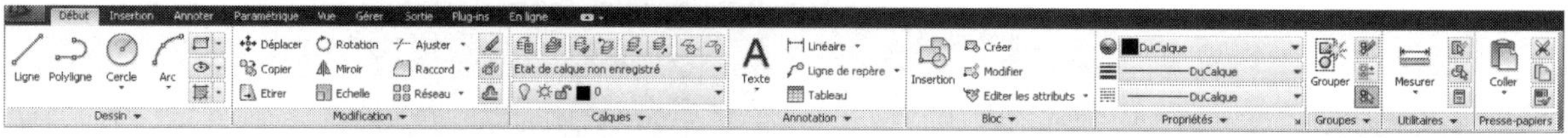

Fig.1.12

- **L'onglet Insertion** (Insert) : comprend les fonctions d'insertion de contenu, comme les blocs, les attributs, les références externes... et l'extraction de données (fig.1.13).

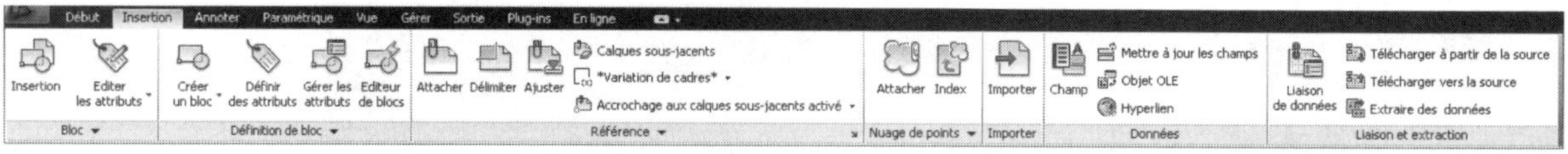

Fig.1.13

- **L'onglet Annoter** (Annotate) : comprend les fonctions d'annotation du dessin comme les textes, les cotations, les tableaux, etc. (fig.1.14).

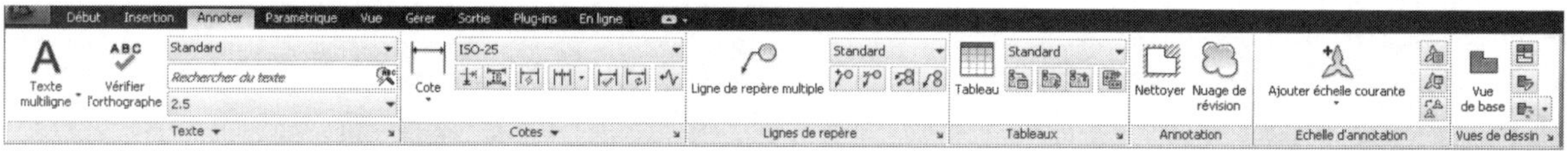

Fig.1.14

- **L'onglet Paramétrique** (Parametric) : comprend les différentes options pour rendre le dessin paramétrique et pour établir des contraintes géométriques et dimensionnelles (fig.1.15).

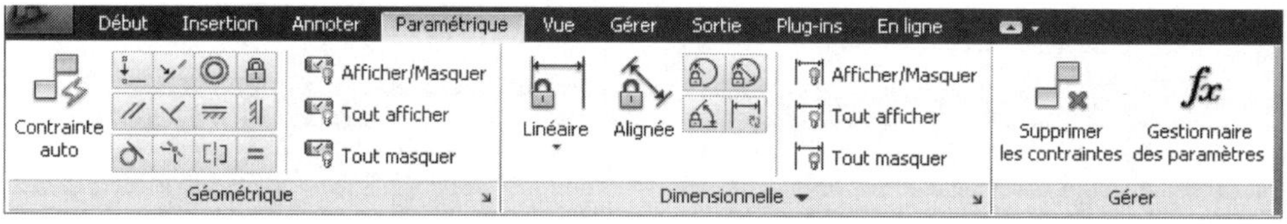

Fig.1.15

- **L'onglet Vue** (View) : comprend les différentes fonctions d'affichage écran et cela tant pour l'espace objet que papier. Il contient aussi les fonctions d'affichage des différentes palettes (propriétés, outils, jeux de feuilles, etc.) (fig.1.16).

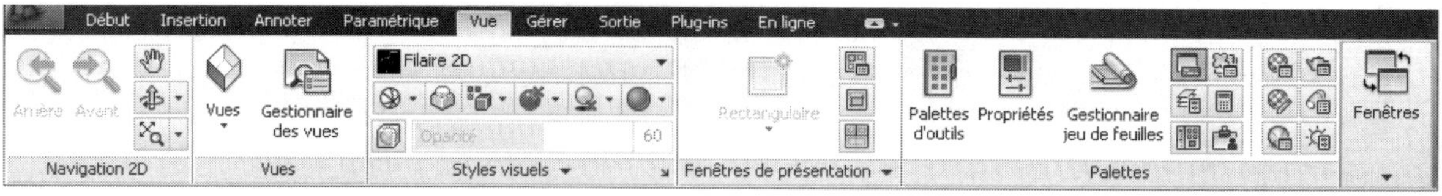

Fig.1.16

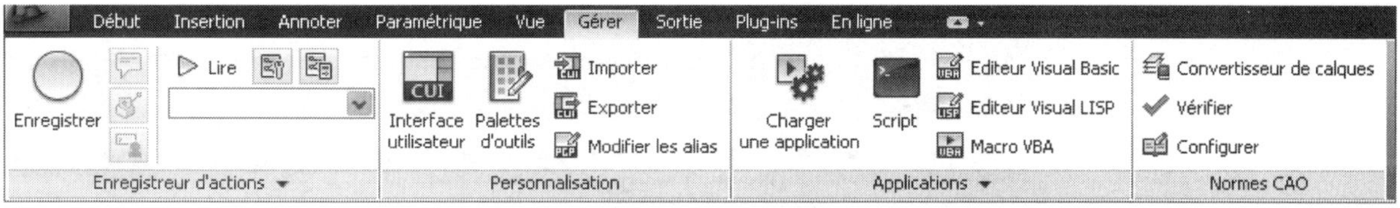

Fig.1.17

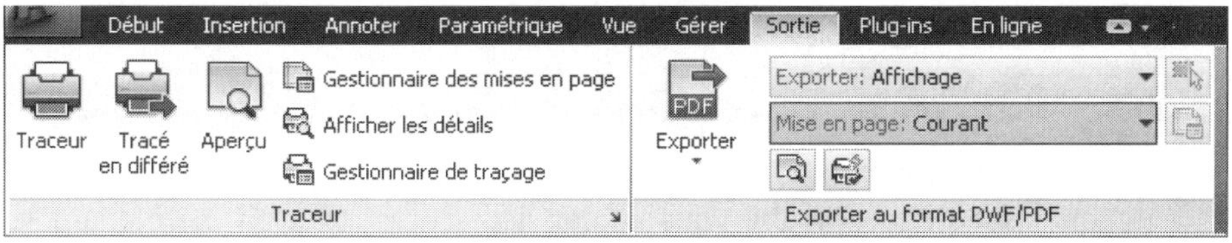

Fig.1.18

- **L'onglet Gérer** (Manage) : comprend une série de fonctions particulières comme l'enregistreur d'actions, la personnalisation de l'interface, l'utilisation d'applications externes ou la gestion des normes de CAO (fig.1.17).
- **L'onglet Sortie** (Output) : comprend les fonctions d'impression et d'exportation (fig.1.18).

Outre l'affichage horizontal par défaut, le contenu du ruban peut être présenté de diverses autres manières :

Pour afficher verticalement le ruban, la procédure est la suivante :

1. Effectuer un clic droit sur l'onglet **Début** (Home).
2. Sélectionner l'option **Désactiver l'ancrage** (Unlock).
3. Glisser le ruban à gauche de l'écran pour l'ancrer (fig.1.19).

Il est ensuite possible de voyager entre chaque onglet en cliquant sur le nom situé verticalement à gauche de l'onglet.

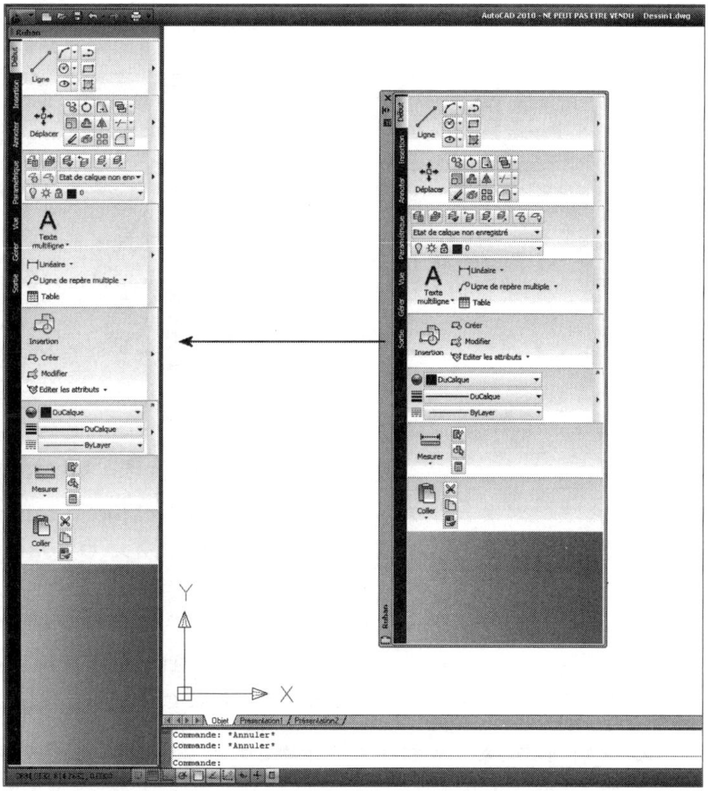

Fig.1.19

Pour changer l'ordre des onglets, cliquez sur l'onglet que vous voulez déplacer et, tout en maintenant le bouton de la souris enfoncée, faites-le glisser jusqu'à la position voulue et relâchez le bouton de la souris (fig.1.20).

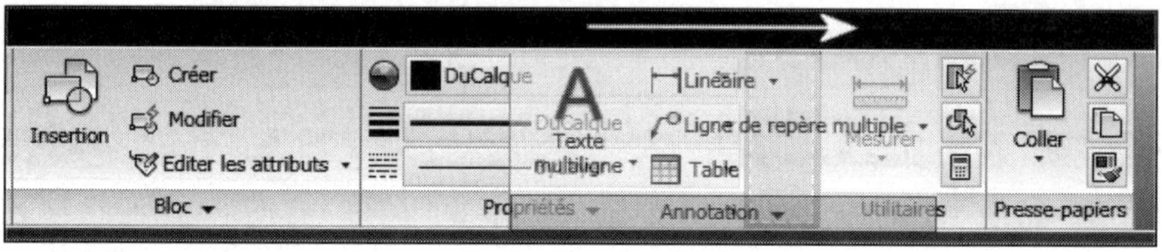

Fig.1.20

Il est aussi possible, de sortir un groupe de fonctions du ruban. Il suffit de cliquer sur le groupe que vous voulez déplacer et, tout en maintenant le bouton de la souris enfoncée, faites-le glisser jusqu'à la position voulue et relâchez le bouton de la souris (fig.1.21). Pour remettre le groupe ensuite dans le ruban, il convient de cliquer sur le bouton supérieur droit du groupe.

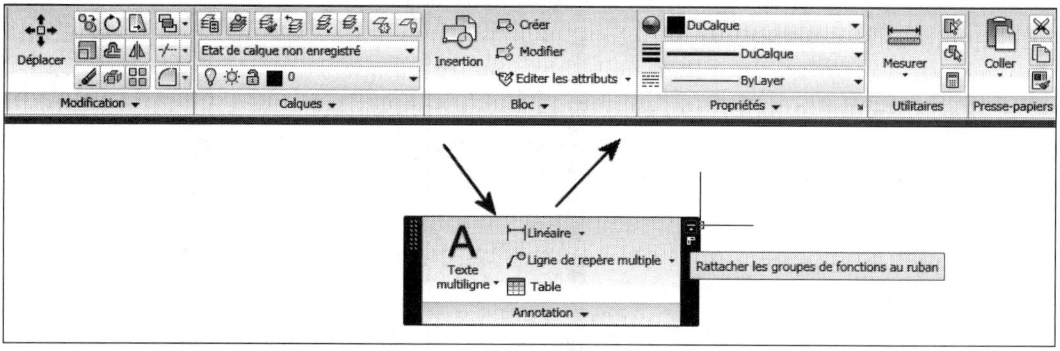

Fig.1.21

L'espace de travail « Modélisation 3D »

L'espace de travail « Modélisation 3D » est comme son nom l'indique l'environnement idéal pour la conception en trois dimensions. La différence avec l'espace de travail « Dessin 2D et annotations » se situe au niveau du contenu du ruban qui comprend cinq onglets spécifiques :

L'onglet **Début** (Home) comprend au niveau de la 3D les groupes de fonctions suivants (fig.1.22) :

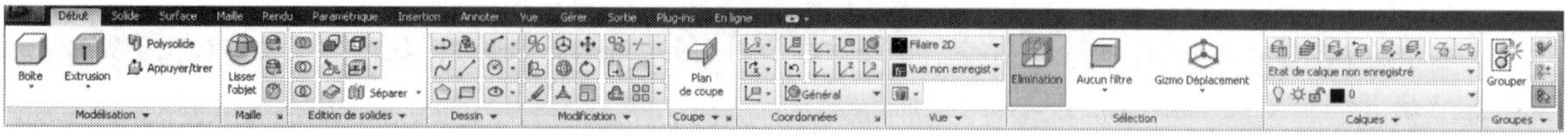

Fig.1.22

- **Modélisation** (Modeling) : pour la modélisation de solides
- **Maille** (Mesh) : pour la conversion d'objets solides en maillages
- **Edition de solides** (Solid Editing) : pour la modification des solides
- **Coupe** (Section) : pour la création de plans de coupe et d'aplanissement de la géométrie.
- **Coordonnées** (Coordinates) : pour la définition du repère XYZ.
- **Vues** (View) : pour l'affichage du point de vue.
- **Sélection** (Selection) : pour la modification de sous-objets de la géométrie (sommet, arrête, face...).

L'onglet **Solide** (Solid) comprend les groupes de fonctions suivants (fig.1.23) :

- **Primitive :** pour la création de primitives 3D.
- **Solide** (Solid) : pour la création de solides à partir de courbes.
- **Booléen** (Boolean) : pour l'utilisation des opérations booléennes.
- **Edition de solides** (Solid Editing) : pour la modification des solides.
- **Coupe** (Section) : pour la création de plans de coupe et d'aplanissement de la géométrie.
- **Sélection** (Selection) : pour la modification de sous-objets (sommet, arrête, face...) de la géométrie.

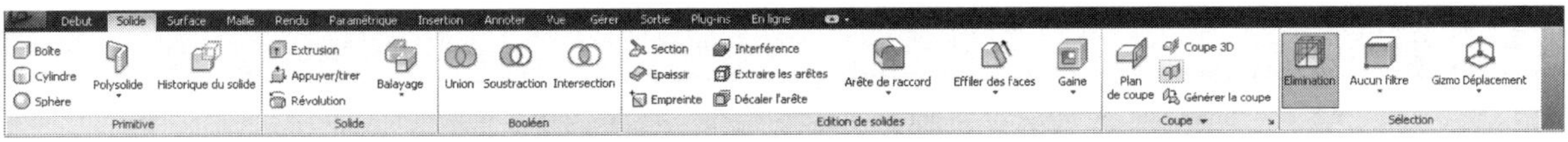

Fig.1.23

L'onglet **Surface** comprend les groupes de fonctions suivants (fig.1.24) :

- **Créer** (Create) : pour créer des surfaces à partir de courbes.
- **Modifier** (Edit) : pour modifier les surfaces.
- **Sommets de contrôle** (Control Vertices) : pour modifier les surfaces NURBS.
- **Courbes** (Curves) : pour tracer des courbes.
- **Projeter la géométrie** (Project Geometry) : pour projeter des courbes sur des surfaces.
- **Analyse** (Analysis) : pour analyser la continuité des surfaces.

Fig.1.24
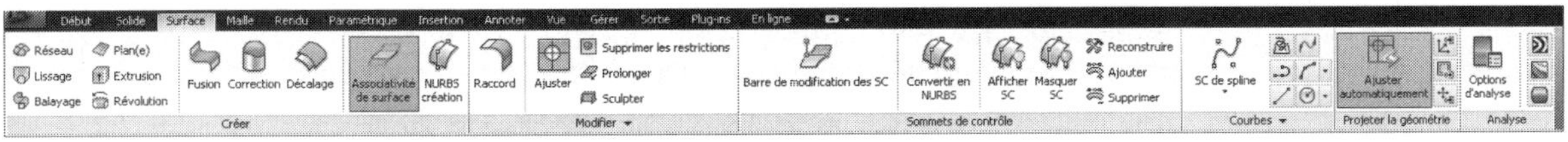

L'onglet **Maillage** (Mesh) comprend les groupes de fonctions suivants (fig.1.25) :

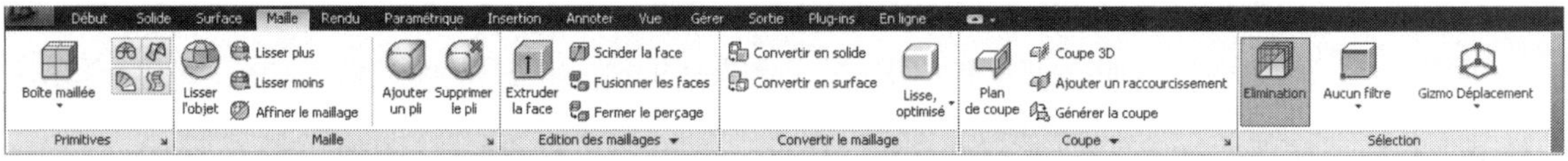

Fig.1.25

- **Primitives** : pour la création d'objets 3D maillés.
- **Maille** (Mesh) : pour le lissage du maillage.
- **Edition des maillages** (Mesh Edit) : pour la modification des faces du maillage.
- **Convertir le maillage** (Convert Mesh) : pour la conversion du maillage en solide ou en surface.
- **Coupe** (Section) : pour la création de plans de coupe et d'aplanissement de la géométrie.
- **Sélection** (Selection) : pour la modification de sous-objets de la géométrie (sommet, arrête, face...).

L'onglet **Rendu** (Render) comprend les groupes de fonctions suivants (fig.1.26) :

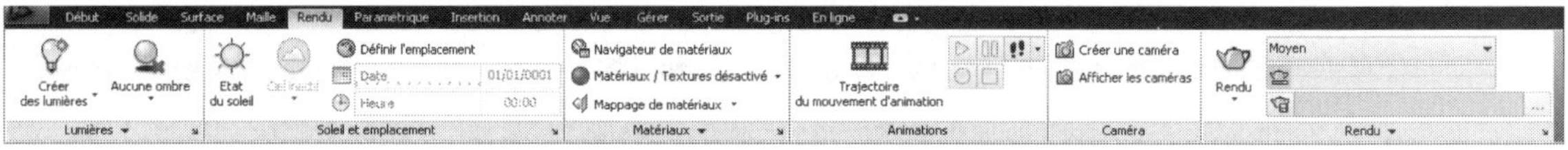

Fig.1.26

- **Lumières** (Lights) : pour le placement et la configuration des lumières.
- **Soleil et emplacement** (Sun & Location) : pour définir l'emplacement et les paramètres du soleil.
- **Matériaux** (Materials) : pour créer et placer les matériaux sur les objets.
- **Animations** : pour créer une animation de la caméra.
- **Caméra** (Camera) : pour créer et placer des caméras dans la scène 3D.
- **Rendu** (Render) : pour configurer et lancer le calcul du rendu.

Les autres onglets sont identiques à l'espace de travail 2D, sauf l'onglet **Sortie** (Output) qui comprend le groupe de fonctions Impression 3D (Publish 3D) qui permet d'envoyer le modèle 3D vers un service d'impression et Exporter au format DWF/PDF (Export to DWF/PDF) qui permet d'exporter le modèle au format PDF ou DWF.

L'espace de travail « AutoCAD classique »

L'espace de travail « AutoCAD classique » correspond à l'interface classique des versions précédentes d'AutoCAD. Il est divisé en trois parties principales et comporte une série de barres d'outils pour le dessin de base (fig.1.27).

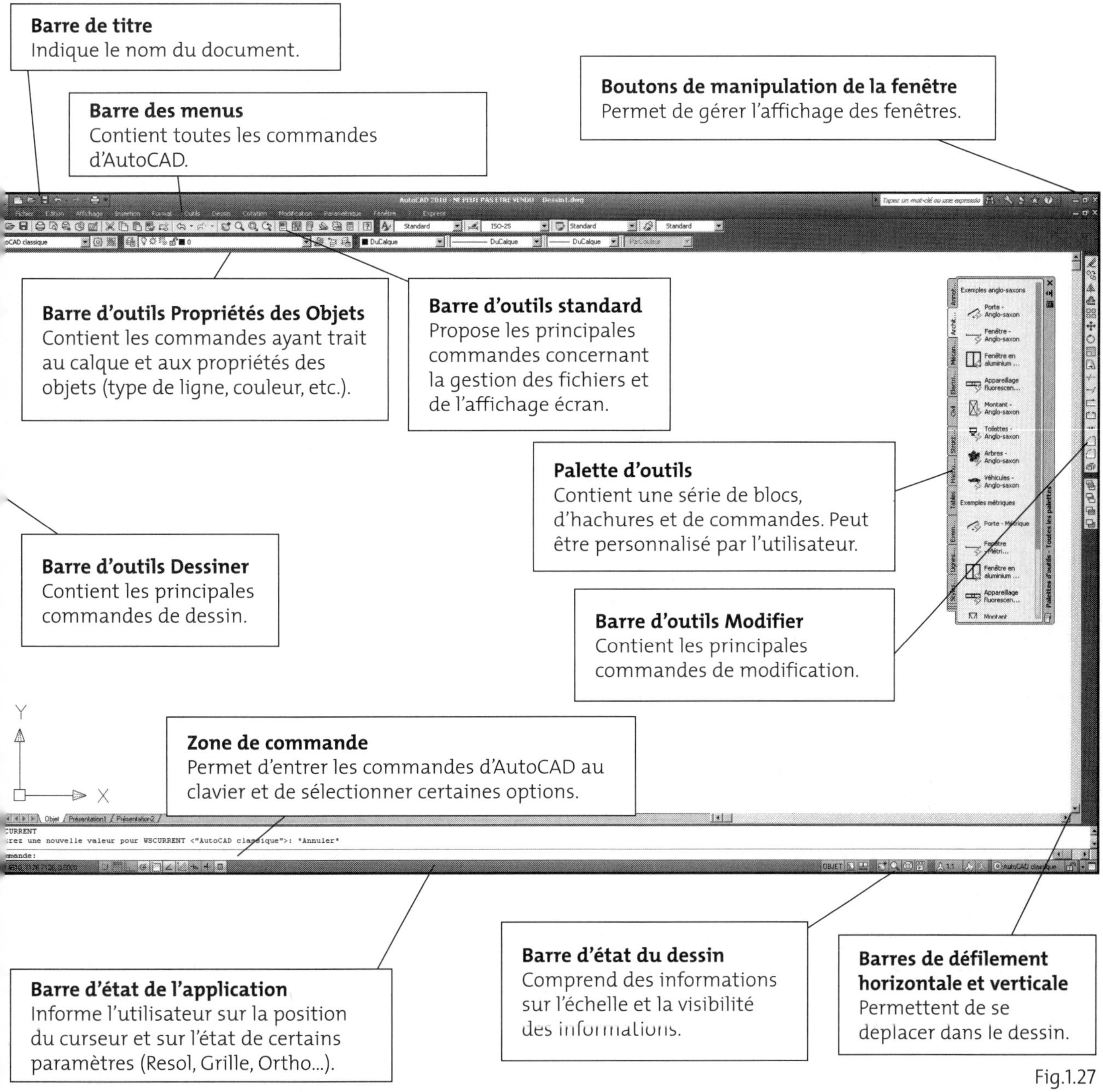

Fig.1.27

- **La partie supérieure ou zone « menus » :** compte trois rangées de menus. La première rangée contient la barre des menus que l'on retrouve dans la plupart des applications Windows (Fichier, Edition...). La deuxième rangée, que l'on nomme « barre d'outils standard », regroupe sous la forme d'icônes, les principales commandes concernant la gestion des fichiers et de l'affichage écran. Enfin, la troisième rangée la barre d'outils « Propriétés des objets » qui contient les commandes ayant trait au calque (layer) et aux qualités graphiques (type de ligne, couleur, etc.).
- **La partie centrale ou zone « dessin » :** affiche le dessin en cours, représenté dans une ou plusieurs fenêtres. Les entités sont dessinées dans cette zone à l'aide d'un curseur, activé par une souris ou une tablette graphique. Elle comprend dans sa partie inférieure les onglets **Objet** (Model), **Présentation1** (Layout1) et **Présentation2** (Layout2) permettant de passer de l'environnement de création à l'environnement de mise en page. Cette partie peut aussi contenir des barres d'outils flottantes (par défaut les barres d'outils Dessiner et Modifier) et est entourée en bas et à droite de barres de défilement qui permettent de modifier le champ de vision sur le dessin.
- **La partie inférieure ou zone « commande » :** permet d'entrer les commandes d'AutoCAD au clavier. C'est également dans cette zone qu'AutoCAD indique les opérations à effectuer lorsqu'une commande est sélectionnée. Habituellement composée de trois lignes, cette zone peut être agrandie ou rétrécie et également déplacée en haut de l'écran ou être flottante. La partie inférieure comporte également une « barre d'état » qui affiche la position du curseur à l'aide des coordonnées, le statut des modes Resol (Snap), Grille (Grid), Ortho, Polaire (Polar), Accrobj (Osnap), Reperobj (Otrack), DYN, EL (Lwt) et Objet/Papier (Model/Paper) ainsi qu'une série d'outils de navigation.

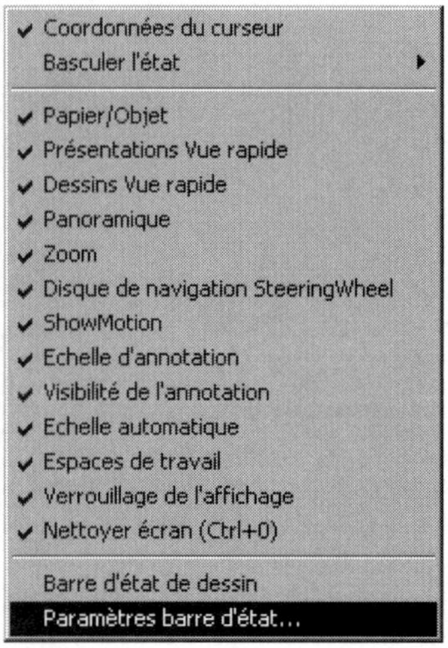

Fig.1.28

Le contenu de la barre d'état peut être contrôlée en cliquant sur le bouton **Menu barre d'état** (Status Bar Menu) situé à l'extrême droite. Ce menu permet d'activer ou non les différents composants de la barre d'état (fig.1.28). L'option **Paramètres barre d'état** (Tray Settings) gère l'affichage des icônes et des notifications dans la barre d'état système, à l'extrême droite de la barre d'état :

- **Afficher les icônes des services** (Display icons from services) : affiche la barre d'état système, à l'extrême droite de la barre d'état, et affiche les icônes des services. Lorsque cette option est désélectionnée, la barre d'état système n'apparaît pas.
- **Afficher les notifications des services** (Display notifications from services) : affiche les notifications des services. Lorsque l'option Afficher les icônes des services est désélectionnée, cette option n'est pas disponible.

- **Durée d'affichage** (Display Time) : définit la durée d'affichage (en secondes) d'une notification.
- **Afficher jusqu'à fermeture** (Display until closed) : affiche une notification jusqu'à ce que vous cliquiez sur le bouton Fermer.

Autres paramétrages de l'interface

Il est également possible de modifier la couleur de la zone de travail et des autres parties de l'interface, il convient pour cela de :

1. Effectuer un clic droit dans l'interface et cliquer sur **Options**. Cliquer sur l'onglet **Affichage** (Display) puis sur le bouton **Couleurs** (Colors). La boîte **Couleurs de la fenêtre de dessin** (Drawing Window Colors) s'affiche à l'écran (fig.1.29).
2. Dans la colonne **Contexte** (Context), sélectionner **Espace objet 2D** (2D model space) et dans la colonne **Elément d'interface** (Interface element) sélectionner **Arrière-plan uniforme** (Uniform background).
3. Dans la liste **Couleur** (Color), sélectionner la bonne couleur. Cliquer sur **Appliquer et Fermer** (Apply and Close).
4. Pour enregistrer les modifications et quitter la boîte de dialogue, cliquer sur OK.

L'onglet **Affichage** (Display) permet également de modifier la taille du curseur. Il suffit de déplacer la glissière dans la zone **Taille du réticule** (Crosshair size). Les valeurs possibles vont de 1 (min) à 100 (max).

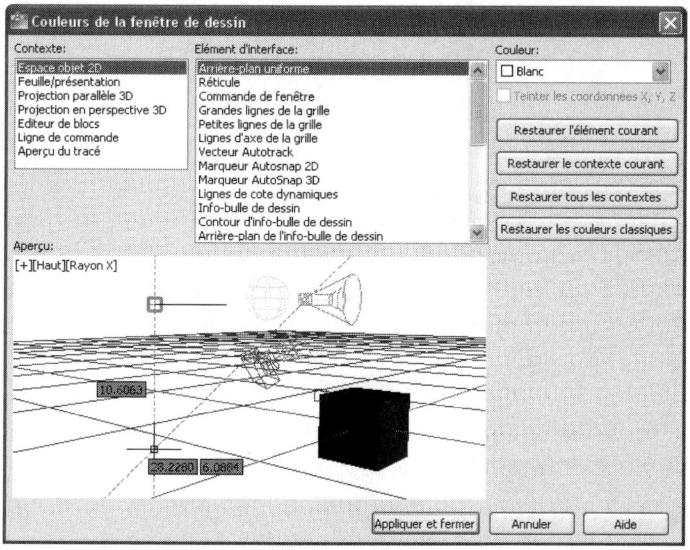

Fig.1.29

Le menu Application

Via le menu **Application**, vous accédez facilement à une série de fonctions courantes, par exemple : l'ouverture, la création et la sauvegarde de fichiers, l'impression, la publication et l'envoi de dessins, et l'affichage de documents récents (fig.1.30). En outre, l'utilitaire de dessin donne accès à une série d'outils de maintenance du dessin (fig.1.31).

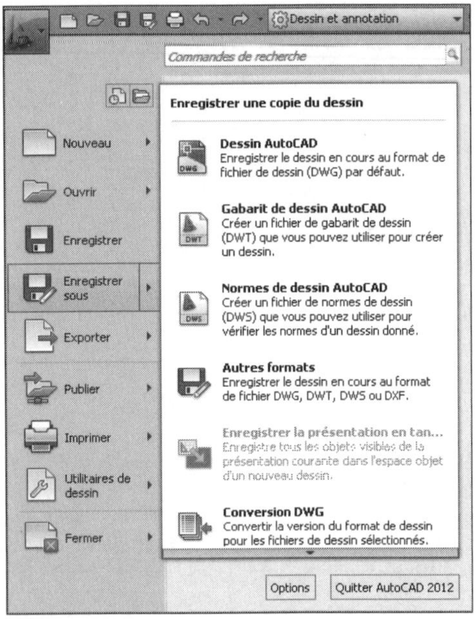

Fig.1.30

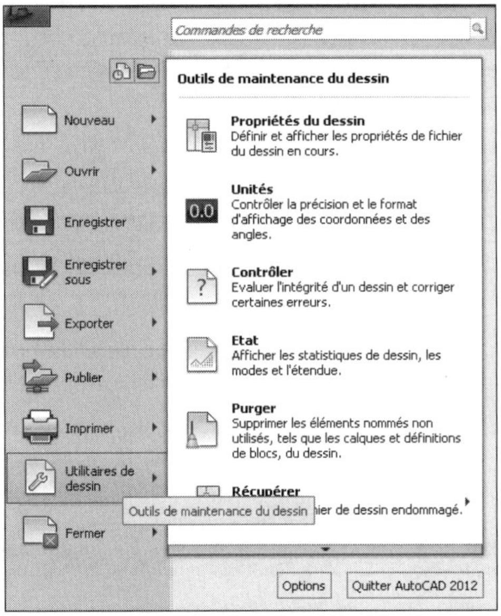

Fig.1.31

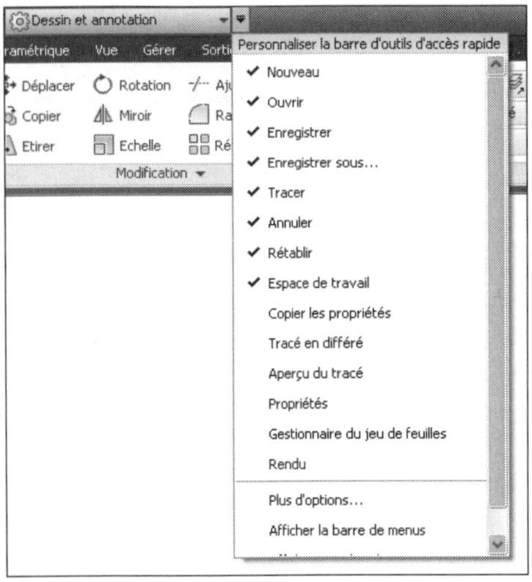

Fig.1.32

Outre le menu **Application**, la barre d'outils d'accès rapide contient également une série de commandes couramment utilisées (fig.1.32), qui changent selon l'espace de travail. Il est possible d'ajouter, de supprimer et de déplacer les commandes sur la barre d'outils d'accès rapide. S'il n'y a plus de place sur la barre d'outils, les commandes sont alors disponibles sous forme de bouton déroulant.

Dialoguer avec AutoCAD

Le dialogue avec AutoCAD s'effectue grâce à des fonctions qui peuvent être activées à l'aide de la souris ou du clavier. Les fonctions sont disponibles à partir des menus à l'écran, à partir du ruban, à partir des barres d'outils, à partir de boîtes de dialogue ou de palettes.

Utilisation de la souris

Atout principal de l'utilisateur de AutoCAD, la souris se manifeste sous deux formes principales : un pointeur représenté par une flèche ou un curseur graphique en forme de croix. Le pointeur permet de sélectionner un menu ou de cliquer sur un bouton d'une barre d'outils. Le curseur graphique apparaît lorsqu'on se place dans la zone de dessin et intervient pour la création et les modifications du dessin. Les manipulations de la souris obéissent à un vocabulaire spécifique. Cliquer (à gauche) consiste à enfoncer le bouton gauche de la souris. Pour valider l'exécution d'une commande (en cliquant sur une icône) ou indiquer la position d'un point dans la zone graphique. Cliquer à droite consiste à enfoncer le bouton droit de la souris. Pour donner un retour chariot, qui permet de terminer une instruction (le tracé de lignes, par exemple), ou s'il n'y en a pas, de répéter la dernière instruction. Les différentes options du clic droit seront détaillées au point 5.2. Dans le cas d'une souris à trois boutons, le bouton central permet d'activer la fonction PAN ou d'afficher un menu déroulant comportant les options d'accrochages aux objets. Dans ce dernier cas, il faut mettre la variable MBUTTONPAN= 0.

La souris IntelliMouse ou équivalente

Ce type de souris est dotée de deux boutons entre lesquels se trouve une roulette. Les boutons de gauche et de droite ont les mêmes fonctions que ceux d'une souris standard. La roulette permet d'effectuer des zooms et des panoramiques dans le dessin sans utiliser les commandes d'AutoCAD. Des actions sont disponibles (voir tableau suivant).

Objectif	Action
Effectuer un zoom avant ou arrière	Faire tourner la roulette vers l'avant ou vers l'arrière. La variable ZOOMFACTOR permet de modifier le facteur de zoom qui est réglé à 10 % par défaut.
Effectuer un zoom sur l'étendue du dessin.	Cliquer deux fois sur le bouton de la roulette.
Panoramique	Faire glisser la souris en maintenant le bouton de la roulette enfoncé.
Effectuer un panoramique	Faire glisser la souris tout en maintenant la touche Ctrl et le bouton de la roulette enfoncés.
Afficher le menu Accrochage aux objets.	Mettre la variable système MBUTTONPAN sur 0. Cliquer ensuite sur le bouton de la roulette.

Configuration du comportement du bouton droit de la souris

Il est possible de déterminer dans AutoCAD si le fait de cliquer avec le bouton droit de la souris dans la zone de dessin permet d'afficher un menu contextuel ou équivaut à appuyer sur Entrée.

La procédure est la suivante :

1. Sélectionner **Options** en effectuant un clic droit dans l'interface de dessin.
2. Cliquer sur l'onglet **Préférences utilisateur** (User Preferences).
3. Cliquer sur le bouton **Signification du bouton droit** (Right-click Customization).
4. Sélectionner les options dans le cas des 3 comportements possibles (fig.1.33) :
   - Aucune commande n'est active (mode par défaut), un clic droit a pour effet :
     - De répéter la dernière commande (repeat last command).
     - D'afficher le menu contextuel (shortcut menu).

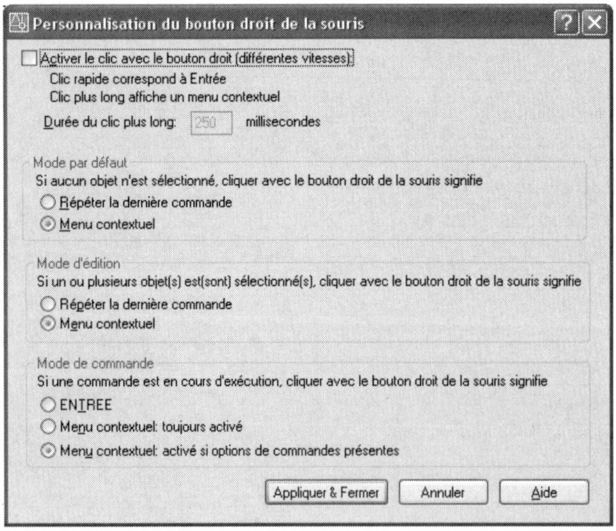

Fig.1.33

- Un ou plusieurs objets sont sélectionnés (mode d'édition), un clic droit a pour effet :
  - De répéter la dernière commande (repeat last command).
  - D'afficher le menu contextuel (shortcut menu).
- Une commande est en cours (mode de commande), un clic droit a pour effet :
  - Un effet identique a l'appui sur la touche Entrée.
  - D'afficher un menu contextuel.
  - D'afficher un menu contextuel uniquement si la commande possède des options.

Depuis AutoCAD 2004, il est possible d'affecter en même temps les options Entrée et Menu contextuel au bouton droit de la souris. L'activation de l'une ou l'autre option s'effectue selon la durée du clic :

- Un clic rapide correspond à Entrée.
- Un clic plus long affiche un menu contextuel.

Pour activer cette option, il suffit de cocher le champ **Activer le clic avec le bouton droit** (Turn on time-sensitive right-click).

Utilisation du clavier

L'entrée des données dans AutoCAD s'effectue également grâce à des « Commandes » qui peuvent être activées directement à partir du clavier. Il suffit de taper directement le nom de la commande ou de son expression abrégée. Exemple : Commande : LINE (LIGNE) puis Entrée ou Commande : L puis Entrée.

Les commandes et les options peuvent être entrées en lettres majuscules ou minuscules. Pour les options, il suffit de taper la ou les lettres écrites en majuscule. Ainsi dans le cas du tracé d'une polyligne, il suffit de taper A (Arc), si l'on souhaite dessiner une partie courbe, ou LA (LArgeur) si l'on souhaite modifier la largeur de la polyligne. Les expressions abrégées ou « alias » sont listées dans le fichier ACAD.PGP (situé dans le répertoire Support d'AutoCAD) qu'il suffit de lire avec le Bloc-Notes de Windows.

AutoCAD offre aussi des options d'autocomplétion pour accéder plus efficacement aux commandes. L'autocomplétion permet de faciliter la saisie en limitant la quantité d'informations tapées par l'utilisateur. En effet, selon les caractères saisis, plusieurs mots possibles sont alors proposés.

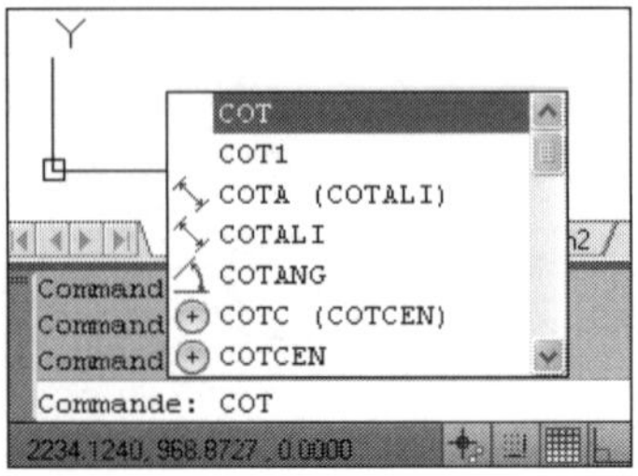

Fig.1.34

Ainsi, lorsque vous tapez les premières lettres d'une fonction sur la ligne de commandes ou si vous utilisez l'entrée dynamique, AutoCAD complète automatiquement l'entrée avec une commande ou un alias de commandes. Ainsi, en entrant les caractères COT par exemple, AutoCAD affiche toutes les commandes qui contiennent ces caractères (fig.1.34). Cela vous permet de parcourir la liste et de sélectionner la commande de votre choix.

Un clic droit dans la zone de commande ouvre un menu contextuel (fig.1.35) qui facilite l'accès aux contrôles d'autocomplétion (possibilité d'afficher les variables système et de spécifier le délai de réponse de la liste d'autocomplétion).

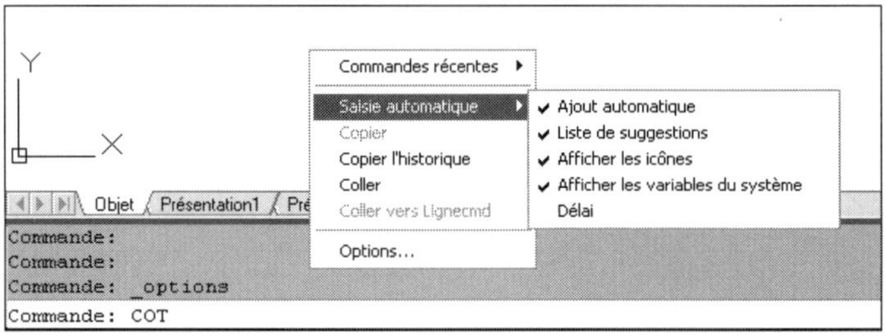

Fig.1.35

Le clavier comporte également une série de touches de fonctions qui permettent d'accéder directement à certaines commandes. Ces touches sont localisées en rangées en haut du clavier et fonctionnent pour la plupart comme un interrupteur actif-inactif. Voici la liste des principales touches :

Clé F1 : permet d'obtenir de l'aide sur AutoCAD ou sur la commande en cours.
Clé F2 : permet de permuter la fenêtre graphique et la fenêtre texte.
Clé F3 : permet d'activer les outils d'accrochage (OSNAP).
Clé F4 : permet d'activer les outils d'accrochage 3D (3DOSNAP).
Clé F5 : permet d'activer le mode ISOPLANE (Isometr).
Clé F6 : permet de contrôler le mode d'affichage des coordonnées (fixes, mouvantes, absolues, polaires, relatives).
Clé F7 : permet d'activer ou de désactiver la grille (GRID) à l'écran.
Clé F8 : permet d'activer ou de désactiver le mode ORTHO.
Clé F9 : permet d'activer ou de désactiver le mode SNAP (RESOL).
Clé F10 : Permet d'activer le mode polaire (Polar).
Clé F11 : Permet d'activer le mode repérage d'objet (Otrack).
Clé F12 : permet d'activer la saisie dynamique des données (DYN)

REMARQUE

Pour annuler une opération en cours et retourner à l'indicatif Commande :, il suffit d'appuyer une ou deux fois sur la touche Echap.

Les palettes d'outils

Outre l'utilisation du ruban, des menus et des barres d'outils, détaillés précédemment, les palettes constituent également une interface pratique pour dialoguer avec AutoCAD. Elles peuvent être activées à partir du groupe de fonctions **Palettes** situé dans l'onglet **Vue** (View) du Ruban.

Elles permettent d'organiser, de partager et de placer des blocs, des hachures et des commandes (ligne, cercle, cotation...).

Il peut ainsi être utile de placer sur la palette les blocs et les hachures les plus couramment utilisés. Pour ajouter un bloc ou une hachure dans un dessin, il suffit de les faire glisser de la palette d'outils vers le dessin.

Les blocs et les hachures se trouvant sur une palette d'outils sont appelés outils; plusieurs propriétés d'outil (échelle, rotation et calque, par exemple) peuvent être définies individuellement pour chaque outil.

Les blocs placés avec cette méthode doivent souvent subir une rotation ou être mis à l'échelle par la suite. Lorsque l'on fait glisser un bloc d'une palette d'outils vers un dessin, il est mis à l'échelle automatiquement en fonction du rapport des unités défini dans le bloc et dans le dessin courant. Par exemple, si le dessin utilise les mètres comme unités et qu'un bloc est défini en centimètres, le rapport des unités est 1 m/100 cm. Lorsque vous faites glisser le bloc dans le dessin, il est inséré avec une échelle de 1/100 (fig.1.36).

Fig.1.36

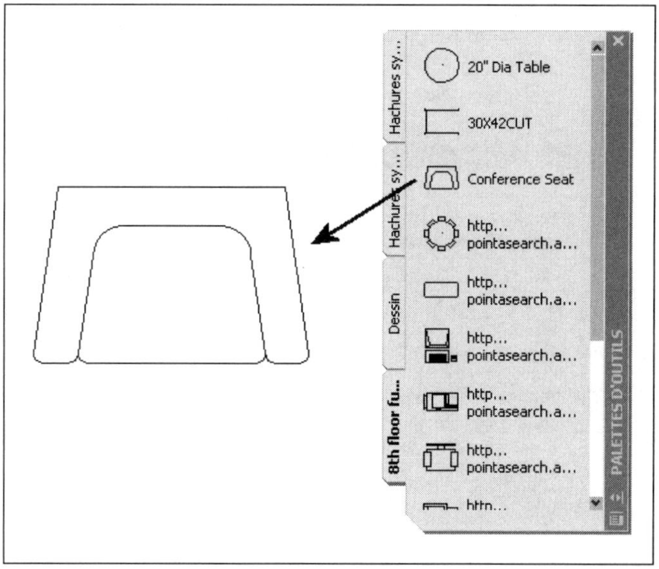

Il est possible de modifier les propriétés d'insertion ou les propriétés de motif de n'importe quel outil d'une palette. Par exemple, on peut modifier l'échelle d'insertion d'un bloc ou l'angle d'un motif de hachures. Pour modifier les propriétés d'un outil, il faut cliquer avec le bouton droit de la souris sur l'outil, puis cliquer sur **Propriétés** (Properties) dans le menu contextuel. Il est ensuite possible de modifier les propriétés dans la boîte de dialogue **Propriétés de l'outil** (Tool Properties). Cette boîte de dialogue contient deux catégories de propriétés : la catégorie des propriétés d'insertion ou de motif, et la catégorie des propriétés générales.

- **Propriétés d'insertion ou de motif :** contrôlent les propriétés propres à un objet telles que l'échelle, la rotation et l'angle.
- **Propriétés générales :** contrôlent les paramètres de propriété du dessin courant tels que le calque, la couleur, le type de ligne, etc.

Dans certains cas, on peut affecter des propriétés propres à un outil. Par exemple, on peut placer automatiquement une hachure sur un calque prédéfini, indépendamment du paramètre de calque courant. Cette fonction permet de gagner du temps et de réduire les risques d'erreur en définissant automatiquement des propriétés lorsque l'on crée certains objets. La boîte de dialogue **Propriétés de l'outil** (Tool Properties) contient des champs pour chaque propriété éventuelle que l'on définit. Le remplacement des propriétés de calque a une incidence sur la couleur, le type de ligne, l'épaisseur de ligne, le style de tracé et le tracé. Le remplacement des propriétés de calque est résolu de la façon suivante :

- Si un calque fait défaut sur le dessin, il est créé automatiquement.
- Si un calque est désactivé ou gelé, le bloc ou la hachure est créé sur le calque courant.

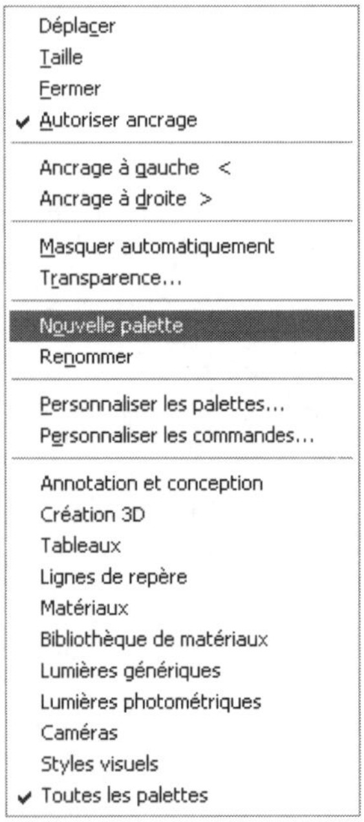

Fig.1.37

Il est possible de créer de nouvelles palettes d'outils en utilisant le bouton **Propriétés** (Properties) situé tout au-dessous sur la barre de titre de la fenêtre **Palettes d'outils** puis en cliquant sur l'option **Nouvelle Palette** (New Tool Palette) (fig.1.37). Pour ajouter ensuite des outils à une palette d'outils il convient d'utiliser l'une des méthodes suivantes :

- Glisser un objet, un bloc ou une hachure depuis l'espace de dessin vers la palette d'outils (fig.1.38).
- Glisser des dessins, des blocs et des hachures du DesignCenter (voir chapitre 10) vers la palette d'outils (fig.1.39). Les dessins que l'on ajoute à une palette d'outils sont insérés en tant que blocs lorsqu'on les fait glisser ensuite vers le dessin.
- On peut créer directement un onglet de palette d'outils complet en cliquant avec le bouton droit de la souris sur un dossier, un fichier de dessin ou un bloc dans l'arborescence DesignCenter. Il faut cliquer ensuite sur **Créer une palette d'outils** (Create Tool Palette) dans le menu contextuel.

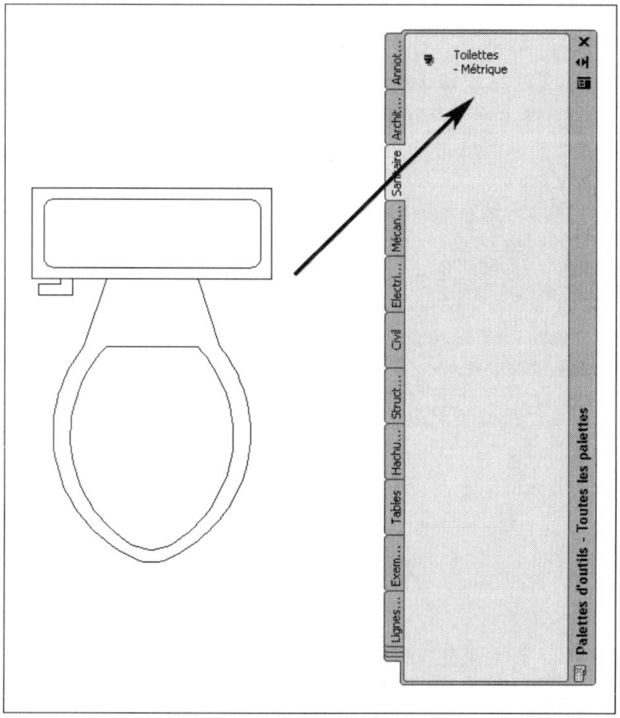

Fig.1.38

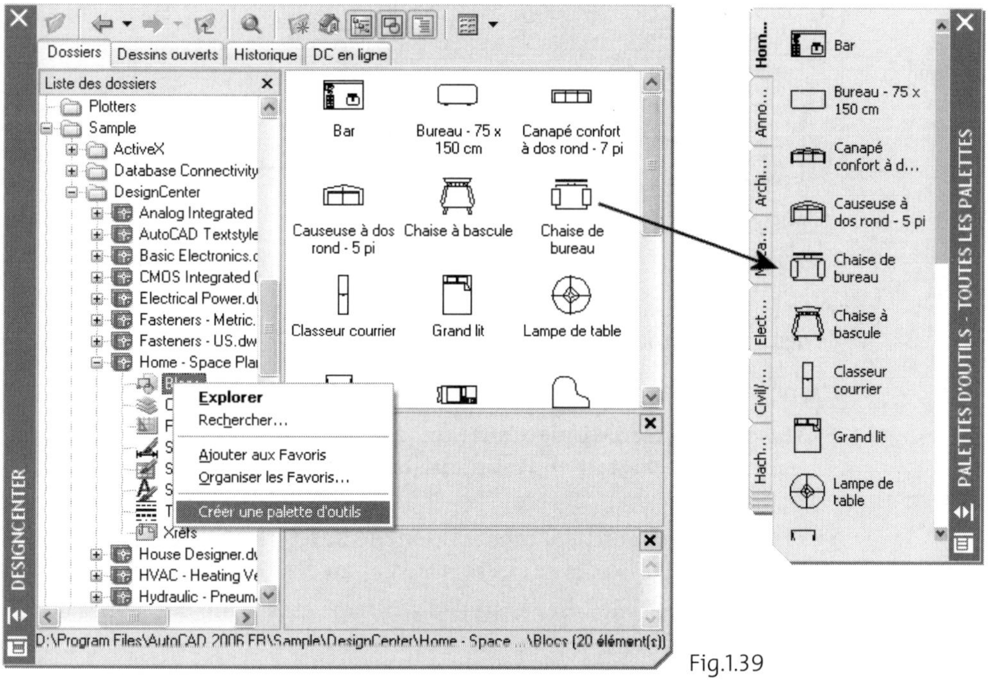

Fig.1.39

- Il est également possible de glisser des commandes vers la palette. Pour cela, il suffit d'effectuer un clic droit dans une zone vide de la palette, de sélectionner l'option **Personnaliser** les commandes dans le menu contextuel, puis de glisser la commande de la boîte de dialogue vers la palette (fig.1.40).

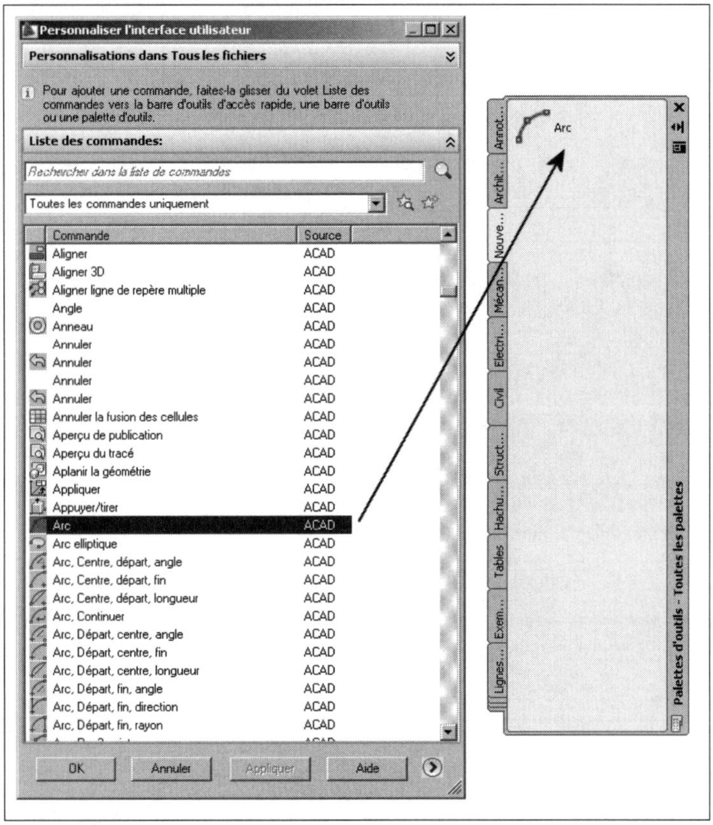

Fig.1.40

- Utiliser les fonctions Couper, Copier et Coller pour déplacer ou copier des outils d'une palette d'outils à une autre.

L'aspect des palettes d'outils peut être modifié de plusieurs façons :

- **Masquer automatiquement :** on peut afficher ou masquer automatiquement la fenêtre **Palettes d'outils** en plaçant le curseur sur sa barre de titre.
- **Transparence :** on peut rendre la fenêtre **Palettes d'outils** transparente pour visualiser les objets qui se trouvent au-dessous.
- **Vues :** on peut modifier le style d'affichage et la taille des icônes d'une palette d'outils.

On peut ancrer la fenêtre Palettes d'outils sur le bord droit ou gauche de la fenêtre de l'application. Il suffit d'appuyer sur la touche Ctrl pour éviter l'ancrage lorsque l'on déplace la fenêtre **Palettes d'outils**.

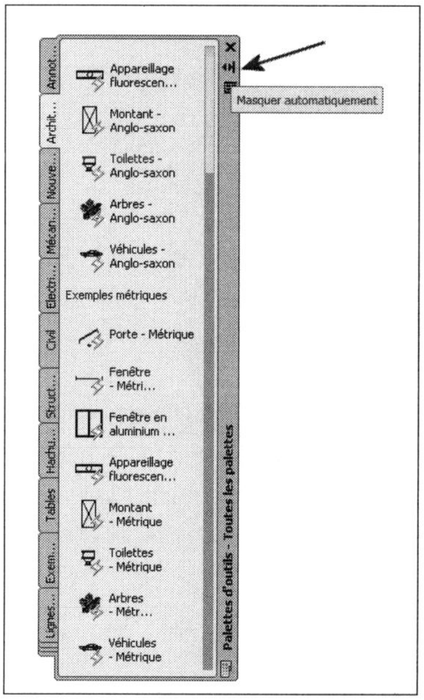

Fig.1.41

Pour activer ou désactiver le masquage et l'affichage automatiques de la fenêtre Palettes d'outils :

1. Cliquer sur le bouton **Masquer automatiquement** (Auto-hide) situé en bas de la barre de titre de la fenêtre **Palettes d'outils** (fig.1.41).

REMARQUE

Le masquage et l'affichage automatiques sont disponibles uniquement lorsque la fenêtre **Palettes d'outils** n'est pas ancrée.

Pour modifier la transparence de la fenêtre Palettes d'outils :

1. Cliquer avec le bouton droit de la souris sur la barre de titre de la fenêtre **Palettes d'outils**, puis cliquer sur **Transparence** (Transparency) dans le menu qui apparaît.
2. Dans la boîte de dialogue **Transparence** (Transparency), ajuster le niveau de transparence de la fenêtre **Palettes d'outils**. Cliquer sur **OK** (fig.1.42).

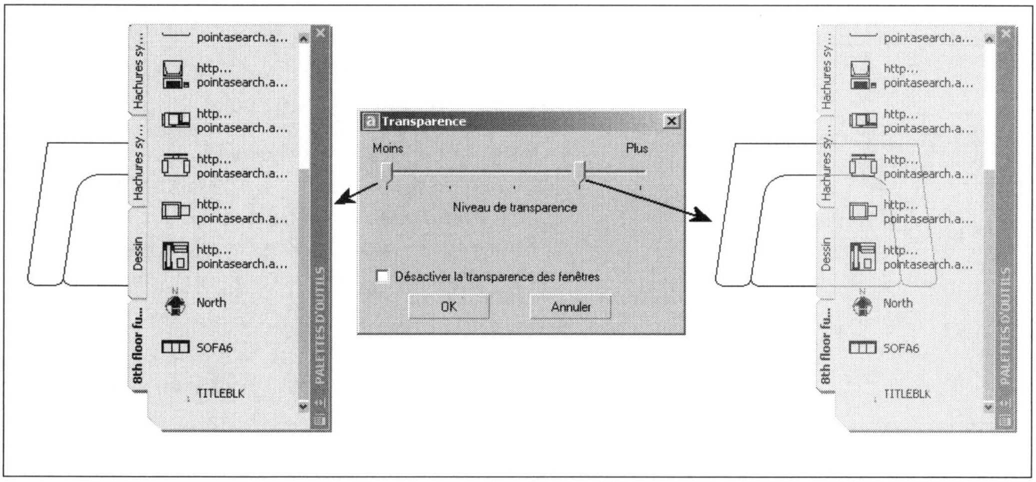

Fig.1.42

REMARQUE

La fonction **Transparence** est disponible uniquement lorsque la fenêtre **Palettes d'outils** n'est pas ancrée.

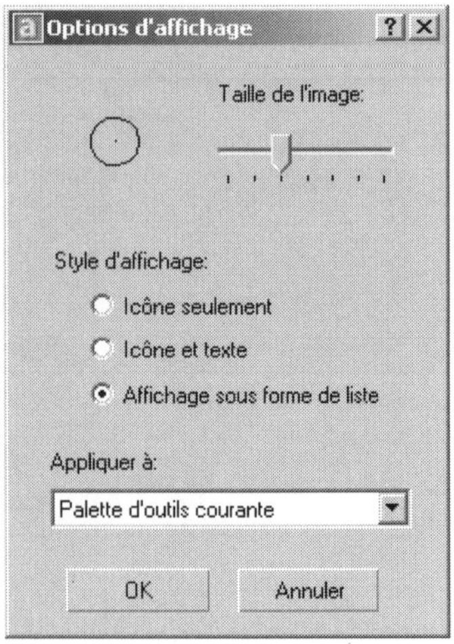

Fig.1.43

Pour modifier le style d'affichage des icônes dans la fenêtre Palettes d'outils :

1. Cliquer avec le bouton droit de la souris sur la zone vide de la fenêtre **Palettes d'outils**, puis cliquer sur **Options d'affichage** (View Options) dans le menu qui apparaît.
2. Dans la boîte de dialogue **Options d'affichage** (View Options), cliquer sur l'option d'affichage d'icône que l'on souhaite définir. On peut également modifier la taille des icônes (fig.1.43).
3. Sélectionner **Palette d'outils courante** (Current Tool Palette) ou **Toutes les Palettes d'outils** (All Tool Palettes) dans la liste située sous **Appliquer à** (Apply to). Cliquer sur **OK**.

La création de groupes de palettes

Il peut être utile d'organiser les palettes d'outils en groupes et de sélectionner ensuite le groupe qui doit s'afficher. Par exemple, si plusieurs palettes d'outils contiennent des motifs de hachures, vous pouvez créer un groupe nommé Motifs de hachures. Vous pouvez alors ajouter toutes les palettes d'outils qui contiennent des motifs de hachures au groupe Motifs de hachures. Lorsque vous définissez ce groupe comme étant le groupe actif, seules les palettes d'outils qu'il contient s'affichent.

Pour créer un groupe de palettes d'outils, la procédure est la suivante :

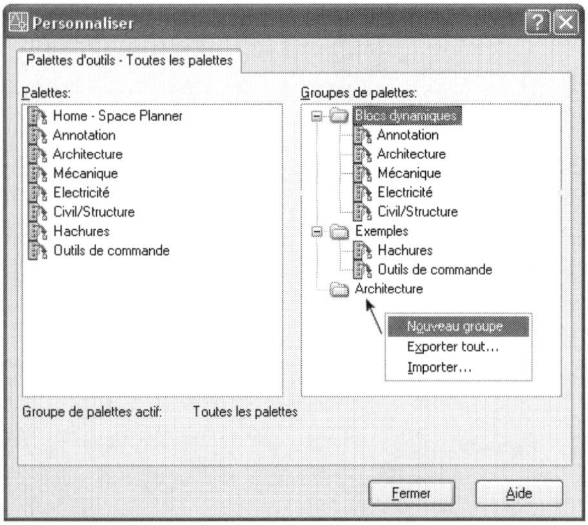

Fig.1.44

1. Cliquer avec le bouton droit de la souris sur la barre de titre d'une palette d'outils. Cliquer sur **Personnaliser les palettes** (Customize Palettes).
2. Dans l'onglet **Palettes d'outils** (Tool Palettes) de la boîte de dialogue **Personnaliser** (Customize), sous **Groupes de palettes** (Palette Groups), cliquer avec le bouton droit sur la zone inférieure vide. Cliquer sur **Nouveau groupe** (New group).

   Si aucun groupe ne figure dans le champ Groupes de palettes, vous pouvez en créer un en faisant glisser une palette d'outils du champ Palettes d'outils vers le champ Groupes de palettes.
3. Entrer le nom du groupe de palettes d'outils. Par exemple : Architecture (fig.1.44).
4. Cliquer sur **Fermer** (Close).

Pour ajouter une palette d'outils à un groupe de palettes d'outils, la procédure est la suivante :

1. Cliquer avec le bouton droit de la souris sur la barre de titre d'une palette d'outils. Cliquer sur **Personnaliser les palettes** (Customize Palettes).
2. Dans l'onglet **Palettes d'outils** (Tool Palettes) de la boîte de dialogue **Personnaliser** (Customize), faire glisser une palette de la zone **Palettes d'outils** (Palettes) vers un groupe de la zone **Groupes de palettes** (Palette Groups) (fig.1.45).
3. Cliquer sur **Fermer** (Close).

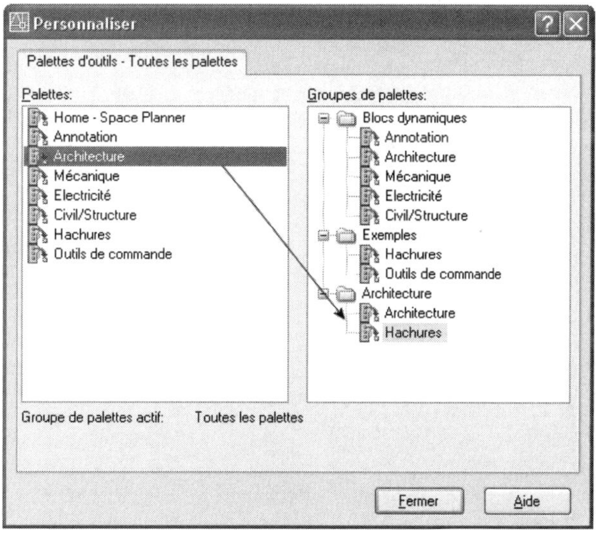

Fig.1.45

Pour supprimer une palette d'outils d'un groupe de palettes d'outils, la procédure est la suivante :

1. Cliquer avec le bouton droit de la souris sur la barre de titre d'une palette d'outils. Cliquer sur **Personnaliser les palettes** (Customize Palettes).
2. Dans l'onglet **Palettes d'outils** (Tool Palettes) de la boîte de dialogue **Personnaliser** (Customize), sous **Groupes de palettes** (Palettes Groups), cliquer avec le bouton droit de la souris sur le nom de la palette d'outils que vous voulez supprimer. Cliquer sur **Supprimer** (Remove).

   Vous pouvez également faire glisser la palette d'outils dans le champ Palettes d'outils pour le supprimer d'un groupe.
3. Cliquer sur **Fermer** (Close).

Pour afficher un groupe de palettes d'outils, la procédure est la suivante :

1. Cliquer avec le bouton droit de la souris sur la barre de titre d'une palette d'outils.
2. Cliquer sur le nom du groupe de palettes d'outils à afficher (fig.1.46).

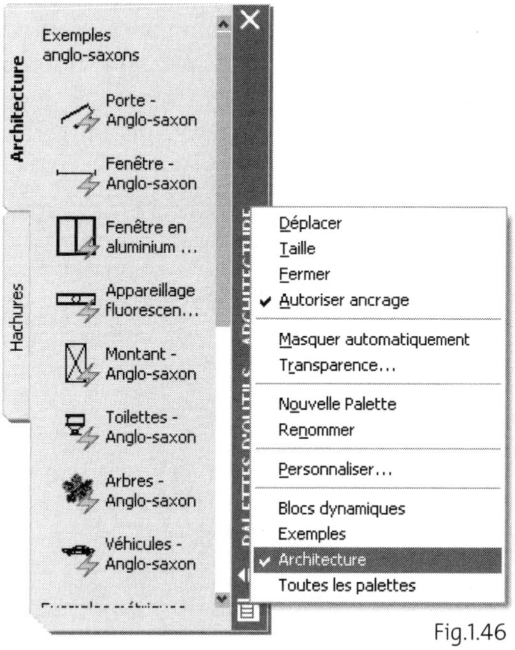

Fig.1.46

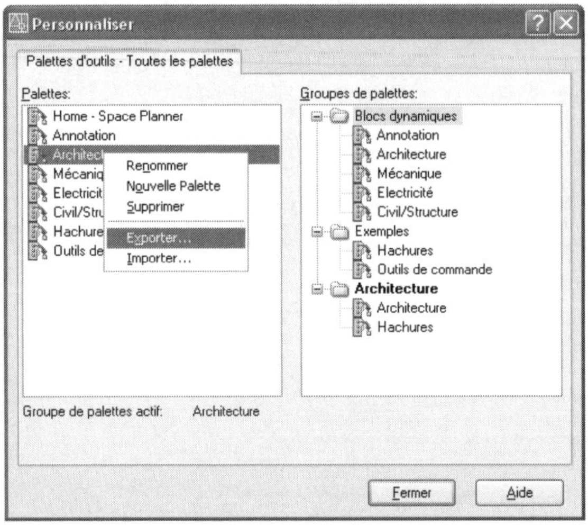

Fig.1.47

Pour afficher toutes les palettes d'outils, la procédure est la suivante :

[1] Cliquer avec le bouton droit de la souris sur la barre de titre d'une palette d'outils. Cliquer sur l'option **Toutes les palettes** (All palettes).

Pour enregistrer et partager une palette d'outils

Il est possible d'enregistrer et de partager une palette d'outils en l'exportant ou en l'important en tant que fichier de palette d'outils. Il suffit pour cela d'effectuer un clic droit sur la palette concernée dans la boîte de dialogue **Personnaliser** (Customize) puis de sélectionner **Importer** (Import) ou **Exporter** (Export). Les fichiers de palette d'outils possèdent l'extension.xtp (fig.1.47).

L'usage des poignées multifonctionnelles

Le dialogue avec AutoCAD peut aussi s'effectuer sans utiliser aucune commande, en survolant simplement les poignées des objets sélectionnés. Ainsi, dans l'exemple de la figure 1.48, il suffit de survoler la poignée d'extrémité de ligne pour l'étirer ou modifier sa longueur. Ensuite, en survolant un cercle avec l'extrémité, il est possible de rendre la ligne tangente au cercle.

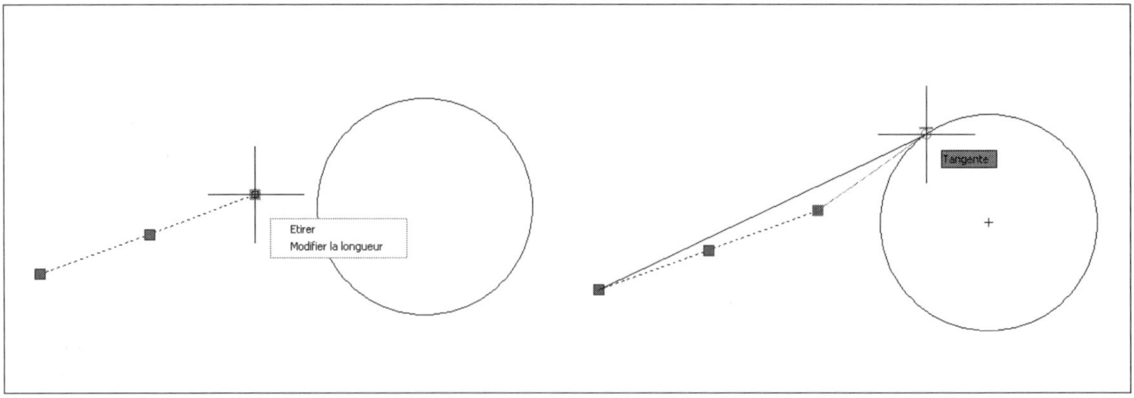

Fig.1.48

Comprendre le fonctionnement d'AutoCAD

Avant de se lancer dans la réalisation d'un nouveau dessin avec AutoCAD, il convient de comprendre la philosophie de base d'AutoCAD par rapport au dessin traditionnel. Pour démarrer un nouveau dessin, le dessinateur non informatisé effectue habituellement quelques opérations préliminaires : analyse du projet et détermination des dimensions principales, choix de l'échelle, choix des unités et en finale choix du format de papier qui découle des autres paramètres. Si dans la méthode traditionnelle ces choix ne peuvent être modifiés facilement une fois la décision prise et le dessin en cours d'exécution, il n'en est pas de même avec AutoCAD. En effet, dans ce dernier cas l'entrée des données se fait toujours en vraie grandeur et il est possible, lors de la mise en page ou de l'impression des documents, de préciser le format et l'échelle du dessin souhaités.

Avant d'aller plus loin, il est important de bien comprendre certaines caractéristiques d'AutoCAD :

- AutoCAD ne dispose pas de commande spécifique pour choisir l'unité de travail, (sauf pour l'insertion de contenu) car il fonctionne avec une unité neutre. C'est donc à l'utilisateur de déterminer et de retenir mentalement la valeur de cette unité (m, cm, mm, etc.).
- AutoCAD travaille toujours en vraie grandeur. Il convient donc de rentrer les valeurs réelles des éléments que l'on dessine et ne pas tenir compte de l'échelle du plan, comme c'est le cas pour le dessin traditionnel.
- AutoCAD dispose d'un espace illimité pour représenter son dessin. Pour rendre son travail plus aisé, AutoCAD permet de réduire librement cette zone en délimitant l'espace utile. Ces limites ainsi fixées ne sont pas statiques et peuvent être modifiées à tout moment.

D'autre part, il est également important dans AutoCAD, de distinguer la phase de conception d'une pièce ou d'un projet de celle de la présentation et de la diffusion des documents. En effet, AutoCAD dispose de deux environnements de travail distincts : l'espace « objet » et l'espace « papier » (ou « présentation »)(fig.1.49-1.50-1.51) L'espace « objet » est utilisé pour la conception (ou modélisation) des objets.

Fig.1.49
Création du projet
dans l'espace Objet.

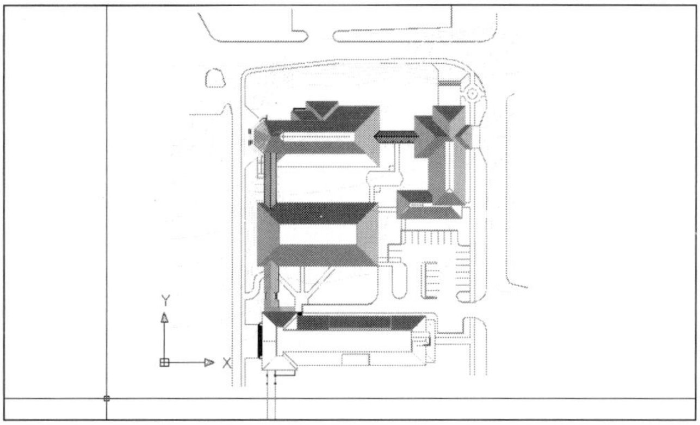

Fig.1.50
Création des fenêtres dans l'espace Papier (Présentation).

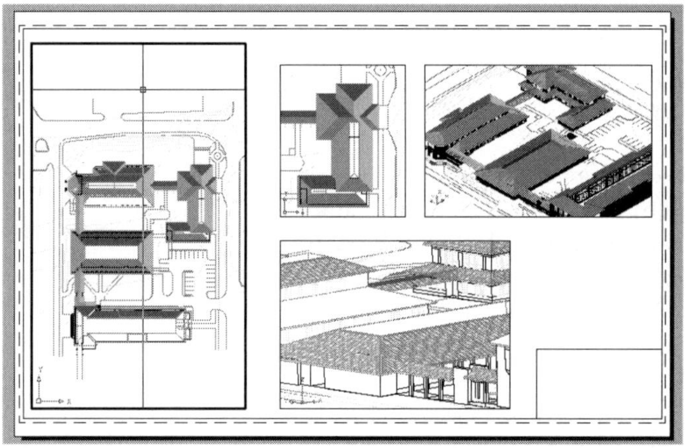

Fig.1.51
Ouverture des fenêtres et sélection des zones à afficher dans chaque fenêtre.

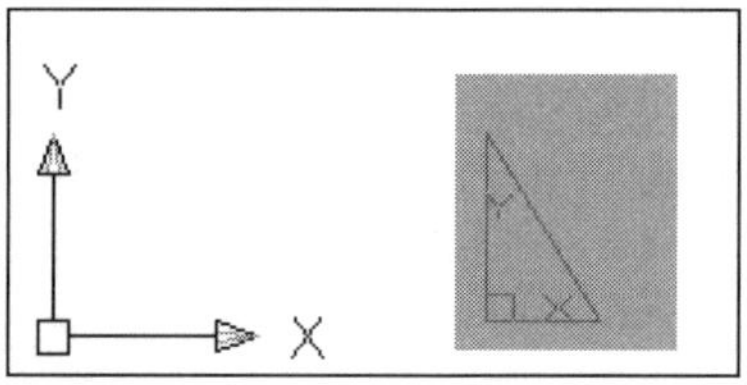

Fig.1.52

Il s'agit d'un environnement bi- et tridimensionnel où les objets sont représentés en vraie grandeur. Lorsqu'on débute un nouveau dessin dans AutoCAD, on se situe habituellement dans l'espace-objet. Il est reconnaissable grâce à une icône située dans le coin inférieur gauche du dessin, et qui représente la direction des axes de coordonnées X et Y. Il est également caractérisé par un onglet **Objet** situé en bas de la feuille de dessin.

L'espace « papier » (ou de présentation) quant à lui est un autre espace de travail et est utilisé pour la mise en page du projet. Il s'agit d'un environnement bidimensionnel qui permet de placer sur une même feuille de papier différentes vues du projet, d'afficher des détails selon diverses échelles, d'ajouter un cadre, un cartouche et des légendes. Il est reconnaissable grâce à une icône triangulaire située dans le coin inférieur gauche du dessin (fig.1.52). Il est également caractérisé par un onglet **Présentation** (Layout) situé en bas de la feuille de dessin.

En résumé, il suffit de démarrer son dessin directement dans l'espace « objet » sans se préoccuper de la mise en page, puis une fois le dessin terminé de passer dans l'espace « papier » et d'y réaliser la mise en page avec cadre et cartouche.

Créer un nouveau dessin

La création d'un nouveau dessin s'effectue à l'aide des commandes **Nouveau** (New) du menu **Application** (A) ou **Rapnouv** (Qnew) de la barre d'outils d'accès rapide.

La boîte **Sélectionner un gabarit**, qui permet de commencer un nouveau dessin basé sur un gabarit existant, s'affiche à l'écran. Les gabarits par défaut à sélectionner sont « acadiso.dwt » pour le dessin 2D et « acadiso3D.dwt » pour le dessin 3D.

A quoi correspond un gabarit ?

Un gabarit ou dessin prototype est un fichier de dessin particulier qui contient la définition de paramètres divers (limites, unités...) et des éléments nécessaires à la réalisation de la plupart des dessins (un cadre, un cartouche, la définition de calques...). Un gabarit peut donc servir de fond de plan et permet de gagner beaucoup de temps lors de la création de tout nouveau dessin car il évite de devoir redéfinir à chaque fois l'environnement de travail. Il correspond au fichier modèle utilisé dans Word (dot) ou Excel (xlt).

AutoCAD 2012 est livré avec plusieurs dizaines de gabarit prédéfinis, qu'il suffit de sélectionner dans l'une des boîtes de dialogue de création d'un nouveau dessin. Le gabarit sélectionné devient le fond de plan du nouveau dessin. L'utilisateur peut bien sûr créer ses propres gabarits pour compléter la bibliothèque.

La création d'un gabarit s'effectue, en effet, comme un dessin normal. Il suffit d'y mettre les informations souhaitées, c'est-à-dire, par exemple :

- la définition du système d'unités ;
- la définition des calques (layers) ;
- la définition de paramètres (style de texte, style de cotation...) ;
- le dessin du cadre et du cartouche, etc.

Comme il est possible de réaliser plusieurs gabarits, il est conseillé de sauvegarder chacun de ceux-ci sous un nom explicite. Par exemple, pour une feuille au format A1 orientée verticalement, le nom A1-VER peut parfaitement convenir. Il suffira par la suite d'utiliser ce gabarit pour chaque nouveau dessin ayant les mêmes caractéristiques. Les gabarits peuvent être créés pour l'espace objet et/ou pour l'espace papier.

Pour sauvegarder un nouveau fichier gabarit, la procédure est la suivante :

1. Créer le gabarit comme un dessin normal avec tous les paramètres nécessaires.
2. Dans le menu **Application** (A), sélectionner **Enregistrer sous** (Save As).
3. Sélectionner l'option **Gabarit de dessin AutoCAD** (*.dwt) (AutoCAD Drawing Template (.dwt)) (fig.1.53).
4. Dans le champ **Nom du fichier** (File Name), taper le nom du fichier, par exemple A1-VER.
5. Cliquer sur **Enregistrer** (Save).

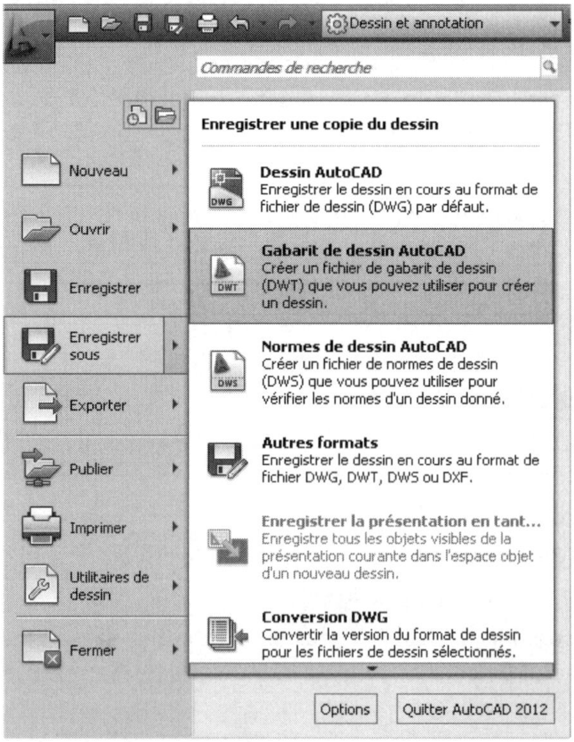

Fig.1.53

Une procédure plus directe pour commencer un nouveau dessin consiste à le créer automatiquement à l'aide d'un fichier de gabarit de dessin par défaut. Avec cette méthode, aucune boîte de dialogue n'apparaît.

Pour créer un nouveau dessin, la procédure est la suivante :

1. Ouvrir la boîte de dialogue **Options** accessible à partir du menu Application ou d'un clic droit dans l'interface de dessin. Sélectionner l'onglet **Fichiers** (Files).
2. Cliquer sur le signe + situé devant **Paramètres du gabarit** (Template Settings)
3. Sélectionner la ligne **Aucune** (None) située sous **Nom fichier de gabarit par défaut pour RAPNOUV** (Default Template File Name for QNEW).
4. Cliquer sur **Parcourir** (Browse) et spécifier un chemin d'accès et un fichier gabarit de dessin. Par exemple, acadiso.dwt (fig.1.54).
5. Cliquer sur **OK**.
6. Cliquer sur **Rapnouv** (Qnew) dans la barre d'outils d'accès rapide. A ce stade, un nouveau dessin est immédiatement créé sur la base du fichier gabarit de dessin par défaut spécifié.

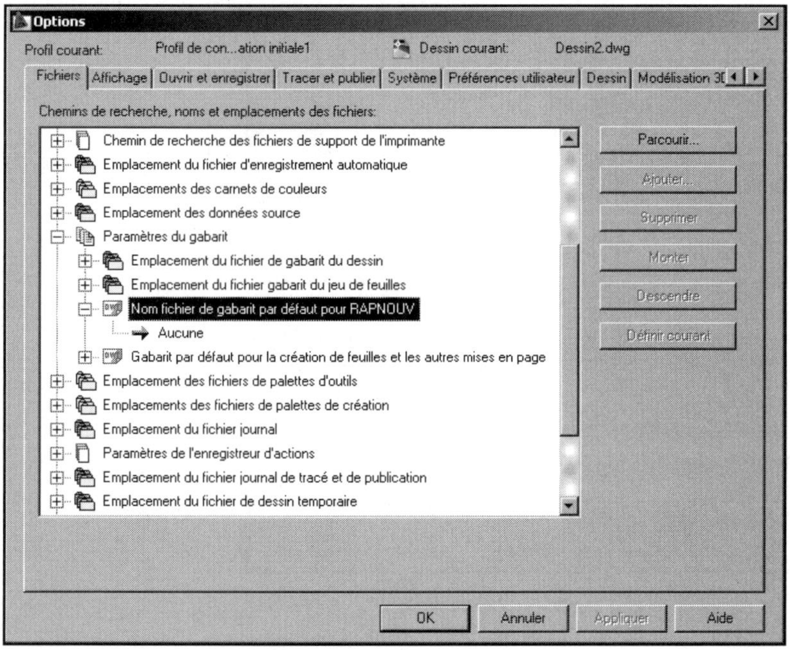

Fig.1.54

Ouvrir un dessin existant

Pour ouvrir un dessin existant pendant une session de travail avec AutoCAD, il convient d'utiliser la commande **OUVRIR** (Open) du menu **Application** (A) ou de la barre d'outils d'accès rapide qui ouvre la boîte de dialogue **Sélectionner un fichier** (Select File).

Pour ouvrir un fichier avec cette dernière boîte de dialogue, il convient ensuite de (fig.1.55) :

1 Sélectionner le bon répertoire dans le champ **Regarder dans** (Look In).

2 Spécifier le type de fichier à ouvrir, par défaut : Dessin (*.dwg). Seuls ces fichiers sont affichés.

3 Sélectionner le nom du fichier à ouvrir en cliquant dessus.

4 Cliquer sur le bouton **Ouvrir** (Open) pour effectuer l'ouverture. La boîte de dialogue fait place au document qui occupe tout l'écran.

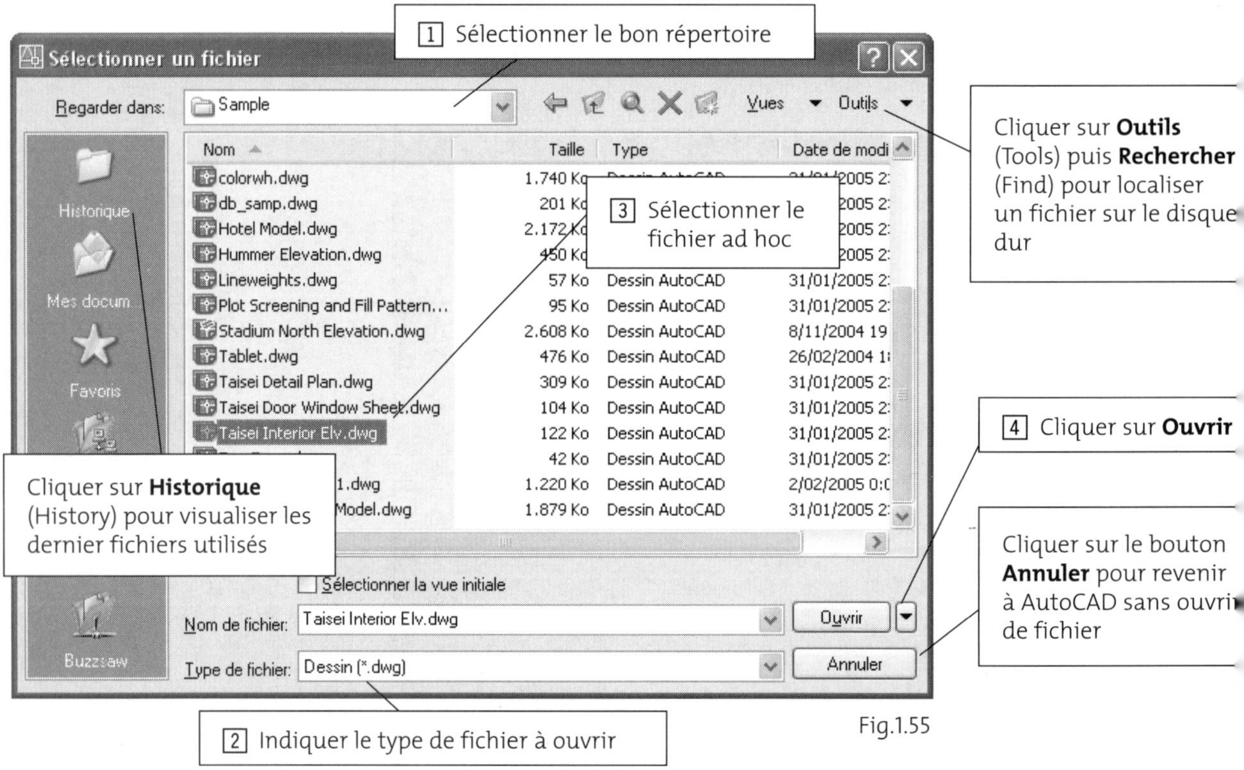

Fig.1.55

Les options de la boîte de dialogue Sélectionner un fichier (Select File) sont les suivantes :

Liste des emplacements :

- **Historique** (History) : affiche les raccourcis vers les derniers fichiers ouverts dans cette boîte de dialogue.
- **Mes Documents** (My Documents) : affiche le contenu du dossier Mes Documents pour le profil utilisateur courant. Le nom de cet emplacement dépend de la version du système d'exploitation.
- **Favoris** (Favorites) : affiche le contenu du dossier Favoris pour le profil utilisateur courant. Ce dossier se compose de raccourcis vers les fichiers ou dossiers ajoutés à la liste Favoris à l'aide de l'option **Outils** puis **Ajouter aux favoris** de la boîte de dialogue.
- **FTP** (FTP) : affiche les sites FTP que l'on peut parcourir dans la boîte de dialogue standard de sélection de fichiers. Pour ajouter des adresses FTP à cette liste ou pour modifier une adresse existante, choisir l'option **Outils** puis **Ajouter/Modifier des adresses FTP** de cette boîte de dialogue.
- **Bureau** (Desktop) : affiche le contenu du bureau de l'utilisateur courant.
- **Buzzsaw** (Buzzsaw) : permet d'accéder aux projets hébergés par Buzzsaw.com, place d'échanges inter-entreprise pour la conception architecturale et l'industrie du bâtiment.

La barre d'outils située en haut à droite présente les options suivantes :

- **Retour à** (Back) : renvoie à l'emplacement de fichiers précédent.
- **Dossier parent** (Up one level) : remonte d'un niveau dans l'arborescence du chemin d'accès courant.
- **Rechercher sur le Web** (Search the Web) : affiche la boîte de dialogue **Rechercher sur le Web**, qui permet d'accéder à des fichiers AutoCAD sur Internet ou d'y enregistrer vos fichiers.
- **Supprimer** (Delete) : supprime le fichier ou le dossier sélectionné.
- **Créer un dossier** (Create New Folder) : crée un nouveau dossier dans le chemin d'accès courant sous le nom indiqué.
- **Vues** (Views) : gère l'aspect de la liste des fichiers et indique si une image d'aperçu doit être affichée.
  - **Liste** (List) : affiche le contenu de la liste des fichiers sous la forme d'une liste à plusieurs colonnes.
  - **Détails** (Details) : affiche le contenu de la liste des fichiers sous la forme d'une liste à une seule colonne dans laquelle figurent des informations détaillées sur les fichiers.

  - **Aperçu** (Preview) : affiche une image bitmap du fichier sélectionné. Si vous ne sélectionnez aucun fichier, la zone Aperçu reste vide. Pour enregistrer une image bitmap avec un fichier dessin, utilisez l'option **Enregistrer** une image miniature d'aperçu dans l'onglet **Ouvrir** et enregistrer de la boîte de dialogue **Options**.
  - **Images miniatures** : affiche le contenu sous la forme de petites images
- **Outils** (Tools) : fournit les outils suivants :
  - **Rechercher** (Find) : affiche la boîte de dialogue **Rechercher**, dans laquelle des filtres vous permettent de rechercher des fichiers par nom, par emplacement ou par date.
  - **Chercher** (Locate) : utilise le chemin de recherche d'AutoCAD pour localiser le fichier indiqué dans la zone Nom du fichier. Vous définissez ce chemin de recherche sous l'onglet **Fichiers** de la boîte de dialogue **Options**.
  - **Ajouter/Modifier des adresses FTP** (Add/Modify FTP Locations) : affiche la boîte de dialogue **Ajouter/Modifier des adresses FTP**, dans laquelle vous pouvez préciser les sites FTP à parcourir. Pour atteindre ces sites, choisir FTP dans la liste des emplacements.
  - **Ajouter le dossier courant aux lecteurs réseau** (Add Current Folder to PLaces) : ajoute une icône dans la liste des emplacements pour le dossier sélectionné, permettant d'accéder rapidement à ce dernier à partir de toutes les boîtes de dialogue standard de sélection de fichiers. Pour supprimer l'icône, cliquer dessus avec le bouton droit de la souris et choisir Supprimer.
  - **Ajouter aux Favoris** (Add to Favorites) : crée un raccourci vers l'emplacement Regarder dans courant ou vers le fichier ou dossier sélectionné. Le raccourci est placé dans le dossier Favoris pour le profil utilisateur en cours, auquel vous pouvez accéder en choisissant Favoris dans la liste des emplacements.

Le menu déroulant situé à droite du bouton **Ouvrir** (Open) contient les options suivantes :

- **Ouvrir en lecture seule** : (Open Read-Only) : ouvre un fichier en lecture seule. Dans ce cas, il est impossible d'enregistrer des modifications dans le fichier en utilisant son nom d'origine.
- **Ouverture partielle** (Partial open) : affiche la boîte de dialogue **Ouverture partielle** (Partial open). Il est possible d'ouvrir et de charger partiellement un dessin, y compris les figures géométriques sur une vue ou un calque spécifique.

- **Ouverture partielle en lecture seule** (Partial Open Read only) : ouvre les portions de dessin spécifiées en mode de lecture seule.

Remarques

A partir d'AutoCAD 2000, il est possible d'ouvrir plusieurs dessins dans une même session de travail. Dans ce cas, pour passer d'un dessin à un autre il suffit de garder la touche Ctrl enfoncée et d'appuyer temporairement sur la touche de tabulation pour passer d'une feuille à une autre.

Il est aussi possible de créer un bouton par dessin dans la barre des tâches de Windows en donnant la valeur 1 à la variable **Taskbar**.

Pour afficher deux dessins côte à côte, il suffit de choisir **Mosaïque verticale** (Tile Vertically) dans le groupe de fonctions **Fenêtre** (Window) de l'onglet **Vue** (view).

Sauvegarder un dessin

Pour enregistrer un document nouveau, il faut valider la commande **Fichier/Enregistrer** (File/Save) et passer par la boîte de dialogue **Enregistrer le dessin sous** (Save Drawing As) (fig.1.56). Pour enregistrer un

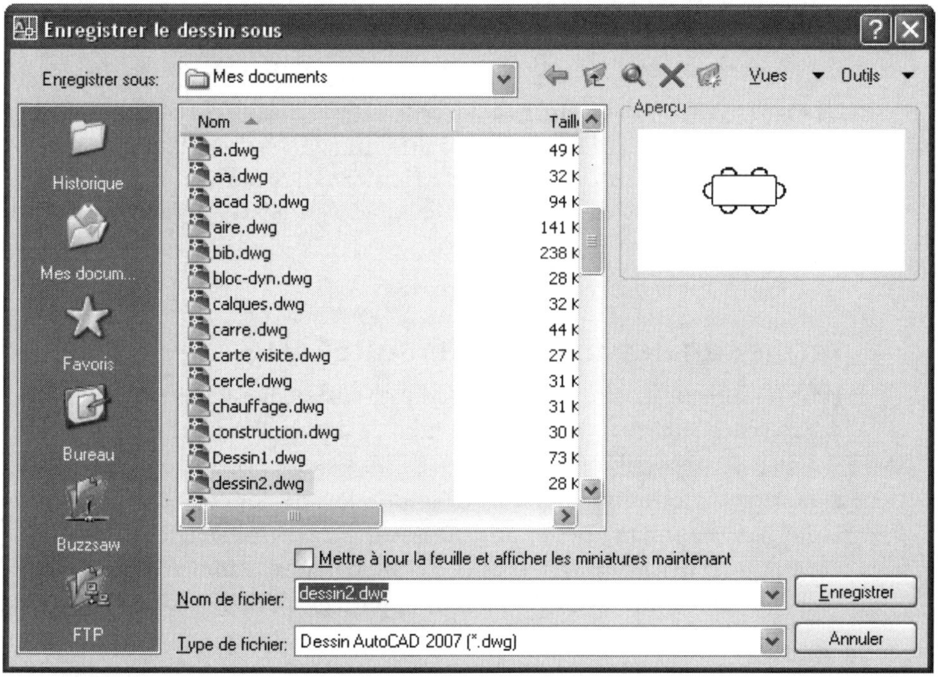

Fig.1.56

document possédant un nom (qui a donc déjà été enregistré précédemment), il suffit de cliquer sur l'icône en forme de disquette sans effectuer davantage de modification. Pour enregistrer un dessin existant sous un autre nom, on validera la commande **Fichier/Enregistrer sous** (File/SaveAS). Il convient de noter qu'après cette opération, on disposera de deux dessins identiques... aux noms différents. On peut ainsi modifier un des deux jumeaux tout en conservant l'autre intact. AutoCAD 2010 permet d'enregistrer son dessin selon plusieurs formats. Ainsi, si l'on souhaite regarder son dessin sur un autre ordinateur qui ne possède pas la dernière version d'AutoCAD, il est possible de sélectionner dans la rubrique **Type de fichier** (File Type), la version souhaitée : AutoCAD 2000/2004/2007/2010 (*.dwg) ou les formats DXF.

Pour sauvegarder un dessin, il suffit ensuite de :

1. Sélectionner le dossier (répertoire) d'accueil du nouveau document dans la liste **Enregistrer sous** (Save In). Il est important à ce stade de réfléchir à la structure des répertoires pour retrouver facilement ses dessins par la suite. Plusieurs possibilités existent :
   - un répertoire pour tous les dessins ;
   - un répertoire distinct par projet ou par client ;
   - un répertoire pour les dessins en cours et un autre pour les dessins terminés, etc.
2. Dans la zone **Nom du fichier** (File Name), entrer au clavier le nom choisi pour le fichier. Il faut être attentif à la version d'AutoCAD mentionné dans la rubrique **Type de fichier** (Files of type) située dans la partie inférieure de la boîte de dialogue. Par défaut, il s'agit de Dessin d'AutoCAD 2010.
3. Cliquer sur le bouton **Enregistrer** (Save).

Fermer un dessin et quitter AutoCAD

Pour fermer un dessin, il suffit de cliquer sur l'icône de fermeture située dans le coin supérieur droit de la feuille de dessin. Pour quitter AutoCAD, il existe deux possibilités distinctes. La plus simple consiste à cliquer sur le bouton de fermeture d'AutoCAD située dans le coin supérieur droit de l'interface. L'autre méthode consiste à utiliser la commande **Quitter** (Exit) du menu **Application** (A). Lors de cette opération, AutoCAD vérifie toujours que les dernières modifications apportées au fichier à fermer soient correctement enregistrées. Dans le cas contraire, il ouvre une boîte de message demandant s'il doit procéder à l'enregistrement. Si l'on clique sur **Oui** (Yes), il ouvre la boîte de dialogue **Enregistrer sous** (Save as). Une fois le fichier enregistré, il poursuivra la procédure de fermeture.

Les options d'aide en direct

Pour vous aider à connaître le fonctionnement des commandes d'AutoCAD, ce dernier affiche des info-bulles lors du survol des commandes. Les info-bulles fournissent ainsi des informations contextuelles concernant les interactions avec les barres d'outils, les accrochages aux objets et les opérations de dessin. Les info-bulles s'affichent dans les barres d'outils, le navigateur de menus, le ruban et les boîtes de dialogue (fig.1.57). Une info-bulle de base s'affiche d'abord (❶). Puis, si vous maintenez le curseur de la souris en place, l'info-bulle s'agrandit pour afficher plus d'informations (❷).

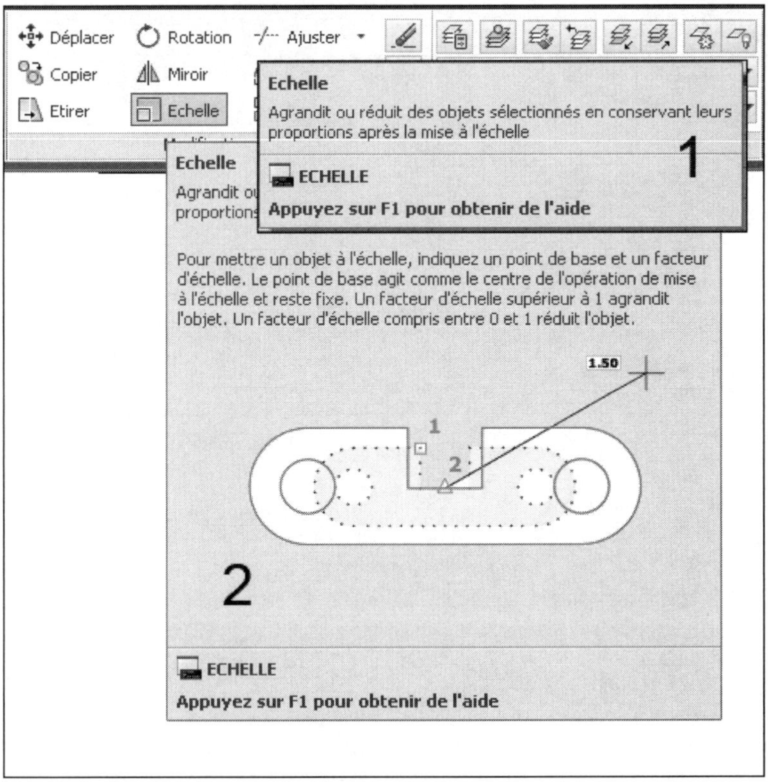

Fig.1.57

Une fois que vous avez pris connaissance des commandes vous pouvez désactiver partiellement ou complètement les info-bulles à l'aide des options situées dans l'onglet Affichage (Display) de la boîte de dialogue Options (fig.1.58). Les options sont les suivantes :

- **Afficher les info-bulles** (Show ToolTips) : affiche des info-bulles lorsque vous placez le curseur sur des boutons du ruban, du navigateur de menus, d'une barre d'outils, du gestionnaire du jeu de feuilles et de la palette **Références externes** (variable système TOOLTIPS).
- **Afficher les touches de raccourci dans les info-bulles** (Show shortcut keys in ToolTips) : affiche les touches de raccourci dans l'info-bulle (Alt + touche).
- **Afficher les info-bulles étendues** (Show extended ToolTips) : contrôle l'affichage des info-bulles étendues.

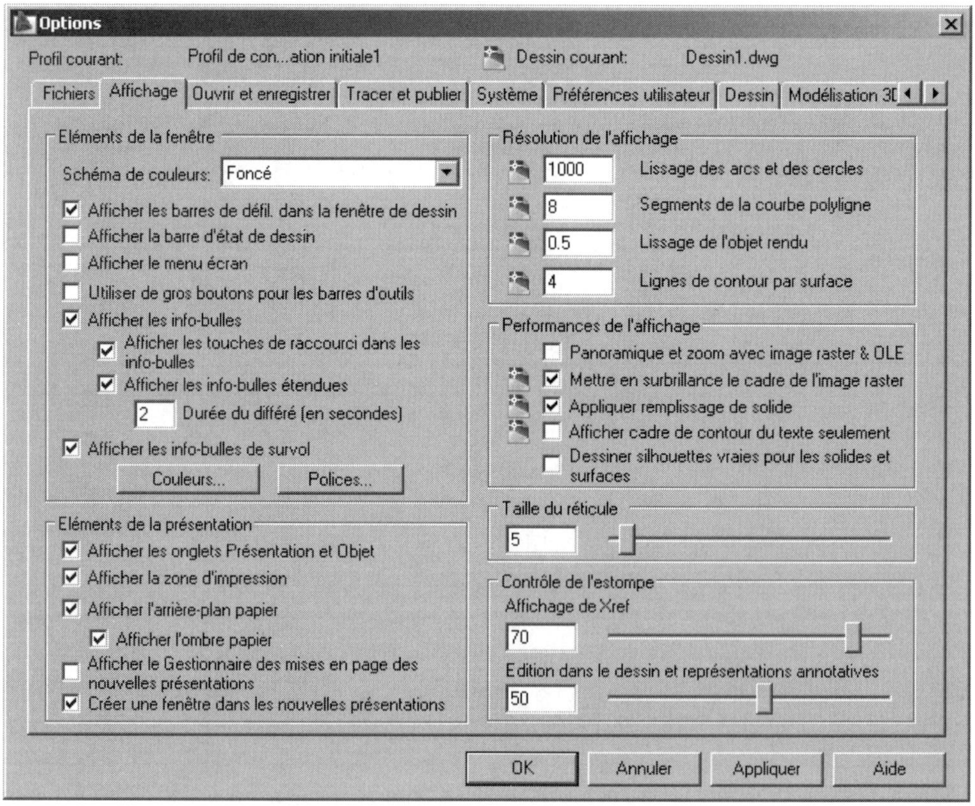

Fig.1.58

- **Durée du différé** (en secondes) (Number of seconds to delay) : définit la durée devant s'écouler entre l'affichage des info-bulles de base et les info-bulles d'aide complémentaire.
- **Afficher les info-bulles de survol** (Show rollover ToolTips) : contrôle l'affichage des info-bulles de survol pour les objets mis en surbrillance. La variable système ROLLOVERTIPS contrôle l'affichage des info-bulles de survol.

CHAPITRE 2

STRUCTURER LE DESSIN À L'AIDE DE CALQUES

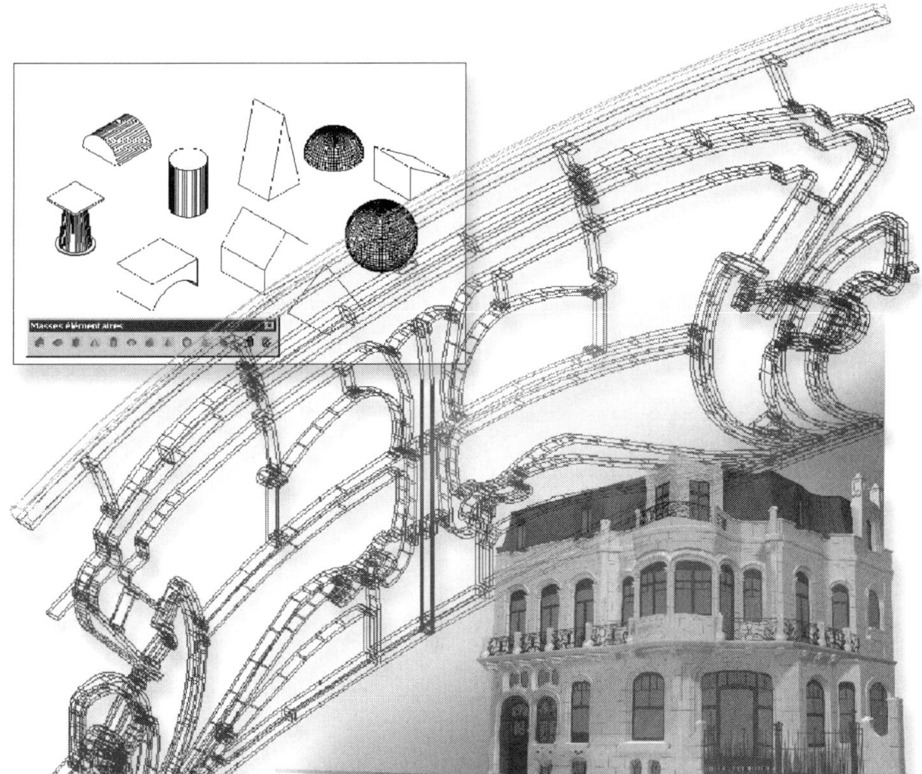

La notion de calque

Une des premières choses à faire après avoir ouvert AutoCAD et avant de dessiner est de structurer son dessin à l'aide de calques. Un calque (layer) dans AutoCAD peut être considéré comme une feuille de calque transparente qu'il est possible de superposer à une autre, afin de répartir les données du dessin. Un architecte pourra ainsi créer le dessin d'une habitation à l'aide d'une série de calques superposés, chacun reprenant des données spécifiques à une technique particulière : le gros œuvre, l'électricité, la plomberie, le mobilier, etc. Ces différents calques peuvent être activés (visibles) ou non (invisibles), et cela aussi bien à l'écran que lors du tracé sur traceur. Il est possible d'associer à chacun de ces calques, une couleur, un type de ligne, une épaisseur de trait, etc. Le nombre de calques est illimité. La gestion des calques est donc une tâche importante dans le processus de dessin sur ordinateur car elle permet de bien structurer l'information. (fig.2.1). La gestion des calques est aussi importante pour le travail collaboratif. En effet, l'échange informatisé de données graphiques entre les divers partenaires d'un projet, quel qu'il soit, est devenu une pratique courante. En particulier, dans le secteur de la construction, les échanges sont fréquents entre les maîtres d'ouvrage, les architectes, les bureaux d'études et les entreprises. Les grands projets de construction de ces dernières années, comme la Bibliothèque de France, le Parlement Européen, le Stade de France en sont des exemples concrets.

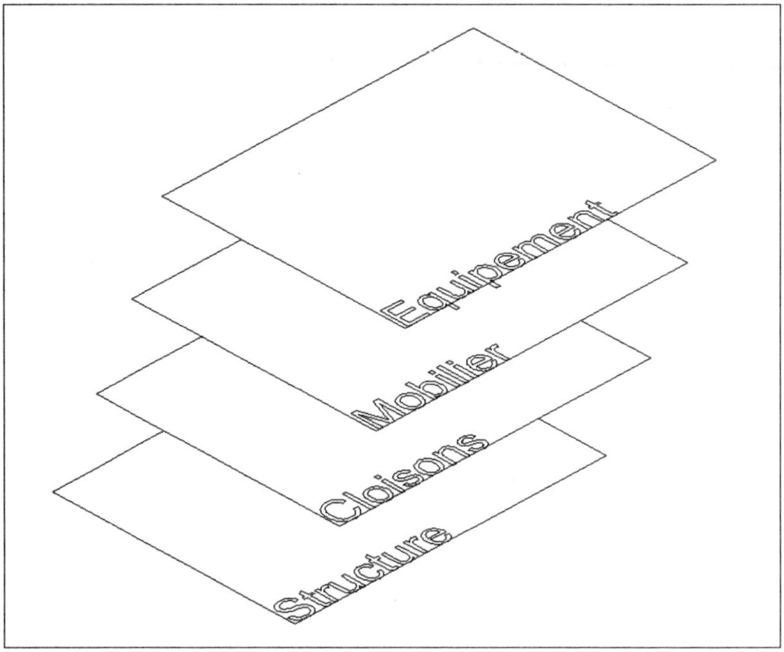

Fig.2.1

En fonction des besoins, l'organisation des calques peut se faire de façon fonctionnelle (par exemple, les calques : éléments de structure, cloisonnement, équipement électrique, mobilier, etc.) ou graphique (par exemple les calques : cotations, textes, hachures, lignes de construction, etc.). La combinaison des deux systèmes reste aussi possible.

Outre l'aspect de la structuration des données, d'autres possibilités sont offertes par l'utilisation des calques :

- Rendre les objets d'un calque visibles dans l'une ou l'autre des fenêtres.
- Spécifier le tracé des objets.
- Déterminer la couleur attribuée à tous les objets d'un calque.
- Décider du type et de l'épaisseur de ligne qui seront attribués par défaut à tous les objets d'un calque.
- Déterminer si les objets d'un calque peuvent être modifiés.

La nomination et la numérotation des calques

Le calque constitue l'outil de base d'organisation et de gestion des renseignements graphiques. Les calques servent donc à trier les objets graphiques en groupes de données apparentées. Il est donc utile d'utiliser ou de mettre au point un modèle alphanumérique et modulaire d'affectation des noms des calques qui permet le tri de ces données d'une manière particulière.

Le modèle peut être spécifique à l'entreprise ou correspondre à une norme nationale ou internationale. Dans ce dernier cas, il existe, au niveau européen, la norme ISO 13567, intitulée « Organisation et dénomination des couches de CAO ». Elle établit les principes généraux de la structuration en couches au sein des fichiers de CAO. Les recommandations de cette norme sont applicables à toutes les parties impliquées dans la préparation et l'utilisation de documentation technique sur ordinateur.

Remarques

Chaque dessin possède d'office un calque « 0 ». Ce calque ne peut être ni supprimé, ni renommé. Ce calque est principalement utilisé pour la définition et la création de blocs. Il est donc conseillé de ne pas l'utiliser pour le dessin.

Lors de la cotation du dessin, un calque spécifique « Defpoints » est créé. Il sert à la définition des points de repères de la cotation. Il convient donc de ne pas utiliser ce calque.

L'utilisation particulière des calques

Outre la création et l'utilisation classique des calques, abordées dans ce chapitre, les calques sont aussi utilisés dans d'autres contextes :

- Les calques et les blocs : voir chapitre 7
- Les calques et les références externes (Xref) : voir chapitre 11
- Les calques et la mise en page : voir chapitre 25
- Les calques et le fichier gabarit : voir chapitre 27

La création des calques

La création et l'utilisation des calques s'effectuent à partir du groupe de fonctions **Calques** (Layers) qui est situé dans l'onglet **Début** (Home) du **Ruban**. Ce groupe comprend les fonctions suivantes (fig.2.2) :

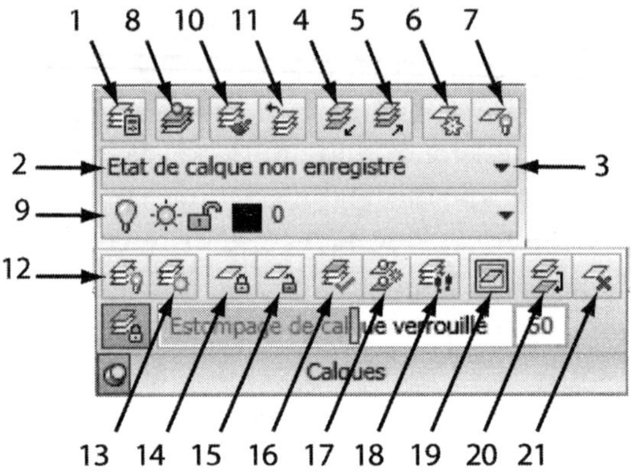

Fig.2.2

[1] **Propriétés du calque** (layer properties) : gère les calques

[2] **Gestionnaire des états de calque** (Layer stayes manager)

[3] Liste de sélection d'un **état de calque** (Layer state)

[4] **Isoler** (Isolate) : les calques des objets sélectionnés seront isolés

[5] **Associer** (Unisolate) : annule l'effet de la commande Isoler

[6] **Geler** (Freeze) : les calques des objets sélectionnés seront gelés

[7] **Inactif** (Off) : les calques des objets sélectionnés seront désactivés

[8] **Rendre le calque de l'objet courant** (Make object's layer current)

[9] **Contrôle des calques** (Layer control) : contrôle l'utilisation des calques

[10] **Correspondant** (Match) : remplace le calque des objets sélectionnés par le calque d'un objet de destination sélectionné

[11] **Précédent** (Previous) : annule la dernière modification effectuée au niveau des calques

[12] **Activer tous les calques** (Turn all layers on) : active tous les calques du dessin

[13] **Libérer tous les calques** (Thaw all layers) : libère tous les calques du dessin

[14] **Verrouiller** (Lock) : verrouille le calque d'un objet sélectionné

[15] **Déverrouiller** (Unlock) : déverrouille le calque d'un objet sélectionné

[16] **Remplacer par le calque courant** (Change to current layer) : remplace le calque des objets sélectionnés par le calque courant

[17] **Copier les objets dans un nouveau calque** (Copy objects to new layer) : duplique les objets sélectionnés dans un autre calque.

[18] **Parcourir les calques** (Layer walk) : affiche le contenu calque par calque et masque les objets présents sur les autres calques.

[19] **Isoler dans la fenêtre courante** (Isolate to current viewport) : gèle les calques sélectionnés dans toutes les fenêtres de présentation sauf dans la fenêtre courante.

[20] **Fusion** (Merge) : fusionne les calques sélectionnés dans un calque cible et supprime les calques précédents du dessin.

[21] **Supprimer** (Delete) : supprime tous les objets sur un calque et purge le calque.

[22] Liste des groupes de calques

[23] **Estompage de calque verrouillé** (Locked layer fading) : ajuste le degré d'estompage du calque verrouillé.

L'utilisation des calques démarre par la phase de création qui permet de donner un nom au calque et de définir ses propriétés de couleur, de type de ligne et d'épaisseur de ligne. Chaque entité dessinée sur le calque aura donc ses propriétés.

Pour créer et nommer un nouveau calque la procédure est la suivante :

[1] Sélectionner la commande **CALQUE** (Layer) à l'aide d'une des méthodes suivantes :

Ruban : choisir l'onglet **Début** (Home) puis le groupe **Calques** (Layers) et enfin l'icône **Propriétés du calque** (Layer Properties).

Icône : cliquer sur l'icône **Gestionnaire des propriétés de calque** (Layers) dans la barre d'outils **Calques** (Layers).

Clavier : taper la commande **CALQUE** (Layer).

[2] La palette **Gestionnaire des propriétés des calques** (Layer Properties Manager) s'affiche à l'écran. Elle se compose de deux parties, à gauche la liste des groupes de calques et à droite la liste des calques avec les propriétés de visibilités et les attributs.

[3] Cliquer sur le bouton **Nouveau calque** (New Layer). Un nom de calque, comme CALQUE1, est automatiquement ajouté à la liste des calques.

[4] Entrer un nouveau nom de calque en le tapant à la place du nom affiché en surbrillance. Un nom de calque peut contenir un maximum de

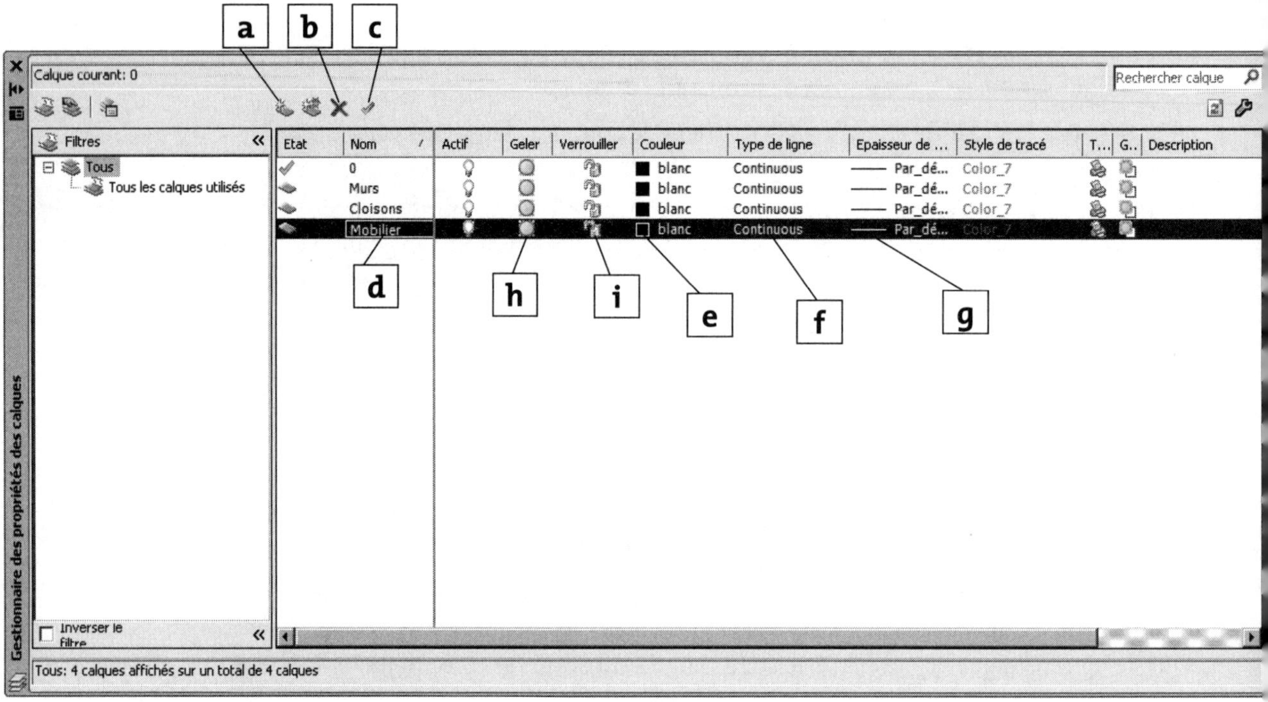

Fig.2.3

a) Cliquer pour créer un nouveau calque
b) Cliquer pour supprimer le calque sélectionné
c) Cliquer pour activer le calque sélectionné
d) Rentrer le nom du nouveau calque
e) Sélectionner la couleur du calque
f) Sélectionner le type de ligne
g) Sélectionner l'épaisseur des entités du calque
h) Cliquer pour geler ou dégeler le calque
i) Cliquer pour verrouiller ou déverrouiller le calque

255 caractères : lettres, chiffres et caractères spéciaux, dollars ($), trait d'union(-) et trait de soulignement (_). Utiliser une apostrophe fermante (`) avant les autres caractères spéciaux pour que ceux-ci ne soient pas considérés comme des caractères génériques. Les espaces ne sont pas autorisés.

5 Modifier éventuellement les propriétés et cliquer sur **OK** (fig.2.3).

Pour définir les attributs du calque (couleur, type de ligne ....) la procédure est la suivante :

1 Toujours dans la boîte de dialogue **Gestionnaire des propriétés des calques** (Layer Properties Manager), sélectionner le calque puis cliquer sur le symbole de la couleur dans la colonne **Couleur** (Color). AutoCAD dispose de plusieurs gammes de couleurs :

- **Couleurs de l'index** (Index Color) : comprend les 256 couleurs de base d'AutoCAD.
- **Couleurs vraies** (True Color) : comprend 16,7 millions de couleurs, sélectionnables à partir des modèles TLS (HSL) ou RVB (RGB).
- **Carnets de couleurs** (Color Books) : comprend les carnets Pantone et RAL.

  Si la couleur permet de distinguer facilement les calques entre eux, il faut cependant être prudent quant à son utilisation, car la couleur sera bien sûr présente lors de l'impression, mais elle est aussi un des moyens disponibles dans AutoCAD pour lier les traits du dessin à des épaisseurs de plume (fig.2.4).

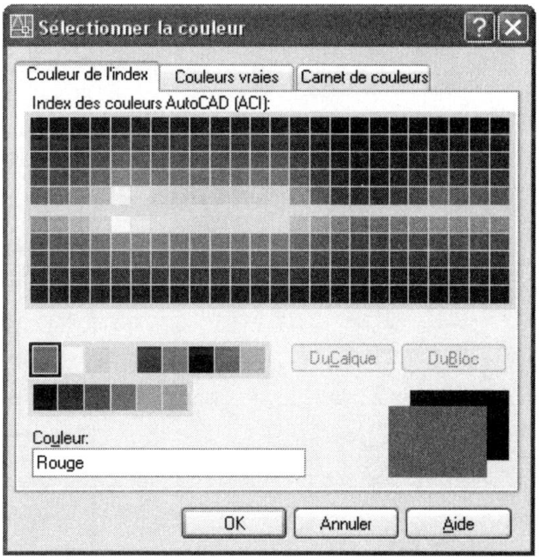

Fig.2.4

2 Cliquer dans la colonne **Type de ligne** (Linetype) pour choisir un type de ligne pour le calque sélectionné. Si la liste ne contient pas le modèle souhaité, il faut au préalable charger d'autres types de ligne par l'option **Charger** (Load) disponible en cliquant sur le type de ligne dans la colonne **Type de ligne** (Linetype). Il n'est pas obligatoire de définir un type de ligne dès le départ du dessin. La modification peut être effectuée plus tard. De même il est aussi possible d'avoir plusieurs types de ligne sur le même calque.

3 A partir de la version 2000 d'AutoCAD, il est également possible de définir de manière directe l'épaisseur des traits d'un calque sans passer par une définition de couleur. Il suffit pour cela de cliquer dans la colonne **Epaisseur des lignes** (Lineweight) et de sélectionner l'épaisseur souhaitée.

4 A partir de la version 2011, il est également possible de définir le taux de transparence du calque. Il suffit de cliquer dans la colonne Transparence (Transparency), puis de définir le taux (0 à 90).

5 Il est en outre possible de définir un style d'impression pour le calque via la colonne **Style de tracé** (Plot Style) (voir le chapitre sur l'impression). L'option **Tracer** (Plot) permet d'activer ou non l'impression du calque sélectionné. Il n'est donc pas obligatoire d'éteindre le calque pour qu'il ne soit pas imprimé.

L'utilisation des calques

Après la création des calques, il est possible de manipuler ceux-ci de diverses manières.

Pour rendre un calque courant, deux possibilités sont offertes :

1. Toujours dans la boîte de dialogue **Gestionnaire des propriétés des calques** (Layer Properties Manager), cliquer sur le calque concerné dans la liste, puis cliquer sur le bouton **Courant** (Current).
2. Dans le groupe **Calques** (Layers) du Ruban, cliquer sur la liste déroulante **Contrôle des calques** (Layer Control), puis cliquer sur le calque à rendre courant (fig.2.5).

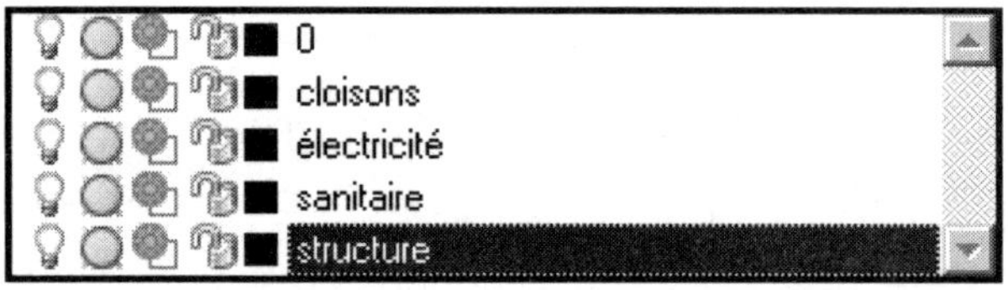

Fig.2.5

Pour rendre le calque d'un objet sélectionné courant, la procédure est la suivante :

1. Sélectionner l'objet dans le dessin.
2. Cliquer sur le bouton **Rendre le calque de l'objet courant** (Make Object's Layer Current) situé dans le groupe de fonctions **Calques**.
3. Le calque de l'objet sélectionné devient le calque courant.

Pour contrôler la visibilité d'un calque, plusieurs points sont à prendre en compte :

- **L'utilité :** pour augmenter la lisibilité d'un plan à l'écran, il peut être intéressant d'éteindre à certains moments des informations non utiles. Par exemple, un ingénieur peut éteindre le calque mobilier dans un plan d'architecte, car cette information n'est pas utile pour sa mission. De même, pour imprimer son plan de stabilité, le même ingénieur a la possibilité d'éteindre tous les calques non indispensables.
- **Les méthodes de contrôle :** pour rendre un calque visible ou invisible, AutoCAD dispose de deux fonctions distinctes : **Activé/Désactivé** (On/Off) et **Geler/Libérer** (Freeze/Thaw). Dans le premier cas un calque « invisible » est toujours considéré comme existant par AutoCAD, celui-ci en tient donc compte lors d'un zoom, d'une régénération de l'écran ou d'un

calcul de faces cachées en 3D. Dans le second cas, un calque « gelé » est considéré comme inexistant par AutoCAD. Celui-ci n'en tient donc pas compte lors d'un zoom, d'une régénération de l'écran ou d'un calcul de faces cachées. Par ailleurs, les calques **Désactivés** (Off) sont également supprimés lors de l'utilisation de la fonction **Effacer** (Erase) avec l'option **Tout** (All). Ce qui n'est pas le cas avec les calques Gelés. Il est donc conseillé d'utiliser plutôt l'option **Geler** (Freeze) que **Désactivé** (Off).

Le contrôle de la visibilité des calques s'effectue par l'une des méthodes suivantes :

1. Dans la palette **Gestionnaire des propriétés des calques** (Layer Properties Manager), cliquer sur le(s) calques concernés en maintenant la touche Maj (Shift) ou Ctrl enfoncée. Cliquer ensuite sur le symbole de l'ampoule (pour désactiver le calque) ou du soleil (pour geler le calque).
2. Dans le groupe **Calques** (Layers), cliquer sur la liste déroulante **Contrôle des calques** (Layer Control), puis cliquer sur l'un des symboles (ampoule ou soleil) en regard du calque concerné pour activer l'option.

Le verrouillage d'un calque est une autre option intéressante qui permet de garder un calque visible mais empêche toute modification des entités situées sur celui-ci. Cela permet donc de protéger un calque contre toute erreur de manipulation. Il est cependant possible de s'accrocher aux objets du calque ainsi verrouillé.

La procédure de verrouillage est la suivante (deux méthodes) :

1. Dans la palette **Gestionnaire des propriétés des calques** (Layer Properties Manager), cliquer sur les calques concernés en maintenant la touche Maj (Shift) ou Ctrl enfoncée. Cliquer ensuite sur le symbole du cadenas.
2. Dans le groupe **Calques** (Layers), cliquer sur la liste déroulante **Contrôle des calques** (Layer Control), puis cliquer sur le symbole du cadenas en regard du calque concerné pour activer l'option.

Pour changer le calque d'un objet (c'est-à-dire déplacer un objet d'un calque sur un autre), la procédure est la suivante :

1. Cliquer sur l'objet à déplacer.
2. Effectuer un clic droit et sélectionner l'option **Propriétés** (Properties).

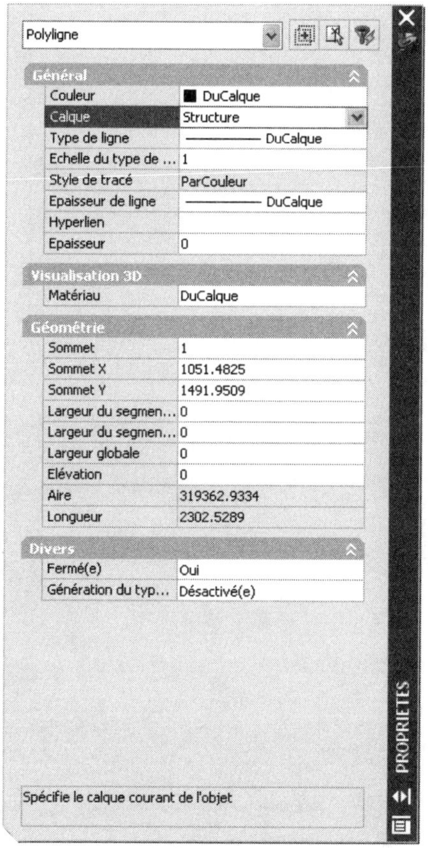

Fig.2.6

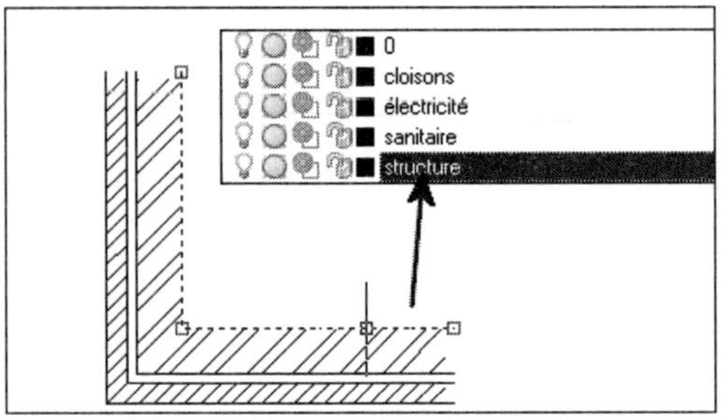

Fig.2.7

[3] Dans la boîte de dialogue **Propriétés** (Properties), cliquer sur le champ **Calque** (Layer) et sélectionner le nouveau calque dans la liste déroulante (fig.2.6).

Une méthode plus rapide, consiste à sélectionner l'objet dans le dessin, puis à sélectionner le calque de destination dans la liste des calques (fig.2.7).

La gestion des états de calques

Il peut être utile d'enregistrer les paramètres de calque en tant qu'états de calques nommés pour en faire un usage ultérieur (fig.2.8). Il est ensuite possible de les restaurer, les modifier et les importer d'autres dessins et fichiers et les exporter pour les utiliser dans d'autres dessins.

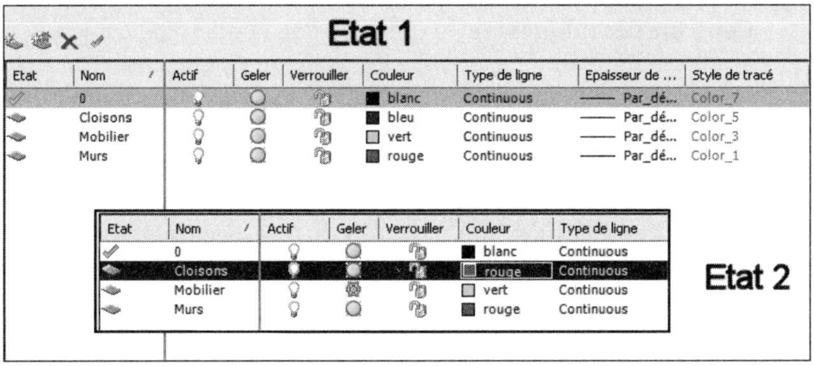

Fig.2.8

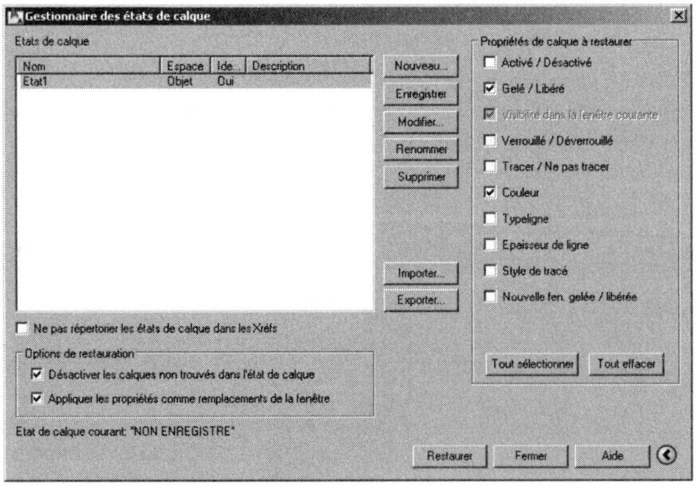

Fig.2.9

Pour sauvegarder la situation des calques à un moment donné sous un nom, la procédure est la suivante :

[1] Dans le groupe **Calques** (Layers), cliquer sur le bouton **Gestionnaire des états de calque** (Layer States Manager). La boîte de dialogue **Gestionnaire des états de calque** (Layer State Manager) s'affiche à l'écran (fig.2.9). Cliquer sur la flèche en bas à droite pour ouvrir complètement la boîte.

[2] Cliquer sur **Nouveau** (New) puis entrer un nom dans le champ **Nouveau nom d'état de calque** (New Layer State Name). Par exemple : Etat 1.

[3] Dans la zone **Propriétés de calques à restaurer** (Layer settings to restore), sélectionner les états de calque qui doivent être sauvegardés. Par exemple : **Geler/Libérer** (Freeze/Thaw) et **Couleur** (Color).

[4] Cliquer sur **Fermer** (Close) pour confirmer.

[5] Il est possible d'activer à tout moment la sélection des calques ainsi sauvegardés, en cliquant sur le bouton **Gestionnaire des états de calques** (Layer State Manager) puis sur **Restaurer** (Restore).

La création de filtres de calques

Les types de filtre

Dans le cas de l'utilisation d'un nombre important de calques, il peut être utile de filtrer l'affichage des calques selon certains critères pour n'afficher que les calques utiles pour l'opération en cours.

Un filtre de calque limite l'affichage des noms des calques dans le gestionnaire des propriétés des calques et dans la liste des calques de la barre d'outils **Calques** (Layers). Il permet aussi de filtrer l'affichage du contenu des calques dans la zone de dessin.

Il existe deux types de filtres de calque :

- **Filtres des propriétés des calques** : incluent des calques qui partagent des noms ou d'autres propriétés. Par exemple, on peut définir un filtre regroupant tous les calques rouges et dont les noms contiennent les lettres REZ.
- **Filtres des groupes de calques** : incluent des calques ajoutés au filtre lors de leur définition, indépendamment de leurs noms ou propriétés.

  L'arborescence du gestionnaire des propriétés des calques (partie gauche de la boîte de dialogue) affiche les filtres de calque par défaut et tout filtre nommé créé et enregistré dans le dessin courant. L'icône en regard d'un filtre de calque indique le type de filtre.

  Trois filtres par défaut s'affichent :

- **Tout** (All) : Affiche tous les calques du dessin courant.
- **Utilisés** (Used) : Affiche tous les calques sur lesquels sont dessinés les objets du dessin courant. Les calques non utilisés ne sont donc pas affichés.
- **Xréf** : si des Xref sont associés au dessin, tous les calques référencés depuis les autres dessins s'affichent.

Une fois un filtre de calque nommé et défini, vous pouvez le sélectionner dans l'arborescence (à gauche) pour afficher les calques dans la liste (à droite). Vous pouvez également appliquer le filtre à la barre d'outils **Calques** afin que la commande **Calque** n'affiche que les calques du filtre courant.

Lorsque vous sélectionnez un filtre dans l'arborescence et que vous cliquez avec le bouton droit de la souris, des options permettent de contrôler la visibilité, de verrouiller, de supprimer, de renommer ou de modifier les filtres disponibles. Vous pouvez aussi transformer un filtre de propriété de calque en filtre de groupe de calque. L'option Isoler groupe désactive tous les calques du dessin qui ne sont pas dans le filtre sélectionné.

La définition d'un filtre de propriété de calque

Un filtre de propriété de calque est défini dans la boîte de dialogue **Propriétés du filtre de calque**, où vous pouvez sélectionner les propriétés suivantes à inclure à la définition du filtre :

- Nom, couleur, type de ligne, épaisseur de ligne et style de tracé du calque.
- Selon que les calques sont utilisés.
- Selon que les calques sont activés ou désactivés.
- Selon que les calques sont gelés ou libérés dans la fenêtre courante ou toutes les fenêtres.
- Selon que les calques sont verrouillés ou déverrouillés.
- Traçage des calques.

Vous pouvez utiliser des caractères génériques pour filtrer les calques par nom. Par exemple, si vous souhaitez n'afficher que des calques commençant par les lettres REZ, vous pouvez saisir REZ*.

Les calques d'un filtre de propriété de calque peuvent varier en fonction des modifications apportées aux propriétés des calques. Par exemple, si vous définissez un filtre de propriété de calque nommé Site contenant tous les calques commençant par les lettres site et doté d'un type de ligne CONTINU et que vous modifiez le type de ligne de certains de ces calques, les calques dotés du nouveau type de ligne ne font plus partie du filtre Site et ne s'affichent plus lorsque vous appliquez ce filtre.

Les filtres de propriété de calque peuvent être imbriqués dans d'autres filtres de propriété ou de groupe.

Pour filtrer les calques par propriété de calque, la procédure est la suivante :

1 Dans le gestionnaire des propriétés des calques, cliquer sur le bouton **Nouveau filtre de propriété** (New property filter) (fig.2.10).

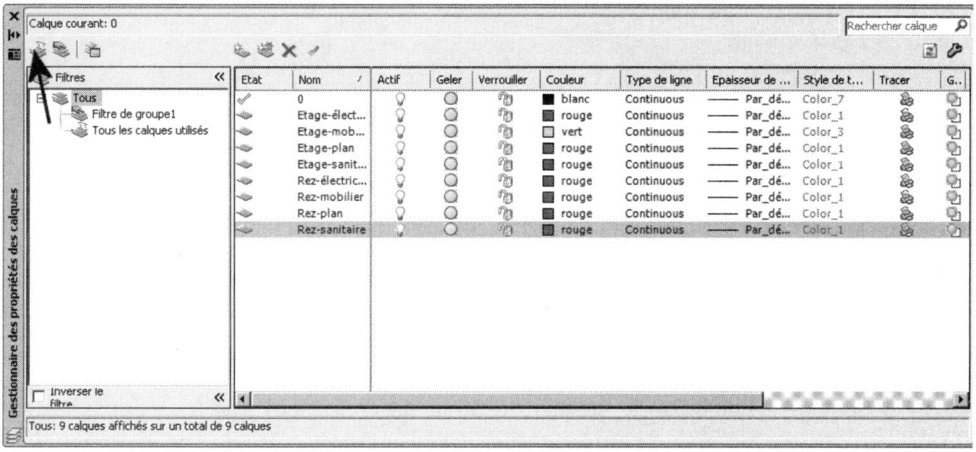

Fig.2.10

2 Dans la boîte de dialogue **Propriétés du filtre de calque** (Layer Filter Properties), attribuer un nom au filtre. Par exemple : Vues en plan.

3 Dans **Définition du filtre** (Filter definition), définir les propriétés de calque que l'on souhaite utiliser pour définir le filtre. Par exemple, pour ne prendre que les calques dégelés, il convient de cliquer sur l'icône **Dégeler** (Thaw) dans la colonne **Geler** (Freeze). Les options sont les suivantes (fig.2.11) :

- Pour filtrer par nom, utiliser des caractères génériques.
- Pour filtrer par propriété, cliquer dans la colonne de la propriété souhaitée. Certaines propriétés affichent une boîte de dialogue lorsque vous cliquez sur le bouton [...].
- Pour sélectionner plusieurs valeurs pour une propriété, cliquer avec le bouton droit de la souris sur la rangée dans la définition du filtre. Cliquer sur Doublons (Duplicate), puis sélectionner une autre valeur pour cette propriété dans la rangée suivante. Par exemple, la définition d'un filtre qui n'affiche que les calques actifs jaunes ou rouges se compose de deux lignes. La première ligne de la définition de filtre contient l'icône Actif et la couleur rouge. La seconde ligne contient l'icône Actif et la couleur jaune.

4 Cliquer sur **OK** pour enregistrer et fermer.

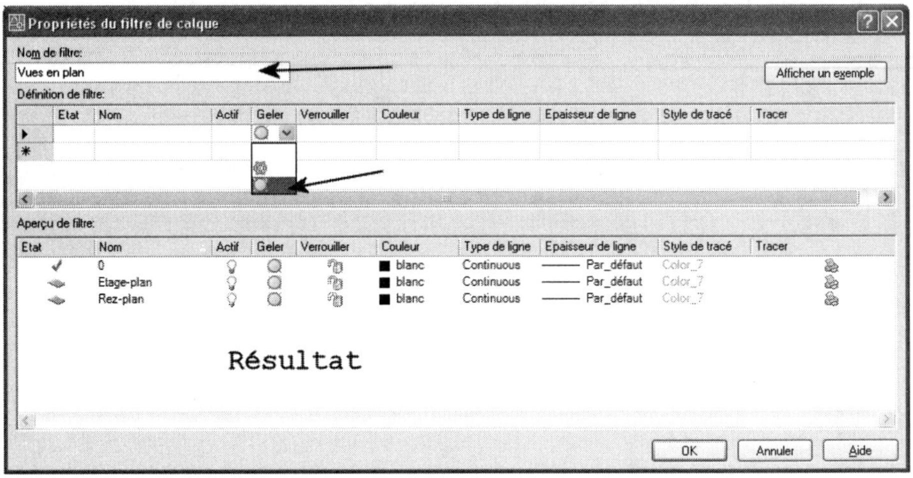

Fig.2.11

La définition d'un filtre de groupe de calques

Un filtre de groupe de calques ne contient que les calques qui y ont été affectés. Si les propriétés des calques affectés au filtre changent, les calques font toujours partie du filtre. Les filtres de groupe de calques peuvent être imbriqués dans d'autres filtres de groupe de calques.

Pour créer un filtre de groupe, la procédure est la suivante :

1. Dans le gestionnaire des propriétés des calques, cliquer sur l'icône **Nouveau filtre de groupe** (New Group Filter).
2. Entrer le nom du filtre de groupe. Par exemple : REZ.
3. Cliquer sur **Tous** (All) pour afficher tous les calques.
4. Dans la liste des calques, sélectionner ceux qui doivent faire partie du groupe REZ ; les glisser ensuite vers le nom du groupe (fig.2.12).

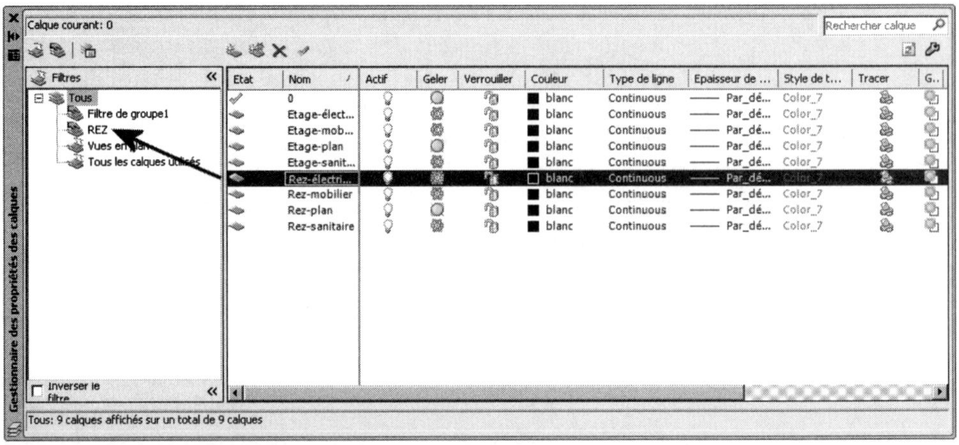

Fig.2.12

[5] En cliquant sur le filtre REZ, dans l'arborescence à gauche, seules les calques faisant partie du groupe s'affichent dans la liste des calques à droite (fig.2.13).

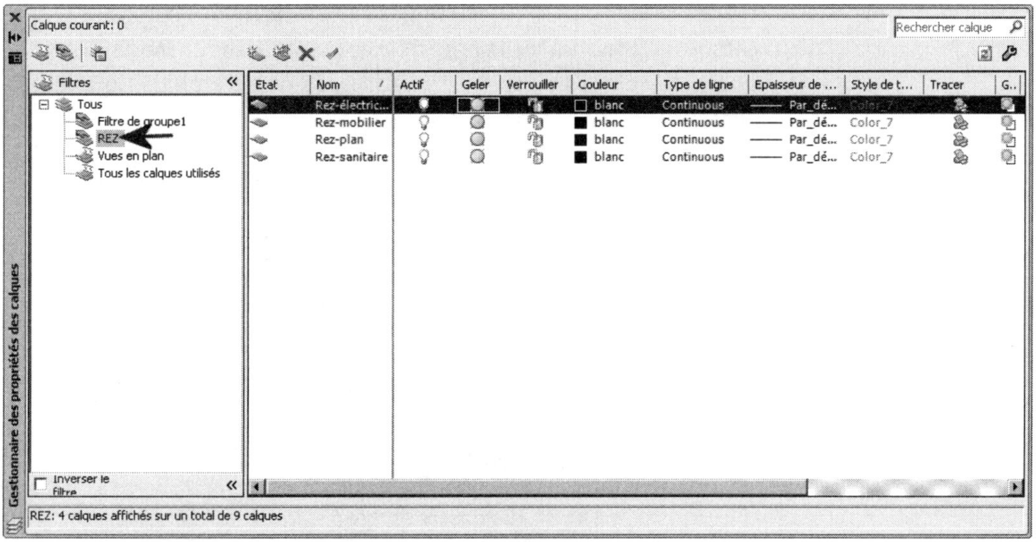

Fig.2.13

[6] Pour n'afficher à l'écran que les calques du groupe REZ, il suffit de geler le contenu des autres groupes (fig.2.14), en effectuant un clic droit sur le groupe et en sélectionnant **Visibilité et gelé**.

REMARQUE

Pour appliquer l'effet des filtres à l'affichage des calques dans le groupe Calque (Layer), il convient de cocher le champ **Appliquer le filtre de calque à la barre d'outils des calques** (Apply to layers toolbar) situé en bas de la boîte de dialogue **Paramètres de calques**. Celle-ci est disponible en cliquant sur le bouton Paramètres (Icône clé anglaise).

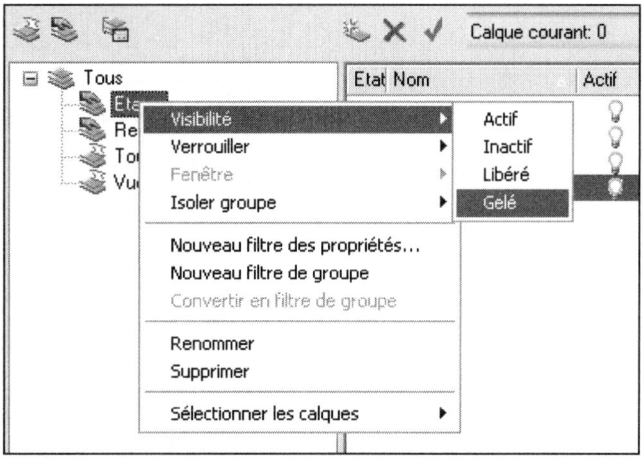

Fig.2.14

Trier les calques

Une fois les calques créés, il est aussi possible de trier les calques par nom ou par d'autres propriétés (visible, gelé...). Dans le gestionnaire des propriétés des calques, il suffit de cliquer sur l'intitulé des colonnes pour trier les calques en fonction de la propriété contenue dans chacune d'entre elles. Les noms de calques peuvent être triés par ordre alphabétique croissant ou décroissant (fig.2.15).

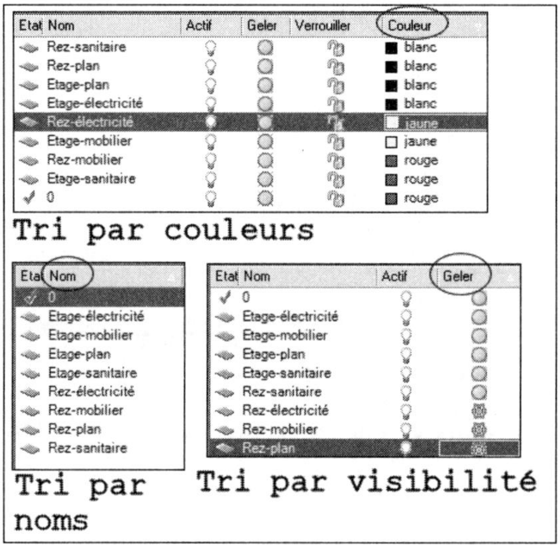

Fig.2.15

La gestion des calques dans les présentations

Principe

Vous pouvez pour chaque fenêtre de présentations (espace papier) afficher les objets différemment en définissant des remplacements de propriétés pour la couleur, le type de ligne, l'épaisseur de ligne et le style de tracé.

L'utilisation des remplacements de propriétés constitue une méthode efficace pour afficher des objets avec des paramètres de propriétés différents dans des fenêtres individuelles sans modifier leurs propriétés DuCalque ou DuBloc. Par exemple, vous pouvez faire en sorte que les objets s'affichent de manière plus proéminente en modifiant leur couleur. Dans la mesure où les remplacements de propriétés de calques ne changent pas les propriétés globales du calque, vous pouvez afficher des objets différemment dans diverses fenêtres sans devoir créer de géométrie dupliquée ou utiliser des Xref comportant différents paramètres de calques.

Lorsque vous accédez au gestionnaire des propriétés des calques à partir d'un onglet de calque, cinq colonnes de remplacements de propriétés de calques apparaissent :

- Couleur de fenêtre
- Epaisseur de ligne de fenêtre
- Type de ligne de fenêtre
- Transparence de la fenêtre
- Style de tracé de fenêtre (disponible uniquement dans les dessins de style de tracé nommé)

Lorsqu'un remplacement de propriété est défini pour un calque, un filtre **Remplacements de fenêtre** est automatiquement créé dans le gestionnaire des propriétés des calques.

Si vous ne souhaitez pas afficher ou tracer les remplacements de propriétés, définissez la variable système **VPLAYEROVERRIDESMODE** sur 0. Les objets seront affichés et tracés avec leurs propriétés de calques globales.

Les remplacements de propriétés figurant sur des calques Xref ne sont pas conservés lorsque la variable système **VISRETAIN** est définie sur 0.

Les calques comportant des remplacements de propriétés peuvent être identifiés dans le gestionnaire des propriétés des calques lorsqu'ils sont ouverts à partir d'un onglet de présentation. Les éléments suivants indiquent quels calques comportent des remplacements :

- Une couleur d'arrière-plan apparaît pour chaque nom, remplacement et paramètre de propriété global correspondant des calques.
- Une info-bulle affiche des informations de remplacement de propriété lorsque le curseur est placé sur l'icône d'état du calque contenant des remplacements.
- Une icône différente apparaît dans la colonne Etat.
- Un filtre prédéfini nommé **Remplacements de fenêtre** apparaît dans l'arborescence répertoriant tous les calques qui comportent des remplacements de fenêtre.

Remplacement des propriétés de calques

Pour attribuer des remplacements de propriétés pour la fenêtre de présentation courante, la procédure est la suivante :

1. Dans l'onglet de présentation, cliquer deux fois dans une fenêtre pour qu'elle devienne la fenêtre courante (fig.2.16).
2. Cliquer sur l'icône du gestionnaire des propriétés des calques dans la barre d'outils **Calques** (Layers).
3. Dans le gestionnaire des propriétés des calques, sélectionner les propriétés globales à remplacer dans les colonnes **Couleur de fenêtre**, **Type de ligne de fenêtre**, **Epaisseur de ligne de fenêtre**, **Transparence de la fenêtre** et **Style de tracé de fenêtre** (fig.2.17).
4. Cliquer sur **Appliquer**.

Ces modifications de propriétés ne sont valables que pour le(s) calque(s) sélectionné(s) dans la fenêtre active. Elles n'affectent donc pas les mêmes calques dans les autres fenêtres ni dans l'espace objet.

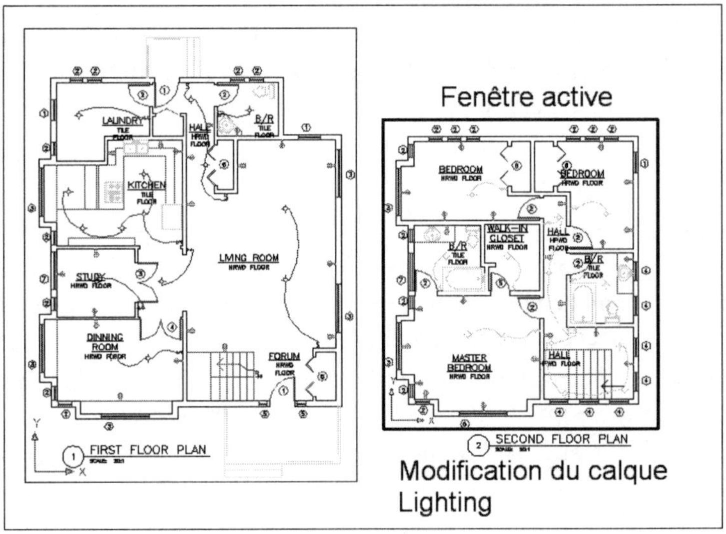

Fig.2.16

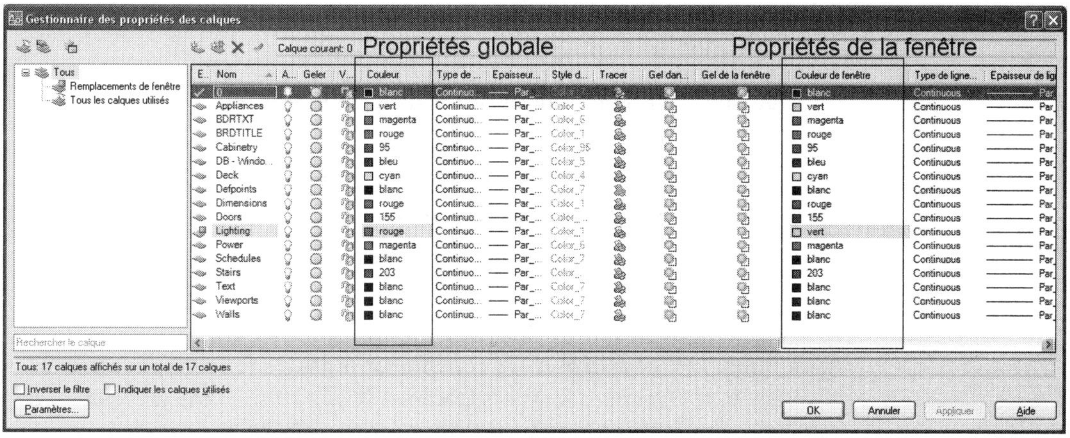

Fig.2.17

Pour supprimer tous les remplacements d'un calque de la fenêtre de présentation courante, la procédure est la suivante :

[1] Dans l'onglet de présentation, cliquer deux fois dans une fenêtre pour qu'elle devienne la fenêtre courante.

[2] Cliquer sur l'icône du gestionnaire des propriétés des calques dans le groupe de fonctions **Calques** (Layers).

[3] Dans le gestionnaire des propriétés des calques, cliquer avec le bouton droit de la souris sur le calque à supprimer. Par exemple : Lighting

[4] Cliquer sur **Supprimer les remplacements de fenêtre** pour (Remove Viewport Overrides for) puis **Calques sélectionnés** (Selected Layers) puis **Dans la fenêtre courante seulement** (In Current Viewport only) (fig.2.18).

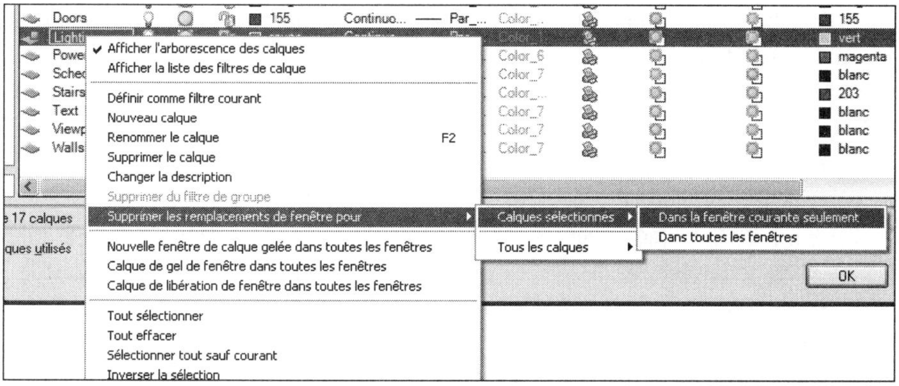

Fig.2.18

Pour supprimer un remplacement d'un calque de la fenêtre de présentation courante, la procédure est la suivante :

1 Dans l'onglet de présentation, cliquer deux fois dans une fenêtre pour qu'elle devienne la fenêtre courante.

2 Cliquer sur l'icône du gestionnaire des propriétés des calques dans le groupe de fonctions **Calques** (Layers).

3 Dans le gestionnaire des propriétés des calques, cliquer avec le bouton droit de la souris sur la propriété du calque à supprimer. Par exemple : Couleur du calque Lighting.

4 Cliquer sur **Supprimer les remplacements de fenêtre pour** (Remove Viewport Overrides for) puis **Couleur** (Color) puis **Dans la fenêtre courante seulement** (In Current Viewport only) (fig.2.19).

5 Cliquer sur **Appliquer** (Apply).

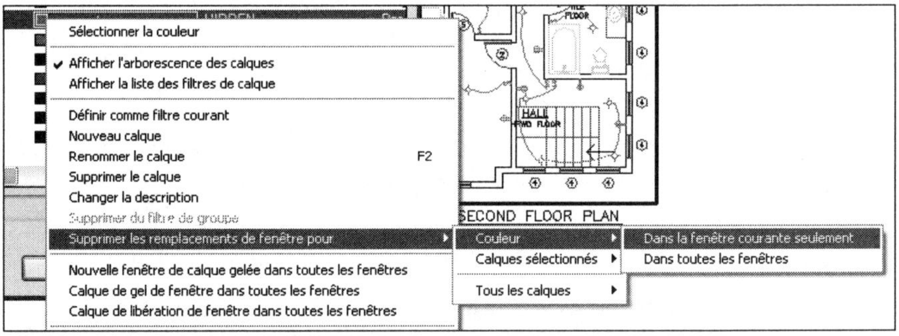

Fig.2.19

D'une manière générale on peut supprimer les remplacements de propriétés de calques selon les cas suivants :

- Un remplacement d'un calque de la fenêtre de présentation courante
- Un remplacement d'un calque pour toutes les fenêtres de la présentation
- Tous les remplacements d'un calque de la fenêtre de présentation courante
- Tous les remplacements d'un calque pour toutes les fenêtres de la présentation

Le ou les remplacements peuvent être affectés à plusieurs calques qu'il convient dans ce cas de sélectionner en maintenant la touche Ctrl enfoncée.

Utilitaires pour les remplacements des propriétés de calques

Plusieurs fonctions sont disponibles pour la gestion des remplacements de propriétés de calques

Pour vérifier si la fenêtre de présentation courante contient des remplacements de propriétés de calques, la procédure est la suivante :

1. Cliquer deux fois dans une fenêtre ou sélectionner sa bordure pour l'activer.
2. Sur la ligne de commande, entrer VPLAYEROVERRIDES.

   Si VPLAYEROVERRIDES affiche 1, la fenêtre sélectionnée contient des remplacements de fenêtres de calques. Si 0 s'affiche, aucun remplacement n'est trouvé.

Pour ne pas afficher ou tracer les remplacements de fenêtres de calques, la procédure est la suivante :

1. Sur la ligne de commande, entrer VPLAYEROVERRIDES.
2. Entrer 0.

Pour modifier la couleur d'arrière-plan des remplacements de propriétés, la procédure est la suivante :

1. Cliquer sur l'icône du gestionnaire des propriétés des calques dans le groupe de fonctions **Calques** (Layers).
2. Dans le gestionnaire des propriétés des calques, cliquer sur **Paramètres** (Settings).
3. Dans la boîte de dialogue **Paramètres de calque** (Layer Settings), sélectionner une couleur pour la couleur d'arrière-plan du remplacement de fenêtre (fig.2.20).
4. Cliquer sur **OK**.
5. Cliquer sur **OK** pour quitter le gestionnaire des propriétés des calques.

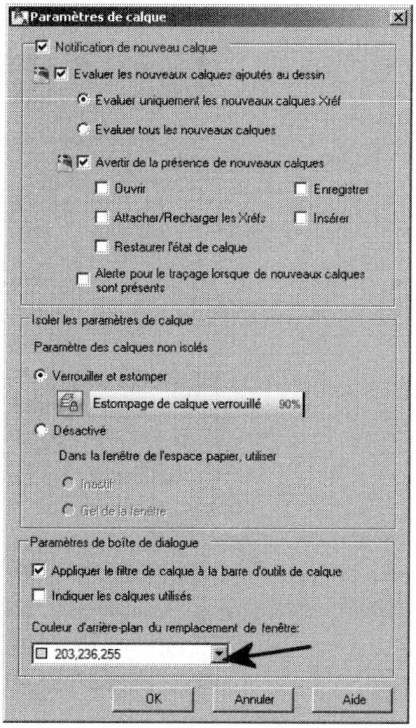

Fig.2.20

Pour enregistrer des remplacements de fenêtres de calques dans un état de calque, la procédure est la suivante :

1. Dans un onglet de présentation, cliquer deux fois dans une fenêtre pour l'activer.
2. Cliquer sur l'icône du gestionnaire des propriétés des calques dans le groupe de fonctions **Calques** (Layers).
3. Cliquer sur le bouton **Gestionnaire des états de calque** (Layer States Manager).
4. Dans le gestionnaire des états de calque, cliquer sur **Nouveau** (New).
5. Dans la boîte de dialogue **Nouvel état de calque à enregistrer** (New Layer State to Saveaa), entrer le nom du nouvel état de calque ou sélectionner un nom dans la liste. Ajoutez éventuellement une description (fig.2.21).
6. Cliquer sur **Fermer** (OK).
7. Cliquer sur **Fermer** (Close) pour quitter le gestionnaire des états de calque.

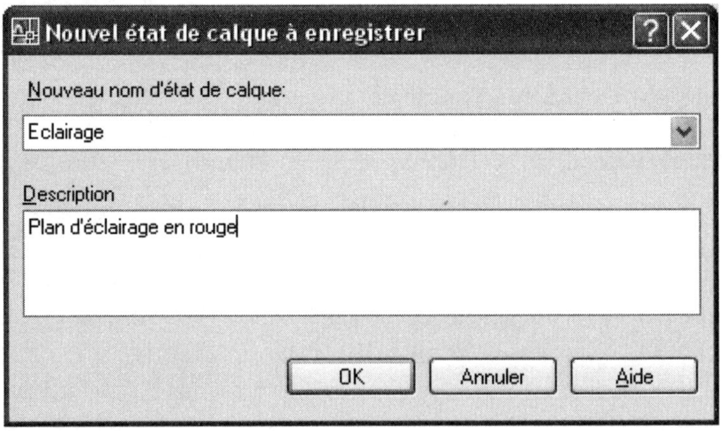

Fig.2.21

Contrôle de l'estompage des calques

Lorsque vous travaillez avec un dessin complexe sur lequel sont affichés de nombreux objets avec différentes couleurs, on peut très vite se tromper dans la sélection des objets. Auparavant, la seule possibilité était de désactiver complètement ou de geler certains calques. Depuis la version 2008, il est possible d'estomper les calques au lieu de les désactiver.

L'atténuation des objets s'effectue à l'aide du verrouillage des calques. La valeur de l'atténuation est contrôlée par la variable **LAYLOCKFADECTL**.

La plage des valeurs permettant de contrôler l'atténuation des objets sur des calques verrouillés s'étend de -90 à 90. La valeur d'atténuation est limitée à 90 pour cent pour éviter toute confusion avec les calques désactivés ou gelés.

Les options sont les suivantes :

- 0 : les calques verrouillés ne sont pas atténués.
- >0 : lorsque la valeur est positive, contrôle le pourcentage d'atténuation à un maximum de 90 pour cent.
- <0 : lorsque la valeur est négative, les calques verrouillés ne sont pas atténués mais la valeur est enregistrée pour pouvoir passer à cette valeur en changeant le signe.

Pour estomper un calque, la procédure est la suivante :

1. Dans la liste de contrôle des calques, située dans le groupe de fonctions **Calques** (Layers), verrouillez les calques à estomper (fig.2.22).
2. Modifier la valeur d'estompage à l'aide de la glissière **Estompage de calque verrouillé** (Locked layer fading) situé dans le groupe de fonctions **Calques** (Layers).

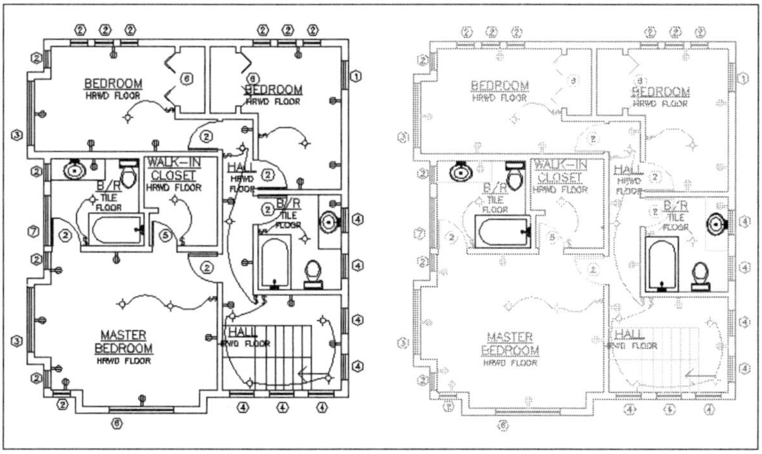

Fig.2.22

La transparence des calques

Depuis AutoCAD 2011, il est aussi possible d'atténuer l'affichage des calques, grâce à la transparence. Elle peut être réglée pour l'ensemble des fenêtres ou pour une fenêtre en particulier. Il convient pour cela de cliquer dans la colonne Transparence ou Transparence de la fenêtre, et de définir la valeur de transparence (0 à 90) dans la boîte de dialogue Transparence du calque (fig.2.23).

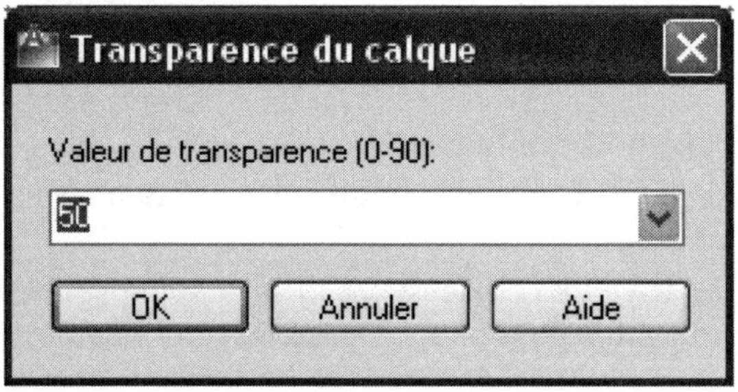

Fig.2.23

Remarque

L'affichage de la transparence à l'écran est contrôlé par l'icône TPR (TPY), située dans la barre d'état de l'écran.

CHAPITRE 3

LES OUTILS DU DESSINATEUR

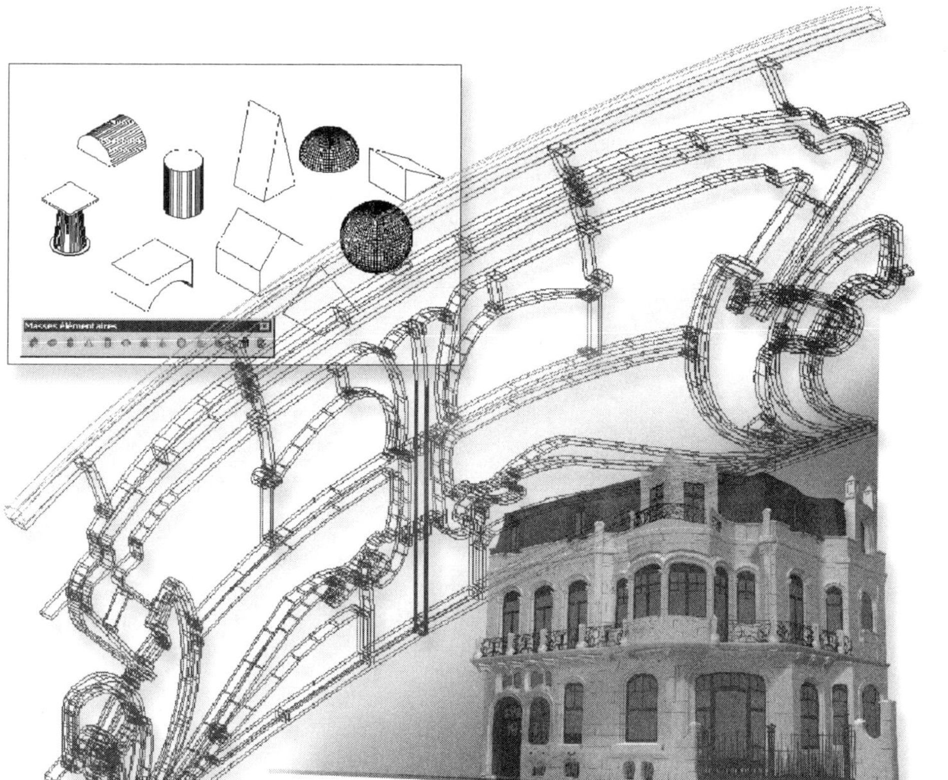

Introduction aux outils d'aide

Face à une feuille blanche, le dessinateur a depuis la nuit des temps toujours eu besoin d'une série d'instruments pour lui permettre de réaliser avec plus ou moins de précision son dessin. L'équerre, la latte, le compas, le rapporteur, la gomme, la balayette... constituent ainsi une série d'outils d'aide prolongeant sa main. A l'ère du dessin assisté par ordinateur ces outils existent toujours mais s'expriment évidemment sous une forme différente. Dans le cas d'AutoCAD, le dessinateur pourra ainsi glisser une feuille de papier millimétré sous son dessin et s'accrocher aux points de la grille, utiliser une équerre, effacer ses erreurs ou annuler la dernière opération effectuée, etc.

Les fonctions correspondant à ces différents outils d'aide peuvent être regroupées en catégories, suivant leur équivalent en dessin traditionnel :

Le papier millimétré, pour créer une trame de fond.

- RESOL (SNAP) : création d'une trame aimantée, invisible à l'écran, forçant le curseur à se déplacer pas par pas.
- GRILLE (GRID) : dessin d'une grille composée de lignes visibles à l'écran.

L'équerre (fixe ou orientable), pour dessiner en mode orthogonal ou polaire.

- ORTHO : permet le dessin rapide de lignes verticales et/ou horizontales.
- POLAIRE (POLAR) : permet de définir une ou plusieurs directions et d'utiliser celles-ci comme repères pour le dessin. Par exemple : 15, 30, 45.

L'aimant, pour s'accrocher avec précision sur des points géométriques du dessin.

- ACCROBJ (OSNAP) : permet de pointer avec grande précision des points d'accrochage à l'écran.
- REPEROBJ (OTRACK) : permet d'effectuer un repérage à l'aide d'alignements définis par rapport à des points d'accrochage.

Le compteur, pour suivre le déplacement du curseur à l'aide des coordonnées.

- COORDS : permet l'affiche des coordonnées absolues, relatives et polaires.

La loupe, pour agrandir le dessin à l'écran.

- ZOOM : permet de visualiser de manière plus précise une partie du dessin.
- PAN : permet de translater la feuille de dessin à l'écran.

La balayette, pour rafraîchir l'écran.

- REGEN : régénère l'écran et supprime les marques.

La gomme, pour effacer des éléments du dessin.

- EFFACER (ERASE) : permet de supprimer des parties ou l'ensemble d'un dessin.

La latte, pour mesurer les distances et les surfaces.

- DISTANCE : permet de mesurer la distance entre deux points.
- AIRE (AREA) : permet de mesurer l'aire d'une surface.

La calculatrice, pour calculer une expression géométrique.

- CAL : permet de calculer des données utiles pour le dessin. Par exemple, dessiner une ligne dont la longueur est égale au tiers d'une autre ligne.
- CALCRAPIDE (QUICKCALC) : permet, grâce à une interface similaire à celle d'une calculatrice de poche, d'effectuer des calculs mathématiques, scientifiques et géométriques, convertir des unités de mesure, manipuler les propriétés d'un objet et interpréter des expressions.

Le mode de saisie dynamique, pour entrer les données plus facilement.

La plupart des fonctions d'aide au dessin se trouvent sur la barre d'état d'AutoCAD. Elles sont disponibles sous la forme d'icônes (présentation par défaut) ou de boutons. Pour passer des icônes aux boutons, il suffit d'effectuer un clic droit sur l'une des icônes et de cliquer sur **Utiliser les icônes** (Use icons) dans le menu contextuel qui s'affiche.

Créer une trame de fond

La création d'une trame de fond de plan s'effectue à l'aide des commandes : GRILLE (GRID) et RESOL (SNAP). La commande GRILLE (Grid) permet d'afficher à l'écran une trame de lignes dont les espacements en X et Y sont définis par l'utilisateur. Cette grille n'est qu'une aide visuelle pour le dessin à l'écran, on ne pourra donc pas la sortir sur une table traçante.

Cette grille visible peut être complétée par une autre, invisible mais « aimantée », qui force le curseur à se déplacer uniquement sur les points de la trame, dont le pas peut être défini par l'utilisateur via la commande RESOL (Snap). Cette commande permet donc une entrée de données rapide et très précise car il est impossible de pointer entre deux points de cette trame. Depuis AutoCAD 2012, la commande RESOL (Snap) n'est active que lorsqu'une commande l'est également.

La grille, comme la trame « aimantée », est dynamique, c'est-à-dire qu'il est possible de modifier ses valeurs à tout moment.

La mise en place d'une grille s'effectue de la manière suivante :

1. Effectuer un clic droit sur le bouton **RESOL** (Snap), situé sur la barre d'état d'AutoCAD, puis sélectionner l'option **Paramètres** (Settings).
2. Activer les champs **Accrochage à la grille** (Grid snap) et **Accrochage Rectangulaire** (Rectangular snap) dans la zone **Type d'accrochage** (Snap type) pour pouvoir définir une grille et un accrochage rectangulaire (fig.3.1).
3. Déterminer le pas de la grille en X et Y (fig.3.2) :
   - Espacement X de la grille (Grid X Spacing) : exemple 1
   - Espacement Y de la grille (Grid Y Spacing) : exemple 1
4. Cliquer dans le champ **Grille activée** (Grid ON), pour activer le dessin de la grille à l'écran selon les valeurs définies précédemment.

Il est également possible d'activer ou de désactiver la Grille par la touche de fonction F7 ou le bouton correspondant de la barre d'état en bas de l'écran.

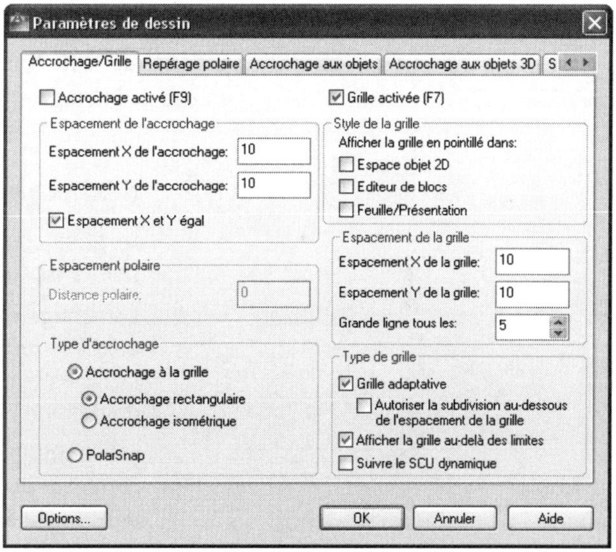

Fig.3.1

5. Déterminer le pas de la trame aimantée (invisible) en X et Y :
   - Espacement X de l'accrochage (Snap X Spacing) : 1
   - Espacement Y de l'accrochage (Snap Y Spacing) : 1
6. Cliquer dans le champ **Accrochage activé** (Snap On), pour activer la trame « aimantée » selon les valeurs définies précédemment.
7. Modifier éventuellement les options de la section **Type de grille** (Grid behavior). Elle contrôle l'apparence des lignes de grille

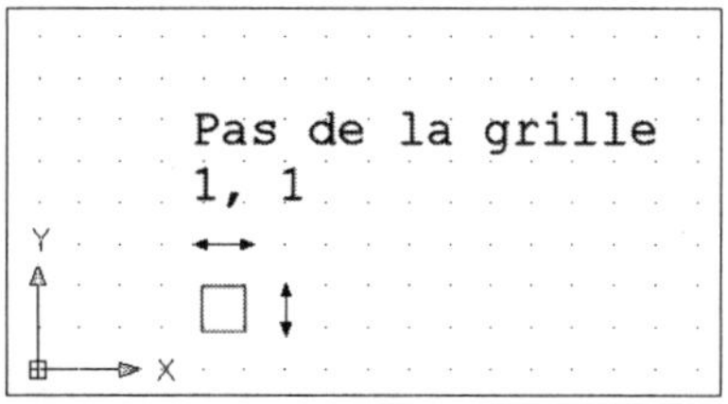

Fig.3.2

affichées lorsque le style visuel courant est autre que Filaire 2D. Les options sont :

- **Grille adaptative** (Adaptive grid) **:** limite la densité de la grille lors d'un zoom arrière.
- **Autoriser la sous-division sous l'espacement de la grille** (Allow subdivision below grid spacing) **:** génère des lignes de grille supplémentaires, à espacement plus proche, lors d'un zoom avant. La fréquence de ces lignes de grille est déterminée par la fréquence des grandes lignes de grille.
- **Afficher la grille au-delà des limites** (Display grid beyond Limits) **:** affiche la grille au-delà de la zone spécifiée par la commande LIMITES.
- **Suivre le SCU dynamique** (Follow Dynamic UCS) **:** modifie le plan de grille afin qu'il suive le plan XY du SCU dynamique.

Il est également possible d'activer ou de désactiver le mode RESOL (SNAP) par la touche de fonction F9 ou le bouton correspondant de la barre d'état en bas de l'écran.

REMARQUES

La grille composée de lignes peut être remplacée par une grille de points via l'option **Style de la grille**, de la même boîte de dialogue.

L'affichage de la grille ne dépasse jamais les limites du dessin définies lors de la configuration de la feuille de travail. Pour augmenter la zone couverte par la grille, il convient donc de modifier les limites du dessin.

Si le nombre de points de la grille est trop important pour un affichage correct à l'écran, AutoCAD supprime la grille et affiche : **Grille trop dense pour apparaître** (Grid too dense to display). Il convient alors de définir un pas de grille plus large.

Il est conseillé, pour la facilité du travail, d'avoir la même valeur du pas pour la grille visible et la trame aimantée.

Travailler en mode orthogonal

Le travail en mode orthogonal s'effectue grâce à la commande **ORTHO** qui permet de forcer le système à ne dessiner que des lignes perpendiculaires entre elles. Ce qui, dans le style de résolution standard, donne uniquement des lignes horizontales et verticales selon la position du dernier point entré.

La procédure est la suivante :

Le travail en mode « ortho » est contrôlé par la commande **ORTHO** qui peut être activée par une des options suivantes :

Ligne d'état : Cliquer sur le bouton **ORTHO**.

Touche : La clef de fonction F8 permet d'activer ou de désactiver le mode Ortho.

Clavier : Taper la commande **ORTHO** puis choisir **Actif** (ON) ou **Inactif** (OFF).

REMARQUES

Le mode Ortho fonctionne également dans le cas d'une grille avec rotation et d'une grille isométrique. La rotation de la grille peut s'effectuer à l'aide de la fonction transparente 'SNAPANG (fig.3.3).

Le mode Ortho peut être activé ou désactivé à tout moment au cours d'une session de dessin.

Dans le cas du dessin de lignes, la combinaison du mode Ortho et de l'entrée de données en coordonnées relatives permet de réaliser très rapidement un dessin précis.

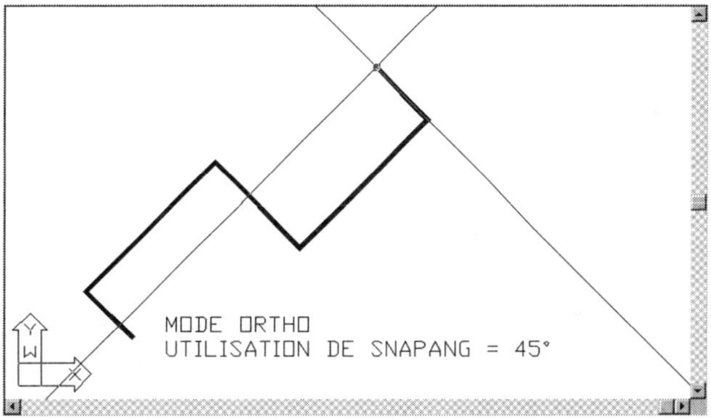

Fig.3.3

Travailler en mode polaire

Le travail en mode polaire s'effectue grâce à la commande **POLAIRE** (POLAR) qui permet de positionner le curseur sur des chemins d'alignement temporaires définis par des angles polaires à l'aide des options **Du point** et **Au point** d'une commande de dessin.

Par défaut, l'angle d'incrémentation du repérage polaire est fixé à 90 degrés (orthogonal). Il est possible de modifier cet angle et définir les incréments auxquels le curseur s'accroche aux chemins d'alignement polaire lorsque le repérage polaire et le mode résolution sont tous deux activés.

Il est également possible de modifier la façon dont AutoCAD mesure les angles polaires. La mesure absolue des angles polaires base ces angles sur les axes X et Y du système de coordonnées UCS (SCU) courant. La mesure relative des angles polaires base ces angles sur les axes X et Y de la dernière ligne créée (ou de la ligne située entre les deux derniers points créés) pendant une commande active.

Pour modifier les paramètres de repérage polaire, la procédure est la suivante :

1. Effectuer un clic droit sur le bouton **Polaire** (Polar) de la barre d'état, et sélectionner **Paramètres** (Settings).
2. Sur l'onglet **Repérage polaire** (Polar Tracking) de la boîte de dialogue **Paramètres de dessin** (Drafting Settings), sélectionner l'option **Repérage polaire activé** (Polar Tracking On) pour activer le repérage polaire (fig.3.4).
3. Sous **Angle d'incrémentation** (Increment angle), choisir un angle d'incrémentation. Par exemple : 30. AutoCAD va prendre en considération 30° et tous les multiples de 30° (60, 90, 120...).
4. D'autres angles peuvent être ajoutés. Il faut pour cela sélectionner activer le champ **Angles supplémentaires** (Additional angles) puis cliquer sur **Nouveau** (New) pour ajouter d'autres angles. Ces angles sont uniques, c'est-à-dire qu'AutoCAD ne prend pas en compte leurs multiples.

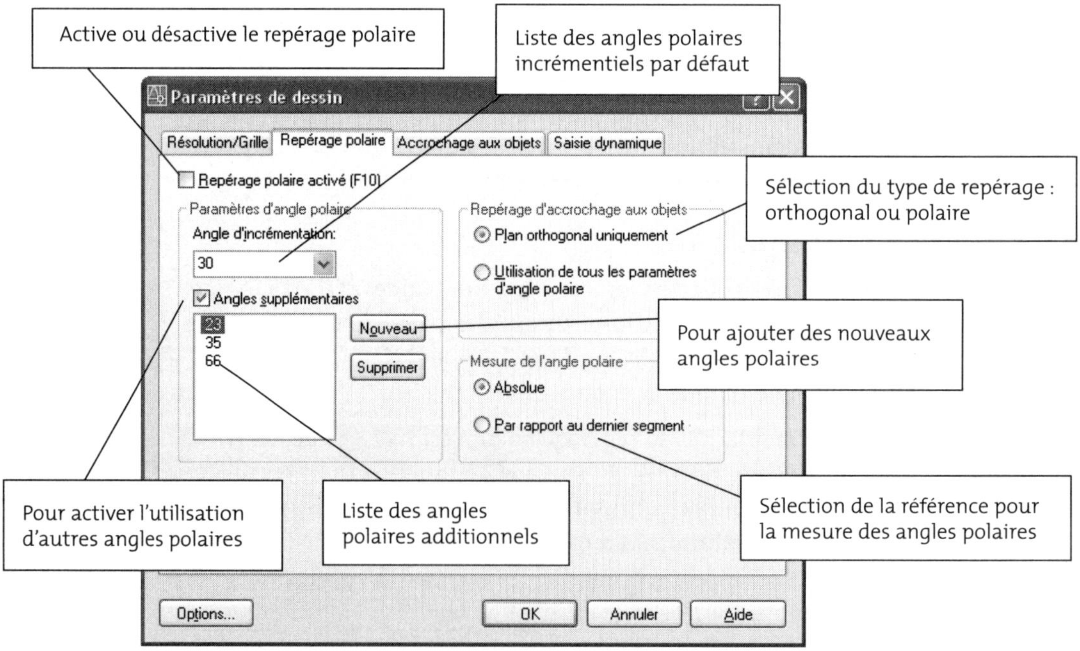

Fig.3.4

5 Sous **Mesure d'angle polaire** (Polar Angle measurement), choisir une méthode de calcul :

- **Absolue** (Absolute) : l'angle est calculé par rapport à l'orientation de l'axe des X courant.
- **Par rapport au dernier segment** (Relative to last segment) : l'angle est calculé par rapport à l'orientation du dernier segment dessiné.

6 Cliquer sur **OK**.

AutoCAD fournit par défaut neuf angles polaires incrémentiels que l'on peut utiliser avec le repérage Polaire. D'autres angles peuvent être rajoutés. Il est également possible d'ajouter des angles non incrémentiels. On peut ainsi, par exemple, ajouter un angle polaire de 66 degrés pour effectuer un repérage selon cet angle.

Pour ajouter ou supprimer des angles polaires, la procédure est la suivante :

1 Effectuer un clic droit sur le bouton **Polaire** (Polar) de la barre d'état et sélectionner **Paramètres** (Settings).

2 Sur l'onglet **Repérage polaire** (Polar Tracking) de la boîte de dialogue **Paramètres de dessin** (Drafting Settings), sous **Angles supplémentaires** (Additional angles), effectuer l'une des opérations suivantes :

- Pour ajouter un angle, choisir **Nouveau** (New), puis entrer un nouvel angle, dans le champ à gauche. Exemple : 66.
- Pour supprimer un angle, il faut le sélectionner et choisir **Supprimer** (Delete).

Pour activer le repérage polaire, la procédure est la suivante :

Appuyer sur la touche F10 ou cliquer sur le bouton **POLAIRE** (POLAR) dans la barre d'état.

Pour dessiner des objets en utilisant le repérage polaire, la procédure est la suivante :

1 Activer le repérage polaire et lancer une commande de dessin comme Arc, Cercle ou Ligne. Par exemple Ligne (fig.3.5).

2 Pointer le point de départ (pt.1).

3 Orienter le curseur plus ou moins dans la bonne direction. Quand la direction s'approche d'une des valeurs d'angle prédéfinies, un chemin d'alignement s'affiche.

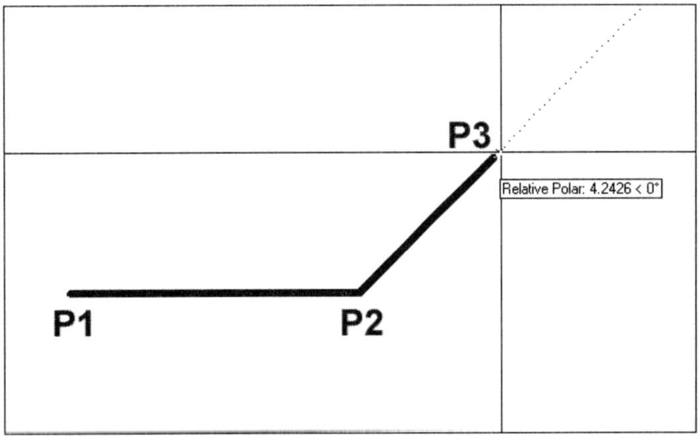

Fig.3.5

[4] Pointer le point suivant sur ce chemin (pt.2).

[5] Orienter le curseur dans une autre direction et pointer le point suivant quand le second chemin d'alignement s'affiche à l'écran (pt.3).

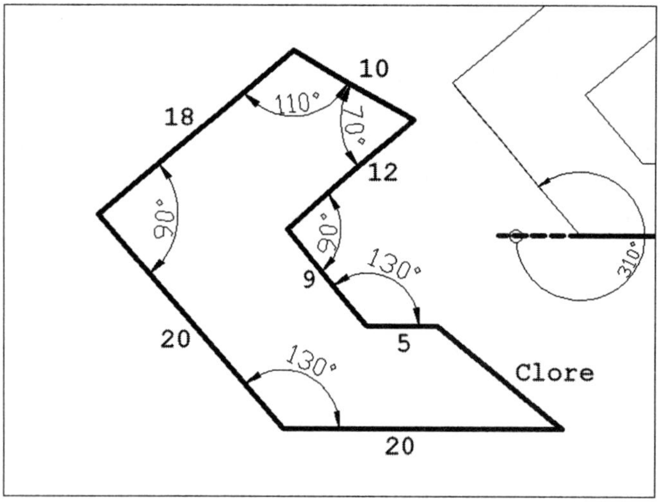

Fig.3.6

Exercice

Pour réaliser l'exercice de la figure 3.6, il convient de sélectionner l'option **Par rapport au dernier segment** (Relative to last segment) et de rentrer les angles supplémentaires suivants : 90, 250, 270, 290, 310. En effet, les angles doivent être mesurés dans le sens anti-horaire par rapport au dernier segment (fig.3.6).

Utiliser les outils d'accrochage aux objets

Pour construire géométriquement un dessin, de manière très rapide et avec grande précision, AutoCAD dispose d'un utilitaire très performant, dénommé ACCROBJ (OSNAP), qui permet de s'accrocher aux objets déjà existants dans le dessin. Il est ainsi, par exemple, très facile de tracer, à partir d'un point, une droite tangente à un cercle, ou perpendiculaire à une autre droite, ou encore passant par l'intersection de deux autres droites.

La sélection des points d'accrochage s'effectue grâce à une « cible » carrée qui se superpose au curseur d'AutoCAD quand le mode ACCROBJ (OSNAP) est activé.

La commande OSNAP (ACCROBJ) peut s'utiliser de deux manières différentes :

- **En mode transparent** : comme interruption d'une autre commande. Les diverses options d'ACCROBJ (OSNAP) sont alors disponibles en activant la touche Maj (Shift) du clavier puis la touche droite de la souris, ou pour une souris à trois boutons via le bouton du milieu (la variable MBUTTONPAN doit être mise à 0).

- **En mode permanent** : il est possible d'imposer un mode d'accrochage qui devient alors constant jusqu'à l'annulation de la commande ou jusqu'au choix d'un autre mode d'accrochage.

L'accrochage en Mode transparent :

[1] Choisir une commande de dessin : exemple **LIGNE** (LINE).

[2] Spécifier le premier point (From Point) : sélectionner une option d'accrochage dans le menu contextuel activé par la souris. Par exemple : EXTrémité (ENDpoint).

[3] Spécifier le point suivant (To Point) : sélectionner à nouveau une option d'accrochage (exemple : MILieu (MIDpoint) (fig.3.7).

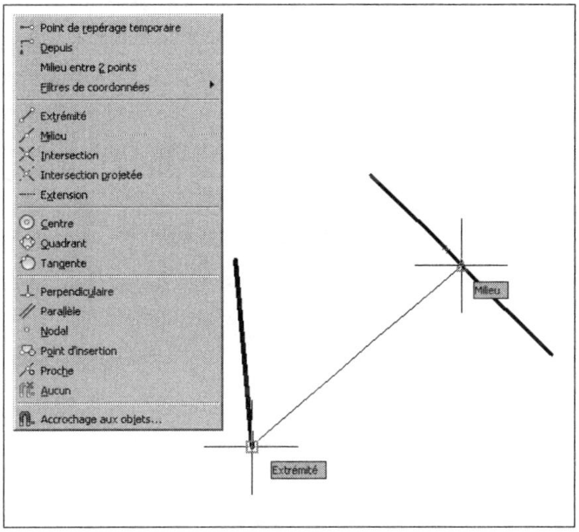

Fig.3.7

L'accrochage en Mode permanent :

Le choix des modes d'accrochage s'effectue par l'une des procédures suivantes :

Icône : Effectuer un clic droit sur le bouton **ACCROBJ** (Osnap) de la barre d'état et sélectionner l'option **Paramètres** (Settings).

Clavier : taper la commande **ACCROBJ** (Osnap), puis l'option souhaitée.

Le mode permanent est très utile pour joindre les mêmes points géométriques d'une figure. Il est ainsi très facile, par exemple, de dessiner un carré à l'intérieur d'un autre carré en joignant les points milieux du premier carré (fig.3.8).

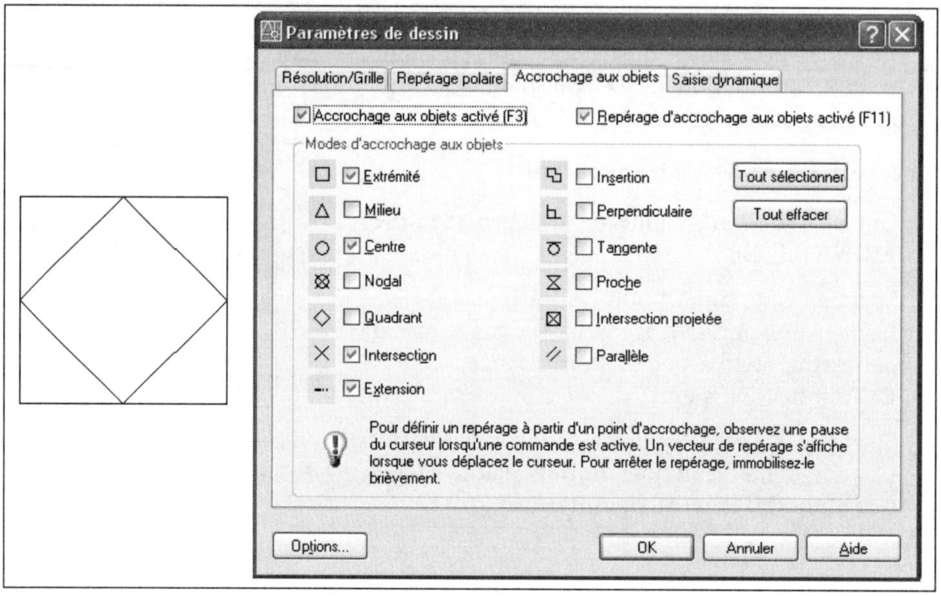

Fig.3.8

Les principaux modes d'accrochage sont les suivants :

- **Repérage** (Tracking) : permet d'activer un point aligné avec les trajectoires orthogonales passant par deux autres points. Cette option peut être utilisée en combinaison avec une autre.
- **Depuis** (From) : permet d'activer un point situé à une distance relative d'un autre point. Cette option peut être utilisée en combinaison avec une autre.
- **Extrémité** (Endpoint) : accrochage à l'extrémité la plus proche d'une ligne ou d'un arc.
- **Milieu** (Midpoint) : accrochage au milieu d'une ligne ou d'un arc.
- **Intersection** (Intersec) : accrochage à l'intersection de lignes, cercles, arcs... et de leurs combinaisons (ligne/cercle...).
- **Intersection Projetée** (App Int) : accrochage à l'intersection « virtuelle » de deux entités.
- **Extension** (Extension) : accrochage au prolongement de l'extrémité d'une entité.
- **Centre** (Center) : accrochage au centre d'un cercle ou d'un arc. Il faut placer la cible n'importe où sur le cercle ou l'arc.
- **Insertion** (Insert) : accrochage au point d'insertion d'un texte ou d'un symbole (block).

- **Proche** (Nearest) : accrochage au point d'une ligne, d'un arc, d'un cercle, etc., le plus proche de la cible du curseur.
- **Node** (Nodal) : accrochage à une entité point.
- **Parallèle** (Parallel) : permet de tracer une ligne parallèle à une ligne existante, qu'il convient de survoler sans la sélectionner.
- **Perpend** : permet de tracer une perpendiculaire d'un point à une ligne, un cercle ou un arc.
- **Quadrant** : accrochage au point quadrant le plus proche, d'un cercle ou d'un arc. Les quadrants sont les points situés à 0, 90, 180 et 270° d'un cercle ou d'un arc.
- **Tangent** : permet de tracer une tangente d'un point à un cercle ou à un arc.

REMARQUES

L'option **ACCROBJ** (Osnap) peut être désactivée et réactivée par le bouton **ACCROBJ** (OSNAP) situé dans la barre inférieure de l'écran. Il ne faut donc pas oublier d'activer ce bouton pour que les options d'accrochage soient opérationnelles.

La taille et la couleur de la cible utilisée par les options **ACCROBJ** (OSNAP) peuvent être paramétrées via l'onglet **Dessin** (Drawing) de la boîte d'outils **Options** disponible en effectuant un clic droit dans l'interface de dessin (fig 3.9).

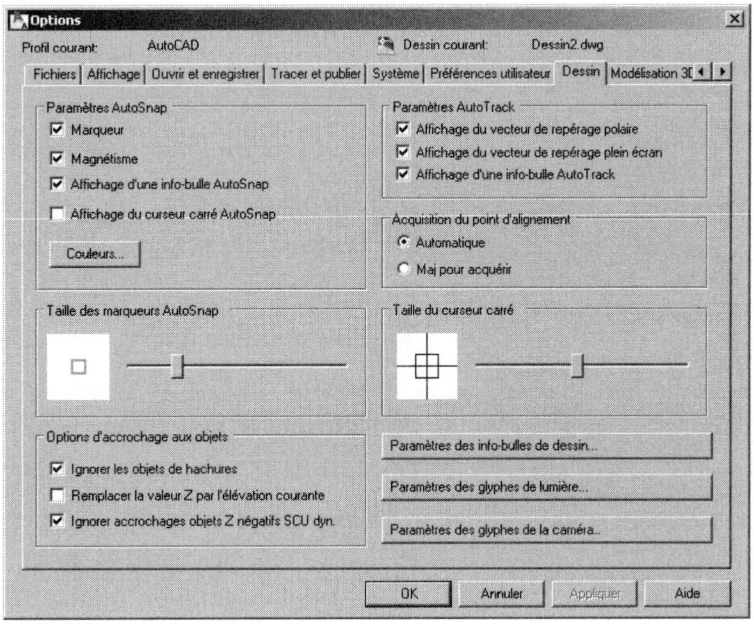

Fig.3.9

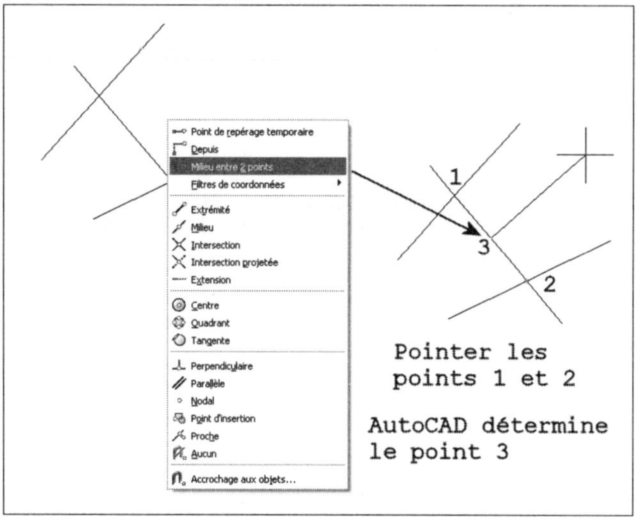

Fig.3.10

- Une option d'accrochage supplémentaire **M2P** permet de trouver le milieu entre deux points pointés à l'écran. Elle doit être entrée au clavier ou via le menu contextuel des accrochages aux objets (touche Maj + clic droit sur la souris) (fig.3.10).

Utiliser le repérage d'accrochage aux objets (Autotrack)

Le repérage par accrochage aux objets permet d'effectuer facilement un repérage à l'aide de chemins d'alignement définis par rapport aux points d'accrochage. Ce type d'accrochage est étroitement lié aux modes d'accrochage aux objets. Il convient donc de définir un mode d'accrochage aux objets avant de pouvoir effectuer un repérage à partir d'un point d'accrochage d'objet. A titre d'exemple, il est très facile de trouver par cet outil le centre d'un rectangle en sélectionnant les points milieu de deux côtés jointifs.

Pour activer le repérage par accrochage, la procédure est la suivante :

1. Activer un mode ou plusieurs modes d'accrochage par défaut.
2. Activer le mode Polaire.
3. Appuyer sur F11 ou cliquer sur **REPEROBJ** (OTRACK) dans la barre d'état.

Pour utiliser le repérage par accrochage, la procédure est la suivante :

1. Lancer une commande de dessin. Par exemple, Circle (Cercle).
2. Amener le curseur sur un point d'accrochage (pt1) pour qu'il acquière ses coordonnées. Il est inutile de cliquer sur le point, une brève pause du curseur suffit. Une fois un point acquis, les chemins d'alignement horizontaux, verticaux ou polaires par rapport à ce point s'affichent dès que l'on amène le curseur dessus.

[3] Amener le curseur sur un autre point d'accrochage (pt2) pour acquérir ses coordonnées.

[4] Déplacer le curseur sur le chemin d'alignement horizontal afin de positionner l'extrémité (pt3) alignée avec le chemin vertical en provenance du premier point sélectionné (fig.3.11).

[5] Cliquer pour confirmer le point. Il s'agit du centre du cercle.

[6] Définir le rayon du cercle et le tour est joué.

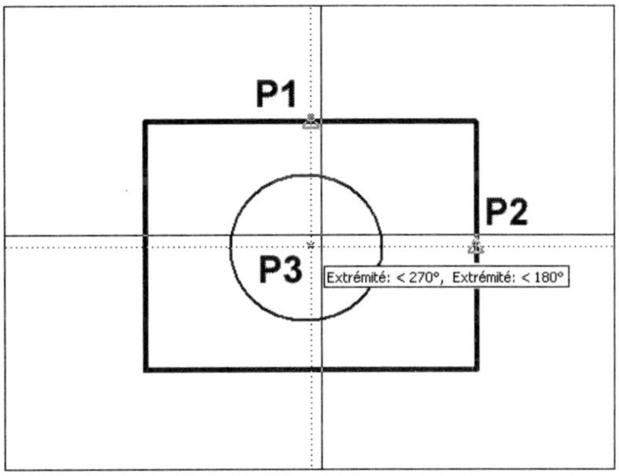

Fig.3.11

REMARQUE

Pour supprimer un point acquis, il suffit d'amener à nouveau le curseur sur le marqueur d'acquisition du point. Chaque invite de commande entraîne la suppression automatique des points acquis.

Pour modifier les paramètres du repérage par accrochage aux objets, la procédure est la suivante :

[1] Dans la barre d'état, effectuer un clic droit sur l'icône **REPEROBJ** (OTRACK) et sélectionner **Paramètres** (settings).

[2] Sur l'onglet **Repérage polaire** (Polar Tracking) de la boîte de dialogue **Paramètres de dessin** (Drafting Settings), sous **Repérage d'accrochage aux objets** (Object Snap Tracking Settings), sélectionner l'une des options suivantes (fig.3.12) :

- **Plan orthogonal uniquement** (Track orthogonally only) : affiche seulement les points de repérage orthogonaux (axes horizontal et vertical) à partir d'un point acquis sur un objet.
- **Utilisation de tous les paramètres d'angle polaire** (Track using all polar angle settings) : applique les paramètres de repérage polaire au repé-

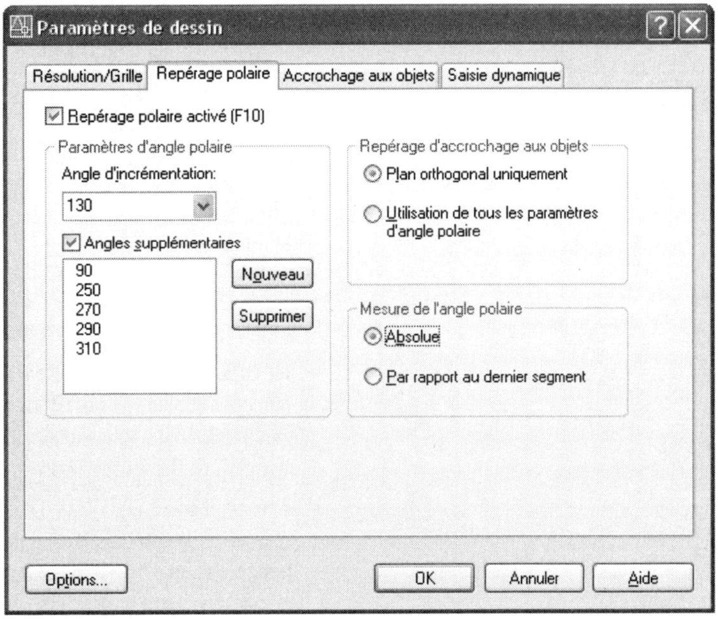

Fig.3.12

rage par accrochage aux objets. A titre d'exemple, si l'on sélectionne un incrément d'angle polaire de 30 degrés, les chemins d'alignement pour le repérage s'affichent également par incréments de 30 degrés.

[3] Cliquer sur **OK**.

Visualiser correctement son dessin

Pour la plupart des applications professionnelles, il est impossible de visualiser correctement l'ensemble d'un projet à l'écran, étant donné sa taille limitée par rapport à la table de dessin traditionnelle. Pour remédier à cet état de choses, AutoCAD fournit au concepteur un ensemble de commandes, dont **ZOOM** et **PAN**, lui permettant de visualiser son dessin dans les moindres détails.

La commande **ZOOM** fonctionne comme le zoom en photographie et permet d'agrandir ou de rétrécir une partie du dessin. Cette commande ne modifie en rien la précision et les dimensions réelles du dessin.

La commande **PAN** permet de faire une translation de l'écran de visualisation dans n'importe quelle direction sans changer les caractéristiques du dessin, ni le facteur de **ZOOM**.

Les commandes **ZOOM** et - peuvent aussi être utilisées en temps réel, ce qui permet de naviguer beaucoup plus facilement et de manière plus intuitive au sein des dessins, quelle que soit leur taille.

La méthode la plus directe pour effectuer un zoom ou un panoramique est d'utiliser la molette de la souris. Pour zoomer, il suffit de tourner la roulette et pour déplacer l'écran (pan), il suffit d'appuyer sur la molette.

Outre cette méthode par défaut, il existe une série d'options de Zoom qui sont disponibles soit via le groupe de fonctions Navigation (Navigate) de l'onglet Vue (View) du Ruban, soit via la barre de navigation.

Les options sont les suivantes (fig.3.13) :

- **Zoom Temps réel** (Realtime) : permet de visualiser le dessin en temps réel à l'écran. Il suffit de pointer au milieu de l'écran puis de déplacer la souris vers le haut (Zoom +) ou vers le bas (Zoom -) en maintenant la touche de la souris en permanence enfoncée.
- **Zoom Total** (All) : permet de visualiser l'ensemble du dessin à l'écran, même les parties situées en dehors des limites définies au départ du projet. Cette option permet donc de ravoir une vue générale après un zoom sur une partie du dessin.

- **Zoom Centre** (Center) : permet de spécifier un point du dessin qui deviendra le centre de l'écran. Il convient de préciser également la hauteur de la fenêtre que l'on souhaite visualiser dans le zoom, en pointant deux points ou en entrant une valeur au clavier.
- **Zoom Objet** (Object) : permet d'afficher de manière aussi large que possible un ou plusieurs objets sélectionnés au centre de la zone d'image. Il est possible de sélectionner des objets avant ou après le lancement de la commande ZOOM (fig.3.14).
- **Zoom Dynamique** (Dynamic) : permet d'agrandir ou de rétrécir une partie du dessin à l'aide d'une fenêtre mobile (cadre avec un « X » au centre) se déplaçant sur l'ensemble de la feuille de travail. Cette fenêtre peut être agrandie horizontalement et/ou verticalement par l'utilisateur.
- **Zoom Etendu** (Extents) : cette option permet également de voir l'ensemble du dessin, comme dans le cas du zoom Tout (all), mais ici le dessin est affiché en plein écran.
- **Zoom Précédent** (Previous) : permet de revenir à un zoom précédent. Suivant les versions AutoCAD, on peut ainsi revenir 5 ou 10 zooms en arrière sans devoir obligatoirement repasser par un zoom « all » (total).
- **Zoom Fenêtre** (Window) : permet en cours de travail d'agrandir rapidement une partie du dessin pour y travailler avec grande précision. La zone à agrandir doit être spécifiée par deux points formant la diagonale d'un rectangle entourant la zone concernée (fig.3.15).
- **Zoom Echelle** (Scale) : permet d'agrandir ou de rétrécir la visualisation d'un dessin à l'écran en donnant un facteur d'échelle. Si ce facteur est un nombre seul (ex. : 0.5), le facteur d'agrandissement sera un multiple des limites fixées au départ. Dans le cas où le nombre est suivi d'un X (ex. : 0.5X), la nouvelle surface affichée sera un multiple de la surface en cours.

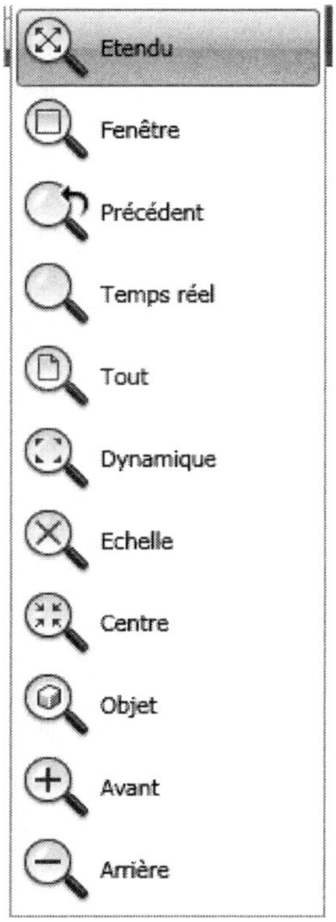

Fig.3.13

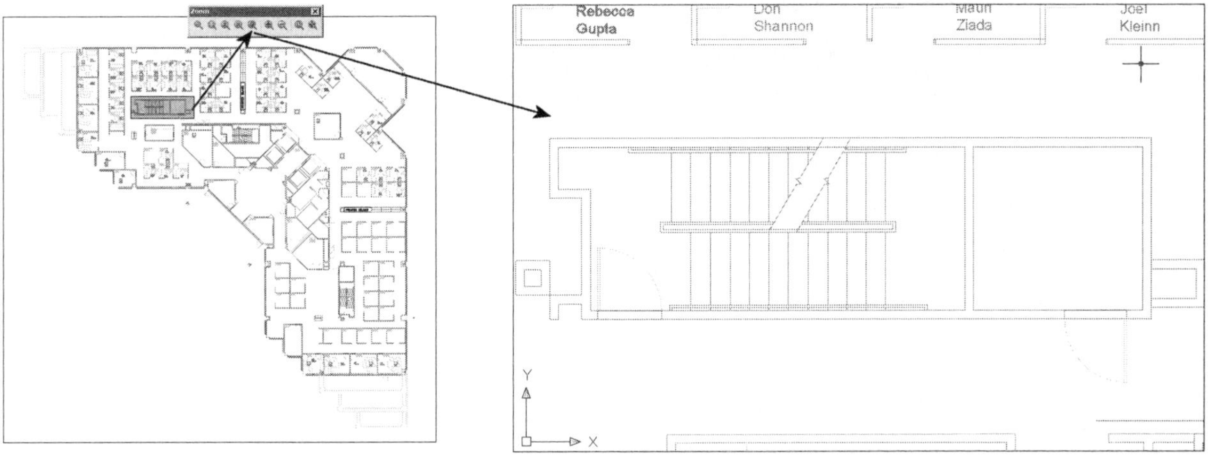

Fig.3.14

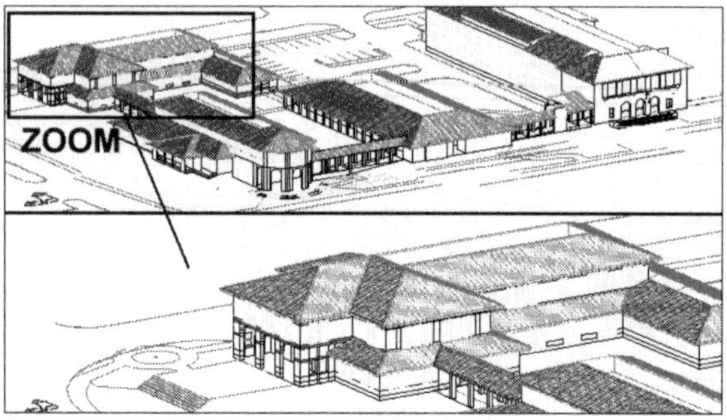

Fig.3.15

REMARQUES

Pour effectuer rapidement un zoom en temps réel, il est conseillé d'utiliser la roulette centrale d'une souris type Intellimouse.

Il est possible de retourner à des situations antérieures de Zoom et de Pan à l'aide des fonctions Vue arrière (View Back) et Vue avant (View Forward) du groupe de fonctions Navigation 2D (Navigate 2D).

La procédure pour effectuer un panoramique est la suivante :

Ruban : choisir l'onglet **Vue** (View) puis le groupe de fonctions **Navigation** (Navigats) et la commande PAN.

Icône : cliquer sur l'icône **Pan** (Pan) de la barre de navigation.

Clavier : taper la commande **PAN** pour un panoramique en temps réel et -**PAN** pour réaliser un panoramique en pointant deux points.

Options

- **Temps réel** (Realtime) : permet de déplacer la feuille en temps réel. Il convient de garder la touche de la souris enfoncée pendant le déplacement.
- **Point** : permet de pointer deux points pour effectuer le panoramique : un point de départ et un point d'arrivé (fig.3.16).
- **Gauche** (Left), **Droite** (Right), **En haut** (Up), **En bas** (Down) : permet de déplacer la feuille à gauche, à droite, vers le haut ou vers le bas.

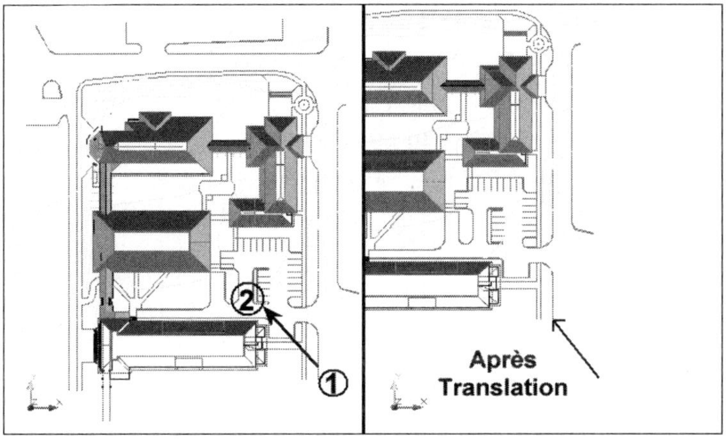

Fig.3.16

REMARQUE

Pour effectuer rapidement un panoramique en temps réel, il est conseillé d'utiliser le bouton central de la souris ou la roulette d'une souris type Intellimouse. La variable **MBUTTONPAN** doit être sur 1.

Rafraîchir son écran

Il s'avère parfois nécessaire de rafraîchir l'écran afin de visualiser correctement le contenu et d'obtenir un meilleur contraste des objets. Deux commandes sont disponibles dans AutoCAD pour effectuer ce nettoyage : **REDESS** (Redraw), pour rafraîchir l'affichage à l'écran et **REGEN** pour régénérer le dessin au complet. Pour cela il suffit de taper la commande **REDESS** (Redraw) ou de taper la commande **REGEN** au clavier.

Sélectionner les entités du dessin

Il existe plusieurs moyens pour sélectionner des entités du dessin : le dernier créé, un par un, par une fenêtre de sélection, tous les objets, etc. Le tableau suivant reprend les différentes options disponibles :

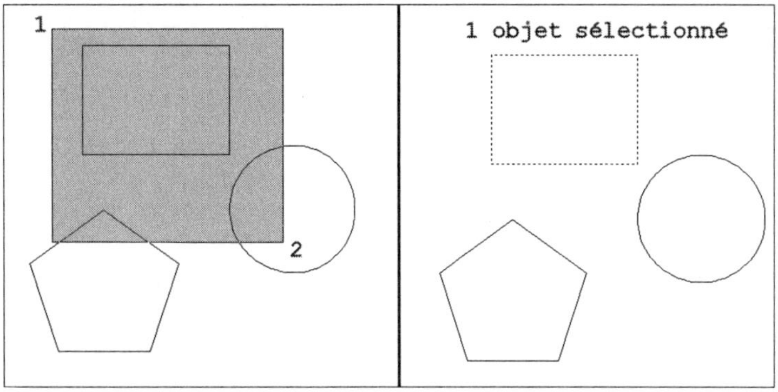

Fig.3.17

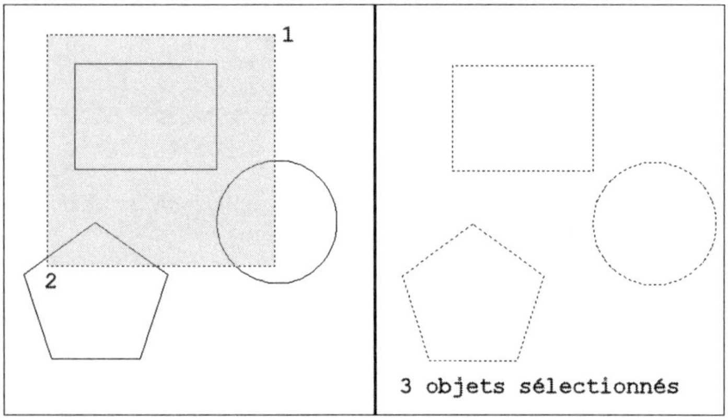

Fig.3.18

- **Fenêtre** (Window) : permet de sélectionner les entités contenues entièrement dans la fenêtre de sélection. Il convient de pointer un point de base puis d'agrandir la fenêtre de sélection vers la droite (fig.3.17). La fenêtre de sélection est de couleur bleue.
- **Capturé** (Crossing) : permet de sélectionner les entités contenues entièrement ou partiellement dans la fenêtre de sélection. Il convient de pointer un point de base puis d'agrandir la fenêtre de sélection vers la gauche (fig.3.18). La fenêtre de sélection est de couleur verte.
- **Dernier** (Last) : permet de sélectionner la dernière entité dessinée dans la zone affichée à l'écran.
- **Précédent** (Previous) : permet de sélectionner les entités contenues dans la dernière opération de sélection.
- **Retirer** (Remove) : permet de retirer des entités non désirables dans la sélection en cours. Il est également possible de retirer des entités du dessin en tenant la touche Maj (Shift) enfoncée et en sélectionnant les entités concernées.
- **Ajouter** (Add) : permet d'ajouter, une par une, des entités dans la sélection en cours (option par défaut).
- **Annulation** (Undo) : élimine la dernière entité sélectionnée.
- **Boîte** (Box) : si l'on déplace le curseur vers la droite on obtient une fenêtre de type « Window » (fenêtre) et vers la gauche une fenêtre de type « Crossing » (capturé).

- **Auto** : si l'on pointe en dehors de toute entité à l'écran, le point deviendra le premier coin d'une fenêtre de type Box.
- **Unique** (Single) : l'entité est activée dès la sélection (pas besoin de confirmer par Return). Cette option doit accompagner une autre option comme **Dernier** (Last), **Ajouter** (Add), etc.
- **Tout** (All) : sélectionne toutes les entités du dessin.
- **CPolygone** (CPolygon) : permet de sélectionner les entités contenues entièrement ou partiellement dans le polygone (de forme quelconque) de sélection (fig.3.19).
- **Trajet** (Fence) : permet de sélectionner les entités qui coupent la ligne du trajet.
- **FPolygone** (WPolygon) : permet de sélectionner les entités contenues entièrement dans le polygone (de forme quelconque) de sélection.

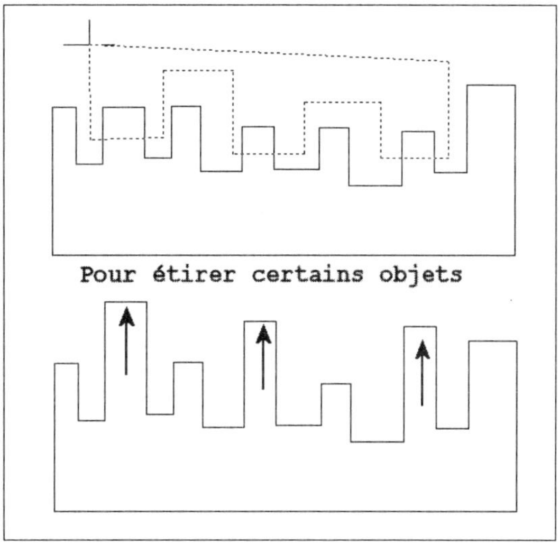

Fig.3.19

Remarques

Pour utiliser ces options, il suffit de les entrer au clavier lorsque AutoCAD demande « Choix des objets » (Select objects).

Certaines options, comme Trajet, SPolygone, CPolygone, sont aussi disponibles lors de la sélection d'objets via une fenêtre avant le choix de toute commande, après avoir pointé le premier point de la fenêtre de sélection.

Pour désélectionner un ou plusieurs objets, il suffit d'enfoncer la touche Maj (Shift) et de sélectionner les objets à supprimer de la sélection.

Autres options de sélection

Outre les outils de sélection classiques, AutoCAD dispose d'une série de commandes particulières pour la sélection d'objets. Il s'agit des fonctions suivantes, disponibles après un clic droit sur l'objet sélectionné.

- **Sélection similaire** : permet de sélectionner tous les objets du dessin qui sont similaires à l'objet sélectionné. Dans la boîte de dialogue Sélectionner des paramètres similaires, accessible en entrant SELECTSIMILAR au clavier puis PA (pour « paramètres »), il est possible de sélectionner les propriétés qui doivent correspondre aux objets de même type devant être considérés comme similaires. Si aucune propriété n'est sélectionnée, les objets de même type sont sélectionnés (fig.3.20).

- **Ajouter la sélection** : permet de créer un objet similaire à l'objet sélectionné. Par exemple, la création d'un nouveau cercle en fonction d'un cercle sélectionné adopte les propriétés générales du cercle, telles que sa couleur, son type de ligne et son calque, et vous invite à indiquer le centre et le rayon du nouveau cercle (fig.3.21). Il ne s'agit donc pas d'une simple copie.
- **Isoler les objets** : permet d'isoler l'objet sélectionné en cachant tous les autres objets. Lorsque des objets sont masqués, une ampoule rouge s'affiche en bas à droite de l'écran (fig.3.22). En cliquant sur cette dernière, il est possible de désactiver l'isolement des objets.

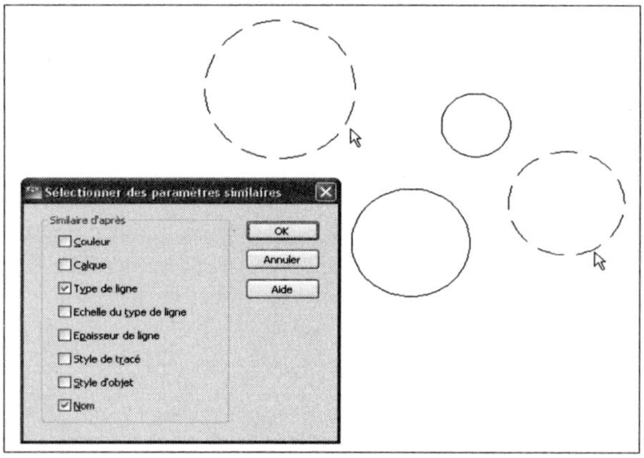

Fig.3.20

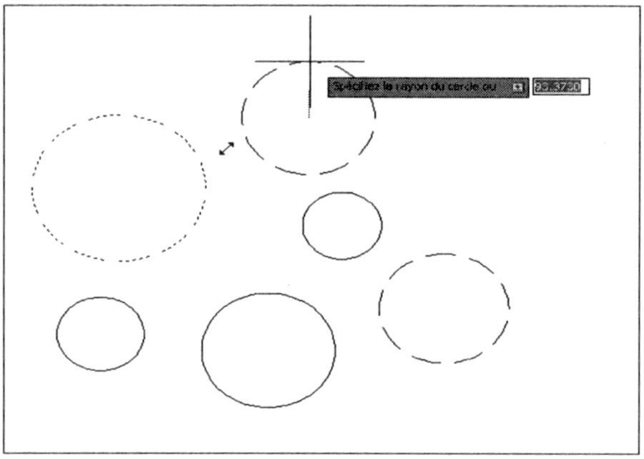

Fig.3.21

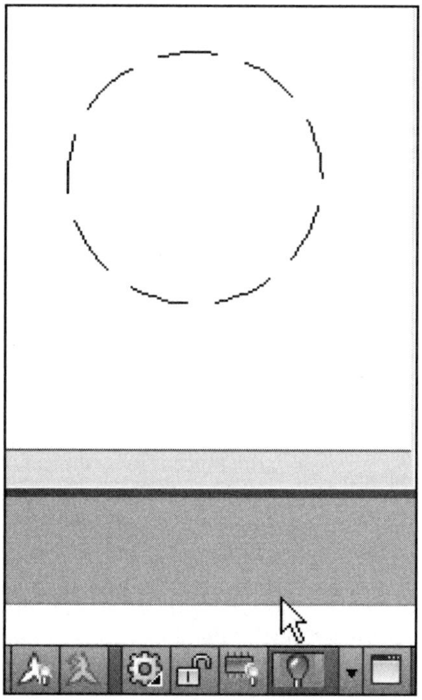
Fig.3.22

Effacer des objets et les récupérer

AutoCAD permet d'effacer toutes les entités dessinées à l'aide des différentes méthodes de sélection disponibles. Les objets ainsi effacés peuvent être récupérés directement en cas de fausse manœuvre par la **commande REPRISE** (OOPS) ou la commande générale d'annulation **ANNULER** (UNDO).

La procédure pour effacer des objets est la suivante :

1 Exécuter la commande d'effaçage à l'aide d'une des méthodes suivantes :

Ruban : choisir le groupe de fonctions **Modification** (Modify) de l'onglet **Début** (Home) puis l'option **Effacer** (Erase).

Icône : choisir l'icône **Effacer** (Erase) de la barre d'outils **Modification** (Modify).

Clavier : taper la commande **EFFACER** (Erase) ou cliquer sur la touche **Suppr** (Del) après avoir sélectionné le(s) objets.

2 Sélectionner les objets à effacer à l'aide d'une des options de sélection. Par exemple le polygone et le cercle avec l'option **Fenêtre** (fig.3.23).

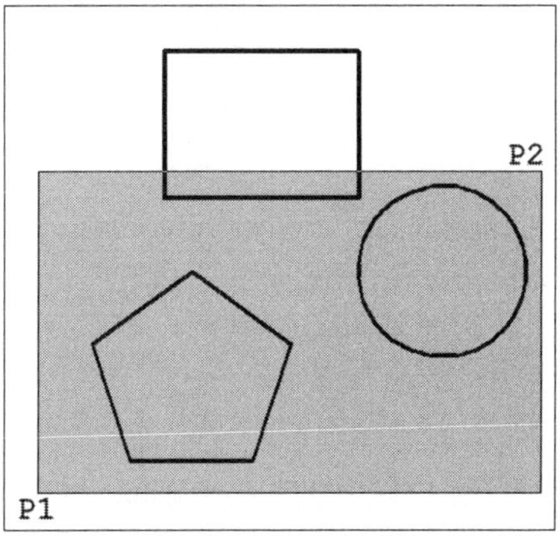

Fig.3.23

Procédure pour récupérer les objets effacés :

1 Exécuter la commande de récupération à l'aide de la méthode suivante :

Icône : cliquer sur l'icône **Annuler** (Undo) ou **Rétablir** (Redo) de la barre d'outils d'accès rapide.

Clavier : taper la commande **RETABLIR** (Redo) ou **ANNULER** (Undo).

Vérifier les dimensions du dessin

En dessinant avec AutoCAD, il est important de pouvoir contrôler diverses mesures lors de l'élaboration du dessin. La fonction Mesurergeom (Measuregeom) permet de vérifier la distance entre deux points, le rayon d'un cercle ou d'un arc, l'angle entre deux droites et l'aire d'une surface.

La procédure est la suivante :

1 Sélectionner la commande **MESURERGEOM** (Measuregeom) à l'aide de l'une des méthodes suivantes :

Ruban : choisir l'onglet **Début** (Home), puis le groupe de fonctions **Utilitaires** (Utilities).

Clavier : taper la commande **MESUREGEOM** (Measuregeom).

2 Sélectionner l'option souhaitée.

Les options sont les suivantes :

- **Distance** : sélectionner deux points (P1 et P2). AutoCAD affiche à l'écran et dans la zone de commande la distance mesurée (fig.3.24).
- **Rayon** (Radius) : sélectionner le cercle ou l'arc. AutoCAD affiche à l'écran et dans la zone de commande le rayon mesuré (fig.3.25).
- **Angle** : sélectionner les deux frontières de l'angle (P1 et P2). AutoCAD affiche à l'écran et dans la zone de commande l'angle mesuré (fig.3.26).

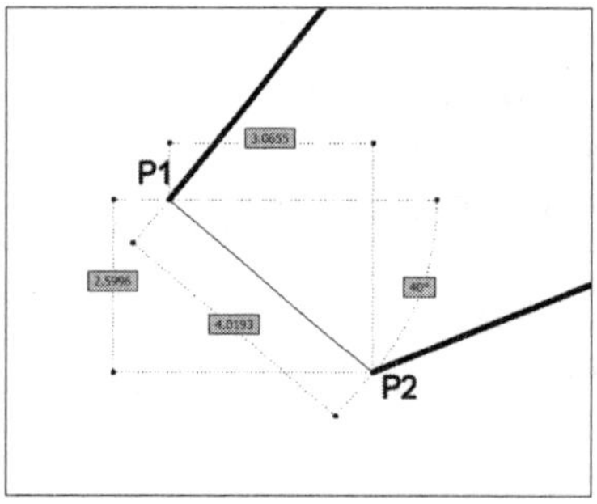

Fig.3.24

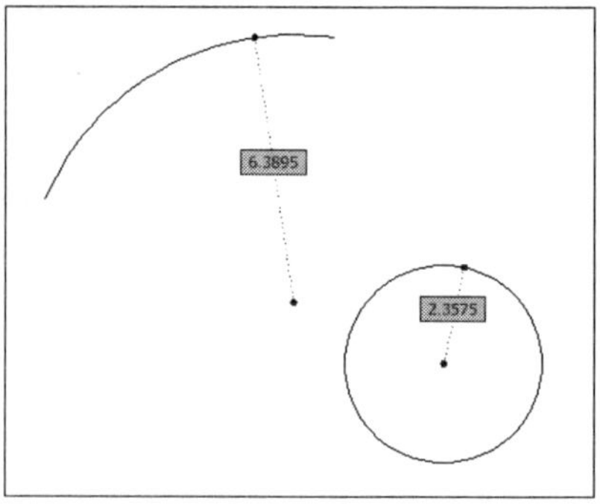

Fig.3.25

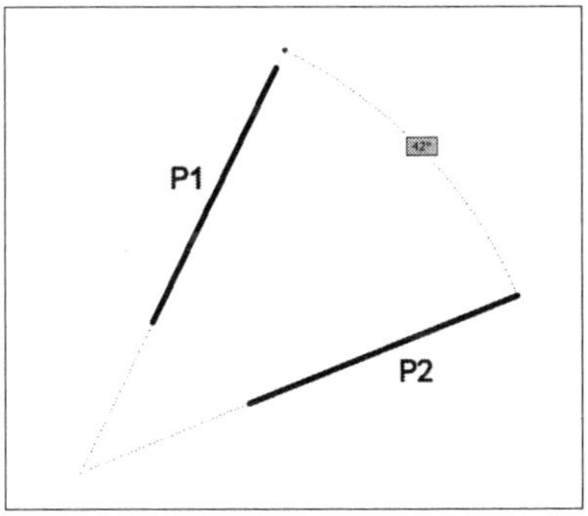

Fig.3.26

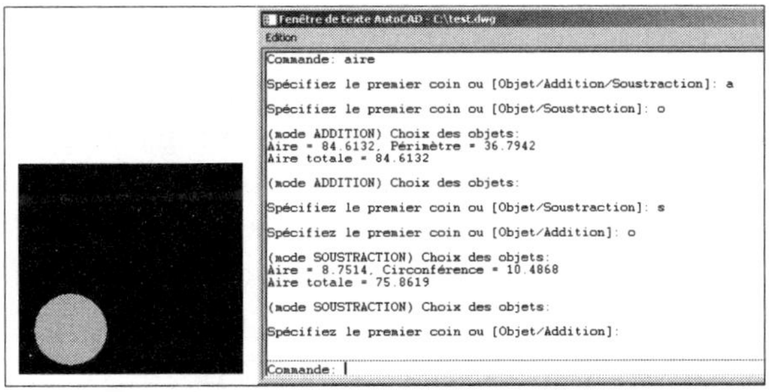

Fig.3.27

- **Aire** (Area) : sélectionner la surface à mesurer en pointant les différents points du contour. Il est possible d'effectuer des additions et des soustractions de surfaces. AutoCAD affiche dans la zone de commande le résultat du calcul. Dans le cas du calcul de la surface d'un carré moins celui d'un cercle, le résultat est celui de la figure 3.27.

Exemple d'addition et de soustraction :

Commande : AIRE (AREA)

Spécifier le premier coin ou [Objet/Addition/Soustraction] : taper A (pour addition)

Spécifier le premier coin ou [Objet/Soustraction] : taper O (pour objet)

(mode ADDITION) Choix des objets : sélectionner le rectangle

Aire = 16166.0537, Périmètre = 508.6297

Aire totale = 16166.0537

(mode ADDITION) Choix des objets : faire Entrée (Enter)

Spécifier le premier coin ou [Objet/Soustraction] : taper S (pour soustraction)

Spécifier le premier coin ou [Objet/Addition] : taper O (pour objet)

(mode SOUSTRACTION) Choix des objets : sélectionner le cercle

Aire = 2281.5319, Circonférence = 169.3239

Aire totale = 13884.5219 (c'est le résultat)

(mode SOUSTRACTION) Choix des objets : faire Entrée (Enter) pour sortir de la commande.

Utiliser la calculatrice

La calculatrice d'AutoCAD est une fonction fort utile pour extraire et utiliser des données mathématiques d'entités déjà tracées dans le dessin. Les expressions utilisables sont de nature mathématique (addition, soustraction...) ou vectorielle (comprend des points de coordonnées). La calculatrice existe sous deux formes :

- Comme fonction transparente à utiliser dans une autre commande : c'est la commande **CAL**.
- Comme une calculatrice classique intégrée dans AutoCAD : c'est la commande **CALCRAPIDE** (QuickCalc).

La fonction CAL

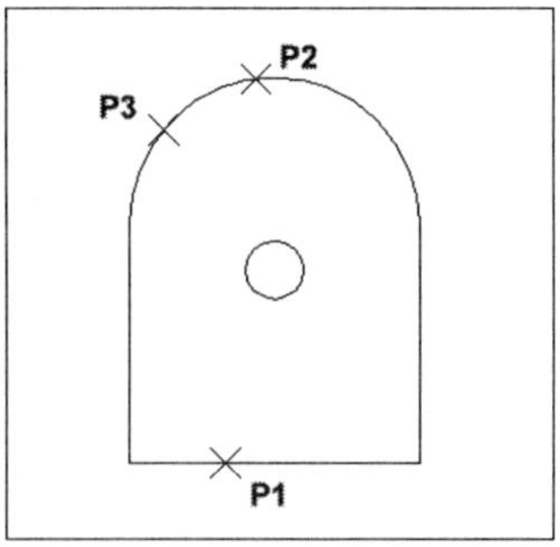

Fig.3.28

La fonction **CAL** peut être utilisée de façon transparente, en réponse à un message d'AutoCAD, en la faisant précéder d'une apostrophe ('CAL).

On souhaite, par exemple, tracer un cercle sur la base de données existantes dans le dessin (fig.3.28), en tenant compte des paramètres suivants :

- le centre : situé au milieu de l'axe de la figure ;
- le rayon : équivalent à 1/5 du rayon de l'arc supérieur.

La procédure est la suivante :

1. Sélectionner la commande **CERCLE** (Circle).
2. Taper la commande transparente **'CAL** (avec l'apostrophe devant).
3. Expression : taper (mid+qua)/2.
4. Sélectionner un objet pour l'accrochage MID (Select entity for MID snap) : sélectionner la ligne du bas (P1).
5. Sélectionner un objet pour l'accrochage QUA (Select entity for QUA snap) : sélectionner la partie supérieure du cercle (P2).
6. Spécifier le rayon ou [Diamètre] (Radius or Diameter) : taper 'CAL.
7. Expression : 1/5*Rad.
8. Sélectionner le cercle, le segment d'arc ou de polyligne pour la fonction RAD (Select circle, arc or polyline segment for RAD function) : sélectionner l'arc (P3).

Pour rendre l'utilisation de la calculatrice plus efficace, il existe dans AutoCAD une série de fonctions pré-programmées très faciles à utiliser. Les expressions suivantes sont ainsi à taper après l'affichage du message »Expression.

Abréviation	Fonctions	Description
DEE	DIST(END,END)	Calcul de la distance entre deux extrémités
ILLE	ILL(END,END,END,END)	Intersection de deux droites définies par deux extrémités
MEE	(END,END)/2	Le point milieu d'une droite définie par 2 extrémités
NEE	NOR(END,END)	Vecteur unitaire dans le plan X,Y et normal à une droite définie par deux extrémités
VEE	VEC(END,END)	Vecteur entre deux extrémités
VEE1	VEC1(END,END)	Vecteur unitaire entre deux extrémités

Ainsi, pour tracer par exemple un cercle au milieu d'un carré, il suffit d'utiliser l'expression MEE (fig.3.29) :

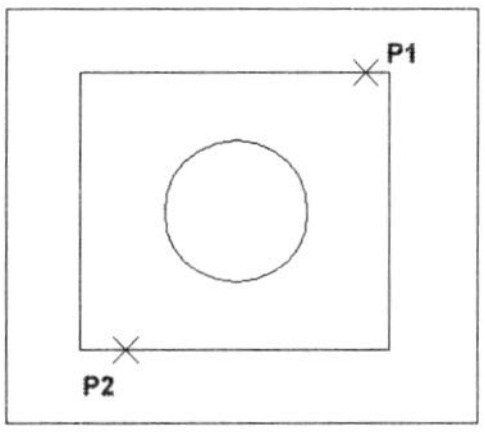

Fig.3.29

Commande : Cercle (Circle)

Spécifier le centre du cercle ou [3P/2P/TTR] (Center point or [3P/2P/TTR])> : 'CAL.

»Expression : MEE.

»Sélectionner une extrémité pour MEE (Select one endpoint for MEE) : sélectionner le coin gauche du carré (P1).

»Sélectionner une autre extrémité pour MEE (Select another endpoint for MEE) : sélectionner le coin opposé du carré (P2).

Spécifier le rayon du cercle ou [Diameter] (Radius or [Diameter]) : taper une valeur.

La calculatrice rapide

La calculatrice CalcRapide (QuickCalc) contient des fonctionnalités élémentaires identiques aux calculatrices mathématiques les plus courantes. En outre, elle possède des fonctionnalités spécifiques à AutoCAD, telles que des fonctions géométriques, une zone Conversion des unités et une zone Variables.

La calculatrice est disponible à partir du groupe de fonctions **Utilitaires** (Utilities) de l'onglet **Début** (Home) du Ruban.

Avec la calculatrice CalcRapide, il est possible de :

- Réaliser des calculs mathématiques et trigonométriques.
- Accéder aux calculs précédemment saisis et les interpréter de nouveau.
- Utiliser la calculatrice avec la palette **Propriétés** pour modifier les propriétés d'un objet.
- Convertir des unités de mesure.
- Effectuer des calculs géométriques associés à des objets spécifiques.
- Copier et coller des valeurs et des expressions dans la palette **Propriétés** et la ligne de commande ou à partir de celles-ci.
- Réaliser des calculs avec des nombres mixtes (fractions) ainsi qu'en pieds et pouces.
- Définir, stocker et utiliser les variables de la calculatrice.
- Utiliser des fonctions géométriques depuis la commande CAL.

La calculatrice se compose des zones et fonctions suivantes (fig.3.30) :

Barre d'outils supérieure : elle permet d'effectuer des calculs rapides à partir de fonctions courantes. Elle comprend les fonctions :

- **Effacer** : vide la zone de saisie.
- **Effacer l'historique** : vide la zone d'historique.
- **Obtenir les coordonnées** : affiche les coordonnées de l'emplacement d'un point à sélectionner dans le dessin.
- **Distance entre deux points** : calcule la distance entre deux emplacements de points qu'il convient de pointer dans le dessin.
- **Angle de ligne défini par deux points** : calcule l'angle d'une ligne virtuelle définie par deux emplacements de points qu'il convient de pointer dans le dessin.

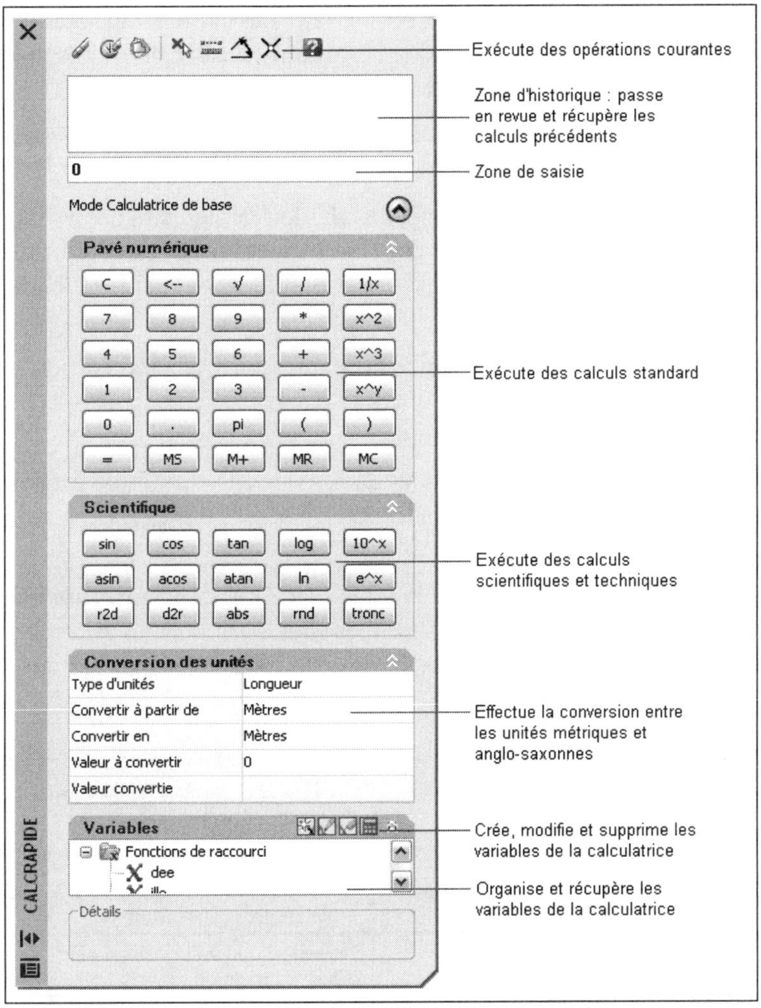

Fig.3.30

- **Intersection de deux lignes définies par quatre points** : calcule l'intersection de quatre emplacements de points qu'il convient de pointer dans le dessin.
- **Aide** : affiche l'aide pour la fonction **CalcRapide** (QuickCalc).

Zone Historique : elle affiche une liste des expressions évaluées préalablement.

Zone de saisie : elle permet d'entrer et d'extraire des expressions. Lorsque l'on clique sur la touche = (égal) ou que l'on appuie sur Entrée, CalcRapide évalue une expression et affiche les résultats.

Bouton Plus/Moins : permet d'afficher ou de masquer toutes les zones de fonction de CalcRapide.

Pavé numérique : constitue un clavier de calculatrice standard qui permet de saisir des chiffres et des symboles pour des expressions arithmétiques. Il convient d'entrer des valeurs et des expressions, puis de cliquer sur le signe égal (=) pour évaluer l'expression.

Zone Scientifique : permet d'évaluer les expressions trigonométriques, logarithmiques, exponentielles et toutes celles généralement liées à des applications scientifiques et d'ingénierie.

Zone Conversion des unités : permet de convertir les unités de mesure d'un type d'unité à un autre. La zone de conversion des unités accepte uniquement des valeurs décimales sans unités.

Zone Variables : permet d'accéder aux fonctions et aux constantes prédéfinies. Il est possible d'utiliser la zone Variables pour définir et enregistrer des fonctions et des constantes supplémentaires. Le tableau suivant décrit une série de fonctions prédéfinies.

Fonction de raccourci	Raccourci	Description
dee	dist(ext,ext)	Distance entre deux extrémités
ille	ill(ext,ext,ext,ext)	Intersection de deux lignes définies par quatre extrémités
mee	(ext+ext)/2	Milieu entre deux extrémités
nee	nor(ext,ext)	Vecteur d'une unité dans le plan XY et normale de deux extrémités
rad	rad	Rayon d'un cercle, d'un arc ou d'un arc de polyligne sélectionné
vee	vec(ext,ext)	Vecteur à partir de deux extrémités
vee1	vec1(ext,ext)	Vecteur d'une unité à partir de deux extrémités

La saisie dynamique des données

La saisie dynamique des données offre une interface de commande proche du curseur qui permet à l'utilisateur de se concentrer sur la zone de dessin et non plus sur la zone de commande. Lorsque la saisie dynamique est activée, les info-bulles affichent des informations à proximité du curseur qui sont mises à jour de façon dynamique au gré des déplacements du curseur. Les actions requises pour terminer une commande sont identiques à celles exécutées sur la ligne de commande, à cette différence près que l'attention de l'utilisateur peut rester concentrée sur le curseur.

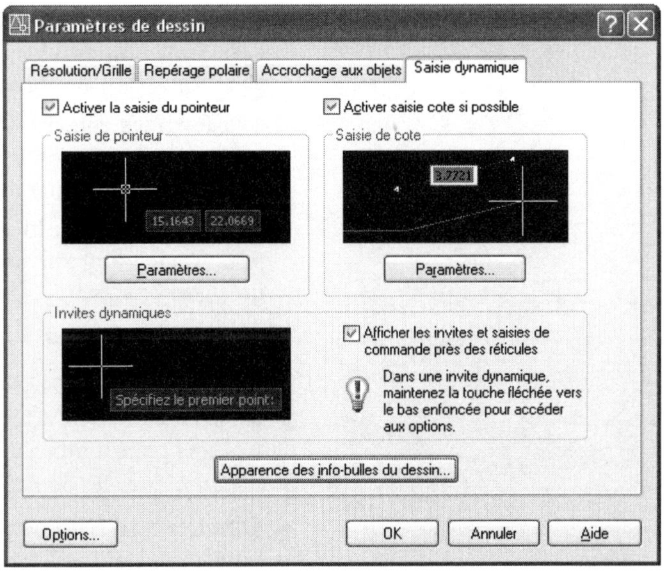

Fig.3.31

Pour activer ou désactiver la saisie dynamique, il suffit de cliquer sur le bouton **Dyn** dans la barre d'outils. Il est possible de la désactiver temporairement en maintenant la touche F12 enfoncée. La saisie dynamique comporte trois composants : la saisie du pointeur, la saisie dimensionnelle et les invites dynamiques. Il convient de cliquer avec le bouton droit de la souris sur **Dyn** puis de sélectionner **Paramètres** (Settings) pour contrôler l'affichage pour chaque composant lorsque la saisie dynamique est activée (fig.3.31).

Les options sont les suivantes :

Saisie du pointeur (Pointer Input)

Lorsque la saisie du pointeur est activée et qu'une commande est active, l'emplacement des réticules s'affiche sous forme de coordonnées dans une info-bulle placée à côté du curseur. Il est possible d'entrer des valeurs de coordonnées absolues dans l'info-bulle plutôt que sur la ligne de commande. Par exemple : 10,15. Le second point par défaut et les points suivants sont des coordonnées polaires relatives (cartésiennes relatives pour la commande RECTANG). Il n'est pas nécessaire de taper le signe (@). Si l'on souhaite utiliser des coordonnées absolues, il convient de taper le signe dièse (#) en préfixe. Par exemple : #20,12.

Le format par défaut peut être modifié en cliquant sur le bouton **Paramètres** (Settings) (fig.3.32) :

- **Format polaire** (Polar format) : affiche l'info-bulle pour le deuxième point ou le point suivant dans le format de coordonnées polaires. Entrer une virgule (,) pour passer au format cartésien.

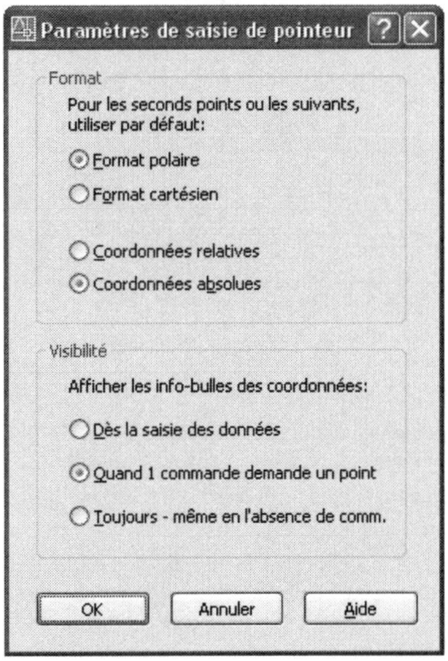

Fig.3.32

- **Format cartésien** (cartesian format) : affiche l'info-bulle pour le deuxième point ou le point suivant dans le format de coordonnées cartésien. Entrer un symbole d'angle (<) pour passer au format polaire.
- **Cordonnées relatives** (Relative coordinates) : affiche l'info-bulle pour le deuxième point ou le point suivant dans le format de coordonnées relatives. Entrer un signe dièse (#) pour passer au format absolu.
- **Coordonnées absolues** (Absolute) : affiche l'info-bulle pour le deuxième point ou le point suivant dans le format de coordonnées absolues. Entrer un signe arobase (@) pour passer au format relatif.

Saisie de cote (Dimension Input)

Gère l'affichage des info-bulles pendant l'étirement de poignées, lorsque la saisie de cote est activée (fig.3.33). Ainsi lors de l'étirement de l'extrémité d'une ligne par exemple, il est possible d'afficher plus ou moins d'info-bulles pour paramétrer les déplacements du point. Les options sont les suivantes :

- **Afficher 1 seul champ de saisie de cote à la fois** (Show only 1 dimension input field at a time) : affiche uniquement l'info-bulle indiquant le changement de longueur lors de l'utilisation des poignées pour étirer un objet.

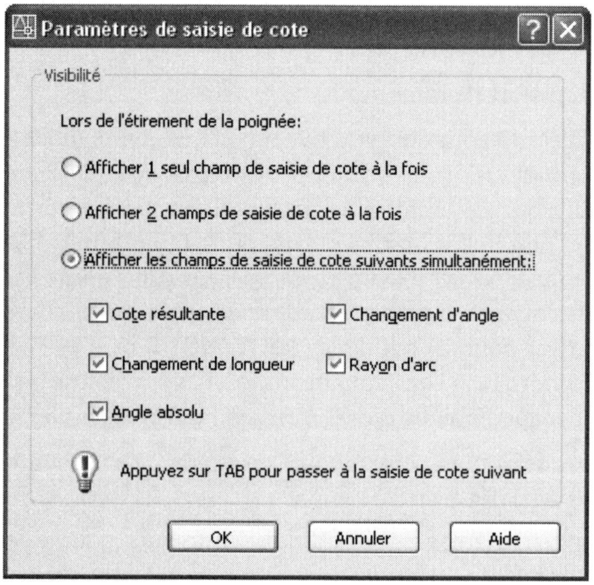

Fig.3.33

- **Afficher 2 champs de saisie de cote à la fois** (Show 2 dimension input fields at a time) : affiche l'info-bulle indiquant le changement de longueur et celle indiquant la nouvelle longueur lors de l'utilisation des poignées pour étirer un objet.
- **Afficher les champs de saisie de cote suivants simultanément** (Show the following dimension input fields simultaneously) : affiche les info-bulles suivantes lors de l'utilisation des poignées pour étirer un objet (fig.3.34) :
- **Cote résultante** (Resulting Dimension) : affiche une info-bulle de cote de longueur qui est mise à jour lors du déplacement de la poignée.
- **Changement de longueur** (Length Change) : affiche le changement de longueur à mesure que l'on déplace la poignée.
- **Angle absolu** (Absolute Angle) : affiche une info-bulle de cote d'angle qui est mise à jour lors du déplacement de la poignée.
- **Changement d'angle** (Angle Change) : affiche le changement d'angle à mesure que l'on déplace la poignée.
- **Rayon d'arc** (Arc Radius) : affiche le rayon d'un arc qui est mis à jour lors du déplacement de la poignée.

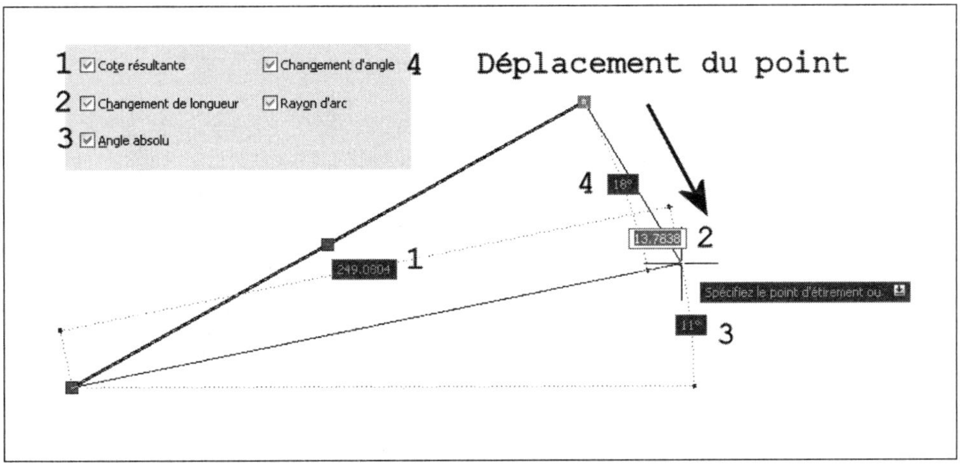

Fig.3.34

REMARQUE

L'utilisation de la saisie dynamique est abordée au chapitre 4.

Les disques de navigation SteeringWheel

Les disques de navigation SteeringWheel sont des menus « suiveurs » divisés en sections. A chaque section d'un disque correspond un outil de navigation. Vous pouvez effectuer des panoramiques ou des zooms, ou manipuler la vue courante d'un modèle de plusieurs façons.

Les disques de navigation SteeringWheel peuvent vous permettre de gagner du temps, car ils combinent les outils de navigation courants dans une interface unique. Ils sont spécifiques au contexte dans lequel un modèle est visualisé.

Lorsque le disque de navigation est fixé au démarrage, il ne suit pas le curseur et la bulle de première approche du disque est affichée. Cette bulle indique le rôle et le fonctionnement d'un disque (fig.3.35). Vous pouvez modifier le comportement des disques de navigation au démarrage à partir de la boîte de dialogue Paramètres des disques de navigation SteeringWheel (fig.3.36).

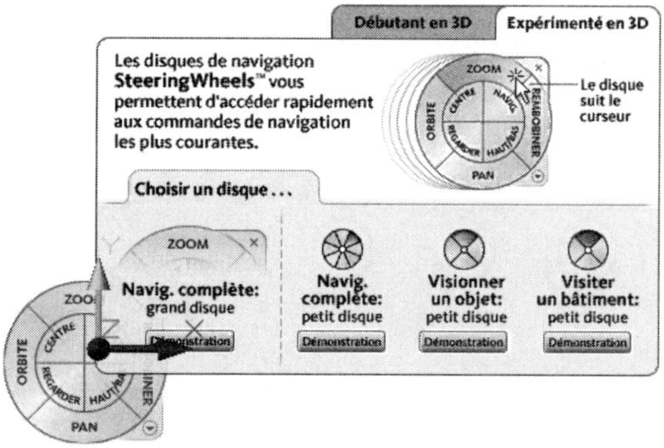

Fig.3.35

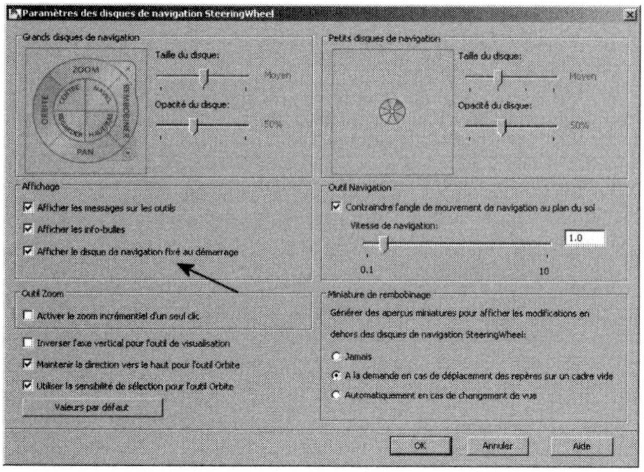

Fig.3.36

En 2D, l'utilitaire SteeringWheel est surtout utile au niveau du Zoom et du Pan. Ainsi en cliquant sur l'option Zoom, une sphère s'affiche et il est possible de faire un zoom centré sur l'objet pointé (fig.3.37). Il est ensuite possible de repasser en zoom arrière via l'outil Rembobiner (Rewind) (fig.3.38).

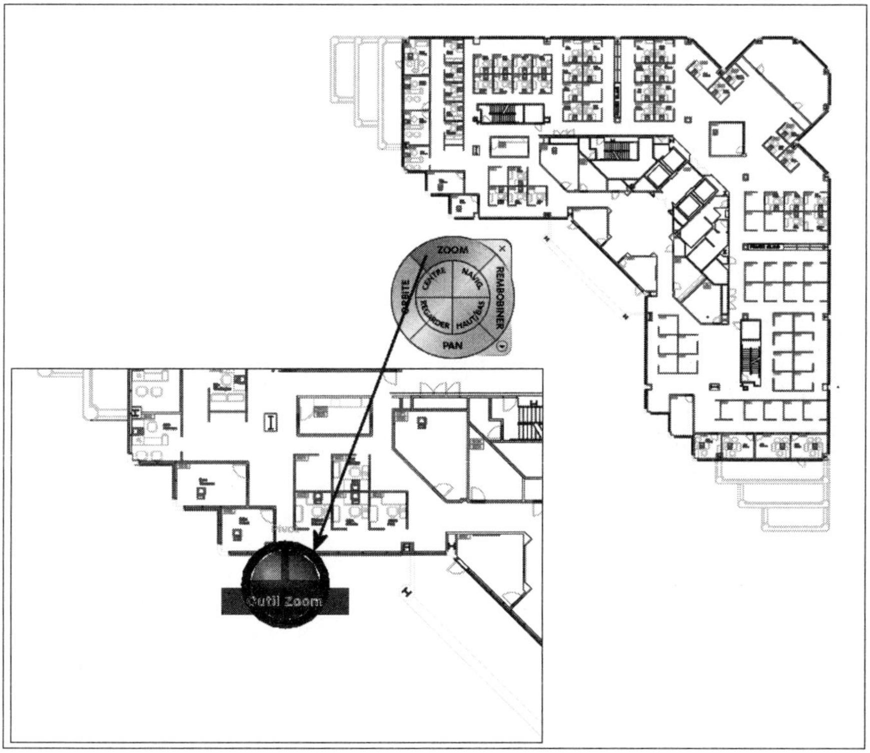

Fig.3.37

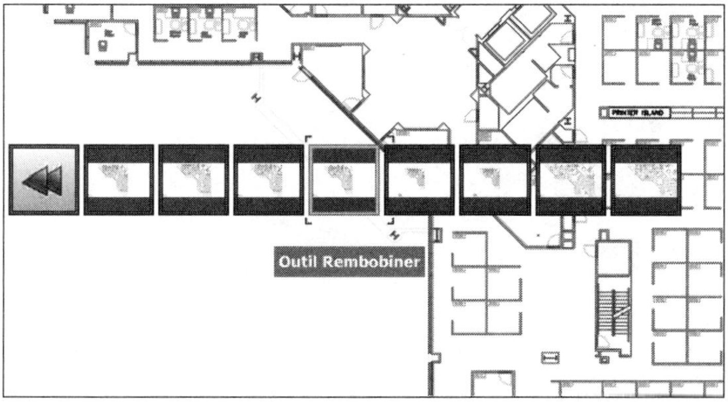

Fig.3.38

CHAPITRE 4
DESSINER EN 2D AVEC AUTOCAD

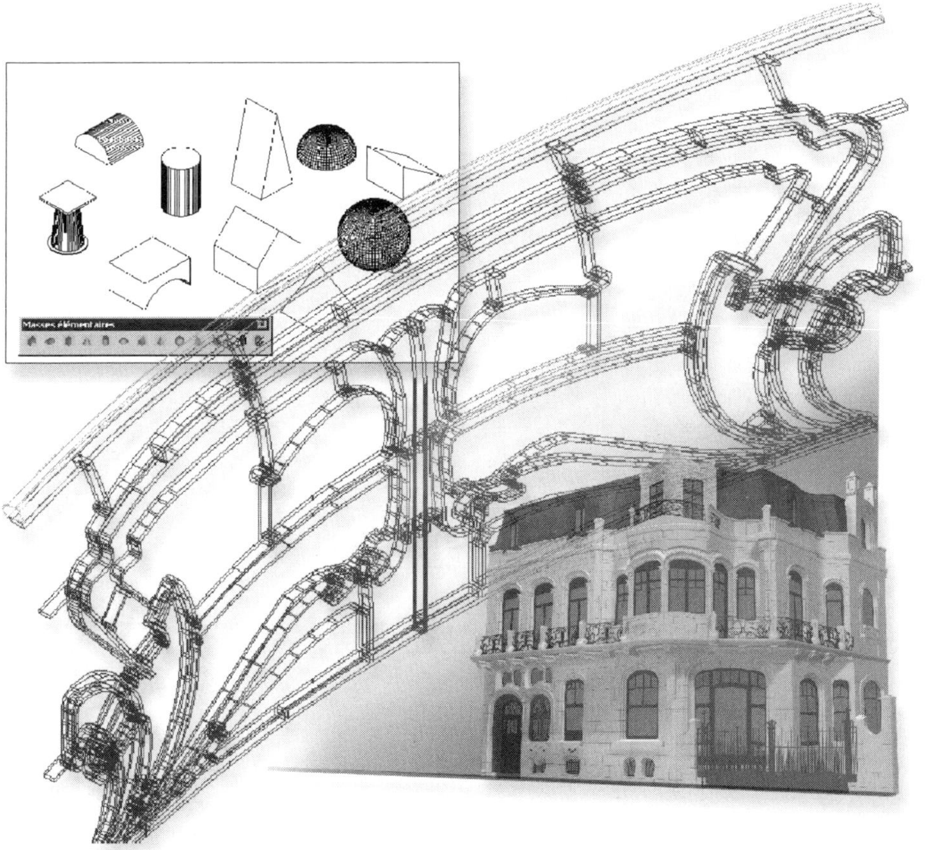

Les fonctions de dessin

Pour construire les éléments de base d'un dessin, AutoCAD met à disposition quatre groupes de fonctions de dessin :

- **la création d'objets constitués de lignes :** la ligne simple, la polyligne, les lignes de construction, la multiligne ;
- **la création d'objets constitués de courbes :** l'arc de cercle, l'arc elliptique, la polyligne, la courbe Spline ;
- **la création de formes géométriques de base :** le cercle, l'ellipse, le rectangle, le polygone régulier, le point, la polyligne contour ;
- **la création d'objets pleins :** la polyligne avec épaisseur, l'anneau.

Les fonctions du dessin sont regroupées sous le groupe de fonctions **Dessin** (Draw) situé sous l'onglet **Début** (Home) du Ruban. (fig.4.1)

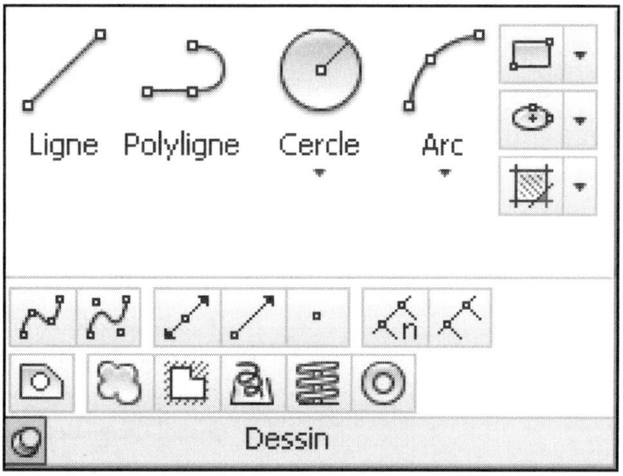

Fig.4.1

Quelle technique de dessin utiliser ?

Avant d'aborder en détail chacune des fonctions de dessin, il est intéressant de voir quelle sont les différentes techniques disponibles pour réaliser une figure de base constituée de quelques lignes. Par la suite, en fonction de la complexité du dessin il conviendra de choisir une technique plutôt qu'une autre. Ainsi, dans le cas de l'exemple illustré à la figure 4.2, il est possible de réaliser ce dernier de trois manières différentes :

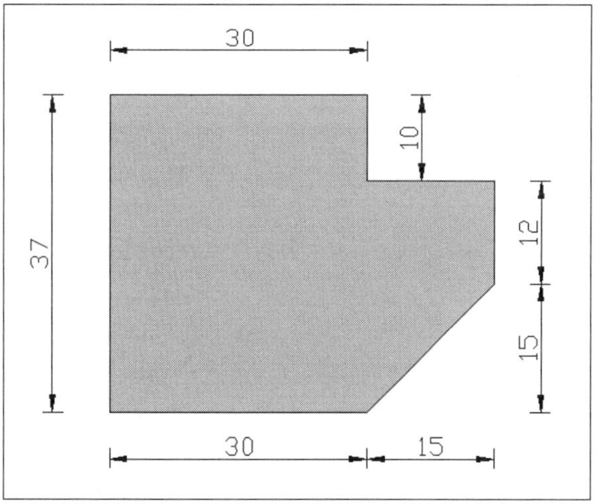

Fig.4.2

- en entrant directement les données à l'aide de coordonnées et des modes Ortho et Polaire ;

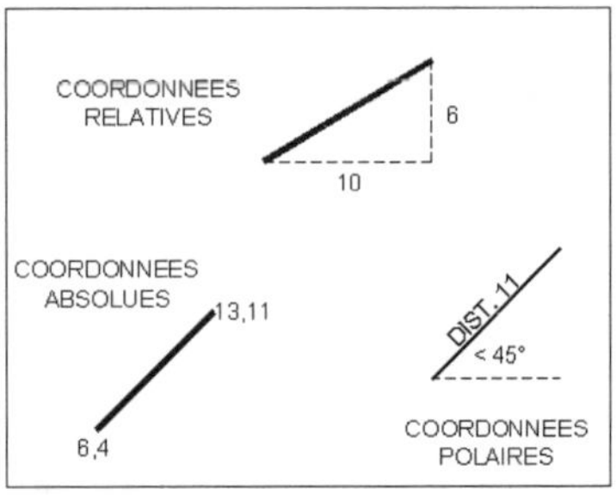

Fig.4.3

- en utilisant des lignes de construction comme guides;
- en traçant les lignes principales et en coupant les parties superflues.

Entrer les données en mode direct avec les coordonnées

Les différentes entités d'un dessin d'AutoCAD sont situées par rapport à un système de référence XYZ. L'entrée des données peut se faire en utilisant le curseur à l'écran (mode dynamique) ou en entrant des coordonnées ou des distances au clavier (mode non dynamique). Trois types de coordonnées peuvent être utilisés (fig.4.3) :

- **les coordonnées absolues :** de type (X,Y) ou (X,Y,Z), chaque point est situé par rapport à l'origine (0,0,0) du système de référence;
- **les coordonnées relatives cartésiennes** : de type (@X,Y), chaque point est situé à une distance X et Y du dernier point entré;
- **les coordonnées relatives polaires** : de type (@Distance<Angle), chaque point est situé à une distance D et un angle A du dernier point entré.

Plusieurs méthodes sont disponibles pour créer un dessin en mode direct avec l'usage des coordonnées :

- **Sans le mode dynamique**
  - Entrer les coordonnées complètement au clavier dans la zone de commande avec l'usage des signes « , », « @ » et « < ».
  - Utiliser les assistants Ortho et Polaire pour indiquer la direction et entrer la distance au clavier dans la zone de commande.
- **Avec le mode dynamique**
  - Entrer toutes les valeurs (longueurs, angles...) dans les info-bulles. Utiliser la touche Tab pour passer d'un champ à l'autre.
  - Utiliser les assistants Ortho et Polaire pour définir les angles et entrer les distances via les info-bulles.

Exemple 1 :

Le dessin de la figure 4.2 peut être réalisé directement en utilisant les coordonnées par la méthode suivante (sans mode dynamique) (fig.4.4) :

[1] Utiliser la commande **Ligne** (Line) du groupe de fonctions **Dessin** (Draw).

[2] Rentrer le premier point en coordonnées absolues : rentrer 5,5 sur la ligne de commande puis appuyer sur **Entrée** (Enter).

3 Rentrer les points suivants en coordonnées polaires ou relatives :

- Spécifier le point suivant (To point) : @30<0
- Spécifier le point suivant (To point) : @15,15
- Spécifier le point suivant (To point) : @12<90
- Spécifier le point suivant (To point) : @15<180
- Spécifier le point suivant (To point) : @10<90
- Spécifier le point suivant (To point) : @30<180
- Spécifier le point suivant (To point) : @37<270 puis Entrée

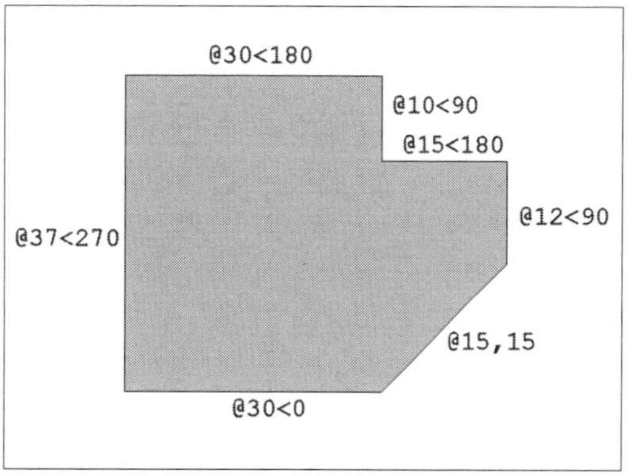

Fig.4.4

Il est également possible de tracer les mêmes lignes dans des directions précises en utilisant les modes Ortho et Polaire (voir chapitre 3). Ce qui est plus rapide car il n'est plus nécessaire de spécifier les directions.

Exemple 2 :

Le dessin de la figure 4.1 peut également être réalisé directement en utilisant les coordonnées, mais en activant cette fois le mode dynamique (fig.4.5) :

1 Activer le mode dynamique en activant le bouton **DYN** dans la zone d'état.

2 Utiliser la commande **Ligne** (Line) du groupe de fonctions **Dessin** (Draw).

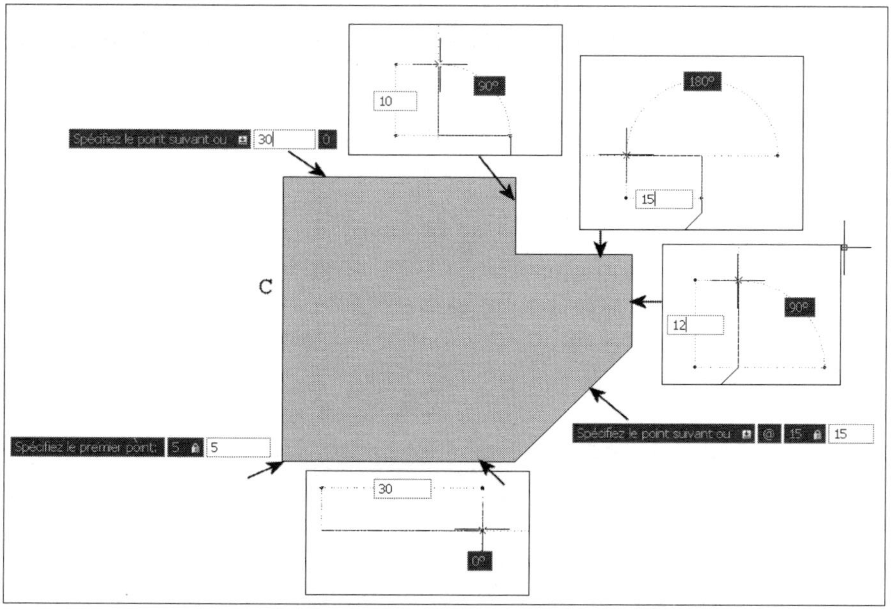

Fig.4.5

3 Entrer « 5, » dans le premier champ de l'info-bulle puis appuyer sur Tab et entrer 5 dans le second champ.

4 Entrer 30 dans le premier champ de l'info-bulle, appuyer ensuite sur la touche Tab et entrer 0 dans le second champ (si le mode Ortho est activé la direction 0 est donnée directement par le curseur).

5 Entrer « @ » puis « 15, » puis « 15 ».

6 Entrer « 12 » puis « Tab » et ensuite « 90 » (ou mode Ortho).

7 Entrer « 15 » puis « Tab » et ensuite « 180 » (ou mode Ortho).

8 Entrer « 10 » puis « Tab » et ensuite « 90 » (ou mode Ortho).

9 Entrer « 30 » puis « Tab » et ensuite « 180 » (ou mode Ortho).

10 Taper « C » pour clore le contour.

Utiliser des lignes de construction et des calques

Dans la technique traditionnelle du dessin, il est courant de tracer dans un premier temps des lignes de construction qui servent de guides pour le dessin final. Avec AutoCAD, la procédure peut être identique. Elle est même facilitée par l'utilisation de plusieurs calques. La méthode est la suivante :

1 Définir un calque « construction » par la commande **CALQUE** (Layer) (fig.4.6).

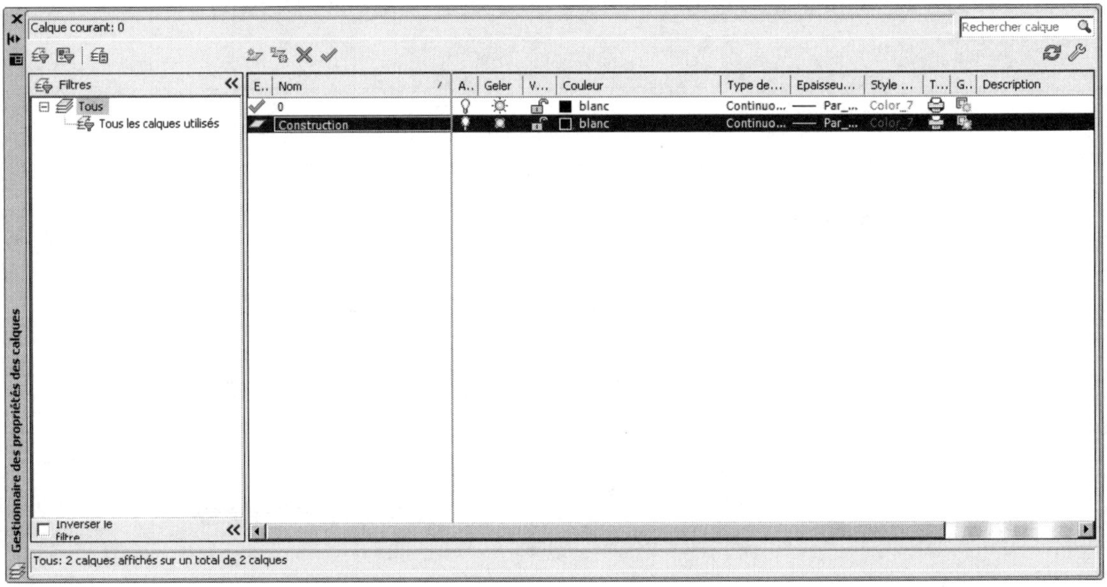

Fig.4.6

2 Tracer les lignes principales du dessin par la commande **LIGNE** (Line) ou **DROITE** (Xline), dans le groupe de fonctions **Dessin** (Draw).

3 Copier éventuellement ces lignes par la commande **DECALER** (Offset) du groupe de fonctions **Modification** (Modify) ou l'option **Décalage** (Offset) de la commande **DROITE** (Xline).

4 Créer un calque « résultat » par la commande **CALQUE** (Layer) et rendre ce calque courant.

5 Tracer le dessin final en utilisant les lignes de construction comme guides. L'accrochage avec précision à des points particuliers peut s'effectuer grâce à l'utilisation des options **ACCROBJ** (Osnap).

6 Désactiver le calque « construction » pour ne visualiser que le résultat final.

Exemple :

Le dessin de la figure 4.2 peut être réalisé en utilisant la méthode des lignes de construction.

La procédure est la suivante :

1 Définir éventuellement les limites du dessin par la commande **LIMITES** (Limits) : 0,0 et 42,29.7.

2 Créer un calque (layer) « construction » par la commande **Calque** (Layers). Cliquer sur **Nouveau** (New) et entrer le nom « construction » dans le champ **Nom** (Name). Sélectionner ensuite la ligne « construction » dans la liste **Nom de calque** (Layer Name) et cliquer sur **Définir courant** (Current) pour rendre ce calque courant. Sortir du **Gestionnaire des Propriétés des calques** (Layer Properties Manger).

3 Tracer à travers toute la feuille une ligne horizontale (en bas) et une ligne verticale (à gauche). Il est également possible d'utiliser la commande **DROITE** (Xline) avec les options **Hor**. et **Ver**. pour créer des lignes horizontales ou verticales.

Pour la ligne horizontale :

- Commande : Ligne (Line) ou Droite (Xline).
- Spécifier le premier point (From point) : pointer un point quelconque en bas à gauche de l'écran.
- Spécifier le point suivant (To point) : activer d'abord la touche F8 pour dessiner de manière orthogonale puis pointer un point à droite de l'écran.
- Spécifier le point suivant (To point) : enfoncer la touche Entrée (Enter) pour sortir de la fonction Ligne (Line).

Pour la ligne verticale :

- Commande : Ligne (Line) ou Droite (Xline).
- Spécifier le premier point (From point) : pointer un point quelconque en bas à gauche de l'écran.
- Spécifier le point suivant (To point) : pointer un point en haut de l'écran.
- Spécifier le point suivant (To point) : enfoncer la touche **Entrée** (Enter) pour sortir de la fonction **Ligne** (Line).

[4] Créer des copies parallèles aux deux lignes de base par la commande **Décaler** (Offset) du groupe de fonctions **Modification** (Modify) ou par l'option **Décaler** (Offset) de la commande **Droite** (Xline).

- Commande : **Décaler** (Offset).
- Spécifier la distance de décalage (Offset distance) : entrer la valeur 15 puis Entrée.
- Sélectionner l'objet à décaler (Select object to offset) : pointer la ligne horizontale.
- Spécifier un point sur le côté à décaler (Side to offset) : pointer un point quelconque au-dessus de la ligne.
- Sélectionner l'objet à décaler (Select object to offset) : appuyer deux fois sur Entrée pour sortir de la fonction et rentrer à nouveau.
- Spécifier la distance de décalage (Offset distance) : entrer la valeur 12 puis Entrée.
- Sélectionner l'objet à décaler (Select object to offset) : pointer la deuxième ligne horizontale.
- Spécifier un point sur le côté à décaler (Side to offset) : pointer un point quelconque au-dessus de la ligne.
- Sélectionner l'objet à décaler (Select object to offset) : appuyer deux fois sur Entrée pour sortir de la fonction et rentrer à nouveau.
- Spécifier la distance de décalage (Offset distance) : entrer la valeur 10 puis Entrée.
- Sélectionner l'objet à décaler (Select object to offset) : pointer la deuxième ligne horizontale.
- Spécifier un point sur le côté à décaler (Side to offset) : pointer un point quelconque au-dessus de la ligne.
- Sélectionner l'objet à décaler (Select object to offset) : appuyer deux fois sur Entrée pour sortir de la fonction et rentrer à nouveau.

- Spécifier la distance de décalage (Offset distance) : entrer la valeur 30 puis Entrée.
- Sélectionner l'objet à décaler (Select object to offset) : pointer la ligne verticale.
- Spécifier un point sur le côté à décaler (Side to offset) : pointer un point quelconque à droite de la ligne.
- Sélectionner l'objet à décaler (Select object to offset) : appuyer deux fois sur Entrée pour sortir de la fonction et rentrer à nouveau.
- Spécifier la distance de décalage (Offset distance) : entrer la valeur 15 puis Entrée.
- Sélectionner l'objet à décaler (Select object to offset) : pointer la deuxième ligne verticale.
- Spécifier un point sur le côté à décaler (Side to offset) : pointer un point quelconque à droite de la ligne.
- Sélectionner l'objet à décaler (Select object to offset) : appuyer sur Entrée pour sortir de la fonction (fig.4.7).

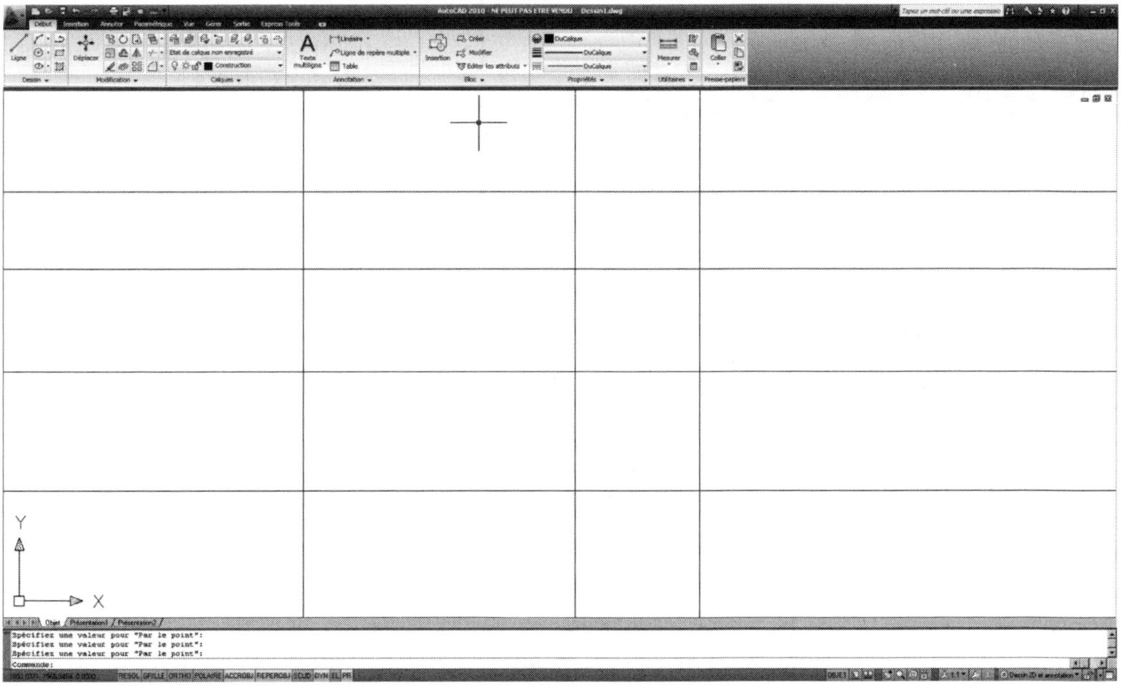

Fig.4.7

[5] Créer un calque (layer) « résultat » par la commande **Calques** (Layers). Cliquer sur **Nouveau** (New) et entrer le nom « résultat » dans le champ **Nom** (Name). Sélectionner ensuite la ligne « résultat » dans la liste **Nom de calque** (Layer Name) et cliquer sur **Courant** (Current) pour rendre ce calque courant. Changer la couleur du calque par l'option **Couleur** (Color). Sortir du **Gestionnaire des propriétés des calques** (Layer Properties Manager).

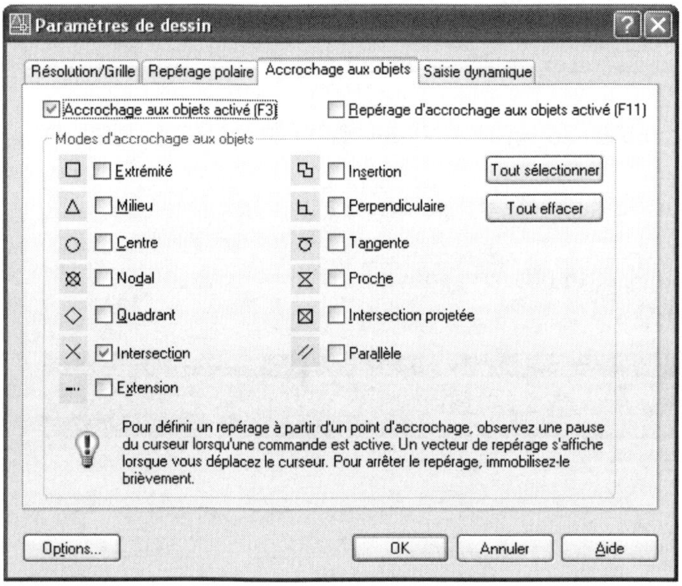

Fig.4.8

[6] Pour pouvoir pointer avec précision des points caractéristiques (par exemple des intersections) se trouvant sur les lignes de construction, il existe une série d'outils accessibles à partir de l'option **Accrochage aux objets** (Object Snap Settings) de la barre d'état d'AutoCAD. Dans la boîte de dialogue qui s'affiche à l'écran, il convient d'activer le champ situé à gauche de **Intersection** et de confirmer par OK (fig.4.8). Cet outil permet de pointer avec précision l'intersection de deux objets.

[7] Tracer le dessin définitif en s'appuyant sur les lignes de construction. Utiliser à cet effet, la commande **Ligne** (Line) du groupe de fonctions **Dessin** (Draw).

- Commande : **Ligne** (Line).
- **Spécifier le premier point** (From point point) : pointer l'intersection 1.
- **Spécifier le point suivant** (To point) : pointer l'intersection 2.
- **Spécifier le point suivant** (To point) : pointer l'intersection 3.
- **Spécifier le point suivant** (To point) : pointer l'intersection 4.
- **Spécifier le point suivant** (To point) : pointer l'intersection 5.
- **Spécifier le point suivant** (To point) : pointer l'intersection 6.
- **Spécifier le point suivant** (To point) : pointer l'intersection 7.
- **Spécifier le point suivant** (To point) : pointer l'intersection 8.
- **Spécifier le point suivant** (To point) : Entrée pour terminer (fig.4.9).

Tracer les lignes principales et couper les parties superflues

Outre la méthode des lignes de construction, il est également courant dans le dessin traditionnel de tracer les lignes principales du dessin puis de gommer les traits superflus. Avec AutoCAD, la procédure peut être identique avec l'utilisation des fonctions **Décaler** (Offset) et **Ajuster** (Trim) du groupe de fonctions **Modification** (Modify) (fig.4.10).

1. Tracer les lignes principales du dessin par la commande **Ligne** (Line) ou **Droite** (Xline).
2. Copier éventuellement ces lignes par la commande **Décaler** (Offset) ou l'option **Décalage** (Offset) de la commande **Droite** (Xline).
3. Couper les parties superflues par la commande **Ajuster** (Trim).

Exemple :

Reprendre l'exercice du point 2.2 jusqu'à la fin du dessin des lignes de construction (point 4) et rajouter la ligne de construction oblique. Pour supprimer les parties de lignes superflues, utiliser la commande **Ajuster** (Trim) du groupe de fonctions **Modification** (Modify) (fig.4.11) :

- Commande : **Ajuster** (Trim).
- **Sélectionner les bords de coupe** (Select cutting edges) : sélectionner les frontières A et B qui serviront de bords de coupe, puis appuyer sur Entrée.
- **Sélectionner l'objet à ajuster** (Select object to trim) : pointer les parties de lignes à couper, soit celles situées au-dessus de A et au-dessous de B. Appuyer ensuite sur Entrée pour terminer (fig.4.12).

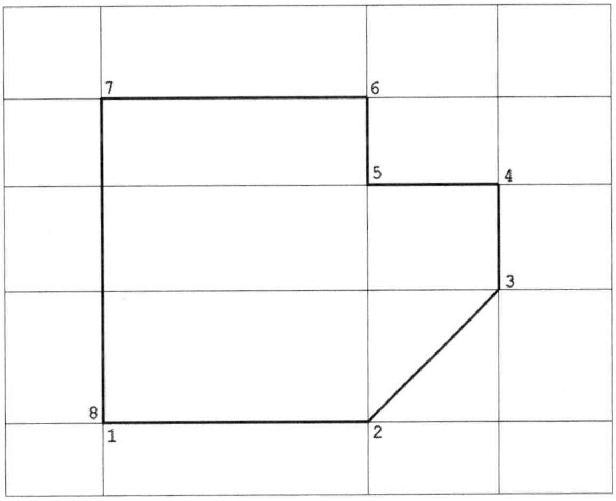

Fig.4.9

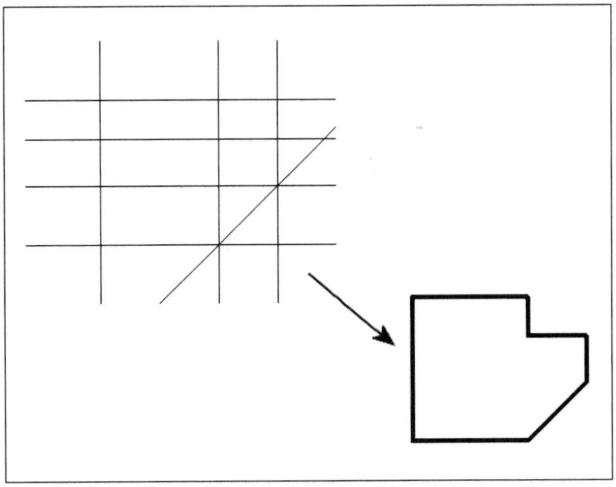
Fig.4.10

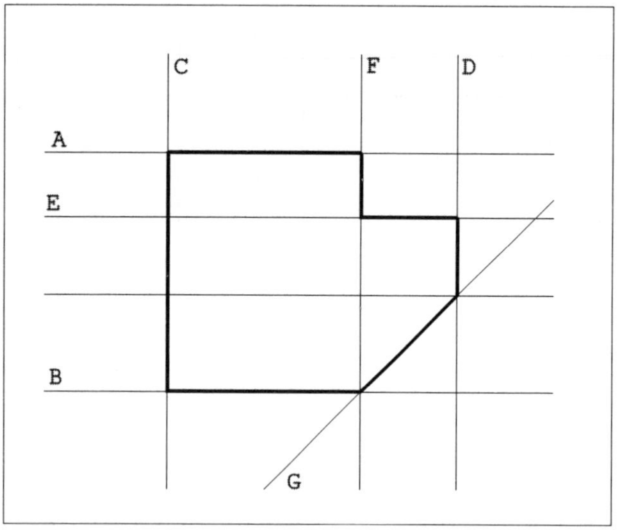

Fig.4.11

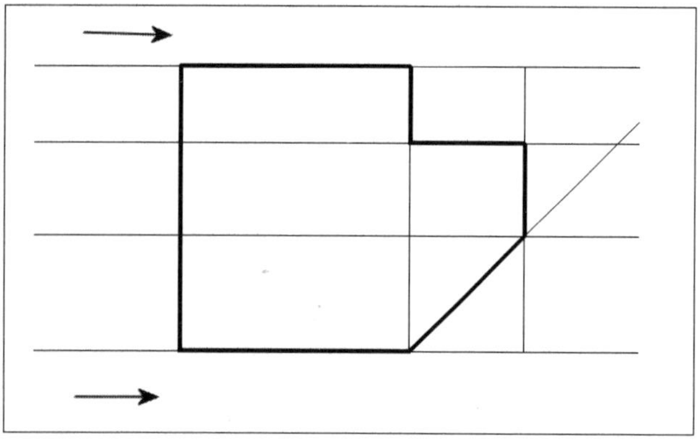

Fig.4.12

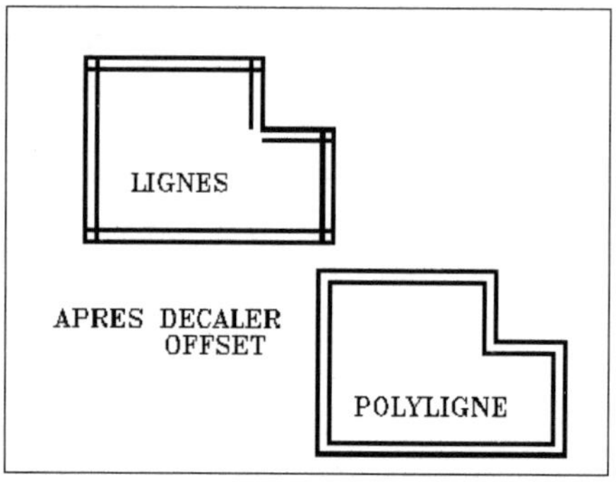

Fig.4.13

Refaire la même procédure pour les autres lignes :

- Commande : **Ajuster** (Trim).
- **Sélectionner les bords de coupe** (Select cutting edges) : sélectionner les frontières C et D qui serviront de bords de coupe, puis appuyer sur Entrée.
- **Sélectionner l'objet à ajuster** (Select object to trim) : pointer les parties de lignes à couper, soit celles situées à gauche de C et à droite de D. Appuyer ensuite sur Entrée pour terminer.

Refaire la même procédure pour les dernières lignes :

- Commande : **Ajuster** (Trim).
- **Sélectionner les bords de coupe** (Select cutting edges) : sélectionner la frontière F, E et G puis appuyer sur Entrée.
- **Sélectionner l'objet à ajuster** (Select object to trim) : pointer les segments restant. Appuyer ensuite sur Entrée pour terminer.

Avec un peu d'expérience, il est conseillé de sélectionner directement l'ensemble du dessin et de supprimer en continu les parties superflues.

Création d'objets constitués de lignes

Dessiner des lignes et des polylignes

Une ligne simple est constituée d'un ou de plusieurs segments reliés entre eux. Chaque segment est considéré comme un objet à part entière, ce qui permet de le modifier indépendamment des autres.

Une polyligne est un ensemble de lignes interconnectées et formant une entité unique. Elle offre plusieurs avantages par rapport à la ligne comme dans le cas, par exemple, de la création de copies décalées (fig.4.13).

L'entrée des données peut se faire soit graphiquement à l'écran par la souris, soit numériquement par le clavier à l'aide des types de coordonnées suivantes (2D dans le cas présent) (fig.4.14) :

- **Absolues :** de type (X, Y), chaque point est situé par rapport à l'origine (0,0) du système de référence. Exemple : (6,4) et (13,11).
- **Relatives :** de type (@X, Y), chaque point est situé à une distance X et Y du dernier point entré. Exemple : @10, 6.
- **Polaires :** de type (@Distance<Angle), chaque point est situé à une distance D et un angle A du dernier point entré. Exemple : @11<45.

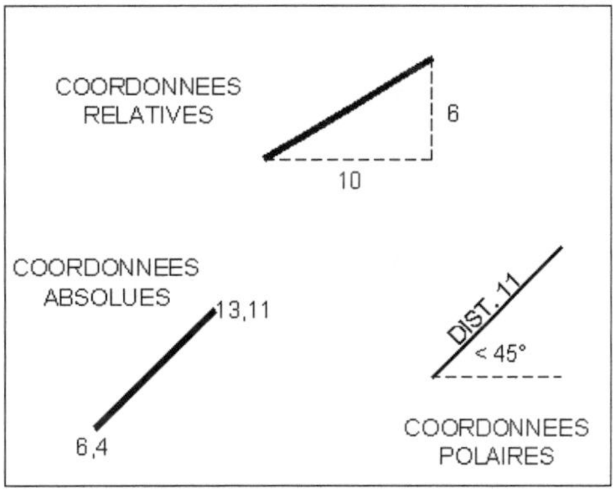

Fig.4.14

La procédure à suivre est la suivante :

1. Sélectionner la commande **Ligne** ou **Polyligne** à l'aide d'une des méthodes suivantes :

Ruban : choisir le groupe de fonctions **Dessin** (Draw) puis l'option **Ligne** (Line) ou **Polyligne** (Polyline).

Icône : choisir l'icône **Ligne** (Line) ou **Polyligne** (Polyline) de la barre d'outils **Dessiner** (Draw).

Clavier : taper la commande **Ligne** (Line) ou **Polylign** (pline).

2. Spécifier le point de départ : pointer un point (P1) ou entrer les coordonnées absolues (ex : 0,0,0).
3. Spécifier le point suivant : pointer le point P2 ou entrer les coordonnées absolues (ex : 2,0,0), ou les coordonnées relatives (ex : @2,0), ou les coordonnées polaires (ex : @2<0).
4. Spécifier le point suivant : point P3 (ou 2,3,0), (ou @0,3) (ou @3<90).
5. Spécifier le point suivant : point P4 (ou 0,3,0), (ou @-2,0) (ou @2<180).
6. Spécifier le point suivant : taper C pour clore le contour ou appuyer sur Entrée si le contour ne doit pas être fermé (fig.4.15).

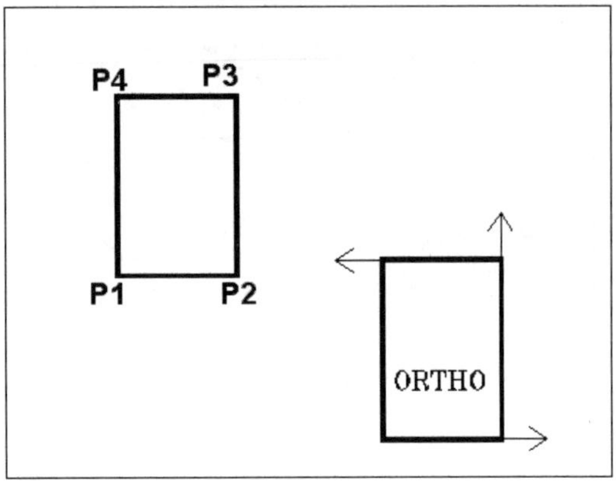

Fig.4.15

REMARQUES

Pour dessiner des lignes orthogonales, utiliser le mode Ortho. Dans ce cas, il suffit d'orienter le curseur dans la bonne direction et de taper simplement la longueur du segment au clavier sans devoir utiliser les coordonnées relatives ou polaires.

Pour dessiner des lignes orthogonales qui ne sont pas horizontales ou verticales, il convient d'utiliser le mode Polaire qui permet d'orienter directement le curseur dans une des directions préalablement déterminée (fig.4.16).

L'utilisation des modes Ortho et Polaire ainsi que l'entrée des données dans la zone de commande peuvent être simplifiées par l'utilisation du mode dynamique (DYN).

Dans le cas du dessin d'une polyligne avec des segments droits, les options sont les suivantes :

- **Arc :** passe du mode « lignes » ou mode « arcs » et entraîne l'affichage d'une nouvelle série d'options (voir plus loin dans le texte).
- **Clore** (Close) : fermeture d'un contour par retour au point d'origine à partir du dernier point défini.
- **Demi-largeur** (Halfwidth) : permet de déterminer la largeur à partir de l'axe de la ligne jusqu'au nu extérieur.
- **Longueur** (Length) : permet de tracer une ligne dans la même direction que la précédente, mais avec une longueur déterminée. Si la ligne intervient après un arc, elle est dessinée tangente à l'arc.
- **Annuler** (Undo) : supprime le dernier segment (ligne ou arc) dessiné de la polyligne.
- **Largeur** (Width) : permet de déterminer l'épaisseur de la polyligne.

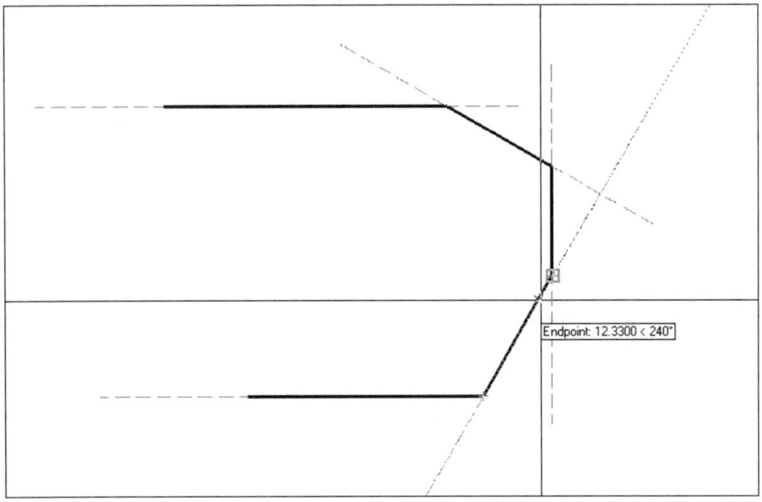

Fig.4.16

Modification des polylignes à l'aide des poignées multifonctionnelles

Les poignées de polyligne sont multifonctionnelles ; elles offrent donc des options contextuelles pour modifier la forme des polylignes (fig.4.17).

- L'emplacement de la poignée (sommet ou milieu) :
  - Etirer ou Etirer le sommet : spécifier un point d'étirement.
  - Ajouter sommet : spécifier un point pour le nouveau sommet.
  - Supprimer le sommet : supprimer le sommet sélectionné.
- Le type de segment (ligne ou arc) :
  - Convertir en arc : spécifier le milieu d'un segment de droite à convertir en un segment d'arc.
  - Convertir en ligne : spécifier le milieu d'un segment d'arc à convertir en un segment de droite.
- Le type de polyligne (standard, lissage de courbe ou lissage de spline) :
  - Direction de la tangente : manipuler les directions de la tangente pour redéfinir la forme d'une polyligne à lissage de courbe.

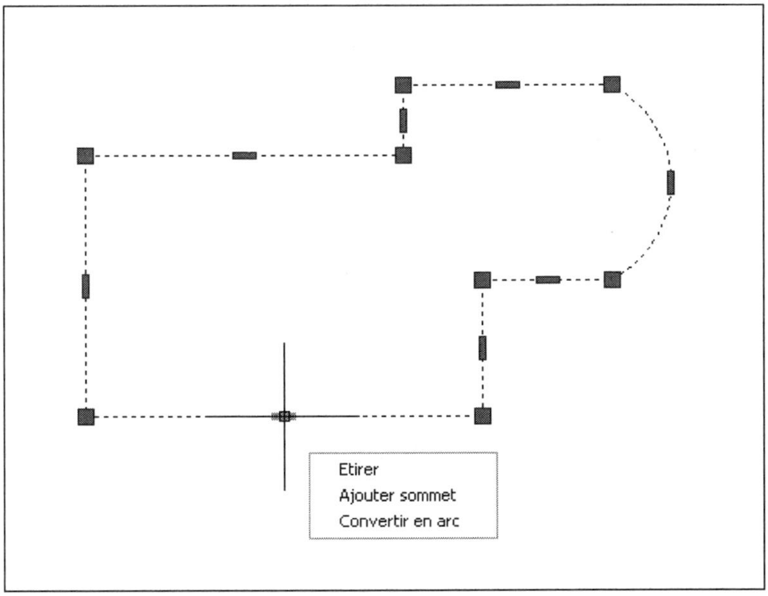

Fig.4.17

Transformer une polyligne en lignes ou des lignes en polyligne

Pour transformer une polyligne en lignes, la procédure est toute simple, il suffit de sélectionner la polyligne et de cliquer sur l'icône **Décomposer** (Explode) du groupe de fonctions **Modification** (Modify).

Pour transformer un ensemble de lignes (qui doivent être jointives) en une polyligne, la procédure est la suivante (fig.4.18) :

[1] Sélectionner la première ligne (1).

[2] Exécuter la commande de modification de polylignes à l'aide d'une des méthodes suivantes :

Ruban : choisir le groupe de fonctions **Modification** (Modify) puis la fonction **Editer polyligne** (Edit Polyline).

Icône : choisir l'icône **Editer polyligne** (Edit Polyline) dans la barre d'outils **Modifier II** (Modify II).

Clavier : taper la commande **PEDIT**.

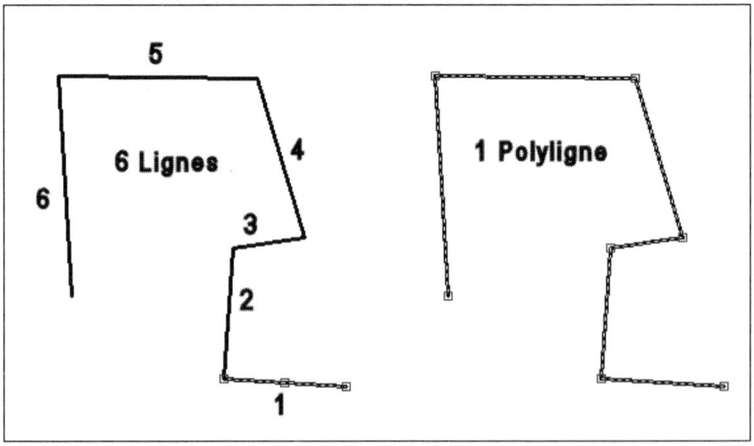

Fig.4.18

3 Comme l'entité sélectionnée n'est pas une polyligne, AutoCAD demandera d'abord si vous désirez transformer la ligne en polyligne. Il convient de répondre **Oui** (Yes).

4 Sélectionner l'option **Joindre** (Join) en tapant J au clavier.

5 Sélectionner les autres segments (2, 3, 4, 5, 6).

6 Appuyer deux fois sur **Entrée** (Enter). L'ensemble des lignes forme à présent une polyligne.

REMARQUE

La transformation en polyligne peut également s'effectuer par la commande **JOINDRE (JOIN)**. Pour cela, il suffit de sélectionner toutes les lignes jointives pour former une polyligne. Cette procédure est aussi plus rapide.

Dessiner des lignes de construction

AutoCAD permet de créer des lignes qui s'étendent à l'infini dans une ou dans les deux directions. Ces lignes infinies peuvent servir de lignes de construction pour définir plus facilement d'autres objets. Elles ne modifient pas les dimensions totales du dessin. Elles peuvent être modifiées au même titre que les autres objets. Deux commandes permettent de créer ces lignes de construction :

- **Droite** (Xline) : ligne infinie dans les deux directions
- **Demi-droite** (Ray) : ligne infinie dans une direction

La procédure pour tracer des droites de construction est la suivante :

1 Exécuter la commande de dessin de droites à l'aide d'une des méthodes suivantes :

Ruban : choisir le groupe de fonctions **Dessin** (Draw) puis l'option **Droite** (Construction Line).

Icône : choisir l'icône **Droite** (Construction Line) dans la barre d'outils **Dessiner** (Draw).

Clavier : taper la commande **Droite** (Xline).

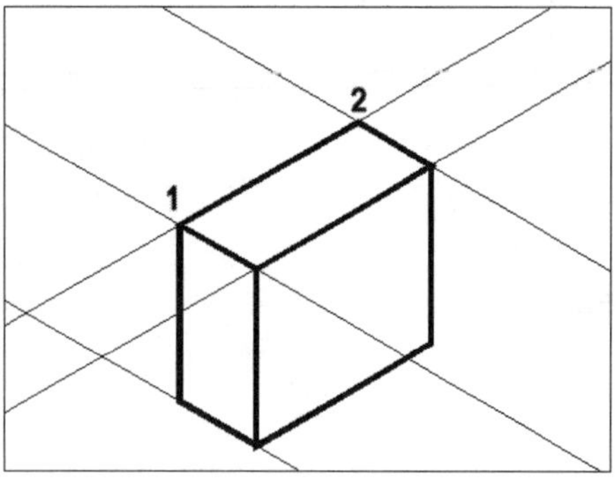

Fig.4.19

[2] Désigner le point qui sera l'origine de la droite (point 1).

[3] Spécifier le second point par lequel la droite doit passer (point 2).

[4] Définir les autres droites souhaitées.

[5] Appuyer sur Entrée pour terminer l'opération (fig.4.19).

Les options sont les suivantes :

- **Horizontal(e) – Vertical(e)** : permet de créer des droites parallèles aux axes X ou Y du système de coordonnées en cours et passant par un point à spécifier.
- **Angle** : permet de créer une droite formant un angle donné avec l'axe horizontal ou avec une ligne de référence.
- **Bissectrice** (Bisectrice) : permet de créer une droite correspondant à la bissectrice de l'angle spécifié. Il convient de désigner le sommet et les lignes formant l'angle concerné.
- **Décalage** (Offset) : permet de créer une droite parallèle à la ligne de référence sélectionnée et à une distance déterminée de celle-ci. Il convient ainsi de spécifier la valeur du décalage, de désigner la ligne de référence, puis d'indiquer de quel côté la droite doit se situer par rapport à la ligne de référence.

La procédure pour tracer des rayons de construction est la suivante :

[1] Exécuter la commande de dessin de rayons à l'aide d'une des méthodes suivantes :

Ruban : choisir le groupe de fonctions **Dessin** (Draw) puis l'option **Demi-droite** (Ray).

Clavier : taper la commande **Demidroite** (Ray).

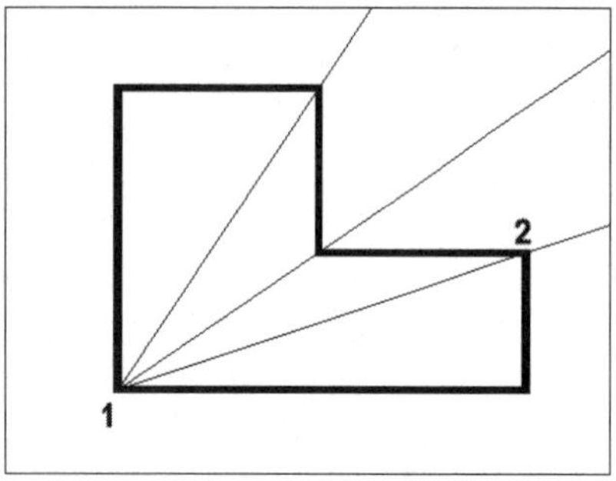

Fig.4.20

[2] Désigner le point de départ du rayon (point 1).

[3] Spécifier le second point par lequel le rayon doit passer (point 2).

[4] Définir les autres rayons souhaités. Tous les rayons passent obligatoirement par le premier point désigné.

[5] Appuyer sur Entrée pour terminer l'opération (fig.4.20).

Création d'objets constitués de courbes

Dessiner des arcs de cercle

AutoCAD permet la création d'arcs de cercle à l'aide de dix techniques différentes. La méthode par défaut consiste à désigner trois points à l'écran, dont un point de départ et un point d'extrémité. Les arcs sont tracés par défaut dans le sens trigonométrique (fig.4.21).

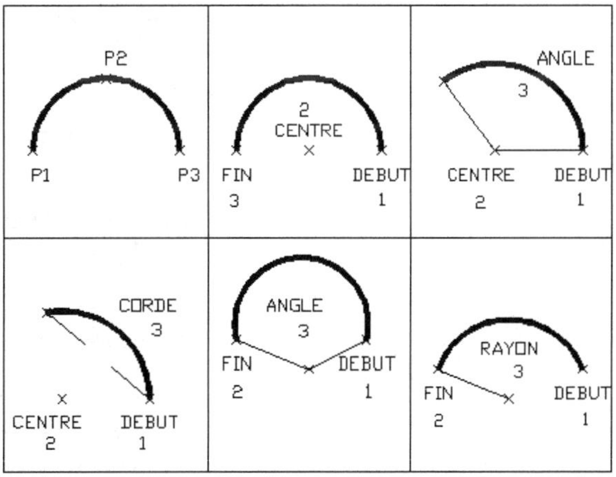

Fig.4.21

La procédure pour dessiner un arc est la suivante :

1. Exécuter la commande de dessin d'arc à l'aide d'une des méthodes suivantes :

   Ruban : choisir le groupe de fonctions **Dessin** (Draw) puis l'option **Arc** souhaitée.

   Icône : choisir l'icône Arc dans la barre d'outils **Dessiner** (Draw).

   Clavier : taper la commande **Arc**.

2. Sélectionner l'option de dessin souhaitée. Dans le cas de la figure 4.22, pour refermer l'ouverture dont la dimension n'est pas spécifiée, il convient d'utiliser l'une des deux options suivantes :

   Départ/Fin/Angle (Start/End/Angle) avec un angle de 180° ou **Départ/Fin/Direction** (Start/End/Direction) avec une direction de 0°.

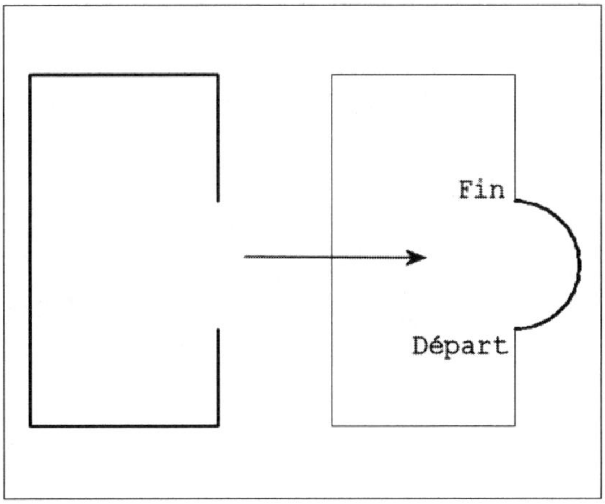

Fig.4.22

Les options peuvent être regroupées en 5 classes :

- **Classe 1 :** 3-Points : arc passant par 3 points P1, P2, P3
- **Classe 2 :** Départ/Centre (Start/Center/) : point de départ (PT) et centre (C) plus au choix
  - **Fin** (end) : point final (F)
  - Angle : angle inscrit (A)
  - Longueur (chordlen) : longueur de corde (L)
- **Classe 3 :** Départ/Fin (Start/End/) : point de départ et point final plus au choix
  - Angle : angle inscrit
  - **Rayon** (radius) : rayon (R)
  - Direction : direction de la tangente (D)
- **Classe 4 : Centre/Départ** (Center/Start/) : centre et point de départ plus au choix
  - **Fin** (end) : point final
  - Angle : angle inscrit
  - Longueur (chordlen) : longueur de corde
- **Classe 5 : Continuer** (Continue) : permet de continuer une ligne ou un arc, déjà en place, par un autre arc

Remarques

Il est également possible de créer des arcs de cercle en coupant des parties de cercles par la commande **Ajuster** (Trim). Le dessin du verre de la figure 4.23 a été réalisé de cette manière.

AutoCAD permet également de créer des arcs elliptiques constitués de parties d'ellipses (voir la commande **ELLIPSE** plus loin dans le texte).

Fig.4.23

Dessiner des courbes Splines

Une spline est une courbe lisse qui passe près ou par un jeu de points de lissage, ou qui est définie par les sommets dans un cadre de tolérance. Par défaut, les points de lissage coïncident avec la spline, alors que les sommets de contrôle définissent un « cadre de tolérance », méthode pratique pour ajuster la forme de la spline. Chaque méthode a ses avantages.

La procédure pour créer une courbe spline est la suivante :

1 Exécuter la commande de dessin d'une spline à l'aide d'une des méthodes suivantes.

Ruban : choisir le groupe de fonctions Dessin (Draw), puis l'une des options de Spline (Ajuster ou SC).

Icône : choisir l'icône Spline dans la barre d'outils Spline.

Clavier : taper la commande Spline.

2 (Facultatif) Entrer **M** (Méthode). Entrer ensuite **Ajustement** (points de lissage) ou **SC** (sommets de contrôle) (Fit or CV).

3 Spécifier le premier point de la spline.

4 Spécifier le point suivant de la spline. Continuer de spécifier les points si nécessaire.

5 Appuyer sur la touche Entrée pour terminer ou entrer c (Fermer) pour fermer la spline.

Les invites, affichées dans la zone de commande, varient selon qu'on crée une spline avec des points de lissage ou avec des sommets de contrôle (fig.4.24).

- Pour les splines créées avec des points de lissage : spécifier le premier point ou [Méthode/Nœuds/Objet].
- Pour les splines créées avec des sommets de contrôle : spécifier le premier point ou [Méthode/Degrés/Objet].

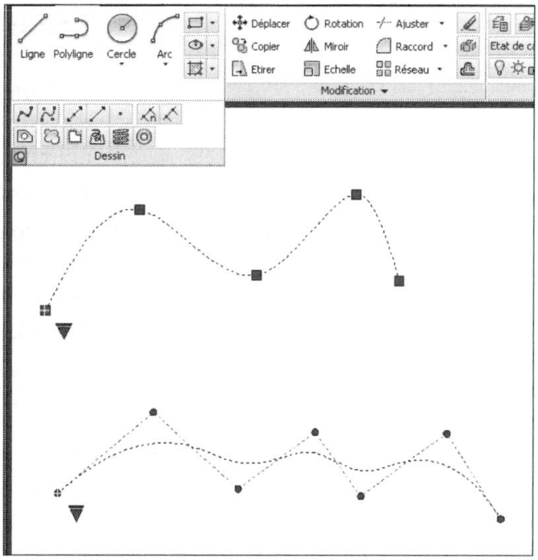

Fig.4.24

Les options sont les suivantes :

- **Premier point** (First point) : spécifie le premier point de la spline, soit le premier point de lissage ou le premier sommet de contrôle, selon la méthode actuelle.
- **Méthode** (Method) : détermine si la spline est créée à l'aide de points de lissage ou de sommets de contrôle.
  - **Ajustement** (Fit) : crée une B-spline de degré 3 (cubique) en spécifiant des points de lissage que la spline doit traverser. Lorsque la valeur de tolérance

est supérieure à 0, la spline doit se situer au maximum à la distance de tolérance spécifiée par rapport à chaque point.

- **SC** (Sommets de contrôle) (CV) : crée une spline en spécifiant des sommets de contrôle. Utilisez cette méthode pour créer des splines de degré 1 (linéaires), 2 (quadratiques), 3 (cubiques), et ainsi de suite jusqu'au degré 10. L'ajustement de la forme de la spline par déplacement des sommets de contrôle offre souvent de meilleurs résultats que par déplacement des points de lissage. Cette méthode est recommandée si vous créez de la géométrie à utiliser avec des surfaces NURBS 3D.

- **Objet** (Object) : convertit les polylignes lissées cubiques et quadratiques 2D et 3D en splines équivalentes. La polyligne d'origine est conservée ou supprimée en fonction du paramètre de la variable système DELOBJ.

L'option suivante est spécifique à la méthode des points de lissage.

- **Nœuds** (Knots) : détermine comment sont fusionnées les courbes composantes situées entre les points de lissage successifs d'une spline :
  - **Corde** (Chord), ou méthode de la longueur de corde : espace les nœuds reliant chaque courbe composante de sorte qu'ils soient proportionnels à la distance séparant chaque paire de points de lissage associée.
  - **Racine carrée** (Square root), ou méthode centripète : espace les nœuds reliant chaque courbe composante de sorte qu'ils soient proportionnels à la racine carrée de la distance séparant chaque paire de points de lissage associée. Cette méthode donne généralement des courbes plus douces. La courbe bleue dans l'illustration en est un exemple.
  - **Uniforme** (Uniform), ou méthode équidistante : espace les nœuds de chaque courbe composante de sorte qu'ils soient identiques, quel que soit l'espacement des points de lissage. Cette méthode produit souvent des courbes qui dépassent les points de lissage. La courbe magenta dans l'illustration en est un exemple.

L'option suivante est spécifique à la méthode des sommets de contrôle.

- **Degré :** définit le degré polynomial de la spline obtenue. Utilisez cette option pour créer des splines de degré 1 (linéaires), 2 (quadratiques), 3 (cubiques), et ainsi de suite jusqu'au degré 10.

Les autres options :

- **Point suivant** : crée des segments de spline supplémentaires jusqu'à ce que vous appuyiez sur Entrée.
- **Annuler** : supprime le dernier point spécifié.

- **Clore** : ferme la spline en faisant coïncider le dernier et le premier point. Par défaut, les splines fermées sont périodiques et conservent la continuité de courbure (C2) le long de la boucle tout entière.

Les options des poignées :

En survolant les poignées d'une spline, il est possible de l'ajuster en étirant le point, en ajoutant ou en supprimant le point et, pour la spline de lissage, de spécifier une condition de tangence sur le point de départ ou d'arrivée de la spline (fig.4.25).

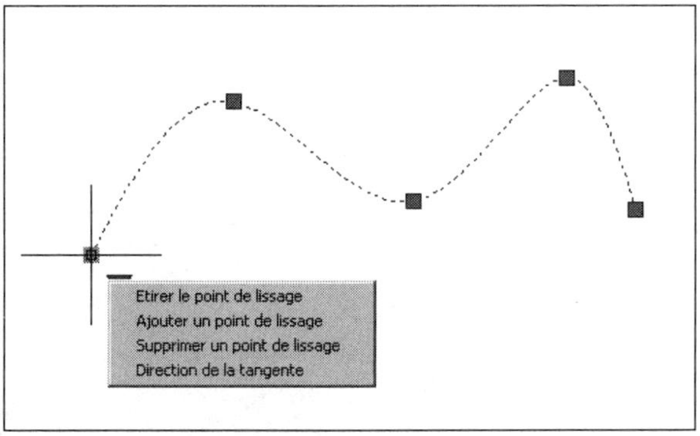

Fig.4.25

Pour tracer une spline tangente à deux lignes ou courbes auxquelles elle est reliée :

1. Dans le groupe de fonctions **Modification** (Modify), sélectionner **Fusionner les courbes** (Blend curves).
2. (Facultatif) Entrer « con » (Continuité) et une option de tangence.
3. Sélectionner une ligne ou une courbe à proximité de l'extrémité.
4. Sélectionner une autre ligne ou courbe près d'une extrémité (fig.4.26).

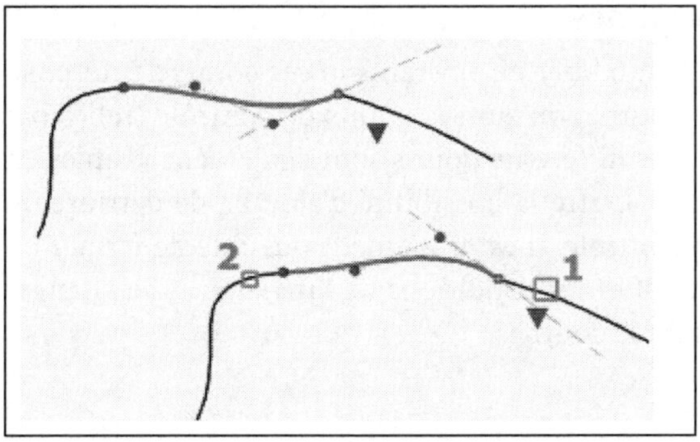

Fig.4.26

Pour convertir une polyligne lissée en spline :

[1] Sur la ligne de commande, entrer SPLINE.

[2] Entrer o (Objet).

[3] Sélectionner une polyligne lissée et appuyer sur la touche Entrée. L'objet sélectionné passe alors d'une polyligne à une spline (fig.4.27).

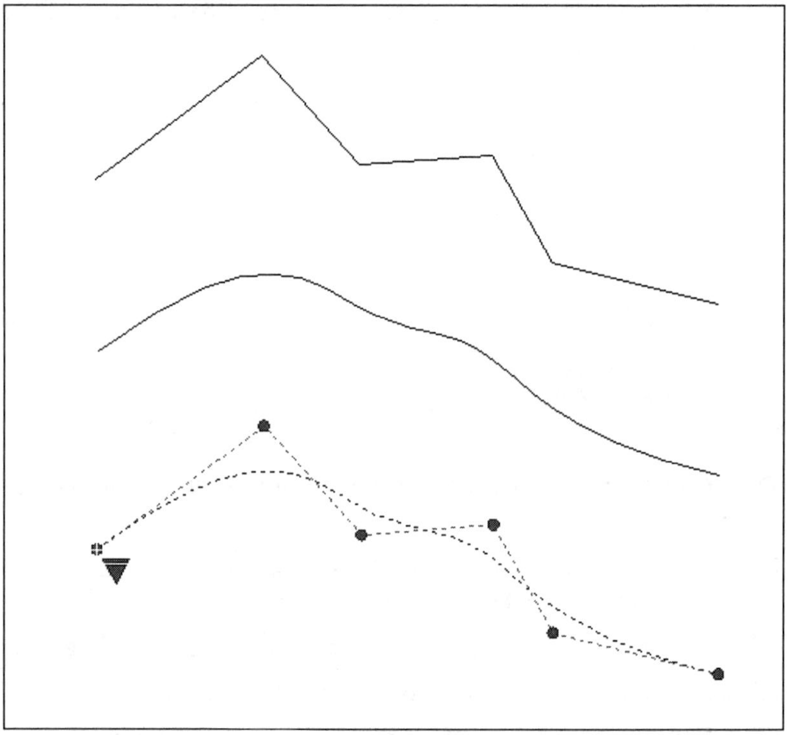

Fig.4.27

Modifier des courbes splines

Une courbe spline peut être modifiée en agissant sur ses points d'interpolation (points de base de la courbe) ou sur ses points de contrôle (reliés par le polygone de contrôle). Ces différents points sont également visibles en activant les poignées (grips). Outre la possibilité d'ajouter, de détruire ou de déplacer des points de contrôle, il est également possible de fermer ou d'ouvrir une spline, de modifier les conditions de tangence et de changer l'ordre des points définissant la courbe.

Procédure :

[1] Exécuter la commande de modification à l'aide d'une des méthodes suivantes :

Ruban : choisir le groupe de fonctions **Modification** (Modify) puis le puis l'option **Modifier Spline** (Edit Spline).

Icône : choisir l'icône **Editer Spline** (Edit Spline) dans la barre d'outils **Modifier II** (Modify II).

Clavier : taper la commande **EDITSPLINE** (Splinedit).

[2] Sélectionner la spline à modifier. En fonction de la façon dont l'entité a été créée, AutoCAD affiche une série d'options différentes.

[3] Sélectionner l'option souhaitée. Ainsi, si l'on souhaite, par exemple, déplacer le quatrième point d'interpolation de la courbe (fig.4.28), il convient de choisir l'option Modifier **sommet** (Edit vertex), puis de déplacer le point.

[4] Entrer plusieurs fois la lettre « N » pour sélectionner le quatrième point d'interpolation.

[5] Déplacer ce point à l'aide du curseur ou en spécifiant les coordonnées correspondant à la position voulue.

[6] Entrer la lettre « Q » (X) pour sortir de la commande.

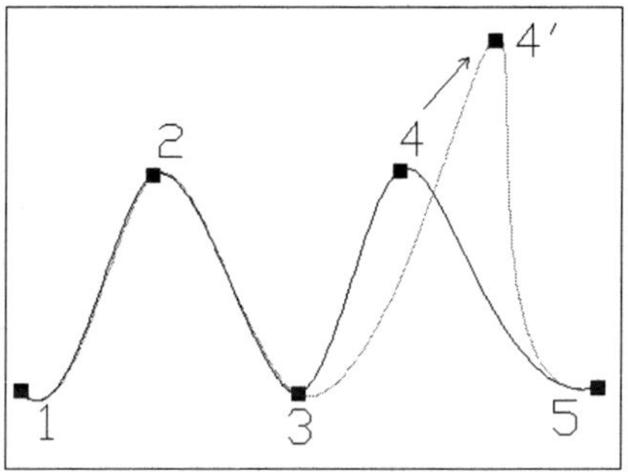

Fig.4.28

Options

- **Clore/Ouvrir** (Close/Open) : l'une des options suivantes s'affiche selon que la spline sélectionnée est ouverte ou fermée. Une spline ouverte dispose de deux extrémités, tandis qu'une spline fermée forme une boucle.
  - Clore (Close) : ferme la spline ouverte en définissant le dernier point de sorte qu'il coïncide avec le premier. Par défaut, les splines fermées sont périodiques et conservent la continuité de courbure (C2) le long de la courbe toute entière.

- Ouvrir (Open) : ouvre une spline fermée en supprimant le dernier segment de courbe, compris entre le premier et le dernier points spécifiés lors de la création de la spline.

▸ **Joindre** (Join) : relie une spline sélectionnée à d'autres splines, lignes, polylignes et arcs aux extrémités coïncidentes pour former une spline plus longue. Les objets sont reliés par des boucles aux points d'attachement (continuité Co).

▸ **Lissée** (Fit data) : modifie les données de lissage à l'aide des options suivantes.

- **Ajouter** (Add) : ajoute des points de lissage à une spline. Après avoir sélectionné un point de lissage, spécifiez un nouveau point de lissage à ajouter à la spline dans la direction du point de lissage suivant, qui est automatiquement mis en surbrillance. Si vous sélectionnez le dernier point de lissage d'une spline ouverte, le nouveau point est ajouté à la fin de la spline. Si vous sélectionnez le premier point de lissage d'une spline ouverte, vous pouvez placer le nouveau point avant ou après le premier point.
- **Clore/Ouvrir** (Close/Open) : l'une des options suivantes s'affiche, selon que la spline sélectionnée est ouverte ou fermée. Une spline ouverte dispose de deux extrémités, tandis qu'une spline fermée forme une boucle.
  - Clore (Close) : ferme la spline ouverte en définissant le dernier point de sorte qu'il coïncide avec le premier. Par défaut, les splines fermées sont périodiques et conservent la continuité de courbure (C2) le long de la courbe tout entière.
  - Ouvrir (Open) : ouvre une spline fermée en supprimant le dernier segment de courbe compris entre le premier et le dernier point spécifié lors de la création de la spline.
- **Supprimer** (Delete) : supprime les points de lissage sélectionnés d'une spline.
- **Boucle** (Kink) : ajoute un nœud et un point de lissage à l'emplacement spécifié sur la spline, ce qui ne permet pas de conserver la tangente ni la continuité de courbure au niveau de ce point.
- **Déplacer** (Move) : déplace les points de lissage vers de nouveaux emplacements.
  - Nouvel emplacement (New location) : déplace le point de lissage sélectionné à l'emplacement spécifié.

        - Suivant (Next) : sélectionne le point de lissage suivant.
        - Précédent (Previous) : sélectionne le point de lissage précédent.
        - Sélectionnez Point (Select point) : sélectionne un point de lissage sur la spline.
    - **Purger** (Purge) : remplace les données de lissage de la spline par des sommets de contrôle.
    - **Tangentes** (Tangents) : modifie les tangentes initiale et finale d'une spline. Spécifiez un point pour définir une direction de tangente. Vous pouvez utiliser des modes d'accrochage aux objets, notamment les accrochages Perpendiculaire ou Parallèle.
    - **Tolérance** (Tolerance) : lisse à nouveau la spline sur les points de lissage existants à l'aide de la nouvelle valeur de tolérance.
    - **Quitter** (Exit) : revient à l'invite précédente.
- **Modif-sommet** (Edit vertex) : modifie les données du cadre de tolérance à l'aide des options suivantes.
    - **Ajouter** (Add) : ajoute un nouveau sommet de contrôle au point que vous spécifiez entre deux sommets de contrôle.
    - **Supprimer** (Delete) : supprime un sommet de contrôle sélectionné.
    - **Elever Ordre** (Elevate order) : augmente l'ordre polynomial (degré plus un) de la spline. Cela entraîne une augmentation du nombre de sommets de contrôle sur la spline. La valeur maximale est de 26.
    - **Déplacer** (Move) : repositionne un sommet de contrôle sélectionné.
    - **Quitter** (Exit) : revient à l'invite précédente.
- **Convertir en Polyligne** (Convert to Polyline) : convertit une spline en polyligne. La valeur de précision détermine la précision avec laquelle la polyligne obtenue correspond à la spline. Les valeurs acceptées sont des entiers compris entre 0 et 99.
- **Inverser** (Reverse) : inverse la direction de la spline. Cette option est principalement destinée aux applications tierces.
- **Annuler** (Undo) : annule la dernière opération.
- **Quitter** (Exit) : renvoie à l'invite de commande.

Dessiner des polylignes avec des arcs

L'option Arc de la commande Polyligne permet également de tracer des figures avec des parties courbes.

La procédure est la suivante :

1 Sélectionner la commande **Polyligne** à l'aide d'une des méthodes suivantes :

Ruban : choisir le groupe de fonctions **Dessin** (Draw) puis l'option **Polyligne** (Polyline).

Icône : choisir l'icône **Polyligne** (Polyline) de la barre d'outils **Dessiner** (Draw).

Clavier : taper la commande **Polylign** (Pline).

2 Spécifier le point de départ : par exemple 10,10 (fig.4.29).

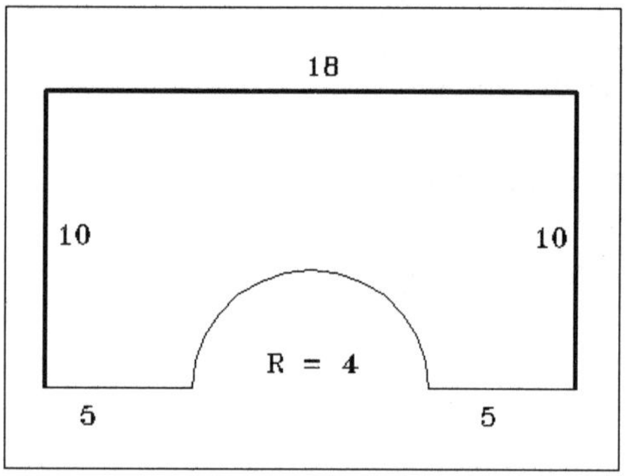

Fig.4.29

3 La largeur courante est de 0.0000. Spécifier le point suivant ou [Arc/Demi-larg/LOngueur/annUler/LArgeur] : activer le mode Ortho, orienter le curseur vers la droite et entrer la valeur 5.

4 Spécifier le point suivant ou [Arc/Clore/Demi-larg/LOngueur/ annUler/LArgeur] : taper A puis Entrée.

5 Spécifier l'extrémité de l'arc ou [Angle/CEntre/CLore/DIrection/DEmi-larg/LIgne/Rayon/Second-pt/annUler/LArgeur] : A8.

6 Spécifier l'angle décrit : -180 8.

7 Spécifier l'extrémité de l'arc ou [CEntre/Rayon] : R 8.

8 Spécifier le rayon de l'arc : 4 8.

9 Spécifier la direction de corde de l'arc <0> : 0 8.

10 Spécifier l'extrémité de l'arc ou [Angle/CEntre/CLore/ DIrection/DEmi-larg/LIgne/Rayon/Second-pt/annUler/ LArgeur] : LI.

11 Spécifier le point suivant ou [Arc/Clore/Demi-larg/LOngueur/ annUler/LArgeur] : 5 8.

12 Spécifier le point suivant ou [Arc/Clore/Demi-larg/LOngueur/ annUler/LArgeur] : 10 8.

13 Spécifier le point suivant ou [Arc/Clore/Demi-larg/LOngueur/ annUler/LArgeur] : 18 8.

14 Spécifier le point suivant ou [Arc/Clore/Demi-larg/LOngueur/annUler/LArgeur] : C 8.

Les options pour les arcs de polyligne sont les suivantes :

- **Angle :** permet de préciser l'angle inscrit à l'arc, dans le sens inverse à celui des aiguilles d'une montre. Pour avoir le sens contraire, il suffit de donner un angle négatif.
- **Centre** (Center) : permet de préciser le centre de l'arc.
- **Fermer** (Close) : fermeture d'une polyligne par un arc.
- **Direction** : permet de définir une direction de départ pour l'arc.
- **Ligne** (Line) : permet le passage du mode « arc » au mode « ligne ».
- **Rayon** (Radius) : permet de définir le rayon de l'arc.
- **Second pt :** permet de construire un arc passant par trois points.

Création de formes géométriques

Dessiner un cercle

Le cercle est un objet de base très couramment utilisé en dessin. AutoCAD permet de créer celui-ci de plusieurs façons différentes : en spécifiant le centre et un rayon (méthode par défaut), le centre et le diamètre, en spécifiant deux points pour indiquer le diamètre, trois points pour définir sa circonférence. Il est également possible de créer un cercle tangent à deux (plus une valeur de rayon) ou à trois objets du dessin. La désignation des points demandés peut se faire à l'aide des coordonnées ou en se servant des points d'accrochage.

La procédure pour dessiner un cercle est suivante :

1 Exécuter la commande de dessin d'un cercle à l'aide d'une des méthodes suivantes (fig.4.30) :

Ruban : choisir le groupe de fonctions **Dessin** (Draw) puis l'option **Cercle** (Circle).

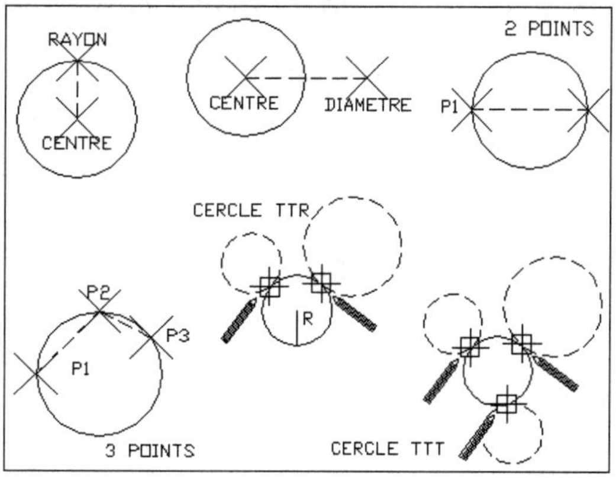

Fig.4.30

Icône : choisir l'icône **Cercle** (Circle) de la barre d'outils Dessiner (Draw).

Clavier : taper la commande **Cercle** (Circle).

[2] Dans le cas de l'option Centre, Rayon, pointer le centre (ou entrer les coordonnées) : P1.

[3] Entrer la valeur du rayon ou pointer un deuxième point : P2.

Les options de dessin sont les suivantes :

- **Centre et Rayon (Cen,Rad) :** entrer les coordonnées du centre et la valeur du rayon ou pointer graphiquement par la souris ou le stylet.
- **Centre et Diamètre (Cen,Dia) :** entrer les coordonnées du centre et la valeur du diamètre ou pointer graphiquement.
- **2 POINTS :** donner deux points (P1 et P2) qui seront les extrémités du diamètre.
- **3 POINTS :** donner trois points (P1,P2,P3) sur la circonférence du cercle.
- **TTR :** permet de dessiner un cercle en spécifiant la valeur du rayon et en pointant deux objets (lignes, cercles, arcs, etc.) auxquels le cercle doit être tangent.
- **TaTaTan :** permet de dessiner un cercle en pointant trois objets (lignes, arcs, cercles, etc.) auxquels le cercle doit être tangent.

L'exemple qui suit illustre l'utilisation de cercles de types Centre/Rayon et TTR.

La procédure est la suivante :

Etape 1

- Tracer un axe vertical et deux axes horizontaux distants de 100 mm.
- Tracer le cercle inférieur rayon 20 mm et le cercle supérieur de rayon 30 mm.

Etape 2

- Tracer deux cercles TTR de rayon 100 mm. Pour celui de droite pointer les cercles de tangences en A et B juste à gauche de l'axe vertical. Pour le cercle de gauche pointer les cercles de tangences en C et D juste à droite de l'axe vertical (fig.4.31).

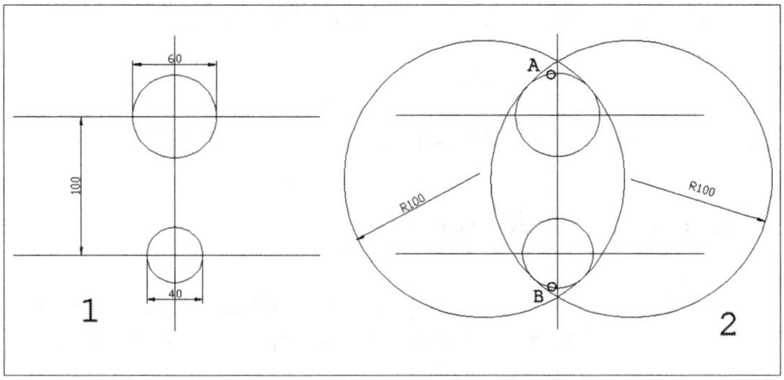

Fig.4.31

Etape 3

- Décaler les 4 cercles de 10 mm vers l'intérieur.

Etape 4

- Ajuster les grands cercles.
- Ajouter 2 cercles TTR de rayon 15 mm.

Etape 5

- Ajuster les cercles pour finaliser la pièce (fig.4.32).

Dessiner une ellipse

AutoCAD permet de tracer des vraies ellipses (représentation mathématique exacte) ou une représentation polyligne d'une ellipse (mettre au préalable la variable **PELLIPSE** sur 1). La méthode de dessin par défaut consiste à désigner les extrémités du premier axe et à définir une distance (demi-longueur) du second axe.

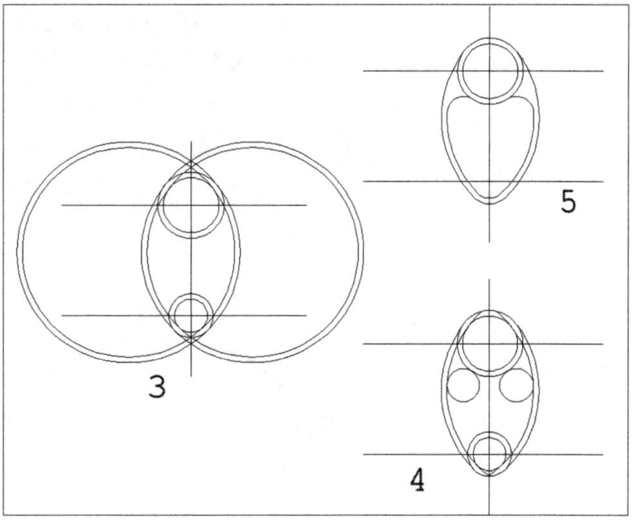

Fig.4.32

La procédure pour dessiner une ellipse est la suivante :

1 Exécuter la commande de dessin de l'ellipse à l'aide d'une des méthodes suivantes :

Ruban : choisir le groupe de fonctions **Dessin** (Draw) puis l'option **Ellipse**.

Icône : choisir l'icône Ellipse **dans** la barre d'outils **Dessiner** (Draw).

Clavier : taper la commande **Ellipse**.

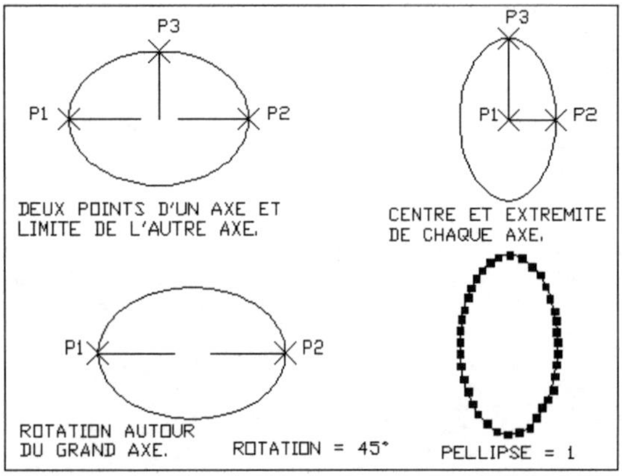

Fig.4.33

[2] Dans le cas de l'option par défaut **Axe-Fin** (Axis-End) (fig.4.33), désigner la première extrémité du premier axe (point P1).

[3] Indiquer la seconde extrémité du premier axe (point P2).

[4] Pointer l'extrémité du deuxième axe (point P3).

[5] Dans le cas de l'option **Centre**, taper C pour activer l'option, puis pointer le centre de l'ellipse : P1.

[6] Pointer l'extrémité du premier axe (point P2).

[7] Pointer l'extrémité du deuxième axe (point P3).

La procédure pour dessiner un arc elliptique est la suivante :

[1] Sélectionner l'option **Arc** de la commande **Ellipse** ou cliquer sur l'icône **Arc elliptique** (Ellipse Arc) du groupe de fonctions **Dessin** (Draw).

[2] Pointer les 3 extrémités des axes de l'ellipse : P1, P2 et P3.

[3] Pointer la direction de l'angle de départ : P4.

[4] Pointer la direction de l'angle d'arrivé : P5 (fig.4.34).

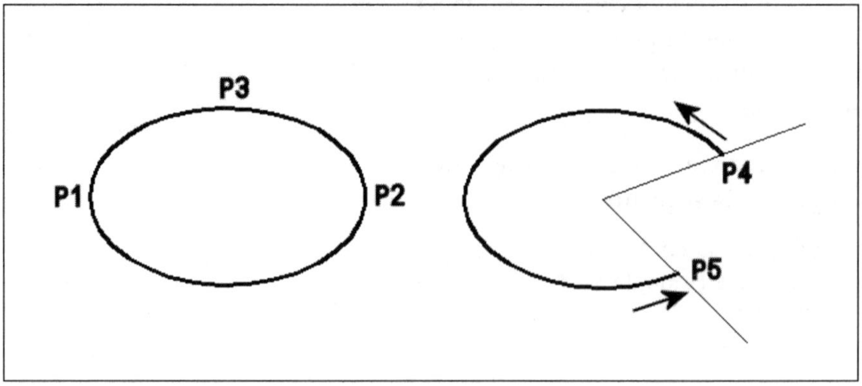

Fig.4.34

Dessiner un rectangle

Un rectangle est une polyligne fermée ayant la forme d'un rectangle. Plusieurs méthodes sont disponibles pour définir la taille du rectangle : coordonnées relatives, longueur et largeur, définition de l'aire. Avant de dessiner celui-ci, il est possible de définir quelques paramètres permettant par exemple d'arrondir ou de couper les angles.

La procédure pour créer un rectangle est la suivante :

1. Exécuter la commande de dessin du rectangle à l'aide d'une des méthodes suivantes (fig.4.35) :

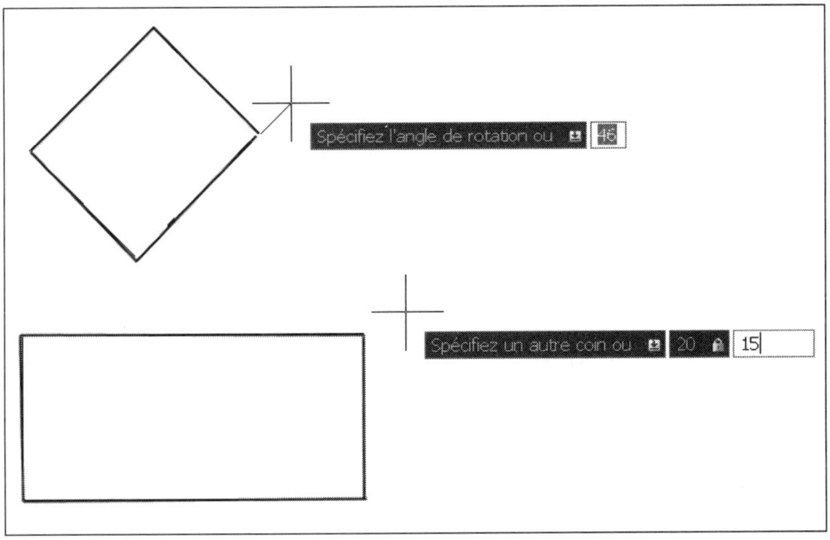

Fig.4.35

Ruban : choisir le groupe de fonctions **Dessin** (Draw) puis l'option **Rectangle**.

Icône : choisir l'icône **Rectangle** de la barre d'outils **Dessiner** (Draw).

Clavier : taper la commande **Rectangle** (Rectang).

2. Pointer l'origine du rectangle : P1.

[3] Taper éventuellement sur R pour orienter le rectangle dans une direction donnée. Entrer la valeur de l'angle.

[4] Utiliser l'une des options suivantes pour définir la taille du rectangle.

Sans mode dynamique

- Utiliser les valeurs relatives (@x,y) pour définir la longueur et la largeur. Exemple : un rectangle de 20 sur 10 demande comme coordonnées @20,10.

Ou

- Taper **C** (D) pour l'option **Cotes** (Dimensions).
- Spécifier la longueur du rectangle : par exemple 20
- Spécifier la largeur du rectangle : par exemple 10.
- Spécifier un autre coin : il faut pointer la direction du second point par rapport au premier (à gauche ou à droite, en haut ou en bas).

Ou

- Taper A pour activer l'option **Aire** (Area).
- Entrer l'aire du rectangle en unités courantes <100.0000> : 1008.
- Calculer les cotes du rectangle en fonction de la [Longueur/lArgeur] <Longueur> : faire 8 pour accepter la longueur.
- Entrer la longueur du rectangle <10.0000> : 15 8.

Avec mode dynamique

- Entrer la première longueur du rectangle : 20.
- Appuyer sur la touche Tab pour passer dans le champ suivant.
- Entrer la largeur du rectangle : 10.
- Appuyer sur Entrée.

Les options sont les suivantes :

- **Chanfrein** (Chamfer) : permet de chanfreiner les côtés du rectangle en spécifiant deux distances (voir chapitre 6 pour plus de détails).
- **Elevation** : permet de spécifier la hauteur de création du rectangle.
- **Raccord** (Fillet) : permet d'arrondir les sommets du rectangle en spécifiant un rayon.
- **Hauteur** (Thickness) : permet de spécifier la hauteur d'extrusion du rectangle.
- **Largeur** (Width) : permet de spécifier l'épaisseur des côtés du rectangle.

Dessiner un polygone régulier

Un polygone est une polyligne fermée de forme régulière et composée de 3 à 1024 côtés. La grandeur du polygone peut être déterminée par l'une des trois méthodes suivantes (fig.4.36) :

- Le polygone est inscrit dans un cercle imaginaire (I) : cette méthode est utile si l'on connaît la distance entre le centre du polygone et chacun des sommets. Cette distance correspond au rayon du cercle dans lequel le polygone est inscrit.
- Le polygone est circonscrit à un cercle (C) : cette méthode est utile si l'on connaît la distance entre le centre du polygone et le milieu de chaque côté. Cette distance correspond au rayon du cercle inscrit dans le polygone.
- Par la longueur d'un côté.

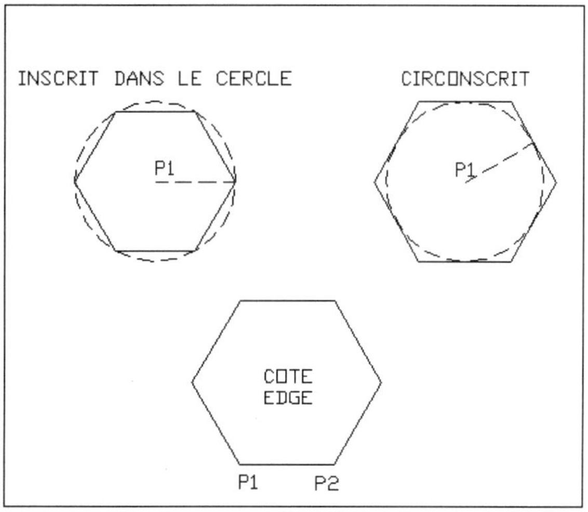

Fig.4.36

La procédure pour dessiner un polygone est la suivante :

[1] Exécuter la commande de dessin du polygone à l'aide d'une des méthodes suivantes :

Ruban : choisir le groupe de fonctions **Dessin** (Draw) puis l'option **Polygone** (Polygon).

Icône : choisir l'icône **Polygone** (Polygon) de la barre d'outils **Dessiner** (Draw).

Clavier : taper la commande **Polygone** (Polygon).

[2] Déterminer le nombre de côtés souhaités : exemple 6.

[3] Indiquer le centre du polygone (point P1).

[4] Entrer I ou C pour créer le polygone.

[5] Spécifier le rayon (ex : 5).

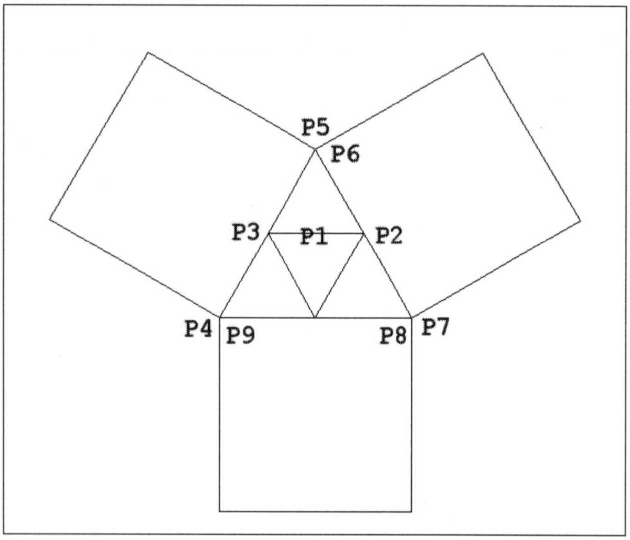

Fig.4.37

Exercice : tracer la figure 4.37 en cinq opérations et sans lignes de construction :

Commande : **Polygone** (polygon). Entrer le nombre de côtés ‹4› : 3.

Spécifier le centre du polygone ou [Côté] : P1.

Entrer une option [Inscrit dans le cercle/Circonscrit au cercle] ‹I› : I.

Spécifier le rayon du cercle : 10.

Commande : **Polygone** (polygon). Entrer le nombre de côtés ‹3› :

Spécifier le centre du polygone ou [Côté] : C.

Spécifier la première extrémité du côté : P2.

Spécifier la deuxième extrémité du côté : P3.

Commande : **Polygone** (polygon). Entrer le nombre de côtés ‹3› : 4.

Spécifier le centre du polygone ou [Côté] : C.

Spécifier la première extrémité du côté : P4. Spécifier la deuxième extrémité du côté : P5.

Commande : **Polygone** (polygon). Entrer le nombre de côtés ‹4› :

Spécifier le centre du polygone ou [Côté] : C.

Spécifier la première extrémité du côté : P6. Spécifier la deuxième extrémité du côté : P7.

Commande : **Polygone** (polygon). Entrer le nombre de côtés ‹4› : 4.

Spécifier le centre du polygone ou [Côté] : C.

Spécifier la première extrémité du côté : P8. Spécifier la deuxième extrémité du côté : P9.

Dessiner un point

Un point est un outil permettant de repérer facilement des lieux significatifs dans le dessin. L'utilisateur a la possibilité de définir le style du point et sa taille. Il est possible de s'accrocher ensuite à un point par la commande **ACCROBJ** (OSNAP) et l'option **NODAL** (NODE). Les points peuvent également être utilisés pour mettre des marques de division sur les objets.

La procédure pour définir le style et la taille des points est la suivante :

1. Sélectionner l'option Style de points (Point Style) dans le groupe de fonctions Utilitaires (Utilities) de l'onglet Début (Home) ou taper la commande DDPTYPE. au clavier (fig.4.38).
2. Sélectionner un style de point.
3. Spécifier la taille voulue dans le champ **Taille des points** (Point Size) : en % par rapport à la taille de l'écran ou en unités de travail.
4. Cliquer sur **OK** pour confirmer.

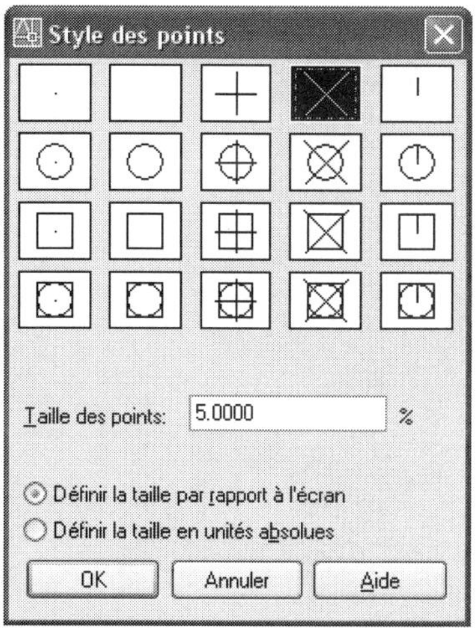

Fig.4.38

La procédure pour dessiner un point est la suivante :

1. Exécuter la commande de dessin d'un point à l'aide d'une des méthodes suivantes :

Ruban : choisir le groupe de fonctions **Dessin** (Draw) puis l'option **Plusieurs points** (Multiple Point).

Icône : choisir l'icône **Point** de la barre d'outils **Dessiner** (Draw).

Clavier : taper la commande **Point**.

2. Désigner l'emplacement du ou des points (fig.4.39).
3. Appuyer sur Entrée pour terminer l'opération.

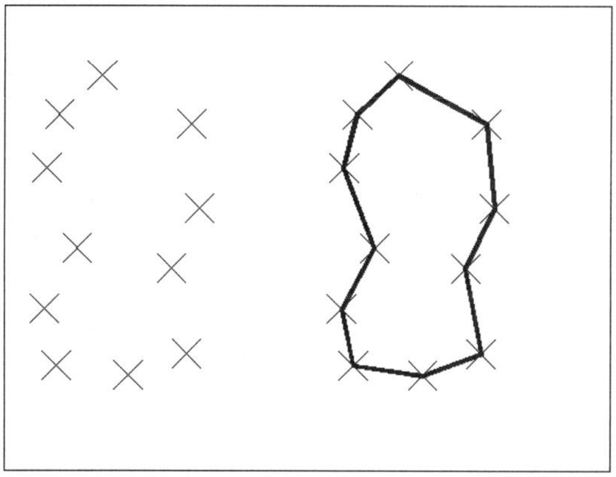

Fig.4.39

La procédure pour insérer des points sur un objet à intervalles réguliers est la suivante :

1. Choisir le groupe de fonctions **Dessin** (Draw) puis sélectionner **Diviser** (Divide).
2. Sélectionner une ligne, un cercle, une ellipse, une polyligne, un arc ou une spline.
3. Entrer le nombre de segments souhaités : 6 8. Un point est placé entre chaque segment (fig.4.40).

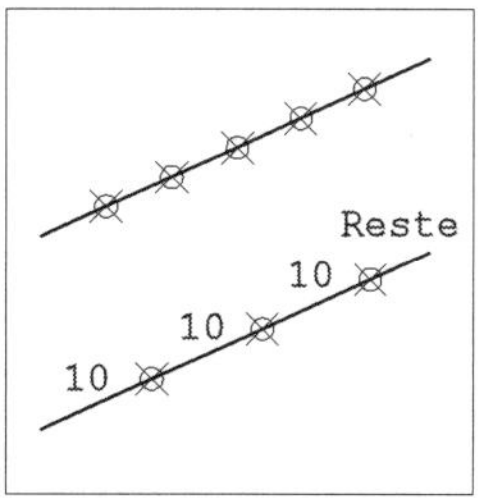

Fig.4.40

La procédure pour insérer des points selon des intervalles mesurés sur un objet est la suivante :

1. Choisir le groupe de fonctions **Dessin** (Draw) puis sélectionner **Mesurer** (Measure).
2. Sélectionner une ligne, un arc, un cercle ou une polyligne.
3. Entrer un intervalle ou spécifier deux points à l'écran : 10 8. Les points sont placés sur l'objet à des intervalles spécifiés.

Création de formes avec épaisseur

Dessiner une polyligne avec épaisseur

Une polyligne est une entité constituée d'une série de segments de droite et d'arc considérée comme un tout. Il est possible de définir pour chaque segment une épaisseur déterminée, constante ou non. Cette caractéristique permet de dessiner des objets aux formes très variées, comme une flèche.

La procédure pour dessiner une flèche est la suivante :

1. Exécuter la commande de dessin d'une polyligne à l'aide d'une des méthodes suivantes :

   Ruban : choisir le groupe de fonctions **Dessin** (Draw) puis l'option **Polyligne** (Polyline).

   Icône : choisir l'icône **Polyligne** (Polyline) de la barre d'outils **Dessiner** (Draw).

   Clavier : taper la commande **Polyligne** (Polyline).

2. Pointer le premier point de la polyligne à l'endroit souhaité. Les options de la polyligne s'affichent ensuite à l'écran (point P1).
3. Taper « LA » (w) pour déterminer l'épaisseur de la polyligne. Entrer l'épaisseur de départ puis l'épaisseur d'arrivée du segment. Par exemple 10 et 10.
4. Pointer l'extrémité du segment (point P2).

5 Taper à nouveau « LA » (w) pour définir une nouvelle épaisseur. Entrer 40 comme épaisseur de départ et 0 comme épaisseur d'arrivée.

6 Pointer l'extrémité du segment (point P3).

7 Appuyer sur Entrée pour terminer la commande. Le résultat est le dessin d'une flèche (fig.4.41).

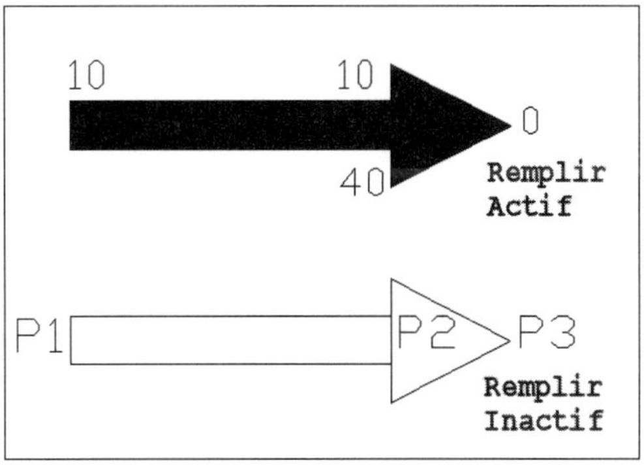

Fig.4.41

Dessiner un anneau ou un disque plein

AutoCAD permet de dessiner facilement des couronnes ou des disques grâce à la commande **ANNEAU** (Donut). Pour créer un anneau, il convient de définir les diamètres interne et externe et de désigner le centre. Pour dessiner un anneau en forme de disque, il suffit de spécifier un diamètre interne de valeur 0.

La procédure pour créer un anneau est la suivante :

1 Exécuter la commande de dessin d'un anneau à l'aide d'une des méthodes suivantes :

Ruban : choisir le groupe de fonctions **Dessin** (Draw) puis l'option **Anneau** (Donut).

Clavier : taper la commande **ANNEAU** (Donut).

2 Spécifier la valeur du diamètre intérieur (ex :10). Entrer une valeur de 0 pour un disque.

3 Spécifier le diamètre extérieur (ex :12).

4 Pointer le(s) centre(s) du ou des anneaux ou appuyer sur Entrée pour quitter la commande (fig.4.42).

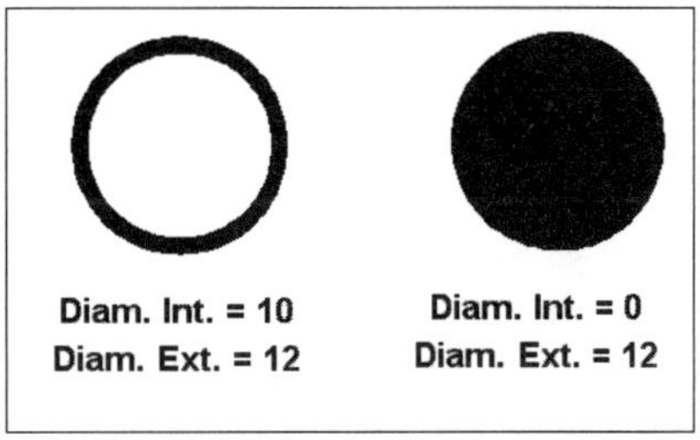

Fig.4.42

Générer des contours fermés

Pour créer automatiquement une polyligne fermée à partir d'entités qui se chevauchent et qui délimitent une frontière, AutoCAD dispose de la commande **CONTOUR** (Boundary). Pour générer cette polyligne particulière, il suffit de pointer à l'intérieur de la zone désirée qui se met en surbrillance.

Cette fonction est utile dans beaucoup d'applications : mécanique (pour générer rapidement une pièce), architecture (pour calculer rapidement la surface des locaux), cartographie (pour délimiter facilement des contours digitalisés), etc.

Il est largement conseillé de définir un **calque** (layer) spécifique pour la création des polylignes frontière afin de pouvoir les manipuler plus facilement.

La procédure de création est la suivante :

Fig.4.43

[1] Exécuter la commande de création de polyligne frontière à l'aide d'une des méthodes suivantes :

Ruban : choisir le groupe de fonctions **Dessin** (Draw) puis l'option **Contour** (Boundary).

Clavier : taper la commande **CONTOUR** (Boundary).

[2] Sélectionner le bouton **Choisir les points** (Pick Points) en haut dans la boîte de dialogue **Créer un contour** (Boundary Creation) (fig.4.43).

[3] Pointer un point à l'intérieur de la zone souhaitée (P1). La frontière générée s'affiche en pointillés.

[4] Appuyer sur Entrée pour sortir de la commande. AutoCAD a créé une polyligne superposée à la frontière détectée.

[5] Pour visualiser la frontière ainsi créée, il suffit éventuellement de la déplacer par la commande **Déplacer** (Move) et l'option **Dernier** (Last) pour la sélectionner ou d'utiliser et d'activer des calques (layers) différents (fig.4.44).

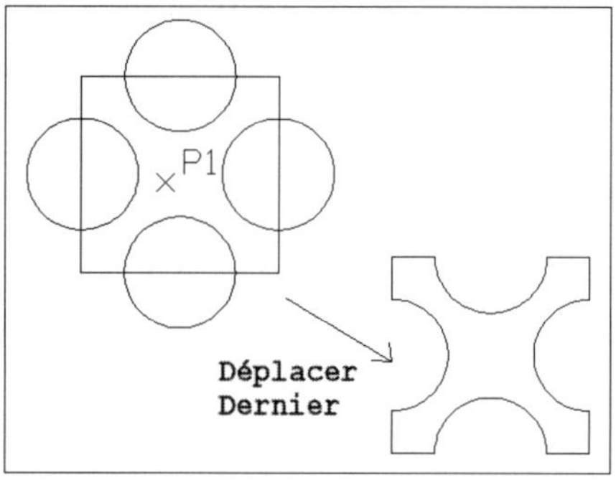

Fig.4.44

CHAPITRE 5

CONSTRUIRE UN DESSIN À PARTIR D'OBJETS EXISTANTS

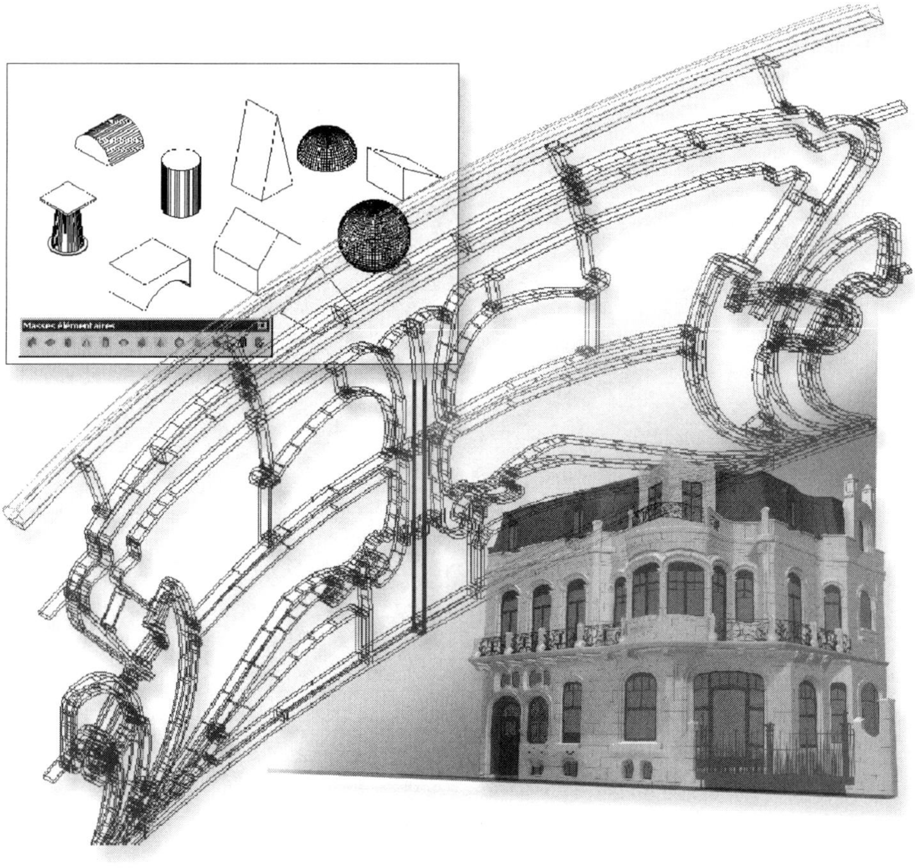

La construction d'un dessin

Il existe une multitude d'outils dans AutoCAD pour construire un nouveau dessin. Parmi ceux-ci, il en existe plusieurs basés sur la copie d'objets existants (fig.5.1) :

- **La copie simple, multiple ou en réseau** : pour copier une ou plusieurs fois un ou plusieurs objets d'un point à plusieurs autres du dessin. La commande utilisée est **COPIER** (COPY) avec les options **Multiple, Simple ou Réseau**.
- **La copie parallèle** : pour copier un objet parallèlement à lui-même et à une certaine distance. La commande utilisée est **DECALER** (OFFSET).
- **La copie-miroir** : pour créer une copie-miroir d'un objet suivant un axe de symétrie. La commande utilisée est **MIROIR** (MIRROR).
- **La copie en réseau** : pour créer une série de copies d'un objet sous la forme d'un réseau polaire ou rectangulaire. La commande utilisée est **RESEAU** (ARRAY).
- **La copie à l'aide du Presse-papiers de Windows** : pour copier un objet d'un dessin AutoCAD vers un autre dessin AutoCAD, ou vers une autre application.

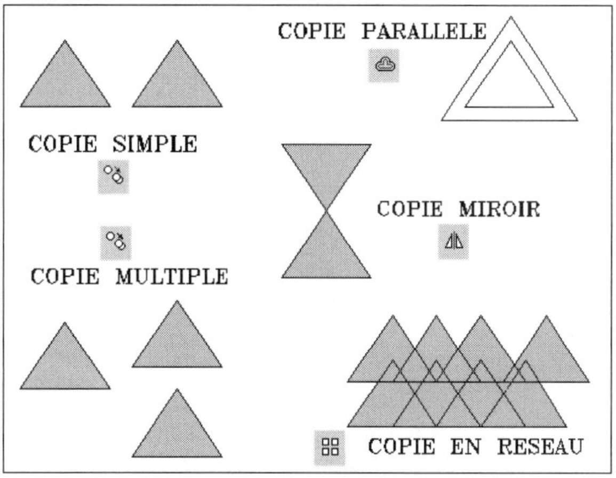

Fig.5.1

Copier un objet

Pour copier un ou plusieurs objets à l'intérieur d'un dessin, il suffit d'effectuer la sélection et de définir ensuite le point de départ et le point d'arrivée de la copie. Ces points peuvent être déterminés par des coordonnées ou par le pointeur sur l'écran avec l'aide éventuelle des outils d'accrochage. La copie peut être simple ou multiple suivant les besoins. Les procédures qui suivent illustrent la copie simple d'un cercle sur le côté d'un carré, et la copie multiple du même cercle aux quatre coins du carré.

La procédure pour effectuer une copie simple est la suivante :

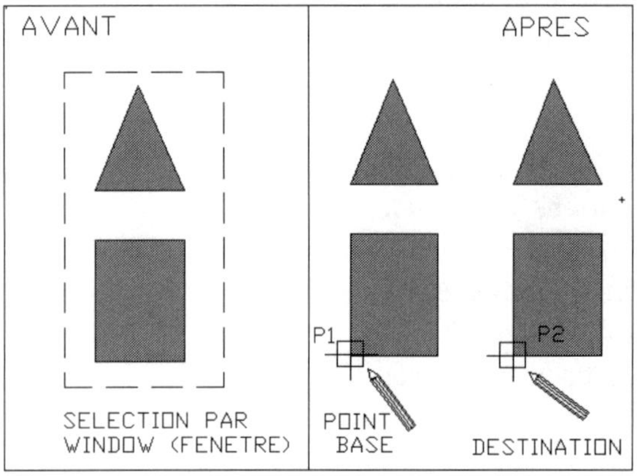

Fig.5.2

1. Exécuter la commande de copie à l'aide d'une des méthodes suivantes (fig.5.2) :

Ruban : choisir le groupe de fonctions **Modification** (Modify) puis l'option **Copier** (Copy).

Icône : choisir l'icône **Copier des objets** (Copy Object) de la barre d'outils **Modification** (Modify).

Clavier : taper la commande **Copier** (Copy).

2. Sélectionner les objets à copier et appuyer sur Entrée.
3. Sélectionner l'option Mode puis Unique (Single).
4. Spécifier le point de base (point de départ) (P1).
5. Spécifier le point de destination de la copie (P2).
6. Appuyer sur Entrée.

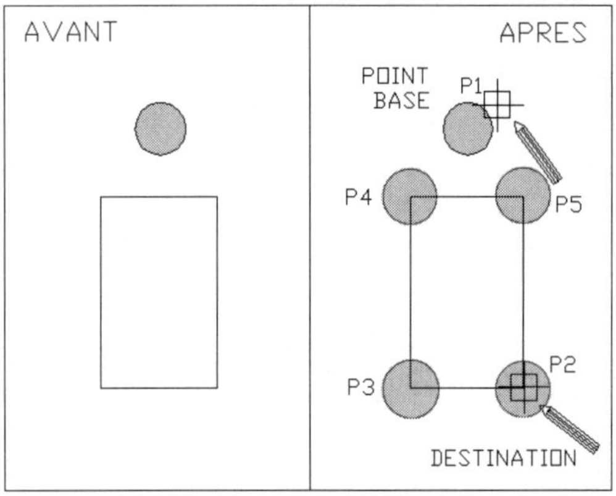

Fig.5.3

La procédure pour effectuer plusieurs copies est la suivante :

1. Exécuter la commande de copie à l'aide d'une des méthodes suivantes (fig.5.3) :

Ruban : choisir le groupe de fonctions **Modification** (Modify) puis l'option **Copier** (Copy).

Icône : choisir l'icône **Copier des objets** (Copy Object) de la barre d'outils **Modification** (Modify).

Clavier : taper la commande **Copier** (Copy).

2. Sélectionner les objets à copier et appuyer sur Entrée.
3. Sélectionner l'option Mode puis Multiple.
4. Spécifier le point de base (point de départ) (P1).
5. Spécifier le point de destination de la copie (P2).
6. Spécifier les autres points de destination (P3, P4, P5).
7. Appuyer sur Entrée pour terminer.

La procédure pour effectuer des copies en réseau est la suivante :

1. Sélectionner les objets à copier et appuyer sur Entrée.
2. Spécifier le point de base (point de départ) (P1).
3. Spécifier le deuxième point ou [Réseau] : taper R.
4. Entrer le nombre d'éléments en réseau : 5.
5. Spécifier le deuxième point ou [Plein format] : pointer le deuxième point (P2). La distance entre les deux points constitue la distance du réseau (fig.5.4).

ou

6. Spécifier le deuxième point ou [Plein format] : entrer l'option P.
7. Spécifier le deuxième point ou [Réseau] : pointer l'extrémité du réseau (P2). Le réseau se distribue entre les deux points (fig.5.5).
8. Appuyer sur Entrée pour activer l'option Quitter et terminer la Copie.

Fig.5.4

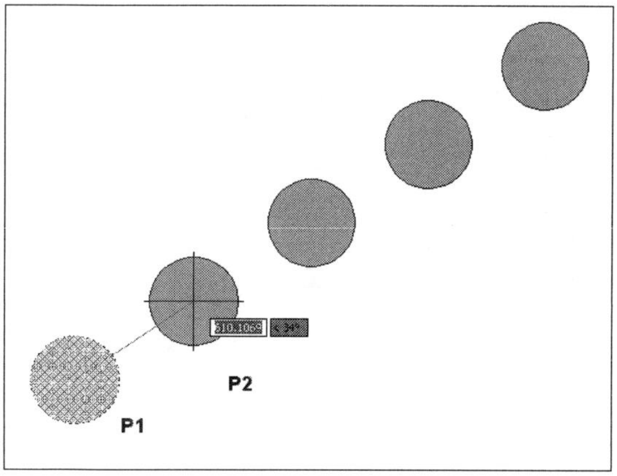

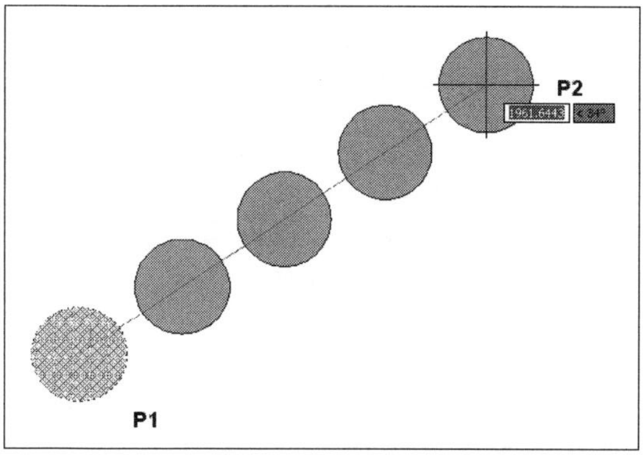

Fig.5.5

Copier parallèlement un objet

Lors de la réalisation d'un dessin, il arrive fréquemment que des objets soient parallèles les uns aux autres. La création de ces objets peut être accomplie facilement grâce à la commande **DECALER** (Offset), qui permet de créer une ou plusieurs copies d'un objet parallèle à lui-même et à une distance donnée. A part le cas de la ligne droite, les dimensions de la copie sont supérieures ou inférieures à l'objet de base en fonction de la position de la copie. La copie peut s'effectuer en spécifiant une distance ou en indiquant un point de passage. La copie peut se placer sur le même calque ou sur un autre. Il est aussi possible d'effacer l'objet source après le décalage.

La procédure pour effectuer une copie en spécifiant une distance est la suivante :

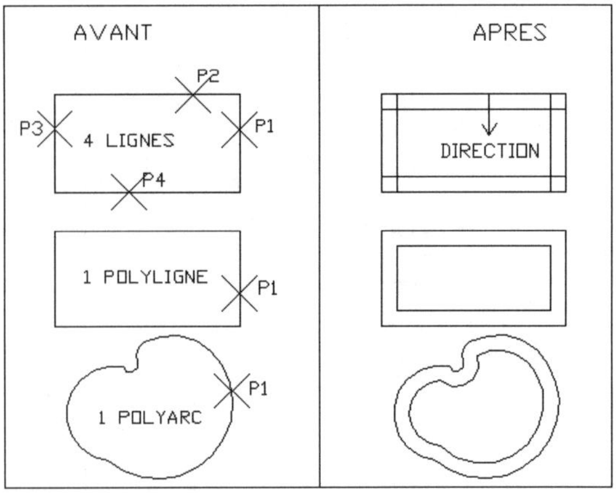

Fig.5.6

1 Exécuter la commande de copie à l'aide d'une des méthodes suivantes (fig.5.6) :

Ruban : choisir le groupe de fonctions **Modification** (Modify) puis l'option **Décaler** (Offset).

Icône : choisir l'icône **Décaler** (Offset) de la barre d'outils **Modification** (Modify).

Clavier : taper la commande **Décaler** (Offset).

2 Entrer la distance à laquelle l'objet doit être copié. Elle peut être définie par une valeur rentrée au clavier ou par deux points désignés à l'écran. Exemple : 20.

3 Sélectionner l'objet à copier.

4 Spécifier de quel côté l'objet doit être copié.

5 Sélectionner un autre objet ou appuyer sur Entrée pour terminer l'opération.

La procédure pour effectuer une copie en spécifiant un point de passage est la suivante :

1 Exécuter la commande de copie à l'aide d'une des méthodes suivantes (fig.5.7) :

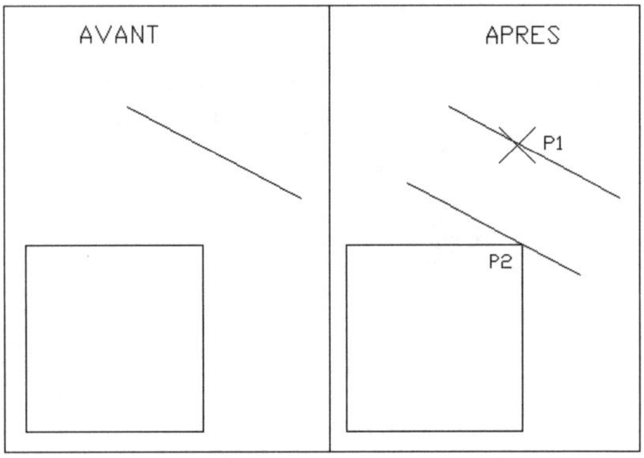

Fig.5.7

Menu : choisir le groupe de fonctions **Modification** (Modify) puis l'option **Décaler** (Offset).

Icône : choisir l'icône **Décaler** (Offset) de la barre d'outils **Modification** (Modify).

Clavier : taper la commande **Décaler** (Offset).

2 Entrer « p » (t) pour activer l'option **Par** (Through).

3 Sélectionner l'objet à copier.

4 Spécifier le point par lequel la copie doit passer.

5 Appuyer sur Entrée pour terminer l'opération.

La procédure pour effectuer des copies multiples en spécifiant une distance est la suivante :

1 Exécuter la commande de copie à l'aide d'une des méthodes suivantes :

Ruban : choisir le groupe de fonctions **Modification** (Modify) puis l'option **Décaler** (Offset).

Icône : choisir l'icône **Décaler** (Offset) de la barre d'outils **Modification** (Modify).

Clavier : taper la commande **Décaler** (Offset).

2 Entrer la distance à laquelle l'objet doit être copié. Elle peut être définie par une valeur rentrée au clavier ou par deux points désignés à l'écran. Exemple : 20.

3 Sélectionner l'objet à copier.

4 Sélectionner l'option multiple en entrant M.

5 Spécifier de quel côté l'objet doit être copié.

6 Cliquer autant de fois que nécessaire pour avoir le nombre de copies souhaitées.

Les autres options sont les suivantes :

- **Effacer** (Erase) : permet d'effacer l'objet source après l'opération de décalage.
- **Calque** (Layer) : permet de déterminer si les objets décalés sont créés sur le calque courant ou sur le calque de l'objet source.

Créer une copie-miroir d'un objet

Une copie-miroir d'un objet est un objet identique au premier, mais placé dans une position opposée. Il convient de désigner deux points à l'écran de façon à définir un axe de symétrie. Après la copie, l'objet original peut être conservé ou supprimé.

La procédure pour créer une copie miroir est la suivante :

1. Exécuter la commande de copie-miroir à l'aide d'une des méthodes suivantes (fig.5.8) :

Menu : choisir le groupe de fonctions **Modification** (Modify) puis l'option **Miroir** (Mirror).

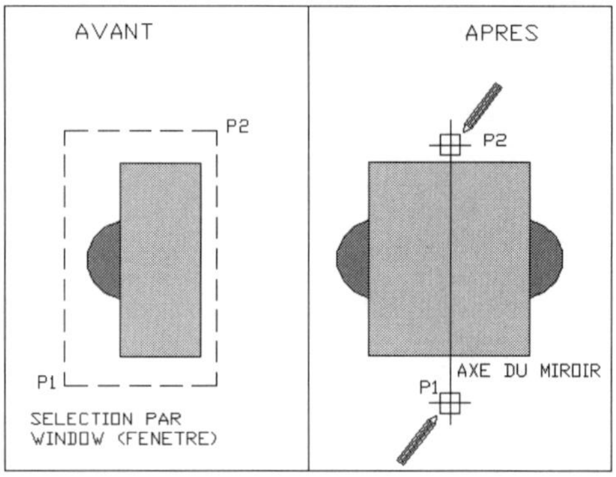

Fig.5.8

Icône : choisir l'icône **Miroir** (Mirror) de la barre d'outils **Modification** (Modify).

Clavier : taper la commande **Miroir** (Mirror).

2. Sélectionner les objets à copier symétriquement.
3. Désigner le premier point de l'axe de symétrie (P1).
4. Désigner le deuxième point (P2).
5. Entrer « n » pour conserver l'original ou « o » (y) pour le supprimer.

REMARQUE

La commande **Miroir** (Mirror) a également pour effet d'inverser les textes et les attributs. Pour éviter qu'un texte ne soit inversé, il suffit avant d'utiliser la fonction **Miroir** de désactiver la variable **MIRRTEXT** (à rentrer au clavier) en lui donnant la valeur zéro.

Réaliser une copie d'objets en réseau

La copie en réseau d'un objet permet de créer plusieurs copies de cet objet en les disposant de façon rectangulaire (parallèle au curseur), circulaire ou le long d'une trajectoire. Dans le cas d'un réseau rectangulaire, il convient de préciser le nombre de lignes et de colonnes souhaitées et de spécifier la distance qui les sépare les unes des autres. Dans le cas d'un réseau polaire, il suffit d'indiquer le nombre d'exemplaires souhaité et la position du centre de la copie. Dans le cas d'une trajectoire, il convient de sélectionner la trajectoire et de spécifier le nombre d'éléments.

La procédure pour créer un réseau rectangulaire droit est la suivante :

1. Exécuter la commande de copie en réseau à l'aide d'une des méthodes suivantes :

   Ruban : choisir le groupe de fonctions **Modification** (Modify) puis l'option **Réseau rectangulaire** (Rectangular Array).

   Icône : choisir l'icône **Réseau rectangulaire** (Rectangular Array) de la barre d'outils **Modification** (Modify).

   Clavier : taper la commande **Réseaurect** (Arrayrect).

2. Sélectionner le ou les objets à copier en réseau et appuyer sur Entrée.
3. Spécifier le coin opposé pour le nombre d'éléments ou [point de Base/Angle/Nombre] ‹Nombre› : *Entrez une option ou appuyez sur Entrée.* Par exemple, appuyer sur Entrée pour spécifier le nombre de copies.
4. Entrer le nombre de rangées ou [Expression] ‹4› : 4.
5. Entrer le nombre de colonnes ou [Expression] ‹4› : 4.
6. Spécifier le coin opposé pour espacer les éléments ou [Espacement] ‹Espacement› : appuyer sur Entrée pour activer l'option Espacement.
7. Spécifier la distance entre les rangées ou [Expression] ‹568.1462› : 600.
8. Spécifier la distance entre les colonnes ou [Expression] ‹568.1462› : 600.
9. Appuyer sur ENTREE pour accepter ou [ASsociatif/point de Base/Rangées/Colonnes/Niveaux/Quitter] ‹Quitter› : appuyez sur Entrée (fig.5.9).

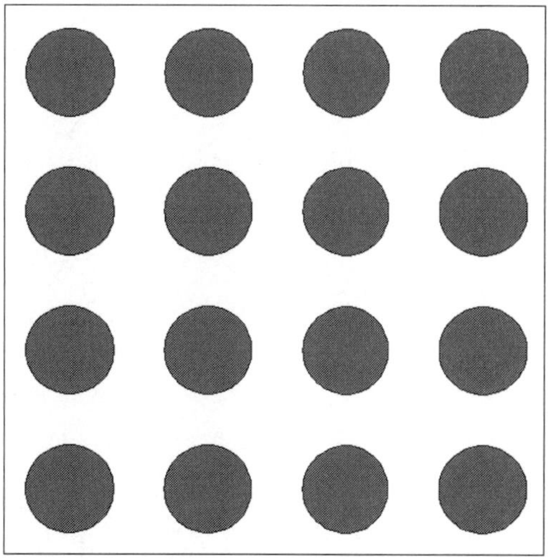

Fig.5.9

La même procédure peut se faire de manière interactive à l'écran par simple déplacement de la souris.

1 Spécifier le coin opposé pour le nombre d'éléments ou [point de Base/Angle/Nombre] ‹Nombre› : pointer un point (fig.5.10).

2 Spécifier le coin opposé pour espacer les éléments ou [Espacement] ‹Espacement› : pointer un second point (fig.5.11).

3 Appuyer sur ENTREE pour accepter ou [ASsociatif/point de Base/Rangées/Colonnes/Niveaux/Quitter] ‹Quitter› : appuyer sur Entrée.

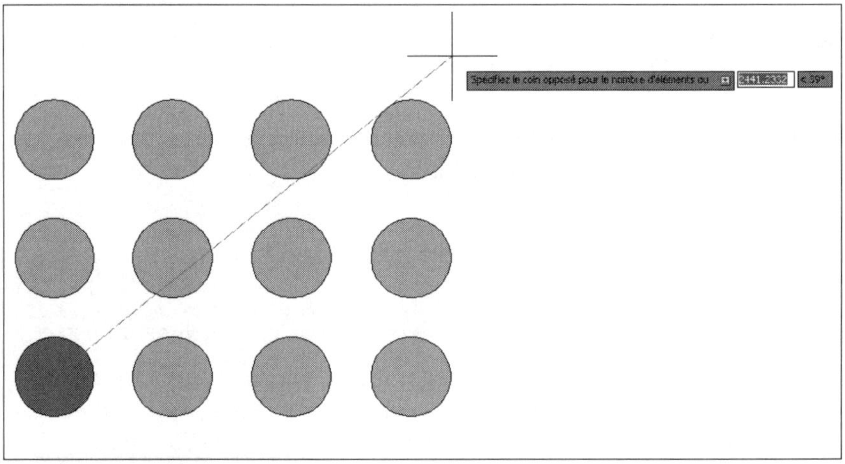

Fig.5.10

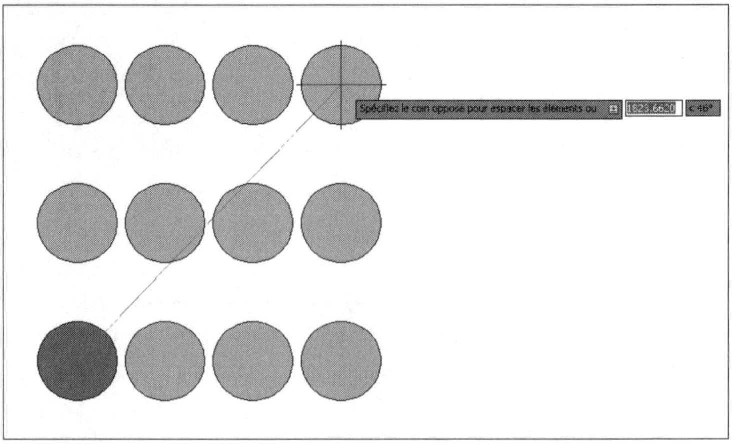

Fig.5.11

Les options sont les suivantes :

- **Nombre** (Count) : indique individuellement les valeurs des rangées et des colonnes.
- **Espacement** (Spacing) : indique individuellement l'espacement entre les rangées et les colonnes.
- **Point de base** (Base point) : indique un point de base pour le réseau.
- **Angle** : indique l'angle de rotation de l'axe de la rangée. Les axes des lignes et des colonnes restent orthogonaux les uns par rapport aux autres. Dans le cas des réseaux associatifs, vous pouvez modifier ultérieurement les angles des rangées et des colonnes individuelles (fig.5.12).

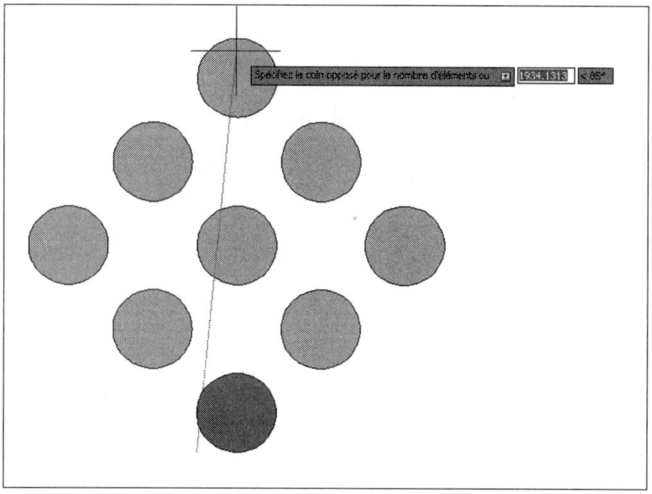

Fig.5.12

- **Associative** : indique si les éléments à créer dans le réseau doivent être considérés comme un objet de réseau associatif ou comme des objets indépendants (fig.5.13).
  - Oui (Yes) : contient des éléments de réseau dans un seul objet de réseau, similaire à un bloc. Cela vous permet de propager rapidement les modifications apportées, et ce, en modifiant les propriétés et les objets source du réseau.

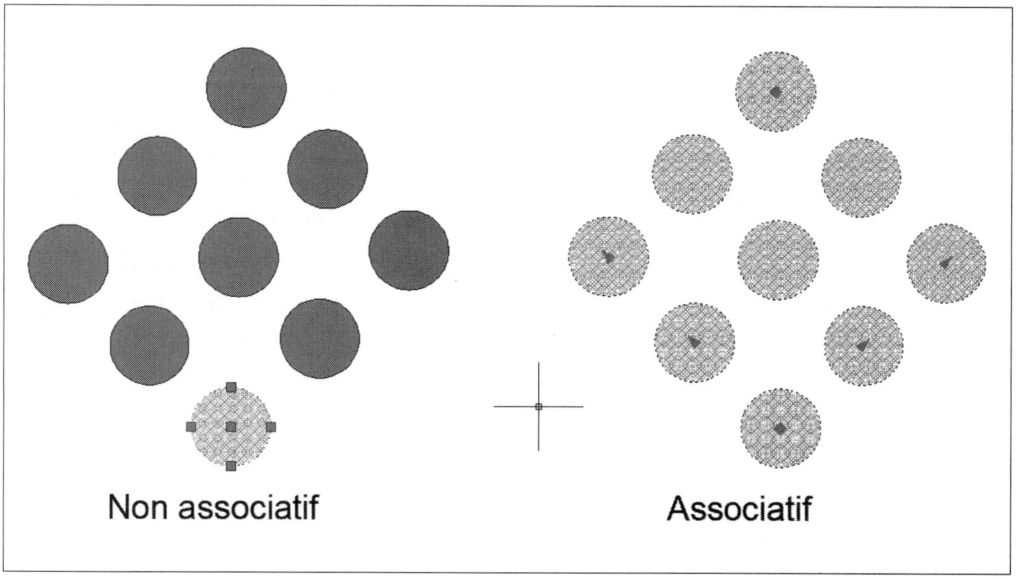

Fig.5.13

Fig.5.14

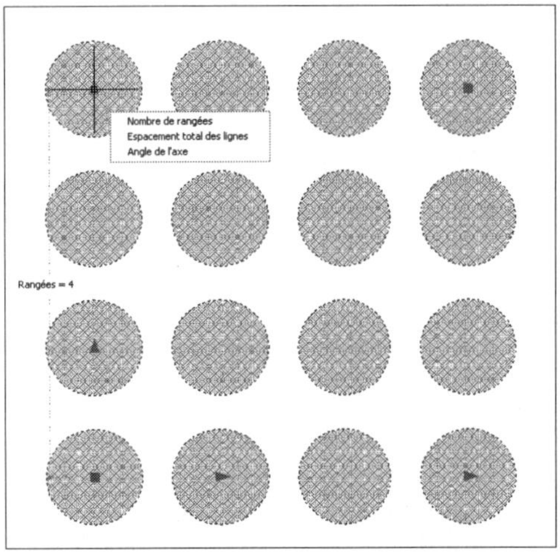

Fig.5.15

- Non (No) : crée des éléments du réseau en tant qu'objets indépendants. Les modifications apportées à un élément ne sont pas répercutées sur les autres éléments.

- **Rangées** (Rows) : modifie le nombre de rangées et leur espacement dans le réseau, ainsi que l'élévation incrémentielle entre elles.
- **Colonnes** (Columns) : modifie le nombre de colonnes, ainsi que leur espacement.
- **Niveaux** (Levels) : indique le nombre de niveaux, ainsi que leur espacement. Par exemple, 3 niveaux distants de 100 (fig.5.14).
- **Quitter** (Exit) : quitte la commande.

Les modifications d'un réseau rectangulaire

Pour modifier un réseau rectangulaire associatif, il convient de sélectionner le réseau, puis de modifier les données via les poignées du réseau ou le ruban. Dans le cas de l'utilisation des poignées, les actions suivantes sont disponibles :

- **Survoler la première flèche verticale :** cela permet de changer la distance entre les rangées.
- **Survoler la dernière flèche verticale :** cela permet de modifier le nombre de rangées, l'espacement total des lignes et l'angle de la direction verticale (fig.5.15).
- **Survoler la première flèche horizontale :** cela permet de changer la distance entre les colonnes.
- **Survoler la dernière flèche horizontale :** cela permet de changer le nombre de colonnes, l'espacement total des colonnes et l'angle de l'axe horizontal.

L'utilisation du ruban permet d'apporter les modifications suivantes :

- **La section Colonnes** (Columns) : permet de modifier le nombre de colonnes, l'espace entre les colonnes et l'espacement total des colonnes (fig.5.16).
- **La section Rangées** (Rows) : permet de modifier le nombre de rangées, l'espace entre les rangées, l'espacement total des rangées et l'élévation incrémentiel entre les lignes (décalage de chaque ligne dans la direction des Z) (fig.5.17).

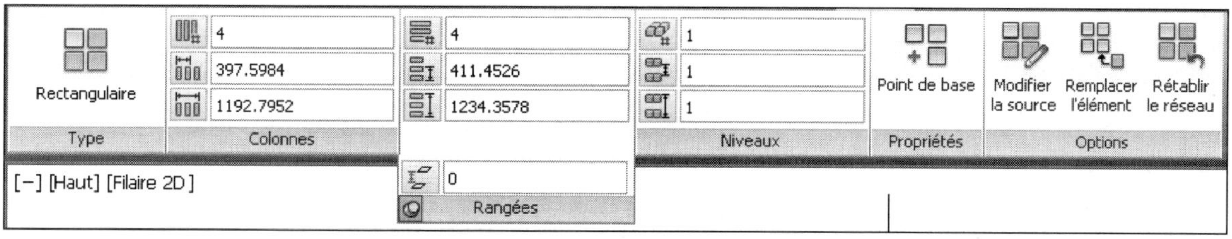

Fig.5.16

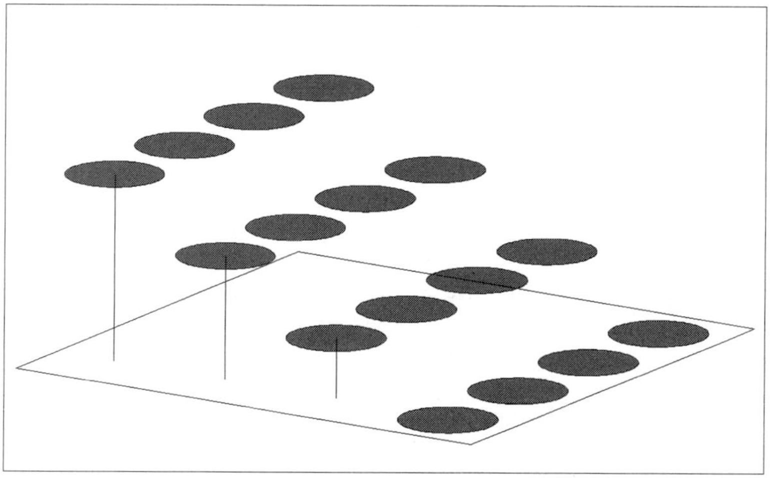

Fig.5.17

- **La section Niveaux** (Levels) : permet de modifier le nombre de niveaux, l'espacement des niveaux et la distance totale des niveaux.
- **Point de base** (Base Point) : permet de redéfinir le point de base du réseau.
- **Modifier la source** (Edit Source) : permet de modifier les objets source d'un élément. Toutes les modifications apportées (y compris la création de nouveaux objets) sont instantanément appliquées à tous les éléments faisant référence au même jeu d'objets source (fig.5.18). Il faut ensuite Enregistrer ou ignorer les modifications afin de quitter l'état de modification (fig.5.19). Un message d'alerte s'affiche au début de l'opération (fig.5.20).

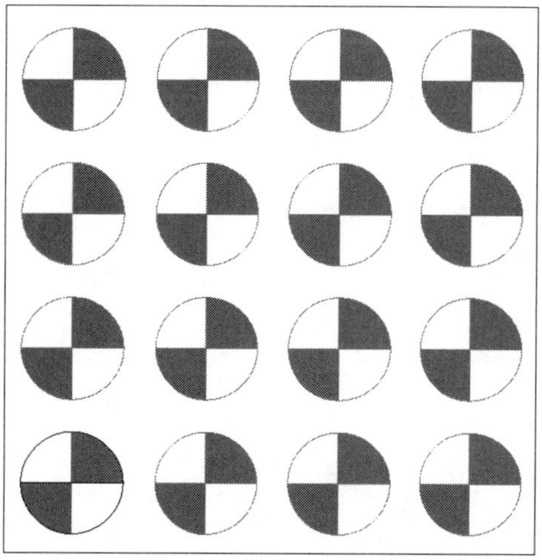

Fig.5.18

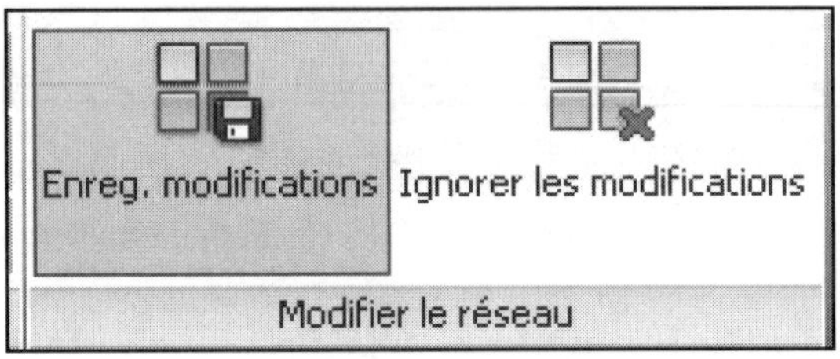

Fig.5.19

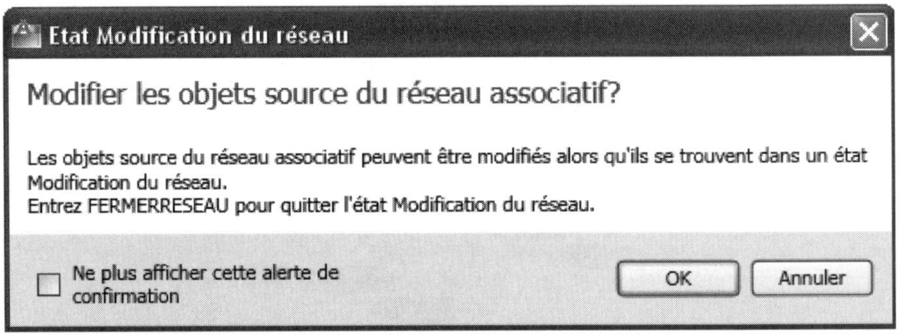

Fig.5.20

- **Remplacer l'élément** (Replace Item) : permet de remplacer les éléments sélectionnés par d'autres objets. Tous les remplacements d'éléments sont conservés. Vous pouvez également remplacer tous les éléments qui font référence aux objets source d'origine, plutôt que de sélectionner des éléments individuels. La procédure est la suivante :

[1] Sélectionner les objets de remplacement.

[2] Sélectionner le point de base ou, par défaut, le Centroïde.

[3] Sélectionner un à un les éléments du réseau à remplacer.

[4] Appuyer deux fois sur Entrée pour terminer l'opération (fig.5.21).

- **Rétablir le réseau** (Reset Array) : permet de restaurer les éléments effacés et supprime tout remplacement d'éléments.

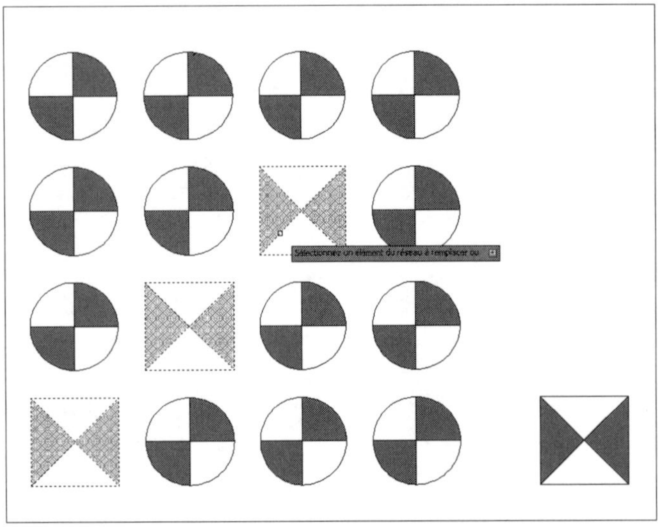
Fig.5.21

La procédure pour créer un réseau polaire (circulaire) est la suivante :

1 Exécuter la commande de copie en réseau à l'aide d'une des méthodes suivantes :

Ruban : choisir le groupe de fonctions **Modification** (Modify) puis l'option **Réseau polaire** (Polar Array).

Icône : choisir l'icône **Réseau polaire** (Polar Array) de la barre d'outils **Modification** (Modify).

Clavier : taper la commande **Réseau polaire** (Arraypolar).

2 Sélectionner le(s) objet(s) à copier en réseau et appuyer sur Entrée.

3 Désigner le point correspondant au centre du réseau polaire (P1).

4 Spécifier le nombre d'éléments formant le réseau (objet original compris). Exemple : 6.

5 Définir l'angle décrit par le réseau (valeur comprise entre 0 et 360°). L'angle par défaut est de 360°.

6 Appuyer sur Entrée pour terminer (fig.5.22).

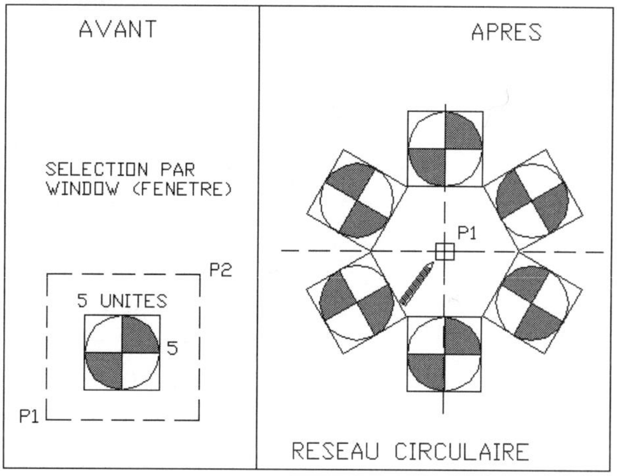

Fig.5.22

Les options sont les suivantes :

- **Centre** (Center) : indique le point autour duquel distribuer les éléments du réseau. L'axe de rotation correspond à l'axe Z du SCU actuel.
- **Axe de rotation** (Axis of rotation) : indique un axe de rotation personnalisé défini par deux points spécifiés.
- **Eléments** (Number of items) : indique le nombre d'éléments du réseau.
- **Angle entre** (Angle between) : indique l'angle entre les éléments.
- **Angle à remplir** (Angle to fill) : spécifie l'angle entre le premier et le dernier élément du réseau.
- **Associative** : indique si les éléments à créer dans le réseau doivent être considérés comme un objet de réseau associatif ou comme des objets indépendants.

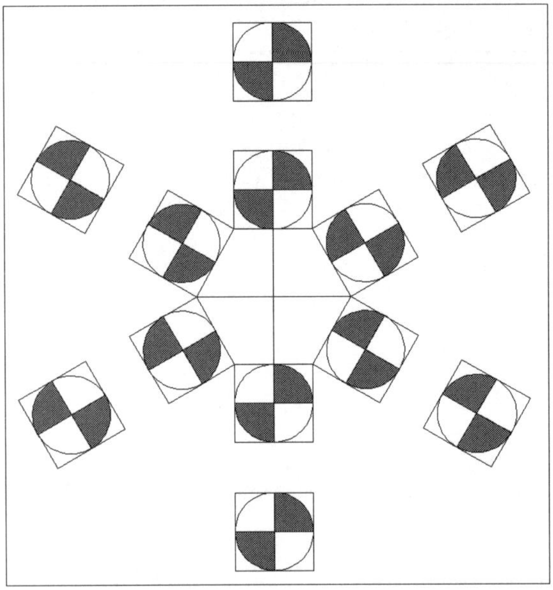

Fig.5.23

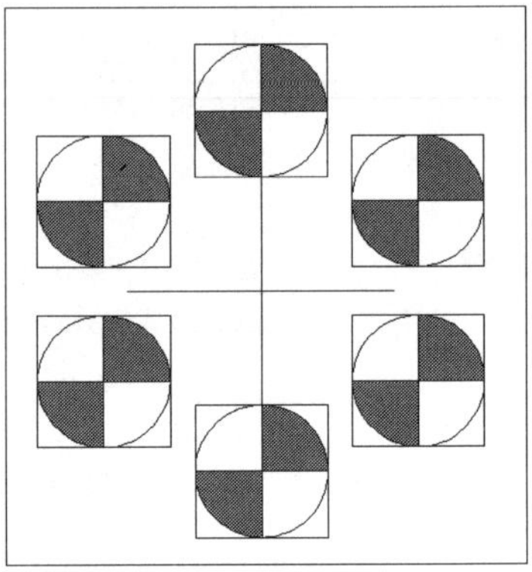

Fig.5.24

- **Rangées** (Rows) : modifie le nombre de rangées et leur espacement dans le réseau, ainsi que l'élévation incrémentielle entre elles (fig.5.23).
- **Niveaux** (Levels) : indique le nombre de niveaux et leur espacement dans le réseau.
- **Faire pivoter les éléments** (Rotate items) : indique si les objets sont pivotés lors de leur disposition en réseau. Par exemple : pas de rotation (fig.5.24).
- **Quitter** (Exit) : quitte la commande.

Les modifications d'un réseau polaire

Pour modifier un réseau polaire associatif, il convient de sélectionner le réseau, puis de modifier les données via les poignées du réseau ou le ruban. Dans le cas de l'utilisation des poignées les options sont les suivantes :

- **Survoler la poignée rectangulaire :** permet de modifier le rayon de l'étirement (fig.5.25), le nombre de rangées, de niveaux et d'éléments, ainsi que l'angle de remplissage.
- **Survoler la poignée triangulaire :** permet de modifier l'angle de remplissage (fig.5.26).

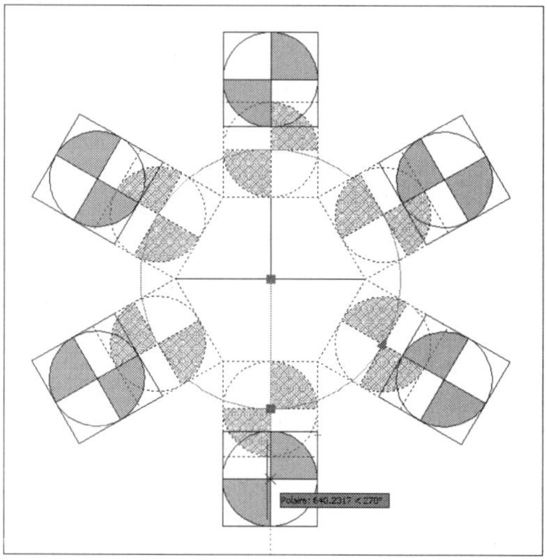

Fig.5.25

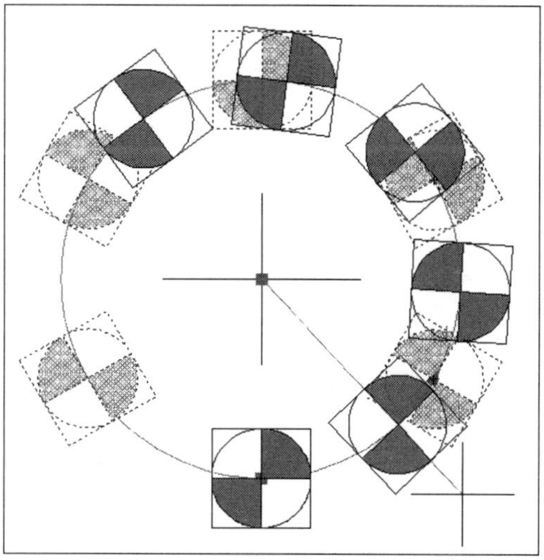

Fig.5.26

Dans le cas de l'utilisation du ruban, les options sont les suivantes :

- **La section Eléments** (Items) : permet de modifier le nombre de copies, l'angle entre les copies ou l'angle de remplissage.
- **La section Rangées** (Rows) : permet de modifier le nombre de rangées, l'espace entre les rangées, l'espacement total des rangées et l'élévation incrémentielle entre les rangées (décalage de chaque rangée dans la direction des Z).
- **La section Niveaux** (Levels) : permet de modifier le nombre de niveaux, l'espacement des niveaux et la distance totale des niveaux.
- **Point de base** (Base point) : permet de redéfinir le point de base du réseau.
- **Faire pivoter les éléments** (Rotate items) : permet de pivoter ou non les copies en réseau.
- **Modifier la source** (Edit source) : permet de modifier les objets source d'un élément. Toutes les modifications apportées (y compris la création de nouveaux objets) sont instantanément appliquées à tous les éléments faisant référence au même jeu d'objets source. Il faut ensuite Enregistrer ou ignorer les modifications afin de quitter l'état de modification. Un message d'alerte s'affiche au début de l'opération.
- **Remplacer l'élément** (Replace Items) : permet de remplacer les éléments sélectionnés par d'autres objets. Tous les remplacements d'éléments sont

conservés. Vous pouvez également remplacer tous les éléments qui font référence aux objets source d'origine, plutôt que de sélectionner des éléments individuels. La procédure est la suivante :

1. Sélectionner les objets de remplacement.
2. Sélectionner le point de base ou, par défaut, le Centroïde.
3. Sélectionner un à un les éléments du réseau à remplacer.
4. Appuyer deux fois sur Entrée pour terminer l'opération.

- **Rétablir le réseau** (Reset Array) : permet de restaurer les éléments effacés et supprime tout remplacement d'éléments.

La procédure pour créer un réseau le long d'une trajectoire est la suivante :

1. Exécuter la commande de copie en réseau à l'aide d'une des méthodes suivantes :

Ruban : choisir le groupe de fonctions Modification (Modify), puis l'option Réseau le long d'une trajectoire (Path Array).

Icône : choisir l'icône Réseau le long d'une trajectoire (Path Array) de la barre d'outils Modification (Modify).

Clavier : taper la commande TRAJECTOIRERESEAU (ARRAYPATH).

2. Sélectionner les objets à mettre en réseau, puis appuyer sur Entrée.
3. Sélectionner la courbe de la trajectoire. La trajectoire peut être une ligne, une polyligne, une polyligne 3D, une spline, une hélice, un arc, un cercle ou une ellipse. Un aperçu s'affiche lorsque vous définissez le réseau.
4. (Facultatif) Entrer o (Orientation) et spécifier un point de base ou appuyer sur Entrée pour utiliser la fin de la trajectoire sélectionnée comme point de base, puis spécifier l'une des méthodes suivantes :
   - Direction de l'alignement par rapport à la direction de départ de la trajectoire.
   - Normal. Les objets sont alignés de façon à être affichés normalement dans la direction de départ de la trajectoire.

5 Effectuer l'une des opérations suivantes :

- Définir la distance entre les éléments.
- Entrer d (Diviser) pour répartir uniformément les éléments sur toute la longueur de la trajectoire.
- Entrer t (Total) et spécifier la distance totale entre le premier et le dernier élément.
- Entrer e (Expression) et définir une expression.

6 Appuyer sur Entrée (fig.5.27).

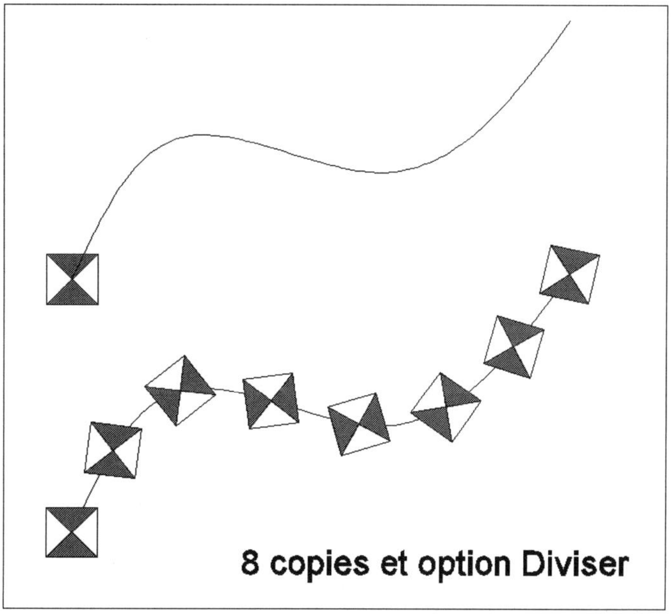

Fig.5.27

Les options sont les suivantes :

- **Courbe de la trajectoire** (Path curve) : indique l'objet à utiliser pour la trajectoire du réseau. Sélectionnez une ligne, une polyligne, une polyligne 3D, une spline, une hélice, un arc, un cercle ou une ellipse.
- **Nombre d'éléments** (Number of items) : indique le nombre d'éléments du réseau.
- **Orientation** : détermine si les objets sélectionnés sont réorientés (pivotés) par rapport à la direction de départ de la trajectoire, avant d'être déplacés au niveau du point de départ de la trajectoire.
  - 2 Points : spécifie deux points pour définir la direction à aligner sur la direction de départ de la trajectoire (fig.5.28).
  - Normal : les objets sont alignés de façon à être affichés normalement dans la direction de départ de la trajectoire.
- **Point de base** (Base point) : indique un point de base pour le réseau.
- **Distance entre les éléments (Distance between items) :** indique la distance entre les éléments.

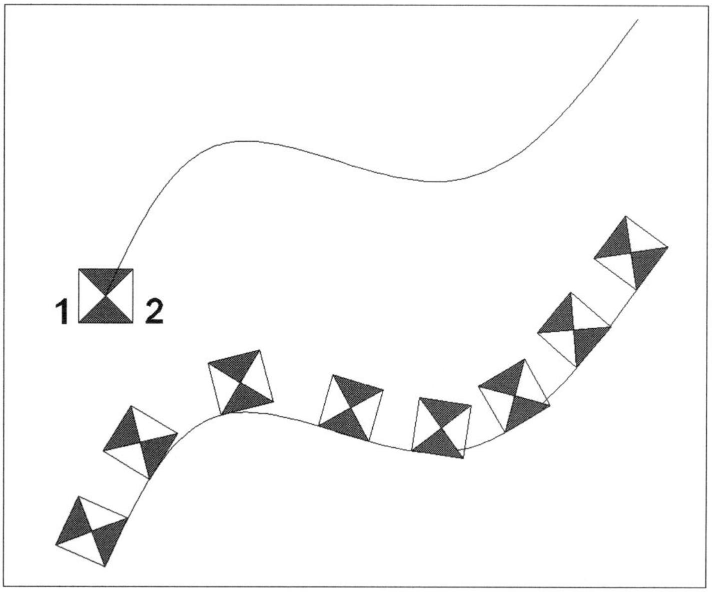

Fig.5.28

- **Diviser** (Divide) : scinde uniformément les éléments sur toute la longueur de la trajectoire.
  - Total : indique la distance totale entre le premier et le dernier élément.
- **Associative** : indique si les éléments à créer dans le réseau doivent être considérés comme un objet de réseau associatif ou comme des objets indépendants.
  - Oui (yes) : contient des éléments de réseau dans un seul objet de réseau, similaire à un bloc. Cela vous permet de propager rapidement les modifications apportées, et ce, en modifiant les propriétés et les objets source du réseau.
  - Non (no) : crée des éléments du réseau en tant qu'objets indépendants. Les modifications apportées à un élément ne sont pas répercutées sur les autres éléments.
- **Eléments** (Items) : indique le nombre d'éléments du réseau.
- **Rangées** (Rows) : indique le nombre de rangées et leur espacement dans le réseau, ainsi que l'élévation incrémentielle entre elles.
  - Total : indique la distance totale entre la première et la dernière rangée.
- **Niveaux** (Levels) : indique le nombre de niveaux et leur espacement dans le réseau.
  - Total : indique la distance totale entre le premier et le dernier niveau.
- **Aligner les éléments** (Align items) : indique s'il faut aligner chaque élément de sorte qu'il soit tangent à la direction de la trajectoire. L'alignement est effectué par rapport à l'orientation du premier élément (option Orientation) (fig.5.29).
- **Direction Z** (Z direction) : détermine si vous souhaitez conserver la direction Z d'origine de l'élément ou incliner naturellement les éléments le long d'une trajectoire 3D.

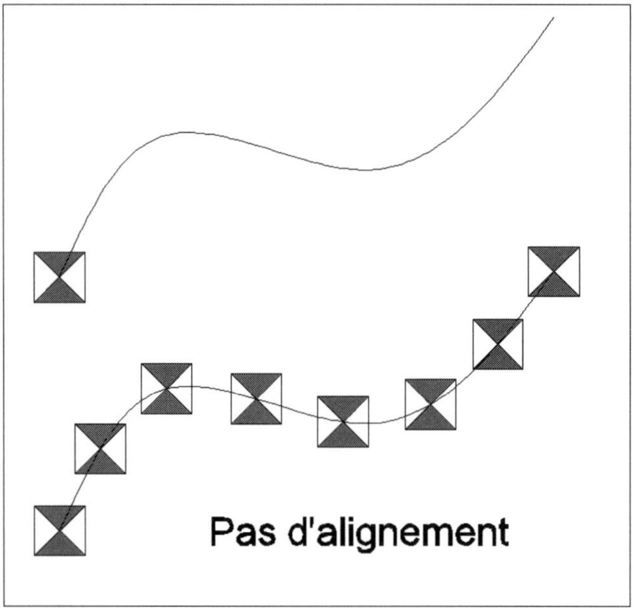

Fig.5.29

Copier/coller des objets

Pour utiliser des objets provenant d'un autre dessin AutoCAD ou d'une autre application, il suffit de copier ces objets à l'aide du Presse-papiers de Windows et de les coller ensuite dans le dessin en cours. La copie peut s'effectuer de deux manières différentes :

- la copie simple : fonction **COPIERPRESS** (COPYCLIP) ;
- la copie avec point de base : fonction **COPIERBASE** (COPYBASE).

De même pour coller l'objet, il existe trois possibilités :

- le collage simple, avec ou sans point de base ;
- le collage avec transformation de l'objet en bloc ;
- le collage avec conservation des coordonnées d'origine. Dans ce cas l'objet doit être collé dans un autre dessin.

Il est aussi possible de glisser/déposer un objet.

Procédure pour copier des objets dans le Presse-papiers :

1. Exécuter la commande de copie à l'aide d'une des méthodes suivantes :

Ruban : choisir le groupe de fonctions **Presse-papiers** (Clipboard) puis l'option **Copier** (Copy).

Icône : choisir l'icône **Copier** (Copy) de la barre d'outils standard.

Clavier : taper la commande **Copierpress** (Copyclip) ou **Copierbase** (Copybase).

2. Sélectionner le(s) objet(s) à copier ou sélectionner le point de base puis les objets à copier.
3. Appuyer sur Entrée pour sortir de la fonction.

Procédure pour coller les objets dans le dessin :

1. Exécuter la commande de collage à l'aide d'une des méthodes suivantes (fig.5.30) :

Ruban : choisir le groupe de fonctions **Presse-papiers** (Clipboard) puis l'option **Coller** (Paste) ou **Coller en tant que bloc** (Paste as Block) ou **Coller vers les coordonnées d'origine** (Paste to Original Coordinates).

Icône : choisir l'icône **Coller** (Paste) de la barre d'outils standard.

Clavier : taper la commande **Collerpress** (Pasteclip) ou **Collerbloc** (Pasteblock) ou **Colleorig** (Pasteorig).

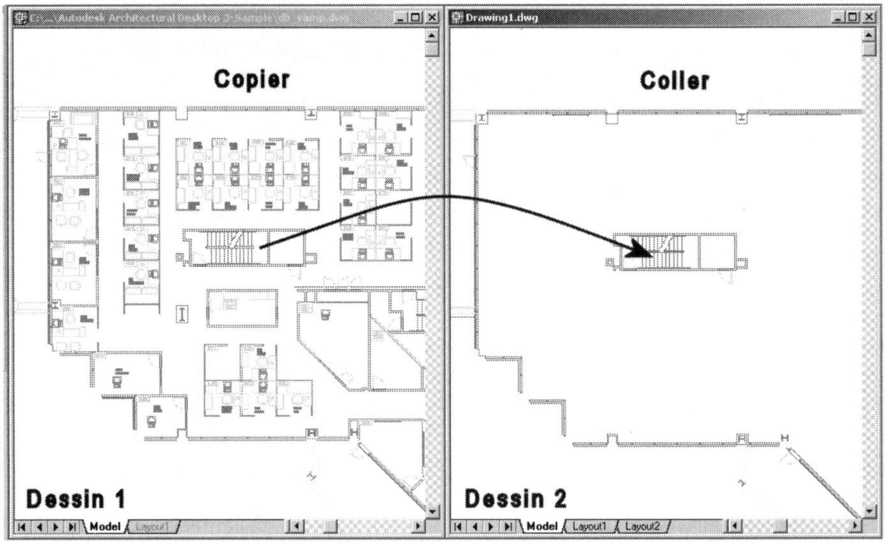

Fig.5.30

2 Pointer le point d'insertion de l'objet dans le cas d'un collage sous forme de bloc où dans le cas où l'objet a été copié avec une origine.

3 Appuyer sur Entrée pour sortir de la fonction.

Glisser/déposer des objets

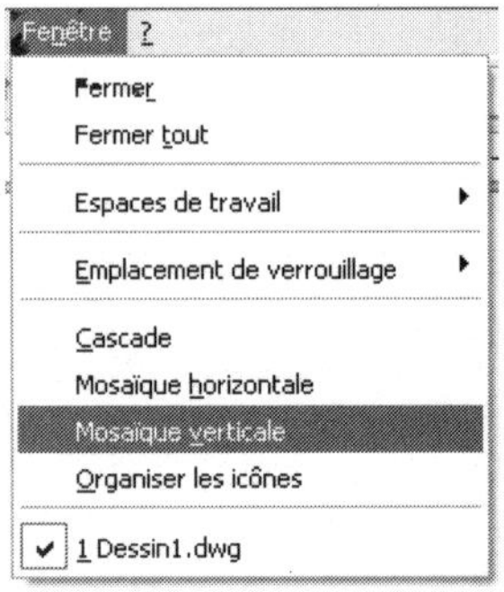

Fig.5.31

Pour glisser/déposer un objet d'un dessin vers un autre, il faut d'abord ouvrir les deux dessins via l'option **Mosaïque verticale** (Tile Vertically) du groupe de fonctions **Fenêtre** (Window) situé dans l'onglet **Vue** (View) (fig.5.31) puis suivre la procédure suivante :

1 Sélectionner l'objet dans la première fenêtre.

2 Cliquer sur l'objet avec la touche gauche de la souris.

3 En gardant la touche gauche enfoncée, déplacer l'objet vers la deuxième fenêtre.

4 Relâcher la touche gauche de la souris (fig.5.32).

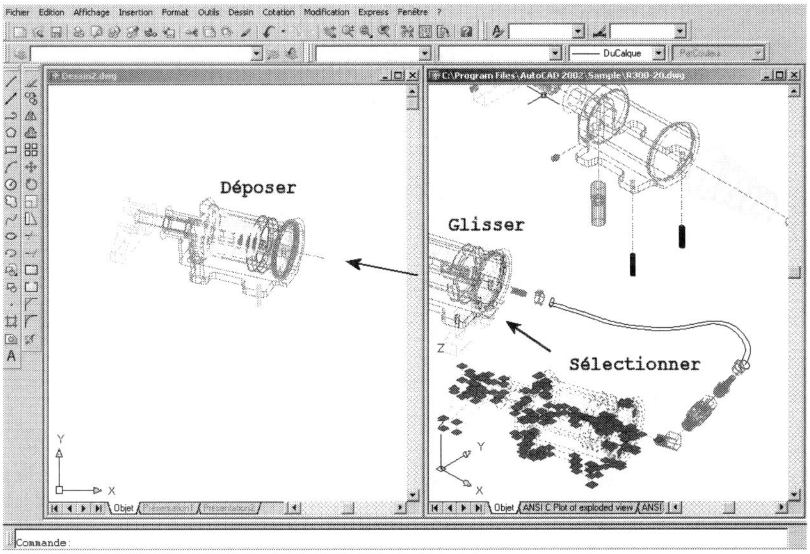

Fig.5.32

Exercice : dessin d'une partie de scie électrique

La scie représentée à la figure 5.33 est composée de 26 dents dont les sommets se trouvent sur un cercle de diamètre 160 mm.

La procédure est la suivante :

[1] Tracer les axes avec la fonction **Droite** (Construction Line).

[2] Tracer les cercles de diamètres 40, 70, 140 et 160 mm (fig.5.34).

[3] Dans le paramétrage des angles polaires, entrer 15% comme valeur d'incrémentation.

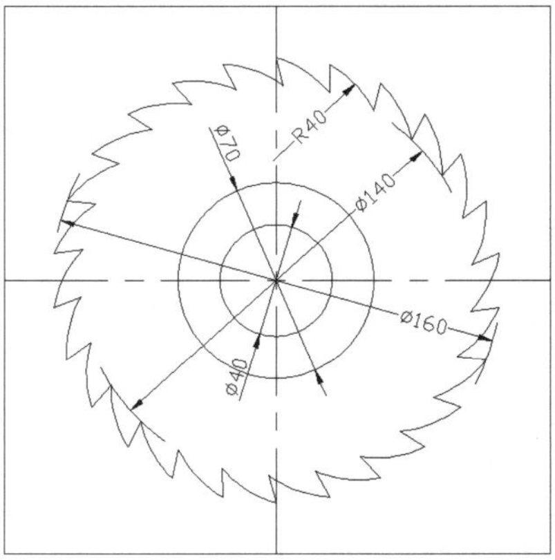

Fig.5.33

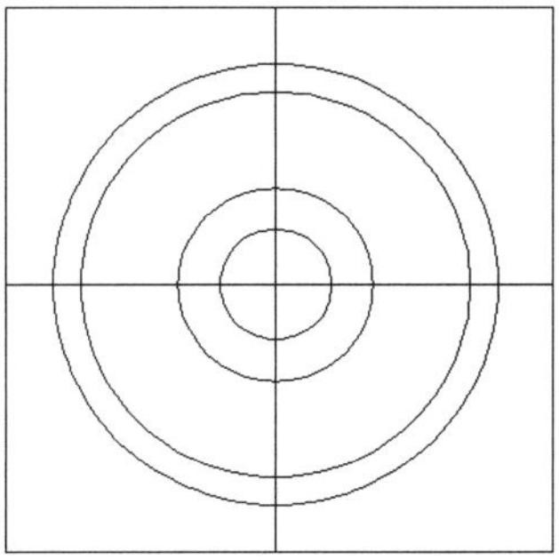

Fig.5.34

4 Tracer le segment AB qui fait un angle de 15% avec la verticale (fig.5.35).

5 Couper la partie superflue du segment.

6 A l'aide de la commande **Réseau** (Array), effectuer 26 copies du trait oblique (fig.5.36).

7 Tracer la courbe CD d'une dent à l'aide de la fonction **Arc** et de l'option **Départ, Fin, Rayon** (Start, End, Radius) (fig.5.37).

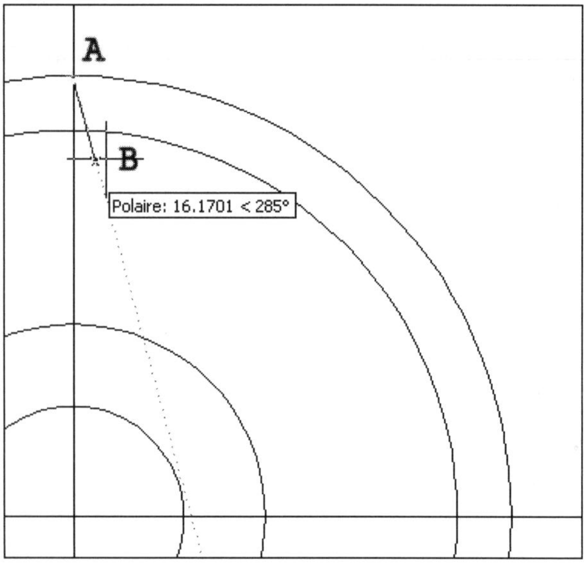

Fig.5.35

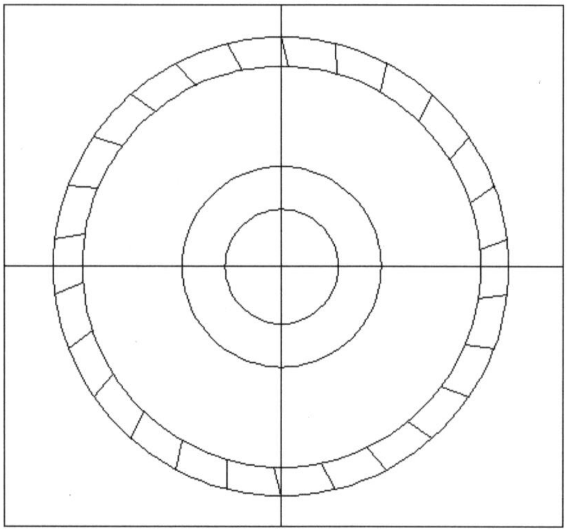

Fig.5.36

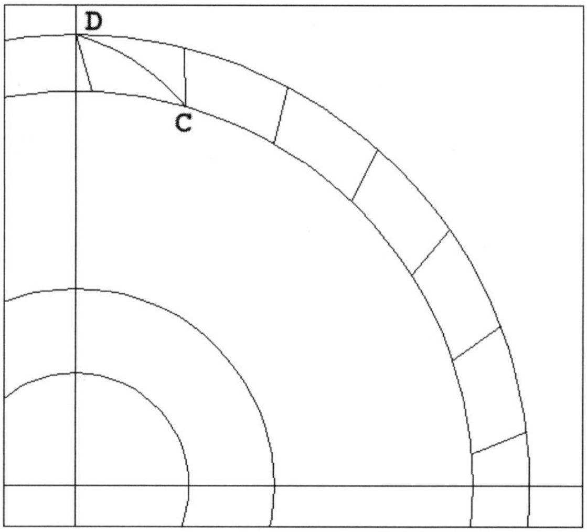

Fig.5.37

[8] A l'aide de la commande **Réseau** (Array), effectuer 26 copies de l'arc CD (fig.5.38).

[9] Hachurer la figure et tracer les traits d'axes (fig.5.39).

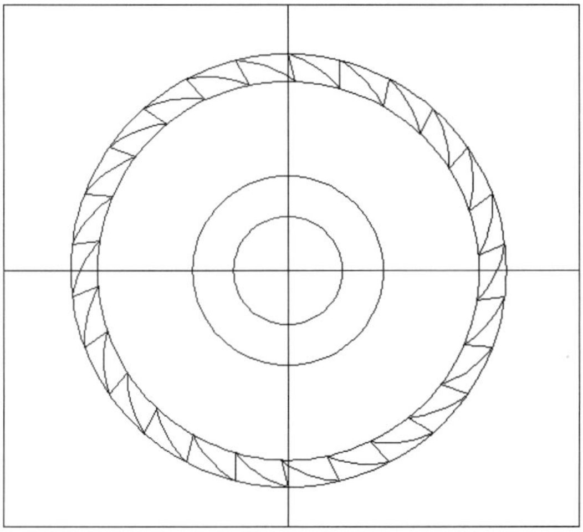

Fig.5.38

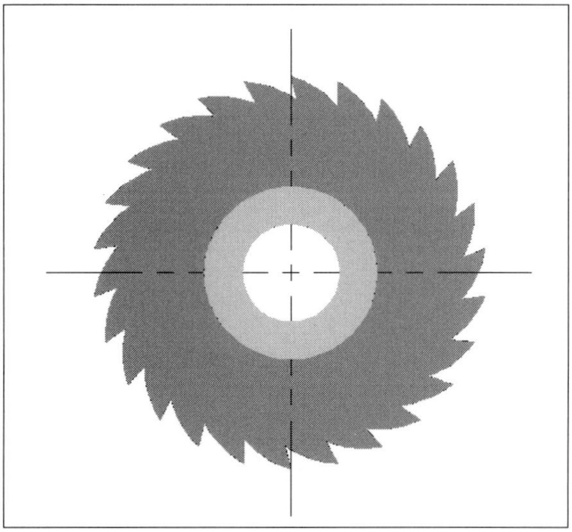

Fig.5.39

Chapitre 6

Modifier un dessin

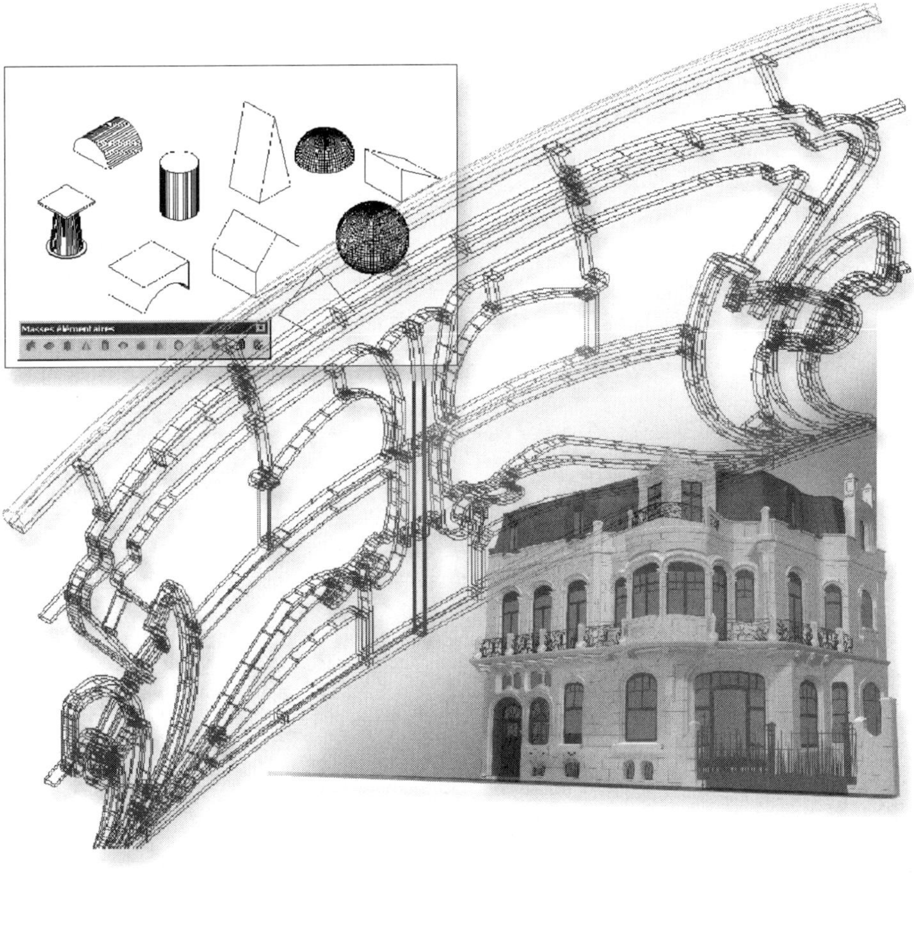

Après avoir abordé les différentes techniques disponibles dans AutoCAD pour créer des objets et construire un dessin, ce chapitre a comme objectif de parcourir les outils permettant de modifier les objets ainsi créés. Les fonctions sont situées dans le groupe de fonctions Modification (Modify) de l'onglet Début (Home).

Quatre types de modification sont principalement abordés ici :

- **Le redimensionnement des objets** : étirement, mise à l'échelle, prolongement, modification de longueur.
- **La finition des objets** : ajustage, coupure, jonction, chanfreinage, filetage.
- **Le déplacement des objets** : translation, rotation, alignement.
- **Les propriétés des objets** : couleur, type de ligne, épaisseur.

Les modifications propres à des entités particulières (cotation, hachurage, textes, etc.) sont abordés dans les chapitres traitant de ces sujets.

Allonger ou rétrécir un objet

Pour allonger ou rétrécir un objet ou un groupe d'objets dans une direction donnée, il convient de sélectionner par une fenêtre de sélection la partie à modifier et de désigner un point de base et un point de destination. En fonction de la partie sélectionnée, il est possible pour un même objet d'avoir des résultats très différents. L'exemple de la figure 6.1 illustre trois modifications différentes pour une même pièce dans un bâtiment.

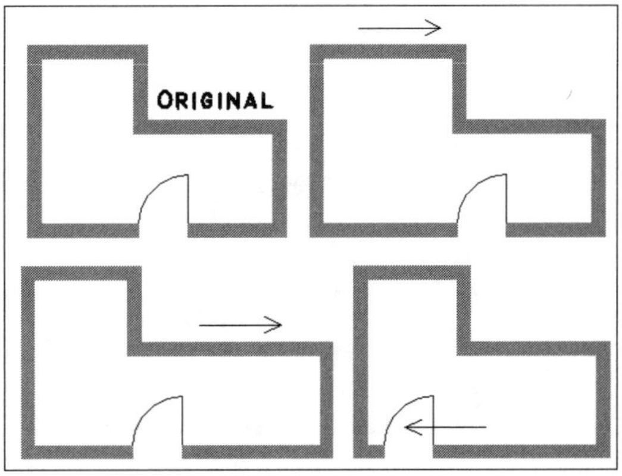

Fig.6.1

La procédure pour étirer un objet est la suivante :

1. Exécuter la commande d'étirement à l'aide d'une des méthodes suivantes (fig.6.2) :

Ruban : choisir le groupe de fonctions **Modification** (Modify) puis l'option **Etirer** (Stretch).

Icône : choisir l'icône **Etirer** (Stretch) de la barre d'outils **Modification** (Modify).

Clavier : taper la commande **Etirer** (Stretch).

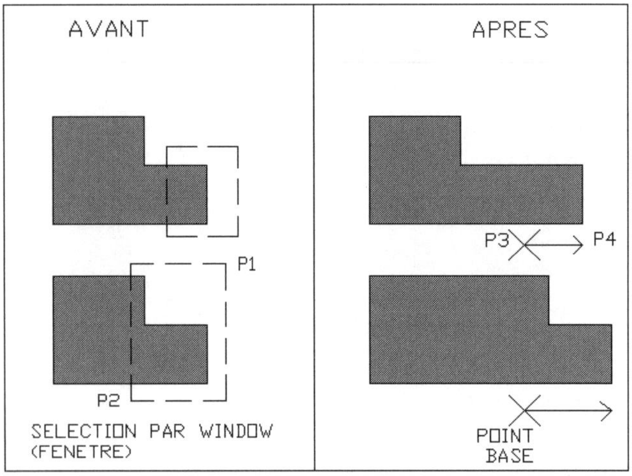

Fig.6.2

[2] Sélectionner la partie à étirer à l'aide d'une fenêtre de sélection globale (crossing) (P1, P2). Appuyer sur Entrée pour terminer la sélection.

[3] Choisir un point de base (P3) de l'étirement.

[4] Désigner un point de destination (P4). Dans le cas d'un déplacement précis, le point de destination peut être défini à l'aide des coordonnées polaires (ex. : @20<0) ou à l'aide du mode Ortho ou Polaire avec une valeur de distance.

REMARQUE

Pour déplacer un objet par étirement, il suffit de sélectionner uniquement cet objet dans la fenêtre de sélection globale. Il est ainsi très facile de déplacer, par exemple, une porte dans un mur. Les hachures et la cotation suivent également la modification (fig.6.3).

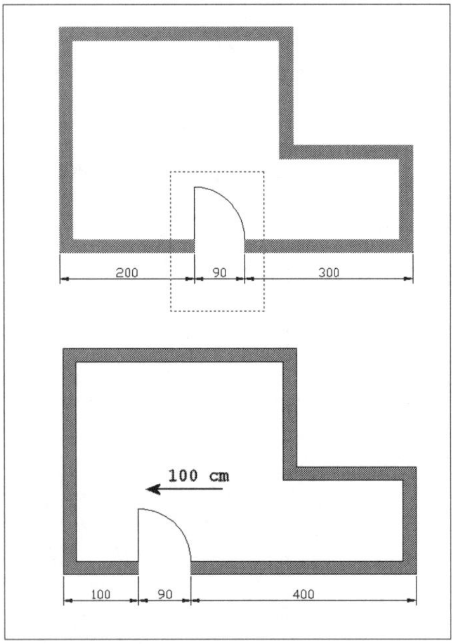

Fig.6.3

Il est également possible d'étirer un objet à l'aide de ses poignées (grips). Il suffit de cliquer sur la poignée qui servira de point de base et d'effectuer le déplacement souhaité.

Pour sélectionner deux poignées à la fois, il convient d'appuyer sur la touche Maj puis de les pointer une à une.

Changer l'échelle des objets

La modification de l'échelle d'un objet dans AutoCAD a pour effet de changer les dimensions de l'objet sélectionné dans toutes les directions. Pour réaliser un changement d'échelle il convient d'indiquer un facteur d'échelle qui peut être supérieur à 1 (pour agrandir l'objet) ou inférieur à 1 (pour réduire la taille). Ainsi pour doubler la taille d'un objet il convient d'appliquer le facteur 2, tandis que pour réduire la taille de moitié il convient d'appliquer un facteur 0.5. Le changement d'échelle peut s'effectuer sur l'objet sélectionné ou sur une copie de celui-ci.

La procédure pour modifier l'échelle d'un objet est la suivante :

1 Exécuter la commande de changement d'échelle à l'aide d'une des méthodes suivantes (fig.6.4) :

Ruban : choisir le groupe de fonctions **Modification** (Modify) puis l'option **Echelle** (Scale).

Icône : choisir l'icône **Etirer** (Scale) de la barre d'outils **Modification** (Modify).

Clavier : taper la commande **Echelle** (Scale).

2 Sélectionner l'objet dont on veut changer l'échelle.

3 Choisir un point de base (P1) pour le changement d'échelle. Ce point restera fixe lors du redimensionnement de l'objet.

4 Spécifier un facteur d'échelle et appuyer sur Entrée. Exemple : 0.5 ou 1.5.

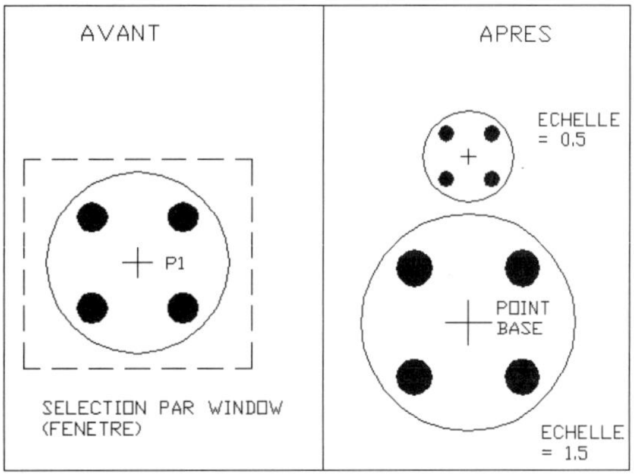

Fig.6.4

Les options sont les suivantes :

Copier (Copy) : permet de créer une copie des objets sélectionnés pour la mise à l'échelle. Il convient d'activer cette option après avoir spécifié le point de base.

Référence (Reference) : permet de définir l'échelle des objets sélectionnés en fonction d'une longueur de référence et d'une nouvelle longueur définie (fig.6.5).

- Spécifier la longueur de référence<1> : spécifier la longueur de départ pour mettre à l'échelle les objets sélectionnés. Par exemple AB.
- Spécifier la nouvelle longueur ou [Points] : spécifier la longueur d'arrivée pour mettre à l'échelle les objets sélectionnés ou taper p pour définir une longueur entre deux points. Dans ce dernier cas, par exemple CD.

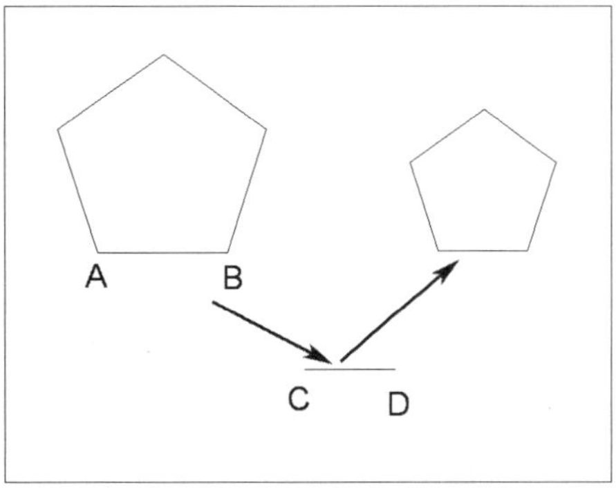

Fig.6.5

Remarque

La fonction Echelle sert également à changer l'unité d'un dessin. Par exemple, pour passer de M à CM, il convient de spécifier un facteur d'échelle de 100 (1 M = 100 CM).

Prolonger des objets

Il est possible de prolonger des objets jusqu'à un contour défini par d'autres objets ou jusqu'au point d'intersection apparent avec ces objets. Les objets à prolonger peuvent être des lignes, polylignes ouvertes, splines, rays, arcs simples ou elliptiques. Les frontières peuvent être les mêmes types d'objets avec en plus les cercles et les polylignes fermées.

La procédure pour prolonger des objets est la suivante :

1. Exécuter la commande de prolongement à l'aide d'une des méthodes suivantes (fig.6.6) :

Ruban : choisir le groupe de fonctions **Modification** (Modify) puis l'option **Prolonger** (Extend).

Icône : choisir l'icône **Prolonger** (Extend) de la barre d'outils **Modification** (Modify).

Clavier : taper la commande **Prolonge** (Extend).

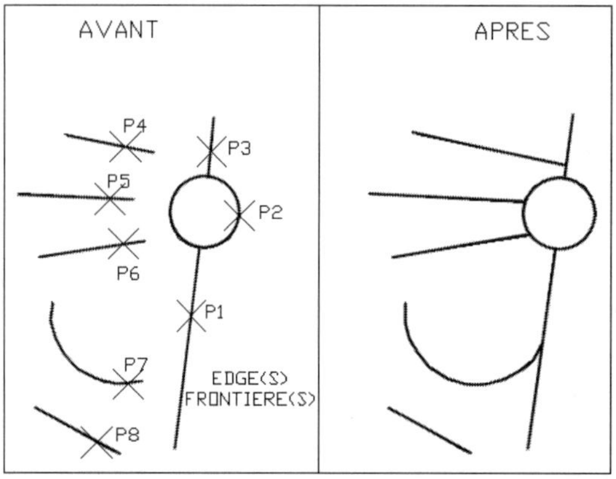

Fig.6.6

2. Sélectionner les frontières contre lesquelles on souhaite prolonger les objets (P1 à P3). Appuyer sur Entrée.
3. Sélectionner les objets à prolonger (P4 à P8) et appuyer sur Entrée. La sélection peut se faire en pointant les objets, en les sélectionnant par une fenêtre de capture ou en utilisant l'option **Trajet** (Fence).

REMARQUE

En cliquant directement sur la touche **Entrée** (Enter) après la sélection de la commande **Prolonger** (Extend), tous les objets du dessin sont considérés comme frontières et il n'est plus nécessaire de les sélectionner.

La procédure pour prolonger des objets jusqu'au point d'intersection apparent est la suivante :

1. Exécuter la commande de prolongement à l'aide d'une des méthodes suivantes (fig.6.7) :

Ruban : choisir le groupe de fonctions **Modification** (Modify) puis l'option **Prolonger** (Extend).

Icône : choisir l'icône **Prolonger** (Extend) de la barre d'outils **Modification** (Modify).

Clavier : taper la commande **Prolonge** (Extend).

2. Sélectionner la frontière contre laquelle on souhaite prolonger les objets. Entrer « C » (E) pour activer l'option **Côté** (Edge).
3. Entrer « PR » (E) pour activer l'option **Prolongement** (Extend).
4. Sélectionner les lignes à prolonger et appuyer sur Entrée.

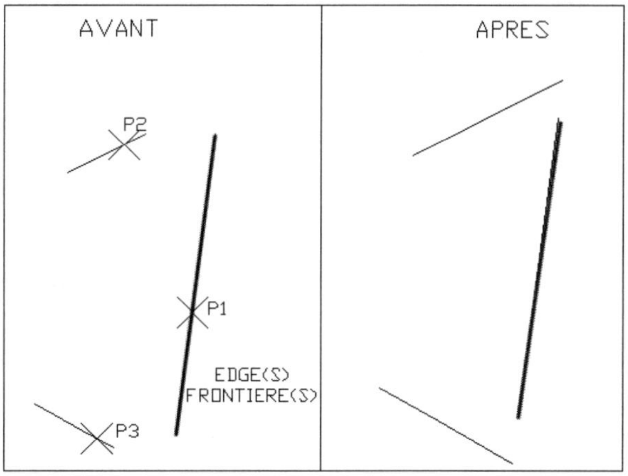

Fig.6.7

Les options sont les suivantes :

- **Trajet** (Fence) : option de sélection qui permet de sélectionner tous les objets qui traversent le trajet en question. Le trajet de sélection est composé d'un ensemble de segments temporaires que l'on trace comme une polyligne composée de deux ou plusieurs segments.
- **Capture** (Crossing) : option de sélection qui permet de sélectionner les objets intégralement ou partiellement présents à l'intérieur d'une zone rectangulaire définie par deux points.

- **Projection** (Project) : permet de déterminer le mode de projection à utiliser pour le prolongement des objets qui ne sont pas situés dans le même plan que les frontières sélectionnées. Les options suivantes sont disponibles :
  - **Aucune** (None) : seuls les objets qui se croisent en 3D sont pris en compte.
  - **Scu** (Ucs) : les objets sont projetés sur le plan courant et les prolongements sont réalisés sans tenir compte de leur intersection en 3D.
  - **Vue** (View) : les objets sont allongés en fonction de la vue courante sans tenir compte de leur intersection en 3D.
- **Côté** (Edge) : permet de déterminer l'effet des frontières. Les options sont les suivantes :
  - **Prolongement** (Extend) : les frontières sont considérées comme infinies dans l'espace 3D.
  - **Pas de prolongement** (No extend) : les frontières sont limitées. Seuls les objets qui croisent la frontière sont traités.
- **Annuler** (Undo) : permet d'annuler la dernière modification apportée par PROLONGER.

Ajuster la dimension d'un objet

Pour ajuster avec précision un objet, AutoCAD permet d'enlever facilement des parties d'objets par rapport à des frontières formées par un ou plusieurs autres objets (lignes, cercles, ellipses, etc.). Cette possibilité est très largement utilisée pour finaliser rapidement et avec précision un dessin. Les exemples de la figure 6.8 illustrent quelques applications possibles en architecture et mécanique.

La procédure d'ajustement est la suivante :

1. Exécuter la commande d'ajustement à l'aide d'une des méthodes suivantes (fig.6.9) :

Ruban : choisir le groupe de fonctions **Modification** (Modify) puis l'option **Ajuster** (Trim).

Icône : choisir l'icône **Ajuster** (Trim) de la barre d'outils **Modification** (Modify).

Clavier : taper la commande **Ajuster** (Trim).

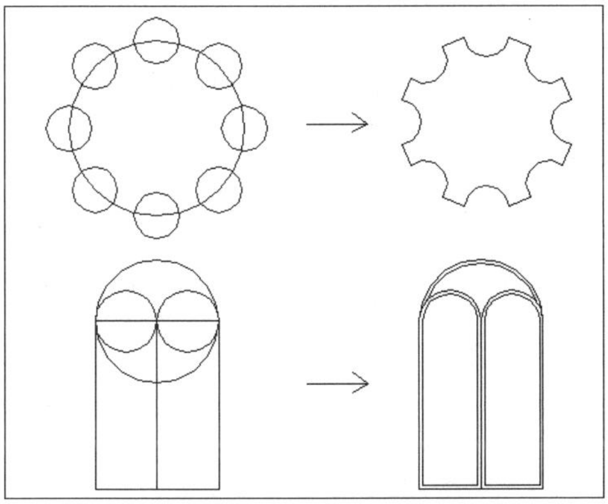

Fig.6.8

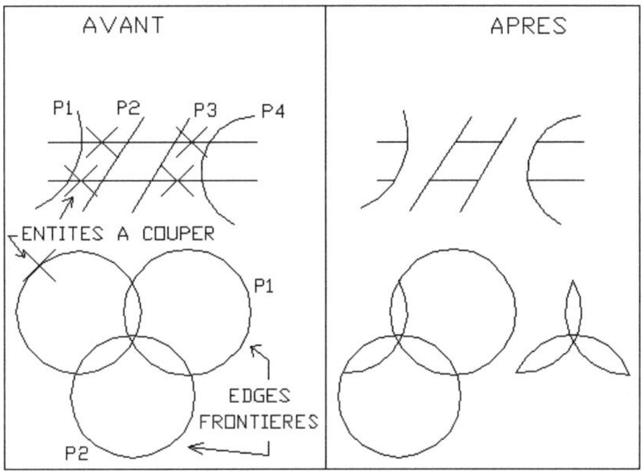

Fig.6.9

[2] Sélectionner les frontières P1, P42, P3... et appuyer sur Entrée.

[3] Sélectionner les parties d'objets à couper et appuyer sur Entrée. La sélection peut se faire en pointant les objets, en les sélectionnant par une fenêtre de capture ou en utilisant l'option Trajet (Fence).

REMARQUE

En cliquant directement sur la touche **Entrée** (Enter) après la sélection de la commande **Ajuster** (Trim), tous les objets du dessin sont considérés comme frontières de coupe et il n'est plus nécessaire de les sélectionner.

La procédure pour ajuster des objets par rapport à des frontières virtuelles est la suivante :

[1] Exécuter la commande d'ajustement à l'aide d'une des méthodes suivantes (fig.6.10) :

Ruban : choisir le groupe de fonctions **Modification** (Modify) puis l'option **Ajuster** (Trim).

Icône : choisir l'icône **Ajuster** (Trim) de la barre d'outils **Modification** (Modify).

Clavier : taper la commande **Ajuster** (Trim).

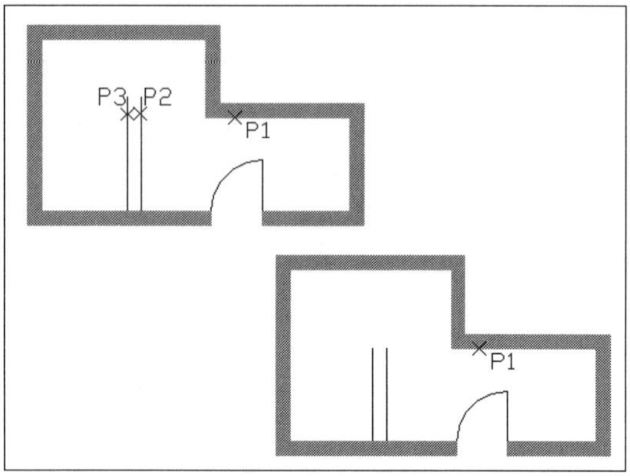

Fig.6.10

[2] Sélectionner la frontière P1 et appuyer sur Entrée.

[3] Entrer « C » (E) pour activer l'option **Côté** (Edge) et appuyer sur Entrée.

[4] Entrer « PR » (E) pour activer l'option **Prolongement** (Extend) et appuyer sur Entrée.

[5] Sélectionner les objets à couper en cliquant du côté approprié P2, P3 et appuyer sur Entrée.

REMARQUE

Il est possible de passer de la fonction **Ajuster** (Trim) à la fonction **Prolonger** (Extend) et vice versa en appuyant sur la touche Maj (Shift).

Les options sont les suivantes :

- **Trajet** (Fence) : option de sélection qui permet de sélectionner tous les objets qui traversent le trajet en question. Le trajet de sélection est composé d'un ensemble de segments temporaires que l'on trace comme une polyligne composée de deux ou plusieurs segments.
- **Capture** (Crossing) : option de sélection qui permet de sélectionner les objets intégralement ou partiellement présents à l'intérieur d'une zone rectangulaire définie par deux points.
- **Projection** (Project) : permet de déterminer le mode de projection à utiliser pour l'ajustement des objets qui ne sont pas situés dans le même plan que les frontières sélectionnées. Les options suivantes sont disponibles :
  - **Aucune** (None) : seuls les objets qui se croisent en 3D sont pris en compte.
  - **Scu** (Ucs) : les objets sont projetés sur le plan courant et les prolongements sont réalisés sans tenir compte de leur intersection en 3D.
  - **Vue** (View) : les objets sont allongés en fonction de la vue courante sans tenir compte de leur intersection en 3D.

- **Côté** (Edge) : permet de déterminer l'effet des frontières. Les options sont les suivantes :
  - **Prolongement** (Extend) : les frontières sont considérées comme infinies dans l'espace 3D.
  - **Pas de prolongement** (No extend) : les frontières sont limitées. Seuls les objets qui croisent la frontière sont traités.
- **Annuler** (Undo) : permet d'annuler la dernière modification apportée par Ajuster (Trim).
- **Effacer** (Erase) : permet de supprimer les objets sélectionnés. Cette option offre une méthode pratique de suppression des objets non voulus sans quitter la commande **Ajuster** (Trim).

Modifier la longueur d'un objet

Il est possible de modifier la longueur d'un objet (ligne, polyligne ou spline ouverte, arc de cercle, arc elliptique) de plusieurs manières différentes :

- en précisant la longueur totale voulue ;
- en précisant la longueur à ajouter à partir d'une extrémité ;
- en exprimant la nouvelle longueur sous la forme d'un pourcentage de la longueur actuelle ;
- en prolongeant dynamiquement l'une des extrémités de l'objet.

La procédure est la suivante :

1. Exécuter la commande de modification de longueur à l'aide d'une des méthodes suivantes (fig.6.11) :

Ruban : choisir le groupe de fonctions **Modification** (Modify) puis l'option **Modifier la longueur** (Lengthen).

Clavier : taper la commande **Modiflong** (Lengthen).

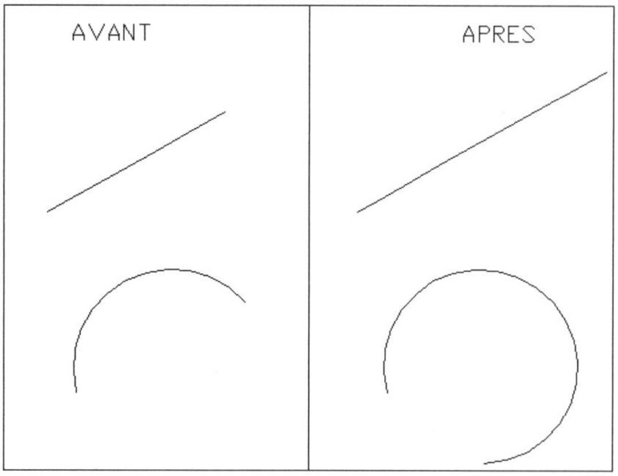

Fig.6.11

2. Pour un déplacement dynamique, entrer « **DY** » puis appuyer sur Entrée.
3. Sélectionner l'objet à prolonger.
4. Faire glisser l'extrémité la plus proche du point de sélection et indiquer la position de la nouvelle extrémité.

Les options sont les suivantes :

- **Différence** (Delta) : permet d'allonger ou de raccourcir l'objet d'une valeur déterminée. L'extrémité modifiée est celle située le plus près du point de sélection de l'objet.
- **Pourcentage** (Percent) : permet d'allonger ou de raccourcir un objet à l'aide d'une valeur exprimée en pourcentage. Une valeur de 200 % double la longueur de l'objet.
- **Total** : permet de déterminer la nouvelle longueur totale de l'objet.
- **Dynamique** (Dynamic) : permet d'allonger ou de raccourcir graphiquement l'objet sélectionné.

Couper des objets

Il est possible de supprimer une partie d'un objet en précisant deux points de coupure sur celui-ci. La détermination de ces deux points peut se faire de plusieurs manières :

- Deux points distincts, pour couper une partie de l'objet :
  - en sélectionnant l'objet d'abord puis les deux points (Sel, 2 Pts) ;
  - en sélectionnant l'objet et un deuxième point. Le point de sélection est aussi considéré comme le premier point (Sel, 2nd).
- Deux points superposés, pour couper l'objet en deux parties :
  - en sélectionnant l'objet. Le point de sélection est aussi le point de coupure (Sel Pt) ;
  - en sélectionnant l'objet puis un point de coupure (Select 1 st).

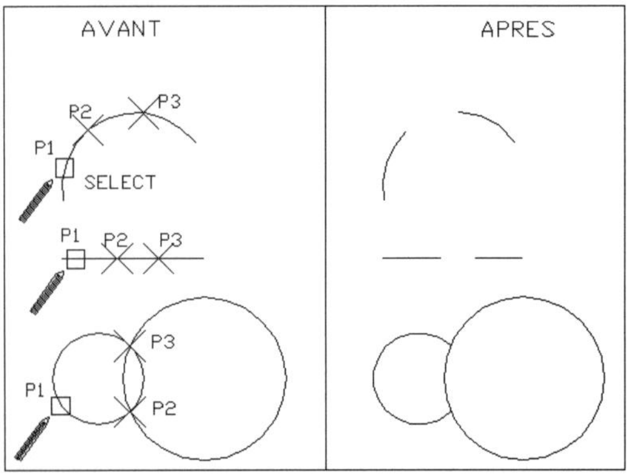

Fig.6.12

La procédure pour couper un objet est la suivante :

1. Exécuter la commande de coupure à l'aide d'une des méthodes suivantes (fig.6.12) :

Ruban : choisir le groupe de fonctions **Modification** (Modify) puis l'option **Coupure** (Break).

Icône : choisir l'icône **Coupure** (Break) de la barre d'outils **Modification** (Modify).

Clavier : taper la commande **Coupure** (Break).

[2] Sélectionner l'objet à couper (P1). Ce point sera aussi le premier point de la coupure.

[3] Sélectionner le deuxième point de la coupure (P2).

Raccorder des objets

L'opération de raccordement permet de relier deux objets par un arc de cercle d'un rayon donné. Ce rayon doit être défini en premier lieu car il est égal à zéro par défaut. La modification du rayon ne s'applique pas aux raccords existants, elle n'agit en effet que lors de l'opération suivante. Plusieurs possibilités de raccordement sont possibles :

- raccordement de deux segments de droite ;
- raccordement de cercles et d'arcs de cercle ;
- raccordement d'une polyligne complète ;
- raccordement de lignes parallèles.

Une prévisualisation du raccord est affichée lors de la sélection des objets. Il est alors encore possible de changer le rayon du raccord via l'option Rayon.

La procédure pour raccorder deux entités avec ajustement est la suivante :

[1] Exécuter la commande de raccordement à l'aide d'une des méthodes suivantes (fig.6.13) :

Ruban : choisir le groupe de fonctions **Modification** (Modify) puis l'option **Raccord** (Fillet).

Icône : choisir l'icône **Raccord** (Fillet) de la barre d'outils **Modification** (Modify).

Clavier : taper la commande **Raccord** (Fillet).

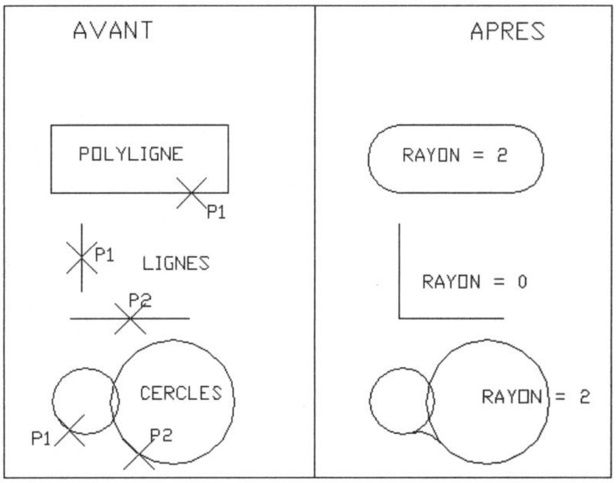

Fig.6.13

[2] Entrer « R » pour activer l'option **Rayon** (Radius) et appuyer sur Entrée.

[3] Spécifier le rayon du raccord. Exemple 2. Appuyer sur Entrée.

[4] Sélectionner le premier puis le second objet à raccorder. Pour sélectionner plusieurs couples d'objets, il convient au préalable d'activer l'option **Multiple**.

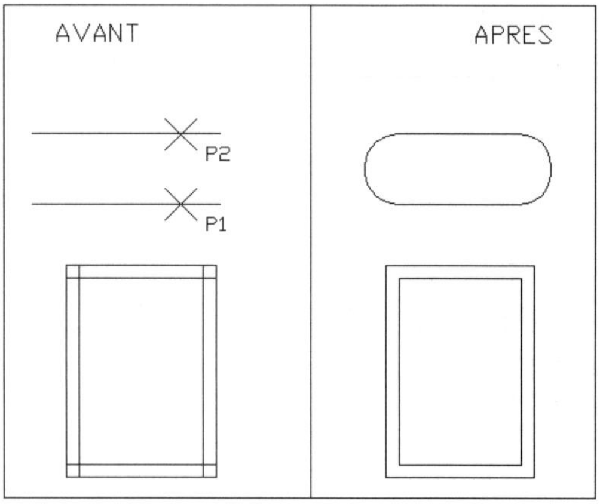

Fig.6.14

REMARQUES

Il est possible de raccorder des lignes parallèles. Dans ce cas, le rayon de l'arc de raccord est obligatoirement égal à la moitié de la distance entre les deux droites. Ce rayon n'est pas à préciser car AutoCAD le détecte automatiquement lors de la sélection des deux objets (fig.6.14).

Il est possible d'obtenir en une seule opération un raccord (congé ou fillet) à toutes les intersections d'une polyligne. Il suffit dans ce cas de sélectionner l'option Polyligne.

L'utilisation de la commande Raccord (Fillet) permet parfois de finaliser plus rapidement un dessin qu'avec la commande Ajuster (Trim). En effet, avec un rayon de raccord égal à zéro, il est très facile d'ajuster certains dessins comme l'illustre la figure 6.14. Pour avoir rapidement un raccord de rayon nul, il suffit d'appuyer sur la touche Maj tout en sélectionnant les deux lignes.

La procédure pour raccorder deux entités sans ajustement est la suivante :

[1] Exécuter la commande de raccordement à l'aide d'une des méthodes suivantes (fig.6.15) :

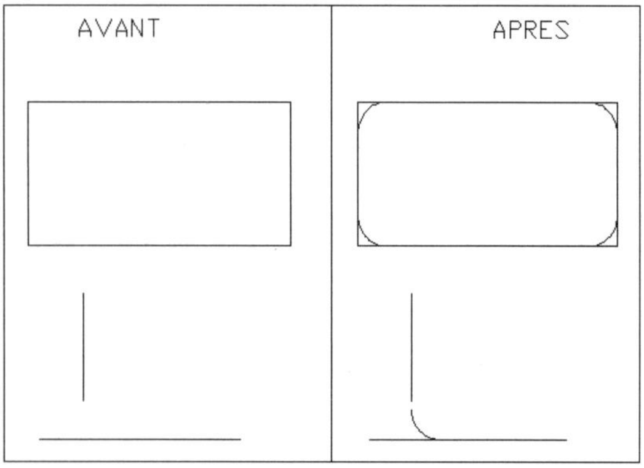

Fig.6.15

- Ruban : choisir le groupe de fonctions **Modification** (Modify) puis l'option **Raccord** (Fillet).
- Icône : choisir l'icône **Raccord** (Fillet) de la barre d'outils **Modification** (Modify).
- Clavier : taper la commande **Raccord** (Fillet).

[2] Entrer « R » pour activer l'option **Rayon** (Radius) et appuyer sur Entrée.

[3] Spécifier le rayon du raccord. Exemple 2. Appuyer sur Entrée.

[4] Entrer « A » (T) pour activer l'option **Ajuster** (Trim).

[5] Entrer « N » pour indiquer qu'on ne souhaite pas ajuster les objets.

[6] Sélectionner le premier puis le second objet à raccorder.

Chanfreiner des objets

Le chanfrein est une fonction de dessin qui permet de créer un coin ou une arête biseautés entre deux lignes ou deux surfaces. Pour réaliser un chanfrein il convient de spécifier à quel niveau il faut relier les lignes (en indiquant les distances correspondantes par rapport au point d'intersection) ou préciser à quel endroit la ligne de chanfrein commence et l'angle décrit par rapport à la première ligne.

Plusieurs possibilités existent pour chanfreiner deux objets :

- chanfreinage avec définition de deux distances ;
- chanfreinage avec définition d'une distance et d'un angle ;
- chanfreinage d'une polyligne complète.

Une prévisualisation du chanfrein est affichée lors de la sélection des objets. Il est alors encore possible de modifier les distances du chanfrein.

La procédure pour chanfreiner deux objets avec définition de distance est la suivante :

1. Exécuter la commande de chanfreinage à l'aide d'une des méthodes suivantes (fig.6.16) :

Ruban : choisir le groupe de fonctions **Modification** (Modify) puis l'option **Chanfrein** (Chamfer).

Icône : choisir l'icône **Chanfrein** (Chamfer) de la barre d'outils **Modification** (Modify).

Clavier : taper la commande **Chanfrein** (Chamfer).

2. Entrer « E » (D) pour activer l'option **Ecarts** (Distance) et appuyer sur Entrée.
3. Spécifier la première distance du chanfrein. Exemple 2. Appuyer sur Entrée.
4. Spécifier la seconde distance du chanfrein. Exemple 3. Appuyer sur Entrée.
5. Sélectionner les lignes à chanfreiner (P1, P2). Pour sélectionner plusieurs couples d'objets à chanfreiner, il convient au préalable d'activer l'option **Multiple**.

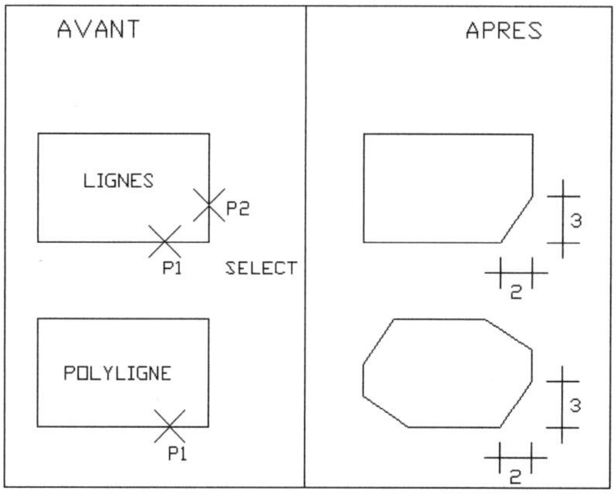

Fig.6.16

Procédure pour chanfreiner deux objets avec définition d'une distance et d'un angle :

1 Exécuter la commande de chanfreinage à l'aide d'une des méthodes suivantes (fig.6.17) :

Ruban : choisir le groupe de fonctions **Modification** (Modify) puis l'option **Chanfrein** (Chamfer).

Icône : choisir l'icône **Chanfrein** (Chamfer) de la barre d'outils **Modification** (Modify).

Clavier : taper la commande **Chanfrein** (Chamfer).

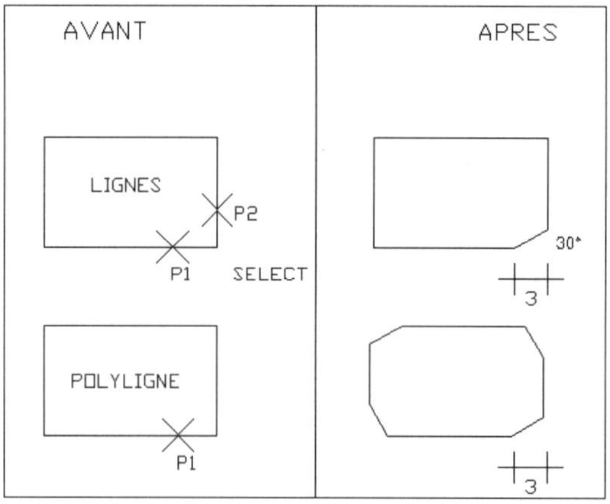

Fig.6.17

2 Entrer « A » pour activer l'option Angle et appuyer sur Entrée.

3 Spécifier la distance permettant de définir le point de départ du chanfrein sur la première ligne. Exemple 3.

4 Spécifier l'angle décrit par rapport à la première ligne. Exemple 30. Appuyer sur Entrée.

5 Sélectionner la première et la seconde ligne (P1, P2).

Procédure pour chanfreiner deux objets sans ajustement :

1 Exécuter la commande de chanfreinage à l'aide d'une des méthodes suivantes (fig.6.18) :

Ruban : choisir le groupe de fonctions **Modification** (Modify) puis l'option **Chanfrein** (Chamfer).

Icône : choisir l'icône **Chanfrein** (Chamfer) de la barre d'outils **Modification** (Modify).

Clavier : taper la commande **Chanfrein** (Chamfer).

2 Entrer « AJ » (T) pour activer l'option **Ajuster** (Trim).

3 Entrer « N » pour indiquer qu'il ne faut pas ajuster.

4 Entrer « E » (D) pour activer l'option **Ecarts** (Distance) et appuyer sur Entrée.

5 Spécifier la première distance du chanfrein. Exemple 2. Appuyer sur Entrée.

6 Spécifier la seconde distance du chanfrein. Exemple 3. Appuyer sur Entrée.

7 Sélectionner les lignes à chanfreiner (P1, P2).

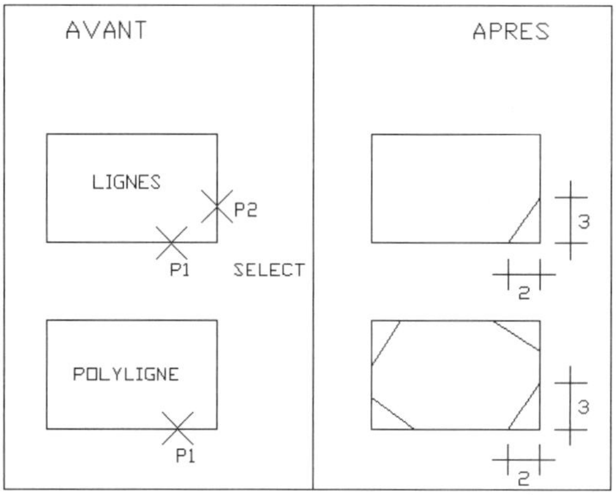

Fig.6.18

Les options sont les suivantes :

- **Polyligne** (Polyline) : permet d'obtenir en une seule opération un chanfrein à toutes les intersections d'une polyligne. Il suffit dans ce cas de sélectionner une seule fois la polyligne.
- **Ecart** (Distance) : permet de définir la distance à partir de l'intersection et chaque extrémité du chanfrein.
- **Angle** : permet de définir le chanfrein à l'aide d'une distance et d'un angle.
- **Ajuster** (Trim) : permet d'ajuster ou non les segments de droite à chanfreiner. Par défaut, les droites chanfreinées sont ajustées.
- **Méthode** (Method) : permet de définir la méthode par défaut pour chanfreiner : par distances ou par angle.
- **Multiple** : permet de chanfreiner les arêtes de plusieurs jeux d'objets. AutoCAD affiche à plusieurs reprises l'invite principale et l'invite de choix du second objet, jusqu'à ce que l'on appuie sur Entrée pour mettre fin à la commande.

Fusionner les courbes

Grâce à la fonction Fusionner, vous pouvez raccorder des courbes avec une spline, et non plus avec un arc. La forme de la spline obtenue dépend de la continuité spécifiée. La longueur des objets sélectionnés reste inchangée. Les objets valides sont les arcs, arcs elliptiques, lignes, hélices, polylignes, polylignes ouvertes et splines ouvertes.

La procédure pour fusionner deux courbes est la suivante :

1. Exécuter la commande de fusion à l'aide de l'une des méthodes suivantes :

Ruban : choisir le groupe de fonctions **Modification** (Modify) dans l'onglet **Début** (Home), puis l'option **Fusionner les courbes** (Blend curves) dans la liste déroulante **Chanfrein** (Chamfer) et **Raccord** (Fillet).

Icône : choisir l'icône **Fusionner les courbes** (Blend curves) dans la barre d'outils **Modification** (Modify).

Clavier : taper la commande FUSION (BLEND).

2. Sélectionner le premier objet ou [CONtinuité] : sélectionner une ligne ou une courbe ouverte à proximité de l'extrémité sur laquelle la spline doit commencer.
3. Sélectionner le deuxième objet : sélectionner une autre ligne ou courbe ouverte à proximité de l'extrémité sur laquelle la spline doit se terminer (fig.6.19).

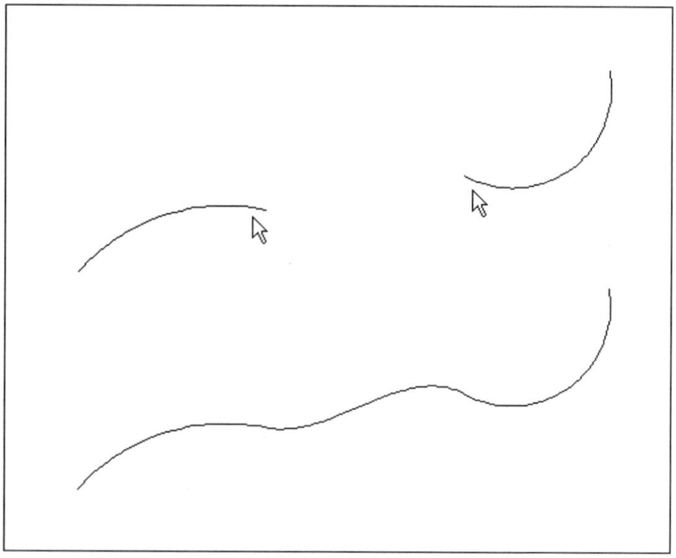

Fig.6.19

L'option Continuité permet de spécifier un des deux types de fusion :

- **Tangente** (Tangent) : crée une spline de degré 3 avec une continuité de tangence (G1) aux objets sélectionnés au niveau de leurs extrémités.
- **Continu** (Smooth) : crée une spline de degré 5 avec une continuité de courbure (G2) aux objets sélectionnés au niveau de leurs extrémités.

Si vous utilisez l'option Lisser, ne remplacez pas l'affichage des sommets de contrôle par des points de lissage. En effet, cette opération aboutit à une spline de degré 3, modifiant ainsi la forme de la spline.

Joindre des objets

La commande **Joindre** (Join) permet d'assembler des objets identiques en un seul objet. Il est également possible de créer des ellipses et des cercles complets à partir d'arcs et d'arcs elliptiques. On peut joindre les objets suivants :

- Arcs
- Arcs elliptiques
- Lignes
- Polylignes 2D et 3D
- Splines et hélices

L'objet auquel on souhaite joindre des objets identiques est appelé objet source. Les objets à joindre doivent être situés sur le même plan.

REMARQUE

Il est également possible de joindre des objets différents (combinaison de lignes, polylignes, splines...) pour en former un seul. Dans ce cas, les objets doivent être jointifs pour les transformer. Le résultat correspondra alors à l'objet le plus complexe. Par exemple, la combinaison d'une spline avec une polyline et un arc formera une spline.

La procédure pour joindre deux objets est la suivante :

1. Exécuter la commande de jonction à l'aide d'une des méthodes suivantes (fig.6.20) :

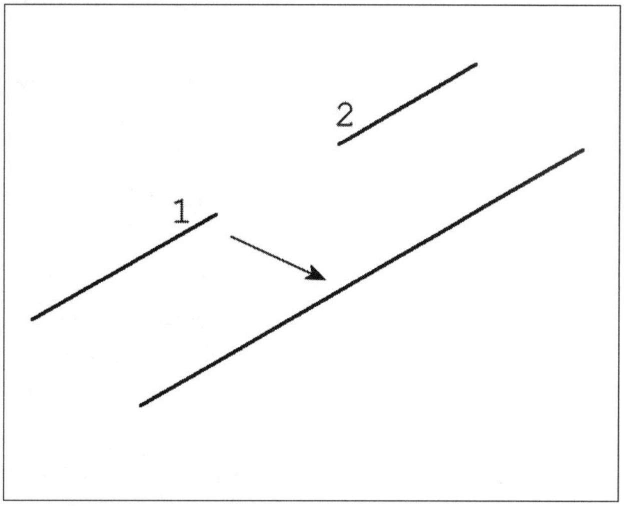

Fig.6.20

Ruban : choisir le groupe de fonctions **Modification** (Modify) puis l'option **Joindre** (Join).

Icône : choisir l'icône **Joindre** (Join) de la barre d'outils **Modification** (Modify).

Clavier : taper la commande **Joindre** (Join).

2 Sélectionner l'objet source : une ligne, une polyligne, un arc, un arc elliptique ou une spline. Selon le type d'objet source, l'une des invites suivantes apparaît :

- **Ligne**

Sélectionner les lignes à joindre à la source (Select lines to join to source) : sélectionner une ou plusieurs lignes et appuyer sur Entrée.

Les objets ligne doivent être colinéaires (situés sur la même ligne infinie) même s'ils peuvent être séparés par des espaces.

- **Polyligne**

Sélectionner les objets à joindre à la source (Select objects to join to source) : sélectionner un ou plusieurs objets et appuyer sur Entrée.

Les objets peuvent être des lignes, des polylignes ou des arcs. Les objets ne peuvent pas être séparés par des espaces et doivent se situer sur le plan parallèle au plan XY du SCU.

- **Arc**

Sélectionner les arcs à joindre à la source ou [fErmer] (Select arcs to join to source or [cLose] : sélectionner un ou plusieurs arcs et appuyer sur Entrée ou taper e.

Les objets arc doivent être situés sur le même cercle imaginaire et peuvent être séparés par des espaces. L'option **fErmer** convertit l'arc source en cercle.

- **Arc elliptique**

Sélectionner les arcs elliptiques à joindre à la source ou [fErmer] (Select elliptical arcs to join to source or [cLose]) : sélectionner un ou plusieurs arcs elliptiques et appuyer sur Entrée ou taper e.

Les arcs elliptiques doivent être situés sur la même ellipse et peuvent être séparés par des espaces. L'option **fErmer** convertit l'arc elliptique source en une ellipse complète.

▸ **Spline**

Sélectionner les splines à joindre à la source : sélectionner une ou plusieurs spline et appuyer sur Entrée.

Les objets spline doivent être situés sur le même plan et doivent être contigus (bout à bout).

Déplacer des objets

Les différents objets créés dans AutoCAD peuvent être déplacés par translation, par rotation et par alignement. Pour effectuer ces opérations avec précision, il est conseillé d'utiliser les fonctions d'accrochage aux objets (Osnap), les coordonnées ou les poignées (Grips). Pour déplacer plusieurs objets à la fois, il peut aussi être utile d'effectuer un groupement d'objets.

L'utilisation des grips

En sélectionnant un objet avant de choisir une commande particulière, une série de poignées (ou grips) apparaissent sur l'objet (par défaut en couleur bleue). Ces poignées permettent d'effectuer plus rapidement les modifications voulues (fig.6.21). Pour déplacer les objets à l'aide des poignées, il suffit de cliquer sur celle qui servira de point de base et de sélectionner le type de modification voulu (translation ou rotation). Les remarques suivantes sont à prendre en compte :

▸ **Sélection du point de base**

- Pour le point de base situé au centre de l'objet (ligne, cercle, ellipse, etc.) : cliquer une fois sur la poignée.
- Pour le point de base situé ailleurs (rectangle, polygone, etc.) : cliquer une fois avec la touche gauche de la souris, puis une fois avec la touche droite.

▸ **Sélection de la commande**

- Pour la translation : la commande est active directement après la sélection du point de base central.
- Pour la rotation : cliquer une fois de plus sur la touche droite de la souris après avoir sélectionné le point de base.

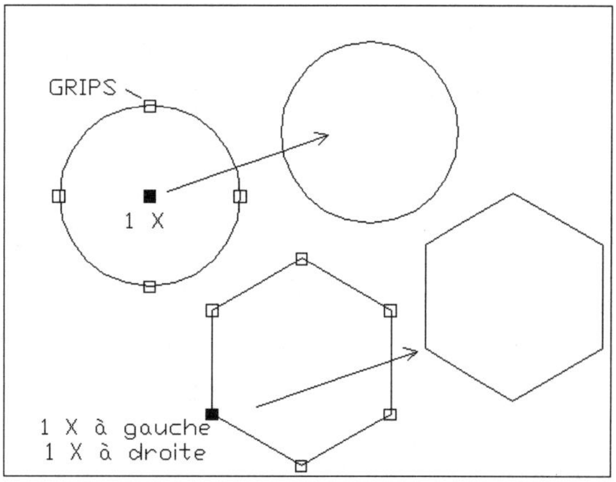

Fig.6.21

Remarque

Dans le cas d'une ligne ou d'un arc, le survol des poignées d'extrémités permet de modifier la longueur de la ligne ou de l'arc.

La sélection des objets par groupe

Un groupe est un ensemble enregistré d'objets que vous pouvez sélectionner et modifier, simultanément ou séparément. Les groupes permettent d'associer facilement des éléments de dessin que vous devez manipuler en un seul bloc. Vous pouvez les créer rapidement avec un nom par défaut. Dans la mesure où vous travaillez par ajout ou suppression d'objets, vous pouvez modifier les composants des groupes.

Les groupes s'apparentent aux blocs par certains aspects – les blocs (voir chapitre 7) permettent de combiner des objets dans un ensemble nommé. Par exemple, les groupes sont enregistrés d'une session à l'autre. Notez qu'il est néanmoins plus facile de modifier des objets individuels dans des groupes que dans des blocs, étant donné que ces derniers doivent être décomposés au préalable. A la différence des blocs, les groupes ne peuvent pas être partagés par plusieurs dessins.

La procédure pour créer un groupe est la suivante :

Pour créer un groupe nommé :

1. Cliquer sur l'onglet **Début** (Home), puis sur le groupe de fonctions **Groupe** (Groups) et enfin sur **Grouper** (Group).
2. Sur la ligne de commande, entrer N, puis nommer le groupe.
3. Sélectionner les objets à regrouper, puis appuyer sur Entrée. Le groupe nommé est créé pour les objets sélectionnés.

Pour créer un groupe non nommé :

1. Cliquer sur l'onglet **Début** (Home), puis le groupe de fonctions **Groupe** (Groups) et enfin sur **Grouper** (Group).
2. Sélectionner les objets à associer dans le groupe.
3. Les objets sélectionnés sont rassemblés dans un groupe non nommé, auquel un nom du type « *A1 » est attribué. Ces groupes ne s'affichent dans la boîte de dialogue Groupements d'objets que si l'option Inclure les groupes sans nom est sélectionnée.

Les autres fonctions du groupe de fonctions Groupe (Groups) sont :

- **Dissocier** (Ungroup) : permet de décomposer le groupe.
- **Modification d'un groupe** (Group Edit) : permet d'ajouter ou de supprimer des éléments d'un groupe.
- **Sélection des groupes :** permet d'activer ou de désactiver les groupes. Ainsi, si vous souhaitez déplacer un groupe, il faut d'abord s'assurer que les groupes sont bien actifs.
- **Le gestionnaire des groupes :** il permet d'obtenir la liste des groupes et de les gérer. Les options sont les suivantes (fig.6.22).
  - **Nom du groupe** (Group Name) : affiche le nom des groupes existants.
  - **Sélectionnable** (Selectable) : indique si un groupe peut être sélectionné. Si tel est le cas, la sélection d'un objet du groupe entraîne la sélection complète du groupe. Les objets sur les calques gelés ou verrouillés ne sont pas sélectionnés. Lorsque la variable système PICKSTYLE est paramétrée sur 0, aucun groupe ne peut être sélectionné.
  - **Nom du groupe** (Group Name) : indique le nom du groupe. Un nom de groupe peut comporter jusqu'à 31 caractères : lettres, chiffres ou dollar ($), trait d'union (-) et underscore (_) ; les espaces ne sont pas autorisés. Le nom s'affiche en majuscules.

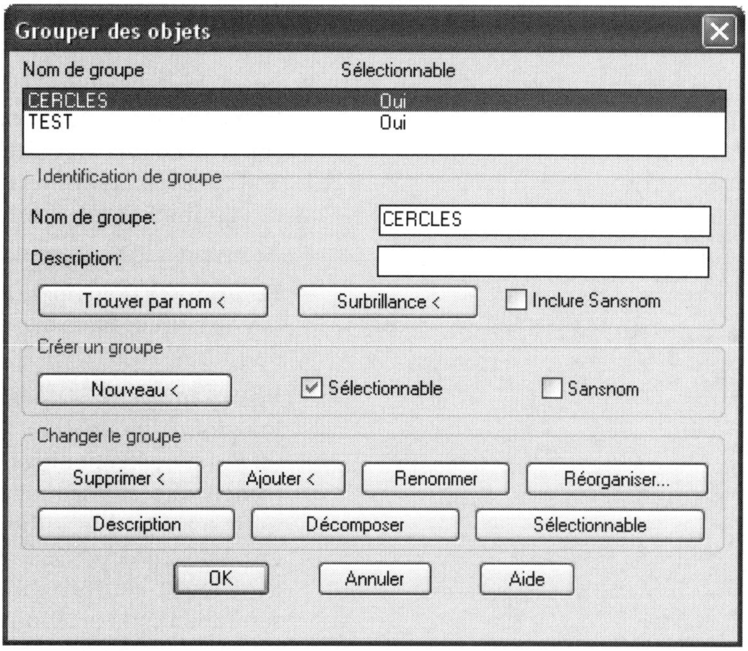

Fig.6.22

  - **Description** : affiche la description du groupe sélectionné (le cas échéant).
  - **Trouver par nom** (Find Name) : affiche la liste des groupes auxquels appartient un objet sélectionné dans le dessin. La boîte de dialogue Liste des membres du groupe s'affiche et indique les membres auxquels appartient l'objet.
  - **Mettre en surbrillance** (Highlight) : affiche les membres du groupe sélectionné dans la zone de dessin.

- **Inclure Sansnom** (Include Unnamed) : précise si des groupes sans nom sont répertoriés. Si cette option n'est pas sélectionnée, seuls les groupes nommés sont affichés.
- **Nouveau** (New) : autre méthode pour créer un groupe à partir des objets sélectionnés. Elle utilise le nom et la description qui ont été donnés dans les champs Nom du groupe et Description.
- **Sélectionnable** (Selectable) : indique que le nouveau groupe peut être sélectionné.
- **Sansnom** (Unnamed) : indique qu'un nouveau groupe n'a pas de nom. Un nom par défaut, « *An », est attribué aux groupes sans nom. L'astérisque correspond à un nombre qui augmente avec chaque nouveau groupe.
- **Supprimer** (Remove) : supprime des objets du groupe sélectionné. Pour utiliser cette option, désactivez l'option Sélectionnable. Si vous supprimez tous les objets du groupe, celui-ci est toutefois conservé. Vous pouvez supprimer la définition du groupe dans le dessin à l'aide de l'option Décomposer.
- **Ajouter** (Add) : ajoute des objets au groupe sélectionné.
- **Renommer** (Rename) : renomme le groupe sélectionné en lui affectant le nom indiqué dans la zone Nom de groupe, sous Identification de groupe.
- **Ré-organiser** (Re-Order) : affiche la boîte de dialogue Réorganiser un groupe, permettant de modifier l'ordre numérique des objets du groupe sélectionné. Les objets sont numérotés dans l'ordre dans lequel vous les sélectionnez en vue de leur insertion dans le groupe. Cette opération est utile lors de la création de chemins d'outils. Par exemple, vous pouvez changer l'ordre de coupure des lignes horizontales et verticales d'un motif de chemin d'outil. Vous pouvez soit modifier la position numérique d'un membre ou d'une série de membres du groupe, soit inverser l'ordre de tous ses membres à la fois. Notez que le premier objet d'un groupe porte le numéro 0 et non le numéro 1.
- **Description** : met à jour la description du groupe sélectionné selon le nom que vous entrez dans la zone Description. Vous pouvez utiliser jusqu'à 64 caractères pour le nom d'une description.
- **Décomposer** (Explode) : supprime la définition du groupe sélectionné. Néanmoins, les objets du groupe restent dans le dessin.
- **Sélectionnable** (Selectable) : indique si un groupe peut être sélectionné.

La sélection rapide des objets

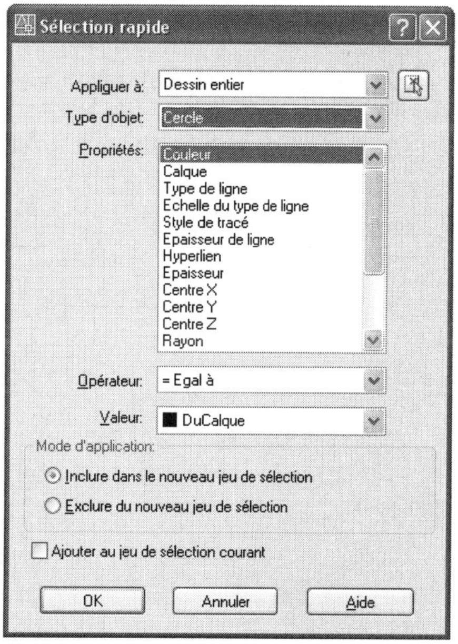

Fig.6.23

A l'aide de la boîte de dialogue **Quick Select** (Sélection rapide), il est possible de définir des jeux de sélection par propriété (par exemple, la couleur) et par type d'objet. Par exemple, on peut sélectionner dans un dessin tous les cercles rouges à l'exception de tout autre objet, ou inversement tous les objets à l'exception des cercles rouges.

Pour créer un jeu de sélection à l'aide de l'option Quick Select (Sélection Rapide), la procédure est la suivante (fig.6.23) :

1. Dans le le groupe de fonctions **Utilitaires** (Utilities), choisir l'option **Sélection rapide** (Quick Select).
2. Dans la boîte de dialogue **Sélection rapide** (Quick Select) sous **Appliquer à** (Apply To), choisir **Dessin entier** (Entire Drawing).
3. Sous **Type d'objet** (Object Type), choisir **Cercle** (Circle).
4. Sous **Propriétés** (Properties), choisir **Couleur** (Color).
5. Sous Opérateur (Operator), choisir « = **Egal à** » (Equals).
6. Sous **Valeur** (Value), choisir **Rouge** (Red).
7. Sous **Mode d'application** (How to Apply), choisir **Inclure au jeu de sélection courant** (Inclure in new selection set).
8. Cliquer sur **OK**.

AutoCAD sélectionne tous les cercles rouges du dessin et ferme la boîte de dialogue **Sélection rapide** (Quick Select).

Déplacer un objet par translation

Lors d'un déplacement par translation, les objets restent parallèles à eux-mêmes. L'exemple qui suit montre la procédure pour déplacer un cercle sur un carré.

La procédure de déplacement est la suivante :

1. Exécuter la commande de déplacement à l'aide d'une des méthodes suivantes (fig.6.24) :

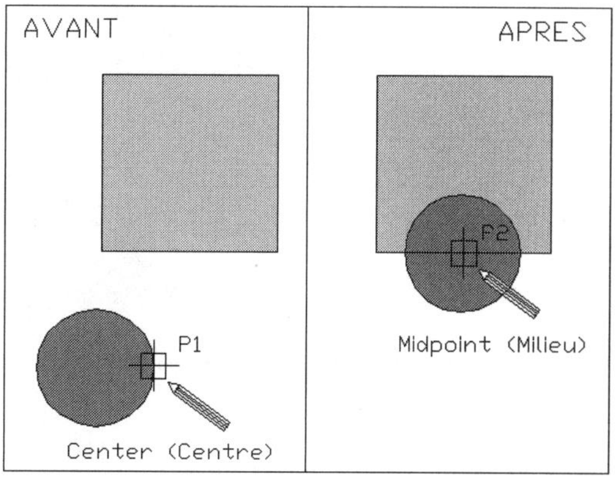

Fig.6.24

Ruban : choisir le groupe de fonctions **Modification** (Modify) puis l'option **Déplacer** (Move).

Icône : choisir l'icône **Déplacer** (Move) de la barre d'outils **Modification** (Modify).

Clavier : taper la commande **Déplacer** (Move).

[2] Sélectionner l'objet à déplacer, dans notre exemple le cercle.

[3] Sélectionner le point de base du déplacement P1 par l'option d'accrochage **Centre** (Center).

[4] Désigner le point de destination P2 par l'option d'accrochage **Milieu** (Midpoint).

Effectuer la rotation d'un objet

Il est possible de faire pivoter un objet autour d'un point de base en spécifiant un angle de rotation relatif ou absolu. Le sens de rotation des objets (trigonométrique ou horaire) dépend du paramètre **Direction** défini dans la boîte de dialogue **Contrôle des unités** (Units Control) accessible à partir du menu **Format**.

La procédure de rotation est la suivante :

[1] Exécuter la commande de rotation à l'aide d'une des méthodes suivantes (fig.6.25) :

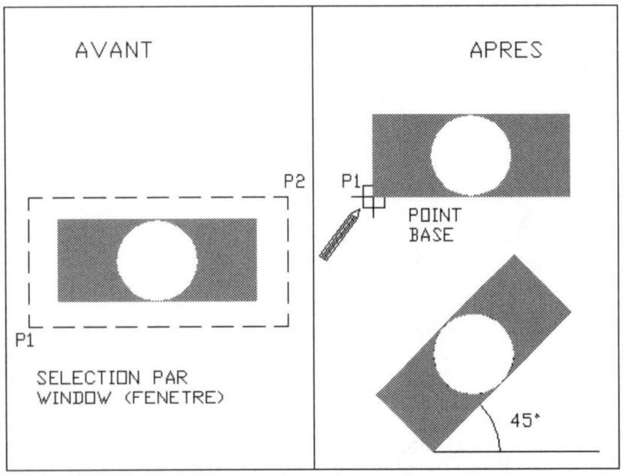

Fig.6.25

Ruban : choisir le groupe de fonctions **Modification** (Modify) puis l'option **Rotation** (Rotate).

Icône : choisir l'icône **Rotation** (Rotate) de la barre d'outils **Modification** (Modify).

Clavier : taper la commande **Rotation** (Rotate).

[2] Sélectionner le(s) objet(s) à faire pivoter.

[3] Déterminer un point de base (P1).

[4] Définir l'angle de rotation (ex. :45°).

La procédure pour effectuer une rotation-copie est la suivante :

1 Exécuter la commande de rotation à l'aide d'une des méthodes suivantes (fig.6.26) :

Ruban : choisir le groupe de fonctions **Modification** (Modify) puis l'option **Rotation** (Rotate).

Icône : choisir l'icône **Rotation** (Rotate) de la barre d'outils **Modification** (Modify).

Clavier : taper la commande **Rotation** (Rotate).

2 Sélectionner le(s) objet(s) à faire pivoter.

3 Déterminer un point de base (P1).

4 Taper C (Copier) pour activer l'option **Copier** (Copy).

5 Définir l'angle de rotation (ex. :45°).

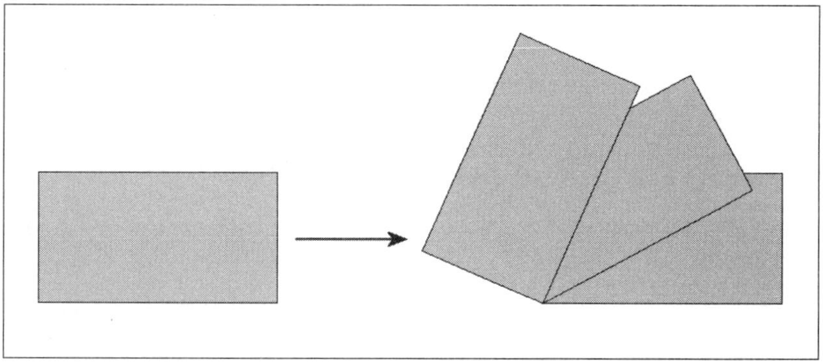

Fig.6.26

La procédure pour faire pivoter un objet par rapport à une référence est la suivante :

1 Exécuter la commande de rotation à l'aide d'une des méthodes suivantes (fig.6.27) :

Ruban : choisir le groupe de fonctions **Modification** (Modify) puis l'option **Rotation** (Rotate).

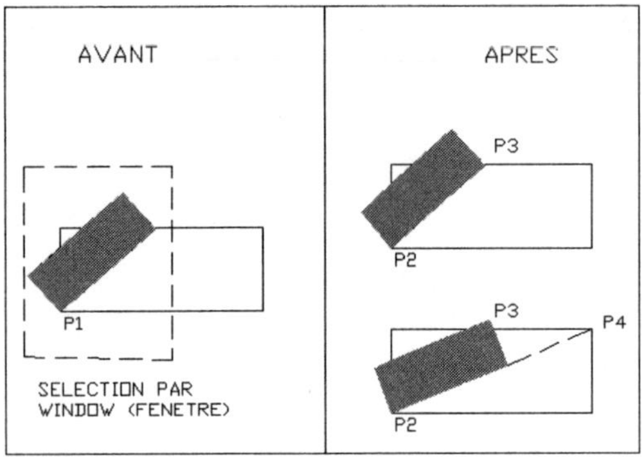

Fig.6.27

Icône : choisir l'icône **Rotation** (Rotate) de la barre d'outils **Modification** (Modify).

Clavier : taper la commande **Rotation** (Rotate).

[2] Sélectionner le(s) objet(s) à faire pivoter.

[3] Déterminer un point de base (P1).

[4] Entrer « R » pour activer l'option **Référence** (Reference).

[5] Définir l'angle de référence par une valeur ou en pointant par exemple deux points (P2, P3) à l'aide du mode d'accrochage « int ».

[6] Déterminer le nouvel angle de rotation par une valeur ou en pointant un point (P4).

Aligner des objets

Au lieu d'effectuer séparément une série de transformations (déplacement, rotation, miroir, etc.) sur un objet, il est possible de les combiner en une opération à l'aide d'une fonction d'alignement. Il suffit de spécifier deux ou trois paires de points de références (source et destination) pour définir la transformation. Elle peut s'effectuer dans l'espace 2D ou 3D.

La procédure d'alignement est la suivante :

[1] Exécuter la commande d'alignement à l'aide d'une des méthodes suivantes :

Ruban : choisir le groupe de fonctions **Modification** puis l'option **Aligner** (Align).

Clavier : taper la commande **Aligner** (Align).

[2] Sélectionner l'objet à aligner par pointage ou à l'aide d'une fenêtre de sélection.

[3] Déterminer un point de base sur l'objet à déplacer (P1) en utilisant les outils d'accrochage.

[4] Indiquer le point de destination correspondant sur l'autre objet (P2). Ce premier point permet de positionner l'objet avec précision. Les points suivants permettent d'orienter l'objet par rapport à ce premier point.

5 Spécifier le deuxième point d'origine (P3) et le point de destination correspondant (P4).

6 Spécifier éventuellement le troisième point d'origine (P5) et le point de destination correspondant (P6) (fig.6.28). Si deux points sont suffisants il convient d'appuyer sur Entrée après le deuxième point de destination et de répondre O (Y) ou N à la question **Mettre les objets à l'échelle des points d'alignement** (Scale objects based on alignment points). Une réponse Oui (Yes) va modifier l'échelle de l'objet en fonction des points désignés (fig.6.29).

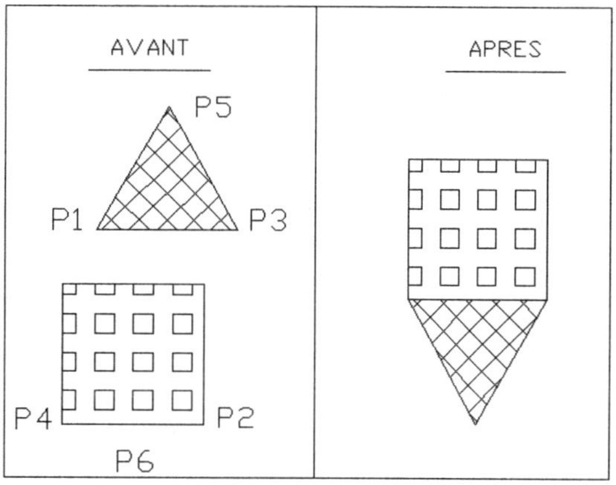

Fig.6.28

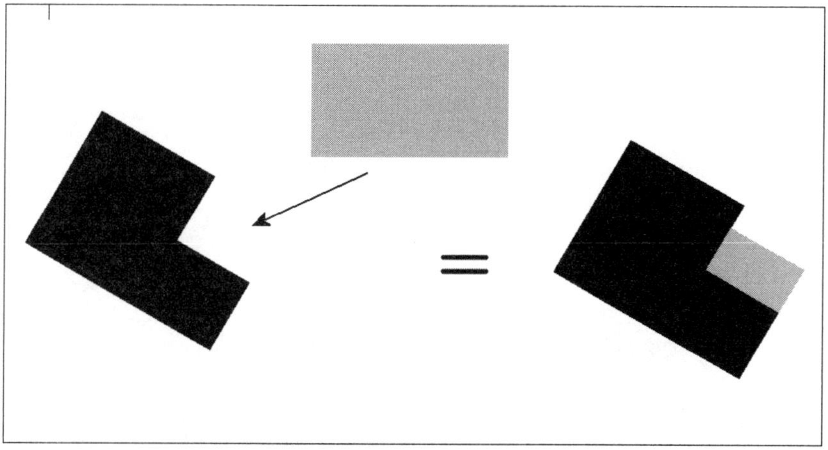
Fig.6.29

Définir et modifier la couleur des objets

AutoCAD permet de définir une couleur pour tous les nouveaux objets en cliquant sur la liste **Contrôle de la couleur** (Color control) située sur la barre d'outils **Propriétés des objets** (Object properties). Il est ensuite possible de choisir une couleur spécifique ou de sélectionner **Ducalque** (Bylayer) afin de dessiner de nouveaux objets de la couleur affectée au calque courant.

AutoCAD offre la possibilité de changer la couleur d'un objet, existant dans le dessin, de plusieurs manières :

- Par l'option **Propriétés** (Properties) du groupe de fonctions Palettes (onglet **Vue** (View)).

- Par l'option **Calque** (Layer) du groupe de fonctions Calques (Layers).
- Par la liste déroulante **Contrôle de la couleur** (Color control) du groupe de fonctions **Propriétés** (Properties).
- Par l'outil **Copier les propriétés** (Match Properties) du groupe de fonctions Presse-papiers (Clipboard).

La procédure pour changer la couleur d'un objet par les propriétés est la suivante :

1. Exécuter la commande de modification de couleur à l'aide d'une des méthodes suivantes (fig.6.30) :

Ruban : choisir la couleur dans le groupe de fonctions **Propriétés** (Properties).

Icône : choisir l'icône **Propriétés** (Properties) dans la barre d'outils **Standard**.

Clavier : taper la commande **PROPRIETES** (Properties).

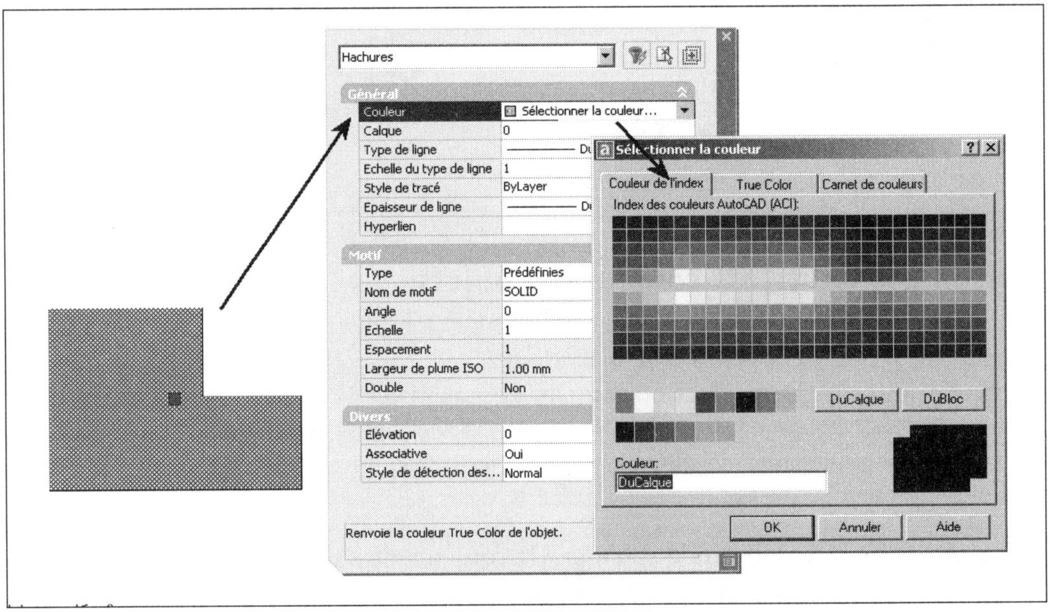

Fig.6.30

[2] Sélectionner le ou les objets à modifier par l'une des méthodes suivantes :

- sélectionner un ou plusieurs objets dans le dessin
- sélectionner l'ensemble du dessin puis dans la liste déroulante de la boîte de dialogue **Propriétés** (Properties) sélectionner le type d'objets (ligne, cercle, etc.).
- cliquer sur l'icône **Sélection rapide** (Quick select) pour lancer la procédure de sélection rapide.

[3] Cliquer sur le champ **Couleur** (Color), qui fait apparaître une liste déroulante à droite sur la même ligne. Choisir une couleur ou cliquer sur **Sélectionner la couleur** (Select color) pour afficher la boîte de dialogue **Sélectionner la couleur** (Select Color).

[4] Cliquer sur **OK** pour refermer la dernière boîte de dialogue.

REMARQUE

Une autre méthode plus rapide consiste à cliquer sur l'objet dans le dessin puis à sélectionner une couleur dans la liste Couleur de l'objet située dans le groupe de fonctions Propriétés. (fig.6.31).

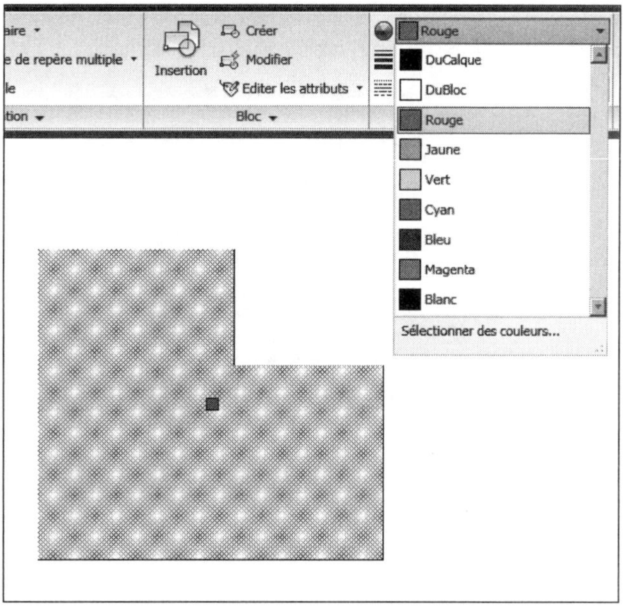

Fig.6.31

La boîte de dialogue Sélectionner une couleur (Select Color) comprend les onglets suivants :

- **Couleur de l'index** (Index color) : définit des paramètres de couleur à l'aide des 255 couleurs de l'index des couleurs AutoCAD (ACI). Si l'on sélectionne une couleur ACI, son nom ou son numéro apparaît en tant que couleur courante dans la zone Couleur (Color) (fig.6.32).

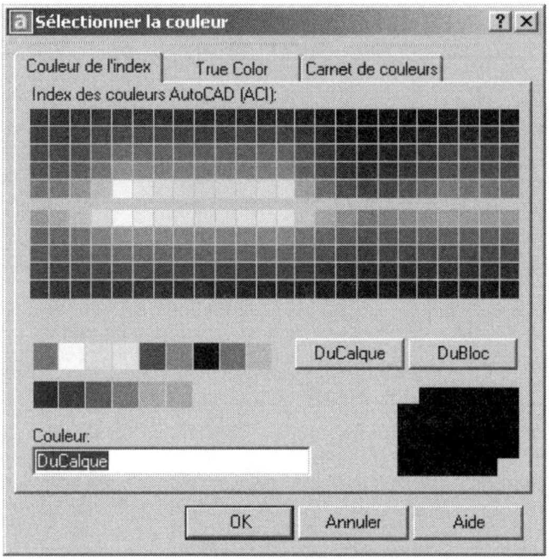

Fig.6.32

- **True Color** (True Color) : définit des paramètres de couleur à l'aide des couleurs True Color (24 bits), avec le modèle de couleurs Teinte, Luminosité, Saturation (TLS) ou avec le modèle Rouge, Vert, Bleu (RVB). La fonctionnalité True Color permet d'utiliser plus de 16 millions de couleurs (fig.6.33).
- **Carnet de couleurs** (Color Books) : définit des couleurs en utilisant des carnets de couleurs tiers (comme PANTONE ou RAL) ou des carnets définis par l'utilisateur. Quand on sélectionne un carnet de couleurs, l'onglet **Carnet de couleurs** affiche son nom (fig.6.34).

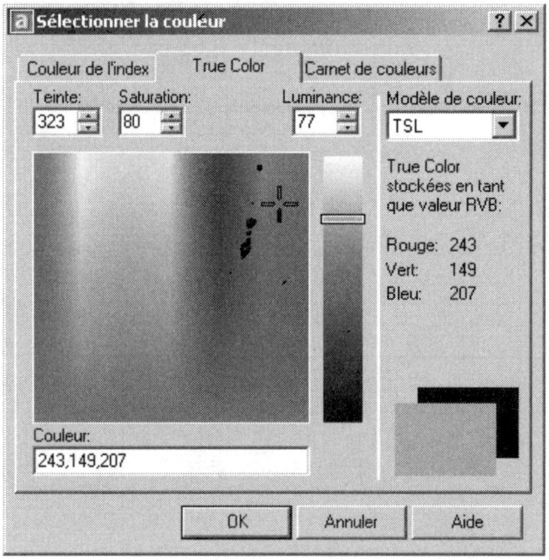

Fig.6.33

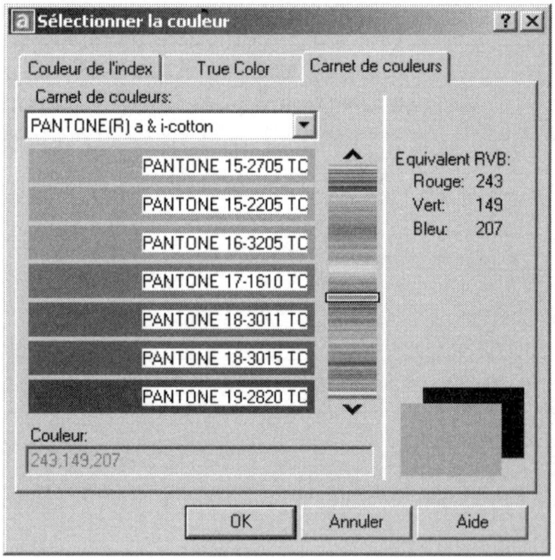

Fig.6.34

Définir le type de ligne des objets

AutoCAD offre la possibilité d'attribuer un type de ligne aux différents objets créés. Un type de ligne est une succession de motifs composés de tirets, de points et d'espaces. De même, un type de ligne complexe est une suite de combinaisons de symboles. Il est possible d'associer un type de ligne aux différents objets du dessin et aux calques (layers). Lorsque l'on attribue un type de ligne à un objet, celui-ci remplace le type de ligne associé au layer (calque) auquel l'objet appartient.

Pour pouvoir utiliser les différents types de ligne, il faut avant tout que le fichier qui les contient soit chargé en mémoire.

La procédure pour charger les types de ligne est la suivante :

1 Exécuter la commande de sélection de type de ligne à l'aide d'une des méthodes suivantes :

Ruban : choisir **Autre** (Other) dans la liste des types de ligne du groupe de fonctions **Propriétés**.

Icône : choisir la liste déroulante **Contrôle des Types de ligne** (Linetype Control) dans la barre d'outils **Propriétés objet** (Object Properties).

Clavier : taper la commande **TYPELIGNE** (Linetype).

2 Si les types de ligne n'ont pas encore été chargés en mémoire, il convient de le faire en cliquant sur le bouton Charger (Load) dans la boîte de dialogue **Gestionnaire des types de ligne** (Linetype Properties Manager). La boîte de dialogue **Charger ou recharger les types de ligne** (Load or Reload Linetypes) s'affiche à l'écran (fig.6.35).

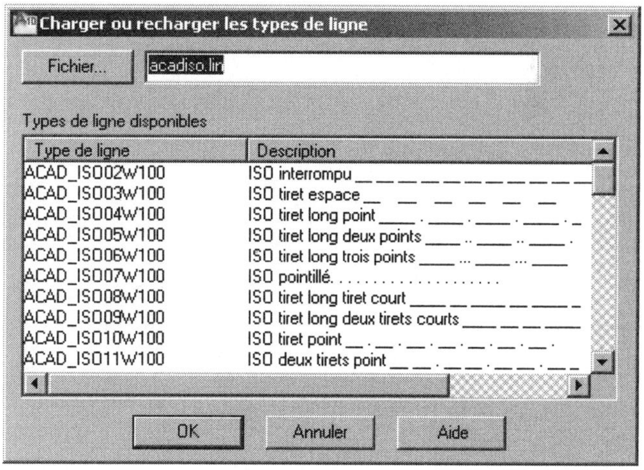

Fig.6.35

3 Sélectionner un ou plusieurs types de ligne dans la liste affichée ou cliquer sur **Fichier** (File) pour charger un autre fichier de bibliothèque de types de ligne. Deux bibliothèques sont fournies en standard avec AutoCAD : acad.lin et acadiso.lin.

Pour charger tous les types de ligne, il suffit de cliquer dans la fenêtre de sélection puis d'activer les touches Ctrl-A.

4 Cliquer sur **OK** après avoir sélectionné les types de ligne. AutoCAD les charge en mémoire. La liste disponible s'affiche dans la boîte de dialogue **Gestionnaire des types de ligne** (Linetype Properties Manager).

5. Cliquer sur le type de ligne souhaité. En choisissant **Ducalque** (Bylayer), l'objet prend le type de ligne défini dans le calque (layer). En choisissant un autre type de ligne, l'objet prend les caractéristiques du type de ligne sélectionné et ne tient plus compte de celui défini lors de la création du calque (layer).

6. Entrer l'échelle désirée dans le champ **Echelle de l'objet courant** (Linetype Scale) situé dans la zone **Détails** (Details). Plus l'échelle est réduite, plus les motifs sont nombreux par unité de dessin. L'échelle par défaut est 1.

7. Cliquer sur **OK** pour refermer la boîte de dialogue.

Modifier le type de ligne des objets

AutoCAD offre la possibilité de changer le type de ligne d'un objet, existant dans le dessin, de plusieurs manières :

- Par l'option **Propriétés** (Properties) du groupe de fonctions Palettes.
- Par l'option **Calque** (Layer) du groupe de fonctions Calques.
- Par la liste déroulante **Contrôle des types de ligne** (Linetype Control) du groupe de fonctions Propriétés.
- Par l'outil **Copier les propriétés** (Match Properties) du groupe de fonctions Presse-papiers (Clipboard).

La procédure pour modifier le type de ligne d'un objet par les propriétés est la suivante :

1. Exécuter la commande de modification de type de ligne à l'aide d'une des méthodes suivantes (fig.6.36) :

Ruban : choisir le type de ligne dans le groupe de fonctions **Propriétés** (Properties).

Icône : choisir l'icône **Propriétés** (Properties) dans la barre d'outils standard.

Clavier : taper la commande **PROPERTIES** (Propriétés).

2. Sélectionner le ou les objets à modifier par l'une des méthodes suivantes :
   - sélectionner un ou plusieurs objets dans le dessin ;

- sélectionner l'ensemble du dessin puis dans la liste déroulante de la boîte de dialogue **Propriétés** (Properties) sélectionner le type d'objets (ligne, cercle, etc.);
- cliquer sur l'icône **Sélection rapide** (Quick select) pour lancer la procédure de sélection rapide (voir point 9.3).

3 Cliquer sur le texte **Type de ligne** (Linetype), ce qui fait apparaître un bouton permettant l'affichage de la liste des types de ligne.

4 Sélectionner un type de ligne.

5 Refermer la boîte de dialogue **Propriétés** (Properties).

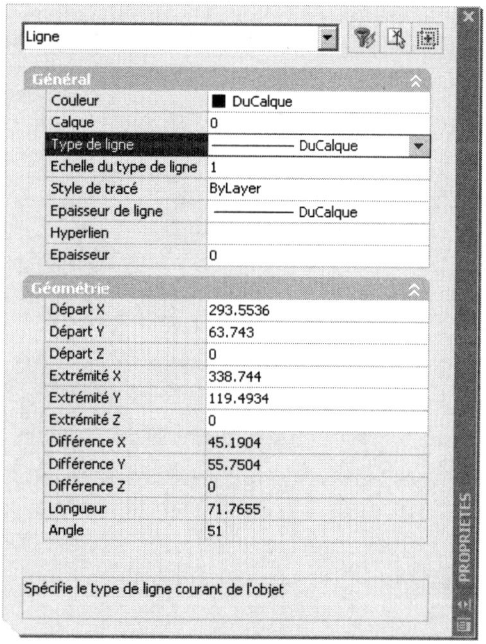

Fig.6.36

REMARQUE

Une autre méthode consiste à cliquer sur l'objet à modifier puis à sélectionner le type de ligne dans la liste déroulante **Contrôle des types de ligne** (Linetype Control) du groupe de fonctions Propriétés (fig.6.37).

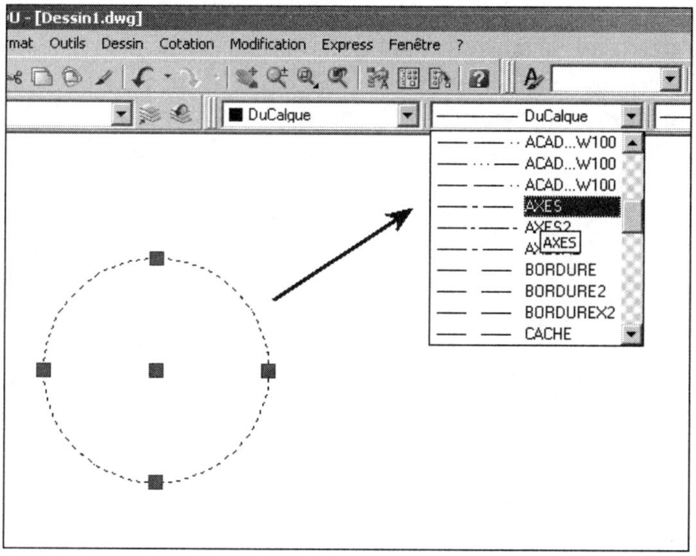

Fig.6.37

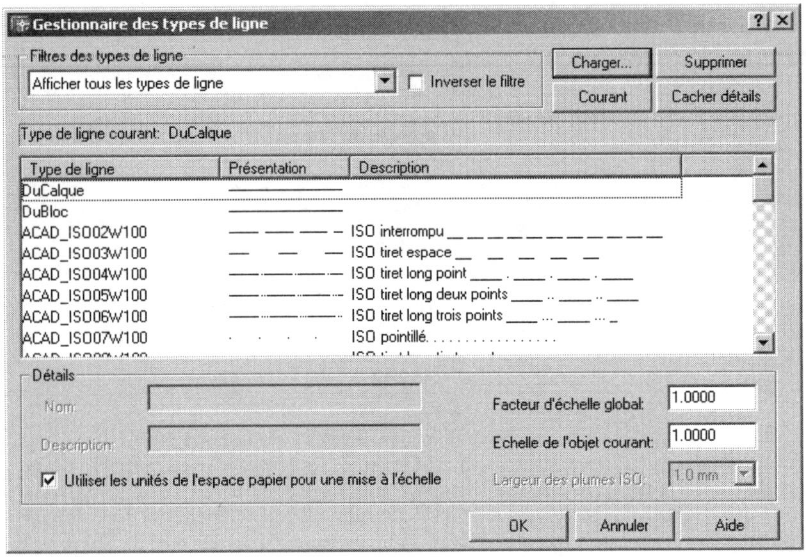

Fig.6.38

Pour modifier l'échelle des types de ligne deux méthodes sont possibles :

- **Pour l'ensemble des types de ligne** : modifier la valeur dans le champ **Facteur d'échelle global** (Global scale factor) de la boîte de dialogue **Gestionnaire des types de ligne** (Linetype Manager) (fig.6.38).
- **Pour une ou plusieurs lignes en particulier** : modifier la valeur dans le champ **Echelle du type de ligne** (Linetype scale) dans la boîte de dialogue **Propriétés** (Properties) (fig.6.39).

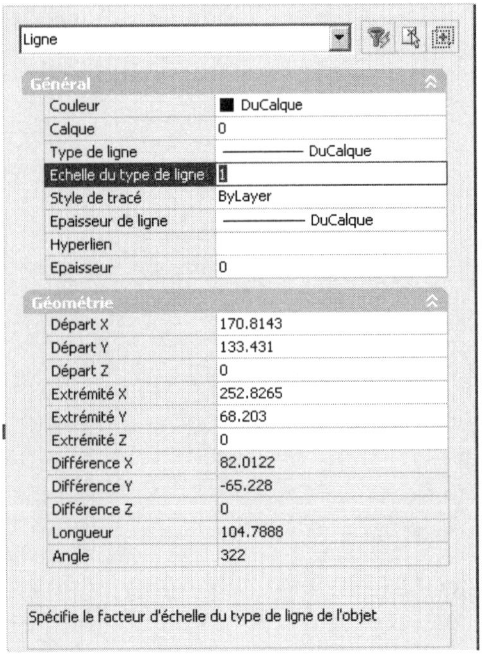

Fig.6.39

Définir et modifier l'épaisseur des traits

Outre la possibilité de définir une épaisseur de trait via les styles de tracé (voir chapitre 11), AutoCAD permet également de définir ponctuellement une épaisseur de trait et de la modifier. Pour définir une épaisseur de trait pour tous les nouveaux objet, il suffit de cliquer sur la liste **Contrôle de l'épaisseur de ligne** (Lineweight Control) située dans le groupe de fonctions **Propriétés des objets** (Objects properties). Il est ensuite possible de choisir une épaisseur spécifique ou de sélectionner **Ducalque** (Bylayer) afin de dessiner de nouveaux objets avec l'épaisseur affectée au calque courant.

AutoCAD offre également la possibilité de changer l'épaisseur d'un objet, existant dans le dessin, de plusieurs manières :

- Par l'option **Propriétés** (Properties) du groupe de fonctions Palettes.
- Par l'option **Calque** (Layer) du groupe de fonctions **Calques** (Layers).

- Par la liste déroulante **Contrôle de l'épaisseur de ligne** (Lineweight Control) du groupe de fonctions Propriétés.
- Par l'outil **Copier les propriétés** (Match Properties) du groupe de fonctions Presse-papiers (Clipboard) pour transférer les propriétés d'un objet vers un autre.

La procédure pour changer l'épaisseur de ligne d'un objet par les propriétés est la suivante :

1. Exécuter la commande de modification de couleur à l'aide d'une des méthodes suivantes (fig.6.40) :

Ruban : l'option **Propriétés** (Properties) du groupe de fonctions Palettes.

Icône : choisir l'icône **Propriétés** (Properties) dans la barre d'outils **Standard**.

Clavier : taper la commande **PROPRIETES** (Properties).

2. Sélectionner le ou les objets à modifier par l'une des méthodes suivantes :
   - sélectionner un ou plusieurs objets dans le dessin ;
   - sélectionner l'ensemble du dessin puis dans la liste déroulante de la boîte de dialogue **Propriétés** (Properties) sélectionner le type d'objets (ligne, cercle, etc.) ;
   - cliquer sur l'icône **Sélection rapide** (Quick select) pour lancer la procédure de sélection rapide.
3. Cliquer sur le champ **Epaisseur de ligne** (Color), qui fait apparaître une liste déroulante à droite sur la même ligne. Choisir une épaisseur dans la liste.
4. Cliquer sur **OK** pour refermer la dernière boîte de dialogue.

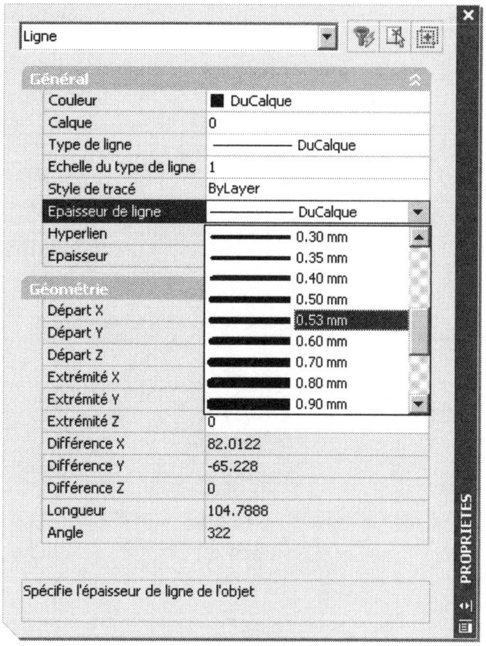

Fig.6.40

Remarques

Une autre méthode plus rapide consiste à cliquer sur l'objet dans le dessin puis à sélectionner une épaisseur dans la liste **Contrôle de l'épaisseur de ligne** (Lineweight Control) située dans le groupe de fonctions Propriétés.

Pour faire apparaître l'épaisseur de trait dans la fenêtre de dessin AutoCAD, il suffit de cliquer sur le bouton **EL** (LW) situé sur la barre d'état.

Contrôler la transparence des objets

Vous pouvez contrôler le niveau de transparence des objets et des calques pour améliorer les dessins ou pour réduire la visibilité de certaines zones à titre de référence uniquement. La transparence peut être définie sur DuCalque, DuBloc, ou avoir une valeur spécifique.

Pour des raisons de performance, le traçage de la transparence est désactivé par défaut. Pour tracer des objets transparents, il convient d'activer l'option **Transparence du tracé** dans la boîte de dialogue Tracer ou Mise en page.

Pour contrôler le niveau de transparence des objets, la procédure est la suivante :

[1] Sélectionner les objets dont vous souhaitez changer le niveau de transparence.

[2] Dans l'onglet Début et le groupe de fonctions Propriétés, glisser le curseur de transparence ou entrer une valeur comprise entre 0 et 90 dans la case Transparence (fig.6.41-6.42).

[3] Appuyer sur la touche Echap pour définir le niveau de transparence et effacer la sélection.

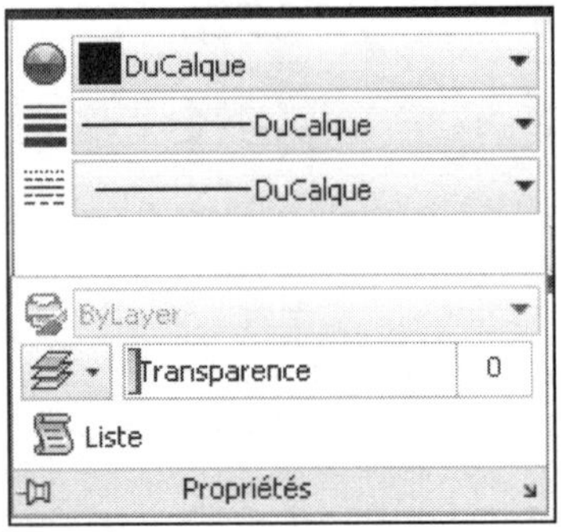

Fig.6.41

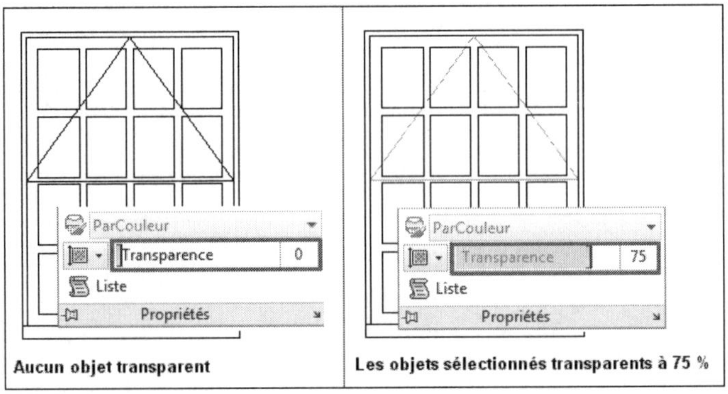

Fig.6.42

REMARQUE

Lorsque vous cliquez deux fois sur des hachures ou des remplissages, l'onglet contextuel du ruban Editeur de hachures s'affiche. Il contient aussi une commande de transparence pour ces objets.

Inverser la direction des lignes et des courbes

La fonction **Inverser** (Reverse) permet d'inverser la direction de lignes, polylignes, splines et hélices. Cette fonction est particulièrement utile pour contrôler l'affichage de types de lignes particulières (fig.6.43). En complément de cette nouvelle fonction, l'option **Inverser** (Reverse) de la commande PEDIT permet d'obtenir le même résultat.

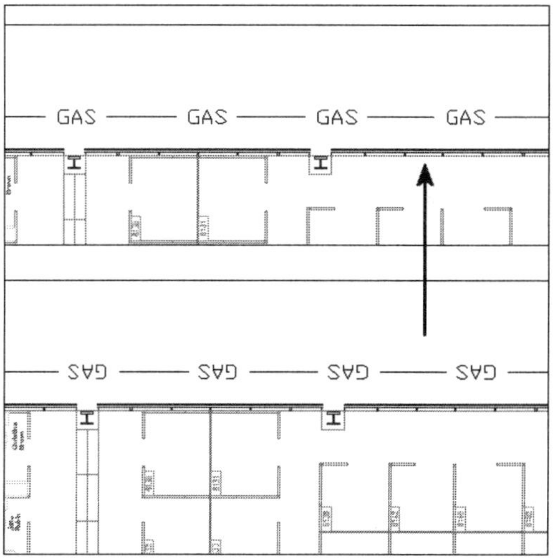

Fig.6.43

Récupérer des dessins endommagés

Il arrive que par suite d'une erreur de manipulation ou d'une défaillance du système, le fichier de dessin présente certaines anomalies qui peuvent entraîner l'impossibilité d'édition ou d'impression du dessin. Si, dans certains cas, il suffit d'ouvrir à nouveau le dessin pour le récupérer, dans d'autres par contre le fichier peut être endommagé et il est nécessaire d'utiliser d'autres procédures. A partir d'AutoCAD 2006, une procédure plus directe est également disponible. En effet, dans le cas d'une défaillance du programme ou du système, un gestionnaire de récupération du dessin s'ouvre automatiquement lors du prochain lancement d'AutoCAD.

La procédure pour récupérer un dessin à partir du Gestionnaire de récupération du dessin est la suivante :

En cas de défaillance du programme ou du système, le Gestionnaire de récupération du dessin s'ouvre automatiquement lors du prochain lancement d'AutoCAD (fig.6.44). Il affiche la liste de tous les fichiers de dessin qui étaient ouverts au moment où le problème est survenu.

Il convient ensuite de :

1. Cliquer deux fois sur un nœud de dessin pour afficher la liste de tous les dessins et fichiers de sauvegarde disponibles. Pour chaque dessin, il est possible de choisir parmi les types de fichiers suivants, s'ils existent :

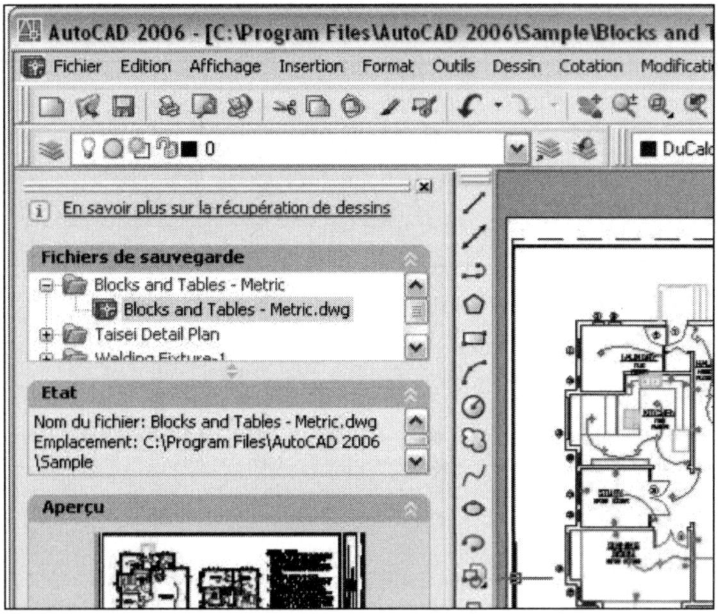

Fig.6.44

- Le fichier de dessin récupéré qui a été enregistré lors de l'échec du programme (DWG, DWS).
- Le fichier d'enregistrement automatique, également appelé fichier « autosave » (SV$).
- Le fichier de sauvegarde du dessin (BAK).
- Le fichier de dessin original (DWG, DWS).

[2] Cliquer deux fois sur un fichier pour l'ouvrir. Si le fichier dessin est endommagé, le dessin est automatiquement réparé, si possible.

[3] Si la fenêtre **Récupération de dessin** est refermée avant d'avoir traité tous les dessins concernés, il est possible de l'ouvrir ultérieurement à l'aide de la commande **RECUPDESSIN** (Drawingrecovery) ou via le menu d'applications (A) en cliquant sur **Utilitaires de dessin** (Drawing Utilities) puis sur **Ouvrir le gestionnaire de récupération du dessin** (open drawing Recovery Manager).

La procédure pour vérifier l'intégrité des fichiers est la suivante :

Il est possible de vérifier l'intégrité d'un fichier grâce à un contrôle de diagnostic.

La procédure est la suivante :

[1] Exécuter la commande de contrôle à l'aide d'une des méthodes suivantes :

Ruban : choisir le menu d'applications (A) puis l'option **Utilitaires de dessin** (Drawing Utilities) et enfin **Contrôler** (Audit).

Clavier : taper la commande **CONTRÔLE** (Audit).

[2] Entrer « O » (Y) ou « N » (N) au message Corriger les erreurs détectées ? (Fix any errors detected ?). Une réponse positive permettra l'examen du fichier. Si le fichier contient des erreurs, un diagnostic est affiché avec détermination du nombre d'erreurs trouvées et corrigées. Toutes les erreurs ne peuvent cependant pas être corrigées par cette commande. Il est conseillé d'utiliser la commande **RECUPERER** (Recover) pour tenter de corriger le dessin.

Dans le cas où il n'est pas possible de récupérer correctement un fichier par les deux méthodes précédentes, AutoCAD dispose encore d'une commande (Récupérer/Recover) permettant l'analyse et la correction automatique des données d'un dessin endommagé.

La procédure pour corriger un fichier de dessin endommagé est la suivante :

[1] Exécuter la commande de récupération à l'aide d'une des méthodes suivantes :

Ruban : choisir le menu d'applications (A) puis l'option **Utilitaires de dessin** (Drawing Utilities) et enfin **Récupérer** (Recover).

Clavier : taper la commande **RECUPERER** (Recover).

[2] Dans la boîte de dialogue **Sélectionner un fichier** (Select file), sélectionner le fichier à corriger et cliquer sur **Ouvrir** (Open).

[3] AutoCAD analyse le fichier et corrige les erreurs éventuelles. Une fois le dessin récupéré, il s'affiche à l'écran.

La procédure pour récupérer un dessin à partir de la copie de sauvegarde est la suivante :

A chaque sauvegarde du dessin en cours de réalisation, AutoCAD crée une copie de sauvegarde. Il s'agit d'un fichier portant le même nom que le dessin mais avec une extension .bak. En cas de sortie anormale du programme, AutoCAD essaie de renommer ce fichier de sauvegarde pour qu'il ne soit pas remplacé par le fichier altéré. Il lui attribue alors l'extension .bk1 (à la place de .bak).

Pour récupérer un dessin en cas de défaillance du système, il convient donc de copier le fichier xxx.bak dans un autre fichier yyy.dwg et puis d'ouvrir ce dernier dans AutoCAD.

Epurer le dessin par suppression des doublons

La fonction Epurer permet de supprimer les lignes, arcs et polylignes en double ou se chevauchant. Elle combine également ceux qui se chevauchent partiellement ou sont contigus. En général, les actions suivantes sont opérées.

- Les copies d'objets en double sont supprimées.
- Les arcs dessinés sur des parties des cercles sont supprimés.
- Les lignes en chevauchement partiel qui sont dessinées à un même angle sont combinées en une seule ligne.
- Les segments de ligne ou d'arc en double chevauchant des segments polylignes sont supprimés.

La procédure est la suivante :

[1] Exécuter la fonction de suppression de doublons à l'aide de l'une des méthodes suivantes :

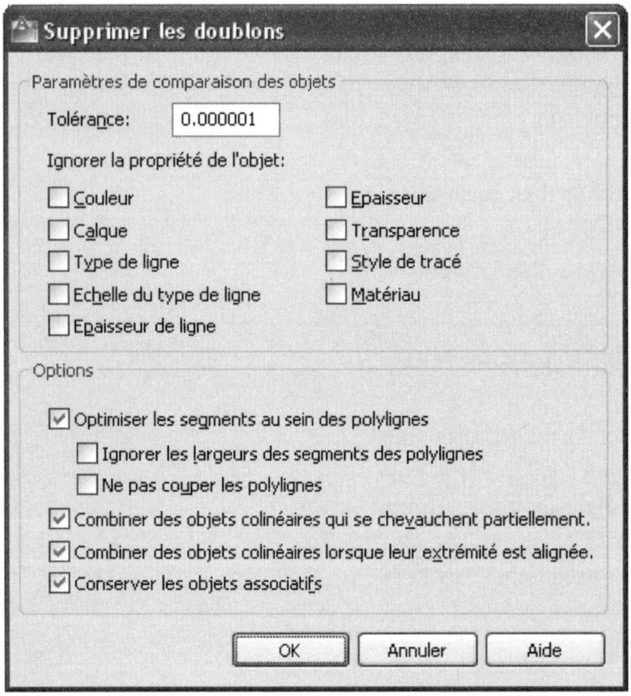

Fig.6.45

Ruban : choisir l'onglet **Début** (Home), puis le groupe de fonctions **Modification** (Modify) et ensuite l'option **Supprimer les doublons** (Delete duplicate objects).

Icône : choisir l'icône **Supprimer les doublons** (Delete duplicate objects) dans la barre d'outils Modification II.

Clavier : taper la commande **Epurer** (Overkill).

[2] Sélectionner la partie du dessin à épurer ou entrer l'option **Tout** (All) pour sélectionner l'ensemble du dessin.

[3] Appuyer sur **Entrée** (Enter).

[4] La boîte de dialogue **Supprimer les doublons** (Delete duplicate objects) s'affiche à l'écran. Elle permet de paramétrer la suppression des doublons. Les options sont les suivantes (fig.6.45).

- **Tolérance** (Tolerance) : détermine la précision avec laquelle la commande EPURER effectue des comparaisons numériques. Si cette valeur est égale à 0, les deux objets comparés doivent correspondre avant que la commande EPURER modifie ou supprime l'un d'eux.
  - **Ignorer la propriété de l'objet** (Ignore object property) : permet de définir les propriétés d'objet qui ne sont pas prises en compte lors de la comparaison. Il s'agit de :
    - **Couleur** (Color) : la couleur des objets est ignorée.
    - **Calque** (Layer) : les calques des objets sont ignorés.
    - **Type de ligne** (Linetype) : les types de ligne des objets sont ignorés.
    - **Echelle du type de ligne** (Linetype scale) : l'échelle de type de ligne des objets est ignorée.
    - **Epaisseur de ligne** (Lineweight) : l'épaisseur de ligne des objets est ignorée.
    - **Epaisseur** (Thickness) : l'épaisseur des objets est ignorée.
    - **Transparence** (Transparency) : la transparence des objets est ignorée.
    - **Style de tracé** (Plot style) : le style de tracé des objets est ignoré.
- **Matériau** (Material) : le matériau des objets est ignoré.
- **Options** : comprend des paramètres qui permettent de contrôler la façon dont la commande EPURER traite les lignes, arcs et polylignes. Il s'agit de :
  - **Optimiser les segments au sein des polylignes** (Optimize segments within polylines) : lorsque cette option est sélectionnée, les segments de ligne et d'arc au sein de polylignes sélectionnées sont examinés. Les sommets et segments en double sont supprimés. En outre, la commande EPURER compare les segments de polyligne individuels avec des segments de ligne et d'arc complètement distincts. Si un segment de polyligne duplique une ligne ou un arc, l'un d'entre eux est supprimé. Si cette option n'est pas sélectionnée, les polylignes sont comparées comme des objets discrets et deux options secondaires ne sont pas sélectionnables.
  - **Ignorer les largeurs des segments des polylignes** (Ignore polyline segment widths) : ne tient pas compte de la largeur des segments de polyligne lors de leur optimisation.

- **Ne pas couper les polylignes** (Do not break polylines) : les objets polylignes sont inchangés.
- **Combiner les objets colinéaires qui se chevauchent partiellement** (Combine co-linear objects that partially overlap) : les objets qui se chevauchent sont combinés en un seul objet.
- **Combiner des objets colinéaires lorsque leur extrémité est alignée** (Combine co-linear objects when aligned end to end) : les objets possédant des extrémités communes sont combinés en un seul objet.
- **Conserver les objets associatifs** (Maintain associative objects) : les objets associatifs ne sont pas supprimés ni modifiés.

CHAPITRE 7

CRÉER DES SYMBOLES

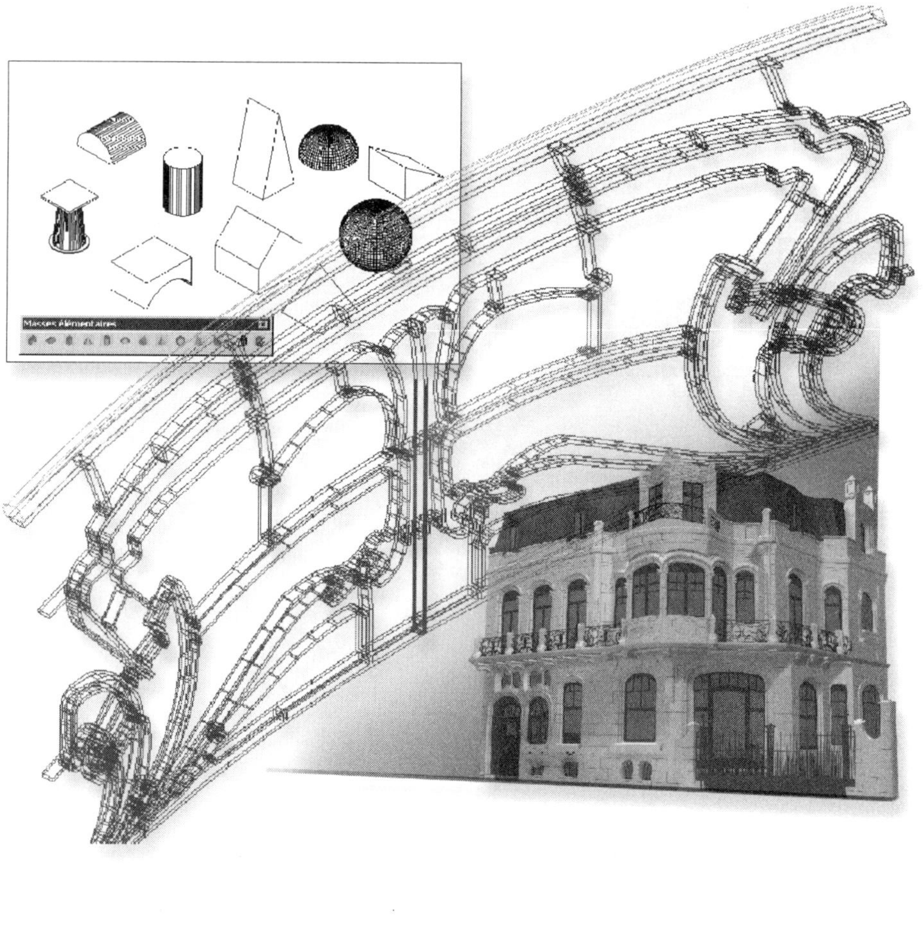

Le concept de Bloc (Block)

La notion de bloc

Un bloc (ou symbole dans le langage courant) est un ensemble d'entités (lignes, cercles, arcs, etc.) regroupées en un objet complexe et identifié par un nom spécifique. Tous les éléments du bloc sont traités comme un objet unique.

Le bloc permet ainsi de concevoir des symboles électriques, de tuyauterie, de mobilier... qu'il conviendra ensuite d'insérer dans le dessin en les appelant par leur nom (fig.7.1).

A chaque insertion d'un bloc, il est possible de modifier l'échelle originale et l'angle de rotation.

En fonction du type d'application, il est possible d'envisager les sortes de blocs suivants :

- **Blocs du plan** (ou blocs internes) : il s'agit de blocs qui sont sauvés uniquement dans le dessin en cours, et donc utilisables dans ce seul dessin ou via le DesignCenter.
- **Blocs sur disque** (ou blocs externes) : il s'agit de blocs sauvés comme objets séparés sur disque et qui sont disponibles pour tous les dessins d'AutoCAD.

Fig.7.1

L'imbrication de blocs

Les références de bloc qui renferment d'autres blocs sont appelées blocs imbriqués. L'utilisation de blocs à l'intérieur d'autres blocs peut simplifier l'organisation d'une définition de bloc complexe.

Fig.7.2

Fig.7.3

Les blocs imbriqués sont utiles pour construire un bloc unique à partir de différents composants. A titre d'exemple, un assemblage de type mobilier peut comporter des chaises et une table, table qui à son tour peut être composée de quatre pieds et d'une tablette. La seule restriction à laquelle les blocs imbriqués sont assujettis est qu'il n'est pas possible d'insérer des blocs qui se référencent eux-mêmes.

La structure des blocs imbriqués peut être comparée à une famille avec un parent et des enfants. Chaque enfant à ses propres caractéristiques de couleur, type de ligne, calque... Il en est de même du parent. Ainsi, si chaque enfant a par exemple été créé sur un calque spécifique, il est possible de geler le calque d'un enfant en particulier afin de le rendre invisible. Les autres enfants seront quant à eux toujours visibles.

En revanche, si le parent est inséré sur son propre calque et que ce dernier est ensuite gelé, tous les enfants seront aussi gelés (donc invisibles) même si leurs calques respectifs sont dégelés. L'exemple de la figure 7.2 illustre un ensemble « table-chaise ». Ce bloc (le parent) est composé de 8 blocs « chaise » (calque chaise) et d'un bloc « table » (calque table). Le bloc parent est situé sur le calque « mobilier ». Si l'on éteint le calque « table », seule la composante « table » du bloc disparaît (fig.7.3). Si l'on éteint le calque « mobilier », l'ensemble disparaît (fig.7.4).

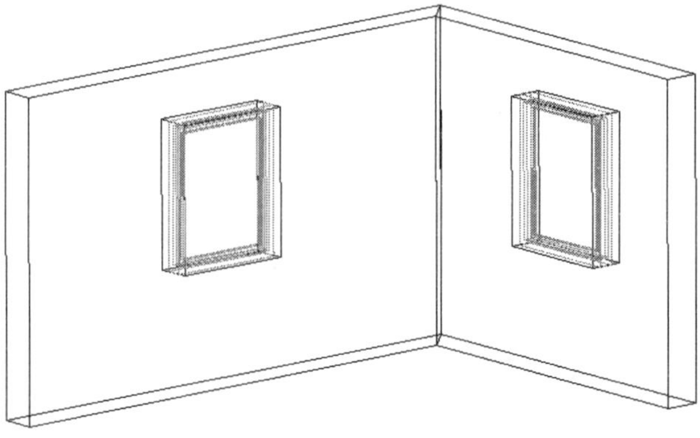

Fig.7.4

Combinaison 2D-3D

L'usage des calques permet également la combinaison des vues 2D et 3D d'un bloc, ce qui peut être utile pour la production des plans. En effet, un grand nombre d'objets ont une représentation différente en plan et en 3D. C'est le cas du bloc porte par exemple (fig.7.5) ou du bloc chaise décrit précédemment (fig.7.6). Il est ainsi possible d'organiser chaque bloc avec des calques 2D et des calques 3D. Il suffit, en fonction des vues, de geler (éteindre) les calques non désirés. Cela peut se faire de façon très simple grâce aux fonctions d'enregistrement et de restauration d'états du **Gestionnaire des états de calques** (Layer Properties Manager) (fig.7.7 et 7.8).

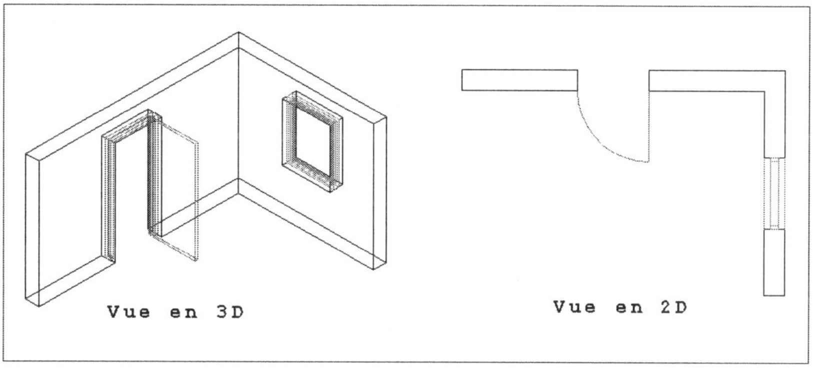

Fig.7.5

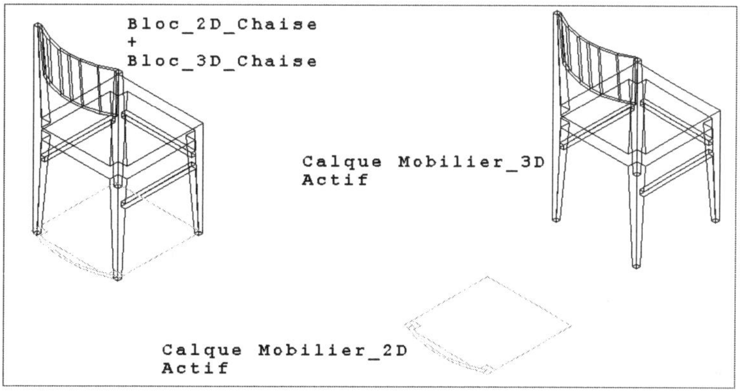

Fig.7.6

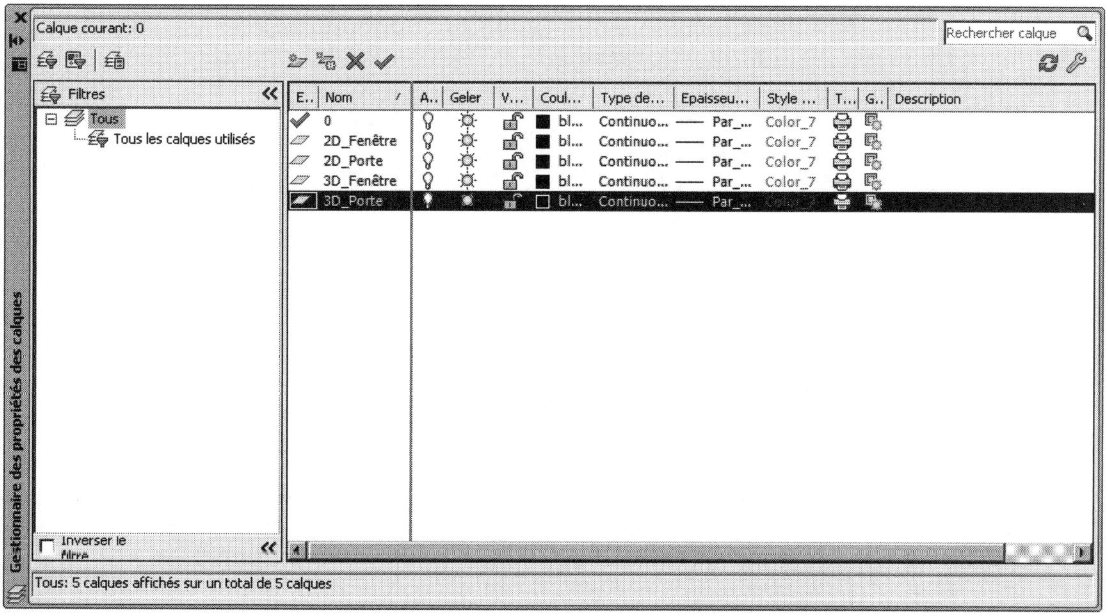

Fig.7.7

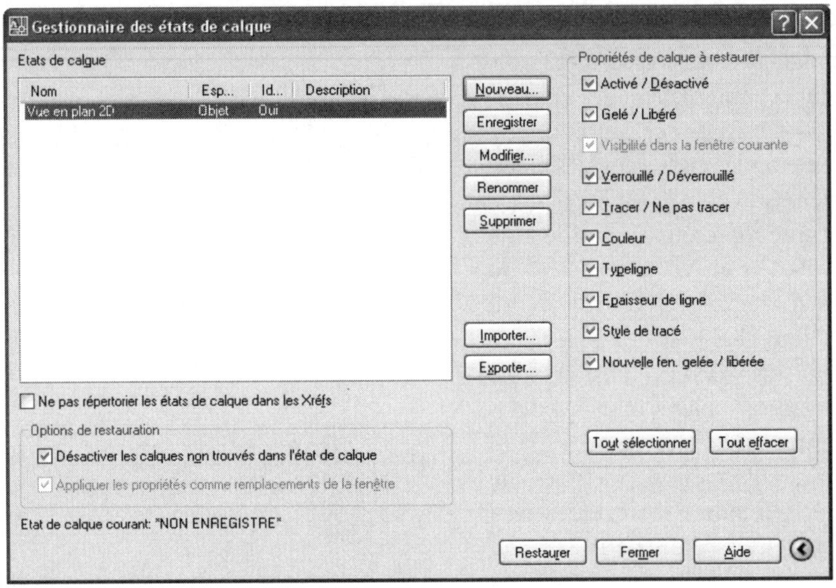

Fig.7.8

La création de bibliothèques de blocs

Les blocs peuvent être utilisés pour construire des bibliothèques de symboles. Ainsi dans le cas de l'architecture, par exemple, on peut créer une bibliothèque électrique, de plomberie, sanitaire, de mobilier, etc. (fig.7.9).

Dans le cas de wbloc, pour ne pas mélanger, sur disque, l'ensemble des symboles constituant ces bibliothèques il est conseillé de les regrouper dans des sous-répertoires différents :

c :\R2010\bib\elec

c :\R2010\bib\plom

c :\R2010\bib\san

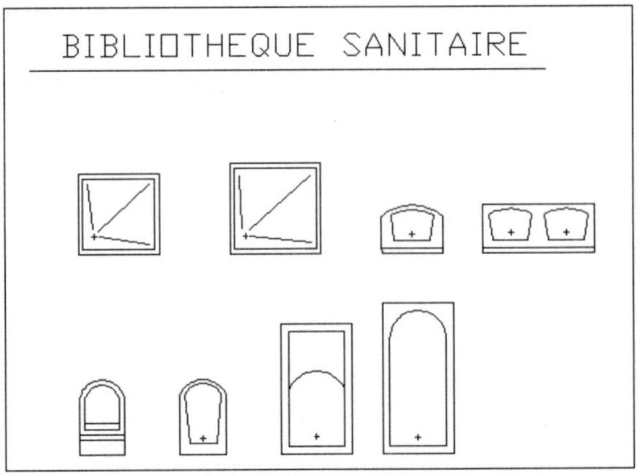

Fig.7.9

Une autre méthode consiste à les insérer par catégories dans des fichiers AutoCAD séparés (elec.dwg, plomberie.dwg, etc.) qui peuvent être affichés ensuite dans le DesignCenter. Il suffira après de glisser simplement le symbole sélectionné de la zone d'affichage du DesignCenter vers le dessin AutoCAD (fig.7.10). Pour une plus grande facilité d'utilisation il est aussi possible de créer, à partir du DesignCenter, une palette d'outils avec le contenu d'un fichier de symboles.

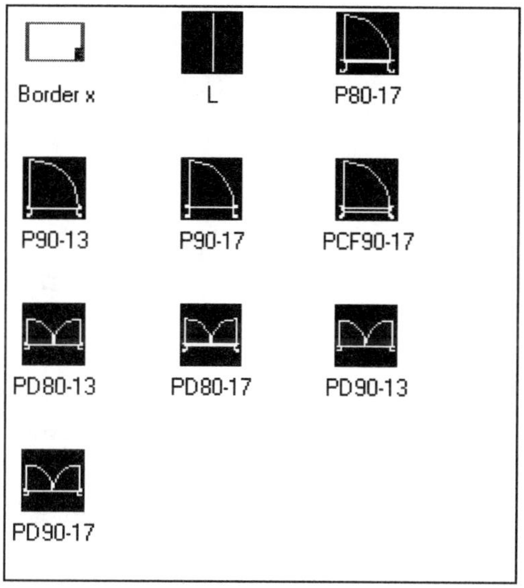

Fig.7.10

Les caractéristiques des blocs

Chaque bloc peut être constitué d'entités ayant chacune des propriétés différentes de couleur, de type de ligne et de calque. Selon la valeur de ces propriétés – Spécifique, DuCalque (Bylayer) ou DuBloc (Byblock) –, chaque bloc gardera ou non ces propriétés lors de son insertion dans le dessin en cours (voir plus loin dans le texte).

L'utilisation des blocs dans d'autres fonctions

Les blocs ne servent pas uniquement pour la création de symboles, ils peuvent également servir à d'autres fins, comme :

- dans la commande **Mesurer** (Measure) : personnaliser le marqueur de division ;
- dans la commande **Diviser** (Divide) : personnaliser le marqueur de division ;
- dans la commande **Cotation** (Dimension) : personnaliser les terminaisons des cotes ;
- dans la commande **Superhach** (Superhatch) : motif pour la création de hachures personnalisées (Express Tools).

La création d'un bloc

Un bloc est donc un ensemble d'entités regroupées en un seul objet et caractérisé par un nom qui lui est propre. Il peut être sauvegardé uniquement dans le dessin en cours ou séparément sur disque. Dans ce dernier cas, il est possible d'insérer le bloc dans n'importe quel dessin. Avant de créer un bloc, il convient de le dessiner avant tout à l'écran comme un dessin normal.

La procédure pour créer un bloc et l'associer au dessin courant est la suivante :

1. Dessiner le bloc, par exemple une chaise (fig.7.11).
2. Exécuter la commande de création de bloc à l'aide de l'une des méthodes suivantes :

Ruban : choisir l'onglet **Insertion** (Insert) puis le groupe de fonctions **Définition de Bloc** (Block Definition) et enfin la commande **Créer** (Make).

Icône : choisir l'icône **Créer Bloc** (Make Block) de la barre d'outils **Dessiner** (Draw).

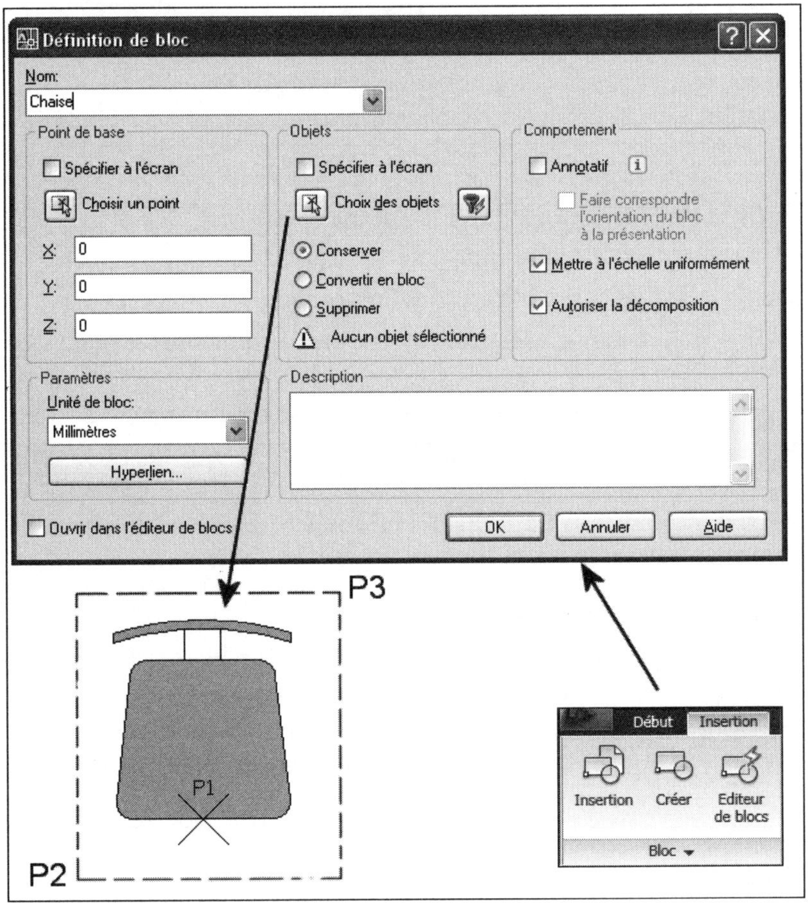

Fig.7.11

Clavier : taper la commande **BLOC** (Block).

[3] La boîte de dialogue **Définition de bloc** (Block Definition) s'affiche à l'écran.

Entrer le nom du Bloc (par exemple Chaise) dans le champ **Nom** (Name).

[4] Cliquer sur **Choisir un point** (Select Point) pour désigner le point d'insertion à l'écran P1. Il s'agit du point par lequel le Bloc « Chaise » sera inséré par la suite dans le dessin.

[5] Cliquer sur **Choix des objets** (Select Object) pour sélectionner les objets qui constitueront le bloc. Par exemple, par l'option Fenêtre (Window) : points P2, P3. AutoCAD les transfère en mémoire vive dans la table des symboles. Les objets sélectionnés disparaissent ou non de l'écran graphique en fonction des options suivantes :

- **Conserver** (Retain) : conserve les objets sélectionnés (en tant qu'objets distincts) dans le dessin, une fois le bloc créé.
- **Convertir en bloc** (Convert to block) : convertit les objets sélectionnés en occurrence de bloc dans le dessin, une fois le bloc créé.
- **Supprimer** (Delete) : supprime les objets sélectionnés du dessin, une fois le bloc créé.

Quelle que soit l'option sélectionnée le bloc est créé en mémoire.

[6] Dans le champ **Unités de bloc** (Block unit) sélectionner l'unité utilisée pour la création du bloc. Si le bloc a été dessiné en centimètre, il faut sélectionner Centimètres. Ce paramètre est important pour permettre une adaptation automatique de l'échelle du bloc dans le cas d'une insertion dans un plan à échelle différente.

[7] Activer ou non le champ **Annotatif** (Annotative) pour adapter automatiquement le bloc à l'échelle du dessin (voir chapitre 13).

[8] Activer ou non le champ **Mettre à l'échelle uniformément** (Scale uniformly) pour spécifier si la référence de bloc peut, ou non, être mise à l'échelle non uniformément lors d'une insertion. Ce champ n'est pas actif si **Annotatif** a été sélectionné.

[9] Activer ou non le champ **Autoriser la décomposition** (Allow exploding) pour spécifier si la référence de bloc peut, ou non, être décomposée lors de l'insertion.

[10] Cliquer sur **OK**. Le bloc « Chaise » est créé.

La procédure pour créer un bloc dans un fichier de dessin séparé est la suivante :

1. Dessiner le bloc, par exemple une chaise.
2. Sur la ligne de commande, entrer **WBLOC**, ou sélectionner l'option Créer un fichier bloc dans le groupe Définition de bloc, de l'onglet Insertion.
3. Dans la boîte de dialogue **Créer un fichier bloc** (Write Block), désigner l'élément à enregistrer dans un fichier sous la forme d'un Wbloc. Par exemple, Objets (Objects) s'il s'agit d'un nouvel objet (fig.7.12). Un Wbloc peut être créé à partir des entités suivantes :
   - **Bloc** (Block) : pour enregistrer un bloc interne, existant déjà dans le dessin, sous la forme d'un Wbloc. Cette méthode permet de convertir les blocs internes en blocs externes.
   - **Dessin entier** (Entire drawing) : pour enregistrer le dessin courant en tant que Wbloc. Le fichier enregistré est nettoyé de tous les éléments non utilisés (bloc, calque...). C'est une bonne méthode pour purger un dessin.
   - **Objets** (Object) : pour enregistrer un objet (autre qu'un bloc) du dessin (exemple, une chaise) en tant que Wbloc.

Fig.7.12

4 Sous **Point de base** (Base point), cliquer sur le bouton **Choisir un point** (Pick point) pour définir le point de base.

5 Sous **Objets** (Objects), cliquer sur le bouton **Choix des objets** (Select objects) pour sélectionner l'objet à enregistrer dans un fichier bloc.

6 Sélectionner le type de traitement souhaité pour les objets ayant servi à créer le Wbloc :

- **Conserver** (Retain)
- **Convertir en bloc** (Convert to block)
- **Supprimer** du dessin (Delete).

7 Entrer le nom du nouveau fichier, par exemple CHAISE.

8 Sélectionner l'emplacement sur le disque dur.

9 Définir les unités d'insertion pour le Wbloc.

Conseil

La fonction **Wbloc(k)** permet également de sauvegarder séparément sur le disque un calque particulier. Il suffit pour cela de geler tous les calques sauf celui à sauvegarder, d'exécuter la commande **Wbloc(k)** et finalement de sélectionner le contenu du calque.

Définir l'unité d'insertion des blocs

Avant d'insérer un bloc dans un dessin, il est important de définir l'unité du dessin courant pour l'insertion des blocs. Cela est nécessaire quelle que soit la méthode d'insertion utilisée.

La procédure est la suivante (fig.7.13) :

1 Dans le menu **Applications** (A), sélectionner l'option **Utilitaires de dessin** (Drawing utilities) puis cliquer sur **Unités** (Units) ou entrer la commande **UNITES** (Units) au clavier.

2 Dans la section **Echelle d'insertion** (Insertion scale), sélectionner l'unité du dessin courant. Par exemple : Mètres.

3 Cliquer sur **OK** pour confirmer.

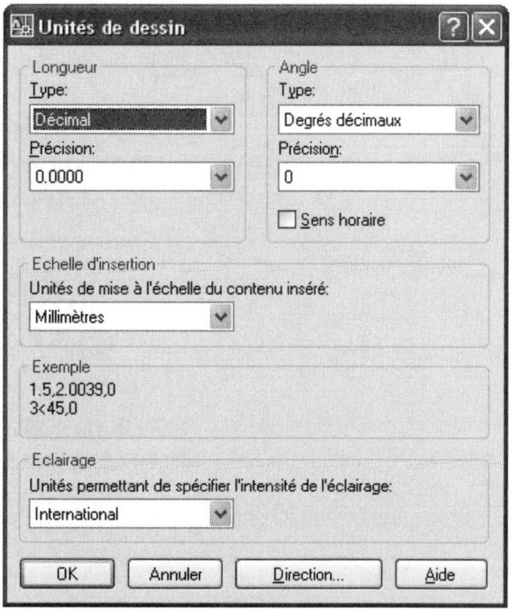

Fig.7.13

REMARQUE

Si le bloc doit apparaître de façon identique quelle que soit l'unité ou l'échelle du dessin il faut le définir comme annotatif (voir chapitre 13).

Insérer un bloc ou un Wbloc dans un dessin

Tout Bloc créé dans le dessin en cours ou sauvegardé en Wbloc sur le disque peut être inséré n'importe où dans le dessin avec un facteur d'échelle différent et un angle de rotation déterminé. Ainsi, une fois le bloc appelé, il faut spécifier le point d'insertion, les facteurs d'échelle et l'angle de rotation du Bloc.

La procédure pour insérer un bloc dans le dessin est la suivante :

1. Exécuter la commande d'insertion de bloc à l'aide d'une des méthodes suivantes (fig.7.14) :

Ruban : choisir l'onglet **INSERTION** (Insert) puis le groupe de fonctions **Bloc** (Block) et puis **Insertion** (Insert).

Icône : choisir l'icône **Insérer Bloc** (Insert Block) de la barre d'outils **Dessiner** (Draw).

Clavier : taper la commande **INSERER** (Insert).

2. Dans la boîte de dialogue **Insérer** (Insert), sélectionner le bloc interne dans la liste **Nom** (Name) ou cliquer sur **Parcourir** (Browse) pour spécifier l'emplacement d'un Wbloc. Par exemple le bloc CHAISE.
3. Pour spécifier à l'écran les caractéristiques d'insertion du bloc (Point d'insertion, Echelle, Rotation) activer le champ **Spécifier à l'écran** (Specify on Screen). Dans le cas contraire, il faut spécifier les paramètres dans la boîte de dialogue.
4. Appuyer ensuite sur **OK**.
5. Indiquer à l'écran le point d'insertion P1 et spécifier l'échelle (appuyer sur Entrée pour accepter les valeurs par défaut) et l'angle de rotation.

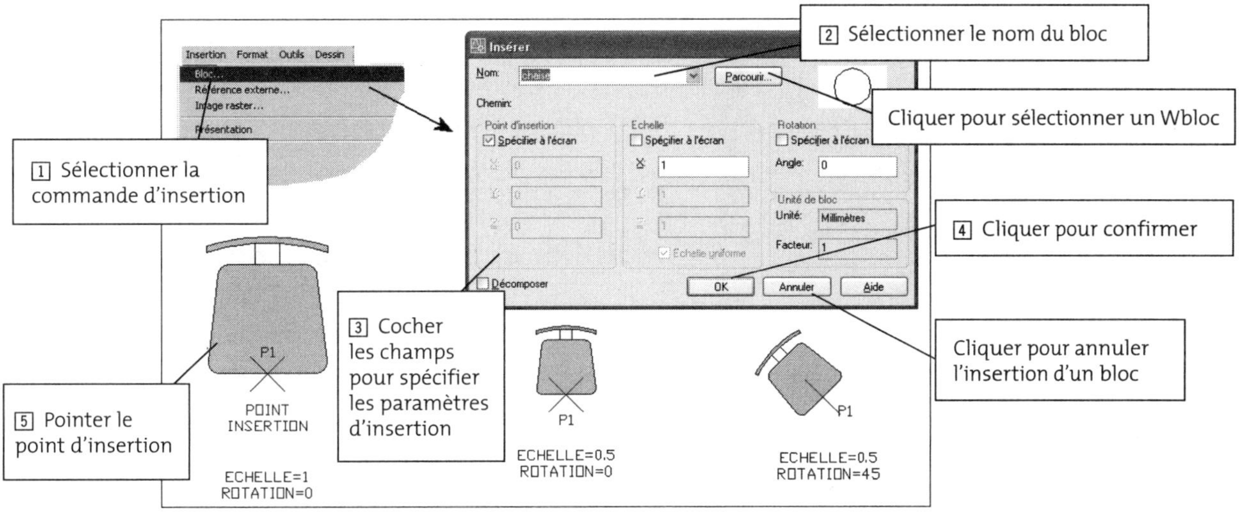

Fig.7.14

Remarques

Il est également possible d'insérer des blocs à partir du DesignCenter et de la palette d'outils qui sont disponibles via l'onglet Vue (View) et le groupe de fonctions Palettes.

Dans le cas de l'insertion d'un bloc annotatif, la boîte de dialogue Sélectionner l'échelle d'annotation s'affiche à l'écran (voir chapitre 13).

Insérer un bloc à partir de la palette d'outils

La palette d'outils est une interface très pratique pour pouvoir insérer des blocs internes dans le dessin en cours et dans d'autres dessins. Pour pouvoir l'utiliser de manière efficace, il est souhaitable de créer d'abord une nouvelle palette afin de ne pas mélanger les blocs avec d'autres entités.

La procédure est la suivante :

1 Sauver le dessin en cours contenant les blocs.

2 Effectuer un clic droit sur la barre verticale bleue de la palette et sélectionner l'option **Nouvelle palette** (New palette) (fig.7.15).

3 Entrer un nom. Par exemple : Blocs Mobilier.

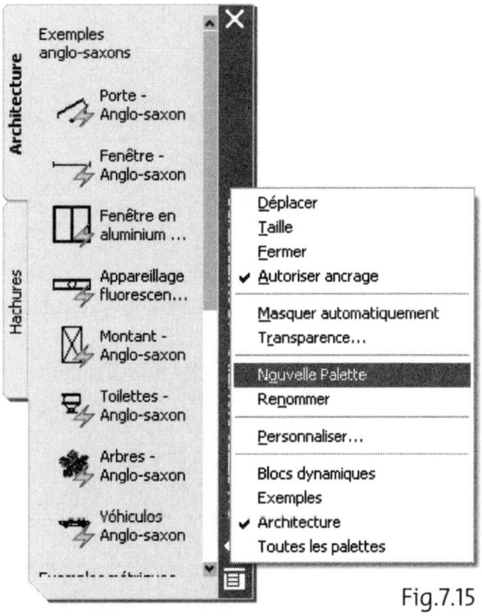

Fig.7.15

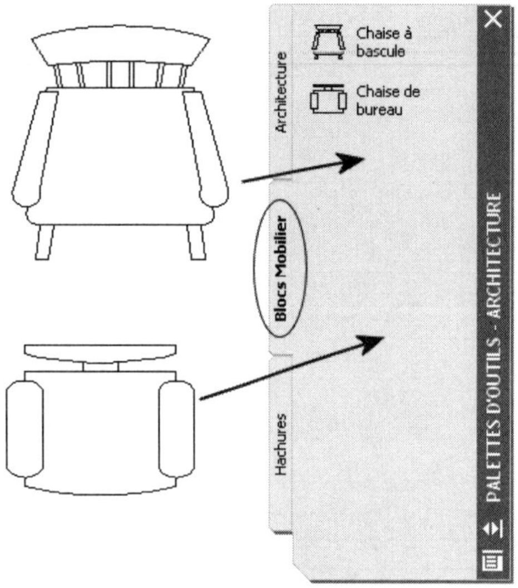

Fig.7.16

4 Sélectionner le bloc à insérer dans la palette.

5 Glisser et déposer le bloc dans la palette (fig.7.16).

6 Le bloc peut à présent être inséré dans n'importe quel dessin. Il suffit de cliquer sur le symbole puis de pointer sa position dans le dessin.

Modifier et mettre à jour des blocs

Il arrive que le dessin d'un bloc (ou Wbloc) soit modifié et qu'il faille mettre à jour les dessins dans lesquels ce bloc est inséré. En fonction du type de bloc, les options suivantes sont disponibles :

- **Bloc interne :** la modification et la mise à jour doivent se faire dans le dessin courant.
- **Wbloc :** la modification peut se faire dans le fichier source du Wbloc ou dans le dessin courant où le Wbloc est inséré.

La procédure pour modifier et mettre à jour un bloc ou un Wbloc à l'intérieur du dessin courant est la suivante :

1 Sélectionner le bloc ou le wbloc et effectuer un clic droit.

2 Dans le menu contextuel qui s'affiche, sélectionner l'option **Editer le bloc dans le dessin même** (Edit Bloc In-place). La boîte de dialogue **Edition des références** (Reference Edit) s'affiche à l'écran (fig.7.17).

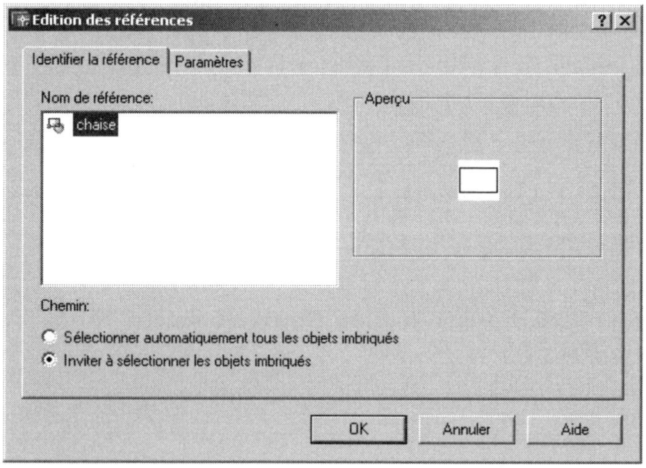

Fig.7.17

3 En fonction du champ coché au bas de la boîte de dialogue (Sélectionner automatiquement ou Inviter à sélectionner) sélectionner ou non les éléments du bloc à modifier et appuyer sur Entrée ou **OK**. La barre d'outils **Editref** (Refedit) s'affiche. Le contenu du bloc devient accessible.

4 Effectuer les modifications.

5 Cliquer sur l'icône **Enregistrer** (Save) pour enregistrer les modifications dans la définition du bloc. Toutes les occurrences du bloc modifié se mettent à jour.

Le groupe de fonctions Editer les références (Edit Reference) comprend les options suivantes :

- **Enregistrer les modifications** (Save Changes) : pour enregistrer les modifications apportées au bloc.
- **Ignorer les modifications (Discard Changes)** : pour ignorer les modifications apportées au bloc.
- **Ajouter au jeu de sélection (Add to Working)** : pour ajouter des éléments au bloc.
- **Supprimer du jeu de sélection (Remove from Working Set)** : pour ôter des éléments du bloc.

REMARQUE

Une autre méthode consiste à utiliser l'éditeur de bloc. Il suffit pour cela d'effectuer un clic droit sur le bloc et de choisir **Editeur de bloc** (Block Editor). Une fois les modifications apportées, il faut cliquer sur Enregistrer le bloc (Save Block), puis sur Fermer l'éditeur de blocs (Close Block Editor) pour revenir au dessin (fig.7.18).

La procédure pour modifier le fichier source d'un Wbloc est la suivante :

1 Ouvrir le fichier du Wbloc par la commande **Ouvrir** (Open) du menu **Application** (A).

2 Modifier le contenu du dessin en ne changeant pas l'origine du fichier.

3 Sauvegarder le dessin du Wbloc par la commande **Enregistrer** (Save) duw menu **Application** (A).

La procédure pour mettre le Wbloc modifié à jour dans le dessin courant est la suivante :

1 Taper la commande –**INSERER** (–INSERT) sur la ligne de commande.

(Mettre le signe « – » avant la commande.)

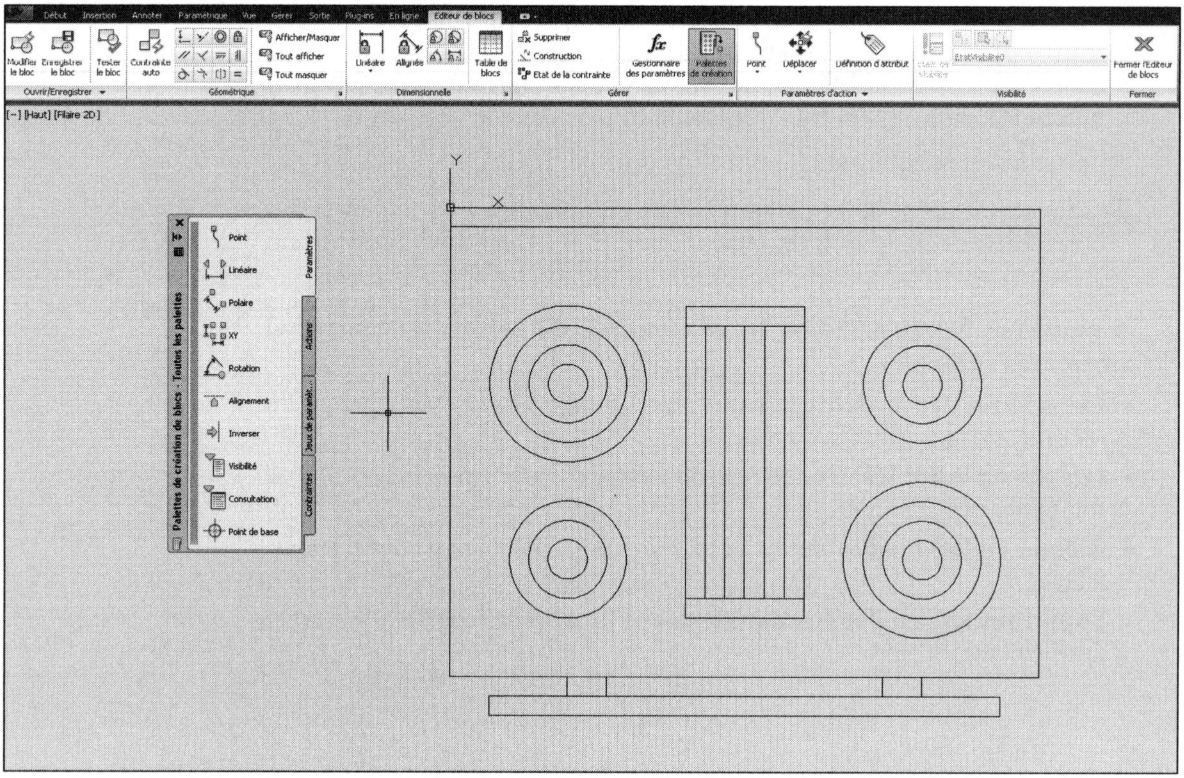

Fig.7.18

[2] Entrer le nom du Bloc : CHAISE=

(Mettre le signe « = » après le nom du bloc.) Le bloc est redéfini et le dessin est régénéré à l'écran.

[3] Spécifier le point d'insertion (Insertion point) : appuyer sur la touche Echap (Esc) pour sortir de la commande. La procédure d'insertion est interrompue, les blocs étant déjà insérés dans le dessin.

La procédure pour mettre à jour un Wbloc à partir du DesignCenter est la suivante :

[1] Dans le groupe de fonctions Palettes de l'onglet **Vue** (View), cliquer sur **DesignCenter**.

[2] Dans l'arborescence, cliquer sur le dossier qui contient le fichier dessin d'où provenait le Wbloc.

3 Dans la zone de contenu (sur le côté droit), cliquer avec le bouton droit de la souris sur le fichier dessin du Wbloc (fig.7.19).

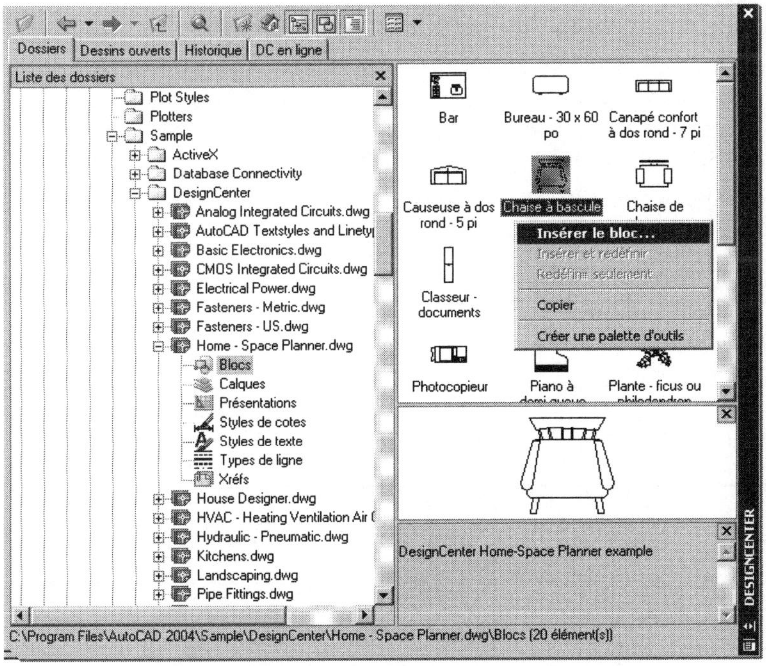

Fig.7.19

4 Dans le menu contextuel, cliquer sur **Insérer le bloc** (Insert Block).

5 Dans la boîte de dialogue d'insertion, cliquer sur **OK**.

6 Dans la zone d'alerte, cliquer sur **Oui** (Yes) pour remplacer la définition de bloc existante.

7 Appuyer sur Echap pour mettre fin à la commande.

Définir la propriété des blocs

Chaque entité constituant le bloc peut avoir des propriétés différentes au niveau couleur, type de ligne et épaisseur. Selon les valeurs d'origine de ces propriétés, l'insertion du bloc peut provoquer ou non une modification de l'aspect de chacune de ces entités. Les cas sont les suivants :

- Toute entité d'un bloc créé sur le Calque (layer) « 0 » – avec la couleur, le type de ligne et l'épaisseur, DUCALQUE (BYLAYER) se placera, lors de l'insertion du bloc, sur le calque (layer) en cours et prendra les caractéristiques de ce calque (couleur, type de ligne et épaisseur).

- Toute entité d'un bloc créé sur un autre calque (layer) que « 0 » – avec la couleur, le type de ligne et l'épaisseur, DUCALQUE (BYLAYER) restera placée sur ce calque (layer), et gardera ses propriétés lors de l'insertion du bloc sur n'importe quel autre calque (layer).
- Toute entité d'un bloc créé sur un autre calque (layer) que « 0 » – mais avec la couleur, le type de ligne et l'épaisseur, DUBLOC (BYBLOCK) prendra les caractéristiques du calque (layer) d'insertion (couleur, type de ligne et épaisseur). L'option DUBLOC (BYBLOCK) permet ainsi d'avoir le même effet, pour l'insertion de blocs, que le calque (layer) « 0 ».

Le tableau suivant résume ces différents cas :

Pour que les objets d'un bloc	**Créent des objets sur ces calques**	**Créer ces objets avec ces propriétés**
Conservent les propriétés d'origine	Tous sauf 0 (zéro)	Tout sauf DUBLOC (By Block) ou DUCALQUE (By Layer)
Héritent des propriétés du calque courant	0 (zéro)	Du calque (BYLAYER)
Héritent d'abord des propriétés individuelles, puis des propriétés du claque	Tous	DUBLOC (By block)

REMARQUE

Pour pouvoir modifier la couleur (ou une autre propriété) d'un bloc indépendamment de la couleur du calque, il convient que chaque entité du bloc ait la couleur **DUBLOC** (By block) lors de la création.

Fig.7.20

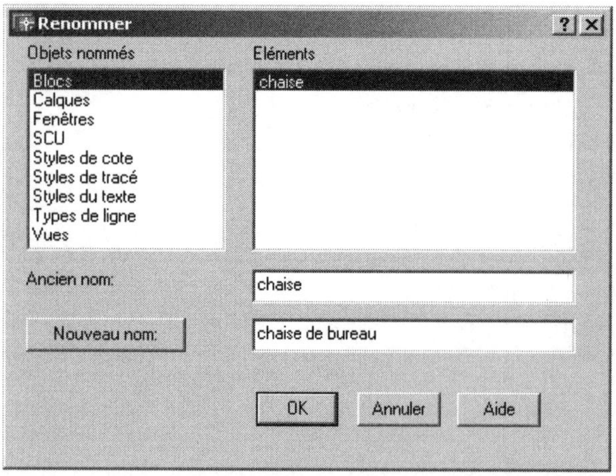

Renommer un bloc

Lors du travail dans AutoCAD, il peut arriver pour des raisons diverses de devoir changer ou corriger le nom d'un bloc. La commande **Renommer** (Rename) permet cette modification (fig.7.20).

1. Taper la commande **RENOMMER** (Rename) au clavier.
2. Dans la boîte de dialogue **Renommer** (Rename), cliquer sur **Bloc**(k)s dans la colonne **Objets nommés** (Named Objects) puis choisir le nom du bloc dans la colonne **Eléments** (Items).

[3] Taper le nouveau nom dans le champ **Nouveau nom** (Rename To) puis cliquer sur le bouton **Nouveau nom** (Rename To).

[4] Cliquer sur **OK**.

Purger un bloc

Lors du travail dans AutoCAD, il peut arriver que certains blocs internes ne soient pas utilisés dans le dessin en cours. Il ne sert donc à rien de les conserver car ils prennent de la mémoire. Pour les supprimer, AutoCAD dispose de la commande **PURGER** (PURGE).

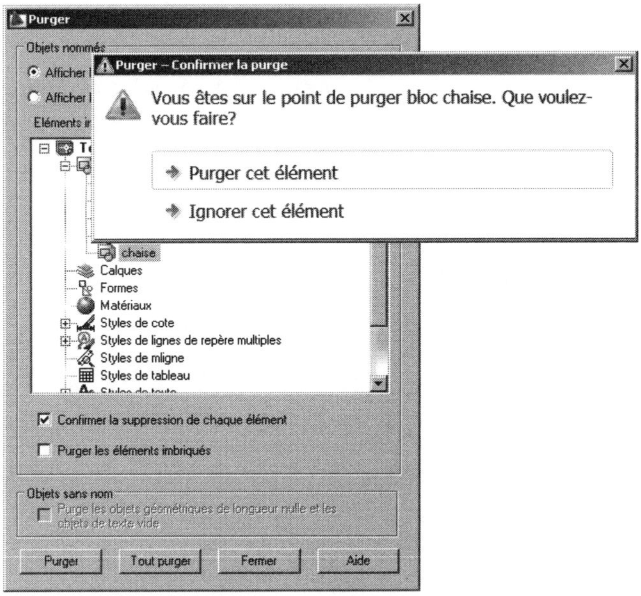

Fig.7.21

Voici la procédure à suivre :

[1] Exécuter la commande Purger à l'aide d'une des méthodes suivantes (fig.7.21) :

Ruban : choisir le menu **Application** (A) puis l'option **Utilitaires de dessin** (Drawing Utilities) puis **Purger** (Purge) puis **Bloc**(k)s.

Clavier : taper la commande **PURGER** (Purge).

[2] Sélectionner le bloc dans la liste et cliquer sur **Purger** (Purge).

[3] A la question **Que voulez-vous faire?** (What do you want to do?) cliquer sur **Purger cet élément** (Purge this item) ou **Ignorer cet élément** (Skip this item).

[4] Cliquer sur **Fermer** (Close) pour terminer.

Utiliser les bibliothèques de symboles

AutoCAD 2012 est livré avec une série de bibliothèques de symboles pour l'architecture, l'équipement électrique, l'HVAC, etc., ainsi qu'un accès Internet via Autodesk Seek pour le téléchargement de symboles (voir chapitre 10 pour plus de détails). Trois opérations sont disponibles :

- Utiliser les bibliothèques existantes.
- Compléter les bibliothèques existantes.
- Créer une nouvelle bibliothèque.

Utiliser une bibliothèque locale existante

La procédure pour utiliser une bibliothèque existante est la suivante :

1 Exécuter la commande d'accès aux bibliothèques locales à l'aide d'une des méthodes suivantes :

Ruban : dans l'onglet **Vue** (View) choisir le groupe de fonctions **Palettes** puis l'option **DesignCenter**.

Icône : choisir l'icône **DesignCenter** de la barre d'outils principale.

Clavier : taper la commande **ADCENTER** ou les touches CTRL-2.

2 Cliquer sur le bouton **Début** (Home) dans la barre supérieure. AutoCAD sélectionne le répertoire DesignCenter.

3 Dans l'arborescence de gauche, sélectionner la bibliothèque souhaitée. Par exemple : Home Space Planner (fig.7.22). Cliquer sur **Bloc**, AutoCAD affiche le contenu de la bibliothèque dans la fenêtre de droite.

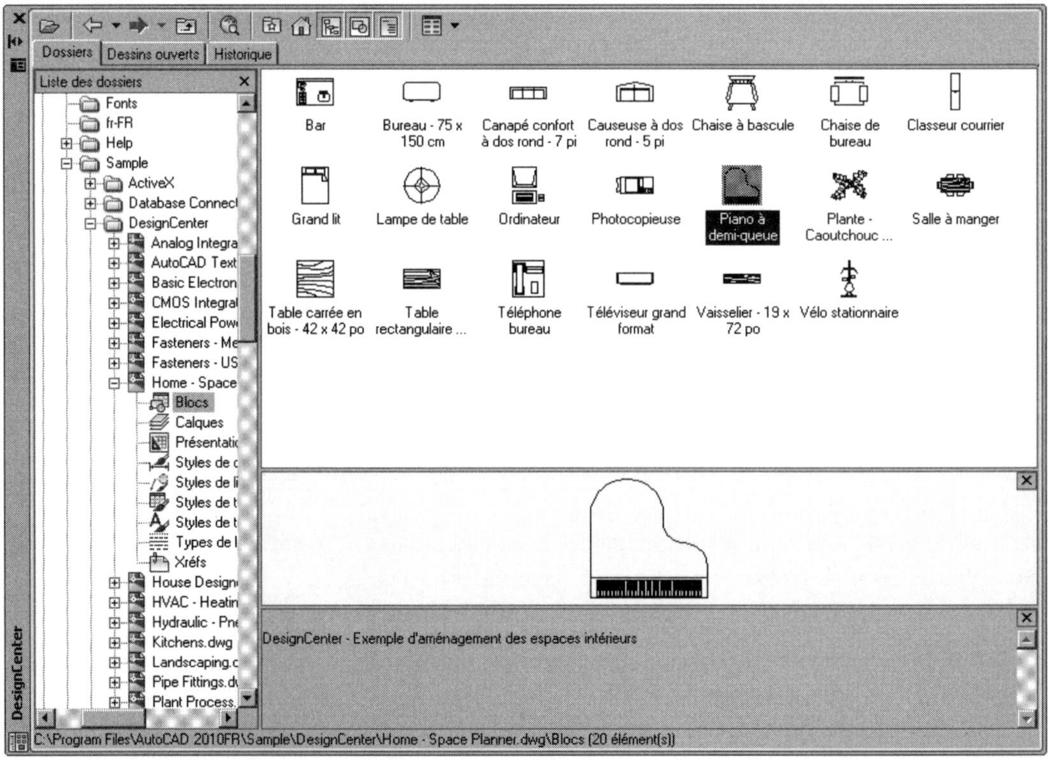

Fig.7.22

4 Sélectionner le symbole souhaité et l'insérer dans le dessin. Deux méthodes sont disponibles pour cela :

- Cliquer sur le symbole et le glisser directement dans le dessin.
- Cliquer avec la touche droite de la souris sur le symbole, puis sélectionner **Insérer le bloc** (Insert Block).

  La taille du symbole dépend d'une part de l'unité choisie lors de la création du symbole et d'autre part de l'unité d'insertion choisie dans le dessin en cours.

Compléter une bibliothèque existante

Les bibliothèques livrées avec AutoCAD 2012 sont stockées dans des fichiers de dessin dwg qui se trouvent par défaut dans le sous-répertoire DesignCenter du répertoire Sample d'AutoCAD.

La procédure pour compléter une bibliothèque est la suivante :

1 Ouvrir le fichier de la bibliothèque souhaitée. Par exemple, Kitchens (fig.7.23).

Fig.7.23

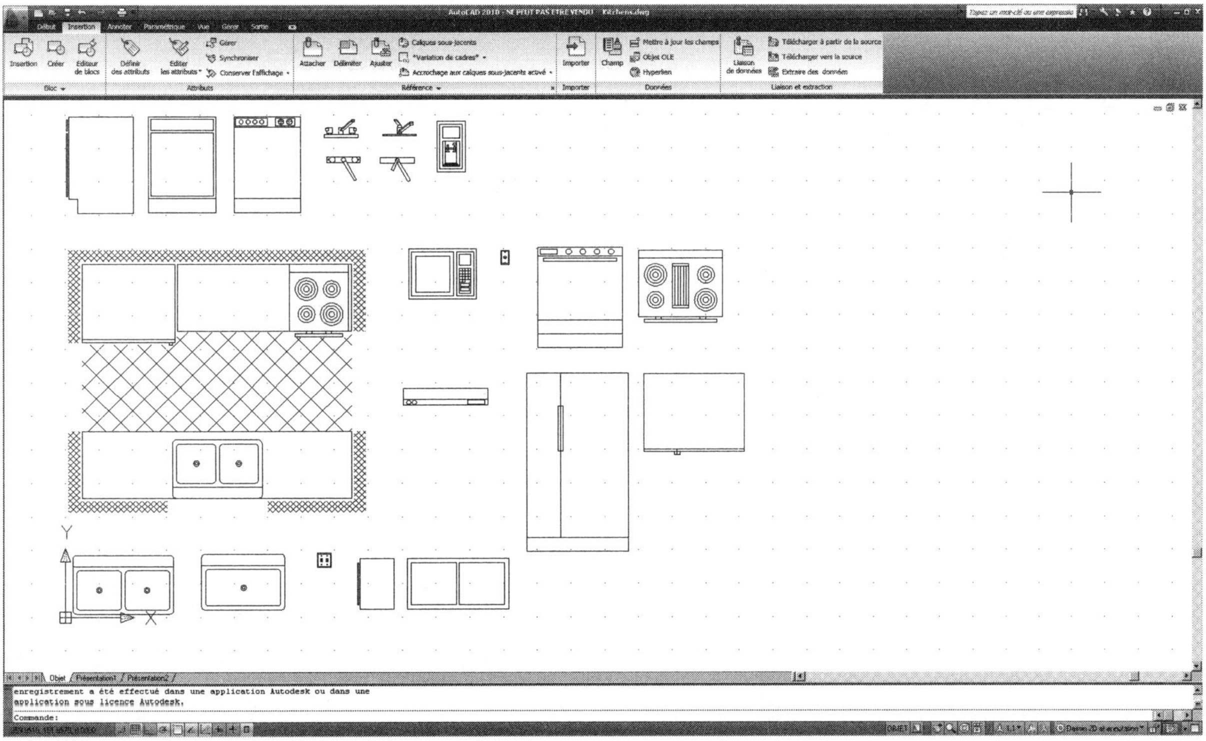

[2] Créer un nouveau symbole et l'insérer dans le dessin. Sélectionner **Centimètres** (Centimeters) dans le champ **Unités d'insertion** (Insert Unit).

[3] Sauver le dessin. Le fichier de la bibliothèque est ainsi complété.

Créer une nouvelle bibliothèque

Pour créer une nouvelle bibliothèque, il suffit d'ouvrir un nouveau fichier vierge et d'y insérer les symboles souhaités.

La procédure est la suivante :

[1] Créer un nouveau fichier de dessin par la commande **Nouveau** (New).

[2] Créer les symboles souhaités en n'oubliant pas de mentionner l'unité d'insertion.

[3] Insérer les symboles dans le dessin.

[4] Sauvegarder le dessin sous un nom significatif. Par exemple : Voitures. Le répertoire de destination peut être DesignCenter comme pour les autres fichiers de bibliothèque, ou un autre répertoire.

[5] La bibliothèque « Voitures » est à présent disponible via le DesignCenter.

> ***REMARQUE***
>
> La création d'une palette d'outils constitue aussi un excellent moyen de créer une bibliothèque de symboles.

La création de blocs dynamiques

Les blocs dynamiques permettent d'accéder à plusieurs variations à partir d'un seul bloc, de réduire considérablement les bibliothèques de blocs encombrantes et de modifier la géométrie d'un bloc pendant et après l'insertion. Par exemple, on peut avoir un seul bloc pour différentes dimensions d'un même type de fenêtre ou un seul bloc pour les différentes vues d'un équipement sanitaire.

Le processus de création des blocs dynamiques

Pour rendre un bloc dynamique, il faut lui ajouter des paramètres et des actions :

- Les **paramètres** définissent les propriétés personnalisées du bloc dynamique en précisant les positions, les distances et les angles de la géométrie dans le bloc.

- Les **actions** définissent la manière dont la géométrie d'une référence de bloc dynamique est déplacée ou modifiée lorsque la référence est manipulée dans un dessin. Lorsque l'on ajoute des actions au bloc, il faut les associer à des paramètres et généralement à une géométrie.

Le processus de création peut être représenté par la succession des étapes suivantes :

Etape 1. Elaborer le contenu du bloc dynamique avant de le créer

Avant de créer un bloc dynamique, il faut savoir à quoi il ressemblera et comment il sera utilisé dans un dessin. Il faut également décider comment ces objets seront modifiés. Par exemple, on peut créer un bloc dynamique pouvant être redimensionné et faire en sorte qu'une géométrie supplémentaire s'affiche lorsque la référence de bloc est modifiée. C'est le cas d'une table à laquelle s'ajouteraient automatiquement des chaises lors d'une modification de la longueur.

Etape 2. Dessiner la géométrie

Pour dessiner la géométrie du bloc dynamique, on peut utiliser la zone de dessin classique d'AutoCAD ou l'éditeur de blocs. Il est également possible d'utiliser une géométrie présente dans un dessin ou une définition de bloc existante.

Etape 3. Prévoir la façon dont les divers éléments du bloc vont fonctionner ensemble

Avant d'ajouter des paramètres et des actions à la définition de bloc, il convient de comprendre leurs dépendances les uns par rapport aux autres et par rapport à la géométrie du bloc. Lorsque l'on ajoute une action à la définition d'un bloc, il faut associer cette action à un paramètre et à un jeu de sélection de géométrie. Cela crée une dépendance qui doit être configurée de façon adéquate pour que la référence de bloc puisse fonctionner correctement dans un dessin.

Etape 4. Ajouter des paramètres

L'ajout de paramètres à une définition de bloc dynamique s'effectue dans l'éditeur de blocs. Dans l'éditeur de blocs, les paramètres ont une apparence similaire aux cotes. Les paramètres définissent les propriétés personnalisées du bloc (par exemple la taille). Les paramètres indiquent également les positions, les distances et les angles pour la géométrie dans la référence de bloc.

Etape 5. Ajouter des actions

Les actions définissent la manière dont la géométrie d'une référence de bloc dynamique est déplacée ou modifiée lorsque l'on manipule les propriétés personnalisées d'une référence de bloc dans un dessin. Un bloc dynamique contient habituellement au moins une action.

Etape 6. Définir la manière de manipuler la référence de bloc dynamique

Il est possible d'indiquer comment la référence de bloc dynamique sera manipulée dans le dessin. Pour cette opération, on dispose des poignées et des propriétés personnalisées. Lorsque l'on crée une définition de bloc dynamique, il faut indiquer quelles poignées sont affichées et déterminer comment elles modifient la référence de bloc dynamique.

Etape 7. Enregistrer le bloc et le tester dans un dessin

Une fois réalisé, il faut enregistrer la définition de bloc dynamique et quitter l'éditeur de blocs. Il est ensuite utile d'insérer la référence de bloc dynamique dans un dessin et de tester la fonctionnalité du bloc.

REMARQUES

Pour être en concordance avec les nouvelles options de contraintes (voir chapitre 14), l'affichage et le positionnement des actions ne se font plus individuellement dans l'éditeur de blocs, comme ce fut le cas jusqu'à la version 2009 d'AutoCAD. Les actions sont à présent regroupées dans une barre d'actions liée au paramètre auquel elles sont liées.

Il est néanmoins possible de continuer à utiliser l'ancien mode d'affichage grâce à la variable ACTIONBARMODE. Cette variable doit être activée avant d'entrer dans l'éditeur de blocs.

La création d'un bloc dynamique

La création d'un bloc dynamique comporte donc plusieurs étapes : la géométrie, les paramètres, les actions. Pour illustrer ce processus, prenons l'exemple d'une porte à laquelle on souhaite pouvoir apporter les modifications suivantes : changer le sens d'ouverture, modifier la taille, aligner avec une entité existante.

La procédure est la suivante :

1. Réaliser le dessin de la porte avec une ouverture de 60cm (fig.7.24).
2. Créer le bloc avec Porte comme nom et le point inférieur gauche comme point d'insertion.
3. Cocher les options **Convertir en bloc** (Convert to block) et **Ouvrir dans l'éditeur de blocs** (Open in Block Editor).
4. Sélectionner l'onglet **Paramètre** (Parameter) dans la palette d'outils de création de blocs.
5. Cliquer sur l'option **Paramètre linéaire** (Linear Parameter).
6. Pour définir ce paramètre, placer l'origine en 1 et l'extrémité en 2. La direction 1-2 donne le sens d'étirement possible du bloc Porte.

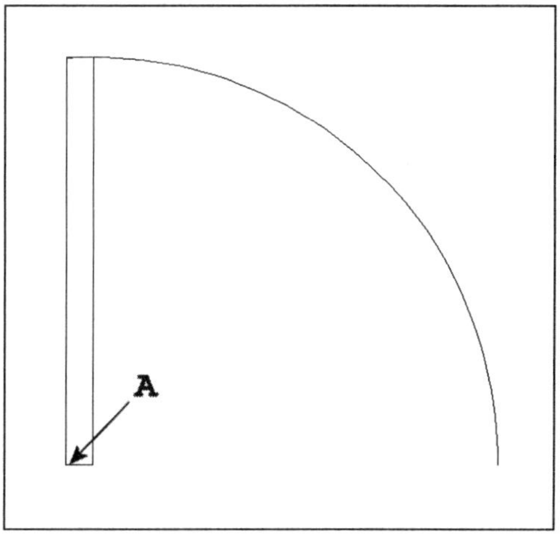

Fig.7.24

7. Placer ensuite le paramètre en 3 (fig.7.25). Le but de ce paramètre est de pouvoir modifier la largeur de la porte.
8. Pour pouvoir modifier le sens d'ouverture de la porte, il convient de sélectionner le **Paramètre d'inversion** (Flip Parameter) toujours dans l'onglet **Paramètres** (Parameters). Ce paramètre doit être placé sur l'axe de symétrie vertical de la porte.
9. Appuyer sur la touche Maj (Shift) du clavier et sur la touche droite de la souris. Sélectionner **Milieu entre deux points** (Mid between 2 points) dans le menu contextuel.

10 Pointer les positions 1, 2 et 3. Il faut que le point 3 crée un axe de symétrie vertical.

11 Placer l'icône **Etat d'inversion** (Flip state) près du point 3 (fig.7.26).

12 Pour pouvoir aligner le bloc avec un objet existant dans le dessin, il faut ajouter le paramètre d'alignement (Alignment Parameter). Sélectionner celui-ci dans l'onglet **Paramètres** (Parameters) et pointer les points 1 et 2. Le point 1 constitue l'origine de l'alignement et le point 2 donne la direction d'alignement (fig.7.27).

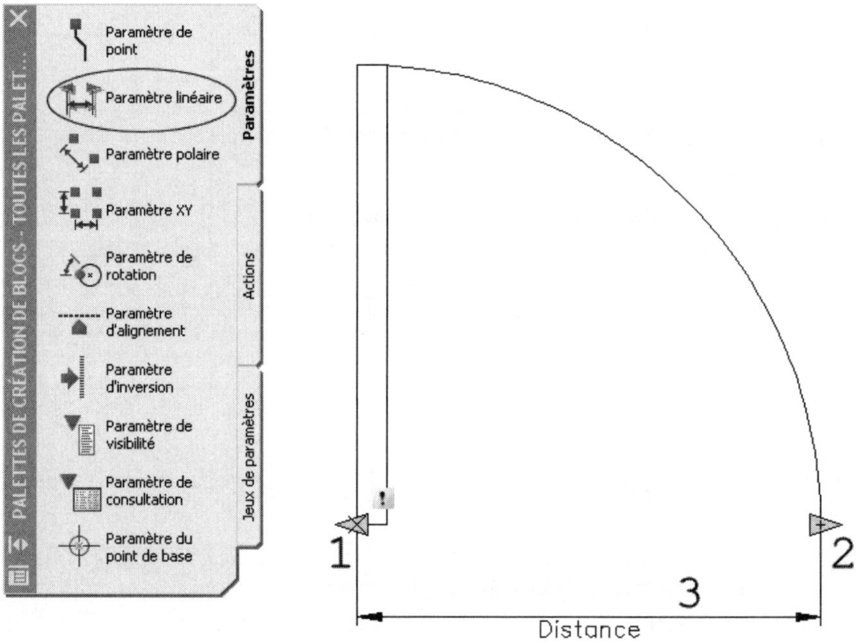

Fig.7.25

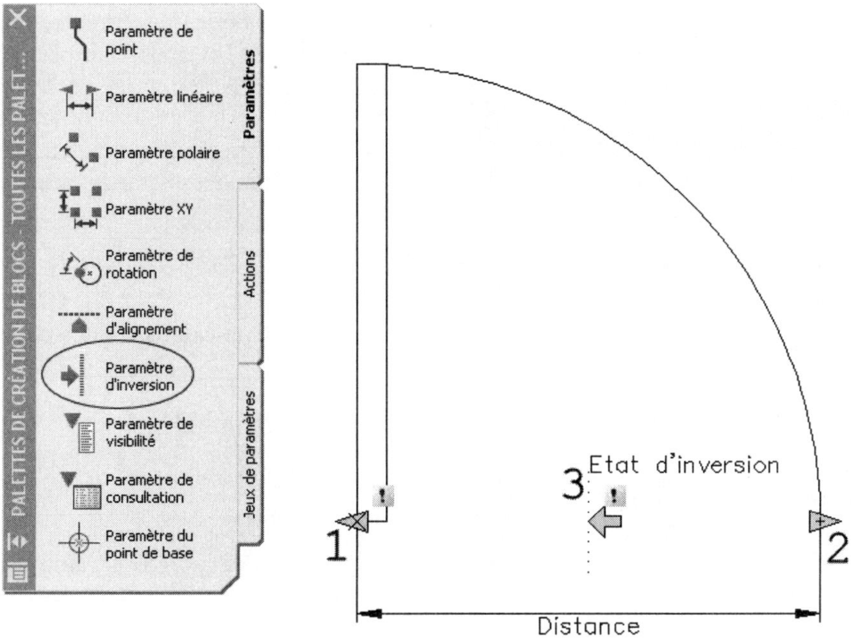

Fig.7.26

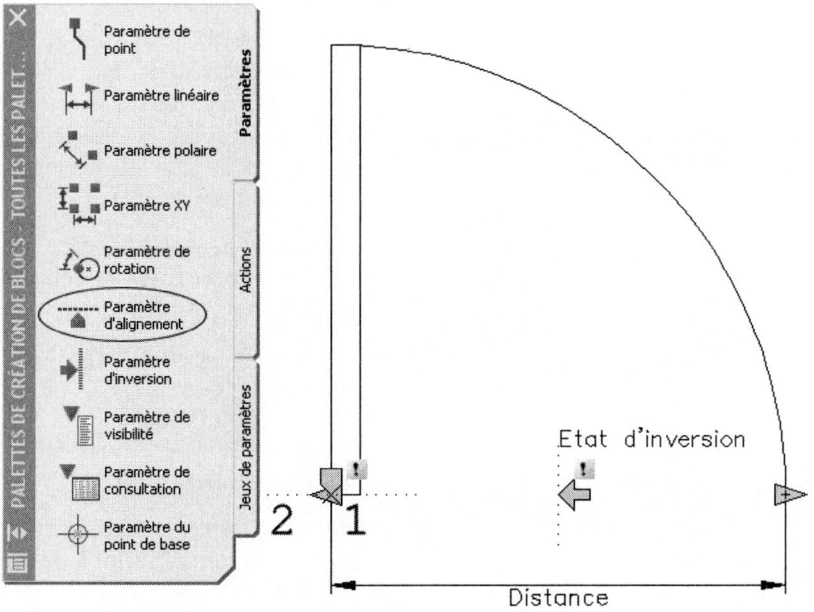

Fig.7.27

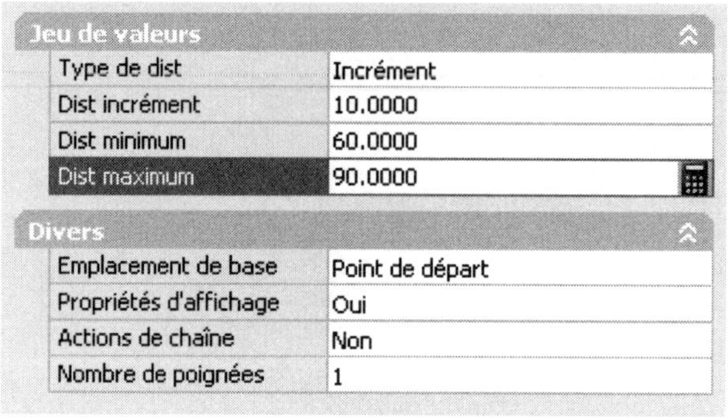

Jeu de valeurs	
Type de dist	Incrément
Dist incrément	10.0000
Dist minimum	60.0000
Dist maximum	90.0000
Divers	
Emplacement de base	Point de départ
Propriétés d'affichage	Oui
Actions de chaîne	Non
Nombre de poignées	1

Fig.7.28

13 Avant d'ajouter les actions, il convient de définir les limites pour le paramètre linéaire. Cela permet de spécifier les largeurs possibles pour la porte. Il faut donc ouvrir la palette des propriétés et sélectionner le paramètre distance dans le dessin.

14 Entrer les valeurs suivantes (fig.7.28) :

Section **Jeu de valeurs** (Value set)

Dist incrément : 10

Dist minimum : 60

Dist maximum : 90

Section **Divers** (Misc)

Nombre de poignées (Number of Grips) : 1

15 Après la définition des paramètres, il faut ajouter les actions pour que le bloc réagisse correctement aux modifications souhaitées. Ainsi, pour modifier par exemple la largeur de la porte il faut que l'arc de cercle change de taille (action de mise à l'échelle) et que le rectangle à gauche soit étiré vers le haut (action d'étirement).

16 Activer l'onglet **Actions** et sélectionner **Action de mise à l'échelle** (Scale Action).

17 Sélectionner le paramètre **Distance** et comme réponse à la question **Choix des objets** (Select objects), sélectionner l'arc et le paramètre **Etat d'inversion** (Flip state).

18 Appuyer sur Entrée et placer l'icône de l'action **Echelle** (Scale) à droite de la porte (fig.7.29).

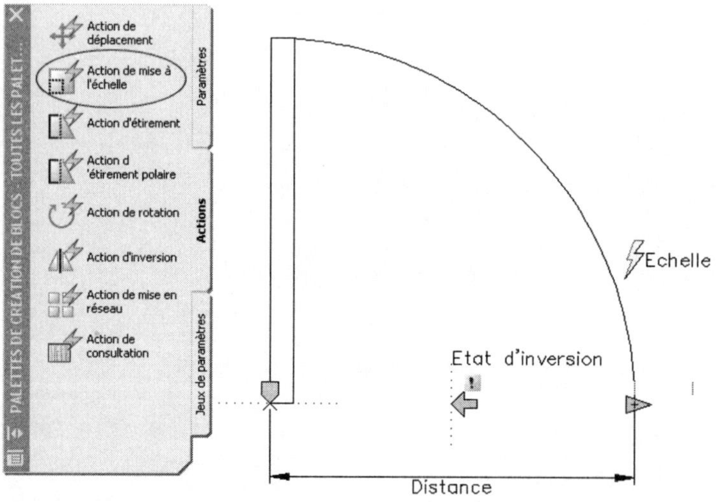

Fig.7.29

19 Sélectionner l'option **Action d'étirement** (Stretch Action) dans l'onglet **Actions**.

20 Sélectionner le paramètre Distance.

21 Sélectionner la poignée, marquée par un point rouge à droite, à droite du paramètre Distance.

22 Pointer les points 2 et 3 pour définir le cadre d'étirement.

23 Sélectionner les lignes de définition de l'ouvrant de la porte (4).

24 Appuyer sur Entrée et placer l'icône **Etirer** (Stretch) en haut de la porte (fig.7.30).

25 Sélectionner l'action d'étirement et dans la palette des propriétés entrer **90** dans le champ **Remplacements** (Overrides) > **Décalage d'angle** (Angle offset). Cette valeur est importante car la géométrie devant être étirée (l'ouvrant de la porte) est placée à 90 degrés par rapport au paramètre **Distance** (fig.7.31). Appuyer sur Esc pour désactiver la sélection.

26 Pour ajouter une action d'inversion au paramètre d'inversion, il suffit d'effectuer un double-clic sur le composant **Etat d'inversion** (Flip State parameter) car c'est la seule action compatible avec cet état.

27 Sélectionner l'ensemble de la géométrie de la porte avec les paramètres et les actions et appuyer sur Entrée.

28 Placer l'icône **Inverser** (Flip) prêt du centre de la porte (fig.7.32).

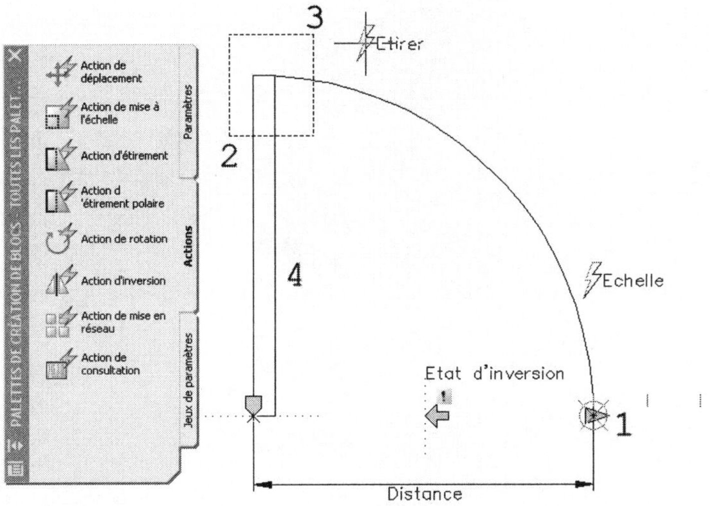

Fig.7.30

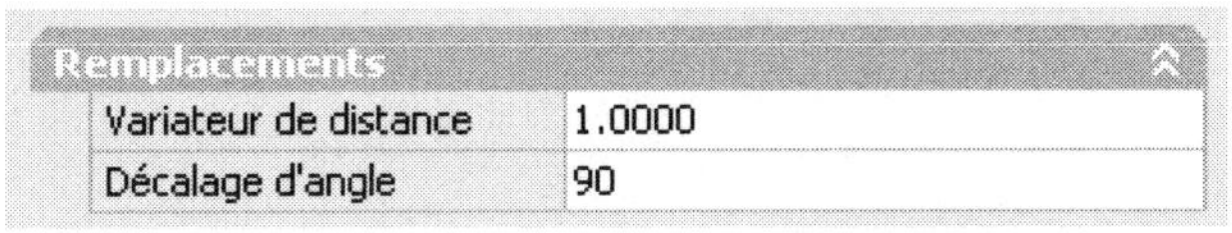

Fig.7.31

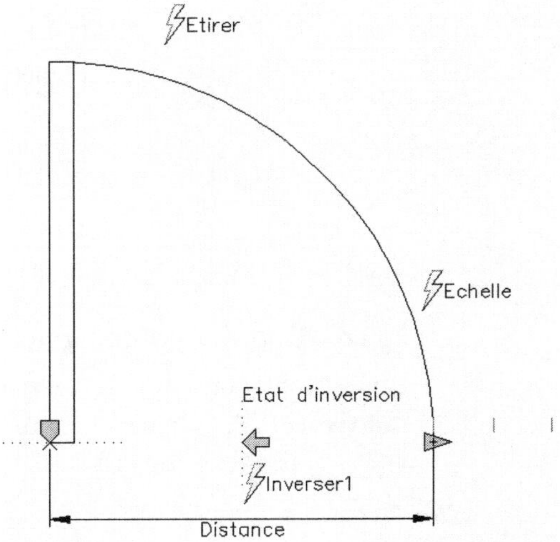

Fig.7.32

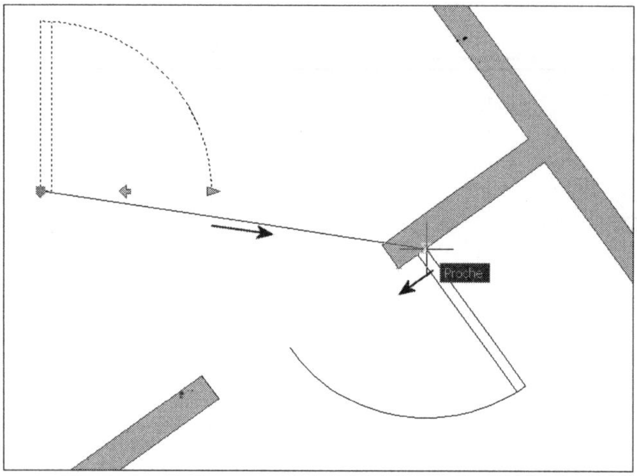

Fig.7.33

29 Pour refermer l'éditeur, cliquer sur le bouton **Fermer l'éditeur de blocs** (Close Block Editor) située dans le ruban.

30 Cliquer sur **Enregistrer** (Save) pour sauvegarder le bloc.

31 Pour tester, sélectionner le bloc et cliquer sur la poignée d'alignement dans le coin inférieur gauche de la porte.

32 Positionner le bloc à l'endroit souhaité, il sera aligné avec l'entité survolée (fig.7.33).

33 Sélectionner la poignée de changement de taille et la déplacer vers la gauche pour adapter la taille de la porte (60 cm) à l'ouverture (90 cm) dans le mur (fig.7.34).

34 Pour changer le sens d'ouverture, cliquer sur la poignée d'inversion située au centre de la porte.

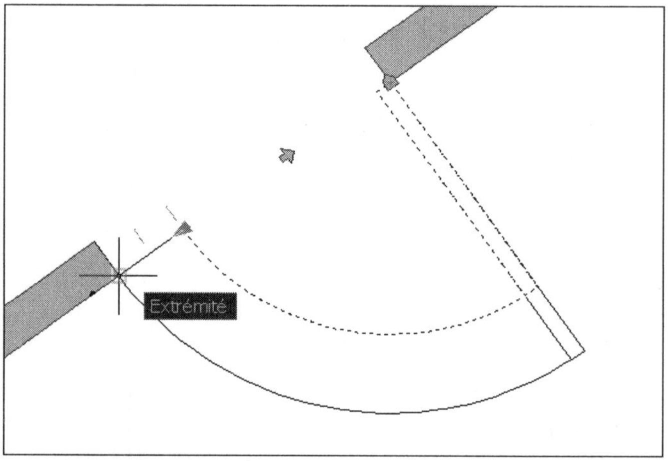

Fig.7.34

La création d'un bloc dynamique multivue

Un autre avantage des blocs dynamiques est la possibilité de créer des blocs multivue. Il s'agit d'un bloc qui comprend plusieurs vues du même objet, vues qui peuvent être affichées à la demande.

Dans le cas d'un composant sanitaire (par exemple un évier), la procédure est la suivante :

1. Réaliser les différentes vues de l'évier et les transformer en bloc : Evier-plan, Evier-face et Evier-profil (fig.7.35).
2. Dans le groupe de fonctions **Bloc** (Block) sélectionner l'option **Editeur de blocs** (Edit block definition).
3. Dans le champ **Bloc à créer ou à modifier** (Block to create or edit) entrer Evier-MV et cliquer sur **OK** (fig.7.36). L'éditeur de blocs s'affiche à l'écran.
4. Dans le groupe de fonctions **Bloc**(k) de l'onglet **Insertion** (Insert) cliquer sur **Insertion** (Insert) et sélectionner Evier-plan. Zoomer l'évier.
5. Insérer de la même manière les blocs Evier-face et Evier-profil avec comme point d'origine le milieu de la ligne supérieure du bloc Evier-plan.

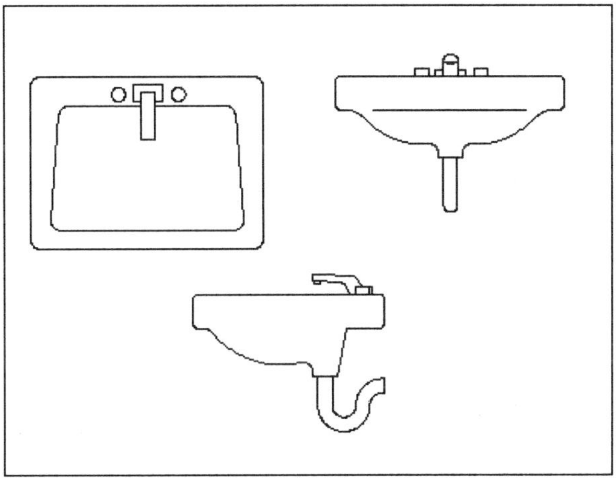
Fig.7.35 (DOC.AUTODESK)

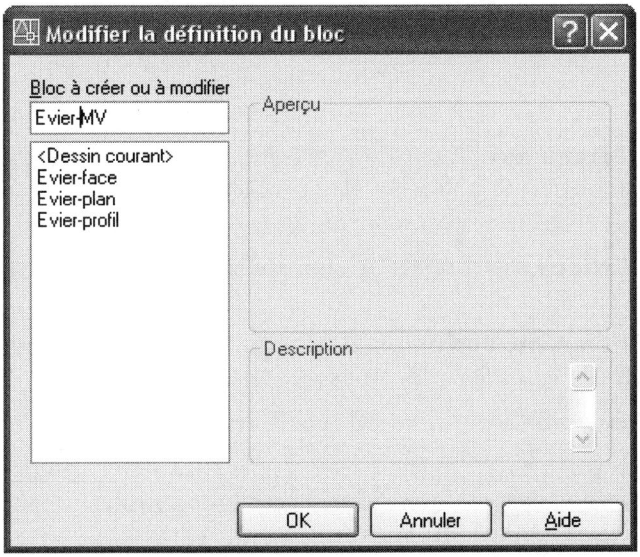

Fig.7.36

[6] Dans l'onglet **Paramètres** (Parameters) sélectionner **Paramètre de point de base** (Base point parameter) et pointer le point milieu supérieur du bloc Evier-plan (fig.7.37).

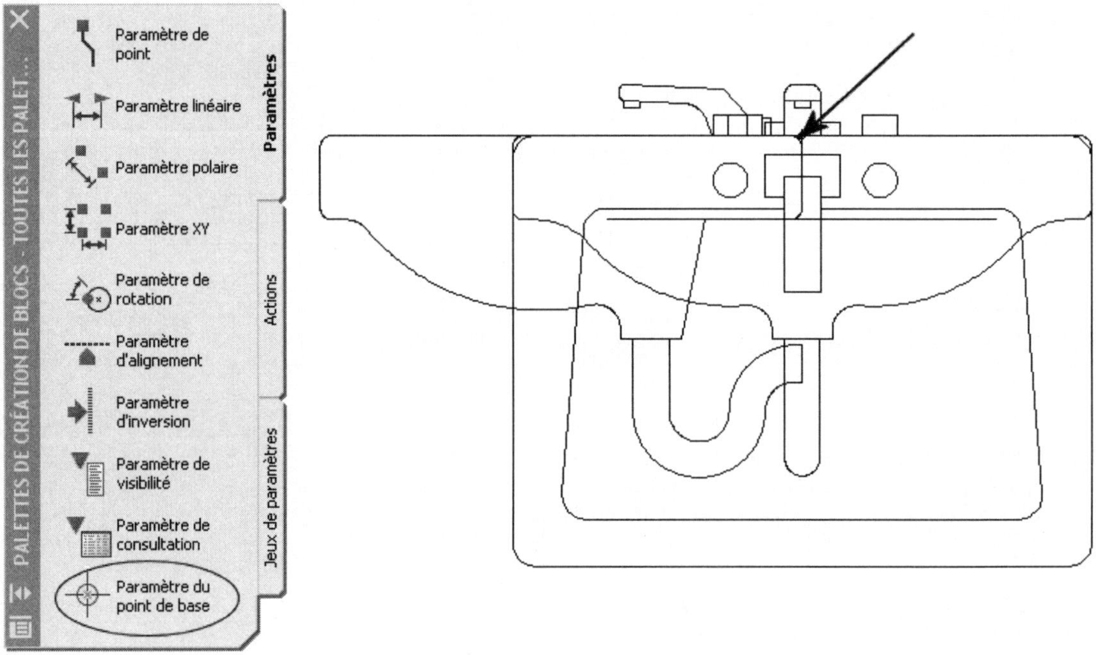

Fig.7.37

[7] Dans l'onglet **Paramètres** (Parameters) sélectionner **Paramètre de point** (Point parameter) et pointer le point milieu supérieur du bloc Evier-plan. Placer la légende verticalement (fig.7.38).

[8] Dans l'onglet **Actions** sélectionner **Action de déplacement** (Move Action).

[9] Sélectionner le paramètre **Position** puis, par une fenêtre de sélection, toute la géométrie et les paramètres. Appuyer sur Entrée.

[10] Placer l'icône **Déplacer** (Move) à droite de **Position** (fig.7.39).

[11] Dans l'onglet **Paramètres** (Parameters) sélectionner **Paramètre de visibilité** (Visibility parameter) et placer l'icône à gauche de position.

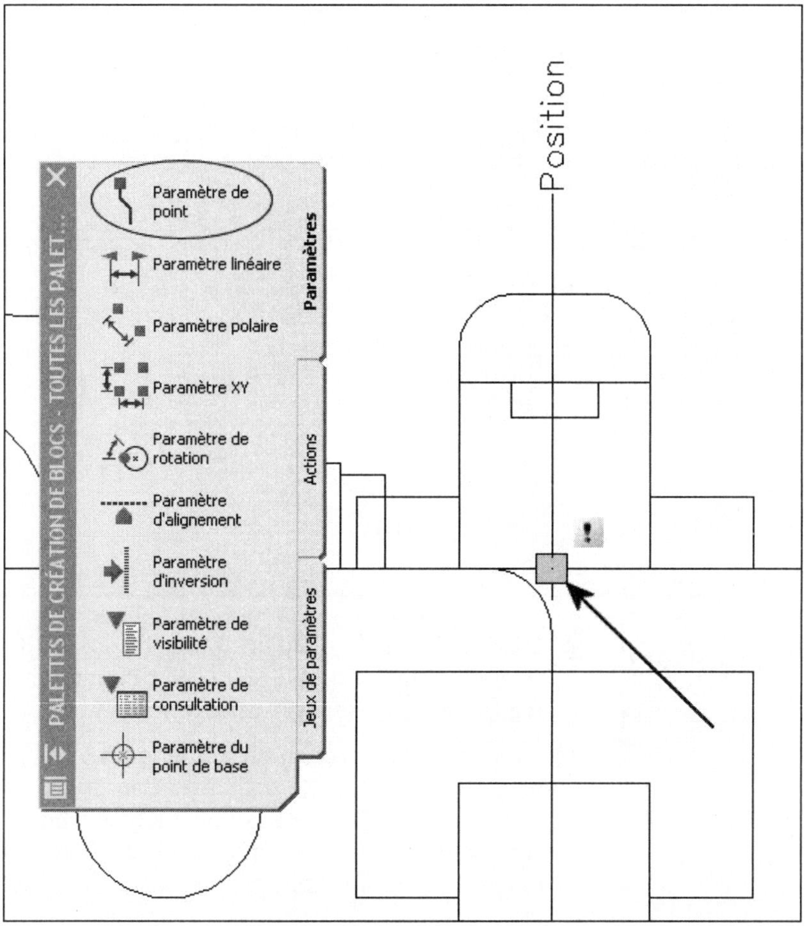

Fig.7.38

12 Double-cliquer le paramètre de visibilité pour afficher la boîte de dialogue **Etats de visibilité** (Visibility states). Cliquer sur **Renommer** (Rename) et entrer Plan.

13 Cliquer sur **Nouveau** (New) et dans la boîte de dialogue **Nouvel état de visibilité** (New visibility state) entrer Face. Cliquer sur **OK** (fig.7.40).

14 Cliquer sur **Nouveau** (New) et dans la boîte de dialogue **Nouvel état de visibilité** (New visibility state) entrer Profil. Cliquer sur **OK**.

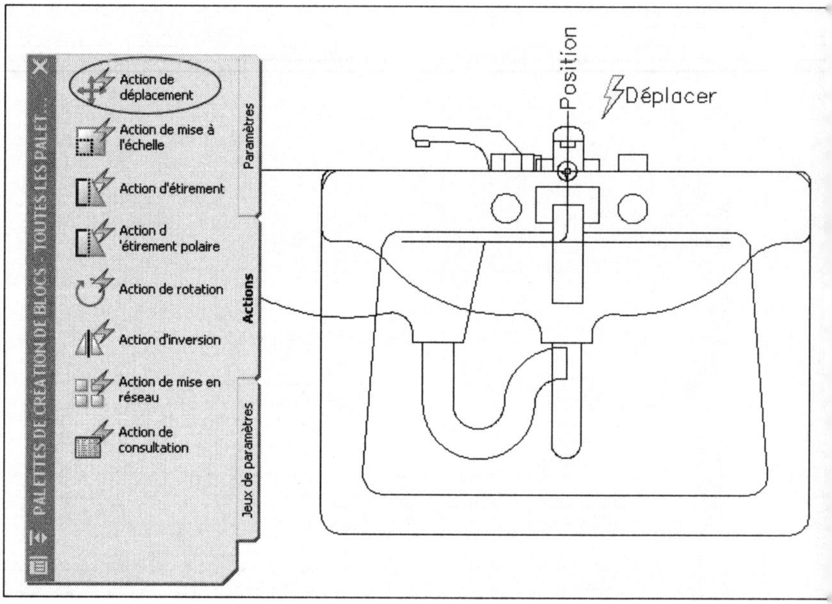

Fig.7.39

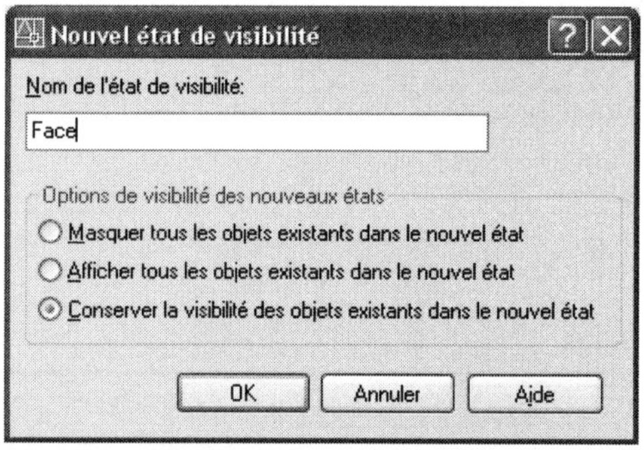

Fig.7.40

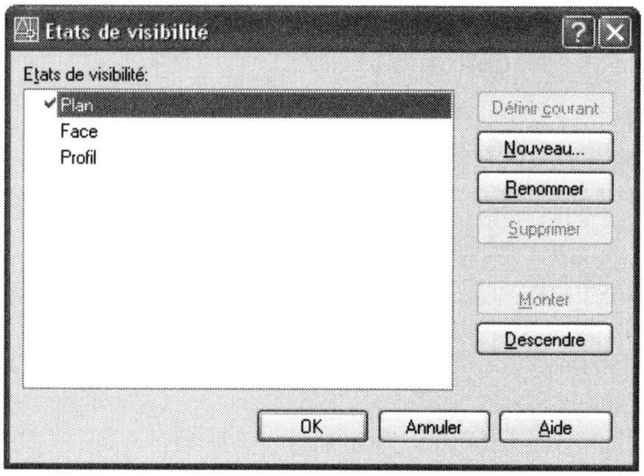

Fig.7.41

15 Dans la boîte de dialogue **Etats de visibilité** (Visibility states) double-cliquer sur **Plan** pour le rendre courant (fig.7.41). Cliquer sur **OK**.

16 Il faut à présent associer les différentes vues du bloc avec les états de visibilité. Dans la barre d'outils supérieure de l'éditeur de bloc, cliquer sur **Masquer** (Make invisible) et sélectionner les vues Face et Profil. Appuyer sur Entrée (fig.7.42).

17 Dans la barre d'outils supérieure de l'éditeur de bloc, cliquer sur Face dans la liste de visibilité puis sur **Masquer** (Make invisible). Sélectionner ensuite les vues Plan et Profil. Appuyer sur Entrée.

18 Dans la barre d'outils supérieure de l'éditeur de bloc, cliquer sur Face dans la liste de visibilité puis sur **Masquer** (Make invisible). Sélectionner ensuite les vues Plan et Face. Appuyer sur Entrée.

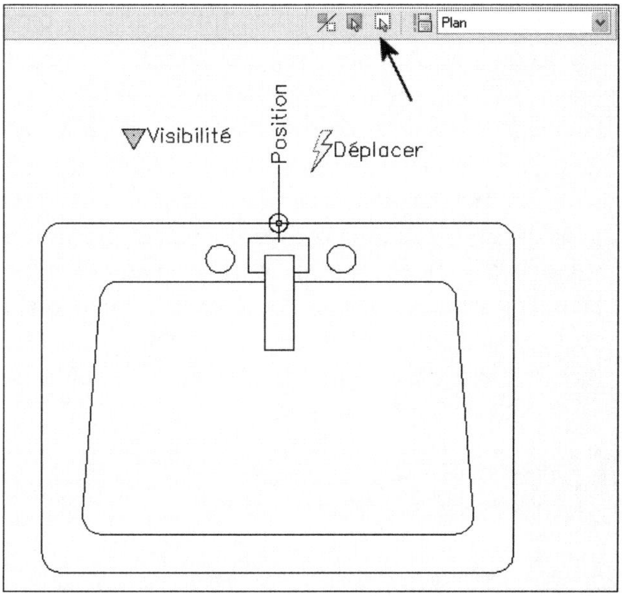

Fig.7.42

19 Cliquer sur **Fermer l'éditeur de bloc** (Close bloc editor) et répondre Oui (Yes) pour sauvegarder le bloc.

20 Insérer le bloc dans le dessin et double-cliquer dessus pour faire apparaître les poignées.

21 Cliquer sur la poignée de visibilité et sélectionner l'état de visibilité souhaité (fig.7.43).

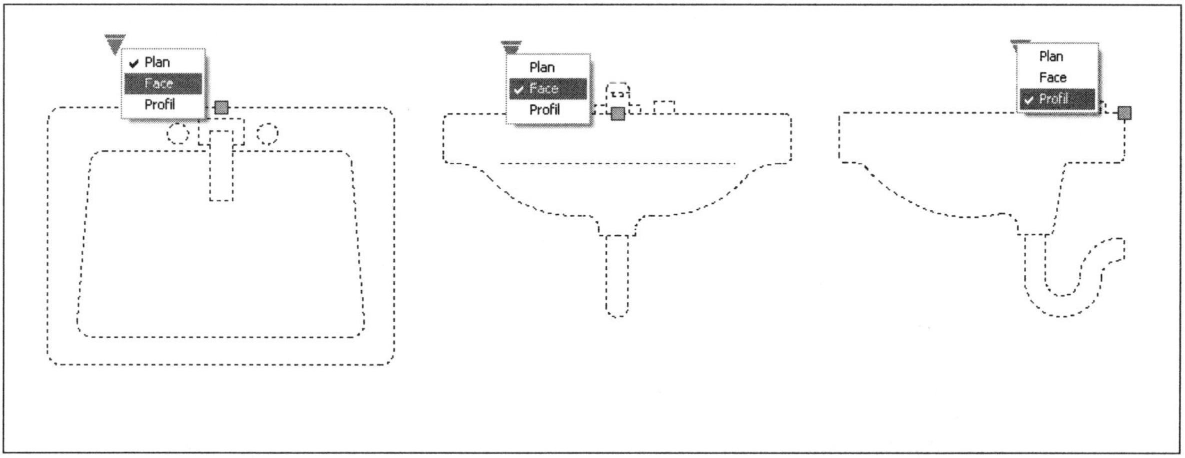

Fig.7.43

Types de paramètres et d'actions dans les blocs dynamiques

Les paramètres définissent les propriétés personnalisables du bloc dynamique. Ils indiquent également les positions, les distances et les angles pour la géométrie dans la référence de bloc. Les paramètres définissent et limitent également les valeurs qui ont une incidence sur le comportement de la référence de bloc dynamique dans un dessin. Certains paramètres peuvent posséder un jeu de valeurs fixes, des valeurs minimum et maximum ou des valeurs d'incrément. Par exemple, un paramètre linéaire utilisé dans un bloc représentant une porte peut avoir le jeu de valeurs défini suivant : 60, 70, 80 et 90. Si la référence de bloc est insérée dans un dessin, on ne peut modifier la porte qu'à partir d'une de ces valeurs. La liste des paramètres disponibles est la suivante.

Type de paramètre	Description	Actions prises en charge
Point	Définit un emplacement X et Y dans le dessin. Dans l'éditeur de blocs, ressemble à une cote superposée.	Déplacement, étirement
Linéaire	Affiche la distance entre deux points d'ancrage. Limite le mouvement de la poignée le long d'un angle prédéfini. Dans l'éditeur de blocs, il ressemble à une cote alignée.	Déplacement, mise à l'échelle, étirement, mise en réseau
Polaire	Affiche la distance entre deux points d'ancrage et indique une valeur d'angle. Il est possible d'utiliser les poignées ainsi que la palette Propriétés pour changer la valeur de distance et l'angle. Dans l'éditeur de blocs, il ressemble à une cote alignée	Déplacement, mise à l'échelle, étirement, étirement polaire, mise en réseau
XY	Affiche les distances X et Y à partir du point de base du paramètre. Dans l'éditeur de blocs, il s'affiche comme une paire de cotes (Alignement horizontal et Alignement vertical).	Déplacement, mise à l'échelle, étirement, mise en réseau
Rotation	Définit un angle. Dans l'éditeur de blocs, il s'affiche comme un cercle.	Rotation
Inversion	Inverse les objets. Dans l'éditeur de blocs, il s'affiche comme un axe de symétrie. Les objets peuvent être inversés par rapport à cet axe. Il affiche une valeur indiquant si la référence de bloc a été inversée ou non.	Inversion

(Suite)

Type de paramètre	Description	Actions prises en charge
Alignement	Définit des emplacements X et Y ainsi qu'un angle. Un paramètre d'alignement s'applique toujours à la totalité du bloc et n'a besoin d'aucune action associée. Il permet à la référence de bloc de pivoter automatiquement autour d'un point pour s'aligner avec un autre objet du dessin. Un paramètre d'alignement modifie la propriété de rotation du bloc de référence. Dans l'éditeur de blocs, il ressemble à une ligne d'alignement.	Aucune (l'action est implicite et contenue dans le paramètre)
Visibilité	Contrôle la visibilité des objets du bloc. Un paramètre de visibilité s'applique toujours à la totalité du bloc et n'a besoin d'aucune action associée. Dans un dessin, il faut cliquer sur la poignée pour afficher la liste des états de visibilité disponibles pour la référence du bloc. Dans l'éditeur de blocs, il s'affiche comme du texte avec une poignée associée.	Aucune (l'action est implicite et contrôlée par des états de visibilité)
Consultation	Définit une propriété personnalisée que l'on peut spécifier ou définir pour évaluer une valeur à partir d'une liste ou d'un tableau que l'on définit. Il peut être associé à une seule poignée de consultation. Dans une référence de bloc, il faut cliquer sur la poignée pour afficher la liste des valeurs disponibles. Dans l'éditeur de blocs, il s'affiche comme du texte avec une poignée associée.	Consultation
Base	Définit un point de base pour la référence de bloc dynamique en fonction de la géométrie du bloc. Il ne peut pas être associé à des actions, mais peut appartenir au jeu de sélection d'une action. Dans l'éditeur de blocs, il s'affiche comme un cercle contenant des réticules.	Aucune

Quant aux actions, elles définissent la manière dont la géométrie d'une référence de bloc dynamique est déplacée ou modifiée lorsque l'on manipule les propriétés personnalisées d'une référence de bloc dans un dessin. Un bloc dynamique contient habituellement au moins une action.

En général, lorsque l'on ajoute une action à une définition de bloc dynamique, il convient d'associer l'action à un paramètre, à un point principal du paramètre et à une géométrie. Un point principal est le point d'un paramètre qui entraîne l'exécution de son action associée lorsqu'il est modifié. La géométrie associée à une action est appelée jeu de sélection.

Chaque type d'action peut être associé à des paramètres spécifiques. Le tableau suivant répertorie les paramètres auxquels on peut associer chaque type d'action.

Type d'action		Paramètre
Déplacer	L'action de déplacement est similaire à l'application de la commande DEPLACER (Move). Dans une référence de bloc dynamique, une action de déplacement provoque le déplacement des objets à une distance et à un angle donnés.	Point, linéaire, polaire, XY
Echelle	L'action de mise à l'échelle est similaire à l'application de la commande ECHELLE (Scale). Dans une référence de bloc dynamique, une action de mise à l'échelle entraîne la mise à l'échelle du jeu de sélection du bloc lorsque le paramètre associé est modifié en déplaçant les poignées ou à l'aide de la palette Propriétés.	Linéaire, polaire, XY
Etirer	Dans une référence de bloc dynamique, une action d'étirement entraîne le déplacement et l'étirement des objets à une distance spécifiée, dans un emplacement donné.	Point, linéaire, polaire, XY
Etirement polaire	Dans une référence de bloc, une action d'étirement polaire fait pivoter, déplace et étire les objets selon un angle et une distance donnés lorsque le point principal du paramètre polaire associé est modifié au moyen d'une poignée ou de la palette Propriétés.	Polaire
Rotation	L'action de rotation est similaire à l'application de la commande ROTATION (Rotate). Dans une référence de bloc dynamique, une action de rotation entraîne la rotation de ses objets associés lorsque le paramètre associé est modifié au moyen d'une poignée ou de la palette Propriétés.	Rotation
Inversion	Une action d'inversion permet d'inverser une référence de bloc dynamique par rapport à un axe donné appelé ligne de réflexion.	Inversion
Réseau	Dans une référence de bloc dynamique, une action de mise en réseau entraîne la copie et la mise en réseau de ses objets associés dans un motif rectangulaire, lorsque le paramètre associé est modifié à l'aide d'une poignée ou de la palette Propriétés.	Linéaire, polaire, XY
Consultation	Lorsque vous ajoutez une action de consultation à une définition de bloc dynamique et que vous l'associez à un paramètre de consultation, une table de consultation est créée. Vous pouvez utiliser une table de consultation pour attribuer des valeurs et des propriétés personnalisées à un bloc dynamique.	Consultation
Table de propriétés de bloc	Il s'agit d'une version plus évoluée de la table de consultation qui affiche un tableau permettant la définition de différents groupes de propriétés pour le bloc.	

REMARQUE

Les blocs dynamiques peuvent également profiter des fonctionnalités de contraintes géométriques et dimensionnelles (voir détails au chapitre 14). Dans l'exemple du profilé métallique en I (fig.7.44), une contrainte automatique a été appliquée à l'ensemble du dessin ainsi que 5 contraintes dimensionnelles (Largeur, Hauteur, Semelle, Ame et Rayon). La procédure est ainsi largement simplifiée par rapport à la méthode des Paramètres et Actions.

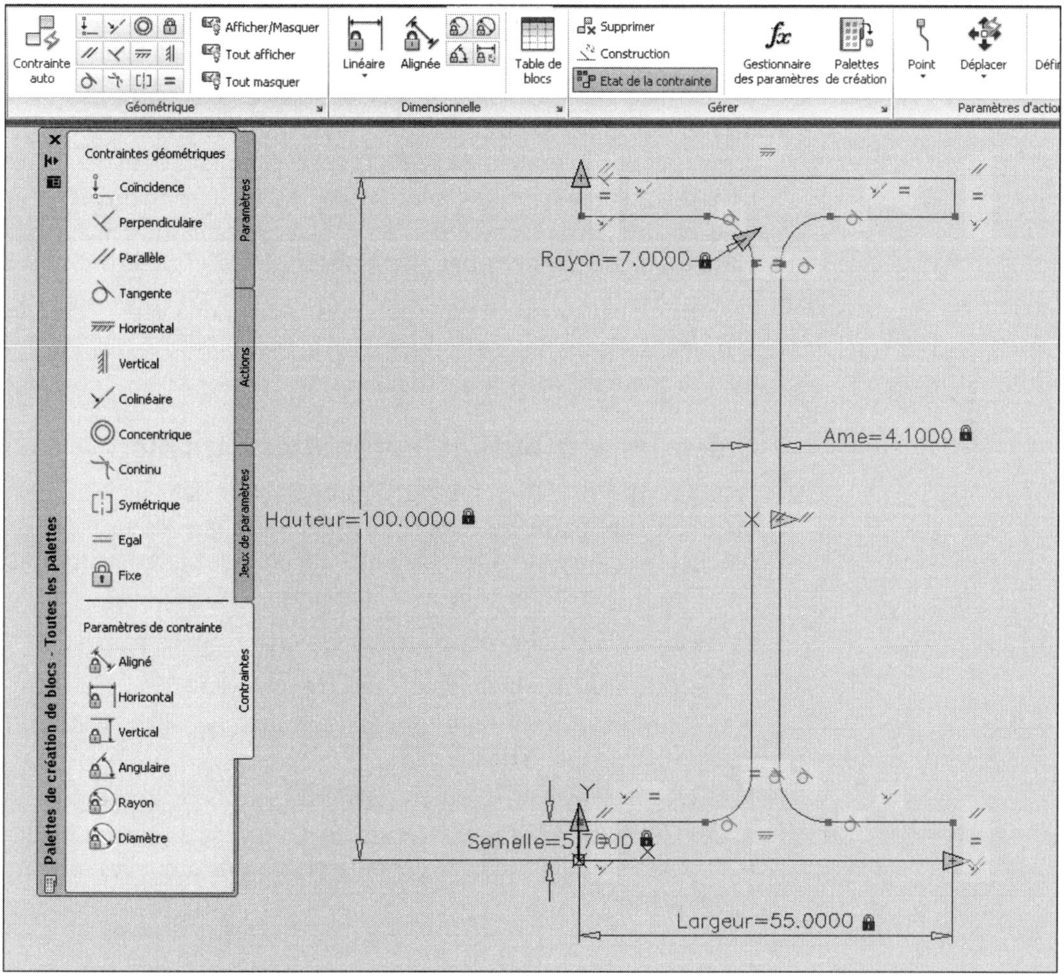

Fig.7.44

La notion d'attribut

Un attribut est une entité du dessin qui contient du texte dans le but d'enrichir et de caractériser les blocs contenus dans ce dessin. L'attribut permet donc de compléter le bloc par des informations portant, par exemple, sur le prix, le modèle, le code produit, la couleur, le matériau, etc. Il n'y a pas de limites au nombre d'attributs par bloc.

L'attribut fait partie intégrante du bloc, ce qui signifie qu'il est copié, déplacé, supprimé, etc. en même temps que celui-ci.

Pour utiliser un attribut, il faut d'abord créer une définition d'attribut par la commande **ATTDEF**. Il s'agit d'une entité du dessin qui décrit les caractéristiques de l'attribut. Cette définition apparaît à l'écran comme une chaîne de caractères appelée **Etiquette d'attribut** (Attribute Tag).

Il est possible par la suite d'extraire des informations sur les attributs du dessin par la commande **EATTEXT**. Cette commande envoie les informations de l'attribut dans un tableau AutoCAD ou dans un fichier disque qui peut ensuite être récupéré par des programmes de traitement propres à l'utilisateur, ou par EXCEL et ACCESS par exemple.

Un attribut peut aussi être invisible, c'est-à-dire non visible à l'écran ou sur le traceur. Cette option ne limite en rien la possibilité d'extraction de l'information contenue dans cet attribut.

Créer des attributs et les intégrer à un bloc

Pour pouvoir utiliser un attribut, il faut l'inclure dans un bloc, c'est-à-dire qu'il doit faire partie de celui-ci au même titre que les autres entités graphiques le composant. Il est conseillé d'inclure le ou les attributs dans un bloc lors de la création de celui-ci et non pas par la suite.

La création d'un bloc avec ses attributs se fait en quatre étapes :

- la création du dessin du bloc (exemple : une vanne);
- la définition des attributs (exemple : un attribut constant **MODEL** et un attribut variable **NUM**);
- la création du bloc (exemple : VANNE) avec sélection des entités graphiques et des attributs;
- l'insertion du bloc dans le dessin avec réponse aux questions associées aux attributs.

Procédure pour créer une définition d'attribut :

Après le dessin des différentes entités composant un bloc, comme une Vanne par exemple, la création des attributs complétant le graphisme s'effectue de la manière suivante :

1. Ouvrir la boîte de dialogue **Définition d'attribut** (Attribute Definition), à l'aide d'une des méthodes suivantes (fig.7.45) :

Ruban : choisir le groupe de fonctions **Définition de bloc** (Block Definition) de l'onglet **Insertion** (Insert) et ensuite **Définir les attributs** (Define Attribute).

Clavier : taper la commande **ATTDEF**.

Fig.7.45

2. Définir le mode de l'attribut, par exemple Constant.
3. Définir la valeur de l'étiquette (Tag), par exemple Modèle.
4. Définir la valeur par défaut (Value), par exemple VA10-.
5. Définir les caractéristiques du texte (justification, style, hauteur et rotation).
6. Cocher le champ **Spécifier à l'écran** (Specify On-screen) pour indiquer l'emplacement de l'attribut dans la zone de dessin.
7. Cliquer sur **OK**.
8. Pointer le texte (P1) dans le dessin (fig.7.46).
9. Définir un deuxième attribut, par exemple en mode Vérifié (Verify).
10. Définir la valeur de l'étiquette (Tag), par exemple Num.
11. Définir le message à afficher (Prompt) lors de l'insertion du bloc avec attributs, par exemple « Quel numéro de vanne ? ».
12. Définir les caractéristiques du texte (justification, style, hauteur et rotation).

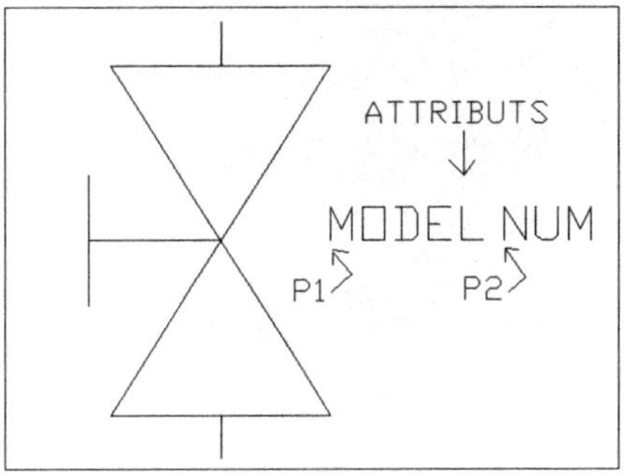

Fig.7.46

13 Cliquer sur OK.

14 Pointer le texte (P2) dans le dessin.

Options

- **Invisible** : le texte comprenant la valeur de l'attribut n'apparaît pas à l'écran lors de l'insertion du bloc dans le dessin.
- **Constant** : la valeur de l'attribut est fixe pour toute insertion du bloc dans le dessin. La valeur d'un attribut constant ne peut pas être modifiée par la suite.
- **Vérifié** (Verify) : permet de vérifier et de modifier la valeur de l'attribut lors de l'insertion du bloc dans le dessin.
- **Prédéfini** (Preset) : l'attribut prend la valeur par défaut, mais contrairement au mode Constant, il est possible de modifier la valeur par la suite.
- **Verrouiller la position** (Lock position) : verrouille la position de l'attribut dans la référence du bloc. Lorsqu'il est déverrouillé, l'attribut peut être déplacé par rapport au reste du bloc à l'aide des poignées d'édition. Les attributs multilignes peuvent être redimensionnés.
- **Lignes multiples** (Multiple lines) : indique que la valeur d'attribut peut contenir plusieurs lignes de texte. Lorsque cette option est sélectionnée, vous pouvez spécifier une largeur de contour pour l'attribut.
- **Etiquette** (Tag) : identifie le titre d'un attribut dans le dessin. L'étiquette est constituée de toute combinaison de caractères à l'exception d'espaces. Les minuscules deviennent automatiquement des majuscules.
- **Invite** (Prompt) : indique le message d'invite qui apparaît lorsque vous insérez un bloc contenant cette définition d'attribut. Si vous ne spécifiez pas l'invite, l'étiquette est utilisée comme invite par défaut. Si vous sélectionnez Constant dans la zone Mode, l'option **Invite** n'est pas disponible.
- **Par défaut** (Default) : indique la valeur par défaut de l'attribut.
- **Bouton Insérer un champ** (Insert field) : affiche la boîte de dialogue Champ. Vous pouvez insérer un champ en tout ou partie de la valeur d'un attribut. Ce bouton n'est pas visible si l'option Lignes multiples est activée. Le champ se définit dans ce cas dans l'éditeur de texte.
- **Bouton Ouvrir l'éditeur de texte multiligne** (Open Multiline Editor) : affiche l'éditeur de texte et la barre d'outils Format du texte. En fonction du paramètre de la variable système **ATTIPE**, la barre d'outils **Format** du texte est affichée dans sa forme réduite ou complète.

Après le dessin des différentes entités composant un bloc, et la définition des attributs, il reste à créer le bloc qui va intégrer l'ensemble.

La procédure est la suivante (fig.7.47) :

1 Sélectionner la commande Bloc à l'aide d'une des méthodes suivantes :

Ruban : choisir le groupe de fonctions **Définition Bloc** (Block Definition) de l'onglet **Insertion** (Insert) puis **Créer un bloc** (Create Block).

Icône : choisir l'icône **Créer Bloc** (Make Block) de la barre d'outils **Dessiner** (Draw).

Clavier : taper la commande **BLOC** (Block).

2 Entrer le nom du Bloc, par exemple Vanne.

3 Désigner le point d'insertion à l'écran P1. Il s'agit du point par lequel le Bloc sera inséré par la suite dans le dessin.

4 Sélectionner les objets qui constitueront le bloc. Dans le cas de notre exemple, sélectionner par une fenêtre (P2-P3) les entités graphiques (la vanne) et les deux attributs.

5 Sauvegarder éventuellement le bloc ainsi créé dans un fichier sur disque par la commande **Wbloc(k)**.

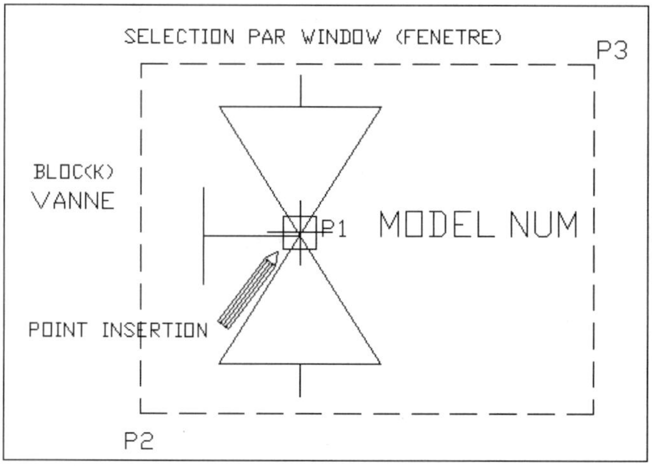

Fig.7.47

Procédure pour insérer un bloc avec ses attributs dans le dessin :

Après l'insertion du bloc proprement dit dans le dessin, AutoCAD affiche les questions définies lors de la création des attributs, dans la zone « commande » en bas de l'écran, ou via une boîte de dialogue si la variable **ATTDIA** (à rentrer au clavier) est égale à 1. Cette dernière option est conseillée dans le cas où de nombreux attributs variables ont été définis. La procédure d'insertion est la suivante :

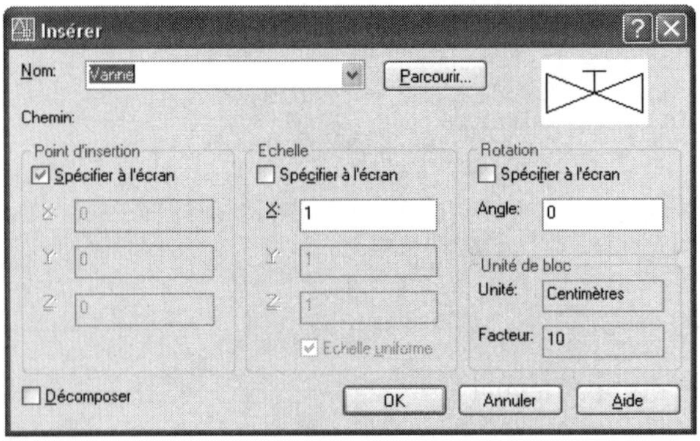

Fig.7.48

[1] Exécuter la commande d'insertion de bloc à l'aide d'une des méthodes suivantes (fig.7.48) :

Ruban : choisir le groupe de fonctions **Bloc**(k) puis l'option **Insertion** (Insert).

Icône : choisir l'icône **Insérer Bloc** (Insert Block) de la barre d'outils **Dessiner** (Draw).

Clavier : taper la commande **INSERER** (Insert).

[2] Dans la boîte de dialogue **Insérer** (Insert), sélectionner le Bloc (Block) ou cliquer sur **Parcourir** (Browse) pour spécifier l'emplacement du bloc sur disque. Prendre par exemple, Vanne.

[3] Pour spécifier à l'écran les caractéristiques d'insertion du bloc (Point d'insertion, Echelle, Rotation) activer le champ **Spécifier à l'écran** (Specify on Screen). Appuyer ensuite sur **OK**.

[4] Indiquer à l'écran le point d'insertion P1 et spécifier l'échelle (appuyer sur Entrée pour accepter les valeurs par défaut) et l'angle de rotation.

[5] La boîte de dialogue **Entrer les attributs** (Enter Attributes) s'affiche ensuite à l'écran. Répondre à la question « Quel numéro de vanne ? ». Appuyer ensuite sur **OK** (fig.7.49).

[6] Utiliser la même procédure pour insérer les différents symboles.

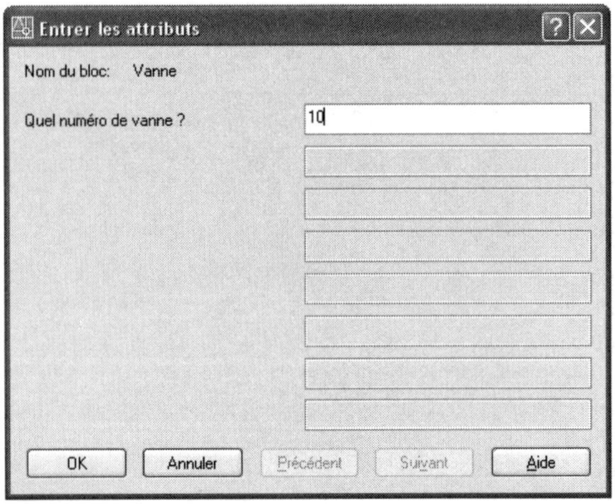

Fig.7.49

Modifier les attributs

La modification d'un attribut peut s'effectuer à plusieurs niveaux en fonction du stade de sa création. Il est ainsi possible de modifier :

- la définition d'un attribut avant son intégration dans un bloc ;
- la définition d'un attribut après son intégration dans un bloc ;
- la valeur d'un attribut inséré dans un dessin.

Procédure pour modifier une définition d'attribut avant intégration dans un bloc :

1. Sélectionner puis cliquer deux fois sur l'attribut. La boîte de dialogue **Editer une définition d'attribut** (Edit Attribute Definition) s'affiche à l'écran (fig.7.50).

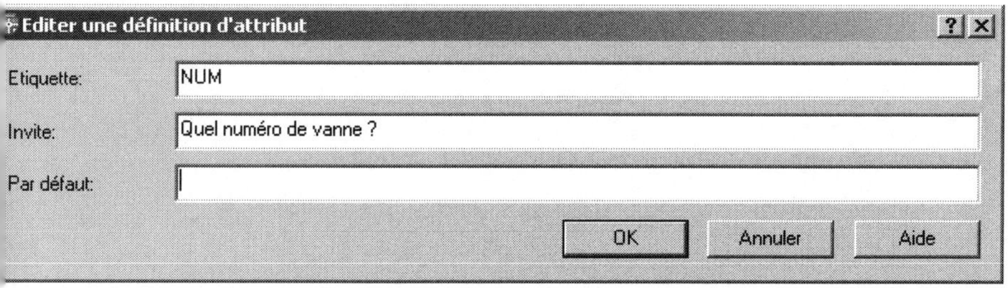

g.7.50

2. Dans la boîte modifier l'étiquette (tag), l'invite (prompt), la valeur par défaut (default).
3. Cliquer sur **OK** pour terminer.

Procédure pour modifier une définition d'attribut intégrée dans un bloc :

Pour modifier un attribut intégré dans un bloc et inséré dans un dessin, ou pour ajouter ou effacer un attribut, il convient de suivre la procédure qui suit :

1. Sélectionner la fonction de modification par l'une des méthodes suivantes :

Ruban : dans le groupe de fonctions **Définition de bloc** (Block Definition) de l'onglet **Insertion** (Insert), sélectionner **Gérer les attributs** (Manage Attributes).

 Icône : cliquer sur l'icône **Gestionnaire des attributs de bloc** (Block Attribute Manager) de la barre d'outils **Modification II**.

 Clavier : taper la commande **GESTATTB** (Battman).

2 Dans le **Gestionnaire des attributs de bloc**, sélectionner un bloc dans la liste associée au champ Bloc ou cliquer sur le bouton **Sélectionner bloc** (Select block), puis sélectionner un bloc dans la zone de dessin.

3 Dans la liste des attributs, cliquer deux fois sur l'attribut à modifier ou le sélectionner et cliquer sur le bouton **Editer** (Edit) (fig.7.51).

4 Dans la boîte de dialogue **Editer un attribut** (Edit Attribute), modifier l'attribut comme souhaité, puis cliquer sur **OK** (fig.7.52-7.53-7.54).

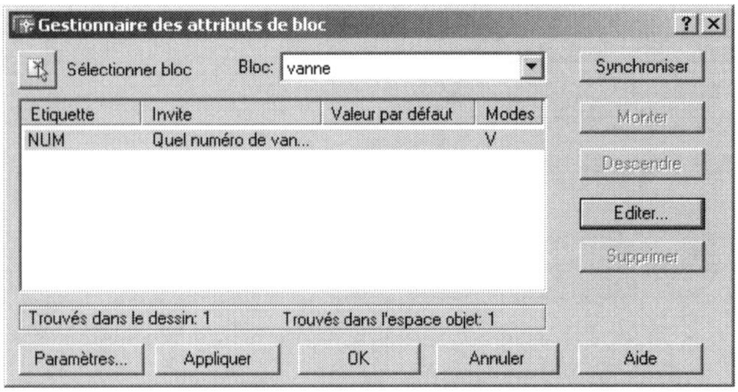

Fig.7.51

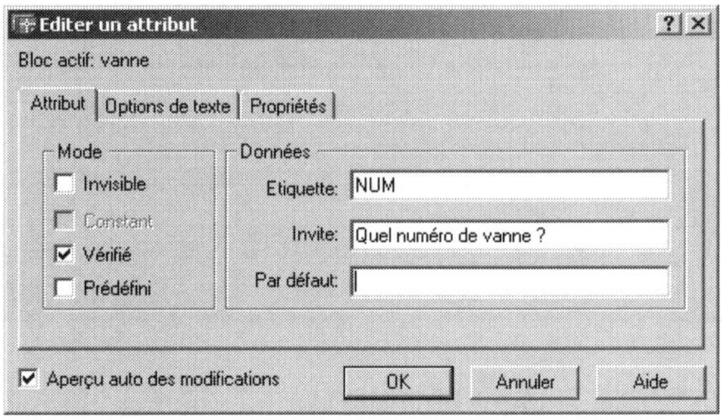

Fig.7.52

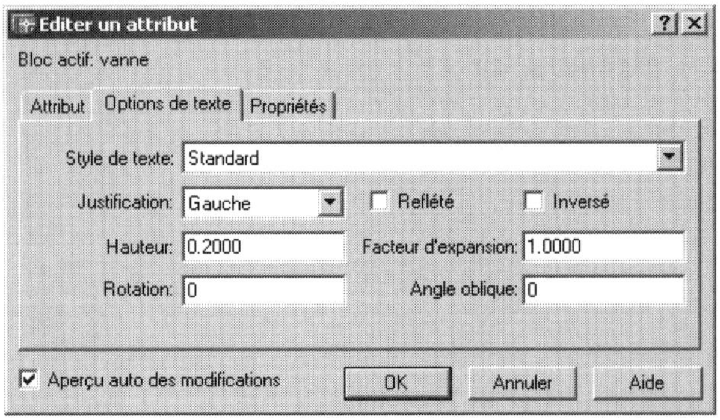

Fig.7.53

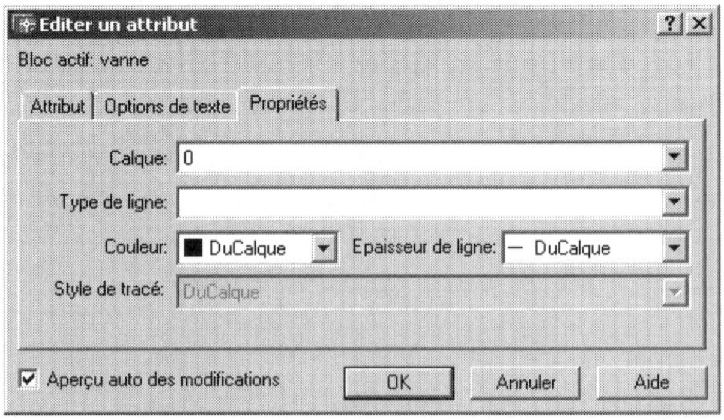

Fig.7.54

Procédure pour modifier la valeur des attributs insérés dans un dessin :

Après l'insertion des blocs avec leurs attributs, il est possible de modifier la valeur des attributs indépendamment des blocs auxquels ils sont associés. Il est ainsi permis de modifier la valeur de l'attribut, sa position, sa hauteur, son orientation, son style, sa couleur et le calque (layer) sur lequel il se situe. La modification des attributs peut se faire individuellement ou globalement.

La procédure est la suivante :

1 Ouvrir la boîte de dialogue **Editer les attributs** (Edit Attributes), à l'aide d'une des méthodes suivantes :

Ruban : dans le groupe de fonctions **Bloc** (Block) de l'onglet **Insertion** (Insert), sélectionner **Editer les attributs Unique** (Edit Single).

Icône : choisir l'icône **Editer des attributs** (Edit Attribute) de la barre d'outils **Modification II** (Modify II).

Clavier : taper la commande **EATTEDIT**.

2 Sélectionner le bloc contenant les attributs à modifier. La boîte de dialogue **Editeur d'attributs étendu** (Enhanced Attribute Editor) s'affiche à l'écran (fig.7.55).

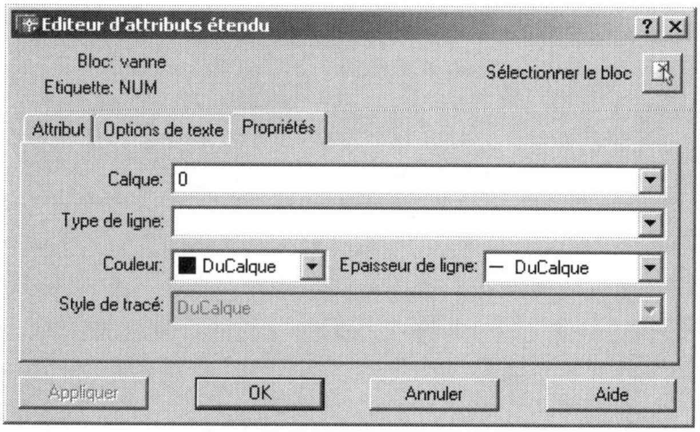

Fig.7.55

[3] Modifier les valeurs des attributs et/ou les propriétés des attributs (police, couleur, calque...) puis cliquer sur **OK** (fig.7.56–7.57).

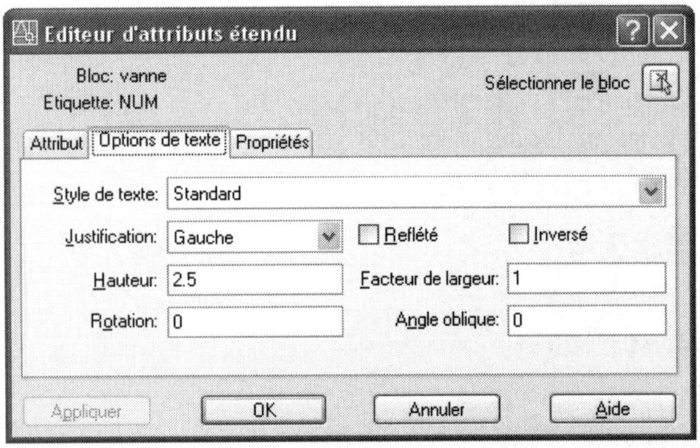

Fig.7.56

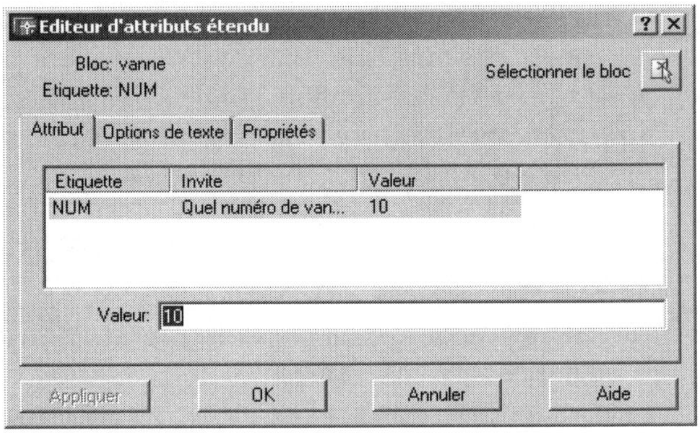

Fig.7.57

Extraire des informations relatives aux attributs

AutoCAD permet d'extraire des informations relatives aux attributs d'un dessin et de les placer dans un tableau AutoCAD ou dans un fichier, en vue de les lire ou importer par la suite dans une application de type base de données ou tableur.

Depuis AutoCAD 2008, l'extraction des attributs est un cas particulier des méthodes d'extraction des données d'AutoCAD. Le chapitre 12 donne les détails sur les différentes méthodes.

CHAPITRE 8

HABILLER UN DESSIN

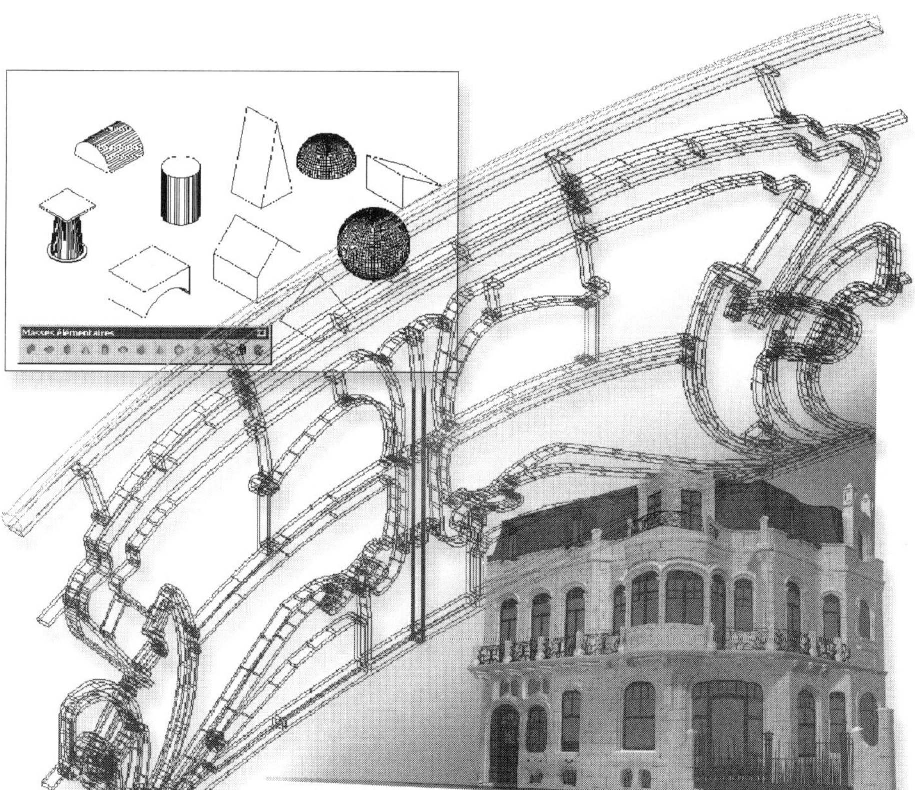

L'habillage du plan

Après la réalisation du dessin au niveau des formes géométriques, il est essentiel, pour des raisons de compréhension, d'habiller celui-ci en y ajoutant des hachures, des textes, des cotes, des lignes d'axe, etc. Le présent chapitre traite en particulier des techniques de hachurage des surfaces et d'ajout de textes.

AutoCAD est fourni en standard avec une collection de 53 motifs de hachures standard et 14 motifs conformes à la norme ISO. Il est également possible de remplir des surfaces avec un remplissage de type gradient qui permet de simuler la réflexion de la lumière sur un objet figurant dans le dessin et de créer certains effets. AutoCAD est aussi fourni avec une collection de 30 polices de type Shape (extension .shx), une collection de 16 polices PostScript Type 1 (extension .pbf) et une collection de 38 polices de type TrueType (extension .ttf).

Hachurer une surface

Plusieurs éléments sont à prendre en compte lors de l'hachurage d'une zone du dessin.

- La méthode pour hachurer.
  - **Hachurage automatique** d'une zone avec désignation d'un point interne au contour, via l'option par défaut « Choisir des points » de la commande Hachure.
  - **Hachurage automatique** d'une zone par la technique glisser-déposer à partir de la palette d'outils.
  - **Hachurage manuel** d'une zone avec sélection des différentes frontières de la zone en question, via l'option Sélection de la commande Hachure.
  - **Hachurage manuel** d'une zone par pointage de points, via la commande « -hachures » à taper au clavier.

- Le choix du motif d'hachurage et son paramétrage.
  - **Hachure Motif :** représente un motif (lignes en série) ou un matériau (briques, béton, terre, etc.). Il est possible de choisir la couleur, l'échelle et l'origine du motif, ainsi qu'une couleur d'arrière-plan.
  - **Hachure Solide :** représente une hachure pleine pour pocher une zone. Il est possible de choisir sa couleur.
  - **Hachure Gradient** (ou dégradée) : représente une hachure pleine variant d'une couleur à une autre. Il est possible de choisir les deux couleurs du dégradé, son type et son orientation.
  - **Hachure défini par l'utilisateur :** permet de créer une hachure personnalisée en définissant l'angle de la hachure et la distance entre les lignes. Il est possible de définir la couleur des lignes ainsi que celle de l'arrière-plan.
- La définition d'une série de paramètres complémentaires.
  - La définition de **l'origine du motif** par pointage ou par sélection d'une option prédéfinie.
  - L'activation ou non de la possibilité d'obtenir des **hachures séparées**.
  - **L'ordre d'affichage** des hachures (premier plan, arrière-plan...).
  - L'activation ou non de la propriété **Associatif**, qui permet la mise à jour automatique de la hachure si le contour est modifié.
  - L'activation ou non de la propriété **Annotatif**, qui permet de spécifier si l'échelle du motif doit s'adapter ou non en fonction de celle de la fenêtre (espace papier).

La procédure pour hachurer automatiquement une surface est la suivante :

Pour hachurer une surface, AutoCAD dispose d'une option spécifique, Choisir des points (Pick points), qui détermine automatiquement la frontière. La détermination d'un seul point à l'intérieur d'un contour fermé est suffisante pour déterminer la frontière.

1 Exécuter la commande de hachurage à l'aide d'une des méthodes suivantes (fig.8.1) :

Ruban : choisir le groupe de fonctions **Dessin** (Draw) puis l'option **Hachures** (Hatch).

Icône : choisir l'icône **Hachures** (Hatch) de la barre d'outils Dessin (Draw).

Clavier : taper la commande **FHACH** (Bhatch).

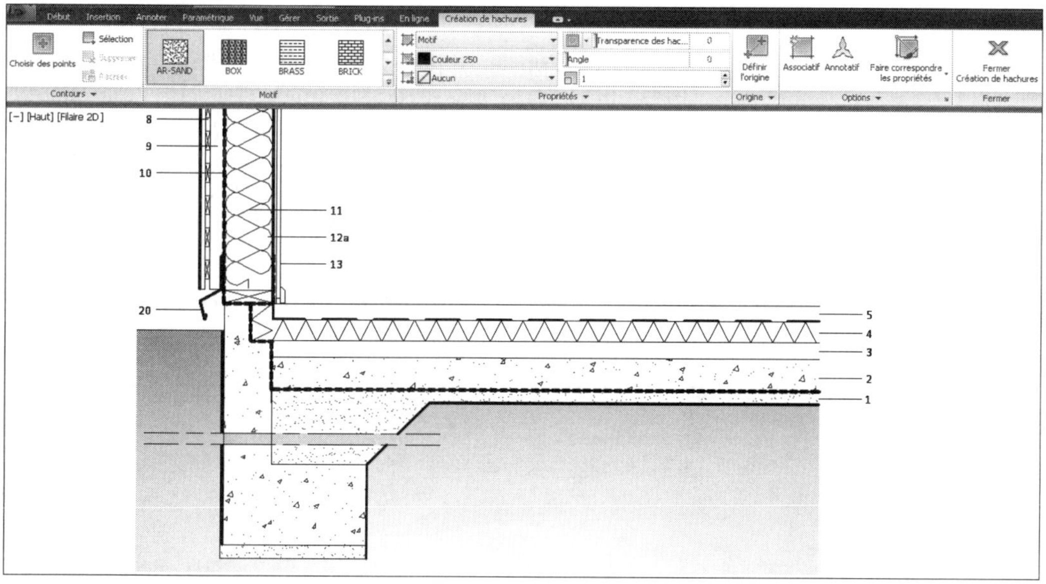

Fig.8.1

2 L'option de sélection par défaut étant **Choisir des points** (Pick Points), il suffit de survoler la zone à hachurer, puis de cliquer dans celle-ci si la prévisualisation a donné un résultat satisfaisant. Dans le cas contraire, il convient de modifier le paramétrage de la hachure via les différentes options du ruban Création de hachures.

3 Sélectionner le type de hachure dans la section **Motif** (Pattern) du Ruban. Il en existe quatre types : Solide (hachure pleine), Motif (hachure avec des formes géométriques), Gradient (hachure avec dégradé de couleurs), Utilisateur (hachure personnalisée). Par exemple : hachure de briques (fig.8.2).

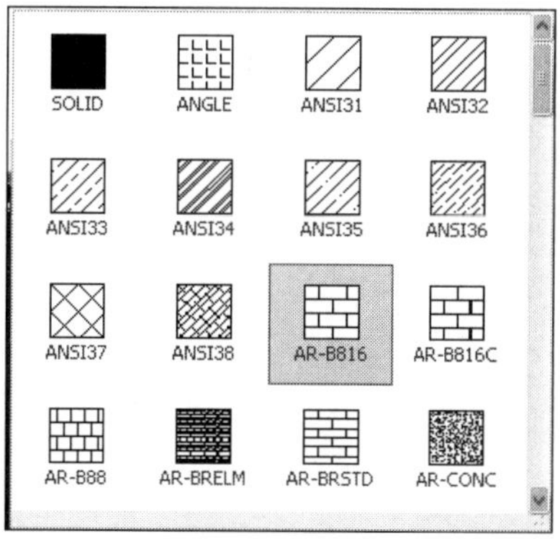

Fig.8.2

4 Sélectionner la couleur du motif et, éventuellement, celle d'arrière-plan dans la section Propriétés de l'onglet.

5 Si la hachure est trop dense, modifier éventuellement l'échelle.

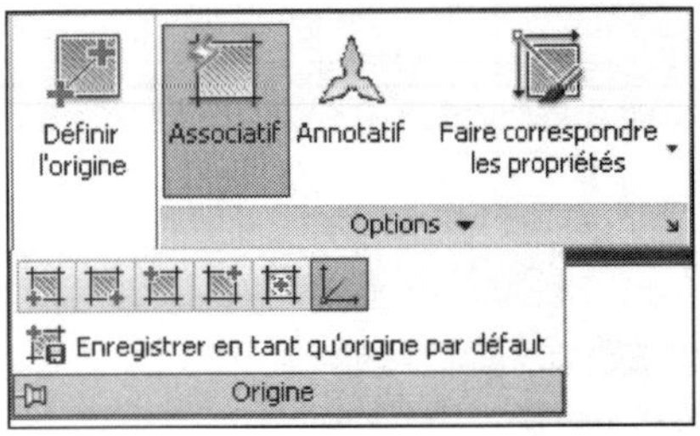

Fig.8.3

6 Sélectionner éventuellement l'origine pour le hachurage. Par défaut, AutoCAD calcule le motif des hachures à partir de l'origine du système de coordonnées. En fonction du motif utilisé (par exemple, des briques), il peut être intéressant de spécifier une autre origine. Il suffit pour cela de cliquer sur le bouton **Définir l'origine** (Set Origin) de la zone Origine (Origin), et de pointer l'origine ou de choisir une des options prédéfinies (fig.8.3).

7 Dans le cas où l'on applique simultanément le même motif de hachures à plusieurs zones du dessin, on peut spécifier que chaque zone soit traitée comme un objet distinct. Par la suite, cela permet de modifier la hachure dans une zone sans changer les autres hachures (fig.8.4). Il convient pour cela d'activer l'option **Créer des hachures séparées** (Create Separate Hatches) dans la zone Options.

8 Cliquer sur **Fermer Création de hachures** (Close Hatch Creation) dans la zone Fermer (Close).

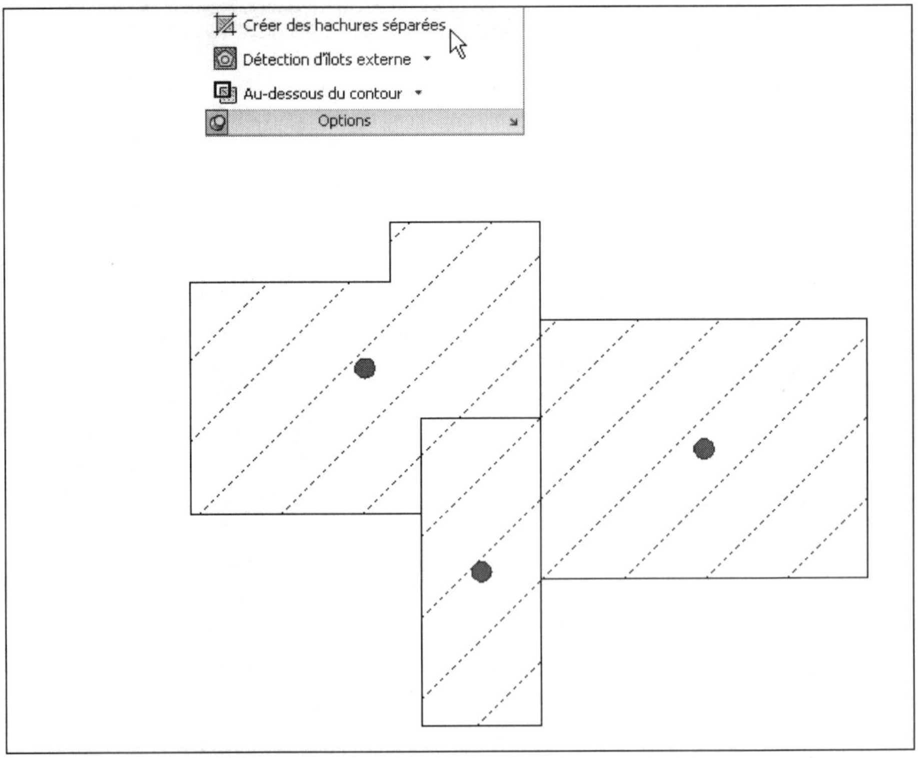

Fig.8.4

Les options du ruban sont les suivantes (fig.8.5) :

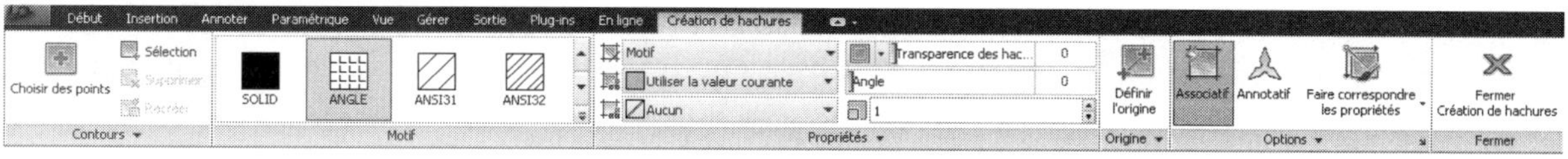

Fig.8.5

Groupe de fonctions Contours

- **Choisir des points** (Pick Points) : détermine un contour à partir d'objets existants formant une zone fermée autour du point spécifié. Au cours de la sélection de points internes, vous pouvez à tout moment cliquer dans la zone de dessin avec le bouton droit de la souris pour afficher un menu contextuel qui contient plusieurs options.
- **Sélection** (Select) : détermine un contour à partir des objets sélectionnés qui forment une zone fermée. Lorsque vous utilisez l'option Sélectionner les objets, les objets internes ne sont pas détectés automatiquement. Vous devez sélectionner les objets situés à l'intérieur du contour sélectionné afin de les hachurer ou de les remplir selon le style de détection d'îlots courant.
- **Supprimer** (Remove) : supprime la définition du contour de tout objet précédemment ajouté.
- **Recréer** (Recreate) : crée une polyligne ou une région autour des hachures ou du remplissage sélectionnés, et l'associe facultativement à l'objet de hachures (fig.8.6).

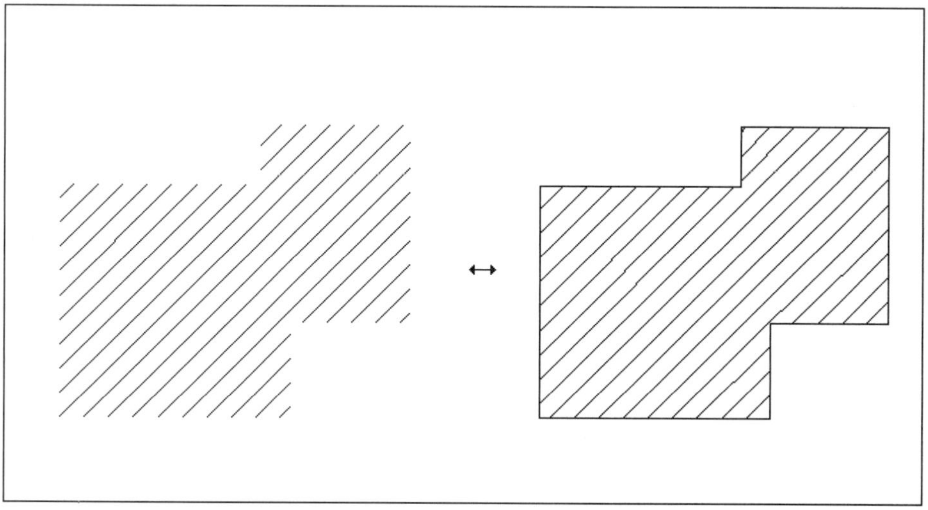

Fig.8.6

- **Afficher les objets de contour** (Display Boundary Objects) : affiche les poignées de contour pour les hachures sélectionnées que vous pouvez utiliser pour modifier le contour et l'objet de hachures. Lorsque vous sélectionnez ou utilisez l'option Afficher les objets de contour pour sélectionner des hachures non associatives, les poignées de contour de hachures sont affichées.
- **Ne pas conserver les contours** (Don't Retain Boundaries) : ne crée pas d'objet distinct qui délimite l'objet de hachures. Cette option est uniquement disponible lors de la création de hachures.
- **Conserver les contours – Polyligne** (Retain Boundaries-Polyline) : crée une polyligne qui délimite l'objet de hachures. Cette option est uniquement disponible lors de la création de hachures.
- **Conserver les contours – Zone** (Retain Boundaries-Region) : crée une zone qui entoure l'objet de hachures. Cette option est uniquement disponible lors de la création de hachures.
- **Utiliser la fenêtre courante** (Use Current Viewport) : définit le jeu de contours à partir de tous les objets présents dans l'étendue de la fenêtre courante. Cette option est uniquement disponible lors de la création de hachures.

Groupe de fonctions Motif : affiche un aperçu de tous les motifs prédéfinis et personnalisés.

Groupe de fonctions Propriétés

- **Type de hachures** (Pattern) : indique s'il faut créer un remplissage de solide, un remplissage avec gradients, un motif de hachures prédéfini ou défini par l'utilisateur. Les motifs prédéfinis sont stockés dans le fichier acadiso.pat ; ceux définis par l'utilisateur sont basés sur le type de ligne courant du dessin. Un motif personnalisé est un motif défini par tout fichier PAT personnalisé que vous avez ajouté au chemin de recherche.
- **Couleur de hachures ou Couleur de dégradé 1** : spécifie la couleur des remplissages de solide et des motifs de hachures, ou la première des deux couleurs du dégradé.
- **Couleur d'arrière-plan ou Couleur du dégradé 2** : spécifie la couleur de l'arrière-plan de motif de hachures ou la seconde couleur du dégradé. Lorsque le type de hachures est défini sur Solide, la seconde couleur de dégradé n'est pas disponible.
- **Transparence** (Transparency) : définit le niveau de transparence pour les nouveaux objets de hachures et remplace la transparence d'objet par défaut.

- **Angle** : définit l'angle des objets de hachures Gradient et Motif par rapport à l'axe X du SCU courant. Définissez un angle de hachures compris entre 0 et 359 degrés à l'aide du curseur.
- **Echelle** (Scale) : développe ou réduit un motif de hachures prédéfini ou personnalisé.
- **Espacement** (Hatch spacing) : lorsque le type de hachures est fixé sur Défini par l'utilisateur, cette option spécifie l'espacement des lignes dans un motif choisi par l'utilisateur.
- **Curseur de teinte** (Tint cursor) : lorsque le type de hachures est défini sur Gradient, cette option spécifie la teinte (la couleur sélectionnée mélangée à du blanc) de la couleur à utiliser pour un remplissage avec gradients d'une couleur.
- **Nom du calque** (Layer Name) : indique le calque sur lequel les objets de hachures sont ajoutés.
- **Par rapport à l'espace papier** (Relative to Paper Space) : met le motif de hachures à l'échelle en fonction des unités de l'espace papier. Cette option permet d'afficher les motifs de hachures selon une échelle adaptée à votre présentation. Elle n'est disponible qu'à partir d'une présentation.
- **Double** : pour les motifs définis par l'utilisateur, cette option permet de dessiner un jeu de lignes à 90° par rapport aux lignes originales, ce qui crée d'autres hachures. Cette option est disponible uniquement lorsque le type de hachures est fixé sur Défini par l'utilisateur.
- **Largeur de plume ISO** (ISO Pen Width) : met à l'échelle un motif ISO prédéfini, en fonction de l'épaisseur de tracé sélectionné. Cette option est uniquement disponible lorsqu'un motif ISO a été spécifié.

Groupe de fonctions Origine (Origin)

Contrôle l'emplacement de départ de la génération du motif de hachures. Certaines hachures, comme les motifs de brique, doivent être alignées sur un point du contour de hachures. Par défaut, toutes les origines des hachures correspondent à l'origine du SCU courant.

- **Définir l'origine** (Set Origin) : détermine directement le nouveau point d'origine des hachures.
- **Bas Gauche :** définit l'origine des hachures dans l'angle inférieur gauche de l'étendue rectangulaire du contour de hachures.
- **Bas Droite :** définit l'origine des hachures dans l'angle inférieur droit de l'étendue rectangulaire du contour de hachures.
- **Haut Gauche :** définit l'origine des hachures dans l'angle supérieur gauche de l'étendue rectangulaire du contour de hachures.

- **Haut Droite :** définit l'origine des hachures dans l'angle supérieur droit de l'étendue rectangulaire du contour de hachures.
- **Centre :** définit l'origine des hachures au centre de l'étendue rectangulaire du contour de hachures.
- **Utiliser l'origine courante** (Use default Origin) : définit l'origine des hachures à l'emplacement par défaut enregistré dans la variable système HPORIGIN.
- **Enregistrer en tant qu'origine par défaut** (Store as Default Origin) : enregistre la valeur de la nouvelle origine des hachures dans la variable système HPORIGIN.

Groupe de fonctions Options

Contrôle plusieurs options de hachures ou de remplissage couramment utilisées.

- **Associative :** indique que les hachures ou le remplissage sont associatifs. Des hachures associatives ou un remplissage associatif sont mis à jour lorsque vous modifiez leurs objets de contour.
- **Annotatif** (Annotative) : indique que les hachures sont annotatives. Cette propriété automatise le processus de mise à l'échelle des annotations afin qu'elles soient affichées ou tracées selon la taille appropriée dans l'espace papier.
- **Faire correspondre les propriétés** (Match Properties) : permet de copier les propriétés d'une hachure.
  - **Utiliser l'origine courante** (Use current origin) : définit les propriétés des hachures avec un objet de hachures sélectionné, à l'exception de l'origine des hachures.
  - **Utiliser l'origine des hachures source** (Use source hatch origin) : définit les propriétés des hachures avec un objet de hachures sélectionné, y compris l'origine des hachures.
- **Tolérance d'espaces** (Gap Tolerance) : définit la taille maximale des espaces qui peuvent être ignorés lorsque des objets sont utilisés comme contour de hachures. La valeur par défaut 0 indique que les objets doivent encadrer la zone, sans espace. Tous les espaces inférieurs ou égaux à la valeur que vous avez spécifiée sont ignorés et le contour est traité comme s'il était fermé.
- **Créer des hachures séparées** (Create Separate Hatches) : détermine si un ou plusieurs objets de hachures sont créés lorsque plusieurs contours fermés sont spécifiés.

- **Détection d'îlots normale** (Normal Island Detection) : dessine des hachures ou un remplissage vers l'intérieur à partir du contour extérieur. Si un îlot interne est trouvé, les hachures ou le remplissage sont désactivés jusqu'à la détection d'un autre îlot dans cet îlot (fig.8.7).
- **Détection externe d'îlots** (Outer Island Detection) : dessine des hachures ou un remplissage vers l'intérieur à partir du contour extérieur. Cette option permet de hachurer ou de remplir uniquement la zone spécifiée sans modifier les îlots internes (fig.8.7).
- **Ignorer la détection d'îlots** (Ignore Island Detection) : ignore tous les objets internes et les recouvre par les hachures ou le remplissage (fig.8.7).
- **Aucune détection d'îlots** (No Island Detection) : désactive la détection d'îlots.
- **Ordre de tracé** (Draworder) : attribue un ordre de tracé aux hachures ou au remplissage. Vous pouvez placer des hachures ou un remplissage derrière ou devant tous les autres objets, derrière ou devant le contour de hachures.

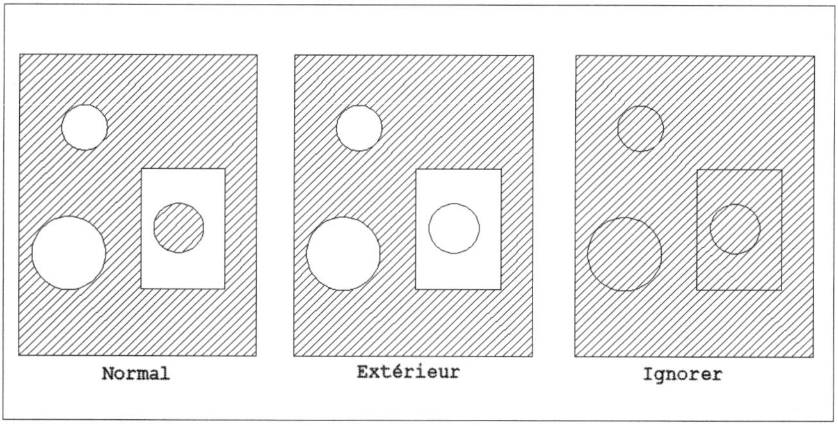

Fig.8.7

Groupe de fonctions Fermer

- **Fermer Création de hachures** (Close Hatch Creation) : quitte l'éditeur de hachures et ferme l'onglet contextuel.

Pour hachurer une surface, il est également possible de sélectionner manuellement les différentes frontières délimitant la zone à hachurer. Dans ce cas, le hachurage d'une zone impose que les limites de celle-ci se rejoignent à leur extrémité. Ainsi, le hachurage de la partie ABED d'un rectangle ACFD ne peut se faire correctement que si le côté AC est composé des droites AB et BC, et le côté DF des droites DE et EF. De même, le hachurage de la zone d'intersection des cercles A et B ne peut se faire correctement qu'après coupure des deux cercles en leurs points d'intersection P1 et P2 (fig.8.8).

[1] Exécuter la commande de hachurage à l'aide d'une des méthodes suivantes :

Ruban : choisir le groupe de fonctions **Dessin** (Draw), puis l'option **Hachures** (Hatch).

Icône : choisir l'icône **Hachures** (Hatch) de la barre d'outils **Dessin** (Draw).

Clavier : taper la commande **FHACH** (Bhatch).

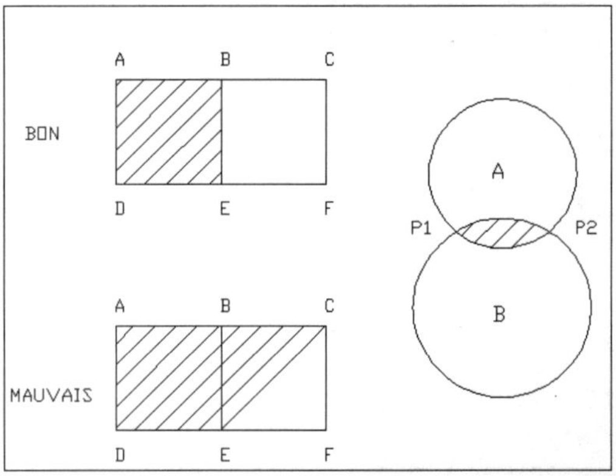

Fig.8.8

[2] Sélectionner l'option Sélection (Select) dans le groupe de fonctions Contours (Boundaries) du ruban.

[3] Sélectionner les différentes frontières délimitant la zone à hachurer.

[4] Sélectionner le type de hachure dans la section **Motif** (Pattern) du ruban.

[5] Sélectionner la couleur du motif et, éventuellement, celle d'arrière-plan dans la section Propriétés de l'onglet.

[6] Modifier éventuellement l'échelle si le hachurage est trop dense.

[7] Sélectionner éventuellement l'origine pour le hachurage. Il suffit pour cela de cliquer sur le bouton **Définir l'origine** (Set Origin) de la zone Origine et de pointer l'origine ou de choisir une des options prédéfinies.

[8] Dans le caş où l'on applique simultanément le même motif de hachures à plusieurs zones du dessin, on peut spécifier que chaque zone soit traitée comme un objet distinct. Par la suite, cela permet de modifier la hachure dans une zone sans changer les autres hachures. Il convient pour cela d'activer l'option **Créer des hachures séparées** (Create Separate Hatches) dans la zone Options.

[9] Cliquer sur Fermer Création de hachures (Close Hatch Creation) dans la zone Fermer (Close).

La procédure pour hachurer manuellement un contour défini par des points est la suivante (fig.8.9) :

Dans certains cas, il est utile de pouvoir hachurer une zone, souvent irrégulière, en désignant simplement une série de points.

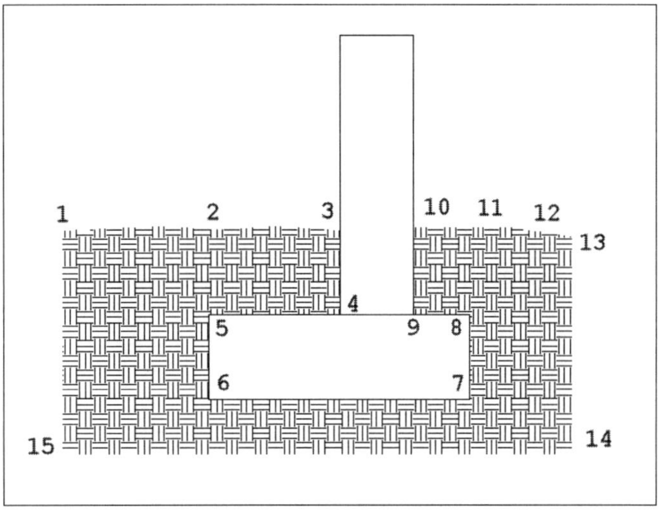

Fig.8.9

1. Sur l'invite de commande, taper **–hachures** (–hatch).
2. Entrer P pour sélectionner l'option Propriétés (Properties).
3. Entrer le motif souhaité. Par exemple, entrer terre pour sélectionner le motif Earth.
4. Spécifier l'échelle et l'angle du motif.
5. Taper e (w) pour spécifier l'option **Dessiner contour** (Draw boundary).
6. Entrer n pour ignorer le contour de polylignes une fois la zone de hachures définie ou o pour créer une polyligne.
7. Spécifier les points qui définissent le contour. Entrer c pour fermer le contour de la polyligne, puis appuyer sur Entrée pour accepter le contour.

Hachurer à l'aide de la palette d'outils

Les palettes d'outils sont des zones à onglets dans la fenêtre **Palettes d'outils**, qui permettent d'organiser, de partager et de placer des blocs et des hachures. Les hachures peuvent être glissées dans la palette à partir du DesignCenter (ou du dessin) et il est possible de modifier les propriétés de chacune des hachures (échelle, angle...).

Pour modifier les propriétés d'une hachure, il convient de :

1. Ouvrir la palette d'outils en cliquant sur l'icône **Palette d'outils** dans le groupe de fonctions **Palettes** de l'onglet Vue (View).
2. Cliquer sur l'onglet des hachures.
3. Sélectionner une hachure (fig.8.10).
4. Effectuer un clic droit et sélectionner l'option **Propriétés** (Properties).

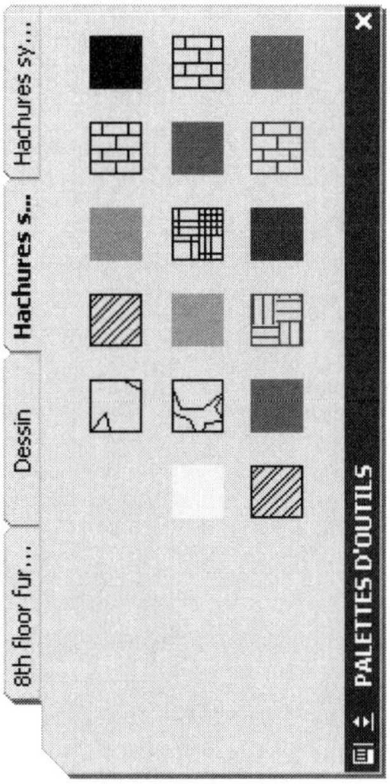

Fig.8.10

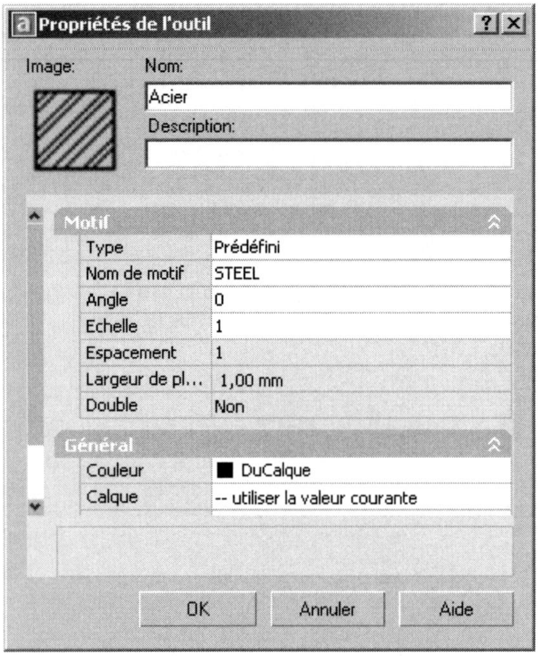

Fig.8.11

5 Modifier les propriétés (échelle, angle, couleur...) dans la boîte de dialogue **Propriétés de l'outil** (Tool Properties) (fig.8.11).

6 Cliquer sur OK.

REMARQUE

Il est possible de copier/coller une hachure dans la palette d'outils, puis de modifier les propriétés de la copie. Cela permet d'avoir par exemple une gamme d'hachures identiques mais avec des échelles différentes.

Pour hachurer une zone à partir de la palette d'outils, il convient de :

1 Sélectionner la hachure avec la touche gauche de la souris.

2 En gardant la touche enfoncée, glisser le motif dans la zone à hachurer. Le contour doit être fermé sinon AutoCAD affiche « Contour de hachures correct introuvable ».

3 Il est possible de placer plusieurs hachures l'une sur l'autre (fig.8.12).

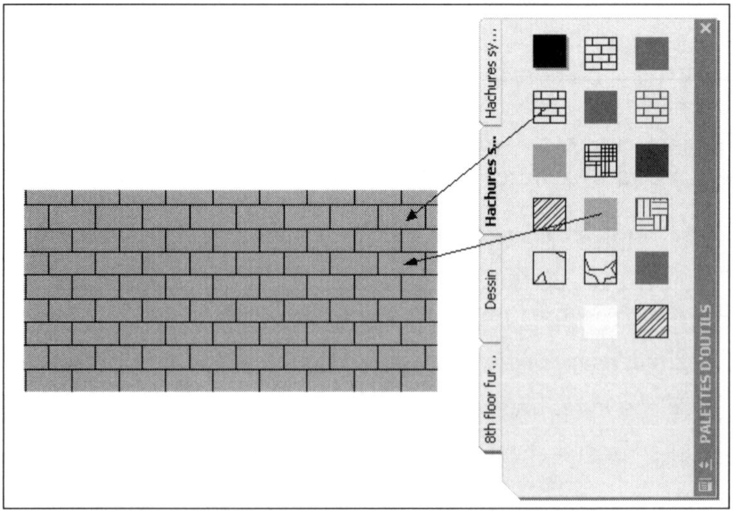

Fig.8.12

Créer des zones avec gradient

Un remplissage avec gradient est un remplissage avec hachures qui produit un effet de surface éclairée présentant des couleurs fondues. La couleur dans un remplissage avec gradient crée une transition régulière du clair au sombre ou inversement, et ce dans les deux sens. Il suffit de sélectionner un motif prédéfini (par exemple, un balayage linéaire, sphérique ou radial) et ensuite de spécifier un angle pour le motif. Dans un remplissage avec gradient à deux couleurs, la transition se fait à la fois du clair au sombre et de la première couleur vers la seconde.

Les remplissages avec gradient sont appliqués aux objets comme le sont les remplissages pleins, et peuvent être associés ou non à leurs contours. Un remplissage associé est automatiquement actualisé lorsque le contour est modifié.

Pour créer un remplissage avec gradient d'une couleur, la procédure est la suivante :

1. Exécuter la commande de hachurage à l'aide d'une des méthodes suivantes :

   Ruban : choisir le groupe de fonctions **Dessin** (Draw), puis l'option **Gradient**.

   Icône : choisir l'icône **Gradient** de la barre d'outils **Dessin** (Draw).

   Clavier : taper la commande **Gradient**.

2. Spécifier un point interne ou sélectionner un objet dans le dessin.
3. Sélectionner le type de gradient dans la section **Motif** (Pattern) (fig.8.13).
4. Sélectionner les couleurs dans la section Propriétés, et modifier éventuellement l'angle.

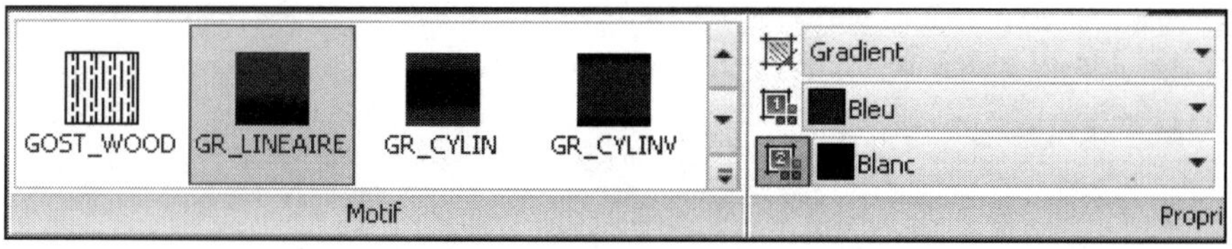

Fig.8.13

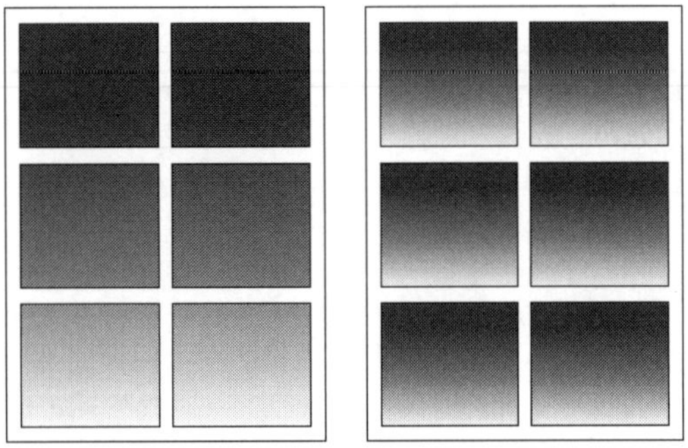

Fig.8.14

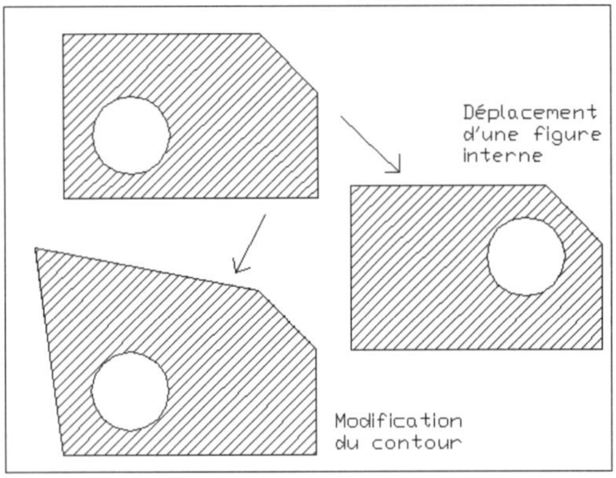

Fig.8.15

[5] En fonction de l'effet recherché, activer ou non l'option **Créer des hachures séparées** (Create Separate Hatches) dans la section **Options**. Dans l'exemple de la figure 8.14 qui représente un vitrage, la partie de gauche illustre des hachures non séparées et la partie de droite des hachures séparées.

Modifier le hachurage d'une surface

Le hachurage d'une surface peut être modifié tant au niveau de son contour que du motif. En effet, grâce à sa propriété d'associativité, toute modification du contour d'une zone hachurée entraîne automatiquement un ajustement de la hachure au nouveau contour. De même, tout déplacement d'une figure située à l'intérieur de la zone hachurée entraîne un ajustement des hachures (fig.8.15).

En ce qui concerne la modification de la hachure en elle-même, la procédure est la suivante :

[1] Exécuter la commande de modification à l'aide d'une des méthodes suivantes :

Ruban : choisir le groupe de fonctions **Modification** (Modify) puis l'option **Modifier les hachures** (Edit Hatch).

Icônes : choisir l'icône **Editer motif de hachurage** (Edit Hatch) de la barre d'outils **Modification II** (Modify II) ou cliquer deux fois sur l'hachure à modifier.

Clavier : taper la commande **EDITHACH** (Hatchedit).

[2] Sélectionner la hachure à modifier. La boîte de dialogues Editer les hachures (Hatch edit) s'affiche à l'écran.

[3] Modifier les différents paramètres souhaités.

[4] Cliquer sur OK.

REMARQUES

Il est aussi possible de modifier une hachure à l'aide du ruban Editeur de hachures (Hatch Editor) en sélectionnant simplement celle à modifier.

Lorsque le contour à hachurer n'est pas complètement fermé, AutoCAD affiche des cercles rouges pour spécifier l'emplacement des problèmes (fig.8.16).

Il est possible d'éditer des hachures non-associatives à l'aide d'une série de poignées situées à la frontière de la hachure (fig.8.16).

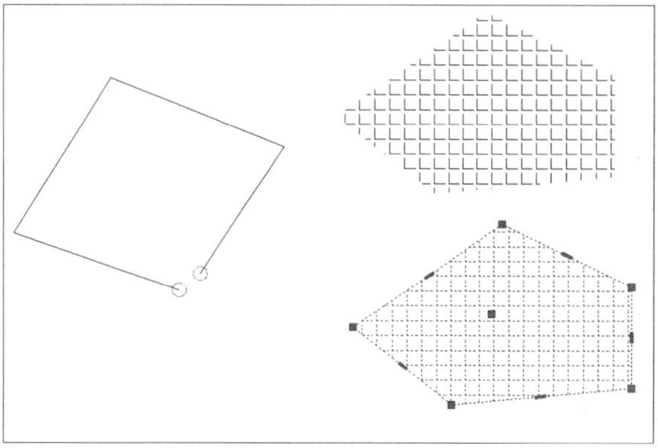

Fig.8.16

Il est possible d'ajuster un objet hachuré comme n'importe quel autre objet. A l'aide de la fonction **Ajuster** (Trim) sélectionner les arêtes, puis la partie de la zone hachurée que l'on souhaite ajuster.

Calculer l'aire d'une hachure

Il est possible de mesurer rapidement l'aire d'une hachure grâce à la propriété **Aire** (Area) de la palette **Propriétés** (Properties). Il suffit pour cela de cliquer sur la hachure avec le bouton droit de la souris et de choisir **Propriétés** (Properties) pour voir son aire. Dans l'exemple de la figure 8.17, c'est l'aire de la hachure située à l'intérieur du cercle qui est affichée. Si l'on sélectionne plusieurs hachures, c'est leur aire cumulée qui est affichée.

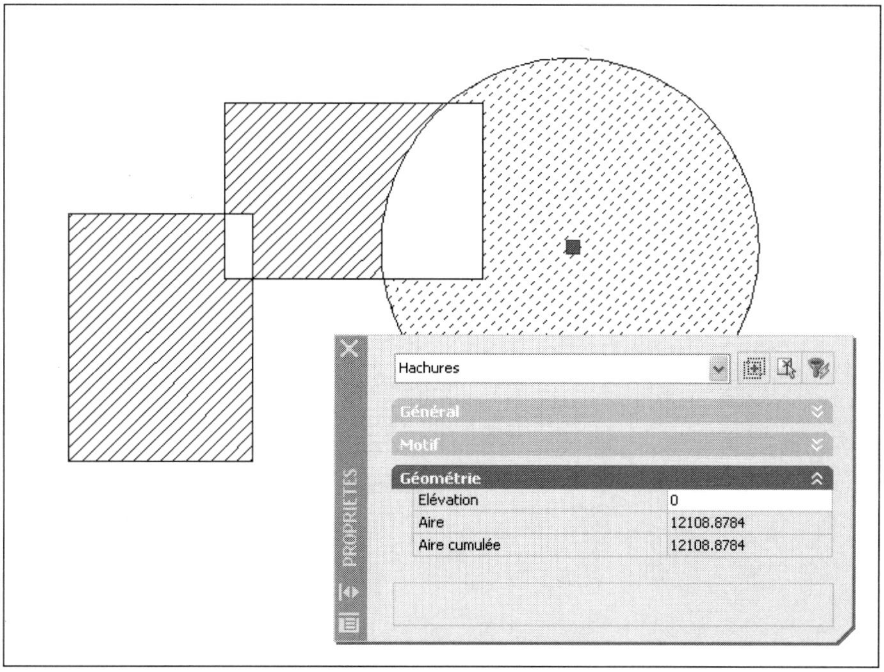

Fig.8.17

Créer une hachure personnalisée à l'aide d'un bloc ou d'une image

La commande **SUPERHATCH** (Super Hachures) permet d'utiliser une image, un bloc, une référence externe ou un objet Nettoyage comme motif de hachure. Cette commande très polyvalente permet de donner libre cours à son imagination pour créer des motifs personnalisés.

La procédure est la suivante :

[1] Exécuter la commande de création d'une hachure personnalisée à l'aide d'une des méthodes suivantes :

Ruban : choisir le groupe de fonctions **Draw** (Dessin) de l'onglet **Express Tools** et ensuite **Super Hatch** (Super hachures).

Icônes : choisir l'icône **Super Hatch** (Super Hachures) de la barre d'outils standard **Express**.

Clavier : taper la commande **SUPERHATCH**.

[2] Choisir une option dans la boîte de dialogue **SuperHatch** :

- **Image** : ouvre la boîte de dialogue **Select Image File** (Sélectionner un fichier image) permettant de définir l'image du motif de hachure.
- **Bloc** (Block) : ouvre une boîte de dialogue permettant de sélectionner le bloc du motif de hachure.
- **Attacher une Xréf** (Xref Attach) : ouvre la boîte de dialogue **Sélectionner un fichier de référence** (Select Reference File) permettant de définir un fichier de référence externe comme motif de hachure.
- **Nettoyer** (Wipeout) : sélectionne un objet Nettoyage comme motif de hachure.
- **Sélectionner existant** (Select existing) : sélectionne une image, un bloc, une référence externe ou un objet Nettoyage existant comme motif de hachure.
- **Tolérance d'erreur des courbes** (Curve error tolerance) : définit la tolérance d'erreur des courbes.
- Aide.

3 Dans le cas de l'option Image :

- Sélectionner une image dans la boîte de dialogue **Sélectionner un fichier Image** (Select Image File).
- Indiquer un point d'insertion.
- Définir un facteur d'échelle.
- Accepter ou non l'emplacement de l'image.
- Indiquer un point à l'intérieur de la zone à hachurer.

4 Dans le cas d'un Bloc ou d'une référence externe (fig.8.18) :

- Sélectionner un bloc, par exemple : rond.
- Indiquer un point d'insertion : point P1.
- Définir un facteur d'échelle X : 1.
- Définir un facteur d'échelle Y : 1.
- Spécifier l'angle de rotation : 0
- Sélectionner une fenêtre autour du bloc pour définir les écarts des colonnes et des lignes en mosaïque : P2 et P3 ou accepter le cadre par défaut en mauve.
- Pointer à l'intérieur du contour à hachurer (P4) puis appuyer sur Entrée

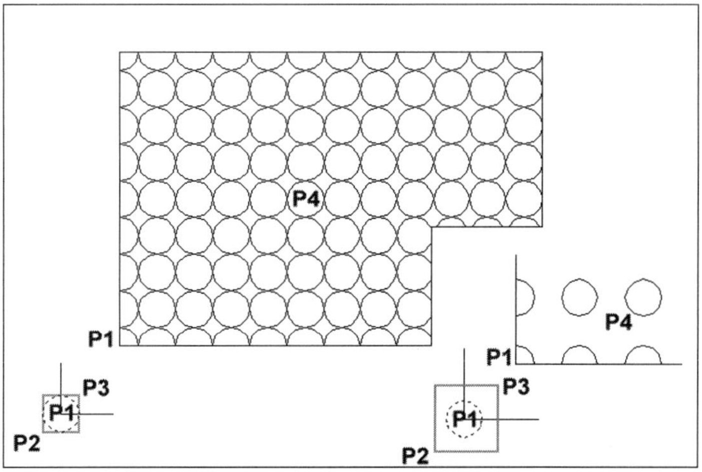

Fig.8.18

Créer et modifier un style de texte

Avant de créer un texte dans un dessin, il peut être intéressant pour des raisons de lisibilité de créer des styles de textes différents. Un style de texte comprend les caractéristiques suivantes (fig.8.19 et tableau) :

La procédure pour créer un style de texte est la suivante :

1 Exécuter la commande de création de style à l'aide d'une des méthodes suivantes (fig.8.20) :

Ruban : choisir l'option **Gérer les styles de texte** (Manage text styles) de la liste déroulante des styles située dans le groupe de fonctions **Texte** (Text) de l'onglet **Annoter** (Annotate) ou cliquer sur la flèche Style de texte (Text style).

Eyrolles	Style standard Police = txt
Eyrolles	Police = Arial
Eyrolles	Angle d'inclinaison = 15
Eyrolles	Renversé
Eyrolles	Reflété
Eyrolles	Facteur d'expansion = 2

Fig.8.19

Paramètre	Valeur	Description
Nom du style (Style Name)	Standard	Nom du style avec maximum 31 caractères
Nom de la police (Font Name)	txt.shx	Nom du fichier associé à la police (graphisme du caractère)
Style de police (Font Style)	Standard	Aspect de la police : régulier, gras, italique...
Hauteur (Height)	0	Hauteur des caractères Une valeur différente de 0 ne permettra plus de modifier la hauteur lors de l'écriture d'un texte avec ce style
Reflété (Upside down)	N	Texte écrit à l'envers
Renversé (Backwards)	N	Texte inversé par rapport à la ligne de base
Vertical	Off	Affichage vertical ou horizontal des caractères. Ne fonctionne pas avec toutes les polices.
Facteur d'expansion (Width Factor)	1	Expansion ou compression des caractères
Angle oblique (Oblique Angle)	0	Angle d'inclinaison des caractères par rapport à la verticale

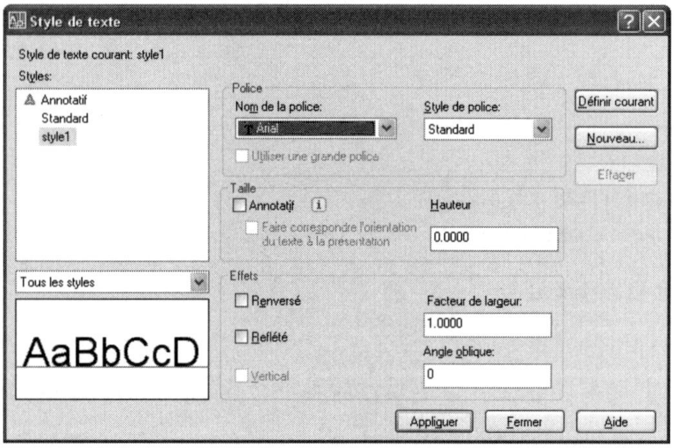

Fig.8.20

Icônes : choisir l'icône **Style de texte** (Text style) de la barre d'outils **Texte** (Text).

Clavier : taper la commande **STYLE**.

2 Dans la boîte de dialogue **Style de texte** (Text Style) cliquer sur **Nouveau** (New) et entrer le nom du nouveau style dans le champ **Nom de style** (Style Name) (31 caractères maximum) de la boîte **Nouveau style de texte** (New Text Style). Par exemple : STYLE1.

3 Dans le champ **Nom de la police** (Font Name) sélectionner le nom de la police souhaitée : Arial.

4 Choisir l'aspect de la police dans le champ **Style de Police** (Font Style) : Gras.

5 Dans le champ **Hauteur** (Height) entrer la hauteur du texte souhaité (voir conseil).

6 Activer ou non le champ annotatif (voir chapitre 13).

7 Modifier les paramètres de la section **Effets** (Effects suivant le tableau descriptif précédent.

8 Cliquer sur **Appliquer** (Apply). Le style ainsi défini devient le style courant.

9 Cliquer sur **Fermer** (Close) pour sortir de la boîte de dialogue.

CONSEIL

Dans le cas où une valeur de hauteur de texte a été entrée dans le champ Hauteur (Height), il ne sera plus possible de spécifier une autre hauteur lors de l'écriture d'un texte par la commande Text(e). Il y a donc intérêt de rentrer une valeur 0 pour pouvoir rentrer une hauteur au moment voulu.

La procédure pour modifier un style de texte est la suivante :

Pour modifier les caractéristiques d'un style, il suffit de modifier les paramètres définis ci-dessus et de sauver la modification sous le même nom de style. Tous les textes écrits avec ce style seront modifiés automatiquement.

Pour modifier le style courant, il suffit de sélectionner un autre nom de style dans la liste déroulante **Style de texte** (Text Style) du groupe de fonctions **Texte** (Text).

Pour renommer le nom d'un style de texte, il convient de taper la commande **Renommer** (Rename) puis de choisir **Style de texte** dans la zone **Types** (Named Objects). Sélectionner ensuite le nom du style à modifier dans la zone **Eléments** (Items) et entrer le nouveau nom dans le champ **Renommer en** (Rename To).

Créer un nouveau texte sur une ligne

Le texte est un élément important du dessin car il contribue à la lisibilité de ce dernier. Il peut être utilisé pour un libellé, pour un cartouche, pour une légende ou pour une description. Il est possible d'écrire une ligne de texte ou un paragraphe de texte.

La procédure pour créer une ligne de texte est la suivante :

[1] Exécuter la commande de création de texte à l'aide d'une des méthodes suivantes :

Ruban : choisir le groupe de fonctions **Texte** (Text) et ensuite **Une seule Ligne** (Single-Line Text).

Icônes : choisir l'icône **Texte sur une seule ligne** (Single Line Text) de la barre d'outils **Texte** (Text).

Clavier : taper la commande **TXTDYN** (Dtext).

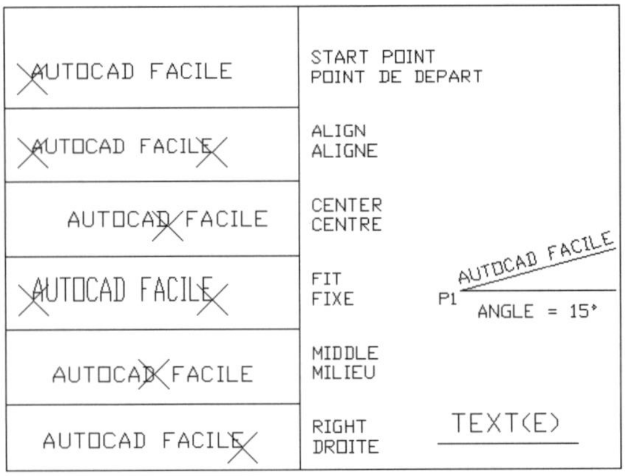

Fig.8.21

[2] Désigner le point d'insertion du texte dans le dessin (P1). Le texte s'écrira par défaut à droite de ce point. Pour définir une autre caractéristique d'insertion, il convient de faire appel à l'option **Justifier** (Justify), qui permet d'aligner le texte à droite, au centre... (fig.8.21).

[3] Préciser la hauteur du texte. Taper par exemple 25. Cette option n'est disponible que si la hauteur associée au style de texte courant est égale à zéro.

[4] Définir l'angle de rotation du texte de manière interactive à l'écran ou via une valeur au clavier. Par exemple : 0.

[5] Entrer le texte sur la ligne de commande et appuyer sur Entrée. Dans le cas du texte dynamique, il est possible d'écrire plusieurs lignes de texte en appuyant chaque fois sur Entrée. Pour terminer le texte dans ce cas, il suffit d'appuyer deux fois sur Entrée.

Les options sont les suivantes :

- **Point de départ** (Start point) : point de départ du texte. Celui-ci sera justifié à gauche (valeur par défaut).
- **Justifier** (Justify) : permet de sélectionner d'autres modes de justification du texte (voir ci-après).
  - **Aligné** (Align) : texte aligné entre deux points.
  - **Centré** (Center) : texte centré horizontalement sur le point donné.
  - **Fixé** (Fit) : même option que Aligné mais la hauteur du texte peut être précisée en plus. La largeur de chaque caractère est dans ce cas adaptée en fonction de la place disponible.

- **Milieu** (Middle) : même option que Centré mais le texte est également centré verticalement.
- **Droite** (Right) : texte justifié à droite.
- **Hx, Mx, Bx** (Tx, Mx, Bx) : permet de déterminer le type d'alignement du texte avec les options complémentaires suivantes : **Haut Gauche** (Top Left), **Haut Centre** (Top Center), **Haut Droite** (Top Right), **Milieu Gauche** (Middle Left), **Milieu Centre** (Middle Center), **Milieu Droite** (Middle Right), **Bas Gauche** (Bottom Left), **Bas Centre** (Bottom Center), **Bas Droite** (Bottom Right).

- **Hauteur** (Height) : permet de préciser la hauteur des caractères. Cette option n'apparaît que si le style de texte en cours a un paramètre de hauteur égal à 0.
- **Angle de rotation** (Rotation angle) : permet de spécifier l'orientation du texte. Les angles sont mesurés par défaut dans le sens contraire des aiguilles d'une montre.
- **Texte** (Text) : permet de taper le texte à incorporer dans le dessin. Le texte n'apparaît qu'après avoir appuyé sur Return.
- **Style** : permet de sélectionner un style de texte, créé au préalable par la commande **STYLE** (en majuscules).

Créer un paragraphe de texte (ou texte multiligne)

Avant de saisir ou d'importer du texte, il convient de spécifier les coins opposés d'un cadre de texte qui définit la largeur des paragraphes de l'objet texte multiligne. La longueur de l'objet texte multiligne dépend de la quantité de texte, plutôt que de la longueur du cadre.

L'Editeur de texte intégré (fig.8.22) affiche le cadre avec une règle en haut et le ruban avec l'onglet **Editeur de texte** (Text Editor). L'Editeur de texte

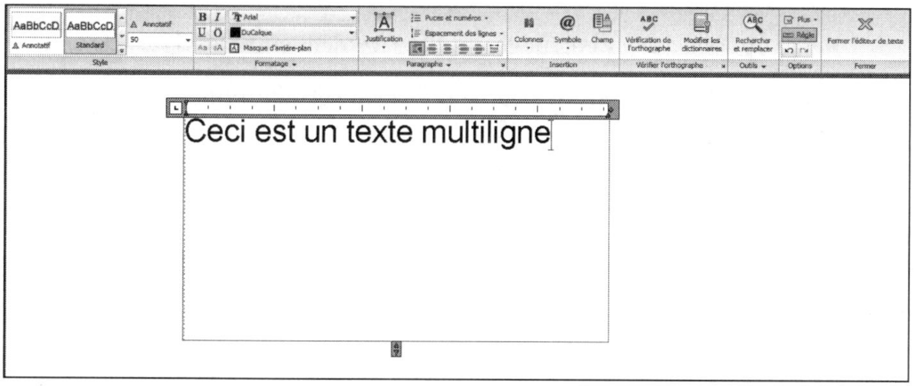

Fig.8.22

multiligne est transparent de sorte que, pendant la saisie de texte, il est possible de voir si celui-ci chevauche d'autres objets. Pour désactiver la transparence lors de la session, il suffit de cocher la case Arrière-plan opaque dans le menu Options. Il est également possible de rendre opaque l'arrière plan de l'objet de texte multiligne fini et définir ses couleurs.

On peut définir des tabulations et mettre du texte en retrait pour gérer l'aspect des paragraphes dans l'objet texte multiligne.

On peut également insérer des champs dans un texte multiligne. Un champ est un texte défini pour afficher des données susceptibles de changer. Lorsque le champ est mis à jour, la valeur la plus récente du champ s'affiche.

La plupart des caractéristiques du texte sont gérées par le style du texte, qui définit la police par défaut ainsi que d'autres options, comme l'espacement des lignes, la justification et la couleur.

On peut utiliser le style de texte actif ou en sélectionner un nouveau. Le style de texte STANDARD est utilisé par défaut.

A l'intérieur de l'objet texte multiligne, on peut modifier le style de texte en cours en appliquant à des caractères un formatage tel que le soulignement, l'attribut gras ou un changement de police. On peut également créer du texte empilé, comme des fractions ou des tolérances géométriques, et insérer des caractères spéciaux, y compris les caractères Unicode, pour des polices TrueType. Il est aussi possible de formater le texte en plusieurs colonnes.

Les propriétés de Texte

Dans la palette Propriétés, on peut consulter et modifier les propriétés d'un objet texte multiligne, y compris les propriétés spécifiques au texte :

- La justification détermine l'emplacement d'insertion du texte par rapport au cadre et définit la direction du flux de texte lors de sa saisie.
- Les options d'espacement gèrent l'espacement entre les lignes de texte.
- L'option Largeur définit la largeur du cadre et détermine donc l'endroit à partir duquel le texte passe à la ligne suivante.
- L'arrière-plan insère un arrière-plan opaque afin de masquer les objets situés sous le texte.

La procédure pour créer un paragraphe de texte est la suivante :

1. Exécuter la commande de création de paragraphe à l'aide d'une des méthodes suivantes :

Ruban : choisir le groupe de fonctions **Texte** (Text) et ensuite **Texte Multiligne** (Multiline Text).

Icône : choisir l'icône **Texte Multiligne** (Multiline Text) de la barre d'outils **Dessin** (Draw) ou de la barre d'outils Text(e).

Clavier : taper la commande **TEXTMULT** (Mtext).

2. Spécifier les coins opposés d'un cadre pour définir la largeur de l'objet texte multiligne.

   L'Editeur de texte intégré s'affiche (fig.8.23).

3. Pour mettre en retrait la première ligne de chaque paragraphe, glisser le curseur de mise en retrait de la première ligne le long de la règle. Pour mettre en retrait les autres lignes de chaque paragraphe, glisser le curseur de paragraphe.

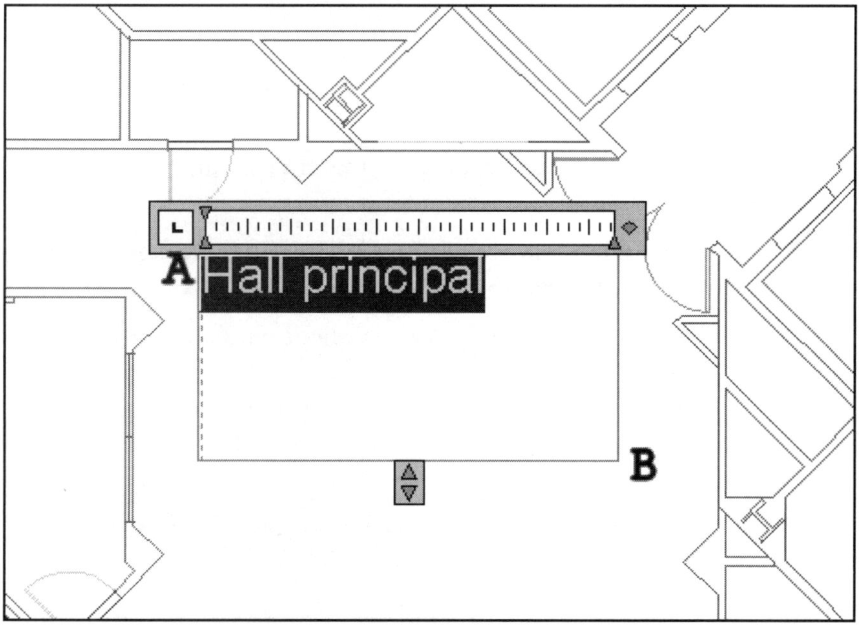

Fig.8.23

4 Pour définir des tabulations, cliquer sur la règle à l'endroit où l'on souhaite placer une tabulation.

5 Si l'on souhaite utiliser un autre style de texte que celui par défaut, cliquer sur la flèche près de la commande Style de texte dans la barre d'outils, puis sélectionner un style.

6 Saisir le texte.

7 Pour remplacer le style de texte actif, sélectionner le texte comme suit :

- Pour sélectionner une ou plusieurs lettres, cliquer avec le périphérique de pointage et glisser le curseur sur les caractères.
- Pour sélectionner un mot, cliquer deux fois dessus.
- Pour sélectionner un paragraphe, cliquer trois fois dessus.

8 Dans la barre d'outils, procéder comme suit pour modifier le format :

- Pour appliquer une police différente au texte sélectionné, il faut la choisir dans la liste.
- Pour modifier la hauteur du texte sélectionné, entrer une valeur dans le champ **Hauteur** (Height).
- Pour mettre le texte d'une police TrueType en gras ou en italique, ou pour créer du texte souligné ou surligné dans n'importe quelle police, cliquer sur le bouton approprié de la barre d'outils. Les polices SHX ne peuvent pas être mises en gras ou en italique.
- Pour appliquer une couleur au texte sélectionné, la choisir dans la liste des couleurs. Cliquer sur Autres pour afficher la boîte de dialogue Sélectionner une couleur.

9 Pour enregistrer les modifications et quitter l'éditeur, cliquer sur OK dans la barre d'outils.

Pour ajouter un arrière-plan opaque ou insérer du texte dans un objet texte multiligne, la procédure est la suivante :

1 Cliquer deux fois sur un objet texte multiligne pour ouvrir l'Editeur de texte intégré.

2 Dans l'éditeur, cliquer avec le bouton droit de la souris. Cliquer sur l'option **Masque d'arrière-plan** (Background Mask).

3 Dans la boîte de dialogue **Masque d'arrière-plan** (Background Mask), sélectionner l'option **Utiliser le masque d'arrière-plan** (Use background Mask).

4 Entrer la valeur du facteur de décalage de bordure. La valeur se base sur la hauteur du texte. Un facteur égal à 1,0 correspond exactement à l'objet texte multiligne. Un facteur égal à 1,5 (facteur par défaut) agrandit l'arrière-plan de 0,5 fois la hauteur du texte (fig.8.24).

5 Sous **Couleur de remplissage** (Fill color), sélectionner l'une des options suivantes :

- Sélectionner l'option **Utiliser la couleur d'arrière-plan du dessin** (Use drawing background color).
- Sélectionner une couleur d'arrière-plan ou cliquer sur **Sélectionner une couleur** (Select color) pour ouvrir la boîte de dialogue **Sélectionner la couleur** (Select Color).

6 Cliquer sur **OK** pour revenir à l'éditeur.

7 Pour enregistrer les modifications et quitter l'éditeur, cliquer sur OK dans la barre d'outils.

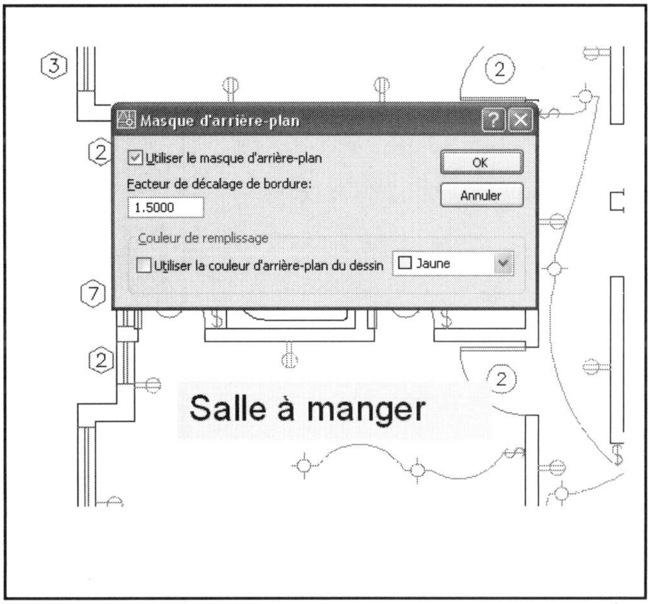

Fig.8.24

Contrôler le format des paragraphes

La boîte de dialogue **Paragraphe** (Paragraph) permet de définir l'aspect du paragraphe, c'est-à-dire : le retrait des paragraphes et des premières lignes des paragraphes, les tabulations, les retraits, et l'alignement des paragraphes, l'espacement des paragraphes et l'espacement des lignes des paragraphes. Les options sont les suivantes (fig.8.25) :

- **Position des tabulations** (Tab) : affiche les options de définition des tabulations, y compris pour ajouter et supprimer des tabulations. Les options comprennent les tabulations gauche, centre, droite et décimales. Vous pouvez également définir les tabulations avec le bouton de sélection des tabulations sur la règle de l'éditeur de texte intégré.
- **Spécifier le style décimal** (Specify Decimal Style) : définit le style décimal selon le paramètre régional courant de l'utilisateur. Les styles décimaux disponibles sont le point, la virgule et l'espace. Ce paramètre est conservé avec le dessin même si le paramètre régional est modifié.
- **Retrait à gauche** (Left Indent) : permet de définir la valeur de retrait de la première ligne ou le retrait d'accrochage des paragraphes sélectionnés ou courants.

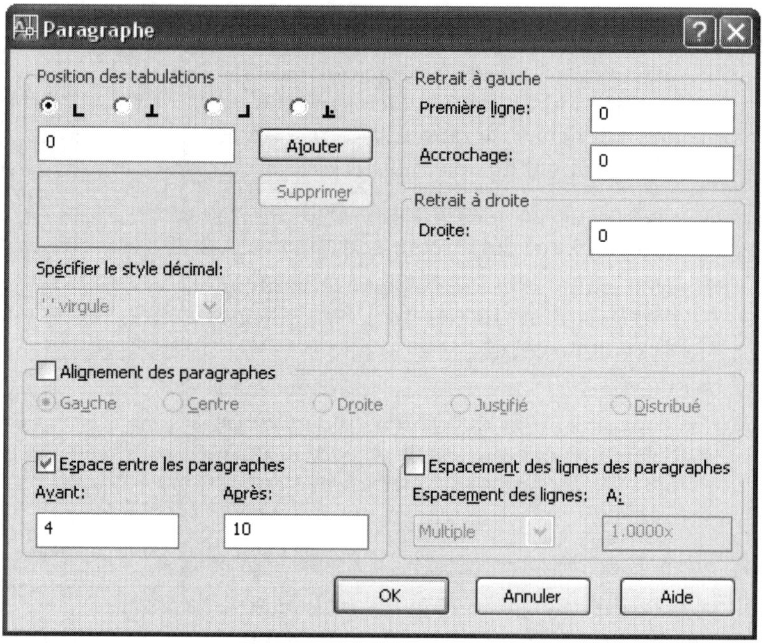

Fig.8.25

- **Retrait à droite** (Right Indent) : applique le retrait au paragraphe entier sélectionné ou courant.
- **Alignement des paragraphes** (Paragraph Alignment) : définit les propriétés d'alignement des paragraphes courants ou sélectionnés.
- **Espace entre les paragraphes** (Paragraph Spacing) : indique l'espacement avant ou après les paragraphes courants ou sélectionnés. La distance entre deux paragraphes est déterminée par le total de la valeur d'espace entre les paragraphes Après pour le paragraphe supérieur et la valeur d'espace entre les paragraphes Avant pour le paragraphe inférieur.
- **Espacement des lignes des paragraphes** (Paragraph Line Spacing) : permet de définir l'espacement entre des lignes individuelles des paragraphes courants ou sélectionnés.

Ainsi, pour modifier par exemple l'espace entre deux paragraphes, la procédure est la suivante :

1. Sélectionner les paragraphes concernés dans le texte multiligne.
2. Effectuer un clic droit et sélectionner l'option **Paragraphe** (Paragraph).

3 Dans la boîte de dialogue **Paragraphe** (Paragraph), cliquer sur **Espacement entre les paragraphes** (Paragraph Spacing) puis, sous **Après** (After), saisissez une valeur.

4 Cliquer sur **OK** pour confirmer.

Définir l'espacement entre les lignes d'un texte multiligne

L'espacement des lignes d'un texte multiligne correspond à l'espace entre la base d'une ligne de texte et celle de la ligne de texte suivante. L'augmentation de l'espacement s'applique à l'ensemble de l'objet texte multiligne et non aux lignes sélectionnées.

Vous pouvez le définir en indiquant un multiple de l'espacement des lignes simple ou une valeur absolue. Un espacement des lignes simple est égal à 1,66 fois la hauteur des caractères du texte.

Le style d'espacement des lignes par défaut, Au moins, augmente automatiquement l'espacement des lignes afin d'accepter les caractères qui sont trop grands pour l'espacement défini pour l'objet texte multiligne. Utilisez l'autre style d'espacement des lignes, Exactement, pour aligner du texte dans des tableaux.

Pour que l'espacement des lignes soit identique dans tous les textes multilignes, attribuez la même valeur aux options Exactement et Facteur d'espacement des lignes de chaque texte multiligne.

Pour modifier l'espacement des lignes d'un texte multiligne, la procédure est la suivante :

1 Sélectionner le texte multiligne à modifier.

2 Effectuer un clic droit et sélectionner l'option **Propriétés** (Properties).

3 Dans la palette **Propriétés**, sélectionner l'une des valeurs suivantes pour **Style d'espacement des lignes** (Line space style) :

- **Au moins** (At least) : ajuste automatiquement les lignes du texte en fonction de la hauteur du plus grand caractère contenu dans la ligne. Un espace plus important est inséré entre les lignes d'un texte qui comporte de grands caractères. Il s'agit du paramètre par défaut.
- **Exactement** (Exactly) : définit un espacement des lignes identique pour toutes les lignes du texte, indépendamment des différences de format comme la police ou la hauteur du texte.

[4] Modifier l'espacement des lignes en entrant une nouvelle valeur pour l'une des options suivantes. Les options d'espacement de deux lignes permettent de configurer le même élément de plusieurs façons :

- **Facteur d'espacement des lignes** (Line space factor) : fixe l'espacement des lignes à un multiple de l'espacement d'une ligne. Un espacement des lignes simple est égal à 1,66 fois la hauteur des caractères du texte.
- **Espacement entre les lignes** (Line space distance) : fixe l'espacement des lignes à une valeur absolue mesurée en unités du dessin. Les valeurs valides sont comprises entre 0.0833 et 1.3333.

L'espacement entre les lignes d'un paragraphe particulier peut aussi être défini à l'aide de l'option **Espacement des lignes** (Line spacing) du groupe de fonctions **Paragraphe** (Paragraph) (fig.8.26).

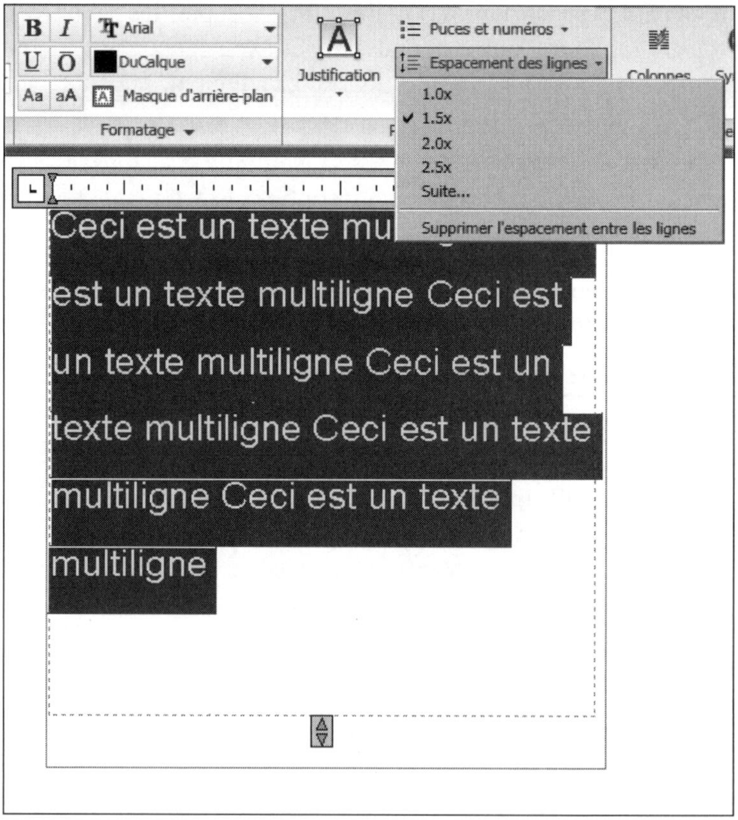

Fig.8.26

Créer et modifier des colonnes dans du texte multiligne

Vous pouvez créer et modifier plusieurs colonnes dans l'éditeur de texte multilignes et via le mode d'édition de poignée. L'édition des colonnes à l'aide des poignées offre la flexibilité de pouvoir constater les modifications alors que vous les effectuez.

Les colonnes obéissent à quelques règles. Toutes les colonnes affichent une largeur et des espacements égaux. Un espacement est un espace situé entre des colonnes. La hauteur des colonnes reste constante sauf si vous ajoutez plus de texte que la colonne ne peut en contenir ou que vous déplacez manuellement la poignée d'édition pour ajuster la hauteur de colonne.

Vous pouvez sélectionner des colonnes statiques ou dynamiques, désactiver les colonnes et changer la largeur des colonnes et des espacements à l'aide de la palette Propriétés. Changer la largeur des colonnes dans la palette a le même effet que changer la largeur à l'aide des poignées. La palette est le seul endroit où vous pouvez également changer le paramètre d'espacement.

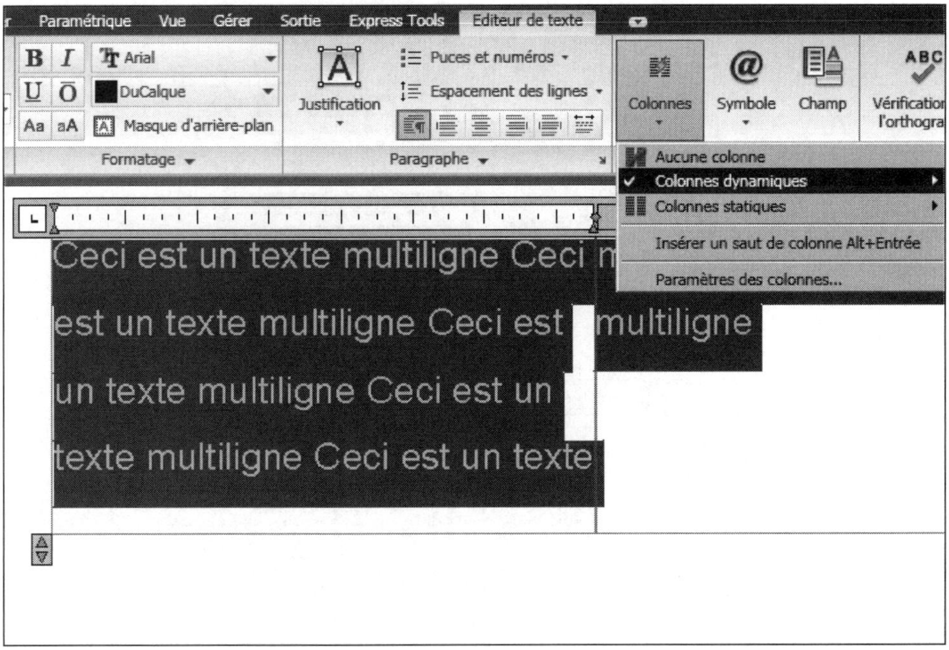

Fig.8.27

Pour créer plusieurs colonnes dans l'éditeur de texte sur place, la procédure est la suivante :

1. Cliquer deux fois sur un texte multiligne pour lequel vous souhaitez créer des colonnes. L'éditeur de texte sur place s'affiche alors à l'écran.
2. Dans l'éditeur de texte sur place, sélectionner une option et une sous-option de colonne dans la liste des colonnes. Vous pouvez choisir entre des colonnes dynamiques et statiques (fig.8.27). Les colonnes dynamiques modifient le nombre de colonnes en fonction de la taille du texte. Ainsi si l'on réduit la hauteur de la zone de texte, le nombre de colonnes augmente (fig.8.28). Les colonnes statiques spécifient le nombre de colonnes à utiliser. Ce nombre reste fixe même si la taille du texte est modifiée (fig.8.29).
3. Ajuster la hauteur de colonne en déplaçant les flèches situées en bas à gauche de la première colonne. Les flèches situées sur la règle en haut à droite ajustent uniquement la largeur d'espacement et non pas la largeur de colonne.

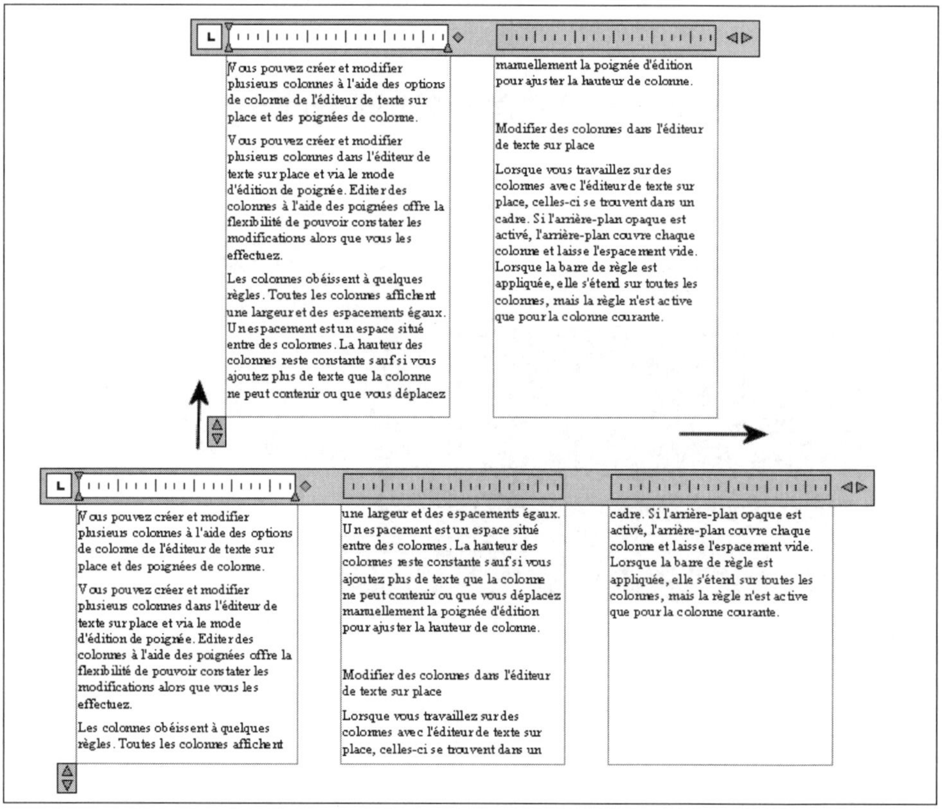

Fig.8.28

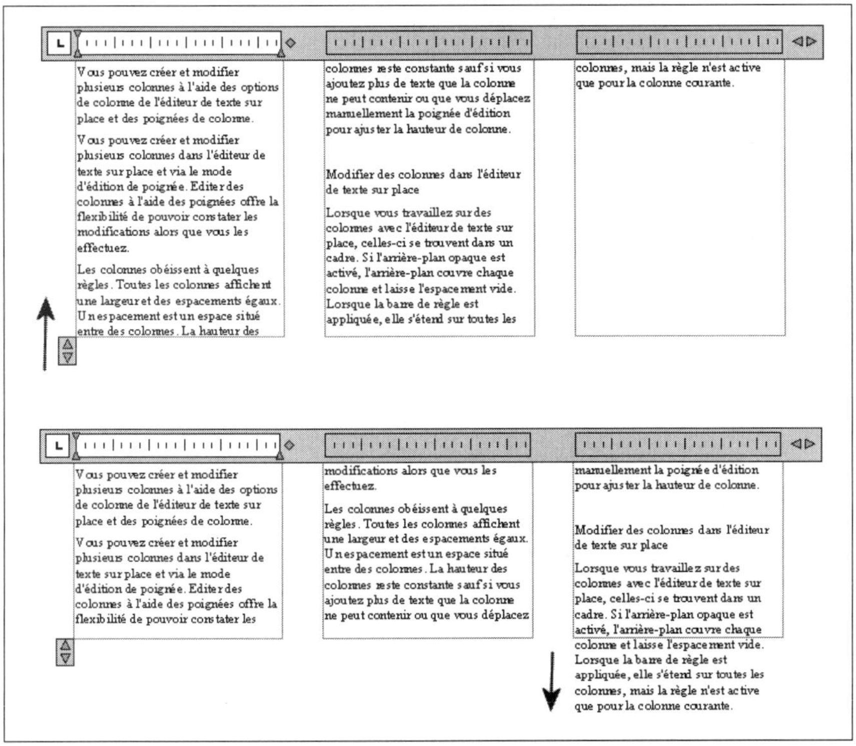

Fig.8.29

Pour ajuster les colonnes à l'aide des poignées, la procédure est la suivante :

1. Sélectionner une zone en dehors de l'objet Texte multiligne. Le ruban de l'éditeur de texte sur place disparaît.
2. Cliquer une fois dans la zone de texte pour afficher les poignées. Les poignées contrôlent l'emplacement du texte, la largeur d'espacement et le déplacement vertical et horizontal des colonnes.

Dans le cas de la figure 8.30, il s'agit d'un texte avec des colonnes dynamiques (option **Hauteur menuelle**). La signification des poignées est la suivante :

- **Poignée de gauche** : déplacement du texte.
- **Poignée de droite** : modification de la largeur du texte. Les colonnes se déplacent en gardant un espace équivalent entre elles.
- **Flèche centrale** : modification de la largeur des colonnes.
- **Flèches en bas** : ajustement de la hauteur des colonnes.

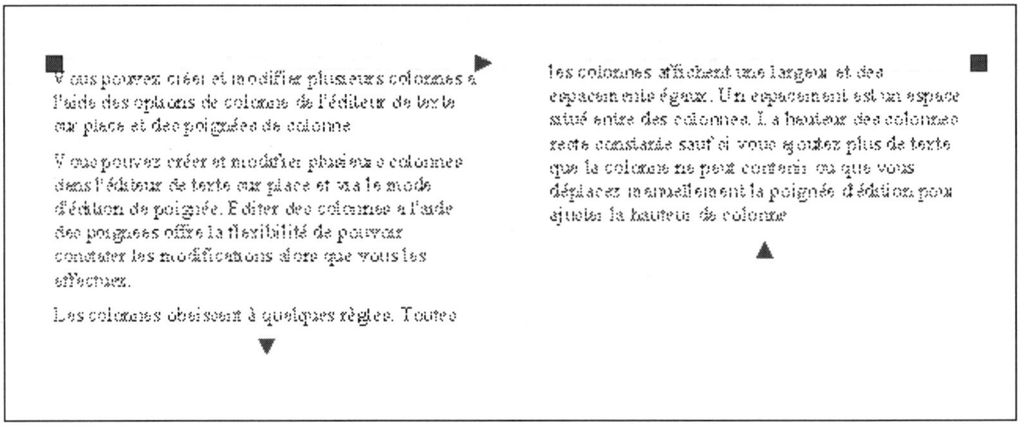

Fig.8.30

Pour créer ou modifier les colonnes à l'aide de la boîte de dialogue Paramètres de colonnes, la procédure est la suivante :

[1] Cliquer deux fois sur un texte multiligne pour lequel vous souhaitez créer ou modifier des colonnes. L'éditeur de texte sur place s'affiche alors à l'écran.

[2] Dans l'éditeur de texte sur place, sélectionner l'option **Colonnes** (Columns) dans de groupe de fonctions **Insérer** (Insert) puis **Paramètres des colonnes** (Column Settings). La boîte de dialogue affiche des options permettant de configurer les colonnes, comme le type, le nombre de colonnes, la hauteur, la largeur et la taille de l'espacement (fig.8.31).

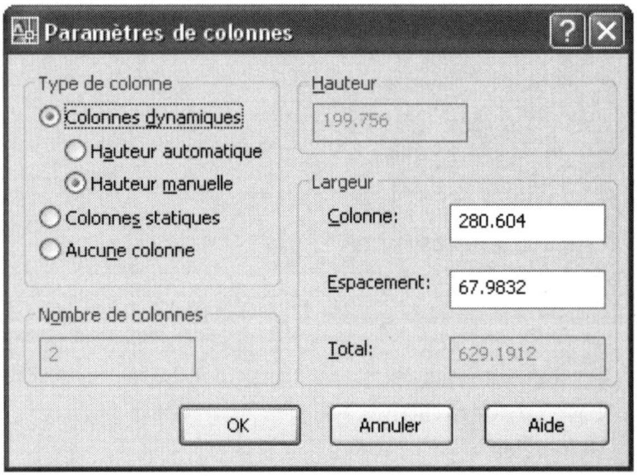

Fig.8.31

- **Type de colonne** (Column Type) : affiche les types de colonnes possibles pour celle que vous voulez créer.
- **Nombre de colonnes** (Column Number) : définit le nombre de colonnes. Cette option est active uniquement lorsque vous sélectionnez Colonnes statiques.
- **Hauteur** (Height) : affiche la hauteur du textmult lorsque l'option Hauteur automatique est sélectionnée avec Colonnes dynamiques ou statiques.

- **Largeur** (Width) : affiche et spécifie les valeurs de largeur des colonnes de contrôle et de l'espacement. La valeur de l'espacement correspond à cinq fois la hauteur de texte du textmult par défaut. Affiche également la valeur totale de la largeur de l'objet textmult. En lecture seule lorsque l'option Colonnes dynamiques est sélectionnée.

Modifier un texte

Les textes peuvent subir les mêmes modifications que tous les autres objets d'AutoCAD. Il est en effet possible de déplacer un texte, de le faire tourner, d'en faire des copies, etc. A part ces fonctions générales, il est également possible de modifier le contenu et l'aspect d'un texte.

La procédure pour modifier le contenu et l'aspect d'une ligne de texte est la suivante :

1. Sélectionner la ligne de texte à modifier.
2. Effectuer un clic droit et sélectionner l'option **Proprietés** (Properties).
3. Dans la boîte de dialogue **Propriétés** (Properties), modifier les paramètres souhaités (contenu, hauteur, style, etc.) dans la section Text(e) (fig.8.32).
4. Cliquer sur OK.

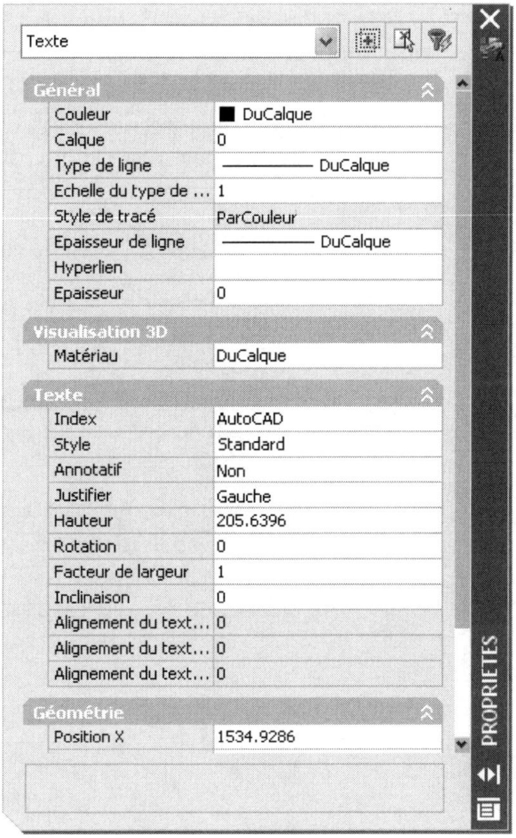

Fig.8.32

Il est aussi possible de modifier uniquement le contenu du texte en cliquant deux fois sur le texte.

La procédure pour modifier un paragraphe de texte est la suivante :

1. Sélectionner le paragraphe de texte à modifier.
2. Cliquer deux fois pour ouvrir l'éditeur de texte.
3. Dans l'éditeur de textes, apporter les modifications nécessaires au niveau du contenu et des propriétés.
4. Cliquer sur OK.

Modifier l'échelle globale des textes

Certains dessins peuvent contenir des centaines de textes à mettre à l'échelle. Cette opération serait longue s'il fallait l'appliquer à chaque objet séparément. La fonction **ECHELLETEXTE** (Scaletext) permet de mettre chaque texte à l'échelle à l'aide du même facteur d'échelle tout en conservant sa position. Cette fonction est donc différente de la commande **ECHELLE** (Scale) qui utilise un point d'origine unique pour tous les textes.

La procédure de mise à l'échelle est la suivante :

1. Exécuter la commande de mise à l'échelle à l'aide d'une des méthodes suivantes :

Ruban : choisir l'onglet **Annoter** (Annotate) puis le groupe de fonctions **Texte** (Text) et ensuite **Echelle** (Scale).

Icône : choisir l'icône **Mettre le texte à l'échelle** (Scale Text) de la barre d'outils **Texte** (Text).

Clavier : taper la commande **ECHELLETEXTE** (Scaletext).

[2] Sélectionner les textes à modifier.

[3] Sélectionner le point de base pour le changement d'échelle. Dans le cas présent, il s'agit du point de justification du texte : la justification en cours (option **Existant**) ou une autre (droite, milieu, etc.). Chaque texte va être modifié par rapport à son propre point de justification.

[4] Donner une nouvelle hauteur pour les textes, effectuer une correspondance objet ou rentrer un facteur d'échelle (fig.8.33).

- **Correspondance objet** : redimensionne les objets texte sélectionnés pour que leur taille corresponde à celle d'un objet texte sélectionné. Il faut pour cela, sélectionner un objet texte ayant la hauteur voulue, puis sélectionner l'objet texte à mettre en correspondance.

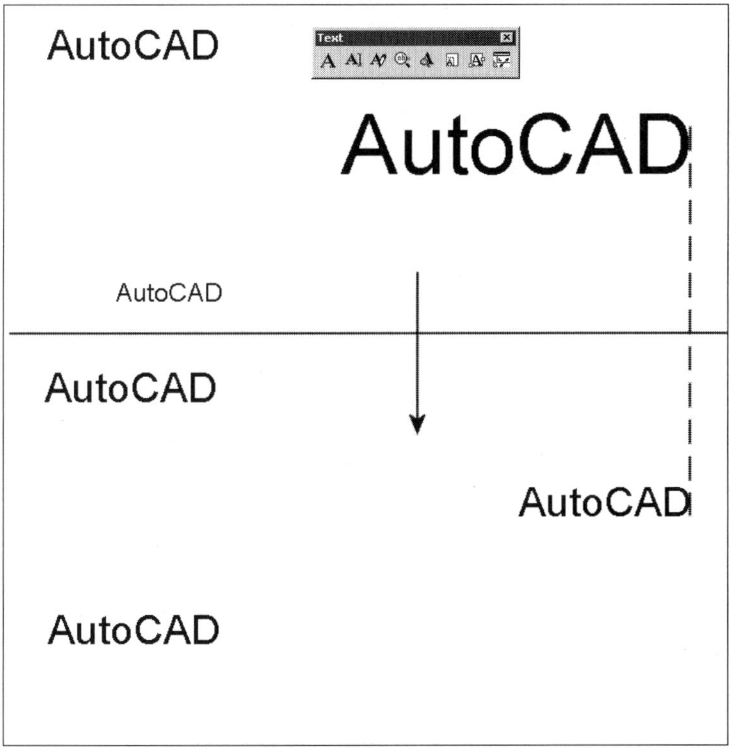

Fig.8.33

- **Facteur d'échelle** : définit l'échelle des objets texte sélectionnés en fonction du facteur d'échelle numérique spécifié. L'option Référence définit l'échelle des objets texte sélectionnés en fonction d'une longueur de référence et d'une nouvelle longueur. Il faut pour cela entrer la longueur à utiliser comme distance de référence, puis entrer une autre longueur que celle de référence. Le texte sélectionné est mis à l'échelle en fonction du rapport entre la nouvelle longueur et la longueur de référence définies. Si la nouvelle longueur est inférieure à la longueur de référence, la taille des objets texte sélectionnés est réduite.

Modifier la justification des textes

Il est parfois utile de pouvoir redéfinir le point d'insertion d'un texte dans un tableau ou une légende, sans déplacer le texte en lui-même. Par exemple, justifier un texte à droite et non plus à gauche.

La procédure pour modifier la justification est la suivante :

1. Exécuter la commande de modification de justification à l'aide d'une des méthodes suivantes :

   Ruban : choisir l'onglet **Annoter** (Annotate) puis le groupe de fonctions **Texte** (Text) et ensuite **Justifier** (Justify).

   Icône : choisir l'icône **Justifier texte** (Justify Text) de la barre d'outils **Texte** (Text).

   Clavier : taper la commande **JUSTIFIERTEXTE** (Justifytext).

2. Sélectionner les textes à justifier et appuyer sur Entrée.
3. Sélectionner le nouveau mode de justification : droite, milieu, centre...

Contrôler l'ordre d'affichage des entités du dessin

Par défaut, les différents objets d'un dessin sont tracés en suivant l'ordre dans lequel ils ont été créés. La commande **ORDRETRACE** (Draworder) modifie l'ordre du tracé, par exemple, en plaçant un objet (un texte) devant un autre (une hachure).

Il est ainsi possible d'obtenir un affichage et un tracé corrects dans le cas d'une superposition de deux objets ou plus. Cette fonction est nécessaire lorsqu'une image tramée ou une hachure solide recouvre des objets (ils sont alors cachés).

La procédure est la suivante :

1 Exécuter la commande de modification de l'ordre d'affichage à l'aide d'une des méthodes suivantes (fig.8.34) :

Ruban : choisir l'onglet **Début** (Home) puis le groupe de fonctions **Modification** (Modify) puis la liste **Ordre d'affichage** (Display Order).

Icône : choisir l'icône **Ordretrace** (Draworder) de la barre d'outils **Modification II** (Modify II).

Clavier : taper la commande **ORDRETRACE** (Draworder).

Fig.8.34

2 Sélectionner le(s) objet(s) dont on souhaite modifier l'ordre d'affichage.

3 Choisir l'affichage souhaité : En avant (Bring to Front), En arrière (Send to Back), Au dessus de l'objet (Bring Above Object), Au-dessous de l'objet (Send Under Object).

Options :

- **Au-Dessus** (Above Object) : Permet de déplacer un objet au-dessus d'un objet de référence.
- **Au-Dessous** (Under Object) : Permet de déplacer un objet au-dessous d'un objet de référence.
- **En Arrière** (Back) : Permet de déplacer l'objet sélectionné au-dessous de tous les autres dans l'ordre du dessin.
- **En Avant** (Front) : Permet de déplacer l'objet sélectionné au-dessus de tous les autres dans l'ordre du dessin.

REMARQUES

Lorsque l'on affiche un dessin qui a été préalablement enregistré selon un ordre de tracé déterminé, l'affichage est régénéré en fonction de l'ordre dans lequel les objets ont été initialement créés. Pour afficher les objets dans l'ordre de tracé que l'on a spécifié à l'aide de la commande **ORDRETRACE** (Draworder), il faut utiliser la commande **REGEN**. Elle permet de régénérer l'affichage de la fenêtre sélectionnée.

Lorsque plusieurs objets sont sélectionnés pour être réordonnés, l'ordre d'affichage relatif de ceux-ci est conservé. La méthode de sélection n'a aucun impact sur l'ordre du dessin.

La commande **TEXTEPREMIERPLAN** permet de placer tout texte et toute cote devant tous les autres objets du dessin (fig.8.35). Cette fonction est aussi disponible via la liste Ordre d'affichage du groupe de fonctions Modification. Par la même procédure, il est possible de placer toutes les hachures en arrière-plan (fonction Hatchtoback).

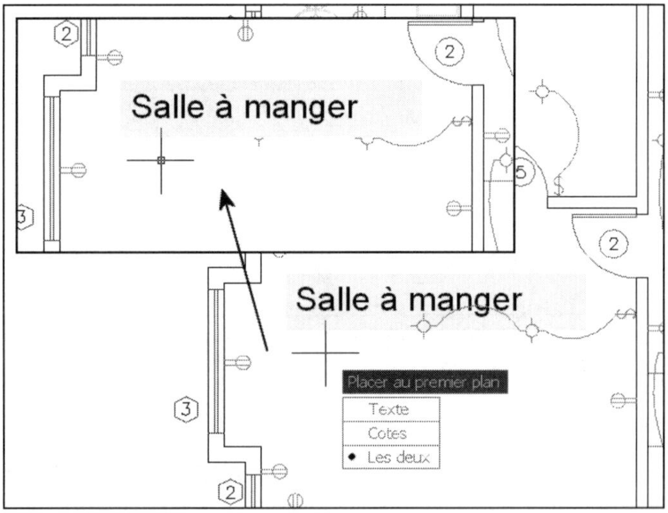

Fig.8.35

CHAPITRE 9

LES COTATIONS ET LES LIGNES DE REPÈRE

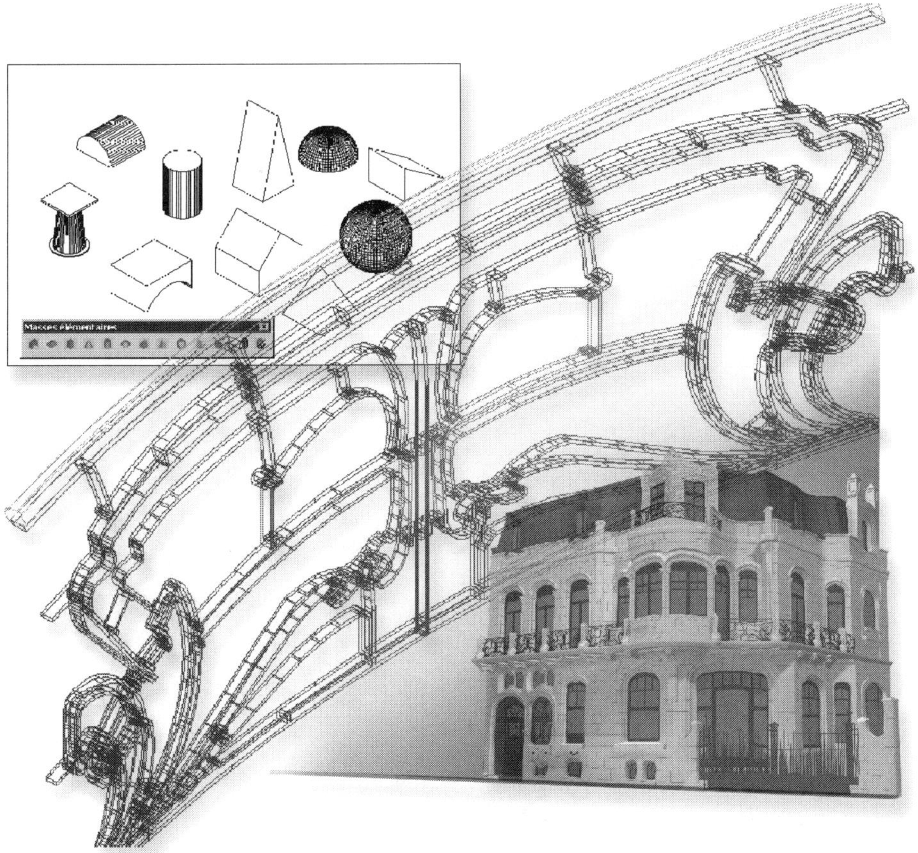

Les types de cotation

Ce chapitre porte sur les possibilités de cotation des longueurs et des angles des différentes entités comprises dans le dessin.

Trois types de cotation sont disponibles (fig.9.1) :

- **la cotation linéaire** : horizontale, verticale, alignée, en coordonnées cartésiennes (ordinate), en parallèle (baseline), en série (continue) ;
- **la cotation radiale** : rayon, diamètre ;
- **la cotation angulaire.**

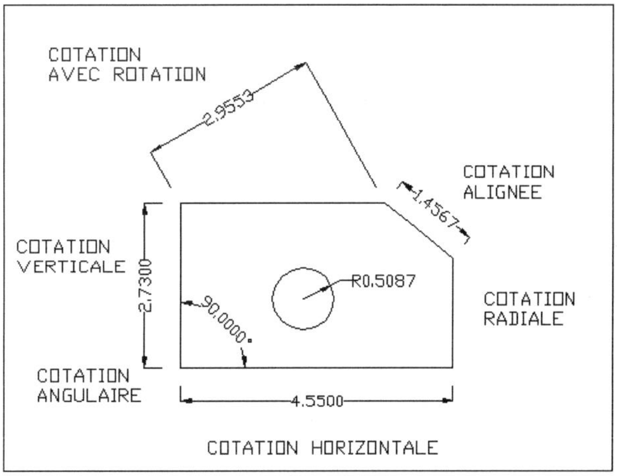

Fig.9.1

AutoCAD insère les cotes sur le calque (layer) courant. Chaque cote peut avoir un style de cote différent. Celui-ci définit les différentes caractéristiques (couleur, style de texte, type de flèche, etc.) de la cote.

Une cote est composée de quatre éléments qui peuvent être paramétrés séparément dans la définition du style de cote. Ces éléments sont (fig.9.2) :

- **la ligne de cote** (dimension line) : indique la dimension prise en compte ;
- **les lignes d'attache** (extension lines) : relient l'élément mesuré à la ligne de cote ;
- **les symboles d'extrémités** : matérialisent le début et la fin de la ligne de cote ;
- **le texte de cote** : indique la dimension de l'objet mesuré.

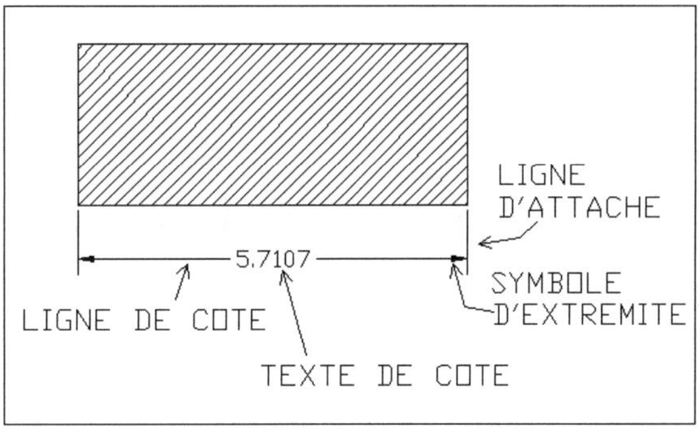

Fig.9.2

La réalisation des cotations s'effectue à travers trois outils distincts (fig.9.3) :

- la définition du style de la cote, c'est-à-dire son aspect à l'aide de la boîte de dialogue **Gestionnaire des styles de cote** (Dimension Style Manager) ;

- la création de cotes à l'aide du groupe de fonctions **Cotation** (Dimension) du ruban ou de la barre d'outils correspondante ;
- la modification des cotes à l'aide des commandes d'édition d'AutoCAD ou des poignées (grips).

La cotation peut s'effectuer dans l'espace objet ou dans l'espace papier. Comme les objets sont créés dans l'espace objet, il est conseillé d'effectuer la cotation au même endroit et de réserver l'espace papier pour les annotations et le cartouche. La fonction **Annotatif** (Annotative) (voir chap 13) rend ce choix encore plus évident.

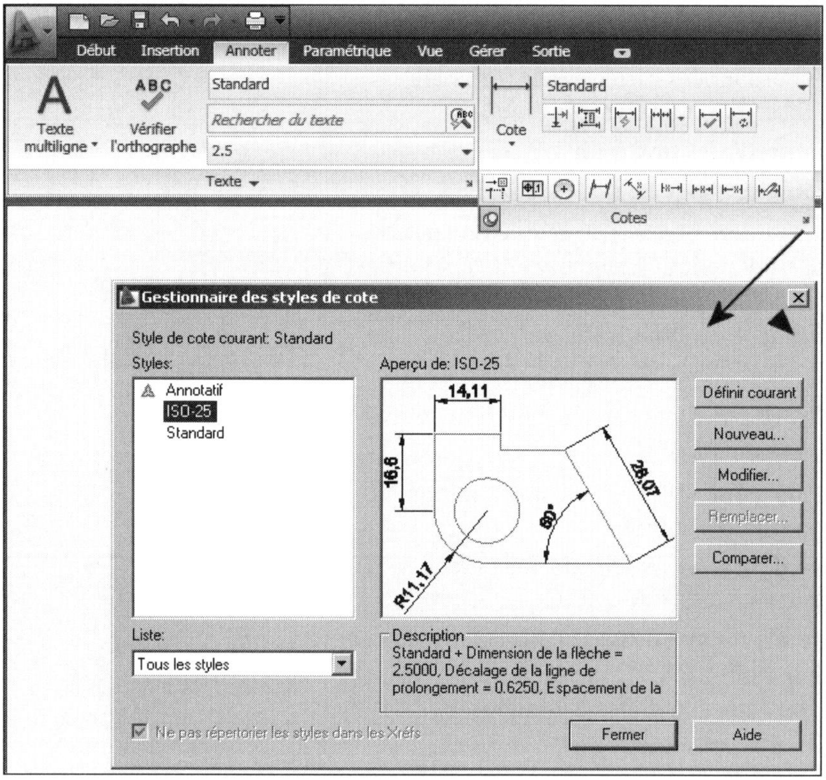

Fig.9.3

Définir un style de cotation

Un « style de cote » correspond à un ensemble de paramètres définissant l'aspect d'une cote. Lors de la création d'une cote dans le dessin, elle adopte automatiquement le style courant. Si aucun style particulier n'est défini par l'utilisateur, AutoCAD applique le style par défaut (Standard). La définition d'un style de cote s'effectue à l'aide de la boîte de dialogue Gestionnaire des styles des cotes (Dimension Style Manager). Les différents paramètres permettant de définir le style de la cote y sont regroupés en sept catégories :

- **Lignes** (Lines) : pour définir l'aspect de la ligne de cote et des lignes d'attache.
- **Symboles et flèches** (Symbols and Arrows) : permet de définir l'aspect des extrémités, des axes et marques centrales.
- **Texte** (Text) : pour définir l'aspect et la position du texte de la cote.
- **Ajuster** (Fit) : pour définir plus finement la position des lignes de cote, des lignes d'attache et du texte. En particulier quand il manque de la place pour placer l'ensemble.
- **Unités principales** (Primary Units) : pour définir le format et la précision des unités de cotation linéaires et angulaires.
- **Unités alternatives** (Alternate Units) : pour définir le format et la précision des unités alternatives.
- **Tolérances** (Tolerances) : pour définir les valeurs et la précision des écarts de tolérance.

La procédure pour définir un nouveau style de cote est la suivante :

1. Ouvrir la boîte de dialogue permettant de définir les styles de cotes à l'aide d'une des méthodes suivantes :

Ruban : cliquer sur le bouton **Style de cotes** (Dimension Style) situé en bas à droite du groupe de fonctions **Cotes** (Dimensions).

Icône : choisir l'icône **Styles des cotes** (Dimension Styles) de la barre d'outils **Cotation** (Dimension).

Clavier : taper la commande **DDIM**.

2. Cliquer sur **Nouveau** (New) pour définir un nouveau style. Dans la boîte **Nouveau style de cote** (Create New Dimension Style) taper le nom dans le champ **Nouveau style** (New Style Name), sélectionner le style de départ et indiquer la cible pour le nouveau style (toutes les catégories de dimensions ou une en particulier). Activer ou non le champ **Annotatif**

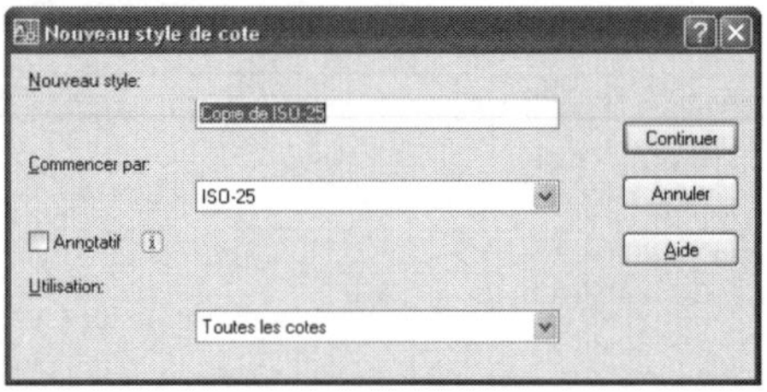

Fig.9.4

(Annotative) (voir chap 13). Cliquer sur **Continuer** (Continue) pour confirmer les choix (fig.9.4).

[3] Définir les différents paramètres dans la boîte de dialogue **Nouveau style de cote** (New Dimension Style).

[4] Cliquer sur OK pour fermer la boîte.

[5] Cliquer sur **Définir courant** (Set Current) pour mettre le style courant, puis sur **Fermer** (Close) pour fermer la boîte de dialogue.

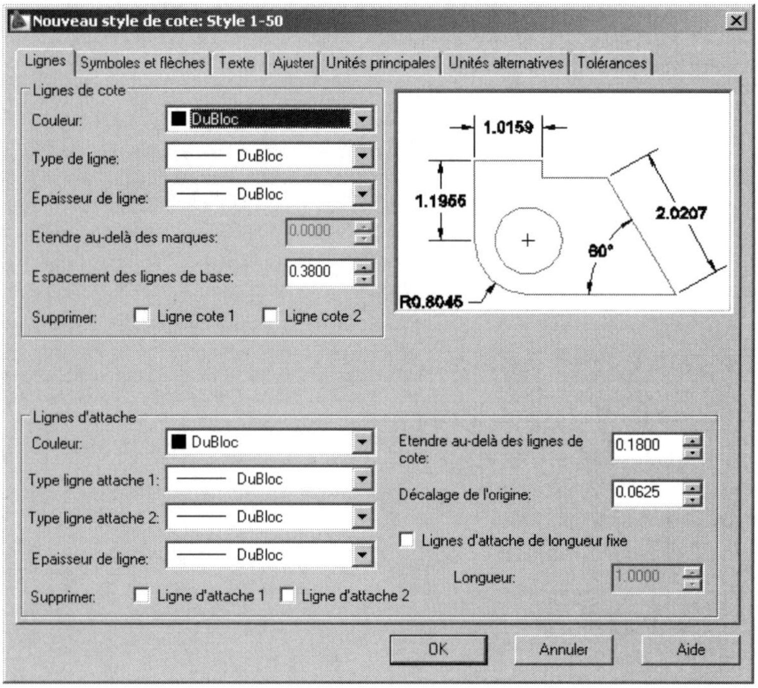

Fig.9.5

Les principales modifications sont les suivantes :

[1] Changer l'aspect de la ligne de cote :

- Cliquer sur l'onglet **Lignes** (Lines) (fig.9.5).
- Dans la section **Ligne de cote** (Dimension Line), sélectionner la couleur via le champ **Couleur** (Color), le type de ligne via le champ **Type de ligne** (Linetype) et l'épaisseur via le champ **Epaisseur de ligne** (Lineweight).

[2] Changer l'espacement entre les lignes d'une cotation de base :

- Cliquer sur l'onglet **Lignes** (Lines).
- Dans la section **Ligne de cote** (Dimension Line), sélectionner **Espacement des lignes de base** (Baseline spacing) et entrer une valeur.

[3] Changer l'aspect des lignes d'extension :

- Cliquer sur l'onglet **Lignes** (Lines).
- Dans la section **Ligne d'attache** (Extension Line), sélectionner la couleur via le champ **Couleur** (Color), le type de ligne via le champ **Type de ligne** (Linetype) et l'épaisseur via le champ **Epaisseur de ligne** (Lineweight).

4 Changer la taille des lignes d'attache :

- Cliquer sur l'onglet **Lignes** (Lines).
- Dans la section **Ligne d'attache** (Extension Line), déterminer la distance de dépassement de la ligne d'attache par rapport à la ligne de cote via le champ **Etendre au-delà des lignes de cote** (Extend beyond dim lines) (fig.9.6).
- Dans la section **Ligne d'attache** (Extension Line), déterminer la distance entre la ligne d'attache et l'objet à coter via le champ **Décalage de l'origine** (Offset from origin).
- Dans la section **Ligne d'attache** (Extension Line), cocher le champ **Ligne d'attache de longueur fixe** (Fixed length extension lines) pour avoir des lignes d'attache dont la longueur est fixe et définie via le champ **Longueur** (Length) (fig.9.7).

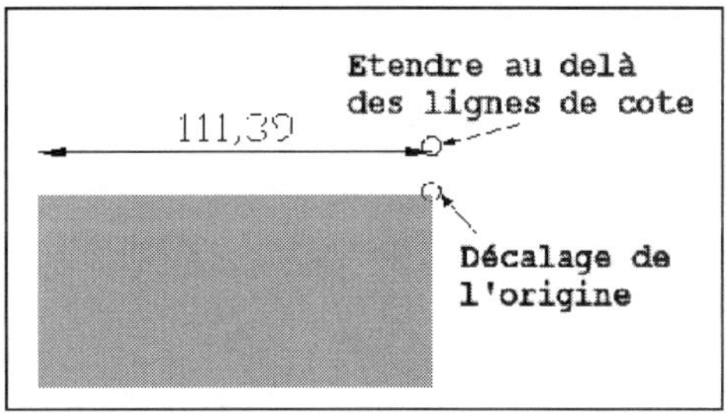

Fig.9.6

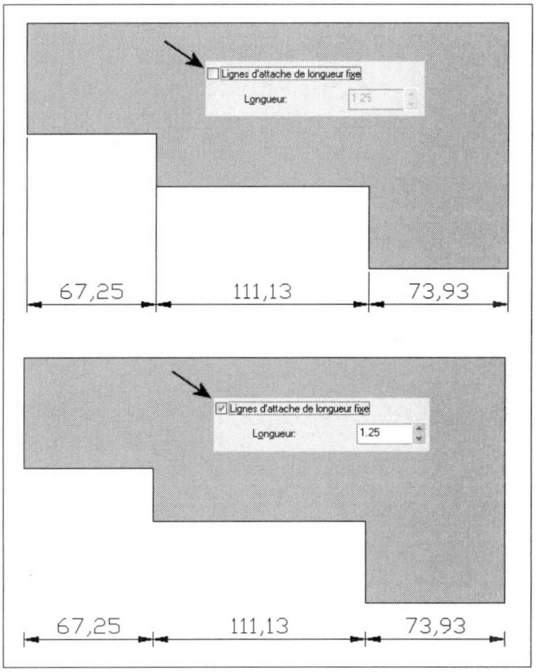

Fig.9.7

5 Choisir le type de symbole pour les extrémités de la ligne de cote :

- Cliquer sur l'onglet **Symboles et flèches** (Symbols and Arrows).
- Dans la section **Pointes de flèche** (Arrowheads), sélectionner le type de symbole dans le champ **1e, 2e** (1st, 2nd) et la taille du symbole dans le champ **Taille de la flèche** (Arrow size).

6 Définir l'aspect des marques centrales des cercles :

- Cliquer sur l'onglet **Symboles et flèches** (Symbols and Arrows).
- Dans la section **Marques de centre** (Center Marks), sélectionner dans **Type** : **Marque** (Mark) pour avoir une croix centrale ou **Ligne** (Line) pour avoir des axes. Dans le champ **Taille** (Size) entrer la taille des marques.

7 Définir le symbole de longueur d'arc :

- Cliquer sur l'onglet **Symboles et flèches** (Symbols and Arrows).

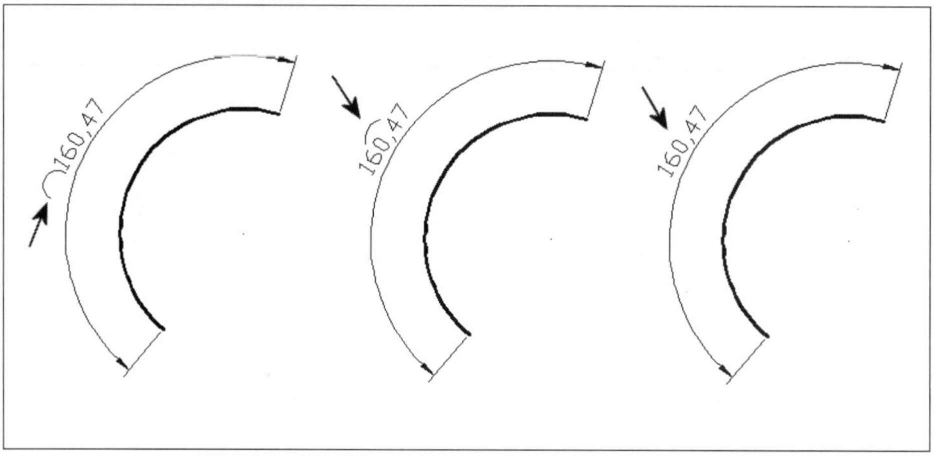

Fig.9.8

- Dans la section **Symbole de longueur d'arc** (Arc length symbol), sélectionner la position du symbole : devant le texte, au-dessus du texte ou aucun symbole (fig.9.8).

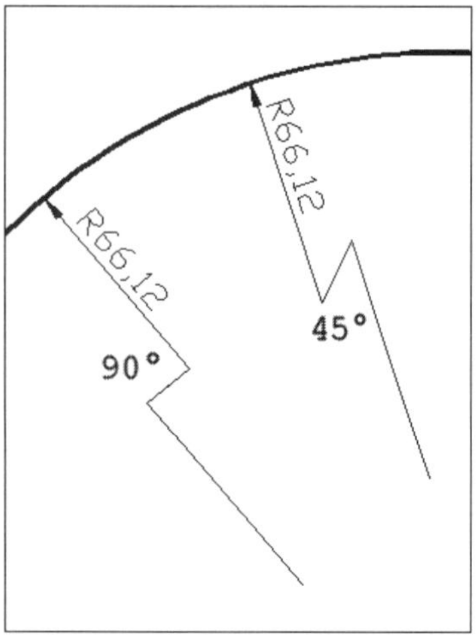

Fig.9.9

[8] Définir l'aspect d'une cote de rayon raccourcie :

- Cliquer sur l'onglet **Symboles et flèches** (Symbols and Arrows).
- Dans la section **Raccourcissement de la cote du rayon** (Radius dimension jog), entrer la valeur de l'angle de la cote raccourcie dans le champ **Angle de raccourcissement** (Jog angle) (fig.9.9).

[9] Déterminer l'aspect et l'alignement du texte des cotes :

- Cliquer sur l'onglet **Texte** (Text) (fig.9.10).
- Dans la section **Apparence du texte** (Text Appearance), sélectionner le style du texte de la cote via le champ **Style** (Text Style), la **couleur** via le champ **Couleur** (Text Color) et la hauteur via le champ **Hauteur** (Text Height).
- Dans la section **Position du texte** (Text Placement), contrôler la position du texte de la cote le long de la ligne de cote via les champs **Vertical**, **Horizontal** et **Direction de la vue** (View Direction) (fig.9.11).
- Dans la section **Alignement du texte** (Text Alignment), contrôler l'alignement du texte de la cote via les champs **Horizontal**, **Aligné par rapport à la ligne de cote** (Aligned with dimension line) et **Norme ISO** (ISO Standard).

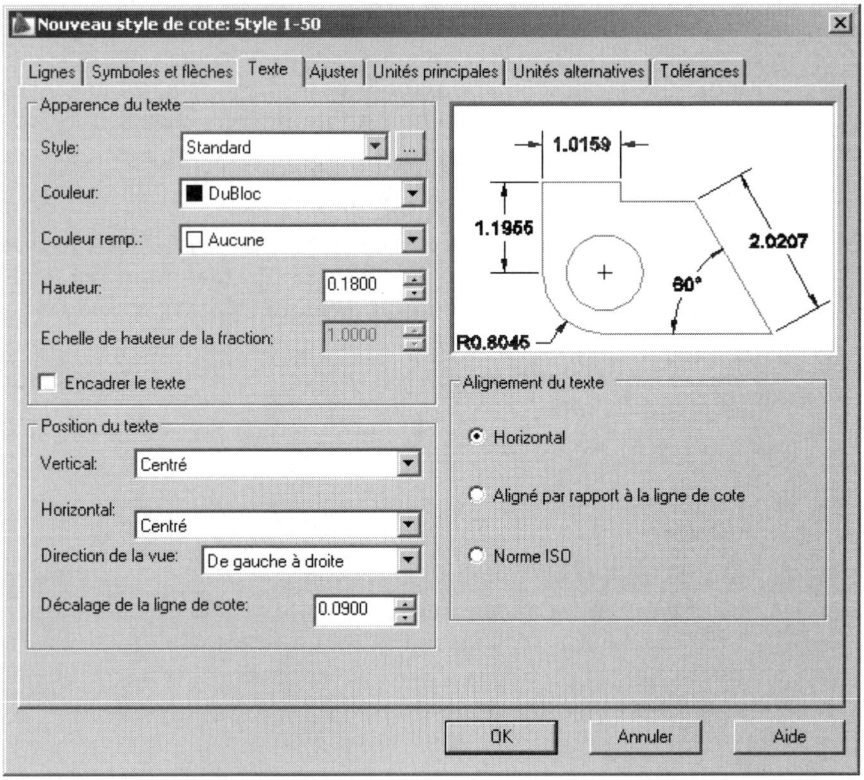

Fig.9.10

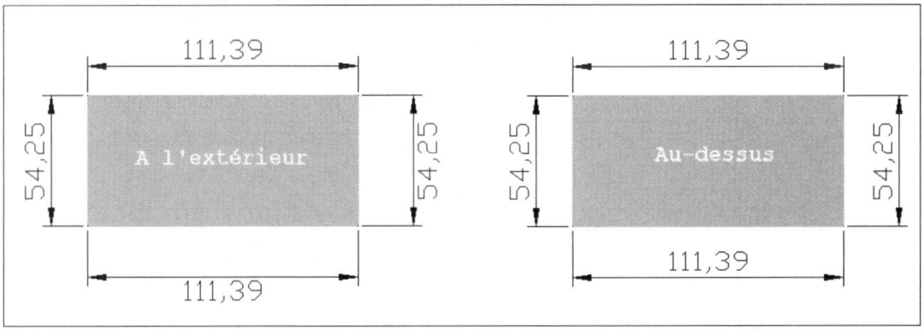

Fig.9.11

[10] Définir un facteur d'échelle globale pour tous les composants de la cote :

- Cliquer sur l'onglet **Ajuster** (Fit).
- Dans la section **Echelle des objets de cotation** (Scale for Dimension Features), rentrer le facteur d'échelle dans le champ **Utiliser l'échelle générale de** (Use overall scale of). Une valeur 2, par exemple,

va doubler la grandeur de la cotation. Cette option permet en une opération de passer d'une cotation pour le 1/100 vers une cotation pour le 1/50, par exemple, et vice versa. Pour rendre le comportement des cotes annotatif, cocher le champ **Annotatif** (voir chapitre 13).

11 Déterminer le format et la précision des unités de cotation :

- Cliquer sur l'onglet **Unités principales** (Primary Units).
- Dans la section **Cotes linéaires** (Linear Dimensions), définir le format et la précision des unités via les champs **Format d'unités** (Unit format) et **Précision** (Precision). Par exemple : Décimale et 0.00.
- Dans la section **Cotes angulaires** (Angular Dimensions), définir le format et la précision des cotes angulaires via les champs **Format des unités** (Units format) et **Précision** (Precision). Par exemple Degrés décimaux et 0.00.

Conseil

Lors de la première cotation d'un dessin sans définition particulière d'un style, il arrive couramment que la cote soit illisible ou beaucoup trop grande. Pour obtenir rapidement une cotation acceptable il suffit de modifier l'échelle globale de la cotation via le champ **Utiliser l'échelle générale de** (Use overall scale of) de l'onglet **Ajuster** (Fit).

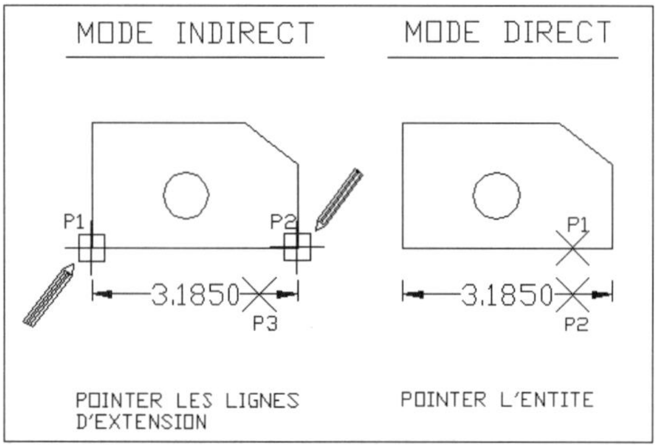

Fig.9.12

Réaliser la cotation d'un dessin

Pour réaliser la cotation d'un dessin il convient de choisir le style de la cote via la boîte de dialogue **Gestionnaire des styles de cote** (Dimension Style Manager), de choisir le type de cotation via le menu **Cotation** (Dimension) ou la barre d'outils correspondante, puis de sélectionner l'objet à coter et enfin de définir l'emplacement de la ligne de cote.

La sélection de l'objet à coter peut s'effectuer de deux manières différentes (fig.9.12) :

- **En mode direct** : appuyer sur Entrée et sélectionner l'objet (une ligne, un segment de polyligne, ...) à coter. Cette méthode n'est pas utilisable pour la cotation de la distance entre deux points non reliés par une entité de dessin.

- **En mode indirect** : pointer le point de départ de chacune des deux lignes d'attache (c'est-à-dire l'origine et l'extrémité de la distance à coter). Il est conseillé dans ce cas d'utiliser les options d'accrochage aux objets (OSNAP) pour une cote exacte.

La procédure pour créer une cote linéaire (horizontale ou verticale) ou alignée est la suivante :

Ce type de cotation permet de définir des cotes horizontales, verticales ou alignées par rapport à l'objet à mesurer.

1. Exécuter la commande cotation à l'aide d'une des méthodes suivantes (fig.9.13) :

Ruban : choisir le groupe de fonctions **Cotes** (Dimension) puis l'option **Linéaire** (Linear) ou **Alignée** (Aligned) dans la liste déroulante.

Icône : choisir l'icône **Cotation linéaire** (Linear Dimension) ou **Cotation alignée** (Aligned Dimension) de la barre d'outils **Cotation** (Dimension).

Clavier : taper la commande **COTLIN** (Dimlinear) ou **COTALI** (Dimaligned).

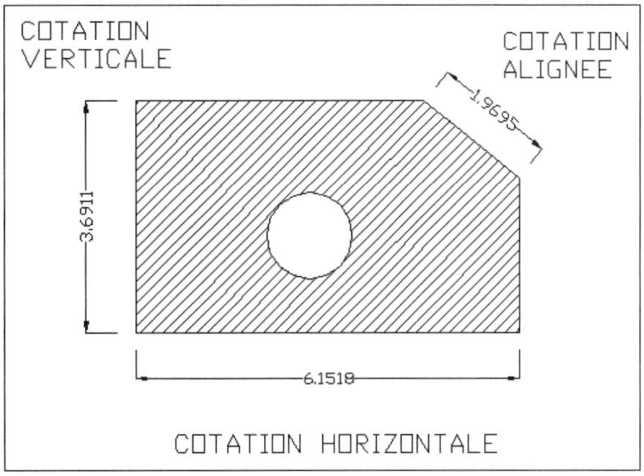

Fig.9.13

2. Appuyer sur Entrée pour sélectionner l'objet à coter ou désigner le point de départ des deux lignes d'attache.
3. Editer éventuellement le texte de la cote en entrant « TE » (t) au clavier. Taper le nouveau texte et cliquer sur OK.
4. Changer éventuellement l'angle d'orientation du texte en entrant « a » au clavier. Spécifier l'angle d'orientation voulu.
5. Définir l'emplacement de la ligne de cote.

La procédure pour réaliser une cotation en parallèle ou en série est la suivante :

Ce type de cotation permet d'afficher les cotes en parallèle à partir d'une ligne de base commune ou les cotes en série sans chevauchement.

[1] Exécuter la commande cotation à l'aide d'une des méthodes suivantes :

Ruban : choisir le groupe de fonctions **Cotes** (Dimension) puis l'option **Ligne de base** (Baseline) ou **Continue** dans la liste déroulante.

Icône : choisir l'icône **Cotation de ligne de base** (Baseline) ou **Cotation continue** (Continue Dimension) de la barre d'outils **Cotation** (Dimension).

Clavier : taper la commande **COTLIGN** (Dimbaseline) ou **COTCONT** (Dimcontinue).

[2] Dans le cas d'une cotation linéaire en parallèle, à partir d'une même ligne de base, AutoCAD commence automatiquement la nouvelle cote à partir de l'origine de la première ligne d'attache de la dernière cote effectuée ou d'une autre cote à sélectionner.

Dans le cas des cotes en série, AutoCAD commence automatiquement la nouvelle cote à partir de l'extrémité de la dernière ligne de cote effectuée ou d'une autre cote à sélectionner.

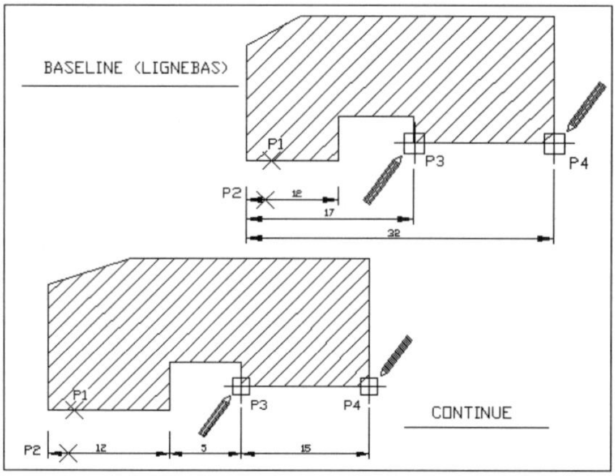

Fig.9.14

[3] Activer le mode d'accrochage aux extrémités pour sélectionner le point P3 comme origine de la seconde ligne d'attache de la deuxième cote. AutoCAD affiche automatiquement la deuxième cote au-dessous (cote parallèle) ou à côté de la première ligne de cote (fig.9.14).

[4] Utiliser à nouveau le mode d'accrochage aux extrémités pour sélectionner l'origine de la ligne d'attache suivante (P4).

[5] Appuyer deux fois sur Entrée pour quitter la commande.

La procédure pour réaliser une cotation radiale (rayon ou diamètre) est la suivante :

Ce type de cotation permet d'indiquer les dimensions des rayons et des diamètres des arcs et des cercles.

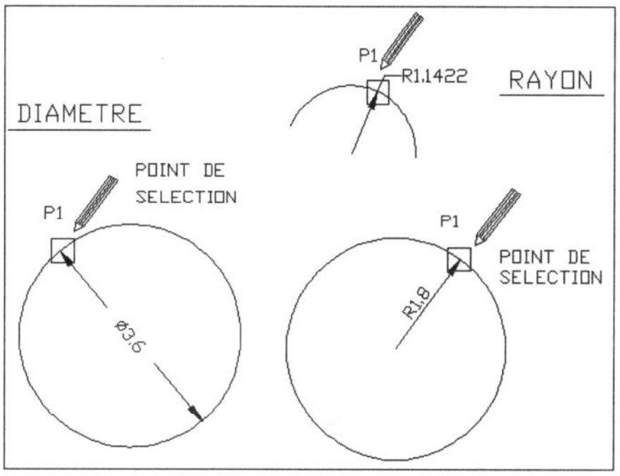

Fig.9.15

[1] Exécuter la commande cotation radiale à l'aide d'une des méthodes suivantes (fig.9.15) :

 Ruban : choisir le groupe de fonctions **Cotes** (Dimension) puis l'option **Rayon** (Radius) ou **Diamètre** (Diameter) dans la liste déroulante.

 Icône : choisir l'icône **Cote de rayon** (Radius Dimension) ou **Cote de diamètre** (Diameter Dimension) de la barre d'outils **Cotation** (Dimension).

 Clavier : taper la commande **COTRAYON** (Dimradius) ou **COTDIA** (Dimdiameter).

[2] Sélectionner l'arc ou le cercle à coter.

[3] Editer éventuellement le texte de la cote en entrant « TE » (t) au clavier. Taper le nouveau texte et cliquer sur OK.

[4] Changer éventuellement l'angle d'orientation du texte en entrant « a » au clavier. Spécifier l'angle d'orientation voulu.

[5] Définir l'emplacement de la ligne de cote.

REMARQUES

Si le centre d'un arc ou d'un cercle est situé hors des contours du dessin, il est possible de mesurer et d'afficher son rayon à l'aide d'une cote raccourcie (icône Cote raccourcie de la barre d'outils **Cotation**).

Après avoir sélectionné un objet, il faut spécifier l'origine et l'emplacement de la ligne de cote, ainsi que l'emplacement de la cote raccourcie sur la ligne. La cote radiale raccourcie est représentée par une ligne en zigzag dans la direction de l'arc (fig.9.16).

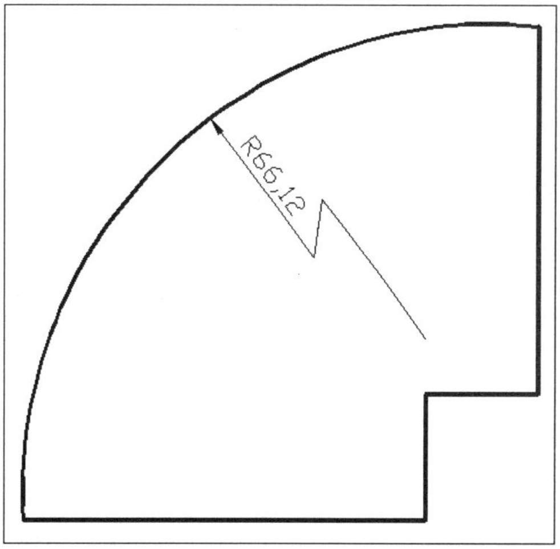

Fig.9.16

La procédure pour réaliser une cotation angulaire est la suivante :

Ce type de cotation permet de mesurer l'angle formé par deux lignes (deux rayons d'un cercle ou d'un arc, ou deux lignes) ou défini par trois points.

1 Exécuter la commande cotation angulaire à l'aide d'une des méthodes suivantes (fig.9.17) :

Ruban : choisir le groupe de fonctions **Cotes** (Cotation) puis l'option **Angulaire** (Angular) dans la liste déroulante.

Icône : choisir l'icône **Cotation angulaire** (Angular Dimension) de la barre d'outils **Cotation** (Dimension).

Clavier : taper la commande **COTANG** (Dimangular).

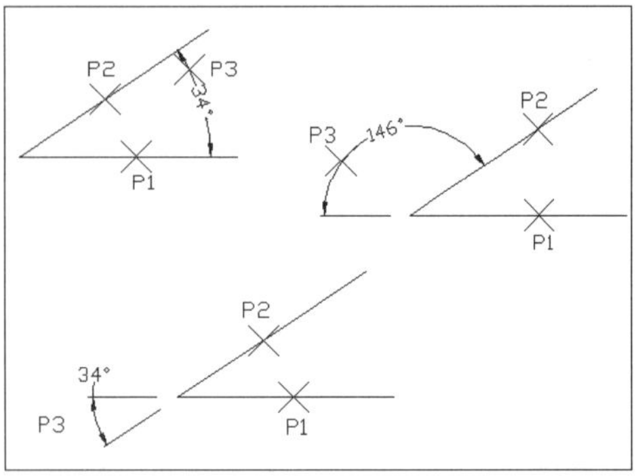

Fig.9.17

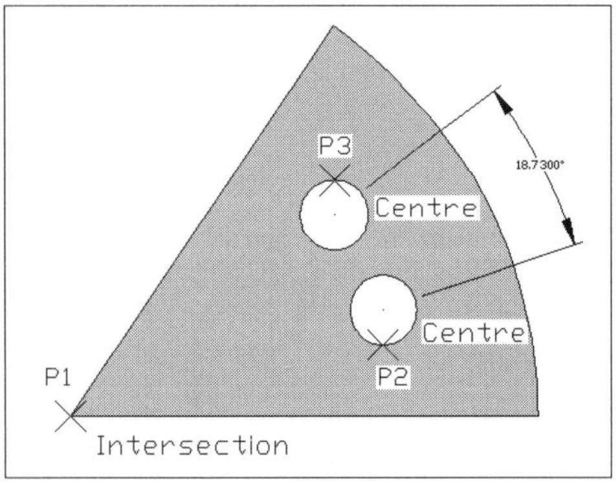

Fig.9.18

2 Dans le cas d'un cercle ou d'un arc, sélectionner un premier point puis un deuxième point sur le cercle ou l'arc. Dans le cas de deux droites, sélectionner la première puis la deuxième droite. Dans le cas de trois points, appuyer sur Entrée. Déterminer ensuite le sommet de l'angle, puis deux points pour les extrémités de l'angle (fig.9.18).

3 Editer éventuellement le texte de la cote en entrant « TE » (t) au clavier. Taper le nouveau texte et cliquer sur OK.

4 Changer éventuellement l'angle d'orientation du texte en entrant « a » au clavier. Spécifier l'angle d'orientation voulu.

5 Définir l'emplacement de la ligne de cote qui, dans ce cas, a la forme d'un arc.

Procédure pour réaliser une cotation en coordonnées cartésiennes :

Ce type de cotation permet de mesurer la distance (en X et Y) entre un point de référence et un élément du dessin. La cote est constituée d'une valeur de coordonnée cartésienne (X ou Y) et d'une ligne de repère. Il est conseillé de déterminer l'emplacement de l'origine (UCS) avant le début de la cotation.

La procédure est la suivante :

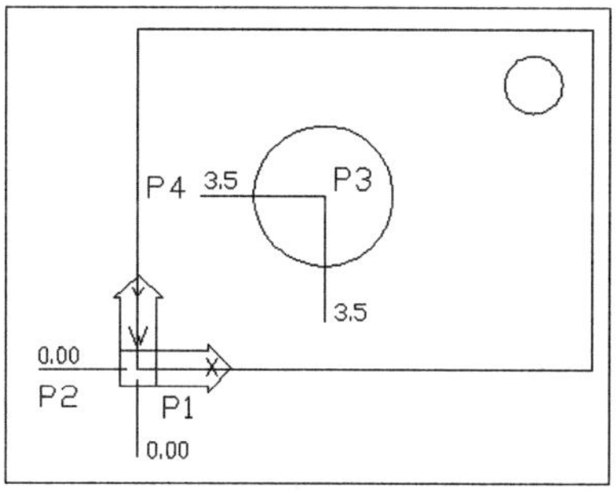

Fig.9.19

1. Placer l'origine de la cotation à la position souhaitée à l'aide du système SCU (UCS).
2. Exécuter la commande cotation radiale à l'aide d'une des méthodes suivantes (fig.9.19) :

Ruban : choisir le groupe de fonctions **Cotes** (Dimension) puis l'option **Superposée** (Ordinate) dans la liste déroulante.

Icône : choisir l'icône **Cotation Superposée** (Ordinate Dimension) de la barre d'outils **Cotation** (Dimension).

Clavier : taper la commande **COTORD** (Dimordinate).

3. Désigner le point de référence (0,0) à l'aide du mode d'accrochage Intersection (P1).
4. Choisir le type de coordonnées **Abscisse** (X-Datum) ou **Ordonnée** (Y-Datum). Par exemple : Ordonnée (Y-Datum).
5. Activer le mode orthogonal (F8) pour tracer la ligne de repère de manière horizontale.
6. Indiquer l'extrémité de la ligne de repère (P2).
7. Exécuter à nouveau l'étape 2.
8. Désigner le point à coter (par exemple le centre du cercle) à l'aide du mode d'accrochage Centre (P3).
9. Indiquer l'extrémité de la ligne de repère (P4).
10. Faire de même pour les abscisses.

La procédure pour effectuer une cotation rapide est la suivante :

La cotation rapide est particulièrement utile pour créer une série de cotes de ligne de base ou continues ou pour coter une série de cercles et d'arcs.

1. Exécuter la commande de cotation rapide à l'aide d'une des méthodes suivantes (fig.9.20) :

Ruban : choisir le groupe de fonctions **Cotes** (Cotation) puis l'option **Cotation rapide** (Quick Dimension).

Icône : choisir l'icône **Cotation rapide** (Quick Dimension) de la barre d'outils **Cotation** (Dimension).

Clavier : taper la commande **COTRAP** (Qdim).

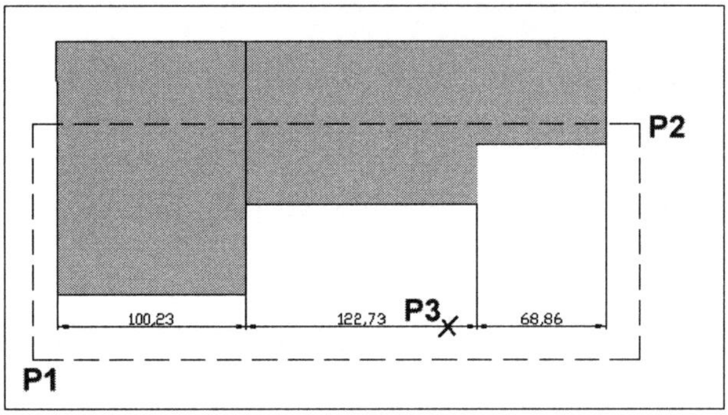

Fig.9.20

2 Sélectionner les objets à coter et appuyer sur Entrée (P1 à P2).

3 Spécifier la position de la ligne de cote (P3) ou sélectionner une option.

La procédure pour coter la longueur d'un arc est la suivante :

Les cotes de longueur d'arc mesurent la distance le long d'un arc ou d'un segment d'arc de polyligne. Elles sont habituellement utilisées pour mesurer la distance de trajet autour d'une caméra ou pour indiquer la longueur d'un câble. Pour les différencier des cotes linéaires ou angulaires, elles affichent un symbole d'arc par défaut.

1 Exécuter la commande de longueur d'un arc à l'aide d'une des méthodes suivantes :

Ruban : choisir le groupe de fonctions **Cotes** puis l'option **Longueur d'arc** (Arc length) dans la liste déroulante.

Icône : choisir l'icône **Longueur d'arc** (Arc length) de la barre d'outils **Cotation** (Dimension).

Clavier : taper la commande **ARCCOTE** (Dimarc).

[2] Sélectionner les objets à coter (un arc ou un segment d'arc de polyligne).

[3] Spécifier la position de la ligne de cote.

Modifier les cotes

Il est possible de modifier les cotes de plusieurs manières dans AutoCAD :

- **A l'aide des commandes d'édition** : changer l'échelle (scale), étirer (stretch), ajuster (trim), prolonger (extend), etc. Il est important dans ce cas de sélectionner les points de définition des cotes concernées.
- **A l'aide de commandes spécifiques aux cotations** : incliner les lignes d'attache, faire pivoter le texte de la cote, remplacer le texte de la cote, etc.
- **En modifiant le style général de la cotation** : permet de modifier tous les paramètres définis lors de la création d'un style.
- **En modifiant les propriétés d'une cotation** : permet de modifier le style pour une cotation en particulier.

La procédure pour modifier la position du texte de la cote est la suivante :

[1] Sélectionner le texte de la cote à déplacer.

[2] Placer le curseur sur la poignée (grips) correspondant au texte. Elle devient rouge.

[3] Déplacer la poignée (fig.9.21).

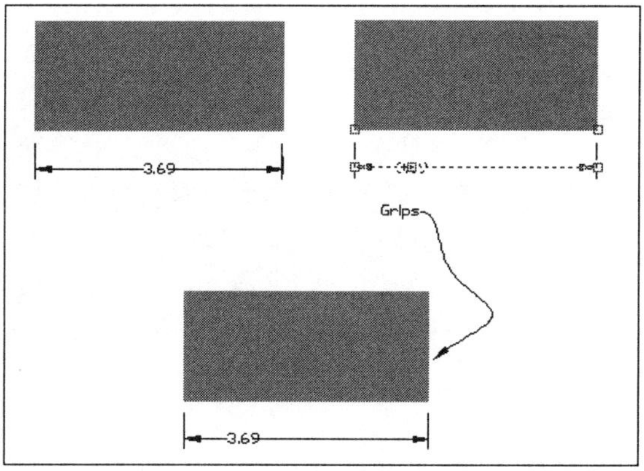

Fig.9.21

La procédure pour remplacer le texte de la cote est la suivante :

[1] Exécuter la commande **COTEDIT** (Dim-edit) au clavier (ligne de commande) ou sélectionner l'icône **Modifier la cote** (Dimension Edit) de la barre d'outils **Cotation** (Dimension).

[2] Entrer « n » (New) pour définir le nouveau texte.

3. Taper le texte dans la boîte de dialogue **Editeur de texte multiligne** (Edit MText). Les signes <> représentent le texte de la cote. Pour rentrer un préfixe, taper le texte avant les signes et pour rentrer un suffixe, taper le texte après. Pour remplacer le texte de la cote, il suffit de supprimer les signes et de taper la nouvelle valeur. Appuyer ensuite sur OK.
4. Sélectionner les cotes auxquelles le nouveau texte s'applique et appuyer sur Entrée.

REMARQUE

Il est aussi possible de remplacer le texte de la cote à l'aide du champ **Remplacement du texte** (Text override) de la section **Texte** (Text) de la boîte de dialogue **Propriétés** (Properties).

La procédure pour redéfinir le style d'une cote particulière est la suivante (fig.9.22) :

1. Sélectionner la cote à modifier.
2. Effectuer un clic droit et sélectionner l'option **Propriétés** (Properties).
3. Sélectionner les options à modifier dans la boîte de dialogue **Propriétés** (Properties).
4. Cliquer sur OK. La modification du style n'aura un effet que sur la cote sélectionnée.

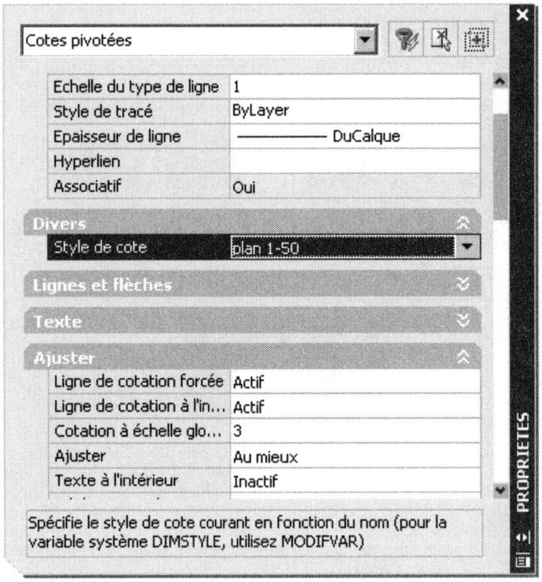

Fig.9.22

La procédure pour modifier le style de toutes les cotes est la suivante :

La technique la plus simple pour modifier le style de toutes les cotes est de modifier le style en lui-même et de sauvegarder les modifications ainsi réalisées sous le même nom de style. L'ensemble des cotes correspondant à ce style sont automatiquement mises à jour dans le dessin.

[1] Exécuter la commande de modification de style à l'aide d'une des méthodes suivantes :

Ruban : choisir le groupe de fonctions **Cotes** (Dimension) puis l'option **Styles de cotes** (Dimension Styles).

Icône : choisir l'icône **Styles des cotes** (Dimension Styles) de la barre d'outils **Cotation** (Dimension).

Clavier : taper la commande **DDIM**.

[2] Sélectionner, dans la liste **Styles**, le style à redéfinir puis cliquer sur **Modifier** (Modify).

[3] Effectuer les modifications nécessaires dans les différents onglets.

[4] Cliquer sur **Définir courant** (Set current) puis sur **Fermer** (Close) pour appliquer les modifications et sortir du gestionnaire des styles de cote.

Après avoir placé une cote, il peut parfois être nécessaire de modifier les informations qu'elle représente. Vous pouvez ainsi ajouter une ligne de raccourcissement à une cote linéaire pour indiquer que la valeur de cote ne représente pas la valeur réelle de la cote ou ajouter une cote d'inspection pour indiquer la fréquence à laquelle une pièce fabriquée doit être vérifiée.

Il vous arrivera peut-être de vouloir modifier une cote simplement pour la rendre plus facile à lire. Vous pouvez vous assurer que les lignes d'attache ou de cote ne masquent pas les objets et vous pouvez espacer les cotes linéaires de façon régulière.

Les possibilités sont les suivantes :

- **Raccourcissement des cotes** : vous pouvez ajouter des lignes de raccourcissement aux cotes linéaires. Les lignes de raccourcissement représentent une valeur de cote qui n'affiche pas la mesure réelle. En général, la valeur de mesure réelle de la cote est plus petite que la valeur affichée.
- **Coupures de cote** : les coupures de cote vous permettent de faire en sorte que les lignes de cote, d'attache ou de repère apparaissent comme si elles faisaient partie du dessin.
- **Ajustement de l'espacement des cotes** : vous pouvez ajuster automatiquement les cotes linéaires et angulaires dans un dessin de façon à ce qu'elles soient espacées ou alignées régulièrement sur la ligne de cote.
- **Cote d'inspection** : les cotes d'inspection vous permettent de signaler la fréquence à laquelle les pièces fabriquées doivent être vérifiées pour que la valeur de cote et les tolérances des pièces soient dans la plage spécifiée.

Le raccourcissement des cotes

Vous pouvez ajouter des lignes de raccourcissement aux cotes linéaires. Les lignes de raccourcissement représentent une valeur de cote qui n'affiche pas la mesure réelle. En général, la valeur de mesure réelle de la cote est plus petite que la valeur affichée.

Le raccourcissement est constitué de deux lignes parallèles et d'une ligne oblique qui forme deux angles de 40 degrés. La hauteur du raccourcissement est déterminée par la valeur de la taille de raccourcissement linéaire du style de cote.

Une fois que vous avez ajouté un raccourcissement à une cote linéaire, vous pouvez le positionner à l'aide des poignées. Pour repositionner un raccourcissement, sélectionnez la cote, puis la poignée. Déplacez la poignée à un autre point de la ligne de cote. Vous pouvez également ajuster la hauteur du symbole de raccourcissement sur une ligne de cote depuis la palette **Propriétés**, sous **Lignes & flèches**.

Pour ajouter un raccourcissement à une cote linéaire, la procédure est la suivante :

1. Dans la barre d'outils des cotations, cliquer sur la fonction **Linéaire raccourci** (Jogged Linear).
2. Sélectionner une cote linéaire.
3. Spécifier un point sur la ligne de cote sur lequel placer le raccourcissement ou appuyer sur Entrée pour positionner le raccourcissement au milieu de la ligne de cote sélectionnée (fig.9.23).

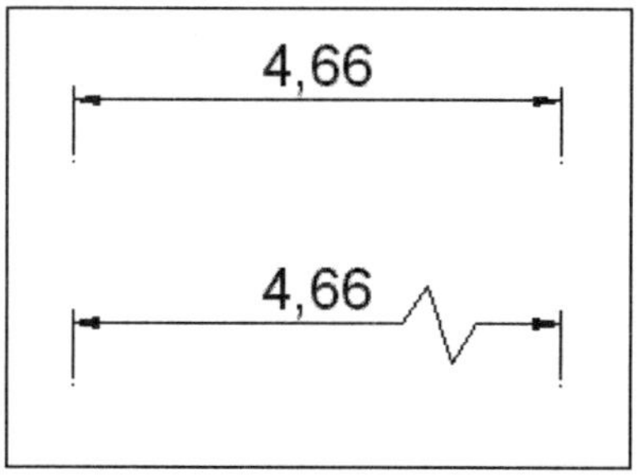

Fig.9.23

Pour repositionner un raccourcissement à l'aide des poignées, la procédure est la suivante :

1. Sans commande active, sélectionner la cote linéaire qui comporte le raccourcissement à repositionner.
2. Sélectionner la poignée au milieu du raccourcissement.
3. Déplacer le réticule le long de la ligne de cote et cliquer pour repositionner le raccourcissement (fig.9.24).

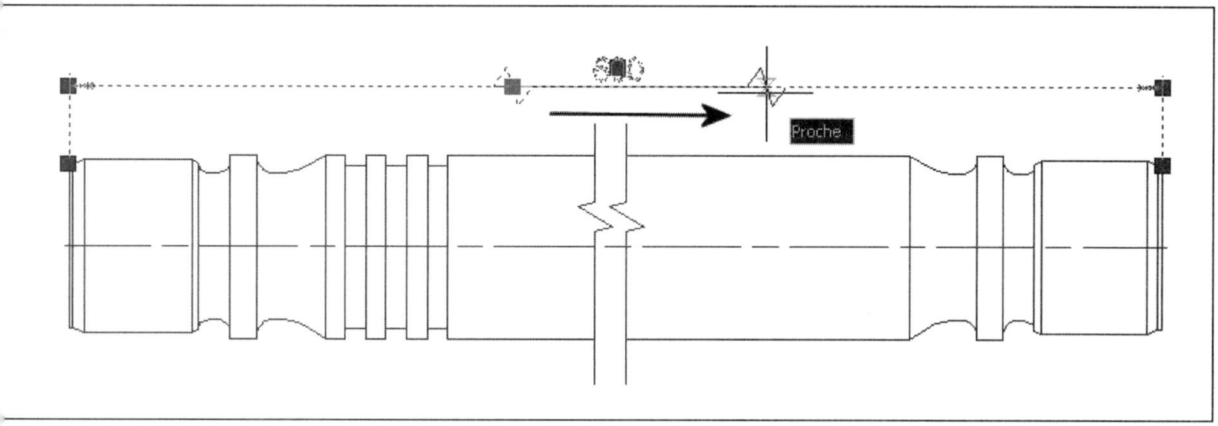

Fig.9.24

Pour supprimer un raccourcissement, la procédure est la suivante :

1. Dans la barre d'outils des cotations, cliquer sur la fonction **Linéaire raccourci** (Jogged Linear).
2. Entrer s (Supprimer) et appuyer sur Entrée.
3. Sélectionner la cote linéaire de laquelle vous voulez supprimer le raccourcissement.

Pour modifier la hauteur d'un raccourcissement à l'aide la palette Propriétés, la procédure est la suivante :

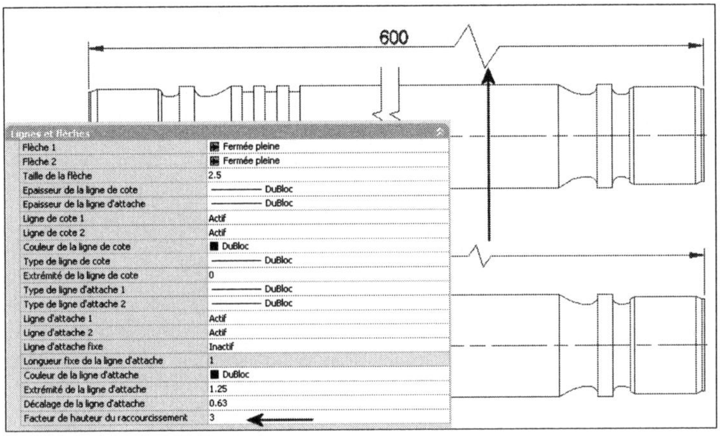

Fig.9.25

1. Sans commande active, sélectionner la cote linéaire qui comporte le raccourcissement dont vous voulez changer la hauteur.
2. Cliquer avec le bouton droit de la souris sur la fenêtre de dessin. Cliquer sur **Propriétés** (Properties).
3. Dans la palette Propriétés, développer la section **Lignes & flèches** (Lines and Arrows).
4. Sélectionner **Facteur de hauteur du raccourcissement** (Jog height factor) et entrer la nouvelle hauteur du raccourcissement (fig.9.25).
5. Appuyer sur Entrée et sortez de la palette Propriétés.

Les coupures de cotes

L'intersection de cotes ou de lignes d'attache n'est en général pas considérée comme une bonne pratique de dessin. Il est donc conseillé de les interrompre.

Les coupures de cote peuvent être ajoutées à une cote ou une ligne de repère multiple automatiquement ou manuellement. La méthode que vous choisissez pour placer les coupures de cote dépend du nombre d'objets qui coupent une cote ou une ligne de repère multiple.

Vous pouvez ajouter des coupures de cote aux objets de cote et de ligne de repère suivants :

- Cotes linéaires (alignées et pivotées).
- Cotes angulaires (2 et 3 points).
- Cotes radiales (rayon, diamètre et raccourcis).
- Cotes de longueur d'arc.
- Cotes superposées.
- Lignes de repère multiples (droites uniquement).

Les objets de cote et de ligne de repère suivants n'acceptent pas les coupures de cote :

- Lignes de repère multiples (splines uniquement).
- Lignes de repères héritées (droites ou splines).

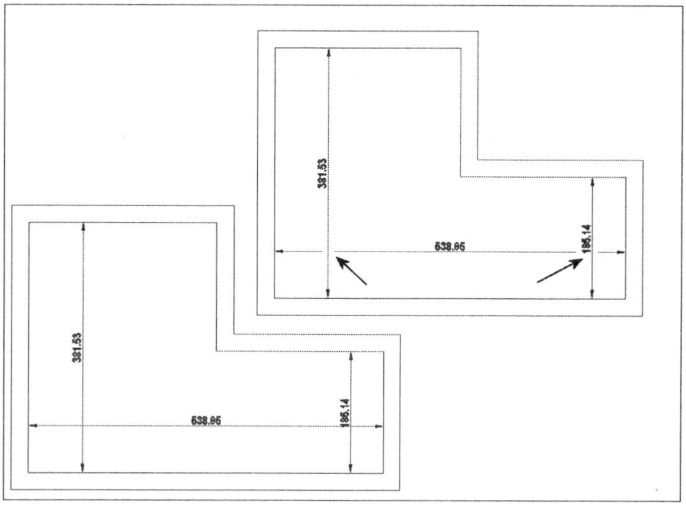

Fig.9.26

Pour créer automatiquement des coupures de cote pour chaque objet sécant, la procédure est la suivante :

1. Dans le groupe de fonctions **Cotes** (Dimension), cliquer sur l'option **Coupure** (Break).
2. Sélectionner une cote ou une ligne de repère multiple.
3. Entrer a (Auto) et appuyer sur Entrée. La ligne de cote sélectionnée est interrompue aux endroits où elle rencontre d'autres cotes (fig.9.26).

Pour créer une coupure de cote à partir d'un objet sécant, la procédure est la suivante :

1. Dans le groupe de fonctions **Cotes** (Dimension), cliquer sur l'option **Coupure** (Break).
2. Sélectionner une cote ou une ligne de repère multiple.
3. Sélectionner un objet qui coupe la cote ou la ligne de repère multiple. Appuyer sur Entrée (fig.9.27).

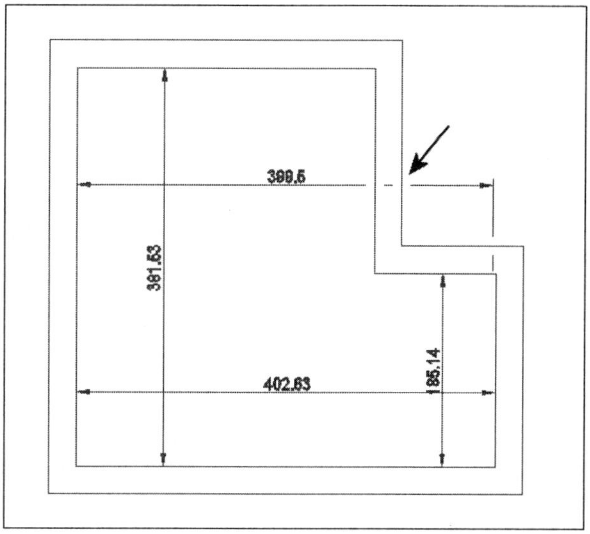

Fig.9.27

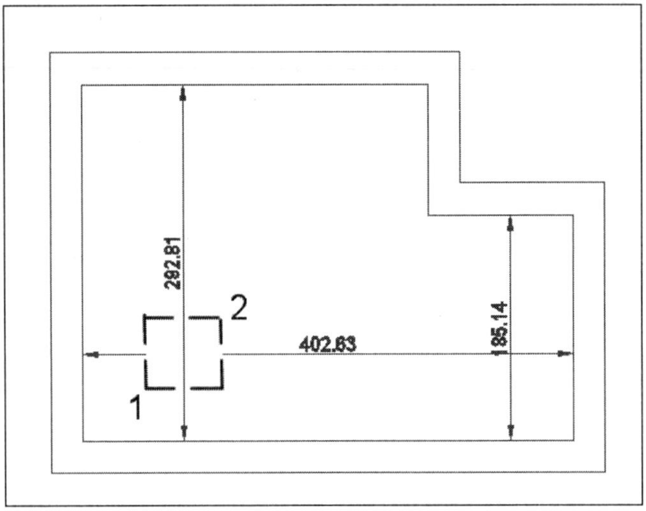

Fig.9.28

Pour créer une coupure de cote manuelle, la procédure est la suivante :

1. Dans le groupe de fonctions **Cotes** (Dimension), cliquer sur l'option **Coupure** (Break).
2. Sélectionner une cote ou une ligne de repère multiple.
3. Entrer m (Manuel) et appuyer sur Entrée.
4. Spécifier le premier point sur la ligne de cote, d'attache ou de repère pour la coupure de cote.
5. Spécifier de même le second point (fig.9.28).

Pour créer des coupures de cote pour plusieurs cotes ou lignes de repère multiples en même temps, la procédure est la suivante :

1. Dans le groupe de fonctions **Cotes** (Dimension), cliquer sur l'option **Coupure** (Break).
2. Entrer m (Multiple) et appuyer sur Entrée.
3. Sélectionner les cotes ou les lignes de repère multiples auxquelles ajouter des coupures de cote.
4. Entrer c (Coupure) et appuyer sur Entrée.

Pour supprimer toutes les coupures de cote d'une cote ou d'une ligne de repère multiple, la procédure est la suivante :

1. Dans le groupe de fonctions **Cotes** (Dimension), cliquer sur l'option **Coupure** (Break).
2. Sélectionner une cote ou une ligne de repère multiple.
3. Entrer r (Restaurer) et appuyer sur Entrée.

Pour supprimer toutes les coupures de cote de plusieurs cotes ou lignes de repère multiples, la procédure est la suivante :

1. Dans le groupe de fonctions **Cotes** (Dimension), cliquer sur l'option **Coupure** (Break).

[2] Entrer m (Multiple) et appuyer sur Entrée.

[3] Sélectionner les cotes ou les lignes de repère multiples desquelles supprimer les coupures de cote.

[4] Entrer r (Restaurer) et appuyer sur Entrée.

L'espacement des cotes

Vous pouvez ajuster automatiquement les cotes linéaires et angulaires dans un dessin de façon à ce qu'elles soient espacées ou alignées régulièrement sur la ligne de cote.

Pour espacer régulièrement des cotes linéaires et angulaires automatiquement, la procédure est la suivante :

[1] Dans le groupe de fonctions **Cotes** (Dimension), cliquer sur l'option **Ajuster l'espacement** (Adjust Space).

[2] Sélectionner la cote à utiliser comme cote de base pour espacer régulièrement des cotes.

[3] Sélectionner la cote suivante à espacer de la cote de base.

[4] Sélectionner d'autres cotes, puis appuyer sur Entrée.

[5] Entrer a (Auto) et appuyer sur Entrée (fig.9.29).

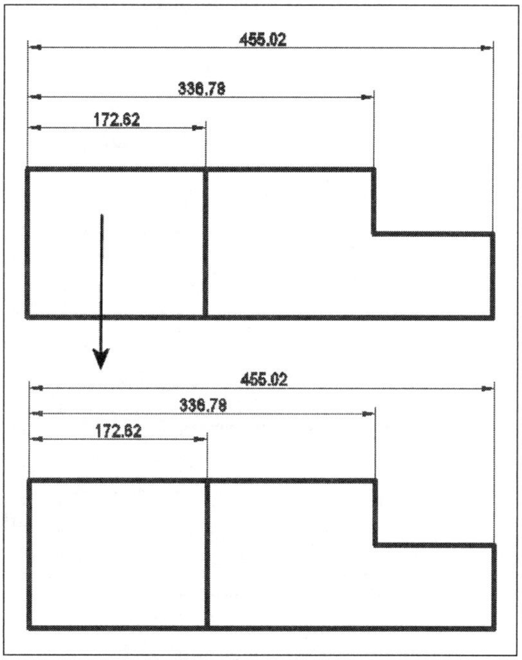

Fig.9.29

Pour espacer régulièrement les cotes linéaires et angulaires avec une certaine distance, la procédure est la suivante :

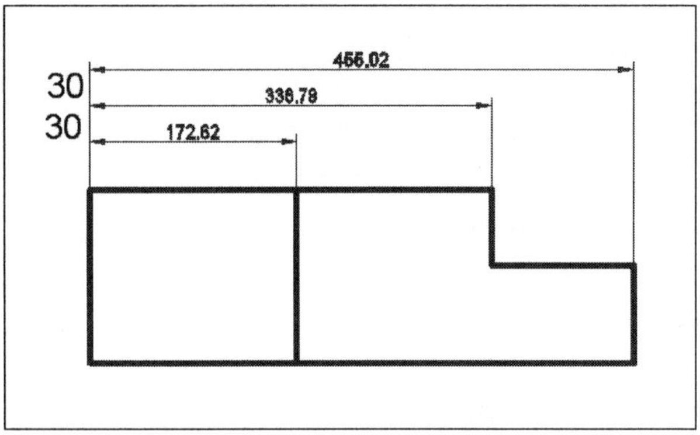

Fig.9.30

1 Dans le groupe de fonctions **Cotes** (Dimension), cliquer sur l'option **Ajuster l'espacement** (Adjust Space).

2 Sélectionner la cote à utiliser comme cote de base pour espacer régulièrement des cotes.

3 Sélectionner la cote suivante à espacer de la cote de base.

4 Sélectionner d'autres cotes, puis appuyer sur Entrée.

5 Entrer une valeur d'espacement (par exemple : 30) et appuyer sur Entrée (fig.9.30).

Pour aligner des cotes linéaires et angulaires parallèles, la procédure est la suivante :

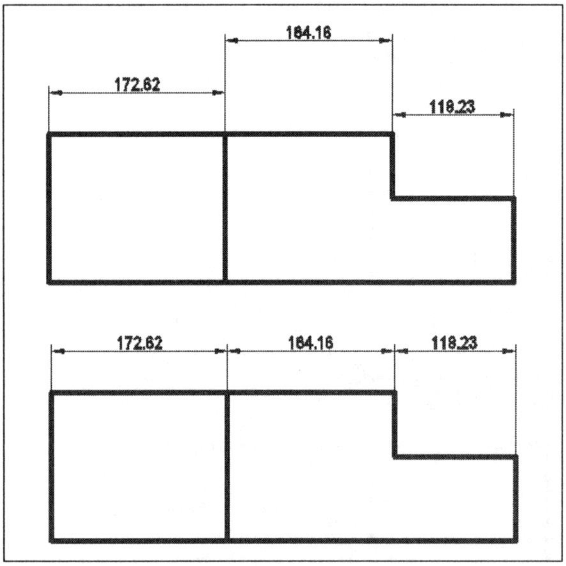

Fig.9.31

1 Dans le groupe de fonctions **Cotes** (Dimension), cliquer sur l'option **Ajuster l'espacement** (Adjust Space).

2 Sélectionner la cote à utiliser comme cote de base pour espacer régulièrement des cotes.

3 Sélectionner la cote suivante à aligner.

4 Sélectionner d'autres cotes, puis appuyer sur Entrée.

5 Entrer 0 comme distance et appuyer sur Entrée (fig.9.31).

Les cotes d'inspection

Les cotes d'inspection vous permettent de signaler la fréquence à laquelle les pièces fabriquées doivent être vérifiées pour que la valeur de cote et les tolérances des pièces soient dans la plage spécifiée.

Lorsque vous manipulez des pièces qui doivent être conformes à une valeur de tolérance ou de cote avant de les assembler dans le produit final, vous pouvez utiliser une cote d'inspection pour spécifier la fréquence à laquelle la pièce doit être vérifiée.

Vous pouvez ajouter une cote d'inspection à n'importe quel type d'objet de cote. Une cote d'inspection se compose d'un cadre et de valeurs texte. Le cadre lui-même est composé de deux lignes parallèles qui se rejoignent en formant un arrondi ou un carré. Les valeurs texte sont séparées par des lignes verticales. Une cote d'inspection peut contenir trois champs différents d'information; une étiquette d'inspection, une valeur de cote et un taux d'inspection.

Les champs d'une cote d'inspection sont les suivants (fig.9.32) :

- **Etiquette d'inspection :** texte identifiant chaque cote d'inspection. L'étiquette apparaît dans la partie la plus à gauche de la cote d'inspection.
- **Valeur de cote :** la valeur de cote affichée est la valeur de cote avant l'ajout de la cote d'inspection. La valeur de cote peut contenir des tolérances, du texte (préfixe et suffixe) et la valeur mesurée. La valeur de cote apparaît au centre de la cote d'inspection.

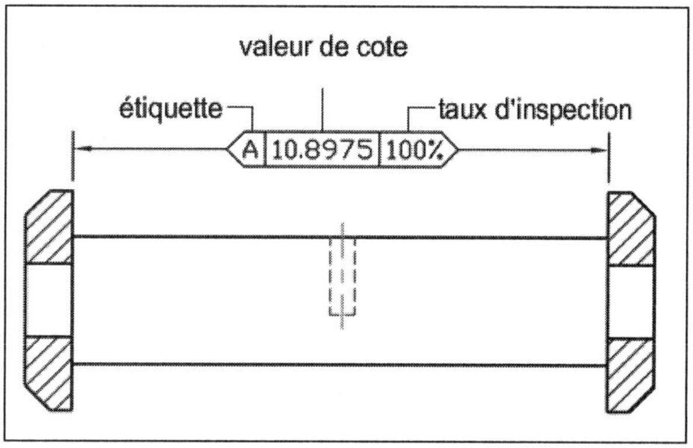

Fig.9.32

- **Taux d'inspection :** texte indiquant la fréquence à laquelle la valeur de cote doit être vérifiée; la fréquence est exprimée en pourcentage. Le taux apparaît dans la partie la plus à droite de la cote d'inspection.

Pour créer une cote d'inspection, la procédure est la suivante :

1. Dans le groupe de fonctions **Cotes** (Dimension), cliquer sur l'option **Inspecter** (Inspect).
2. Dans la boîte de dialogue **Cote d'inspection** (Inspection Dimension), cliquer sur **Sélectionner les cotes** (Select dimensions) (fig.9.33).
3. Sélectionner la cote à transformer en cote d'inspection. Appuyer sur Entrée pour revenir à la boîte de dialogue.
4. Sous la section **Forme** (Shape), spécifier le type du cadre.
5. Sous la section **Etiquette/Cote d'inspection** (Label/Inspection rate), spécifier les options voulues.

6 Activer la case à cocher **Etiquette** (Label) et entrer le texte de l'étiquette dans la zone de texte.

7 Activer la case à cocher **Taux d'inspection** (Inspection rate) et entrer le taux voulu dans la zone de texte Taux d'inspection.

8 Cliquer sur OK.

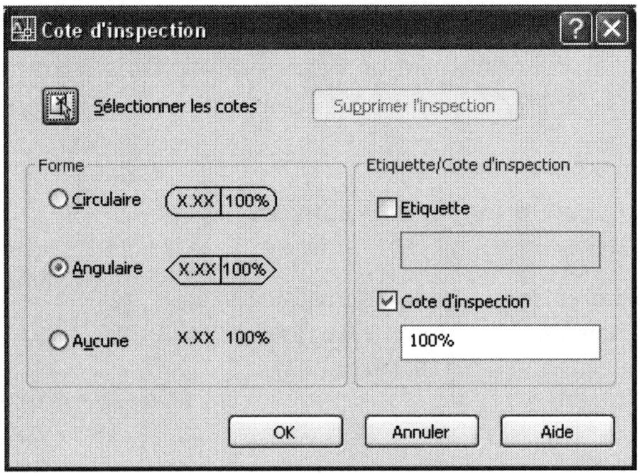

Fig.9.33

La cotation associative

Depuis la version AutoCAD 2002, la relation entre les objets géométriques et les cotes qui indiquent leurs dimensions devient complètement associative. Cela signifie qu'elles ajustent automatiquement leur position, leur orientation et la dimension indiquée lorsque les objets géométriques auxquels elles sont associées sont modifiés.

Le type d'association est réglé par la variable **DIMASSOC** qui peut prendre trois valeurs :

- 2 : la cotation est associative (valeur par défaut).
- 1 : la cotation n'est pas associative. Cela signifie qu'elle ne s'adapte pas automatiquement à toute modification des objets géométriques.
- 0 : la cotation est décomposée. Chaque composant d'une cote devient un objet distinct.

Pour réassocier une cote non associative, la procédure est la suivante (fig.9.34) :

[1] Exécuter la commande à l'aide d'une des méthodes suivantes :

Ruban : choisir le groupe de fonctions **Cotes** (Dimension) puis l'option **Réassocier** (Reassociate).

Clavier : taper la commande **COTREASSOCIER** (DIMREASSOCIATE).

[2] Sélectionner la cotation (pt A).

[3] Sélectionner la première ligne d'attache (pt. B).

[4] Sélectionner la seconde ligne d'attache (pt. C).

Lors de l'opération d'association, une croix indique que l'attache n'est pas associée et un carré indique que l'attache est associée.

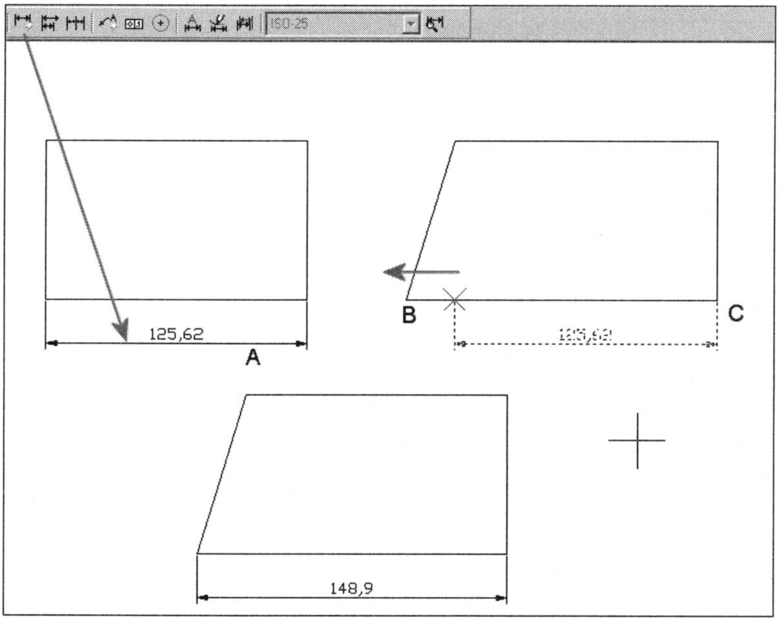

Fig.9.34

Les lignes de repère

Principe

Avant la version 2008 d'AutoCAD, l'utilisation de la fonction Ligne de repère donnait naissance à deux objets distincts : la ligne de repère et le texte, le bloc ou la tolérance qui lui est associé(e). Depuis la version 2008, lorsque vous créez une ligne de repère multiple, vous créez un seul objet.

Une ligne de repère est une ligne ou une spline dont une extrémité comporte une pointe de flèche et l'autre extrémité, un texte multiligne ou un bloc. Le texte ou le bloc peuvent être reliés à la ligne de repère par une courte ligne horizontale appelée ligne de guidage (fig.9.35). Les lignes de guidage et de repère sont associées au bloc ou à l'objet de texte multiligne, de sorte que lorsque la ligne de guidage est déplacée, le contenu et la ligne de repère le sont également.

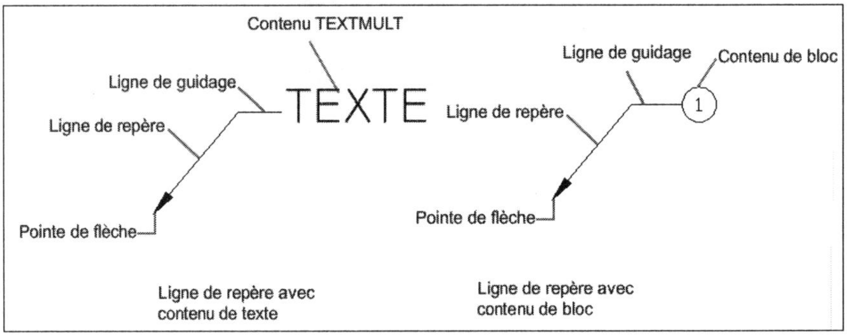

Fig.9.35

La procédure générale est la suivante :

1. Créer un style de ligne de repère multiple.
2. Créer des lignes de repère multiples.
3. Modifier des lignes de repère multiples.
4. Aligner ou regrouper des lignes de repère multiples.
5. Créer des lignes de repère « annotatif ».

Créer un style de ligne de repère multiple

L'apparence d'une ligne de repère est déterminée par le style de ligne de repère multiple qui lui est appliqué. Vous pouvez utiliser le style de ligne de repère multiple par défaut, STANDARD, ou créer vos propres styles de ligne de repère multiple.

Le style de ligne de repère multiple peut définir le formatage des lignes de guidage, des lignes de repère, des têtes de flèche et du contenu. Par exemple, le style de ligne de repère multiple STANDARD utilise une ligne de repère droite avec une tête de flèche pleine fermée et un contenu de texte multiligne.

Pour définir un style de ligne de repère, la procédure est la suivante :

1. Activer la fonction de création d'un Style de ligne de repère multiple par l'une des options suivantes :

Ruban : cliquer sur la flèche **Style de ligne de repère multiple** (Multileader Style) dans le groupe de fonctions **Ligne de repère** (Leaders).

Clavier : entrer la commande **STYLELIGNEDEREPMULT**.

2. Dans le **Gestionnaire des styles de lignes de repère multiples**, cliquer sur **Nouveau** (New) (fig.9.36).

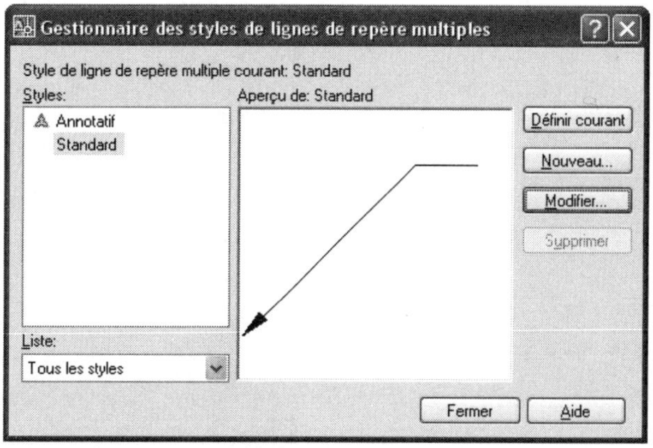

Fig.9.36

3. Dans la boîte de dialogue **Créer un style de ligne de repère multiple** (Create New Multileader Style), spécifier le nom du nouveau style de ligne de repère. Exemple : Flèche et Texte (fig.9.37).

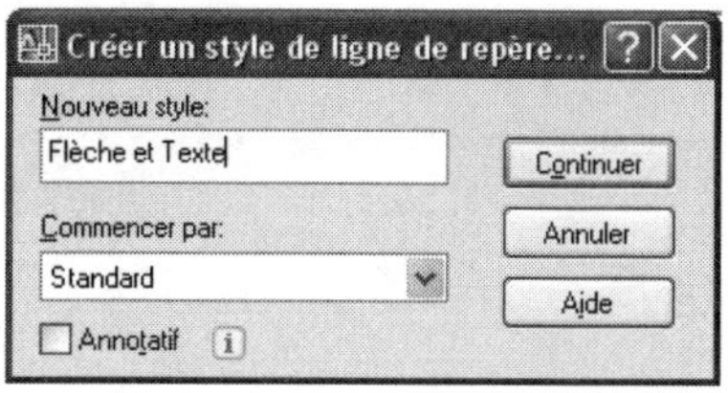

Fig.9.37

4. Dans l'onglet **Format de la ligne de repère** (Leader Format) de la boîte de dialogue **Modifier le style de ligne de repère multiple** (Modify Multileader Style), sélectionner ou désélectionner les options suivantes (fig.9.38) :
   - **Type** : détermine le type de ligne de guidage. Vous pouvez choisir une ligne de guidage droite, une ligne de guidage spline ou aucune ligne de guidage.
   - **Couleur** (Color) : détermine la couleur de la ligne de guidage.
   - **Type de ligne** (Linetype) : détermine le type de la ligne de guidage.

- **Epaisseur de ligne** (Lineweight) : détermine l'épaisseur de la ligne de guidage.

5 Spécifier un symbole et une taille pour la tête de flèche de la ligne de repère multiple.

6 Spécifier éventuellement la taille de la coupure lorsqu'une coupure de cote est ajoutée à une ligne de repère multiple.

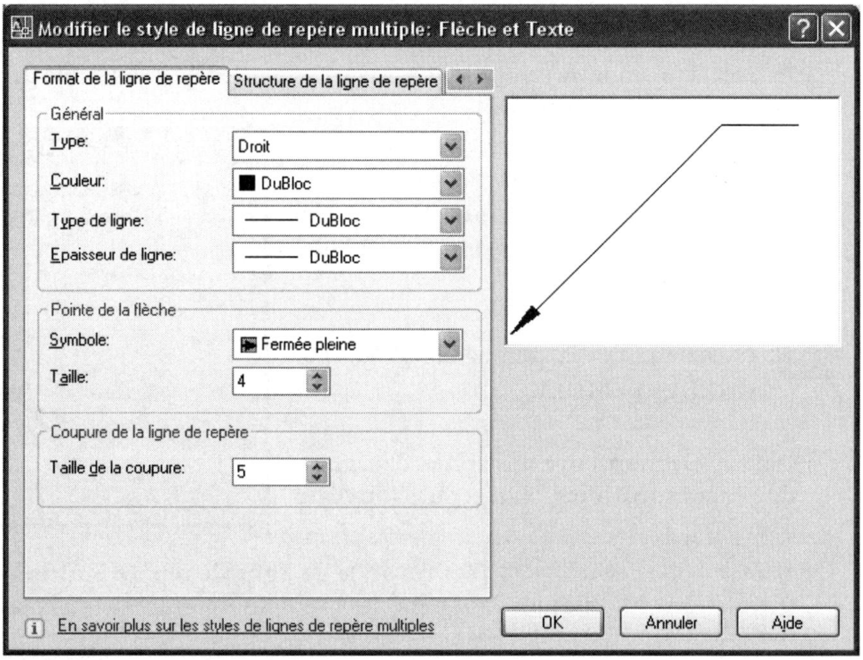

Fig.9.38

7 Dans l'onglet **Structure de la ligne de repère multiple** (Leader Structure), sélectionner ou désélectionner les options suivantes (fig.9.39) :

- **Nombre max de points de ligne de repère** (Maximum leader points) : spécifie un nombre de points maximum pour la ligne de guidage de la ligne de repère multiple. Par exemple : 2.
- **Premier et second angle de segment** (First and second segment angle) : spécifie l'angle des premier et deuxième points de la ligne de guidage. Par exemple : 45.

- **Inclure automatiquement la ligne de guidage** (Automatically include landing) : attache une ligne de guidage horizontale au contenu de la ligne de repère multiple.
- **Définir la distance de la ligne de guidage** (Set landing distance) : détermine la distance fixe de la ligne de guidage de la ligne de repère multiple.

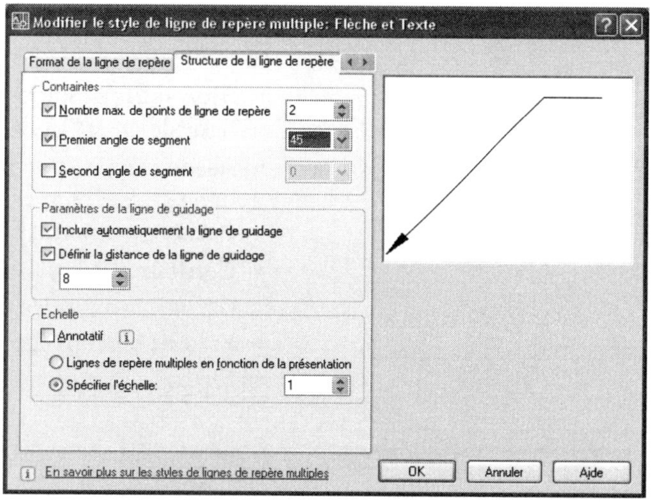

Fig.9.39

[8] Dans l'onglet **Contenu** (Content), spécifier le contenu (texte ou bloc) de la ligne de repère multiple. Si l'objet de ligne de repère multiple comprend du contenu de texte, sélectionner ou désélectionner les options suivantes (fig.9.40) :

- **Texte par défaut** (Default text) : définit le texte par défaut du contenu de ligne de repère multiple. Vous pouvez insérer un champ ici.
- **Style de texte** (Text style) : indique un style de texte prédéfini pour le texte de l'attribut. Cette zone de liste déroulante contient les styles de texte actuellement chargés.
- **Angle du texte** (Text angle) : spécifie l'angle de rotation du texte de ligne de repère multiple.
- **Couleur du texte** (Text color) : spécifie la couleur du texte de ligne de repère multiple.
- **Hauteur du papier** (Text height) : définit la hauteur d'affichage du texte dans l'espace papier.
- **Cadre du Texte** (Frame text) : place le contenu (texte) de la ligne de repère multiple dans une zone de texte.
- **Association** (Attachment) : contrôle l'attachement de la ligne de guidage au texte de ligne de repère multiple.
- **Espace de la ligne de guidage** (Landing gap) : spécifie la distance entre la ligne de guidage et le texte de ligne de repère multiple.

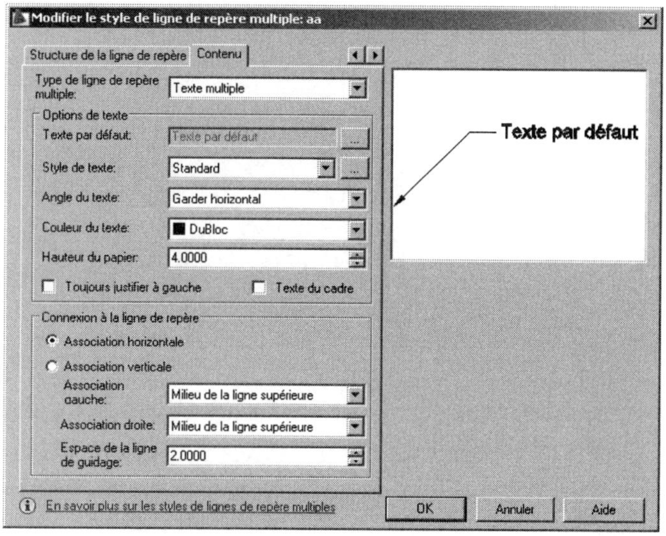

Fig.9.40

Si un contenu de bloc est spécifié, sélectionnez ou désélectionnez les options suivantes (fig.9.41) :

- **Bloc source** (Source block) : spécifie le bloc utilisé pour le contenu de ligne de repère multiple. Par exemple : Cercle.
- **Association** (Attachment) : indique comment le bloc est attaché à l'objet ligne de repère multiple. Vous pouvez attacher le bloc en spécifiant son étendue, son point d'insertion ou son centre.
- **Couleur** (Color) : spécifie la couleur du contenu du bloc de ligne de repère multiple. DuBloc est sélectionné par défaut.
- **Echelle** (Scale) : spécifie l'échelle du bloc.

9 Cliquer sur OK.

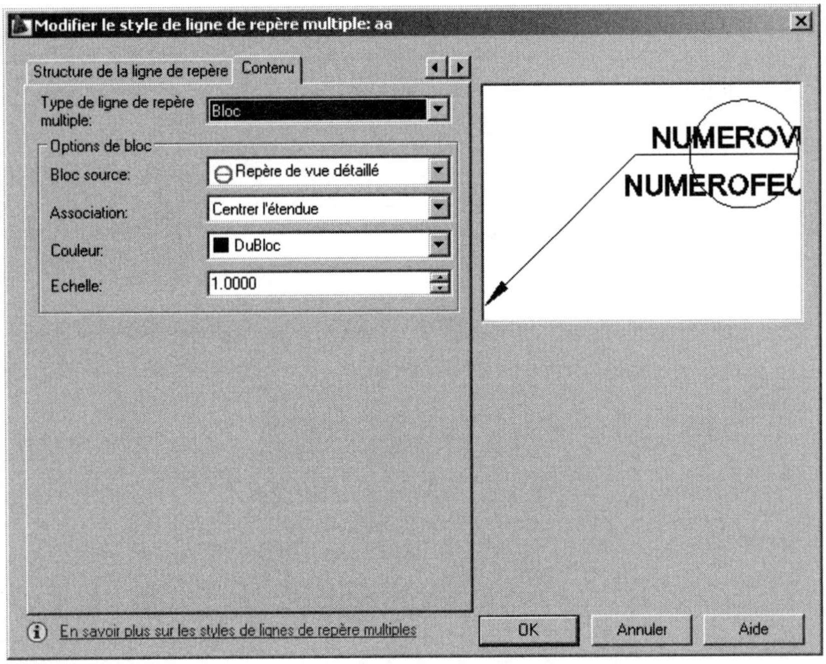

Fig.9.41

Pour appliquer un style de ligne de repère à une ligne de repère existante, la procédure est la suivante :

1 Sélectionner la ligne de repère multiple à laquelle vous voulez appliquer un nouveau style.

2 Dans le groupe de fonctions **Ligne de repère** (Leaders) sélectionner le style de ligne de repère multiple souhaité dans la liste déroulante.

Créer et modifier des lignes de repère

Vous pouvez créer une ligne de repère multiple en spécifiant d'abord la tête de flèche, d'abord la queue ou d'abord le contenu. Si un style de ligne de repère multiple a été défini, la ligne de repère multiple peut être créée à partir de ce style.

Une ligne de repère multiple peut contenir, comme son nom l'indique, plusieurs lignes de repère de sorte qu'une note puisse pointer vers plusieurs objets dans votre dessin. Vous pouvez aussi ajouter des lignes de repère à une ligne de repère déjà existante ou supprimer des lignes de repère de cet objet.

Pour créer une ligne de repère, la procédure est la suivante :

[1] Activer la fonction de création d'une ligne de repère multiple par l'une des options suivantes (fig.9.42) :

Ruban : cliquer sur l'icône **Ligne de repère multiple** (Multileader) dans le groupe de fonctions **Ligne de repère** (Leaders).

Clavier : entrer la commande **LIGNEDEREPMULT** (MLEADER).

[2] Spécifier l'emplacement de la pointe de flèche de la ligne de repère ❶.
Spécifier l'emplacement de la ligne de guidage de la ligne de repère ❷.

[3] Entrer le contenu du texte ❸.

Ou

[2] Entrer L pour activer l'option **Ligne de guidage de la ligne de repère en premier** (Leader landing first).

[3] Spécifier l'emplacement de la ligne de guidage ❹.

[4] Spécifier l'emplacement de la pointe de flèche de la ligne de repère ❺.

[5] Entrer le texte ❻.

Ou

[2] Entrer C pour activer l'option **Contenu en premier** (Content first).

[3] Spécifier l'emplacement du texte ❼-❽.

[4] Entrer le texte.

[5] Spécifier l'emplacement de la pointe de flèche de la ligne de repère ❾.

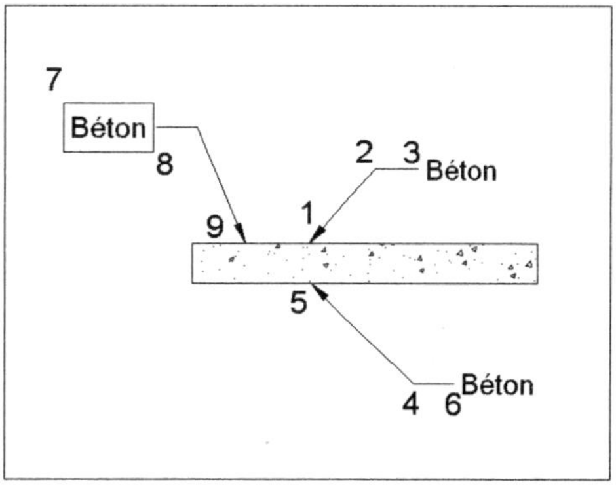

Fig.9.42

Les options sont les suivantes :

- **Type de ligne de repère :** permet d'indiquer le type de ligne de repère à utiliser (droite, sine, aucune).
- **Ligne de guidage :** permet d'utiliser une ligne de guidage (Oui/Non) et de changer la distance de la ligne de guidage horizontale.
- **Type de contenu :** permet d'indiquer le type de contenu qui sera utilisé (Bloc, Textmult, Aucun).
- **Nombre maximal de points :** permet d'indiquer le nombre maximal de points pour la nouvelle ligne de repère.
- **Premier angle :** permet de spécifier la contrainte du premier angle sur la nouvelle ligne de repère.
- **Second angle :** permet de spécifier la contrainte du second angle sur la nouvelle ligne de repère.

Pour créer plusieurs lignes de repère à partir de la même annotation, la procédure est la suivante (fig.9.43) :

1. Dans le groupe de fonctions **Ligne de repère** (Leaders), cliquer sur **Ajouter une ligne de repère** (Add leader).
2. Sélectionner la ligne de repère multiple à compléter.
3. Spécifier l'extrémité de la nouvelle ligne de repère.

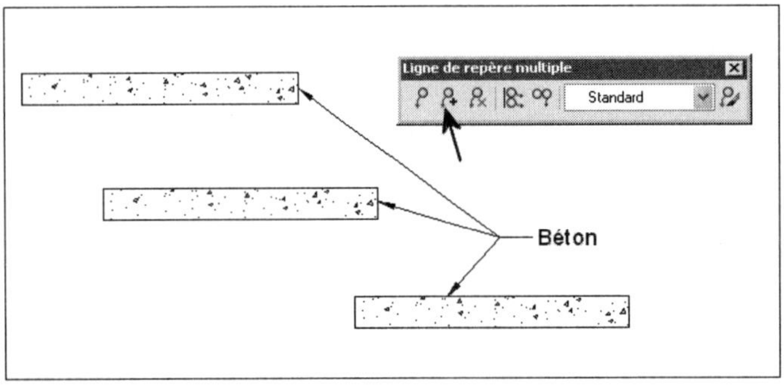

Fig.9.43

Pour modifier le texte d'une ligne de repère :

1. Cliquer deux fois sur le texte à modifier. L'Editeur de texte intégré apparaît pour les textes à une ou plusieurs lignes. La barre d'outils Format du texte n'est pas disponible pour un texte à une seule ligne.
2. Modifier le texte.

Pour supprimer des lignes de repère d'une annotation :

[1] Sélectionner la ligne de repère multiple.

[2] Dans le groupe de fonctions **Ligne de repère** (Leaders), cliquer sur **Supprimer une ligne de repère** (Remove leader).

[3] Sélectionner la ou les lignes de repère que vous souhaitez supprimer.

[4] Appuyer sur Entrée.

Pour aligner et espacer les lignes de repère :

[1] Dans le groupe de fonctions **Ligne de repère** (Leaders), cliquer sur **Aligner les lignes de repère multiples** (Align Multileaders).

[2] Sélectionner les lignes de repère multiples à aligner. Appuyer sur Entrée.

[3] Sélectionner une ligne de repère (A) comme référence pour l'alignement. L'extrémité de la ligne de repère est la position de démarrage de l'alignement (fig.9.44-9.45).

[4] Pointer un second point pour indiquer la direction de l'alignement (B).

[5] Si vous voulez changer l'espacement des objets de ligne de repère multiple, entrer O (options) et spécifier une des méthodes d'espacement suivantes :

- **Distribuer** (Distribute) : permet d'espacer régulièrement le contenu entre deux points sélectionnés (fig.9.46).
- **Utiliser courant** (Use current) : permet d'utiliser l'espacement courant entre les lignes de repère multiples.
- **Rendre parallèle** (Make leader segments Parallel) : permet de placer le contenu de sorte que chacun des derniers segments de ligne des lignes de repère multiples sélectionnées soient parallèles.
- **Spécifier l'espacement** (Specify spacing) : permet de définir l'espacement entre les lignes de repère multiples.

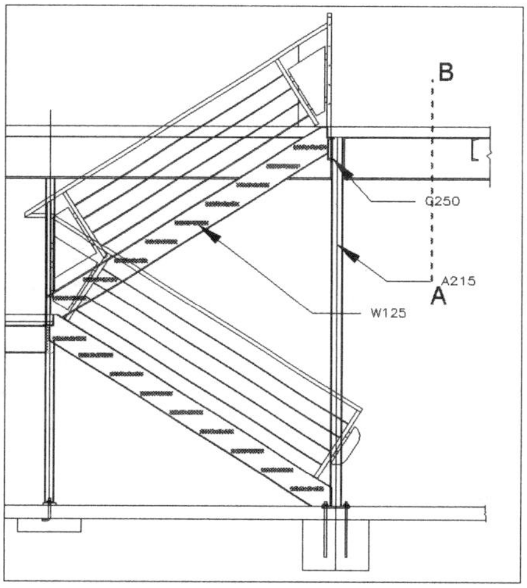

Fig.9.44

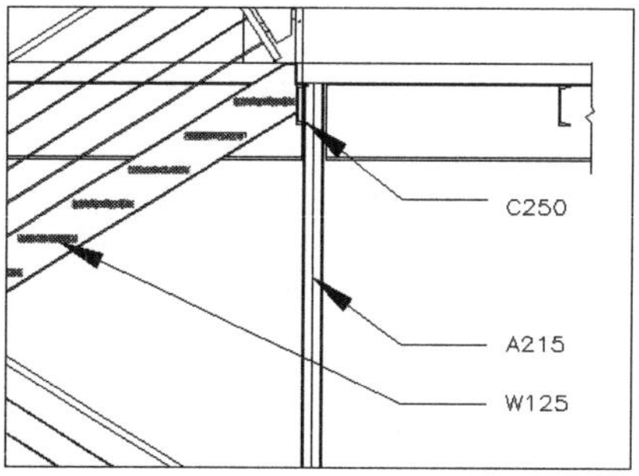

Fig.9.45

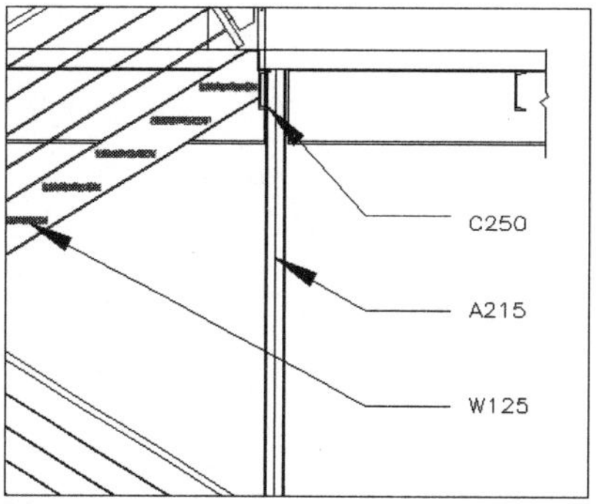

Fig.9.46

Pour collecter plusieurs notes à attacher à une ligne de repère multiple :

1. Dans le groupe de fonctions **Ligne de repère** (Leaders), cliquer sur **Recueillir ligne de repère multiple** (Collect multileaders).
2. Sélectionner les lignes de repère multiples dans l'ordre dans lequel vous souhaitez qu'elles soient collectées. La dernière ligne de repère multiple sélectionnée conserve sa ligne de guidage. Appuyer sur Entrée.

REMARQUE

Cette commande ne fonctionne qu'avec des lignes de repère avec Bloc et non avec du texte multiligne (fig.9.47-9.48).

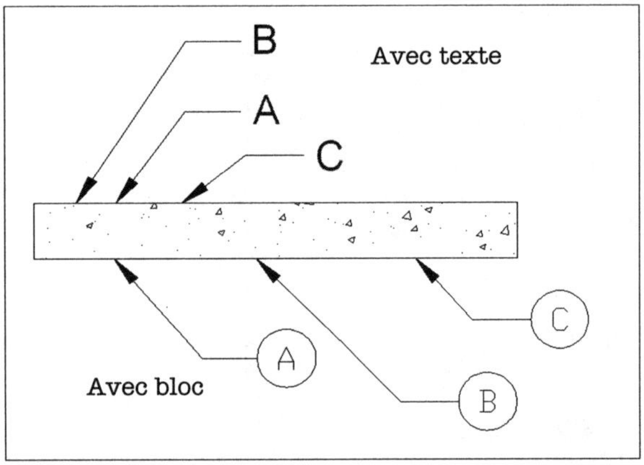

Fig.9.47

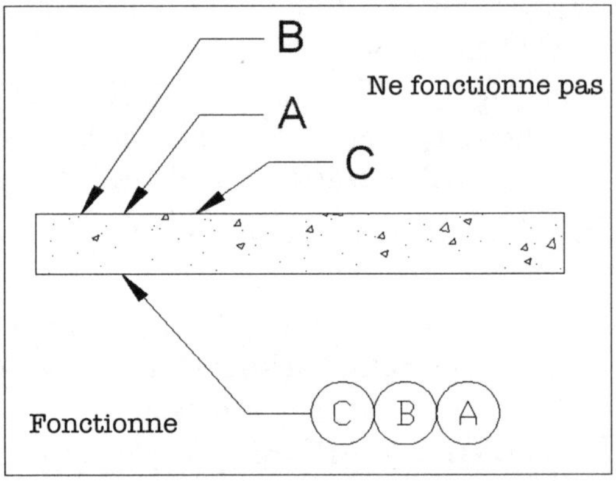

Fig.9.48

Les lignes de repère multiples annotatives

Pour rappel, la propriété « Annotatif » d'une annotation vous permet d'automatiser le processus de mise à l'échelle de celle-ci. Les objets annotatifs sont définis à une hauteur de papier et s'affichent dans les fenêtres de présentation et dans l'espace objet à la taille déterminée par l'échelle d'annotation définie pour ces espaces.

Pour créer un style de ligne de repère multiple annotatif, la procédure est la suivante :

1. Cliquer sur la flèche **Style de ligne de repère multiple** (Multileader style) du groupe de fonctions **Lignes de repère** (Leaders).
2. Dans la boîte de dialogue **Gestionnaire des styles de lignes de repère multiples** (Multileader Style Manager), cliquer sur **Nouveau** (New).
3. Dans la boîte de dialogue **Créer un style de ligne de repère multiple** (Create New Multileader style), entrer un nom de style, puis sélectionner Annotatif.
4. Cliquer sur le bouton **Continuer** (Continue).
5. Dans la boîte de dialogue **Modifier le style de ligne de repère multiple** (Modify Multileader Style), choisir l'onglet approprié et effectuer les modifications nécessaires pour définir le style de repère multiple.
6. Dans l'onglet **Structure de la ligne de repère multiple** (Leader Structure), sélectionner **Annotatif** (Annotative).
7. Cliquer sur OK.
8. Cliquer éventuellement sur **Définir courant** (Set Current) pour définir ce style comme le style de ligne de repère multiple.
9. Cliquer sur **Fermer** (Close).

Chapitre 10

La gestion des dessins avec AutoCAD DesignCenter et Autodesk Content Explorer

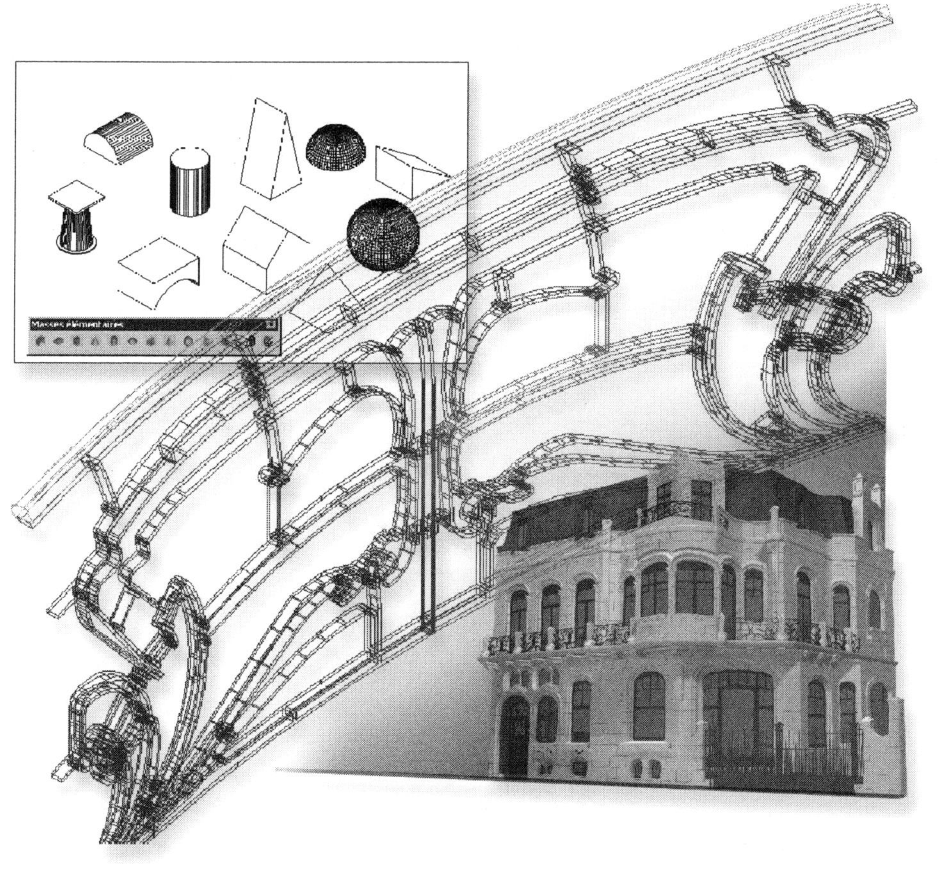

Introduction

La gestion des dessins et de leur contenu peut s'effectuer à l'aide de deux outils :

- Le **DesignCenter**, qui existe depuis de nombreuses versions d'AutoCAD et qui convient très bien pour une série de tâches bien ciblées comme le remplissage automatique des palettes avec des blocs.
- L'**explorateur de contenu** (Content Explorer), qui est un nouvel outil disponible depuis la version 2012. Il dispose de fonctionnalités plus élaborées pour la recherche de contenu sur le poste du dessinateur, sur un réseau d'entreprise ou sur le Web.

Le DesignCenter

Le DesignCenter™ est un outil performant qui permet d'organiser facilement l'accès à des dessins, des blocs, des hachures et à d'autres contenus de dessin. Il permet aussi de faire glisser le contenu d'un dessin source vers le dessin courant et de faire glisser des dessins, des blocs et des hachures vers une palette d'outils. Les dessins source peuvent se trouver sur le poste de travail, sur un réseau ou sur un site Web. En outre, si plusieurs dessins sont ouverts, on peut simplifier son processus de travail à l'aide de DesignCenter en copiant et en collant d'autres contenus, tels des définitions de calque, des présentations et des styles de texte d'un dessin dans un autre.

Le DesignCenter permet donc de :

- rechercher un contenu de dessin, tel que des dessins ou des bibliothèques de symboles, sur son ordinateur ou sur une unité du réseau ;
- visualiser des tables de définition pour des objets nommés tels que des blocs et des calques, dans n'importe quel fichier dessin, puis insérer, attacher ou copier/coller les définitions dans le dessin courant ;
- mettre à jour (redéfinir) une définition de bloc ;
- créer des raccourcis pour les dessins, les dossiers et les sites Internet dont on se sert fréquemment ;
- ajouter un contenu tel que des Xref, des blocs et des hachures à un dessin ;
- ouvrir des fichiers de dessin dans une nouvelle fenêtre ;
- faire glisser des dessins, des blocs et des hachures vers une palette d'outils pour y accéder facilement.

Pour afficher AutoCAD DesignCenter, utiliser l'une des méthodes suivantes :

Ruban : dans le groupe de fonctions **Palettes** de l'onglet **Vue** (View) cliquer sur **DesignCenter**.

Icône : sélectionner l'icône **DesignCenter** dans la barre d'outils principale.

Clavier : taper la commande **ADCENTER** ou entrer le raccourci CTRL + 2.

Description de la fenêtre du DesignCenter

La fenêtre DesignCenter est divisée en deux (fig.10.1) :

- l'arborescence dans la partie gauche (❶) : utile pour rechercher des sources de contenu et afficher le contenu dans la zone appropriée
- la zone de contenu dans la partie droite (❷) : utile pour ajouter des éléments à un dessin ou à une palette d'outils.

Dans la zone de contenu, il est possible d'afficher un aperçu ou une description d'un dessin, d'un bloc, d'un motif de hachures ou d'une Xref sélectionnés.

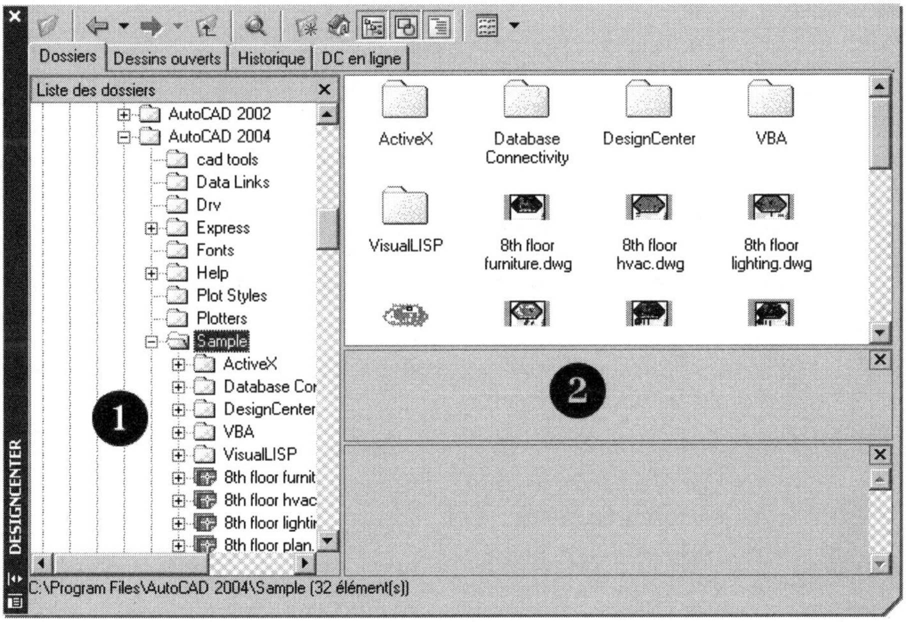

Fig.10.1

Il est possible de déterminer la taille, l'emplacement et l'apparence de DesignCenter :

- Redimensionner DesignCenter en faisant glisser la barre entre la zone de contenu et l'arborescence ou en faisant glisser un bord, comme pour toute autre fenêtre.
- Ancrer la fenêtre DesignCenter en la faisant glisser vers les zones d'ancrage droite ou gauche de la fenêtre d'AutoCAD jusqu'à ce qu'elle soit ancrée à un bord. Il est aussi possible d'ancrer la fenêtre DesignCenter en cliquant deux fois sur sa barre de titre.
- Libérer le DesignCenter de son ancrage en faisant glisser la zone au-dessus de la barre d'outils hors de la zone d'ancrage. Appuyer sur la touche Ctrl tout en faisant glisser la fenêtre pour la libérer de son ancrage.
- Activer ou désactiver le masquage et l'affichage automatiques de DesignCenter en cliquant sur le bouton Masquer automatiquement (Auto-hide), situé dans le bas de la barre de titre de DesignCenter.

Lorsque l'option de masquage et d'affichage automatiques de DesignCenter est activée, l'arborescence de DesignCenter et la zone de contenu disparaissent lorsque l'on déplace son curseur en dehors de la fenêtre DesignCenter. Seule la barre de titre apparaît. Lorsque l'on déplace son curseur à nouveau sur la barre de titre, la fenêtre DesignCenter est restaurée.

Accéder au contenu du DesignCenter

Pour accéder au contenu du DesignCenter, la procédure est la suivante :

1. Si DesignCenter n'est pas encore ouvert, cliquer sur DesignCenter dans le groupe de fonctions Palettes.
2. Dans la barre d'outils DesignCenter, cliquer sur l'un des onglets suivants :
   - **L'onglet Dossiers** (Folders) : affiche une hiérarchie d'icônes de navigation comprenant (fig.10.2) :
     - Réseaux et ordinateurs
     - Adresses Web (URL)
     - Unités de disque de l'ordinateur
     - Dossiers
     - Dessins et fichiers de support associés
     - Xréfs, présentations, styles de hachures et objets nommés, y compris les blocs, les calques, les types de ligne, les styles du texte, les styles de cote et les styles de tracé d'un dessin.

       Il convient de sélectionner un élément dans l'arborescence pour afficher son contenu dans la zone de contenu. Pour afficher et masquer les autres niveaux de la hiérarchie, il suffit de cliquer sur les signes plus (+) ou moins (–). Il est également possible de cliquer deux fois sur un élément pour afficher les niveaux inférieurs.
   - **L'onglet Dessins ouverts** (Open Drawings) : affiche la liste des dessins ouverts. Il faut sélectionner un fichier de dessin, puis cliquer sur l'une des tables de définition (bloc, calque...) dans la liste pour charger le contenu dans la zone de contenu (fig.10.3).

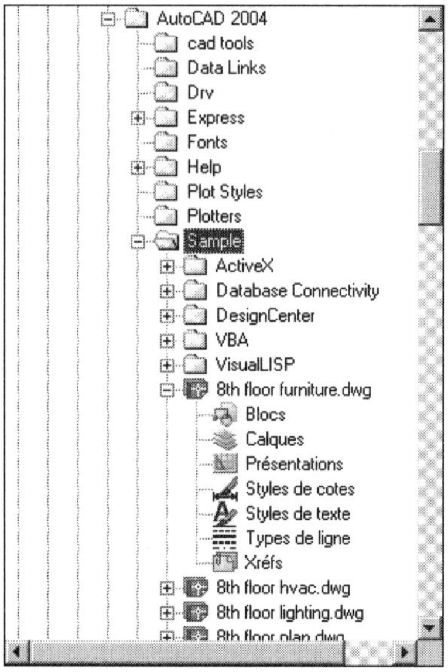

Fig.10.2

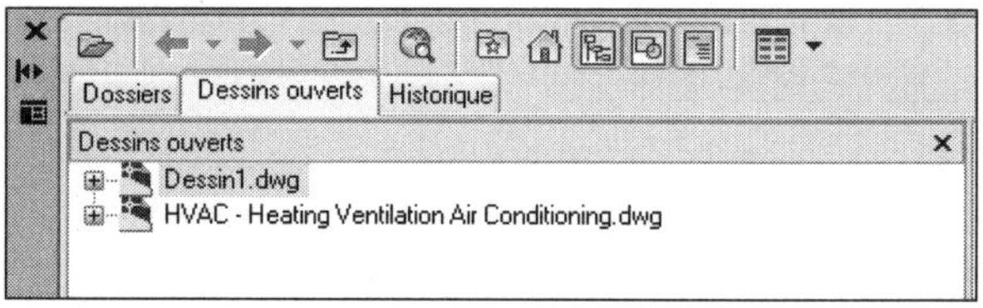

Fig.10.3

- **L'onglet Historique** (History) : affiche la liste des fichiers précédemment ouverts avec le DesignCenter. Il faut cliquer deux fois sur un fichier de dessin dans la liste pour rechercher ce fichier de dessin dans l'arborescence de l'onglet **Dossiers** et charger son contenu dans la zone de contenu.

Ajouter du contenu avec le DesignCenter

L'affichage du contenu

La partie droite de la fenêtre DesignCenter affiche le contenu de l'élément sélectionné à gauche : un répertoire, un fichier, une table (fig.10.4). Il est aussi possible de faire apparaître les différents degrés de détail en cliquant deux fois sur un élément de la zone de contenu. Par exemple, si l'on clique deux fois sur l'image d'un dessin, on affiche plusieurs icônes, notamment une icône pour les blocs. En cliquant ensuite deux fois sur l'icône Blocs on fait apparaître les images de chaque bloc contenu dans le dessin sélectionné.

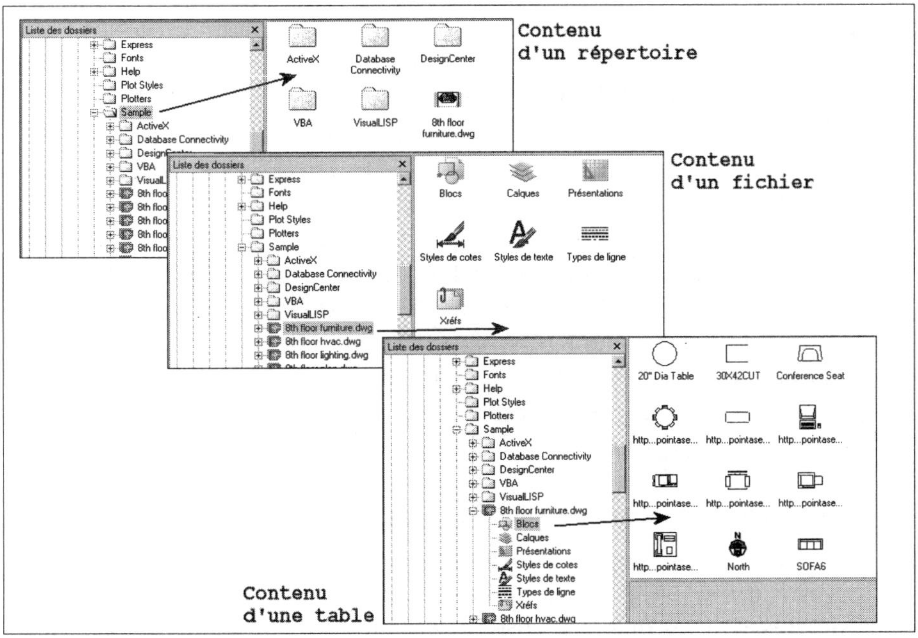

Fig.10.4

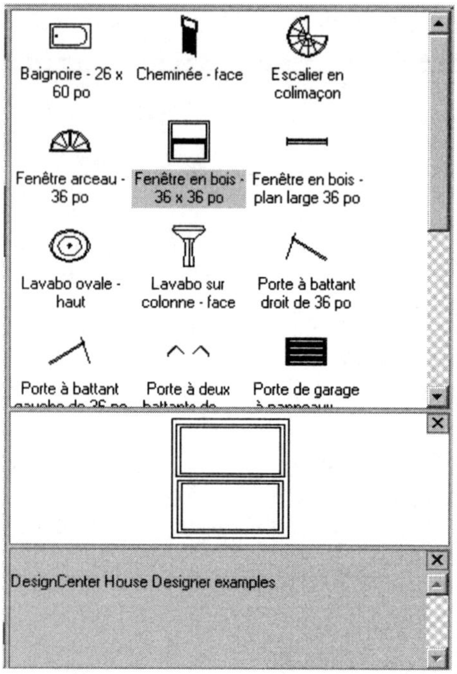

Fig.10.5

Il est possible d'ajouter un composant de la zone de contenu au dessin courant de différentes façons :

- Faire glisser un élément dans la zone graphique d'un dessin pour l'ajouter en utilisant des paramètres par défaut, s'ils existent.
- Cliquer avec le bouton droit de la souris sur un élément de la zone de contenu pour afficher un menu contextuel avec plusieurs options.
- Cliquer deux fois sur un bloc pour afficher la boîte de dialogue Insérer; cliquer deux fois sur une hachure pour afficher la boîte de dialogue Hachures et remplissage de contour.

Il est en outre possible d'afficher l'aperçu d'un contenu graphique tel qu'un dessin, une Xref ou un bloc dans la zone de contenu. On peut aussi faire apparaître une description textuelle, s'il en existe une (fig.10.5).

Mise à jour des définitions de bloc avec DesignCenter

Contrairement aux Xref, lorsque le fichier source d'une définition de bloc est modifié, les définitions de bloc des dessins contenant ce bloc ne sont pas mises à jour automatiquement. Le DesignCenter permet de mettre à jour une définition de bloc dans le dessin courant. Le fichier source d'une définition de bloc peut être un fichier de dessin ou un bloc imbriqué dans un dessin de bibliothèque de symboles. Pour effectuer la mise à jour, il convient de cliquer sur **Redéfinir seulement** (Redefine only) ou sur **Insérer et redéfinir** (Insert and Redefine) dans le menu contextuel qui apparaît lorsque l'on clique avec le bouton droit de la souris sur un bloc ou sur un fichier de dessin dans la zone de contenu.

Ouverture de dessins avec le DesignCenter

Le DesignCenter permet d'ouvrir un dessin de la zone de contenu en utilisant le menu contextuel, en appuyant sur la touche Ctrl tout en faisant glisser un dessin ou en faisant glisser une icône de dessin vers un emplacement situé en dehors de la zone graphique d'une zone de dessin (fig.10.6). Le nom du dessin s'ajoute à l'historique DesignCenter pour permettre d'y accéder rapidement lors de sessions ultérieures.

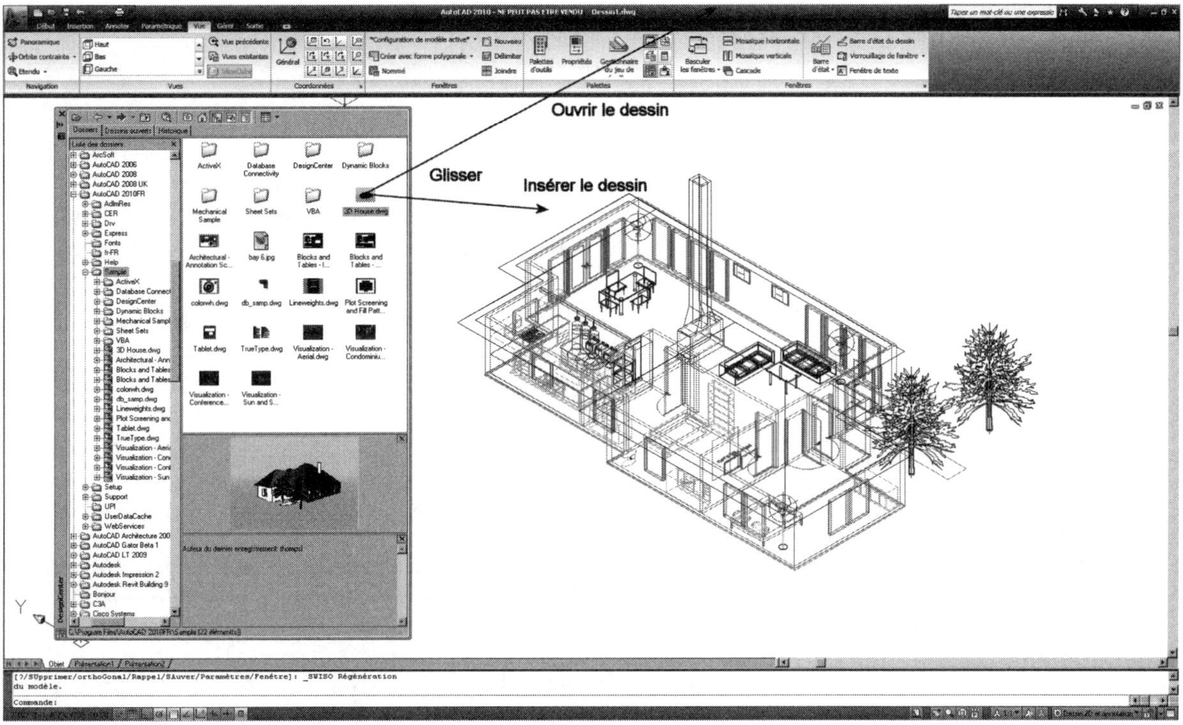

Fig.10.6

Ajout d'éléments de DesignCenter à une palette d'outils

Il est possible d'ajouter des dessins, des blocs et des hachures du DesignCenter à la palette d'outils courante.

Pour créer une palette d'outils comprenant un contenu DesignCenter, la procédure est la suivante :

1 Si DesignCenter n'est pas encore ouvert, cliquer sur **DesignCenter** dans le groupe de fonctions Palettes.

2 Effectuer l'une des opérations suivantes :

- Cliquer avec le bouton droit de la souris sur un élément dans l'arborescence de DesignCenter, puis cliquer sur **Créer une palette**

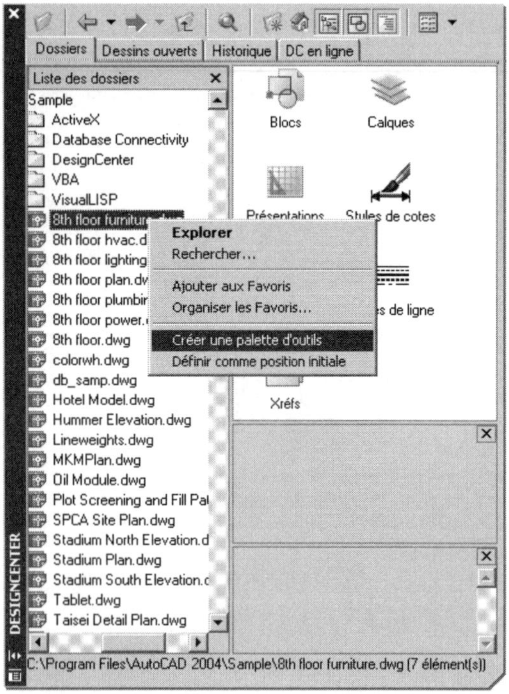

Fig.10.7

d'outils (Create Tool Palette) dans le menu contextuel (fig.10.7). La nouvelle palette d'outils contient les dessins, les blocs ou les hachures issus de l'élément sélectionné.

- Cliquer avec le bouton droit de la souris sur l'arrière-plan de la zone de contenu de DesignCenter, puis cliquer sur **Créer une palette d'outils** (Create Tool Palette) dans le menu contextuel. La nouvelle palette d'outils contient les dessins, les blocs ou les hachures issus de la zone de contenu de DesignCenter.
- Cliquer avec le bouton droit de la souris sur un dessin dans la zone de contenu ou l'arborescence de DesignCenter, puis cliquer sur Créer **une palette d'outils de blocs** (Create Tool Palette of Blocks) dans le menu contextuel. La nouvelle palette d'outils contient les blocs issus du dessin sélectionné.

Pour charger la zone de contenu de DesignCenter avec une bibliothèque de symboles, la procédure est la suivante :

1. Si DesignCenter n'est pas encore ouvert, cliquer sur **DesignCenter** dans le groupe de fonctions Palettes.
2. Dans la barre d'outils de **DesignCenter**, choisir l'icône **Début** (Home).
3. Dans la zone de contenu, cliquer deux fois sur le dessin de bibliothèque de symboles que l'on souhaite charger dans la zone de contenu de DesignCenter, puis sur l'icône Blocs. La bibliothèque de symboles sélectionnée est chargée dans la zone de contenu de DesignCenter (fig.10.8).

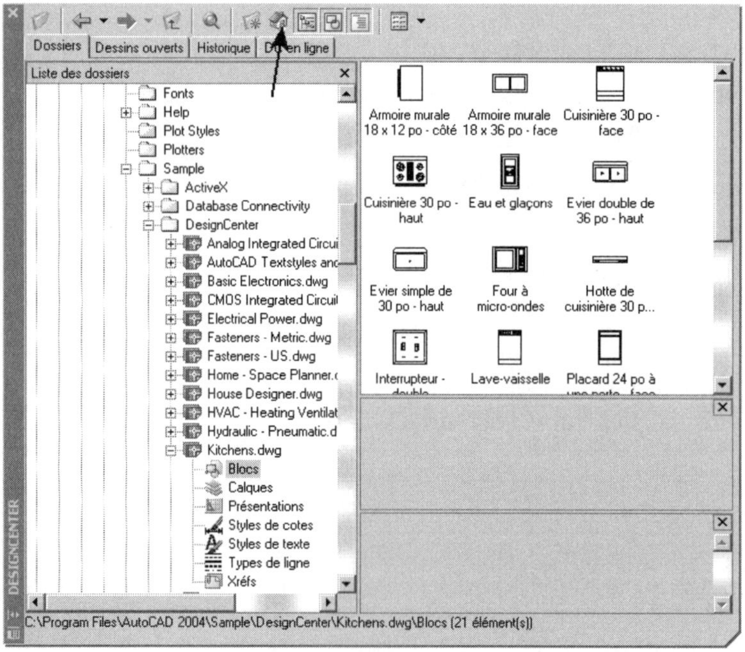

Fig.10.8

Pour charger la zone de contenu de DesignCenter avec des motifs de hachures, la procédure est la suivante :

[1] Si DesignCenter n'est pas encore ouvert, cliquer sur **DesignCenter** dans le groupe de fonctions Palettes.

[2] Dans la barre d'outils de **DesignCenter**, choisir l'icône **Rechercher** (Search).

[3] Dans la boîte de dialogue **Rechercher** (Search), sélectionner **Fichiers de motifs de hachures** (Hatch Pattern Files) dans la zone **Rechercher** (Look for).

[4] Dans la zone **Rechercher le nom** (Search for the name) de l'onglet **Fichiers de motifs de hachures** (Hatch Pattern Files), entrer *.

[5] Cliquer sur **Rech. Maintenant** (Search Now).

[6] Cliquer deux fois sur le fichier de motif de hachures trouvé. Le fichier de motif de hachures sélectionné est chargé dans DesignCenter (fig.10.9).

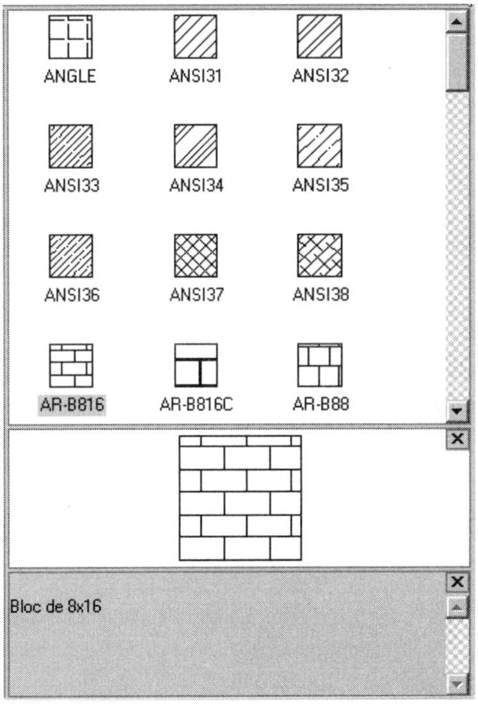

Fig.10.9

L'insertion de blocs

AutoCAD DesignCenter offre deux méthodes pour insérer des blocs dans un dessin :

- **Facteur d'échelle et angle de rotation par défaut :** cette méthode utilise la fonction de mise à l'échelle automatique, qui compare les unités du dessin à celles du bloc et, si nécessaire, met à l'échelle l'occurrence de celui-ci selon le rapport entre ces deux unités. Lorsque l'on insère des objets, AutoCAD les met à l'échelle selon la valeur **Echelle d'insertion** (Insertion scale) définie dans la boîte de dialogue **Unités de dessin** (Drawing Units) du dessin en cours.
- **Coordonnées, facteur d'échelle et angle de rotation déterminés :** cette méthode donne accès à la boîte de dialogue **Insérer** (Insert), dans laquelle on peut définir des paramètres pour l'occurrence de bloc sélectionnée.

Pour insérer un bloc avec un facteur d'échelle et un angle de rotation par défaut, la procédure est la suivante :

[1] Dans la partie droite de la fenêtre du DesignCenter, sélectionner le bloc à insérer avec le bouton gauche du périphérique de pointage, puis le glisser dans le dessin ouvert.

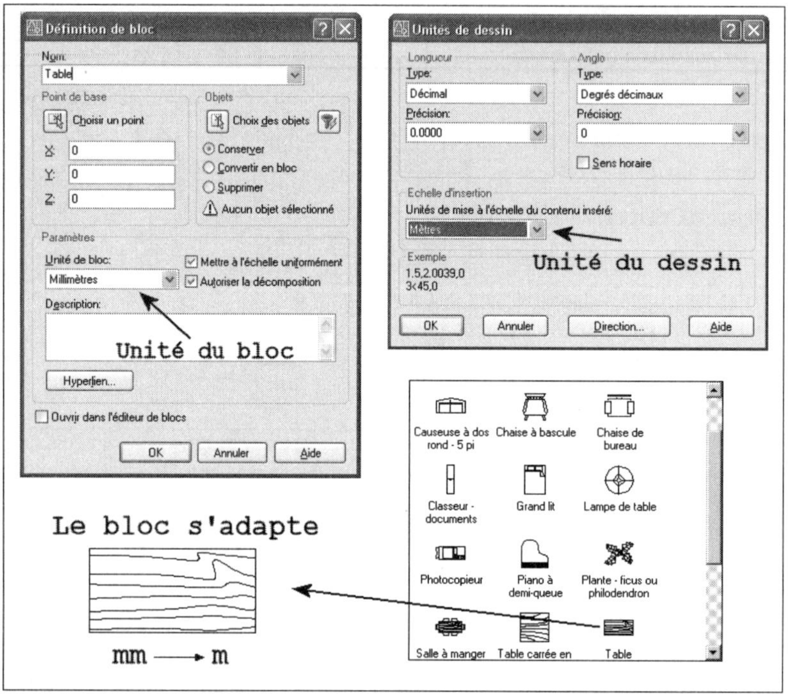

Fig.10.10

[2] Relâcher le bouton du périphérique de pointage à l'endroit où il convient de placer le bloc. Le bloc est inséré avec un facteur d'échelle et un angle de rotation par défaut. L'échelle du bloc dépend d'une part de l'unité définie lors de la création du bloc et d'autre part de l'unité d'insertion définie dans le dessin en cours (fig.10.10).

Pour insérer un bloc avec des coordonnées, un facteur d'échelle et un angle de rotation déterminés, la procédure est la suivante :

[1] Dans la partie droite de la fenêtre du DesignCenter, sélectionner le bloc à insérer à l'aide d'un double clic.

[2] Dans la boîte de dialogue **Insérer** (Insert), entrer les valeurs du point d'insertion, de l'échelle et de l'angle de rotation ou sélectionner **Spécifier à l'écran** (Specify On-screen) (fig.10.11).

[3] Pour dissocier éventuellement les objets qui forment le bloc, sélectionner **Décomposer** (Explode).

[4] Cliquer sur OK pour insérer le bloc avec les paramètres spécifiés. Il est également possible d'insérer un bloc en cliquant deux fois dessus.

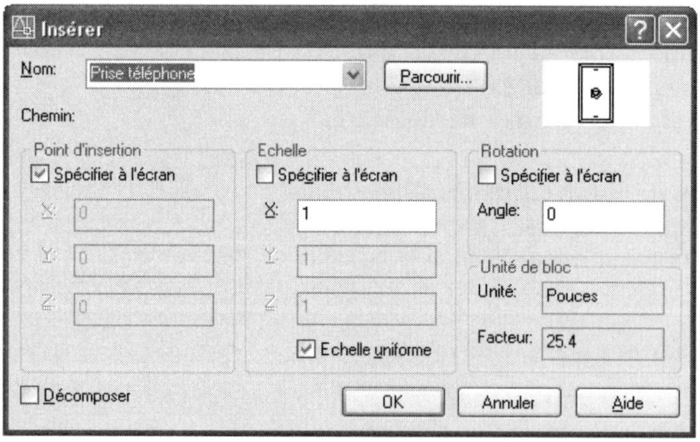

Fig.10.11

Le Content Explorer et le Content Service

Content Explorer

Le Content Explorer est un puissant outil d'indexation et de recherche de contenu. Il permet de cataloguer les objets contenus dans chaque fichier et de rechercher du contenu dans des dossiers locaux ou réseau, ainsi que sur le Web via la bibliothèque d'Autodesk Seek. Autodesk Content Explorer est basé sur un index de type Google, ce qui permet de rechercher rapidement des objets de dessins dans des répertoires pouvant contenir des milliers de fichiers.

En pratique, vous pouvez avec Content Explorer :

- parcourir et rechercher du contenu de conception dans des dossiers locaux ou réseau, et dans la bibliothèque d'Autodesk Seek. Il est également possible d'accéder immédiatement à des fichiers et à des objets dans l'environnement AutoCAD.
- parcourir des fichiers DWG et accéder à des blocs, calques, types de ligne, styles, etc., à insérer ensuite dans le dessin en cours.
- rechercher des objets, du texte, des attributs de bloc et des fichiers spécifiés dans les dossiers locaux et réseau.
- identifier des références de bloc ou chaînes de texte spécifiques et naviguer automatiquement vers le fichier les contenant.
- ouvrir un fichier et effectuer un zoom sur un de ses attributs.
- enregistrer les paramètres de recherche pour accéder instantanément, par la suite, à un contenu de conception.
- personnaliser la manière dont les résultats de la recherche sont affichés pour rationaliser votre environnement de travail.

REMARQUE

Pour que leur contenu puisse être catalogué et indexé, les dossiers sur l'ordinateur local ou sur un ordinateur en réseau doivent être spécifiés comme surveillés.

Content Service

Pour indexer les données et trouver du contenu sur des ordinateurs serveurs, Content Explorer utilise un autre outil, Autodesk Content Service, qui lui est associé.

Content Service est un programme qui contrôle l'activité dans les dossiers surveillés sur l'ordinateur sur lequel le service est installé. Ainsi, il met constamment à jour un index des métadonnées critiques associées à tous les fichiers de conception et objets de conception contenus dans ces dossiers surveillés.

Lorsque vous effectuez une recherche avec Content Explorer, l'index géré par Content Service est examiné pour trouver des entrées correspondant aux critères de recherche. Puisque l'index est continuellement mis à jour, les résultats de la recherche s'affichent immédiatement. Grâce à cette recherche en temps réel, vous pouvez créer des recherches personnalisées portant sur des milliers de fichiers et objets de conception, et afficher instantanément les fichiers et objets dont vous avez besoin pour votre conception.

Si vous envisagez d'effectuer des recherches sur des dossiers situés sur différents ordinateurs réseau, Content Service doit être installé sur chacun de ces ordinateurs et les dossiers en question doivent être ajoutés à la liste des dossiers surveillés. N'importe quel ordinateur exécutant AutoCAD ou un dérivé d'AutoCAD avec Content Explorer peut accéder aux ordinateurs réseau exécutant Content Service, pour obtenir des résultats de recherche en temps réel (fig.10.12).

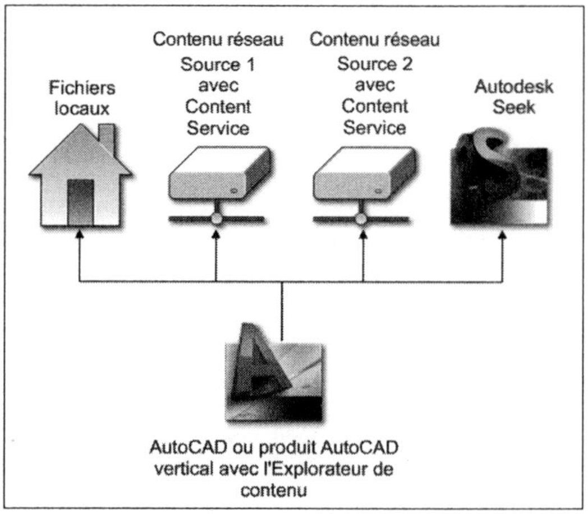

Fig.10.12
(Doc.Autodesk)

Effectuer une recherche simple à l'aide de Content Explorer

[1] Il convient d'accéder à l'explorateur de contenu (Content Explorer) à l'aide de l'une des méthodes suivantes :

- Sélectionner l'onglet **Plug-ins**, puis cliquer sur **Explorer** (Explore) du groupe de fonctions Contenu (Content).
- Entrer EXPLORCONTENU sur la ligne de commande.

[2] Entrer un nom dans le champ de recherche, par exemple HVAC (fig.10.13). La fonctionnalité de recherche vous permet de localiser rapidement les fichiers qui répondent à vos critères de recherche. Lorsque vous entrez une chaîne de recherche dans le champ de recherche, Content Explorer examine l'index et renvoie les fichiers dont le nom, l'auteur, les mots-clés, les commentaires, l'objet ou le titre répond aux critères. Tous les objets dont le nom de fichier correspond à la chaîne de recherche sont également retournés. Outre des propriétés de fichiers et objets, vous pouvez rechercher du texte contenu dans :

- Texte multiligne ;
- Tables ;
- Champs ;
- Lignes de repère multiples ;
- Cotes ;
- Hyperliens ;
- Les attributs de bloc qui répondent aux critères de recherche sont également retournés.

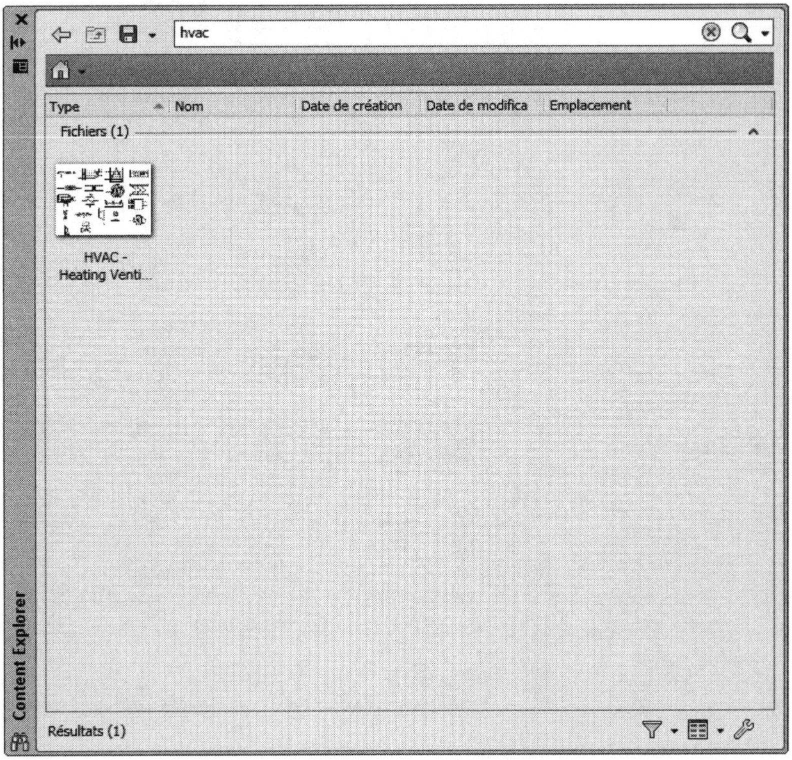

Fig.10.13

3 En fonction du résultat affiché, il est ensuite très simple de parcourir le contenu d'un répertoire, les différents fichiers, ainsi que les objets contenus dans les fichiers. Pour cela, il suffit de :

- cliquer deux fois sur un dossier pour en parcourir le contenu ;
- cliquer deux fois sur un fichier pour parcourir les objets contenus dans ce fichier (fig.10.14) ;
- cliquer deux fois sur une définition de bloc pour parcourir les références de bloc.

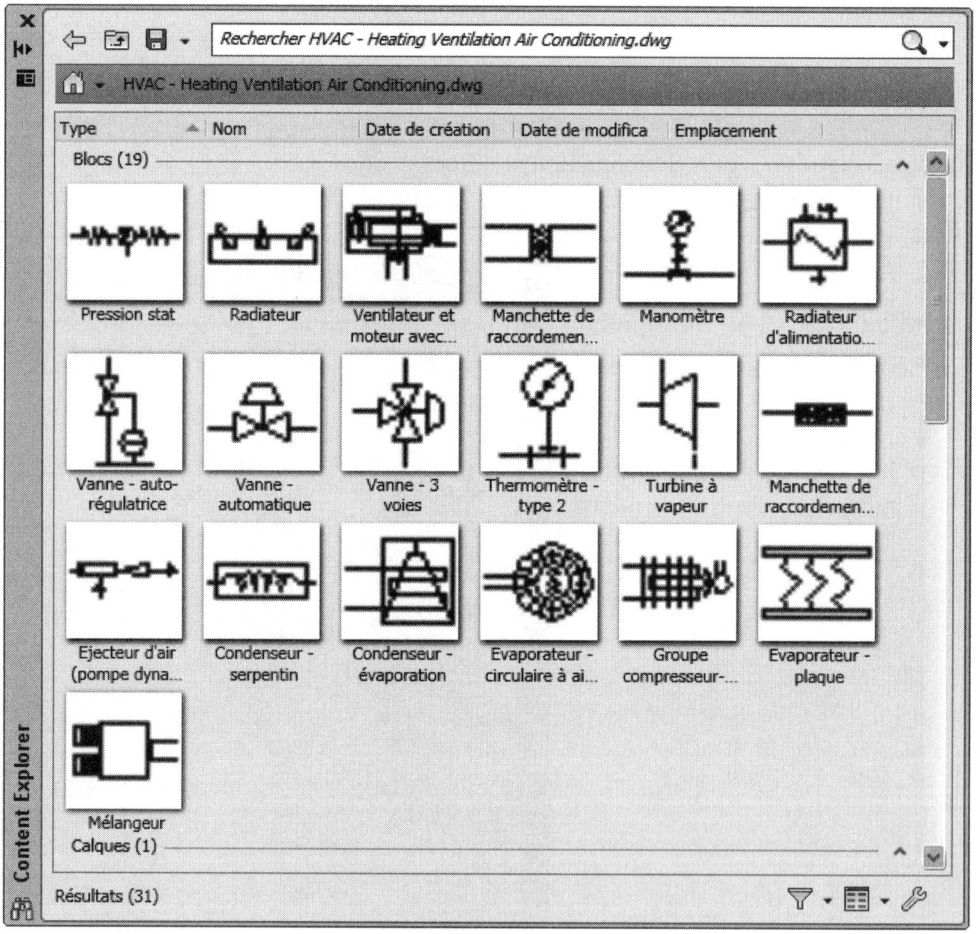

Fig.10.14

4 Pour rechercher du contenu plus spécifique, il est aussi possible de soumettre les fichiers à différentes tâches AutoCAD, en cliquant avec le bouton droit de la souris sur le fichier (fig.10.15) :

- **Explorer** (Explore) : permet d'afficher le contenu du fichier. Il est aussi possible de cliquer deux fois sur le fichier pour en afficher le contenu. C'est l'action par défaut pour tous les fichiers.
- **Aller au dossier** (Go to Folder) : permet d'accéder directement au dossier contenant le fichier.
- **Ouvrir** (Open Drawing) : permet d'ouvrir le fichier dans la session AutoCAD courante. Il est aussi possible de faire glisser un fichier et de le déposer dans la session AutoCAD pour l'ouvrir, à condition qu'aucun autre fichier ne soit ouvert.

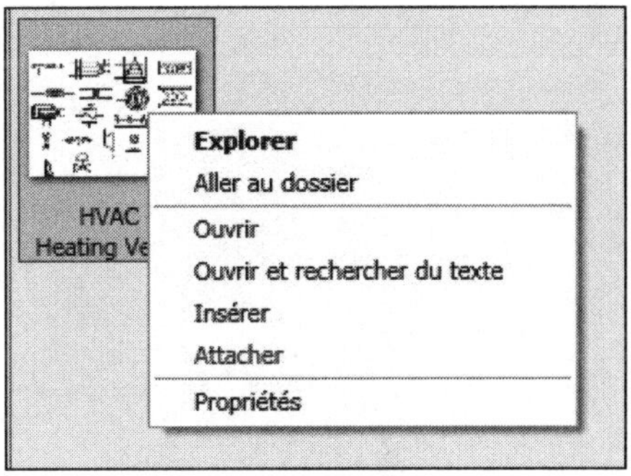

Fig.10.15

- **Ouvrir et rechercher du texte** (Open and Find Text) : permet d'ouvrir le dessin et d'y rechercher du texte. Si l'option est grisée, cela signifie que le dessin ne comporte pas de texte. En règle générale, la commande met automatiquement en surbrillance le texte et y applique un zoom avant, sauf dans les cas suivants :
  a. Le texte est une propriété de fichier ; par conséquent, aucun élément ne peut être mis en surbrillance.
  b. Le texte est une propriété de définition d'objet non instanciée dans le fichier. Par exemple, un attribut de bloc associé à un bloc n'ayant pas été inséré ne sera pas mis en surbrillance.
- **Insérer** (Insert) : permet d'insérer le fichier dans le document AutoCAD actuel. Il est aussi possible de faire glisser le fichier et de le déposer dans la fenêtre de document actuelle pour l'y insérer.
- **Attacher** (Attach) : permet d'attacher le fichier comme référence externe au document AutoCAD actuel.
- **Propriétés** (Properties) : permet d'afficher une liste en lecture seule des propriétés stockées dans l'index pour le fichier.

5 Il est ensuite possible de manipuler des objets contenus dans les fichiers. En effectuant un clic droit sur l'objet, les options sont les suivantes (fig.10.16):

- **Explorer** (Explore) : disponible uniquement pour les références de bloc. Cette option permet de voir les occurrences de la définition de bloc.

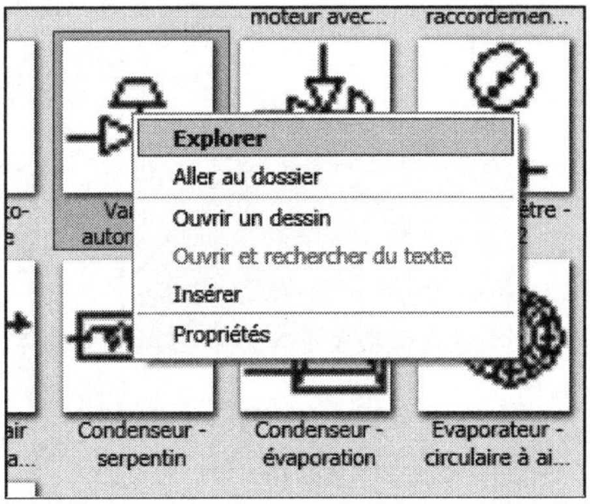

Fig.10.16

- **Aller au dossier** (Go to Folder) : pour accéder directement au dossier contenant l'objet. Pour les blocs, l'option permet accéder directement au fichier parent contenant la définition de bloc.
- **Ouvrir un dessin** (Open Drawing) : pour ouvrir le dessin contenant l'objet sélectionné.
- **Ouvrir et rechercher du texte** (Open and Find Text) : pour ouvrir le dessin et y rechercher du texte. Si l'option est grisée, cela signifie que le dessin ne comporte pas de texte.
- **Insérer** (Insert) : pour insérer l'objet dans le document AutoCAD actuel. Vous pouvez également faire glisser l'objet et le déposer dans la fenêtre de document actuelle pour l'y insérer.
- **Propriétés** (Properties) : pour afficher une liste en lecture seule des propriétés stockées dans l'index pour l'objet.

L'interface de l'explorateur de contenu contient les fonctions (icônes) suivantes (fig.10.17) :

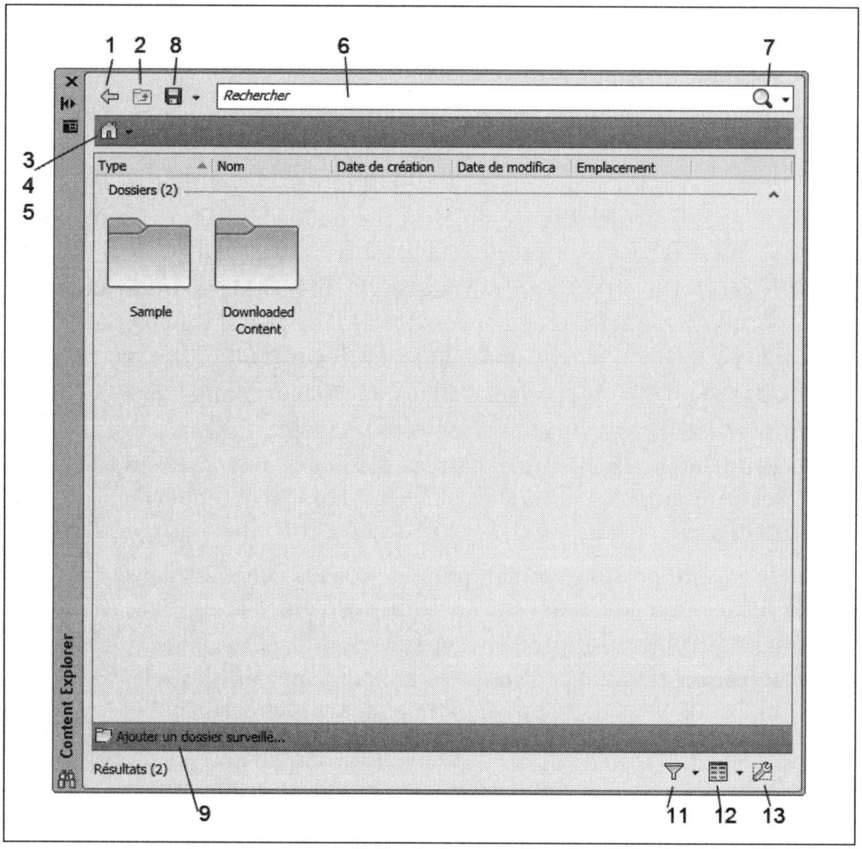

Fig.10.17

(1) **Retour à :** rappelle les derniers résultats affichés. Ceux-ci peuvent provenir d'une navigation, d'une recherche ou du rappel d'une recherche enregistrée.

(2) **Haut :** remonte le fil d'Ariane pas à pas. Vous pouvez remonter jusqu'au niveau supérieur de la source de contenu spécifiée.

(3) **Accueil :** pour retourner au niveau supérieur de la vue de début. Cette vue affiche les dossiers locaux actuellement surveillés et indexés.

(4) **Autodesk Seek :** pour accéder à la bibliothèque d'Autodesk Seek. Cette source de contenu vous permet d'accéder aux produits disponibles sur le site Web d'Autodesk Seek.

(5) **Ordinateur réseau :** pour revenir au niveau supérieur d'un ordinateur réseau. Cette vue affiche les dossiers réseau actuellement surveillés et indexés.

(6) **Champ de recherche :** pour entrer une chaîne de caractères, et localiser les fichiers et objets répondant aux critères spécifiés.

(7) **Recherches récentes :** pour afficher les recherches précédentes.

(8) **Recherches enregistrées :** pour enregistrer la recherche actuelle.

(9) **Ajouter un dossier surveillé :** pour ajouter un nouveau dossier local à la vue de début à surveiller et à indexer. Il est aussi possible d'ajouter un dossier en le faisant glisser et en le déposant sur la vue de début à partir de la fenêtre de l'Explorateur Windows.

(10) **Résultats et indexations en attente :** les dossiers sont constamment indexés pour inclure toute modification, suppression ou tout ajout. Lorsqu'un dossier est en cours d'indexation et que toutes les informations ne sont pas encore disponibles, une icône d'attente s'affiche dans cette fenêtre.

(11) **Filtrer :** pour activer les paramètres de filtre courants. Il convient de cliquer sur la liste déroulante du filtre pour spécifier les types de fichiers et objets à afficher lorsque l'on parcourt un dossier ou que l'on y effectue une recherche.

(12) **Options d'affichage :** pour parcourir les options de taille des icônes.

(13) **Configurer les paramètres :** pour ajouter, supprimer, activer et désactiver les sources de contenu.

Utilisation d'Autodesk Seek pour ajouter et partager des dessins

Avec Autodesk Seek, vous pouvez partager, rechercher et réutiliser du contenu de conception numérique. Il est possible de rechercher et de partager des informations de conception produit avec la communauté de

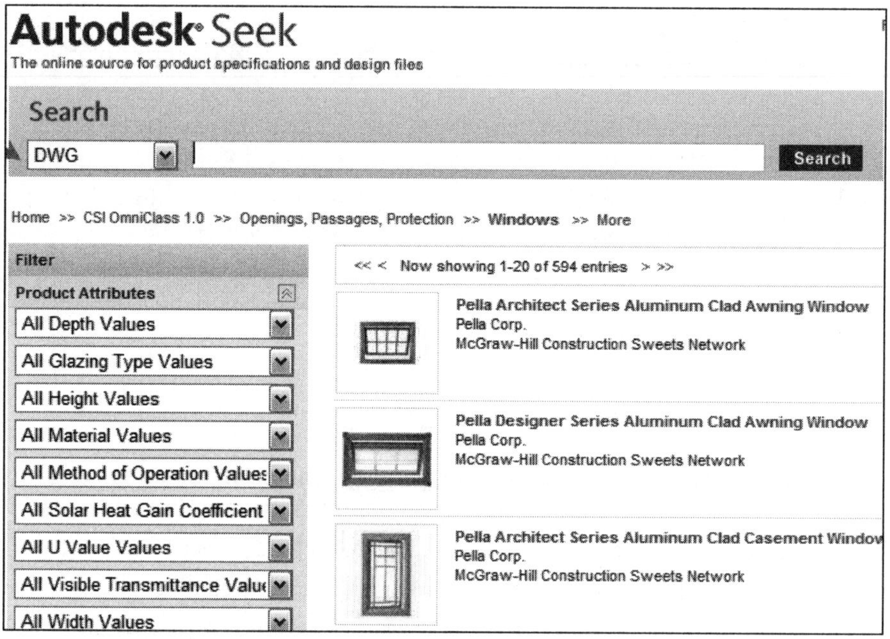

Fig.10.18

concepteurs connectée en ligne. Ces informations peuvent améliorer les conceptions et aider à répondre aux besoins particuliers des clients. Ainsi, les concepteurs peuvent rechercher, télécharger et intégrer des produits ou composants standards ou spécifiques à un fabricant, ainsi que des informations de conception associées.

Avec Autodesk Seek, vous pouvez télécharger (charger et décharger) des fichiers de dessin et des blocs AutoCAD sous différentes catégories. Il est également possible d'accéder à du contenu publié par les fabricants (fig.10.18).

Les blocs et les dessins sont téléchargés avec leurs valeurs d'attributs sur le site Web d'Autodesk Seek.

Le fichier de dessin hôte téléchargé sur le site Web Autodesk Seek ne contient pas d'images externes, de références externes (Xref), ni de références à des fichiers de calques sous-jacents.

REMARQUE

A l'heure actuelle, Autodesk Seek est uniquement disponible dans les versions anglaises d'AutoCAD.

CHAPITRE 11

LES RÉFÉRENCES EXTERNES

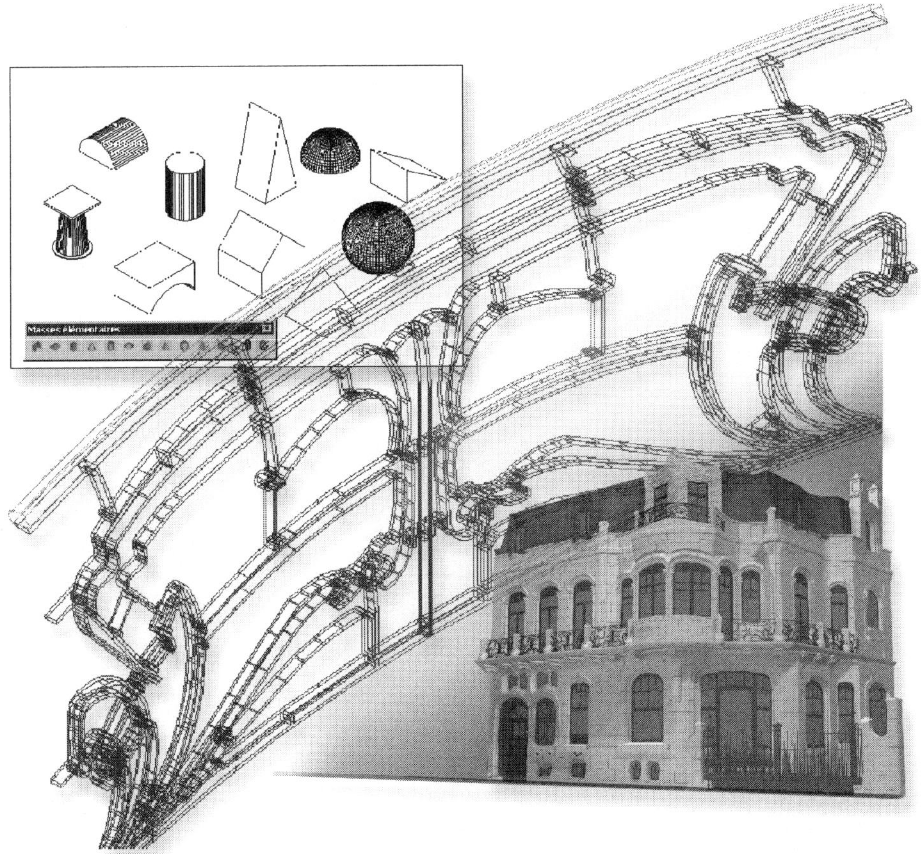

Le principe et les types de références externes

Les références externes (Xref) sont des outils très performants pour créer des dessins composites à partir d'autres dessins. Elles sont principalement utilisées soit pour créer des plans d'assemblages de vues différentes d'un projet, soit pour superposer différentes informations d'un projet et contrôler la cohérence d'ensemble. Dans le premier cas on peut imaginer un architecte qui dessine les différentes vues d'un projet d'habitation (plans, coupes, élévations, perspectives...) dans des fichiers séparés et qui souhaite ensuite les combiner dans un plan d'assemblage (fig.11.1).

Dans le second cas, on peut imaginer un bureau d'études multidisciplinaire dans lequel différents services (architecture, stabilité, techniques spéciales, mobilier...) travaillent sur un même projet. La superposition des différents fichiers correspondants à ces différentes disciplines permet au responsable de projet de contrôler la cohérence d'ensemble de celui-ci (fig.11.2).

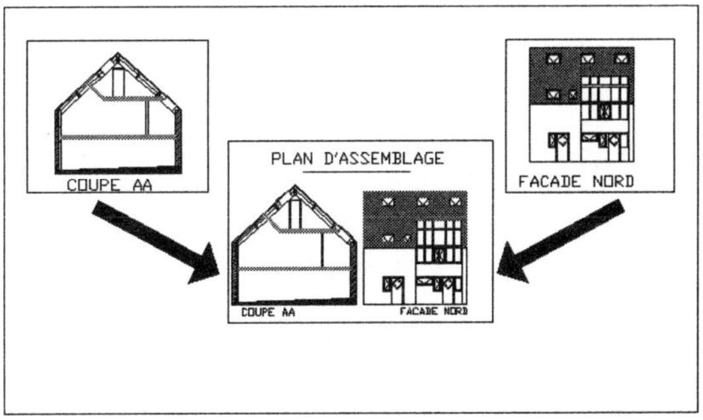

Fig.11.1

Les références externes ressemblent beaucoup aux blocs. La différence essentielle entre les deux concepts est que les blocs sont insérés de manière permanente dans le dessin en cours, tandis que les Xref n'y sont qu'attachées. Ce qui signifie, que les seules informations incluses dans le dessin, sont le point d'insertion de la référence et le chemin d'accès du fichier correspondant. Cette caractéristique permet d'avoir des fichiers d'assemblage de très faible capacité.

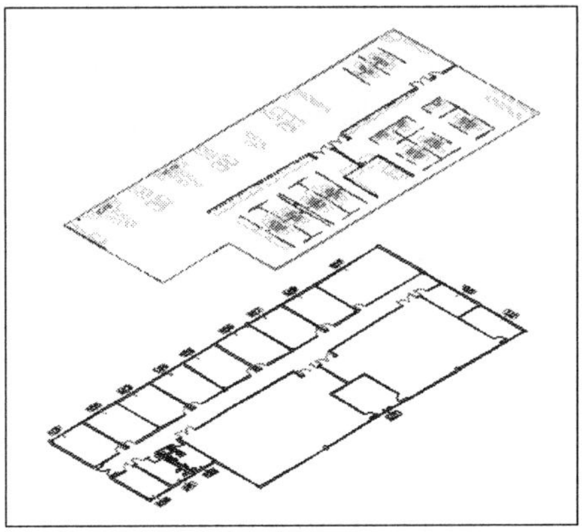
Fig.11.2

Une autre caractéristique des Xref est qu'elles permettent d'insérer des dessins dynamiques qui peuvent être modifiés à tout moment. Ainsi, dans l'exemple de l'architecte, lorsque celui-ci ouvrira son dessin d'assemblage, AutoCAD utilisera systématiquement la dernière version des différents fichiers insérés. Dans le cas du bureau d'études, le responsable du projet pourra à tout moment voir l'évolution du travail en cours dans les différents services. Il lui suffira de regénérer les Xref sur son écran pour avoir son dessin mis à jour. De plus, toute modification d'une Xref sera automatiquement signalée au responsable par une info bulle dans le coin inférieur droit de l'écran.

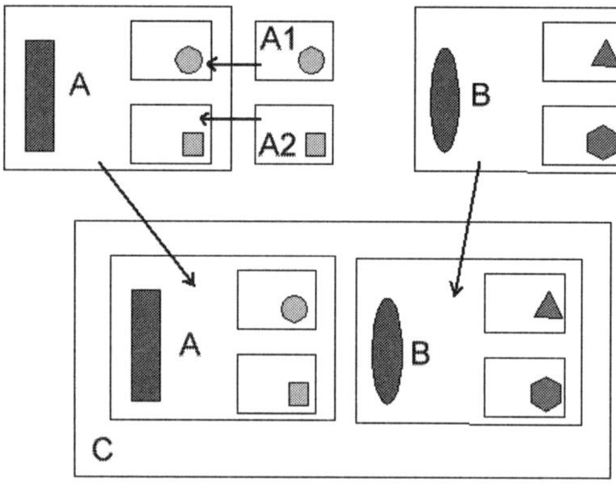

Fig.11.3

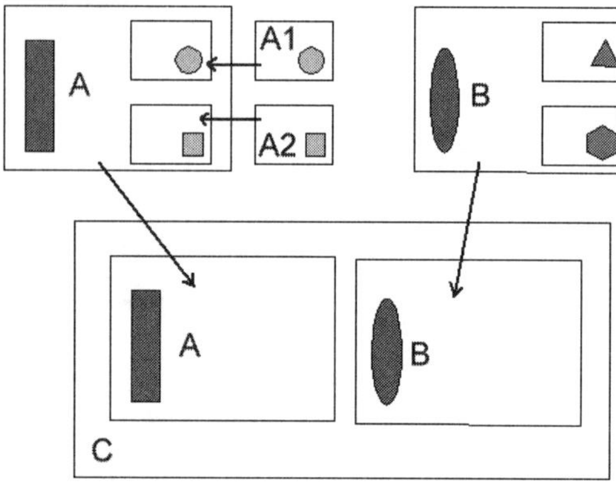

Fig.11.4

Types de Xref

Les références externes peuvent être utilisées de deux manières différentes, d'une part comme association et d'autre part comme superposition :

Association d'une Xref :

L'attachement consiste à insérer des Xref, au dessin en cours, en tenant compte d'éventuelles autres Xref insérées dans les précédentes. Il est ainsi possible d'insérer des Xref en cascade. Dans l'exemple de la figure 11.3, le plan d'assemblage permet de visualiser toute la chaîne des Xref utilisées : A, A1, A2, B, B1, B2.

Superposition d'une Xref :

La superposition consiste à insérer des Xref au dessin en cours, en ne prenant pas en compte les Xref imbriquées à celles-ci. Dans l'exemple de la figure 11.4, le plan d'assemblage ne permet de visualiser que le premier niveau des Xref utilisées, c'est-à-dire les Xref A et B. Les autres niveaux (A1, A2, B1, B2) imbriqués aux précédents niveaux ne sont pas affichés. Cette technique est très utile pour permettre à chaque intervenant d'un projet d'avoir ses propres Xref sans que celles-ci ne s'affichent dans le plan final.

Ainsi un géomètre peut, par exemple, pour réaliser le plan d'implantation d'un bâtiment, insérer par superposition dans son dessin des plans de détails du terrain existant sans que ceux-ci ne soient visibles dans le plan de l'architecte.

Effectuer l'association ou la superposition de références externes

Comme signalé plus haut dans le texte, les Xref attachées au dessin en cours permettent de créer des dessins à l'aide d'autres dessins. En attachant des dessins comme Xref, par opposition à l'insertion de fichiers dessin comme blocs, les modifications apportées au dessin de référence externe sont affichées dans le dessin hôte dès qu'il est ouvert. Le dessin hôte reflète toujours les dernières modifications apportées aux fichiers de références.

La procédure pour associer ou superposer une référence externe est la suivante :

1. Exécuter la commande d'association à l'aide d'une des méthodes suivantes :

Ruban : choisir le groupe de fonctions **Références** (References) de l'onglet **Insertion** (Insert) puis l'option **Attacher** (Attach).

Icône : choisir l'icône **Attacher une Xref** (Attach Xref) de la barre d'outils **Insertion** (Insert).

Clavier : taper la commande **XATTACHER** (XATTACH).

2. Dans la boîte de dialogue **Sélectionner un fichier de référence** (Select Référence file), sélectionner le type de fichier (par exemple DWG), puis choisir le fichier et ensuite cliquer sur **Ouvrir** (Open).
3. Dans la boîte de dialogue **Attacher la Référence externe** (External Reference), sous **Type de référence** (Reference Type), sélectionner l'option **Association** (Attachment) ou l'option **Superposition** (Overlay) (fig.11.5).
4. Spécifier le type de chemin : absolu (complet), relatif (partiellement spécifié) ou nul. Dans le cas d'une Xref imbriquée, un chemin relatif fait toujours référence à l'emplacement de son hôte immédiat et pas nécessairement au dessin actuellement ouvert.

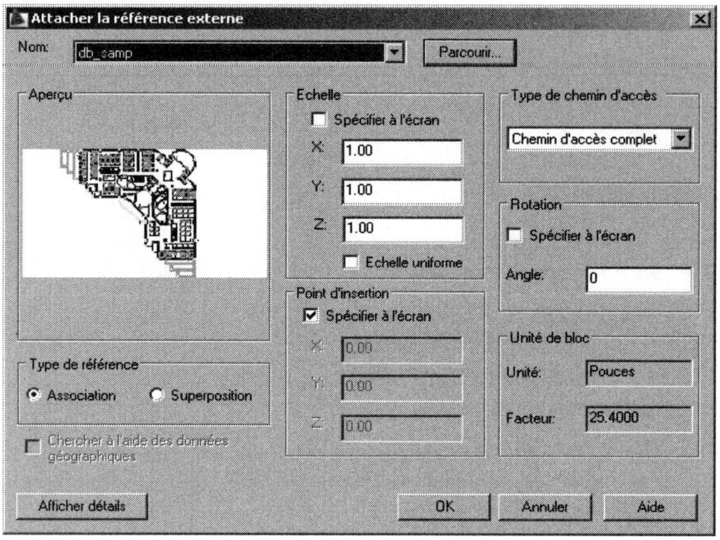

Fig.11.5

5 Spécifier les paramètres : point d'insertion, facteur d'échelle et l'angle de rotation.

6 Cliquer sur OK.

REMARQUE

Il est possible d'estomper l'affichage d'un Xref grâce à l'option **Estompage de xref** située dans le groupe de fonctions **Référence** (Reference) (fig.11.6).

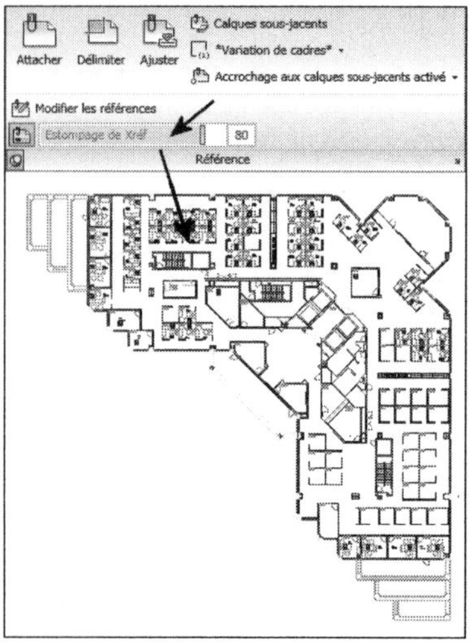

Fig.11.6

Détacher ou recharger des références externes

Détacher des Xref

Il est possible de supprimer les attachements des Xref pour les enlever complètement du dessin. Il est également possible d'effacer les occurrences des Xref individuelles. Il suffit de cliquer sur le bouton **Détacher** (Detach) pour supprimer les Xref et tous les symboles qui en dépendent. Si toutes les occurrences d'une Xref sont effacées du dessin, AutoCAD supprime la définition de la Xref lors de la prochaine ouverture du dessin. Lorsqu'une Xref est détachée, elle est supprimée de la liste et de l'arborescence en même temps que les Xref imbriquées, le cas échéant, à moins que la référence existe à un autre niveau de l'arborescence. Il n'est pas possible de détacher une Xref imbriquée.

La procédure pour détacher une Xref est la suivante :

1 Exécuter la commande de détachement à l'aide d'une des méthodes suivantes :

Ruban : choisir le groupe de fonctions **Référence** (Reference) puis cliquer sur la flèche **Références externes** (Xref Manager).

Icône : choisir l'icône **Référence externe** (External Reference) de la barre d'outils **Référence** (Reference).

Clavier : taper la commande **XREF**.

2 Dans la palette **Références externes** (Xref Manager), sélectionner une **Xref**, effectuer un clic droit puis cliquer sur le bouton **Détacher** (Detach).

3 Cliquer sur OK.

Recharger des Xref

Si un utilisateur modifie un dessin de référence externe alors que l'on travaille sur un dessin hôte auquel cette Xref est attachée, il est possible de mettre à jour le dessin de référence externe à l'aide de l'option **Recharger** (Reload). Lorsque l'on procède au rechargement, le dessin de référence externe sélectionné est mis à jour dans le dessin hôte. En outre, si l'on a déchargé momentanément une Xref, il est possible de recharger le dessin de référence externe à tout moment.

La procédure pour recharger une Xref est la suivante :

1 Exécuter la commande de rechargement à l'aide d'une des méthodes suivantes :

Ruban : choisir le groupe de fonctions **Référence** (Reference) puis cliquer sur la flèche **Références externes** (Xref Manager).

Icône : choisir l'icône **Référence externe** (External Reference) de la barre d'outils **Référence** (Reference).

Clavier : taper la commande **XREF**.

2 Dans la palette **Références externes** (Xref Manager), sélectionner une **Xref**, effectuer un clic droit puis cliquer sur le bouton **Recharger** (Reload).

3 Cliquer sur OK.

Rendre une référence externe permanente

Il est possible de rendre une référence externe permanente dans un dessin en l'ajoutant (c'est-à-dire en la copiant) dans celui-ci. Cette fonction est très pratique lorsqu'il s'agit d'archiver les dessins, de sorte que leurs Xref ne puissent être modifiées. Elle permet également de transmettre plus facilement le travail réalisé au client final qui souvent ne souhaite pas s'encombrer d'un dessin décomposé en plusieurs fichiers.

La procédure pour rendre une Xref permanente est la suivante :

1. Exécuter la commande d'ajout à l'aide d'une des méthodes suivantes :

   Ruban : choisir le groupe de fonctions **Référence** (Reference) puis cliquer sur la flèche **Références externes** (Xref Manager).

   Icône : choisir l'icône **Référence externe** (External Reference) de la barre d'outils **Référence** (Reference).

   Clavier : taper la commande **XREF**.

2. Dans la palette **Références externes** (Xref Manager), sélectionner une Xref, puis cliquer sur le bouton **Lier** (Bind) puis choisir l'option souhaitée : **Lier** (Bind) ou **Insérer** (Insert). La différence entre les deux, porte sur la manière de nommer les calques et les symboles. Par exemple, si l'on dispose d'une Xref nommée COUPE contenant un calque nommé BLEU, il porte le nom COUPE|BLEU. Ce nom devient COUPE0BLEU après l'avoir ajouté (bind) au dessin en cours. Le numéro dans $#$ est automatiquement incrémenté si une définition de table de symboles locale possédant le même nom existe déjà. Dans le second cas, après l'ajout par insertion, le calque dépendant de la Xref COUPE|BLEU devient le calque défini localement nommé BLEU. Les objets du calque COUPE|BLEU ont donc été transférés sur le calque BLEU du dessin en cours. Il y a donc fusion du contenu des calques dans cette deuxième méthode.

3. Cliquer sur OK.

Notification de Xref modifiées

Lorsque l'on attache des Xref à un dessin, AutoCAD vérifie périodiquement si les fichiers référencés ont été modifiés depuis le dernier chargement ou rechargement des Xref. Le comportement de notification des Xref est géré par la variable système XREFNOTIFY.

Par défaut, si un fichier référencé a été modifié, un message-bulle apparaît près de l'icône de Xref, dans le coin inférieur droit de la fenêtre de l'application (la barre d'état système) (fig.11.7). Le message-bulle répertorie les noms des dessins référencés qui ont été modifiés (trois au maximum), ainsi que le nom de chaque personne travaillant sur les Xref si cette information est disponible.

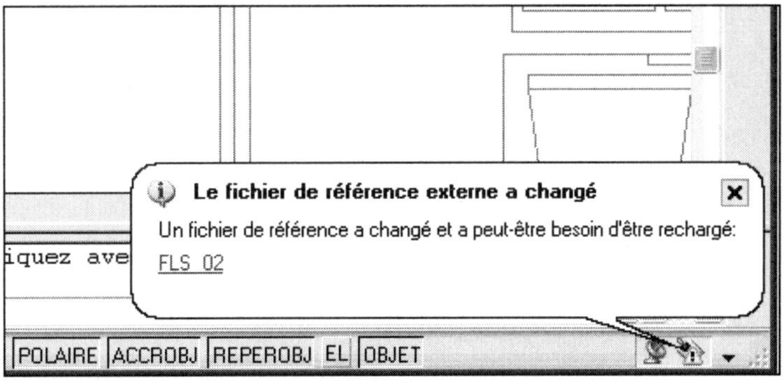

Fig.11.7

Après la disparition du message-bulle, un point d'exclamation est ajouté à l'icône de Xref. Si l'on clique sur le message-bulle ou sur l'icône de Xref, le Gestionnaire des références externes s'ouvre.

Par défaut, AutoCAD vérifie toutes les cinq minutes si des Xref ont été modifiées. Il est possible de modifier la fréquence de vérification en définissant la variable de registre système XNOTIFYTIME à l'aide de la syntaxe (setenv « XNOTIFYTIME » « n »), n représentant le nombre de minutes.

La variable XREFNOTIFY peut prendre les valeurs suivantes :

- 0 : désactive les notifications concernant les Xref.
- 1 : active les notifications concernant les Xref. Vous avertit que des Xref sont associées au dessin courant, en affichant l'icône Xref dans le coin inférieur droit de la fenêtre d'application (zone de notification, dans la partie système de la barre d'état). Lorsque vous ouvrez un dessin, elle vous indique qu'il manque des Xref en affichant l'icône Xref portant un point d'exclamation de couleur jaune.
- 2 : active les notifications et les info-bulles concernant les Xref. Affiche l'icône Xref comme indiqué pour la valeur 1 ci-dessus. Affiche également des info-bulles, dans la même zone, lorsque des Xref sont modifiées.

Modifier des références externes dans une fenêtre distincte

La méthode la plus simple et la plus directe pour modifier des Xref consiste à ouvrir le fichier dessin référencé dans une fenêtre distincte. Cette méthode permet d'accéder à tous les objets du dessin référencé. Au lieu de rechercher la Xref à l'aide de la boîte de dialogue **Sélectionner un fichier**, on peut la sélectionner directement dans le dessin.

Pour modifier une Xref dans une fenêtre distincte, la procédure est la suivante :

1. Sélectionner le Xref dans le dessin, puis effectuer un clic droit et pointer l'option **Ouvrir Xréf** (Open Xref).
2. Dans la nouvelle fenêtre, modifier le contenu du fichier de dessin ouvert.
3. Enregistrer le dessin puis fermer la fenêtre.

Modifier des références externes au sein du dessin courant

Il est aussi possible de modifier les références externes à partir du dessin courant, à l'aide de la fonction d'édition des références au sein du dessin. Cette possibilité est pratique pour effectuer des modifications mineures sans avoir à passer d'un dessin à un autre.

Prenons par exemple le cas de la restauration d'un bâtiment de bureaux impliquant des travaux à la fois sur ce bâtiment et sur le site contigu. La majeure partie des travaux consiste à créer une voie d'accès entre le parking et l'entrée principale du bâtiment. Les dessins du projet comprennent un plan du site qui référence le plan des sols du bâtiment. En éditant la référence dans le dessin même, il est à présent possible de la modifier dans le contexte visuel du dessin courant. Cela permet à la fois d'effectuer les modifications du site et d'apporter des changements mineurs au plan des sols à partir d'un seul dessin, rapidement et efficacement.

Procédure pour modifier une Xref au sein du dessin :

1. Dans le dessin en cours, sélectionner la référence à modifier.

   Si l'objet que l'on sélectionne dans cette référence fait partie de références imbriquées, toutes les références disponibles pour la sélection sont affichées dans la boîte de dialogue **Edition des références** (Référence Edit).

[2] Effectuer un clic droit et pointer l'option **Modifier Xréf sur place** (Edit Reference in-place).

[3] Dans cette boîte de dialogue, sélectionner la référence à modifier.

[4] Pour afficher les noms de calque et de symbole avec le préfixe $#$, cliquer sur l'onglet **Paramètres** (Parameters) puis sélectionner **Créer des noms de calque, de styles et de blocs uniques** (Enable unique layer and symbol names).

[5] Pour pouvoir sélectionner les définitions d'attribut des références de bloc lors de la modification de blocs comportant des attributs, sélectionner **Afficher les définitions d'attribut pour la modification** (Display attribute definitions for editing).

[6] Cliquer sur OK. Le groupe de fonctions **Modifier les références** (Edit Reference) s'affiche dans le ruban (fig.11.8).

[7] Effectuer les modifications.

[8] Cliquer sur l'icône **Enregistrer** (Save) pour enregistrer les modifications dans la référence.

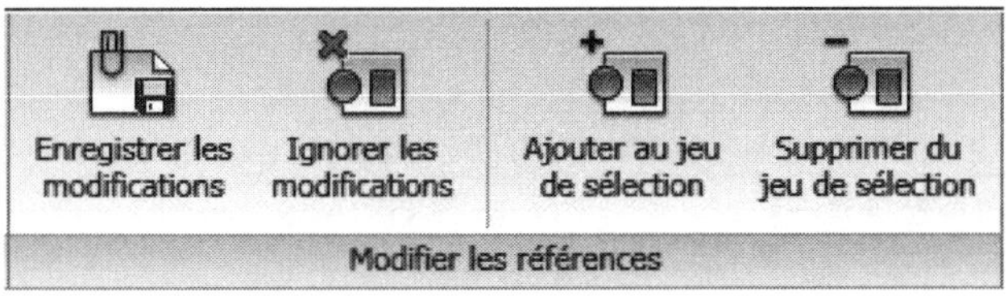

Fig.11.8

Paramétrage des Xref à partir de la boîte de dialogue Options

La boîte de dialogue **Options** (Menu Applications > Options) comprend une série de paramètres contrôlant les modifications et le chargement des références externes. Ils se trouvent dans l'onglet **Ouvrir et Enregistrer** (Open and Save) et dans la section **Références externes** (External References) (fig.11.9) :

- **Chargement sur demande des Xréf** (Demand load Xrefs) : contrôle le chargement sur demande des Xref. Le chargement sur demande améliore les performances, puisqu'il charge uniquement les parties du dessin référencé nécessaires à la régénération du dessin courant. (Variable système XLOADCTL). Les options sont les suivantes :

- **Désactivé** (Disabled) : désactive le chargement sur demande.
- **Activé** (Enabled) : active le chargement sur demande et améliore les performances d'AutoCAD. Pour améliorer le processus de chargement lorsque vous travaillez avec des Xref délimitées contenant un index d'espace ou de calque, choisir Activé. Lorsque cette option est choisie, aucun autre utilisateur ne peut modifier le fichier s'il est référencé.
- **Activé avec copie** (Enabled with copy) : active le chargement sur demande, mais utilise une copie du dessin référencé. Les autres utilisateurs peuvent modifier le dessin d'origine.

- **Conserver les modifications des calques Xréf** (Retain changes to Xrefs layers) : enregistre les modifications apportées aux propriétés et aux états des calques dépendants des Xref. Lorsque le dessin est rechargé, les propriétés courantes des calques dépendants des Xref sont conservées. Ce paramètre est enregistré dans le dessin. (Variable système VISRETAIN).
- **Permettre édition des réf. du dessin courant par d'autres utilisateurs** (Allow other users to Refedit current drawing) : détermine si le fichier de dessin courant peut être modifié s'il est référencé par un ou plusieurs autres dessins. Ce paramètre est enregistré dans le dessin. (Variable système XEDIT).

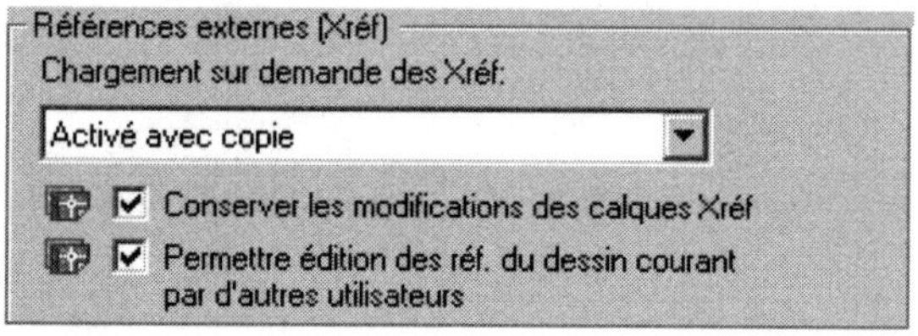

Fig.11.9

Insérer des images « raster » dans le dessin

Depuis Autocad 14, il est possible d'insérer des images dans des fichiers de dessin. Toutefois, comme pour les Xref, elles ne font pas vraiment partie du fichier de dessin. L'image est liée au fichier de dessin par l'intermédiaire d'un chemin d'accès ou d'un ID de document de gestion de données. Il est possible de modifier ou supprimer ces chemins d'accès à n'importe quel moment. En attachant des images reliées à d'autres images par un chemin d'accès, il est facile d'en placer plusieurs dans le dessin, sans augmenter fortement la taille du fichier.

Dès que l'on a attaché une image, on peut la rattacher plusieurs fois en la traitant comme un bloc. Chaque image insérée possède son propre contour de délimitation et ses propres paramètres de luminosité, de contraste, d'estompe et de transparence. Chaque image peut être sectionnée en plusieurs portions que l'on peut réorganiser indépendamment dans votre dessin.

Il est possible de définir le facteur d'échelle de l'image tramée lorsque l'on l'attache. Ainsi, l'échelle des objets de l'image correspond à celle des objets créés dans le dessin AutoCAD. Le facteur d'échelle de l'image par défaut est égal à 1 et l'unité par défaut de toutes les images est « Sans unité ». Quand on sélectionne une image à attacher, l'image est insérée selon un facteur d'échelle d'une unité de mesure d'image correspondant à une unité de mesure AutoCAD. Pour définir le facteur d'échelle de l'image, il faut connaître l'échelle des objets sur l'image, ainsi que l'unité de mesure que l'on souhaite utiliser pour définir une unité AutoCAD. Le fichier image doit contenir des informations sur la résolution définissant les PPP (ou nombre de points par pouce) ainsi que le nombre de pixels de l'image.

Si une image comporte des informations sur la résolution, AutoCAD les combine avec le facteur d'échelle et l'unité de mesure AutoCAD que l'on a indiquée afin de mettre à l'échelle l'image dans le dessin. Si aucune information de résolution n'est définie avec le fichier image attaché, la liste Unité AutoCAD courante (Current AutoCAD Unit) est automatiquement définie par Sans Unité (Unitless). Dans ce cas, AutoCAD calcule que la largeur initiale de l'image correspond à une unité. Après insertion, la largeur de l'image en unités AutoCAD est égale au facteur d'échelle. Pour mettre l'image à l'échelle et la placer dans le dessin de façon dynamique, sélectionner Sans unité (Unitless) dans la liste Unité AutoCAD courante.

La procédure d'insertion est la suivante :

1 Exécuter la commande d'ancrage à l'aide d'une des méthodes suivantes (fig.11.10) :

Ruban : choisir le groupe de fonctions **Référence** (Reference) puis l'option **Attacher** (Attach).

Icône : choisir l'icône **Attacher une Image** de la barre d'outils **Insertion** (Insert).

Clavier : taper la commande **Image**.

[2] Dans la boîte de dialogue **Sélectionner un fichier de référence** (Select reference File), sélectionner comme type de fichier, l'option **Tous les fichiers image** (All image files) puis sélectionner le fichier contenant l'image à insérer. Cliquer ensuite sur **Ouvrir** (Open).

[3] Dans la boîte de dialogue **Attacher une Image** spécifier la méthode d'insertion. Par exemple **Spécifier à l'écran** (Specify on-screen). Cliquer sur **OK**.

[4] Spécifier un point d'insertion à l'écran.

[5] Spécifier un facteur d'échelle.

[6] Spécifier un angle de rotation.

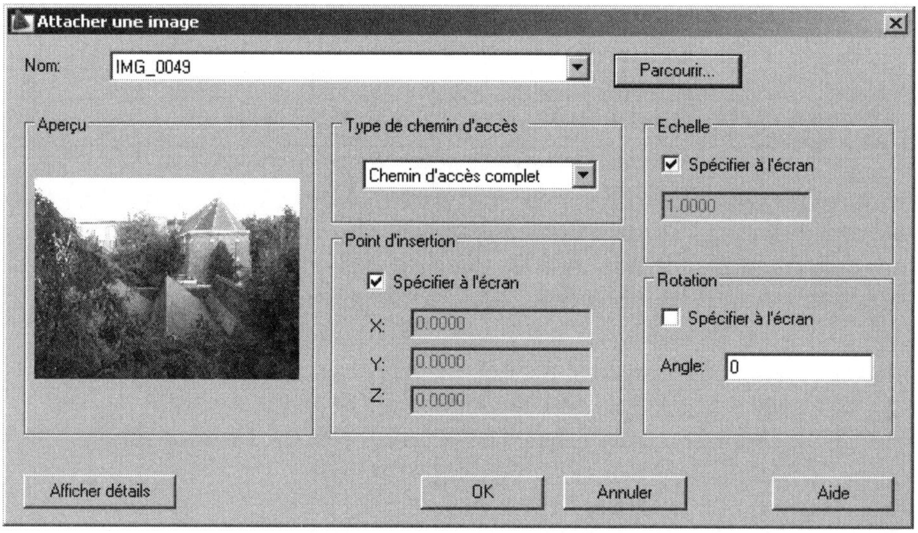

Fig.11.10

REMARQUES

Les options **Détacher, Recharger** ou **Décharger** sont identiques à celles des références externes.

En cliquant deux fois sur l'image, il est possible de modifier la luminosité et le contraste de l'image à partir des options de la boîte de dialogue **Ajuster l'image** (Image adjust).

La fonction Frame du groupe de fonctions **Référence** (Reference) permet de contrôler si les cadres des images s'affichent et sont tracés. Les options sont les suivantes :

- **Masquer les cadres** : Les cadres de l'image ne s'affichent pas et ne sont pas tracés. Par la même occasion, l'image n'est plus sélectionnable dans le dessin.

- **Afficher et tracer les cadres** : Les cadres de l'image s'affichent et sont tracés.
- **Afficher mais ne pas tracer les cadres** : Les cadres de l'image s'affichent mais ne sont pas tracés.

Insérer un fichier DWF, DGN ou PDF comme calque sous-jacent

Pour vous aider à élaborer un projet, il est ainsi possible d'afficher des informations issues de fichiers DWF, DGN (Microstation) ou PDF sous la forme d'un fond de plan encore dénommé « calque sous-jacent » dans AutoCAD.

Les fichiers de calque sous-jacent DWF, DGN ou PDF sont référencés et placés dans des fichiers de dessin comme le sont les fichiers d'image raster, mais ils ne font pas réellement partie du fichier de dessin. Comme les fichiers raster, le calque sous-jacent DWF/DGN/PDF est lié au fichier de dessin par un chemin d'accès. Les chemins DWF/DGN/PDF liés peuvent être modifiés ou supprimés à tout moment. En attachant les calques sous-jacents DWF/DGN/PDF à l'aide de chemins DWF/DGN/PDF liés, vous pouvez utiliser des fichiers DWF/DGN/PDF dans votre dessin en n'augmentant que très légèrement la taille du fichier de dessin.

Bien que les fichiers de calque sous-jacent DWF soient des reproductions de leur dessin source, ils ne sont pas aussi précis que les fichiers de dessin. Les calques sous-jacents DWF peuvent présenter des différences mineures en matière de précision.

Lorsqu'un fichier DWF/DGN/PDF est attaché en tant que calque sous-jacent, toute structure de calques qu'il peut comporter est aplanie dans un seul calque. Le calque sous-jacent est placé sur le calque de dessin courant.

Comme l'insertion s'effectue de la même manière qu'une image Raster, vous pouvez ensuite détacher celui-ci, le décharger ou le recharger, rechercher et enregistrer un nouveau chemin de recherche.

Les informations suivantes sont aussi disponibles pour chaque calque sous-jacent :

- Nom du fichier DWF, DGN ou PDF
- Etat (chargé, déchargé ou introuvable)
- Taille du fichier
- Type du fichier
- Date et heure de la dernière modification du fichier
- Nom du chemin enregistré

Pour insérer un fichier DWF, DGN ou PDF la procédure est la suivante :

1 Sélectionner la fonction d'insertion à l'aide de l'une des méthodes suivantes :

Ruban : choisir le groupe de fonctions **Référence** (Reference) puis l'option **Attacher** (Attach).

Icône : choisir l'icône **Insérer un calque sous-jacent DWF/DGN/PDF** (Insert a DWF underlay) de la barre d'outils **Insertion** (Insert).

Clavier : taper la commande **DWFATTACH, DGNATTACH** ou **PDFATTACH**.

2 Dans la boîte de dialogue **Sélectionner un fichier de référence** (Select reference file), sélectionner le type de fichier puis le fichier souhaité et cliquer sur **Ouvrir** (Open).

3 Dans la boîte de dialogue **Attacher le calque sous-jacent DWF/DGN/PDF** (Attach DWF/DGN/PDF underlay) spécifier la méthode d'insertion : à l'écran ou dans les différents champs de la boîte de dialogue. Par exemple à l'écran (fig.11.11).

4 Spécifier le point d'insertion : 0,0

5 Spécifier le facteur d'échelle ou [Unité] ‹1› : 1

6 Spécifier la rotation ‹0› : 0

7 Le fond de plan (ou calque sous-jacent) s'affiche à l'écran (fig.11.12). Il s'agit d'un plan de plantation.

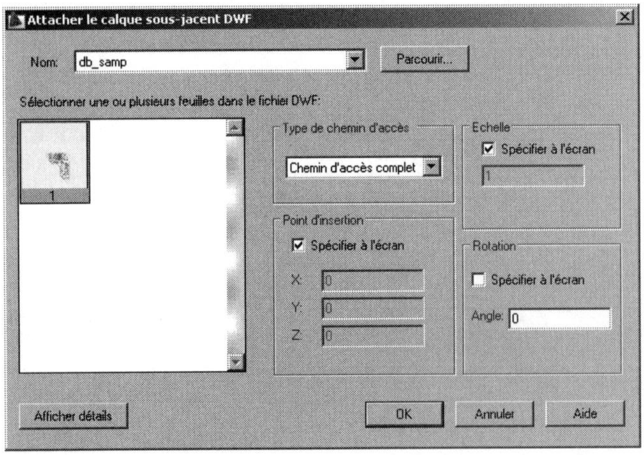

Fig.11.11

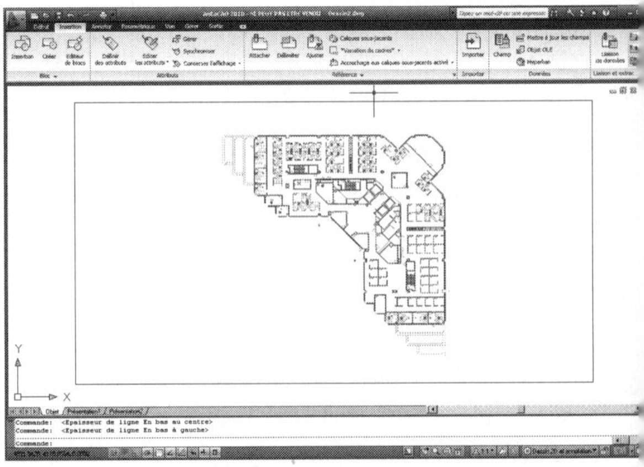

Fig.11.12

Plusieurs options sont disponibles dans le groupe de fonctions Référence (Reference) pour travailler avec les calques sous-jacents :

- L'option **Variation de cadre** (Frames vary) permet de déterminer si le cadre des objets insérés comme calque sous-jacent est visible ou non. Les options sont les suivantes :
  - **Masquer les cadres** (Hide frames) : le cadre n'est ni visible, ni tracé.
  - **Afficher et tracer les cadres** (Display and plot frames) : le cadre est affiché et son tracé est autorisé.
  - **Afficher mais ne pas tracer les cadres** (Display but don't plot frames) : le cadre est affiché, mais son tracé n'est pas autorisé.
- L'option **Accrochage aux calques sous-jacents** (Snap to Underlays) permet de définir si l'accrochage aux objets est actif pour la géométrie des calques sous-jacents. Les options sont les suivantes (fig.11.13) :
  - **Accrochage aux calques sous-jacents actif** (Snap to Underlays ON) : active l'accrochage aux objets pour la géométrie des calques sous-jacents.
  - **Accrochage aux calques sous-jacents désactivé** (Snap to Underlays OFF) : désactive l'accrochage aux objets pour la géométrie des calques sous-jacents.

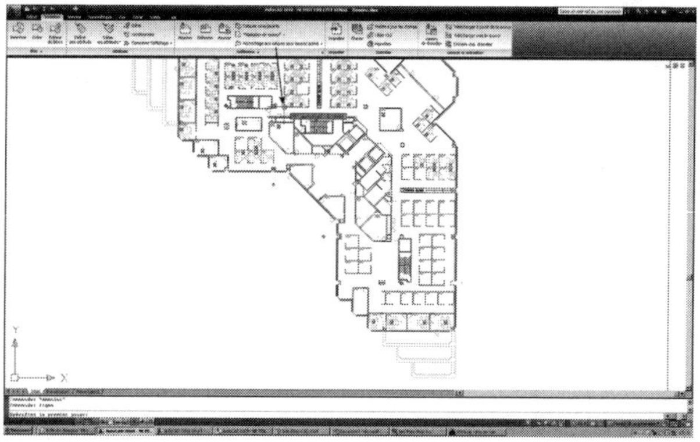

Fig.11.13

Contour de délimitation

Vous pouvez utiliser un contour de délimitation rectangulaire ou polygonal pour délimiter l'affichage d'un calque sous-jacent DWF, DGN ou PDF. La procédure est la suivante :

1. Sélectionner le calque sous-jacent. Un nouvel onglet (Calque sous-jacent) s'affiche dans le ruban.
2. Dans le groupe de fonctions **Délimitation** (Clipping), cliquer sur **Créer un contour de délimitation** (New Boundary).
3. Sur la ligne de commande, entrer N (Nouveau contour).
4. Entrer P (Polygonal) ou R (Rectangulaire) pour dessiner le contour du calque sous-jacent. Dans le cas d'un polygone, il convient d'appuyer sur Entrée pour achever le tracé du contour (fig.11.14).

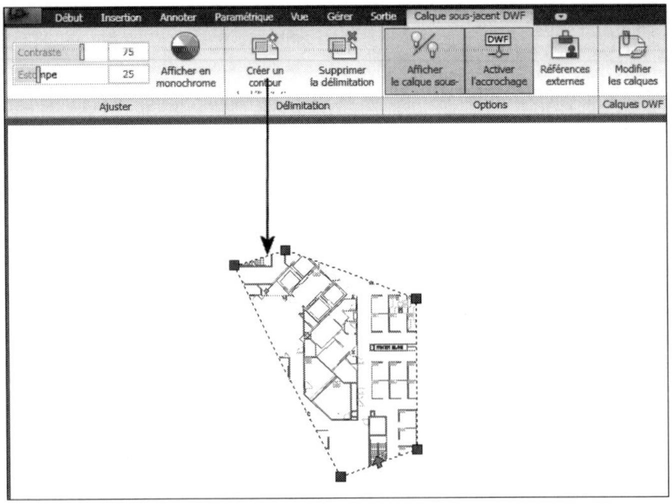

Fig.11.14

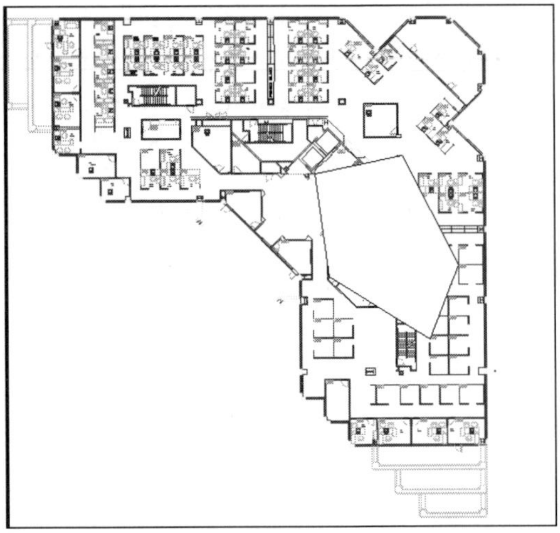

Fig.11.15

L'option **Inverser délimitation** (Invert Clip), qu'il convient de sélectionner avec de tracer le contour, permet d'avoir le négatif du contour (fig.11.15).

Affichage des calques d'un fichier DWF/DGN/PDF

Tout fichier attaché en tant que calque sous-jacent peut lui-même comporter une structure de calques qu'il est possible de gérer. La procédure de gestion est la suivante :

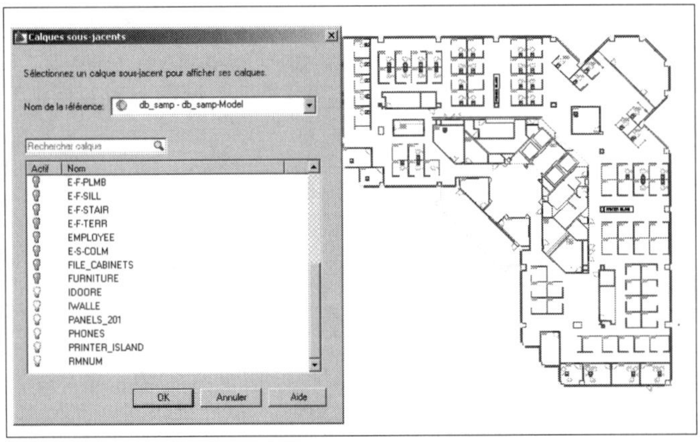

Fig.11.16

1. Cliquer sur l'option **Calques sous-jacents** (Underlay Layers) du groupe de fonctions **Références** (Reference). La boîte de dialogue **Calques sous-jacents** s'affiche à l'écran.
2. Sélectionner le calque sous-jacent dans la liste **Nom de la référence** (Reference Name). La liste des calques s'affiche.
3. Sélectionner les calques à désactiver (fig.11.16).
4. Cliquer sur OK pour confirmer.

CHAPITRE 12
LES TABLEAUX ET LES CHAMPS

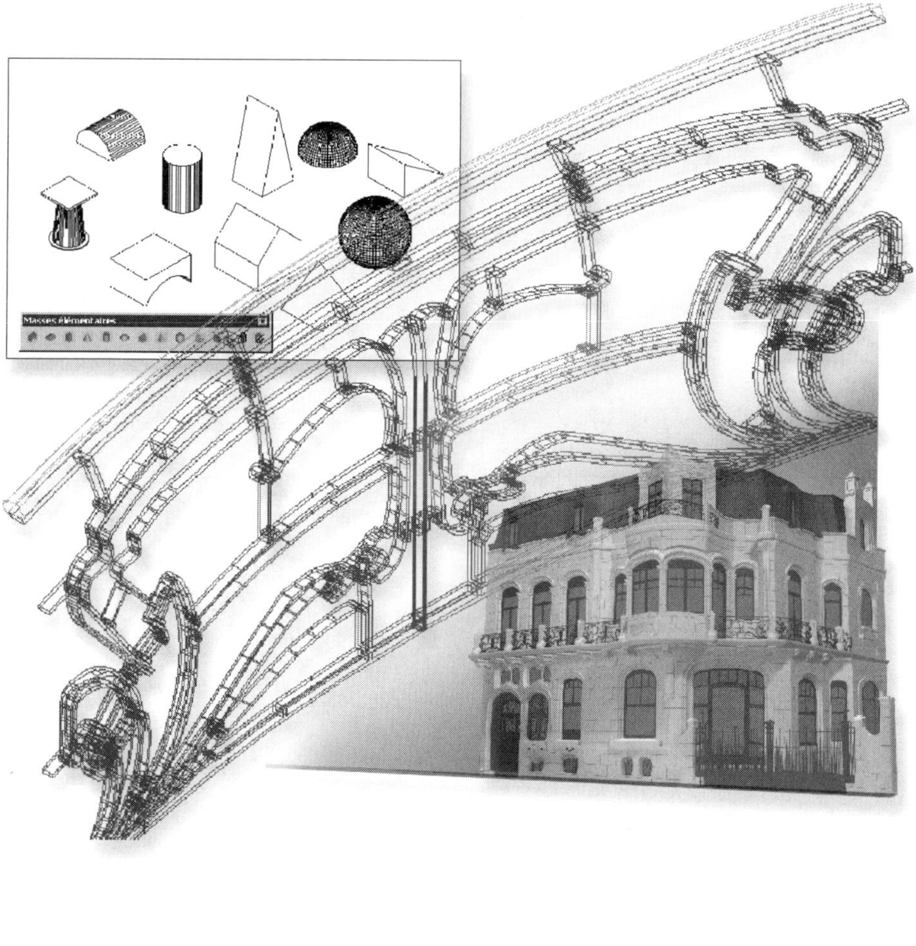

Les tableaux

Un tableau est un réseau de cellules rectangulaires qui peuvent contenir des annotations, du texte primaire mais aussi des blocs et des formules. A partir d'AutoCAD 2005, il suffit d'insérer un objet tableau au lieu de dessiner une grille constituée de lignes distinctes.

Il est possible de formater le tableau en spécifiant le nombre et la taille des rangées et des colonnes ou en définissant un nouveau style et en enregistrant les paramètres pour une utilisation ultérieure.

La création d'un tableau

Il est possible de créer un tableau de trois manières différentes :

- un tableau vide ;
- un tableau à partir d'une feuille de calcul liée ;
- un tableau à partir d'une extraction de données.

La création d'un tableau vide peut s'effectuer à l'aide de la méthode suivante (fig.12.1) :

1 Choisir le groupe de fonctions **Tableaux** (Tables) de l'onglet **Annoter** (Annotate) et sélectionner l'option **Tableau** (Table).

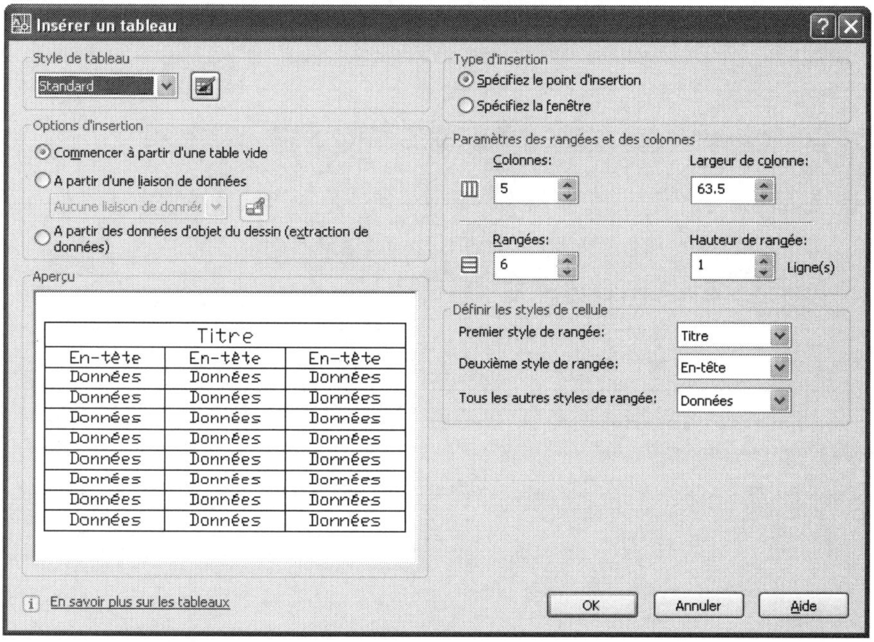

Fig.12.1

[2] Dans la boîte de dialogue **Insérer un tableau** (Insert Table), sélectionner un style de tableau dans la liste ou cliquer sur le bouton **Style de tableau** (Table Style) pour en créer un.

[3] Sélectionner **Commencer à partir d'une table vide** (Start from empty table).

[4] Sélectionner une méthode d'insertion :

- Spécifier un point d'insertion pour le tableau.
- Spécifier la fenêtre qui contiendra le tableau.

[5] Définir le nombre de colonnes et leur largeur.

Si l'on a utilisé la méthode d'insertion de fenêtre, on peut sélectionner le nombre de colonnes ou leur largeur, mais pas les deux.

[6] Définir le nombre de rangées et leur hauteur.

Si l'on a utilisé la méthode d'insertion de fenêtre, le nombre de rangées est déterminé par la taille de la fenêtre spécifiée et par la hauteur des rangées.

[7] Cliquer sur OK.

[8] En fonction de la méthode d'insertion choisie, pointer l'origine du tableau dans le dessin ou deux points pour spécifier la fenêtre.

[9] AutoCAD ouvre l'éditeur de texte et permet d'entrer le titre du tableau (fig.12.2), ainsi que les données.

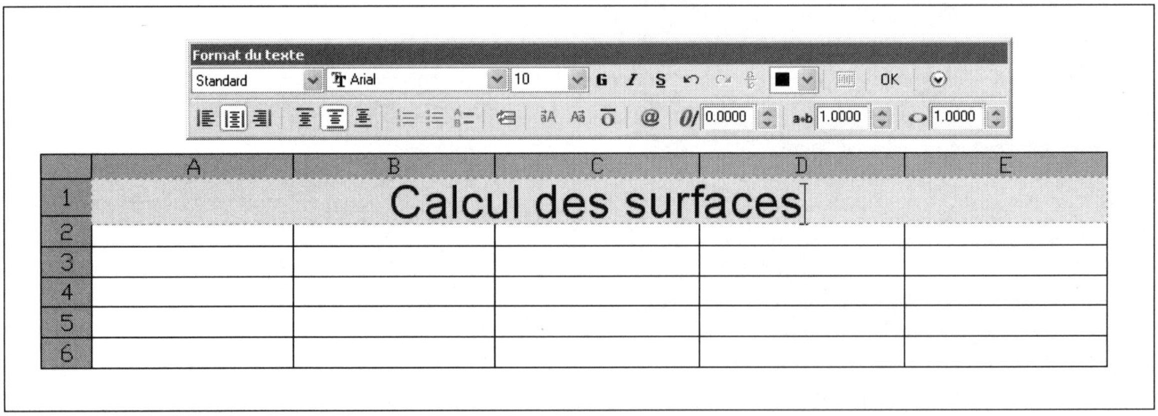

Fig.12.2

La création d'un tableau à partir d'une feuille de calcul liée peut s'effectuer à l'aide de la méthode suivante :

1. Exécuter la commande de création d'un tableau à l'aide de l'une des méthodes suivantes :

Ruban : cliquer sur l'option **Tableau** (Table) du groupe de fonctions **Tableau** (Table).

Icône : cliquer sur l'icône **Tableau** (Table) de la barre d'outils **Dessin** (Draw).

Clavier : entrer la commande **TABLEAU** (TABLE).

2. Cliquer sur **A partir d'une liaison de données** (From a data link).
3. Sélectionner une liaison de données déjà établie dans le menu déroulant ou cliquer sur le bouton [...] pour créer une nouvelle liaison de données à l'aide du gestionnaire de liaisons de données. Par exemple, à partir du gestionnaire de liaisons de données (fig.12.3).

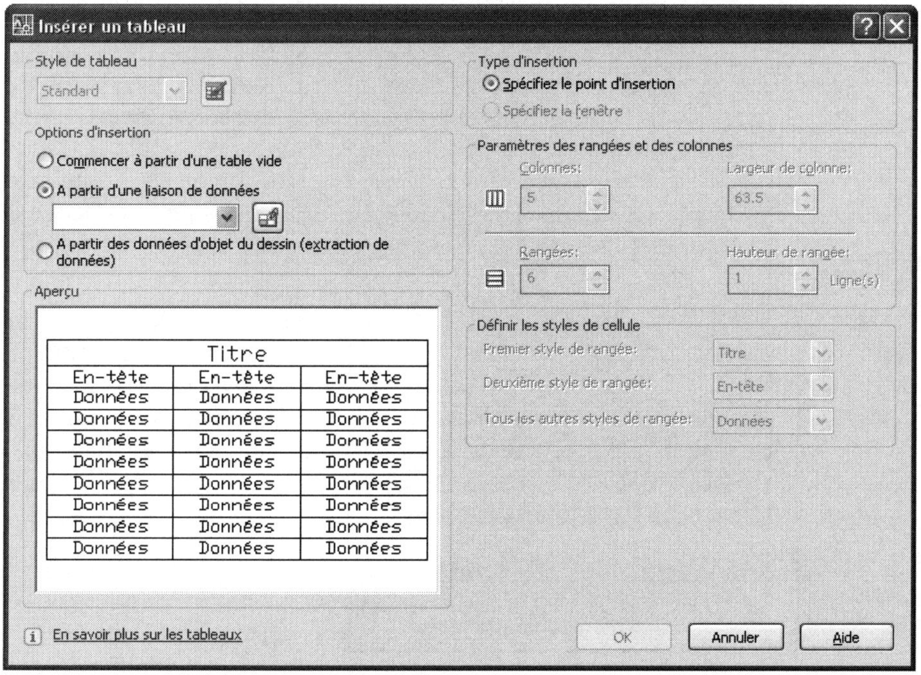

Fig.12.3

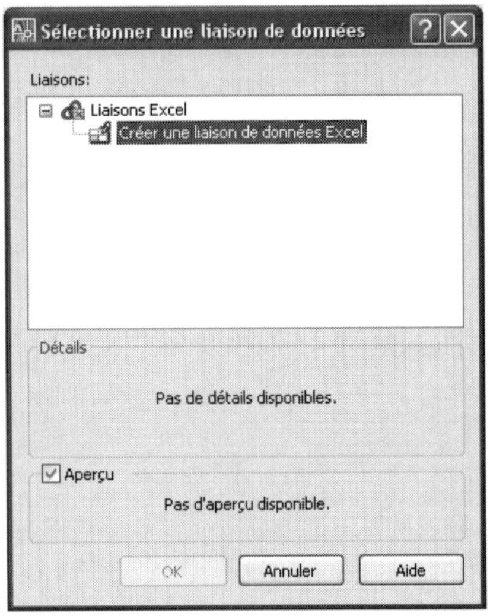

Fig.12.4

4 Dans la boîte de dialogue **Sélectionner une liaison de données** (Select a Data Link), cliquer sur **Créer une liaison de données Excel** (Create a new Excel Data Link) (fig.12.4).

5 Entrer un nom dans le champ **Nom** (Name) de la boîte de dialogue **Entrer un nom de liaison de données** (Enter Data Link Name) et cliquer sur **OK** (fig.12.5).

6 Cliquer sur **Rechercher un fichier** (Browse for a file) dans la boîte de dialogue **Nouvelle liaison de données Excel** (New Excel Data Link) (fig.12.6).

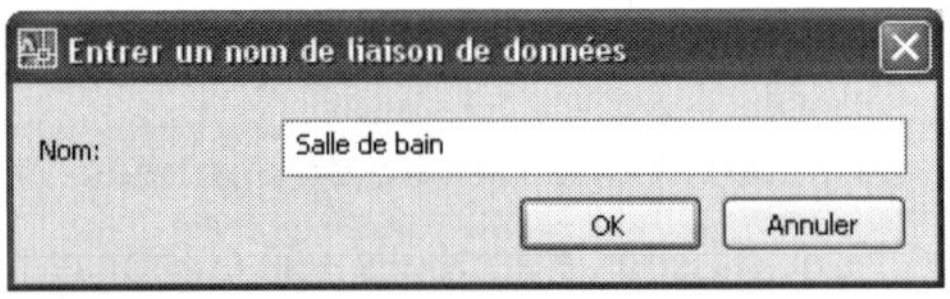

Fig.12.5

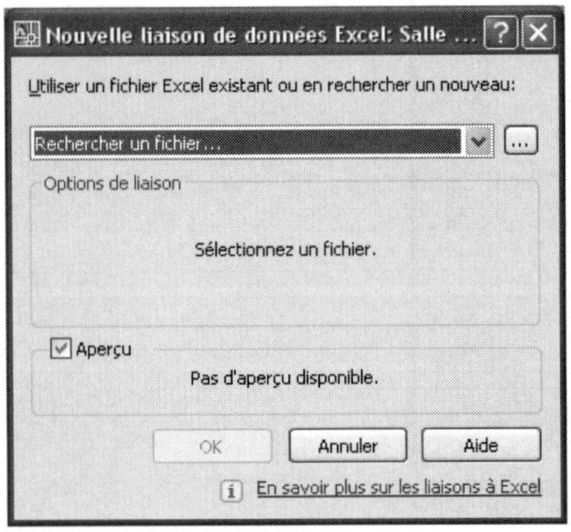

Fig.12.6

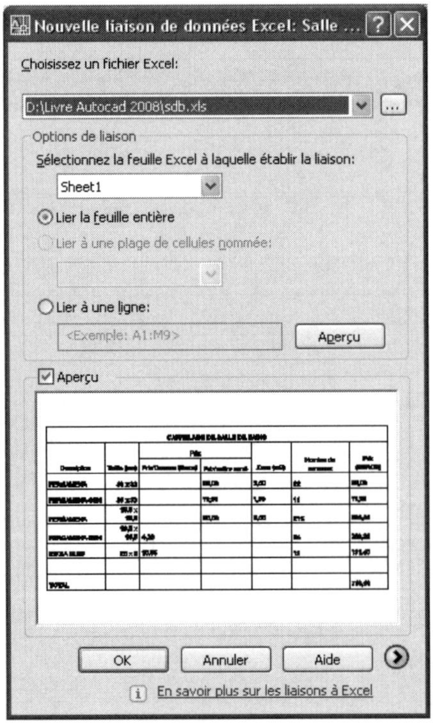

Fig.12.7

7 Sélectionner un fichier Excel.

8 La boîte de dialogue **Nouvelle liaison de données Excel** (New Excel Data Link) s'affiche à nouveau. Vous pouvez y sélectionner la plage des cellules souhaitées (fig.12.7).

9 Cliquer deux fois sur OK. Le résultat s'affiche dans la boîte de dialogue **Insérer un tableau** (Insert Table) (fig.12.8).

10 Cliquer sur OK pour spécifier un point d'insertion pour le tableau dans le dessin.

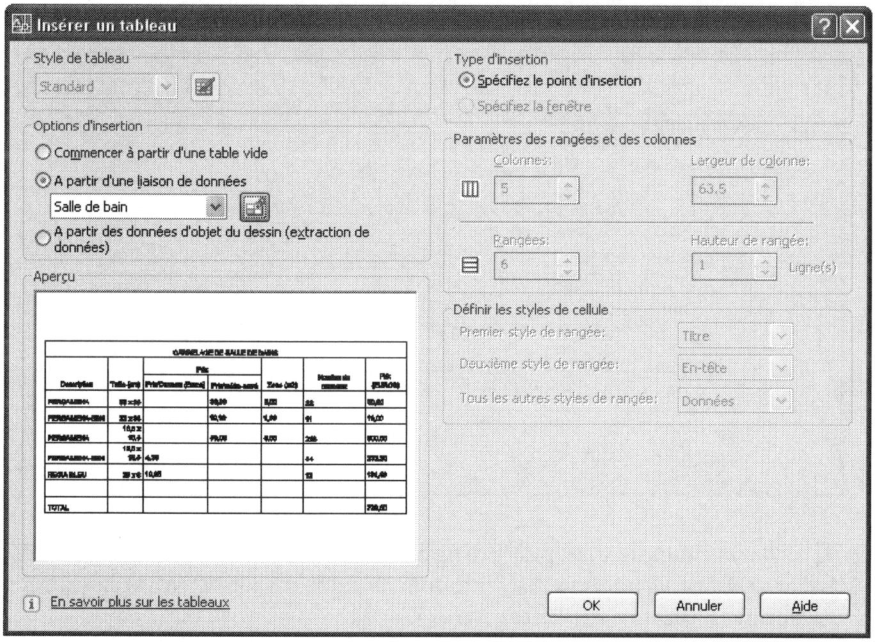

Fig.12.8

La création d'un tableau à partir d'une extraction de données peut s'effectuer à l'aide de la méthode suivante :

1 Exécuter la commande d'extraction des données à l'aide de l'une des méthodes suivantes :

Ruban : cliquer sur l'option **Table** du groupe de fonctions **Tableau** (Table).

Icône : cliquer sur l'icône **Tableau** (Table) de la barre d'outils **Dessin** (Draw).

Clavier : entrer la commande **TABLEAU** (TABLE).

2 Cocher l'option **A partir des données d'objet du dessin** (From object data in the drawing).

3 Cliquer sur OK.

4 Sur la page **Début** (Begin) de l'assistant d'extraction de données, cliquer sur **Créer une nouvelle extraction de données** (Create a new data extraction). Si vous voulez utiliser un fichier de gabarit (DXE ou BLK), cliquer sur **Utiliser une extraction précédente comme gabarit** (Edit an existing data extraction). Cliquer sur **Suivant** (Next) (fig.12.9).

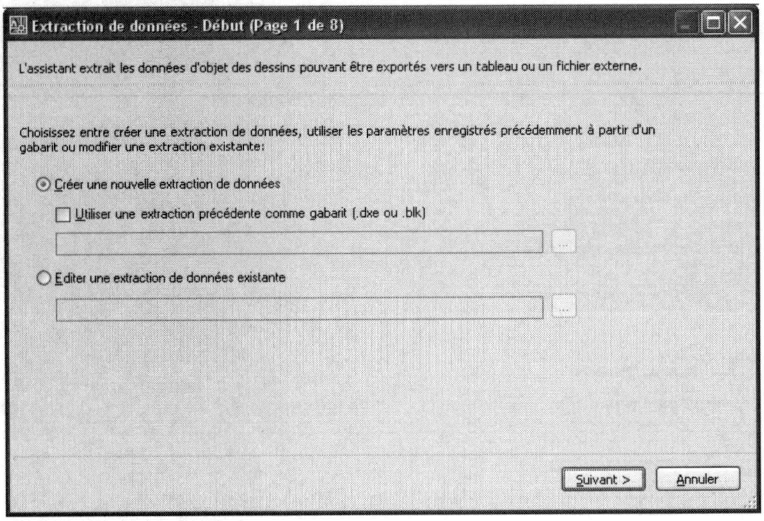

Fig.12.9

3 Dans la boîte de dialogue **Enregistrer l'extraction de données sous** (Save Data Extraction As), indiquer le nom du fichier d'extraction de données. Cliquer sur **Enregistrer** (Save).

4 Sur la page **Définir la source de données** (Define Data Source), indiquer les dessins ou les dossiers dont vous voulez extraire les données. Cliquer sur **Suivant** (Next) (fig.12.10).

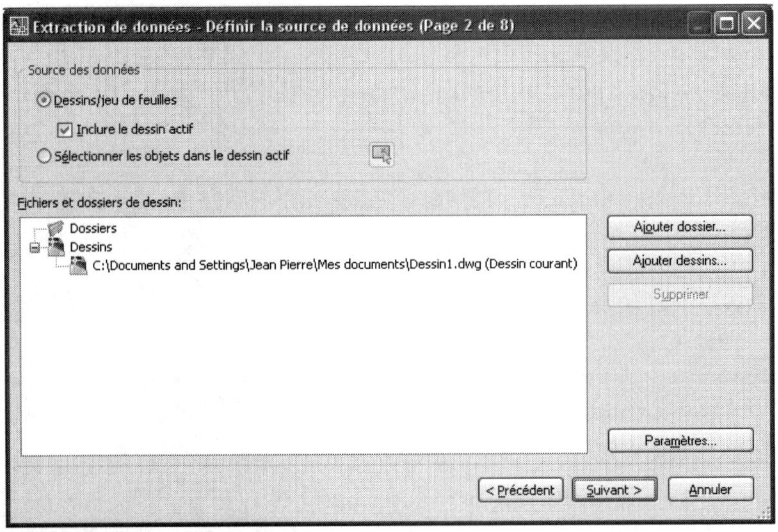

Fig.12.10

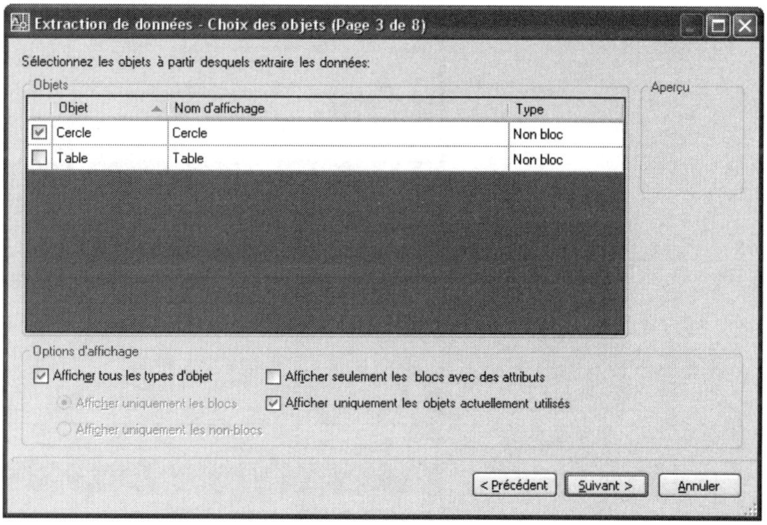

Fig.12.11

5 Sur la page **Choix des objets** (Select objects), sélectionner les objets dont vous voulez extraire les données. Par exemple les cercles. Cliquer sur **Suivant** (Next) (fig.12.11).

6 Sur la page **Sélectionner les propriétés** (Select Properties), sélectionnerles propriétés dont vous voulez extraire les données. Par exemple, les éléments géométriques. Cliquer sur **Suivant** (Next) (fig.12.12).

7 Sur la page **Affinage des données** (Refine Data), organiser les colonnes, le cas échéant. Cliquer sur **Suivant** (Next) (fig.12.13).

8 Sur la page **Choix de la sortie** (Choose Output), cliquer sur **Insérer le tableau d'extraction des données dans le dessin** (Insert data extraction table into drawing) pour créer une table d'extraction de données. Cliquer sur **Suivant** (Next).

9 Sur la page **Style de tableau** (Table style), choisir un style de tableau si un style est défini dans le dessin courant ou si un style est appliqué à la table. Entrer le titre du tableau, le cas échéant. Cliquer sur **Suivant** (Next) (fig.12.14).

10 Dans la page Fin (Finish), cliquer sur **Fin** (Finish).

11 Cliquer sur un point d'insertion dans le dessin pour créer le tableau.

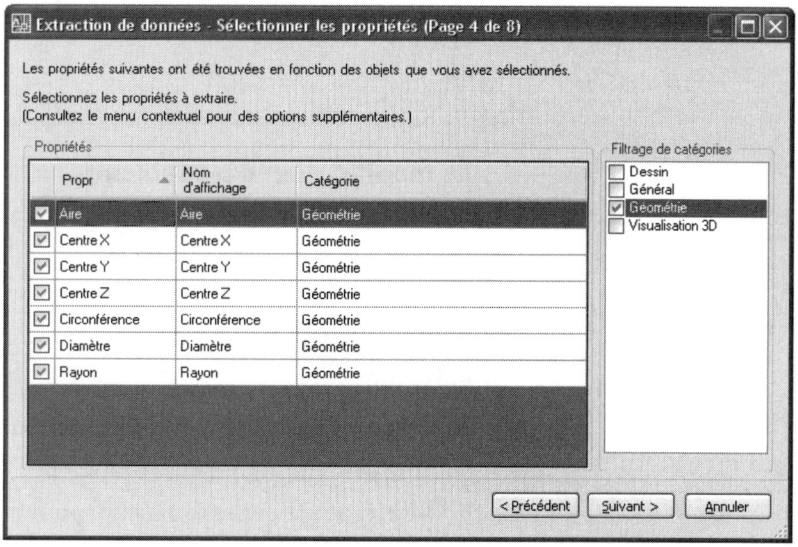

Fig.12.12

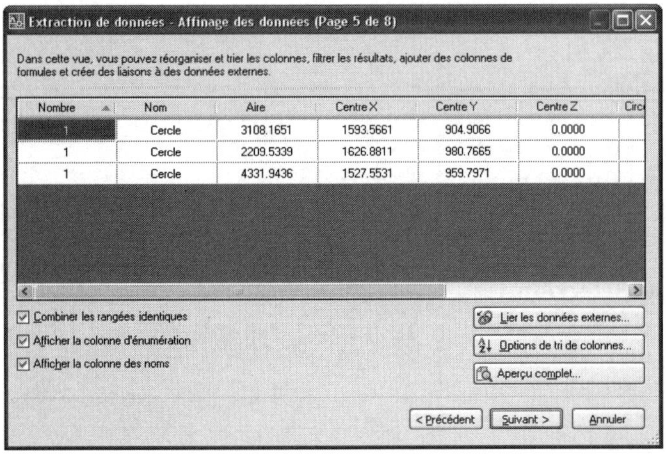

Fig.12.13

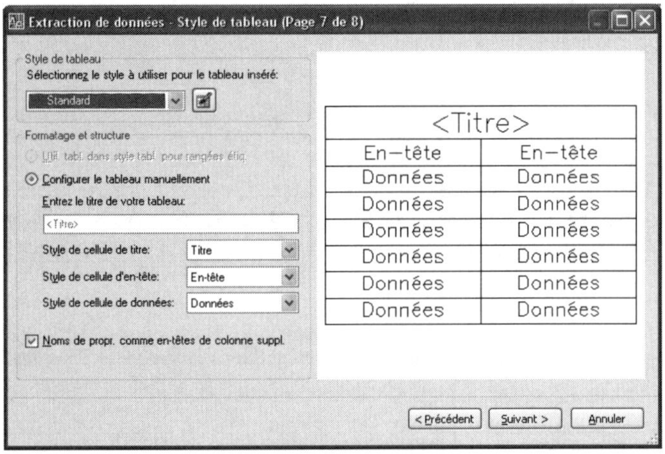

Fig.12.14

La modification d'un tableau

Plusieurs méthodes sont disponibles pour modifier un tableau existant : à l'aide des poignées, à l'aide de la palette Propriétés, par un clic droit et un menu contextuel.

Pour modifier un tableau à l'aide des poignées, la procédure est la suivante :

1 Cliquer sur une ligne de grille pour sélectionner le tableau (fig.12.15).

2 Utiliser l'une des poignées suivantes :

- Poignée supérieure gauche : pour déplacer le tableau
- Poignée supérieure droite : pour modifier la largeur du tableau et de toutes les colonnes proportionnellement

- Poignée inférieure gauche : pour modifier la hauteur du tableau et de toutes les rangées proportionnellement
- Poignée inférieure droite : pour modifier la hauteur et la largeur du tableau, ainsi que celles des colonnes et des rangées proportionnellement
- Poignée de colonne (située au-dessus de la rangée d'en-tête de colonne) : pour modifier la largeur de la colonne à gauche de la poignée et élargir ou rétrécir le tableau en conséquence
- Touche Ctrl + une poignée de colonne : pour élargir ou rétrécir les colonnes adjacentes sans modifier la largeur du tableau.

La largeur minimale d'une colonne correspond à la largeur d'un caractère unique. La hauteur minimale d'une rangée dans un tableau vide correspond à la hauteur d'une ligne de texte à laquelle s'ajoutent les marges de la cellule.

3 Appuyer sur Echap pour annuler la sélection.

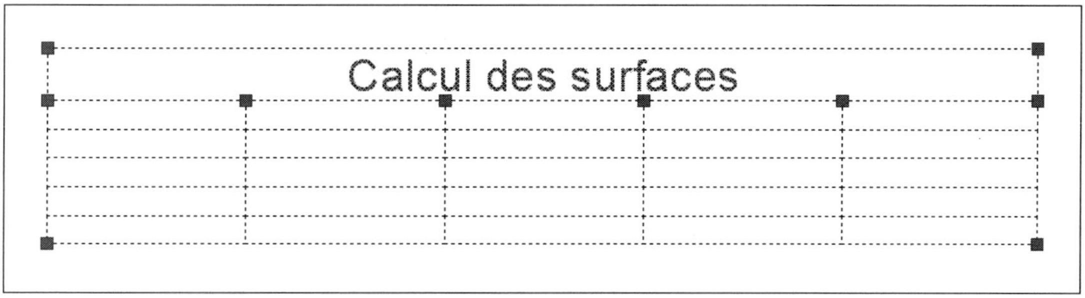

Fig.12.15

Pour modifier les cellules d'un tableau à l'aide des poignées, la procédure est la suivante :

1 Sélectionner une ou plusieurs cellule(s) à modifier à l'aide d'une des méthodes suivantes (fig.12.16) :
- Cliquer dans une cellule.
- Maintenir la touche Maj enfoncée et cliquer sur une autre cellule pour sélectionner ces deux cellules ainsi que celles qui les séparent.
- Cliquer dans la cellule sélectionnée, faire glisser la souris sur les cellules à sélectionner, puis relâcher le bouton.

2 Pour modifier la hauteur de rangée de la cellule sélectionnée, faire glisser la poignée supérieure ou inférieure.

Si plusieurs cellules sont sélectionnées, la hauteur de rangée change dans les mêmes proportions pour chaque rangée.

3 Pour modifier la largeur de colonne de la cellule sélectionnée, faire glisser la poignée gauche ou droite.

Si plusieurs cellules sont sélectionnées, la largeur de colonne change dans les mêmes proportions pour chaque colonne.

4 Pour fusionner les cellules sélectionnées, cliquer sur le bouton droit de la souris, puis sur **Fusionner les cellules** (Merge Cells).

Si l'on sélectionne des cellules dans plusieurs rangées ou colonnes, on peut effectuer une fusion par ligne ou par colonne.

5 Appuyer sur Echap pour annuler la sélection.

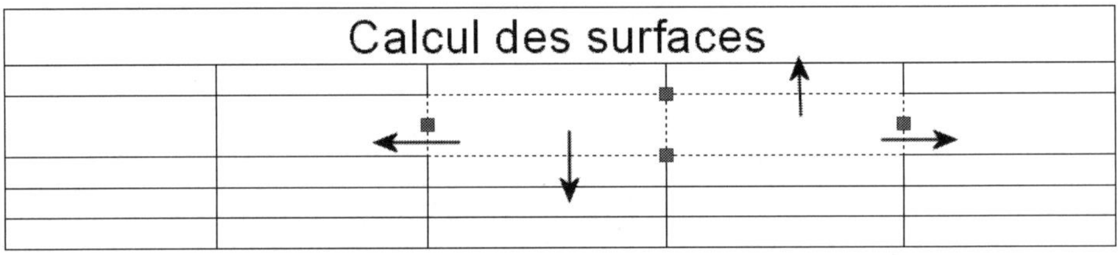

Fig.12.16

Pour modifier un tableau à l'aide de la palette Propriétés, la procédure est la suivante :

1 Cliquer sur une ligne de grille pour sélectionner le tableau.

2 Effectuer un clic droit et sélectionner l'option **Propriétés** (Properties).

3 Dans la palette **Propriétés** (Properties), cliquer sur la valeur à modifier et entrer ou sélectionner une nouvelle valeur (fig.12.17).

La propriété est modifiée dans le tableau sélectionné.

4 Déplacer le curseur à l'extérieur de la palette Propriétés, puis appuyer sur Echap pour annuler la sélection.

Pour modifier la largeur de colonne ou la hauteur de rangée d'un tableau, la procédure est la suivante :

1. Cliquer dans une cellule de la colonne ou de la rangée à modifier.

   Maintenir la touche Maj enfoncée et cliquer sur une autre cellule pour sélectionner ces deux cellules ainsi que celles qui les séparent.

2. Effectuer un clic droit et sélectionner l'option **Propriétés** (Properties).

3. Dans la palette **Propriétés**, sous **Cellule** (Cell), cliquer sur la valeur de la largeur ou de la hauteur de cellule, puis entrer une nouvelle valeur.

4. Appuyer sur Echap pour annuler la sélection.

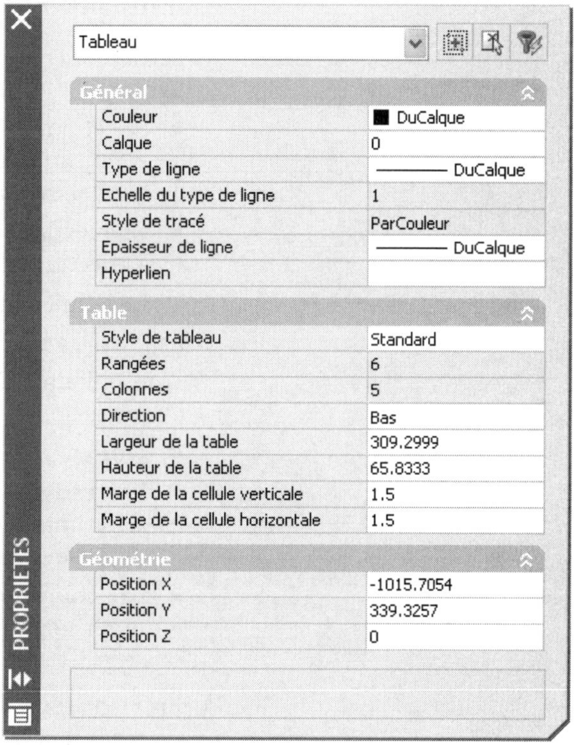

Fig.12.17

Pour ajouter des colonnes ou des rangées dans un tableau, la procédure est la suivante :

1. Cliquer dans une cellule du tableau, à l'endroit où l'on souhaite ajouter une colonne ou une rangée.

   On peut sélectionner plusieurs cellules pour ajouter plusieurs colonnes ou rangées.

2. Cliquer avec le bouton droit de la souris et utiliser l'une des options suivantes :

   - **Colonnes** (Columns) > **Insérer à Droite** (Right) : Insère une colonne à droite de la cellule sélectionnée.
   - **Colonnes** (Columns) > **Insérer à Gauche** (Left) : Insère une colonne à gauche de la cellule sélectionnée.
   - **Rangées** (Rows) > **Insérer Au-dessus** (Above) : Insère une rangée audessus de la cellule sélectionnée.
   - **Rangées** (Rows) > **Insérer En dessous** (Below) : Insère une rangée en dessous de la cellule sélectionnée.

3. Appuyer sur Echap pour annuler la sélection.

Pour fusionner les cellules d'un tableau, la procédure est la suivante :

[1] Sélectionner les cellules à fusionner à l'aide d'une des méthodes suivantes :

- Sélectionner une cellule, puis cliquer dans une autre cellule en appuyant sur la touche Maj pour sélectionner ces deux cellules, ainsi que celles qui les séparent.
- Cliquer dans une cellule sélectionnée, glisser la souris sur les cellules à sélectionner, puis relâcher le bouton.

  La cellule fusionnée qui en résulte doit être rectangulaire.

[2] Cliquer sur le bouton droit de la souris. Cliquer sur **Fusion** (Merge). Si l'on souhaite créer plusieurs cellules fusionnées, il convient d'utiliser l'une des options suivantes :

- **Toutes** (All) : fusionne toutes les cellules.
- **Par rangée** (By Row) : fusionne les cellules horizontalement en supprimant les lignes de grille verticales, sans modifier les lignes de grille horizontales.
- **Par colonne** (By Column) : fusionne les cellules verticalement en supprimant les lignes de grille horizontales, sans modifier les lignes de grille verticales.

[3] Entrer du texte dans la nouvelle cellule fusionnée ou appuyer sur Echap pour annuler la sélection.

Pour supprimer des colonnes ou des rangées d'un tableau, la procédure est la suivante :

[1] Cliquer dans une cellule de la colonne ou de la rangée à supprimer.

Maintenir la touche Maj enfoncée et cliquer sur une autre cellule pour sélectionner ces deux cellules ainsi que celles qui les séparent.

[2] Cliquer avec le bouton droit de la souris et utiliser l'une des options suivantes :

- **Colonnes** (Columns) puis **Supprimer** (Delete) : supprime les colonnes spécifiées.
- **Rangées** (Rows) puis **Supprimer** (Delete) : supprime les rangées spécifiées.

[3] Appuyer sur Echap pour annuler la sélection.

Pour exporter un tableau, la procédure est la suivante :

1. Sélectionner un tableau, cliquer sur le bouton droit de la souris, puis choisir **Exporter** (Export) dans le menu contextuel qui s'affiche.
2. Une boîte de dialogue standard de sélection de fichiers apparaît.
3. Entrer un nom de fichier et sélectionner un emplacement.

   Les données du tableau sont exportées au format de fichier CSV. La mise en forme du tableau et du texte est perdue.

Pour verrouiller et déverrouiller des cellules, la procédure est la suivante :

1. Dans un tableau, sélectionner une ou plusieurs cellules à verrouiller ou déverrouiller. Pour cela, utiliser l'une des méthodes suivantes :
   - Cliquer dans une cellule.
   - Maintenir la touche Maj enfoncée et cliquer sur une autre cellule pour sélectionner ces deux cellules ainsi que celles qui les séparent.
   - Cliquer dans la cellule sélectionnée, faire glisser la souris sur les cellules à sélectionner, puis relâcher le bouton.
2. Utiliser l'une des options suivantes (fig.12.18) :
   - Pour déverrouiller une ou plusieurs cellules : dans le ruban ou la barre d'outils Table, cliquer sur l'icône **Verrouillage** (Locking) puis **Déverrouillé** (Unlocked).
   - Pour verrouiller une ou plusieurs cellules : dans le ruban ou la barre d'outils Table, cliquer sur **Verrouillage** (Locking) puis **Contenu et format verrouillés** (Content and Format Locked).

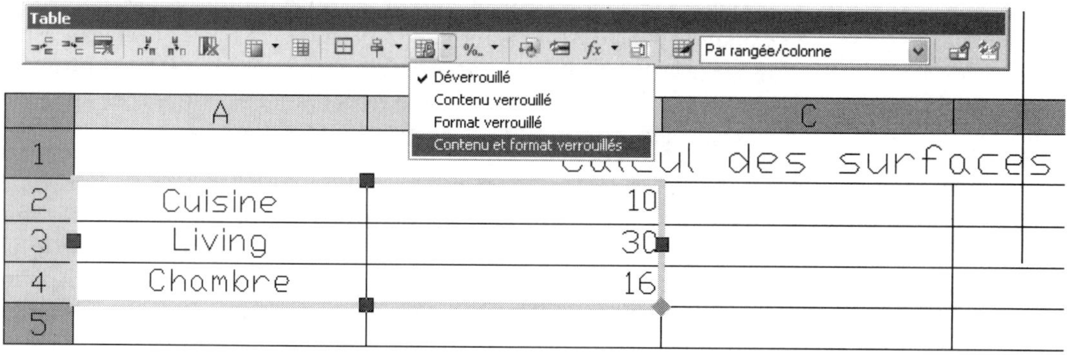

Fig.12.18

Pour diviser un tableau en plusieurs tableaux à l'aide des poignées, la procédure est la suivante :

[1] Cliquer sur une ligne de grille pour sélectionner le tableau.

[2] Cliquer sur la poignée triangulaire au centre de la ligne du bas du tableau et déplacer la poignée vers le haut ou vers le bas (fig.12.19).

Lorsque le triangle pointe vers le bas, le saut de tableau est inactif. Les nouvelles lignes seront ajoutées au bas du tableau.

Lorsque le triangle pointe vers le haut, le saut de tableau est actif. La position courante du bas du tableau représente la hauteur maximale du tableau. Les nouvelles lignes seront ajoutées à un second tableau à droite du tableau principal.

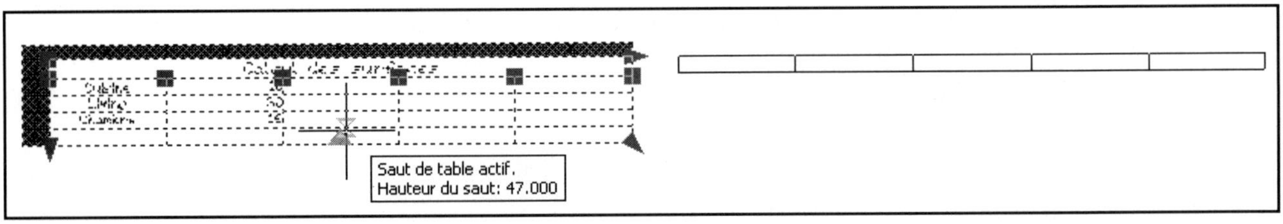

Fig.12.19

Le style d'un tableau

L'apparence du tableau est contrôlée par son style. Il est possible d'utiliser le style de tableau par défaut (STANDARD) ou de créer ses propres styles. Plusieurs caractéristiques sont prises en compte par les styles :

- Le style d'un tableau peut définir la mise en forme des rangées. Par exemple, dans le style Standard, la première rangée du tableau est une rangée de titres qui se compose d'une rangée de cellules fusionnées contenant du texte centré. La deuxième rangée contient les en-têtes de colonnes ; les autres rangées contiennent les données.
- Le style d'un tableau peut spécifier différents types de justification et d'apparence pour le texte et les lignes de grille de chaque type de rangée. Par exemple, un style de tableau peut définir une taille de texte plus importante pour la rangée de titre ou un alignement centré pour la rangée d'en-têtes de colonnes et un alignement à gauche pour les rangées de données.

- Le tableau peut être lu du haut vers le bas ou du bas vers le haut. Le nombre de colonnes et de rangées est quasiment illimité.
- Les propriétés de bordure d'un style de tableau permettent de contrôler l'affichage des lignes de grille qui divisent le tableau en cellules. Les bordures de la rangée de titres, de la rangée d'en-têtes de colonnes et des rangées de données peuvent avoir des épaisseurs de lignes et des couleurs différentes; en outre, on peut décider de les afficher ou de les masquer. L'aperçu affiché dans la boîte de dialogue **Style de tableau** (Table style) est mis à jour en fonction des options de bordures sélectionnées.
- L'apparence du texte dans les cellules du tableau est contrôlée par le style de texte spécifié dans le style de tableau courant. On peut utiliser n'importe quel style de texte dans le dessin pour en créer un nouveau. Il est également possible d'utiliser le DesignCenter pour copier les styles du tableau à partir d'autres dessins.

Pour définir ou modifier un style de tableau, la procédure est la suivante :

1. Cliquer sur la flèche **Style de tableau** (Table style) située en bas à droite du groupe de fonctions **Tableaux** (Table).
2. Dans la boîte de dialogue **Style de tableau** (Table style), cliquer sur le bouton **Nouveau** (New).
3. Dans la boîte de dialogue **Créer un nouveau style de tableau** (Create New Table Style), entrer un nom, sélectionner un style dans **Commencer par** (Start with), afin de fournir les paramètres par défaut du nouveau style de tableau, puis cliquer sur **Continuer** (Continue).
4. Dans la boîte de dialogue **Nouveau style de tableau** (New table style), indiquer la direction du tableau (fig.12.20) : En bas (Down) ou En haut (Up). Si l'on sélectionne En haut, le tableau doit être lu du bas vers le haut; la rangée de titres et les en-têtes de colonnes figurent au bas du tableau.
5. Pour définir l'apparence des cellules de données, des cellules d'en-têtes de colonnes ou de la cellule de titre, effectuer le choix dans la liste **Styles de cellule**.

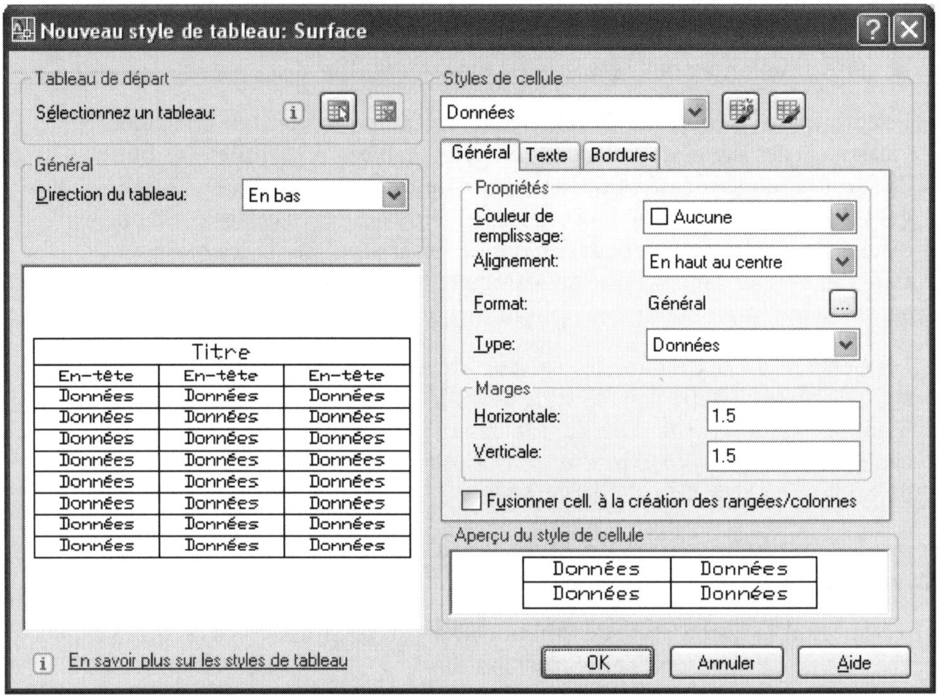

Fig.12.20

6 Sur l'onglet **Général**, sélectionner ou désélectionner les options suivantes pour le style de cellule courant :

- **Couleur de remplissage** (Fill color) : permet de spécifier la couleur de remplissage. Sélectionner **Aucun** (None) ou une couleur d'arrière-plan ou cliquer sur l'option Sélect. couleur pour afficher la boîte de dialogue **Sélectionner la couleur** (Select color).
- **Alignement** (Alignment) : permet de spécifier l'alignement du contenu des cellules. Centre fait référence à un alignement horizontal tandis que Milieu fait référence à un alignement vertical.
- **Format** : permet de définir le type et la mise en forme des données pour les rangées d'un tableau. Cliquer sur le bouton [...] pour afficher la boîte de dialogue Format des cellules du tableau dans laquelle vous pouvez poursuivre la définition des options de formatage.
- **Type** : permet de spécifier le style de cellule (étiquette ou données) qui est utilisé lors de l'insertion du texte par défaut dans un style de tableau contenant un tableau de départ. Egalement utilisé lors de la création d'un outil de tableau dans la palette d'outils.

- **Marges - Horizontales** (Horizontal Margins) : définit la distance séparant le texte ou le bloc de la cellule et les bordures gauche et droite de la cellule.
- **Marges - Verticales** (Vertical Margins) : définit la distance séparant le texte ou le bloc de la cellule et les bordures supérieure et inférieure de la cellule.
- **Fusionner cell. à la création des rangées/colonnes** (Merge cells on row/column creation) : permet de fusionner la nouvelle colonne ou cellule créée avec le style de cellule courant dans une cellule.

7 Sur l'onglet **Texte**, sélectionner ou désélectionner les options suivantes pour le style de cellule courant (fig.12.21) :

- **Style de texte** (Text style) : permet d'indiquer le style du texte. Sélectionner un style de texte ou cliquer sur le bouton [...] pour ouvrir la boîte de dialogue Style de texte (Text Style) et en créer un.
- **Hauteur de texte** (Text height) : permet d'indiquer la hauteur du texte. Entrer la hauteur du texte. Cette option n'est disponible que si la hauteur du style de texte sélectionné est égale à 0 (le style de texte par défaut STANDARD possède une hauteur de texte égale à 0). Si le style de texte sélectionné possède une hauteur de texte fixe, cette option n'est pas disponible.
- **Couleur de texte** (Text color) : permet d'indiquer la couleur du texte. Sélectionner une couleur ou cliquer sur **Sélectionner une couleur** (Select color) pour afficher la boîte de dialogue correspondante.
- **Angle du texte** (Text angle) : Définit l'angle du texte. L'angle de texte par défaut est 0 degré. Vous pouvez entrer un angle compris entre -359 et +359 degrés.

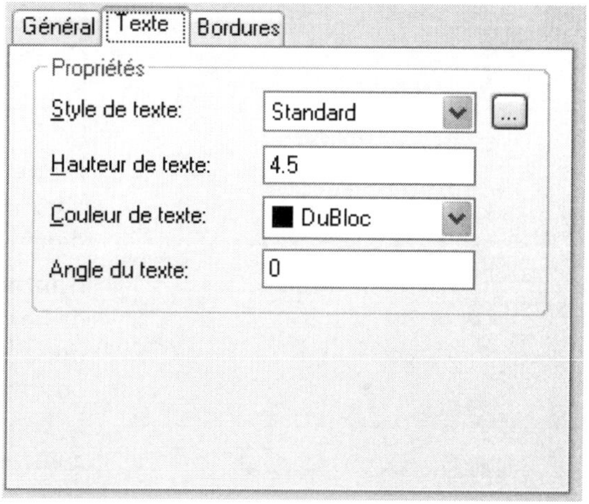

Fig.12.21

[8] Utiliser l'onglet **Bordures** (Borders) pour déterminer l'apparence des lignes de la grille du tableau pour le style de cellule courant. Définir les options suivantes (fig.12.22) :

- **Epaisseur de ligne** (Lineweight) : permet de définir l'épaisseur de ligne à utiliser pour les bordures affichées. Si vous utilisez une épaisseur de ligne importante, il se peut que vous ayez à modifier les marges de cellule afin de pouvoir afficher le texte.
- **Type de ligne** (Linetype) : permet de définir le type de ligne à appliquer aux bordures que vous spécifiez en cliquant sur le bouton de bordure correspondant. Les types de ligne standard, DuBloc, DuCalque et Continu sont affichés, mais vous pouvez choisir Autres pour charger un type de ligne personnalisé.
- **Couleur** (Color) : permet de spécifier la couleur à utiliser pour les bordures affichées. Cliquez sur **Sélectionner une couleur** pour afficher la boîte de dialogue **Sélectionner une couleur**.
- **Ligne double** (Double line) : permet de spécifier que la ligne des bordures sélectionnées sera double. Changez l'espacement entre les lignes en entrant une valeur dans la zone **Espacement**.
- **Boutons d'affichage des bordures** : permet d'appliquer les options de bordure sélectionnées. Cliquez sur un bouton pour appliquer les options de bordure sélectionnées aux bordures de la cellule, soit les bordures extérieures, les bordures intérieures, la bordure du bas, la bordure de gauche, la bordure du haut, la bordure de droite, ou à aucune bordure. L'aperçu dans la boîte de dialogue est mis à jour vous permettant de voir le résultat obtenu.

[9] Cliquer sur **OK**.

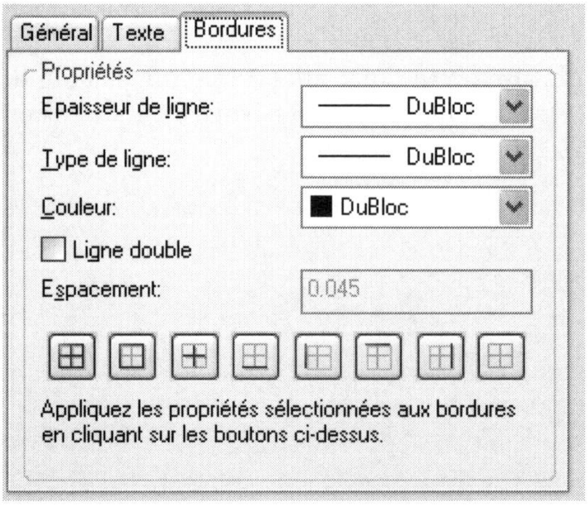

Fig.12.22

Pour appliquer un nouveau style à un tableau, la procédure est la suivante :

1. Cliquer sur une ligne de grille pour sélectionner le tableau.
2. Sélectionner le nouveau style dans la liste **Style de tableau** (Table Style) du groupe de fonctions **Tableaux** (Tables) (fig 12.23)

   Le nouveau style est appliqué au tableau. Si le style de tableau précédent possédait une rangée de titres et que le nouveau n'en possède pas, le texte du titre est placé dans la première cellule du tableau et les autres cellules de la première rangée ne sont pas utilisées.
3. Appuyer deux fois sur Echap pour annuler la sélection.

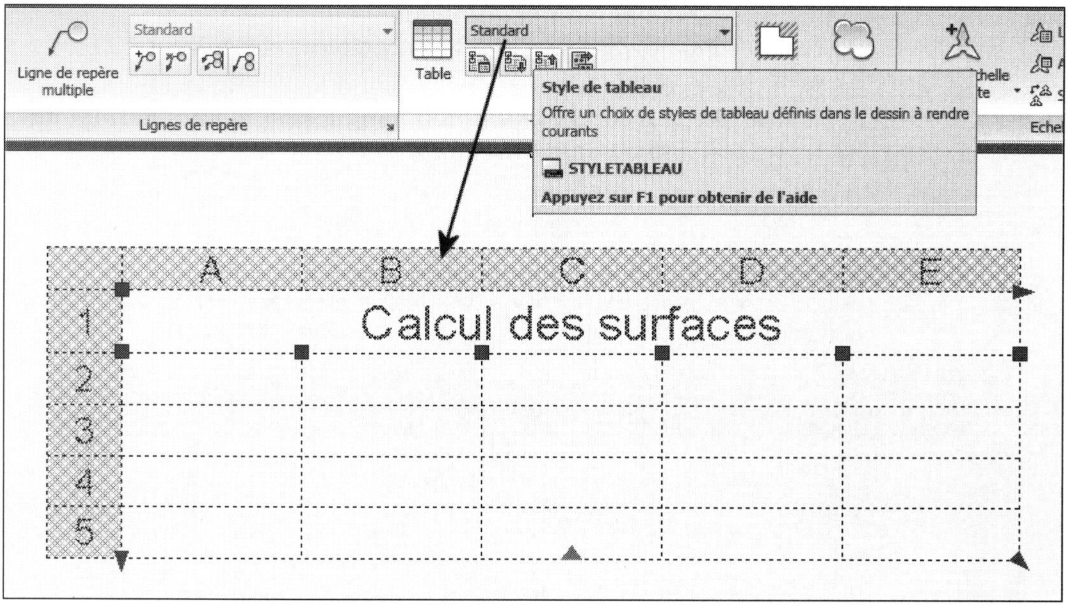

Fig.12.23

La définition du contenu d'un tableau

Les données contenues dans une cellule d'un tableau peuvent se composer de texte ou d'un bloc.

Lors de la création du tableau, la première cellule est mise en surbrillance, la barre d'outils **Format du texte** (Text format) s'affiche et l'on peut commencer à entrer du texte. La hauteur de rangée de la cellule augmente en conséquence. Pour passer à la cellule suivante, il faut appuyer sur Tab ou utiliser les touches fléchées pour se déplacer vers la gauche, la droite, le haut et le bas.

Lorsque l'on insère un bloc dans une cellule d'un tableau, soit le bloc peut s'adapter automatiquement à la taille de la cellule, soit la cellule peut être modifiée pour s'adapter à la taille du bloc.

Pour entrer du texte dans un tableau, la procédure est la suivante :

[1] Faire un double clic dans une cellule du tableau et commencer à entrer du texte (fig.12.24).

L'onglet **Editeur de texte** (Text Editor) et la barre d'outils **Format du texte** (Text formatting) s'affichent.

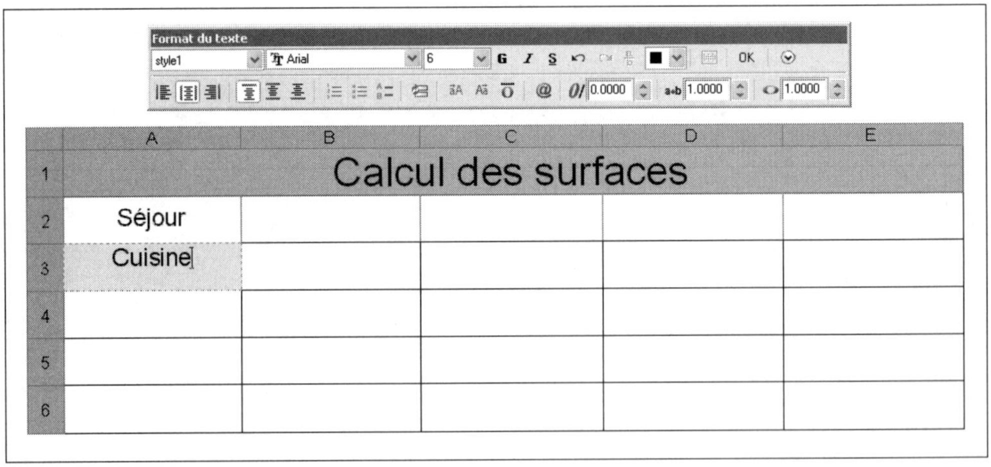

Fig.12.24

[2] Utiliser les touches fléchées pour déplacer le curseur dans le texte d'une cellule.

[3] Pour créer un saut de ligne à l'intérieur d'une cellule, appuyer sur les touches Alt + Entrée.

[4] Pour remplacer le style de texte spécifié dans le style de tableau, cliquer sur la flèche située en regard de **Contrôle de style de texte** (Style) dans la barre d'outils, puis sélectionner un nouveau style.

Le style sélectionné est appliqué au texte de la cellule et à tout nouveau texte qui y est saisi.

[5] Pour ignorer la mise en forme dans le style de texte courant, commencer par sélectionner le texte comme suit :

- Pour sélectionner un ou plusieurs caractères, cliquer avec le périphérique de pointage et glisser le curseur sur les caractères.
- Pour sélectionner un mot, cliquer deux fois dessus.
- Pour sélectionner tout le texte d'une cellule, cliquer trois fois dessus. On peut également cliquer sur le bouton droit de la souris, puis cliquer sur **Tout sélectionner** (Select All).

[6] Dans la barre d'outils, il faut procéder comme suit pour modifier le format :

- Pour appliquer une police différente au texte sélectionné : choisir la police dans la liste.
- Pour modifier la hauteur du texte sélectionné : entrer une valeur dans le champ **Hauteur** (Text height).
- Pour mettre le texte d'une police TrueType en gras ou en italique, ou pour créer du texte souligné dans n'importe quelle police : cliquer sur le bouton approprié de la barre d'outils.
- Pour appliquer une couleur au texte sélectionné : choisir la couleur dans la liste des couleurs.

[7] Utiliser les touches du clavier pour se déplacer d'une cellule à une autre :

- Appuyer sur Tab pour passer à la cellule suivante. Dans la dernière cellule du tableau, appuyer sur la touche Tab pour ajouter une rangée.
- Appuyer sur les touches Maj + Tab pour passer à la cellule précédente.

- Lorsque le curseur est placé en début ou en fin de cellule, utiliser les touches fléchées pour le déplacer vers des cellules adjacentes.
- Lorsque du texte apparaît en surbrillance dans une cellule, appuyer sur une touche fléchée pour supprimer la sélection et déplacer le curseur au début ou à la fin de la cellule.
- Appuyer sur la touche Entrée pour se déplacer d'une cellule vers le bas.

[8] Pour enregistrer les modifications et quitter, cliquer sur le bouton OK dans la barre d'outils ou appuyer sur Ctrl + Entrée.

Pour définir ou modifier les formats de données, la procédure est la suivante :

[1] Dans un tableau, cliquer sur les cellules dont vous voulez redéfinir les données et la mise en forme.

[2] Dans le groupe de fonctions **Format des cellules** (Cell Format), cliquer sur **Format de données** (Data Format).

[3] Choisir un type de données et d'autres options à appliquer aux cellules de tableau sélectionnées : angle, devise, date...

[4] Saisir des données dans les cellules de tableau sélectionnées. Le type de données et le format que vous choisissez déterminent le mode d'affichage des données.

[5] Cliquer sur **OK**.

Pour modifier les propriétés des cellules d'un tableau, la procédure est la suivante :

[1] Cliquer dans la cellule que vous souhaitez modifier.

Maintenir la touche Maj enfoncée et cliquer sur une autre cellule pour sélectionner ces deux cellules ainsi que celles qui les séparent.

[2] Utiliser l'une des méthodes suivantes :

- Pour modifier une ou plusieurs propriétés de la palette **Propriétés**, cliquer sur la valeur à changer, par exemple la couleur d'arrière-plan, puis entrer ou sélectionner une autre valeur.

- Pour restaurer les propriétés par défaut, cliquer avec le bouton droit de la souris. Cliquer sur Supprimer tous les remplacements de propriétés.

Pour copier les propriétés d'une cellule dans d'autres cellules, la procédure est la suivante :

1. Cliquer dans la cellule dont vous souhaitez copier les propriétés.
2. Dans le groupe de fonctions **Style de cellule** (Cell Styles), cliquer sur **Adapter à la cellule** (Match cell). Le curseur prend l'apparence d'un pinceau.
3. Pour copier les propriétés dans une autre cellule du tableau dans le dessin, cliquer dans la cellule.
4. Cliquer avec le bouton droit de la souris ou appuyer sur Echap pour arrêter la copie des propriétés.

Pour modifier l'épaisseur de ligne, le type de ligne ou la couleur des bordures des cellules d'un tableau, la procédure est la suivante :

1. Cliquer dans la cellule que vous souhaitez modifier. Maintenir la touche Maj enfoncée et cliquer sur une autre cellule pour sélectionner ces deux cellules ainsi que celles qui les séparent.
2. Dans le groupe de fonctions **Style de cellule** (Cell Styles), cliquer sur **Modifier les Bordures** (Edit Borders).
3. Dans la boîte de dialogue **Propriétés de la bordure des cellules** (Cell Border Properties), sélectionner une épaisseur de ligne, un type de ligne et une couleur. Pour spécifier une bordure à ligne double, sélectionner Double-ligne. Utiliser la commande **DUBLOC** pour définir les propriétés de bordure, afin qu'elles correspondent aux paramètres de style appliqué au tableau (fig.12.25).
4. Cliquer sur l'un des boutons de type de bordure pour spécifier les bordures de cellule à modifier ou sélectionner une bordure dans l'aperçu.
5. Cliquer sur **OK**.

[6] Déplacer le curseur à l'extérieur de la palette Propriétés, puis appuyer sur Echap pour annuler la sélection ou sélectionner une autre cellule.

Pour modifier le texte d'une cellule d'un tableau, la procédure est la suivante :

[1] Cliquer deux fois à l'intérieur de la cellule dont vous voulez modifier le texte ou sélectionner la cellule, cliquer avec le bouton droit de la souris et choisir **Editer un texte** (Edit Text). Lorsqu'une cellule est sélectionnée, vous pouvez appuyer sur F2 pour modifier le texte qu'elle contient.

[2] Utiliser la barre d'outils **Format du texte** (Edit Text) ou le menu contextuel pour apporter des modifications.

[3] Pour enregistrer les modifications et quitter, cliquer sur le bouton **OK** dans la barre d'outils.

[4] Pour annuler une sélection dans le tableau, appuyer sur Echap.

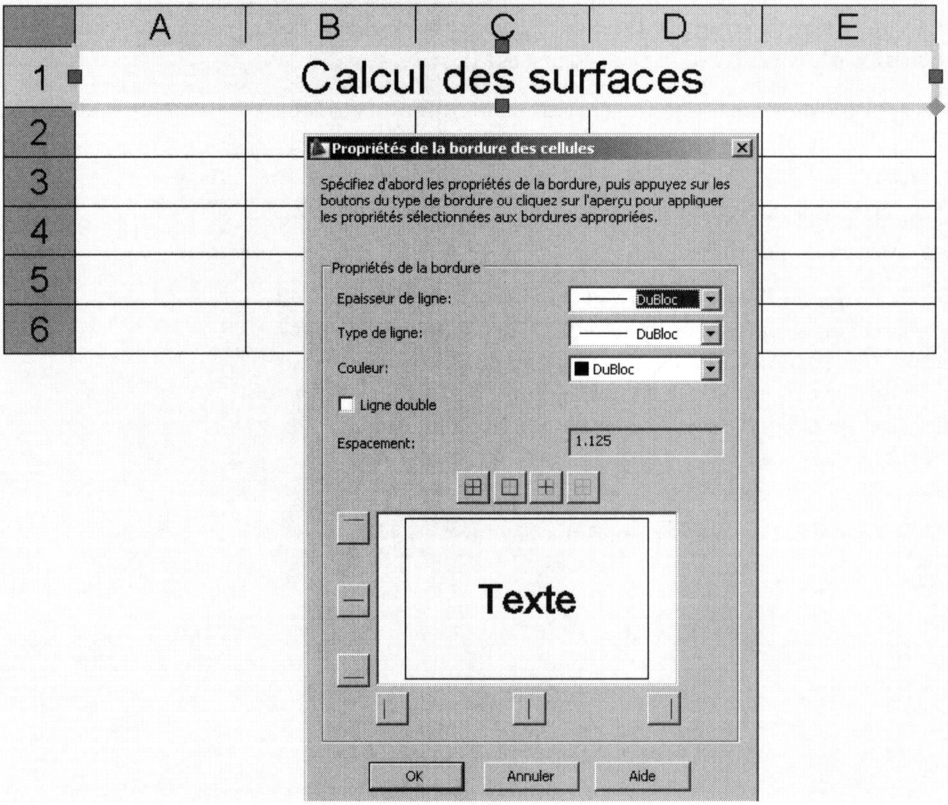

Fig.12.25

Pour insérer un bloc dans une cellule d'un tableau, la procédure est la suivante :

1 Cliquer à l'intérieur de la cellule pour la sélectionner et cliquer sur le bouton droit de la souris. Cliquer sur **Insérer** (Insert) puis sur **Bloc** (Block) (fig.12.26).

2 Dans la boîte de dialogue **Insérer** (Insert) sélectionner un bloc dans la liste des blocs du dessin ou cliquer sur **Parcourir** (Browse) pour rechercher un bloc dans un autre dessin.

3 Spécifier les propriétés suivantes du bloc :

- **Alignement global des cellules** (Cell alignment) : spécifie l'alignement du bloc dans la cellule du tableau. Le bloc est aligné au centre, en haut ou en bas, en fonction des bordures supérieure et inférieure de la cellule. Le bloc est aligné au centre, à gauche ou à droite en fonction des bordures gauche et droite de la cellule.

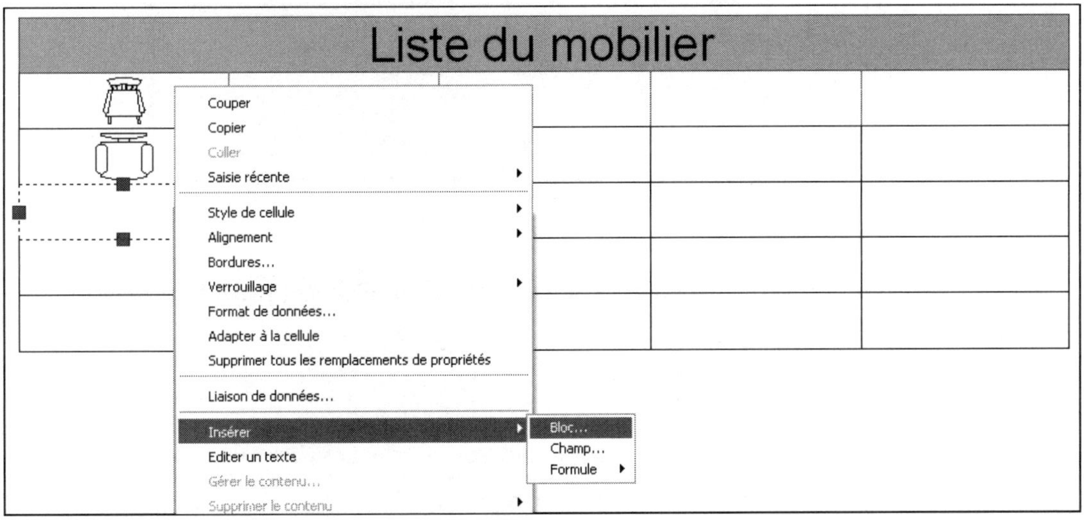

Fig.12.26

- **Echelle** (Scale) : spécifie l'échelle de la référence du bloc. Entrer une valeur ou sélectionner **Ajustement automatique** (AutoFit) pour adapter le bloc à la taille de la cellule sélectionnée.
- **Angle de rotation** (Rotation angle) : spécifie l'angle de rotation du bloc.

4 Cliquer sur OK (fig.12.27).

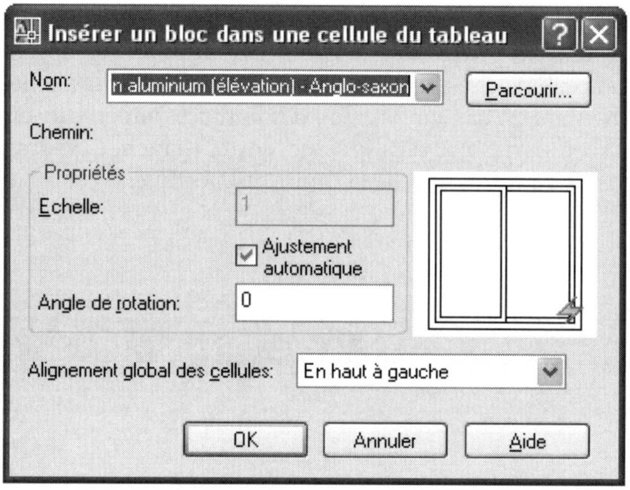

Fig.12.27

Pour insérer un champ dans une cellule d'un tableau, la procédure est la suivante :

1 Cliquer dans la cellule.

2 Cliquer sur le bouton droit de la souris et sélectionner **Insérer** (Insert) puis **Champ** (Field) ou appuyer sur les touches Ctrl + F.

3 Dans la boîte de dialogue **Champ** (Field), sélectionner une catégorie dans la liste des catégories de champs afin d'afficher les noms de champs de cette catégorie (fig.12.28). Exemple : Objets.

4 Sélectionner un champ. Exemple : Objet.

5 Dans **Type d'objet** (Object type), cliquer sur le bouton pour sélectionner un objet dans le dessin. Par exemple la polyligne.

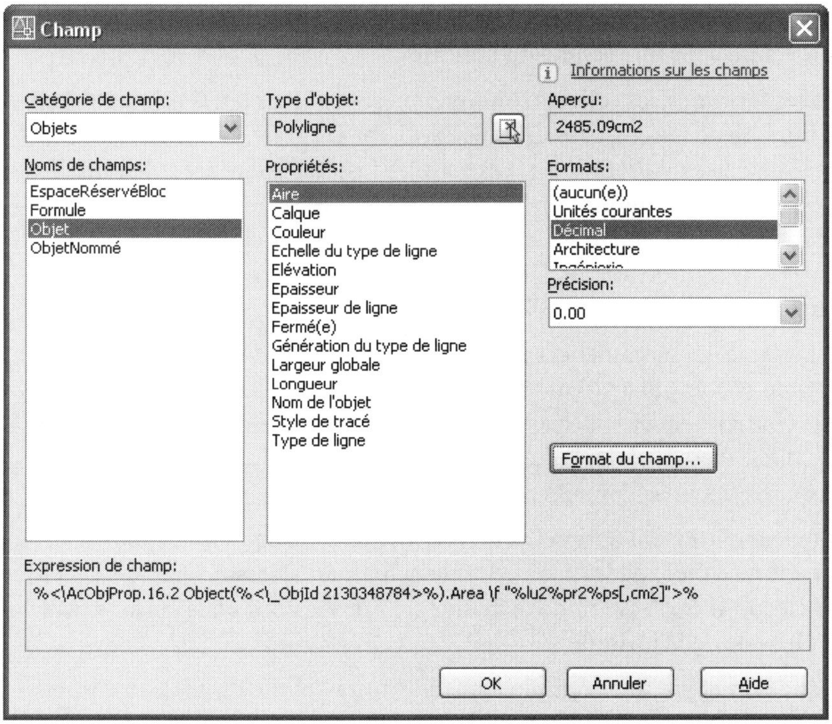

Fig.12.28

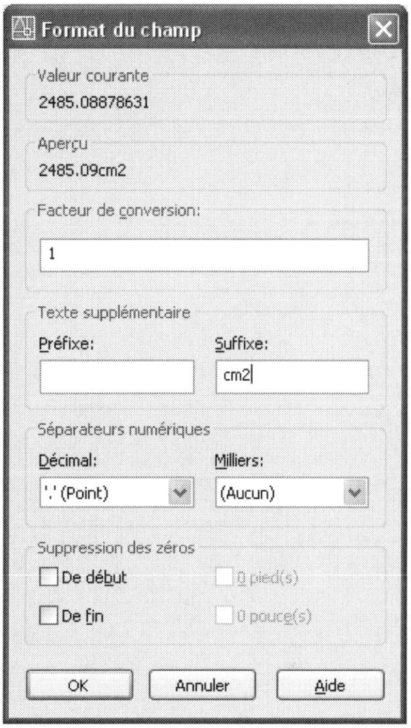

Fig.12.29

6 Sélectionner le format ou d'autres options disponibles pour ce champ (fig.12.29).

7 Cliquer sur OK (fig.12.30).

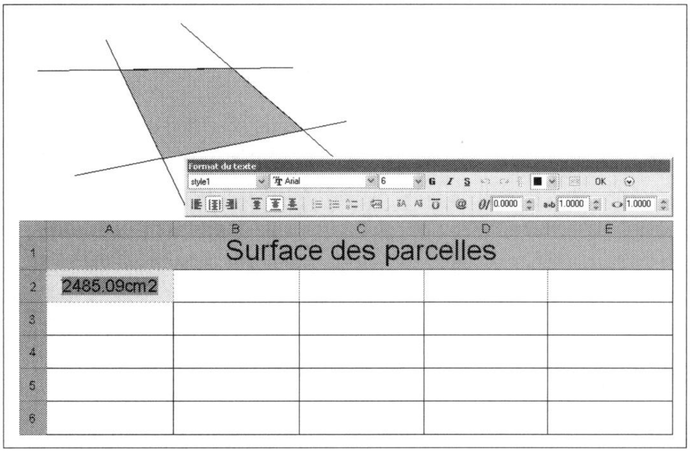

Fig.12.30

L'utilisation de formules dans les tableaux

Les cellules d'un tableau peuvent contenir des formules de calcul basées sur la valeur des autres cellules du tableau. Lorsqu'une cellule de tableau est sélectionnée, on peut insérer des formules à partir du menu contextuel. On peut également ouvrir l'éditeur de texte intégré et saisir manuellement une formule dans une cellule du tableau.

Dans les formules, les cellules sont référencées par leur lettre de colonne et leur numéro de rangée, comme dans Excel. Par exemple, la cellule située en haut à gauche est la cellule A1. Les cellules fusionnées utilisent le numéro correspondant à la cellule située en haut à gauche. Un intervalle de cellules est défini par sa première et sa dernière cellule, séparées par deux points. Par exemple, l'intervalle A5:C10 comprend les cellules des rangées 5 à 10 incluses dans les colonnes A, B et C.

Une formule doit commencer par le signe égal (=). Les formules de somme, moyenne et compte ne tiennent pas compte des cellules vides ni de celles qui ne contiennent pas une valeur numérique. Les autres formules affichent un symbole d'erreur (#) si l'une des cellules de l'expression arithmétique est vide ou contient des données non numériques.

Il convient d'utiliser l'option **Cellule** (Cell) du menu contextuel pour sélectionner une cellule dans un autre tableau du même dessin. Une fois la cellule sélectionnée, l'éditeur de texte intégré s'ouvre pour vous permettre de saisir le reste de la formule.

Lorsque l'on copie une formule dans une autre cellule du tableau, l'intervalle change pour refléter le nouvel emplacement. Par exemple, si la formule de la cellule A10 représente la somme des cellules A1 à A9 et qu'on la copie en B10, l'intervalle des cellules change pour indiquer qu'il représente la somme des cellules B1 à B9.

Si l'on ne veut pas qu'une référence de cellule change lorsque l'on copie et colle la formule, il faut ajouter le symbole $ à la colonne ou à la rangée appartenant à la référence de la cellule. Par exemple, si l'on entre $A10, la colonne reste identique et la rangée change. Si l'on entre A10, la colonne et la rangée restent identiques. Le principe est donc identique au fonctionnement d'Excel.

Pour calculer par exemple la somme des valeurs comprises dans un intervalle de cellules du tableau, la procédure est la suivante :

1 Sélectionner la cellule dans laquelle on souhaite placer la formule en cliquant à l'intérieur.

2 Cliquer sur le bouton droit de la souris et cliquer sur **Insérer** (Insert) puis sur **Formule** (Formula) et sélectionner **Somme** (Sum) (fig.12.31).

3 Après le message « Sélectionner le premier angle de l'intervalle de cellules du tableau » (Select first corner of table cell range), cliquer dans la première cellule de l'intervalle.

	A	B	C	D	E
1	Surface des surfaces				
2	Longueur	Largeur	Surface		
3	4.55	3.75	17.062500		
4	6	5.2	31.2000		
5					
6			=Sum(C3:C4)		

Fig.12.31

4 Après le message « Sélectionner le second angle de l'intervalle de cellules du tableau » (Select second corner of table cell range), cliquer dans la dernière cellule de l'intervalle. L'éditeur de texte intégré s'ouvre et affiche la formule dans la cellule.

5 Modifier la formule si nécessaire.

6 Pour enregistrer les modifications et quitter l'éditeur, utiliser l'une des méthodes suivantes :

- Cliquer sur OK dans la barre d'outils.
- Cliquer sur le dessin à l'extérieur de l'éditeur.
- Appuyer sur les touches Ctrl + Entrée.

La cellule affiche la somme des valeurs comprises dans l'intervalle de cellules. Les cellules vides et celles qui ne contiennent pas une valeur numérique sont ignorées.

Pour saisir manuellement une formule dans une cellule du tableau, la procédure est la suivante :

1. Cliquer deux fois dans une cellule de tableau. L'éditeur de texte intégré s'ouvre.
2. Entrer une formule (une fonction ou une expression arithmétique), comme dans les exemples suivants :
   - *=somme(a1:a25,b1)* Calcule la somme des valeurs comprises dans les 25 premières rangées de la colonne A et dans la première rangée de la colonne B.
   - *=moyenne(a100:d100)* Calcule la moyenne des valeurs des 4 premières colonnes de la rangée 100.
   - *=compte(a1:m500)* Affiche le nombre total de cellules des colonnes A à M dans les rangées 1 à 500.
   - *=(a6+d6)/e1*. Ajoute les valeurs des cellules A6 et D6 et divise le total par la valeur de la cellule E1.
3. Utiliser deux points pour définir un intervalle de cellules et une virgule pour les cellules individuelles. Une formule commence toujours par le signe égal (=) et peut contenir l'un des signes suivants : plus (+), moins (-), multiplication (*), division (/), exposant (^) et parenthèses ().
4. Enregistrer vos modifications en cliquant sur OK dans la barre d'outils. La cellule affiche le résultat du calcul.

Pour désactiver l'affichage des lettres de colonnes et des numéros de rangées dans les tableaux, la procédure est la suivante :

1. Sur la ligne de commande, entrer **TABLEINDICATOR**.
2. A l'invite Entrer une nouvelle valeur, entrer 0.

Lorsque la commande **TABLEINDICATOR** est définie sur 1, l'éditeur de texte intégré affiche les lettres de colonnes et les numéros de rangées lorsqu'une cellule de tableau est sélectionnée (fig.12.32).

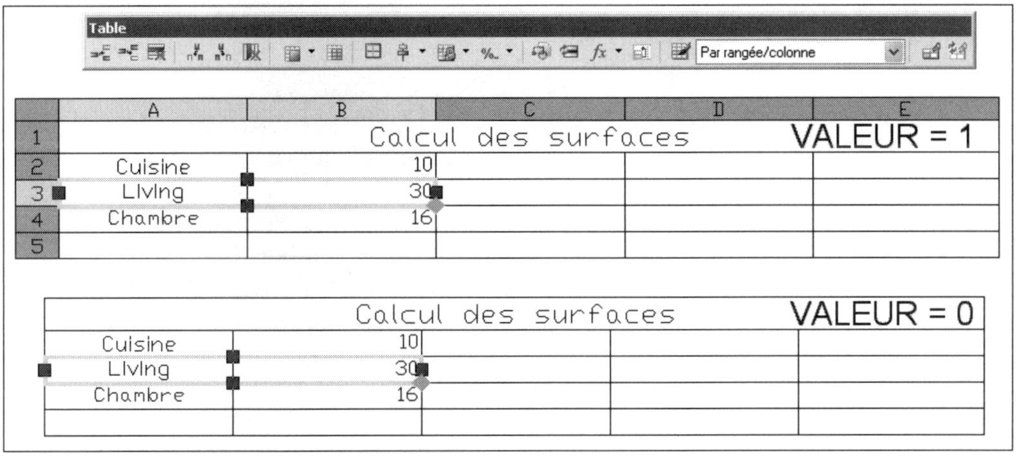

Fig.12.32

Pour changer la couleur d'arrière-plan des lettres de colonnes et des numéros de rangées des tableaux, la procédure est la suivante :

1 Cliquer sur une ligne de grille pour sélectionner un tableau.

2 Cliquer sur le bouton droit de la souris. Cliquer sur Couleur de l'indicateur du tableau.

3 Dans la boîte de dialogue **Sélectionner une couleur** (Select color), sélectionner une couleur.

4 Cliquer sur OK. La couleur, la taille et le style du texte ainsi que la couleur de la ligne sont contrôlés par les paramètres des en-têtes de colonne dans le style du tableau courant.

Pour insérer un champ Formule dans une cellule du tableau, la procédure est la suivante :

1 Cliquer dans la cellule de tableau.

2 Dans la barre d'outils **Table**, cliquer sur **Insérer un champ** (Insert Field).

3 Dans la boîte de dialogue **Champ** (Field), dans la liste **Catégorie de champ** (Field Category), sélectionner **Objets** (Objects).

4 Dans **Noms de champs** (Field names), sélectionner **Formule** (Formula)

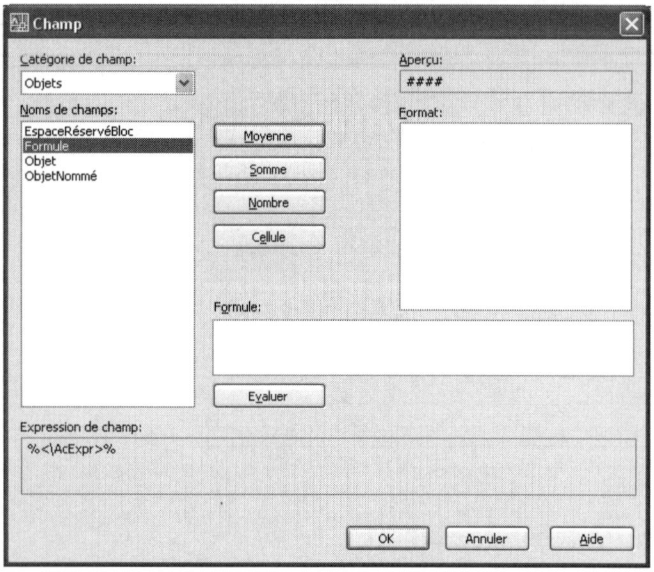

Fig.12.33

[5] Pour saisir une formule, utiliser une ou plusieurs fois l'une des méthodes suivantes (fig.12.33) :

- Cliquer sur **Moyenne** (Average), **Somme** (Sum) ou **Compte** (Count). La boîte de dialogue **Champ** (Field) se ferme temporairement. Pour définir un intervalle, cliquer à l'intérieur de la première et de la dernière cellule. Le résultat est ajouté à la formule.
- Cliquer sur **Cellule** (Cell). La boîte de dialogue **Champ** (Field) se ferme temporairement. Sélectionner une cellule dans un tableau du dessin. La référence de la cellule est ajoutée à la formule.

[6] Cliquer sur OK.

[7] Enregistrer vos modifications en cliquant sur OK dans la barre d'outils. La cellule affiche le résultat du calcul.

Pour remplir automatiquement des cellules avec des données incrémentées, la procédure est la suivante :

[1] Cliquer deux fois dans une cellule de tableau.

[2] Entrer une valeur numérique, par exemple, 1 ou 01/01/2007.

[3] Appuyer sur la flèche vers le bas et entrer éventuellement la valeur numérique suivante. Par exemple : 3.

[4] Dans la barre d'outils Format du texte, cliquer sur OK.

[5] Sélectionner la ou les cellules dont vous voulez incrémenter les données.

[6] Cliquer sur la poignée dans le coin inférieur droit des cellules sélectionnées. Pour modifier les options de remplissage automatique, cliquer avec le bouton droit de la souris sur la poignée de remplissage

automatique en bas à droite de la ligne de cellules sélectionnée, puis choisir l'une des options suivantes (fig.12.34) :

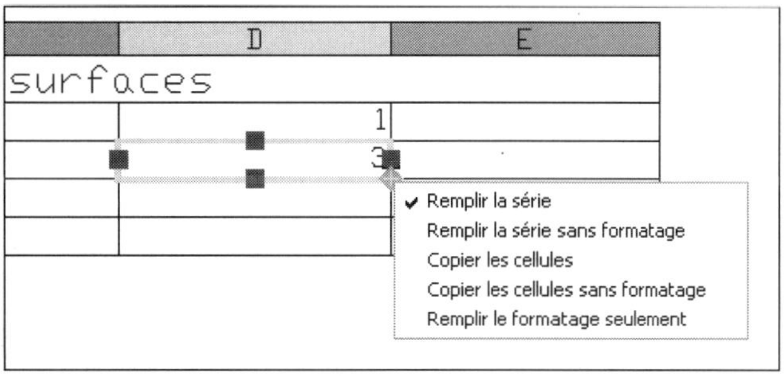

Fig.12.34

- **Remplir la série** (Fill Series) : Recherche un motif dans la ligne de cellules sélectionnée et remplit les cellules sélectionnées avec le format et la valeur de la cellule suivante. Si seulement une cellule est sélectionnée pour incrémenter les données à partir de celle-ci, les données s'incrémenteront de 1 unité.
- **Remplir la série sans formatage** (Fill Series Without Formatting) : a le même comportement que l'option ci-dessus sans formatage.
- **Copier les cellules** (Copy Cells) : copie le format et les valeurs des cellules sélectionnées.
- **Copier les cellules sans formatage** (Copy Cells Without Formatting) : a le même comportement que l'option ci-dessus sans formatage.
- **Remplir le formatage seulement** (Fill Formatting Only) : ne remplit les cellules sélectionnées qu'avec le formatage de la cellule. Les valeurs de cellule sont ignorées.

7 Faire glisser la poignée sur les cellules que vous voulez incrémenter automatiquement. Un aperçu de la valeur de chaque cellule s'affiche à droite de la poignée sélectionnée (fig.12.35).

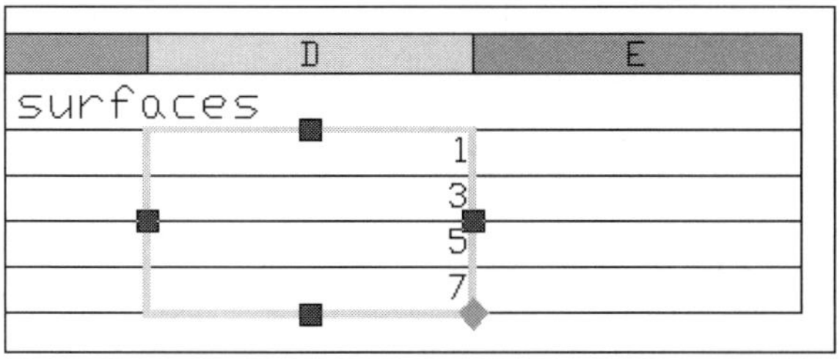

Fig.12.35

Les liaisons de données dans les tableaux

Un tableau peut être lié aux données d'un fichier Microsoft Excel (.xls, .xlsx ou .csv). Il peut être lié à une feuille de calcul Excel entière ou à une rangée, une colonne, une cellule ou à une plage de cellules.

REMARQUE

Microsoft Excel doit être installé pour utiliser les liaisons de données Microsoft Excel. Pour établir une liaison à un type de fichier .XLSX, Microsoft Excel 2007 ou supérieur doit être installé.

Vous pouvez exporter des données Microsoft Excel dans un tableau de trois façons :

- En tant que formules avec des formats de données pris en charge attachés.
- En tant que données calculées à partir de formules calculées dans Excel (avec des formats de données pris en charge non attachés).
- En tant que données calculées à partir de formules calculées dans Excel (avec des formats de données pris en charge attachés).

Un tableau contenant des liaisons de données affiche des indicateurs autour des cellules liées. Si vous placez le curseur de la souris sur la liaison de données, des informations concernant celle-ci s'affichent.

Si une feuille de calcul liée a été modifiée, par exemple, si une rangée ou une colonne y a été ajoutée, le tableau dans le dessin peut être mis à jour en conséquence à l'aide de la commande **MAJLIAISONDONNEES**. De même, si une modification a été apportée à un tableau du dessin, vous pouvez mettre à jour la feuille de calcul liée à l'aide de la même commande.

Par défaut, les liaisons de données sont verrouillées pour éviter que des modifications malencontreuses soient apportées à la feuille de calcul. Vous pouvez verrouiller des cellules pour empêcher la modification des données ou du format, ou des deux. Pour déverrouiller une liaison de données, cliquez sur **Verrouillage** dans la barre d'outils **Tableau**.

Pour créer une liaison vers un tableau dans une feuille de calcul externe, la procédure est la suivante :

1 Sélectionner le groupe de fonctions **Tableaux** (Table) et cliquer sur **Liaisons de données** (Data Links) (fig.12.36).

2 Dans l'arborescence du gestionnaire de liaisons de données, cliquer sur **Créer une liaison de données Excel** (Create a new Excel Data Link).

3 Dans la boîte de dialogue **Entrer un nom de liaison de données** (Enter Data Link Name), entrer le nom de la liaison de données. Par exemple : Salle de bain. Cliquer sur **OK**.

4 Cliquer sur le bouton [...] pour rechercher le fichier .XLS ou .CSV avec lequel établir la liaison. En particulier, pour établir une liaison à un type de fichier .XLSX, Microsoft Excel 2007 doit être installé.

5 Dans la boîte de dialogue **Nouvelle liaison de données Excel** (New Excel Data Link), sélectionner une option de liaison (une feuille entière, une plage ou une plage de cellules nommée Excel). Cliquer sur OK (fig.12.37).

6 Sélectionner la nouvelle liaison de données dans l'arborescence du gestionnaire de liaisons de données. Cliquer sur **OK**.

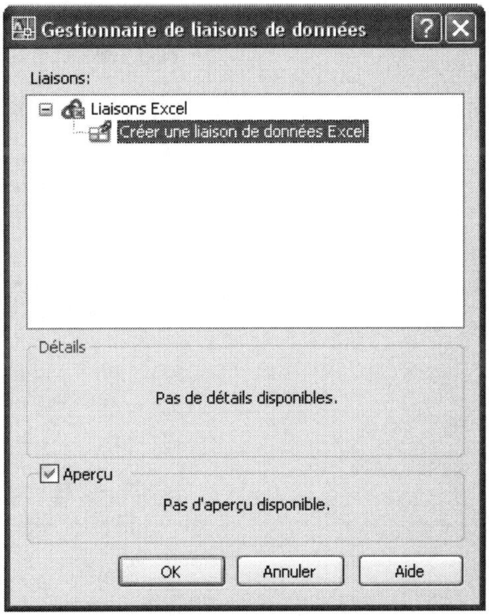

Fig.12.36

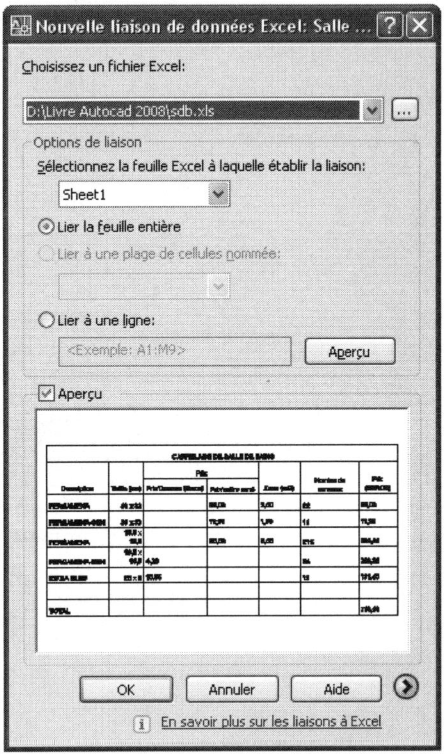

Fig.12.37

Pour supprimer une liaison vers une feuille de calcul externe, la procédure est la suivante :

1. Cliquer à l'intérieur d'une cellule du tableau lié pour la sélectionner.
2. Cliquer avec le bouton droit de la souris et choisir **Liaisons de données** (Data Link) puis **Détacher la liaison de données** (Delete Data Link).

Pour configurer une plage de cellules nommée dans Microsoft Excel, la procédure est la suivante :

1. Dans Microsoft Excel, ouvrir la feuille de calcul ou le classeur auquel vous souhaitez accéder.
2. Sélectionner la plage de cellules qui constituera la plage liée.
3. Dans la zone Nom, entrer le nom de la plage de cellules, puis appuyer sur Entrée.
4. Répéter les étapes 2 et 3 si vous souhaitez spécifier d'autres plages liées.
5. Dans le menu **Fichier** (Microsoft Excel), choisir **Enregistrer**.

Pour lier un tableau à une plage de cellules nommée dans Microsoft Excel, la procédure est la suivante :

1. Dans le tableau, sélectionner les cellules à lier.
2. Dans le groupe de fonctions **Données** (Data), cliquer sur **Lier la cellule** (Link Cell).
3. Dans l'arborescence du gestionnaire de liaisons de données, sélectionner **Créer une liaison de données Excel** (Create a new Data Link).
4. Dans la boîte de dialogue **Entrer un nom de liaison de données** (Enter Data Link Name), entrer le nom de la liaison de données. Cliquer sur **OK**.
5. Cliquer sur le bouton [...] pour rechercher le fichier .xls ou .csv à lier.
6. Dans la boîte de dialogue **Nouvelle liaison de données Excel** (New Excel Data Link), choisir **Lier à une plage de cellules nommée** (Link to a named range) et sélectionner la plage. Cliquer sur **OK**.
7. Sélectionner la nouvelle liaison de données dans l'arborescence du gestionnaire de liaisons de données. Cliquer sur **OK**.

Pour lier un tableau à des cellules dans Microsoft Excel, la procédure est la suivante :

[1] Dans le tableau, sélectionner les cellules à lier.

[2] Dans le groupe de fonctions **Données** (Data), cliquer sur **Lier la cellule** (Link Cell).

[3] Dans l'arborescence du gestionnaire de liaisons de données, sélectionner **Cliquer ici pour créer une liaison de données Excel** (Create a new Excel Data Link).

[4] Dans la boîte de dialogue **Entrer un nom de liaison de données** (Enter Data Link Name), entrer le nom de la liaison de données. Cliquer sur **OK**.

[5] Cliquer sur le bouton [...] pour rechercher le fichier .xls ou .csv vers lequel établir la liaison.

[6] Dans la boîte de dialogue **Nouvelle liaison de données Excel** (New Excel Data Link), choisir **Lier à une plage** (Link to Range). Entrer une plage correcte de la feuille de calcul Excel (par exemple, A1 :D17). Cliquer sur **OK**.

[7] Sélectionner la nouvelle liaison de données dans l'arborescence du gestionnaire de liaisons de données. Cliquer sur **OK**.

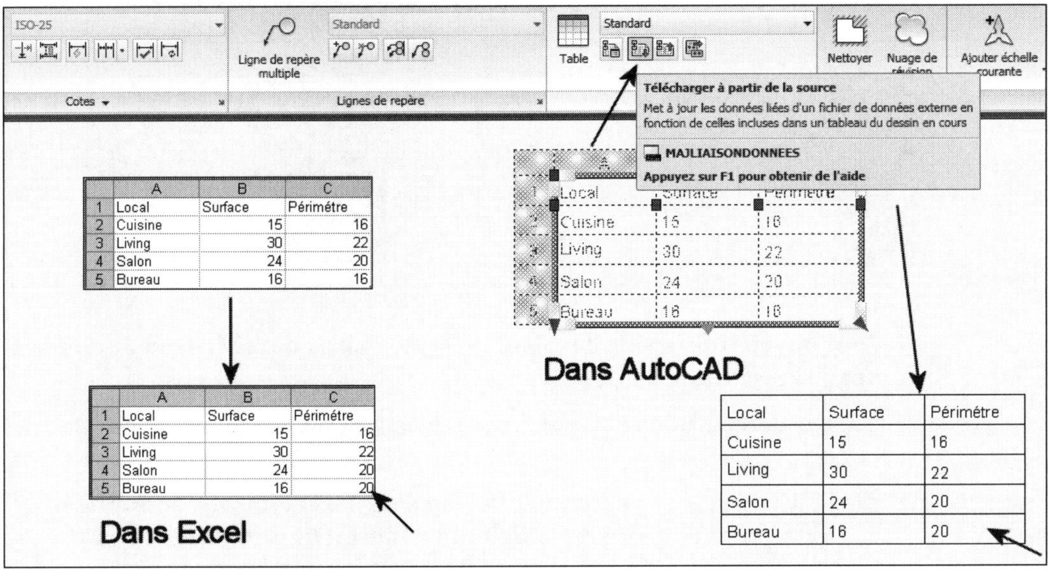

Fig.12.38

Pour mettre à jour les données entre une feuille de calcul Microsoft Excel et un dessin AutoCAD, la procédure est la suivante :

1. Effectuer la modification dans Excel et sauvegarder le fichier.
2. Sélectionner le tableau lié dans AutoCAD et cliquer sur l'option **Télécharger à partir de la source** (Download from source) dans le groupe de fonctions **Tableaux** (Tables). Le tableau se met à jour automatiquement (fig.12.38).

Pour mettre à jour les données entre un tableau AutoCAD et une feuille de calcul Microsoft Excel, la procédure est la suivante :

1. Effectuer la modification dans le tableau AutoCAD.
2. Sélectionner le tableau lié dans AutoCAD et cliquer sur l'option **Télécharger vers la source** (Upload to source) dans le groupe de fonctions **Tableaux** (Tables). La feuille de calcul se met à jour automatiquement dans Excel (fig.12.39).

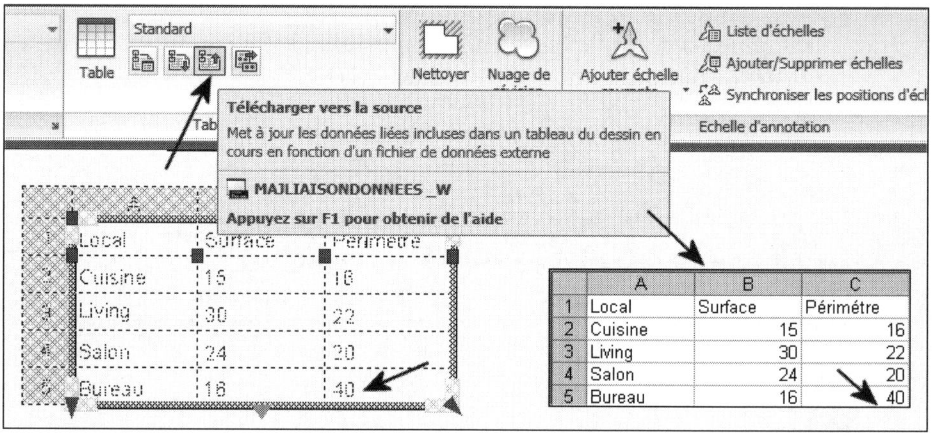

Fig.12.39

Pour ouvrir une feuille de calcul externe à partir d'une liaison de données, la procédure est la suivante :

1. Sélectionner une cellule dans le tableau lié ou une ligne de cellules liées.
2. Cliquer avec le bouton droit de la souris et choisir **Liaisons de données** (Data Links) puis **Ouvrir le fichier de liaison de données** (Open Data Link File).

Les champs

Introduction

Un champ est un texte contenant des instructions susceptibles de changer durant le cycle de vie du dessin. Lorsqu'un champ est mis à jour, les données les plus récentes s'affichent. Par exemple, la valeur du champ de nom de fichier est le nom du fichier. Si le nom du fichier change, le nouveau nom de fichier s'affiche lorsque le champ est mis à jour. De même si le champ représente la surface d'un cercle, et que ce dernier change de rayon, la dernière valeur de la surface sera affichée lors de la mise à jour du champ. Les champs peuvent être insérés dans toutes sortes de textes (à l'exception des tolérances), y compris du texte dans les cellules de tableau, les attributs et les définitions d'attributs Lorsqu'une commande de texte est active, l'option **Insérer un champ** (Insert Field) est disponible dans le menu contextuel.

Modification de l'apparence d'un champ

Le texte du champ utilise le même style de texte que l'objet texte dans lequel il est inséré. Par défaut, les champs s'affichent avec un arrière-plan légèrement gris et non tracé (variable système **FIELDDISPLAY**).

Les options de formatage de la boîte de dialogue Champ (Field) permettent de contrôler l'apparence du texte affiché. Les options disponibles dépendent du type de champ. Par exemple, le format des champs de date contient des options permettant d'afficher le jour de la semaine et l'heure. Le format des champs d'objets nommés contient des options de capitalisation.

Modification d'un champ

Le champ étant inclus dans un objet texte, il ne peut pas être sélectionné directement. L'objet texte doit être sélectionné et une commande d'édition doit être active. Lorsqu'un champ est sélectionné, l'option **Modifier le champ** (Edit Field) est disponible dans le menu contextuel ; il est aussi possible de cliquer deux fois sur le champ pour faire apparaître la boîte de dialogue **Champ** (Field). Les modifications s'appliquent à tout le texte du champ.

Insertion de champs

Il est possible d'insérer un champ dans un texte, dans une table ou dans on attribut.

Pour insérer un champ dans un texte, la procédure est la suivante :

1 Cliquer deux fois sur le texte pour afficher la boîte de dialogue d'édition de texte.

2 Positionner le curseur à l'endroit souhaité dans le texte et cliquer avec le bouton droit de la souris. Sélectionner l'option **Insérer un champ** (Insert Field).

Pour un accès au clavier, appuyer sur les touches Ctrl + F.

3 Dans la catégorie **Champ** (Field category) de la boîte de dialogue **Champ** (Field), sélectionner **Tout** (All) ou sélectionner une catégorie. Par exemple : Date et heure.

Les champs de la catégorie sélectionnée s'affichent dans la liste des noms de champs.

4 Dans la liste **Noms de champs** (Field names), sélectionner un champ. Par exemple : Date.

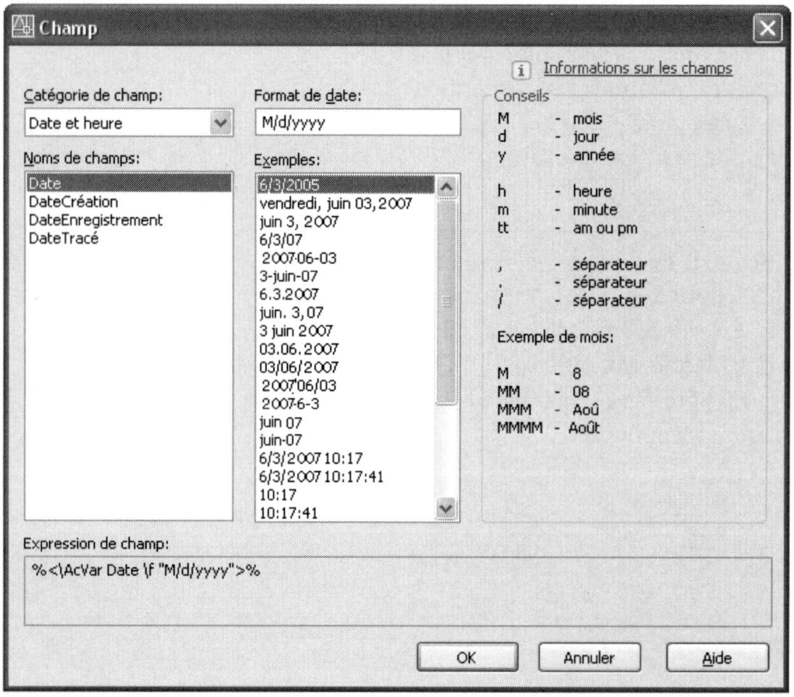

Fig.12.40

La valeur courante de la plupart des champs s'affiche dans une zone de texte grisée à droite dans la boîte de dialogue. La valeur courante d'un champ de date s'affiche dans la liste **Exemples** (Examples) (fig.12.40).

5 Sélectionner un format et toute autre option. Par exemple : M/d/yyyy (fig.12.41).

6 Cliquer sur OK pour insérer le champ.

Le champ affiche sa valeur courante dans le texte lorsque la boîte de dialogue **Champ** (Field) se referme.

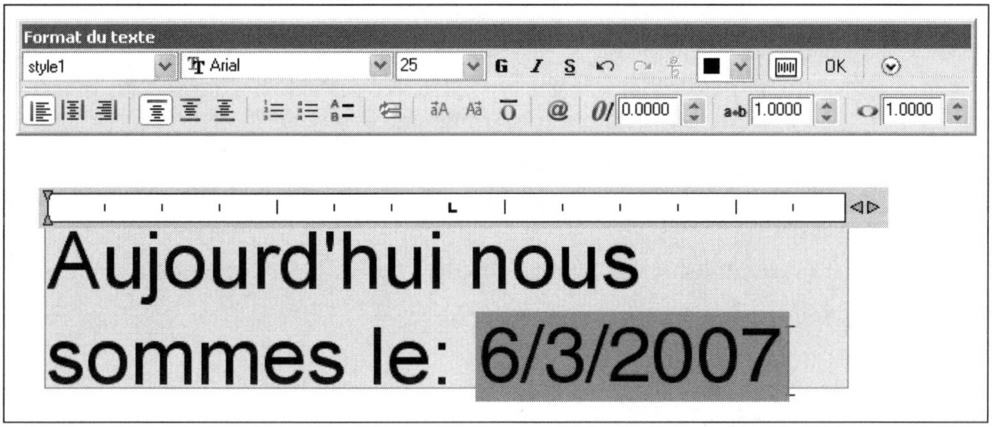

Fig.12.41

Pour insérer un champ dans une table, la procédure est la suivante :

1. Cliquer deux fois à l'intérieur de la cellule d'un tableau pour la sélectionner en vue de l'éditer.
2. Positionner le curseur à l'endroit souhaité pour l'insertion du champ et cliquer avec le bouton droit de la souris. Sélectionner ensuite **Insérer un champ** (Insert Field).
3. Dans la boîte de dialogue **Champ** (Field), sélectionner **Tout** (All) ou sélectionner une catégorie.
4. Dans la liste **Noms de champs** (Field names), sélectionner un champ.

   La valeur courante du champ s'affiche dans une zone de texte grisée à la droite de la catégorie Champ.
5. Sélectionner un format et toute autre option.
6. Cliquer sur **OK** pour insérer le champ.

Pour insérer la propriété d'un objet dans un champ, la procédure est la suivante :

1. Cliquer deux fois sur un objet texte pour afficher la boîte de dialogue d'édition de texte.
2. Positionner le curseur à l'endroit souhaité pour l'insertion du champ puis cliquer avec le bouton droit de la souris et sélectionner **Insérer un champ** (Insert Field).
3. Dans la catégorie **Champ** (Field) de la boîte de dialogue **Champ** (Field), sélectionner **Tout** (All).
4. Dans la liste **Noms de champs** (Field names), sélectionner **Objet** (Object).

5 Dans **Type d'objet** (Object type), cliquer sur le bouton et sélectionner un objet dans le dessin. Par exemple une polyligne.

6 Dans la catégorie **Propriété** (Property) de la boîte de dialogue **Champ** (Field), sélectionner la propriété dont on souhaite afficher la valeur dans le texte.

Par exemple, le champ peut indiquer l'aire de la polyligne sélectionnée.

7 Sélectionner un format pour l'unité.

8 Cliquer sur **OK**.

La valeur courante de la propriété de l'objet s'affiche dans le texte. (fig.12.42)

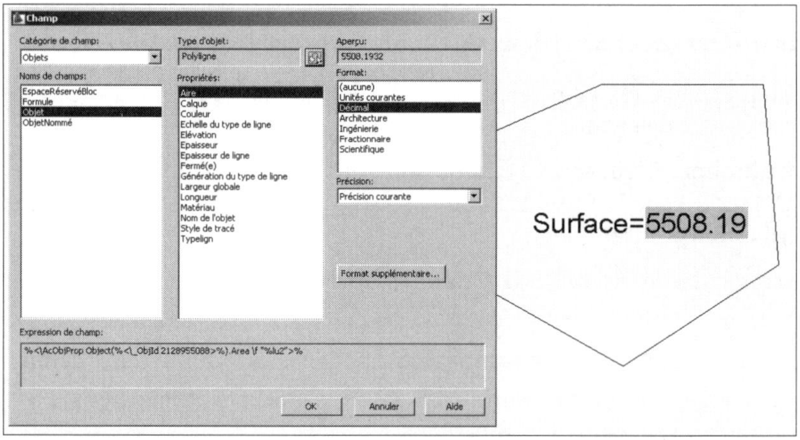

Fig.12.42

Pour insérer un champ dans un attribut, la procédure est la suivante :

1 Créer le bloc. Par exemple un symbole d'affichage de niveau (fig.12.43).

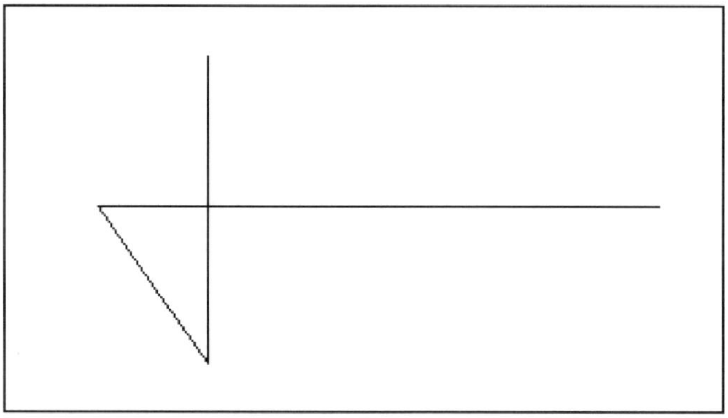
Fig.12.43

[2] Ouvrir le bloc dans l'éditeur de bloc.

[3] Cliquer sur **Définir des attributs** (Define Attributes) du groupe de fonctions Attributs.

[4] Dans la boîte de dialogue **Définition d'attribut** (Attribute Definition), cocher le champ **Prédéfini** (Preset) et entrer un nom pour l'étiquette (fig.12.44).

[5] Cliquer sur le bouton **Champ** (Field) sur la ligne **Par défaut** (Default).

[6] Dans la boîte de dialogue **Champ** (Field), sélectionner les éléments suivants (fig.12.45) :

   a. **Catégorie de champ** (Field category) : Objets

   b. **Noms de champs** (Field names) : **EspaceRéservéBloc** (BlockPlaceholder)

   c. **Propriété de référence du bloc** (Block reference property) : Position

   d. Cocher Y

[7] Cliquer sur OK et placer l'attribut (fig.12.46).

[8] Fermer l'éditeur de bloc.

[9] Placer le bloc dans le dessin (fig.12.47).

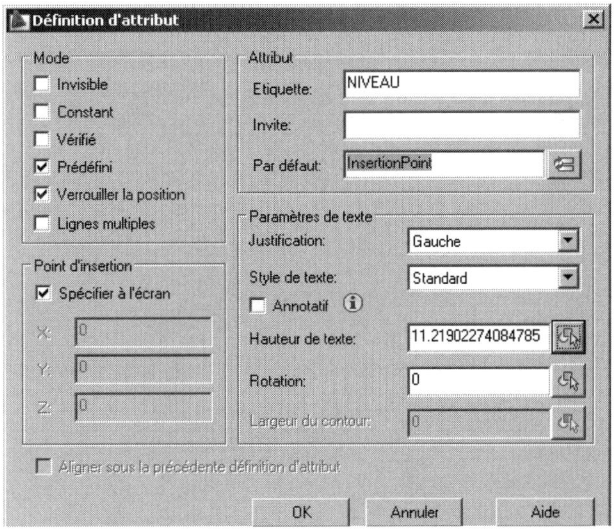

Fig.12.44

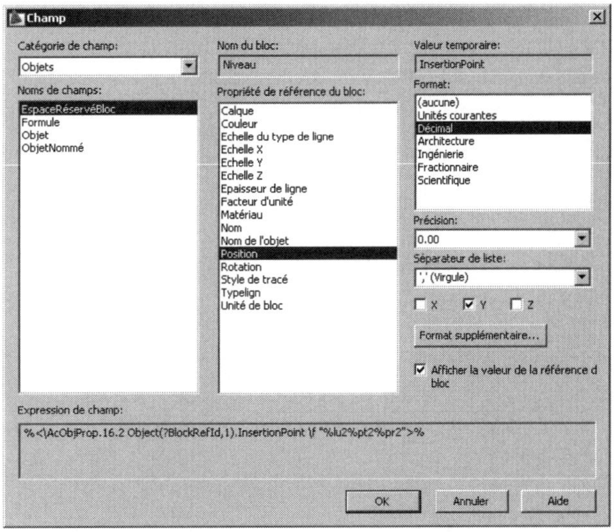

Fig.12.45

Fig.12.46

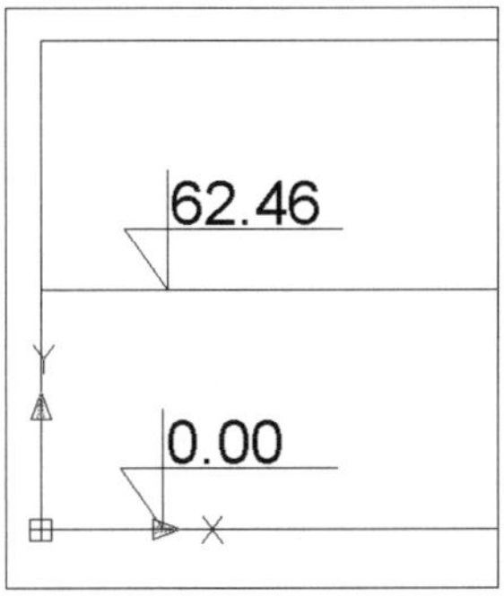

Fig.12.47

CHAPITRE 13

LES OBJETS ANNOTATIFS

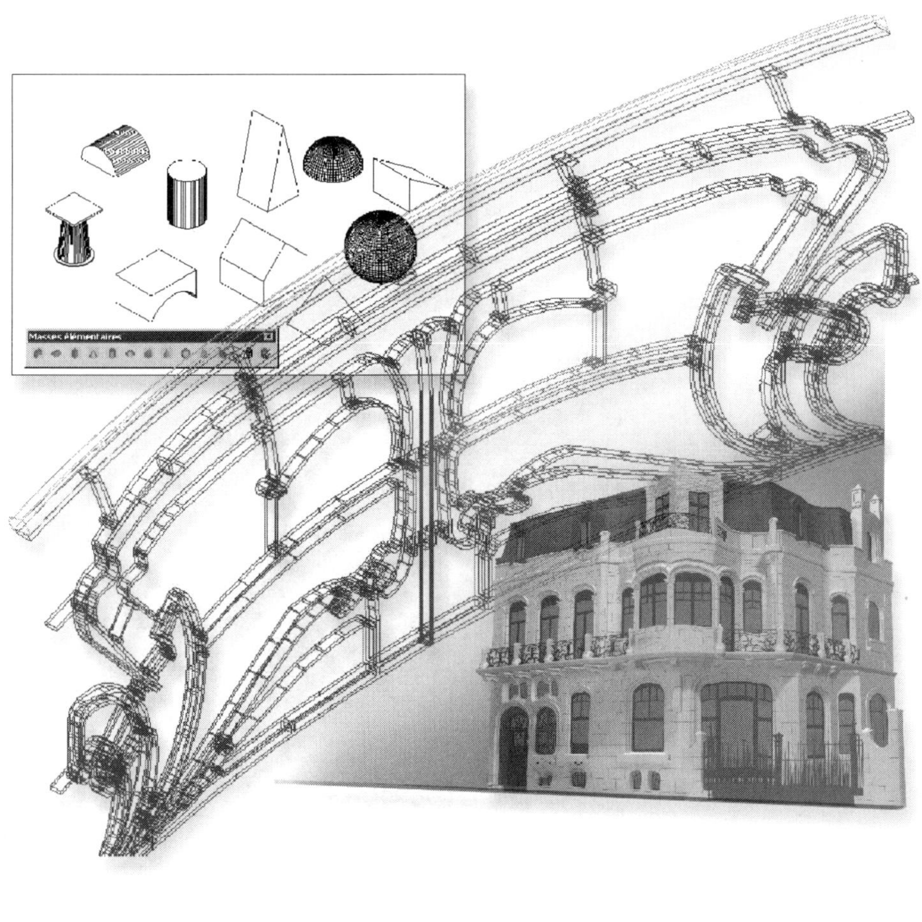

Introduction

Depuis AutoCAD 2008, les objets couramment utilisés pour annoter des dessins (cotations, textes, hachures, etc.) sont dotés d'une nouvelle propriété dénommée **Annotatif**. Cette propriété vous permet d'automatiser le processus de mise à l'échelle des annotations afin qu'elles soient affichées ou tracées selon la taille appropriée dans l'espace papier.

Au lieu de créer plusieurs annotations de différentes tailles sur des calques distincts, vous pouvez activer la propriété **Annotatif** par objet ou par style et définir l'échelle d'annotation pour les fenêtres de présentation ou l'espace objet. L'échelle d'annotation détermine la taille des objets annotatifs en fonction de la géométrie de l'objet dans le dessin.

L'exemple de la figure 13.1 illustre deux fenêtres, à des échelles différentes, placées sur une présentation de l'espace papier. L'aspect de la cotation, du texte et de la hachure sont à présent identiques grâce à la propriété Annotatif.

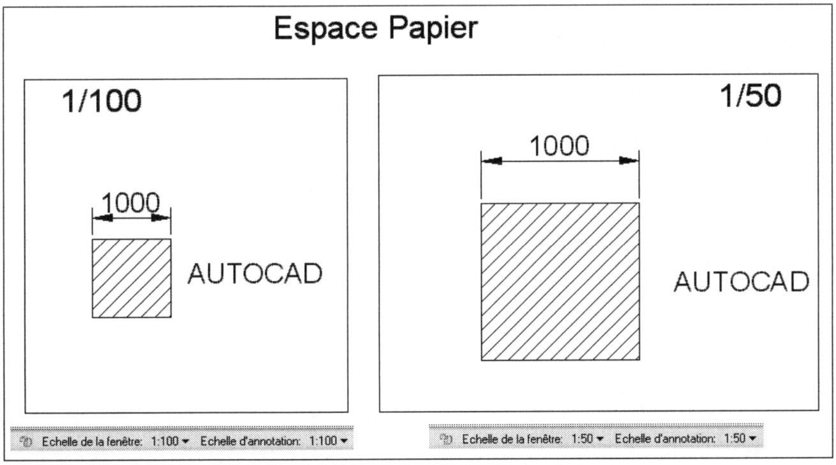

Fig.13.1

L'exemple de la figure 13.2 illustre le même dessin dans l'espace objet. Les objets y sont représentés en fonction de l'échelle d'impression 1/50. Ainsi par exemple, la hauteur du texte affichée est de 125 mm pour un texte écrit avec une hauteur de 2,5 mm. L'affichage correspond donc bien au 1/50. Sans le caractère annotatif, le même texte aurait une hauteur de 2,5 mm dans l'espace objet.

Les objets suivants sont couramment utilisés pour annoter des dessins et contiennent une propriété Annotatif :

- Texte
- Cotes
- Hachures
- Tolérances
- Lignes de repère multiples
- Blocs
- Attributs

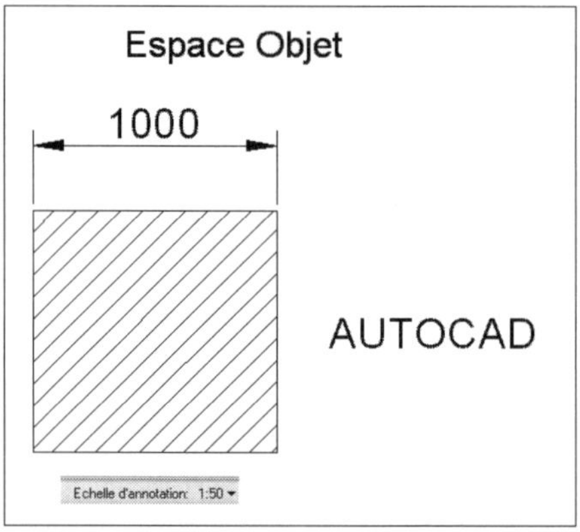

Fig.13.2

Flux de travail d'annotation de dessins

Les étapes suivantes représentent le flux de travail typique d'annotation d'un dessin pour que vos annotations soient automatiquement mises à l'échelle.

1. Créer des styles annotatifs.
2. Créer des objets annotatifs à l'aide des styles annotatifs.
3. Dans l'espace objet, définir l'échelle d'annotation en fonction de l'échelle à laquelle les annotations seront tracées ou affichées.
4. Dans l'espace papier, créer ou ouvrir une présentation existante.
5. Créer des fenêtres.
6. Définir l'échelle d'annotation pour chaque fenêtre. (Pour chaque fenêtre, l'échelle d'annotation et l'échelle de fenêtre doivent être identiques).

Si certains objets annotatifs doivent être affichés à une autre échelle, il convient d'ajouter individuellement l'échelle supplémentaire aux objets annotatifs.

Création de styles et d'objets annotatifs

Vous pouvez réduire le nombre d'étapes requises pour annoter un dessin en utilisant des styles annotatifs. Ainsi, les styles de texte, de cote, de ligne de repère multiple créent des objets annotatif. Les boîtes de dialogue servant à définir ces objets contiennent toutes une case à cocher Annotatif qui vous permet de rendre les styles annotatifs. A titre d'exemple pour commencer, nous allons aborder l'annotation de type texte.

Pour créer un style de texte annotatif, la procédure est la suivante (fig.13.3) :

1. Dans le groupe de fonctions **Texte** (Text), cliquer sur la flèche **Style de texte** (Text Style) située en bas à droite.
2. Dans la boîte de dialogue **Style de texte** (Text Style), cliquer sur **Nouveau** (New).
3. Dans la boîte de dialogue **Nouveau style de texte** (New Text Style), entrer un nom de style. Par exemple : Nom de pièce.
4. Cliquer sur **OK**.
5. Dans la boîte de dialogue **Style de texte** (Text style), sous **Taille** (Size), sélectionner **Annotatif**.
6. Dans le champ **Hauteur du texte sur le papier** (Paper Text Height), entrer la hauteur à laquelle le texte s'affichera dans l'espace papier et donc sur la feuille imprimée. Par exemple : 4. Ce qui correspond à 4 mm si l'unité est le millimètre.
7. Cliquer sur **Appliquer** (Apply).
8. Cliquer éventuellement sur **Définir courant** (Set Current) pour définir ce style comme style de texte courant.
9. Cliquer sur **Fermer** (Close).

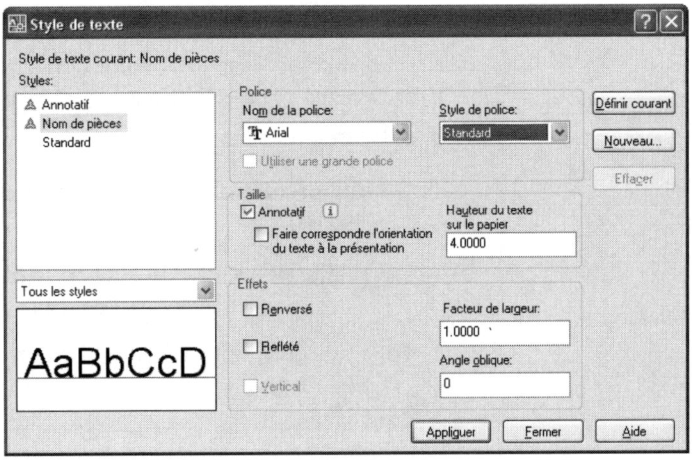

Fig.13.3

Pour rendre annotatif un style de texte non annotatif existant, la procédure est la suivante :

1. Dans le groupe de fonctions **Texte** (Text), cliquer sur la flèche **Style de texte** (Text style).
2. Dans la boîte de dialogue **Style de texte** (Text style), dans la liste Styles, sélectionner un style.
3. Sous **Taille** (Size), sélectionner **Annotative**.
4. Dans le champ **Hauteur du texte sur le papier** (Paper Text Height), entrer la hauteur à laquelle le texte s'affichera dans l'espace papier.
5. Cliquer sur **Appliquer** (Apply).
6. Cliquer éventuellement sur **Définir courant** (Set Current) pour définir ce style comme style de texte courant.
7. Cliquer sur **Fermer** (Close).

Ecrire du texte annotatif

Vous pouvez créer du texte annotatif en utilisant un style de texte annotatif qui définit la hauteur du texte dans l'espace papier.

L'échelle d'annotation courante détermine automatiquement le format d'affichage du texte dans les fenêtres de l'espace objet ou de l'espace papier.

Par exemple, si vous voulez afficher du texte à une hauteur de 4 mm dans l'espace papier, définissez une hauteur de papier de 4 mm pour le style de texte.

Pour créer un texte annotatif d'une seule ligne, la procédure est la suivante :

1. Sélectionner le style de texte dans la liste **Style de texte** (Text Style) du groupe de fonctions **Texte** (Text).
2. Sélectionner la fonction **Texte ligne** (Single Line Text) dans le même groupe de fonctions.
3. Spécifier une échelle d'annotation selon laquelle l'annotation doit s'afficher, par exemple 1 : 100 (fig.13.4).
4. Indiquer le point d'insertion du premier caractère.
5. Spécifier l'angle de rotation du texte.

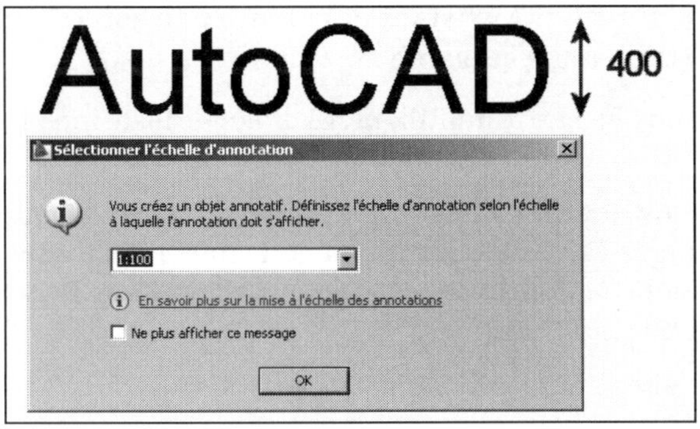

Fig.13.4

6 Entrer le texte.

Dans l'espace objet, ce texte aura une hauteur de 400 mm pour un dessin en mm avec une échelle d'annotation de 1/100. Dans l'espace papier, ce texte aura une hauteur de 4 mm pour toutes les échelles pour lesquelles le texte aura été défini comme annotatif.

Pour créer du texte annotatif multiligne, la procédure est la suivante (fig.13.5) :

1 Dans le groupe de fonctions **Texte** (Text), sélectionner le style annotatif souhaité dans la liste des styles.

2 Spécifier les coins opposés d'une zone de contour pour définir la largeur du texte multiligne. L'onglet **Editeur de texte** (Text Editor) complète le ruban.

3 Entrer le texte.

4 Cliquer sur **Fermer l'éditeur de texte** (Close Text Editor) pour terminer.

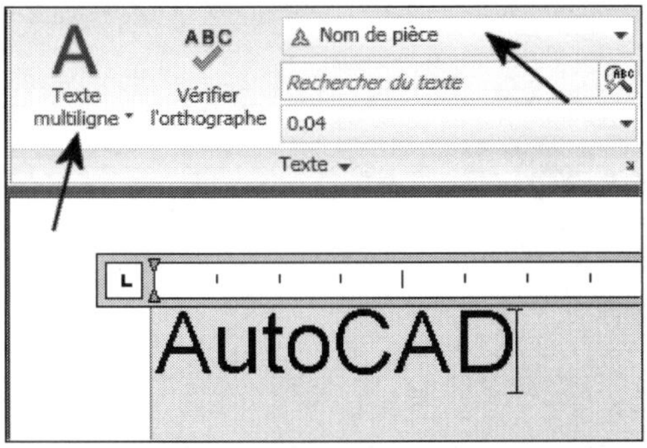

Fig.13.5

Pour changer un texte multiligne existant et le rendre annotatif ou non annotatif, la procédure est la suivante :

[1] Cliquer deux fois sur un objet texte multiligne. L'Editeur de texte intégré s'affiche.

[2] Cliquer sur le bouton **Annotatif** dans le groupe de fonctions **Style** pour rendre le texte multiligne existant annotatif ou non annotatif. Lorsque le bouton est sélectionné (enfoncé), le texte est annotatif. Dans le cas contraire, le texte est non annotatif.

[3] Cliquer sur OK pour enregistrer les modifications.

Pour modifier la hauteur à laquelle le texte annotatif s'affichera dans l'espace papier et donc sur la feuille imprimée, la procédure est la suivante :

[1] Dans le dessin, sélectionner un objet texte.

[2] Effectuer un clic droit et sélectionner **Propriétés** (Properties) dans le menu contextuel qui s'affiche.

[3] Dans la palette **Propriétés**, sous **Hauteur du texte sur le papier** (Paper Text Height), entrer une nouvelle valeur (fig.13.6).

Les représentations à l'échelle

Lorsque vous créez un objet annotatif dans votre dessin (par exemple un texte), il prend en compte une échelle d'annotation, à savoir l'échelle d'annotation courante au moment où vous avez créé l'objet. Vous pouvez ensuite, en fonction de vos besoins, prendre en charge d'autres échelles d'annotation pour les mêmes objets annotatifs. Dans ce cas, vous ajoutez des représentations d'échelle à l'objet.

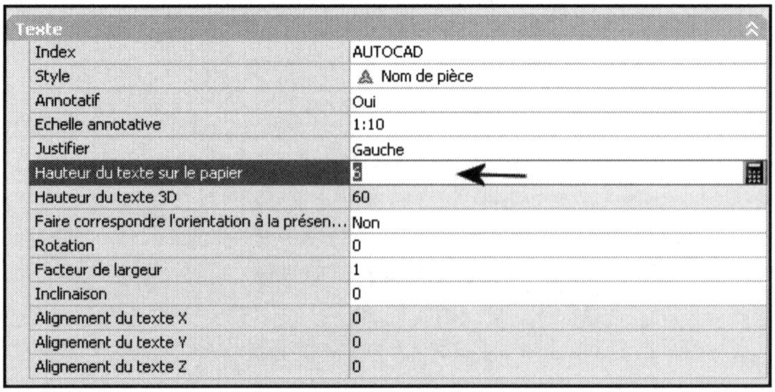

Fig.13.6

Ainsi, si vous écrivez dans l'espace objet un texte annotatif avec une échelle d'annotation courante de 1/50, cette échelle constituera une propriété du texte que vous venez d'écrire. Si vous souhaitez ensuite que ce texte s'affiche correctement à une autre échelle (par exemple : 1/100) vous devez d'abord ajouter cette nouvelle échelle aux propriétés de votre texte.

Il est aussi important de souligner ici que les échelles d'annotation 1/100, 1/50... ne sont valables que pour le dessin dont les unités de l'espace objet et papier sont identiques. Si les unités de dessin sont différentes, il faut calculer au préalable le bon facteur d'échelle et l'ajouter éventuellement à la liste s'il n'est pas repris.

Ces différents points sont repris ci-après.

Ajouter ou supprimer des échelles d'annotation pour les objets annotatifs

La procédure est la suivante :

1. Sélectionner l'objet annotatif à modifier.
2. Effectuer un clic droit et sélectionner **Propriétés** (Properties).
3. Cliquer sur le bouton situé sur la ligne Echelle annotative. La boîte de dialogue **Echelle des objets d'annotation** (Annotation Object Scale), s'affiche à l'écran (fig.13.7).
4. Cliquer sur **Ajouter** (Add).
5. Dans la boîte de dialogue **Ajouter des échelles à l'objet** (Add Scales to Object), sélectionner une ou plusieurs échelles à ajouter à l'objet. (Pour sélectionner plusieurs échelles, maintenez la touche Maj enfoncée.). Par exemple : 1/100 (fig.13.8).
6. Cliquer sur **OK**.
7. Dans la boîte de dialogue **Echelle de l'objet annotatif** (Annotation Object Scale), cliquer sur **OK**.
8. En sélectionnant l'échelle 1/100, le texte va à présent également s'afficher à la bonne échelle (fig.13.9).

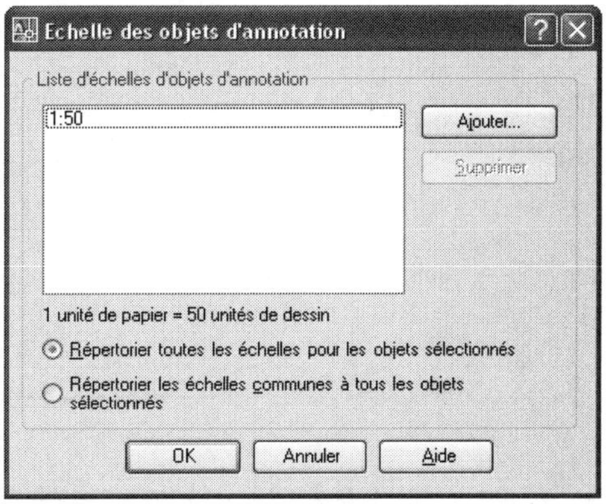

Fig.13.7

Fig.13.8

Fig.13.9

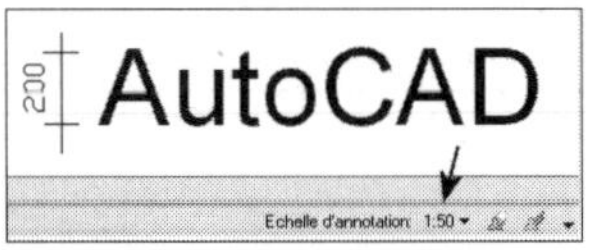

Fig.13.10

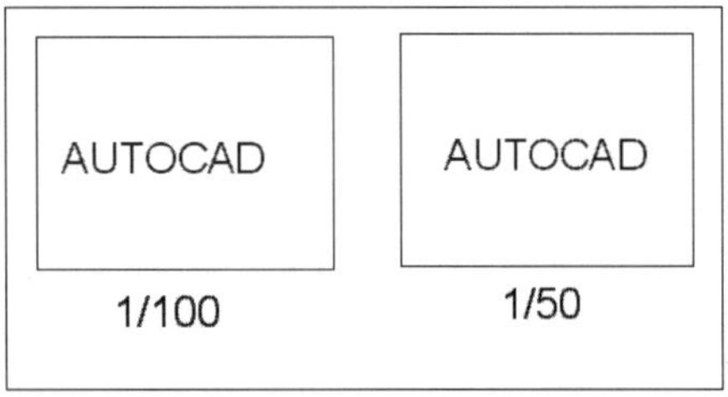

Fig.13.11

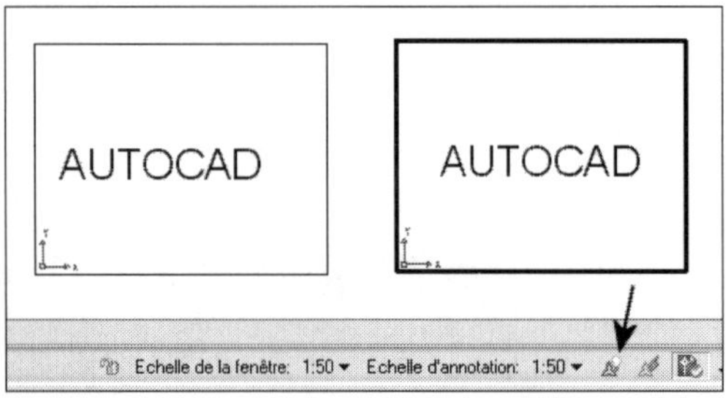

Fig.13.12

Affichage des objets annotatifs dans l'espace objet et l'espace papier

Dans les exemples illustrés aux figures 13.9 et 13.10, l'affichage s'effectue dans l'espace objet. Le texte illustré est annotatif avec une hauteur papier de 4 mm. Pour une échelle de 1/50, le texte sera affiché automatiquement à l'écran avec une hauteur de 200 mm. Ce qui est exact, car lors de l'impression à l'échelle 1/50 il sera imprimé avec une hauteur de 4 mm. De façon semblable, pour échelle de 1/100, le texte sera affiché à l'écran avec une hauteur de 400 mm.

Dans le cas de l'espace papier, le texte sera affiché à l'écran avec une hauteur de 4 mm quelle que soit l'échelle (1/50 ou 1/100) (fig.13.11).

Affichage des objets en fonction de l'échelle

Pour une fenêtre de l'espace objet ou de présentation, vous pouvez afficher tous les objets annotatifs ou uniquement ceux qui prennent en charge l'échelle d'annotation courante. Cela permet de réduire le nombre de calques utilisés pour gérer la visibilité de vos annotations.

Pour choisir le paramètre d'affichage des objets annotatifs, utilisez le bouton **Visibilité de l'annotation** à droite de la barre d'état du dessin ou de l'application (fig.13.12). Si l'ampoule est éteinte, seuls les objets annotatifs pour l'échelle courante sont affichés. Ainsi, si le texte n'est pas annotatif pour l'échelle 1/40, par exemple, il ne sera pas affiché dans une fenêtre à l'échelle 1/40.

La gestion des échelles

Lors de la sélection d'une échelle d'annotation, il arrive que l'échelle souhaitée ne se trouve pas dans la liste. Il est dès lors utile de compléter la liste des échelles. La procédure est la suivante :

1. Dans l'onglet Annoter (Annotate) et le groupe de fonctions **Echelle d'annotation** (Annotation Scaling), sélectionner l'option **Liste des échelles** (Scale List). La boîte de dialogue **Modifier la liste d'échelles** (Edit Scale List) s'affiche à l'écran. Elle comprend à gauche une liste des échelles disponibles (fig.13.13).
2. Cliquer sur **Ajouter** (Add) pour ajouter une nouvelle échelle.
3. Dans la boîte de dialogue **Modifier** (Add Scale) entrer le nom qui apparaîtra dans la liste. Par exemple : 1 : 200 (fig.13.14).
4. Dans **Unités de papier** (Paper Units) et **Unités de dessin** (Drawing Units) entrer les valeurs de l'échelle : 1 = 200. Cette valeur est valable pour tout dessin dont les unités de l'espace objet et papier sont identiques.
5. Cliquer deux fois sur OK pour fermer les deux boîtes de dialogues.

Dans le cas du travail avec des unités différentes entre espace objet et papier, la solution la plus simple consiste à changer la liste des échelles en redéfinissant les valeurs existantes.

Ainsi, pour une échelle de 1/100 avec le mètre comme unité de l'espace objet et le millimètre comme unité de l'espace papier, il convient de définir **Unité de papier** (Paper units) = 10 et **Unité de dessin** (Drawing units) = 1. Donc pour 1 m il faut imprimer 10 mm.

Si vous devez utiliser plusieurs unités, une solution simple consiste à ajouter l'unité dans le nom. Par exemple : 1 : 100 (m) (fig.13.15–13.16).

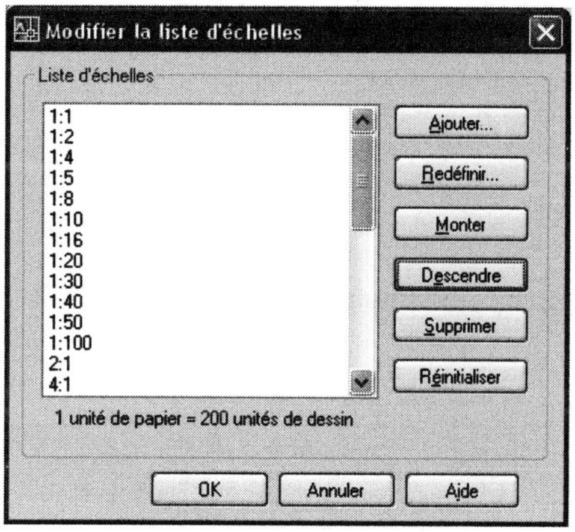

Fig.13.13

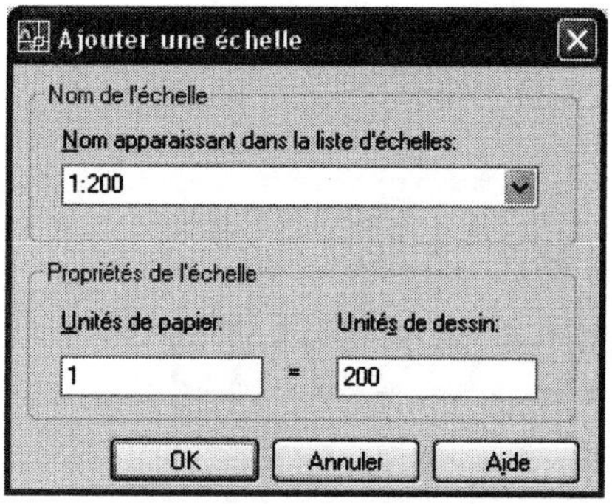

Fig.13.14

Fig.13.15

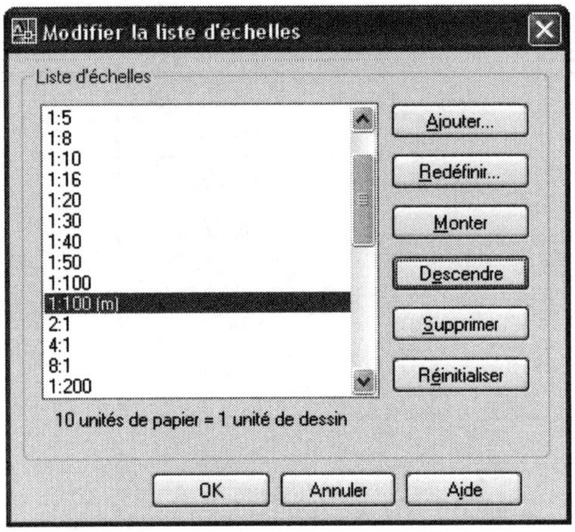

Fig.13.16

Lors de l'utilisation de l'échelle d'annotation 1 : 100 m dans l'espace objet par exemple, les objets annotatifs s'adaptent automatiquement en fonction de l'unité utilisée. Ainsi dans le cas de l'exemple de la figure 13.17, l'unité du dessin est le mètre et le texte AutoCAD est écrit avec un style annotatif dont la hauteur est de 4 mm. La hauteur du texte affiché est ainsi de 0,4 m.

REMARQUE

Il convient de ne pas oublier d'ajouter les nouvelles échelles créées aux objets afin de les visualiser dans les différentes fenêtres d'affichage.

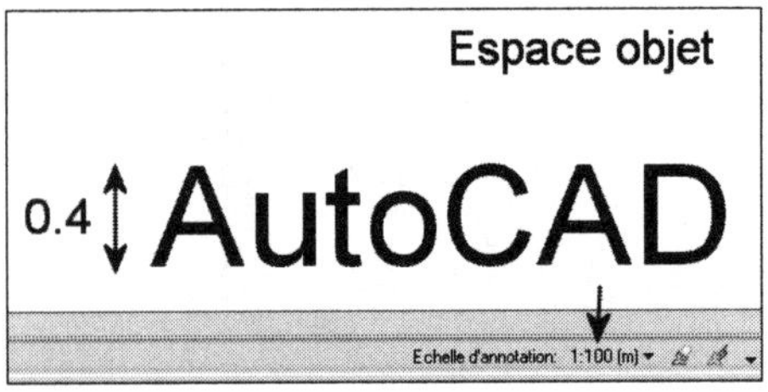

Fig.13.17

Les autres objets annotatifs : les cotations

Vous pouvez créer des cotes annotatives pour les dimensions de votre dessin en utilisant des styles de cote « annotatifs ».

Les styles de cote annotatifs créent des cotes au sein desquelles tous les éléments de la cote, tels que le texte, l'espacement et les flèches sont mis à l'échelle de manière uniforme par l'échelle d'annotation.

Vous pouvez également rendre annotative une cote non annotative existante en définissant la propriété Annotatif de la cote sur Oui.

Pour créer un style de cote annotatif, la procédure est la suivante :

1. Dans le groupe de fonctions **Cotes** (Dimensions) cliquer sur la flèche **Style de cotes** (Dimension Style).
2. Dans la boîte de dialogue **Gestionnaire des styles de cote** (Dimension style Manager), cliquer sur **Nouveau** (New).
3. Dans la boîte de dialogue **Nouveau style de cote** (Create New Dimension Style), entrer un nom de style.
4. Sélectionner **Annotatif (Annotative)** (fig.13.18).
5. Cliquer sur le bouton **Continuer (Continue)**.
6. Dans la boîte de dialogue **Nouveau style de cote (New Dimension Style)**, choisir l'onglet approprié et apportez les modifications nécessaires pour définir le style de cote.

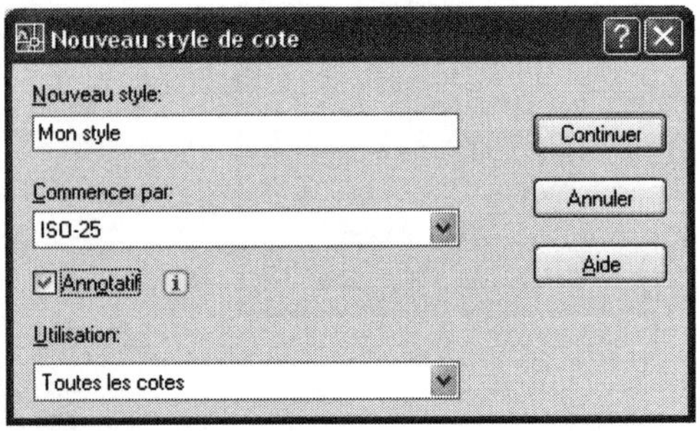

Fig.13.18

[7] Cliquer sur OK.

[8] Cliquer éventuellement sur **Définir courant** (Set Current) pour définir ce style comme style de cote courant.

[9] Cliquer sur **Fermer** (Close).

REMARQUE

Si dans le style de cote vous utilisez un composant qui est lui-même annotatif, la valeur définie dans le style ne sera pas prise en compte. Par exemple, si vous utilisez un style de texte annotatif pour le texte de la cote, ce sera la taille définie dans le style de texte qui primera sur la taille définie dans le style de cote (fig.13.19). D'ailleurs, il ne sera pas possible de définir une hauteur de texte pour la cote, si vous avez choisi le style de texte avant de définir la hauteur.

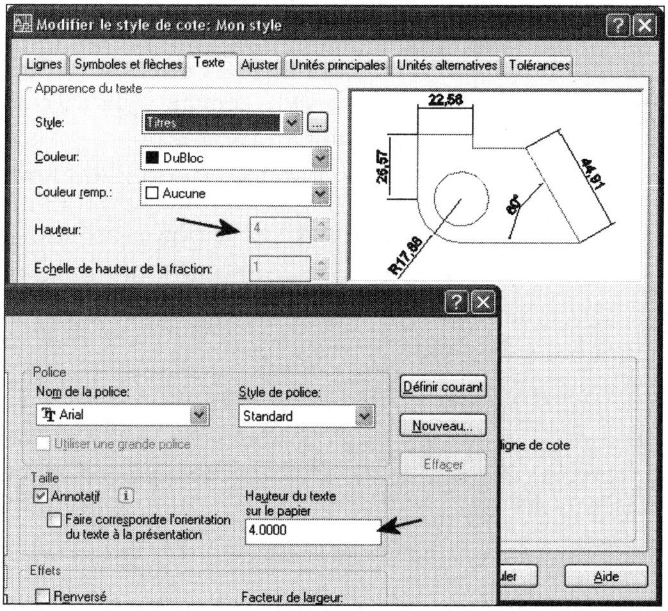

Fig.13.19

Pour rendre un style de cote existant annotatif, la procédure est la suivante :

[1] Dans le groupe de fonctions **Cotes** (Dimensions) cliquer sur la flèche **Style de cotes** (Dimension Style).

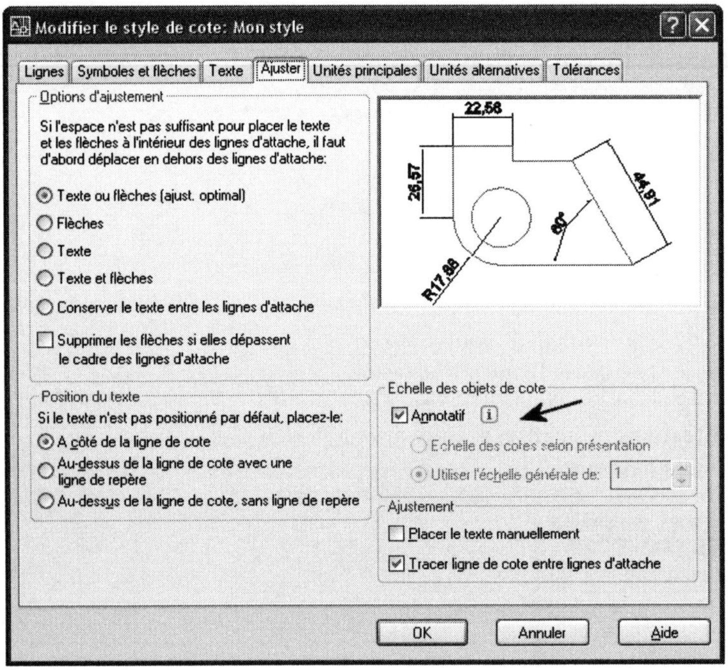

Fig.13.20

2. Dans la boîte de dialogue **Gestionnaire des styles de cote** (Dimension Style Manager), dans la liste **Styles**, sélectionner un style. S'il existe une icône à côté d'un nom de style de cote, cela indique que le style est déjà annotatif.
3. Cliquer sur **Modifier** (Modify).
4. Dans la boîte de dialogue **Modifier le style de cote** (Modify Dimension Style), dans l'onglet **Ajuster** (Fit), sous **Echelle des objets de cote** (Scale for dimension features), sélectionner **Annotatif** (fig.13.20).
5. Cliquer sur **OK**.
6. Cliquer éventuellement sur **Définir courant** (Set Current) pour définir ce style comme style de cote courant.
7. Cliquer sur **Fermer** (Close).

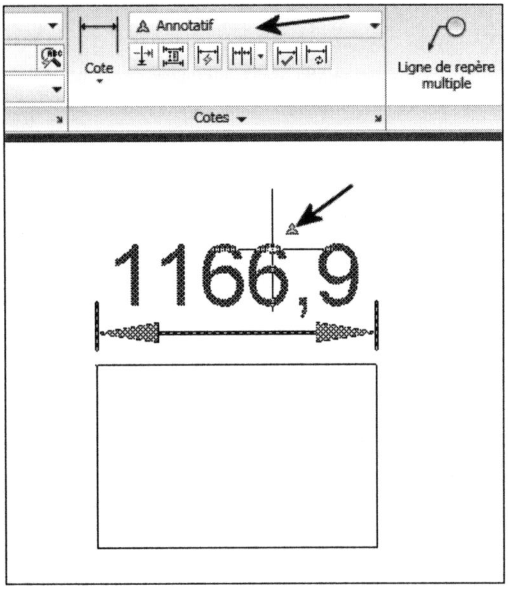

Fig.13.21

Pour créer une cote annotative, la procédure est la suivante :

1. Sélectionner un style de cote annotatif dans le groupe de fonctions **Cote** (Dimension).
2. Choisir un type de cote.
3. Appuyer sur Entrée pour sélectionner l'objet à coter, ou précisez l'origine de la première et de la seconde ligne d'attache.
4. Définir l'emplacement de la ligne de cote (fig.13.21).

Pour rendre une cote existante annotative ou non annotative, la procédure est la suivante :

1. Sélectionner une cote dans un dessin.
2. Effectuer un clic droit et sélectionner l'option **Propriétés** (Properties) dans le menu contextuel.

3. Dans la palette **Propriétés**, sous **Divers** (Misc), sélectionner **Annotative**.

4. Dans la liste déroulante, sélectionner **Oui** (Yes) ou **Non** (No).

Les lignes de repère annotatif

Les lignes de repères et les lignes de repères multiples permettent d'ajouter des légendes aux dessins. Vous pouvez créer des lignes de repère annotatif et des lignes de repère multiples annotatif en utilisant, respectivement, un style de cote annotatif et un style de ligne de repère multiple annotatif.

Pour créer un style de ligne de repère multiple annotatif, la procédure est la suivante :

1. Dans le groupe de fonctions **Lignes de repère** (Leaders) cliquer sur la flèche **Gestionnaire des styles de ligne de repère multiple** (Multileader style Manager).
2. Dans la boîte de dialogue **Gestionnaire des styles de lignes de repère multiples** (Multileader Style Manager), cliquer sur **Nouveau** (New).
3. Dans la boîte de dialogue **Créer un style de ligne de repère multiple** (Create New Multileader Style), entrer un nom de style.
4. Sélectionner **Annotatif** (Annotative) (fig.13.22).
5. Cliquer sur le bouton **Continuer** (Continue).
6. Dans la boîte de dialogue **Modifier le style de ligne de repère multiple** (Modify Multileader Style), choisir l'onglet approprié et effectuer les modifications nécessaires pour définir le style de repère multiple.
7. Cliquer sur OK.
8. Cliquer éventuellement sur **Définir courant** (Set Current) pour définir ce style comme le style de ligne de repère multiple.
9. Cliquer sur **Fermer** (Close).

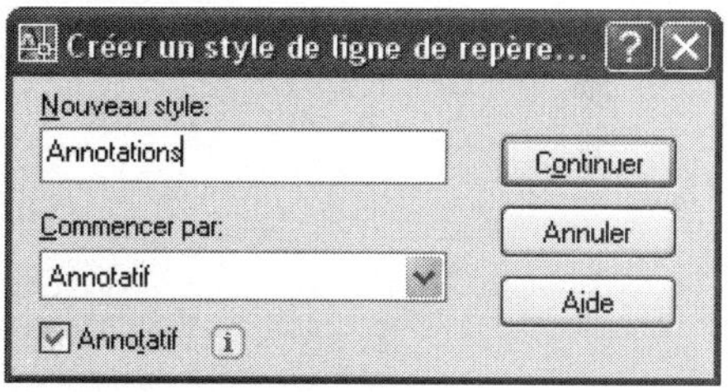

Fig.13.22

Pour rendre annotatif un style de ligne de repère multiple existant, la procédure est la suivante :

1. Dans le groupe de fonctions **Lignes de repère** (Leaders), cliquer sur la flèche **Gestionnaire des styles de ligne de repère multiple** (Multileader style Manager).

2. Dans la boîte de dialogue **Gestionnaire des styles de lignes de repère multiples** (Multileader Style Manager), dans la liste Styles, sélectionner un style. Une icône à côté d'un nom de style de ligne de repère multiple indique si le style est déjà annotatif.
3. Cliquer sur **Modifier**.
4. Dans la boîte de dialogue **Modifier le style de ligne de repère multiple** (Modify Multileader Style), dans l'onglet **Structure de la ligne de repère** (Leader Structure), sous **Echelle** (Scale), sélectionner **Annotative**.
5. Cliquer sur OK.
6. Cliquer éventuellement sur **Définir courant** (Set Current) pour définir ce style comme le style de ligne de repère multiple.
7. Cliquer sur **Fermer** (Close).

Pour créer une ligne de repère multiple annotative, la procédure est la suivante :

1. Sélectionner un style dans le groupe de fonctions **Ligne de repère** (Leader).
2. Cliquer sur l'icône **Ligne de repère multiple** (Multileader).
3. Pointer un point pour la tête de la ligne de repère.
4. Pointer un second point pour la ligne de repère.
5. Entrer le texte.
6. Dans l'éditeur de texte, cliquer sur **Fermer l'éditeur de texte** (Close Text Editor).

Pour rendre une ligne de repère ou une ligne de repère multiple existante annotative ou non annotative, la procédure est la suivante :

1. Sélectionner une ligne de repère ou une ligne de repère multiple dans un dessin.
2. Effectuer un clic droit et sélectionner l'option **Propriétés** (Properties) dans le menu contextuel.
3. Dans la palette **Propriétés**, sous **Divers** (Misc), sélectionner **Annotative**.
4. Dans la liste déroulante, sélectionner **Oui** (Yes) ou **Non** (No).

Les blocs et les attributs annotatifs

Si vous voulez utiliser des objets géométriques pour annoter votre dessin, l'idéal est de les combiner dans une définition de bloc annotatif. C'est le cas par exemple de pictogrammes qui quelle que soit l'unité ou l'échelle du dessin doivent apparaître de façons identiques.

Pour définir le format d'impression papier d'un bloc annotatif, le plus simple est de définir le bloc dans l'espace papier ou dans l'espace Objet avec une échelle d'annotation définie sur 1:1.

Lorsque vous créez ou utilisez des blocs annotatifs ou des objets annotatifs dans des blocs, tenez compte des points suivants :

- Les blocs non annotatifs peuvent contenir des objets annotatifs qui sont mis à l'échelle en fonction du facteur d'échelle du bloc en plus de l'échelle d'annotation.
- Les blocs annotatifs ne peuvent pas résider dans des blocs annotatifs.
- Les références de bloc annotatif sont mises à l'échelle de manière uniforme en fonction de l'échelle d'annotation courante et de l'échelle que l'utilisateur a appliquée à la référence de bloc.
- Les blocs qui contiennent des objets annotatifs ne doivent pas être mis à l'échelle manuellement.
- Vous devez insérer des références de bloc annotatif avec un facteur d'unité de 1.
- Vous ne pouvez pas modifier la propriété Annotatif d'une référence de bloc individuelle.
- Vous pouvez définir l'orientation des blocs annotatifs pour qu'elle corresponde à celle de l'espace papier.

D'autre part, vous pouvez utiliser la variable système **ANNOTATIVEDWG** pour indiquer si le dessin entier doit ou non se comporter comme un bloc annotatif lorsqu'il est inséré dans un autre dessin. La variable système **ANNOTATIVEDWG** passe en lecture seule si le dessin contient des objets annotatifs.

Il faut aussi souligner que le paramètre **INSUNITS** est ignoré lors de l'insertion de blocs annotatifs dans le dessin. Cela signifie qu'il n'y a pas de mise à l'échelle automatique du bloc lors de l'insertion.

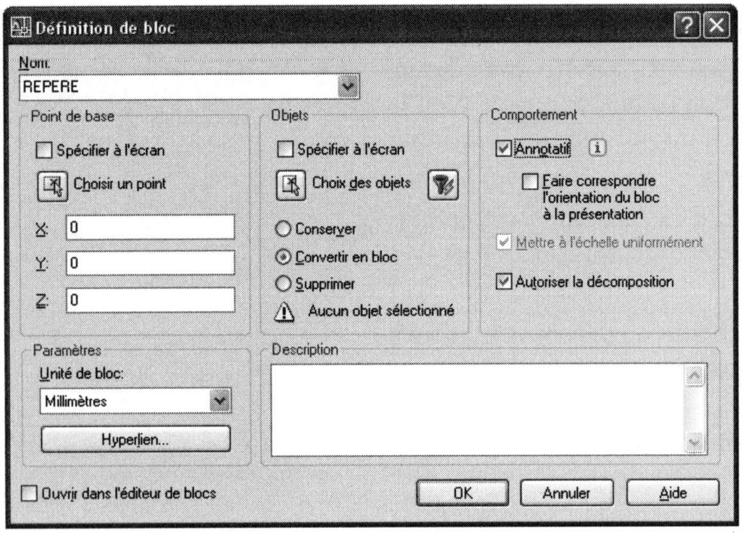

Fig.13.23

Pour créer une définition de bloc annotatif, la procédure est la suivante (fig.13.23) :

1. Cliquer sur l'icône **Créer bloc** (Create Block) du groupe de fonctions **Bloc** (K).
2. Dans la boîte de dialogue **Définition de bloc** (Block Definition), entrer un nom de bloc dans la zone **Nom** (Name).
3. Sous **Point de base** (Base point), indiquer le point d'insertion du bloc.
4. Sous **Objets** (Objects), sélectionner les objets à inclure dans la définition de bloc. Appuyer sur Entrée pour terminer la sélection.

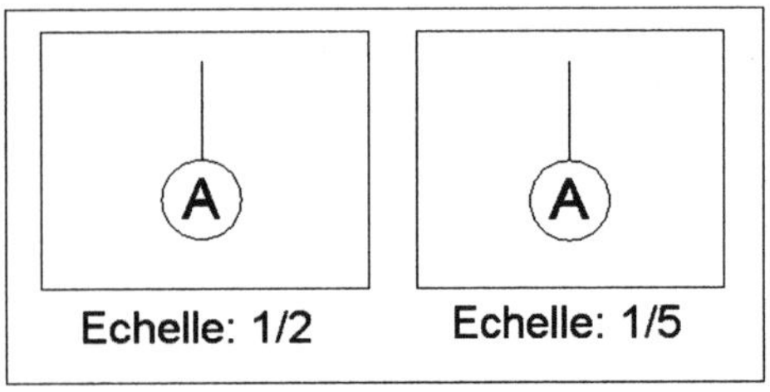

Fig.13.24

5. Sélectionner l'option indiquant ce qu'il y a lieu de faire avec le dessin du bloc. Par exemple, **Convertir en bloc** (Convert to Block).
6. Sous **Comportement** (Behavior), sélectionner **Annotatif** (Annotative).
7. Sous **Paramètres** (Settings), sélectionner l'unité de bloc.
8. Cliquer sur **OK**.

Dans l'exemple de la figure 13.24, il s'agit d'un repère constitué d'un cercle, d'une ligne et d'un texte non annotatif. Le bloc a été créé avec une échelle d'annotation 1 :1. L'affichage dans les deux fenêtres de l'espace papier est identique.

Pour rendre annotatives des références de bloc existantes, la procédure est la suivante :

1. Cliquer sur l'icône **Créer bloc** (Make Block) dans le groupe de fonctions **Bloc** (K).
2. Dans la boîte de dialogue **Définition de bloc** (Block Definition), cliquer sur la flèche, puis sélectionner le nom du bloc à rendre annotatif.
3. Sous **Comportement** (Behavior), sélectionner Annotatif.
4. Cliquer sur **OK** et confirmez **Redéfinir le Bloc** (Redefine block). Les références de bloc du dessin sont désormais annotatives.

Pour créer une définition d'attribut annotatif, la procédure est la suivante (fig.13.25–13.26) :

1 Sélectionner dans le groupe de fonctions **Attributs** (Attributes) l'option **Définir les attributs** (Define Attributes).

2 Dans la boîte de dialogue **Définition d'attribut** (Attribute Definition), définir les modes d'attribut, puis renseignez le contenu des zones Etiquette, Point d'insertion et Paramètres de texte.

3 Sous **Paramètres de texte** (Text Settings), sélectionner **Annotatif** (Annotative).

4 Cliquer sur **OK**.

5 Spécifier le point de départ.

6 Appuyer sur Entrée.

Fig.13.25

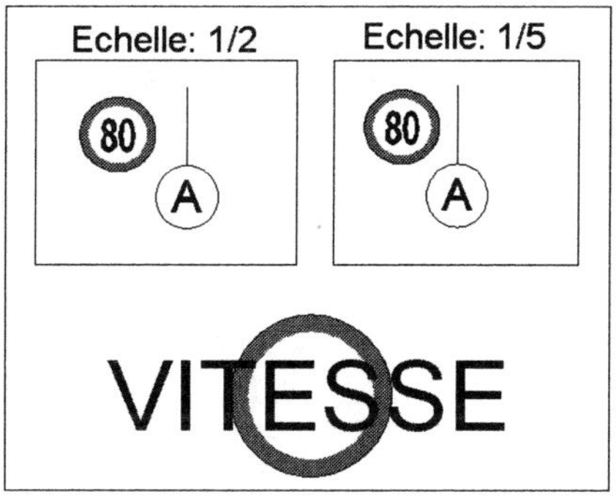

Fig.13.26

REMARQUES

Vous pouvez définir des attributs annotatifs pour les blocs annotatifs et non annotatifs.

Utiliser des attributs annotatifs avec des blocs non annotatifs lorsque vous voulez que la géométrie du bloc s'affiche sur l'espace papier selon l'échelle de la fenêtre et que le texte de l'attribut s'affiche à la hauteur de papier définie pour l'attribut.

Les hachures annotatives

Il peut être utile d'utiliser des hachures annotatives pour représenter de manière symbolique un matériau, tel que du sable, du béton, de l'acier, de la terre, etc.

Pour créer une hachure annotative, la procédure est la suivante (fig.13.27) :

1 Cliquer sur la commande **Hachure** (Hatch) dans le groupe de fonctions **Dessin** (Draw).

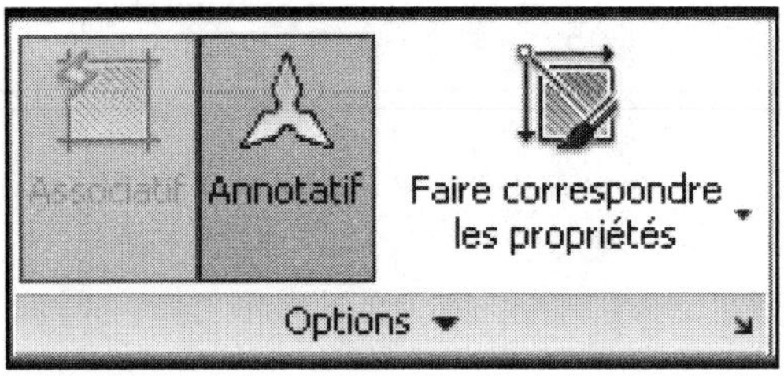

Fig.13.27

[2] Dans le ruban **Création de hachures** (Hatch creation), sélectionner le type de hachure et définir les paramètres habituels.

[3] Spécifier l'objet ou les objets que vous voulez hachurer.

[4] Sous **Options**, sélectionner **Annotatif**.

[5] Cliquer sur Fermer (Close).

Dans l'illustration de la figure 13.28, les trois rectangles supérieurs ont été dessinés dans l'espace objet avec une échelle d'annotation de 1/100. Par la suite, les échelles suivantes ont été rajoutées aux hachures via le panneau des propriétés :

- Rectangle de gauche : rien
- Rectangle du milieu : échelle 1/50
- Rectangle de droite : échelle 1/20

Les trois rectangles ont ensuite été affichés aux échelles : 1/100 (ligne 1), 1/50 (ligne 2) et 1/20 (ligne 3) avec le bouton **Visibilité de l'annotation** (Annotation Visibility) actif.

L'illustration de la figure 13.29, montre les mêmes hachures dans l'espace papier avec le bouton **Visibilité de l'annotation** (Annotation Visibility) inactif.

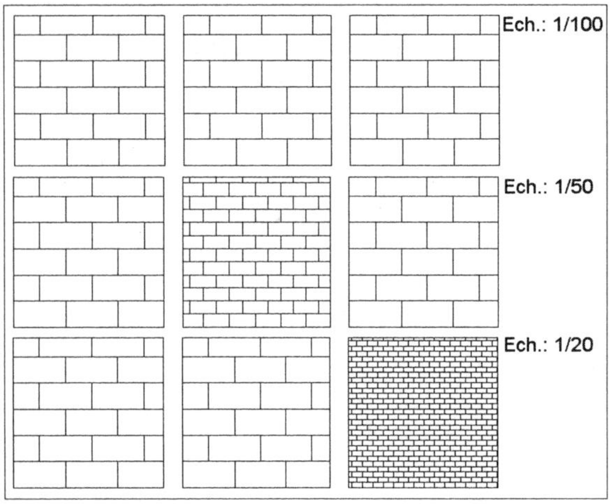

Fig.13.28

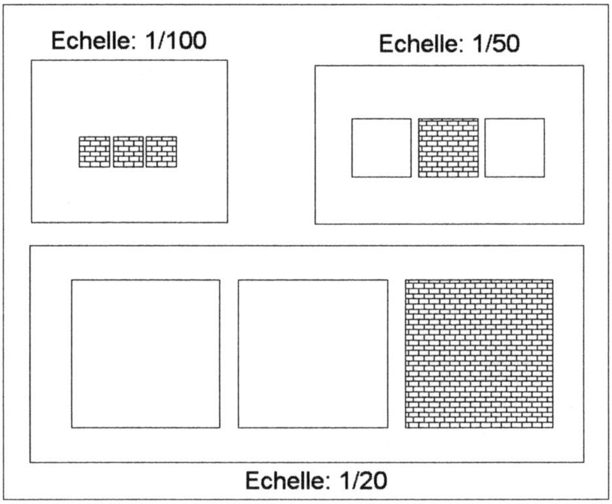

Fig.13.29

Pour rendre annotative une hachure existante, la procédure est la suivante :

[1] Dans le dessin, sélectionner les hachures.

[2] Effectuer un clic droit et sélectionner l'option **Propriétés** (Properties).

[3] Dans la palette **Propriétés**, sous **Motif** (Pattern), sélectionner **Annotatif** (Annotative).

[4] Dans la liste déroulante, cliquer sur **Oui** (Yes).

[5] Dans **Echelle annotative** (Annotative Scale), sélectionner les échelles auxquelles vous voulez afficher les hachures.

Les types de ligne annotatives

La variable **MSLTSCALE** permet de mettre à l'échelle les types de ligne affichés dans l'onglet **Objet** par l'échelle d'annotation. Les valeurs sont les suivantes :

- 0 : les types de ligne affichés dans l'onglet **Objet** ne sont pas mis à l'échelle par l'échelle d'annotation
- 1 : les types de ligne affichés dans l'onglet **Objet** sont mis à l'échelle par l'échelle d'annotation

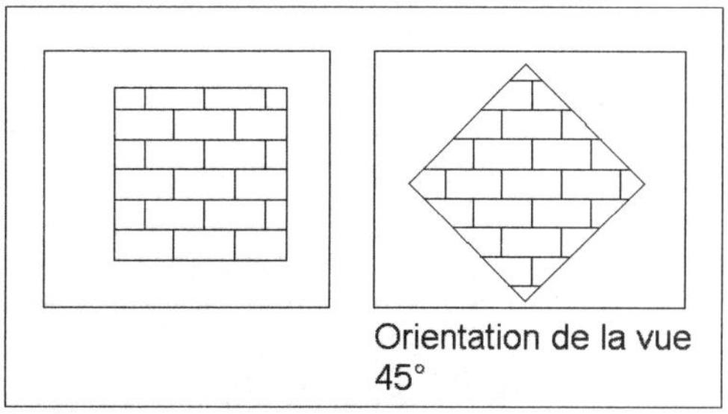

Fig.13.30

Définition de l'orientation des annotations

Les blocs et le texte annotatifs peuvent être définis de sorte que leur orientation corresponde à celle de la présentation. L'orientation des hachures annotatives correspond toujours à celle de la présentation (fig.13.30).

Même si la vue dans la fenêtre de présentation est déformée ou si la fenêtre est non planaire, l'orientation de ces objets dans les fenêtres de présentation correspond toujours à l'orientation de la présentation.

L'orientation des attributs annotatifs présents dans les blocs correspond à l'orientation du bloc.

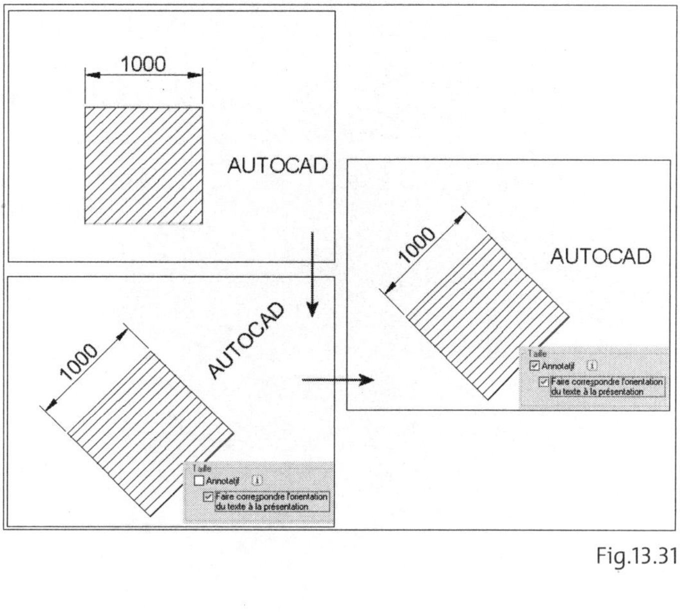

Fig.13.31

Pour faire correspondre l'orientation de la présentation d'un style de texte annotatif, la procédure est la suivante (fig.13.31) :

1. Dans la boîte de dialogue **Style de texte** (Text style), dans la liste **Styles**, sélectionner un style de texte annotatif.
2. Sous **Taille** (Size), sélectionner **Faire correspondre l'orientation du texte à la présentation** (Match text orientation to layout).
3. Cliquer sur **Appliquer** (Apply).
4. Cliquer sur **Fermer** (Close).

Pour faire correspondre l'orientation de la présentation d'une définition de bloc annotatif, la procédure est la suivante :

1. Dans la boîte de dialogue **Définition de bloc** (Block definition), sous **Nom** (Name), sélectionner un bloc.
2. Sous **Comportement** (Behavior), sélectionner **Annotatif**.
3. Sous **Comportement** (Behavior), sélectionner **Faire correspondre l'orientation du bloc à la présentation** (Match block orientation to layout).
4. Cliquer sur **Fermer** (Close) (fig.13.32).

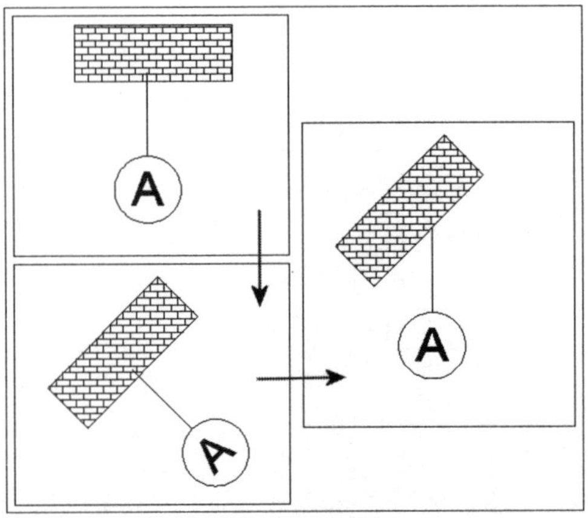

Fig.13.32

Fidélité visuelle des objets annotatifs

Lorsque vous travaillez avec des objets annotatifs, il est possible de préserver la fidélité visuelle de ces objets lorsqu'ils sont affichés dans des versions antérieures à AutoCAD 2008 grâce à la variable système SAVEFIDELITY, qui doit être définie sur 1.

Les objets annotatifs peuvent avoir plusieurs représentations d'échelle. Lorsque la fidélité visuelle est activée, les objets annotatifs sont décomposés et les représentations d'échelle sont enregistrées dans des calques distincts sous la forme de blocs anonymes. Le nom qui est attribué aux représentations d'échelle est basé sur le nom du calque d'origine auquel est ajouté un numéro (fig.13.33). Si vous décomposez le bloc dans AutoCAD 2007 ou versions antérieures, puis ouvrez le dessin dans AutoCAD 2008 ou versions ultérieures, chaque représentation d'échelle devient un objet annotatif distinct, chacun doté d'une échelle d'annotation. Si vous travaillez dans AutoCAD 2007 et versions antérieures, il est déconseillé de modifier ou de créer des objets sur ces calques lorsque vous travaillez sur un dessin créé dans AutoCAD 2008 et versions ultérieures.

Lorsque cette option n'est pas sélectionnée, une seule représentation de l'espace objet s'affiche dans l'onglet **Objet**.

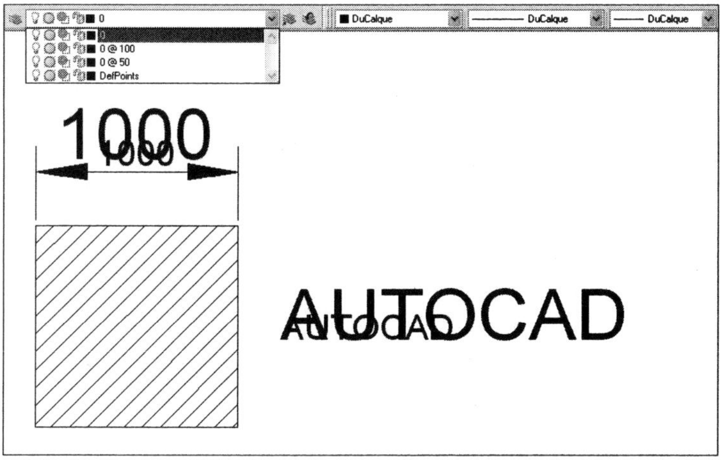

Fig.13.33

Chapitre 14
Le dessin paramétrique

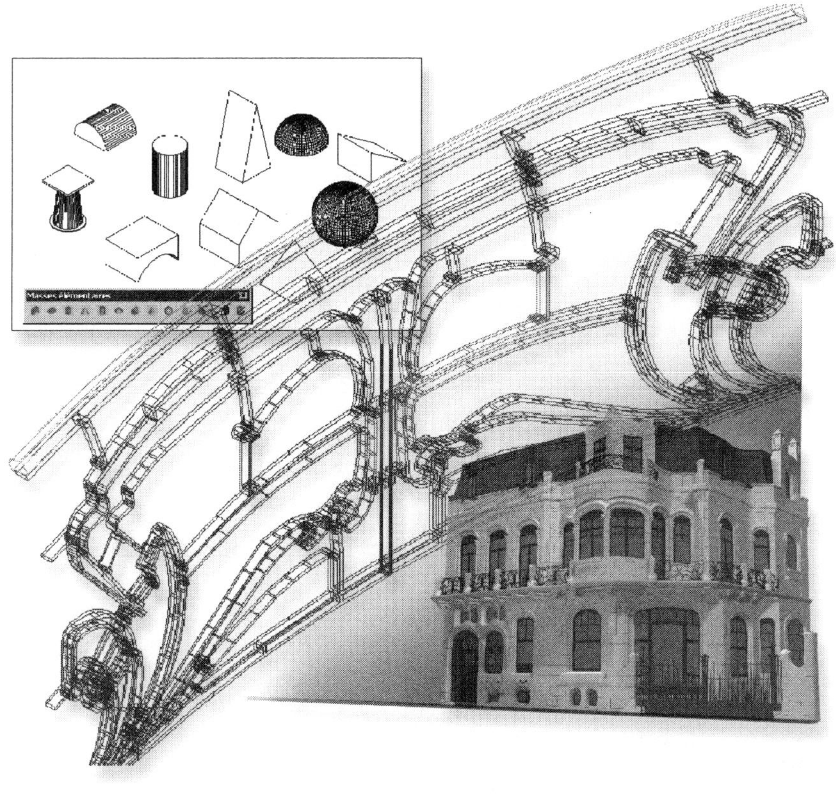

Introduction

La technologie du dessin paramétrique est utilisée dans le cadre de la conception avec l'utilisation de contraintes. Les contraintes sont des associations et des restrictions appliquées à la géométrie 2D du dessin.

Il existe deux catégories principales de contraintes :

- Les contraintes **géométriques** qui contrôlent la position des objets les uns par rapport aux autres.
- Les contraintes **dimensionnelles** qui contrôlent les valeurs de distance, de longueur, d'angle et de rayon des objets.

Dans la phase de conception, les contraintes peuvent souligner des exigences particulières lors de l'expérimentation de diverses solutions ou lors de modifications.

Les modifications apportées aux objets peuvent ajuster d'autres objets automatiquement et limiter le changement aux valeurs de distance et d'angle. Les contraintes permettent ainsi d'effectuer les opérations suivantes :

- Préserver les spécifications et exigences de conception par contrainte de la géométrie dans le dessin.
- Appliquer instantanément plusieurs contraintes géométriques aux objets.
- Inclure des formules et équations dans les contraintes dimensionnelles.
- Accélérer les modifications de conception par modification de la valeur d'une variable.

Lors de la création ou de la modification d'un projet, un dessin peut se présenter dans un des états suivants :

- **Aucune contrainte** : aucune contrainte n'est appliquée à aucune géométrie.
- **Sous-contrainte** : certaines contraintes sont appliquées à la géométrie.
- **Contrainte complète** : des contraintes géométriques et dimensionnelles appropriées sont appliquées à la géométrie. Un dessin entièrement contraint doit également inclure au moins une contrainte de fixation afin de bloquer la position de la géométrie.

En pratique, il y a deux méthodes générales pour concevoir des dessins avec des contraintes :

- Vous pouvez travailler dans un dessin « sous-contraint » et faire des modifications à l'aide des commandes d'édition ou des poignées, et ajouter ou modifier des contraintes.
- Vous pouvez créer un dessin entièrement contraint au départ, et puis contrôler la conception exclusivement en relâchant et en remplaçant des contraintes géométriques, et en changeant les valeurs dans des contraintes dimensionnelles.

Les contraintes géométriques

Le principe

Les contraintes géométriques déterminent les relations entre des objets géométriques 2D ou des points sur des objets.

Grâce aux contraintes géométriques, vous pouvez inclure des spécifications de conception dans vos dessins. C'est le cas par exemple d'une droite qui doit rester perpendiculaire à une autre, ou d'une droite qui doit rester tangente à deux cercles.

Dans l'exemple de la figure 14.1, trois types de contraintes sont utilisées : perpendiculaire, tangente et coïncidence. En tirant la ligne vers le haut, on constate qu'elle reste tangente aux deux arcs et que ses extrémités restent attachées aux arcs.

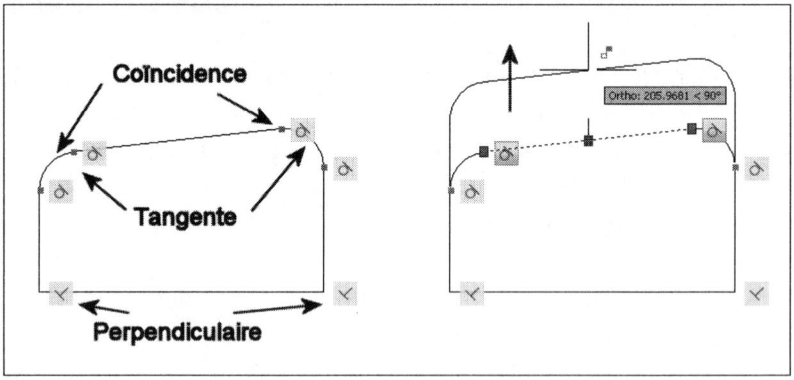

Fig.14.1

Vous pouvez appliquer de multiples contraintes géométriques aux objets, et cela manuellement ou automatiquement.

Si vous souhaitez appliquer automatiquement toutes les contraintes géométriques essentielles à une conception, vous pouvez employer le mode CONTRAINTEAUTO avec les objets que vous sélectionnez dans votre dessin. Ceci a pour effet de contraindre entièrement la forme géométrique sélectionnée. Pour contraindre entièrement la taille et les proportions d'une conception, vous devrez plus tard appliquer des contraintes dimensionnelles.

Le mode CONTRAINTEAUTO fournit également une série d'options qui permettent de spécifier les éléments suivants :

- les contraintes géométriques à appliquer;
- l'ordre dans lequel les contraintes géométriques sont appliquées;
- les tolérances utilisées pour déterminer si les objets sont horizontaux, verticaux ou en contact.

Dans l'exemple de la figure 14.2, le rectangle a été auto-contraint avec comme priorité la contrainte Horizontal puis Vertical. Cela permet par exemple de tirer la ligne horizontale supérieure vers le haut.

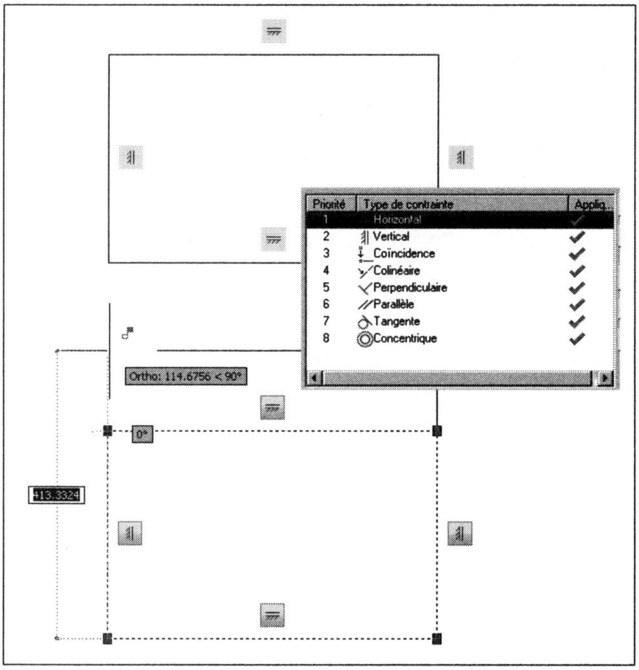

Fig.14.2

Depuis AutoCAD 2011, il est également possible d'appliquer automatiquement des contraintes géométriques lors de la création du dessin à l'aide de l'option Déduire des contraintes (Infer Constraints) de la barre d'état.

L'interface

Les outils disponibles pour l'utilisation des contraintes géométriques sont situés dans l'onglet **Paramétrique** pour l'usage du Ruban ou dans la barre d'outils **Paramétrique** pour l'interface AutoCAD classique (fig.14.3).

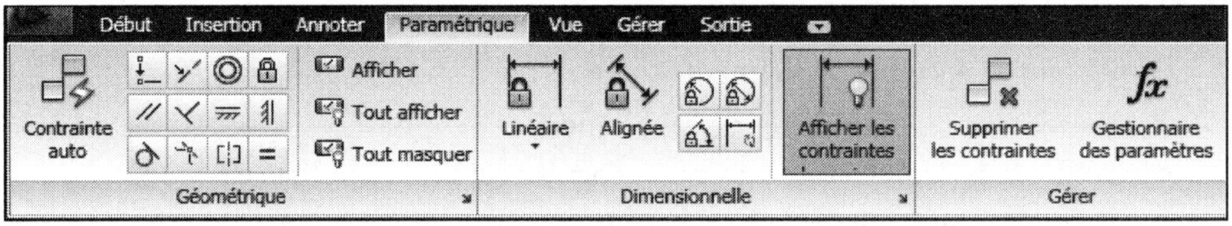

Fig.14.3

Trois groupes de fonctions sont disponibles : Géométrique, Dimensionnelle et Gérer. La petite flèche située en bas à droite du groupe permet d'accéder aux boîtes de dialogue des paramètres des groupes de fonctions (fig.14.4).

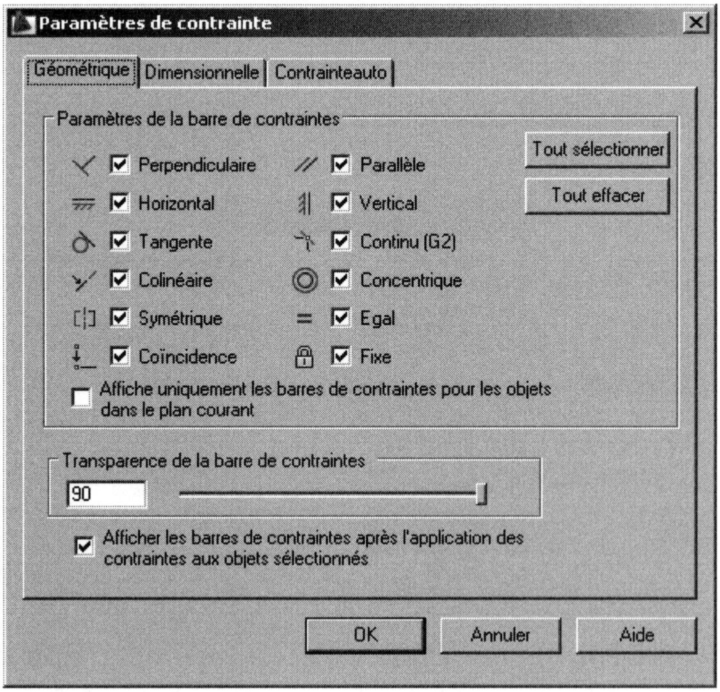

Fig.14.4

Les types de contraintes

La contrainte Coïncidence : permet de faire correspondre deux points et de conserver la liaison lors de modifications ultérieures. Dans l'exemple de la figure 14.5, après avoir sélectionné les extrémités des deux droites, elles coïncident et gardent cette propriété lors du déplacement d'une des deux droites.

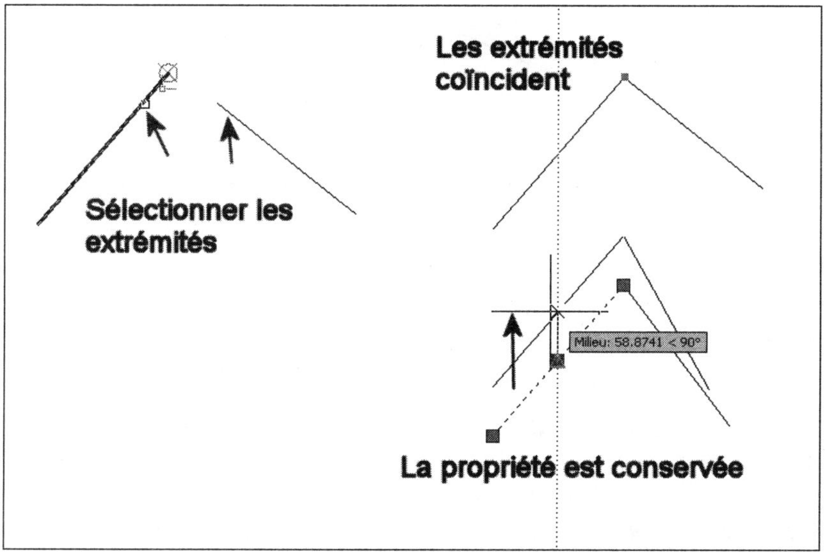

Fig.14.5

La contrainte Colinéaire : contraint deux lignes à être alignées. La seconde ligne sélectionnée devient colinéaire par rapport à la première. Il convient de sélectionner les deux lignes dans le bon ordre (fig.14.6).

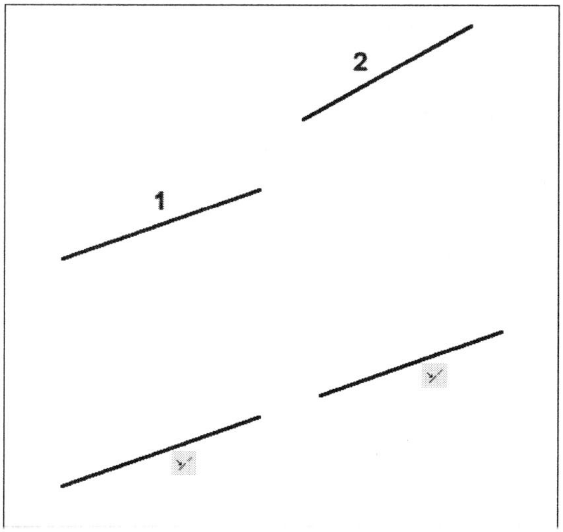

Fig.14.6

La contrainte concentrique : contraint deux cercles, arcs ou ellipses sélectionnés au même centre. Le second objet sélectionné devient concentrique par rapport au premier (fig.14.7).

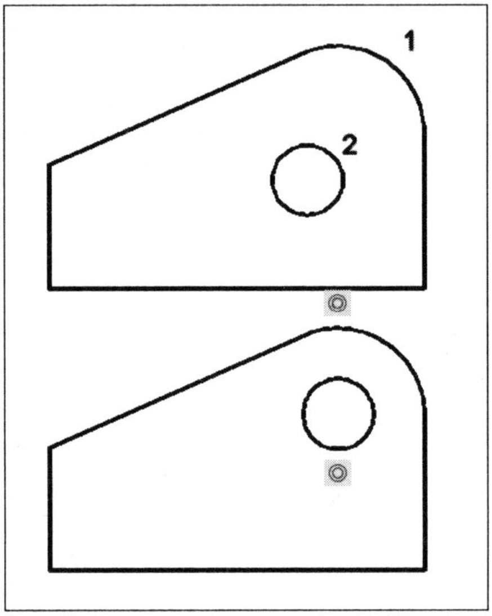

Fig.14.7

La contrainte fixe : fixe un point ou une courbe à un emplacement et une orientation définie par rapport au système de coordonnées général. Il est par exemple possible de fixer uniquement le centre d'un cercle (option Point) ou le centre et le rayon (option Objet) (fig.14.8).

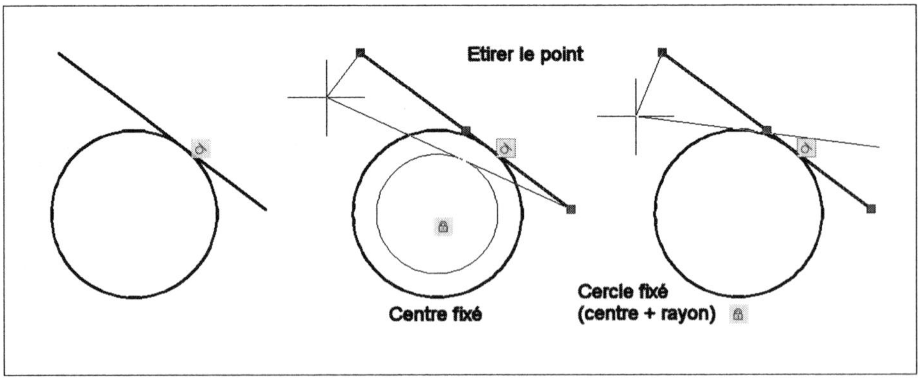

Fig.14.8

La contrainte de parallélisme : contraint deux lignes à la même inclinaison. Le second objet sélectionné devient parallèle au premier (fig.14.9).

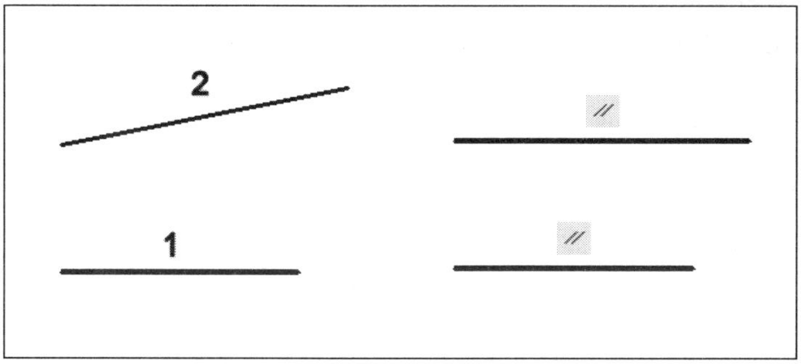

Fig.14.9

La contrainte de perpendicularité : contraint deux segments de ligne ou de polyligne à une inclinaison de 90° l'un par rapport à l'autre. Le second objet sélectionné devient perpendiculaire par rapport au premier. La propriété est conservée lors de modifications ultérieures (fig.14.10).

La contrainte d'horizontalité : contraint une ligne ou deux points à se positionner parallèlement à l'axe X du SCU courant. Le second point sélectionné sur un objet devient horizontal par rapport au premier (fig.14.11).

La contrainte de verticalité : contraint une ligne ou deux points à se positionner parallèlement à l'axe Y du SCU courant. Le second point sélectionné sur un objet devient vertical par rapport au premier (fig.14.12).

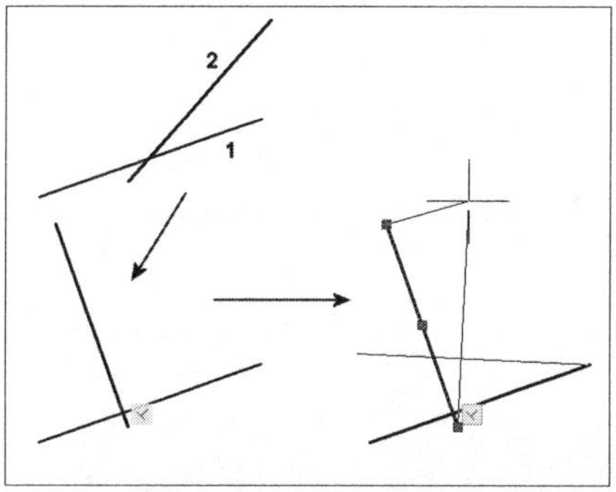

Fig.14.10

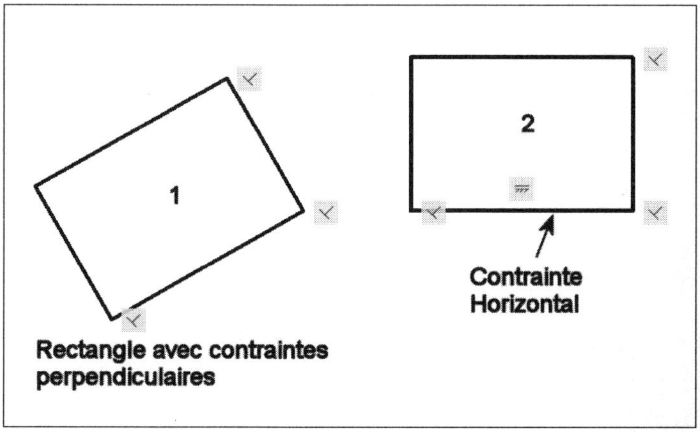

Fig.14.11

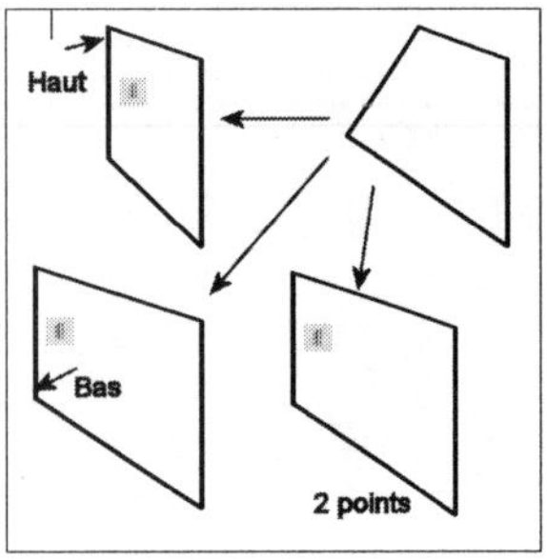

Fig.14.12

La contrainte de tangence : contraint deux courbes à un point de tangence entre elles ou leurs extensions (fig.14.13). Un cercle peut être tangent à une ligne même sans la toucher.

La contrainte de lissage : contraint une spline à se positionner de manière concomitante et en continuité par rapport à une autre spline, une ligne, un arc ou une polyligne. Le premier objet sélectionné doit être une spline. Le second objet sélectionné devient continu par rapport à la première spline (fig.14.14).

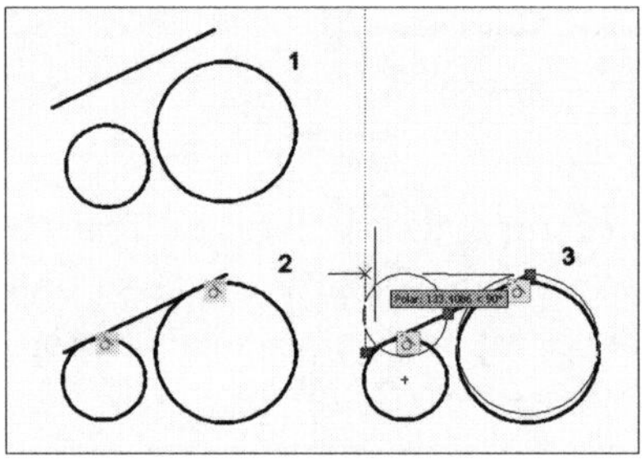

Fig.14.13

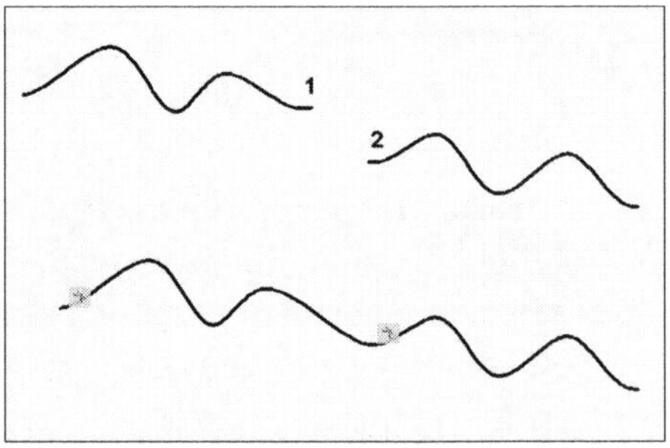

Fig.14.14

La contrainte de symétrie : contraint deux courbes ou deux points d'objet à se positionner symétriquement par rapport à une ligne donnée. Il faut d'abord sélectionner les deux objets puis la ligne de symétrie (fig.14.15).

La contrainte d'égalité : contraint deux segments de ligne ou de polyligne à la même longueur ou deux arcs ou cercles, au même rayon (fig.14.16). L'option Multiple permet de sélectionner plusieurs objets. Le premier objet est l'objet de référence.

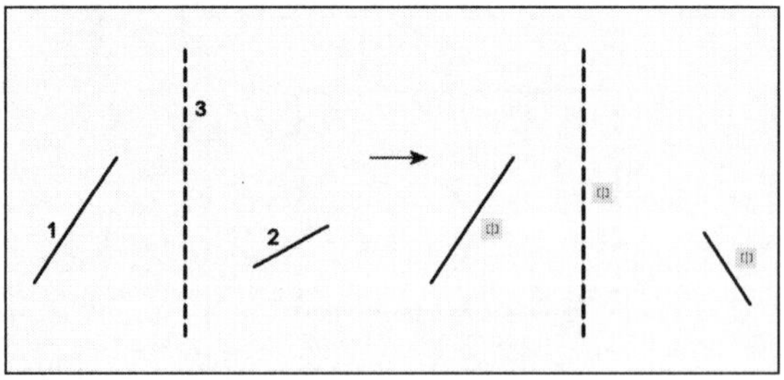

Fig.14.15

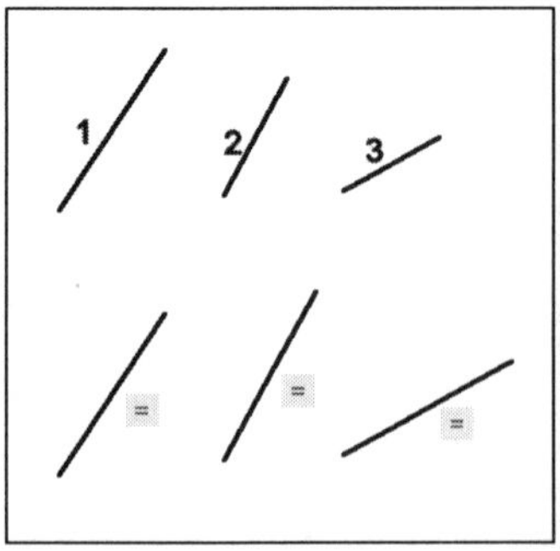

Fig.14.16

L'affichage des contraintes

Trois options sont disponibles pour l'affichage des contraintes (fig.14.17) :

- **Afficher** : pour afficher les contraintes de l'objet sélectionné.
- **Tout afficher** : pour afficher l'ensemble des contraintes du dessin.
- **Tout masquer** : pour n'afficher aucune contrainte.

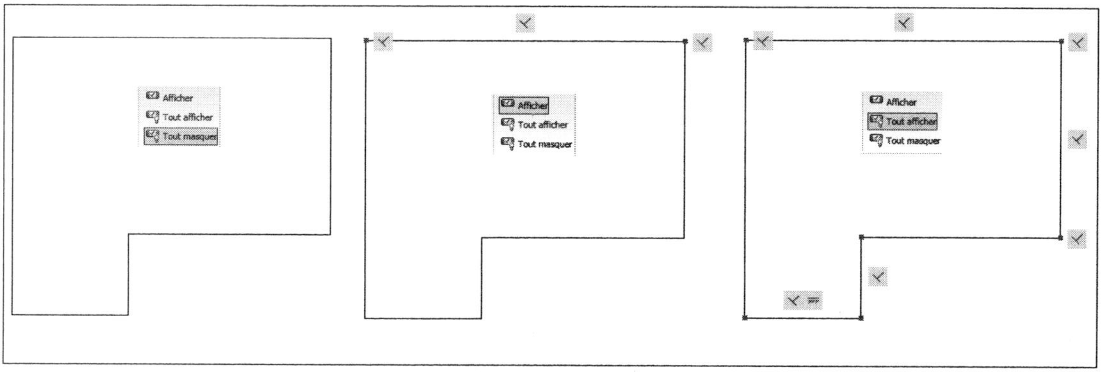

Fig.14.17

Vous pouvez aussi déterminer visuellement quels objets sont associés à n'importe quelle contrainte géométrique, ou quelles contraintes sont associées à n'importe quel objet. Il suffit de sélectionner une contrainte ou un objet pour visualiser les éléments concernés.

Suspendre des contraintes

Il y a deux manières pour suspendre les effets des contraintes quand vous devez apporter des modifications de conception :

- Supprimez les contraintes individuellement, apportez les modifications, puis appliquez les nouvelles contraintes. Tandis que le curseur survole une contrainte, vous pouvez employer la touche d'effacement (Delete) ou le menu contextuel (clic droit) pour supprimer la contrainte.
- Suspendez les contraintes temporairement sur les objets choisis, apportez les modifications, et puis reconstituez les contraintes à nouveau. Après avoir sélectionné des objets avec des contraintes, utilisez la touche CTRL pour alterner entre le maintien et la suspension des contraintes (fig.14.18).

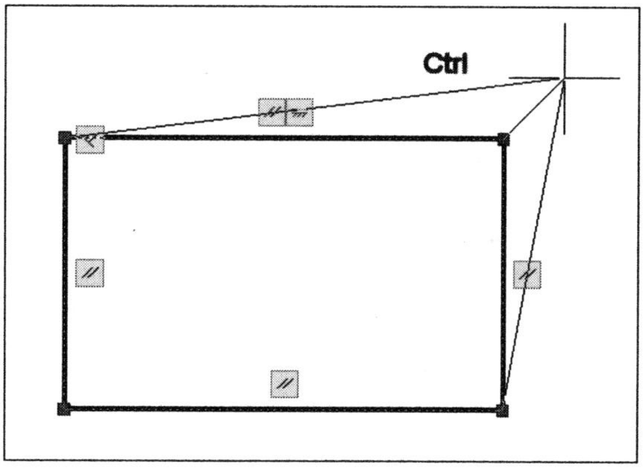

Fig.14.18

Prenons l'exemple d'un rectangle avec une contrainte automatique (onglet **Paramétrique > groupe de fonctions Géométrique > Contrainte Auto**). Nous allons faire tourner ce rectangle avec la fonction classique de Rotation. Un message signale qu'une contrainte présente sur l'objet empêche la rotation. Il s'agit de la contrainte Horizontal sur la ligne supérieure du rectangle. Pour résoudre le problème, il convient de sélectionner l'option **Relâcher les contraintes** pour faire la rotation. Une fois celle-ci réalisée, on constate que la contrainte Horizontal n'est plus appliquée à l'objet (fig.14.19).

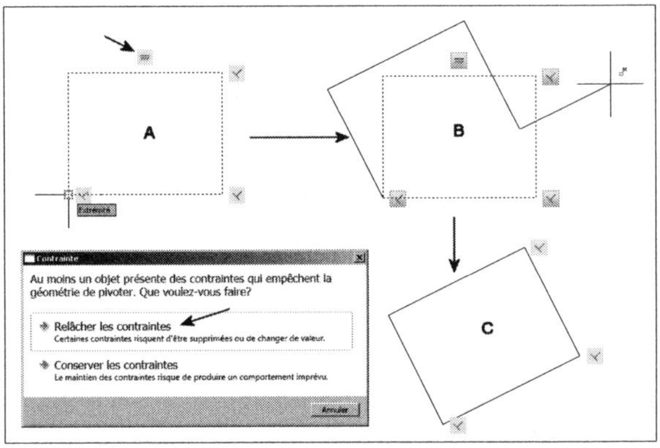

Fig.14.19

Lors d'une prochaine mise en contrainte automatique d'un rectangle, il conviendra de désactiver la contrainte **Horizontal** via l'option **Paramètres** de la commande **CONTRAINTEAUTO** (fig.14.20).

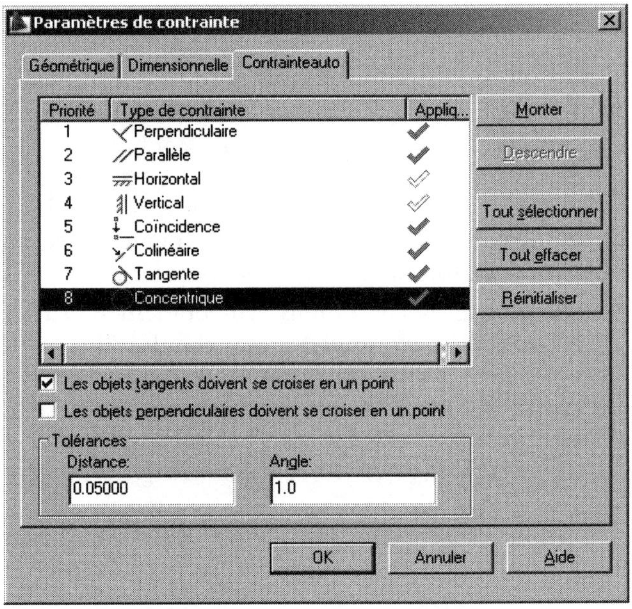

Fig.14.20

Exercice : application de contraintes automatiques et manuelles au contour d'un immeuble.

Les étapes sont les suivantes :

1 Dessiner le contour (fig.14.21).

2 Cliquer sur l'option **Contrainte auto** (Auto Constrain) du groupe de fonctions **Géométrique** (Geometric).

3 Activer l'option **Paramètres** (Settings).

4 Dans la boîte de dialogues **Paramètres de contrainte** (Constraint Settings), cliquer sur l'option **Réinitialiser** (Reset), puis sur OK.

5 Sélectionner le contour. Il est à présent contraint (fig.14.22).

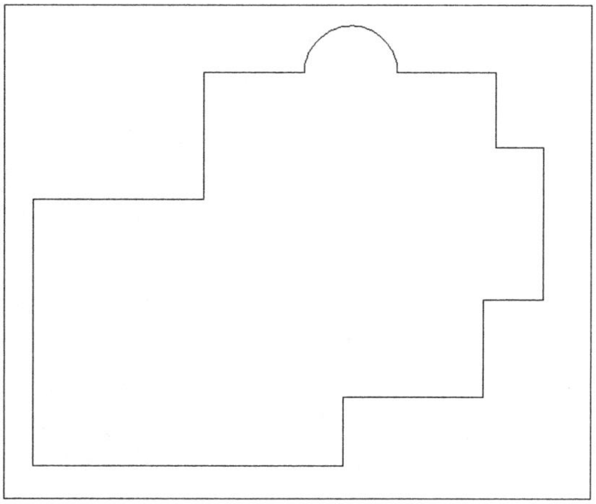

Fig.14.21

6 Pour fixer le contour dans le plan, nous allons ajouter la contrainte **Fixe** (Fix). Sélectionner la ligne horizontale en bas à gauche. Une marque indique quel point de l'objet sera fixé. Cliquer pour confirmer.

7 Pour adapter le contour, nous allons ajouter quelques contraintes :

- Une contrainte **Egal** pour rendre les segments A et B égaux. Le premier objet sélectionné constitue la référence (fig.14.23).
- Une contrainte **Egal** pour rendre les segments C et D égaux.
- Une contrainte **Colinéaire** (Collinear) pour aligner les segments C et E (fig.14.24).

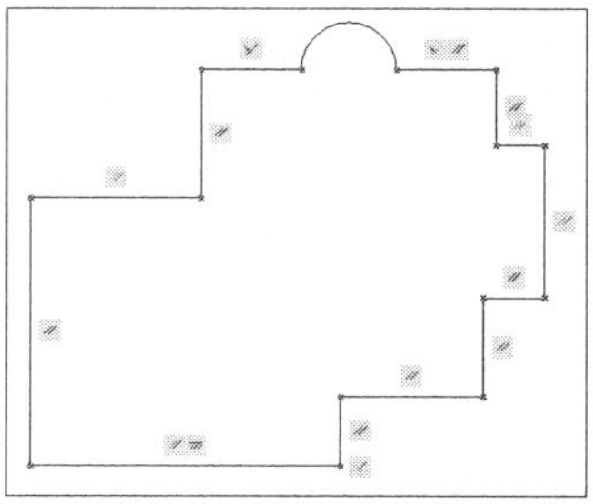

Fig.14.22

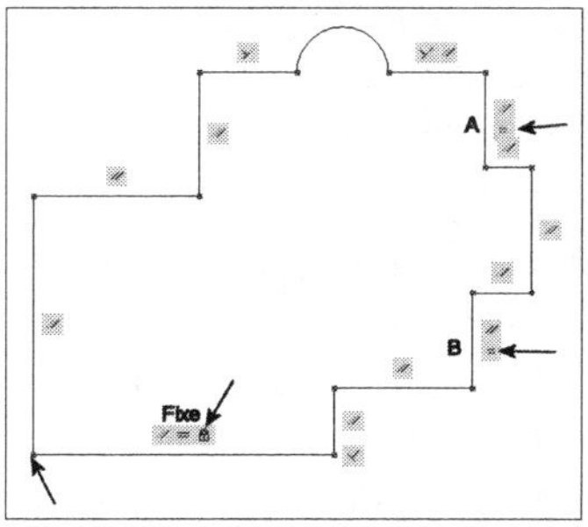

Fig.14.23

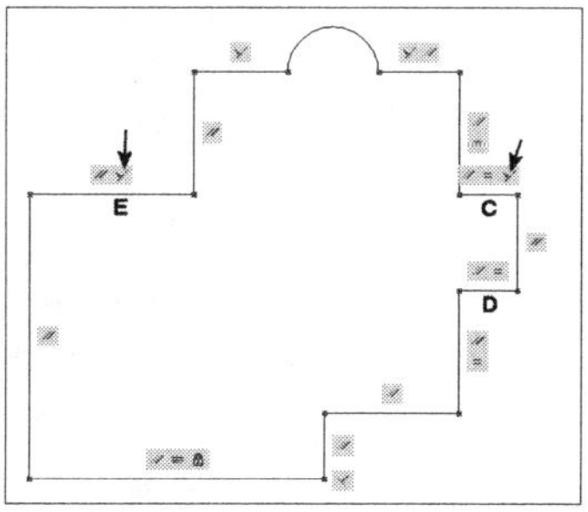

Fig.14.24

Déduction des contraintes géométriques

Vous pouvez appliquer automatiquement des contraintes géométriques lors de la création et de la modification des objets géométriques.

L'activation du mode de *déduction des contraintes* applique automatiquement des contraintes entre l'objet en cours de création ou de modification et l'objet ou les points associés aux modes d'accrochage aux objets.

Similaires à la commande CONTRAINTEAUTO, les contraintes sont appliquées uniquement si les objets répondent aux conditions de contrainte. Les objets ne sont pas repositionnés après la déduction de contrainte.

Lorsque la déduction de contrainte est activée, les accrochages aux objets que vous définissez lors de la création de la géométrie sont utilisés pour déduire des contraintes géométriques. Toutefois, certains accrochages aux objets ne sont pas pris en charge : Intersection, Intersection projetée, Extension et Quadrant.

Les contraintes suivantes ne peuvent pas être déduites :

- Fixe ;
- Continu ;
- Symétrique ;
- Concentrique ;
- Egal ;
- Colinéaire.

Certaines commandes de création et de modification des objets peuvent déduire des contraintes, quels que soient les paramètres courants concernant l'accrochage aux objets.

- Les commandes LIGNE et POLYLIGN déduisent des contraintes de coïncidence point à point. L'option Clore déduit une contrainte de coïncidence entre le point de départ de la première ligne et l'extrémité de la dernière ligne.
- Les commandes RECTANG, RACCORD et CHANFREIN déduisent les contraintes comme suit :
  - RECTANG applique une paire de contraintes parallèles et une contrainte perpendiculaire à la polyligne fermée (fig.14.25).
  - RACCORD applique des contraintes de tangence et de coïncidence entre l'arc nouvellement créé et la paire existante de lignes ajustées ou prolongées (fig.14.26).

- CHANFREIN applique des contraintes de coïncidence entre la ligne nouvellement créée et la paire existante de lignes ajustées ou prolongées.

- Dans le cas d'une déduction des contraintes avec les commandes DEPLACER, COPIER et ETIRER, vous pouvez, lors du déplacement, de la copie ou de l'étirement, appliquer des contraintes de coïncidence, perpendicularité, parallélisme ou tangence, entre l'objet en cours de modification et l'objet en cours d'accrochage si le point de base de l'objet modifié est un point de contrainte valide de cet objet. Par exemple, si une ligne est étirée et accrochée à l'extrémité d'une autre ligne, une contrainte coïncidente est appliquée entre les extrémités des deux lignes. Une contrainte verticale ou horizontale peut être appliquée entre les objets lorsque vous déplacez, copiez ou étirez un objet à partir d'un point de contrainte, tout en effectuant le repérage d'objet verticalement ou horizontalement le long d'un point de contrainte valide sur un autre objet.
- Les commandes suivantes ne sont pas concernées par la déduction de contraintes : ECHELLE, MIROIR, DECALER, COUPURE, AJUSTER, PROLONGE et RESEAU.

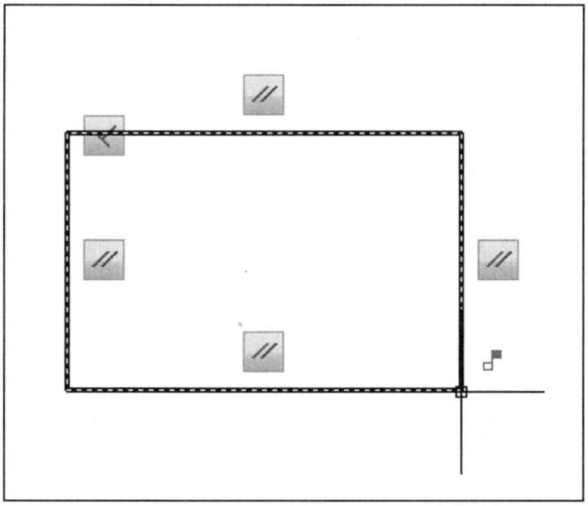

Fig.14.25

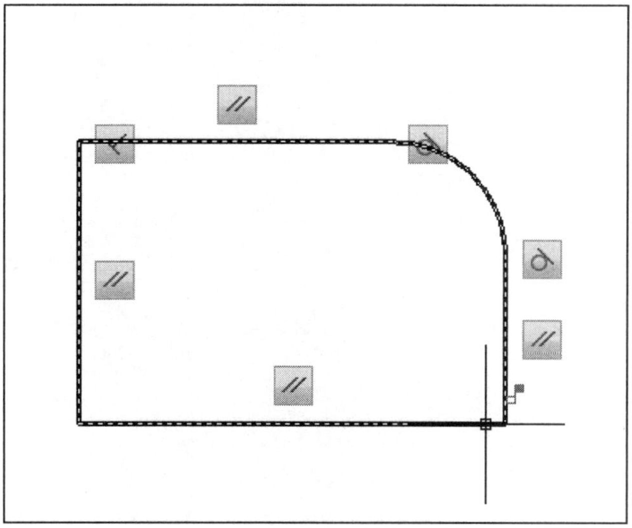

Fig.14.26

Pour activer et désactiver les contraintes déduites, la procédure est la suivante :

[1] Cliquer sur le bouton **Déduire les contraintes** (Infer Constraints) dans la barre d'état pour activer ou non les contraintes déduites. Un autre moyen est de sélectionner ou de désélectionner l'option **Déduire les contraintes géométriques** (Infer geometric constraints) dans la boîte de dialogue **Paramètres de contrainte** (Constraint Settings), disponible dans le groupe de fonctions **Géométriques** (Geometric) de l'onglet **Paramétrique** (Parametric) (fig.14.27).

[2] Par la suite, pour supprimer les contraintes géométriques, il convient de cliquer sur **Supprimer les contraintes** (Delete Constraints) dans le groupe de fonctions **Gérer** (Manage).

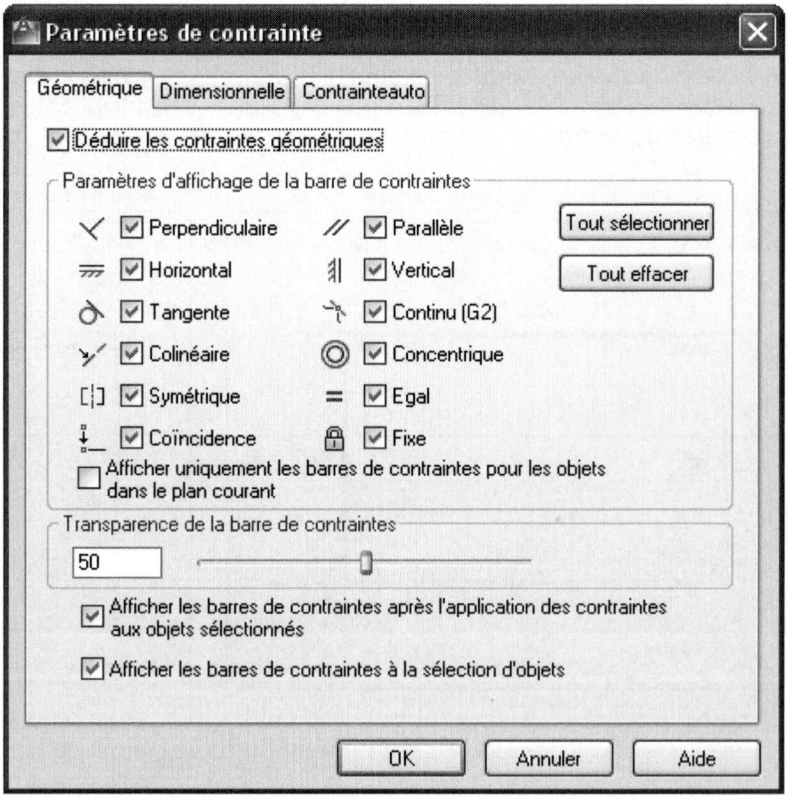

Fig.14.27

Les contraintes dimensionnelles

Le principe

Les contraintes dimensionnelles commandent la taille et les proportions d'un dessin. Elles peuvent déterminer ce qui suit :

- distances entre des objets, ou entre des points sur des objets
- angles entre des objets, ou entre les points sur des objets
- tailles des arcs et des cercles

Par exemple, l'illustration de la figure 14.28 inclut des contraintes linéaires, alignées, angulaires, et de diamètre.

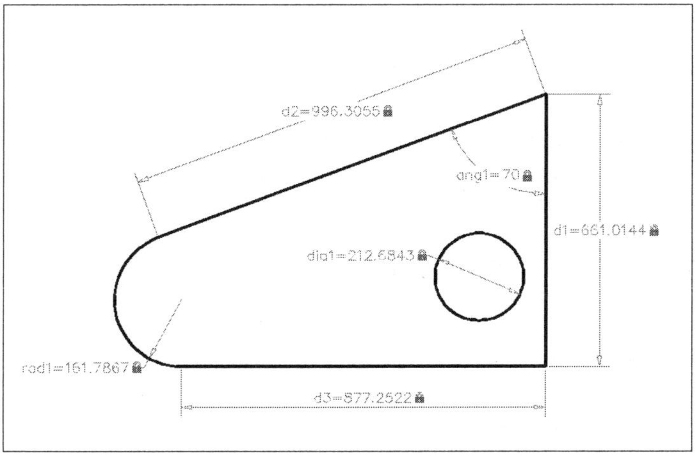

Fig.14.28

Si vous changez la valeur d'une contrainte dimensionnelle, toutes les contraintes sur l'objet sont évaluées, et les objets qui sont affectés sont automatiquement mis à jour.

Les contraintes dimensionnelles sont différentes des objets de cotation classiques selon les points suivants :

- Les contraintes dimensionnelles sont employées dans la phase de conception d'un projet tandis que les dimensions sont utilisées dans la phase de documentation du projet.
- Les contraintes dimensionnelles pilotent la taille ou l'angle des objets tandis que les objets de cotation résultent directement des objets.
- Les contraintes dimensionnelles ne sont pas des objets et ne sont donc pas imprimées par défaut.

Quand vous appliquez une contrainte dimensionnelle à un objet, une variable de contrainte est automatiquement créée pour maintenir la valeur de contrainte. Un nom leur est affecté par défaut tel d1 ou dia1, mais vous pouvez les renommer dans le gestionnaire de paramètres.

Les contraintes dimensionnelles peuvent être regroupées dans une des trois catégories suivantes :

- **Dynamique :** par défaut, les contraintes dimensionnelles sont dynamiques. Elles sont idéales pour le dessin paramétrique normal. Les contraintes dynamiques ont un style prédéfini, ainsi elles peuvent plus facilement être identifiées. Avec la contrainte dynamique, vous pouvez zoomer pendant que les contraintes dimensionnelles sont affichées. Leur taille reste identique par rapport à l'écran.
- **Annotation :** les contraintes d'annotation sont employées pour créer des variables associatives, des distances décalées, et ainsi de suite.
- **Référence :** les contraintes de référence sont un moyen pratique d'afficher les mesures que vous devriez sinon calculer. Elles ne contrôlent pas la géométrie associée, mais signalent une mesure comme un objet de cote.

Application des contraintes dimensionnelles

Vous pouvez appliquer les types de contraintes suivantes :

- contrainte dimensionnelle linéaire
- contrainte dimensionnelle horizontale
- contrainte dimensionnelle verticale
- contrainte dimensionnelle alignée
- contrainte dimensionnelle angulaire
- contrainte dimensionnelle radiale
- contrainte dimensionnelle de diamètre

Pour ajouter une contrainte dimensionnelle linéaire, horizontale ou verticale, la procédure est la suivante :

[1] Exécuter la commande de contrainte dimensionnelle linéaire, horizontale ou verticale à l'aide de l'une des méthodes suivantes :

Ruban : dans l'onglet **Paramétrique** (Parametric), sélectionner le groupe de fonctions **Dimensionnelle** (Dimensional) puis l'option **Linéaire** (Linear), **Horizontale** (Horizontal) ou **Verticale** (Vertical).

Icône : choisir l'icône **Linéaire** (Linear), **Horizontale** (Horizontal) ou **Verticale** (Vertical) de la barre d'outils **Paramétrique** (Parametric).

Clavier : taper la commande **Contraintecote** (Dimconstraint).

2 Spécifier le premier point de contrainte ou [Objet] ‹Objet› : Par exemple Objet.

3 Sélectionner l'objet : pointer A.

4 Spécifier l'emplacement de la ligne de cote : pointer B.

5 Texte de cote = 767.25. Accepter la valeur ou entrer une nouvelle valeur. Par exemple : 800. Dans ce dernier cas, la géométrie sera modifiée. Il peut être utile d'ajouter au préalable des contraintes géométriques pour conserver l'ensemble de la géométrie (fig.14.29).

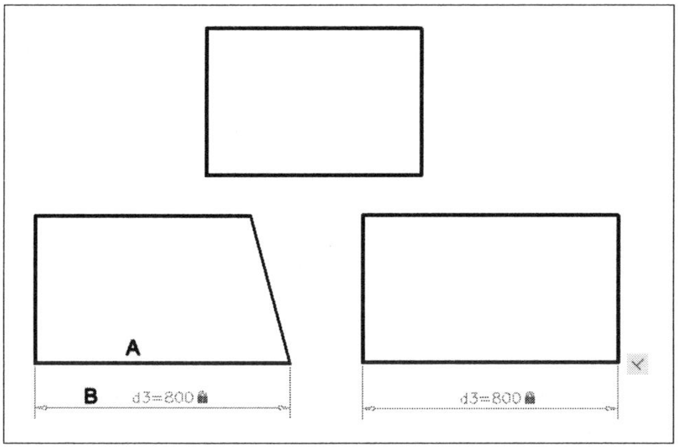

Fig.14.29

Pour ajouter une contrainte dimensionnelle alignée, la procédure est la suivante :

1 Exécuter la commande de contrainte dimensionnelle alignée à l'aide de l'une des méthodes suivantes :

Ruban : dans l'onglet **Paramétrique** (Parametric), sélectionner le groupe de fonctions **Dimensionnelle** (Dimensional) puis l'option **Alignée** (Aligned).

Icône : choisir l'icône **Alignée** (Aligned) de la barre d'outils **Paramétrique** (Parametric).

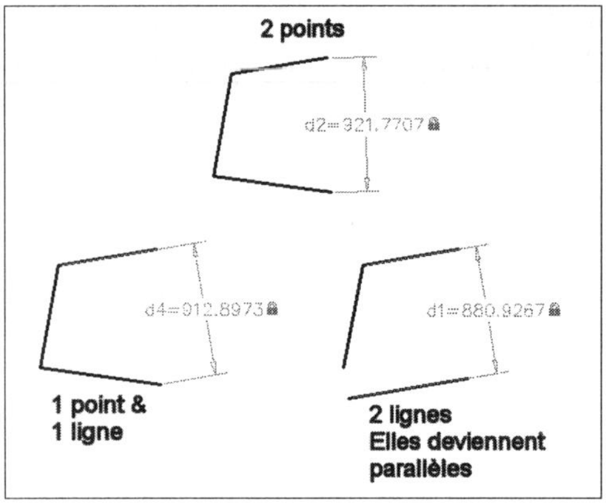

Fig.14.30

Clavier : taper la commande **Contraintecote** (Dimconstraint).

2 Spécifier le premier point de contrainte ou [Objet/Point & ligne/2Lignes] : sélectionner une option (fig.14.30) :

- Objet : la contrainte est alignée avec l'objet
- Point&ligne : la contrainte se place perpendiculairement à la ligne
- 2Lignes : la seconde ligne se met parallèlement à la première après la mise en place de la contrainte

Par exemple Objet.

3 Sélectionner l'objet : pointer la ligne.

4 Spécifier l'emplacement de la ligne de cote : pointer la position.

5 Texte de cote = 767.25. Accepter la valeur ou entrer une nouvelle valeur.

Pour ajouter une contrainte dimensionnelle angulaire, la procédure est la suivante :

1 Exécuter la commande de contrainte dimensionnelle alignée à l'aide de l'une des méthodes suivantes :

Ruban : dans l'onglet **Paramétrique** (Parametric), sélectionner le groupe de fonctions **Dimensionnelle** (Dimensional) puis l'option **Angulaire** (Angular).

Icône : choisir l'icône **Angulaire** (Angular) de la barre d'outils **Paramétrique** (Parametric).

Clavier : taper la commande **Contraintecote** (Dimconstraint).

2 Sélectionner la première ligne ou l'arc ou [3Point] ‹3Point› : pointer la première ligne.

3 Sélectionner la seconde ligne : pointer.

4 Spécifier l'emplacement de la ligne de cote : pointer.

5 Texte de cote = 53 : appuyer sur Entrée (fig.14.31).

Pour ajouter une contrainte dimensionnelle radiale ou de diamètre, la procédure est la suivante :

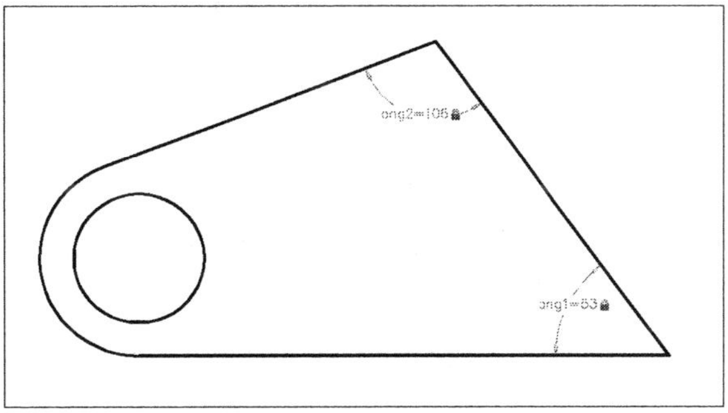

Fig.14.31

[1] Exécuter la commande de contrainte dimensionnelle alignée à l'aide de l'une des méthodes suivantes :

Ruban : dans l'onglet **Paramétrique** (Parametric), sélectionner le groupe de fonctions **Dimensionnelle** (Dimensional) puis l'option **Radiale** (Radial) ou **Diamètre** (Diameter).

Icône : choisir l'icône **Radiale** (Radial) ou **Diamètre** (Diameter) de la barre d'outils **Paramétrique** (Parametric).

Clavier : taper la commande **Contraintecote** (Dimconstraint).

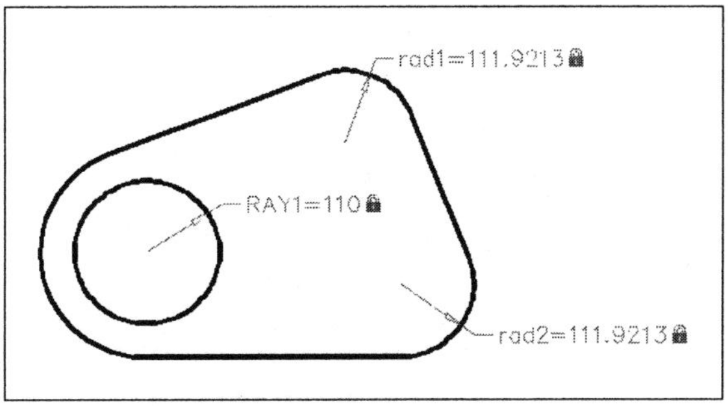

Fig.14.32

[2] Sélectionner l'arc ou le cercle : pointer.

[3] Spécifier l'emplacement de la ligne de cote : pointer.

[4] Texte de cote = 106.34 : confirmer en appuyant sur Entrée. Vous pouvez aussi entrer une valeur ou spécifier une expression (nom=valeur). Par exemple : RAY1=110 (fig.14.32).

Exercice : dessiner une pièce mécanique

[1] Dessiner une pièce comme par exemple celle illustrée à la figure 14.33.

[2] Placer les différentes contraintes dimensionnelles à l'aide des options du groupe de fonctions **Dimensionnelle** (Dimensional) : d1, d2, ang1, rad1, rad2, rad3, rad4 (fig.14.34).

[3] Nous allons lier les rayons entre eux. Pour cela, ouvrir le **Gestionnaire de paramètres** dans le groupe de fonctions **Gérer** (Manage).

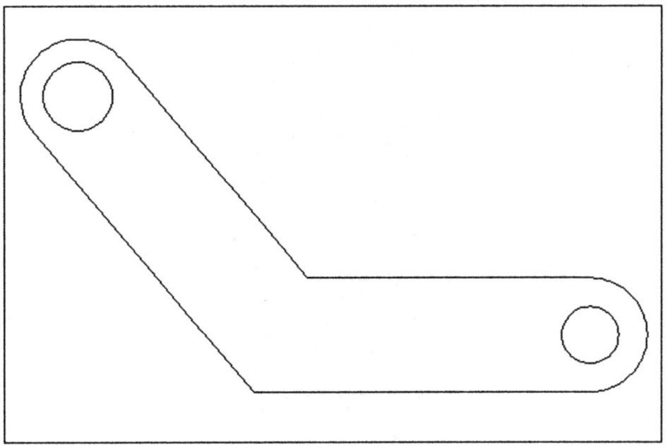

Fig.14.33

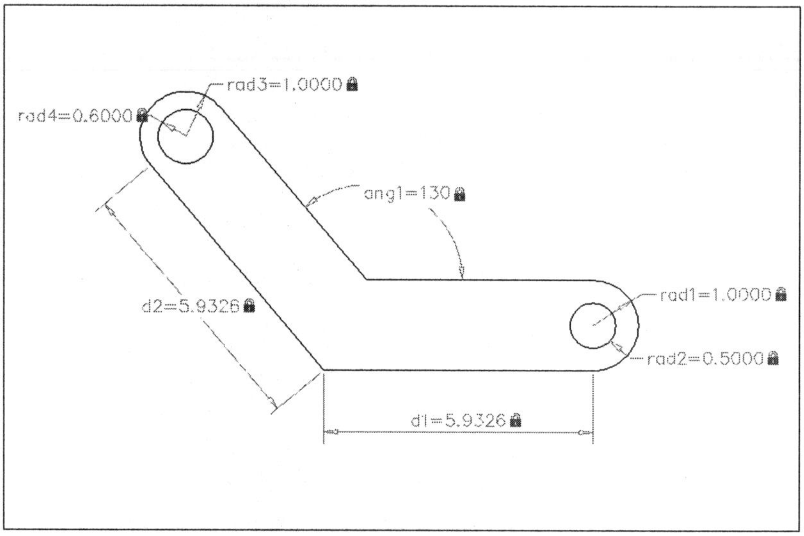

Fig.14.34

4 Dans la colonne **Expression**, entrer les expressions suivantes (fig.14.35) :

- Ligne rad1, entrer rad2+0.5
- Ligne rad3, entrer rad4+0.4

5 Changer la distance d1, en entrant par exemple 7. La ligne horizontale se prolonge mais le reste de la figure ne change pas. En effet aucune contrainte géométrique ne lie les objets entre eux. Il est donc utile d'appliquer une contrainte automatique au dessin.

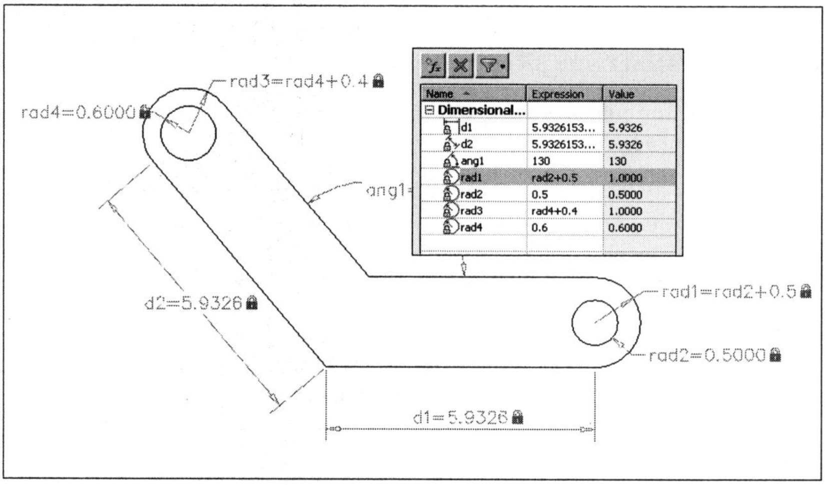

Fig.14.35

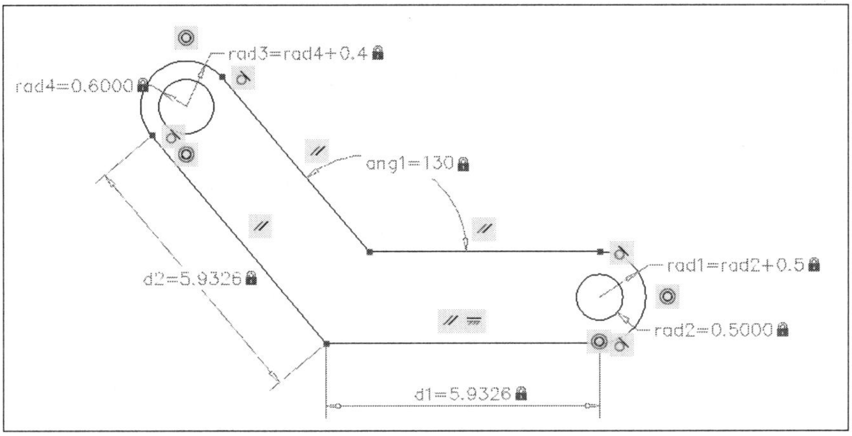

Fig.14.36

6 Cliquer sur **Contrainte auto** (Auto Constrain) du groupe de fonctions **Géométrique** (Geometric) et sélectionner le dessin (fig.14.36).

7 Modifier les paramètres d1 et ang1 dans le gestionnaire de paramètres. La figure s'adapte automatiquement (fig.14.37).

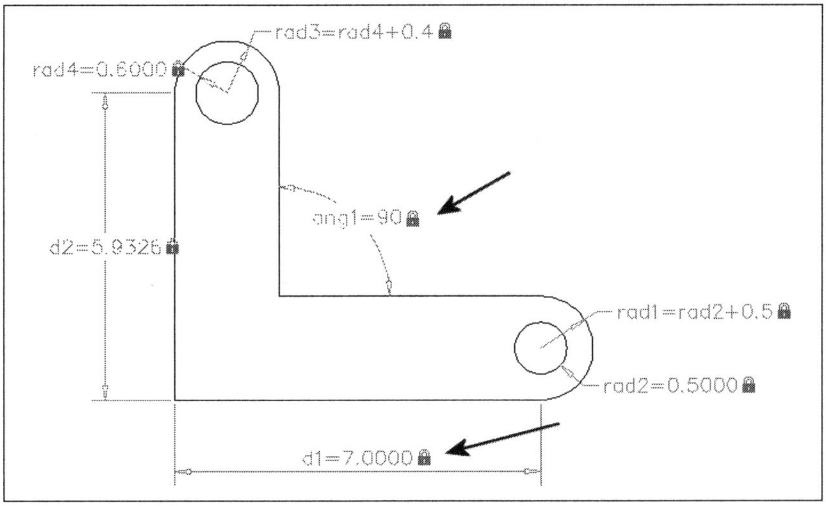

Fig.14.37

La création de variables et d'expressions

Les variables dimensionnelles contiennent des formules et des équations qui pilotent la géométrie. Le changement de la valeur d'une formule peut entraîner des changements à travers toute la géométrie.

Le gestionnaire de paramètres permet à l'utilisateur de définir et d'enregistrer ses expressions.

Les expressions peuvent contenir le résultat des équations ou des formules fournies. La valeur peut être une constante, ou un paramètre.

Vous pouvez créer les types d'expressions suivants :

- Des formules imbriquées contenant des références vers d'autres paramètres.
- Des formules de type fonction mathématique et géométrique comme PI, max, min, sin...

Pour créer un paramètre utilisateur et le référencer dans une expression, la procédure est la suivante :

Penons l'exemple d'un local dont les dimensions doivent être un multiple de 60 cm. Nous allons créer une variable utilisateur dénommée Module dont la valeur = 60.

[1] Cliquer sur l'option **Gestionnaire des paramètres** (Parameters Manager) dans le groupe de fonctions **Gérer** (Manage).

[2] Dans le panneau du gestionnaire, cliquer sur **Créer un paramètre utilisateur** (Create a new user parameter). Un nouveau paramètre est créé dans la section **Variables utilisateur** (User Variables).

[3] Renommer la variable module et donner la valeur 60 (fig.14.38).

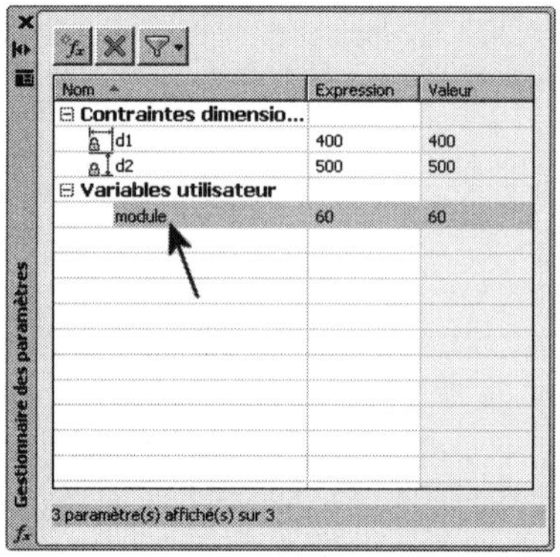

Fig.14.38

[4] Effectuer un double clic sur la variable module, puis effectuer un clic droit et sélectionner **Copier** (Copy).

[5] Effectuer un double clic dans la colonne **Expression** en regard de la contrainte souhaitée, puis effectuer un clic droit et sélectionner **Coller** (Paste).

[6] Adapter l'expression. Par exemple : 6*module pour la ligne d1 et 7*module pour la ligne d2 (fig.14.39).

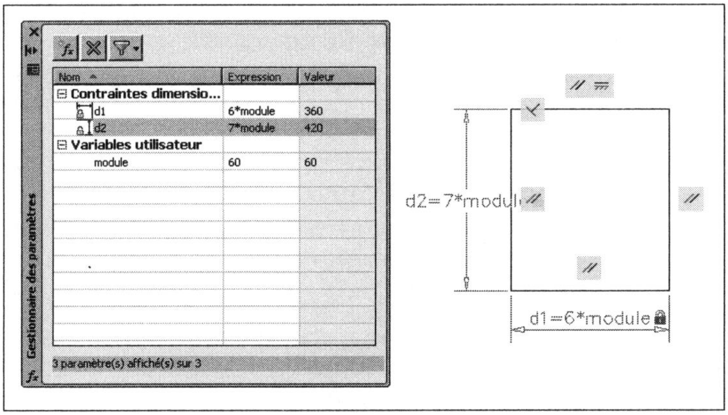

Fig.14.39

Pour inclure une fonction dans une expression, la procédure est la suivante :

[1] Cliquer sur l'option **Gestionnaire des paramètres** (Parameters Manager) dans le groupe de fonctions **Gérer** (Manage).

[2] Double-cliquer sur le paramètre pour lequel vous souhaitez ajouter une fonction.

[3] Effectuer un clic droit et sélectionner Expressions.

[4] Cliquer sur l'expression souhaitée. Par exemple, pour la racine carrée : sqrt(expr).

[5] Adapter l'expression finale (fig.14.40).

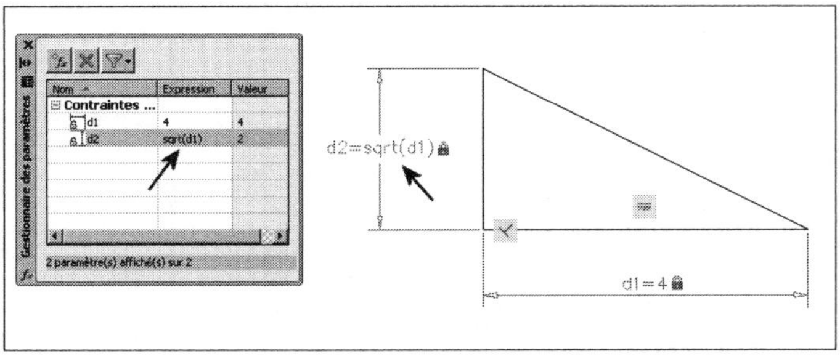

Fig.14.40

Les contraintes géométriques et dimensionnelles dans les blocs dynamiques

L'éditeur de blocs supporte également les contraintes géométriques et dimensionnelles pour la réalisation de blocs dynamiques. Ces nouvelles fonctionnalités permettent de créer plus facilement certains blocs qui étaient assez ardus à réaliser avec uniquement les paramètres et les actions des versions précédentes.

A titre d'exemple, prenons le cas de la poutrelle métallique « Poutre à larges ailes – Métrique » livrée avec AutoCAD. La figure 14.41 illustre l'ensemble des paramètres et actions. Nous allons supprimer ces dernières et repartir avec les nouvelles possibilités :

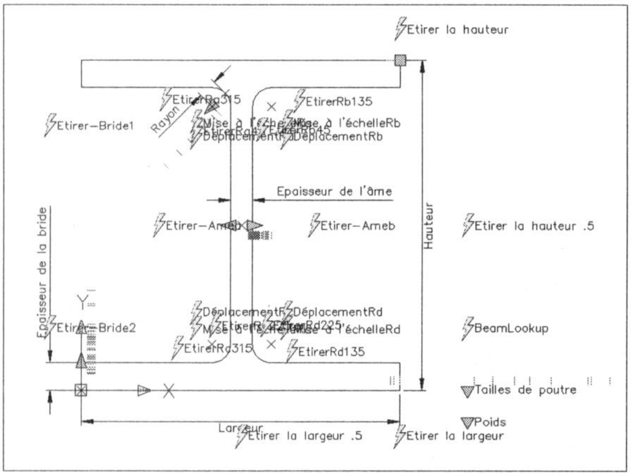

Fig.14.41

1. Dans l'éditeur de blocs, utiliser la fonction **Contrainte auto** (Auto Constrain) située dans le groupe de fonctions **Géométrique** (Geometric) de l'onglet **Paramétrique** (Parametric) et sélectionner le dessin de la poutre (fig.14.42).
2. Nous allons ajouter des contraintes supplémentaires. Pour cela, afficher la boîte de dialogues **Paramètres de contrainte** (Constraint Settings) en cliquant sur la flèche située en bas du groupe de fonctions **Géométrique.**
3. Cliquer sur **Tout effacer** (Clear All), puis activer **Egal** (Equal) et **Fixe** (Fix) (fig.14.43). Cliquer sur OK. Il n'y a plus de contraintes affichées car elles ont été filtrées par les options de la boîte de dialogue.

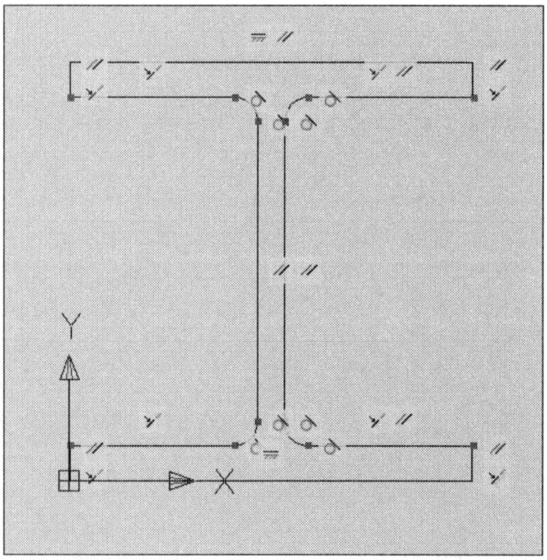

Fig.14.42

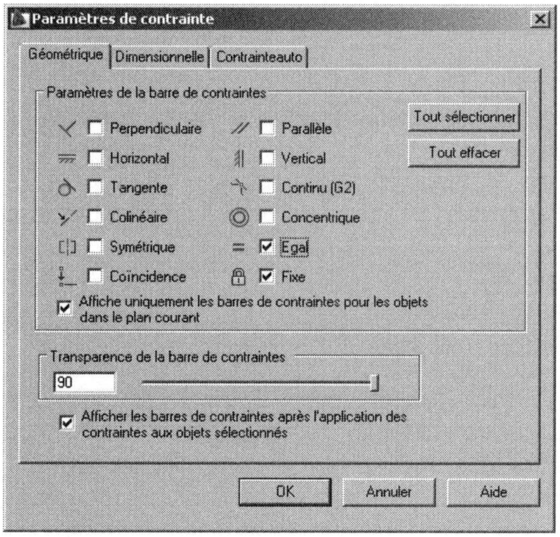

Fig.14.43

4 Appliquer les contraintes géométriques suivantes (fig.14.44) :

- **Fixe** (Fix) : le coin inférieur gauche
- **Egal** (Equal) : arc 1&2, arc 1&3, arc 1&4.
- **Egal** (Equal) : segment 1&2, segment 3&4

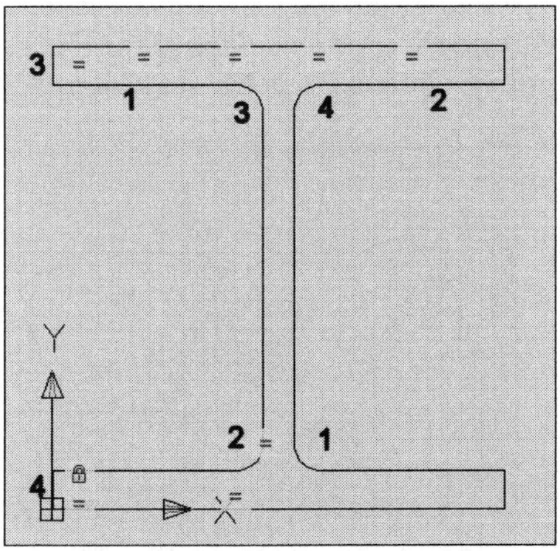

Fig.14.44

5 Appliquer les contraintes dimensionnelles suivantes (fig.14.45) :

- Vertical : Nom Bride – 1 poignée
- Horizontal : Nom Ame – 1 poignée
- Rayon : Nom Rayon – 0 poignée
- Alignée : Nom Largeur – 1 poignée
- Vertical : Nom Hauteur – 1 poignée

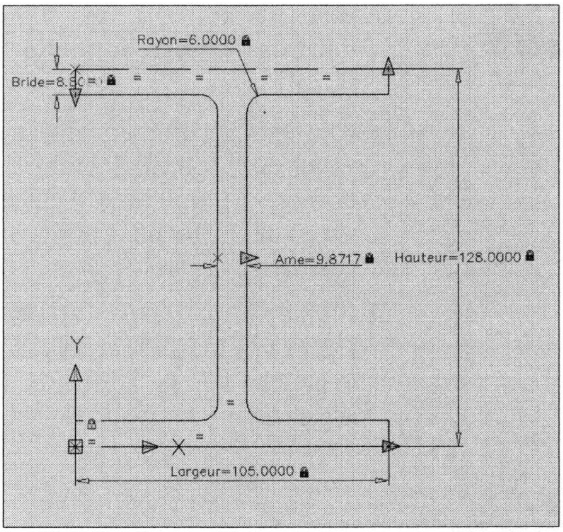

Fig.14.45

[6] Sauver le bloc et sorter de l'éditeur. Il est à présent possible de redimensionner la poutre manuellement ou à l'aide des propriétés (fig.14.46).

[7] Ouvrer le bloc à nouveau dans l'éditeur de bloc. Le but est de créer un tableau avec des valeurs prédéfinies.

[8] Afin de pouvoir sélectionner une poutre en fonction de ses dimensions, il est utile de créer un intitulé par type de poutre. Il convient pour cela d'ajouter un attribut avec les propriétés **Invisible** et **Prédéfini** (fig.14.47).

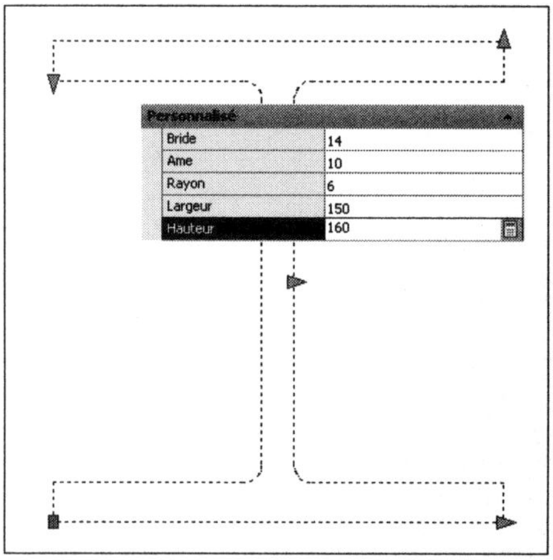

Fig.14.46

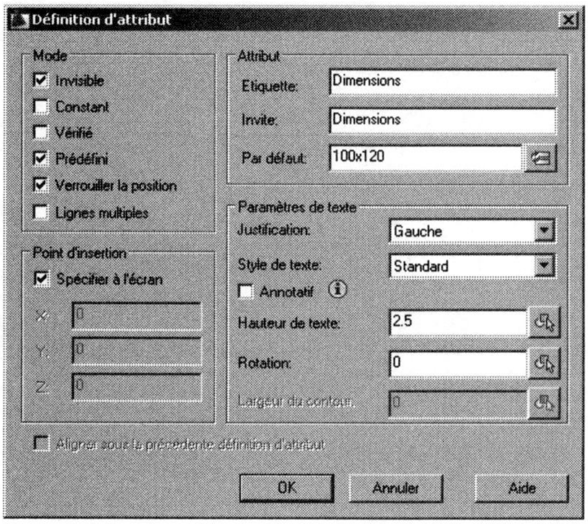

Fig.14.47

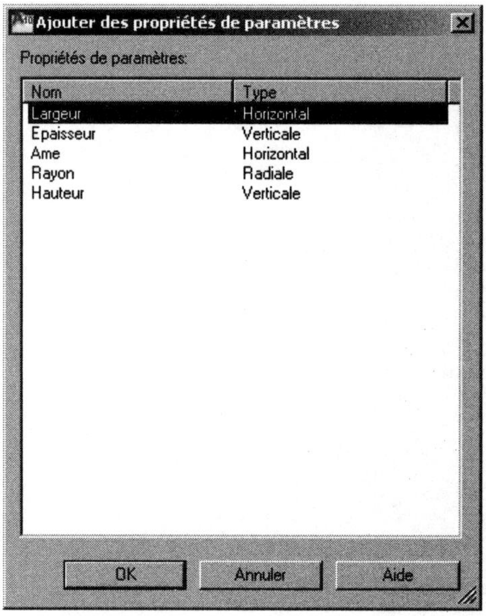

Fig.14.48

[9] Créer le tableau en cliquant sur l'option **Table des propriétés de bloc** (Block Table) dans le groupe de fonctions **Dimensionnelle** (Dimensional).

[10] Pointer la position du tableau en bas à gauche de la poutre et entrer 1 comme nombre de poignées. Une boîte de dialogue s'affiche pour entrer les valeurs.

[11] Cliquer sur le bouton **Ajouter Propriétés** (Add Properties) en haut à gauche de la boîte de dialogue (fig.14.48).

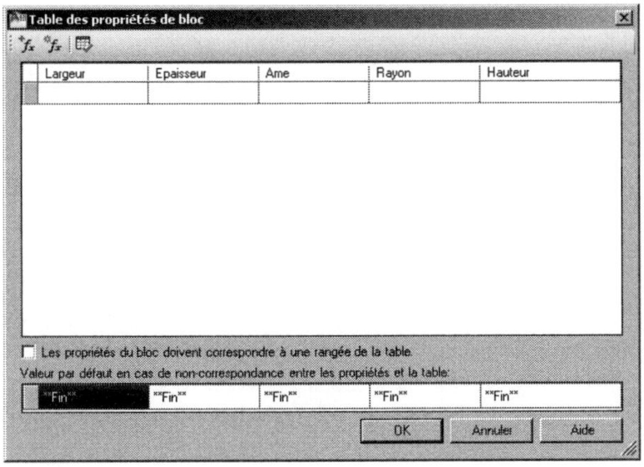

Fig.14.49

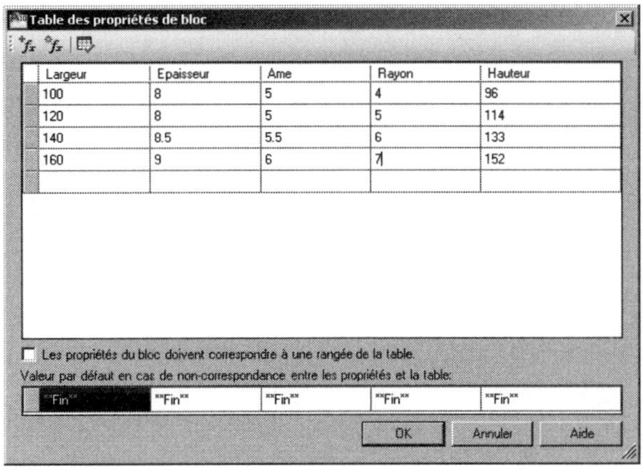

Fig.14.50

12 Sélectionner tous les paramètres et cliquer sur OK. Les paramètres apparaissent sous la forme de colonnes dans un tableau (fig.14.49).

13 Compléter le tableau en entrant les valeurs (fig.14.50) et cliquer sur OK.

14 Sauver le bloc et sorter de l'éditeur. Il est à présent possible de sélectionner le type de poutre dans la liste (fig.14.51).

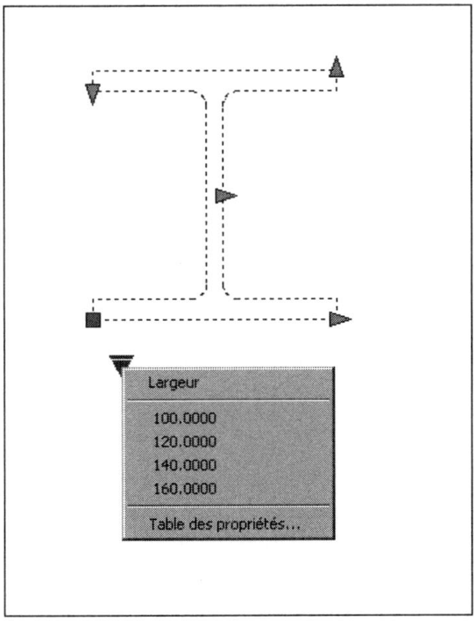

Fig.14.51

CHAPITRE 15

DESSINER EN ISOMÉTRIE 2D

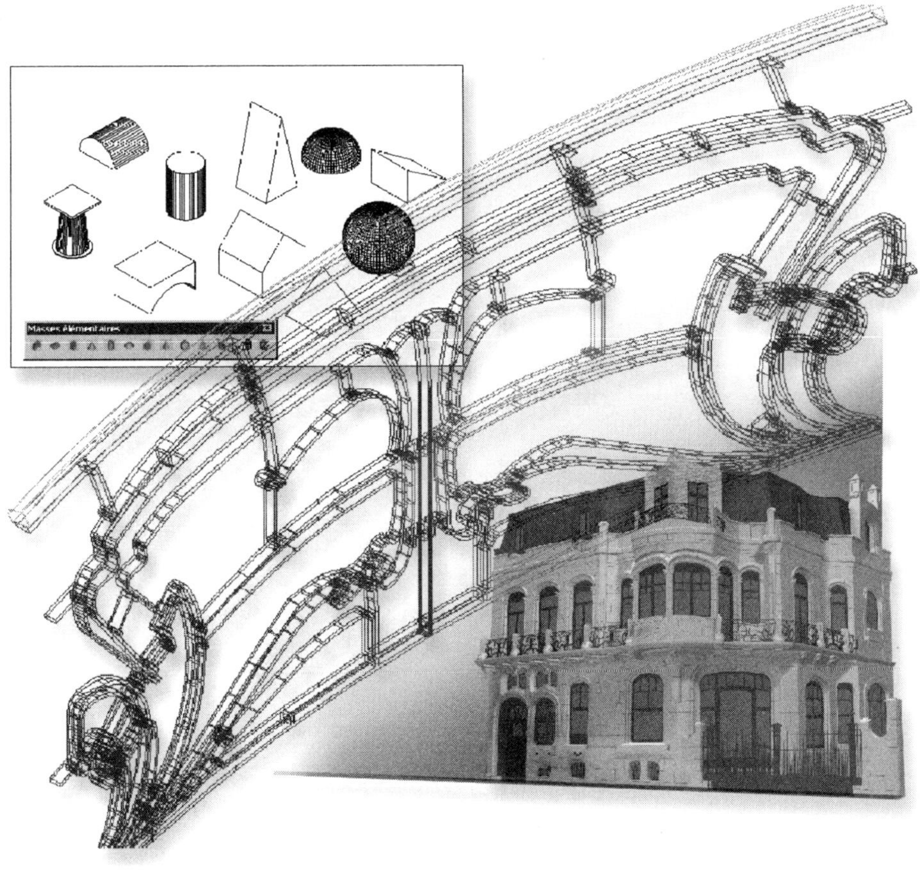

Le dessin isométrique

Le dessin isométrique fait partie de la famille des projections parallèles qui sont utilisées par les dessinateurs pour créer des dessins dits « industriels » en conservant les formes et en respectant l'échelle.

Le dessin isométrique se caractérise par le fait que la direction de la projection fait un angle égal avec chacun des trois axes principaux.

Dans le cas d'AutoCAD, le logiciel permet de se placer dans un repère isométrique, mais le dessin est conçu en deux dimensions directement par le dessinateur sur la base de ce repère d'aide. Il s'agit donc d'une simulation 2D d'un objet 3D. Aucun calcul n'est réalisé par le logiciel lui-même.

La création d'un repère isométrique

Principe

Le repère isométrique est un repère composé des axes XYZ dessinés en deux dimensions et faisant respectivement des angles de 30°, 90° et 150° avec l'horizontale. Ces axes sont visibles à l'écran par groupes de deux qui représentent chacun un des plans isométriques (gauche, haut et droite).

Comment créer un repère isométrique ?

1. Effectuer un clic droit sur le bouton **Grille** (grid) de la barre d'état et sélectionner l'option **Paramètres** (Settings).
2. Dans la boîte de dialogue **Paramètres de dessin** (Drafting Settings) cocher les cases **Grille activée** (Grid On), **Accrochage à la grille** (Grid snap), **Accrochage isométrique** (Isometric snap) et **Espace objet 2D** (2D model space) disponibles dans l'onglet **Accrochage/Grille** (Snap/Grid).
3. Cliquer sur **OK**.

Comment définir le plan isométrique courant ?

La commande **ISOMETR** (Isoplane) permet de choisir le plan isométrique courant et la paire d'axes associés. Le dessin d'un cube, en isométrie, permet de mieux visualiser les différents plans disponibles (fig.15.1).

- **Gauche** (Left) : détermine le plan situé à gauche et défini par les axes à 90 et 150 degrés.
- **Haut** (Top) : détermine le plan supérieur défini par les axes à 30 et 150 degrés.
- **Droite** (Right) : détermine le plan situé à droite et défini par les axes à 30 et 90 degrés.

Ces trois axes peuvent être activés de trois manières différentes :

- la commande **ISOMETR** (Isoplane) ;
- la touche F5 ;
- la combinaison des touches Ctrl-E.

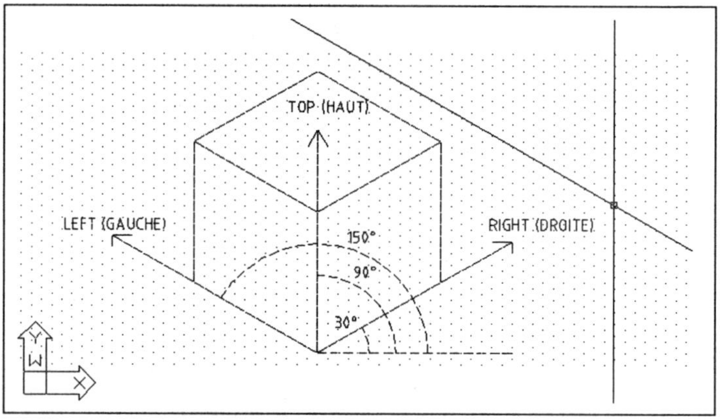

Fig.15.1

Remarques

Si le mode ORTHO est actif, le curseur se déplace, dans chacun des plans, parallèlement aux axes du plan en cours.

Pour dessiner en isométrie, il suffit de suivre, en mode ORTHO, chacune des directions des trois axes.

Le dessin d'un cercle en isométrie

Principe

En étant dans le mode Isométrique, le dessin d'un cercle s'effectue via l'option **Isocercle** (Isocircle) de la commande **ELLIPSE**. Avant chaque dessin de cercle, il convient de se mettre dans le bon plan isométrique (gauche, droite ou haut).

Comment dessiner un cercle en isométrie ?

1. Se mettre dans le mode isométrique et choisir le bon plan.
2. Exécuter la commande de création d'un cercle isométrique à l'aide d'une des méthodes suivantes :

Ruban : choisir le groupe de fonctions **Dessin** (Draw) puis l'option **Ellipse** et enfin **Axe, Fin** (Axis, End).

Icône : cliquer sur l'icône **Ellipse** de la barre d'outils **Dessiner** (Draw).

Clavier : taper la commande **ELLIPSE**.

3. Entrer l'option « i » pour **Isocercle** (Isocircle).
4. Désigner le centre du cercle : P1.
5. Spécifier le rayon du cercle : P2 ou entrer une valeur (fig.15.2).

Remarque

Pour spécifier plus facilement le centre de l'ellipse, dans le cas de la figure 13.2, il est conseillé d'utiliser la fonction de repérage objet REPEROBJ (Otrack) ou la calculatrice et la fonction MEE, qui permet de trouver le centre d'une ligne fictive dont les extrémités sont la fin de deux autres entités.

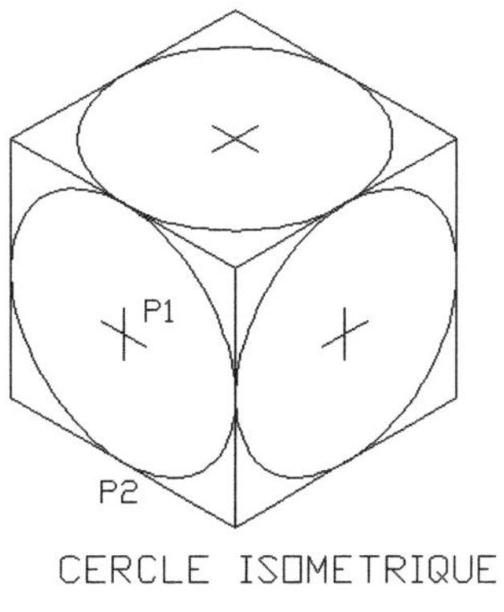

Fig.15.2

La création de symboles en isométrie

Principe

L'option isométrique étant, dans AutoCAD, un dessin en deux dimensions sans calcul de la part du logiciel, vous devez dans le cas de la création de symboles (blocs) dessiner ceux-ci également dans le contexte isométrique et tenir compte du choix des axes. Deux dessins sont donc nécessaires par symbole : un pour le plan de gauche (left) et un pour le plan de droite (right), le plan du haut (top) pouvant utiliser les deux dessins.

Créer un symbole en isométrie

Il suffit d'activer les points suivants :

- se mettre dans le style de résolution ISO ;
- sélectionner le bon plan (par Ctrl-E ou par le Menu) ;
- faire les dessins dans chaque plan ;
- créer les deux blocs par symbole.

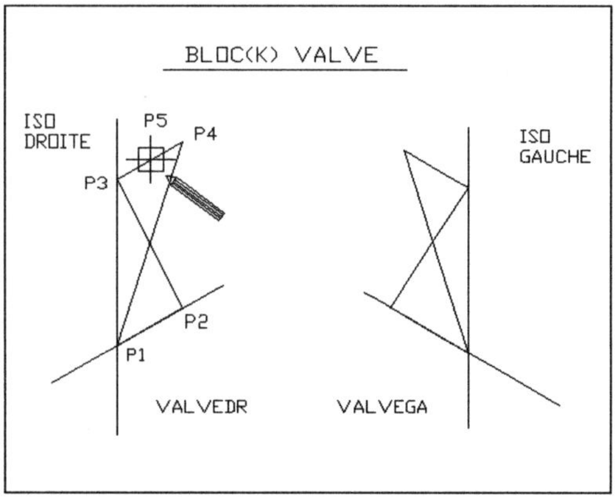

Fig.15.3

Exemple :

Soit le dessin d'une VALVE (fig.15.3)

Commande : **RESOL** (Snap)
Spécifier le pas de résolution ou [ACtif/INactif/Rotation/STyle/Type] ‹10.0000› : ST
Entrer le style de pas de la grille [Standard/Isométrique] ‹I› : I
Spécifier l'espacement vertical‹10.0000› : Entrée

Commande : **ISOMETR** (Isoplane) Isométrique courante : Gauche
Entrer les paramètres du plan isométrique [Gauche/Haut/Droite] ‹Haut› : d

Commande : **LIGNE** (Line)
Spécifier le premier point : P1
Spécifier le point suivant ou [annUler] : P2
Spécifier le point suivant ou [annUler] : P3

Spécifier le point suivant ou [Clore/annUler] : P4
Spécifier le point suivant ou [Clore/annUler] : c

Commande : **BLOC** (Block)
Entrer le nom du bloc ou : VALVEDR
Spécifier le point de base pour l'insertion : P5
Choix des objets : sélectionner les objets

Suivre la même procédure pour le plan Gauche.

La création de textes en isométrie

Principe

Selon le même principe que pour les symboles, il faut créer un style de texte propre à chacun des plans isométriques gauche et droit, le plan du haut pouvant utiliser les deux styles (fig.15.4).

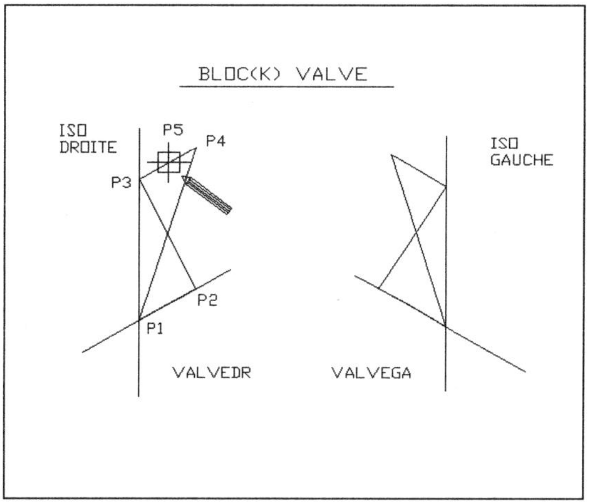

Fig.15.4

Comment créer des textes en isométrie ?

Pour le plan gauche (left), il faut incliner les caractères de 30° par rapport à la verticale.

La procédure est la suivante :

1. Sélectionner la commande **STYLE** via le menu **Format** ou via la ligne de commandes. La boîte **Style de texte** (Text Style) s'affiche à l'écran.
2. Cliquer sur **Nouveau** (New).
3. Entrer le nom du style dans la boîte **Nouveau style de texte** (New Text Style). Par exemple : ISOG.
4. Sélectionner une police, un style de police et éventuellement une hauteur.
5. Dans la zone des **Effets**, conserver les valeurs par défaut, sauf pour le champ « Oblique », où il convient d'indiquer la valeur 30 (fig.15.5).

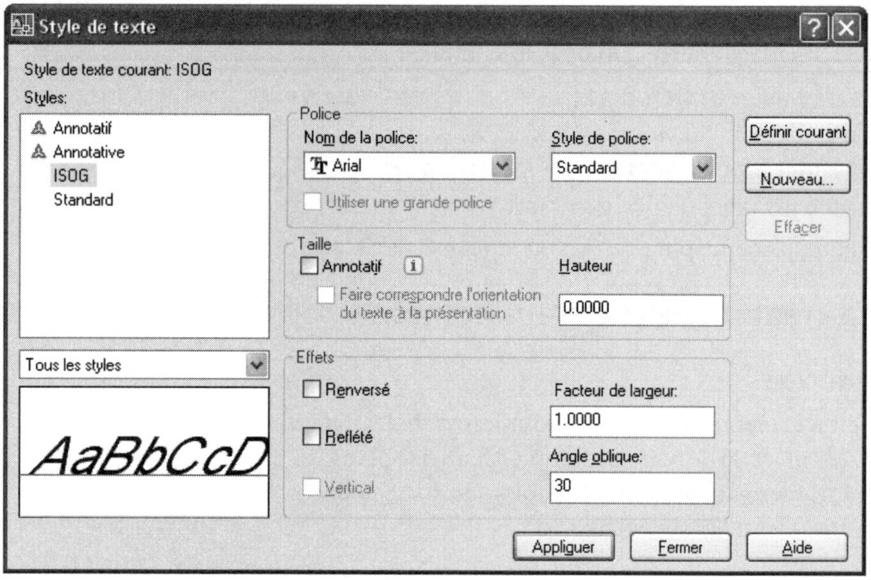

Fig.15.5

Pour le plan droit (right), il faut incliner les caractères de -30° par rapport à la verticale.

La procédure est la suivante :

[1] Dans le groupe de fonctions **Texte** (Text) cliquer sur la flèche **Style de texte** (Text style). La boîte **Style de texte** (Text Style) s'affiche à l'écran.

[2] Cliquer sur **Nouveau** (New).

[3] Entrer le nom du style dans la boîte **Nouveau style de texte** (New Text Style). Par exemple : ISOD.

[4] Sélectionner une police, un style de police et éventuellement une hauteur.

[5] Dans la zone **Effets**, conserver les valeurs par défaut, sauf pour le champ « Oblique », où il convient d'indiquer la valeur -30.

La cotation d'un dessin en isométrie

Principe

AutoCAD ne contient pas une cotation particulière pour le style isométrique. Il faut donc adapter manuellement les différents constituants de la cotation pour donner à celle-ci un aspect isométrique.

Coter en isométrie

Les constituants suivants doivent être adaptés pour donner un aspect isométrique à la cotation :

Le dessin des flèches

Il convient de créer deux nouveaux blocs, en mode isométrique, pour remplacer les flèches standard (fig.15.6) :

- Utiliser le style ISO.
- Se placer dans le plan gauche (left).
- Faire le dessin d'une flèche, dans un carré de 1x1 unité, par la commande SOLID(E).
- Faire tourner le dessin de la flèche et de la ligne de 30° vers la gauche, en prenant le sommet de droite comme centre de rotation.
- Créer un bloc FLEG (par exemple) ayant la pointe droite de la flèche comme point d'insertion.
- Appliquer la même procédure pour le plan droit (right) : création du bloc FLED.
- Ouvrir l'onglet Symboles et flèches (Symbols and Arrows) dans la boîte de dialogue **Modifier le style de cote** (Modify Dimension Style) (fig.15.7).

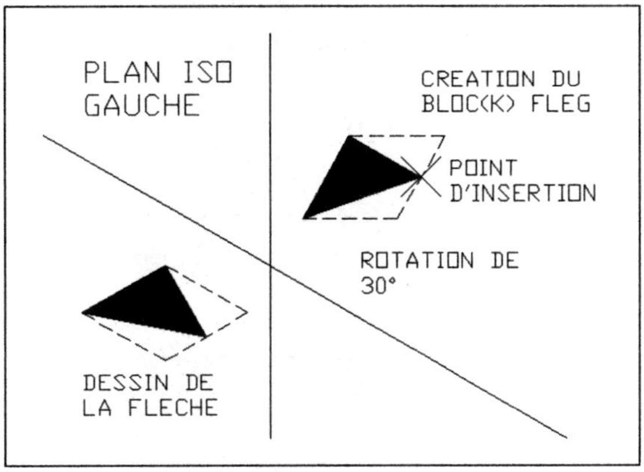

Fig.15.6

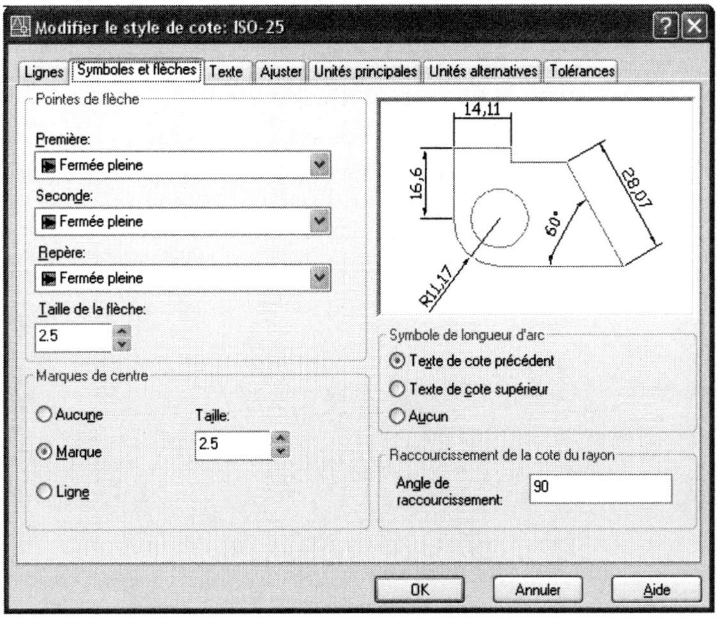

Fig.15.7

- Dans la zone **Pointes de flèches** (Arrowheads), cliquer sur Première (First) et choisir **Flèche utilisateur** (User Arrow) (fig.15.8).
- Sélectionner **FLEG** dans la liste déroulante **Sélectionner le bloc flèche personnalisé** (Select from Drawing Blocks).
- Faire de même pour le symbole de droite.

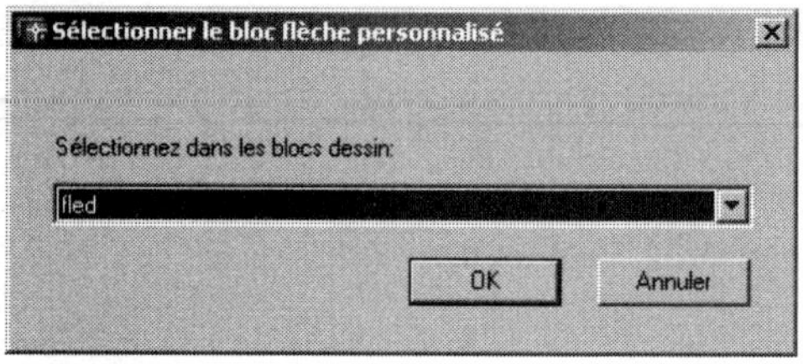

Fig.15.8

Le style du texte de cotation

Choisir le champ **Style** (Text style) dans l'onglet **Texte** (Text) de la boîte de dialogue **Modify Dimension Style** (Modifiez le style de cote).

Suivant le plan isométrique en cours, choisir le style ISOG ou ISOD.

La ligne de cote et les lignes d'extension

La ligne de cote et les lignes d'extension n'étant pas en mode ISO, les adaptations suivantes illustrent une possibilité de réalisation de l'aspect ISO :

- Adapter les symboles des flèches dans les champs **Première** (First) et **Seconde** (Second) de l'onglet **Symboles et flèches** (Symbols and Arrows) de la boîte de dialogue **Modifiez le style de cote** (Modify Dimension Style). Entrer donc FLEG ou FLED suivant le plan.
- Utiliser la cotation **Aligné** (Aligned).
- Faire tourner la ligne de cote par l'option **Oblique** du menu **Dimension** (Cotation). Pour le plan de gauche, l'angle de rotation est de 30° et pour le plan de droite, l'angle est de 150° (fig.15.9).

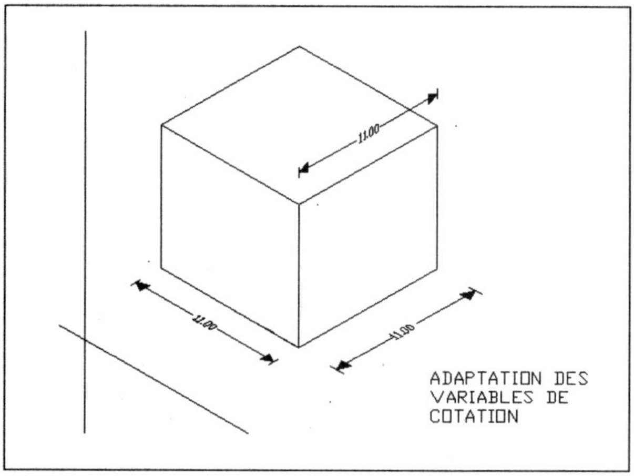

Fig.15.9

Chapitre 16
L'environnement 3D d'AutoCAD

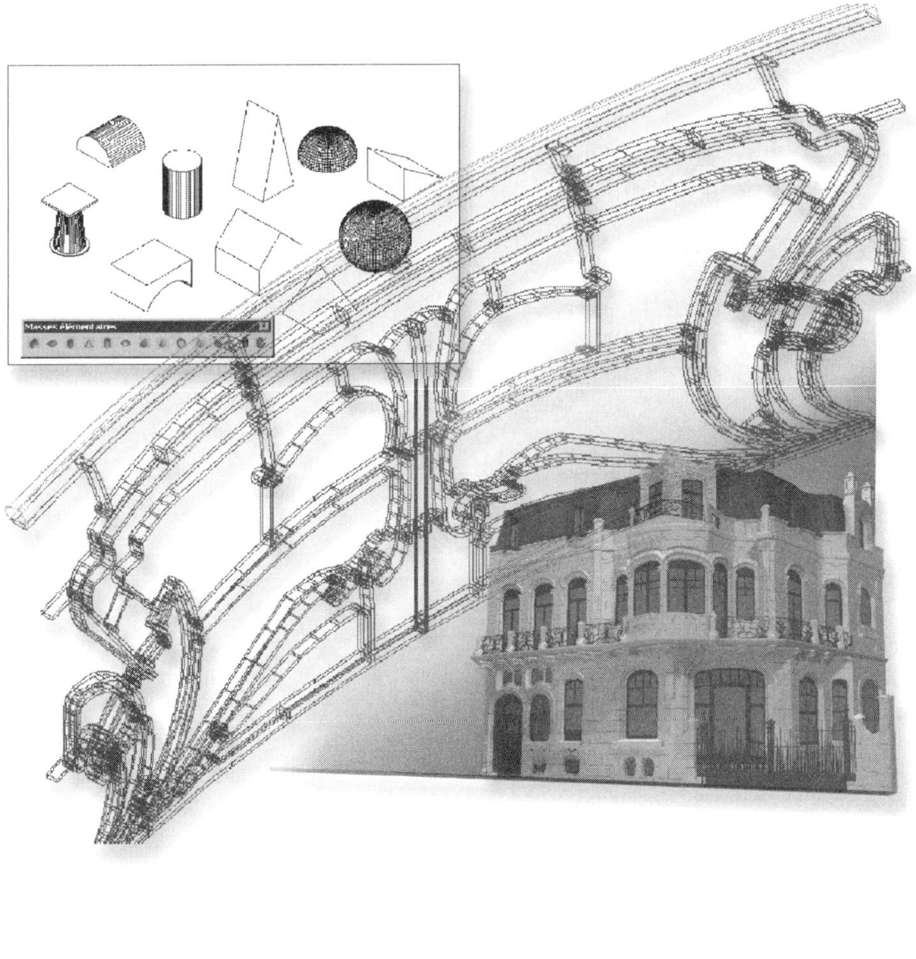

Le dessin en trois dimensions permet à tout concepteur d'étudier et de représenter son projet dans sa réalité tridimensionnelle. Cette possibilité permet d'assurer une meilleure cohérence au projet et d'en fournir une meilleure représentation.

Avant de pouvoir se lancer dans la conception 3D avec AutoCAD, il est important de comprendre avant tout l'environnement 3D disponible. Celui-ci comporte un ensemble d'éléments dont :

- L'interface utilisateur composée du Ruban avec les groupes de fonctions pour la 3D.
- La création de plusieurs fenêtres à l'écran pour afficher des vues différentes.
- L'utilisation des systèmes de coordonnées 3D (statiques et dynamiques) pour pouvoir se repérer dans l'espace.
- Les modes de navigation dans le projet.
- La génération de vues en projection parallèle ou perspective.
- Les styles d'affichage des modèles 3D.

Démarrer AutoCAD et choisir son espace de travail 3D

Pour démarrer AutoCAD dans une optique de conception 3D, il convient de choisir au départ le gabarit approprié, à savoir « Acadiso3D.dwt » et ensuite de sélectionner l'espace de travail Modélisation 3D (3D Modeling) dans la liste Espace de travail (Workspaces) située en haut à gauche de l'interface AutoCAD (fig.16.1).

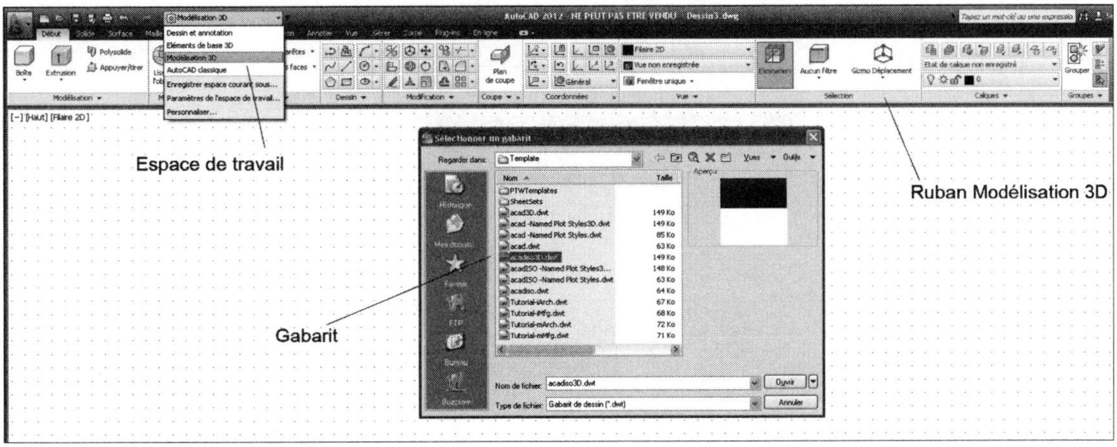

Fig.16.1

L'espace de travail Modélisation 3D comprend d'une part une zone de dessin spécifique avec une grille, un repère 3D et le ViewCube pour la navigation, et, d'autre part, un ruban avec des groupes de fonctions pour la 3D (fig.16.2).

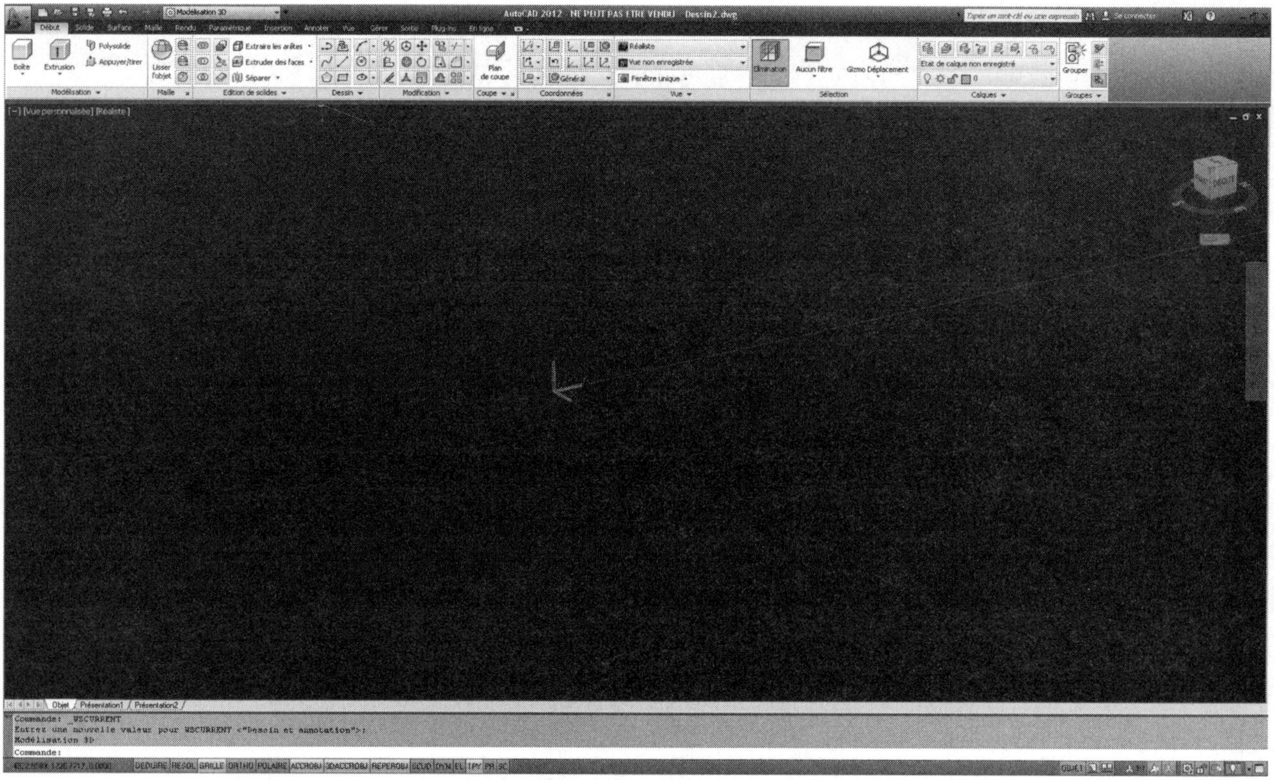

Fig.16.2

Le contenu du Ruban pour la 3D est le suivant (fig.16.3) :

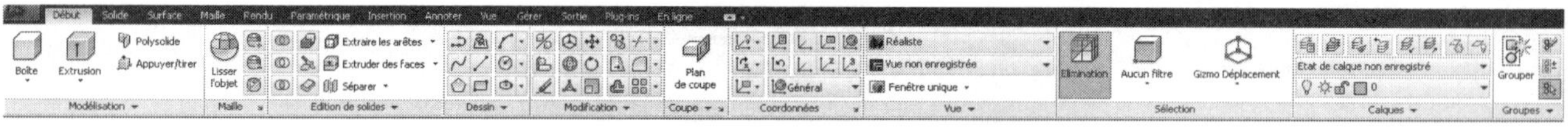

Fig.16.3

Onglet Début (Home)

- Groupe de fonctions **Modélisation** (Modeling) : pour la modélisation de solides 3D.
- Groupe de fonctions **Maille** (Mesh) : pour la modélisation de maillages.
- Groupe de fonctions **Edition de solides** (Solid Editing) : pour l'édition de solides 3D.

- Groupe de fonctions **Dessin** (Draw) : pour la création de formes 2D comme base pour la 3D.
- Groupe de fonctions **Modification** (Modify) : pour la modification des objets 3D (déplacement, rotation, alignement, etc.).
- Groupe de fonctions **Coupe** (Section) : pour les coupes 2D, 3D et la génération de vues aplanies.
- Groupe de fonctions **Coordonnées** (Coordinates) : pour la définition du système de coordonnées.
- Groupe de fonctions **Vue** (View) : pour les styles visuels et les points de vue.
- Groupe de fonctions **Sélection** (Selection) : pour la sélection de sous-objets (sommet, arête, face).
- Groupe de fonctions **Calques** (Layers) : pour la gestion des calques.
- Groupe de fonctions **Groupes** (Groups) : pour la gestion des groupes.

Onglet Solide (Solid)

- Groupe de fonctions **Primitive** : pour la modélisation à partir de primitives 3D.
- Groupe de fonctions **Solide** (Solid) : pour la modélisation de solides 3D à partir de courbes 2D.
- Groupe de fonctions **Booléen** (Boolean) : pour l'utilisation d'opérations booléennes.
- Groupe de fonctions **Edition de solides** (Solid Editing) : pour la modification des solides.
- Groupe de fonctions **Coupe** (Section) : pour les coupes 2D, 3D et la génération de vues aplanies.
- Groupe de fonctions **Sélection** (Selection) : pour la sélection de sous-objets (sommet, arête, face).

Onglet Surface (Surface)

- Groupe de fonctions **Créer** (Create) : pour la création d'objets surfaciques 3D.
- Groupe de fonctions **Modifier** (Edit) : pour la modification de surfaces 3D.
- Groupe de fonctions **Sommets de contrôle** (Control Vertices) : pour la gestion des sommets de contrôle des courbes et surfaces.
- Groupe de fonctions **Courbes** (Curves) : pour la création de courbes.
- Groupe de fonctions **Projeter la géométrie** (Project Geometry) : pour la projection de courbes sur des surfaces.
- Groupe de fonctions **Analyse** (Analysis) : pour l'analyse des formes 3D au niveau de la continuité de surfaces, des dépouilles...

Onglet Modélisation de maillage (Mesh Modeling)

- Groupe de fonctions **Primitive** : pour la création de formes maillées.
- Groupe de fonctions **Maille** (Mesh) : pour le lissage des formes 3D.
- Groupe de fonctions **Edition des maillages** (Mesh Edit) : pour l'édition des formes maillées.
- Groupe de fonctions **Convertir le maillage** (Convert Mesh) : pour la conversion des objets 3D en solides, surfaces ou maillages.
- Groupe de fonctions **Coupe** (Section) : pour les coupes 2D, 3D et la génération de vues aplanies.
- Groupe de fonctions **Sélection** (Selection) : pour la sélection de sous-objets (sommet, arête, face).

Onglet Rendu (Render)

- Groupe de fonctions **Lumières** (Lights) : pour la gestion des lumières artificielles.
- Groupe de fonctions **Soleil et emplacement** (Sun & Location) : pour la gestion de l'éclairage naturel.
- Groupe de fonctions **Matériaux** (Materials) : pour la gestion des matériaux.
- Groupe de fonctions **Animations** : pour la gestion de l'animation.
- Groupe de fonctions **Caméra** (Camera) : pour la création de vues caméras.
- Groupe de fonctions **Rendu** (Render) : pour le calcul du rendu.

Ajouter des barres d'outils pour les fonctions 3D

Dans le cas de l'espace de travail AutoCAD classique, l'interface d'AutoCAD permet également d'ajouter une série de barres d'outils utiles pour le travail en 3D. Il s'agit de :

Ajustement de la caméra : pour modifier la position de la caméra (pivot, distance).

Création de surfaces : pour la création et la modification de surfaces.

Création de surfaces II : pour la création de surfaces.

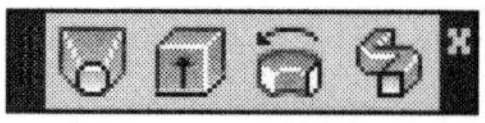

Edition de solides : pour la modification des objets solides.

Fenêtres : pour la gestion des fenêtres dans l'espace objet et dans l'espace de présentation.

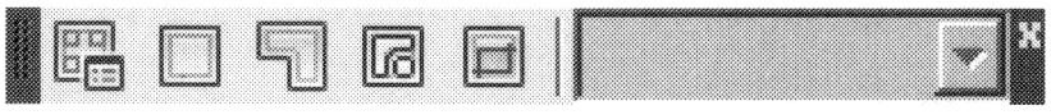

Lisser le maillage : pour créer et lisser des objets maillés.

Primitives de maillage : pour créer des primitives de maillage (cube, sphère...).

Lumières : pour la création des lumières ponctuelles, dirigées, distantes...

Mappage : pour la définition du type de mappage (planaire, sphérique, cylindrique...).

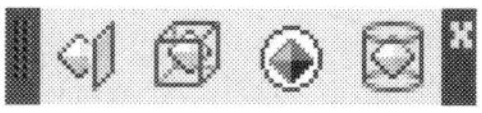

Modélisation : pour la création d'objets 3D solides et surfaciques.

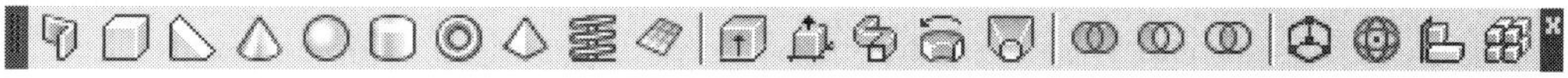

Modification de surfaces : pour la modification de surfaces.

Navigation et mouvement : pour naviguer dans le projet à l'aide du clavier ou de la souris.

Navigation 3D : pour afficher le projet à l'aide d'un panoramique 3D, d'un zoom 3D, de l'orbite, du pivot...

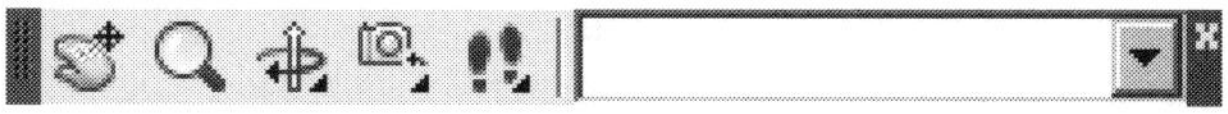

Orbite : pour un affichage dynamique des objets ou scènes 3D.

Rendu : pour le calcul du rendu de l'image et la définition des lumières, des matériaux, du mappage...

SCU I & II : pour la gestion des systèmes de coordonnées.

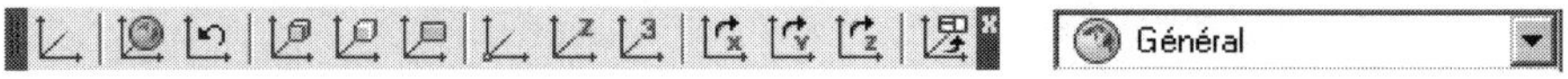

Styles visuels : pour un affichage filaire, avec faces cachées, conceptuel ou réaliste des objets de la scène.

Vue : pour l'affichage des vues dans les différentes fenêtres.

Pour sélectionner ces différentes barres d'outils, il convient de cliquer sur l'onglet Vue (View), puis sur le groupe de fonctions Fenêtres (Windows), le bouton Barres d'outils (Toolbars) et AutoCAD, et de sélectionner la barre d'outils souhaitée (fig.16.4).

Pour placer les barres d'outils sur votre écran, il suffit de pointer avec la touche gauche de la souris sur la barre et de glisser celle-ci à l'endroit souhaité puis de relâcher la souris (fig.16.5).

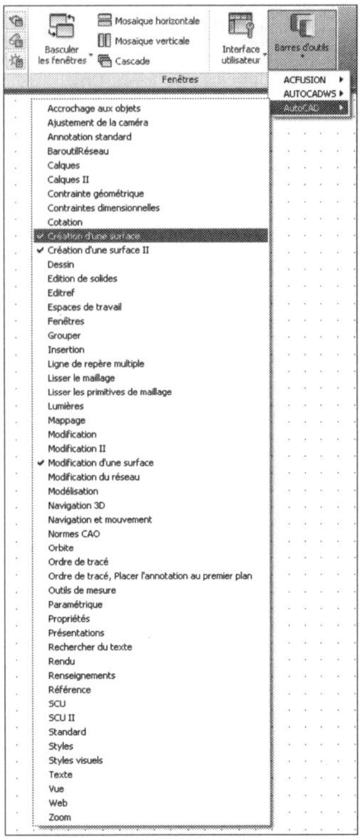

Fig.16.4

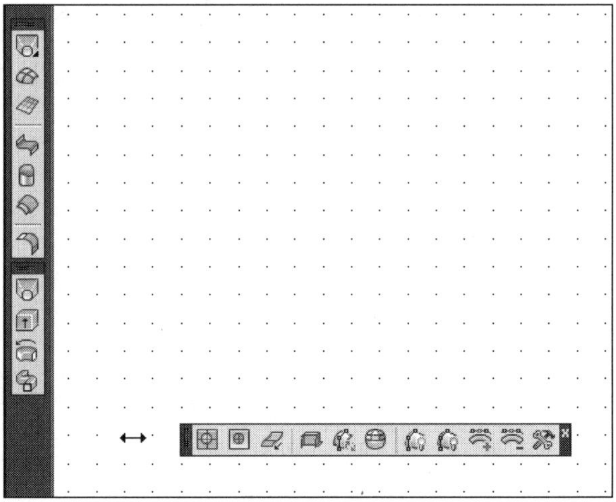
Fig.16.5

La configuration de l'interface AutoCAD ainsi réalisée peut être sauvegardée sous la forme d'un espace de travail utilisateur. La procédure est la suivante :

1. Dans la liste déroulante **Espace de travail** (Workspace) faire défiler la liste déroulante et sélectionner **Enregistrer espace courant sous...** (Save Current As).
2. Entrer un nom dans la boîte de dialogue **Enregistrer l'espace de travail** (Save Workspace).
3. Cliquer sur le bouton **Enregistrer** (Save). Le nouvel espace de travail est à présent disponible dans la liste.

Gérer l'écran pour travailler en trois dimensions

Les fenêtres écran

Pour travailler confortablement en trois dimensions, AutoCAD permet de diviser l'écran de travail en plusieurs fenêtres distinctes et de visualiser des vues différentes d'un projet dans chacune d'elles. Toute modification dans une fenêtre se répercute automatiquement dans les autres (fig.16.6).

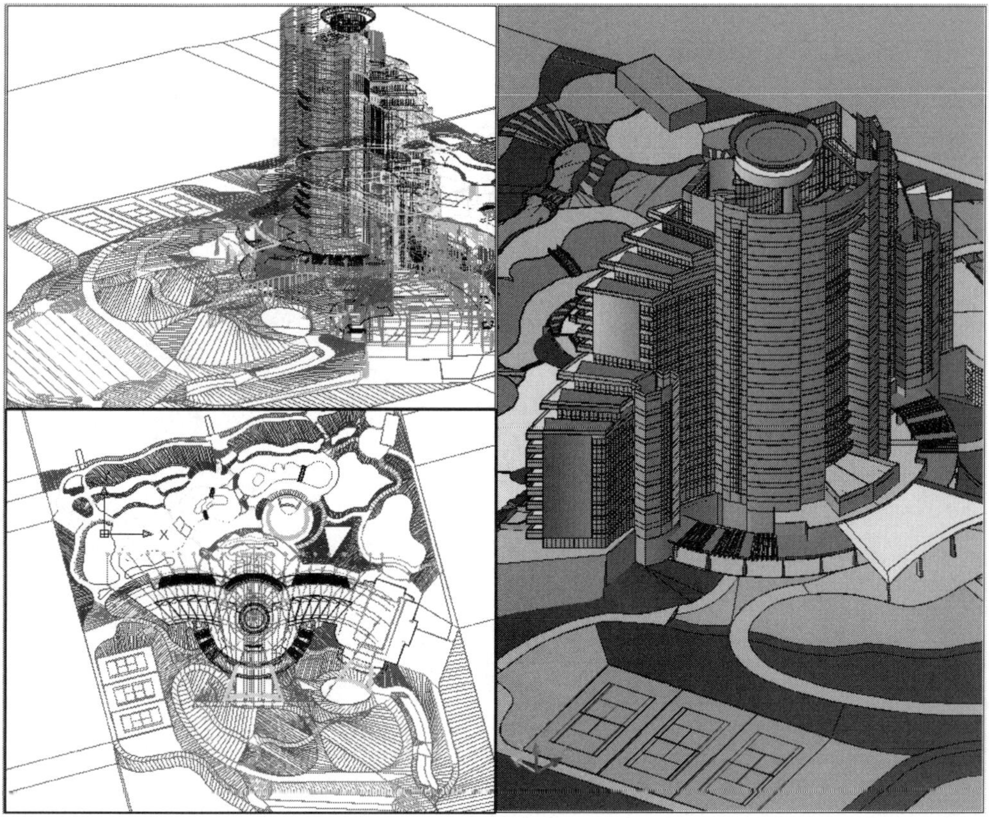

Fig.16.6

La fenêtre courante

Il est possible de travailler dans chacune des fenêtres, néanmoins une seule est active à la fois. Le curseur est représenté par deux axes dans la fenêtre active et par une flèche dans les autres fenêtres. Il suffit de pointer avec le stylet ou la souris dans une autre fenêtre pour la rendre active.

Les commandes actives

La plupart des commandes admettent le passage d'une fenêtre à l'autre. Ainsi il est possible de tracer une ligne dont l'origine est dans une fenêtre et l'extrémité dans une autre. Cela peut être utile pour des objets de grandes tailles où chaque fenêtre visualise une partie de l'objet (fig.16.7).

Cependant, il y a des situations où cela n'a pas de sens de changer de fenêtre au milieu d'une commande. Il s'agit par exemple des commandes : **RESOL** (SNAP) – **ZOOM** – **POINTVUE** (VPOINT) – **GRILLE** (GRID) – **PAN** – **VUEDYN** (DVIEW) – **FENETRES** (VPORTS).

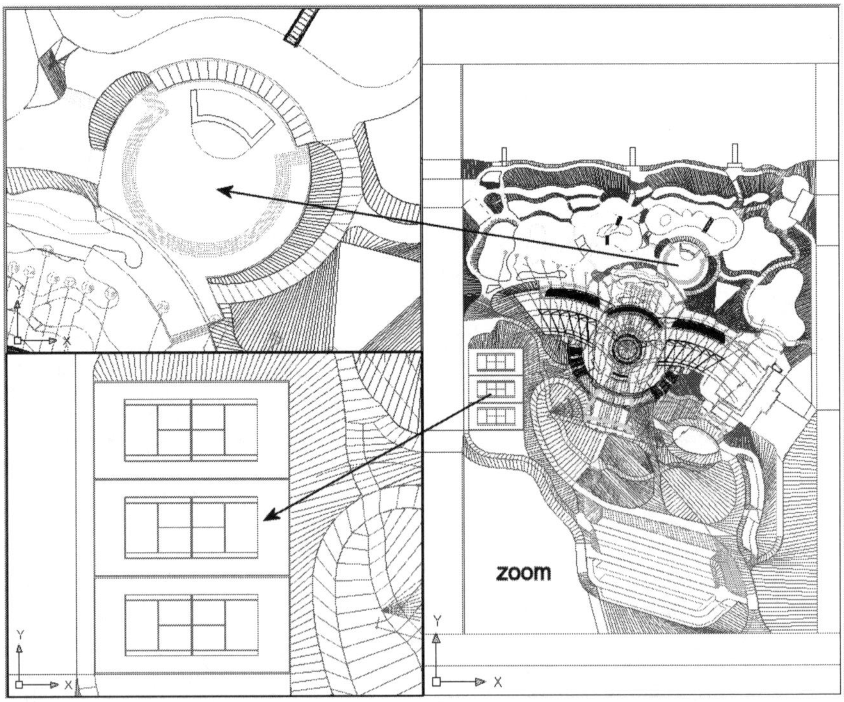

Fig.16.7

Créer une configuration de fenêtres dans l'espace objet

1 Exécuter la commande de création de fenêtres à l'aide de l'une des méthodes suivantes (fig.16.8) :

Ruban : choisir le groupe de fonctions **Fenêtres de présentation** (Viewports) de l'onglet **Vue** (View) puis l'option **Nommé** (Named).

Icône : choisir l'icône **Afficher la boîte de dialogue Fenêtres** (Display Viewports Dialog) dans la barre d'outils **Fenêtres** (Viewports).

Clavier : taper la commande **Fenetres** (Vports).

2 Sélectionner l'onglet **Nouvelles fenêtres** (New Viewports).

3 Sélectionner **3D** dans le champ **Configuration** (Setup).

4 Dans la liste de gauche cliquer sur la configuration d'écran souhaitée. Par exemple : **Quatre : Egal à** (Four :Equal).

5 Dans la partie **Aperçu** (Preview), cliquer dans une fenêtre et sélectionner le style visuel à partir de la liste déroulante du même nom.

6 Cliquer sur OK.

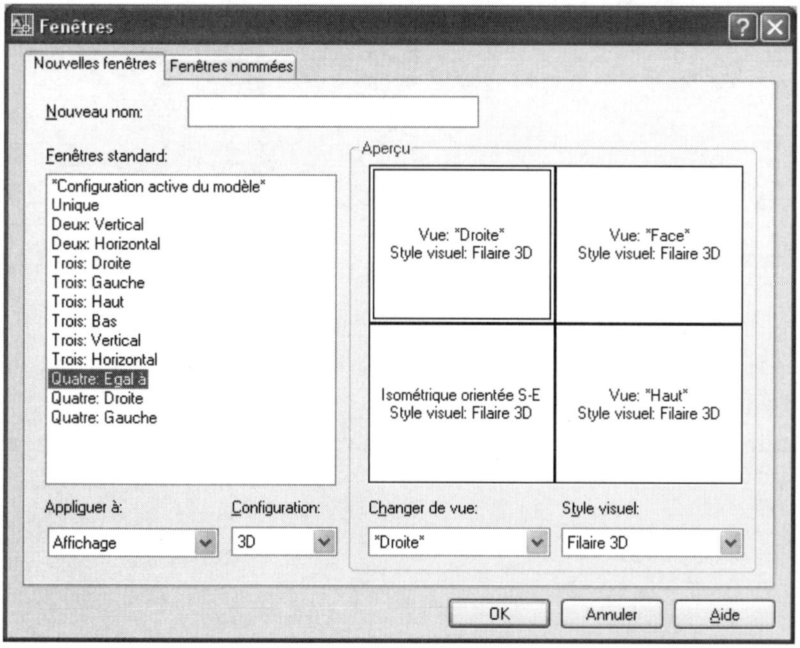

Fig.16.8

OPTIONS

- **Nouvelles fenêtres** (New Viewports) : permet de choisir une configuration d'écran pré-programmée.
- **1,2,3,4 Fenêtres** (Viewports) : divise la fenêtre courante en 1, 2, 3 ou 4 fenêtres qui héritent des caractéristiques de **Resol** (Snap), **Grille** (Grid) et **Vue** (View) de la fenêtre originale. La fenêtre originale est bloquée pendant cette opération (fig.16.9).

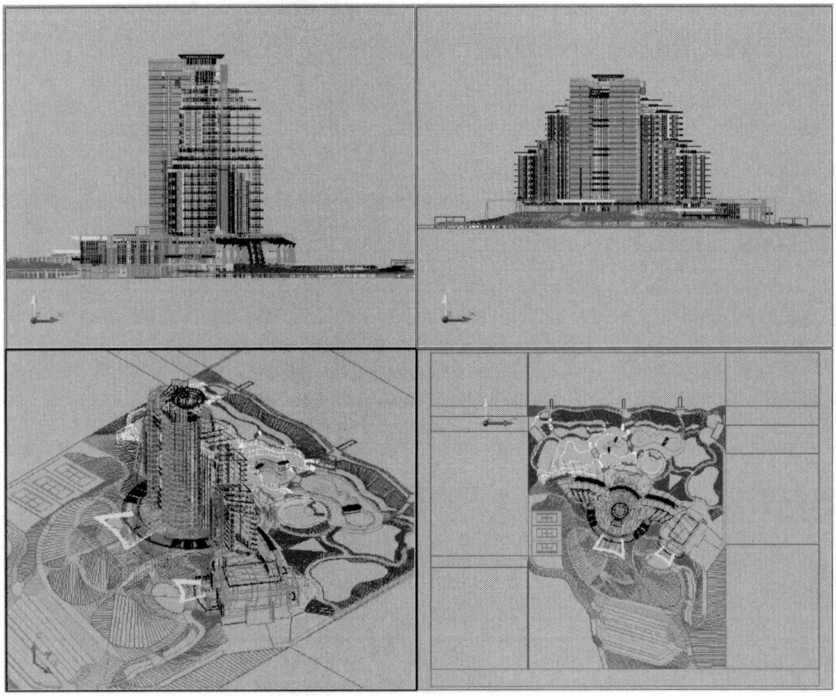

Fig.16.9

- **Joindre** (Join) : permet de joindre deux fenêtres écran en une fenêtre plus grande.

  Il faut pointer la fenêtre dominante, puis la fenêtre à joindre. Les deux fenêtres doivent être adjacentes et former un rectangle.
- **Fenêtres existantes** (Named Viewports) : affiche la configuration écran en cours et donne la liste des configurations sauvées.

REMARQUE

Pour imprimer directement une configuration de plusieurs fenêtres, il est indispensable de passer dans l'espace papier et de sélectionner **Configuration active du modèle** (Active Model Configuration) disponible à partir du chemin suivant : Onglet Vue (View) – Groupe de fonctions **Fenêtres de présentation** (Viewports) – **Nommée** (Named) – onglet **Fenêtres nommées** (Named Viewports). Pointer ensuite deux points pour délimiter la zone d'affichage. La configuration affichée dans l'espace-objet est reportée dans l'espace-papier (fig.16.10).

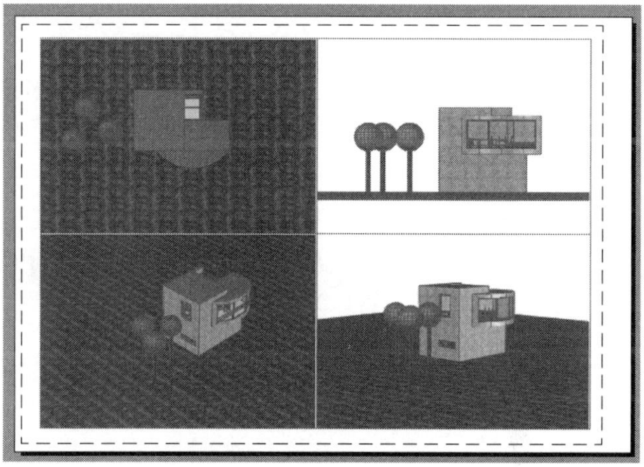
Fig.16.10

Dans l'interface utilisateur, il est possible que les onglets **Objet** et **Présentation** soient masqués. Pour afficher les onglets, il suffit d'effectuer un clic droit sur l'icône **Modèle** (Model) et de choisir **Afficher les onglets Présentation et Objets** (Display Layout and Model Tabs) dans le menu contextuel (fig.16.11).

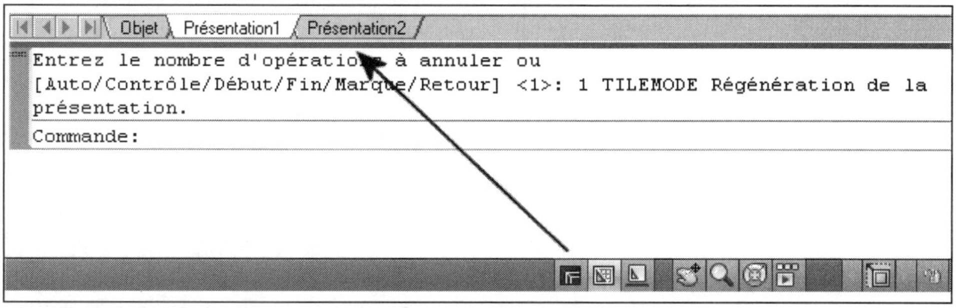

Fig.16.11

Sauvegarder une configuration de fenêtres

[1] Exécuter la commande de création de fenêtres à l'aide de l'une des méthodes suivantes :

Ruban : choisir l'onglet **Vue** (View) puis le groupe de fonctions **Fenêtres de présentation** (Viewports) et ensuite l'option **Nommee** (Named).

Icônes : cliquer sur l'icône **Afficher la boîte de dialogue Fenêtres** (Display Viewports Dialog) de la barre d'outils **Fenêtres** (Viewports).

Clavier : taper la commande **Fenetre** (Vports).

2 Sélectionner l'onglet **Nouvelles fenêtres** (New Viewports) et entrer un nom dans le champ **Nouveau nom** (New name) pour sauvegarder la configuration. Par exemple : Quatre fenêtres (fig.16.12).

3 Cliquer sur OK.

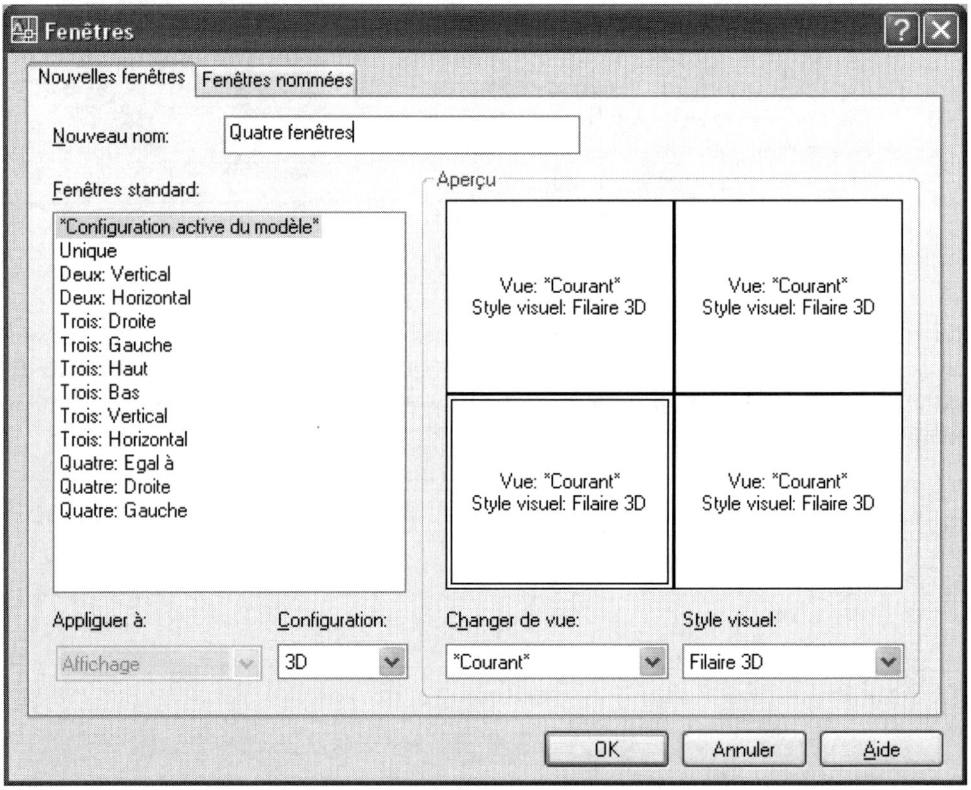

Fig.16.12

OPTIONS

Dans l'onglet Fenêtres nommées, cliquer avec le bouton droit de la souris sur le nom de la configuration pour y accéder :

- **Renommer** (Rename) : permet de changer le nom de la configuration.
- **Supprimer** (Delete) : permet de détruire une configuration qui a été sauvée auparavant.

Utiliser les systèmes de coordonnées

Les systèmes de coordonnées

Il est très important avant de travailler en 3D de comprendre le fonctionnement du système de coordonnées utilisateur afin de pouvoir saisir des coordonnées, créer des objets 3D sur des plans de construction 2D et pour pivoter des objets en 3D.

Au départ, le système de coordonnées utilisateur correspond au système cartésien avec le point (0,0,0) comme origine et les axes X et Y comme plan de l'écran (fig.16.13). L'axe Z se dirige de l'écran vers l'utilisateur. Ce système est appelé le système de coordonnées générales (SCG/WCS). Dès que l'utilisateur déplace ce système pour l'orienter selon ses besoins, il prend le nom de système de coordonnées utilisateurs (SCU/UCS).

L'origine de ce nouveau système peut être choisie librement par l'utilisateur, et les axes peuvent avoir une orientation quelconque. Ce système permet de dessiner dans n'importe quel plan de l'espace avec beaucoup de facilités (fig.16.14).

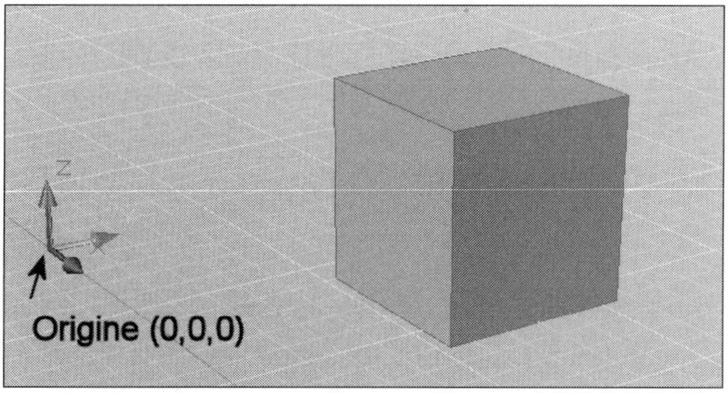

Fig.16.13

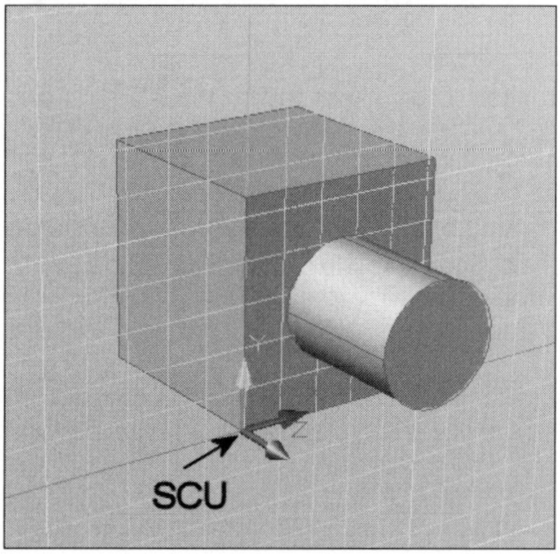

Fig.16.14

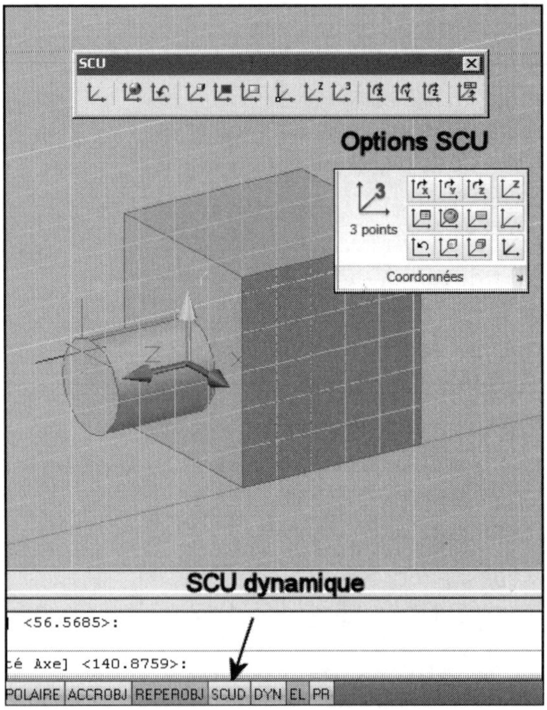

Le système SCU peut être défini manuellement à l'aide d'une série d'options ou dynamiquement en mode temporaire par sélection d'un plan sur un modèle solide. Dans ce dernier cas il convient d'activer le bouton SCUD sur la barre d'état (fig.16.15).

Fig.16.15

Les symboles d'orientation des repères

Pour aider l'utilisateur à visualiser le système **SCU** (UCS) dans lequel il se trouve, AutoCAD affiche à l'écran un symbole représentant l'orientation des systèmes de coordonnées XYZ. L'aspect de ce symbole dépend du style visuel en cours. Dans le cas du style Filaire 2D (2D Wireframe) le repère est représenté par 3 axes filaires de couleur noire, dans les autres cas il s'agit d'un repère 3D coloré en rouge (axe X), vert (axe Y) et bleu (axe Z) (fig.16.16).

L'icône **SCU** (UCS) peut être visible ou non et placée ou non à l'origine du système **SCU** (UCS) en cours. Ces options sont disponibles à partir de l'onglet **Paramètres** (Settings) de la boîte de dialogue **SCU** (UCS) accessible via l'option **SCU Paramètres** (UCS Settings) du groupe de fonctions **Coordonnées** (Coordinates) (fig. 16.17).

Options

- **ACtif** (ON) : active le système des symboles.
- **Origine** (Origin) : place le symbole à l'origine du système **SCU** (UCS) en cours.

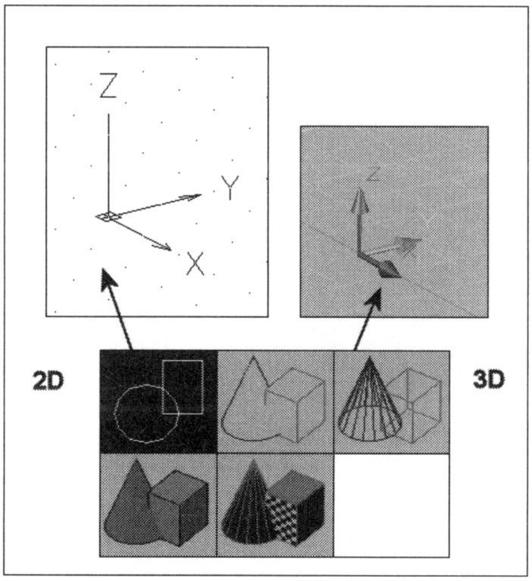

Fig.16.16

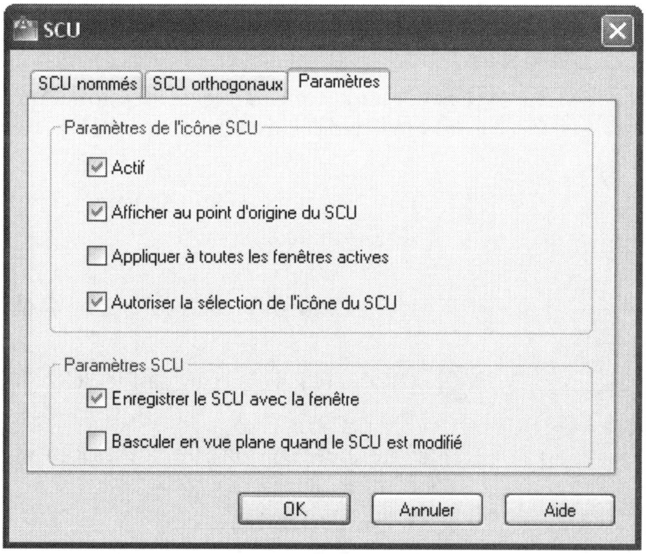

Fig.16.17

REMARQUE

Dans le cas d'un déplacement manuel du système de coordonnées à l'aide des poignées, il convient de cocher l'option Autoriser la sélection de l'icône du SCU.

La règle de la main droite

Le système des coordonnées XYZ est défini dans AutoCAD suivant la règle de la main droite. Il faut placer la main droite devant l'écran, pointer le pouce dans le sens de l'axe OX positif, pointer l'index dans le sens de l'axe OY positif. Les autres doigts repliés donnent le sens de l'axe OZ.

La main droite permet également de définir le sens de rotation positif autour d'un axe. Il faut placer la main droite autour de l'axe, pointer le pouce dans le sens positif de l'axe. Les autres doigts repliés sur l'axe donnent le sens de rotation positif (fig.16.18).

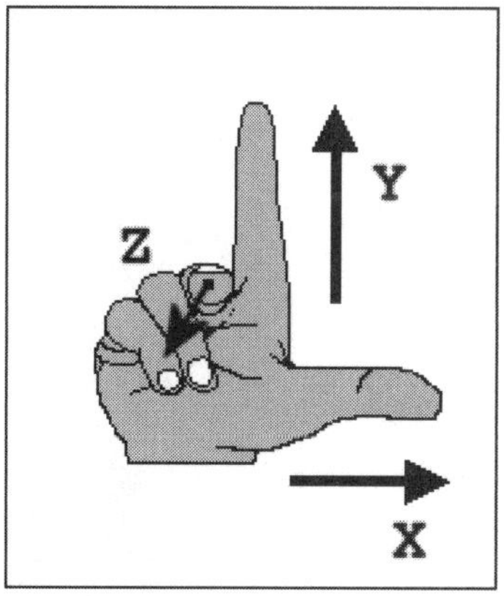

Fig.16.18

La création d'un système SCU (UCS) statique

Il existe plusieurs manières pour définir un système de coordonnées utilisateur **SCU** (UCS) :

- En spécifiant une nouvelle origine, un nouveau plan XY ou un nouvel axe Z.
- En adoptant l'orientation d'un objet existant.
- En alignant le système **SCU** (UCS) avec la direction de vision.
- En faisant tourner le système **SCU** (UCS) autour d'un de ses axes.

Ces différentes options sont contrôlées par la commande **SCU** (UCS). La procédure est la suivante.

1. Exécuter la commande de création d'un nouveau système **SCU** (UCS) à l'aide de l'une des méthodes suivantes :

Ruban : choisir l'onglet **Vue** (View) puis le groupe de fonctions **Coordonnées** (Coordinates).

Icône : choisir l'icône souhaitée dans la barre d'outils **SCU** (UCS).

Clavier : taper la commande **SCU** (UCS).

2. Sélectionner l'option souhaitée pour définir l'emplacement du nouveau système de coordonnées :

▸ **Origine (Origin) :**

Permet de déplacer l'ori-gine du système SCU (UCS), les axes X,Y,Z restant inchangés. La nouvelle origine (P1) peut être déterminée en pointant graphiquement dans le plan à l'aide des outils d'accrochage ou éventuellement à l'aide des coordonnées absolues (ex : 5, 6, 7) (fig.16.19).

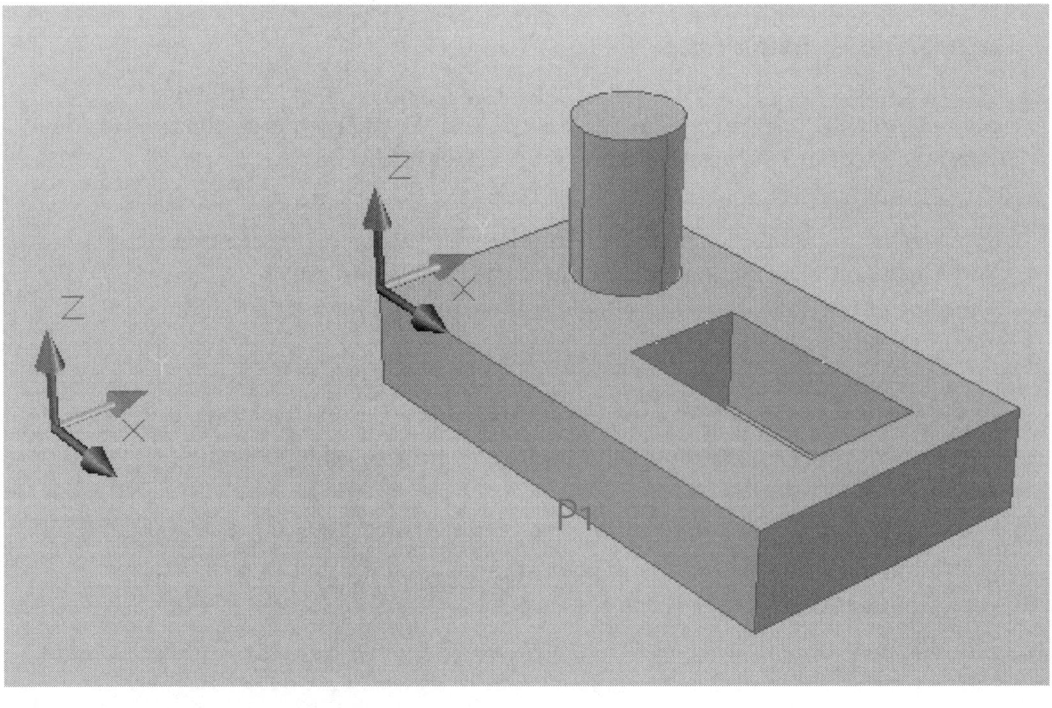

Fig.16.19

▸ **Axe Z (Zaxis) :**

Permet de déplacer l'origine du système SCU (P1) et de spécifier une direction Z particulière (P2). Le système détermine lui-même l'orientation des axes X et Y (fig.16.20).

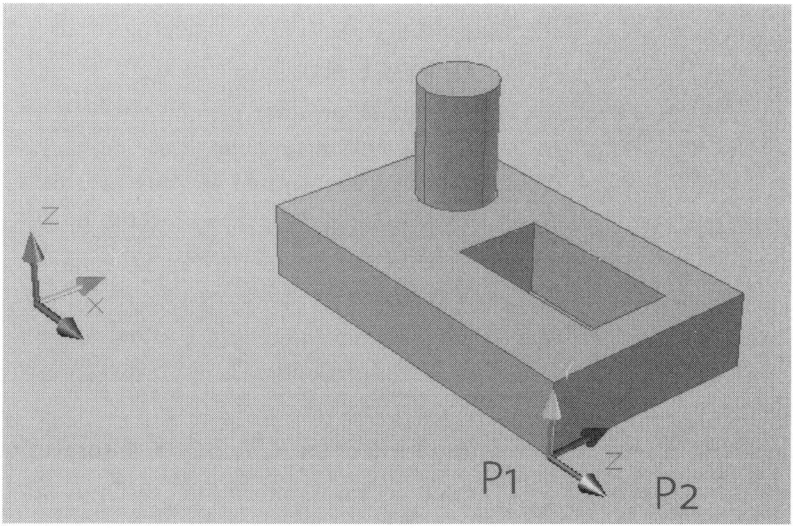

Fig.16.20

▸ **3 points :**

Permet de déterminer une nouvelle origine (P1) ainsi que la direction positive des axes X et Y (P2 et P3). L'axe Z se détermine par la règle de la main droite. Cette méthode des trois points peut être considérée comme la plus générale (fig.16.21).

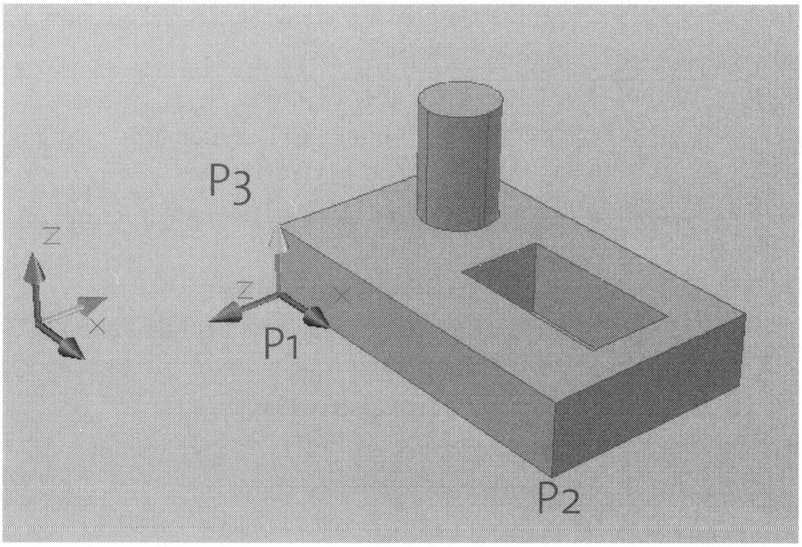

Fig.16.21

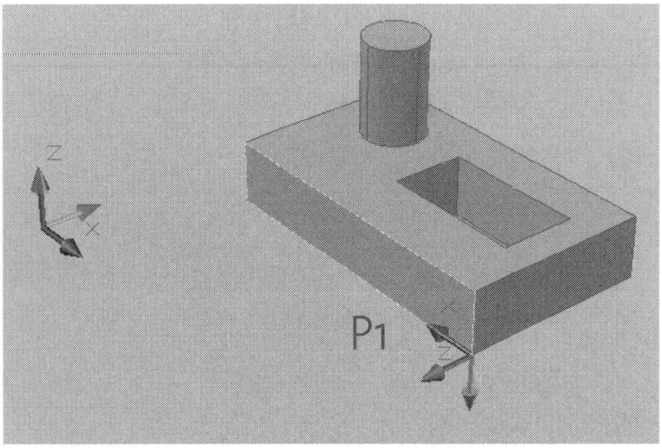

Fig.16.22

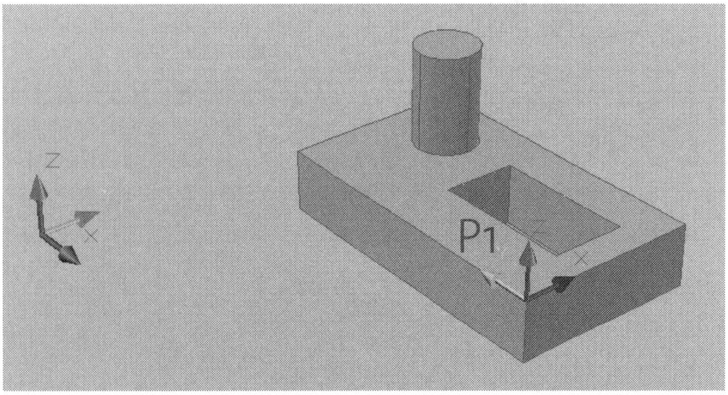

Fig.16.23

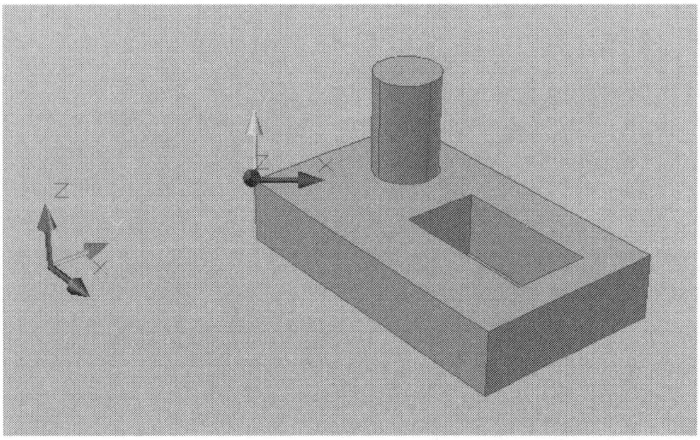

Fig.16.24

- **Face :**

Permet de définir un nouveau système de coordonnées en fonction d'une face sélectionnée. La sélection peut s'effectuer sur une face ou sur une arête (P1) de l'objet (fig.16.22).

- **Objet (Object) :**

Permet de déterminer un nouveau système SCU en pointant un objet. L'origine du SCU sera située au sommet le plus proche de l'endroit où l'objet a été sélectionné (P1) (fig.16.23).

- **Vue (View) :**

Permet de déterminer un système dont le plan XY est perpendiculaire à la direction de vision (fig.16.24).

- **Rotation d'axe X, Y, Z (X/Y/Z Rotate) :**

Permet de faire tourner le système SCU autour des axes X, Y ou Z (fig.16.25-16.26).

- **Précédent (Previous) :**

Permet de retourner au système SCU précédent.

- **Général (World) :**

Superpose le système SCU (UCS) en cours au système SCG (WCS).

- **Appliquer (Apply) :**

Permet d'appliquer le système de coordonnées courant à la fenêtre sélectionnée.

- **NOMmé (Named) :** contient les options suivantes :

  - **Restaurer (Restore) :**

    Permet de rappeler une configuration SCU sauvée au préalable.

  - **Enregistrer (Save) :**

    Permet de sauver la configuration SCU en cours.

- **Supprimer (Delete) :**

  Permet de supprimer une configuration SCU (UCS) sauvegardée.

- **? :**

  Donne la liste des configurations SCU (UCS) enregistrées.

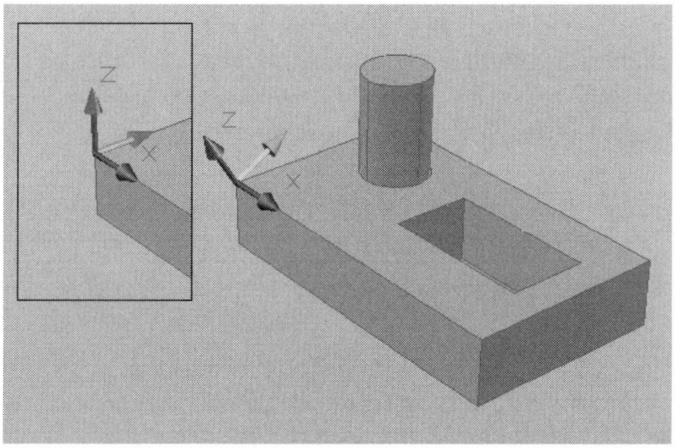

Fig.16.25

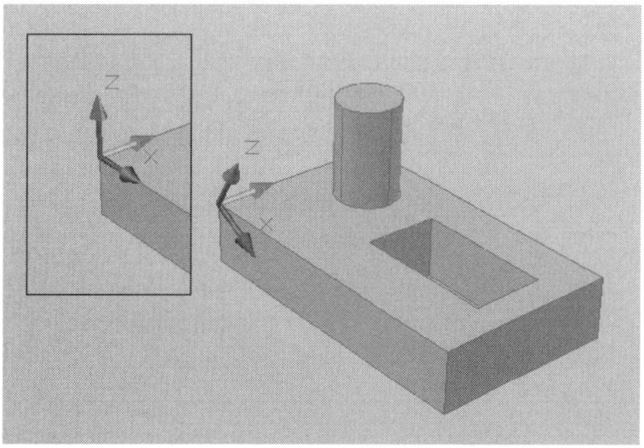

Fig.16.26

Comment déplacer manuellement le repère SCU (UCS) à l'aide des poignées ?

Depuis AutoCAD 2012, il est possible de déplacer manuellement le repère de coordonnées à l'aide de poignées (fig.16.27). Il suffit de cliquer sur le repère, puis de cliquer sur la poignée d'origine et de déplacer le repère. L'orientation des axes peut ensuite être modifiée à l'aide des poignées circulaires situées aux extrémités des axes.

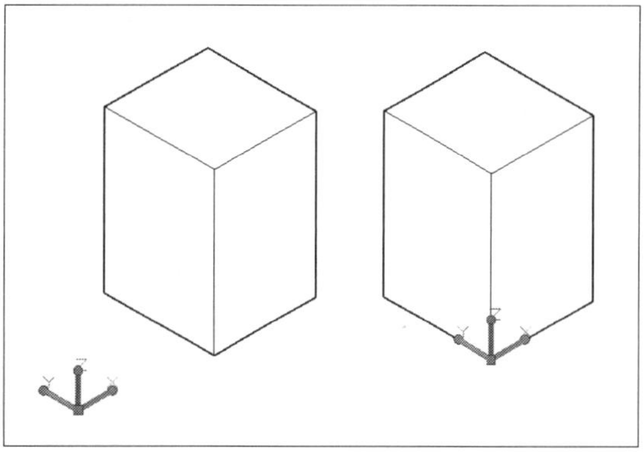

Fig.16.27

Comment utiliser le système SCU (UCS) dynamique ?

La fonction SCU dynamique vous permet d'aligner temporairement et automatiquement le plan XY du SCU avec une face d'un modèle solide lors de la création d'objets.

Ainsi, lorsqu'une commande de dessin est en cours, alignez le SCU en déplaçant votre pointeur sur une face, plutôt qu'en utilisant la commande SCU classique. A la fin de la commande, le SCU retrouve l'emplacement et l'orientation qu'il avait précédemment.

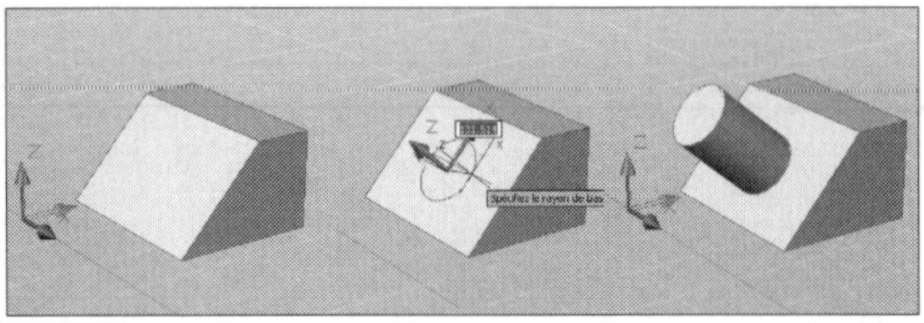

Fig.16.28

Dans l'illustration de gauche de la figure 16.28, le SCU n'est pas aligné avec la face inclinée. Au lieu de repositionner le SCU manuellement, activez le SCU dynamique sur la barre d'état ou appuyez sur F6.

Lorsque vous déplacez le pointeur sur une face, comme le montre l'illustration du centre, le curseur change afin d'indiquer la direction des axes SCU dynamiques. Vous pouvez alors créer aisément des objets sur la face d'angle, comme le montre l'illustration de droite.

Remarques

Pour afficher les étiquettes XYZ sur le curseur, cliquez avec le bouton droit de la souris sur le bouton SCUD et choisissez Afficher les étiquettes XY sur le réticule (Display Crosshair labels).

L'axe X du SCU dynamique est situé le long d'une arête de la face et la direction positive de l'axe X pointe toujours vers la moitié droite de l'écran. Seules les faces avant d'un solide sont détectées par le SCU dynamique.

Si les modes Grille et Accrochage sont activés, ils sont temporairement alignés sur le SCU dynamique. Les limites de l'affichage de la grille sont définies automatiquement.

Les types de commandes pouvant utiliser un SCU dynamique sont les suivants :

- Géométrie simple : Ligne, polyligne, rectangle, arc, cercle
- Texte : Texte, texte multiligne, tableau
- Références : Insertion, Xref
- Solides : Primitives et POLYSOLIDE
- Modification : Rotation, copie miroir, alignement
- Autre : SCU, aire, manipulation des outils poignées

Comment modifier l'aspect du réticule en 3D ?

Le réticule qui constitue le pointeur de la souris dans la zone de dessin d'AutoCAD peut être paramétré à l'aide des options de l'onglet **Modélisation 3D** (3D Modeling) de la boîte de dialogue **Options** (Menu Application > Options). Les options sont les suivantes (fig.16.29) :

- **Afficher l'axe Z dans le réticule** (Show Z axis in crosshairs) : contrôle si l'axe **Z** est affiché par le réticule.

- **Etiqueter les axes dans le réticule standard** (Label axes in standard crosshairs) : contrôle si les étiquettes d'axe sont affichées avec le réticule.
- **Afficher les étiquettes pour le SCU dynamique** (Show labels for dynamic UCS) : affiche les étiquettes d'axe sur le réticule pour le SCU dynamique, même si les étiquettes d'axe sont désactivées dans la zone Etiqueter les axes dans le réticule standard.
- **Etiquettes de réticule** (Crosshair labels) : Choisissez les étiquettes à afficher avec le réticule.
- **Utiliser X, Y, Z** (Use X, Y, Z) : étiquette les axes X, Y et Z.
- **Utiliser N, E, z** (Use N, E, z) : étiquette les axes avec des abréviations pour le nord, l'est et l'élévation Z.
- **Utiliser les étiquettes personnalisées** (Use custom labels) : étiquette les axes avec les caractères que vous spécifiez.

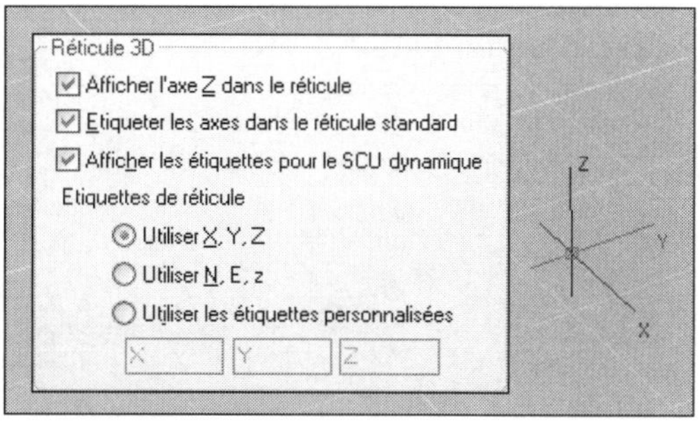

Fig.16.29

L'utilisation de la grille en 3D

Pour rappel, la grille d'AutoCAD peut aussi être utilisée en 3D. Les options suivantes permettent de contrôler l'affichage de la grille :

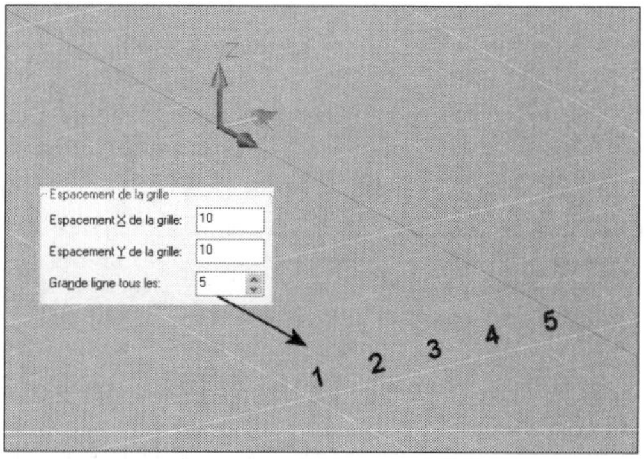

Fig.16.30

- **Grande ligne tous les** (Major line every) : spécifie la fréquence des grandes lignes de grille par rapport au petites lignes de grille. Les lignes de grille plutôt que les points de grille sont affichées lorsque le style visuel est autre que Filaire 2D (fig.16.30).
- **Grille adaptative** (Adaptive grid) : limite la densité de la grille lors d'un zoom arrière ou augmente la densité lors d'un zoom avant (fig.16.31).
- **Autoriser la sous-division sous l'espacement de la grille** (Allow subdivision below grid spacing) : génère des lignes de grille supplémentaires, à espacement plus proche, lors d'un zoom avant. La fréquence de ces lignes de grille est déterminée par la fréquence des grandes lignes de grille.
- **Afficher la grille au-delà des limites** (Display grid beyond Limits) : affiche la grille au-delà de la zone spécifiée par la commande **LIMITES** (Limits).

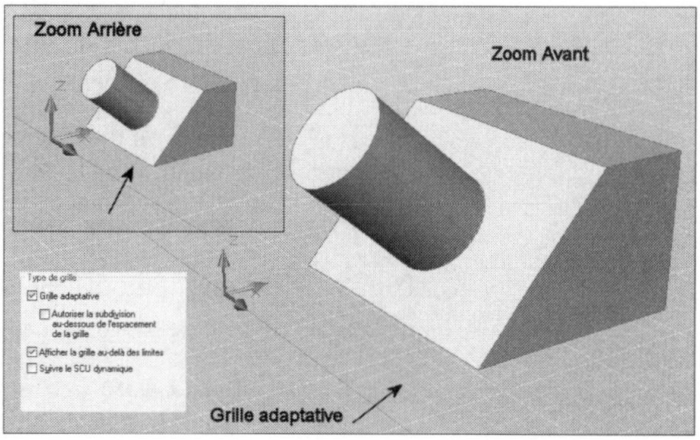

Fig.16.31

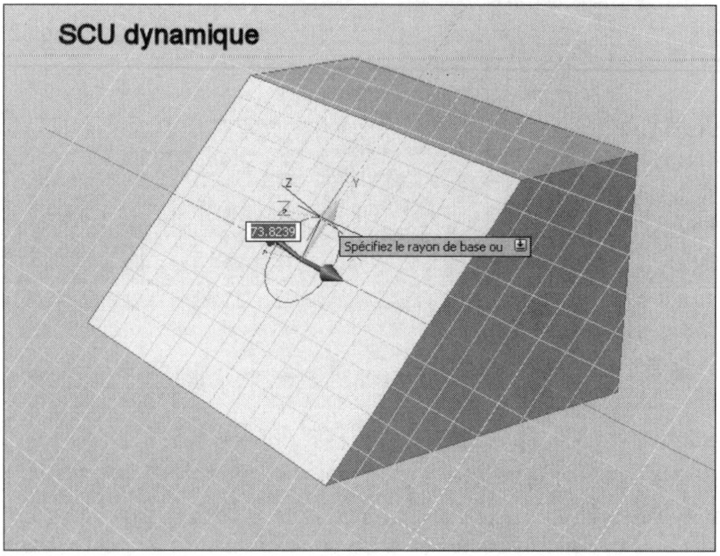

Fig.16.32

- **Suivre le SCU dynamique** (Follow Dynamic UCS) : modifie le plan de grille afin qu'il suive le plan XY du SCU dynamique (fig.16.32).

Pour activer ces paramètres il suffit d'effectuer un clic droit sur le bouton **Grille** (Grid) puis de sélectionner l'option **Paramètres** (Settings) du menu contextuel.

Visualiser les objets en 3D

La visualisation en 3D

AutoCAD permet de visualiser les objets 3D sous la forme de projection parallèle et de projection perspective, et cela de n'importe quel point de vue. Les deux méthodes principales sont :

- La sélection de points de vues prédéfinis à l'aide des options du groupe de fonctions **Vue** (View) ou de la barre d'outils **Vue** (View).
- La sélection de points de vue prédéfinis à partir des outils de Contrôle de vue, situés en haut et à gauche de l'écran.
- La visualisation dynamique du modèle 3D, en mode isométrique ou perspective, à l'aide de la commande 3DOrbite.

Comment sélectionner un point de vue prédéfini ?

Pour afficher rapidement une vue en projection parallèle, AutoCAD dispose d'une série de points de vue prédéfinis. Le choix s'effectue de la manière suivante :

1. Choisir l'onglet **Vue** (View) puis le groupe de fonctions **Vues** (Views) ou utiliser la barre d'outils **Vue** (View) ou utiliser les outils de contrôle de vue de l'écran.
2. Choisir l'option souhaitée (fig.16.33) :
   - les six vues planes standard : Avant, arrière... (Top, Bottom...) ;
   - les quatre vues isométriques standard : SO, SE... (SW, SE...).

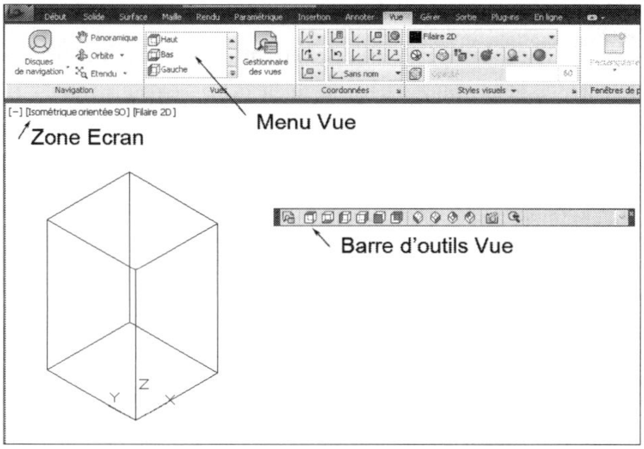

Fig.16.33

La visualisation dynamique à l'aide de l'Orbite 3D

L'Orbite 3D permet de se déplacer autour d'une cible. La cible de la vue reste fixe alors que le point de vue se déplace. Le point de visée est le centre de la fenêtre, et non le centre des objets que l'on visualise. Deux options sont disponibles :

- **Orbite contrainte** : contraint Orbite 3D le long du plan XY ou de l'axe Z (ORBITE3D).
- **Orbite libre** : ne contraint l'orbite dans aucune direction particulière, sans référence aux plans. Le point de vue n'est pas contraint le long du plan XY de l'axe Z (ORBITELIBRE3D).

Comment utiliser l'orbite contrainte ?

L'orbite contrainte est beaucoup plus souple que l'orbite libre dont elle comprend aussi toutes les options. Vous pouvez afficher le dessin entier ou sélectionner un ou plusieurs objets avant de lancer la commande. Elle peut être activée à l'aide de l'une des options suivantes (fig.16.34) :

Ruban : choisir le groupe de fonctions **Navigation** (Navigate) puis l'option **Orbite** (Orbit) et **Orbite contrainte** (Constrained Orbit).

Icône : cliquer sur l'icône Orbite contrainte de la barre d'outils **Orbite** (Orbit) ou **Navigation 3D** (3D Navigation).

Clavier : taper la commande **ORBITE3D** (3DORBIT).

Vous pouvez aussi appuyer sur la touche Maj tout en cliquant sur la molette de la souris pour accéder temporairement au mode Orbite 3D.

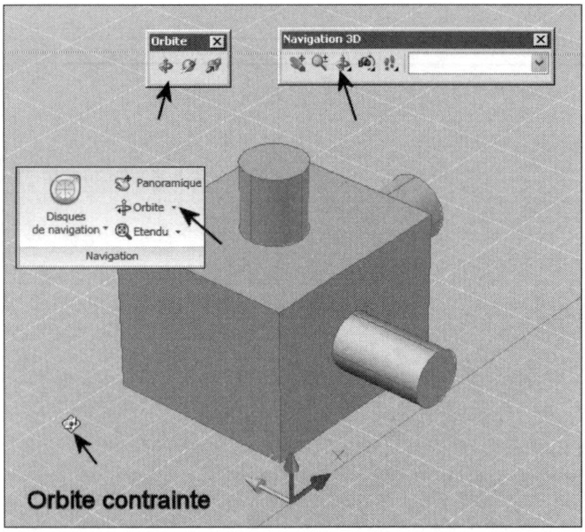

Fig.16.34

Lorsque ORBITE3D est active, la cible de la vue reste stationnaire et le positionnement du point de visée se déplace autour de la cible. Cependant, du point de vue de l'utilisateur, il semble que le modèle 3D pivote à mesure que le curseur de la souris est déplacé. C'est pourquoi vous pouvez spécifier n'importe quelle vue du modèle.

Si vous déplacez le curseur horizontalement, la caméra se déplace parallèlement au plan XY du système de coordonnées général (SCG). Si vous déplacez le curseur verticalement, la caméra se déplace le long de l'axe Z.

REMARQUES

Il est impossible de modifier des objets lorsque la commande ORBITE3D est active.

Pour passer en orbite libre, il suffit d'appuyer sur la touche **Maj** (Shift) (fig.16.34).

Lorsque l'orbite contrainte est active, vous pouvez accéder aux autres options et modes de la commande ORBITE3D depuis le menu contextuel en cliquant dans la zone de dessin avec le bouton droit de la souris. Les options sont les suivantes :

- **Mode courant** (Current Mode) : affiche le mode courant, c'est-à-dire Orbite contraint.
- **Activer la cible auto. de l'orbite** (Enable Orbit Auto Target) : maintient la cible sur les objets affichés et non au centre de la fenêtre. Cette option est activée par défaut.
- **Autres modes de navigation** (Other Navigation Modes) : permet de choisir l'un des modes de navigation 3D suivants :
  - **Orbite contrainte** (Constrained Orbit) (1) : contraint l'orbite au plan XY ou à la direction Z.
  - **Orbite libre** (Free Orbit) (2) : l'orbite n'est plus contrainte au plan XY ni à la direction Z, mais peut prendre toutes les directions.
  - **Orbite continue** (Continuous Orbit) (3) : le curseur prend la forme d'une sphère encerclée par deux lignes continues. Vous pouvez donner aux objets un mouvement continu.

- **Ajuster la distance** (Adjust Distance) (4) : simule un rapprochement ou un éloignement de la caméra par rapport à l'objet.
- **Pivot** (Swivel) (5) : donne au curseur la forme d'une flèche courbe, puis simule le pivotement d'une caméra.
- **Navigation** (Walk) (6) : transforme le curseur en signe plus et vous permet de naviguer dans un modèle à une hauteur définie au-dessus du plan XY, en contrôlant de façon dynamique l'emplacement et la cible de la caméra.
- **Mouvement** (Fly) (7) : transforme le curseur en signe plus et vous permet de vous déplacer librement dans un modèle sans être limité à une hauteur définie au-dessus du plan XY.
- **Zoom** (8) : transforme le curseur en loupe avec un signe plus (+) et un signe moins (–), et simule un rapprochement ou un éloignement de la caméra par rapport à l'objet. Cette option fonctionne de la même manière que l'option Ajuster la distance.
- **Panoramique** (Pan) (9) : change la forme du curseur en main et déplace la vue dans la direction de déplacement de la souris.

- **Paramètres de l'animation** (Animation Settings) : ouvre la boîte de dialogue Paramètres de l'animation dans laquelle vous pouvez spécifier les paramètres d'enregistrement d'un fichier d'animation (voir chapitre 11).
- **Zoom Fenêtre** (Zoom Window) : transforme le curseur en icône de fenêtre pour vous permettre de sélectionner une zone spécifique à zoomer. Une fois le curseur transformé, choisissez un point de départ et un point final pour définir la fenêtre de zoom. Un zoom avant est effectué sur la zone que vous avez sélectionnée.
- **Zoom Etendu** (Zoom Extents) : centre la vue et détermine ses dimensions afin que tous les objets soient affichés.
- **Zoom Précédent** (Zoom Previous) : affiche la vue précédente.
- **Parallèle** (Parallel) : affiche les objets en projection parallèle. Les formes de votre dessin restent toujours identiques et n'apparaissent pas déformées même lorsqu'elles sont rapprochées.
- **Perspective** : affiche les objets en projection perspective de sorte que toutes les lignes parallèles convergent. Les objets semblent s'éloigner tandis que certaines portions sont agrandies et paraissent plus proches. Les formes sont légèrement déformées quand l'objet est proche.
- **Redéfinir la vue** (Reset View) : renvoie la vue courante avant la première exécution de la commande ORBITE3D.
- **Vues prédéfinies** (Preset Views) : affiche la liste des vues prédéfinies telles que Haut, Bas et Isométrique orientée S-O. Choisissez une vue dans la liste afin de modifier la vue courante de votre objet.
- **Vues existantes** (Named Views) : affiche la liste des vues existantes dans le dessin. Choisissez une vue existante dans la liste pour modifier la vue courante de votre modèle.

- **Styles visuels** (Visual Styles) : propose différentes méthodes pour l'ombrage des objets (voir chapitre 9).
- **Masqué 3D** (3D Hidden) : affiche les objets à l'aide d'une représentation filaire 3D et masque les lignes correspondant aux faces arrière.
- **Filaire 3D** (3D Wireframe) : affiche les objets en matérialisant leurs contours à l'aide de lignes et de courbes.
- **Conceptuel** (Conceptual) : ajoute une ombre aux objets et lisse les arêtes entre les faces des polygones. L'effet est moins réaliste, mais les détails du modèle sont plus faciles à voir.
- **Réaliste** (Realistic) : ajoute une ombre aux objets et lisse les arêtes entre les faces des polygones.
- **Aides de repérage visuel** (Visual Aids) : offre des aides pour la visualisation des objets.
- **Boussole** (Compass) : dessine une sphère 3D composée de trois lignes représentant les axes X, Y et Z.
- **Grille** (Grid) : affiche un réseau de lignes à deux dimensions similaire à du papier millimétré. Cette grille est orientée selon les axes X et Y.
- **Icône de SCU** (UCS Icon) : affiche une icône SCU 3D ombrée. Chaque axe est désigné X, Y ou Z. L'axe X est rouge, l'axe Y est vert et l'axe Z est bleu.

Comment utiliser l'Orbite libre ?

[1] Sélectionner l'objet ou les objets à afficher avec l'orbite libre.

Il est possible d'afficher l'ensemble du modèle : en ne sélectionnant aucun objet. Cependant, ne visualiser que des objets sélectionnés améliore les performances.

[2] Exécuter la commande à l'aide de l'une des options suivantes :

Ruban : choisir le groupe de fonctions **Navigation** (Navigate) puis l'option **Orbite libre** (Free Orbit).

Icône : cliquer sur l'icône **Orbite libre** (Free orbit) de la barre d'outils **Orbite** (Orbit) ou de la barre d'outils **Navigation 3D** (3D Navigation).

Clavier : taper la commande **ORBITELIBRE3D** (3DFOrbit).

Périphérique de pointage : appuyer sur les touches Maj+Ctrl et cliquer sur la roulette de la souris pour accéder temporairement au mode ORBITELIBRE3D.

La vue en orbite libre 3D fait apparaître un arcball, un cercle divisé en quatre quadrants par des cercles de plus petite taille. Lorsque l'option **Activer la cible auto**. de l'orbite est désélectionnée dans le menu contextuel, la cible de la vue reste stationnaire. Le point de visée se déplace autour de la cible. Le point de visée est le centre de l'arcball, et non le centre des objets que vous visualisez. Contrairement à l'orbite contrainte, l'orbite libre n'applique pas de contrainte de changement de vue le long de l'axe XY ou de la direction Z.

[3] Cliquer et faire glisser le curseur de la souris pour donner une rotation à la vue. Au fur et à mesure que le curseur se déplace sur les différentes parties de l'arcball, l'icône du curseur change. Lorsque l'on clique pour effectuer le glissement, l'aspect du curseur indique la rotation de la vue comme suit :

Lorsque le curseur se déplace à l'intérieur de l'arcball, il prend la forme d'une sphère encerclée. En cliquant et en déplaçant le curseur quand il a la forme d'une sphère, il est possible de manipuler librement la vue. Le curseur se comporte comme s'il était accroché à une sphère entourant les objets et qu'il se déplaçait sur les parois de la sphère tout autour du point visé.

Lorsque le curseur se déplace à l'extérieur de l'arcball, il prend la forme d'une flèche circulaire entourant une sphère de petite taille. Si l'on clique à l'extérieur de l'arcball et que l'on fait glisser le curseur autour de l'arcball, la vue se déplace autour d'un axe, perpendiculaire à l'écran, qui passe par le centre de l'arcball. Cette forme de curseur s'appelle « roulis ».

Si l'on glisse le curseur jusqu'à l'intérieur de l'arcball, il prend la forme d'une petite sphère encerclée et la vue se déplace librement, comme décrit ci-dessus. Si l'on ramène le curseur à l'extérieur de l'arcball, on revient à un roulis.

Lorsque l'on fait passer le curseur au-dessus d'un des petits cercles sur le côté gauche ou droit de l'arcball, il prend la forme d'une ellipse horizontale entourant une petite sphère. En cliquant sur l'un de ces points et en déplaçant le curseur, la vue effectue une rotation autour de l'axe vertical, ou axe Y, qui passe par le centre de l'arcball. L'axe Y est représenté sur le curseur par une ligne verticale.

Lorsque l'on fait passer le curseur au-dessus d'un des petits cercles, en haut ou en bas de l'arcball, il prend la forme d'une ellipse verticale entourant une petite sphère. En cliquant sur l'un de ces points et en déplaçant le curseur, la vue effectue une rotation autour de l'axe horizontal, ou X, qui passe par le centre de l'arcball. L'axe X est représenté sur le curseur par une ligne horizontale.

Lorsque la commande est active, vous pouvez accéder aux autres options de la commande Orbite libre 3D depuis le menu contextuel en cliquant dans la zone de dessin avec le bouton droit (voir les options de l'Orbite contrainte).

La visualisation dynamique à l'aide du disque de navigation

Le disque de navigation ou SteeringWheel est composé de menus « suiveurs » divisés en sections. A chaque section d'un disque correspond un outil de navigation. Vous pouvez effectuer des panoramiques ou des zooms, ou manipuler la vue courante d'un modèle de plusieurs façons.

Lorsque le disque de navigation est fixé au démarrage, il ne suit pas le curseur et une bulle d'information est affichée sur le disque. Cette bulle indique le rôle et le fonctionnement d'un disque. Vous pouvez modifier le comportement des disques de navigation au démarrage à partir de la boîte de dialogue **Paramètres des disques de navigation SteeringWheel**.

Pour lancer le disque, vous avez le choix entre l'option **Disque de navigation SteeringWheel** de la barre d'état et un clic droit dans l'interface de dessin avec le choix de l'option **Disque de navigation SteeringWheel** dans le menu contextuel qui s'affiche.

Les options d'utilisation sont les suivantes :

- Débutant en 3D (grand disque avec affichage des options)

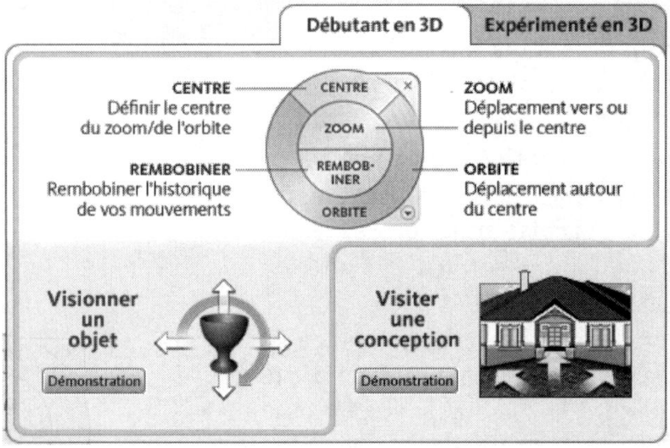

Fig.16.35 Pour visionner un objet : zoomer sur l'objet ou tourner autour de l'objet.

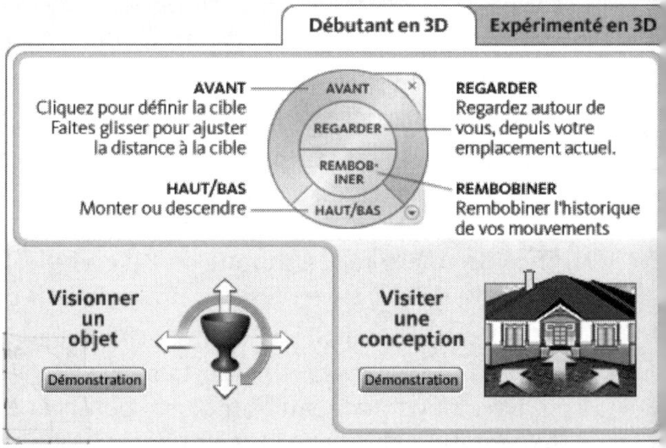

Fig.16.36 Pour visiter une conception : se déplacer en ava ou en arrière, vers le haut ou vers le bas, regard autour de soi.

- Expérimenté en 3D (petit disque sans affichage des options)

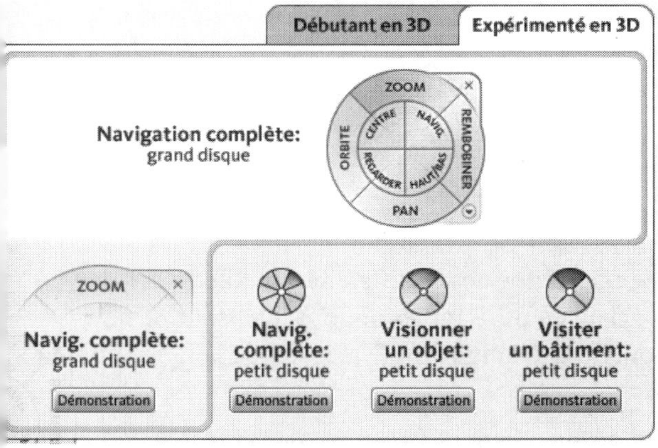

g.16.37 Navigation complète avec grand disque

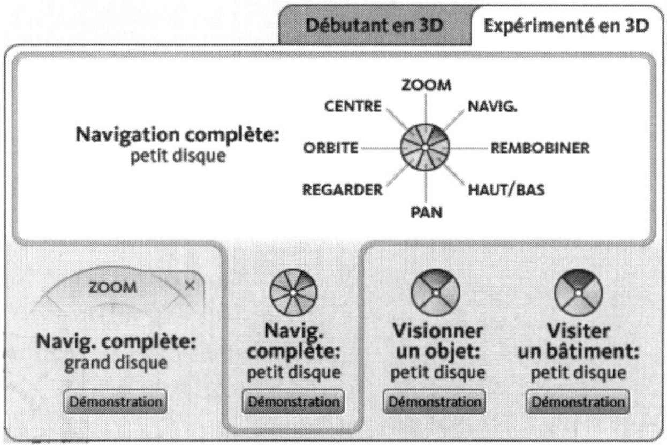

Fig.16.38 Navigation complète avec petit disque

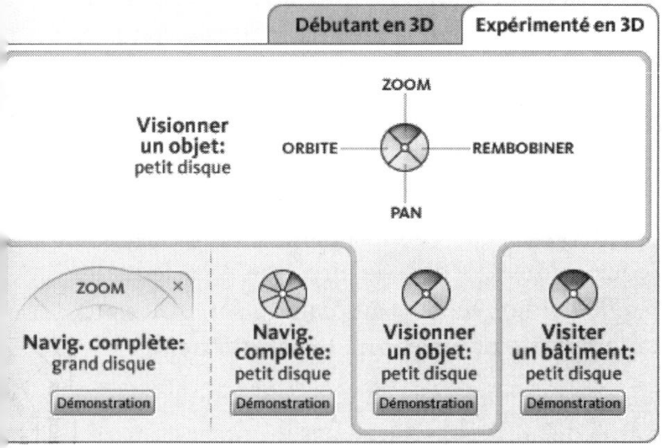

g.16.39 Pour visionner un objet : zoomer sur l'objet, se déplacer vers l'objet et tourner autour de l'objet.

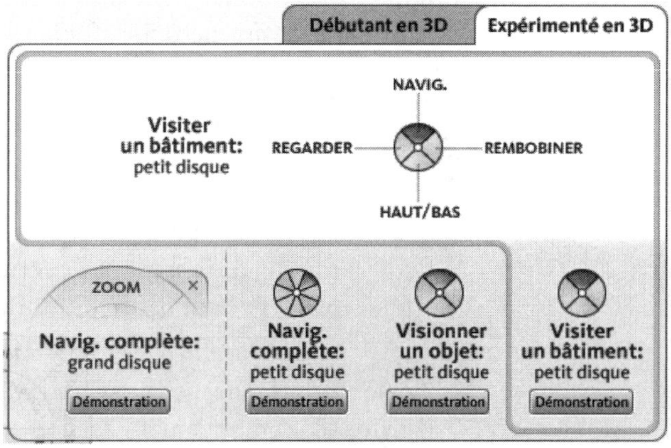

Fig.16.40 Pour visiter un projet comme un bâtiment : se déplacer vers ou depuis le projet, regarder le projet vers le bas ou le haut, regarder autour de soi.

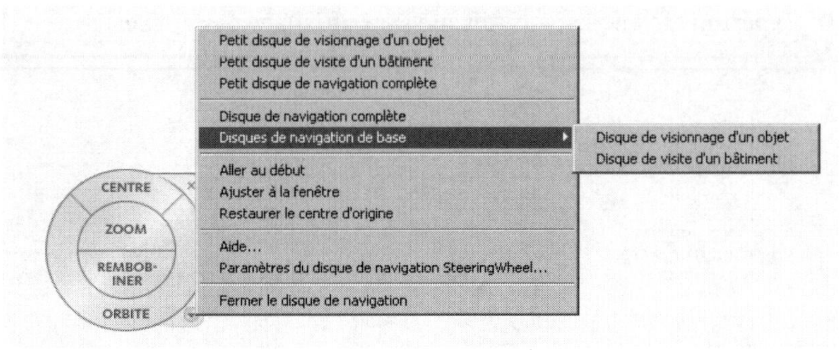

Fig.16.41

Fig.16.42

Vous pouvez utiliser plus directement chacune de ces différentes méthodes à l'aide d'un clic droit sur le disque (fig.16.41) ou en utilisant les options du disque de navigation situées dans le groupe de fonctions **Navigation** (Navigate) de l'onglet **Vue** (View) (fig.16.42).

Pour illustrer le fonctionnement du disque, prenons l'exemple de la visite dans un bâtiment avec l'outil **Navigation** (Navigate). Grâce à cet outil, vous pouvez naviguer dans le projet comme si vous le traversiez à pied. Lorsque vous lancez l'outil Navigation, l'icône de cercle central s'affiche près du centre de la vue et le curseur se transforme pour afficher une série de flèches. Pour naviguer dans un modèle, faites glisser le curseur dans la direction dans laquelle vous voulez vous déplacer.

Lorsque vous naviguez dans un projet, vous pouvez aussi contraindre l'angle du mouvement au plan du sol. Si l'option **Contraindre l'angle de mouvement de navigation au plan du sol** est activée, vous pouvez regarder librement autour de vous tandis que la vue courante est déplacée parallèlement au plan du sol. Si l'angle de navigation n'est pas contraint, vous « volerez » dans la direction dans laquelle vous regardez. Pour contraindre l'angle de mouvement au plan du sol, utilisez la boîte de dialogue **Paramètres des disques de navigation SteeringWheel**.

Lorsque vous marchez dans un projet, vous pouvez contrôler la vitesse du mouvement. La vitesse du mouvement est contrôlée par la distance parcourue par le curseur à partir de l'icône de cercle central. Pour définir la vitesse du mouvement, utilisez la boîte de dialogue **Paramètres des disques de navigation SteeringWheel** ou les options **Augmenter la vitesse de navigation** et **Diminuer la vitesse de navigation** du menu du disque de navigation.

Enfin, lorsque vous utilisez l'outil Navigation, vous pouvez ajuster l'élévation de la vue en maintenant la touche MAJ enfoncée. Ceci active temporairement l'outil Haut/Bas. Pour changer l'élévation courante d'une vue du modèle, faites glisser le curseur vers le haut ou vers le bas.

Pour se déplacer dans un modèle avec l'outil Navigation, la procédure est la suivante :

1 Afficher un disque doté de l'outil Navigation via le clic droit dans l'interface ou en utilisant les options du disque de navigation situées dans le groupe de fonctions **Navigation** (Navigate) de l'onglet **Vue** (View).

2 Cliquer sur la section **Navigation** (fig.16.43). Maintenir le bouton de la souris enfoncé.

Fig.16.43

3 Lorsque l'icône de cercle central est affichée, faire glisser le curseur dans la direction dans laquelle vous voulez vous déplacer (fig.16.44).

4 Relâcher le bouton de la souris pour revenir au disque de navigation.

5 Cliquer sur **Fermer** pour quitter le disque de navigation.

Fig.16.44

Pour changer l'élévation d'une vue, la procédure est la suivante :

1 Cliquer sur la section **Haut/Bas** du disque. Maintener le bouton de la souris enfoncé.

2 Une fois l'indicateur de distance verticale affiché, faire glisser le curseur vers le haut ou le bas pour changer l'élévation de la vue (fig.16.45).

3 Relâcher le bouton de la souris pour revenir au disque de navigation.

4 Cliquer sur Fermer pour quitter le disque de navigation.

Pour modifier la vitesse de navigation pour l'outil Navigation, la procédure est la suivante :

1 Cliquer avec le bouton droit de la souris sur le disque et choisir **Paramètres du disque de navigation SteeringWheel**.

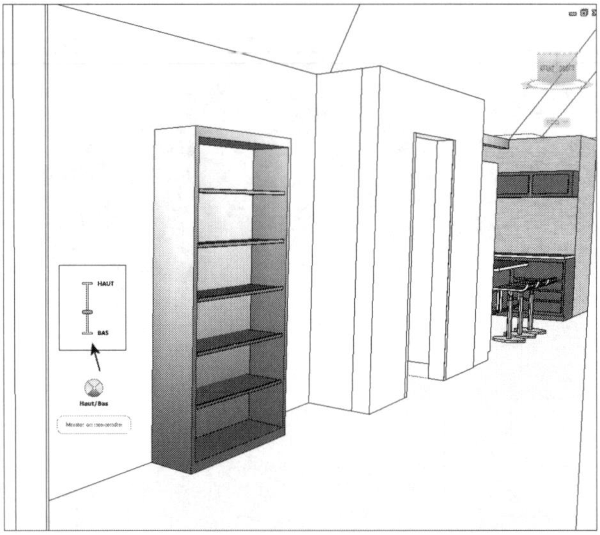

Fig.16.45

[2] Dans la boîte de dialogue **Paramètres des disques de navigation SteeringWheel**, sous **Outil Navigation**, faire glisser le curseur **Vitesse de navigation** vers la gauche pour diminuer la vitesse ou vers la droite pour l'augmenter. Vous pouvez également entrer une valeur comprise entre 0.1 et 10 dans la zone de texte située à droite du curseur **Vitesse de navigation**.

[3] Cliquer sur OK.

Pour contraindre l'angle de navigation au plan du sol, la procédure est la suivante :

[1] Cliquer avec le bouton droit de la souris sur le disque et choisir **Paramètres du disque de navigation SteeringWheel**.

[2] Dans la boîte de dialogue **Paramètres des disques de navigation SteeringWheel**, sous Outil **Navigation**, sélectionner l'option **Contraindre le mouvement au plan du sol**. Le mouvement de la navigation est parallèle au plan du sol du modèle.

[3] Cliquer sur OK.

La visualisation dynamique à l'aide du ViewCube

Le ViewCube est un outil de navigation 3D qui s'affiche à condition qu'un système graphique 3D soit activé (Vue 3D et style d'affichage autre que Filaire 2D). Cet outil vous permet de basculer entre les vues standard et isométrique.

Une fois le ViewCube affiché, il apparaît en mode inactif dans l'un des coins de la fenêtre de dessin sur le modèle. Dans ce mode, il affiche le point de vue courant du modèle en fonction du SCU courant et de la direction du nord définis par le SCG du modèle. Lorsque vous placez le curseur sur le ViewCube, celui-ci devient actif. Vous pouvez basculer de l'une des vues prédéfinies vers une autre, faire défiler la vue courante ou passer à la vue de début du modèle (fig.16.46).

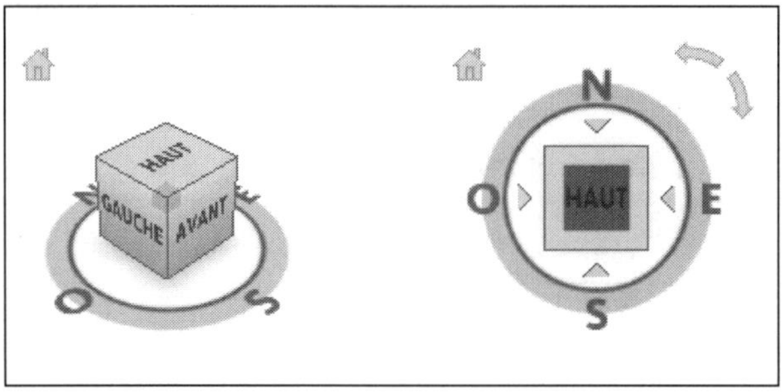

Fig.16.46

Deux états d'affichage existent pour le ViewCube : actif et inactif. Lorsqu'il est inactif, le ViewCube apparaît par défaut en transparence sur la fenêtre de dessin afin de ne pas masquer complètement le modèle. Lorsqu'il est actif, il devient opaque et masque les objets du modèle.

Vous pouvez non seulement contrôler le niveau d'opacité du ViewCube lorsqu'il est inactif, mais aussi sa taille et sa position à l'écran. Vous pouvez également afficher ou non le menu SCU et la boussole. Les paramètres de contrôle de l'apparence du cube ViewCube se trouvent dans la boîte de dialogue **Paramètres du cube de visualisation ViewCube** (ViewCube Settings) (fig.16.47).

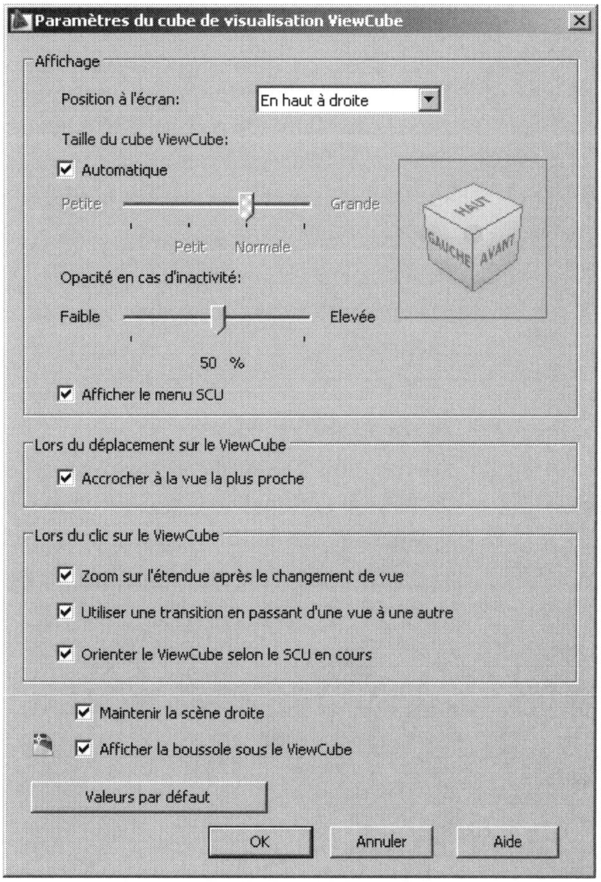

Fig.16.47

Utilisation de la boussole

La boussole du ViewCube indique la direction du nord définie pour le modèle. La direction du nord indiquée par la boussole est basée sur les directions Nord et Vers le haut définies par le SCG du modèle. La boîte de dialogue Emplacement géographique permet de définir les directions Nord et Vers le haut d'un modèle. La boîte de dialogue Paramètres du cube de visualisation ViewCube vous permet d'indiquer si la boussole doit s'afficher ou non sous le ViewCube.

Changer la vue courante

Vous pouvez changer la vue courante d'un modèle en cliquant sur des zones prédéfinies du ViewCube ou en faisant glisser celui-ci.

Le ViewCube fournit vingt-six zones définies sur lesquelles vous pouvez cliquer pour changer la vue courante d'un modèle (fig.16.48). Ces zones sont réparties en trois catégories : coin, arête et face. Sur ces vingt-six zones définies, six d'entre elles représentent les vues orthogonales standard d'un modèle : haut,

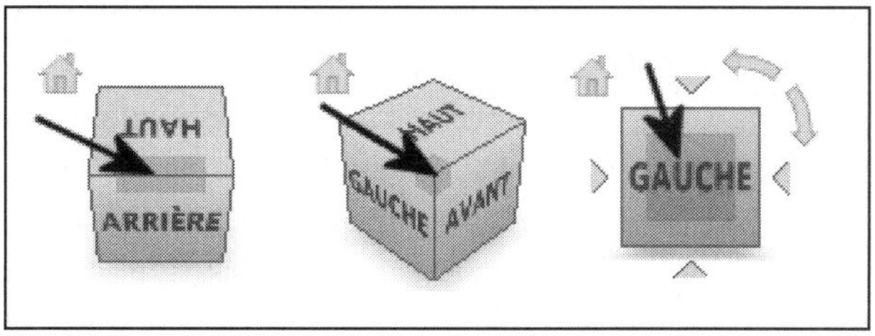

Fig.16.48

bas, avant, arrière, gauche et droite. Les vues orthogonales sont définies en cliquant sur l'une des faces du ViewCube.

Les vingt zones restantes servent à accéder à des vues inclinées d'un modèle. Si vous cliquez sur l'un des coins du ViewCube, la vue courante du modèle passe à une vue de trois-quarts, basée sur un point de vue défini par les trois côtés du modèle. Si vous cliquez sur l'une des arêtes, la vue du modèle passe à une vue de trois-quarts basée sur les deux côtés du modèle.

Pour changer la vue d'un modèle, vous pouvez non seulement cliquer sur une zone définie du ViewCube, mais également cliquer et faire glisser le ViewCube. Vous pouvez ainsi changer la vue du modèle et la définir à un point de vue personnalisé autre que l'un des vingt-six points de vue prédéfinis disponibles.

Le menu du ViewCube

Le menu du ViewCube (clic droit sur le ViewCube) fournit des options qui permettent de définir l'orientation du ViewCube, de basculer entre une projection parallèle et en perspective, de définir du modèle et de contrôler l'apparence du ViewCube (fig.16.49).

Les options suivantes sont disponibles à partir du menu contextuel du ViewCube :

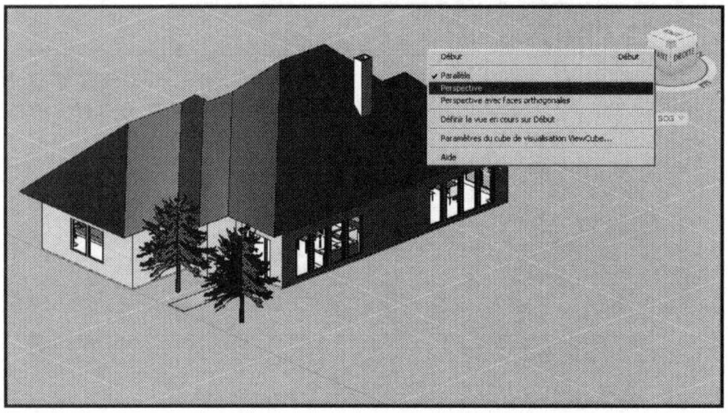

Fig.16.49

- **au début** (Home) : restaure la vue de début enregistrée dans le modèle.
- **Parallèle** (Parallel) : permet de basculer vers une projection parallèle.
- **Perspective** : permet de basculer entre la vue courante et la projection en perspective.
- **Perspective avec faces orthogonales** (Perspective with Ortho Faces) : permet de basculer la vue courante vers une projection en perspective à moins qu'elle soit alignée à une vue de face définie sur le ViewCube.
- **Définir la vue courante comme vue de début** (Set Current View as Home) : définit la vue de début du modèle selon la vue courante.
- **Paramètres du cube de visualisation ViewCube** (ViewCube Settings) : affiche la boîte de dialogue dans laquelle vous pouvez régler l'apparence et le comportement du ViewCube.
- **Aide** (Help) : lance le système d'aide en ligne et affiche la rubrique relative au ViewCube.

L'affichage des objets

Les styles d'affichage

Lors de la création d'objets en 3D, AutoCAD peut afficher ceux-ci de différentes manières appelées Styles visuels. Ceux-ci permettent de personnaliser le style de présentation des objets. Ils sont constitués par un ensemble de paramètres qui définissent l'affichage des arrêtes et des ombres dans la fenêtre d'AutoCAD.

Dix styles visuels par défaut sont proposés (fig.16.50). Ils sont détaillés au chapitre 24.

Chacun de ces styles peut être personnalisé à l'aide d'une série de paramètres et il est également possible de créer des nouveaux styles.

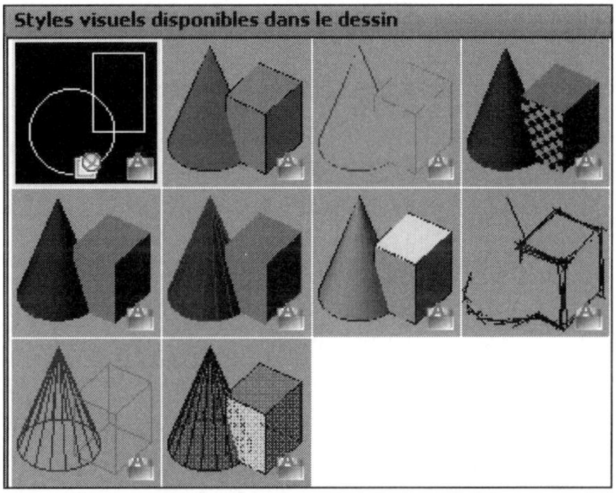

Fig.16.50

Pour activer un de ces styles, vous pouvez utiliser la méthode suivante :

1 Cliquer dans la fenêtre pour en faire la fenêtre courante.

2 Sélectionner le style visuel par l'une des méthodes suivantes (fig.16.51) :

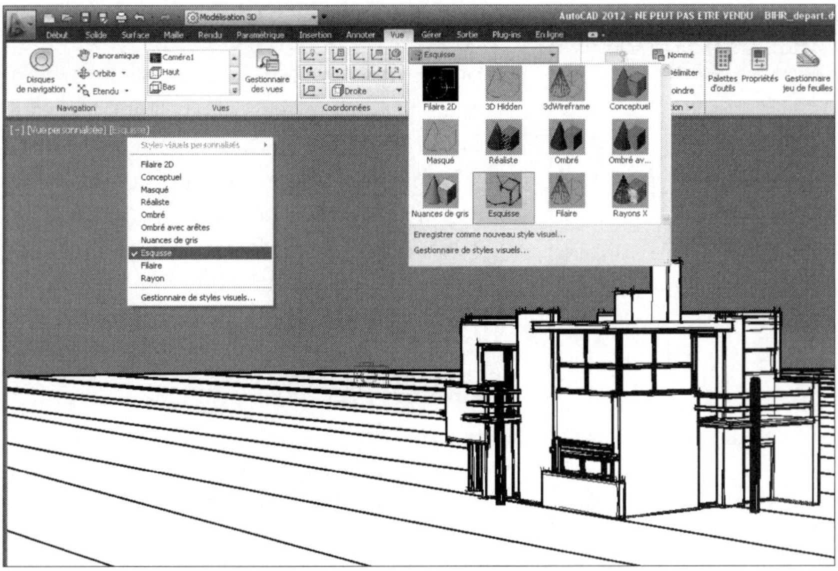

Fig.16.51

Ruban : dans le groupe de fonctions **Vue** (View), cliquer dans la liste déroulante des styles visuels.

Icône : sélectionner le style dans la barre d'outils **Styles visuels**.

Clavier : entrer la com-mande : **STYLESVISUELS** (VSCURRENT).

Il est aussi possible de sélectionner un style visuel via l'outil de Contrôle de vue, disponible en haut à gauche de l'écran.

REMARQUES

Vous pouvez sélectionner un style visuel et modifier ses paramètres à tout moment via le gestionnaire des styles visuels. Les changements que vous apportez sont répercutés dans les fenêtres dans lesquelles le style visuel est appliqué (voir chapitre 14).

Dans les styles visuels ombrés, les faces sont éclairées par deux sources distantes qui suivent le point de vue à mesure que vous vous déplacez autour du modèle. Cet éclairage par défaut est conçu pour illuminer toutes les faces dans le modèle afin de pouvoir les distinguer visuellement. L'éclairage par défaut n'est disponible que lorsque d'autres sources de lumière, dont le soleil, sont désactivées.

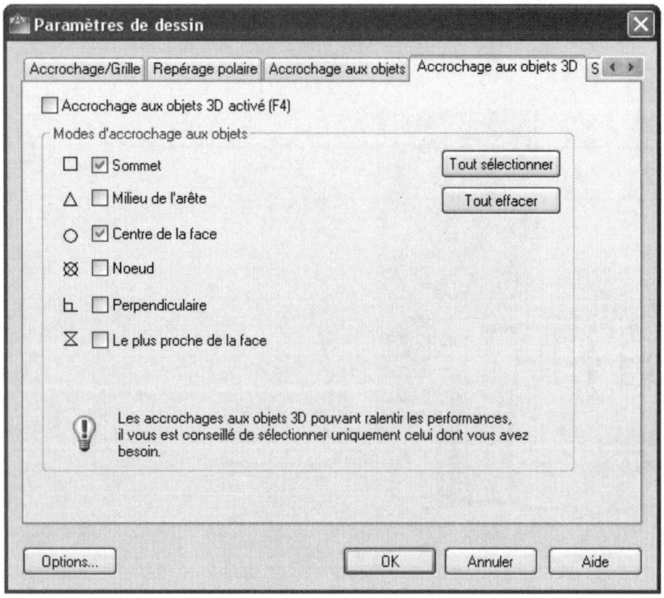

Fig.16.52

L'ACCROCHAGE 3D

Depuis AutoCAD 2011, la nouvelle option Accrochage aux objets 3D permet, comme son nom l'indique, de s'accrocher à des points spécifiques des objets 3D. Pour activer cette option il suffit d'activer l'option 3DACCROBJ (3DOSNAP) située sur la barre d'état. En effectuant un clic droit sur l'icône (ou le bouton), il est possible d'activer les options souhaitées (fig.16.52). Il s'agit de :

- **Sommet (Vertex) :** s'accroche au sommet le plus proche d'un objet 3D.
- **Milieu de l'arête (Midpoint on edge) :** s'accroche au milieu d'une arête de face.

- **Centre de la face (Center of face) :** s'accroche au centre d'une face.
- **Nœud (Knot) :** s'accroche à un noeud sur une spline.
- **Perpendiculaire (Perpendicular) :** s'accroche à un point perpendiculaire à une face.
- **Le plus proche de la face (Nearest to face) :** s'accroche au point le plus proche d'une face d'objet 3D.
- **Tout sélectionner (Select All) :** active tous les modes d'accrochage aux objets 3D.
- **Tout effacer (Clear All) :** désactive tous les modes d'accrochage aux objets 3D.

CHAPITRE 17

LES OBJETS FILAIRES EN 3D

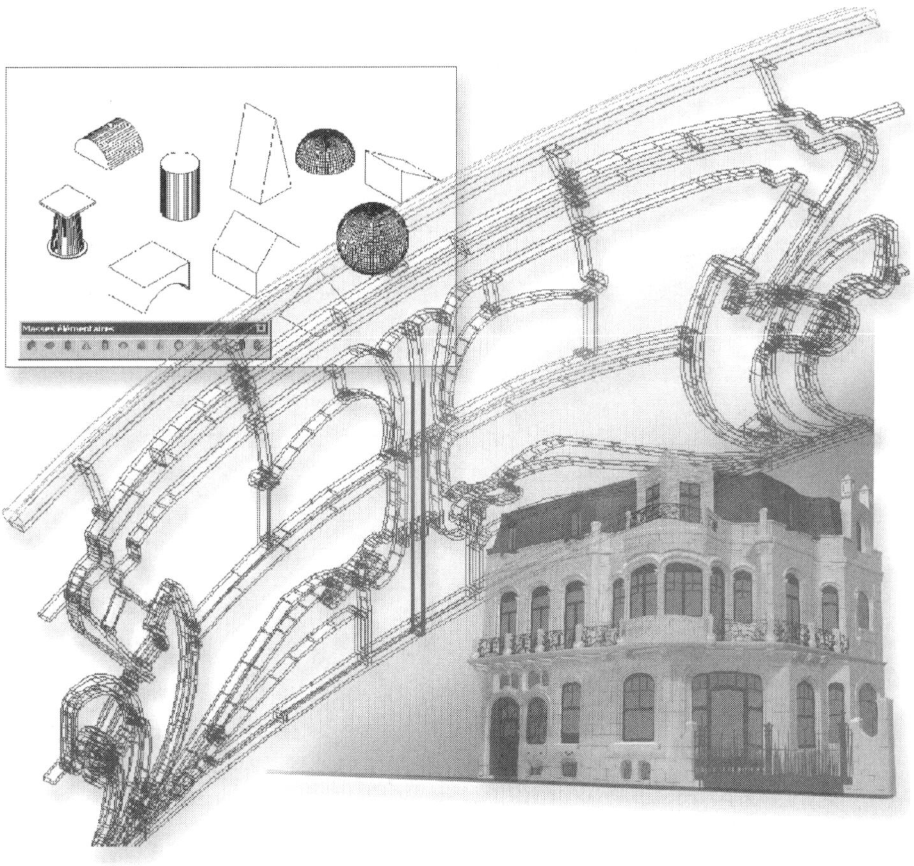

Les entités filaires 2D

La plupart des composants servant à générer des objets 3D sont des entités utilisées couramment en dessin 2D : lignes, arcs, cercles... Les seules entités filaires véritablement 3D sont la Spline, la Polyligne 3D et l'hélice cylindrique. La position des différentes entités est la suivante :

- **Arc**

Il est toujours situé dans un plan qui correspond au plan X-Y en cours ou qui lui est parallèle. Le premier point spécifié de l'arc correspond à son élévation. Si les outils d'accrochage sont utilisés pour désigner les autres points, ils sont projetés parallèlement à l'axe Z.

- **Cercle**

Il est toujours situé dans un plan qui correspond au plan X-Y en cours ou qui lui est parallèle. Le premier point spécifié du cercle correspond à son élévation. Si les outils d'accrochage sont utilisés pour désigner les autres points (cercles 2P ou 3P), ils sont projetés parallèlement à l'axe Z, sauf si le second point sert à définir la valeur du rayon. Dans ce dernier cas, le rayon est égal à la distance réelle entre les deux points.

- **Ellipse**

Elle est toujours située dans un plan qui correspond au plan X-Y en cours ou qui lui est parallèle. Le premier point spécifié de l'ellipse correspond à son élévation. Si les outils d'accrochage sont utilisés pour désigner les autres points, ils sont projetés parallèlement à l'axe Z.

- **Ligne**

Une ligne peut être tracée à partir de n'importe quel point dans l'espace 3D vers n'importe quel autre point dans l'espace 3D à l'aide des outils d'accrochage ou des coordonnées.

- **Cotations**

Les cotations sont toujours placées dans le plan X-Y courant même si les objets ou les points sélectionnés sont situés dans d'autres plans. Dans le cas d'une cotation linéaire, la dimension horizontale est parallèle à l'axe des X et la cotation verticale à l'axe des Y (fig.17.1).

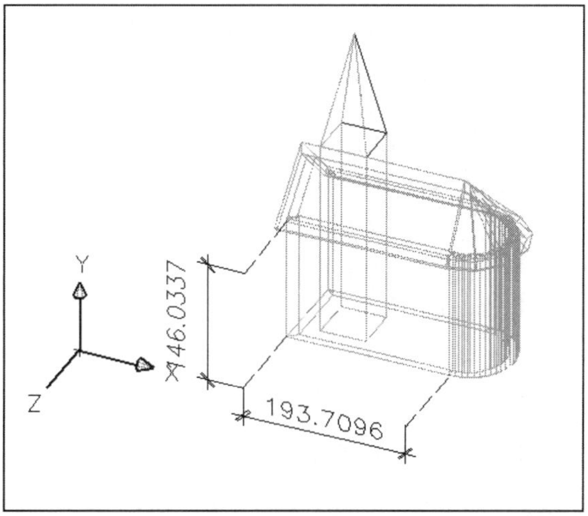

Fig.17.1

- **Point**

Un point peut être placé n'importe où dans l'espace 3D. Le graphisme (par l'option style de point) qui accompagne le point est placé dans un plan parallèle au plan X-Y courant.

- **Polyligne 2D**

Les polylignes et les objets assimilés (rectangle, polygone, anneau) sont situés dans le plan X-Y courant ou dans un plan qui lui est parallèle. Le premier point spécifié de la polyligne correspond à son élévation. Si les outils d'accrochage sont utilisés pour désigner les autres points, ils sont projetés parallèlement à l'axe Z.

- **Droite (Xline) et Demi-droite (Ray)**

La droite et la demi-droite, qui sont habituellement utilisées comme lignes de construction, peuvent être situées n'importe où dans l'espace 3D.

- **Texte**

Le texte est toujours situé dans un plan qui correspond au plan X-Y en cours ou qui lui est parallèle. Le premier d'insertion du texte correspond à son élévation.

Spécifier des points dans l'espace 3D

Il existe plusieurs méthodes pour spécifier des points dans l'espace 3D :

- **Par pointage à l'aide de l'accrochage aux objets (osnap)** : il suffit d'activer les options d'accrochage souhaitées et de pointer les éléments de références dans l'espace 3D. Il convient de souligner que, en fonction du type d'entité et de sa position par rapport au système SCU (UCS), toutes les options d'accrochage ne sont pas disponibles en 3D :
  - **Lignes** : toutes les options sont disponibles sauf Tangent et Quadrant;
  - **Courbes parallèles au SCU (UCS)** : toutes les options sont disponibles;
  - **Courbes non parallèles au SCU (UCS)** : toutes les options sont disponibles sauf Tangent, Perpendiculaire, Quadrant et Proche.
- **Par coordonnées absolues X, Y, Z** : il suffit de rentrer les coordonnées X, Y, Z des différents points. L'utilisation du symbole @ permet de désigner un point relativement au point précédent.

Par exemple (fig.17.2) :

Ligne (Line)

Premier point : **2, 2, 0** (coordonnées absolues)

Point suivant : **5, 2, 2** (coordonnées absolues)

Point suivant : **@0, 3** (coordonnées relatives)

Point suivant : **@5, 0** (coordonnées relatives)

Point suivant : **@4<30** (coordonnées polaires)

- **Par coordonnées cylindriques** : lors de la définition d'un point, il convient d'entrer les coordonnées en utilisant le format suivant :

  X ‹ [angle depuis l'axe X], Z

  – *X* indique la distance depuis l'origine du SCU (0,0,0).
  – *Angle depuis axe X* représente l'angle par rapport à l'axe *X* dans le plan *XY*.
  – *Z* indique la distance depuis l'origine (0,0,0) le long de l'axe *Z*.

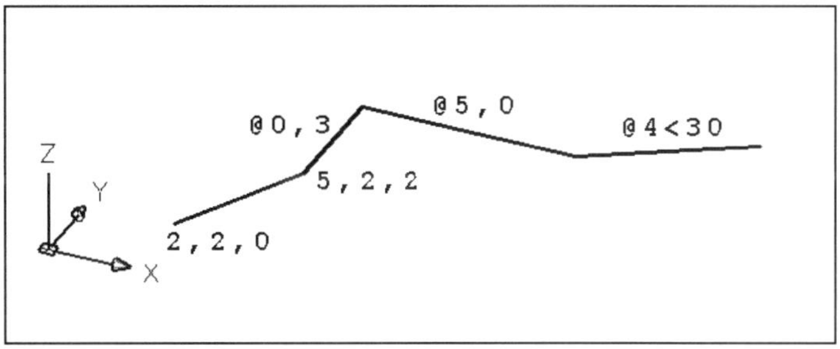

Fig.17.2

Par exemple, **2‹20,4** représente un emplacement situé à 2 unités le long de l'axe ***X*** par rapport à l'origine du SCU, mesuré à 20 degrés à partir de l'axe ***X*** et à 4 unités dans la direction ***Z*** positive. Pour définir un emplacement par rapport au dernier point mentionné, il suffit de mettre le symbole devant l'expression, soit : **@2‹20,4** (fig.17.3).

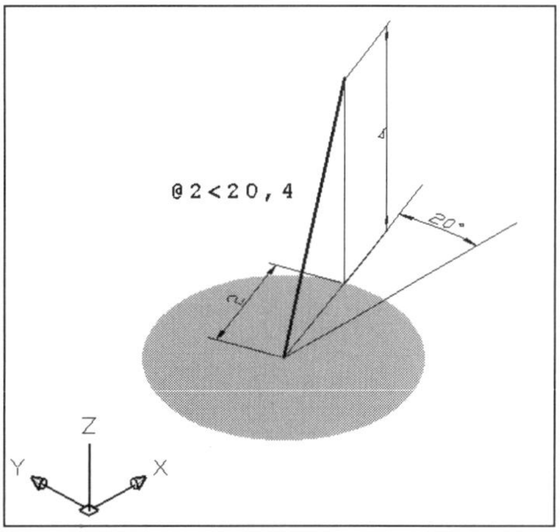

Fig.17.3

- **Par coordonnées sphériques** : lors de la définition d'un point, il convient d'entrer les coordonnées en utilisant le format suivant :

  X ‹ [angle par rapport à l'axe X] ‹ [angle par rapport au plan XY]

  – *X* représente la distance mesurée à partir de l'origine du SCU (0,0,0).
  – *Angle depuis axe X* représente l'angle par rapport à l'axe *X* dans le plan *XY*.
  – *Angle depuis plan XY* représente l'angle par rapport au plan *XY*.

  Par exemple, **5‹20 ‹45** représente un point situé à 5 unités par rapport à l'origine du SCU, à un angle de 20 degrés par rapport à l'axe positif *X* dans le plan *XY* et à 45 degrés par rapport au plan *XY*. Pour définir un emplacement par rapport au dernier point mentionné, il suffit de mettre le symbole devant l'expression, soit : **@5‹20‹45** (fig.17.4).

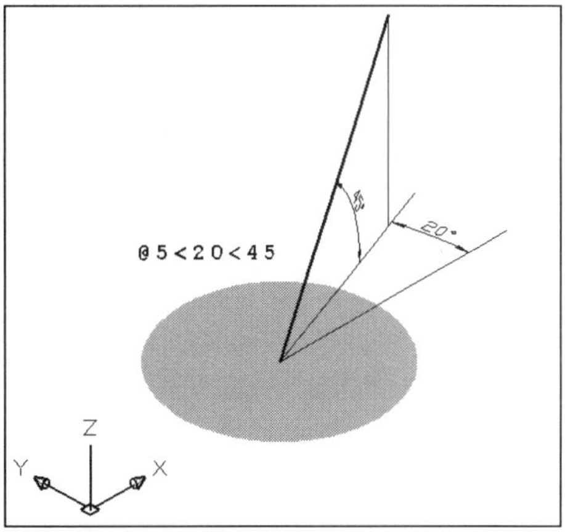

Fig.17.4

- **Filtres de coordonnées X, Y, Z** : les filtres de coordonnées sont utiles pour définir un nouveau point à l'aide de la valeur *X* d'un point, de la valeur *Y* d'un second point et de la valeur *Z* d'un troisième point. Les filtres de coordonnées fonctionnent de la même façon en 3D qu'ils le font en 2D. Pour définir un filtre sur la ligne de commande, entrer un point et une ou plusieurs des lettres *X*, *Y* et *Z*. AutoCAD reconnaît les filtres suivants : .X , .Y, .Z, .XY, .XZ, .YZ.

Après avoir indiqué la première coordonnée, AutoCAD demande les suivantes. Si l'on entre .X au message invitant à entrer un point, le système invite à entrer les valeurs *X* et *Y*; si l'on entre .XY le système demande d'entrer la valeur Z.

Les filtres de coordonnées sont couramment utilisés pour localiser le centre d'un cercle et la projection d'un point 3D sur le plan *XY* du système SCU (UCS) en cours.

Exemple (fig.17.5) : placez un cercle 10 unités audessus du centre d'un rectangle :

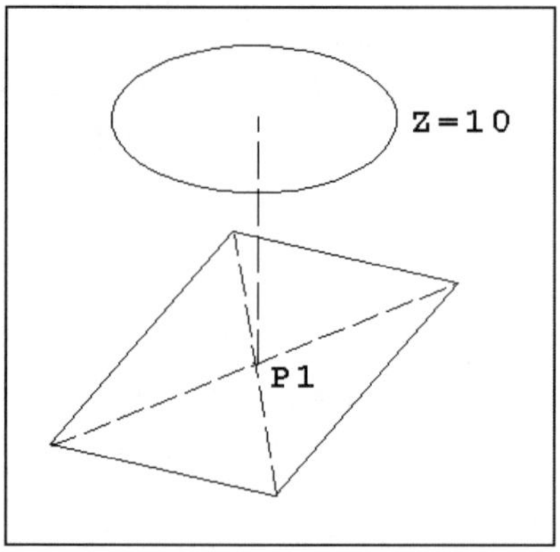

Fig.17.5

■ **Cercle (Circle)**

Centre : .XY

Pointer l'intersection P1

Valeur de Z : 10

Utilisation des accrochages 2D aux objets 3D dans les vues en plan

Par défaut, la valeur Z d'un point d'accrochage aux objets est déterminée par la position de l'objet dans l'espace. Toutefois, lors de l'utilisation des accrochages aux objets sur la vue en plan d'un bâtiment ou la vue de dessus d'une pièce, une valeur Z constante est plus appropriée.

Si vous activez la variable système OSNAPZ (valeur = 1), tous les accrochages aux objets sont projetés sur le plan XY du SCU courant ou, si la valeur ELEV est définie sur une valeur différente de zéro, sur un plan parallèle au plan XY, à l'élévation spécifiée.

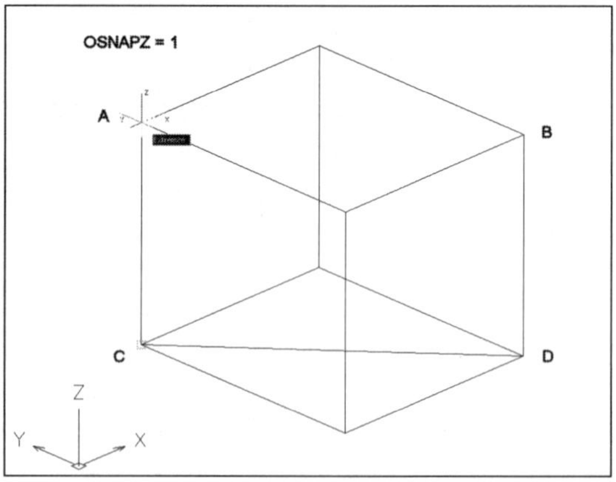

Fig.17.6

Lorsque vous dessinez ou modifiez des objets, sachez toujours si la variable OSNAPZ est activée ou désactivée. Etant donné qu'il n'existe aucun rappel visuel, vous pourriez obtenir des résultats inattendus.

Dans l'exemple de la figure 17.6 en pointant les points A et B la ligne se trace entre les points C et D qui sont les projections sur le plan SCU des points A et B.

Les modifications d'entités filaires 2D

La plupart des fonctions de modifications 2D sont également disponibles en 3D avec parfois néanmoins certaines modifications. Les principales fonctions sont les suivantes :

- **Déplacer (Move) et Copier (Copy)** :

Les points de base et de destination peuvent être placés n'importe où dans l'espace 3D. Le déplacement ou la copie peut se faire à l'aide des méthodes abordées précédemment. Par exemple, pour déplacer un objet dans la direction des Z de 25 unités, il suffit de définir comme origine la coordonnée (0,0,0) et comme destination la coordonnée (0,0,25). L'objet ne subira donc aucun déplacement dans le plan XY mais bien un déplacement de 25 dans la direction Z (fig.17.7). Pour un déplacement plus élaboré, voir la commande Déplacer 3D.

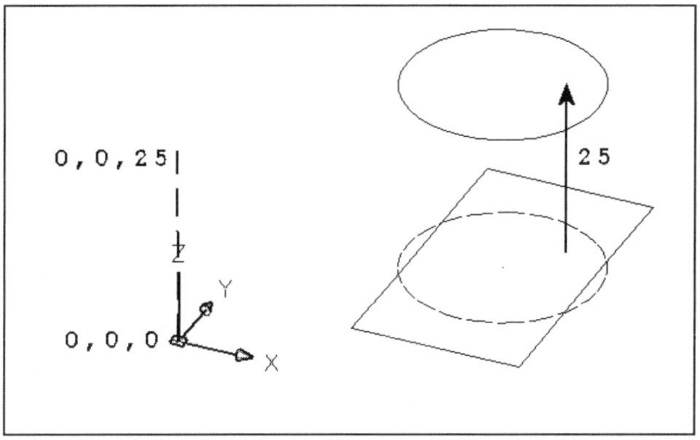

Fig.17.7

D'autre part, il est également possible de déplacer ou de copier des objets en activant le mode polaire qui fonctionne dans la direction Z (+Z ou –Z) (fig.17.8).

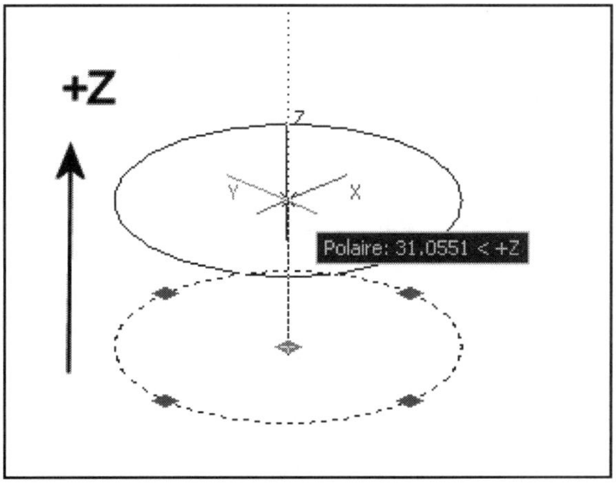

Fig.17.8

- **Décaler (Offset)** :

La copie est placée parallèlement à l'objet d'origine. Ce dernier ne doit pas être parallèle au plan X-Y courant.

- **Raccord (Fillet) et Chanfrein (Chamfer)** :

Les deux objets à raccorder ou chanfreiner doivent être situés dans le même plan. Il est ainsi possible d'agir sur les couples d'objets suivants (fig.17.9) :

A&B – A&C – A&D – A&E – B&C – C&D – C&E – D&E – E&F – E&G – F&G.

Par contre, il n'est pas possible d'agir sur les couples suivants :

A&F – A&G – B&D – B&E – B&F – B&G – C&F – C&G – D&F – D&G.

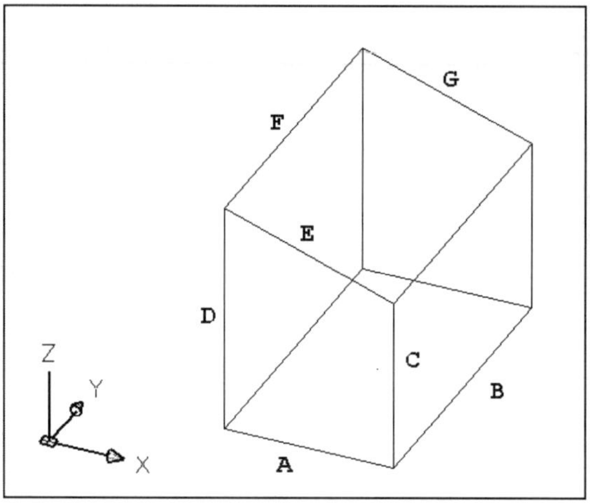

Fig.17.9

▸ **Coupure (Break)** :

C'est une fonction pleinement 3D qui permet de couper tout objet filaire en deux points ou en un point comme en 2D.

▸ **Ajuster (Trim) et Prolonger (Extend)** :

Le principe de fonctionnement étant identique pour les deux fonctions, l'explication porte sur **Ajuster** (Trim). Lors de l'utilisation de cette fonction, deux options sont disponibles : **Projection** et **Côté** (Edge). Trois choix sont disponibles pour l'option Projection :

- **Aucune** (None) : le bord de coupe et l'objet à ajuster doivent être situés dans le même plan.
- **SCU** (UCS) : le bord de coupe et l'objet à ajuster ne doivent pas être situés dans le même plan. Le bord de coupe est projeté perpendiculairement dans le plan X-Y de l'objet à ajuster (fig.17.10).
- **Vue** (View) : le bord de coupe est projeté dans la direction du point de vue et ajuste l'objet à l'endroit ou aux endroits où ils se coupent visuellement.

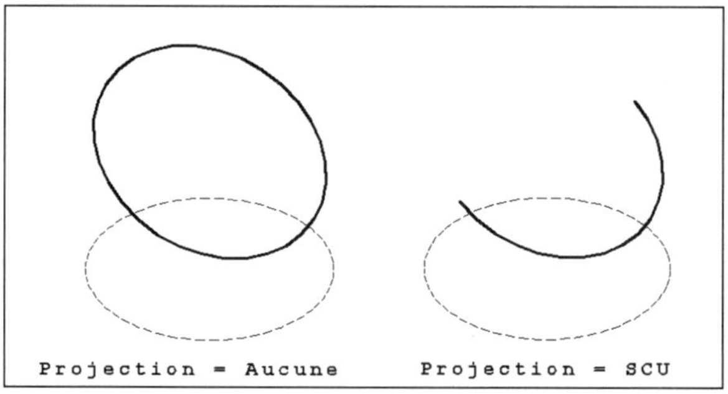

Fig.17.10

L'option **Côté** (Edge) comporte deux choix (fig.17.11) :

- **Prolongement** (Extend) : le bord de coupe et l'objet à ajuster ne doivent pas se couper.
- **Pas de prolongement** (No extend) : le bord de coupe et l'objet à ajuster doivent se couper.

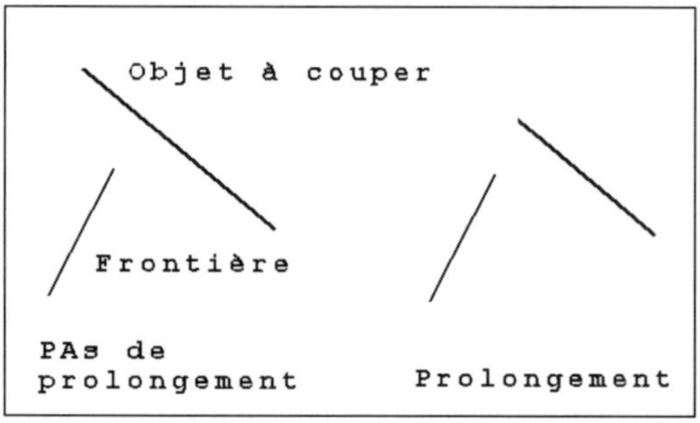

Fig.17.11

▸ **Rotation (Rotate)** :

La rotation s'effectue par rapport à un axe perpendiculaire au plan X-Y courant. Le point de base de la rotation indique la position de l'axe de rotation (fig.17.12). Pour une rotation plus élaborée, voir la commande Rotation 3D.

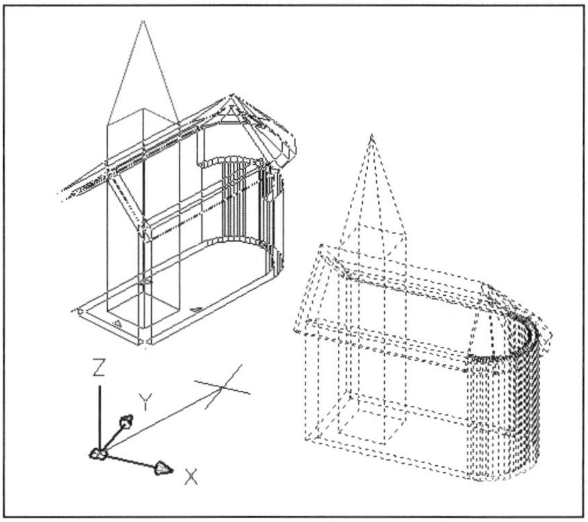

Fig.17.12

▸ **Miroir (Mirror)** :

Le miroir s'effectue par rapport à un plan perpendiculaire au plan X-Y courant. Les deux points spécifiés pour définir l'axe de symétrie, déterminent la position de ce plan (fig.17.13). Pour un effet miroir plus élaboré, voir la commande Miroir 3D.

▸ **Réseau (Array)** :

Dans le cas du réseau rectangulaire, les rangées sont situées dans la direction de l'axe Y courant et les colonnes dans la direction de l'axe X courant. Pour le réseau polaire, les copies sont dans le plan X-Y. Il est possible d'effectuer un réseau dans une autre direction en orientant d'abord le plan SCU X-Y dans la direction souhaitée. Pour une copie Réseau plus élaborée, voir la commande Réseau 3D.

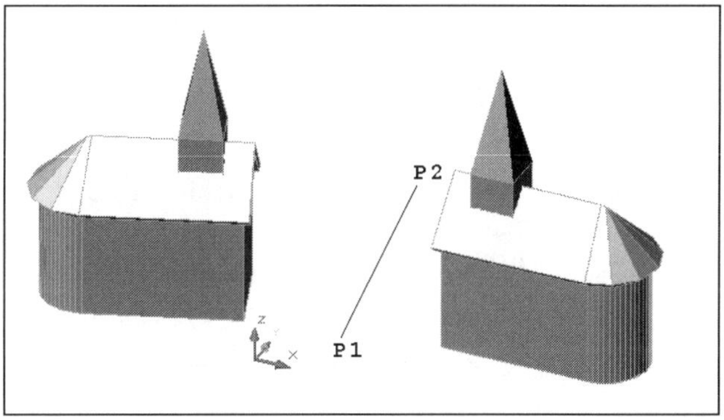

Fig.17.13

Les entités filaires 3D

La polyligne 3D

Comme la polyligne 2D, la polyligne 3D est composée d'une série de segments mais qui ne doivent pas être situés dans le même plan. La polyligne 3D se distingue de la polyligne 2D par quelques autres caractéristiques :

- Elle ne peut comporter de segments d'arc.
- Il n'est pas possible de définir l'épaisseur d'un segment en particulier.
- Le type de ligne est toujours **Continu** (Continuous).

Le tracé s'effectue de la manière suivante (fig.17.14) :

- Le groupe de fonctions **Courbes** (Curves) puis Polyligne 3D ou taper la commande **Poly3D** (3DPoly).
- Spécifier le point de départ de la polyligne : indiquer un point (P1).

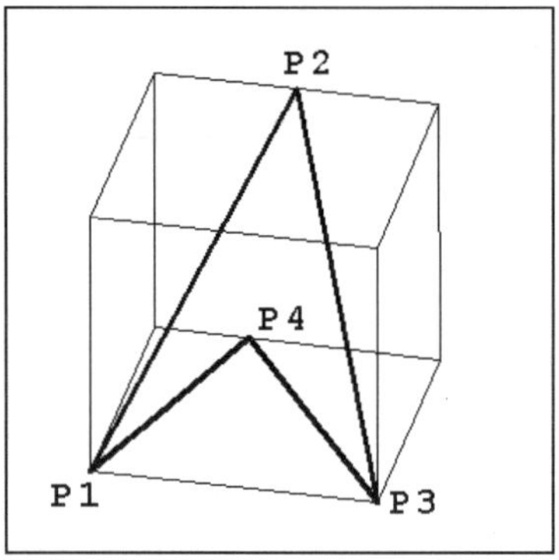

Fig.17.14

- Spécifiez l'extrémité de la ligne ou [annUler] : indiquer un point ou entrer une option (P2)
- Spécifiez l'extrémité de la ligne ou [annUler] : indiquer un point ou entrer une option (P3)
- Spécifiez l'extrémité de la ligne ou [Clore/annUler] : indiquer un point ou entrer une option (P4)

La commande **PEDIT** permet ensuite de transformer la polyligne 3D en une courbe B-spline.

La courbe Spline

Une Spline est une courbe régulière passant par une série donnée de points pouvant être situés n'importe où dans l'espace 3D. Il existe plusieurs types de Splines dont la courbe NURBS utilisée dans AutoCAD. Les courbes splines sont très pratiques pour représenter des courbes de formes irrégulières comme c'est le cas en cartographie ou dans le dessin automobile. La forme de la courbe Spline peut être contrôlée par un facteur de tolérance qui définit l'écart admissible entre la courbe et les points d'interpolation spécifiés à l'écran. Plus la valeur de tolérance est faible, plus le tracé de la spline est fidèle aux points désignés.

Pour rappel (voir chapitre 4), les splines sont définies avec des points de lissage ou des sommets de contrôle (fig.17.15). Par défaut, les points de lissage coïncident avec la spline, alors que les sommets de contrôle définissent un cadre de tolérance. Les cadres de tolérance sont une méthode pratique pour ajuster la forme de la spline.

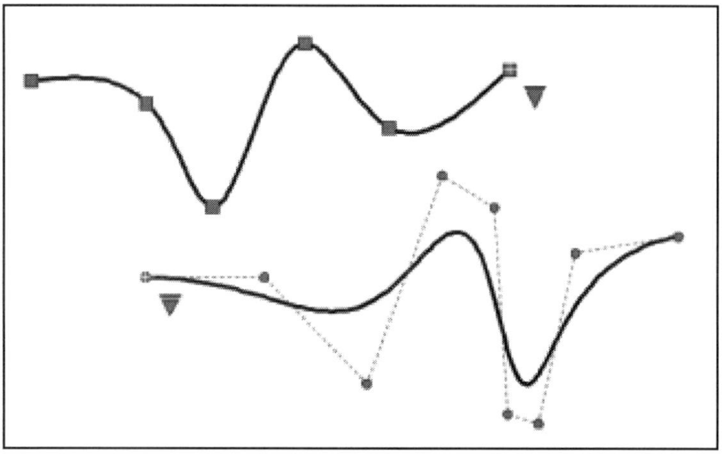

Fig.17.15

La méthode par points de lissage

Cette méthode crée une B-spline de degré 3 (cubique) en spécifiant des points de lissage que la spline doit traverser (fig.17.16). Lorsque la valeur de tolérance est supérieure à 0, la spline doit se situer au maximum à la distance de tolérance spécifiée par rapport à chaque point.

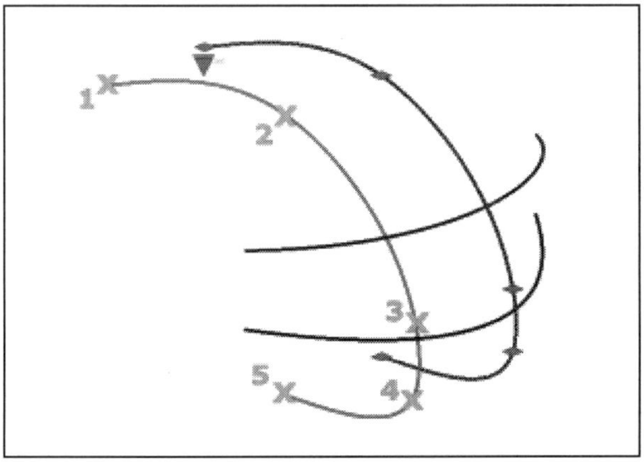

Fig.17.16

La méthode par sommets de contrôle

Cette méthode crée une spline en spécifiant des sommets de contrôle (fig.17.17). Il convient de l'utiliser pour créer des splines de degré 1 (linéaires), 2 (quadratiques) ou 3 (cubiques), et ainsi de suite jusqu'au degré 10. L'ajustement de la forme de la spline par déplacement des sommets de contrôle offre souvent de meilleurs résultats que celui par déplacement des points de lissage. Cette méthode est recommandée si vous créez de la géométrie à utiliser avec des surfaces NURBS 3D.

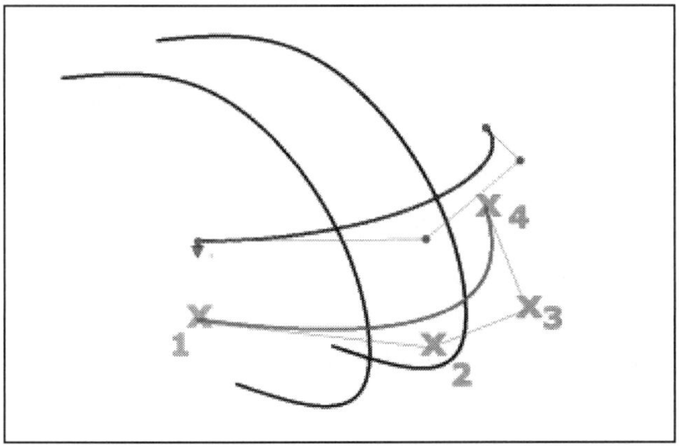

Fig.17.17

L'hélice

Une hélice est une spirale 2D ou 3D ouverte. Elle peut être utilisée comme une trajectoire pour la création de solides. Par exemple, vous pouvez avoir besoin de balayer un cercle le long de la trajectoire hélicoïdale afin de créer un modèle solide d'un ressort.

Lorsque vous créez une hélice, vous pouvez spécifier ce qui suit :

- Rayon de base
- Rayon supérieur
- Hauteur
- Nombre de tours
- Hauteur des tours
- Direction du basculement

Si vous spécifiez la même valeur pour le rayon de base et le rayon supérieur, vous créez une **hélice cylindrique**. Par défaut, le rayon supérieur est défini avec la même valeur que le rayon de base. Vous ne pouvez pas spécifier la valeur 0 pour le rayon de base et le rayon supérieur. Si vous indiquez des valeurs différentes pour le rayon supérieur et le rayon de base, vous créez une **hélice conique**. Si vous définissez une valeur de hauteur de 0, vous créez une spirale 2D plate.

Pour créer une hélice, la procédure est la suivante (fig.17.18) :

[1] Utiliser l'une des méthodes suivantes pour activer la fonction :

Fig.17.18

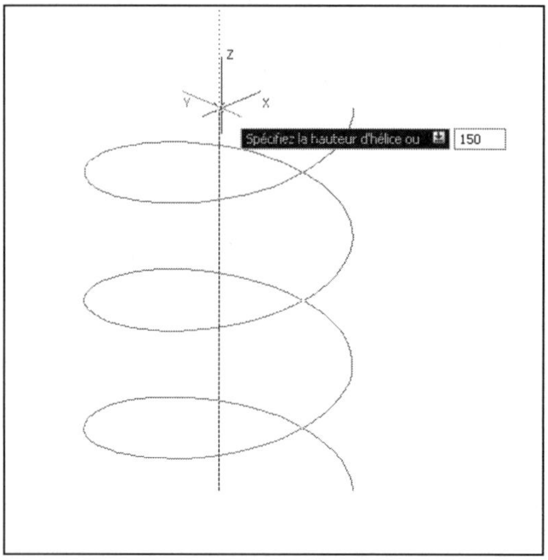

Ruban : cliquer sur la fonction Hélice (Helix) du groupe de fonctions **Dessin** (Draw).

Icône : cliquer sur l'icône **Hélice** (Helix) de la barre d'outils de modélisation.

Clavier : entrer la commande **HELICE** (HELIX).

[2] Indiquer le centre pour la base de l'hélice.

[3] Choisir le rayon de base.

[4] Spécifier le rayon supérieur ou appuyer sur Entrée pour choisir la même valeur que pour le rayon de base.

[5] Entrer la hauteur de l'hélice.

- **Modifications d'une hélice**

  Vous pouvez utiliser les poignées d'une hélice pour changer les paramètres suivants :

  - Point de départ
  - Rayon de base
  - Rayon supérieur
  - Hauteur
  - Emplacement

Lorsque vous utilisez une poignée pour changer le rayon de base d'une hélice, le rayon supérieur est mis à l'échelle pour maintenir le rapport courant. Utilisez la palette Propriétés pour changer le rayon de base indépendamment du rayon supérieur.

Vous pouvez utiliser la palette **Propriétés** (fig.17.19) pour changer d'autres propriétés d'hélice, comme :

- Nombre de tours (Tours)
- Hauteur des tours
- Direction du basculement – Sens horaire ou trigonométrique
- Avec la propriété Contrainte, vous pouvez spécifier que les propriétés Hauteur, Tours ou Hauteur des tours de l'hélice soient contraintes. La propriété Contrainte a une incidence sur la manière dont l'hélice change lorsque ces propriétés sont modifiées.

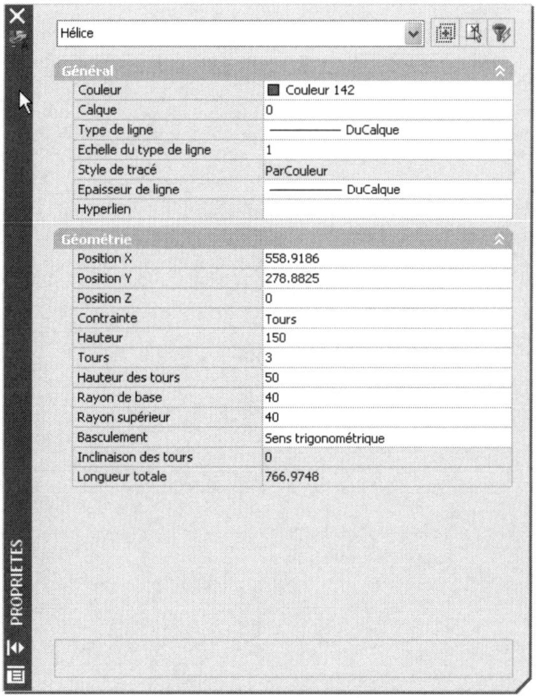

Fig.17.19

CHAPITRE 18

CRÉATION ET ASSEMBLAGE DE SOLIDES PRIMITIFS 3D

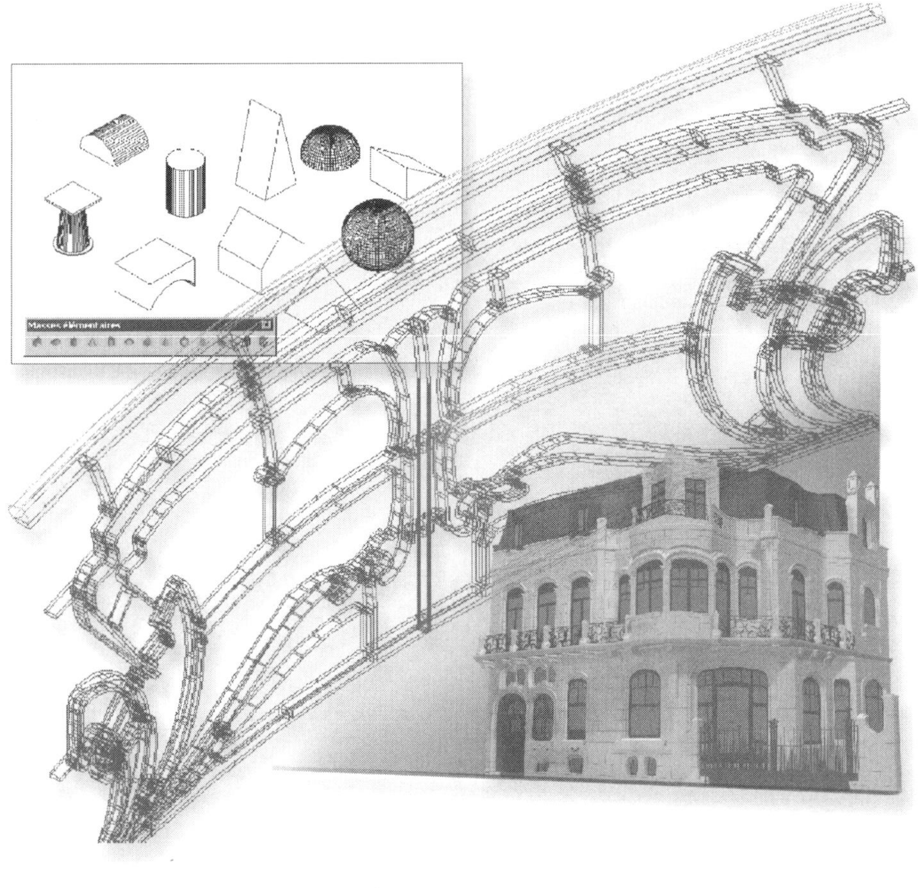

Vous pouvez créer les formes solides de base du parallélépipède, du cône, du cylindre, de la sphère, du tore, du biseau et de la pyramide. Ces formes sont appelées des solides primitifs. Les options sont les suivantes (fig.18.1) :

- **Solide en forme de parallélépipède.** La base du parallélépipède est toujours dessinée parallèlement au plan XY du SCU courant (plan de construction).
- **Solide en forme de biseau.**
- **Solide en forme de cône.** Il peut avoir une base circulaire ou elliptique s'estompant vers un point. Il est aussi possible de créer un tronc de cône s'estompant vers une face plane circulaire ou elliptique parallèle à sa base.
- **Solide en forme de cylindre.** La base peut être circulaire ou elliptique.
- **Solide en forme de sphère.**
- **Solide en forme de pyramide.** Le nombre de côtés peut être compris entre 3 et 32.
- **Solide en forme de tore.** Il peut se présenter sous la forme d'un anneau comparable aux chambres à air de pneumatiques.

Les dimensions de chacun des solides peuvent être définies par l'utilisateur grâce à une série de paramètre. Chaque solide peut ensuite être modifié ou redimensionné à l'aide des poignées. Les solides peuvent ensuite être assemblés à l'aide d'opérations booléennes.

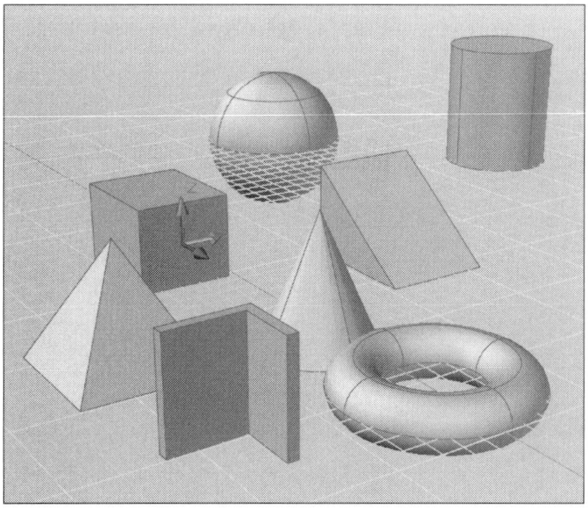

Fig.18.1

REMARQUE

La création de solides à partir de primitives 3D peut s'effectuer via les onglets Début (Home) ou Solide (Solid).

La création de solides primitifs 3D

La création d'un solide en forme de parallélépipède

PRINCIPE

Vous pouvez créer un solide en forme de parallélépipède. La base du parallélépipède est toujours dessinée parallèlement au plan XY du SCU courant (plan de construction).

Vous pouvez utiliser l'option **Cube** de la commande pour créer un parallélépipède ayant des côtés de même longueur.

Si vous utilisez l'option **Cube** ou **Longueur** lors de la création d'un parallélépipède, vous pouvez également spécifier la rotation de ce dernier dans le plan XY lorsque vous cliquez pour indiquer la longueur.

Vous pouvez également utiliser l'option **Centre** pour créer un parallélépipède à l'aide du centre spécifié.

Vous pouvez créer le solide en entrant des valeurs au clavier ou en pointant des points à l'écran.

Pour créer un solide en forme de parallélépipède, la procédure est la suivante :

1 Exécuter la commande de création du solide à l'aide d'une des méthodes suivantes :

Ruban : dans le groupe de fonctions **Modélisation** (Modeling), cliquer sur **Boîte** (Box).

Icône : cliquer sur l'icône **Boîte** (Box) de la barre d'outils **Modélisation** (Modeling).

Clavier : entrer la commande **BOITE** (BOX).

2 Si vous utilisez la méthode de pointage, spécifier le premier point de la base : A.

3 Spécifier le coin opposé de la base : B (fig.18.2).

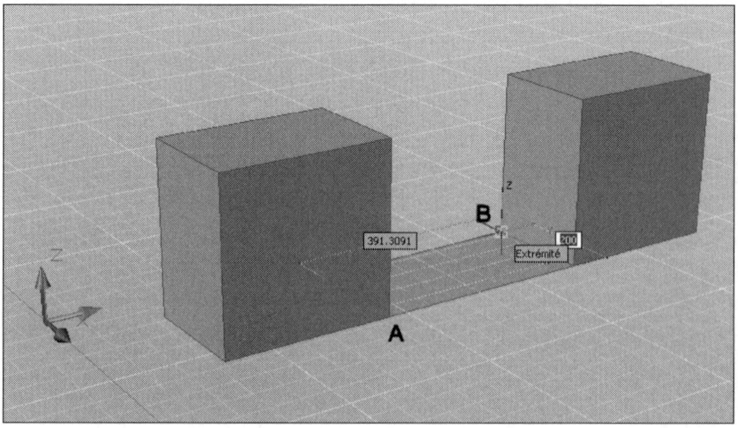

Fig.18.2

4 Spécifier la hauteur : C (fig.18.3).

5 Si vous entrez les dimensions, activer le mode dynamique en cliquant sur le bouton DYN sur la barre d'état.

6 Spécifier le premier point de la base : A.

7 Entrer la longueur en tapant la dimension. Exemple : 200 (fig.18.4).

8 Appuyer sur la touche Tab pour passer à l'autre dimension.

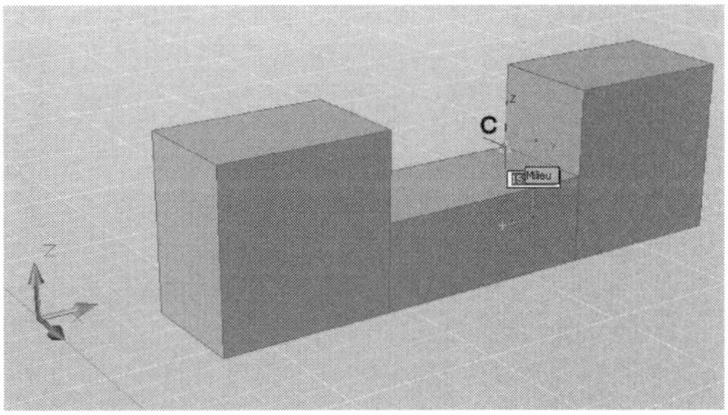

Fig.18.3

9 Entrer la largeur en tapant la dimension. Par exemple : 300 (fig.18.5).

10 Entrer la hauteur en tapant la dimension. Par exemple : 300 (fig.18.6).

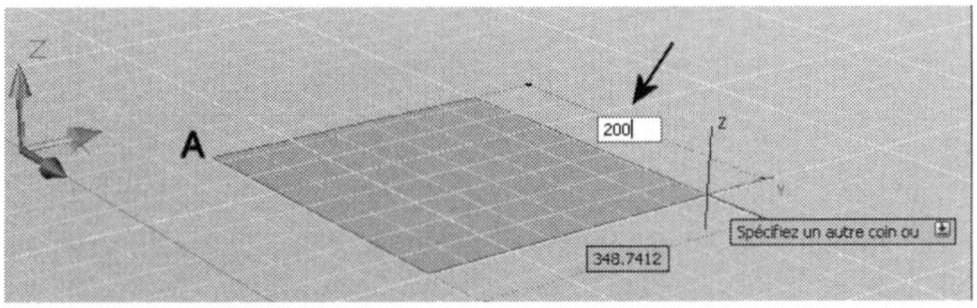

Fig.18.4

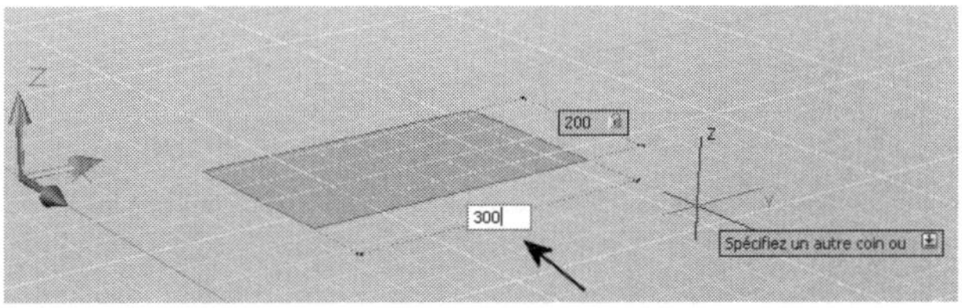

Fig.18.5

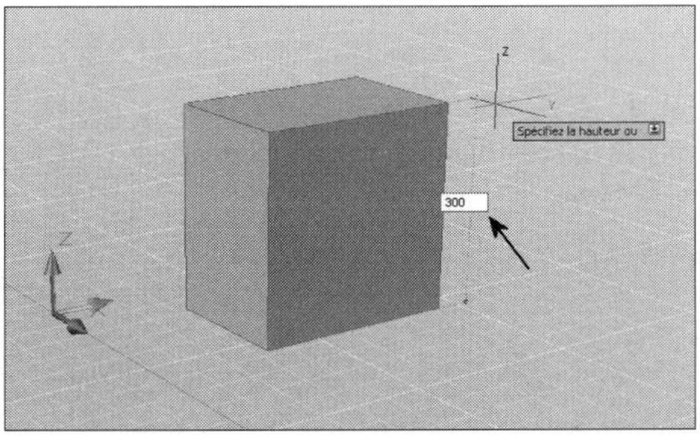

Fig.18.6

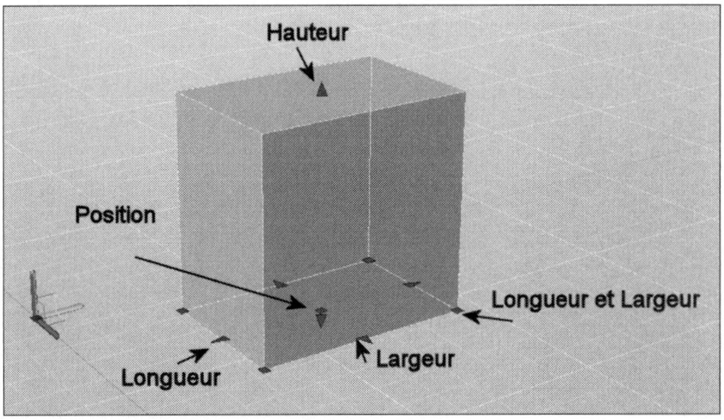

Fig.18.7

Modification des dimensions du parallélépipède

Vous pouvez utiliser les poignées disponibles (fig.18.7) ou la palette Propriétés (fig.18.8) pour modifier la forme et la taille du solide tout en conservant sa forme de base originale.

Si vous utilisez les poignées, AutoCAD affiche la valeur du déplacement et la nouvelle valeur totale. Vous pouvez passer d'une valeur à l'autre par la touche Tab (fig.18.9).

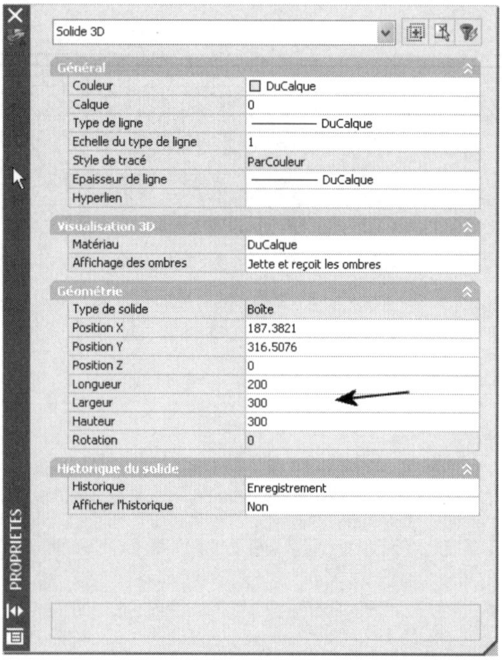

Fig.18.8

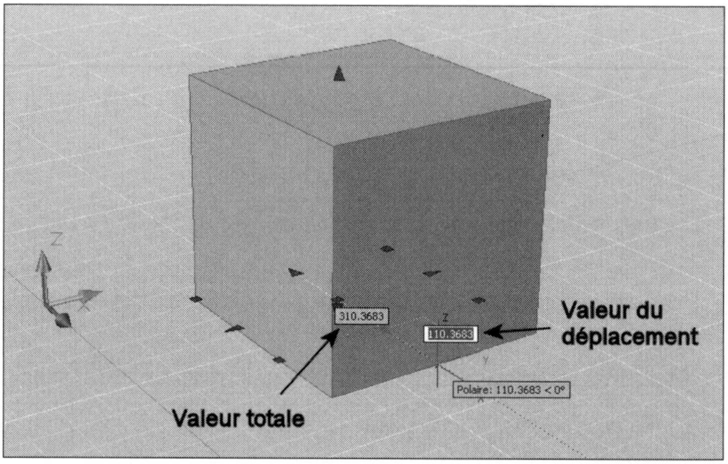

Fig.18.9

La création d'un solide en forme de biseaux

PRINCIPE

La base des biseaux est dessinée parallèlement au plan XY du SCU courant et la face inclinée se trouve sur le côté opposé au premier coin spécifié. La hauteur du biseau est parallèle à l'axe Z.

Vous pouvez utiliser l'option **Cube** de la commande **BISEAU** (Wedge) pour créer un biseau ayant des côtés de même longueur.

Si vous utilisez l'option **Cube** ou **Longueur** lors de la création d'un biseau, vous pouvez également spécifier la rotation de ce dernier dans le plan XY lorsque vous cliquez pour indiquer la longueur.

Vous pouvez également utiliser l'option **Centre** pour créer un biseau à l'aide du centre spécifié.

Pour créer un solide en forme de biseau, la procédure est la suivante :

1 Exécuter la commande de création du solide à l'aide d'une des méthodes suivantes :

Ruban : dans le groupe de fonctions **Modélisation** (Modeling) cliquer sur **Biseau** (Wedge).

Icône : cliquer sur l'icône **Biseau** (Wedge) de la barre d'outils **Modélisation** (Modeling).

Clavier : entrer la commande **BISEAU** (WEDGE).

2 Si vous utilisez la méthode de pointage, spécifier le premier point de la base.

3 Spécifier le coin opposé de la base.

4 Spécifier la hauteur.

5 Si vous entrez les dimensions, activer le mode dynamique en cliquant sur le bouton DYN sur la barre d'état.

6 Spécifier le premier point de la base : A.

7 Entrer la longueur en tapant la dimension. Exemple : 200 (fig.18.10).

8 Appuyer sur la touche Tab pour passer à l'autre dimension.

9 Entrer la largeur en tapant la dimension. Par exemple : 300 (fig.18.11).

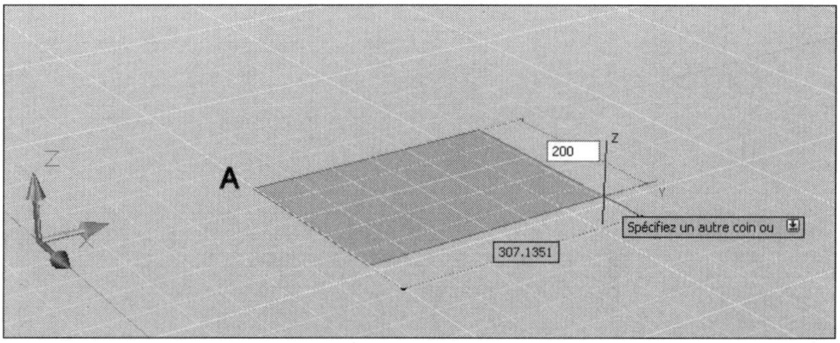

Fig.18.10

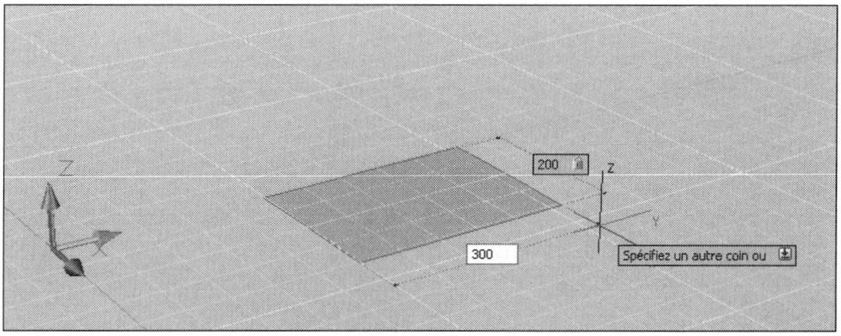

Fig.18.11

10 Entrer la hauteur en tapant la dimension. Par exemple : 250 (fig.18.12).

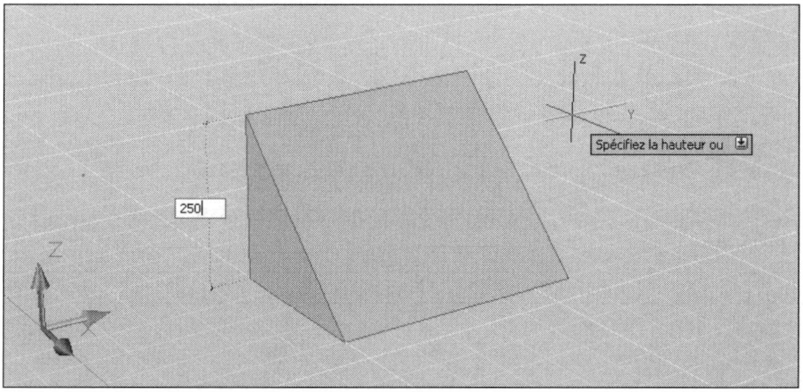

Fig.18.12

Modification des dimensions du biseau

Vous pouvez utiliser les poignées disponibles ou la palette Propriétés pour modifier la forme et la taille du solide tout en conservant sa forme de base originale.

Si vous utilisez les poignées, AutoCAD affiche la valeur du déplacement et la nouvelle valeur totale. Vous pouvez passer d'une valeur à l'autre par la touche Tab (fig.18.13).

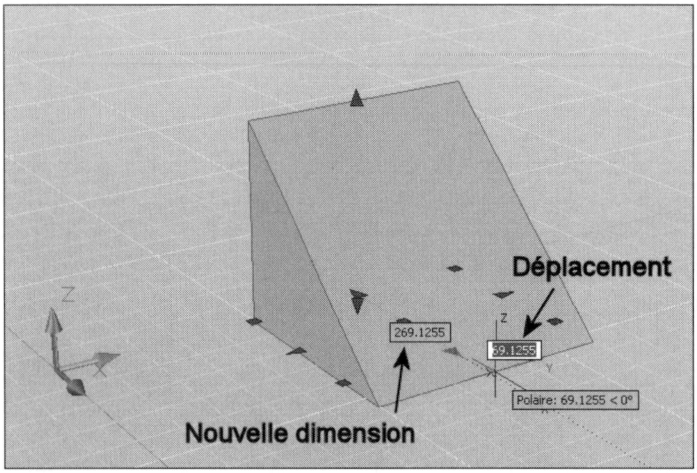

Fig.18.13

La création d'un solide en forme de cône

PRINCIPE

Vous pouvez créer un solide en forme de cône avec une base circulaire ou elliptique s'estompant vers un point. Vous avez également la possibilité de créer un tronc de cône s'estompant vers une face plane circulaire ou elliptique parallèle à sa base.

Par défaut, la base du cône repose sur le plan XY du SCU courant. La hauteur du cône est parallèle à l'axe Z.

Dans le cas d'un cône à base circulaire, le cercle de base peut être défini de différentes façons :

- un point central et un rayon.
- 3 points.
- 2 points.
- 2 points de tangence plus un rayon.

Dans le cas d'un cône à base elliptique, l'ellipse de base peut être définie en pointant les extrémités des deux axes ou en pointant le centre et deux extrémités d'axes.

Pour créer un solide en forme de cône, la procédure est la suivante :

1 Exécuter la commande de création du solide à l'aide d'une des méthodes suivantes :

Ruban : dans le groupe de fonctions **Modélisation** (Modeling) cliquer sur **Cône** (Cone).

Icône : cliquer sur l'icône **Cône** (Cone) de la barre d'outils **Modélisation** (Modeling).

Clavier : entrer la commande **CONE**.

2 Dans le cas d'un cône avec une base circulaire, sélectionner l'option souhaitée (Centre + rayon, 2 points, 3 points ou Ttr). Par exemple l'option par défaut.

3 Spécifier le centre de la base.

4 Indiquer le rayon ou le diamètre de la base.

5 Spécifier la hauteur du cône.

6 Dans le cas de l'option Ttr, sélectionner les deux points de tangence puis entrer la valeur du rayon.

7 Spécifier la hauteur (fig.18.14).

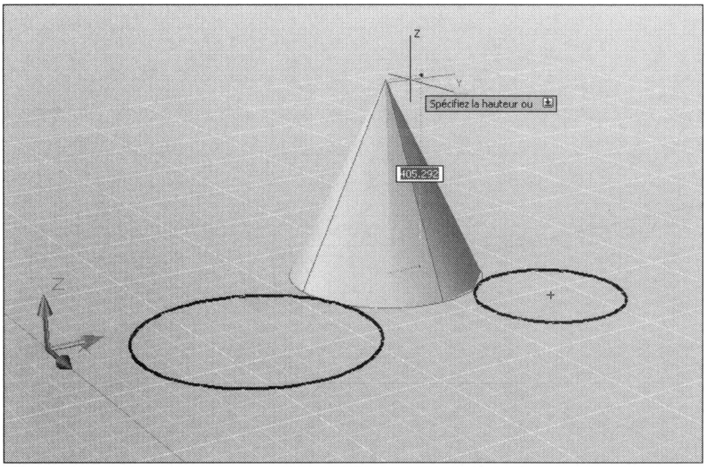

Fig.18.14

Pour créer un solide en forme de tronc de cône, la procédure est la suivante :

1 Exécuter la commande de création du solide à l'aide d'une des méthodes mentionnées au point précédent.

2 Spécifier le centre de la base.

3 Indiquer le rayon ou le diamètre de la base.

4 Entrer r (Rayon supérieur).

5 Spécifier le rayon supérieur (fig.18.15).

6 Spécifier la hauteur du cône.

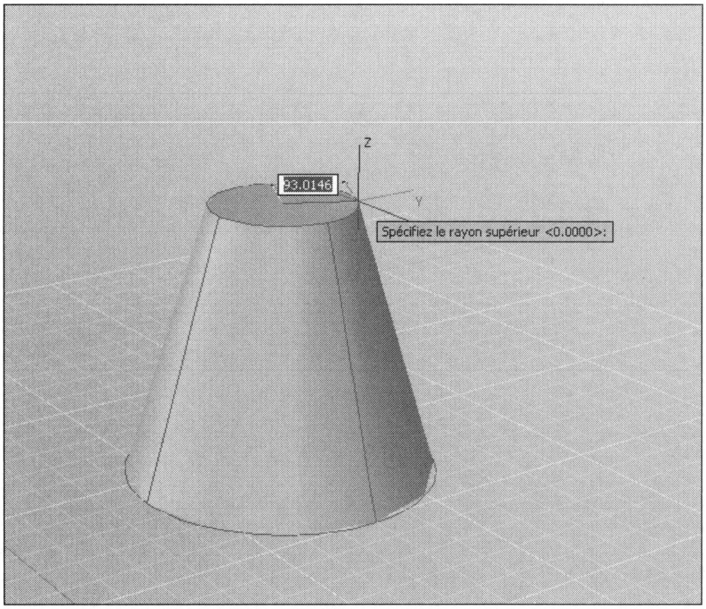

Fig.18.15

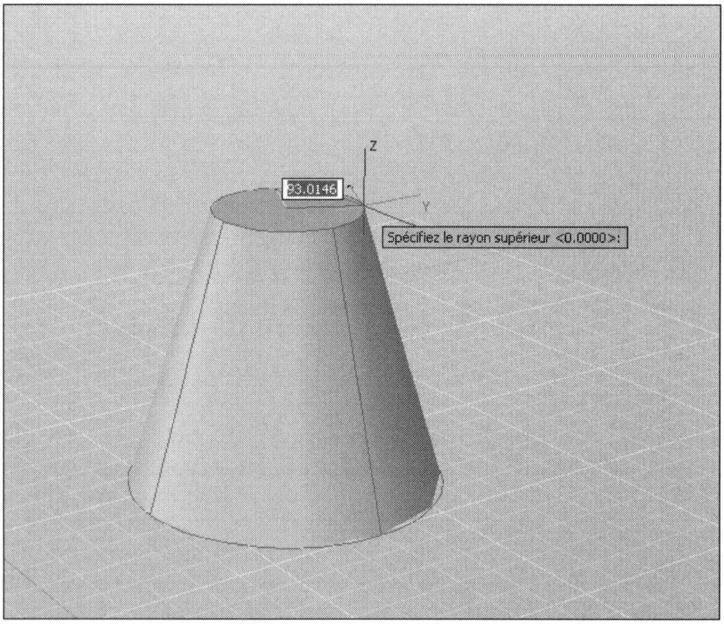

Fig.18.16

Pour créer un solide en forme de cône avec la hauteur et l'orientation spécifiées par l'extrémité de l'axe, la procédure est la suivante :

1. Exécuter la commande de création du solide à l'aide d'une des méthodes mentionnées au point précédent.
2. Spécifier le centre de la base.
3. Indiquer le rayon ou le diamètre de la base.
4. Sur la ligne de commande, entrer A.
5. Spécifier l'extrémité de l'axe du cône. L'extrémité peut se situer n'importe où dans l'espace 3D (fig.18.16).

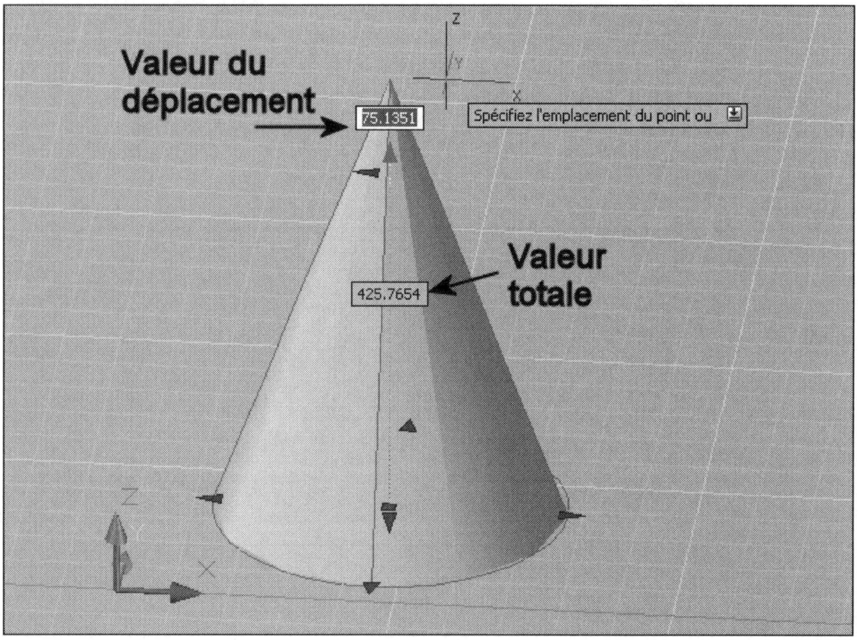

Modification des dimensions du cône

Vous pouvez utiliser les poignées disponibles ou la palette Propriétés pour modifier la forme et la taille du solide tout en conservant sa forme de base originale.

Si vous utilisez les poignées, AutoCAD affiche la valeur du déplacement et la nouvelle valeur totale. Vous pouvez passer d'une valeur à l'autre par la touche Tab (fig.18.17).

Fig.18.17

La création d'un solide en forme de cylindre

PRINCIPE

Vous pouvez créer un solide en forme de cylindre avec une base circulaire ou elliptique. Par défaut, la base du cône repose sur le plan XY du SCU courant. La hauteur du cône est parallèle à l'axe Z.

Dans le cas d'un cylindre à base circulaire, le cercle de base peut être défini de différentes façons :

- un point central et un rayon
- 3 points
- 2 points
- 2 points de tangence plus un rayon

Dans le cas d'un cylindre à base elliptique, l'ellipse de base peut être définie en pointant les extrémités des deux axes ou en pointant le centre et deux extrémités d'axes.

Pour créer un solide en forme de cylindre, la procédure est la suivante :

1 Exécuter la commande de création du solide à l'aide d'une des méthodes suivantes :

Ruban : dans le groupe de fonctions **Modélisation** (Modeling) cliquer sur **Cylindre** (Cylinder).

Icône : cliquer sur l'icône **Cylindre** (Cylinder) de la barre d'outils Modélisation (Modeling).

Clavier : entrer la commande **CYLINDRE** (Cylinder).

2 Dans le cas d'un cylindre avec une base circulaire, sélectionner l'option souhaitée (Centre + rayon, 2 points, 3 points ou Ttr). Par exemple l'option par défaut.

3 Spécifier le centre de la base.

4 Indiquer le rayon ou le diamètre de la base.

5 Spécifier la hauteur.

Pour créer un solide en forme de cylindre avec la hauteur et l'orientation spécifiées par l'extrémité de l'axe, la procédure est la suivante :

1 Exécuter la commande de création du cylindre à l'aide d'une des méthodes mentionnées au point précédent.

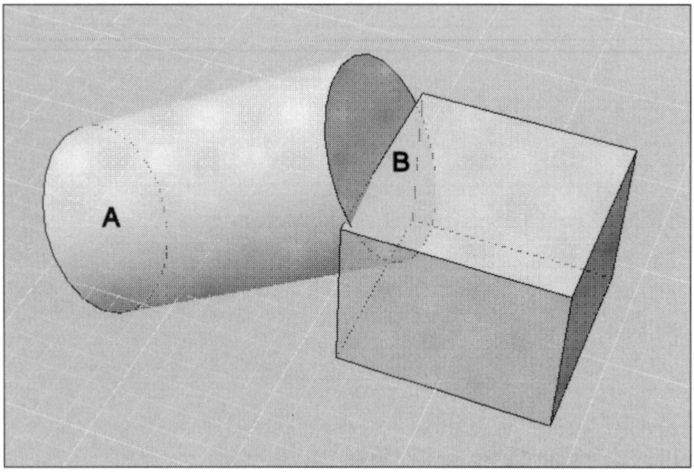

Fig.18.18

[2] Spécifier le centre de la base.

[3] Indiquer le rayon ou le diamètre de la base.

[4] Sur la ligne de commande, entrer A.

[5] Spécifier l'extrémité de l'axe du cylindre. L'extrémité peut se situer n'importe où dans l'espace 3D (fig.18.18).

Pour créer un solide en forme de cylindre avec la hauteur définie par deux points, la procédure est la suivante :

[1] Exécuter la commande de création du cylindre à l'aide d'une des méthodes mentionnées au point précédent.

[2] Spécifier le centre de la base.

[3] Indiquer le rayon ou le diamètre de la base.

[4] Sur la ligne de commande, entrer 2P.

[5] Spécifier le premier point : A, puis le second point : B (fig.18.19).

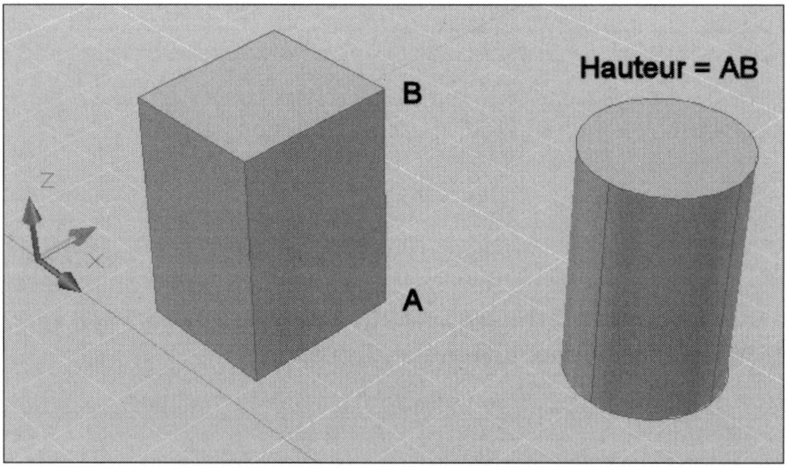

Fig.18.19

Modification des dimensions du cylindre

Vous pouvez utiliser les poignées disponibles ou la palette Propriétés pour modifier la forme et la taille du solide tout en conservant sa forme de base originale.

Si vous utilisez les poignées, AutoCAD affiche la valeur du déplacement et la nouvelle valeur totale. Vous pouvez passer d'une valeur à l'autre par la touche Tab (fig.18.20).

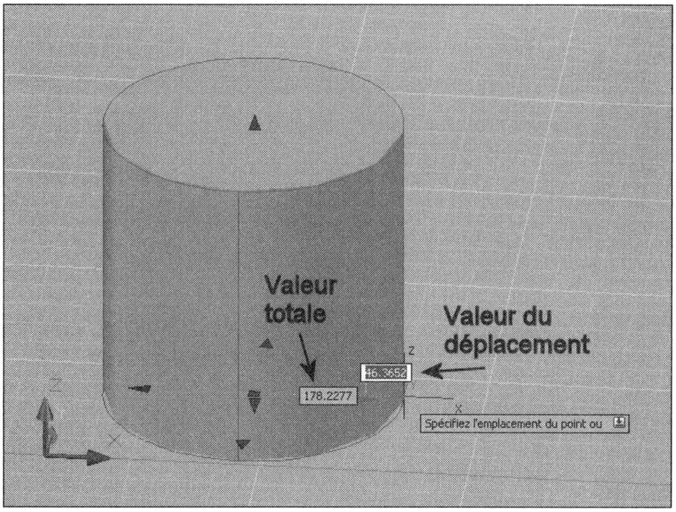

Fig.18.20

La création d'un solide en forme de sphère

Principe

Lorsque vous spécifiez le centre, la sphère est positionnée de manière à ce que son axe central soit parallèle à l'axe Z du système de coordonnées utilisateur (SCU) courant.

Vous pouvez utiliser l'une des options suivantes pour définir la sphère :

- 3P (Trois points). Définit la circonférence de la sphère en spécifiant trois points dans l'espace 3D. Les trois points spécifiés définissent également le plan de la circonférence.
- 2P (Deux points). Définit la circonférence de la sphère en spécifiant deux points dans l'espace 3D. Le plan de la circonférence est défini par la valeur Z du premier point.
- TTR (Tangente tangente rayon). Définit la sphère comme étant tangente à deux objets, plus une valeur de rayon. Les points de tangence spécifiés sont projetés dans le SCU courant.

Pour créer un solide en forme de sphère, la procédure est la suivante :

[1] Exécuter la commande de création du solide à l'aide d'une des méthodes suivantes :

Ruban : dans le groupe de fonctions **Modélisation** (Modeling) cliquer sur Sphère (Sphere).

Icône : cliquer sur l'icône **Sphère** (Sphere) de la barre d'outils **Modélisation** (Modeling).

Clavier : entrer la commande **SPHERE**.

[2] Sélectionner l'option souhaitée (Centre + rayon, 2 points, 3 points ou Ttr). Par exemple l'option par défaut.

[3] Spécifier le centre de la sphère.

[4] Indiquer le rayon ou le diamètre de la sphère.

Pour créer un solide en forme de sphère tangent à deux objets, la procédure est la suivante :

[1] Exécuter la commande de création de la sphère à l'aide d'une des méthodes mentionnées au point précédent.

[2] Pointer le premier point de tangence : A (fig.18.21).

[3] Pointer le second point de tangence : B.

[4] Entrer la valeur du rayon.

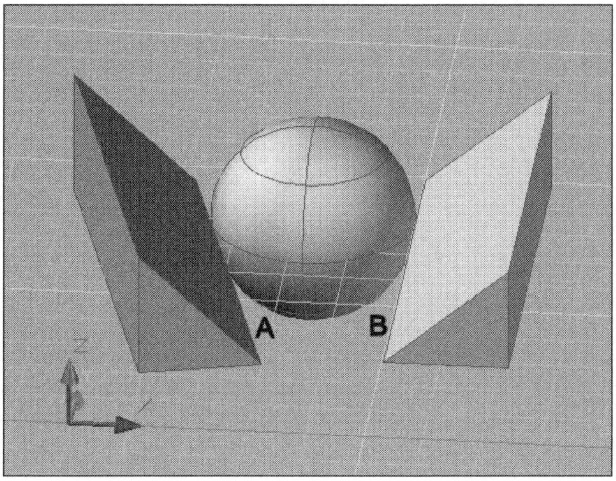

Fig.18.21

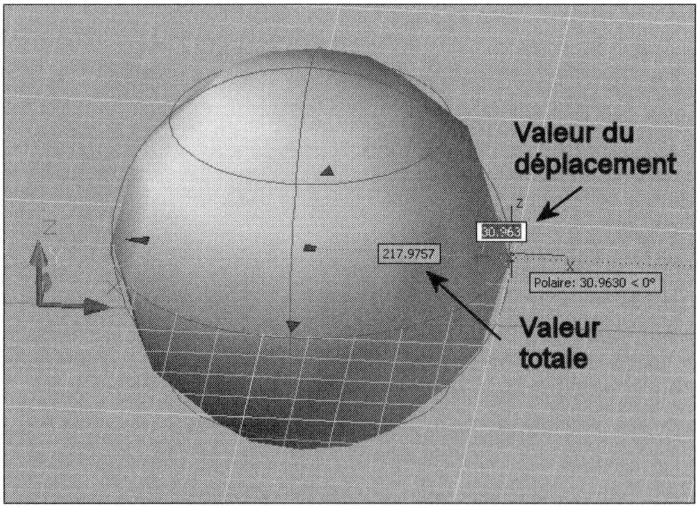

Fig.18.22

Modification des dimensions de la sphère

Vous pouvez utiliser les poignées disponibles ou la palette Propriétés pour modifier la forme et la taille du solide tout en conservant sa forme de base originale.

Si vous utilisez les poignées AutoCAD affiche la valeur du déplacement et la nouvelle valeur totale. Vous pouvez passer d'une valeur à l'autre par la touche Tab (fig.18.22).

La création d'un solide en forme de pyramide

PRINCIPE

Vous pouvez créer un solide en forme de pyramide avec un nombre de côtés compris entre 3 et 32. La valeur par défaut est 4.

Outre la spécification de la hauteur de la pyramide, vous pouvez utiliser l'option **Extrémité Axe** de la commande pour spécifier l'emplacement de l'extrémité de l'axe de la pyramide. Cette extrémité correspond au point supérieur de la pyramide ou au centre de la face supérieure si l'option Rayon supérieur est utilisée. L'extrémité de l'axe peut se trouver n'importe où dans l'espace 3D. L'extrémité de l'axe définit la longueur et l'orientation de la pyramide.

Vous pouvez aussi utiliser l'option **Rayon supérieur** pour créer un tronc de cône d'une pyramide se terminant en face plane comportant le même nombre de côtés que la base.

Pour créer un solide en forme de pyramide, la procédure est la suivante :

1 Exécuter la commande de création du solide à l'aide d'une des méthodes suivantes :

Ruban : dans le groupe de fonctions **Modélisation** (Modeling) cliquer sur **Pyramide** (Pyramid).

Icône : cliquer sur l'icône **Pyramide** (Pyramid) de la barre d'outils **Modélisation** (Modeling).

Clavier : entrer la commande **PYRAMIDE** (Pyramid).

2 Sélectionner l'option souhaitée (Centre + rayon, Arête, Côté). Par exemple l'option par défaut.

3 Spécifier le centre de la base.

4 Indiquer le rayon.

5 Spécifier la hauteur de la pyramide ou sélectionner l'option souhaitée (2Point, extrémité Axe, rayon Supérieur).

Pour créer un solide en forme de tronc de cône d'une pyramide, la procédure est la suivante :

1 Exécuter la commande de création de la pyramide à l'aide d'une des méthodes mentionnées au point précédent.

2 Spécifier le centre de la base ou sélectionner une autre option. Par exemple : **Côté** (Edge).

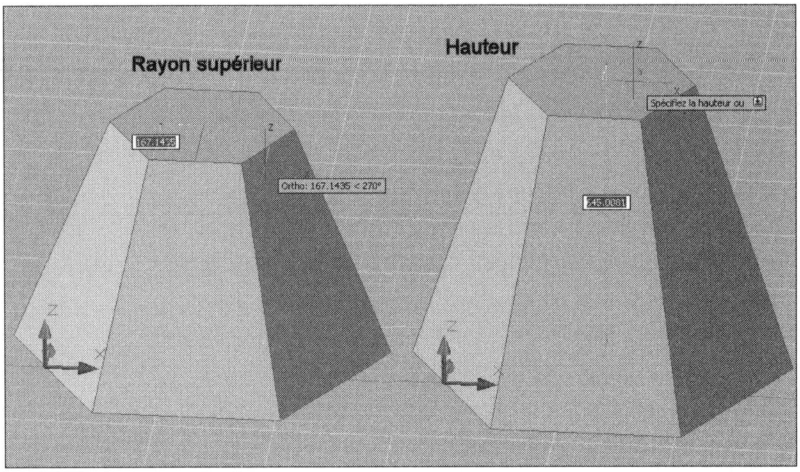

Fig.18.23

[3] Entrer le nombre de côtés : 6.

[4] Pointer le centre et indiquer le rayon ou le diamètre de la base.

[5] Entrer r (Rayon supérieur).

[6] Spécifier le rayon supérieur.

[7] Spécifier la hauteur de la pyramide (fig.18.23).

Modification des dimensions de la pyramide

Vous pouvez utiliser les poignées disponibles ou la palette Propriétés pour modifier la forme et la taille du solide tout en conservant sa forme de base originale.

Si vous utilisez les poignées AutoCAD affiche la valeur du déplacement et la nouvelle valeur totale. Vous pouvez passer d'une valeur à l'autre par la touche Tab (fig.18.24).

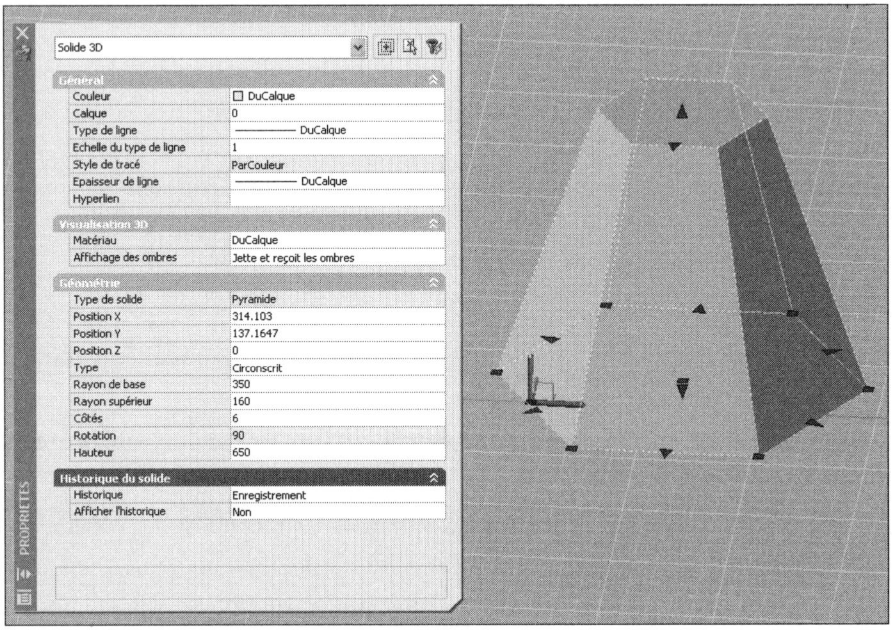

Fig.18.24

La création d'un solide en forme de tore

PRINCIPE

Un tore est défini par deux valeurs de rayon, l'une pour le tube et l'autre pour la distance entre le centre du tore et le centre du tube.

L'option 3P (Trois points) de la commande **TORE** permet de définir la circonférence du tore par spécification de trois points dans l'espace 3D.

Le tore est tracé parallèlement et à la bissection du plan XY du SCU courant (ce n'est pas forcément vrai si vous utilisez l'option **3P** [Trois points] de la commande **TORE**).

Un tore peut présenter une intersection. Ce type de tore n'est pas creux au centre car le rayon du tube est supérieur à celui du tore.

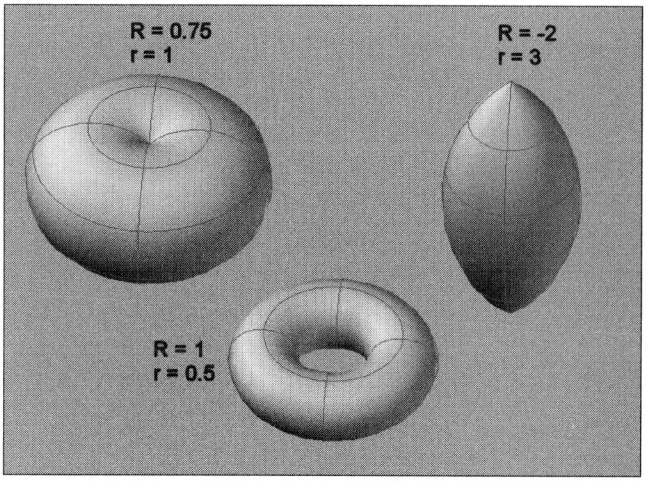

Fig.18.25

Un tore peut avoir la forme d'un ballon de rugby, il convient dans ce cas d'indiquer un rayon négatif pour le tore et un rayon positif de valeur supérieure pour le tube (fig.18.25).

Pour créer un solide en forme de tore, la procédure est la suivante :

[1] Exécuter la commande de création du solide à l'aide d'une des méthodes suivantes :

Ruban : dans le groupe de fonctions **Modélisation** (Modeling) cliquer sur **Tore** (Torus).

Icône : cliquer sur l'icône **Tore** (Torus) de la barre d'outils **Modélisation** (Modeling).

Clavier : entrer la commande **TORE** (Torus).

[2] Spécifier le centre du tore.

[3] Spécifier le rayon ou le diamètre du tore.

[4] Spécifier le rayon ou le diamètre du tube.

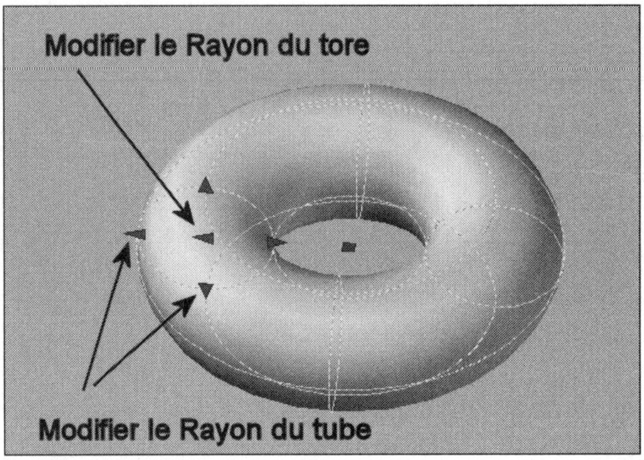

Fig.18.26

Modification des dimensions du tore

Vous pouvez utiliser les poignées disponibles ou la palette Propriétés pour modifier la forme et la taille du solide tout en conservant sa forme de base originale.

Si vous utilisez les poignées, AutoCAD affiche la valeur du déplacement et la nouvelle valeur totale. Vous pouvez passer d'une valeur à l'autre par la touche Tab (fig.18.26).

La création d'un polysolide

Principe

Un polysolide est un solide ayant un profil rectangulaire et qui est tracé de la même manière qu'une polyligne. Il sert à créer des murs par exemple. Vous pouvez spécifier la hauteur et la largeur du profil ainsi que la justification (gauche, centre, droite).

La commande **POLYSOLIDE** vous permet également de créer un polysolide à partir d'une ligne existante, d'une polyligne 2D, d'un arc ou d'un cercle.

Dessin d'un polysolide

Pour créer un polysolide, la procédure est la suivante :

1 Exécuter la commande de création du solide à l'aide d'une des méthodes suivantes :

Ruban : dans le groupe de fonctions **Modélisation** (Modeling) cliquer sur **Polysolide** (Polysolid).

Icône : cliquer sur l'icône **Polysolide** (Polysolid) de la barre d'outils **Modélisation** (Modeling).

Clavier : entrer la commande **POLYSOLIDE** (POLYSOLID).

2 Spécifier les paramètres de largeur, hauteur et justification.

3 Spécifier un point de départ.

4 Spécifier le point suivant.

5 Répéter l'étape 4 pour continuer le tracé ou sélectionner l'option Arc pour tracer un segment courbe.

6 Appuyer sur Entrée pour terminer (fig.18.27).

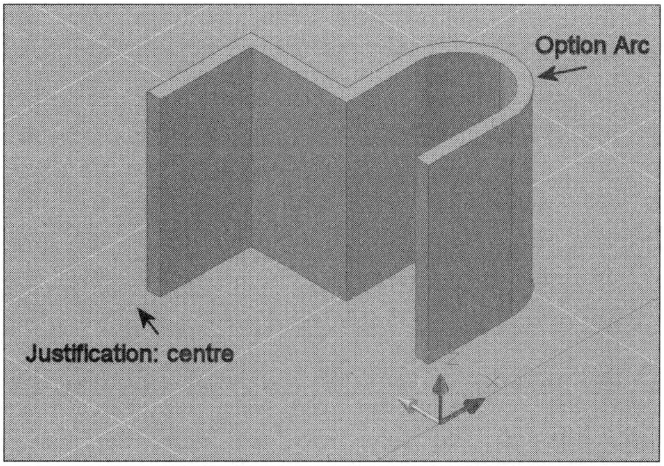

Fig.18.27

Dessin d'un polysolide à partir de courbes

Pour créer un polysolide à partir d'un objet existant, la procédure est la suivante :

1 Exécuter la commande de création d'un polysolide à l'aide d'une des méthodes mentionnées au point précédent.

2 Entrer O, puis appuyer sur Entrée.

3 Sélectionner une ligne, une polyligne 2D, un arc ou un cercle (fig.18.28).

4 Une fois le solide créé, l'objet d'origine peut être supprimé ou conservé en fonction du paramètre défini pour la variable système **DELOBJ**.

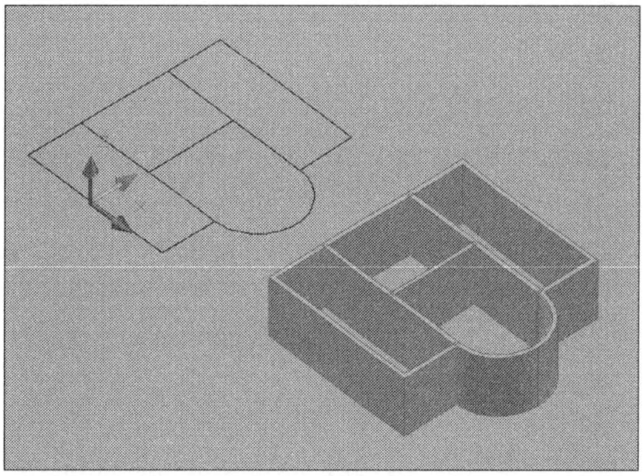
Fig.18.28

Modification d'un polysolide

Vous pouvez utiliser les poignées disponibles pour modifier la forme et la taille du polysolide. Dans le cas de la figure 18.29, la poignée inférieure gauche a été déplacée horizontalement pour élargir la base du polysolide.

Dans le cas de la figure 18.30, la poignée supérieure droite a été déplacée vers le bas pour biseauter la partie supérieure du polysolide.

Dans le cas de la figure 18.31, les deux poignées supérieures du profil ont été sélectionnées en même temps (garder la touche Maj enfoncée) pour augmenter la hauteur du polysolide.

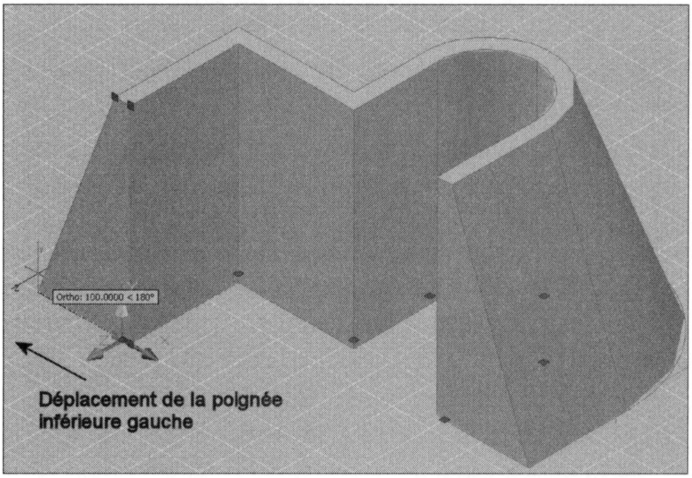

Fig.18.29

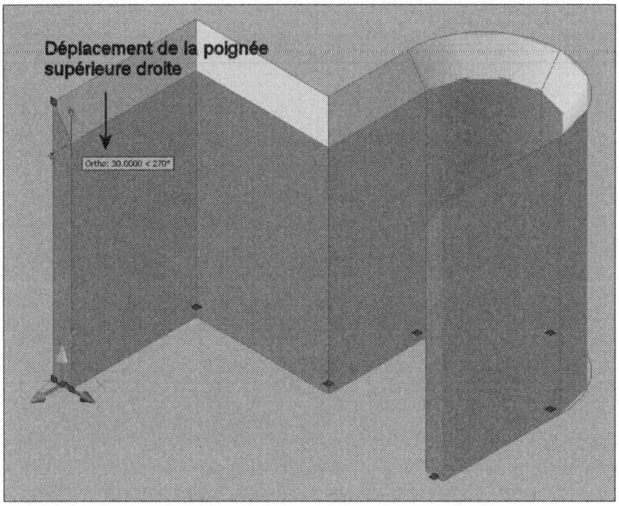

Fig.18.30

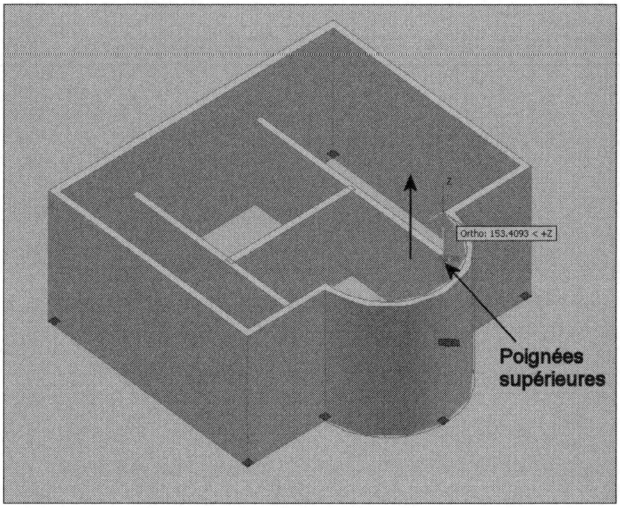

Fig.18.31

L'assemblage de solides primitifs 3D

PRINCIPE

Un solide composite est créé par l'assemblage de solides existants à l'aide d'opérations booléennes de type Union, Soustraction ou Intersection. Il s'agit d'une technique très simple qui permet de créer facilement des objets plus complexes.

Comment créer un solide composite par union d'autres solides ?

L'union de plusieurs objets solides engendre un objet unique avec fusion des volumes. Il n'y a donc pas superposition de matière comme dans le simple assemblage de solides. La procédure d'union est la suivante :

[1] Exécuter la commande d'union de solides à l'aide de l'une des méthodes suivantes :

Ruban : choisir le groupe de fonctions **Edition des solides** (Solids Editing) puis **Union**.

Icône : choisir l'icône **Union** de la barre d'outils **Modélisation** (Modeling).

Clavier : taper la commande **UNION**.

[2] Désigner les objets à réunir puis appuyer sur Enter. Par exemple : un cône et un cube (fig.18.32).

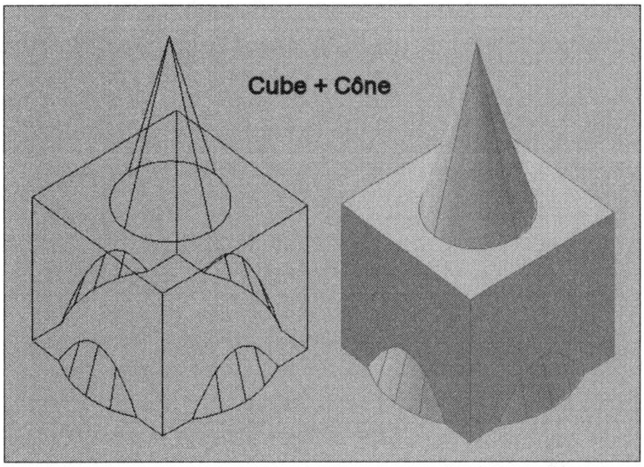

Fig.18.32

Comment créer un solide composite par soustraction de solides ?

La soustraction de solides permet de supprimer la partie commune entre un objet (ou un ensemble d'objets) et un autre. La procédure de soustraction est la suivante :

[1] Exécuter la commande de soustraction de solides à l'aide de l'une des méthodes suivantes :

Ruban : choisir le groupe de fonctions **Edition des solides** (Solids Editing) puis **Soustraction** (Subtract).

Icône : choisir l'icône **Soustraction** (Subtract) de la barre d'outils **Modélisation** (Modeling).

Clavier : taper la commande **SOUSTRACTION** (SUBTRACT).

[2] Désigner le ou les objets auxquels vous souhaitez appliquer une opération de soustraction. Appuyer sur Entrée. Par exemple un cube.

[3] Sélectionner le ou les objets à retrancher. Par exemple un cône (fig.18.33).

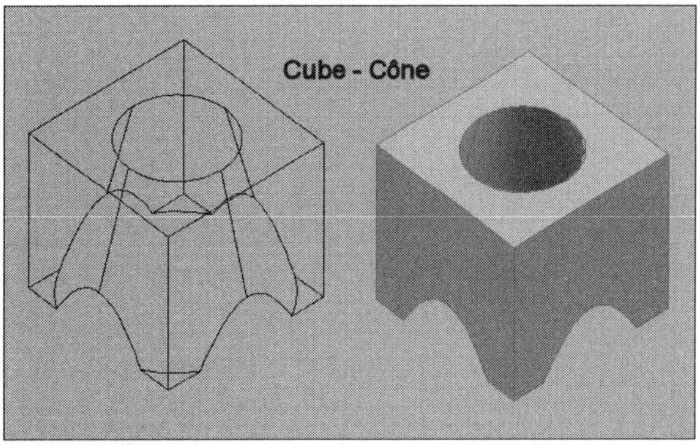

Fig.18.33

Comment créer un solide composite par intersection de solides ?

L'intersection de solides permet de créer un solide composite en conservant uniquement la partie commune entre deux ou plusieurs solides. La procédure est la suivante :

[1] Exécuter la commande d'intersection de solides à l'aide de l'une des méthodes suivantes :

Ruban : choisir le groupe de fonctions **Edition de solides** (Solids Editing) puis **Intersection**.

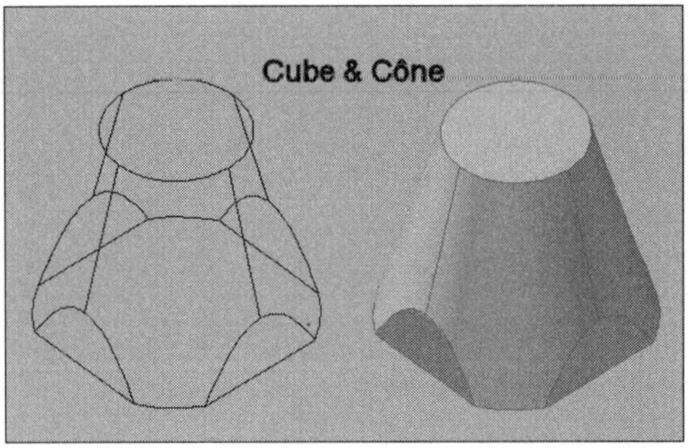

Fig.18.34

Icône : choisir l'icône **Intersection** de la barre d'outils **Modélisation** (Modeling).

Clavier : taper la commande **INTERSECT**.

2 Sélectionner les objets dont on souhaite conserver la partie commune. Par exemple un cube et un cône (fig.18.34).

Comment placer correctement les solides ?

Pour rappel, il existe une série d'outils d'aide dans AutoCAD pour placer facilement des objets par rapport à d'autres :

- **SCUD** (DUCS) : le SCU dynamique, pour activer interactivement le plan de construction.
- **Polaire** (Polar) : pour définir les directions.
- **Accrobj** (Osnap) et 3DAccrobj (3DOSNAP) : pour capter des points caractéristiques des objets.
- **Reperobj** (Otrack) : pour repérer des points dans le dessin à l'aide de chemins d'alignements.

Dans l'exemple de la figure 18.35, l'option Centre de la face (Center of face) a été activée pour trouver le centre de la face inclinée du biseau afin d'y placer un cylindre (fig.18.36).

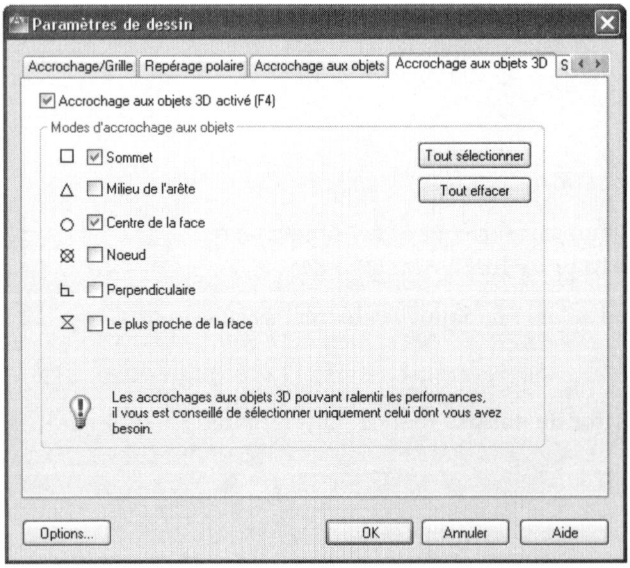

Fig.18.35

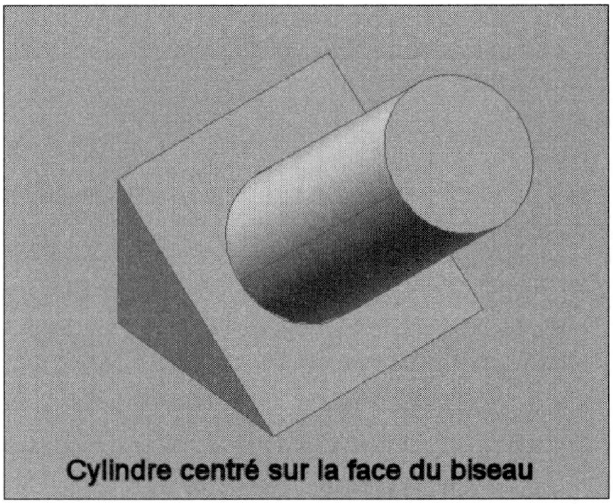

Fig.18.36

Historique de construction des solides

PRINCIPE

L'historique vous permet de visualiser les formes d'origine qui constituent un solide composé et de les modifier en cas de besoin.

Pour qu'un solide composé puisse enregistrer un historique de ses composants d'origine, la propriété Historique des solides individuels d'origine doit être définie sur Enregistrement. Cette valeur peut être modifiée dans la zone Historique du solide de la palette Propriétés ou par l'intermédiaire de la variable système **SOLIDHIST**, qui peut aussi être modifiée par le bouton Historique du solide (Solid History) du groupe de fonctions Primitives.

Pour les solides composés, définissez la propriété Afficher l'historique sur Oui pour afficher une représentation filaire des formes d'origine (dans un état estompé) des différents solides d'origine qu'utilise le composé. Vous pouvez aussi utiliser la variable système **SHOWHIST** pour afficher les formes d'origine.

Activation de l'historique et de l'affichage

Pour spécifier qu'un solide doit enregistrer un historique de ses formes d'origine (fig.18.37) :

1. Dans votre dessin, sélectionner un solide.
2. Effectuer un clic droit et sélectionner **Propriétés** (Properties).
3. Dans la zone **Historique du solide** (Solid History) de la palette **Propriétés**, sous **Historique** (History), choisir **Enregistrement** (Record).

Pour afficher les solides d'origine qui forment un solide composé (fig.18.38) :

1. Dans votre dessin, sélectionner un solide 3D composé.
2. Effectuer un clic droit et sélectionner **Propriétés** (Properties).
3. Dans la zone **Historique du solide** (Solid History) de la palette Propriétés, sous **Afficher l'historique** (Show History), choisir **Oui** (Yes).

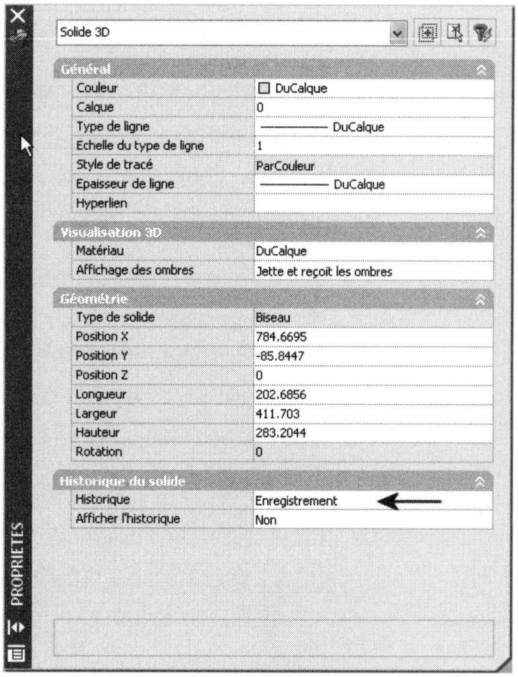

Fig.18.37

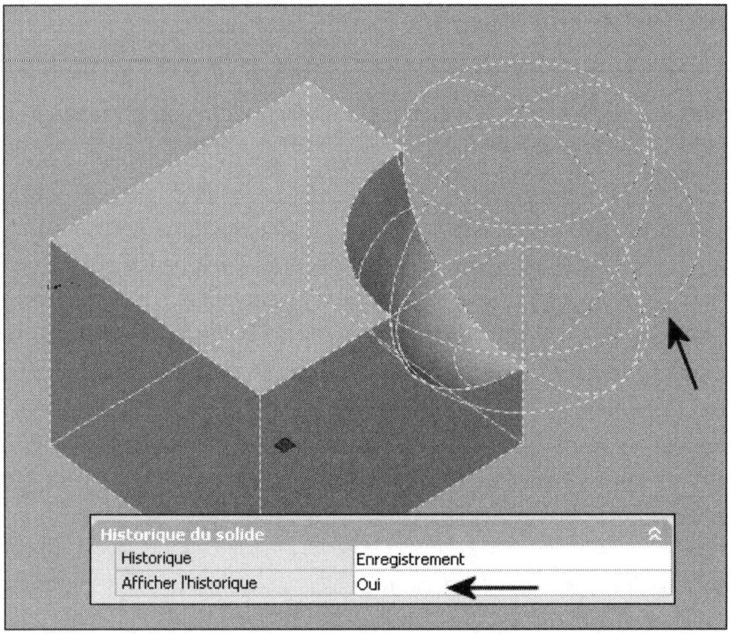

Fig.18.38

Pour supprimer l'historique d'un solide :

1. Dans un dessin, sélectionner un solide 3D.
2. Effectuer un clic droit et sélectionner **Propriétés** (Properties).
3. Dans la zone **Historique du solide** (Solid History) de la palette **Propriétés** (Properties), sous **Historique** (History), choisir **Aucun** (None).

Modification de formes individuelles d'un solide composé

Vous pouvez sélectionner les formes individuelles d'origine d'un solide composé en maintenant la touche Ctrl enfoncée. Si la forme d'origine est un solide primitif, des poignées s'affichent pour vous permettre de modifier sa forme et sa taille dans le composé.

Pour sélectionner et modifier un solide individuel inclus dans un solide composé (fig.18.39) :

1. Appuyer sur la touche Ctrl et maintenez-la enfoncée.
2. Cliquer sur un solide individuel inclus dans un solide composé.

3 Répéter l'étape 2 jusqu'à sélectionner la forme voulue.

4 Utiliser les poignées pour modifier le solide.

5 Désactiver éventuellement l'affichage de l'historique.

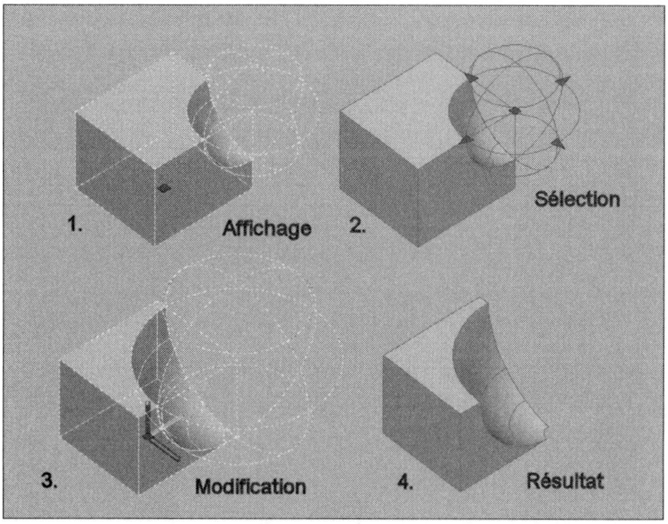

Fig.18.39

Ajout de solides par la fonction Appuyer-tirer sur des zones délimitées

Principe

Outre les opérations booléennes vous pouvez aussi ajouter ou percer des solides en appuyant ou en tirant sur des zones délimitées tout en maintenant enfoncées les touches Ctrl + Alt. Chaque zone doit être délimitée par des arêtes ou des lignes coplanaires.

Les zones délimitées peuvent être définies par les types d'objets suivants :

- Toute zone qui peut être hachurée en sélectionnant un point (avec une tolérance d'espace de zéro).
- Zones fermées par des objets linéaires et coplanaires sécants (y compris les arêtes et la géométrie des blocs).
- Polylignes fermées, régions, faces 3D et solides 2D qui se composent de sommets coplanaires.
- Zones créées par une géométrie (y compris les arêtes des faces) coplanaire à toute face d'un solide 3D.

Procédure

Pour appuyer sur une zone délimitée ou la tirer, la procédure est la suivante :

1 Modéliser le solide de base. Par exemple une boîte (fig.18.40).

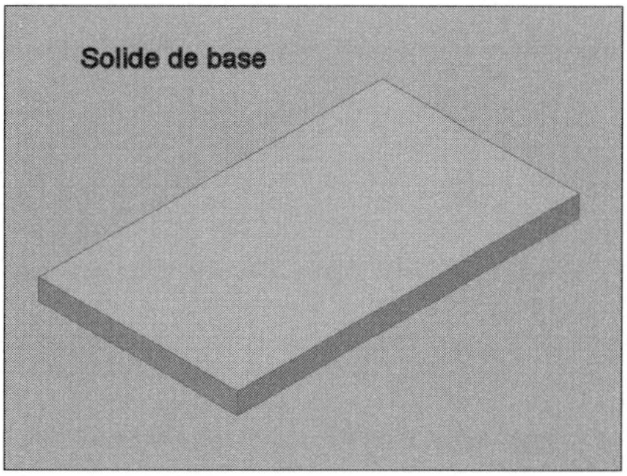

Fig.18.40

[2] Délimiter les zones. Par exemple à l'aide d'un cercle et d'une ligne (fig.18.41).

[3] Appuyer sur Ctrl + Alt et maintenir les touches enfoncées.

[4] Cliquer dans une zone délimitée par des arêtes ou des lignes coplanaires. Par exemple la zone droite.

[5] Faire glisser la souris pour tirer sur la zone délimitée. Cliquer ou entrer une valeur pour spécifier la hauteur (fig.18.42).

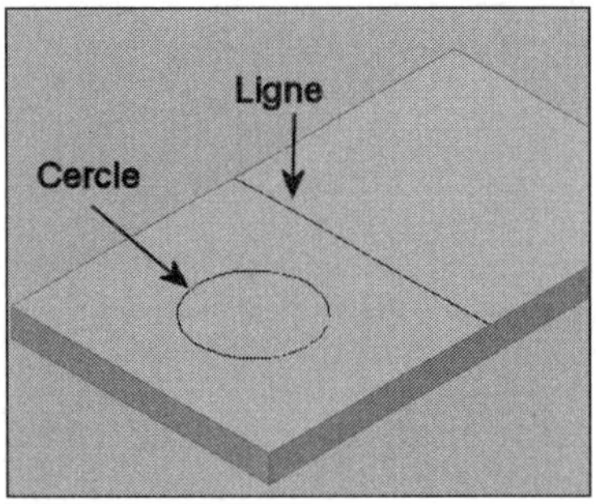

Fig.18.41

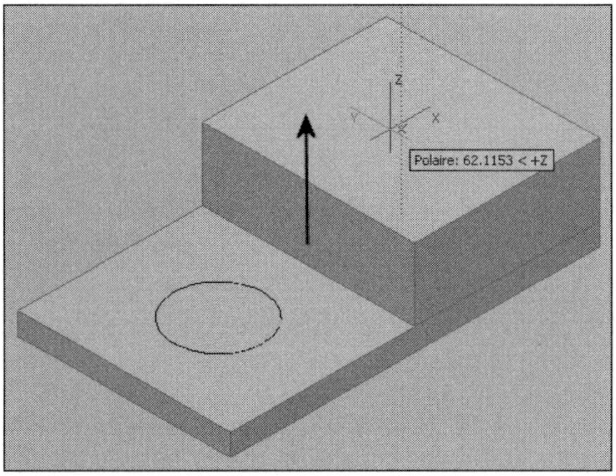

Fig.18.42

[6] Cliquer dans une autre zone délimitée par des arêtes ou des lignes coplanaires. Par exemple dans le cercle.

[7] Appuyer sur la zone pour réaliser un percement.

[8] Cliquer ou entrer une valeur pour spécifier la profondeur (fig.18.43 et 18.44).

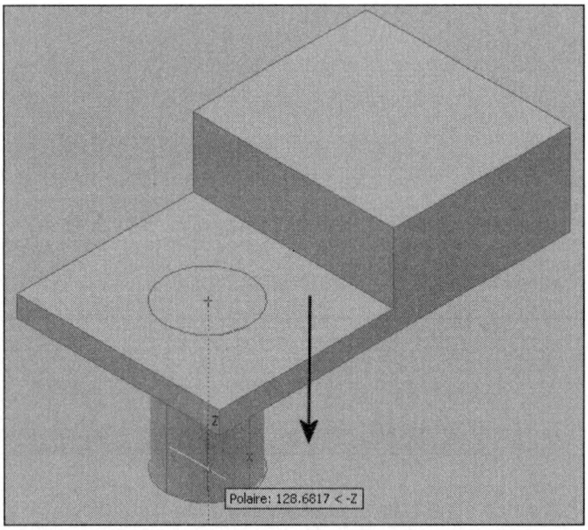

Fig.18.43

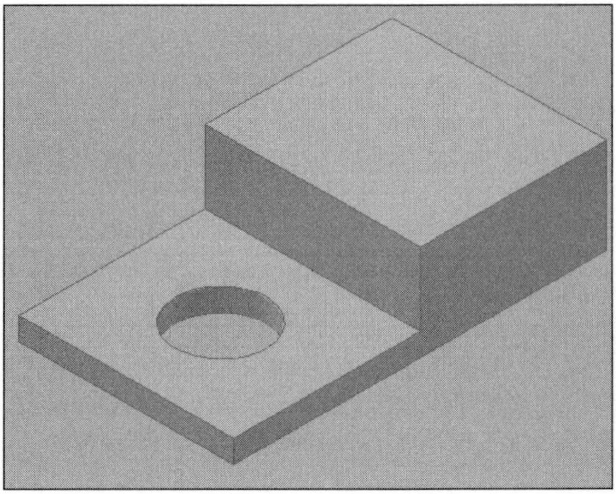

Fig.18.44

CHAPITRE 19

CRÉATION DE SOLIDES ET DE SURFACES À PARTIR DE LIGNES OU DE COURBES

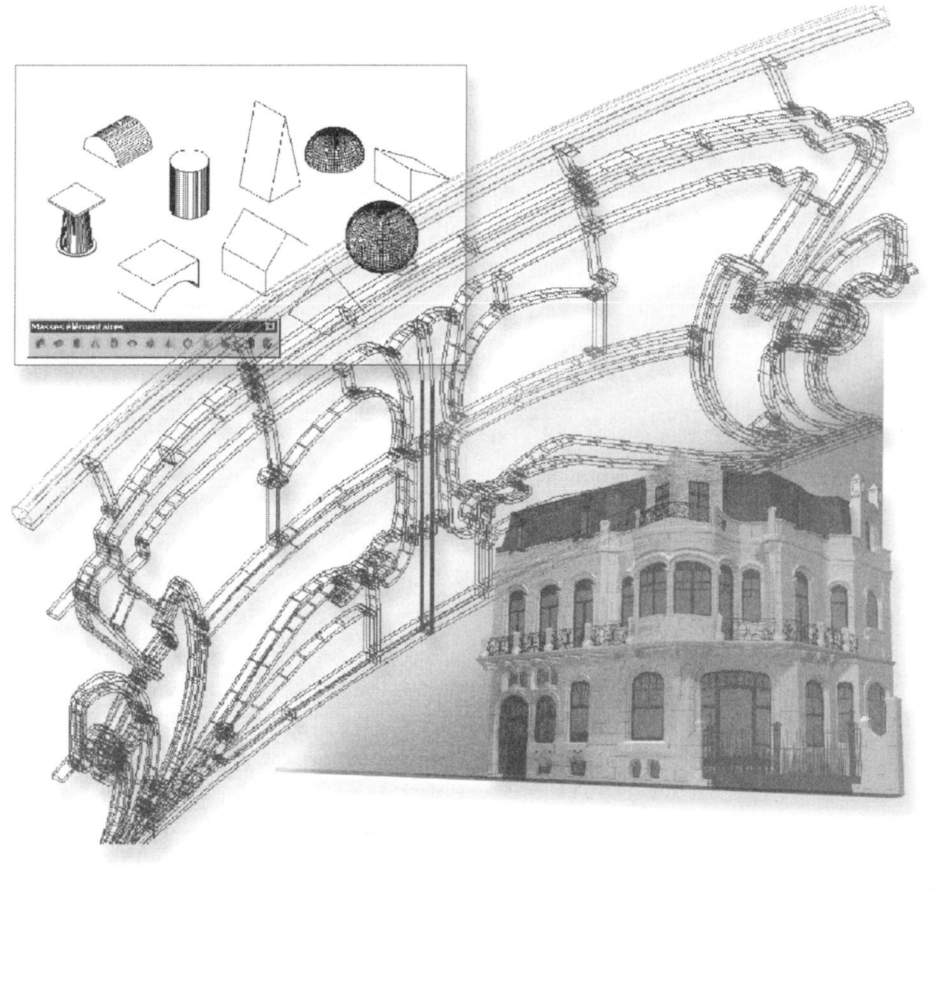

Outre les primitives 3D, vous pouvez aussi créer des solides et des surfaces à partir de lignes et de courbes existantes. Dans ce cas, vous pouvez utiliser ces objets pour définir à la fois le profil et la trajectoire pour le solide ou la surface.

En général une forme fermée engendre un solide et une forme ouverte engendre une surface.

Les principales techniques pour les solides sont les suivantes :

- Création d'un solide par **extrusion** d'un profil de base selon une hauteur, une direction ou un chemin.
- Création d'un solide par **balayage** d'une courbe plane (profil) fermée le long d'une trajectoire 2D ou 3D ouverte ou fermée.
- Création d'un solide par **lissage** via un jeu de deux courbes de coupe ou plus.
- Création d'un solide par **révolution** d'objets fermés autour d'un axe. Les objets ayant subi une révolution définissent le profil du solide.

Dans le cas des surfaces, les possibilités sont plus étendues. En effet, il convient d'abord de faire la distinction entre les surfaces procédurales et les surfaces NURBS. Si les méthodes de création entre ces deux types sont identiques, leur distinction se situe au niveau des modifications.

- Les surfaces **procédurales** peuvent être associatives : les relations qu'elles entretiennent avec d'autres objets vous permettent de les manipuler comme un groupe.
- Les surfaces **NURBS** ne sont pas associatives. Au lieu de cela, elles ont des sommets de contrôle qui vous permettent de sculpter des formes de manière plus naturelle.

Il est donc important, avant de créer toute surface, de spécifier le type de surface souhaité (Procédurale ou NURBS). Cela peut s'effectuer à partir des options **Associativité de surface** (Surface Associativity) et **NURBS création** (NURBS Creation) du groupe de fonctions **Créer** (Create) de l'onglet **Surface** (fig.19.1).

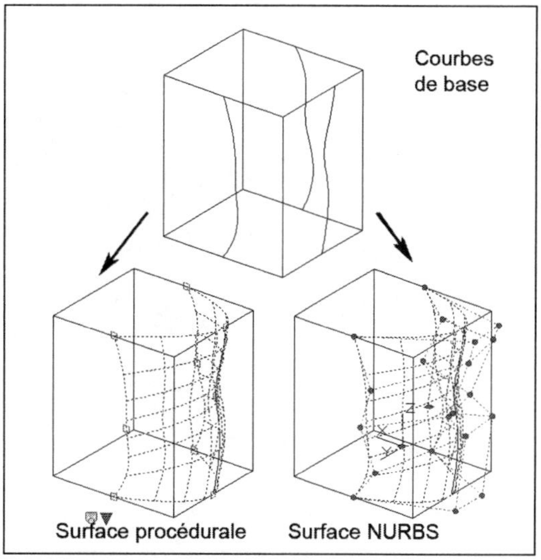

Fig.19.1

Au niveau des techniques de création, deux groupes de fonctions sont disponibles.

- La création à partir de courbes : les méthodes sont en grande partie identiques aux méthodes des solides.
- La création à partir de surfaces existantes pour assurer des jonctions, des fermetures ou des décalages.

Le premier groupe comprend les techniques suivantes :

- Création d'une surface par **extrusion** d'un profil de base selon une hauteur, une direction ou un chemin.
- Création d'une surface par **balayage** d'une courbe plane (profil) ouverte le long d'une trajectoire 2D ou 3D ouverte ou fermée.
- Création d'une surface par **lissage** via un jeu de deux courbes de coupe (ouvertes) ou plus.
- Création d'une surface par **révolution** d'objets ouverts autour d'un axe. Les objets ayant subi une révolution définissent le profil de la surface.
- Création d'une surface par **réseau** via une série de courbes dans les directions U et V.

Le second groupe comprend les techniques suivantes :

- **Fusion d'une surface** : pour créer une surface de transition entre deux surfaces existantes.
- **Correction de surface** : pour créer une surface de correction fermant une ouverture dans une surface existante.
- **Décalage d'une surface** : pour créer une surface parallèle à une distance spécifiée de la surface d'origine.

Fig.19.2

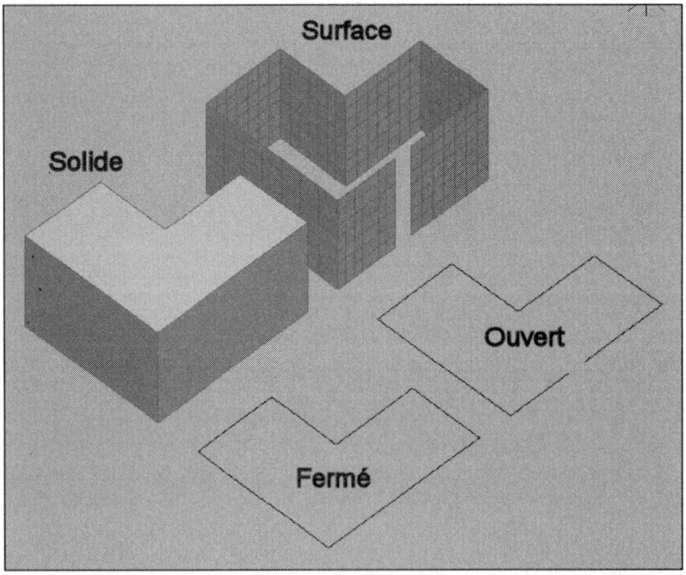

La création d'un solide par extrusion

Vous pouvez extruder les objets et sous-objets suivants (fig.19.2) :

- Lignes
- Arcs
- Arcs elliptiques
- Polylignes 2D
- Splines 2D
- Cercles
- Ellipses
- Faces 3D
- Solides 2D
- Arêtes

- Régions
- Surfaces planes
- Faces planes sur des solides

Pour extruder des objets, vous pouvez utiliser l'une des méthodes suivantes :

1 Définir une hauteur d'extrusion.

2 Sélectionner un chemin d'extrusion (trajectoire).

3 Spécifier un angle d'extrusion.

4 Définir une direction et une longueur en pointant 2 points.

Extruder un objet suivant une épaisseur

1 Dessiner l'objet de base. Par exemple une polyligne fermée.

2 Exécuter la commande d'extrusion à l'aide d'une des méthodes suivantes :

Ruban : sélectionner l'onglet **Début** (Home), puis le groupe de fonctions **Modélisation** (Modeling) et ensuite **Extrusion** (Extrude).

Icône : cliquer sur l'icône **Extrusion** (Extrude) de la barre d'outils **Modélisation** (Modeling).

Clavier : entrer la commande **EXTRUSION** (Extrude).

3 Sélectionner le ou les objets à extruder, puis appuyer sur **Entrée**.

4 Spécifier la hauteur (fig.19.3).

Après l'extrusion, l'objet d'origine peut être supprimé ou conservé en fonction du paramètre défini pour la variable système **DELOBJ**.

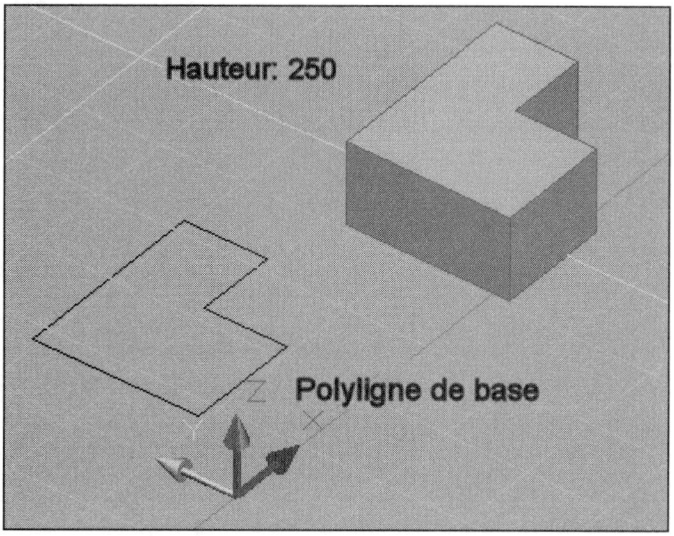

Fig.19.3

Extruder un objet suivant une épaisseur et un angle

La création d'une extrusion conique (avec un angle) est particulièrement utile pour concevoir des pièces dont les côtés doivent être inclinés selon un angle donné (par exemple, un moule de fonderie pour des pièces métalliques). Evitez d'utiliser des angles d'extrusion très grands. En effet, si l'angle est trop important, le profil risque de se réduire à un point avant la hauteur de l'extrusion indiquée. La procédure est la suivante :

Dessiner l'objet de base. Par exemple une polyligne.

1 Exécuter la commande d'extrusion à l'aide d'une des méthodes suivantes :

Ruban : sélectionner l'onglet **Début** (Home), puis le groupe de fonctions **Modélisation** (Modeling) et ensuite **Extrusion** (Extrude).

Icône : cliquer sur l'icône **Extrusion** (Extrude) de la barre d'outils **Modélisation** (Modeling).

Clavier : entrer la commande **EXTRUSION** (EXTRUDE).

2 Sélectionner le ou les objets à extruder, puis appuyer sur **Entrée**.

3 Entrer l'option **E** (T), puis appuyer sur **Entrée**.

4 Spécifier l'angle d'extrusion (par exemple : 15°), puis appuyer sur **Entrée**.

5 Spécifier la hauteur, puis appuyer sur **Entrée** (fig.19.4).

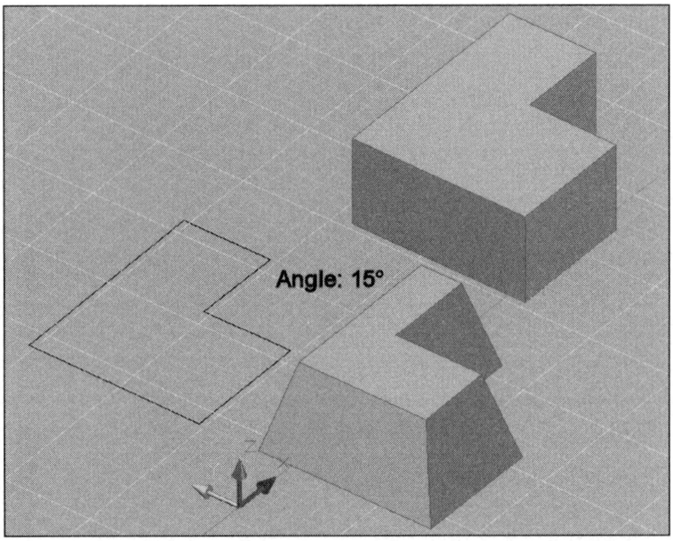

Fig.19.4

Extruder un objet suivant une trajectoire

L'option Chemin vous permet de spécifier un objet comme trajectoire pour l'extrusion. Le profil de l'objet sélectionné est extrudé le long de la trajectoire choisie pour créer un solide ou une surface. Pour obtenir les meilleurs résultats possibles, il est préférable que la trajectoire se trouve sur ou dans les limites de l'objet en cours d'extrusion.

L'extrusion diffère du balayage. Lorsque vous extrudez un profil le long d'une trajectoire, celle-ci est déplacée vers le profil si elle ne le coupe pas encore. Puis le profil est balayé le long de la trajectoire.

Il convient de souligner que l'utilisation d'une trajectoire avec la commande Balayage (Sweep) offre un plus grand contrôle sur l'opération et donne de meilleurs résultats.

Le solide extrudé commence sur le plan du profil et se termine sur un plan perpendiculaire à la trajectoire, à l'extrémité de celle-ci.

Les objets suivants peuvent constituer une trajectoire :

- Lignes
- Cercles
- Arcs
- Ellipses
- Arcs elliptiques
- Polylignes 2D
- Polylignes 3D
- Splines 2D
- Splines 3D
- Arêtes de solides
- Arêtes de surfaces
- Hélices

La procédure est la suivante :

1. Dessiner l'objet de base. Par exemple un cercle.
2. Dessiner la trajectoire. Par exemple un arc situé dans un plan perpendiculaire au cercle.
3. Exécuter la commande d'extrusion à l'aide d'une des méthodes suivantes :

Ruban : sélectionner l'onglet **Début** (Home), puis le groupe de fonctions **Modélisation** (Modeling) et ensuite **Extrusion** (Extrude).

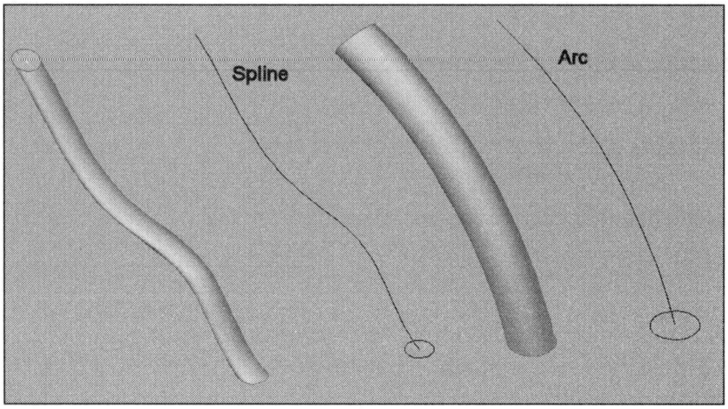

Fig.19.5

Icône : cliquer sur l'icône **Extrusion** (Extrude) de la barre d'outils **Modélisation** (Modeling).

Clavier : entrer la commande **EXTRUSION** (EXTRUDE).

[4] Sélectionner le ou les objets à extruder, puis appuyer sur **Entrée**.

[5] Entrer l'option **C** (P), puis appuyer sur **Entrée**.

[6] Sélectionner l'objet à utiliser comme trajectoire (fig.19.5).

Extruder un objet suivant une direction et une longueur

L'option Direction vous permet de spécifier la longueur et la direction de l'extrusion par spécification de deux points. La procédure est la suivante :

[1] Dessiner l'objet de base. Par exemple une polyligne.

[2] Exécuter la commande d'extrusion à l'aide d'une des méthodes suivantes :

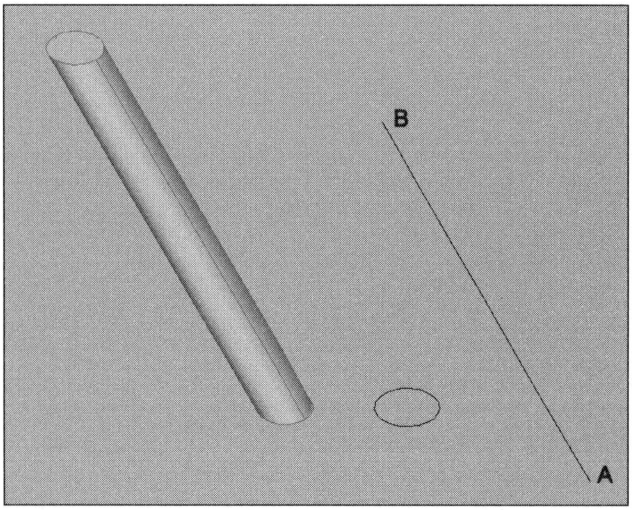

Fig.19.6

Ruban : sélectionner l'onglet **Début** (Home), puis le groupe de fonctions **Modélisation** (Modeling) et ensuite **Extrusion** (Extrude).

Icône : cliquer sur l'icône **Extrusion** (Extrude) de la barre d'outils **Modélisation** (Modeling).

Clavier : entrer la commande **EXTRUSION** (EXTRUDE).

[3] Sélectionner le ou les objets à extruder, puis appuyer sur **Entrée**.

[4] Entrer l'option **D,** puis appuyer sur **Entrée**.

[5] Spécifier deux points pour définir la longueur et la direction : A et B (fig.19.6).

La création d'un solide par balayage

PRINCIPE

La fonction **Balayage** (Sweep) permet de créer un solide en procédant au balayage d'une courbe (profil) plane fermée le long d'une trajectoire 2D ou 3D fermée ou ouverte. Elle permet ainsi de dessiner un solide ou une surface dans la forme du profil spécifié le long de la trajectoire définie. Il est possible de réaliser le balayage de plusieurs objets à condition qu'ils figurent tous sur le même plan.

Objets de balayage
Ligne
Arc
Arc elliptique
Polyligne 2D
Spline 2D
Cercle
Ellipse
Face plane 3D
Solide 2D
Trace
Région
Surface plane
Faces planes d'un solide

Objets utilisables en tant que trajectoire de balayage
Ligne
Arc
Arc elliptique
Polyligne 2
Spline 2
Cercle
Ellipse
3Spline 3D
Polyligne 3D
Hélice
Arêtes de solides ou de surface

PROCÉDURE

1 Pour créer un solide ou une surface par balayage, la procédure est la suivante :

2 Dessiner l'objet de base et la trajectoire. Par exemple un cercle et un arc.

Exécuter la commande de balayage à l'aide d'une des méthodes suivantes :

Ruban : sélectionner l'onglet **Début** (Home), puis le groupe de fonctions **Modélisation** (Modeling) et ensuite **Balayage** (Sweep).

Icône : cliquer sur l'icône **Balayage** (Sweep) de la barre d'outils **Modélisation** (Modeling).

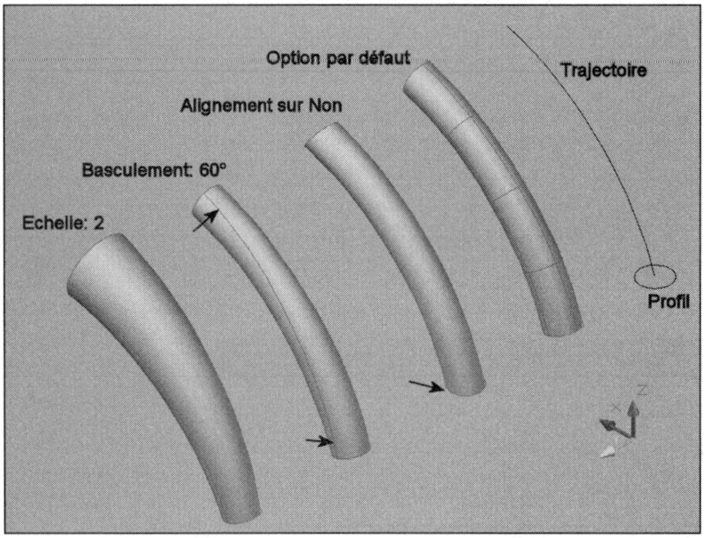

Fig.19.7

Clavier : entrer la commande **BALAYAGE** (SWEEP).

[3] Sélectionner le ou les objets à balayer, puis appuyer sur **Entrée**.

[4] Sélectionner la trajectoire ou sélectionner une option (fig.19.7).

OPTIONS

- **Alignement** (Alignment) : permet de spécifier si le profil à balayer doit être ou non aligné perpendiculairement à la direction de tangente de la trajectoire de balayage. Par défaut, le profil est aligné. Les options **Oui/Non** (Yes/No) permettent de spécifier si l'alignement doit se faire ou pas.
- **Point de base (Base point)** : permet de spécifier un point de base pour les objets à balayer. Si le point spécifié ne figure pas sur le plan des objets sélectionnés, il est projeté sur le plan.
- **Echelle (Scale)** : permet de spécifier un facteur d'échelle pour l'opération de balayage. Le facteur d'échelle est appliqué de façon uniforme aux objets balayés du début à la fin de la trajectoire de balayage. L'option **Référence** (Reference), met à l'échelle les objets sélectionnés en fonction de la longueur référencée en choisissant des points ou en saisissant des valeurs.
- **Basculement (Twist)** : permet de définir un angle de basculement pour les objets balayés. Cet angle spécifie le degré de rotation sur toute la trajectoire de balayage. L'inclinaison spécifie si la ou les courbes balayées s'inclineront naturellement (pivoteront) le long d'une trajectoire de balayage non plane (polyligne 3D, spline 3D ou hélice).

Application : la création d'une porte

Dans cet exemple, nous allons créer une porte comportant la feuille de porte, le chambranle et la clenche. La procédure est la suivante :

[1] Dessiner en 2D, à l'aide d'une polyligne fermée, le profil du chambranle. Il servira d'objet de balayage (fig.19.8).

[2] Dessiner en 2D, à l'aide d'une polyligne ouverte le contour, de la porte. Il servira de trajectoire de balayage (fig.19.9).

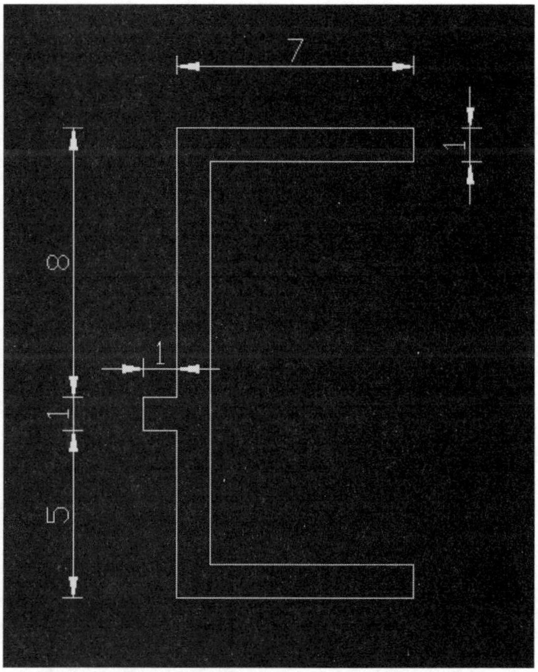

Fig.19.8

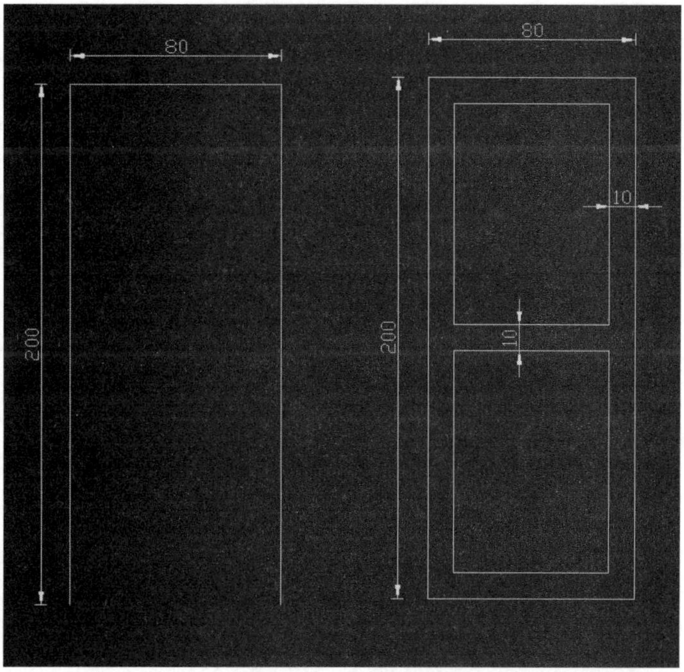

Fig.19.9

[3] Dessiner en 2D, à l'aide de polylignes ou de rectangles, la feuille de porte. Ces objets seront extrudés en 3D (fig.19.9).

[4] Dessiner en 2D le cercle et la polyligne pour créer la clenche (fig.19.10).

[5] Pour créer le chambranle en 3D, il convient d'utiliser la fonction **Balayage** (Sweep).

[6] Sélectionner le profil du chambranle et appuyer sur Entrée.

[7] Entrer B pour activer l'option **Point de Bas** (Base point) et pointer le point de passage de la trajectoire (fig.19.11).

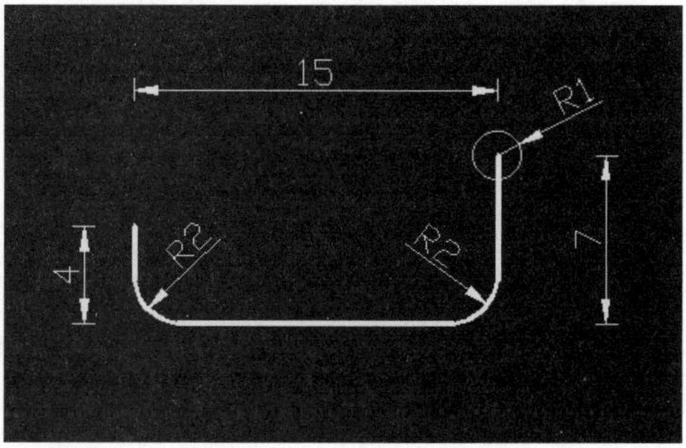

Fig.19.10

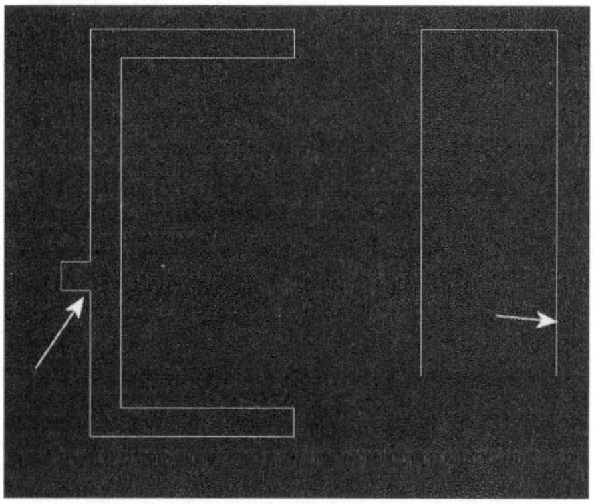

Fig.19.11

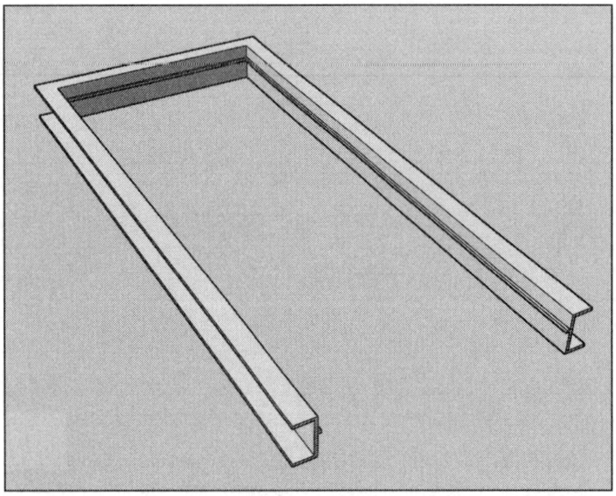

Fig.19.12

8 Sélectionner la trajectoire en pointant le côté droit du contour de la porte. Le chambranle en 3D est à présent créé (fig.19.12).

9 Pour la clenche, utiliser également la fonction **Balayage** (Sweep). Sélectionner ensuite le cercle et appuyer sur Entrée.

10 Sélectionner la trajectoire. La poignée est réalisée (fig.19.13).

La feuille de porte peut être modélisée à l'aide de la fonction **Extrusion** (Extrude) et ensuite d'opérations booléennes de soustraction.

11 Cliquer sur l'icône de la fonction **Extrusion** (Extrude) et sélectionner les trois rectangles. Appuyer sur Entrée.

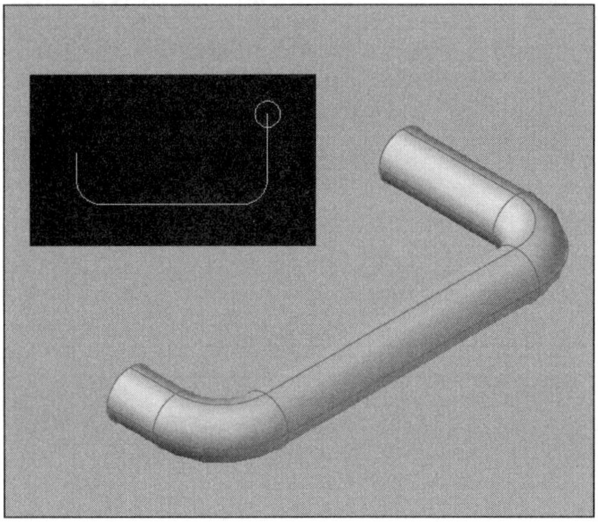

Fig.19.13

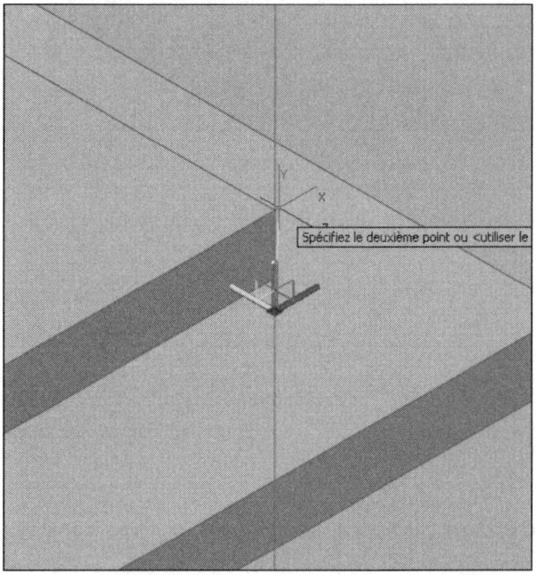

Fig.19.14

12 Entrer la valeur 4 au clavier pour spécifier la hauteur d'extrusion. Appuyer sur Entrée. Les volumes sont ainsi créés.

13 L'étape suivante consiste à creuser partiellement la porte de 1.5 cm de profondeur de part et d'autre. Il convient pour cela de déplacer de 2.5 cm vers le haut les deux rectangles intérieurs. Utiliser pour cela la fonction **Déplacer** 3D (3D Move) (fig.19.14).

14 Les deux volumes intérieurs vont servir à creuser la porte. Avant cela il faut en faire une copie miroir par rapport au plan central de la porte. Utiliser pour cela la fonction **Miroir 3D** (3D Mirror) du groupe de fonctions **Modification** (Modify). L'option par défaut « 3 points » permet de définir le plan de symétrie (fig.19.15).

15 Pour terminer la feuille de porte, il reste à effectuer une opération booléenne de soustraction. Cliquer sur le bouton **Soustraction** (Substract) et sélectionner le volume extérieur.

16 Appuyer sur Entrée et sélectionner les quatre volumes intérieurs. La feuille de porte est à présent terminée (fig.19.16).

17 Il reste à assembler l'ensemble par simples déplacements et rotations (fig.19.17).

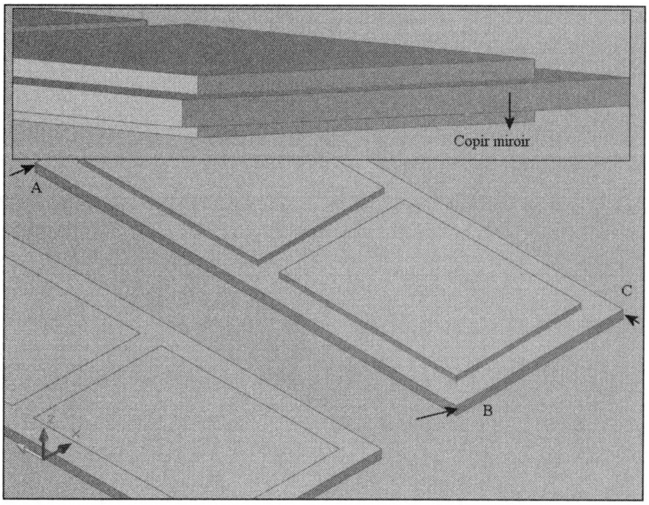

Fig.19.15

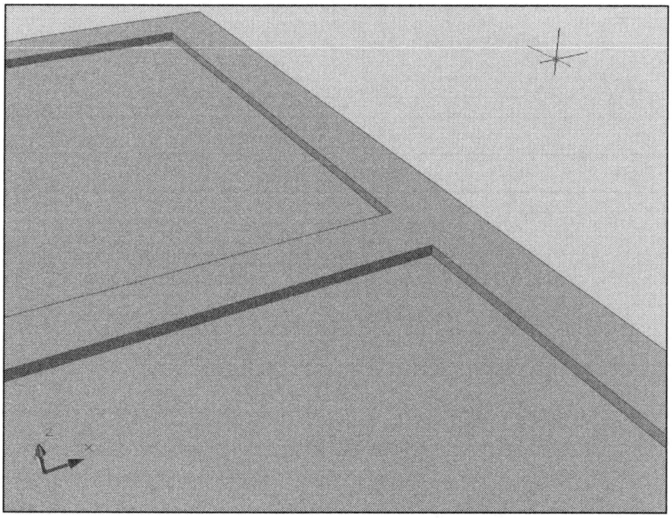

Fig.19.16

Fig.19.17

La création d'un solide par lissage

Principe

La fonction **Lissage** (Loft) permet de créer des formes libres à partir de profils de coupes fermées. Vous devez spécifier au moins deux coupes lorsque vous utilisez cette commande.

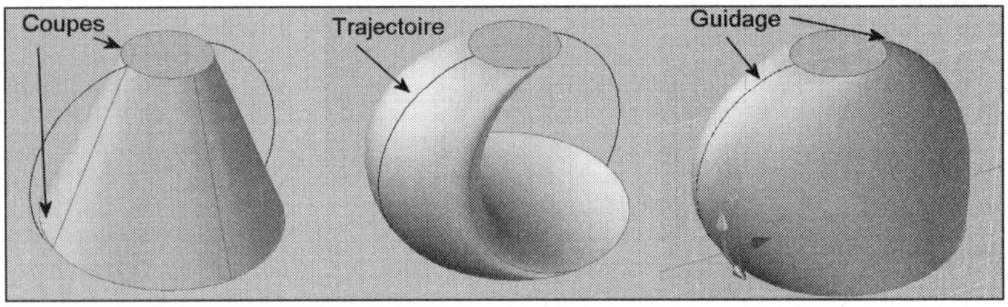

Fig.19.18

La fonction **Lissage** (Loft) peut être utilisée de trois façons différentes (fig.19.18) :

- Uniquement des coupes
- Des coupes et une trajectoire
- Des coupes et des courbes de guidage

Vous pouvez utiliser les objets suivants lors de la création d'une surface ou d'un solide lissé :

Objets pouvant servir de coupes	Objets pouvant servir de trajectoire de lissage	Objets pouvant servir de guidage des lignes
	Ligne	Ligne
Arcs	Arc	Arc
Arc elliptique	Arc elliptique	Arc elliptique
Polyligne 2D	Spline	Spline 2D
Spline 2D	Hélice	Spline 3D
Cercle	Cercle	Polyligne 2D
Ellipse	Ellipse	Polyligne 3D
Points (première et dernière coupe uniquement)	Des polylignes 2D	Polyligne 3D

Procédure

Pour créer un solide ou une surface par lissage, la procédure est la suivante :

[1] Dessiner les objets de base (les coupes) et suivant le cas, une trajectoire ou des courbes de guidage. Par exemple deux cercles comme coupes et deux arcs comme courbes de guidage.

[2] Exécuter la commande de lissage à l'aide d'une des méthodes suivantes :

Ruban : sélectionner l'onglet **Début** (Home), puis le groupe de fonctions **Modélisation** (Modeling) et ensuite **Lissage** (Loft).

Icône : cliquer sur l'icône **Lissage** (Loft) de la barre d'outils **Modélisation** (Modeling).

Clavier : entrer la commande **LISSAGE** (Loft).

3 Sélectionner les coupes dans l'ordre de lissage.

4 Entrer G pour sélectionner l'option **Guidages** (Guides).

5 Sélectionner les courbes de guidage et appuyer sur Entrée (fig.19.19–19.20).

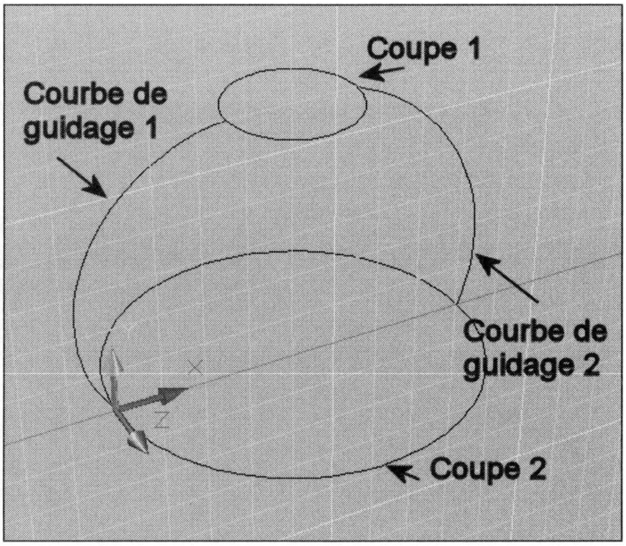

Fig.19.19

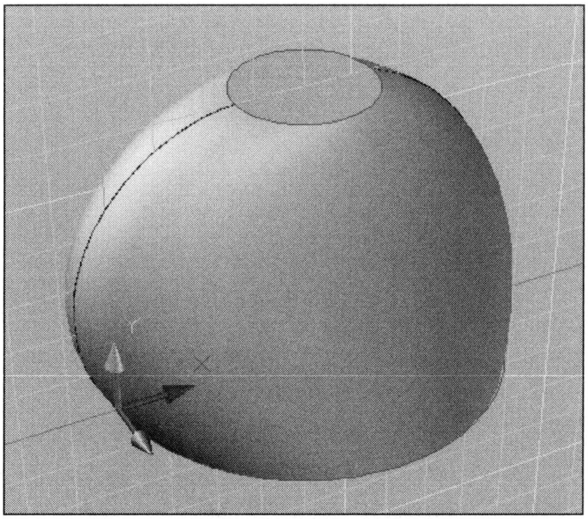

Fig.19.20

Options

- **Guidages** (Guides) : permet de spécifier les courbes de guidage qui gèrent la forme de la surface ou du solide lissé. Les courbes de guidage sont des lignes ou des courbes qui définissent ensuite la forme du solide ou de la surface en ajoutant des informations filaires supplémentaires à l'objet. Vous pouvez utiliser des courbes de guidage pour contrôler la façon dont les points sont associés aux coupes correspondantes afin d'éviter les résultats inattendus, tels que des plis sur la surface ou la surface le solide obtenu. Chaque courbe de guidage doit correspondre aux critères suivants pour fonctionner correctement :
  - Couper chaque coupe
  - Démarrer sur la première coupe
  - Terminer sur la dernière coupe

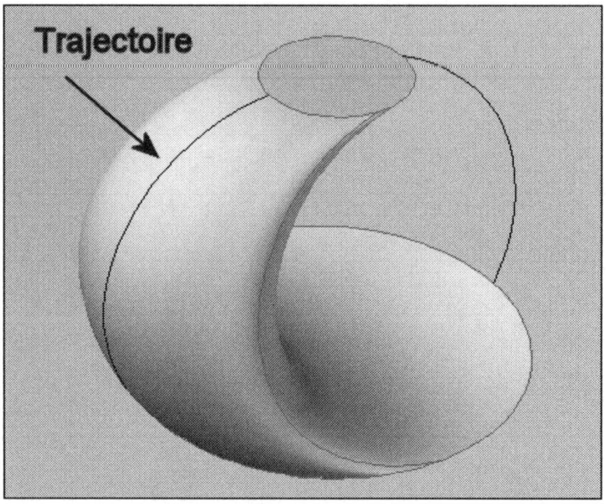

Fig.19.21

Vous pouvez sélectionner un nombre illimité de courbes de guidage pour le solide ou la surface lissé.

- **Chemin** (Path) : permet de spécifier la trajectoire de la surface ou du solide lissé. La courbe de la trajectoire doit couper tous les plans des coupes (fig.19.21).
- **Coupes uniquement** (Cross-sections only) : permet de ne prendre en compte que les coupes (fig.19.22) et affiche la boîte de dialogue **Paramètres de lissage** (Loft Settings) pour définir d'autres paramètres (fig.19.23).

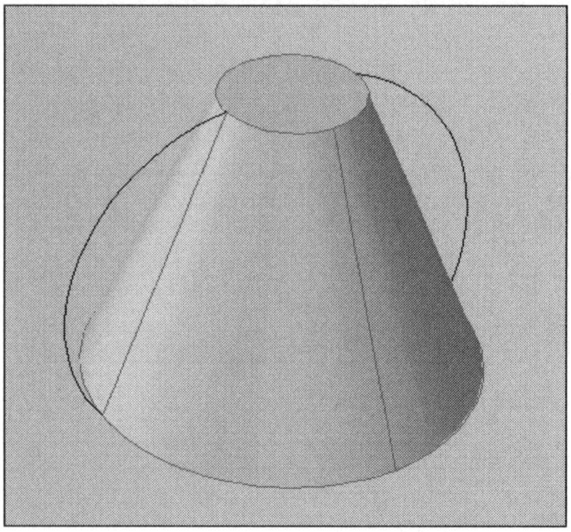

Fig.19.22

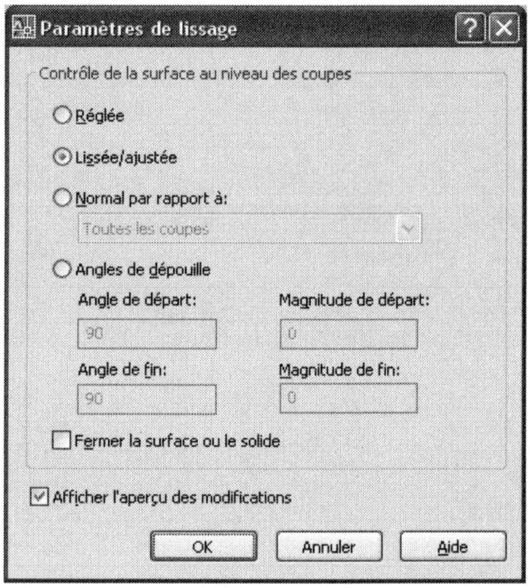

Fig.19.23

Les options de la boîte de dialogue Paramètres de lissage :

- **Réglée** (Ruled) : indique que la surface ou le solide est réglé (transition droite) entre les coupes et que ces dernières ont des arêtes aiguës (fig.19.24).
- **Lissée/ajustée** (Smooth Fit) : indique que la surface ou le solide est dessiné de façon lissée (adoucie) entre les coupes.
- **Normal par rapport à** (Normal to) : détermine la normale de la surface du solide ou de la surface lorsqu'elle traverse les coupes.
- **Coupe de départ** (Start cross section) : indique que la normale de la surface est perpendiculaire à la coupe de départ.

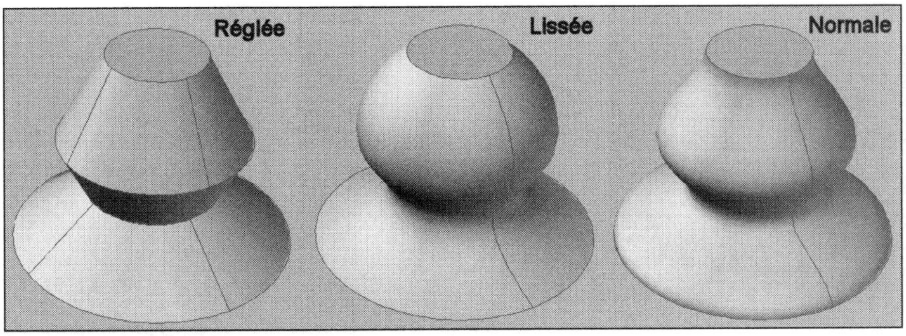

Fig.19.24

- **Coupe de fin** (End cross section) : indique que la normale de la surface est perpendiculaire par rapport à la coupe de fin.
- **Coupes de départ et de fin** (Start and End sections) : indique que la normale de la surface est perpendiculaire par rapport aux coupes de départ et de fin.
- **Toutes les coupes** (All cross sections) : indique que la normale de la surface est perpendiculaire par rapport à toutes les coupes.
- **Angles de dépouille** (Draft angles) : détermine l'angle et la magnitude de dépouille de la première et de la dernière coupe de la surface ou du solide lissé. Cet angle donne la direction de début de la surface (fig.19.25).
- **Angle de départ** (Start angle) : indique l'angle de dépouille de la coupe de départ.
- **Magnitude de départ** (Start magnitude) : détermine la distance relative de la surface depuis la coupe de départ dans la direction de l'angle de dépouille avant que la surface ne commence à pencher vers la coupe suivante.
- **Angle de fin** (End angle) : indique l'angle de dépouille de la coupe de fin.
- **Magnitude de fin** (End magnitude) : détermine la distance relative de la surface depuis la coupe de fin dans la direction de l'angle de dépouille avant que la surface ne commence à pencher vers la coupe précédente.
- **Fermer la surface ou le solide** (Close surface or solid) : ferme et ouvre une surface ou un solide. Lorsque cette option est utilisée, les coupes doivent former une forme en tore de manière à ce que la surface ou le solide lissé puisse former un tube fermé.
- **Afficher l'aperçu des modifications** (Preview changes) : applique les paramètres courants à la surface ou au solide lissé et affiche un aperçu dans la zone de dessin.

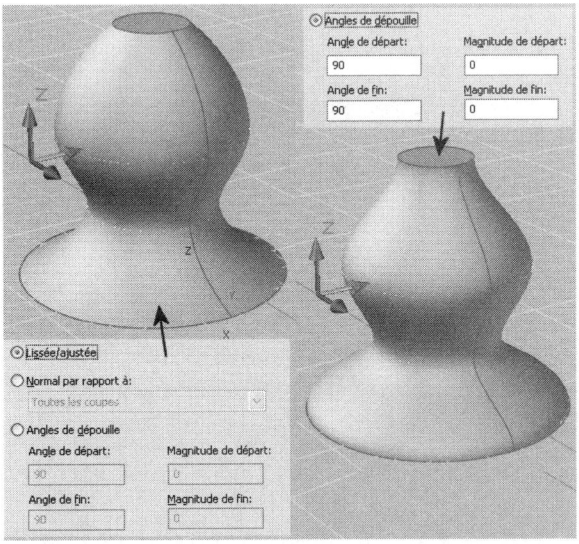

Fig.19.25

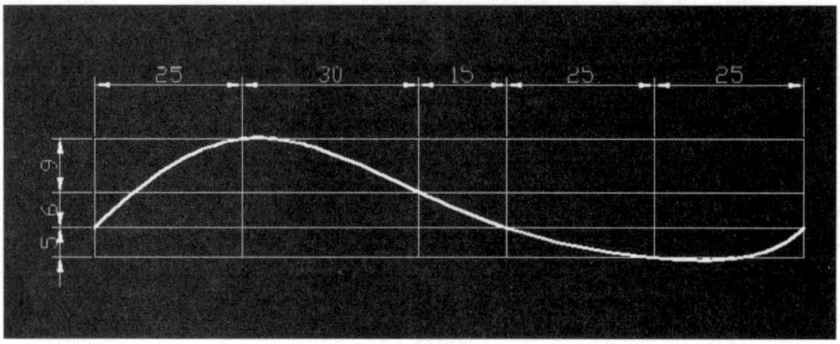

Fig.19.26

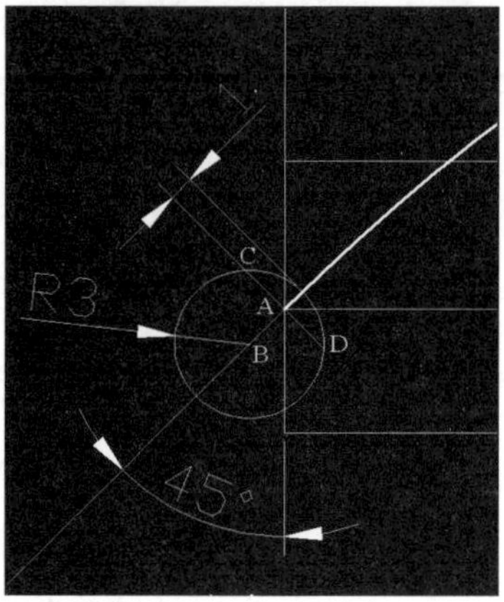

Fig.19.27

Application : un rasoir

Dans cet exemple, nous allons créer un rasoir comportant le support de la lame et un manche. Le support sera créé par extrusion et le manche par lissage. La procédure est la suivante :

1. Pour créer le manche du rasoir nous allons utiliser la fonction **Lissage** (Loft). Le chemin est une spline et les coupes des cercles et des ellipses. Pour démarrer, tracer une grille pour définir les points de passage de la spline. Il suffit pour cela de tracer une ligne horizontale et une ligne verticale et d'effectuer les copies par la fonction **Décaler** (Offset). Les dimensions sont renseignées à la figure 19.26.
2. Tracer la spline comme indiquée à la figure 19.26. Les tangentes de départ et de fin font un angle de 45° avec l'horizontal.
3. Pour le support de la lame du rasoir, tracer un cercle de rayon de 3 mm et avec le centre (point B) situé à 2 mm de l'extrémité de la spline (point A) (fig.19.27).
4. Tracer la droite CD, perpendiculaire à la tangente de la spline et passant par le point A.

Fig.19.28

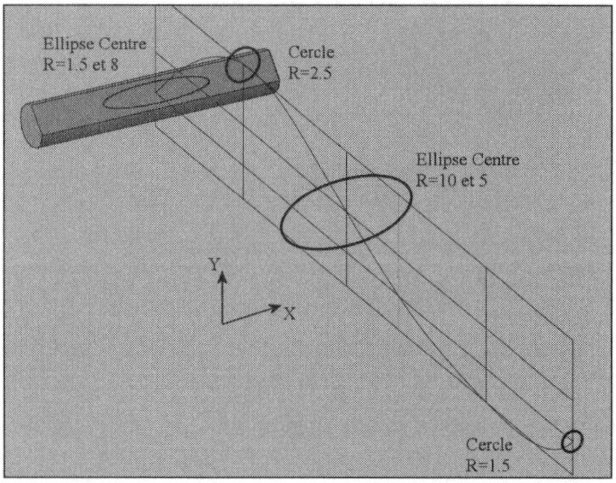

5. Couper la partie droite du cercle à l'aide de la fonction **Ajuster** (Trim) et en utilisant la droite que vous venez de créer comme frontière.
6. Transformer la partie restante du cercle et la droite CD en polyligne.
7. Extruder la polyligne ainsi créée d'une hauteur de 36 mm. Le support de la lame du rasoir est ainsi créé en 3D.
8. Placer manuellement le repère SCU (UCS) perpendiculairement à la grille afin de pouvoir tracer correctement les cercles et les ellipses le long de la spline (fig.19.28).

9 Tracer le cercle à droite avec un rayon de 1.5 mm, l'ellipse centrale avec les rayons 10 et 5 mm et le cercle de gauche avec un rayon de 2.5 mm.

10 Replacer le repère SCU (USC) à sa position d'origine en cliquant sur l'icône **Général** du groupe de fonctions **Coordonnées** (Coordinates).

11 Activer le SCU dynamique en cliquant sur l'icône correspondante dans la barre d'état.

12 Tracer une ellipse de rayons 8 et 1.5 sur la face plane du support.

13 Pour créer le manche, utiliser la fonction **Lissage** (Loft) et sélectionner les coupes (cercles et ellipses) dans l'ordre du lissage.

14 Appuyer sur Entrée.

15 Sélectionner l'option **Chemin** (Path) et cliquer sur la spline. Le manche est à présent créé (fig.19.29–19.30).

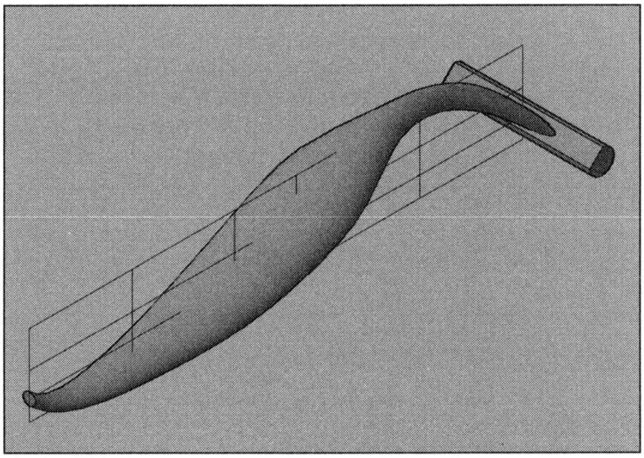

Fig.19.29

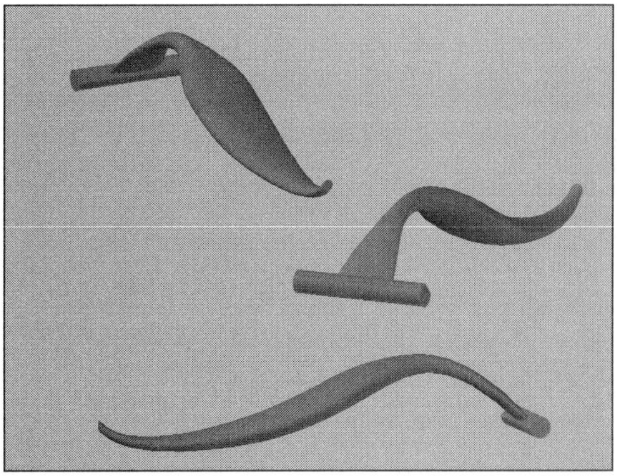

Fig.19.30

La création d'un solide de révolution

PRINCIPE

Une surface de révolution ou un solide est généré par la révolution d'un objet fermé autour d'un axe.

Vous pouvez appliquer une révolution à plusieurs objets à la fois.

Lorsque vous appliquez une révolution à des objets, vous pouvez spécifier l'un des éléments suivants comme axe autour duquel la révolution des objets va avoir lieu :

- Axe défini par deux points que vous indiquez

- Axe X
- Axe Y
- Axe Z
- Axe défini par un objet (option **Objet**)

Vous pouvez utiliser les objets suivants avec la commande **REVOLUTION** :

Objets pouvant faire l'objet d'une révolution
Ligne
Arc
Arc elliptique
Polyligne 2D
Spline 2D
Cercle
Ellipse
Faces 3D
Solide 2D
Trace
Région
Surface plane
Face plane d'un solide

Objets pouvant être utilisés comme axe de la révolution
Ligne
Segment de polyligne linéaire
Arête linéaire d'une surface
Arête linéaire d'un solide

PROCÉDURE

Pour créer un solide de révolution, la procédure est la suivante :

1. Dessiner les objets de base et éventuellement l'axe de révolution.
2. Exécuter la commande de révolution à l'aide d'une des méthodes suivantes :

Ruban : sélectionner l'onglet **Début** (Home), puis le groupe de fonctions **Modélisation** (Modeling) et ensuite **Révolution** (Revolve).

Icône : cliquer sur l'icône **Révolution** (Revolve) de la barre d'outils **Modélisation** (Modeling).

Clavier : entrer la commande **REVOLUTION** (REVOLVE).

3 Sélectionner le ou les objets auxquels appliquer la révolution. Par exemple : p1

4 Désigner deux points pour définir l'axe de révolution (P2 et P3). Lorsque vous définissez l'axe, veillez à désigner des points situés sur le même côté, par rapport à l'objet. La direction positive de l'axe est déterminée par le point de départ et l'extrémité.

5 Spécifier l'angle de révolution : 270° par exemple (fig.19.31).

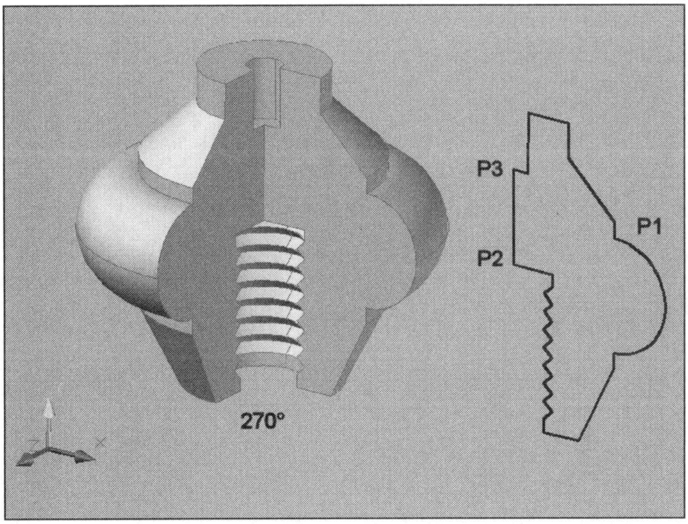

Fig.19.31

Application : création d'un verre

Dans cet exemple, nous allons créer un verre en définissant un profil de coupe et en utilisant la fonction révolution. La procédure est la suivante :

1 Tracer une grille pour définir les dimensions principales du verre (fig.19.32).

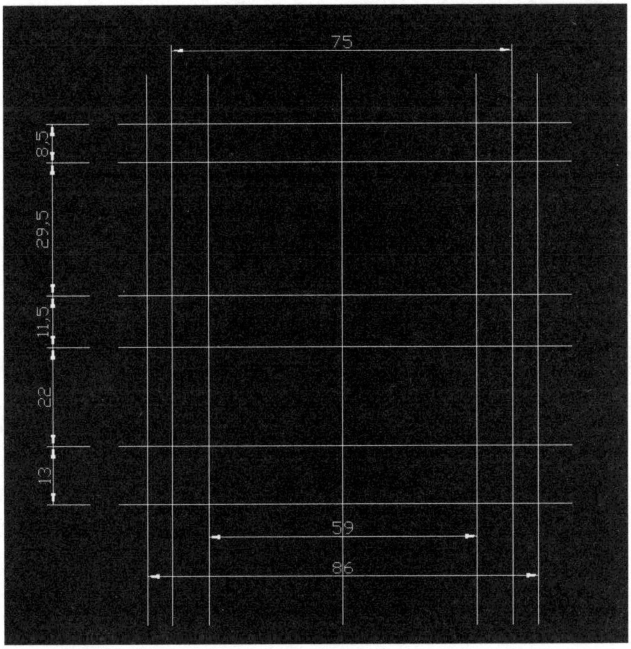

Fig.19.32

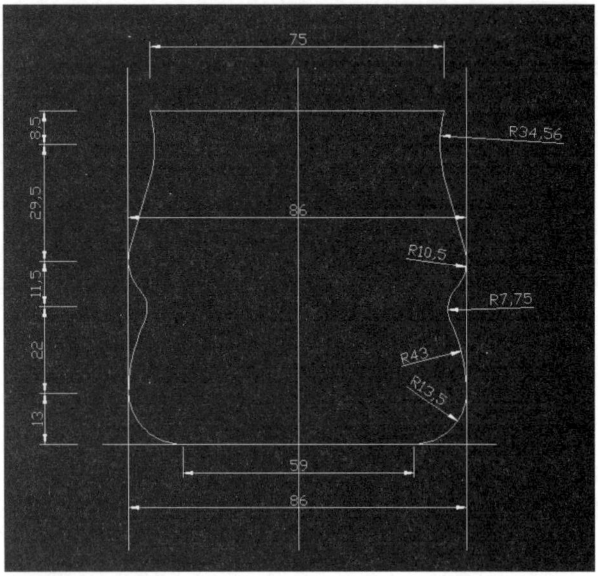

Fig.19.33

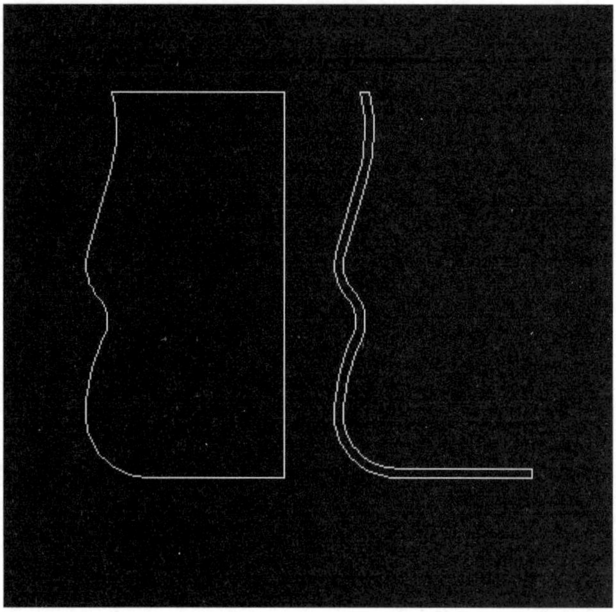

Fig.19.34

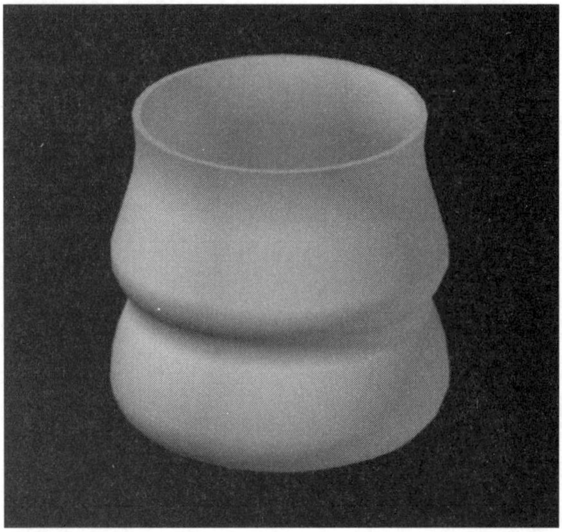

Fig.19.35

2 A l'aide des fonctions **Cercle et Arc**, tracer les différentes courbes du verre (fig.19.33).

3 Découper la partie droite du verre et transformer la partie gauche en polyligne.

4 Donner une épaisseur de 2mm au verre à l'aide de la fonction **Décaler** (Offset) (fig.19.34).

5 Utiliser la fonction **Révolution** (Revolve) pour générer le verre en 3D (fig.19.35). Pour l'axe de révolution pointer deux points en bas à droite du verre.

La création de surfaces

La création d'une surface par Extrusion, Balayage, Lissage ou Révolution

La création de ces quatre types de surfaces est identique à la création de solide. Néanmoins, il convient au préalable de choisir le type de surface souhaité (Procédurale ou NURBS), et d'utiliser les fonctions de l'onglet Surface et non plus Solide.

La création d'une surface réseau

Les surfaces réseau sont similaires aux surfaces lissées dans la mesure où elles sont créées dans l'espace compris entre plusieurs courbes dans les directions U et V. Les courbes peuvent être des sous-objets arête de surface ou de solide. Lorsque vous créez la surface, vous pouvez spécifier la tangence et la magnitude de courbure des arêtes de surface.

Pour créer une surface réseau, la procédure est la suivante :

1. Sélectionner le type de surface souhaitée : Associativité de surface ou NURBS création.
2. Cliquer sur l'onglet **Surface**, puis sur le groupe de fonctions **Créer** (Create) et la fonction **Réseau** (Network).
3. Dans la zone de dessin, sélectionner des courbes de coupe dans la première direction (U ou V) et appuyer sur la touche Entrée.
4. Sélectionner les coupes dans la deuxième direction et appuyer sur Entrée. La surface est créée (fig.19.36). En fonction du choix du type de surface, le résultat peut être modifié de manière distincte (voir chapitre 22) (fig.19.37).

Outre la création de surface à partir de courbes, il est également possible de créer des surfaces à partir d'autres surfaces à l'aide des fonctions Fusion, Correction et Décalage.

Fig.19.36

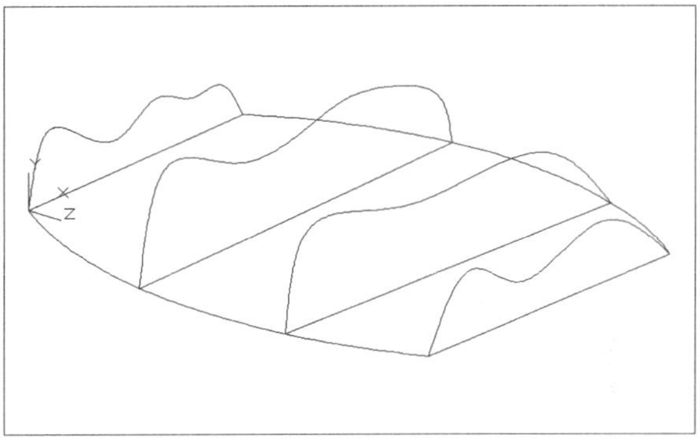

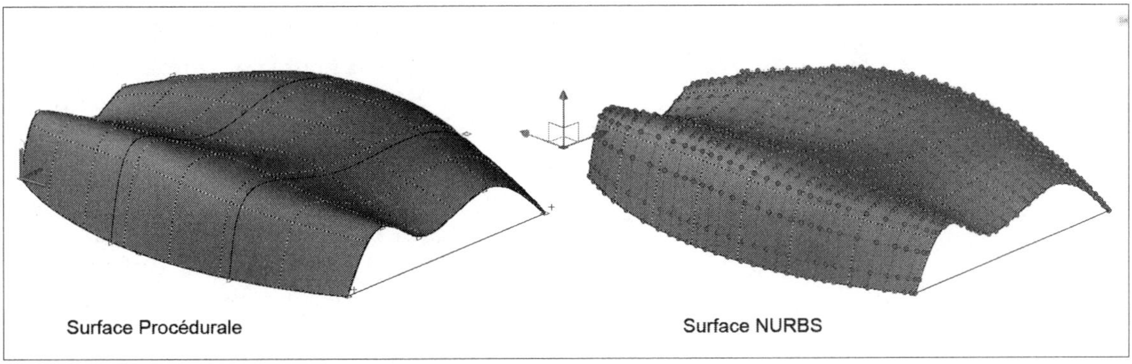

Fig.19.37

La création d'une surface de fusion

La commande FUSIONNERSURF permet de créer une surface de fusion continue entre deux surfaces existantes.

La procédure est la suivante :

1. Sélectionner le type de surface souhaitée : Associativité de surface ou NURBS création.
2. Exécuter la commande de fusion à l'aide d'une des méthodes suivantes :

Ruban : sélectionner l'onglet **Surface**, puis le groupe de fonctions **Créer** (Create) et la fonction **Fusion** (Blend).

Icône : cliquer sur l'icône **Fusionner** (Blend) de la barre d'outils Création de surfaces (Surfaces creation).

Clavier : entrer la commande **FUSIONNERSURF** (SURFBLEND).

3. Sélectionner les arêtes de la première surface à fusionner ou [CHaîne] : pointer P1 (fig.19.38).
4. Appuyer sur Entrée.
5. Sélectionner les arêtes de la deuxième surface à fusionner ou [CHaîne] : pointer P2.

Fig.19.38

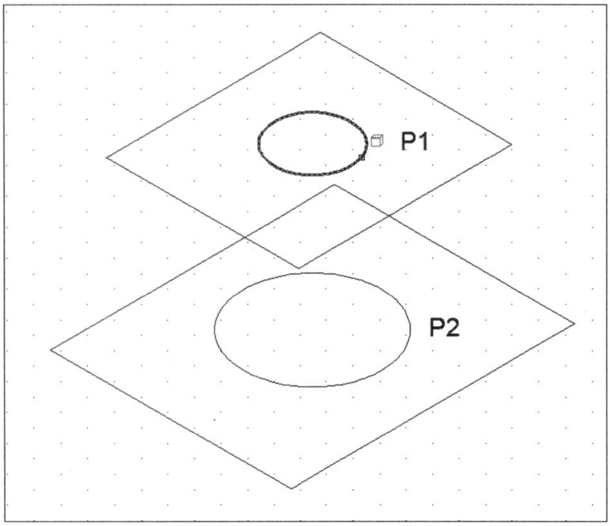

6. Appuyer sur Entrée.
7. Appuyer sur Entrée pour accepter la surface de fusion ou [CONtinuité/magnitude de Courbure] : sélectionner l'option souhaitée (fig.19.39-19.40).
   - **Continuité** (Continuity) : mesure la fluidité avec laquelle les surfaces s'unissent. La valeur par défaut est G0. Sélectionnez une valeur ou utilisez la poignée pour modifier la continuité.
   - **Magnitude de courbure** (Bulge magnitude) : définit l'arrondi de l'arête de la surface de fusion au niveau de son intersection avec la surface d'origine. La valeur par défaut est 0.5. Les valeurs autorisées sont comprises entre 0 et 1.

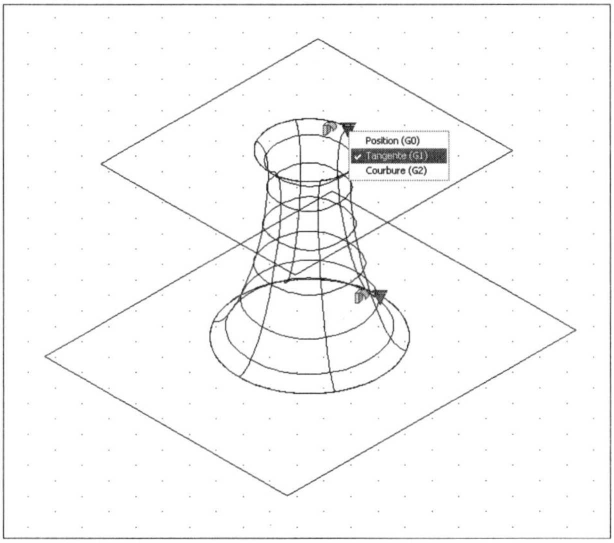

Fig.19.39

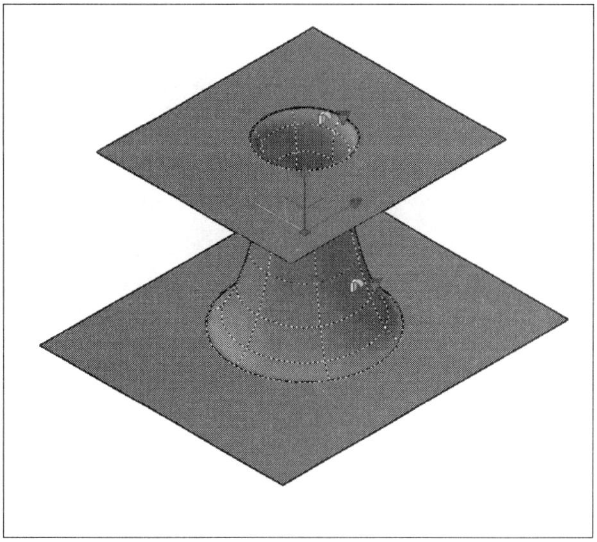
Fig.19.40

La création d'une surface de correction

La commande CORRIGERSURF permet de créer une surface en corrigeant une courbe ou une surface fermée.

La procédure est la suivante :

[1] Sélectionner le type de surface souhaitée : Associativité de surface ou NURBS création.

[2] Exécuter la commande de correction à l'aide d'une des méthodes suivantes :

Ruban : sélectionner l'onglet **Surface,** puis le groupe de fonctions **Créer** (Create) et la fonction **Correction** (Patch).

Icône : cliquer sur l'icône **Correction** (Patch) de la barre d'outils Création de surfaces.

Clavier : entrer la commande **CORRIGERSURF** (SURFPATCH).

[3] Dans la zone de dessin, sélectionner un sous-objet arête de surface. Par exemple, l'arête supérieure de la surface.

[4] Spécifier la continuité et la magnitude de courbure (par exemple, Courbure G2), et appuyer sur Entrée (fig.19.41).

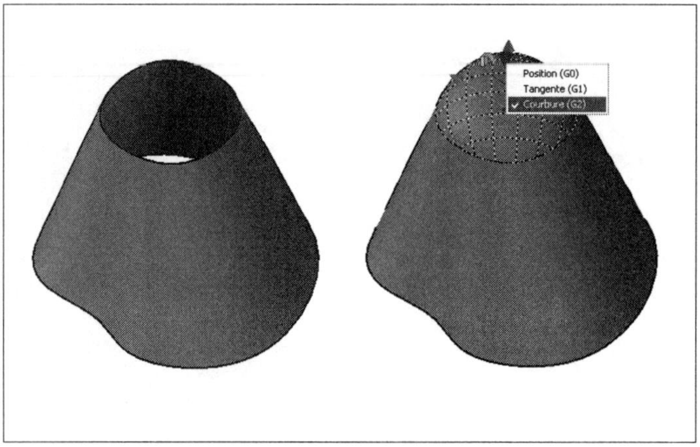

Fig.19.41

La création d'une surface de décalage

La commande DECALERSURF permet de créer une surface parallèle à une distance spécifiée de la surface d'origine.

La procédure est la suivante :

1 Sélectionner le type de surface souhaitée : Associativité de surface ou NURBS création.

2 Exécuter la commande de correction à l'aide d'une des méthodes suivantes :

Ruban : sélectionner l'onglet **Surface**, puis le groupe de fonctions **Créer** (Create) et la fonction **Décalage** (Offset).

Icône : cliquer sur l'icône **Décalage** (Offset) de la barre d'outils Création de surfaces.

Clavier : entrer la commande DECALAGESURF (SURFOFFSET).

3 Sélectionner les surfaces ou régions à décaler : pointer.

4 Sélectionner les surfaces ou régions à décaler : appuyer sur Entrée.

5 Spécifier la distance de décalage ou [Inverser la direction/les Deux côtés/Solide/Connecter/Expression] <0.0000> : entrer une valeur.

6 Appuyer sur Entrée (fig.19.42).

Lorsque vous décalez une surface, vous pouvez effectuer les opérations suivantes (fig.19.43) :

- **Inverser** (Flip direction) : pour modifier la direction du décalage.
- **Deux côtés** (Both sides) : permet un décalage bidirectionnel pour créer deux surfaces.
- **Solide** (Solid) : pour la création d'un solide entre les surfaces décalées.
- **Connecter** (Connect) : lors du décalage de plusieurs surfaces, vous pouvez spécifier si elles restent connectées.
- **Expression** : permet d'entrer une expression pour contraindre la distance entre la surface décalée et la surface d'origine.

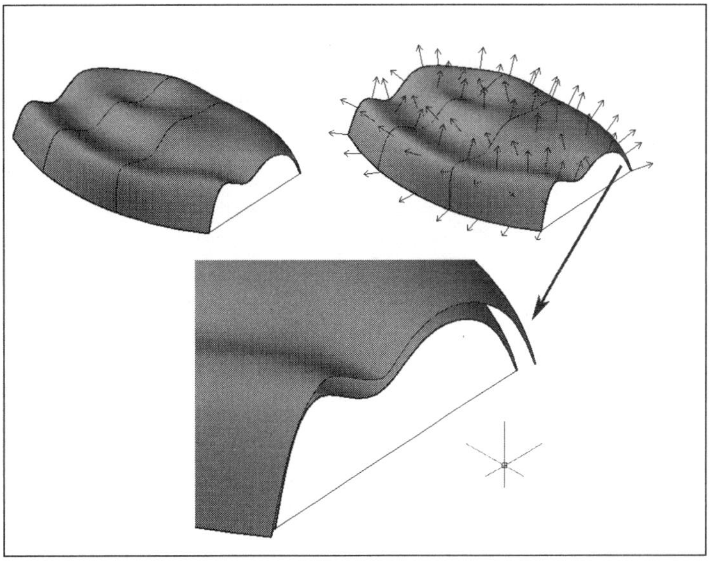

Fig.19.42

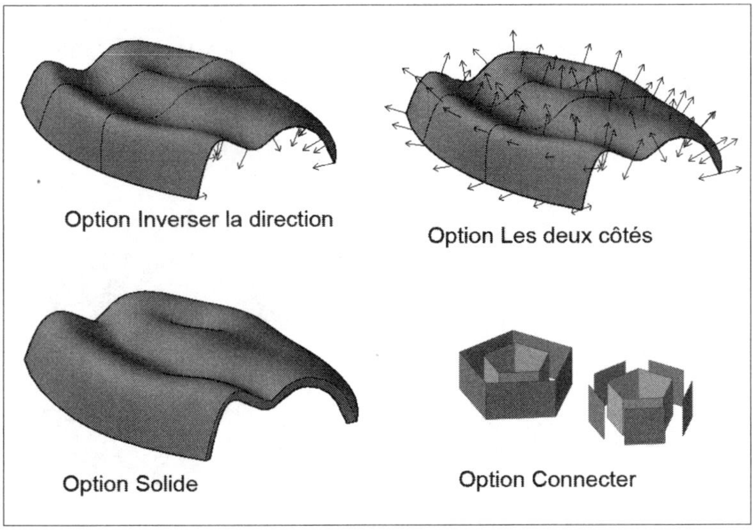

Fig.19.43

Les outils d'analyse

Les outils d'analyse de surfaces vérifient la continuité, la courbure et les angles de dépouille des surfaces. Ces outils sont utiles pour valider les surfaces et les courbes avant la fabrication. Ils incluent :

- **Analyse par zébrures** (Zebra) : vérifie la continuité des surfaces par projection de lignes parallèles sur le modèle. La manière dont les rayures s'alignent à l'intersection de deux surfaces permet d'analyser la tangence et la courbure de l'intersection. Dans l'exemple de la figure 19.44, la continuité de surface est G0, car les arêtes de surface sont coïncidentes, mais elles ne sont pas tangentes et elles ont des courbures différentes. Le non-alignement des zébrures montre que les surfaces ne sont pas tangentes.
- **Analyse des courbures** (Curvature) : évalue les zones de courbures de surface basses et élevées par affichage d'un dégradé de couleur. Cette analyse permet de visualiser la courbure de surface U et V minimale, maximale, moyenne et gaussienne. La courbure maximale et une valeur de Gauss positive s'affichent en vert, tandis que la courbure minimale et une valeur de Gauss négative s'affichent en bleu. Une courbe de Gauss positive donne à la surface l'apparence d'un bol. Une courbe de Gauss négative donne à la surface l'apparence d'une selle (fig.19.45). La courbure moyenne et une valeur de Gauss nulle signifient que la surface est plate dans au moins une direction (les plans, les cylindres, les cônes ont une courbure de Gauss nulle).
- **Analyse de dépouille** (Draft) : vérifie si un modèle possède une dépouille appropriée entre la pièce et le moule. Le spectre de couleur affiche les modifications de l'angle de dépouille dans une plage spécifiée. La valeur maximale de l'angle de dépouille s'affiche

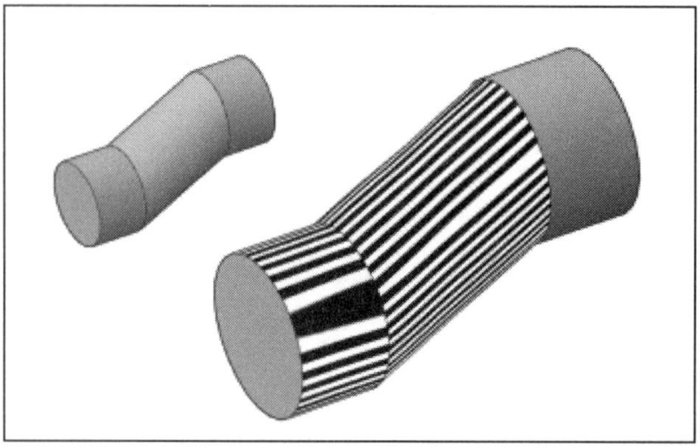

Fig.19.44

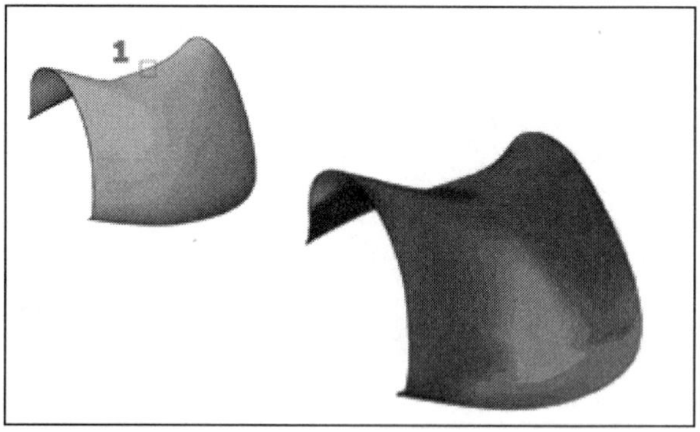

Fig.19.45

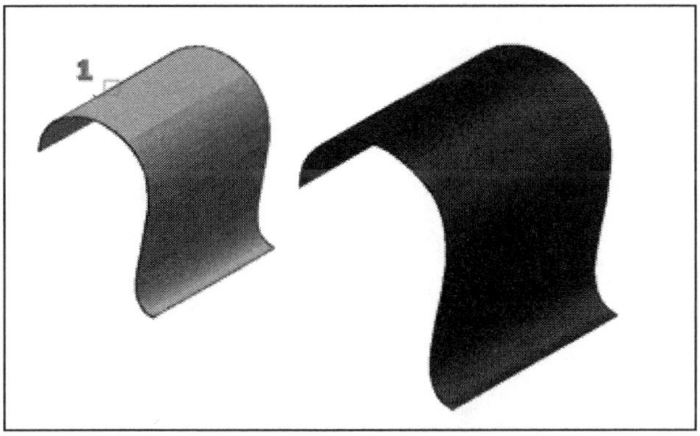

Fig.19.46

en rouge et la valeur minimale en bleu (fig.19.46). Si la surface est parallèle au plan de construction avec des normales de surface orientées dans la même direction que le SCU courant, l'angle de dépouille est 90.0. Lorsque la surface est perpendiculaire, l'angle de dépouille est 0. Si la surface est parallèle au SCU courant avec des normales de surface orientées dans la direction opposée au SCU courant, l'angle de dépouille est -90.0.

Remarque

Les outils d'analyse fonctionnent uniquement dans les styles visuels 3D, et non dans les vues 2D.

CHAPITRE 20

CRÉATION DE MAILLAGES 3D

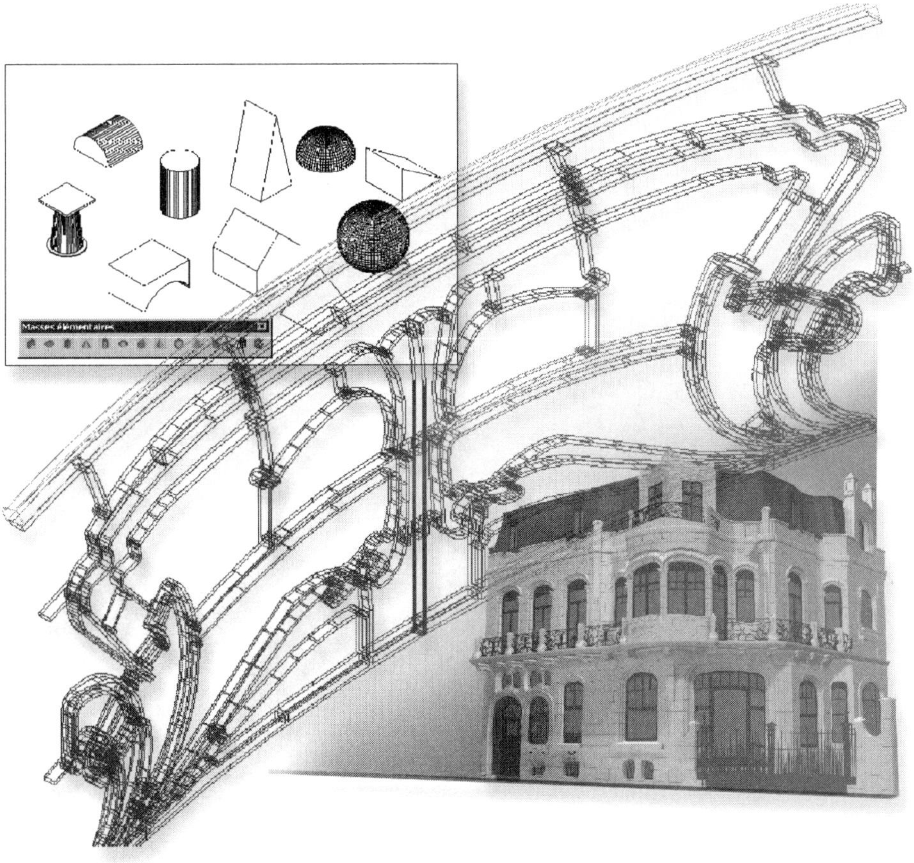

Introduction

AutoCAD intègre un modeleur organique qui offre la possibilité de concevoir des formes libres grâce à plusieurs nouvelles techniques de modélisation. Ces techniques se basent sur un nouveau type d'objet dénommé « maillage » qui offre davantage de possibilités de création et d'édition que les anciens maillages polyédriques des versions précédentes.

Un maillage se compose de sommets, d'arêtes et de faces qui emploient des représentations polygonales (triangles et quadrilataires) pour définir une forme en 3D. Contrairement aux modèles solides, les maillages n'ont pas de propriétés de masse. Toutefois, vous pouvez créer des formes de maillage primitives telles que des boîtes, des cônes ou des pyramides. Vous pouvez ensuite modifier des maillages en utilisant des méthodes qui ne sont pas disponibles pour les solides et les surfaces 3D. Par exemple, vous pouvez appliquer des plis, des scissions et des niveaux supérieurs de lissage. Vous pouvez faire glisser des sous-objets du maillage (faces, arêtes et sommets) pour déformer l'objet (fig.20.1).

Vous pouvez créer des maillages à l'aide des méthodes suivantes (fig.20.2–20.3) :

- **Création de primitives de maillages** : permet de créer des formes de base telles que des boîtes, des cônes, des cylindres, des pyramides, des coins, des sphères et des tores.
- **Création de maillages à partir de lignes et de courbes** : permet de créer des maillages réglés, tabulés, par révolution ou gauche à partir de lignes et de courbes.
- **Conversion à partir d'autres types d'objet** : permet de convertir des modèles de solides ou de surfaces existants en maillages.
- **Conversion d'anciens maillages polyédriques** : permet de convertir les anciens maillages polyédriques des versions précédentes en nouveau type de maillage.

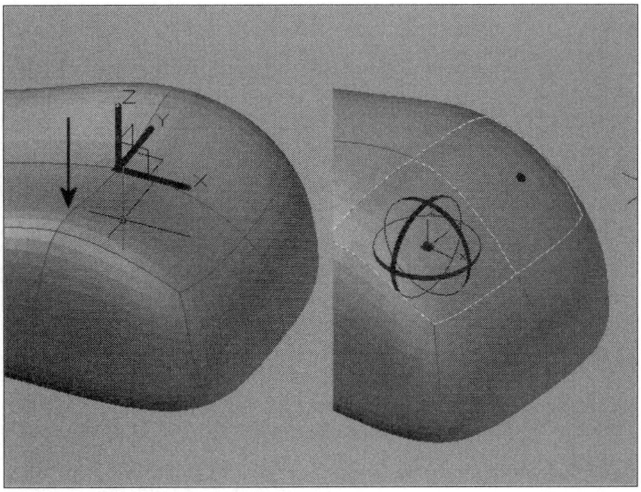

Fig.20.1

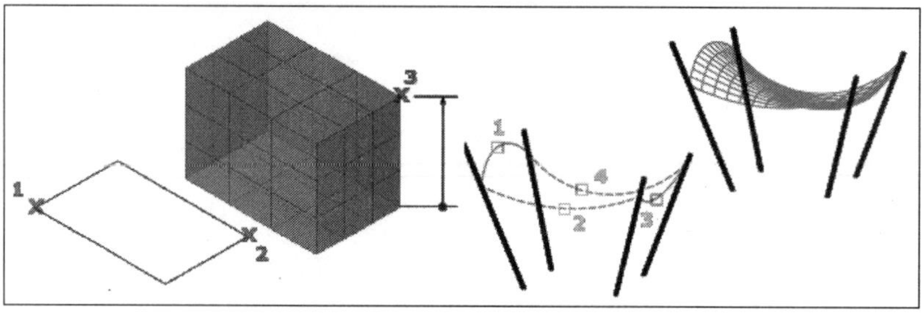

Fig.20.2

La création de primitives de maillage 3D

Les primitives de maillage 3D permettent de créer des formes de base telles que :

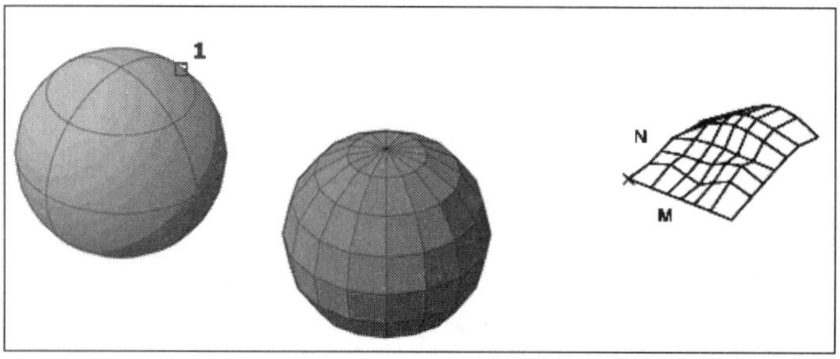

Fig.20.3

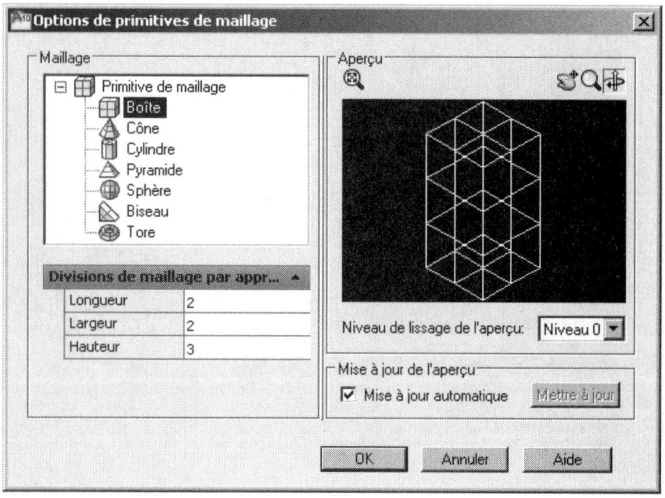

Fig.20.4

- Maillage en forme de parallélépipède : maillage rectangulaire ou cubique.
- Maillage en forme de cône : cône maillé à sommet ou tronqué avec une base circulaire ou elliptique.
- Maillage en forme de cylindre : maillage en forme de cylindre présentant une base circulaire ou elliptique.
- Maillage en forme de pyramide : pyramide maillée possédant jusqu'à 32 côtés.
- Maillage en forme de sphère : sphère maillée à l'aide de l'une des méthodes disponibles.
- Maillage en forme de biseau : biseau maillé avec des faces rectangulaires ou cubiques.
- Maillage en forme de tore : solide en forme d'anneau ressemblant à une chambre à air.

Les paramètres de base sont identiques à ceux des primitives solides. Seule la structure interne des primitives de maillage 3D est différente. Ainsi, avant de créer une de ces primitives, il est possible de définir pour chaque type le nombre par défaut de divisions par côté. Ce paramétrage s'effectue à l'aide de la boîte de dialogue **Options de**

primitives de maillage (Mesh Primitives Options) disponible en cliquant sur la flèche inférieure du groupe de fonctions **Primitives** (Mesh Modeling) de l'onglet **Maille** (Mesh) (fig.20.4).

Pour chaque type de primitive de maillage sélectionné, le nombre par défaut de divisions par côté peut être spécifié de la manière suivante :

	**Boîte :** ▪ **Longueur** (nombre des divisions appliquées le long de l'axe X) ▪ **Largeur** (nombre des divisions appliquées le long de l'axe Y) ▪ **Hauteur** (nombre de divisions appliquées le long de l'axe Z)
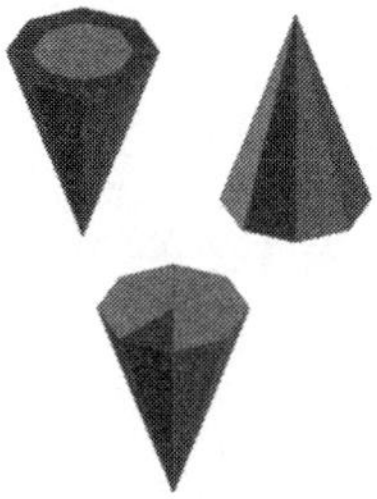	**Cône :** ▪ **Axe** (nombre des divisions appliquées autour du périmètre de la base) ▪ **Hauteur** (nombre des divisions appliquées entre la base et le sommet) ▪ **Base** (nombre des divisions appliquées entre le périmètre et le centre de la base)
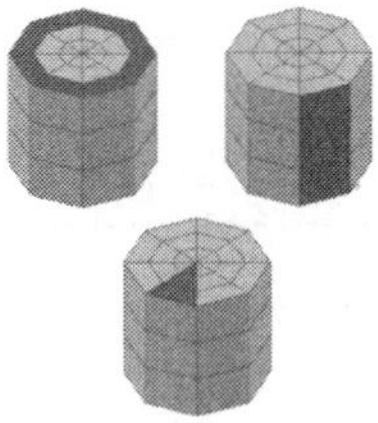	**Cylindre :** ▪ **Axe** (nombre des divisions appliquées autour du périmètre de la base) ▪ **Hauteur** (nombre des divisions appliquées entre la base et le sommet) ▪ **Base** (nombre des divisions appliquées entre le périmètre et le centre de la base)
	**Pyramide :** ▪ **Longueur** (nombre des divisions appliquées aux côtés de la base) ▪ **Hauteur** (nombre des divisions appliquées entre la base et le sommet) ▪ **Base** (nombre des divisions appliquées entre le périmètre et le centre de la base)

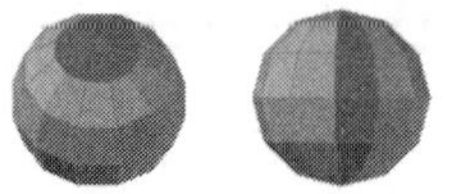	**Sphère :** ▪ **Axe** (nombre des divisions radiales appliquées autour de l'extrémité de l'axe) ▪ **Hauteur** (nombre des divisions entre les deux extrémités de l'axe)
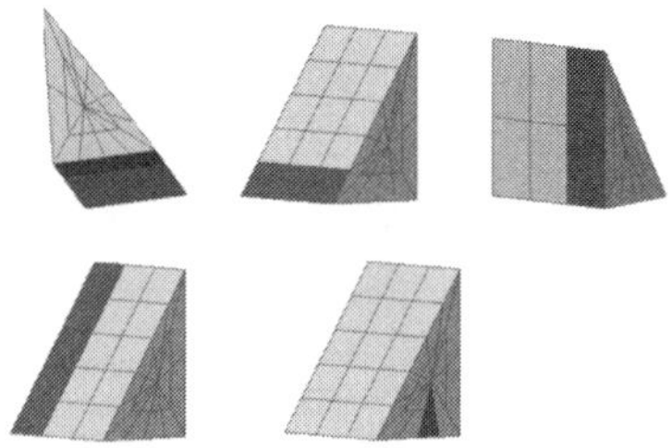	**Biseau :** ▪ **Longueur** (nombre des divisions appliquées le long de l'axe X) ▪ **Largeur** (nombre des divisions appliquées le long de l'axe Y) ▪ **Hauteur** (nombre des divisions appliquées le long de l'axe Z) ▪ **Inclinaison** (nombre des divisions appliquées à l'inclinaison s'étendant du sommet du biseau à l'arête de la base) ▪ **Base** (nombre des divisions appliquées entre le milieu du périmètre et le côté triangulaire du biseau)
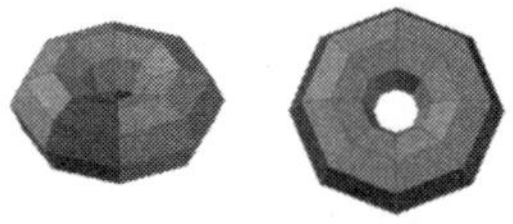	**Tore :** ▪ **Rayon** (nombre des divisions appliquées autour de la circonférence du profil formant le tube du tore) ▪ **Trajectoire de balayage** (nombre des divisions appliquées autour de la circonférence de la trajectoire balayée par le profil)

La création de maillages à partir de courbes

La création d'un maillage à surface réglée

Une surface maillée représentant une surface réglée entre deux courbes ou une courbe et un point est un maillage qui s'étend entre ces deux objets. Ces deux courbes peuvent être des lignes, des points, des arcs, des cercles, des ellipses, des splines, des polylignes 2D ou 3D. Si une courbe est fermée, l'autre doit l'être également. Une seule des courbes peut être un Point. La génération de la surface commence à l'extrémité de la courbe la plus proche du point de sélection. Le nombre de divisions peut être contrôlé par la variable SURFTAB1. Si les deux courbes sont fermées, les points de sélection peuvent être quelconques. Par contre, dans le cas de courbes ouvertes, il convient de pointer celles-ci du même côté pour éviter un croisement de la surface.

La procédure est la suivante :

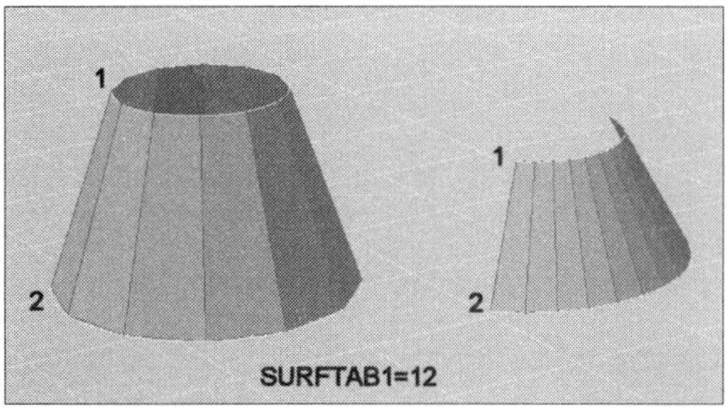

Fig.20.5

[1] Exécuter la commande de création à l'aide de l'une des méthodes suivantes (fig.20.5) :

Ruban : dans l'onglet **Maille** (Mesh), choisir le groupe de fonctions **Primitives** (Primitives) puis l'option **Maillage-Surface réglée** (Meshes-Ruled Surface).

Clavier : taper la commande **SURFREGL** (RULESURF).

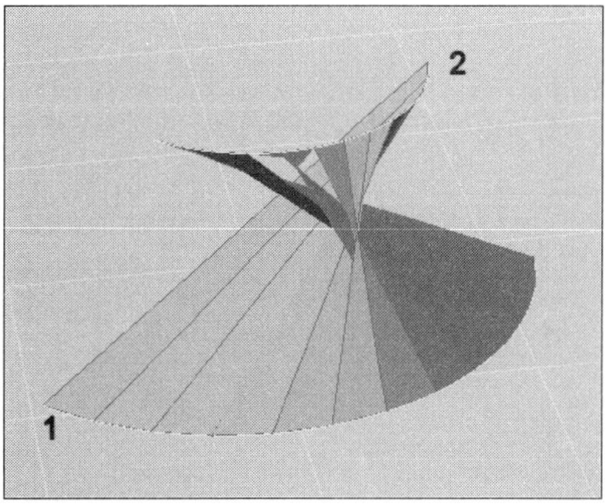

Fig.20.6

[2] Sélectionner la première courbe (1).

[3] Sélectionner la deuxième courbe (2).

[4] Effacer éventuellement les objets de base.

REMARQUE

Il est important de pointer les deux courbes plus ou moins au même endroit pour éviter le croisement de la surface (fig.20.6).

La création d'un maillage à surface extrudée

Une surface maillée par extrusion est générée par l'extrusion d'une entité dans l'espace (la génératrice) le long d'un vecteur de direction (la directrice). La génératrice peut être une ligne, un arc, une ellipse, un cercle, une spline, une polyligne 2D ou 3D.

La directrice peut être une ligne ou une polyligne (2D ou 3D) ouverte. Dans ce dernier cas, seuls les points de début et de fin sont pris en compte. La variable SURFTAB1 contrôle le nombre de divisions de la génératrice. La génératrice et la directrice doivent être dessinées avant de pouvoir générer la surface.

La procédure est la suivante :

1. Exécuter la commande de création à l'aide de l'une des méthodes suivantes (fig.20.7) :

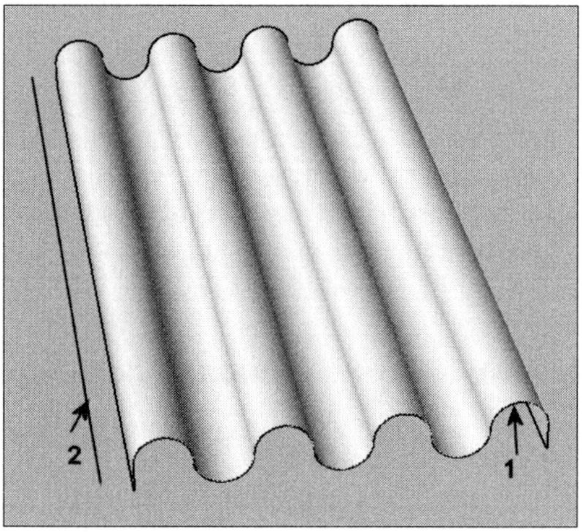

Fig.20.7

Ruban : dans l'onglet **Maille** (Mesh), choisir le groupe de fonctions **Primitives** (Primitives) puis l'option **Maillage-Surface extrudée** (Meshes-Tabulated Surface).

Clavier : taper la commande **SURFEXTR** (TABSURF).

2. Sélectionner le profil à extruder (1).
3. Sélectionner le vecteur de direction (2).
4. Effacer éventuellement les objets de base (profil, vecteur).

La création d'un maillage à surface de révolution

Une surface de révolution est une surface créée par la rotation d'un profil (direction N) autour d'un axe central (direction M). Ce profil peut être une ligne, un arc, un cercle, une ellipse, une spline, une polyligne 2D ou 3D.

L'axe de révolution peut être une ligne ou une polyligne 2D ou 3D ouverte. Dans le cas de la polyligne, l'axe est déterminé par une ligne passant par les premier et dernier sommets. La densité du maillage est contrôlée par les variables SURFTAB1 (direction M) et SURFTAB2 (direction N) qu'il convient de définir avant de générer la surface. Le profil et l'axe doivent être dessinés avant la création de la surface.

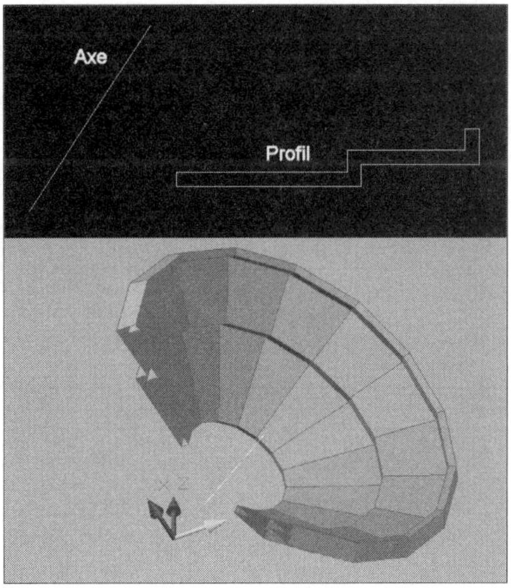

Fig.20.8

La procédure est la suivante :

1. Exécuter la commande de création à l'aide de l'une des méthodes suivantes (fig.20.8) :

Ruban : dans l'onglet **Maille** (Mesh), choisir le groupe de fonctions **Primitives** (Primitives) puis l'option **Maillage-Surface de révolution** (Meshes-Revolved Surface).

Clavier : taper la commande **SURFREV** (REVSURF).

2. Sélectionner le profil de la surface.
3. Sélectionner l'axe de révolution.
4. Spécifier l'angle de départ puis l'angle décrit par la révolution.
5. Effacer éventuellement les objets de base (profil, axe) après la création de la surface.

La création d'un maillage à surface gauche

Une surface maillée gauche est une surface interpolée à partir de quatre courbes de contrôle qui délimitent la surface en question. Les courbes peuvent être des lignes, des arcs, des splines ou des polylignes ouvertes 2D ou 3D qui doivent se joindre à leurs extrémités pour former un contour fermé. La première courbe sélectionnée donne la direction M, les deux courbes partant des extrémités de la première donnent la direction N.

La variable SURFTAB1 contrôle les divisions de la direction M, et la variable SURFTAB2 contrôle les divisions de la direction N.

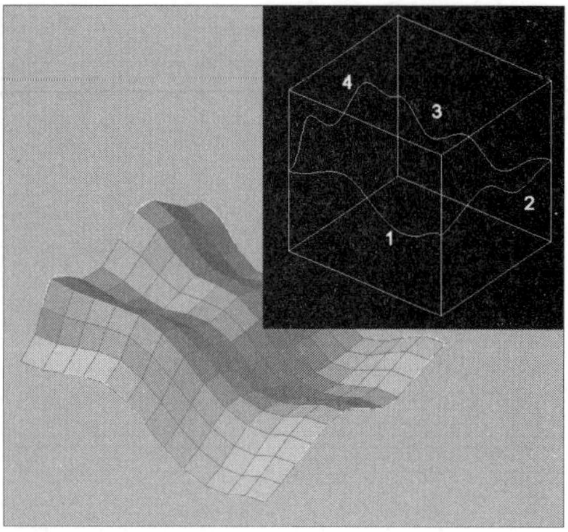

Fig.20.9

La procédure est la suivante :

1 Exécuter la commande de création à l'aide de l'une des méthodes suivantes (fig.20.9) :

Ruban : dans l'onglet **Maille** (Mesh), choisir le groupe de fonctions **Primitives** (Primitives) puis l'option **Maillage-Surface gauche** (Meshes-Edge Surface).

Clavier : taper la commande **SURFGAU** (EDGESURF).

2 Sélectionner les quatre courbes dans l'ordre souhaité. La première frontière sélectionnée détermine la direction M du maillage.

3 Effacer éventuellement les objets de base.

Le lissage et l'affinement d'un maillage

Un maillage est composé de facettes ou cellules de forme plane. La densité des cellules peut être augmentée par des opérations de lissage et d'affinement :

- **Lissage** : augmente l'adhésion de la surface du maillage à une forme arrondie. Vous pouvez augmenter les niveaux de lissage pour des objets sélectionnés par incréments, ou en modifiant le niveau de lissage dans la palette des Propriétés. Le niveau de lissage nul (zéro) n'applique aucun lissage au maillage. Le niveau de lissage 4 applique un degré élevé de lissage (fig.20.10).
- **Affinement** : quadruple le nombre de subdivisions dans un maillage sélectionné ou dans un sous-objet sélectionné tel une face. L'affinement réinitialise également le niveau de lissage courant à 0, de sorte que l'objet ne peut pas être rendu plus anguleux. Comme l'affinement augmente grandement la densité d'un maillage, vous trouverez sans doute préférable de limiter cette option aux seules zones qui exigent des modifications finement détaillées. L'affinement vous permet également de modeler de plus petites sections en limitant les effets sur la forme globale du modèle. Si un maillage hautement affiné vous donne la possibilité de réaliser des modifications très détaillées, cela a un coût et peut réduire les performances du programme (fig.20.11).

En résumé, le lissage augmente le nombre de faces d'un objet maillé pour rendre la forme plus arrondie et l'affinement transforme ces faces en faces modifiables. Le processus général est le suivant :

Définir le nombre de faces lors de la création du maillage :

- **Pour les primitives de maillage** : définir le nombre de divisions de maillage via la boîte de dialogue **Options de primitives de maillage** (Mesh Primitive Options)
- **Pour les maillages à partir de courbes** : utiliser les variables **SURFTAB1** et **SURFTAB2**.

Modifier le nombre de faces après la création du maillage :

- Modifier d'abord le niveau de lissage via les options du groupe de fonctions **Maille** (Mesh) ou via les propriétés de l'objet.
- Affiner le maillage pour rendre les faces modifiables via le groupe de fonctions **Maille** (Mesh).

Les modifications des maillages

Plusieurs types de modifications peuvent être apportés à un maillage :

- La modification des sous-objets via les gizmos de déplacement, de rotation et d'échelle
- L'ajout et la suppression de plis
- L'extrusion et la division d'une face

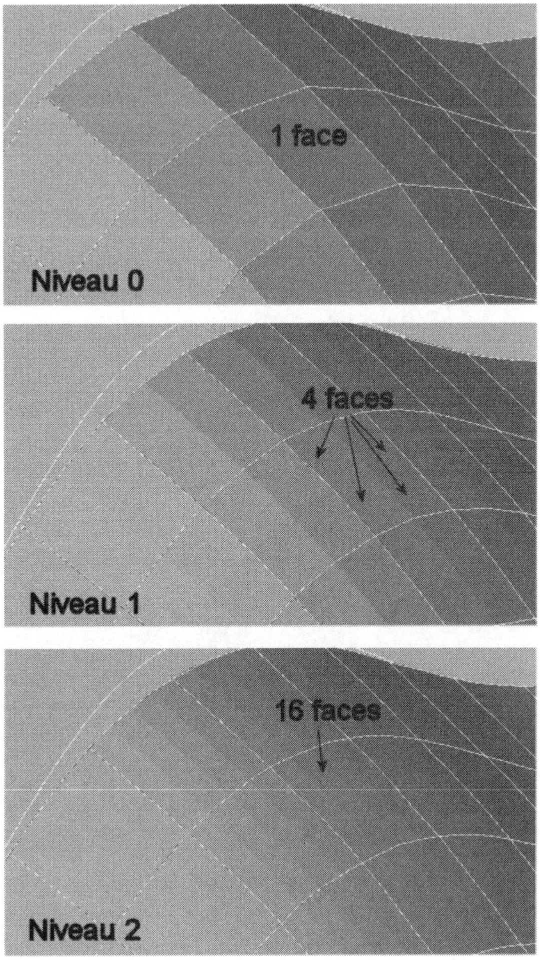

Fig.20.10

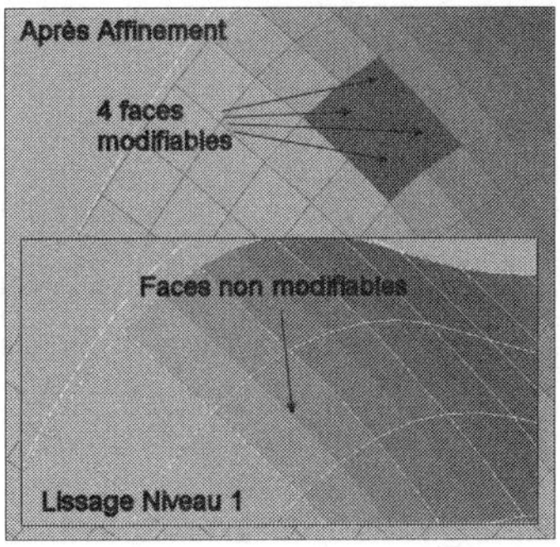

Fig.20.11

La modification des sous-objets via les gizmos de déplacement, de rotation et d'échelle

Pour illustrer cette option prenons l'exemple d'une boite que nous allons quelque peu modifier. Les étapes sont les suivantes :

[1] Ouvrir la boîte de dialogue **Options de primitives de maillage** (Mesh Primitive Options) et sélectionner Boîte.

[2] Entrer les valeurs 3 x 2 x 2 comme valeurs de divisions (fig.20.12)

[3] Dessiner la boîte.

[4] Sélectionner la boîte et ouvrir le panneau des propriétés. Dans le champ **Lissage** (Smoothness), sélectionner Niveau 3. La boîte est à présent plus arrondie (fig.20.13).

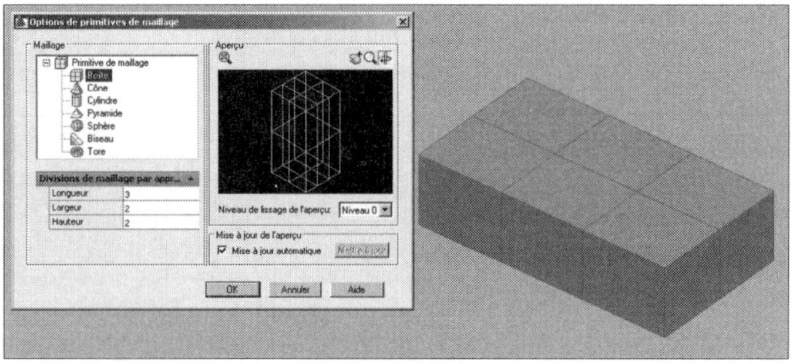

Fig.20.12

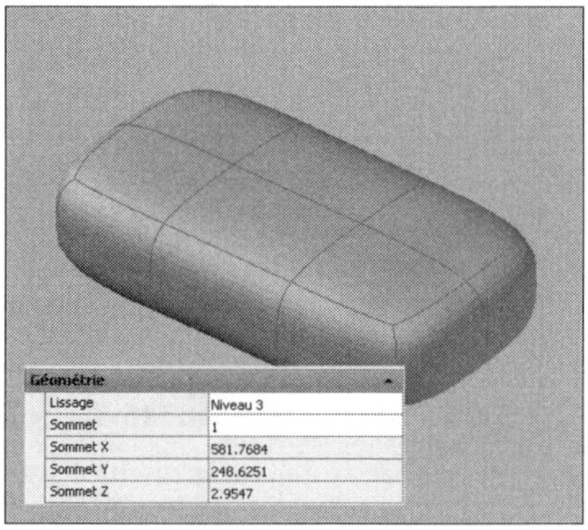

Fig.20.13

[5] Appuyer sur la touche Ctrl et sélectionner les deux faces arrière. Déplacer les faces dans la direction Z positive. La boîte se déforme (fig.20.14).

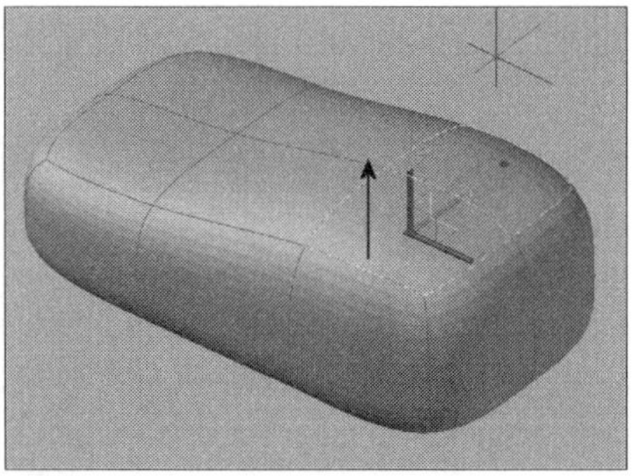
Fig.20.14

[6] Sélectionner à nouveau les deux faces arrière, effectuer un clic droit sur le gizmo et sélectionner Rotation. Tourner les faces de 45° autour de l'axe Y (fig.20.15).

[7] Appuyer sur la touche Ctrl et sélectionner les deux faces avant. Déplacer les faces dans la direction Z négative (fig.20.16).

[8] Appuyer sur la touche Ctrl et sélectionner le sommet arrière. Déplacer le sommet dans la direction Z négative (fig.20.17).

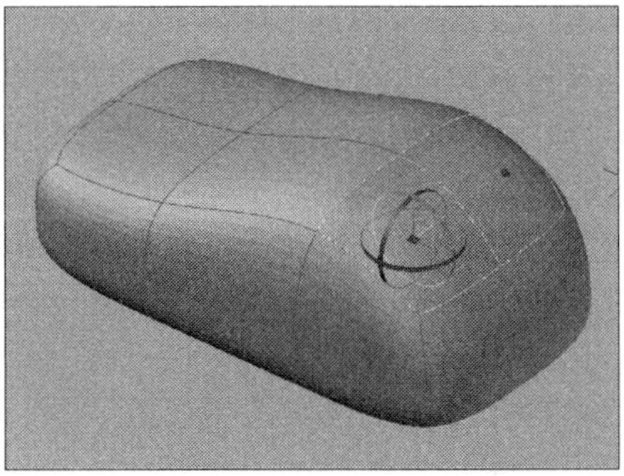

Fig.20.15

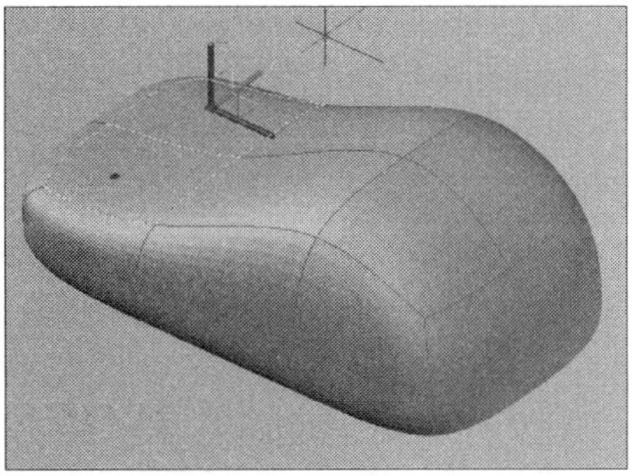

Fig.20.16

[9] Affiner le maillage en cliquant sur l'option **Affiner le maillage** (Refine Mesh) du groupe de fonctions **Maille** (Mesh). Le nombre de facettes modifiables augmente.

[10] Sélectionner le maillage et ouvrir le panneau Propriétés. Dans le champ **Lissage** (Smoothness), sélectionner Niveau 3, afin d'avoir une forme plus arrondie lors des modifications ultérieures.

[11] Dans le groupe de fonctions **Sous-objet** (Subobject), sélectionner le filtre **Arête** (Edge).

[12] Appuyer sur la touche Ctrl et sélectionner les arêtes sur le coté gauche. Déplacer les arêtes dans la direction Y négative (fig.20.18).

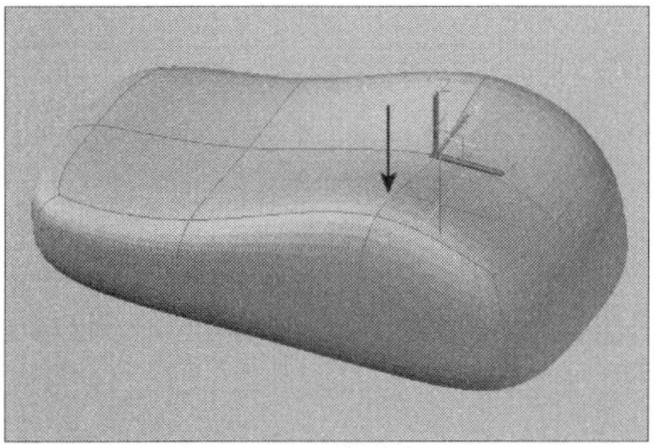

Fig.20.17

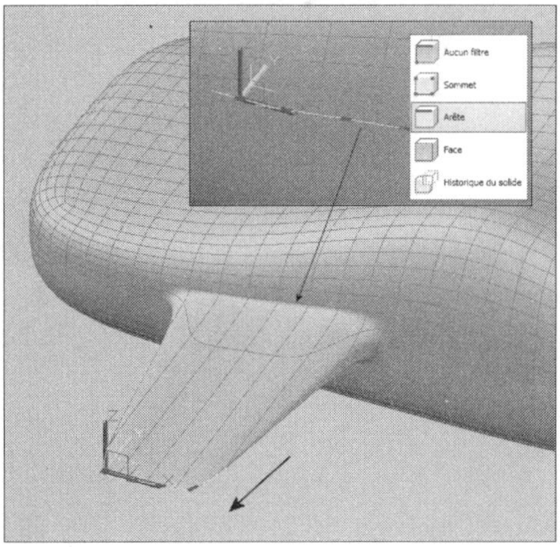

Fig.20.18

L'ajout et la suppression de plis

L'ajout de plis a pour effet d'accentuer des arêtes. Vous pouvez ajouter des plis à des objets maillés qui ont un niveau de lissage de 1 ou plus.

Le résultat des plis diffère selon le type de sous-objet que vous sélectionnez :

- **Arête :** l'arête sélectionnée est accentuée. Les faces adjacentes sont déformées pour s'adapter au nouvel angle de pli.
- **Face :** la face sélectionnée est aplanie et toutes les arêtes qui sont liées à cette face sont accentuées. Les faces adjacentes sont déformées pour s'adapter à la nouvelle forme de la face.
- **Sommet :** le point du sommet et toutes les arêtes sécantes sont accentués. Les faces adjacentes sont déformées pour s'adapter au nouvel angle de sommet.

Pour ajouter des plis à un objet maillé, la procédure est la suivante :

[1] Exécuter la commande de création d'un pli à l'aide de l'une des méthodes suivantes (fig.20.19) :

Ruban : dans l'onglet **Maille** (Mesh), choisir le groupe de fonctions **Maille** (Mesh) puis l'option **Ajouter un pli** (Add Crease).

Icône : dans la barre d'outils **Lisser le maillage** (Smooth Mesh), sélectionner l'icône **Pli** (Mesh Crease).

Clavier : taper la commande **PLIMAILLE** (MESHCREASE).

[2] Sélectionner les arêtes, faces, ou sommets de maillage à plier. (Si vous avez mis en place un filtre de sélection de sous-objet, vous ne pouvez sélectionner qu'un seul type de sous-objet.)

Pour retirer un sous-objet d'un jeu de sélection, cliquer sur le sous-objet en appuyant sur la touche Maj.

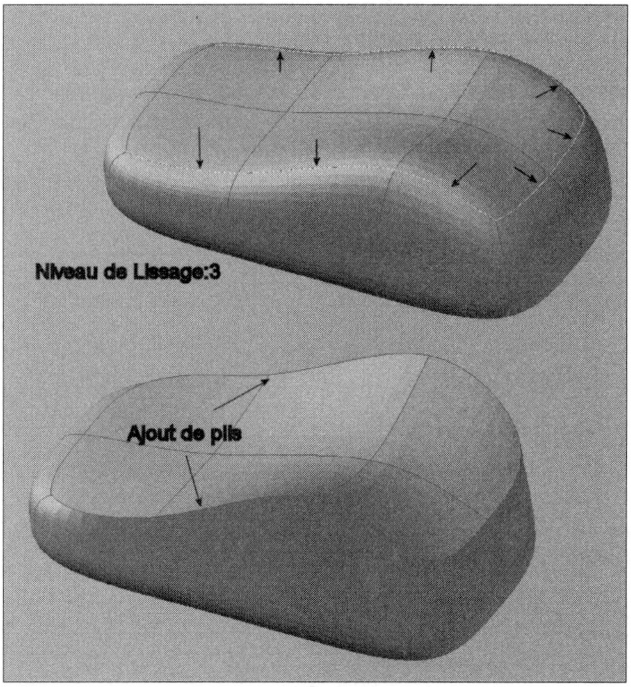

Fig.20.19

[3] Spécifier la valeur de pli : entrer une valeur 1 ou plus élevée. L'option **Toujours** (Always) permet de conserver le pli à tous les niveaux de lissage. Les sous-objets spécifiés sont pliés. Un pli n'est pas visible sur les objets qui ne sont pas lissés (niveau de lissage = 0).

Pour modifier la valeur d'un pli de maillage existant, la procédure est la suivante :

[1] Sélectionner l'objet à modifier. Faire un clic droit pour afficher le menu contextuel. Cliquer sur Propriétés.

[2] En maintenant la touche Ctrl enfoncée, cliquer sur le sous-objet maillé que vous souhaitez modifier.

REMARQUE

Si vous ne pouvez pas sélectionner un sous-objet spécifique, vérifiez si le filtrage de sélection de sous-objet n'est pas activé pour un type de sous-objet différent.

[3] Dans la palette Propriétés, section Plis, dans le champ Type, modifier la valeur de pli :

- **Aucun** (None) : élimine le pli et établit le sous-objet au niveau de lissage courant.
- **Toujours** (Always) : permet de conserver le pli à tous les niveaux de lissage.
- **Jusqu'au niveau** (By level) : établit le niveau de lissage qui commence à affecter le pli. Lorsque ce réglage est sélectionné, vous pouvez spécifier le niveau de pli dans la boîte Niveau.

Par exemple : Aucun, pour supprimer le pli (fig.20.20).

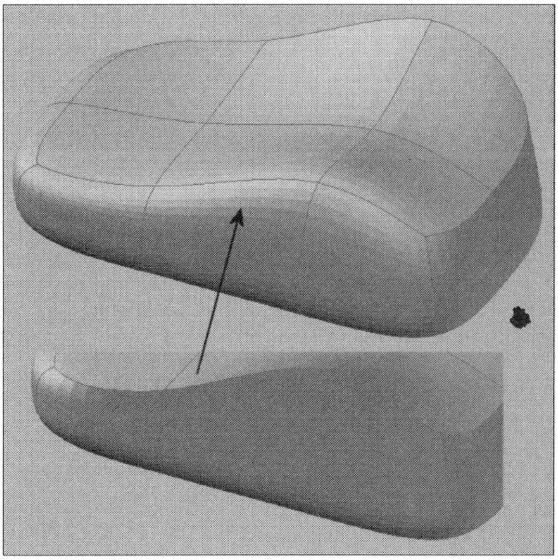

Fig.20.20

Diviser une face maillée

Vous pouvez diviser une face maillée pour créer des subdivisions personnalisées. La procédure est la suivante :

[1] Exécuter la commande de division d'une face maillée à l'aide de l'une des méthodes suivantes (fig.20.21) :

Ruban : dans l'onglet **Maille** (Mesh), choisir le groupe de fonctions **Edition des maillages** (Mesh Edit) puis l'option **Scinder la face maillée** (Split Mesh Face).

Clavier : taper la commande **SCINDERMAILLE** (MESHSPLIT).

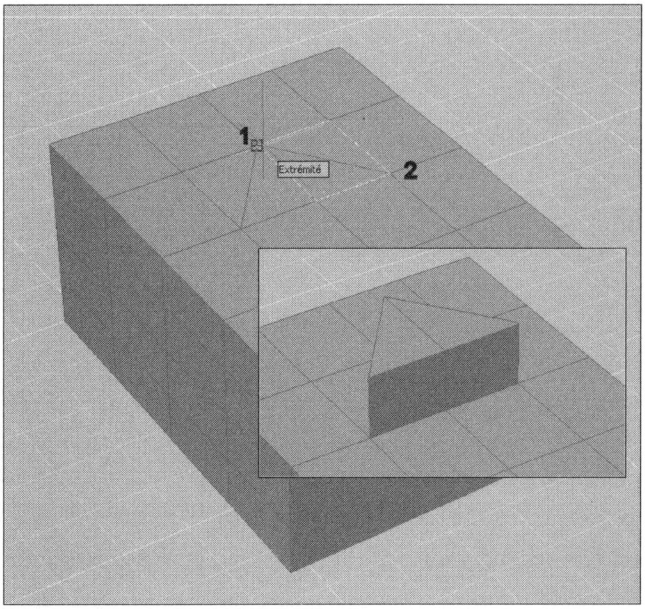

Fig.20.21

[2] En maintenant la touche Ctrl enfoncée, cliquer sur la face que vous souhaitez diviser.

REMARQUE

Si vous ne pouvez pas sélectionner une face, vérifiez si le filtrage de sélection de sous-objet n'est pas activé pour un type de sous-objet différent.

[3] Cliquer sur le point de l'arête où vous voulez commencer la division (1).

[4] Cliquer sur le point de l'arête où vous voulez terminer la division (2).

La face maillée est divisée selon le contour que vous avez spécifié. Vous pouvez ensuite profiter de cette division pour extruder la face (voir point suivant).

Extruder une face maillée

Vous pouvez ajouter des parties à un objet maillé en extrudant une de ses faces. La procédure est la suivante :

[1] Exécuter la commande extrusion à l'aide de l'une des méthodes suivantes (fig.20.22–20.23) :

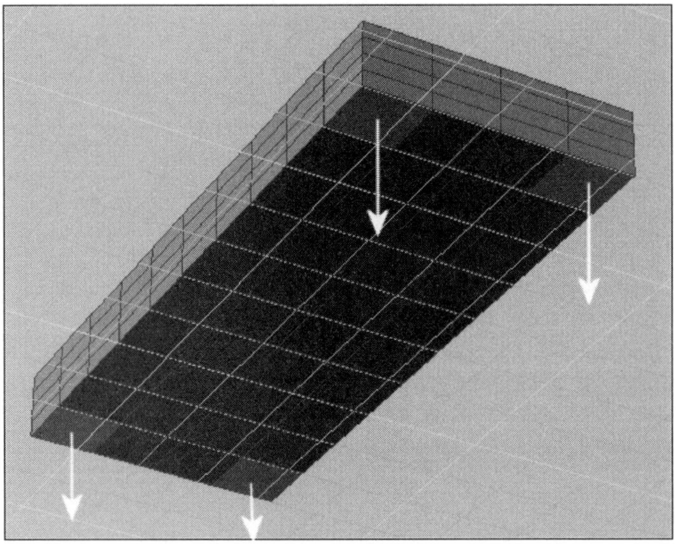

Fig.20.22

Ruban : dans l'onglet **Modélisation de maillage** (Mesh Modeling), choisir le groupe de fonctions **Edition des maillages** (Mesh Edit) puis l'option **Extruder la face** (Extrude face).

Clavier : taper la commande **EXTRUSION** (EXTRUDE).

2 Tout en maintenant la touche Ctrl enfoncée, cliquer sur une face maillée.

3 Faire glisser la face dans la direction de l'extrusion. Spécifier ensuite la quantité d'extrusion en utilisant l'une des méthodes suivantes :

- Appuyer sur la touche Entrée pour fixer dynamiquement l'extrusion.
- Entrer une valeur pour spécifier la hauteur ou la profondeur de l'extrusion.

La face sélectionnée est subdivisée et extrudée. Les nouvelles faces subdivisées sont créées autour des contours pour connecter l'extrusion avec les faces adjacentes d'origine.

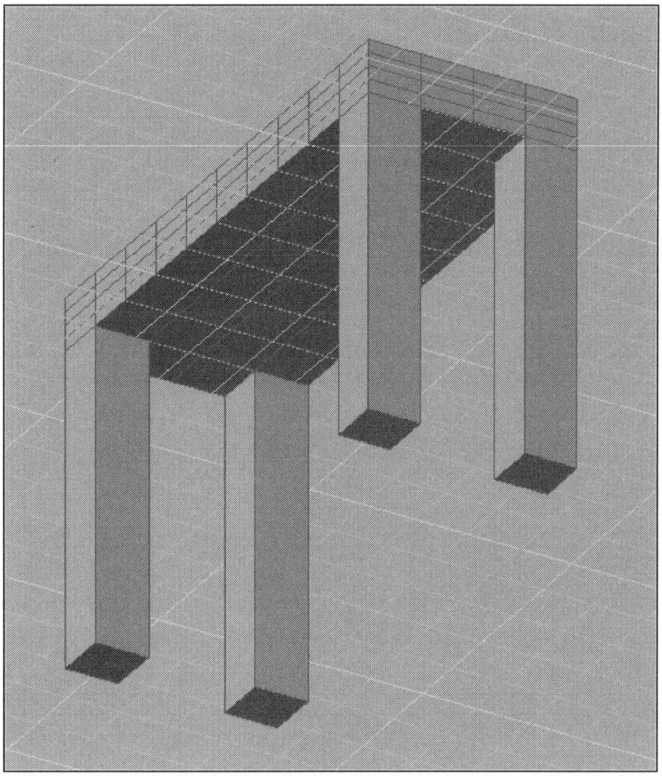

Fig.20.23

Chapitre 21

Création de solides, de surfaces et de maillages par conversion d'objets

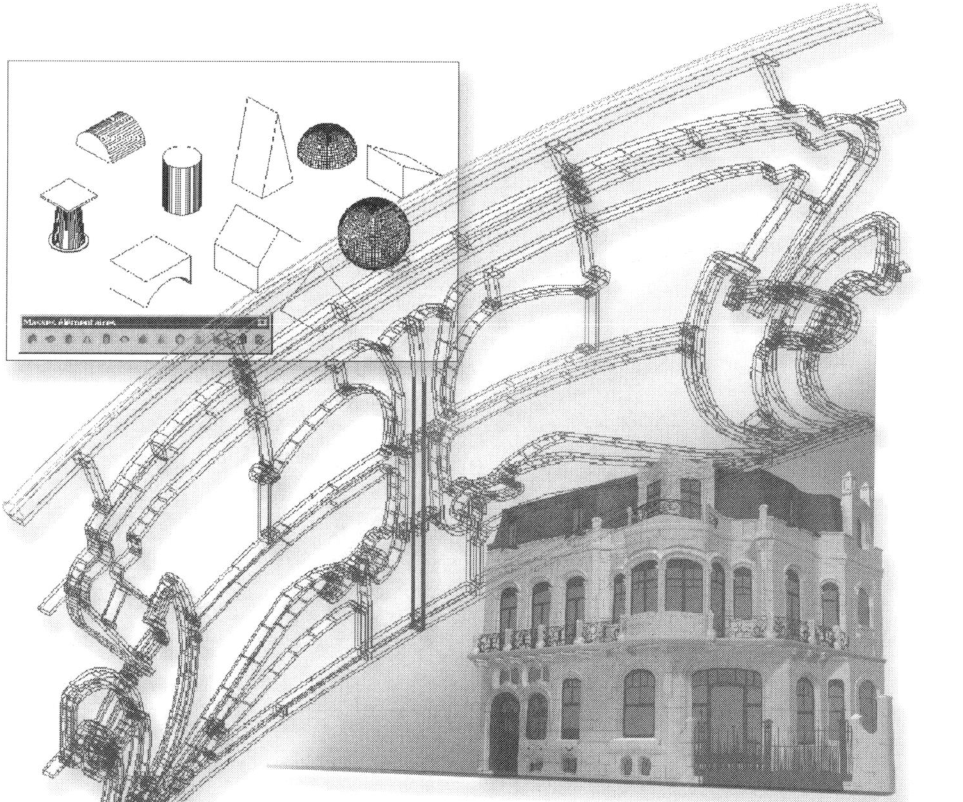

Outre les primitives 3D et la création de solides et de surfaces à partir de lignes et de courbes existantes, vous pouvez aussi créer des solides et des surfaces par simple conversion d'objets existants déjà dans le dessin. Les principales options sont les suivantes :

- Conversion d'objets en surfaces
- Conversion de solides en surfaces
- Conversion d'objets en solides
- Conversion de surfaces en solides

La création de surfaces à partir d'objets existants dans le dessin

Principe

Vous pouvez créer des surfaces à partir de différents types d'objets existants dans votre dessin. Trois fonctions sont disponibles pour la conversion en surfaces :

- **CONVENSURFACE** (Convtosurface) : permet de convertir l'un des objets suivants en surfaces
  - Solides 2D et 3D
  - Régions
  - Polylignes ouvertes de largeur nulle avec épaisseur
  - Lignes avec épaisseur
  - Arcs avec épaisseur
  - Objets maillés
  - Faces planes 3D
- **CONVENNURBS** (Convtonurbs) : permet de convertir des surfaces et des solides 3D en surfaces NURBS.
- **DECOMPOS** (Explode) : permet de créer des surfaces à partir de solides 3D.
- **SURFPLANE** (Planesurf) : permet de créer une surface plane à l'aide de l'une des méthodes suivantes :
  - Sélectionnez un ou plusieurs objets formant une ou plusieurs zones fermées.
  - Spécifiez les coins opposés d'un rectangle.

Convertir un ou plusieurs objets en surfaces

1 Exécuter la commande d'extrusion à l'aide d'une des méthodes suivantes :

Ruban : cliquer sur l'onglet **Début** (Home), puis le groupe de fonctions **Edition de solides** (Solid Edition) et ensuite **Convertir en surface** (Convert to Surface).

Clavier : entrer la commande **CONVENSURFACE** (Convtosurface).

2 Sélectionner les objets que vous voulez convertir.

3 Appuyer sur Entrée (fig.21.1).

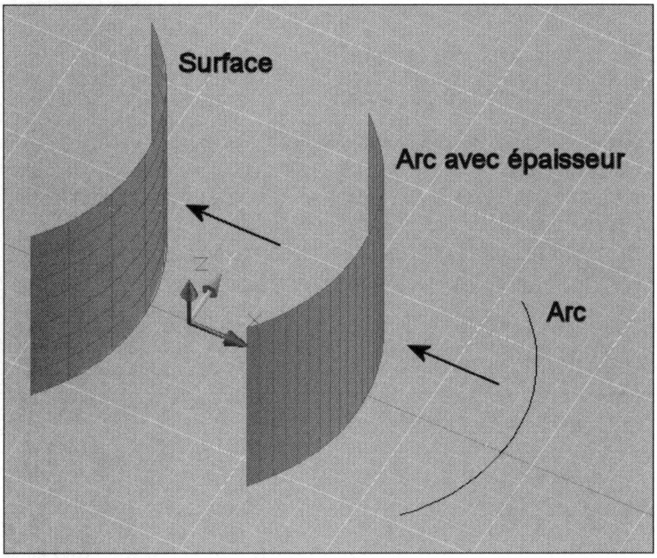

Fig.21.1

Créer une surface plane à partir d'un objet existant

1 Exécuter la commande de conversion à l'aide d'une des méthodes suivantes :

Ruban : cliquer sur l'onglet **Surface**, puis sur le groupe de fonctions **Créer** (Create) et sur **Surface plane** (Plane Surface).

Icône : cliquer sur l'icône **Surface plane** (Planar Surface) de la barre d'outils **Création de surfaces** (Surface creation).

Clavier : entrer la commande **SURFPLANE** (Planesurf).

[2] Entrer o.

[3] Cliquer sur l'objet.

[4] Appuyer sur Entrée (fig.21.2).

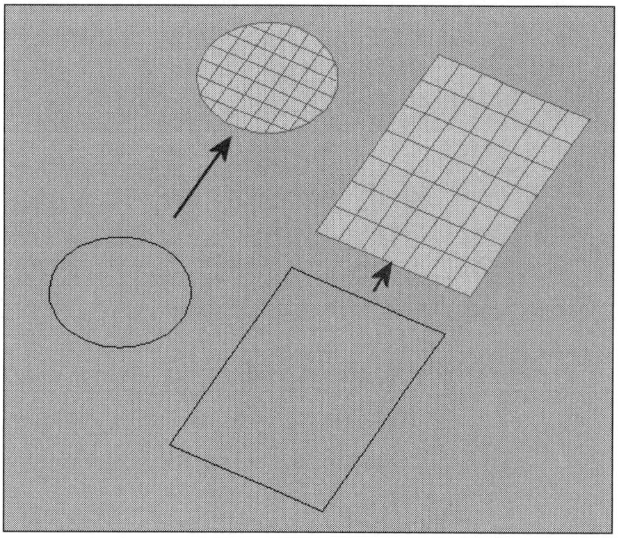

Fig.21.2

Créer une surface plane en spécifiant les coins de la surface

[1] Sélectionner la fonction **Surface plane** (Planesurf) à l'aide de l'une des méthodes précédentes.

[2] Spécifier le premier coin de la surface : A.

[3] Spécifier le deuxième angle de la surface : B (fig.21.3).

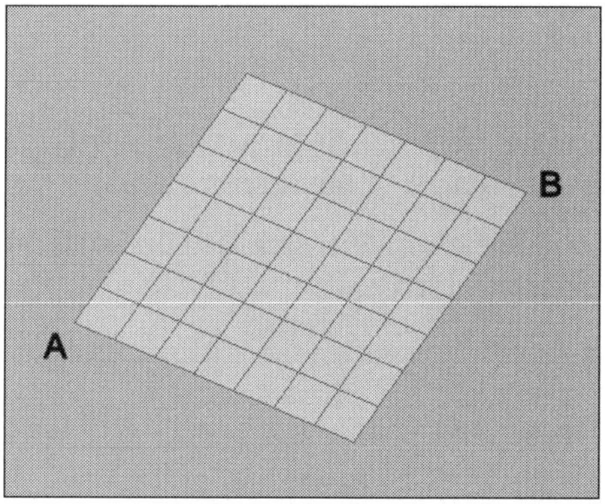

Fig.21.3

Convertir un maillage en surface

Lorsque vous convertissez des objets maillés en surfaces, la forme du nouveau solide est une approximation et non une duplication du maillage d'origine. Vous pouvez tout de même contrôler la différence en spécifiant si le résultat doit être lisse ou à facettes à l'aide de la variable SMOOTHMESHCONVERT. Vous pouvez également spécifier si les faces résultantes doivent être fusionnées (optimisées). La procédure est la suivante :

[1] Cliquer sur onglet **Maille** (Mesh) puis sur le groupe de fonctions **Convertir des maillages** (Convert Mesh) puis ouvrir la liste des options de lissage.

[2] Spécifier l'une des options de lissage suivantes :

- **Lisser, optimisé.** Le modèle résultant est lissé, et les surfaces sont fusionnées (valeur de la variable SMOOTHMESHCONVERT = 0).

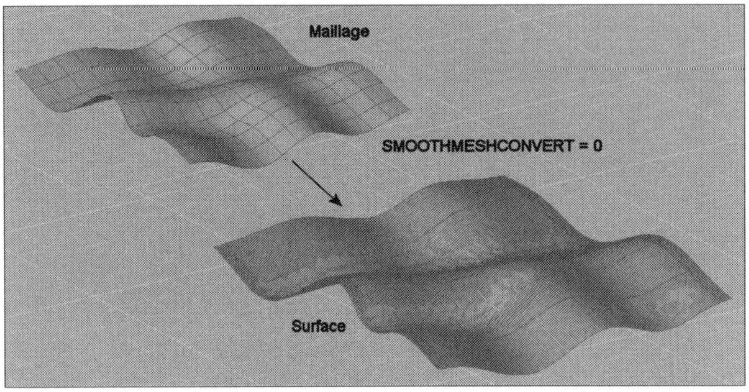

Fig.21.4

- **Lisser, non optimisé.** Le modèle résultant est lissé, et possède le même nombre de faces que le maillage d'origine (valeur = 1).
- **Avec facettes et optimisé.** Le modèle résultant est angulaire, et les surfaces sont planes et fusionnées (valeur = 2).
- **Avec facettes et non optimisé.** Le modèle résultant est angulaire, et possède le même nombre de faces que le maillage d'origine (valeur = 3).

3 Cliquer sur onglet **Maille** (Mesh) puis sur le groupe de fonctions **Convertir des maillages** (Convert Mesh) puis l'option **Convertir en surface** (Convert to surface).

4 Sélectionner un maillage et appuyer sur Entrée (fig.21.4).

Convertir un solide en surface NURBS

1 Cliquer sur l'onglet **Surface**, puis sur le groupe de fonctions **Sommets de contrôle** (Control Vertices) et sur la fonction **Convertir en NURBS** (Convert to NURBS).

2 Sélectionner un solide et appuyer sur Entrée. L'objet est converti en plusieurs surfaces NURBS (chaque face devient une nouvelle surface) (fig.21.5).

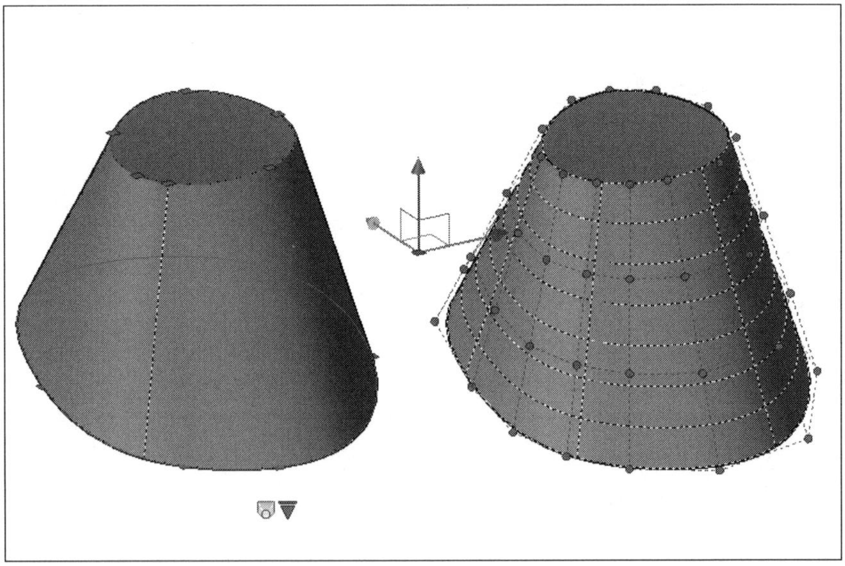

Fig.21.5

Pour convertir un objet maillé en surface NURBS

1. Cliquer sur l'onglet **Maille** (Mesh), puis sur le groupe de fonctions **Convertir le maillage** (Convert Mesh) et sur la fonction **Convertir en surface** (Convert to Surface).
2. Sélectionner un objet maillé, puis appuyer sur la touche Entrée. L'objet est converti en surface procédurale.
3. Cliquer sur l'onglet **Surface**, puis sur le groupe de fonctions **Sommets de contrôle** (Control Vertices) et sur la fonction **Convertir en NURBS** (Convert to NURBS). L'objet est converti en surface NURBS (fig.21.6).

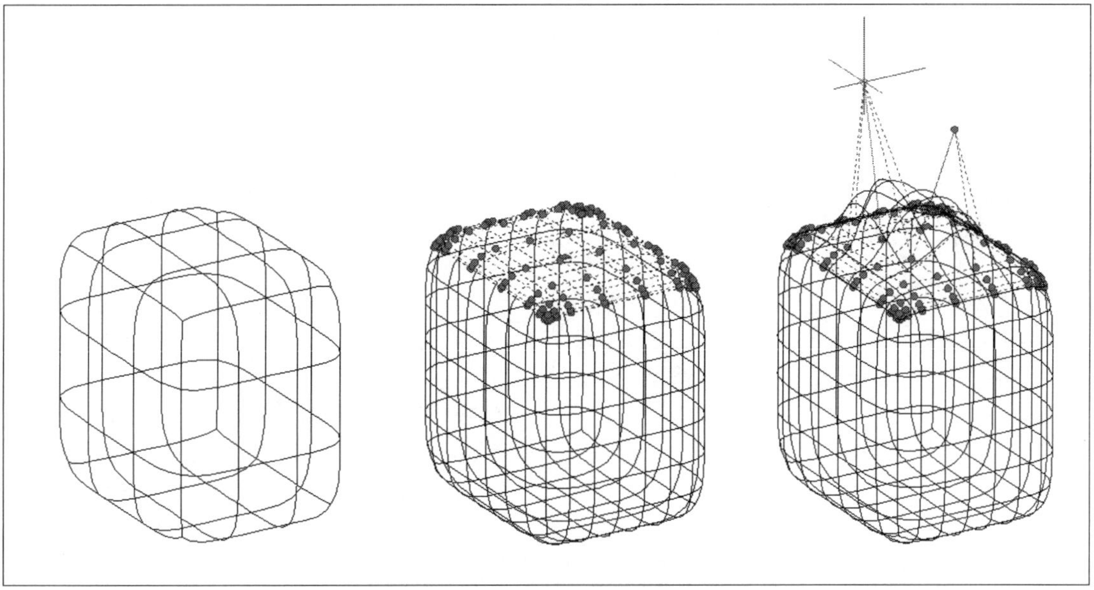

Fig.21.6

La création de solides à partir d'objets existants dans le dessin

Principe

Vous pouvez créer des solides à partir de différents types d'objets existants dans votre dessin. Deux fonctions sont disponibles pour la conversion en solides :

- **CONVENSOLIDE** (Convtosolid) : pour convertir les objets suivants en solides 3D extrudés
  - Polylignes de largeur uniforme avec épaisseur
  - Polylignes fermées de largeur nulle avec épaisseur
  - Cercles avec épaisseur

- Objets maillés
- Surfaces

▸ **EPAISSIR** (Thicken) : pour créer un solide 3D à partir de n'importe quel type de surface en épaississant cette dernière.

Convertir un ou plusieurs objets avec épaisseur en solides

1 Exécuter la commande de conversion à l'aide de l'une des méthodes suivantes :

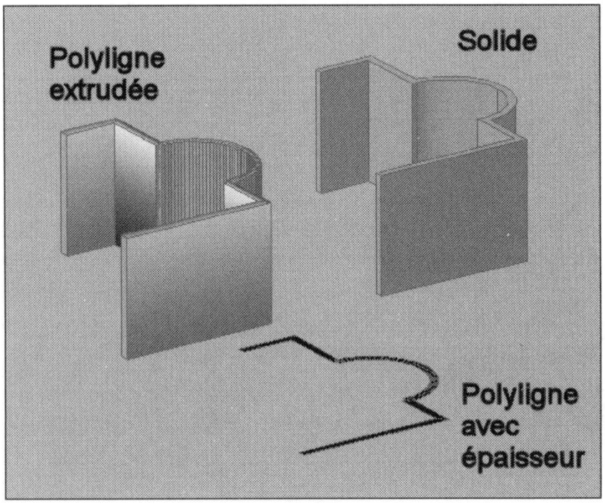

Fig.21.7

Ruban : cliquer sur l'onglet **Début** (Home), puis sur le groupe de fonctions **Editions de solides** (Solid Edition) et ensuite sur **Convertir en solide** (Convert to solid).

Clavier : entrer la commande **CONVENSOLIDE** (Convtosolid)

2 Sélectionner les objets (polyligne ou cercle avec épaisseur) que vous voulez convertir.

3 Appuyer sur Entrée (fig.21.7).

Convertir une surface en solide

1 Exécuter la commande de conversion à l'aide de l'une des méthodes suivantes :

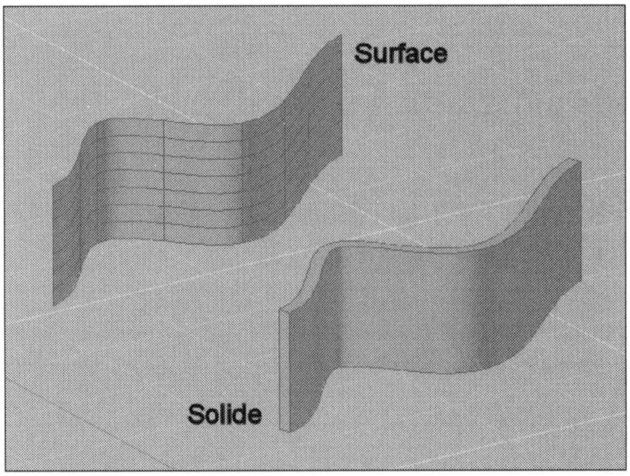

Fig.21.8

Ruban : cliquer sur l'onglet **Début** (Home), puis le groupe de fonctions **Editions de solides** (Solid Edition) et ensuite **Epaissir** (Thicken).

Clavier : entrer la commande **EPAISSIR** (Thicken).

2 Sélectionner les surfaces à épaissir et appuyer sur Entrée. Par exemple une spline extrudée.

3 Spécifier l'épaisseur et appuyer sur Entrée (fig.21.8).

Application : une couverture pour un immeuble

Dans cet exemple nous allons créer une couverture arrondie pour un immeuble en forme de trapèze. La procédure est la suivante :

1. Créer le contour de l'immeuble à l'aide d'une polyligne (fig.21.9).
2. Extruder le contour d'une hauteur de 900 cm à l'aide de la fonction **Extrusion** (Extrude).
3. Activer le SCU dynamique sur la barre d'état.
4. Tracer un arc de cercle avec l'option **Départ, Centre, Fin** (Start, Center, End) sur la face avant de l'immeuble.
5. Faire de même pour la face arrière (fig.21.10).
6. Relier les deux arcs par une surface réglée à l'aide de la fonction **Lissage** (Loft) (fig.21.11-21.12).

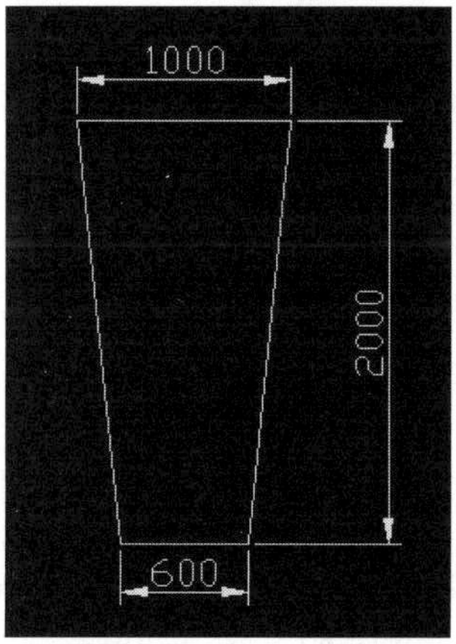

Fig.21.9

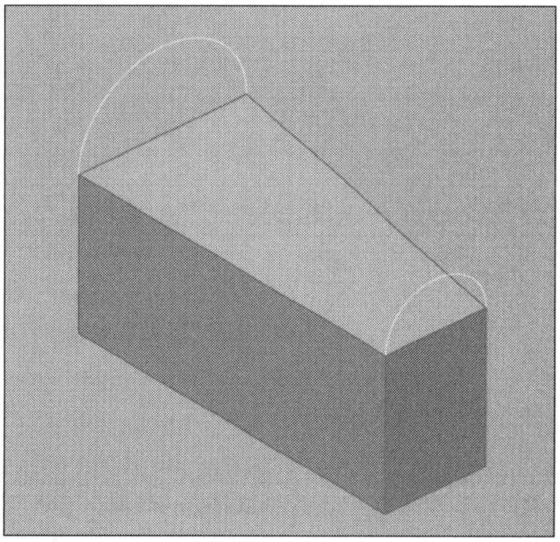
Fig.21.10

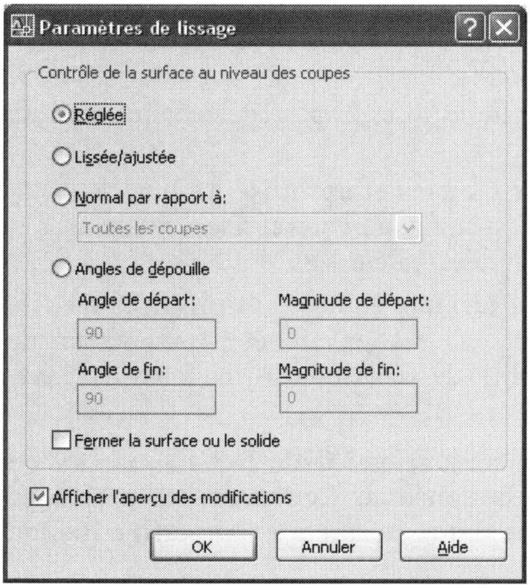

Fig.21.11

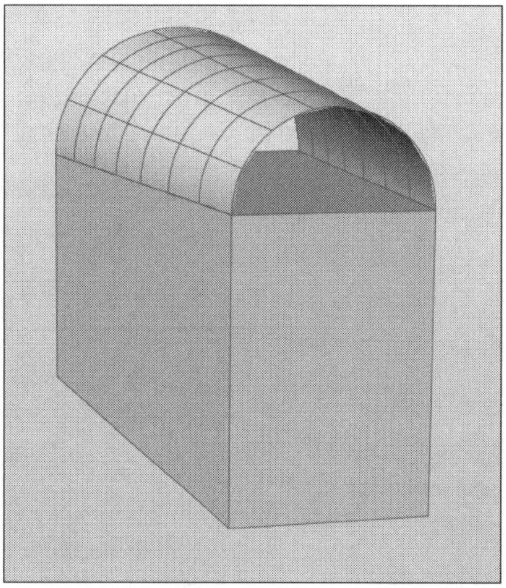
Fig.21.12

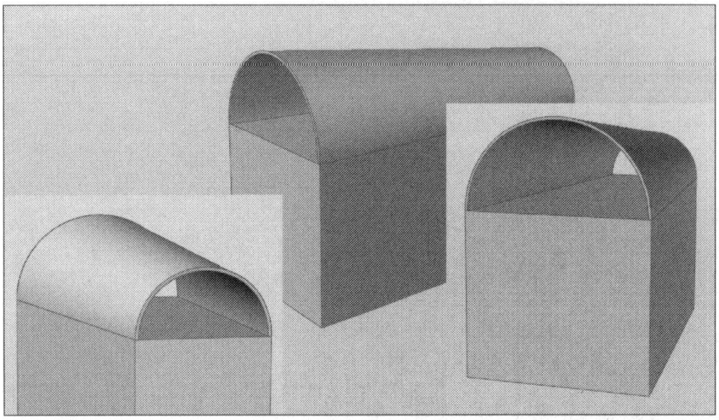

Fig.21.13

7 Pour donner une épaisseur à la toiture, utiliser la fonction **Epaissir** (Thicken). Sélectionner la surface et appuyer sur Entrée.

8 Entrer une valeur de 15 cm pour l'épaisseur (fig.21.13).

Convertir un maillage en solide 3D

Lorsque vous convertissez des objets maillés en solides 3D, la forme du nouveau solide est une approximation et non une duplication du maillage d'origine. Vous pouvez tout de même contrôler la différence en spécifiant si le résultat doit être lisse ou à facettes (variable SMOOTHMESHCONVERT). Vous pouvez également spécifier si les faces résultantes doivent être fusionnées (optimisées). La procédure est la suivante :

1 Cliquer sur l'onglet **Maille** (Mesh) puis sur le groupe de fonctions **Convertir des maillages** (Convert Mesh) puis ouvrir la liste des options de lissage.

2 Spécifier l'une des options de lissage suivantes :

- **Lisser, optimisé.** Le modèle résultant est lissé, et les surfaces sont fusionnées (valeur de la variable SMOOTHMESHCONVERT = 0).
- **Lisser, non optimisé.** Le modèle résultant est lissé, et possède le même nombre de faces que le maillage d'origine (valeur = 1).
- **Avec facettes et optimisé.** Le modèle résultant est angulaire, et les surfaces sont planes et fusionnées (valeur = 2).
- **Avec facettes et non optimisé.** Le modèle résultant est angulaire, et possède le même nombre de faces que le maillage d'origine (valeur = 3).

3 Cliquer sur onglet **Maille** (Mesh) puis sur le groupe de fonctions **Convertir des maillages** (Convert Mesh) puis l'option **Convertir en solide** (Convert to solid).

4 Sélectionner un objet maillé sans vides ni faces intersécantes et appuyer sur Entrée (fig.21.14).

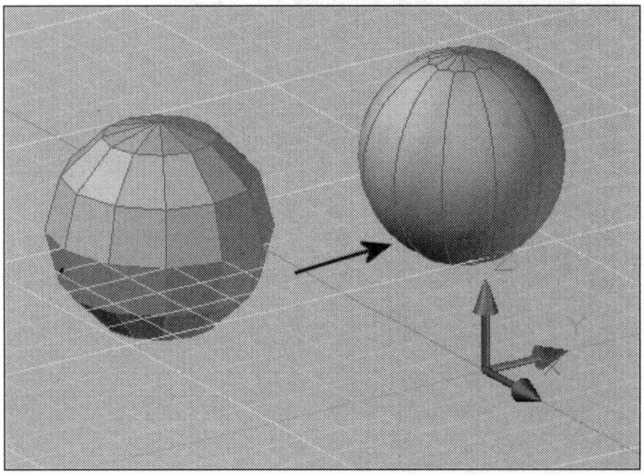

Fig.21.14

Convertir un solide ou une surface en maillage

Vous pouvez convertir des solides et des surfaces en maillage. En fonction de la forme de l'objet, les résultats de la conversion peuvent parfois être différents de ce à quoi vous vous attendez. Vous obtiendrez les résultats les plus prévisibles lorsque vous convertissez des solides primitifs en maillages. Cela signifie que le maillage résultant adhère étroitement à la forme du solide d'origine.

Si la conversion ne donne pas les résultats attendus, essayez de modifier les paramètres de la boîte de dialogue **Options de maillage par approximation**. Par exemple, si le type de maillage Lissage optimisé donne des résultats incorrects, vous pouvez demander Triangles ou Quadrilatères comme forme de cellule. Vous pouvez également contrôler l'adhésion à la forme d'origine en ajustant le décalage maximum, les angles, les ratios d'aspect et les longueurs d'arêtes pour les nouvelles faces.

Pour convertir des objets en maillages à partir des valeurs par défaut, la procédure est la suivante (fig.21.15) :

1. Cliquer sur l'onglet **Maille** (Mesh) puis dans le groupe de fonctions **Maille** (Mesh) sélectionner **Lisser l'objet** (Smooth Object).
2. Sélectionner un objet tel qu'une surface ou un solide 3D. Les objets sont convertis en maillages selon les paramètres de la boîte de dialogue **Options de maillage par approximation** (Mesh Tessellation Options).

Fig.21.15

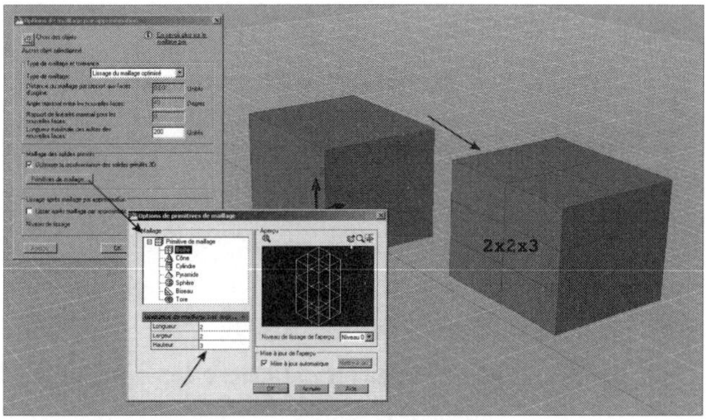

Pour modifier les paramètres de conversion d'objets en maillages, la procédure est la suivante :

1. Cliquer sur l'onglet **Maille** (Mesh) puis dans le groupe de fonctions **Maille** (Mesh) cliquer sur la flèche en bas à droite.
2. Dans la boîte de dialogue **Options du maillage par approximation** (Mesh Tessellation Options), modifier les paramètres de votre choix (fig.21.16).

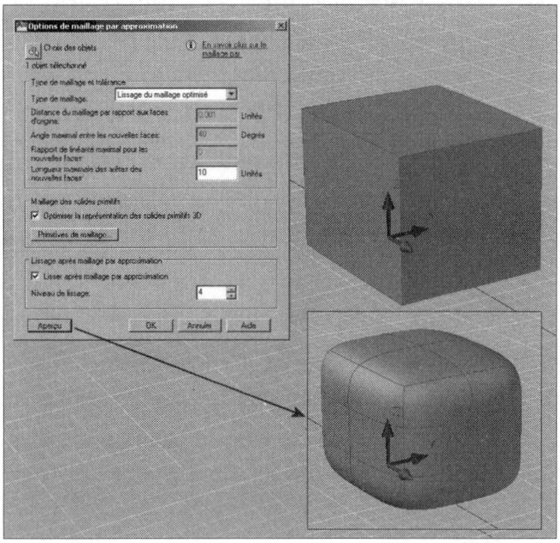

Fig.21.16

3. Cliquer sur **Choix des objets** (Select objects) pour sélectionner les objets qui vont subir un maillage par approximation.
4. Sélectionner un objet tel qu'une surface ou un solide 3D et appuyer sur Entrée.
5. Pour afficher un aperçu de l'objet converti, cliquer sur **Aperçu** (Preview). L'objet modifié est affiché dans la zone de dessin.
6. Effectuer l'une des opérations suivantes :
   - Pour ajuster les paramètres, appuyer sur Echap pour afficher à nouveau la boîte de dialogue.
   - Pour accepter la conversion, appuyer sur Entrée.

Les options sont les suivantes :

Type du maillage (Mesh type) **:** spécifie le type du maillage à utiliser lors de la conversion.

- **Lissage du maillage optimisé :** définit la forme des faces maillées à adapter à la forme de l'objet maillé.
- **Majorité de quadrants :** définit la forme des faces maillées en majorité quadrilatérales.
- **Triangles :** définit la forme des faces maillées en majorité triangulaires.

Distance du maillage par rapport aux faces d'origine : définit l'écart maximal des faces maillées par rapport à la surface ou à la forme de l'objet d'origine. Les valeurs les plus petites génèrent un moindre écart mais créent un plus grand nombre de faces et risquent ainsi de ralentir les performances du programme.

Angle maximal entre les nouvelles faces : définit l'angle maximal de la normale de surface de deux faces adjacentes. Lorsque vous augmentez cette valeur, la densité du maillage des zones de haute courbure s'accroît et celle des zones planes diminue. Si la valeur de l'option Distance du maillage par rapport aux faces d'origine est élevée, vous pouvez augmenter la valeur d'angle maximale. Ce paramètre s'avère utile si vous souhaitez affiner l'apparence des détails de petite taille, tels que les trous et les raccords.

Rapport de linéarité maximal pour les nouvelles faces : définit le rapport de linéarité (hauteur/largeur) maximal des nouvelles faces maillées. Cette valeur permet d'éviter les longues faces fines. Vous pouvez spécifier les valeurs suivantes :

- **0 (zéro) :** ignore la limitation du rapport de linéarité.
- **1 :** spécifie une hauteur et une largeur identiques.
- **Supérieur à 1 :** définit un rapport de linéarité selon lequel la hauteur peut dépasser la largeur.
- **Supérieur à 0 mais inférieur à 1 :** définit un rapport de linéarité selon lequel la largeur peut dépasser la hauteur.

Longueur maximale des arêtes des nouvelles faces : définit la longueur maximale des arêtes créées lors de la conversion d'un objet maillé. Lorsque cette option est définie sur la valeur par défaut (zéro), la taille du modèle détermine celle des faces maillées. Des valeurs supérieures entraînent un nombre inférieur de faces et un respect moins précis de la forme initiale. En revanche, elles augmentent les performances du programme. Diminuez cette valeur pour améliorer les conversions générant des faces longues et fines.

Maillage des solides primitifs : spécifie les paramètres à utiliser pour la conversion des solides primitifs 3D en objets maillés.

Optimiser la représentation des solides primitifs 3D : spécifie les paramètres à utiliser pour la conversion des solides primitifs en objets maillés. Cochez la case pour utiliser les paramètres de maillage spécifiés dans la boîte de dialogue Options de primitives de maillage. Décochez la case pour utiliser les paramètres de maillage spécifiés dans la boîte de dialogue Options de maillage par approximation.

Primitives de maillage : ouvre la boîte de dialogue Options de primitives de maillage. Ce bouton est uniquement disponible lorsque vous sélectionnez Optimiser la représentation des solides primitifs 3D.

Lissage après maillage par approximation : spécifie le niveau de lissage à appliquer aux objets après leur conversion en objets maillés. Lorsque l'option Type du maillage est définie sur Majorité de quadrants ou Triangles, les objets maillés convertis ne sont pas lissés. Les paramètres suivants ne sont pas disponibles pour ces conversions.

Lisser après maillage par approximation : indique si les nouveaux objets maillés sont lissés après leur conversion. Cochez la case pour appliquer le lissage.

Niveau du lissage après maillage par approximation : définit le niveau de lissage des nouveaux objets maillés. Entrez 0 pour éliminer le lissage. Entrez un entier positif pour augmenter le degré de lissage. Cette option est uniquement disponible lorsque vous sélectionnez Lisser après maillage par approximation.

Aperçu : affiche l'effet des paramètres courants dans la zone de dessin. Appuyez sur Entrée pour accepter les modifications. Pour afficher à nouveau la boîte de dialogue, appuyez sur Echap.

Convertir un groupe de surfaces en solide 3D

La commande SCULPSURF combine et ajuste automatiquement un ensemble de surfaces qui délimitent une zone hermétique et créent ainsi un solide. La procédure est la suivante.

[1] Cliquer sur l'onglet **Surface**, puis sur le groupe de fonctions **Modifier** (Edit) et sur la fonction **Sculpter** (Sculpt).

[2] Sélectionner les différentes surfaces de délimitation et appuyer sur Entrée. L'objet ainsi créé est un solide (fig.21.17).

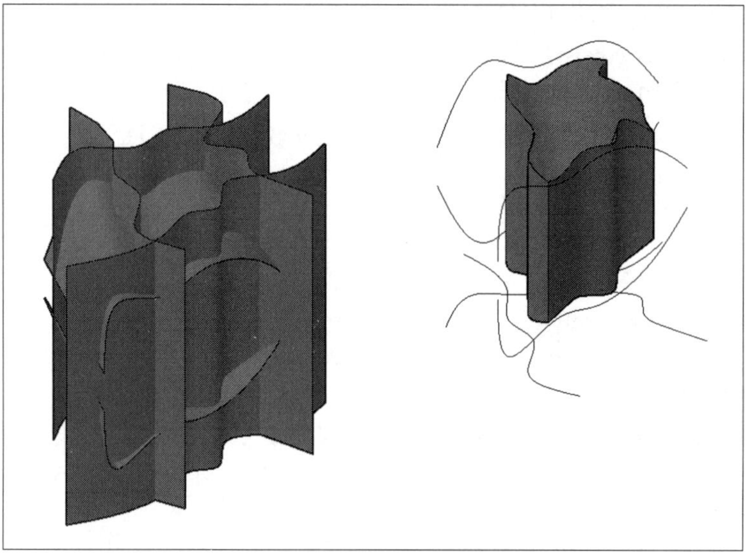

Fig.21.17

CHAPITRE 22

MODIFICATION DES SURFACES ET DES SOLIDES

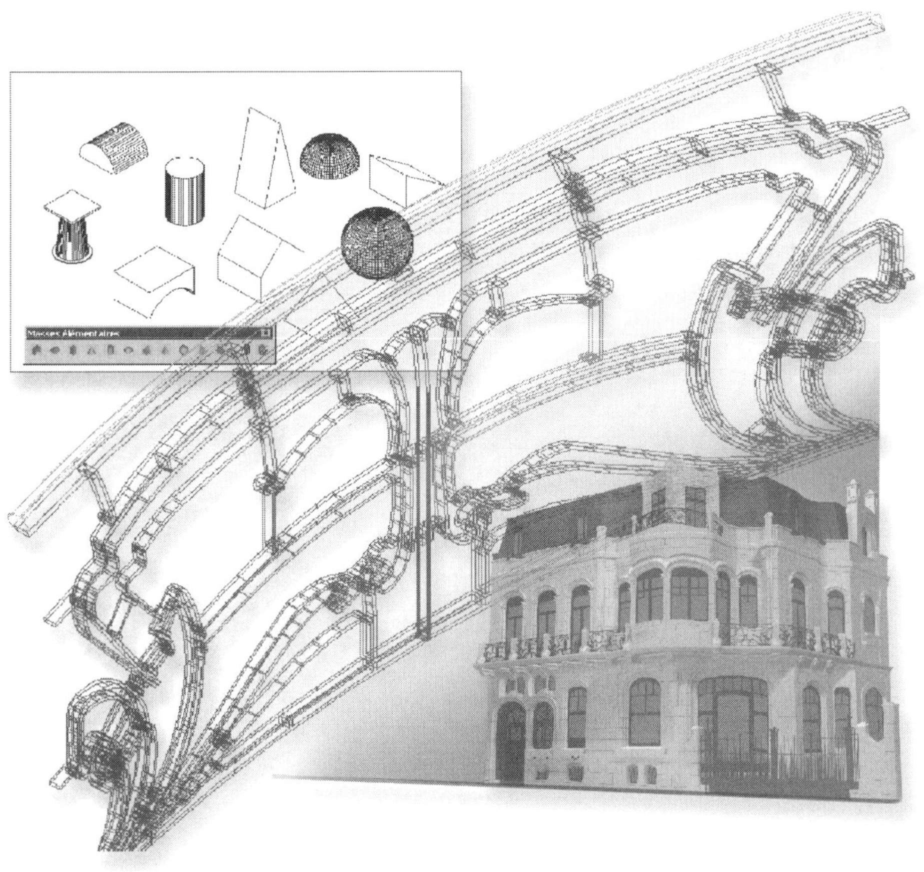

Le principe

Après avoir créé un modèle volumique, vous pouvez modifier son aspect en manipulant les solides et les surfaces de différentes façons : en cliquant et en faisant glisser les poignées, en utilisant les outils poignées disponibles, en modifiant les propriétés des objets dans la palette Propriétés, etc. Plusieurs modes de modification ont déjà été abordés dans les chapitres précédents. Il s'agit en particulier des modifications dimensionnelles des primitives 3D, des opérations booléennes et de l'historique des modifications. Dans ce chapitre nous aborderons donc les autres types de modifications concernant les objets et les sous-objets.

La manipulation des surfaces et des solides

Pour modifier facilement la forme et la taille de solides et de surfaces individuels, vous pouvez utiliser les poignées disponibles sur les objets après leur sélection ou utiliser la palette Propriétés. La façon dont vous manipulez le solide ou la surface à l'aide des poignées ou de la palette Propriétés dépend du type de solide ou de surface. On a ainsi les cas suivants :

- **Les primitifs solides 3D (boîte, biseau, pyramide, sphère, cylindre, cône et tore)** : vous pouvez utiliser les poignées disponibles ou la palette Propriétés pour modifier la forme et la taille de vos solides primitifs tout en conservant leur forme de base originale. Par exemple, vous pouvez modifier la hauteur d'un cône et le rayon de sa base, mais l'objet restera un cône.
- **Les solides et surfaces d'extrusion** : lorsque vous sélectionner des solides ou des surfaces d'extrusion ils affichent des poignées sur leur profil. Le profil est la silhouette originale utilisée pour créer le solide ou la surface d'extrusion et qui définit la forme de l'objet. Vous pouvez utiliser ces poignées pour manipuler le profil de l'objet, ce qui modifie la forme de l'ensemble du solide ou de la surface (fig.22.1). Si une trajectoire a été utilisée pour l'extrusion, elle s'affiche et peut être manipulée avec des poignées (fig.22.2). En l'absence de trajectoire, une poignée de hauteur s'affiche au sommet du solide ou de la surface d'extrusion, qui vous permet de redéfinir la hauteur de l'objet.

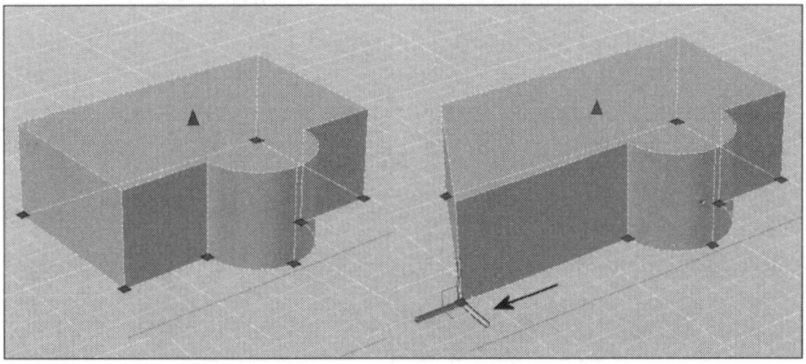

Fig.22.1

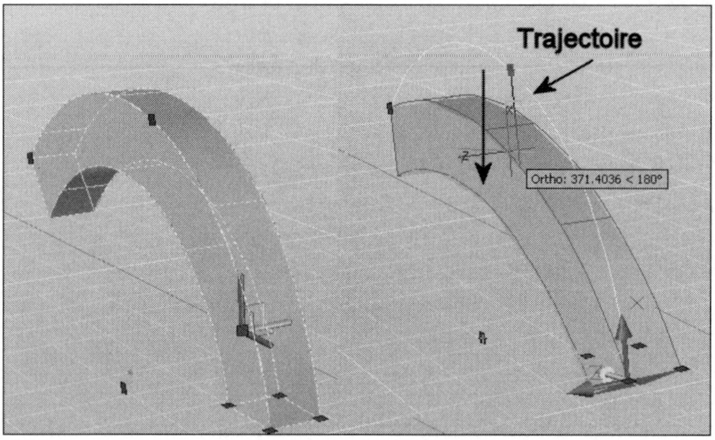

Fig.22.2

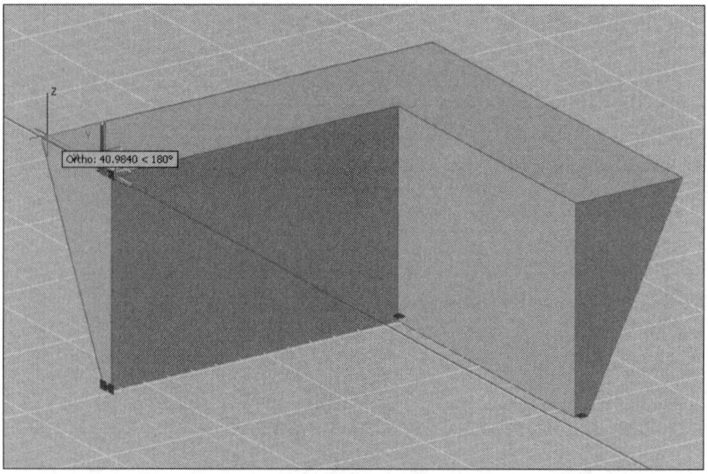

Fig.22.3

- **Polysolides** : vous pouvez utiliser les poignées disponibles pour modifier la forme et la taille des polysolides, y compris leur profil (fig.22.3). Les poignées peuvent être déplacées dans le plan XY du solide. Le profil d'un polysolide est toujours angulaire (rectangulaire par défaut).
- **Solides et surfaces de balayage** : les solides et les surfaces de balayage affichent des poignées sur le profil de balayage ainsi que sur la trajectoire de balayage. Vous pouvez utiliser ces poignées pour modifier le solide ou la surface (fig.22.4). Lorsque vous cliquer sur une poignée et la faire glisser sur le profil, les changements sont contraints en fonction du plan de la courbe du profil.
- **Solides et surfaces de lissage** : selon la façon dont le solide ou la surface de lissage a été créé, l'objet affiche des poignées sur les lignes ou les courbes de définition à savoir les coupes et la trajectoire. Vous pouvez cliquer et faire glisser les poignées sur les lignes ou les courbes de définition pour modifier le solide ou la surface (fig.22.5). Si le solide ou la surface de lissage contient une trajectoire, vous pouvez uniquement modifier la partie de la trajectoire qui se trouve entre la première et la dernière coupe.

Vous pouvez également utiliser la zone Géométrie de la palette Propriétés pour modifier le contour d'un solide ou d'une surface de lissage au niveau de ses coupes. Lorsque vous sélectionner un solide ou une surface de lissage pour la première fois, la zone Géométrie de la palette Propriétés affiche les paramètres définis à l'aide de la boîte de dialogue Paramètres de lissage au moment de la création de l'objet. Vous ne pouvez pas utiliser des poignées pour modifier des surfaces ou des solides de lissage qui sont créés avec des courbes de guidage.

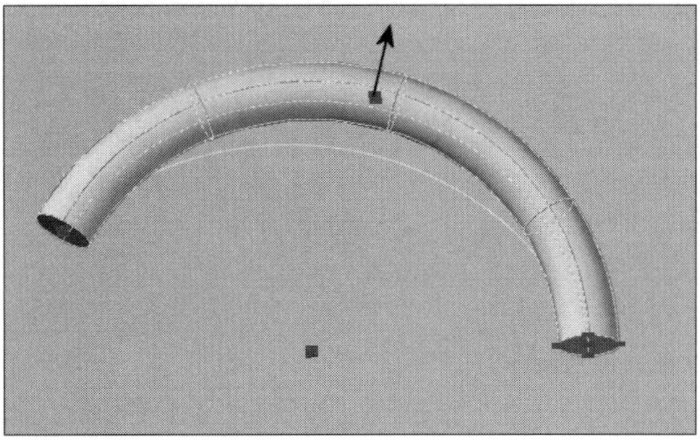

Fig.22.4

- **Solides et surfaces de révolution** : les solides et les surfaces de révolution affichent des poignées sur leur profil de révolution au début du solide ou de la surface. Vous pouvez utiliser ces poignées pour modifier le profil du solide ou de la surface. Une poignée est également affichée à l'extrémité de l'axe de révolution. Vous pouvez repositionner l'axe de révolution en sélectionnant cette poignée et en choisissant un autre emplacement (fig.22.6).

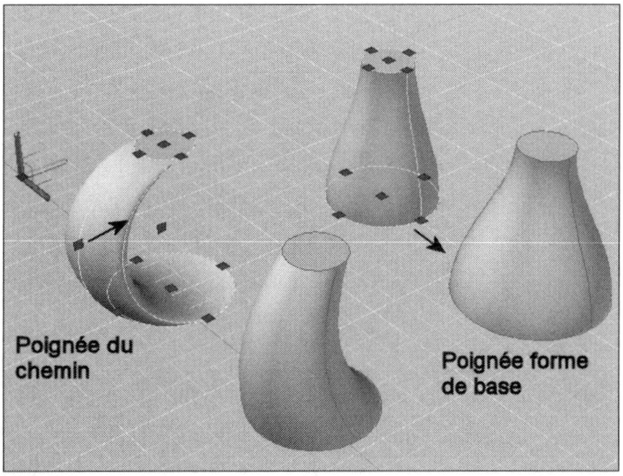

Fig.22.5

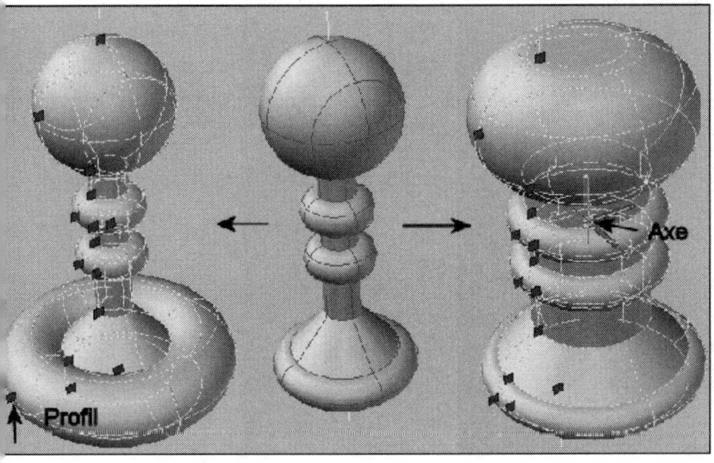

Fig.22.6

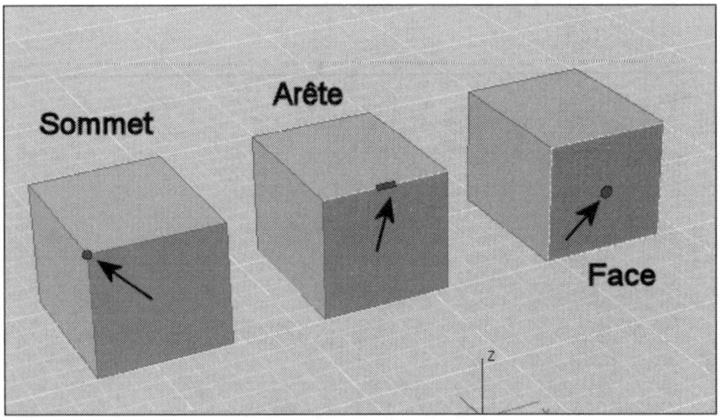

Fig.22.7

La sélection et les modifications des sous-objets 3D

La sélection des sous-objets

Chaque solide que vous créez est composé d'une série de sous-objets qui sont des faces, des arêtes et des sommets. Vous pouvez sélectionner et modifier ces sous-objets individuellement, ou créer un jeu de sélection comprenant un ou plusieurs types de sous-objets et modifier ce jeu de sélection.

Vous pouvez sélectionner ces différents sous-objets en maintenant la touche Ctrl enfoncée, puis en cliquant sur ces sous-objets. Lorsque vous les sélectionnez, les faces, les arêtes et les sommets affichent différents types de poignées (fig.22.7).

Dans les vues 3D, certains objets ou sous-objets peuvent être cachés derrière d'autres. Vous pouvez appuyer sur Ctrl+Espace pour naviguer dans les sous-objets masqués jusqu'à ce que l'objet de votre choix soit mis en surbrillance.

Par exemple, lorsque vous sélectionnez des faces sur une boîte, la face de premier plan est détectée en premier. Pour sélectionner une face masquée, appuyez sur la barre d'espace (tout en maintenant la touche Ctrl enfoncée). Relâchez la barre d'espace et cliquez sur la face à sélectionner.

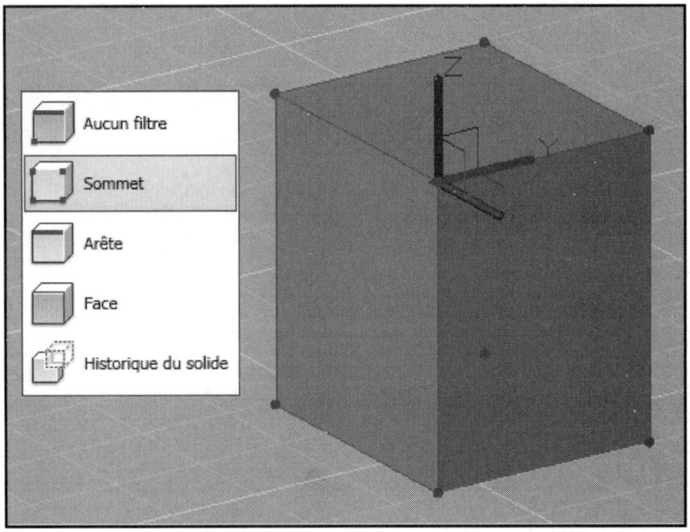

Fig.22.8

Le filtrage des sous-objets

Il peut être difficile de sélectionner un type spécifique de sous-objet sur les objets complexes tels que les maillages. Vous pouvez limiter la sélection à une face, une arête, un sommet ou un sous-objet d'historique en activant un filtre de sélection de sous-objet.

Les filtres de sous-objets sont situés dans le groupe de fonctions **Sous-objet** (Subobject) de l'onglet **Début** (Home). Par exemple, pour sélectionner tous les sommets d'un solide, il suffit d'activer le filtre des sommets, puis d'appuyer sur la touche Ctrl et de sélectionner le solide (fig.22.8).

La modification des sous-objets à l'aide de poignées

Pour modifier un sous-objet à l'aide des poignées, la procédure est la suivante :

1. Appuyer sur la touche Ctrl et cliquer sur un sommet, une arête ou une face.
2. Un trièdre s'affiche sur la poignée (fig.22.9). Il est composé d'un axe X en rouge, d'un axe Y en vert et d'un axe Z en bleu. Chaque axe permet de restreindre le mouvement dans la direction souhaitée. Ainsi pour déplacer la poignée dans la direction X par exemple, il suffit de survoler l'axe X et de déplacer la poignée selon la longueur souhaitée. Le déplacement sera contraint dans la direction X (fig.22.10).
3. Il est aussi possible de restreindre le mouvement dans un des plans suivants : XY, YZ ou ZX. Il suffit pour cela de survoler un des carrés du trièdre pour activer le bon déplacement.

Dans le cas particulier du déplacement d'une face, la forme du solide peut encore être contrôlée par l'utilisation de la touche Ctrl. Ainsi dans l'exemple de la figure 22.11, l'utilisation de la touche Ctrl permet d'effiler d'avantage le solide lors du déplacement de la face.

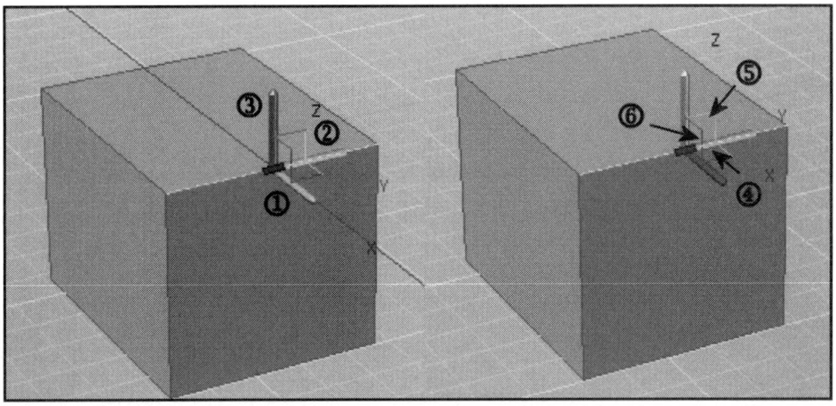

1-2-3 : montre le mouvement linéaire suivant X-Y-Z
4-5-6 : montre le mouvement planaire XY-YZ-ZX
Fig.22.9

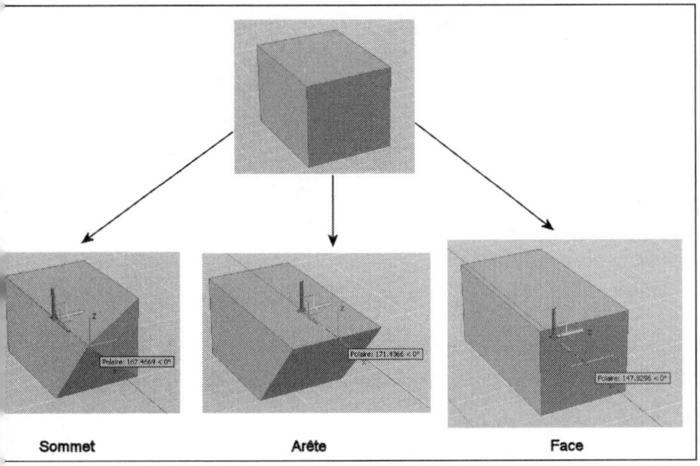

Fig.22.10

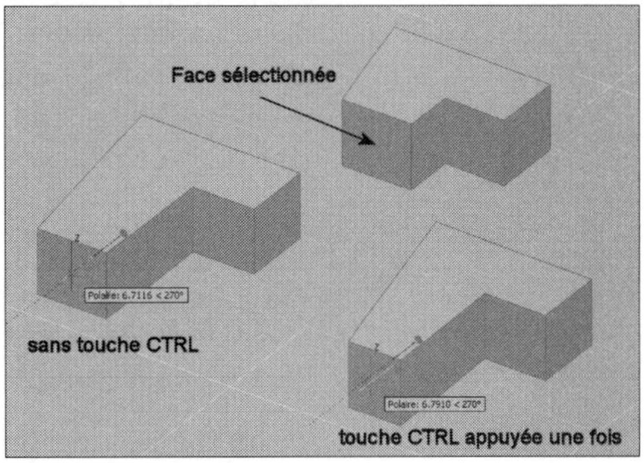

Fig.22.11

Le déplacement, la rotation et la mise à l'échelle des sous-objets

Vous pouvez déplacer, faire tourner ou mettre à l'échelle un sous-objet d'un solide 3D à l'aide de gizmos. Il en existe, en effet, trois types (fig.22.12) :

- **Gizmo Déplacement 3D** : il repositionne les objets sélectionnés selon un axe ou un plan.
- **Gizmo Rotation 3D** : il fait pivoter les objets sélectionnés selon un axe spécifié.
- **Gizmo Echelle 3D** : il redimensionne les objets sélectionnés selon un axe ou un plan spécifié, ou uniformément selon les trois axes.

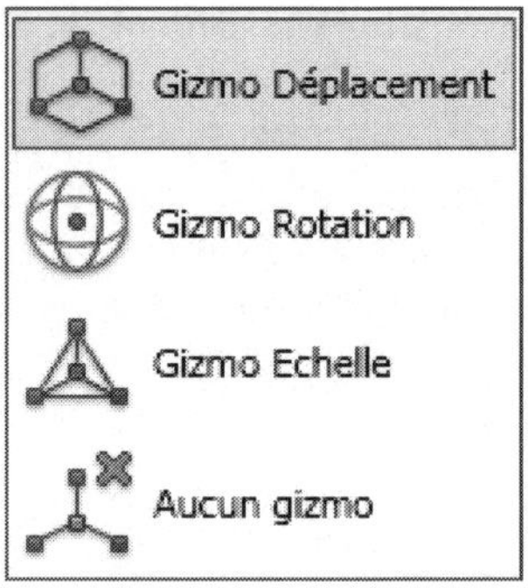

Fig.22.12

Par défaut, les gizmos sont affichés automatiquement lorsque vous sélectionner un objet ou un sous-objet dans une vue dotée d'un style visuel 3D. Comme ils contraignent les modifications selon des plans ou des axes spécifiques, les gizmos permettent d'obtenir des résultats plus prévisibles.

Vous pouvez spécifier dans le groupe de fonctions **Sous-objet** (Subobject) quel gizmo s'affiche par défaut lorsque vous sélectionner un objet, ou bien vous pouvez supprimer leur affichage.

L'utilisation des gizmos s'effectue de la manière suivante :

1. Spécifier quel gizmo 3D s'affiche par défaut lorsqu'un objet est sélectionné. Pour cela, cliquer sur l'onglet **Début** (Home) puis groupe de fonctions **Sélection** (Selection) et enfin sélectionner l'option souhaitée : déplacement, rotation, échelle. Par exemple : Gizmo déplacement.
2. Enfoncer la touche Ctrl et sélectionner le sous-objet à déplacer. Par exemple : une arête. Le gizmo se place sur la poignée.

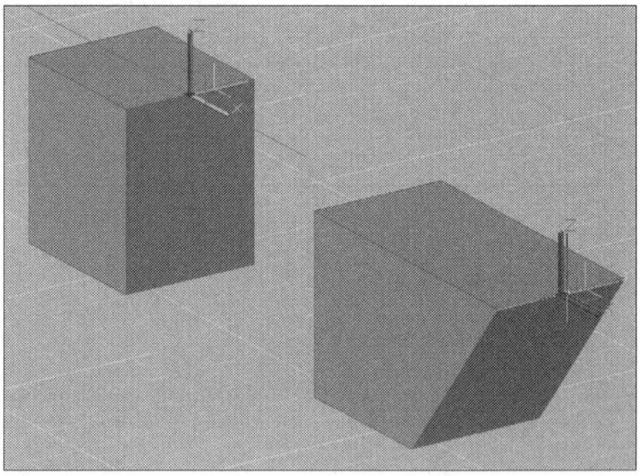
Fig.22.13

3. Vous pouvez utiliser le gizmo de déplacement pour contraindre le déplacement à un axe. Lorsque le curseur passe sur la poignée d'un axe sur le gizmo, un vecteur aligné sur l'axe apparaît et l'axe spécifié devient jaune. Cliquer sur la poignée de l'axe.

[4] Lorsque vous faire glisser le curseur, le mouvement du sous-objet sélectionné est contraint selon l'axe spécifié. Vous pouvez cliquer ou entrer une valeur pour spécifier la distance de déplacement à partir du point de base (fig.22.13).

Copier, supprimer et colorer des faces ou des arêtes de solides 3D

Copier des faces d'un solide

Les faces d'un solide 3D peuvent être copiées. AutoCAD copie les faces sélectionnées sous forme de régions ou de corps. Si l'on spécifie deux points, AutoCAD utilise le premier comme point de base et insère une copie unique à un emplacement défini par rapport à ce point de base. Si l'on n'indique qu'un seul point et que l'on appuie ensuite sur la touche Entrée, AutoCAD utilise le premier point sélectionné comme point de base ; le point suivant que l'on sélectionnera sera considéré comme le point de destination de la copie.

Pour copier une face de solide, la procédure est la suivante (fig.22.14) :

[1] Exécuter la commande **EDITSOLIDE** (SOLIDEDIT) à l'aide de l'une des méthodes suivantes :

Ruban : dans l'onglet **Début** (Home), choisisser le groupe de fonctions **Edition de solides** (Solids Editing) puis l'option **Copier des faces** (Copy faces).

Icônes : cliquer sur l'icône **Copier les faces** (Copy faces) de la barre d'outils **Edition des solides** (Solids Editing).

Clavier : taper la commande **EDITSOLIDE** (SOLIDEDIT).

[2] Désigner la face à copier : pointer 1.

[3] Sélectionner d'autres faces : pointer 2. Appuyer ensuite sur Entrée pour exécuter la copie.

[4] Choisisser un point de base : pointer 3.

[5] Désigner un second point, correspondant à la destination : pointer 4.

[6] Appuyer sur Entrée pour exécuter l'opération.

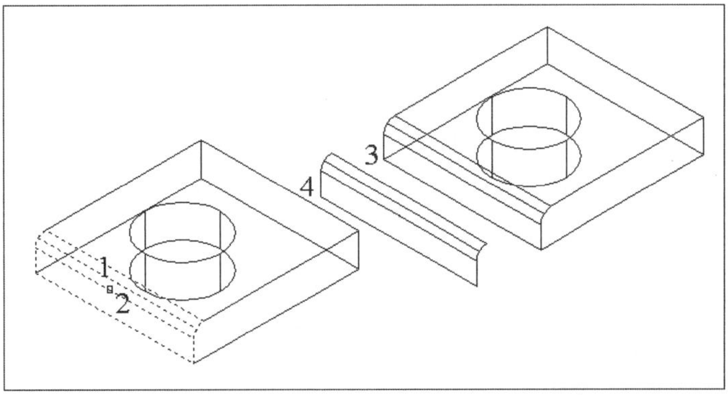

Fig.22.14

Supprimer des faces d'un solide

Les faces et les raccords d'un solide 3D peuvent être supprimés. Par exemple, il est possible de supprimer des orifices et des raccords créés sur un solide 3D à l'aide de la commande **EDITSOLIDE**.

Dans l'exemple suivant, on va supprimer des raccords créés sur un solide.

Pour supprimer une face sur un solide, la procédure est la suivante (fig.22.15) :

[1] Exécuter la commande **EDITSOLIDE** (SOLIDEDIT) à l'aide de l'une des méthodes suivantes :

Ruban : dans l'onglet **Début** (Home), choisisser le groupe de fonctions **Edition de solides** (Solids Editing) puis **Supprimer des faces** (Delete faces).

Icônes : cliquer sur l'icône **Supprimer les faces** (Delete faces) de la barre d'outils **Edition des solides** (Solids Editing).

Clavier : taper la commande **EDITSOLIDE** (SOLIDEDIT).

[2] Désigner la face à supprimer : pointer 1.

[3] Sélectionner d'autres faces ou appuyer sur Entrée pour exécuter la suppression.

[4] Appuyer sur Entrée pour exécuter l'opération.

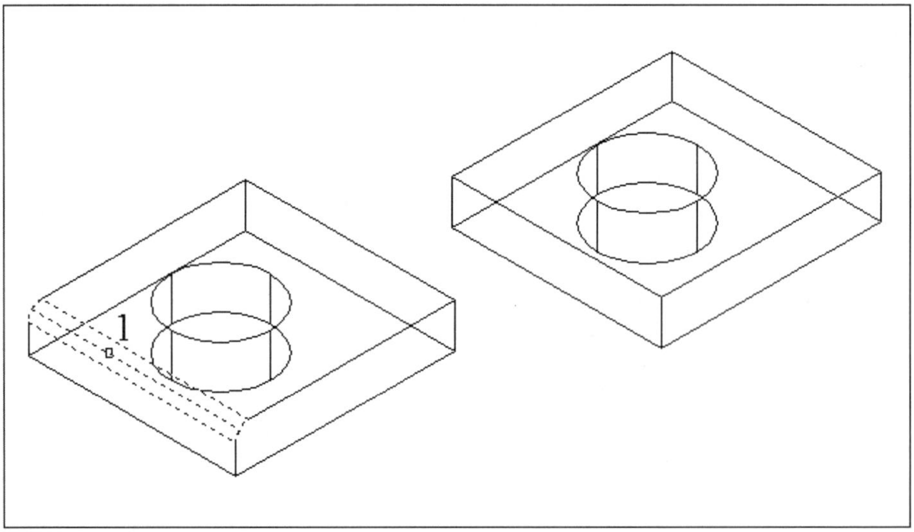

Fig.22.15

Colorier des faces d'un solide

AutoCAD permet de modifier la couleur des faces d'un solide 3D. Il est possible de sélectionner une couleur parmi les sept couleurs standard ou en choisir une autre dans la boîte de dialogue Sélectionner une couleur.

Pour changer la couleur d'une face sur un solide 3D, la procédure est la suivante (fig.22.16) :

1. Exécuter la commande **EDITSOLIDE** (SOLIDEDIT) à l'aide de l'une des méthodes suivantes :

Ruban : dans l'onglet **Début** (Home), choisir le groupe de fonctions **Edition de solides** (Solids Editing) puis **Colorer des faces** (Color faces).

Icônes : cliquer sur l'icône **Colorer des faces** (Color faces) de la barre d'outils **Edition des solides** (Solids Editing).

Clavier : taper la commande **EDITSOLIDE** (SOLIDEDIT).

2. Sélectionner la face dont on souhaite modifier la couleur : pointer 1.
3. Sélectionner d'autres faces ou désactiver des faces : pointer 2. Appuyer ensuite sur Entrée pour exécuter l'opération.
4. Dans la boîte de dialogue **Sélectionner une couleur**, choisisser une couleur, puis cliquer sur OK.

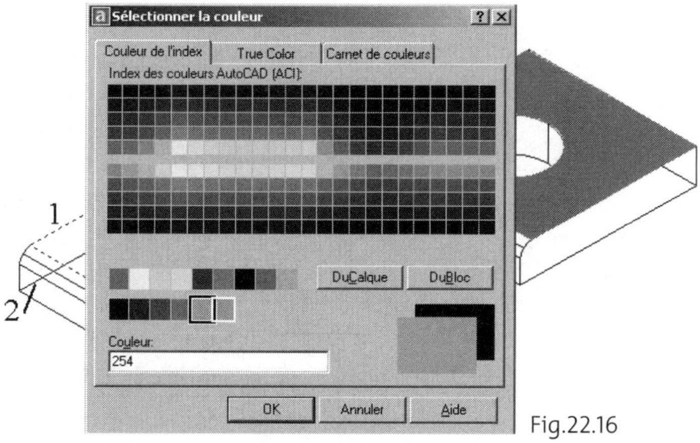

Fig.22.16

5 Appuyer sur Entrée pour exécuter l'opération.

REMARQUE

Une autre méthode consiste à sélectionner la face à l'aide de la touche Ctrl puis à modifier la couleur via la palette des propriétés (fig.22.17).

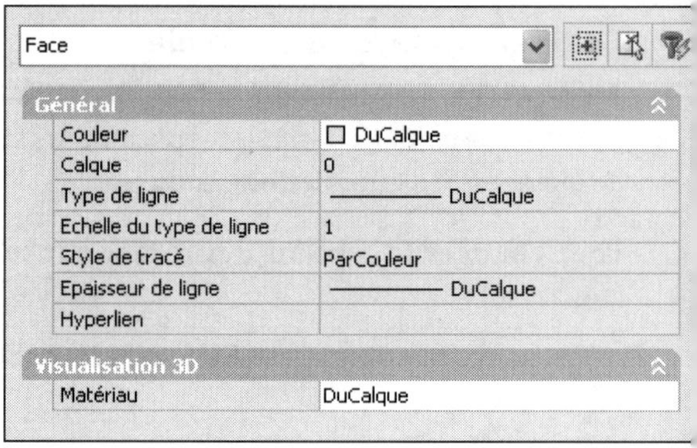

Fig.22.1

Copier des arêtes d'un solide en 3D

Les arêtes d'un solide en 3D peuvent être copiées. Toutes les arêtes des solides 3D se copient sous forme d'objets ligne, arc, cercle, ellipse ou spline. Si l'on spécifie deux points, AutoCAD utilise le premier comme point de base et insère une copie unique à un emplacement défini par rapport à ce point de base. Si l'on n'indique qu'un seul point et que l'on appuie ensuite sur la touche Entrée, AutoCAD utilise le premier point sélectionné comme point de base ; le point suivant que l'on sélectionnera sera considéré comme le point de destination de la copie.

Pour copier une arête d'un solide, la procédure est la suivante (fig.22.18) :

1 Exécuter la commande **EDITSOLIDE** (SOLIDEDIT) à l'aide de l'une des méthodes suivantes :

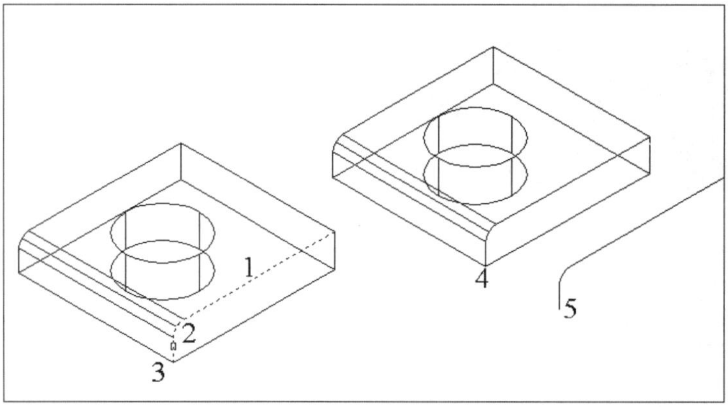

Fig.22.18

- Ruban : dans l'onglet **Début** (Home), choisir le groupe de fonctions **Edition de solides** (Solids Editing) puis **Extraire des arêtes** (Copy edges).
- Icônes : cliquer sur l'icône **Copier des arêtes** (Copy edges) de la barre d'outils **Edition des solides** (Solids Editing).
- Clavier : taper la commande **EDITSOLIDE** (SOLIDEDIT).

2. Désigner l'arête de la face à copier : pointer 1.
3. Sélectionner d'autres arêtes : pointer 2 et 3. Appuyer ensuite sur Entrée pour exécuter l'opération.
4. Choisir un point de base : pointer 4.
5. Désigner un second point, correspondant à la destination : pointer 5.
6. Appuyer sur Entrée pour exécuter l'opération.

Changer la couleur des arêtes d'un solide

AutoCAD offre la possibilité d'attribuer des couleurs aux différentes arêtes d'un solide en 3D. Il est possible de sélectionner une couleur parmi les sept couleurs standard ou en choisir une autre dans la boîte de dialogue **Sélectionner une couleur**.

Pour changer la couleur d'une arête sur un solide 3D, la procédure est la suivante (fig.22.19) :

1. Exécuter la commande **EDITSOLIDE** (SOLIDEDIT) à l'aide de l'une des méthodes suivantes :

Ruban : dans le ruban **Début** (Home), choisir l'option **Edition de solides** (Solids Editing) puis **Colorer des arêtes** (Color edges).

Icônes : cliquer sur l'icône **Colorer des arêtes** (Color edges) de la barre d'outils **Edition des solides** (Solids Editing).

Clavier : taper la commande **EDITSOLIDE** (SOLIDEDIT).

2. Désigner l'arête de la face à colorer : pointer 1 et 2.
3. Sélectionner d'autres arêtes ou appuyer sur Entrée pour exécuter l'opération.
4. Dans la boîte de dialogue **Sélectionner une couleur**, choisir une couleur, puis cliquer sur OK.
5. Appuyer sur Entrée pour exécuter l'opération.

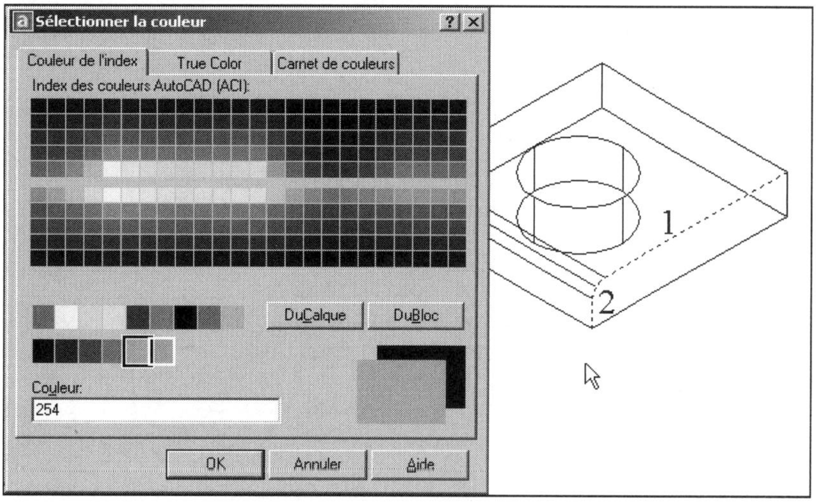

Fig.22.19

Modifications particulières des solides 3D

Les solides peuvent encore être modifiés à l'aide d'une série de fonctions particulières. Il s'agit en particulier de graver des empreintes, de créer un gainage, de séparer des parties du solide et de nettoyer le solide.

Graver des empreintes sur les solides

On peut créer des faces ou des solides en 3D en appliquant des empreintes d'arc, de cercle, de ligne, de polyligne 2D ou 3D, d'ellipse, de spline, de région, de corps et de solide en 3D. Par exemple, si un cercle chevauche un solide en 3D, on peut inscrire sur le solide et sous forme d'empreinte la partie commune aux deux objets, délimitée par l'intersection des courbes. On est libre de supprimer ou de conserver le modèle original imprimé, en vue d'autres modifications. Il doit exister une intersection entre la ou les faces de l'objet à imprimer et le solide sélectionné pour que cette opération soit possible.

Pour appliquer une empreinte sur un solide en 3D, la procédure est la suivante (fig.22.20) :

[1] Dessiner l'empreinte sur le solide. Par exemple un cercle.

[2] Exécuter la commande **EDITSOLIDE** (SOLIDEDIT) à l'aide de l'une des méthodes suivantes :

Ruban : dans l'onglet **Solide** (Solid), choisir le groupe de fonctions **Edition de solides** (Solids Editing) puis **Empreinte** (Imprint).

Icônes : cliquer sur l'icône **Empreinte** (Imprint) de la barre d'outils **Edition des solides** (Solids Editing).

Clavier : taper la commande **GRAVER** (Imprint).

[3] Sélectionner le solide 3D : pointer 1.

[4] Sélectionner l'objet à imprimer : pointer 2.

[5] Appuyer sur la touche Entrée pour conserver les objets initiaux ou entrer ‹Y› (O) pour les supprimer : Y (O).

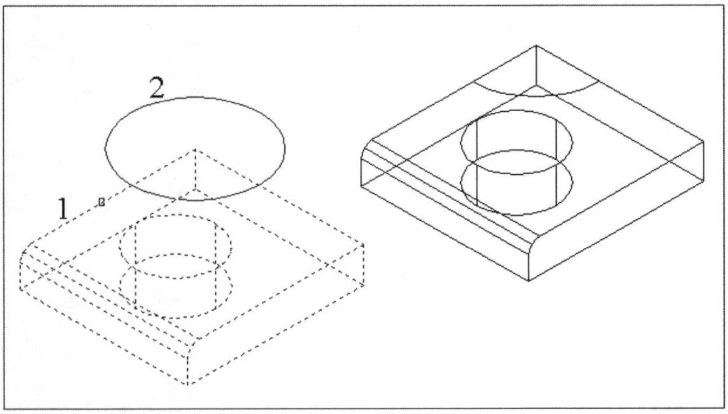

Fig.22.20

6 Sélectionner d'autres objets à imprimer ou appuyer sur Entrée pour exécuter l'opération.

7 Appuyer sur Entrée pour exécuter l'opération. L'empreinte à ajouté une face sur le solide.

Il est ensuite possible d'effectuer des modifications à partir des nouvelles faces générées. Dans l'exemple de la figure 22.21, l'empreinte est une région qui a divisé les faces latérales en deux parties. La modification est un effilement des faces latérales supérieures. Dans l'exemple de la figure 22.22, l'empreinte est une droite verticale et la modification un effilement de la face de droite.

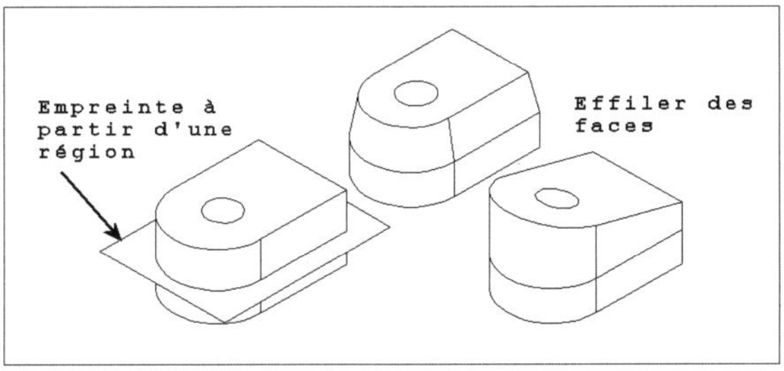

Fig.22.21

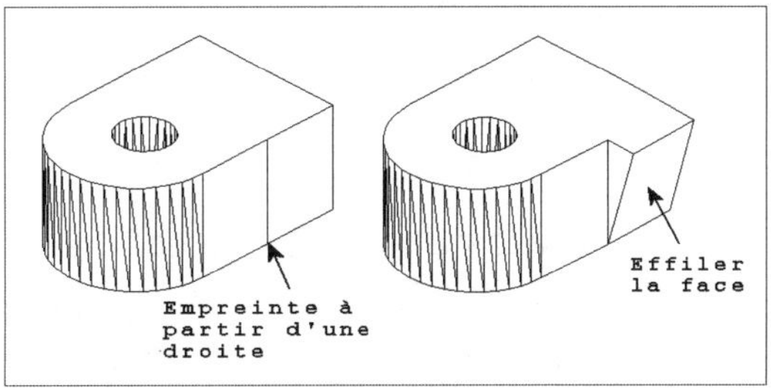

Fig.22.22

Séparer des solides 3D

Il est possible de séparer (décomposer) des solides composés. Il convient de noter que le solide 3D composé ne doit pas partager de zones ou volumes avec d'autres solides. Les solides résultant de la séparation conservent les calques et les couleurs du solide initial, une fois celui-ci décomposé. Les solides 3D imbriqués sont séparés sous leur forme la plus simple.

Pour décomposer un solide 3D composé, la procédure est la suivante (fig.22.23) :

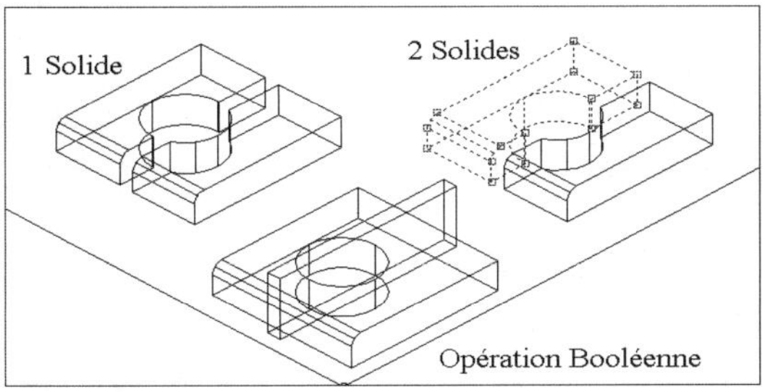

Fig.22.23

1 Exécuter la commande **EDITSOLIDE** (SOLIDEDIT) à l'aide de l'une des méthodes suivantes :

Ruban : dans l'onglet **Solide** (Solid), choisir le groupe de fonctions **Edition de solides** (Solids Editing) puis **Séparer** (Separate) dans la liste à droite.

Icônes : cliquer sur l'icône **Séparer** (Separate) de la barre d'outils **Edition des solides** (Solids Editing).

Clavier : taper la commande **EDITSOLIDE** (SOLIDEDIT).

2 Sélectionner le solide 3D désiré : pointer 1.

3 Appuyer sur Entrée pour exécuter l'opération.

Créer un gainage de solides 3D

AutoCAD offre la possibilité de créer une gaine, sorte de revêtement d'une épaisseur spécifique, à partir d'un solide en 3D. Ces nouvelles faces sont créées en décalant les faces existantes vers l'intérieur ou l'extérieur par rapport à leur position d'origine. Les faces tangentes sont traitées comme des faces uniques lors de ce type d'opération.

Dans l'exemple suivant, on va créer un gainage à l'intérieur d'un cylindre.

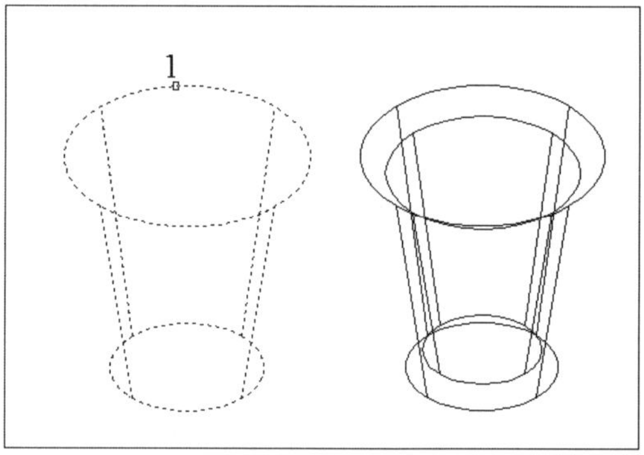

Fig.22.24

Pour créer un gainage de solide 3D, la procédure est la suivante (fig.22.24) :

1 Exécuter la commande **EDITSOLIDE** (SOLIDEDIT) à l'aide de l'une des méthodes suivantes :

Ruban : dans l'onglet **Solide** (Solid), choisir le groupe de fonctions **Edition de solides** (Solids Editing) puis **Gaine** (Shell) dans la liste à droite.

Icônes : cliquer sur l'icône **Gaine** (Shell) de la barre d'outils **Edition des solides** (Solids Editing).

Clavier : taper la commande **EDITSOLIDE** (SOLIDEDIT).

[2] Sélectionner le solide 3D désiré : pointer 1.

[3] Désigner la face à exclure du processus de gainage.

[4] Sélectionner d'autres faces à exclure ou appuyer sur Entrée pour exécuter l'opération.

[5] Indiquer la distance de décalage du gainage.
Si l'on entre une valeur positive, le gainage se crée dans la direction positive de la face. Si l'on entre une valeur négative, il se crée dans la direction négative de la face.

[6] Appuyer sur Entrée pour exécuter l'opération.

L'exemple de la figure 22.25, illustre un gainage sans face supérieure. La procédure est la suivante :

[1] Sélectionner le solide 3D.

[2] Désigner les faces à exclure : par facilité sélectionner l'option **TOUT** (ALL)

[3] Sélectionner l'option **Ajouter** (Add) pour définir les faces à prendre en compte.

[4] Sélectionner les arêtes A, B, C, D et E. La face inférieure et toutes les faces latérales sont ainsi sélectionnées.

[5] Appuyer sur Entrée et le gainage est réalisé.

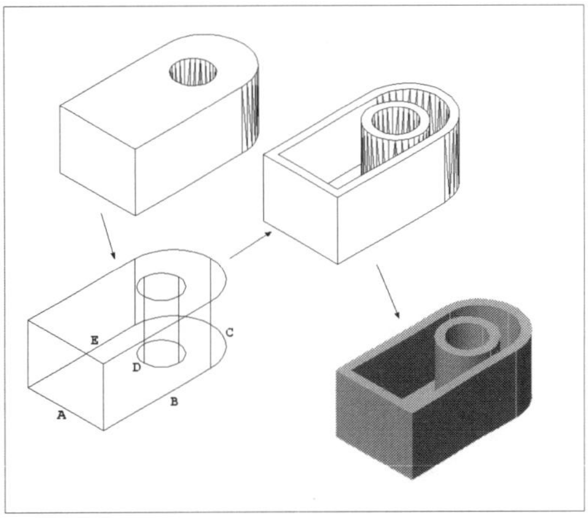

Fig.22.25

Nettoyer des solides

Il est possible de supprimer des arrêtes ou des sommets si leurs deux côtés partagent la même définition de surface ou de sommet. AutoCAD vérifie le corps, les faces ou les arêtes du solide et fusionne les faces adjacentes partageant la même surface. Toutes les arêtes redondantes, constituées d'une empreinte ou inutilisées, existant sur le solide en 3D, sont supprimées.

Pour nettoyer un solide 3D, la procédure est la suivante (fig.22.26) :

[1] Exécuter la commande **EDITSOLIDE** (SOLIDEDIT) à l'aide de l'une des méthodes suivantes :

Ruban : dans l'onglet **Solide** (Solid), choisir le groupe de fonctions **Edition de solides** (Solids Editing) puis **Nettoyer** (Clean) dans la liste à droite.

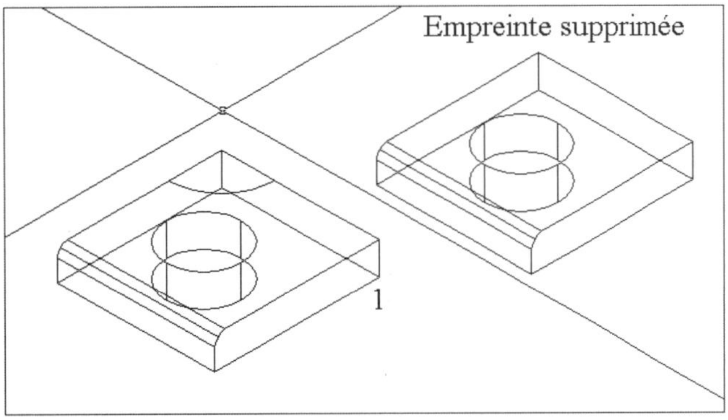

Fig.22.26

Icônes : cliquer sur l'icône **Nettoyer** (Clean) de la barre d'outils **Edition des solides** (Solids Editing).

Clavier : taper la commande **EDITSOLIDE** (SOLIDEDIT).

[2] Sélectionner le solide 3D : pointer 1.

[3] Appuyer sur Entrée pour exécuter l'opération.

Vérifier la validité des solides

AutoCAD permet de vérifier la validité des solides 3D que l'on a créés. Tout solide 3D correctement défini peut être modifié. Si l'objet que l'on tente de modifier présente des anomalies, un message d'erreur ACIS s'affiche. Si le solide 3D n'est pas correct, il n'est pas possible de l'éditer.

Pour contrôler la validité d'un solide 3D, la procédure est la suivante :

[1] Exécuter la commande **EDITSOLIDE** (SOLIDEDIT) à l'aide de l'une des méthodes suivantes :

Ruban : dans l'onglet **Solide** (Solid), choisir le groupe de fonctions **Edition de solides** (Solids Editing) puis **Vérifier** (Check) dans la liste à droite.

Icônes : cliquer sur l'icône **Vérifier** (Check) de la barre d'outils **Edition des solides** (Solids Editing).

Clavier : taper la commande **EDITSOLIDE** (SOLIDEDIT).

[2] Sélectionner le solide 3D désiré.

[3] Appuyer sur Entrée pour exécuter l'opération.

AutoCAD affiche un message indiquant si le solide est correctement défini ou non.

Raccords et chanfreins 3D

Principe

La commande **RACCORD** permet de définir des arrondis et des raccords sur les objets 3D sélectionnés. Avec la méthode par défaut, vous pouvez spécifier le rayon du raccord, puis sélectionner les arêtes à raccorder. De même, la commande **CHANFREIN** vous permet de biseauter les bords situés le long des faces adjacentes des solides 3D sélectionnés.

Après avoir utilisé la commande **RACCORD** ou **CHANFREIN** sur un solide, vous pouvez sélectionner le raccord ou le chanfrein et modifier ses propriétés dans la palette Propriétés.

Lorsque vous appliquez un raccord ou un chanfrein à une arête d'un solide, l'historique de ce dernier est supprimé.

Création d'un raccord

Pour définir un raccord, il suffit de préciser un rayon de raccord et de sélectionner les arêtes sur lesquelles il sera créé. La procédure est la suivante :

1. Exécuter la commande de définition d'un raccord à l'aide de l'une des méthodes suivantes (fig.22.27) :

Ruban : choisir le groupe de fonctions **Modification** (Modify) puis l'option **Raccord** (Fillet).

Icône : choisir l'icône **Raccord** (Fillet) de la barre d'outils **Modifier** (Modify).

Clavier : taper la commande **RACCORD** (FILLET).

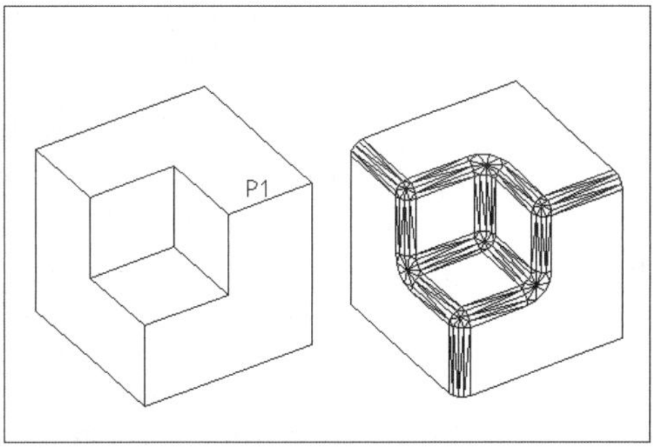

Fig.22.27

2. Sélectionner une arête du solide pour la création du raccord (P1).
3. Spécifier le rayon du raccord.
4. Sélectionner d'autres arêtes ou appuyer sur Entrée. L'option **Chaîne** (Chain) permet de repérer toutes les arêtes tangentes d'une même face à l'aide d'une seule sélection.

Edition d'un raccord

Pour modifier un raccord, le plus simple est de sélectionner le raccord avec l'aide de la touche Ctrl puis de modifier ses propriétés dans la palette **Propriétés** (fig.22.28).

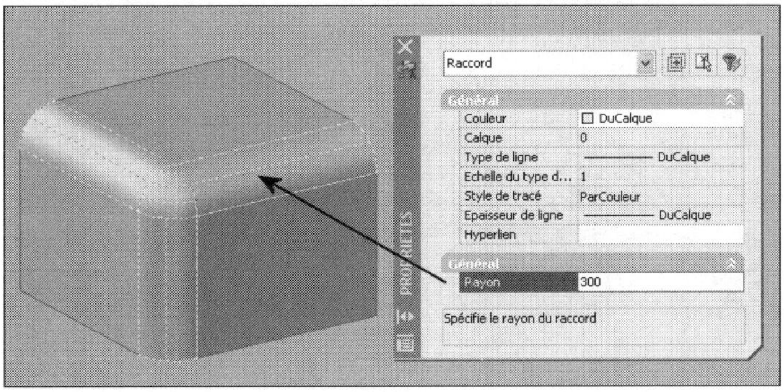

Fig.22.28

Création d'un chanfrein

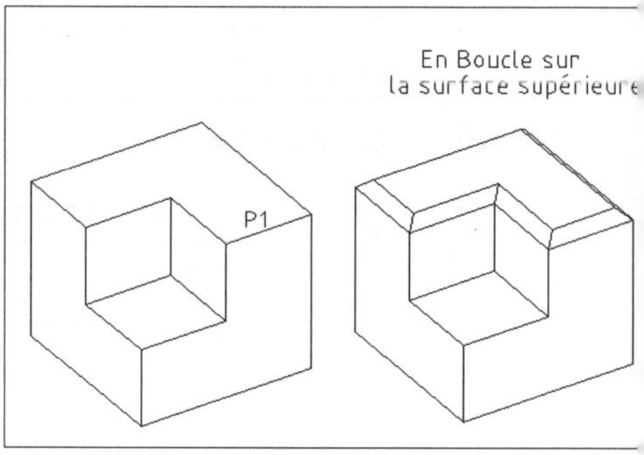

Fig.22.2

[1] Exécuter la commande de chanfreinage à l'aide de l'une des méthodes suivantes (fig.22.29) :

Ruban : choisir le groupe de fonctions **Modification** (Modify) puis l'option **Chanfrein** (Chamfer).

Icône : choisir l'icône **Chanfrein** (Chamfer) de la barre d'outils **Modifier** (Modify).

Clavier : taper la commande **CHANFREIN** (CHAMFER).

[2] Sélectionner une arête du solide pour la création du chanfrein.

[3] AutoCAD met en surbrillance l'une des deux faces adjacentes à l'arête sélectionnée. Si le chanfrein doit s'effectuer sur l'autre surface, taper « N », sinon cliquer sur **OK** pour confirmer le premier choix.

[4] Spécifier la distance voulue sur la surface de base puis sur la surface adjacente. Exemple : 500 et 500.

[5] Sélectionner les arêtes à chanfreiner. L'option **Boucle** (Loop) permet de sélectionner toutes les arêtes autour de la surface de base.

Edition d'un chanfrein

Pour modifier un chanfrein, le plus simple est de sélectionner le raccord avec l'aide de la touche Ctrl puis de modifier ses propriétés dans la palette Propriétés (fig.22.30).

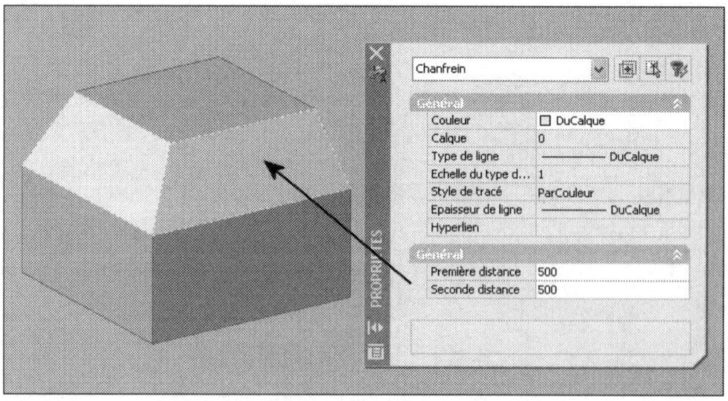

Fig.22.30

Modifications particulières des surfaces

Les surfaces procédurales et NURBS peuvent être modifiées à l'aide des outils de modification de base, tels que l'ajustement, le prolongement et le raccordement. Les surfaces NURBS peuvent être modifiées à l'aide de ces outils, mais leurs formes peuvent également être modifiées par étirement des sommets de contrôle (fig.22.31).

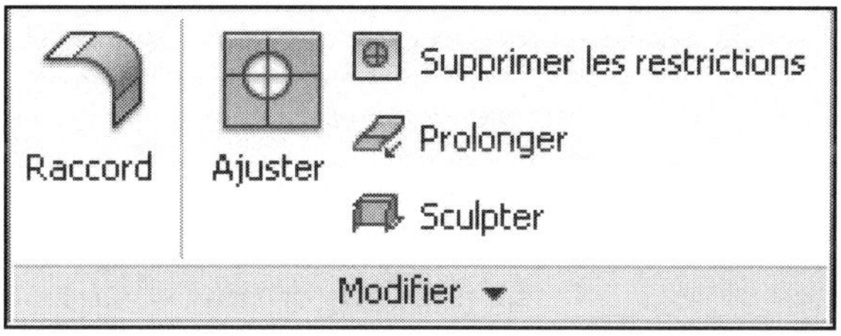

Fig.22.31

En particulier, une géométrie peut être projetée sur des surfaces, dans différentes directions pour créer des arêtes d'ajustement.

L'ajustement et l'annulation de restrictions de surfaces

L'ajustement de surfaces constitue une étape importante dans le travail de modélisation de surface. Vous pouvez ajuster une surface à son intersection avec un objet ou vous pouvez projeter une géométrie sur une surface comme arête d'ajustement.

Lorsqu'une surface est ajustée, les zones de la surface supprimées peuvent être restaurées par la fonction SUPPRAJUSTSURF. Cette fonction ne permet pas de restaurer les zones supprimées par les variables système SURFAUTOTRIM et PROJETERGEOMETRIE. Elle ne restaure que les surfaces ajustées par AJUSTERSURF.

Pour ajuster une surface, la procédure est la suivante :

1. Cliquer sur l'onglet **Surface**, puis sur le groupe de fonctions **Modifier** (Edit) et sur la fonction **Ajuster** (Trim).
2. Sélectionner la surface et appuyer sur Entrée.
3. Sélectionner les courbes sécantes et appuyer sur Entrée.
4. Sélectionner les zones de surface à supprimer et appuyer sur la touche Entrée. Les zones sélectionnées sont supprimées (fig.22.32).

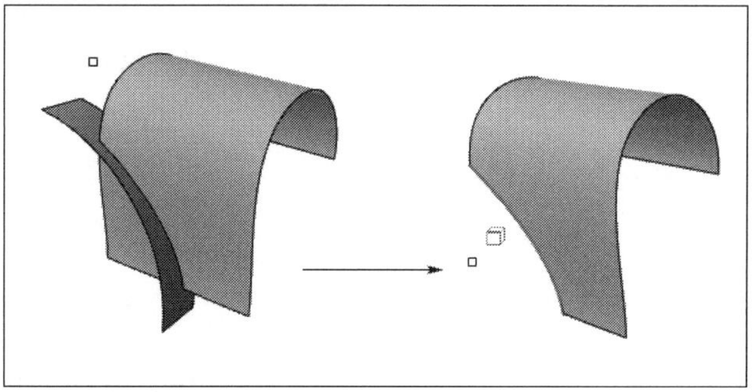

Fig.22.32

Pour supprimer les restrictions d'une surface, la procédure est la suivante :

1. Cliquer sur l'onglet Surface, puis sur le groupe de fonctions **Modifier** (Edit) et sur la fonction **Supprimer les restrictions** (Untrim).
2. Sélectionner une partie visible de la surface et appuyer sur Entrée. Les surfaces ajustées sont restaurées.

Remarque

Lorsque vous ajustez une surface à plusieurs reprises, vous risquez de perdre certaines arêtes d'ajustement d'origine. Lorsque l'arête d'ajustement est perdue, la suppression de restrictions risque d'être impossible.

Le prolongement d'une surface

Il existe deux types de surfaces de prolongement : de fusion et d'ajout. La surface de fusion est une continuation de la surface sans joint. La surface d'ajout prolonge la surface en ajoutant une deuxième surface avec un joint. Dans la mesure où elles créent un joint, les surfaces d'ajout ont des propriétés de continuité et de magnitude de courbure.

Pour les deux types de surface, utilisez la palette Propriétés pour modifier la longueur ou la dériver d'une expression mathématique.

Pour créer une surface par prolongement d'une surface, la procédure est la suivante :

1. Cliquer sur l'onglet **Surface**, puis sur le groupe de fonctions **Modifier** (Edit) et sur la fonction **Prolonger** (Extend).
2. Sélectionner les arêtes de surfaces à prolonger : 1 trouvée(s).
3. Sélectionner les arêtes de surfaces à prolonger : appuyer sur Entrée.
4. Spécifier la distance de prolongement [Expression/Mode] : entrer une distance ou sélectionner une option (fig.22.33).
5. Il est ensuite toujours possible d'apporter des modifications via le panneau des Propriétés. Sous Géométrie, vous pouvez modifier les paramètres de votre choix.

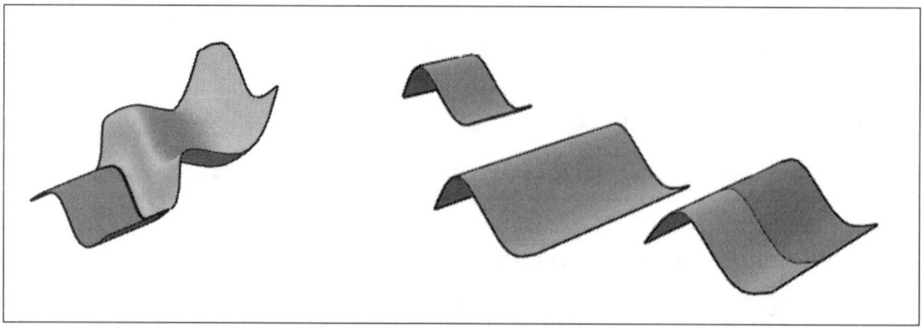

Fig.22.33

Les options sont les suivantes :

- **Expression :** permet d'entrer une formule ou une équation pour spécifier la longueur du prolongement de la surface.
- **Modes :**
  - **Prolonger** (Extend) : extrude la surface de manière à reproduire et continuer la forme de la surface.
  - **Etirer** (Stretch) : extrude la surface sans essayer de reproduire et de continuer la forme de la surface.
- **Type de création :**
  - **Fusionner** (Merge) : prolonge la surface de la distance spécifiée sans créer de surface.
  - **Ajouter** (Append) : crée une surface d'extension adjacente à la surface d'origine. Si la surface d'origine est une surface NURBS, la nouvelle surface d'extension sera également une surface NURBS.

Le raccord de surface

Le raccord de surface permet de créer une surface de transition entre deux surfaces ou régions existantes, ainsi qu'une surface tangente entre deux surfaces ou régions avec un profil de rayon constant. Les surfaces d'origine s'ajustent pour couper la surface de raccord.

Pour créer une surface de raccord, la procédure est la suivante :

1. Cliquer sur l'onglet **Surface**, puis sur le groupe de fonctions **Modifier** (Edit) et sur la fonction **Raccord** (Fillet).
2. Entrer R pour spécifier le rayon et appuyer sur Entrée.
3. Sélectionner la première surface, puis la seconde.
4. La surface de raccord est créée et les surfaces d'origine sont automatiquement ajustées si nécessaire (fig.22.34).

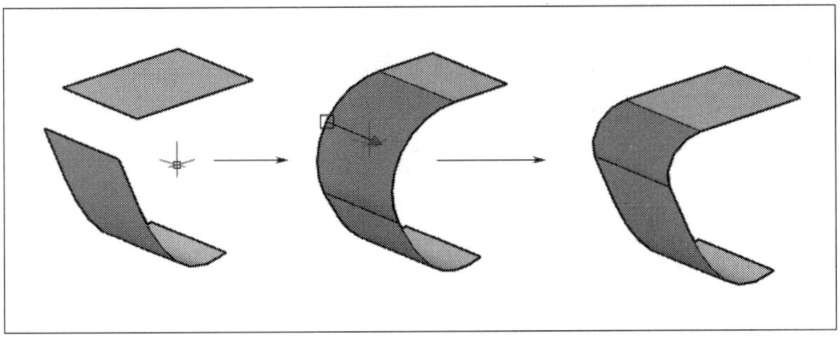

Fig.22.34

Modification des surfaces NURBS

Pour modifier des surfaces NURBS, il suffit d'afficher les points de contrôle via la fonction **Afficher SC** (Show CV) du groupe de fonctions **Sommets de contrôle** (Control Vertices), puis de glisser les sommets de contrôle directement. En maintenant la touche Maj enfoncée, il est possible de sélectionner plusieurs sommets de contrôle en même temps (fig.22.35).

Vous pouvez également ajouter ou supprimer les sommets de contrôle dans les directions U et V (fig.22.36) à l'aide de la fonction **Ajouter** (Add) du groupe de fonction **Sommets de contrôle** (Control Vertices).

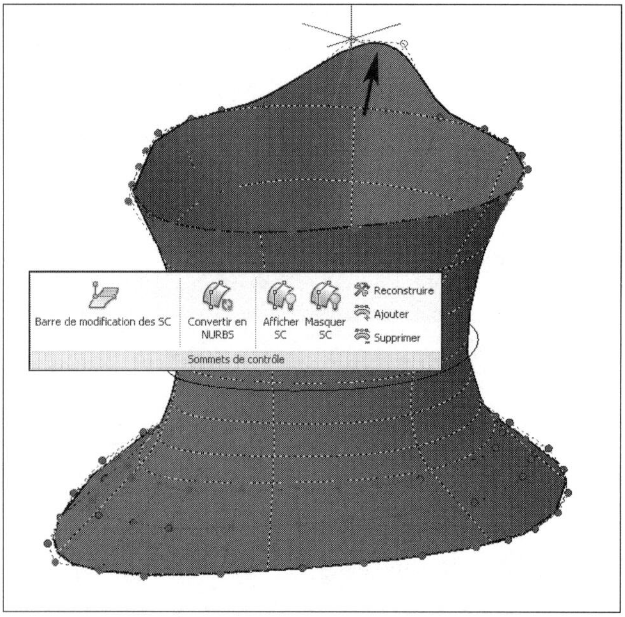

Fig.22.35

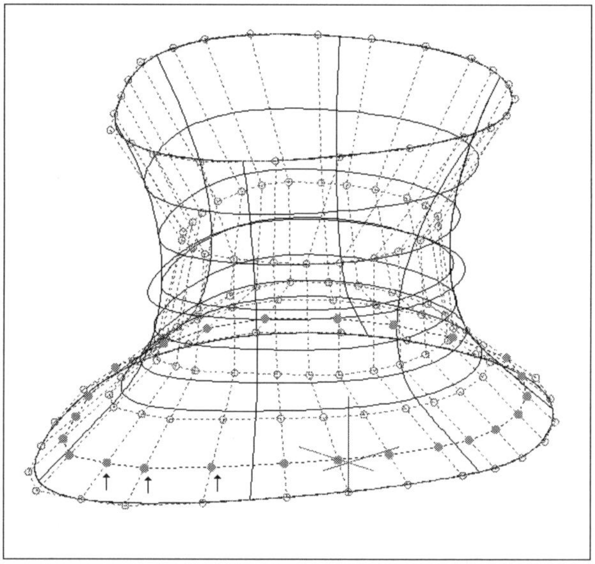

Fig.22.36

Projection de la géométrie sur les surfaces, les solides et les régions

Tout comme un film sur un écran, une géométrie peut être projetée sur des surfaces dans différentes directions pour créer des arêtes d'ajustement. La commande PROJETERGEOMETRIE crée une courbe dupliquée sur l'objet que vous pouvez déplacer et modifier. Vous pouvez également appliquer un ajustement sur des courbes 2D qui n'entrent pas réellement en contact avec la surface, mais qui semblent couper l'objet dans la vue active.

La variable système SURFACEAUTOTRIM (bouton Ajuster automatiquement) permet d'ajuster automatiquement une surface sur laquelle vous projetez une géométrie.

La projection s'effectue à partir des fonctions du groupe de fonctions **Projeter la géométrie** (Project Geometry).

La projection peut s'effectuer à partir de trois angles différents : l'axe Z du SCU courant, la vue actuelle ou une trajectoire comprise entre deux points.

- **Projeter sur le SCU** (Project to UCS) : projette la géométrie le long de l'axe Z positif ou négatif du SCU courant.
- **Projeter sur la vue** (Project to View) : projette la géométrie en fonction de la vue courante.
- **Projeter sur 2 points** (Project to 2 points) : projette la géométrie le long d'une trajectoire comprise entre deux points.

Pour ajuster automatiquement des zones selon des courbes projetées, la procédure est la suivante :

1. Cliquer sur l'onglet **Surface**, puis sur le groupe de fonctions **Projeter la géométrie** (Project Geometry) et sur **Ajuster automatiquement** (Auto Trim).
2. Sélectionner une des options de projection. Par exemple : projeter sur 2 points (Project to 2 points).
3. Spécifier le point de départ de la direction : P1.
4. Spécifier l'extrémité de la direction : P2.
5. Sélectionner les courbes, les points à projeter ou [direction de proJection] : sélectionner la courbe.
6. Sélectionner les courbes, les points à projeter ou [direction de proJection] : appuyer sur Entrée.
7. Sélectionner une surface cible et appuyer sur Entrée.
8. La zone est ajustée automatiquement (fig.22.37).

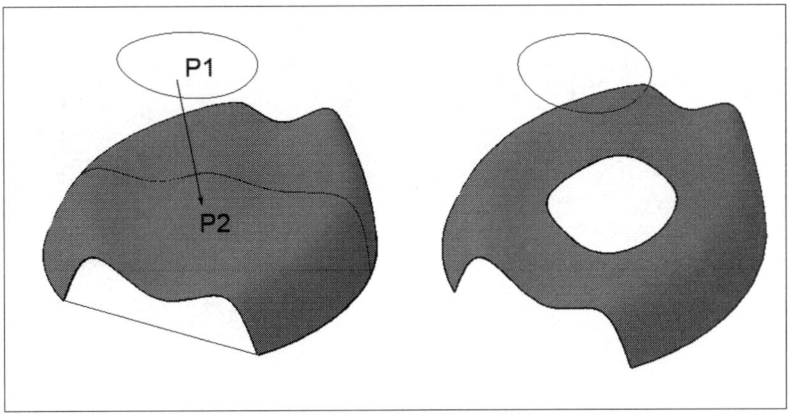

Fig.22.37

Les modifications topologiques des solides

Principe

Comme pour les entités 2D, il est possible de modifier la position d'un objet 3D et d'en faire des copies multiples. Cinq fonctions spécifiques permettent de manipuler les objets dans l'environnement 3D. Il s'agit du déplacement en 3D, de la rotation en 3D, de la création de réseaux en 3D, de la création de copies-miroirs en 3D et de l'alignement d'objets en 3D.

Dans le cas du déplacement et de la rotation, AutoCAD utilise également la poignée d'aide Gizmo comme pour les sous-objets. Le gizmo s'installe automatiquement dès la sélection du ou des objets à déplacer. Il n'est donc pas absolument nécessaire de faire appel aux commandes Déplacer 3D et Rotation 3D du groupe de fonctions **Modification** (Modify). Il est cependant utile de souligner qu'en mode automatique c'est toujours le dernier type de gizmo utilisé qui s'affiche. Ainsi, si c'est le gizmo rotation qui s'affiche et que vous souhaitez réaliser un déplacement, il convient d'effectuer un clic droit sur le gizmo et de sélectionner **Déplacer** dans le menu contextuel qui s'affiche.

Le déplacement 3D d'un objet

Pour déplacer un objet en 3D, AutoCAD dispose d'un outil d'aide « gizmo » qui vous permet de déplacer un jeu de sélection d'objets librement ou en contraignant le mouvement à un axe ou un plan.

Après avoir sélectionné les objets et les sous-objets que vous voulez déplacer, l'outil gizmo se place automatiquement au centre de gravité. Cet emplacement (indiqué par le cadre central du gizmo) définit le point de base du mouvement et modifie temporairement la position du SCU pour le déplacement des objets sélectionnés. Vous pouvez ensuite déplacer les objets librement en faisant glisser l'outil poignée ou spécifier l'axe ou le plan à utiliser pour contraindre le déplacement (fig. 22.38-22.39).

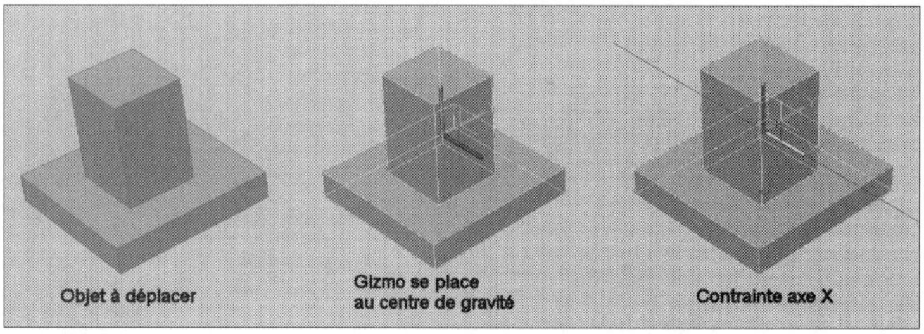

Fig.22.38

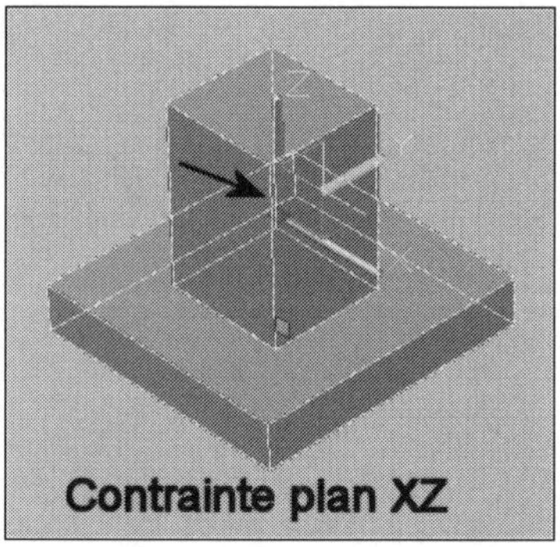

Fig.22.39

Pour déplacer des objets dans l'espace 3D le long d'un axe spécifié, la procédure est la suivante :

1 Exécuter la commande de déplacement 3D à l'aide de l'une des méthodes suivantes :

Ruban : choisir le groupe de fonctions **Modification** (Modify), puis l'option **Déplacer 3D** (3D Move).

Icône : cliquer sur l'icône **Déplacer 3D** (3D Move) de la barre d'outils **Modélisation** (Modeling).

Clavier : taper la commande **DEPLACER3D** (3DMOVE).

2 Sélectionner les objets que vous voulez déplacer.

3 Une fois les objets sélectionnés, appuyer sur Entrée. Le gizmo de déplacement est attaché au curseur.

4 Cliquer pour positionner le gizmo de déplacement, et spécifier ainsi le point de base du déplacement.

5 Placer le curseur au-dessus d'un identificateur d'axe sur le gizmo jusqu'à ce qu'il devienne jaune et que le vecteur s'affiche, puis cliquer sur l'identificateur d'axe.

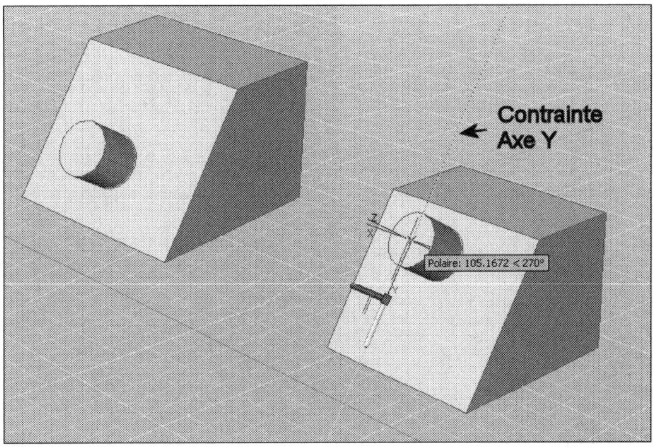

Fig.22.40

6 Cliquer ou entrer une valeur pour spécifier la distance du déplacement (fig.22.40).

Pour déplacer des objets dans l'espace 3D le long d'un plan spécifié, la procédure est la suivante :

1 Exécuter la commande de déplacement 3D à l'aide de l'une des méthodes suivantes :

Ruban : choisir le groupe de fonctions **Modification** (Modify), puis l'option **Déplacer 3D** (3D Move).

Icône : cliquer sur l'icône **Déplacer 3D** (3D MOve) de la barre d'outils **Modélisation** (Modeling).

Clavier : taper la commande **DEPLACER3D** (3DMOVE).

[2] Sélectionner les objets que vous voulez déplacer.

[3] Une fois les objets sélectionnés, appuyer sur Entrée. Le gizmo de déplacement est attaché au curseur.

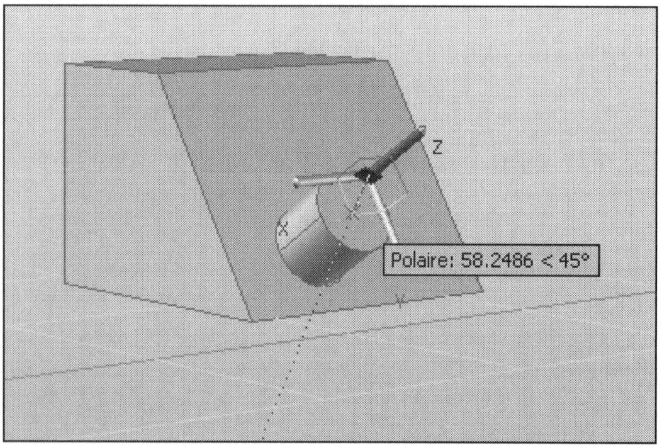

Fig.22.41

[4] Cliquer pour positionner l'outil poignée de déplacement, et spécifier ainsi le point de base du déplacement.

[5] Placer le curseur au-dessus du point où les deux lignes prolongeant les identificateurs d'axe (qui déterminent le plan) se rencontrent jusqu'à ce que les lignes deviennent jaunes, puis cliquer.

[6] Cliquer ou entrer une valeur pour spécifier la distance du déplacement (fig.22.41).

La rotation 3D d'un objet

Pour faire tourner un objet en 3D, AutoCAD dispose d'un outil « poignée de rotation » qui vous permet de faire pivoter des objets et des sous-objets librement ou en contraignant la rotation à un axe. Après avoir sélectionné les objets et les sous-objets que vous voulez faire pivoter, placer l'outil poignée n'importe où dans l'espace 3D. Cet emplacement (indiqué par le cadre central de l'outil poignée) définit le point de base du mouvement et modifie temporairement la position du SCU pour la rotation des objets sélectionnés.

Vous pouvez ensuite faire pivoter les objets librement en faisant glisser l'outil poignée ou spécifier l'axe à utiliser pour contraindre la rotation (fig.22.42).

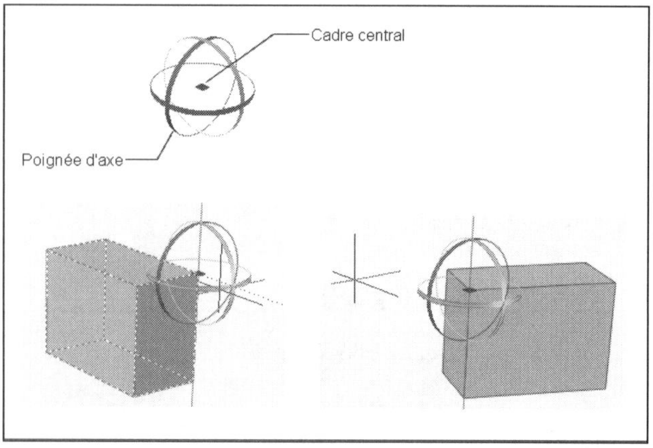

Fig.22.42

Pour faire pivoter des objets dans l'espace 3D le long d'un axe spécifié, la procédure est la suivante :

[1] Exécuter la commande de rotation 3D à l'aide de l'une des méthodes suivantes :

Ruban : choisir le groupe de fonctions **Modification** (Modify), puis l'option **Rotation 3D** (3D Rotate).

Icône : cliquer sur l'icône **Rotation 3D** (3D Rotate) de la barre d'outils **Modélisation** (Modeling).

Clavier : taper la commande **ROTATION3D** (3DROTATE).

2 Sélectionner les objets et les sous-objets à faire pivoter.

3 Appuyer sur la touche Ctrl et maintenez-la enfoncée pour sélectionner des sous-objets (faces, arêtes et sommets). Relâcher la touche Ctrl pour sélectionner des objets.

4 Une fois les objets sélectionnés, appuyer sur Entrée. L'outil poignée de rotation est attaché au curseur.

5 Cliquer pour positionner l'outil poignée de rotation, et spécifier ainsi le point de base du mouvement.

6 Placer le curseur au-dessus d'un identificateur d'axe sur l'outil poignée jusqu'à ce qu'il devienne jaune et que le vecteur s'affiche, puis cliquer.

7 Cliquer ou entrer une valeur pour spécifier l'angle de rotation (fig.22.43).

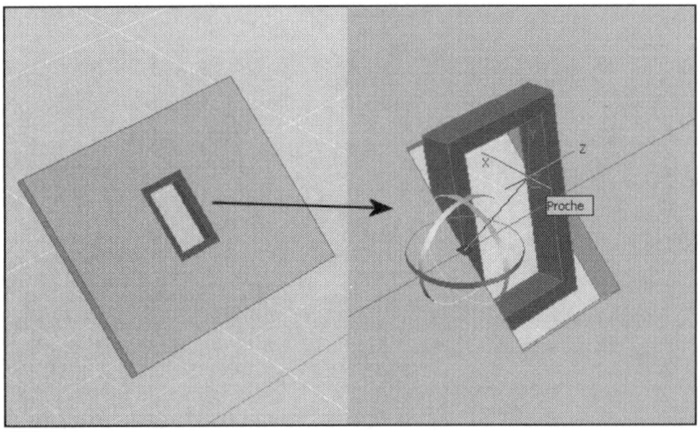

Fig.22.43

L'alignement 3D d'un objet

L'alignement 3D d'objets permet de déplacer facilement un ou plusieurs objets sources pour les aligner sur un objet de référence. Pour cela, vous pouvez spécifier un, deux ou trois points pour l'objet source puis spécifier un, deux ou trois points d'arrivée. L'objet sélectionné est déplacé et pivote afin que les points de base et les axes X et Y de la source et de la destination soient alignés dans l'espace 3D. La commande **ALIGNER3D** (3D Align) fonctionne avec le SCU dynamique (SCUD), ce qui vous permet de faire glisser les objets sélectionnés et les aligner avec la face d'un objet solide de façon dynamique.

Pour aligner des objets avec d'autres objets à l'aide de deux couples de trois points, la procédure est la suivante :

1 Exécuter la commande d'alignement 3D à l'aide de l'une des méthodes suivantes :

Ruban : choisir le groupe de fonctions **Modification** (Modify), puis l'option **Aligner 3D** (3D Align).

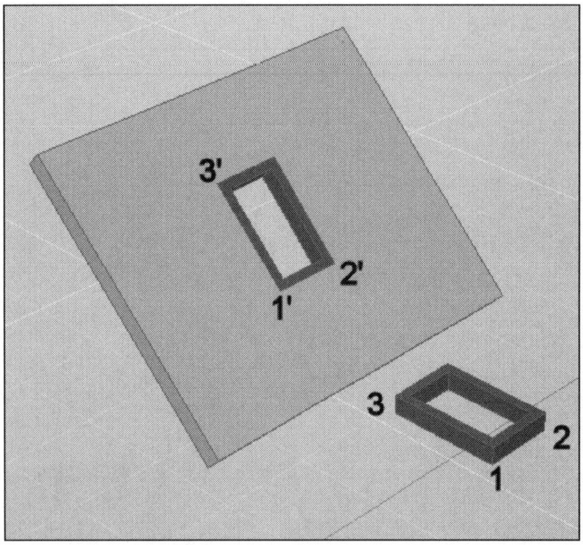

Fig.22.44

Icône : cliquer sur l'icône **Aligner 3D** (3D Align) de la barre d'outils **Modélisation** (Modeling).

Clavier : taper la commande **ALIGNER3D** (3DALIGN).

[2] Sélectionner les objets à aligner et appuyer sur Entrée.

[3] Spécifier le plan de départ et l'orientation. Pour cela spécifier d'abord le point de base (P1). Le point de base de l'objet source sera déplacé vers le point de base de l'arrivée.

[4] Spécifier un point sur l'axe X de l'objet (P2).

[5] Spécifier le troisième point (P3). Ce troisième point permet de spécifier l'orientation du plan XY de l'objet source qui sera aligné sur le plan d'arrivée.

[6] Spécifier le plan d'arrivée et l'orientation. Pour cela spécifier d'abord le premier point d'arrivée. Ce point définit l'arrivée du point de base de l'objet source.

[7] Spécifier le second point d'arrivée. Ce deuxième point spécifie une nouvelle direction de l'axe X.

[8] Spécifier le troisième point d'arrivée. Ce point spécifie l'orientation du plan XY d'arrivée (fig.22.44).

Pour glisser des objets sélectionnés et les aligner avec la face d'un objet solide de façon dynamique, la procédure est la suivante :

[1] Activer le mode SCU dynamique.

[2] Exécuter la commande d'alignement 3D à l'aide de l'une des méthodes suivantes :

Ruban : choisir le groupe de fonctions **Modification** (Modify), puis l'option **Aligner 3D** (3D Align).

Icône : cliquer sur l'icône **Aligner 3D** (3D Align) de la barre d'outils **Modélisation** (Modeling).

Clavier : taper la commande **ALIGNER3D** (3DALIGN).

[3] Sélectionner les objets à aligner et appuyer sur Entrée.

4 Spécifier un point de base (P1). Ce point de base de l'objet source sera déplacé vers le point de base de l'arrivée.

5 Entrer C pour activer l'option **Continuer** (Continue) puis appuyer sur Entrée.

6 Survoler la face à laquelle vous souhaitez aligner l'objet.

7 Spécifier le premier point d'arrivée (P2) et appuyer sur Entrée si la position de base est correcte, sinon pointer un second voir un troisième point pour orienter l'objet (fig.22.45).

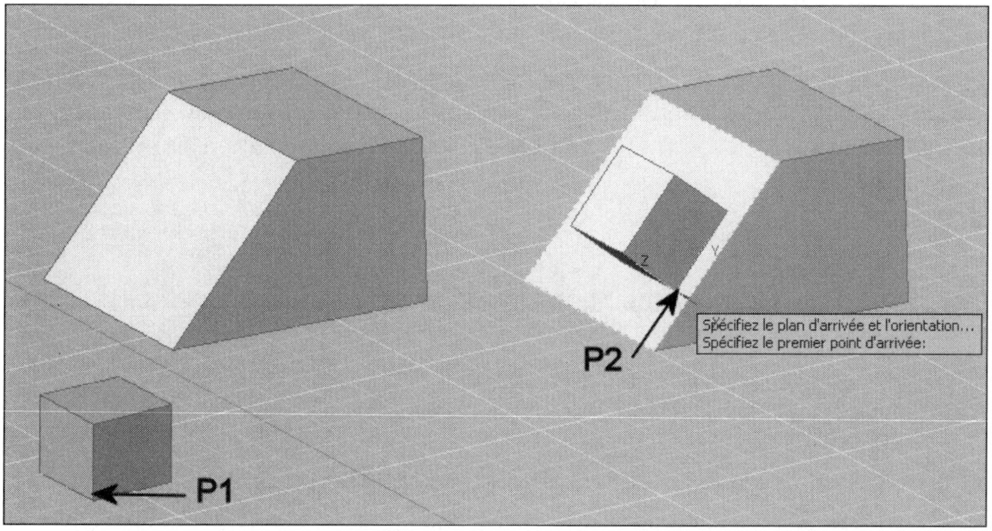

Fig.22.45

La copie-miroir en 3D

La copie-miroir d'un objet en 3D s'effectue par rapport à un plan de symétrie qui peut être : un plan défini par trois points dans l'espace, un plan parallèle au plan XY, YZ ou XZ et passant par un point au choix, le plan d'un objet 2D.

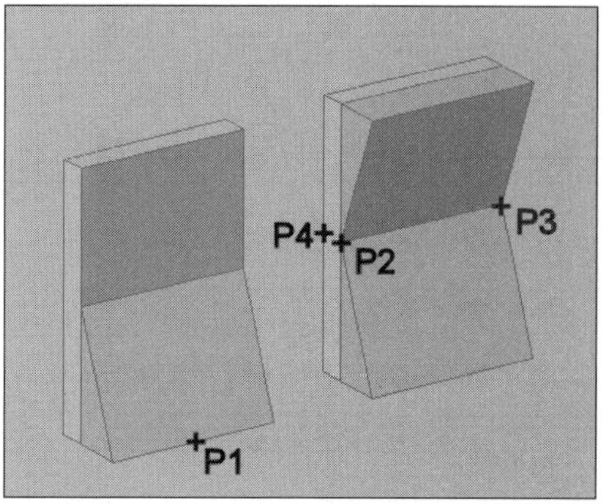

Fig.22.46

Pour créer un miroir 3D, la procédure est la suivante :

1 Exécuter la commande de copie-miroir à l'aide de l'une des méthodes suivantes (fig.22.46) :

Ruban : choisir le groupe de fonctions **Modification** (Modify) puis l'option **Miroir 3D** (3D Mirror).

Clavier : taper la commande **MIRROR3D**.

2. Sélectionner l'objet à copier (P1).
3. Désigner trois points pour définir le plan de symétrie (P2, P3, P4).
4. Appuyer sur Entrée pour conserver l'objet d'origine ou entrer « o » (y) pour le supprimer.

La création d'un réseau d'objets en 3D

Depuis AutoCAD 2012, la méthode de création d'un réseau 3D est identique à la méthode de création d'un réseau en 2D (voir chapitre 5).

La création d'un réseau d'objets en 3D peut s'effectuer de manière rectangulaire ou polaire. Dans le premier cas, une des méthodes consiste à définir le nombre de colonnes (direction X), de lignes (direction Y) et de niveaux (direction Z). Dans le second cas, une des méthodes consiste à spécifier le nombre d'objets et l'axe de rotation. La procédure est la suivante :

1. Exécuter la commande de copie en réseau à l'aide de l'une des méthodes suivantes :

Ruban : choisir le groupe de fonctions **Modification** (Modify) puis l'option **Réseau** (Array).

Clavier : taper la commande **ARRAY**.

2. Sélectionner le type de réseau souhaité. Par exemple : Rectangulaire.
3. Spécifier le coin opposé pour le nombre d'éléments ou [point de Base/Angle/Nombre] ‹Nombre› : appuyer sur Entrée pour activer l'option Nombre.

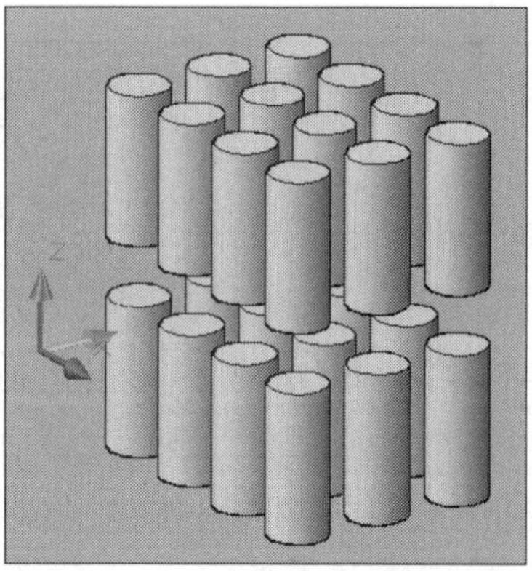

Fig.22.47

4. Entrer le nombre de rangées ou [Expression] ‹4› : 3, puis appuyer sur Entrée.
5. Entrer le nombre de colonnes ou [Expression] ‹4› : 4, puis appuyer sur Entrée.
6. Spécifier le coin opposé pour espacer les éléments ou [Espacement] ‹Espacement› : appuyer sur Entrée pour activer l'option Espacement.
7. Spécifier la distance entre les rangées ou [Expression] ‹6› : 5, puis appuyer sur Entrée.
8. Spécifier la distance entre les colonnes ou [Expression] ‹6› : 5, puis appuyer sur Entrée (fig.22.47).

9 Entrer N pour activer l'option Niveaux et appuyer sur Entrée.

10 Entrer le nombre de niveaux ou [Expression] <1> : 2, puis appuyer sur Entrée.

11 Spécifier la distance entre niveaux ou [Total/Expression] <10> : 10, puis appuyer sur Entrée.

12 Appuyer sur ENTREE pour accepter ou [ASsociatif/point de Base/Rangées/Colonnes/Niveaux/Quitter] <Quitter> : appuyer sur Entrée.

Dans le cas d'un réseau polaire :

1 Spécifier le point central du réseau ou [point de Base/Axe de rotation] : entrer « a » puis Entrée pour activer l'option Axe de rotation.

2 Spécifier le premier point sur l'axe de rotation : P1.

3 Spécifier le deuxième point sur l'axe de rotation : <Ortho actif> P2.

4 Entrer le nombre d'éléments ou [Angle entre/Expression] <4> : 8, puis appuyer sur Entrée.

5 Spécifier l'angle à remplir (+=trigo, -=horaire) ou [EXpression] <360> : appuyer sur Entrée.

6 Appuyer sur ENTREE pour accepter ou [ASsociatif/point de Base/Eléments/Angle entre/angle de REmplissage/RAngées/Niveaux/ROtation éléments/Quitter] <Quitter> : appuyer sur Entrée (fig.22.48).

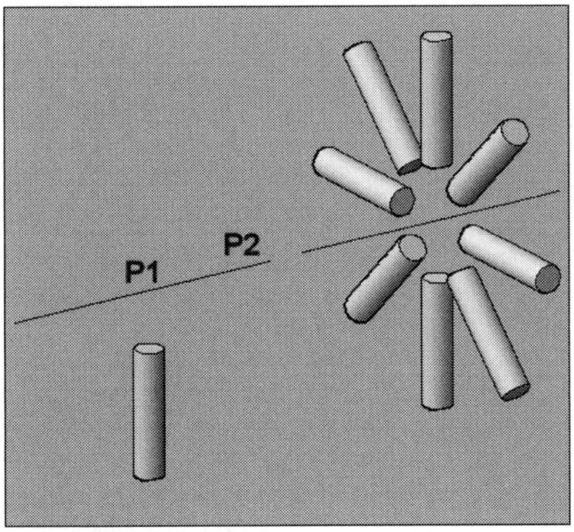

Fig.22.48

Chapitre 23

Création de coupes et de vues

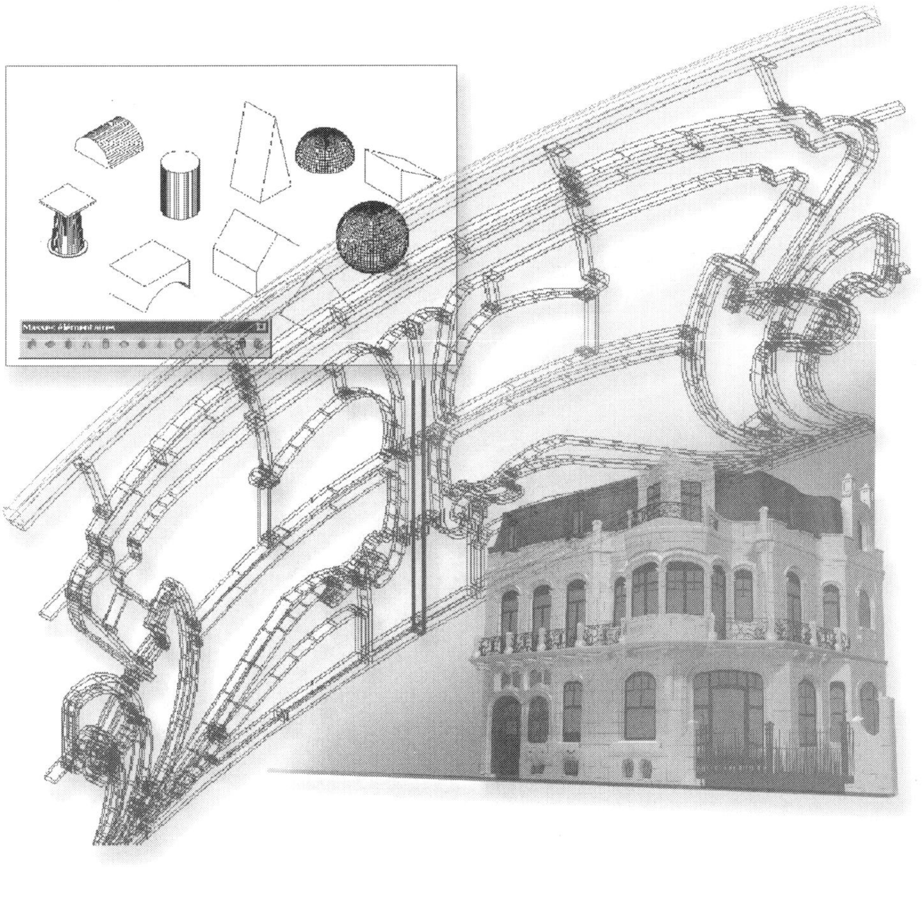

Le principe

Après la création du modèle 3D d'un projet, beaucoup de données ne sont souvent pas réutilisables et beaucoup de temps est nécessaire pour la réalisation des vues en plan. Grâce aux nouvelles fonctionnalités d'AutoCAD 2007, il est à présent très aisé de réutiliser les données qui ont servi à la conception d'un projet pour guider la production de plans.

Vous pouvez créer une coupe statique en utilisant l'intersection d'un plan et d'objets solides pour créer une région. Il s'agit de la fonction **COUPE** (SECTION). Vous pouvez également utiliser un plan sécant, appelé objet de coupe qui permet de voir des vues en coupe dans un modèle 3D en temps réel. Il s'agit dans ce cas de la fonction **PLANDECOUPE** (SECTIONPLANE). Les vues en coupe peuvent ensuite être capturées sous la forme de représentations aplanies.

La création d'une coupe 2D statique

Pour effectuer une coupe dans un solide il suffit de spécifier le plan de la section à l'aide de trois points, d'un objet ou des plans XY, YZ et ZX. La section générée prend la forme d'une région (surface 2D) et peut être déplacée n'importe où dans le plan. La procédure est la suivante :

1. Entrer la commande **COUPE** (SECTION) au clavier.
2. Sélectionner l'objet à couper.
3. Définir le plan de coupe à l'aide de trois points (P1, P2, P3). Le premier point définit l'origine (0,0,0) de ce plan. Le deuxième point détermine l'axe X, et le troisième l'axe Y.

Il est ensuite possible de déplacer et d'habiller (hachures, cotation, etc.) la coupe générée (fig.23.1).

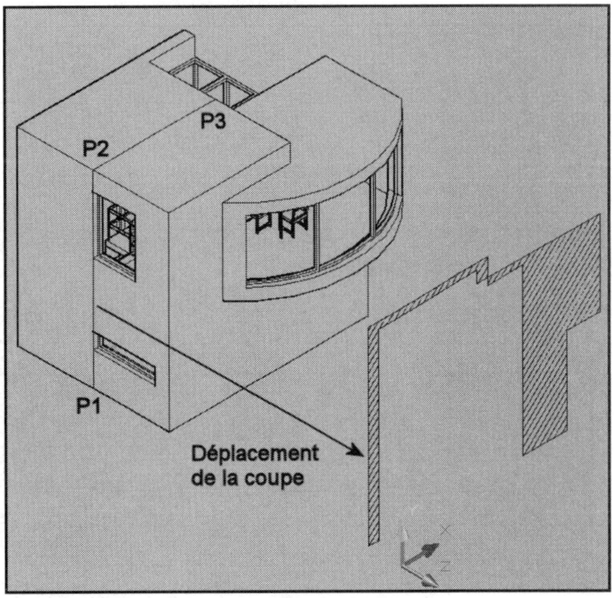

Fig.23.1

Les autres options sont les suivantes :

- **Axe Z** (Zaxis) : définit le plan de coupe en indiquant un point sur le plan sécant et un autre point sur l'axe Z du plan (perpendiculaire au plan).
- **Vue (View)** : aligne le plan de coupe avec le plan de visualisation de la fenêtre courante. La spécification d'un point définit l'emplacement du plan de coupe.
- **XY** : aligne le plan de coupe avec le plan XY du SCU courant. La spécification d'un point définit l'emplacement du plan de coupe.
- **YZ** : aligne le plan de coupe avec le plan YZ du SCU courant. La spécification d'un point définit l'emplacement du plan de coupe.
- **ZX** : aligne le plan de coupe avec le plan ZX du SCU courant. La spécification d'un point définit l'emplacement du plan de coupe.

Couper un solide en deux parties

Pour couper un solide en deux parties il suffit de spécifier un plan de coupe à l'aide de trois points, d'un objet ou des plans XY, YZ et ZX. Après la coupe, il est possible de conserver une seule ou les deux moitiés du solide d'origine. La procédure est la suivante :

[1] Exécuter la commande de coupe à l'aide de l'une des méthodes suivantes (fig.23.2) :

Ruban : choisir le groupe de fonctions **Edition de Solides** (Solid Editing) puis **Section** (Slice).

Tableau de bord : dans le **Panneau de configuration Création 3D**, cliquer sur l'icône pour développer le panneau, puis sélectionner **Section** (Slice).

Clavier : taper la commande **SECTION** (SLICE).

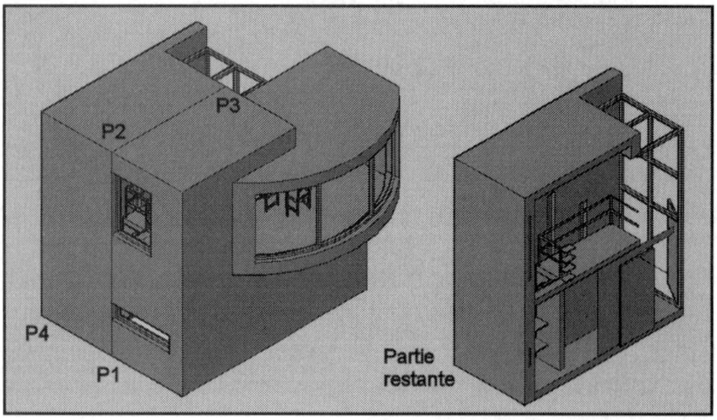

Fig.23.2

[2] Sélectionner l'objet à couper.

[3] Appuyer sur Entrée pour activer l'option 3 points.

[4] Définir le plan de coupe à l'aide de trois points (P1, P2, P3).

[5] Désigner la moitié à conserver (P4) ou entrer « D » (B) pour garder les deux parties.

La création d'un plan de coupe

PRINCIPE

Trois méthodes sont disponibles pour créer un plan de coupe :

- **Alignement sur une face** : il s'agit de la méthode par défaut qui consiste à déplacer le curseur sur la face de votre modèle 3D, puis à cliquer pour positionner l'objet de coupe. Le plan de coupe est aligné automatiquement en fonction du plan de la face que vous avez sélectionnée.
- **Dessin du plan de coupe** : il convient de dessiner la ligne de coupe en pointant deux ou plusieurs points. Dans ce dernier cas, vous pouvez créer une ligne de coupe brisée.
- **Coupe orthogonale** : cette méthode vous permet de créer rapidement un objet de coupe aligné en fonction d'un plan orthogonal présélectionné.

Créer un plan de coupe alignésur une surface

Pour créer un objet de coupe en sélectionnant une face, la procédure est la suivante :

1. Exécuter la commande de coupe à l'aide de l'une des méthodes suivantes :

Ruban : choisir l'onglet **Début** (Home) puis le groupe de fonctions **Coupe** (Section) et enfin **Plan de coupe** (Section Plane).

Clavier : taper la commande **PLANDECOUPE** (SECTIONPLANE).

2. Cliquer pour sélectionner une face dans votre modèle (fig.23.3). Un objet de coupe est créé sur le plan de la face sélectionnée (fig.23.4).
3. Cliquer sur la ligne de coupe pour afficher ses poignées.
4. Sélectionner une poignée pour déplacer le plan de coupe à travers l'objet 3D (fig.23.5). Un objet de coupe est créé dans l'état Plan de coupe. La coupe 3D est activée.

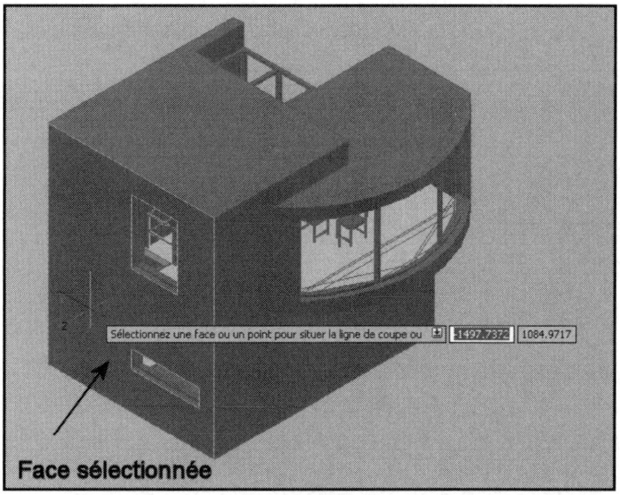

Fig.23.3

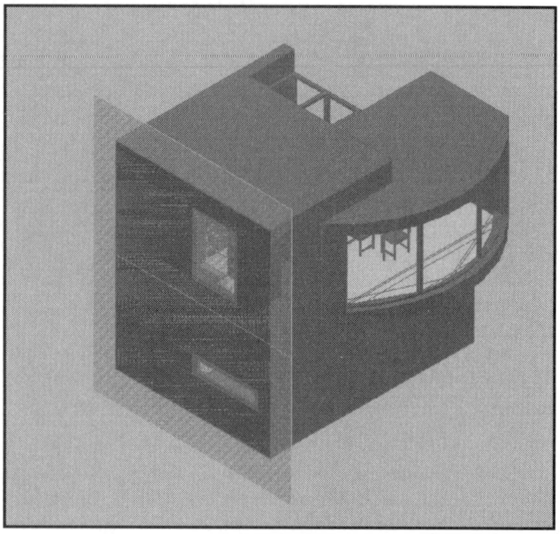

Fig.23.4

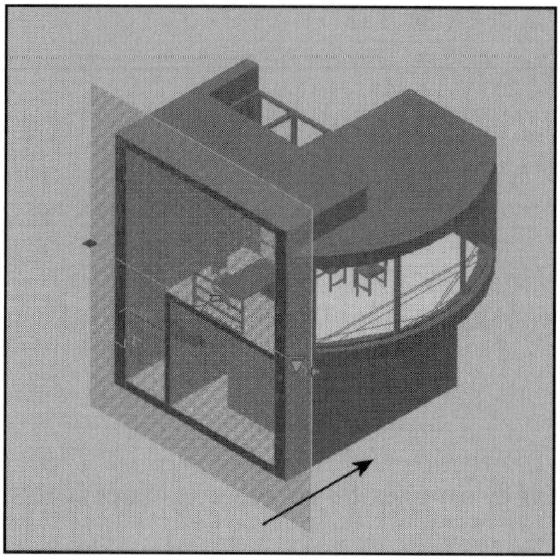

Fig.23.5

Dessiner un plan de coupe droit ou brisé

Pour créer un objet de coupe en sélectionnant une face, la procédure est la suivante :

1. Afficher les objets à couper dans une vue plane et désactiver l'accrochage aux objets.
2. Exécuter la commande de coupe à l'aide de l'une des méthodes suivantes :

Ruban : choisir l'onglet **Début** (Home) puis le groupe de fonctions **Coupe** (Section) et enfin **Plan de coupe** (Section Plane).

Clavier : taper la commande **PLANDECOUPE** (SECTIONPLANE).

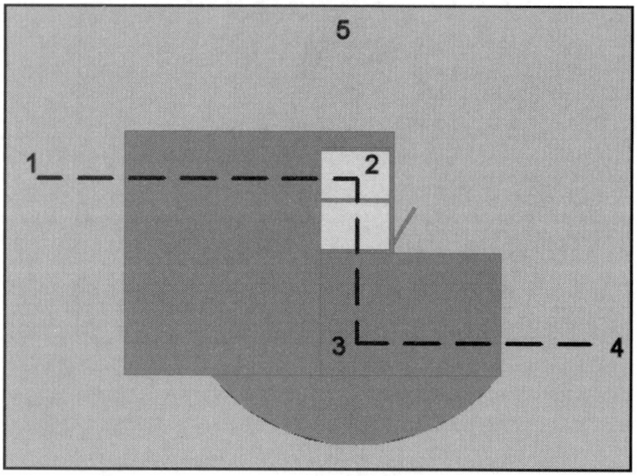

Fig.23.6

3. Sélectionner l'option **Dessiner coupe** (Draw section).
4. Définir la ligne de coupe droite ou brisée passant par les objets 3D (fig.23.6).
5. Pointer un point pour définir la direction du plan de coupe.
6. Cliquer sur la ligne de coupe pour afficher ses poignées (fig.23.7). Vous pouvez utiliser ses poignées pour redéfinir la ligne de coupe si nécessaire.
7. Afficher la vue en 3D. La coupe 3D est désactivée (fig.23.8).

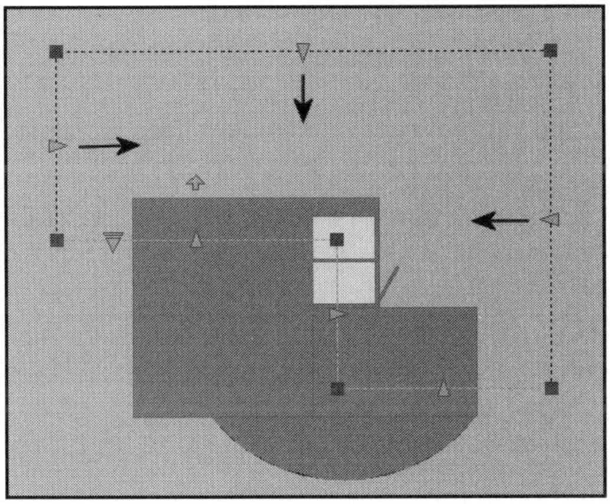

Fig.23.7

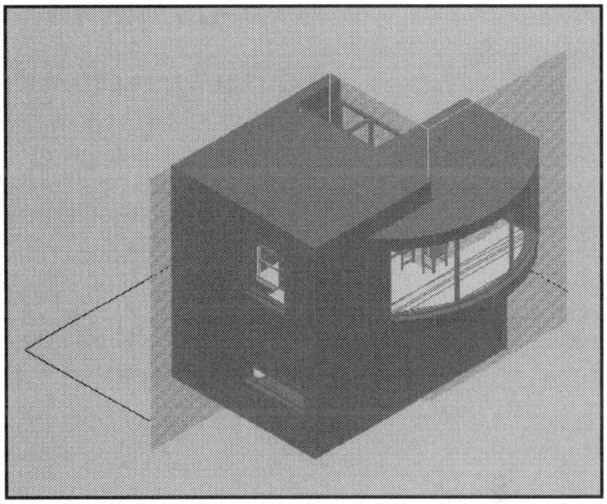

Fig.23.8

Créer un plan de coupe orthogonal

Pour créer un objet de coupe en sélectionnant une face, la procédure est la suivante :

1 Exécuter la commande de coupe à l'aide de l'une des méthodes suivantes :

Ruban : choisir l'onglet **Début** (Home) puis le groupe de fonctions **Coupe** (Section) et enfin **Plan de coupe** (Section Plane).

Clavier : taper la commande **PLANDECOUPE** (SLICE).

2 Sélectionner l'option Orthogonal (Orthographic) « O ».

3 Sélectionner une option d'alignement : **Haut** (Top), **Bas** (Bottom), **Avant** (Front), etc.

Un objet de coupe est créé. Il est centré dans une limite 3D imaginaire autour de tous les objets 3D du dessin. Il est placé sur le plan orthogonal sélectionné. La coupe 3D est activée. Dans l'exemple de la figure 23.9, l'option **Haut** (Top) a été sélectionnée. Cela signifie que la partie située au-dessus du plan de coupe horizontal, passant par le centre de gravité du volume imaginaire entourant tous les objets, est coupée.

Vous pouvez utiliser ses poignées pour redéfinir la ligne de coupe si nécessaire.

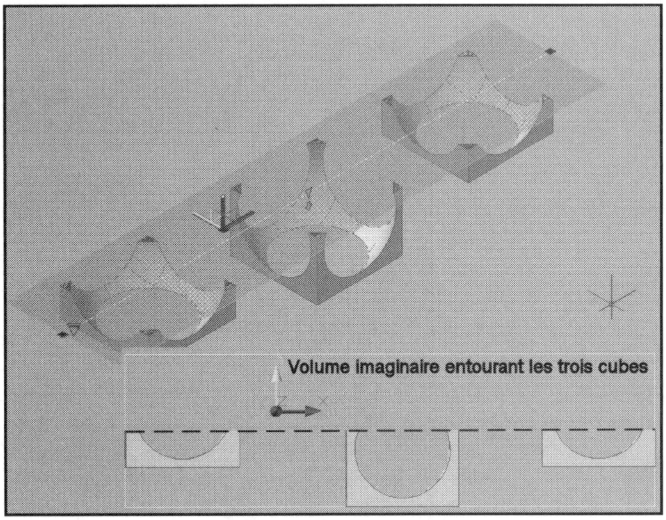

Fig.23.9

Manipulation du plan de coupe

Ajouter un raccourcissement à une coupe

Vous pouvez créer une ligne de coupe comportant plusieurs segments (raccourcissements) à l'aide de l'option Dessiner coupe de la commande **PLANDECOUPE**. Vous pouvez également ajouter un raccourcissement à un objet de coupe existant. Lorsque vous ajoutez un raccourcissement à un objet de coupe existant, un segment est créé. Ce dernier est perpendiculaire au segment sélectionné, dans la direction de la poignée de direction. Il n'est pas possible d'ajouter des raccourcissements aux lignes arrières ou latérales de l'objet de coupe. L'accrochage aux objets **Proche** (Nearest) est temporairement activé lorsque vous ajoutez des raccourcissements à une coupe. Une fois que vous avez ajouté des raccourcissements, vous pouvez revoir les coupes raccourcies en utilisant les poignées de l'objet de coupe. La procédure est la suivante :

1 Sélectionner la ligne de coupe.

2 Effectuer un clic droit et choisir **Ajouter un raccourcissement à la coupe** (Add jog to section) dans le menu contextuel.

3 Cliquer sur un point (A) de la ligne de coupe. Un nouveau segment est créé perpendiculairement au segment sélectionné et dans la direction de la poignée de direction.

4 Utiliser les poignées et les points pour réajuster éventuellement la ligne de coupe (fig.23.10).

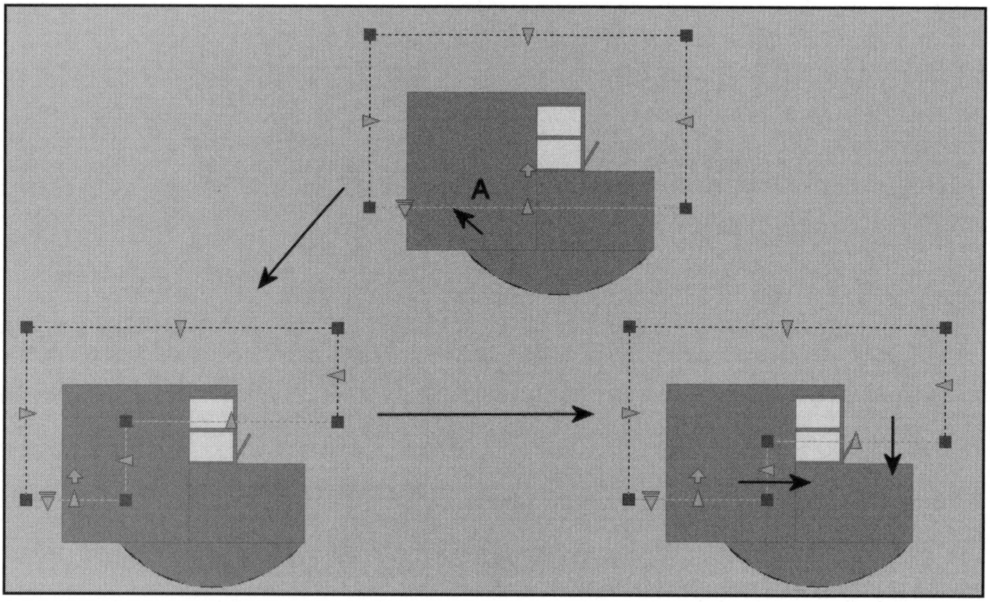

Fig.23.10

Définir les limites d'un plan de coupe

Les limites d'un plan de coupe peuvent se présenter de trois manières différentes : Plan de coupe, Limite de coupe et Volume de coupe. Selon l'état choisi, vous pouvez voir le plan sécant sous la forme d'un plan 2D, d'un parallélépipède 2D ou d'un parallélépipède 3D (fig.23.11). Les poignées vous permettent d'apporter des ajustements à la longueur, à la largeur et à la hauteur de la zone sécante. En cliquant sur la flèche, le menu déroulant propose ainsi les trois options suivantes :

- **Plan de coupe** (Section Plane) : l'indicateur du plan de coupe transparent et la ligne de coupe s'affichent. Le plan sécant s'étend à l'infini dans toutes les directions.
- **Limite de coupe** (Section Boundary) : un parallélépipède 2D montre l'étendue XY du plan sécant. Le plan sécant le long de l'axe Z s'étend à l'infini.
- **Volume de coupe** (Section Volume) : un parallélépipède 3D montre l'étendue du plan sécant dans toutes les directions.

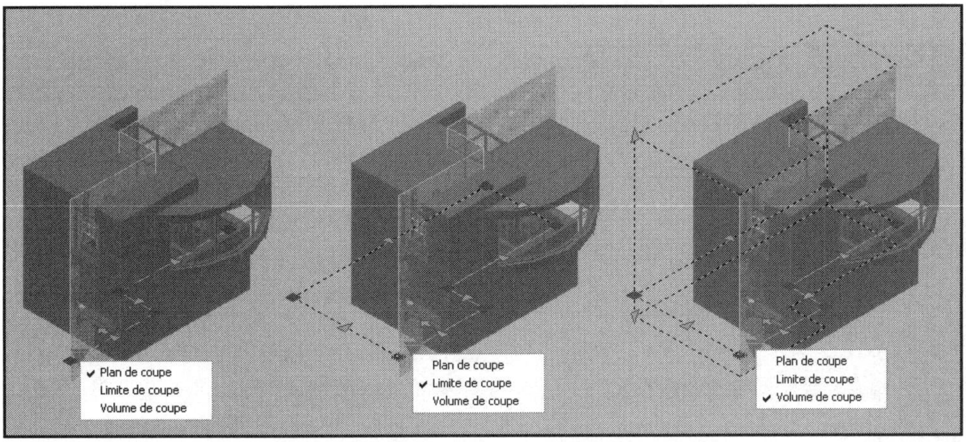

Fig.23.11

Activer le résultat des limites d'un plan de coupe

Après avoir défini un plan de coupe et modifié éventuellement ses limites, il peut être intéressant de visualiser le résultat de la coupe. La procédure est la suivante :

1 Sélectionner la ligne de coupe.

2 Effectuer un clic droit et sélectionner l'option **Activer la coupe 3D** (Activate live sectioning) dans le menu contextuel. Il en résulte que la partie de l'objet située en dehors des limites n'est plus visible (fig.23.12).

3 Vous pouvez néanmoins afficher la partie délimitée avec des propriétés spécifiques en sélectionnant l'option **Afficher la géométrie délimitée** (Show cut-away geometry) du menu contextuel (fig.23.13).

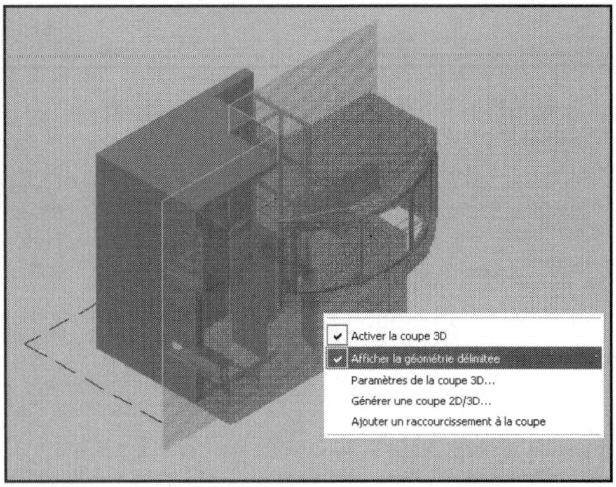

Fig.23.12

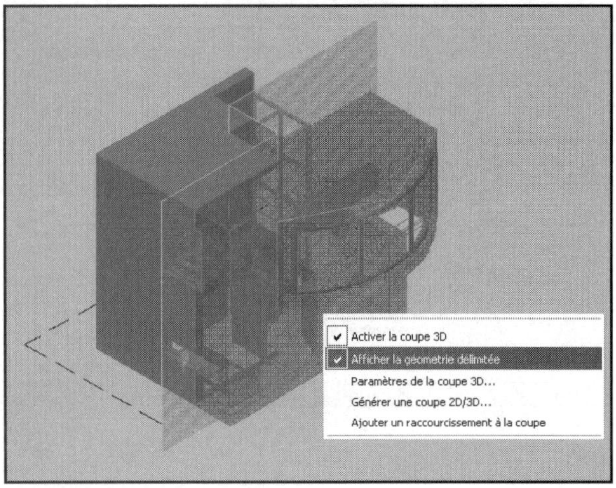

Fig.23.13

Modifications des paramètres du plan de coupe

Les paramètres du plan de coupe permettent de contrôler une série d'éléments dont la couleur des objets coupés, la couleur des contours des objets coupés, le type et la couleur des hachures, la transparence des faces, etc.

Pour modifier les paramètres d'un objet de coupe, la procédure est la suivante (fig.23.14) :

1. Cliquer avec le bouton droit de la souris sur l'objet de coupe. Cliquer sur **Paramètres de la coupe** (Live section settings).
2. Trois sections permettent de spécifier les propriétés de la coupe 3D :
   - **Limite d'intersection** (Intersection Boundary) : définit l'apparence des segments de ligne qui définissent la surface d'intersection du plan de l'objet de coupe. Vous pouvez ainsi changer la couleur, le type de ligne, l'échelle du type de ligne et l'épaisseur de ligne.
   - **Remplissage de l'intersection** (Intersection Fill) : définit le remplissage facultatif qui s'affiche à l'intérieur de la zone d'intersection de la surface coupée où l'objet de coupe forme une intersection avec l'objet 3D.
   - **Géométrie délimitée** (Cut-away Geometry) : définit l'aspect de la partie coupée de l'objet 3D par la coupe. Par défaut cette partie est affichée en rouge avec un taux de transparence de 50% (fig.23.15).

Générer des coupes 2D/3D

Après avoir défini un plan de coupe, vous pouvez générer une coupe 2D ou 3D. Ces coupes peuvent être insérées dans le dessin sous forme d'un bloc sans nom ou enregistrées dans un fichier externe en tant que wbloc. Les coupes générées sont créées en tant que blocs pouvant être renommés et modifiés à l'aide de la commande **MODIFBLOC** (BEDIT).

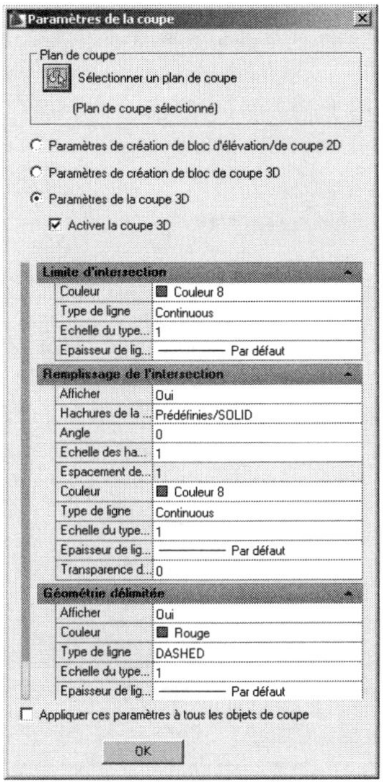

Fig.23.14

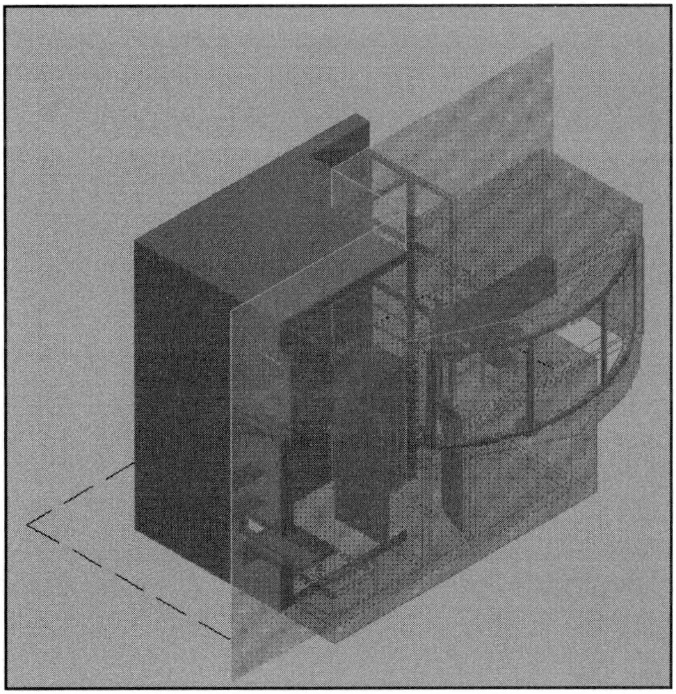

Fig.23.15

Pour générer une coupe 2D ou 3D, la procédure est la suivante :

1. Sélectionner l'objet de coupe. Cliquer avec le bouton droit de la souris sur la ligne de coupe, puis choisir **Générer une coupe 2D/3D** (Generate 2D/3D section) (fig.23.16).
2. Dans la boîte de dialogue **Génération d'une élévation/coupe** (Generate Section/Elevation), cliquer sur **Elévation/coupe 2D** (2D Section/Elevation) ou **Coupe 3D** (3D Section) (fig.23.17).
3. Cliquer sur **Inclure tous les objets** (Include all objects).
4. Sous **Destination**, cliquer sur **Insérer en tant que nouveau bloc** (Insert as new block).
5. Cliquer sur **Créer** (Create).
6. Spécifier un point d'insertion à l'écran. Un bloc sans nom est inséré. Il est composé d'une géométrie 2D ou 3D (fig.23.18–23.19).

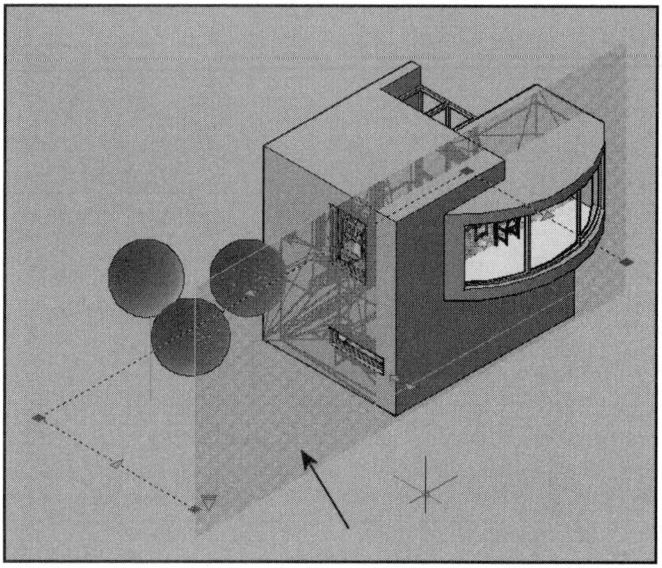

Fig.23.16

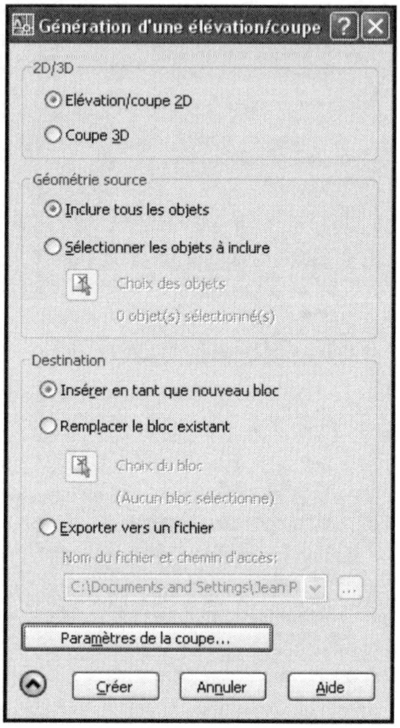

Fig.23.17

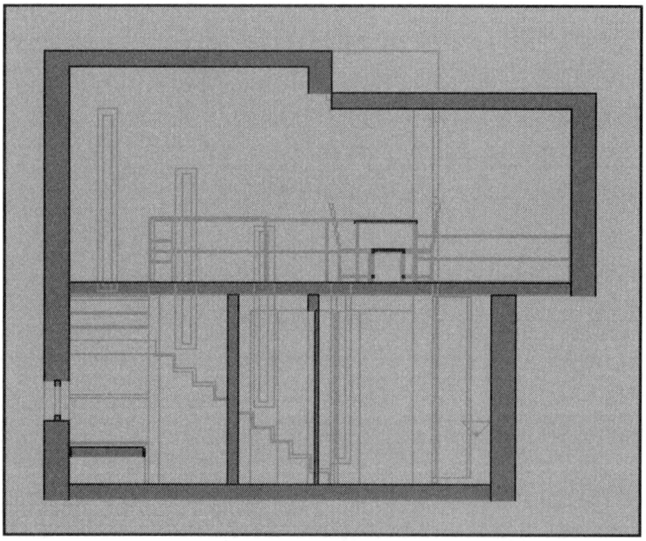

Fig.23.18

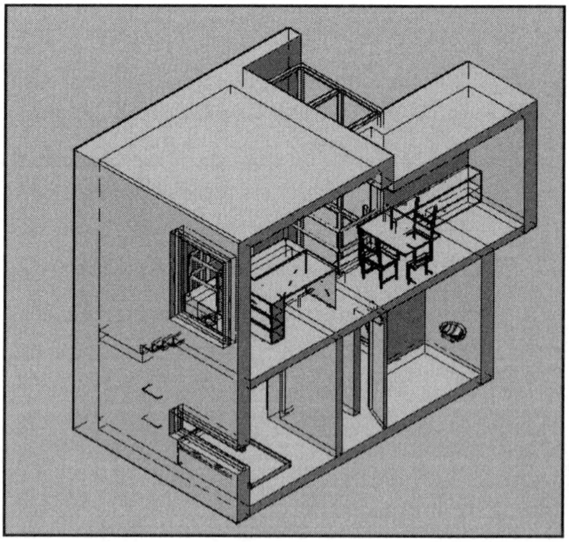

Fig.23.19

Options

Les options de la boîte de dialogue **Génération d'une élévation/coupe** (Generate Section/Elevation) sont les suivantes :

Section 2D/3D

- **Elévation/coupe 2D** (2D Section/Elevation) : permet de générer une coupe 2D.
- **Coupe 3D** (3D Section) : permet de générer une coupe 3D.

Section Géométrie source

- **Inclure tous les objets** (Include all objects) : permet d'inclure tous les objets 3D (solides, surfaces et régions 3D) dans le dessin, y compris ceux présents dans les Xref et les blocs.
- **Sélectionner les objets à inclure** (Select objects to include) : permet de sélectionner manuellement (via le bouton Choix des objets) les objets 3D (solides, surfaces et régions 3D) dans le dessin à partir duquel générer une coupe.

Section Destination

- **Insérer en tant que nouveau bloc** (Insert as new block) : permet d'insérer la coupe générée en tant que bloc dans le dessin courant.
- **Remplacer le bloc existant** (Replace existing block) : permet de remplacer (via le bouton Choix du bloc) un bloc existant dans le dessin par la coupe générée.
- **Exporter vers un fichier** (Export to a file) : permet d'enregistrer la coupe dans un fichier externe.
- **Nom du fichier et chemin d'accès** (Filename and path) : permet de spécifier un nom de fichier et un chemin d'accès dans lesquels la coupe sera enregistrée.
- **Paramètres de la coupe** (Section Settings) : permet d'ouvrir la Boîte de dialogue Paramètres de la coupe.
- **Créer** (Create) : permet de créer la coupe.

Les options de la boîte de dialogue **Paramètres de la coupe** (Section Settings) sont les suivantes (fig.23.20) :

- **Paramètres de création de bloc d'élévation/de coupe 2D** (2D section / elevation block creation settings) : définit la façon dont une coupe 2D d'un objet 3D s'affiche lorsqu'elle est générée.
- **Paramètres de création de bloc de coupe 3D** (3D section block creation settings) : détermine la façon dont un objet 3D s'affiche lorsqu'il est généré.
- **Paramètres de la coupe 3D** (Live Section settings) : détermine la façon dont les objets sectionnés s'affichent dans le dessin lorsque la coupe 3D est activée.

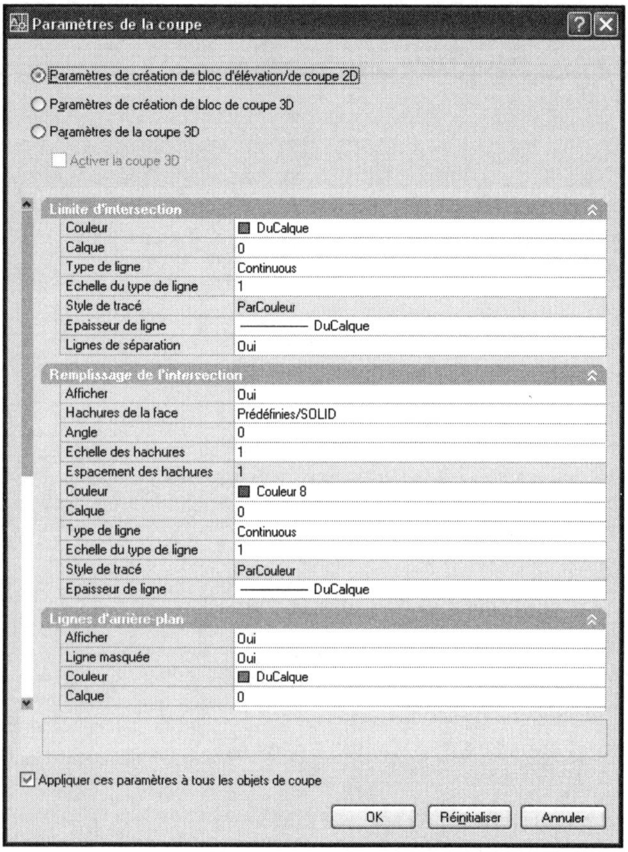

Fig.23.20

- **Activer la coupe 3D** (Activate Live Section) : active la coupe 3D pour l'objet de coupe sélectionné.
- **Limite d'intersection** (Intersection Boundary) : définit l'apparence des segments de ligne qui définissent la surface d'intersection du plan de l'objet de coupe.
- **Remplissage de l'intersection** (Intersection Fill) : définit le remplissage facultatif qui s'affiche à l'intérieur de la zone d'intersection de la surface coupée où l'objet de coupe forme une intersection avec l'objet 3D.
- **Lignes d'arrière-plan** (Background Lines) : contrôle l'affichage des lignes d'arrière-plan pour les coupes 2D et 3D. Pour les coupes 2D, gère également l'emplacement d'affichage des lignes masquées.
- **Lignes de premier plan** (Foreground lines) : contrôle l'affichage des lignes de premier plan.
- **Géométrie délimitée** (Cut-away Geometry) : contrôle l'affichage de la partie découpe dans le cas d'une coupe 3D.
- **Lignes de tangence de la courbe** (Curve Tangency Lines) : contrôle l'inclusion des lignes courbes tangentes au plan de coupe. S'applique uniquement aux sections 2D.

Aplanir une vue

Une vue aplanie permet d'obtenir les différentes vues en élévation d'un modèle 3D. Chaque vue obtenue est un bloc correspondant à une représentation aplanie du modèle 3D et projetée sur le plan XY. Ce processus revient à prendre un cliché du modèle 3D entier avec une caméra, puis à mettre à plat la photographie. Une fois que vous avez inséré le bloc, vous pouvez y apporter des modifications, car la vue aplanie est composée d'une géométrie 2D.

Une vue aplanie est générée avec les paramètres suivants :

- Tous les objets 3D de la fenêtre de l'espace objet sont capturés. Placez les objets ne devant pas être capturés sur des calques qui sont soit désactivés, soit gelés.

- Les vues aplanies sont créées en tant que blocs pouvant être renommés et modifiés à l'aide de la commande **MODIFBLOC** (BEDIT).
- Le bloc généré est basé sur les paramètres d'affichage des lignes de premier plan et lignes foncées de la boîte de dialogue **Aplanir la géométrie** (Flatshot).
- Les lignes masquées sont capturées et affichées dans le bloc à l'aide des paramètres d'affichage des lignes foncées (boîte de dialogue **Aplanir la géométrie**).
- Les objets 3D qui ont fait l'objet d'une coupe par des objets de coupe sont capturés dans leur intégralité. La commande **APLANIRGEOM** (FLATSHOT) capture ces objets comme s'ils n'avaient pas fait l'objet d'une coupe.

Pour créer une vue 2D aplanie d'un modèle 3D, la procédure est la suivante :

Configurez la vue du modèle 3D (vue orthogonale ou vue isométrique).

[1] Exécuter la commande de coupe à l'aide de l'une des méthodes suivantes :

Ruban : dans le groupe de fonctions **Coupe** (Section), cliquer sur la flèche verticale et sélectionner **Aplanir la géométrie** (Flatshot).

Clavier : taper la commande **APLANIRGEOM** (FLATSHOT).

[2] Dans la boîte de dialogue **Aplanir la géométrie** (Flatshot), sous **Destination**, cliquer sur l'une des options. Par exemple : **Insérer en tant que nouveau bloc** (Insert as new block) (fig.23.21).

[3] Changer la couleur et le type des lignes foncées et de premier plan. Par exemple : **Blanc** et **Continuous**.

[4] Pour ne pas afficher les lignes cachées, enlever la coche **Afficher** (Show).

Fig.23.21

[5] Cliquer sur **Créer** (Create).

Spécifier un point d'insertion à l'écran pour positionner le bloc. Ajuster le point de base, l'échelle et la rotation, s'il y a lieu. Un bloc est créé. Il s'agit d'une géométrie 2D qui est projetée sur le plan XY du SCU courant (fig.23.22–23.23).

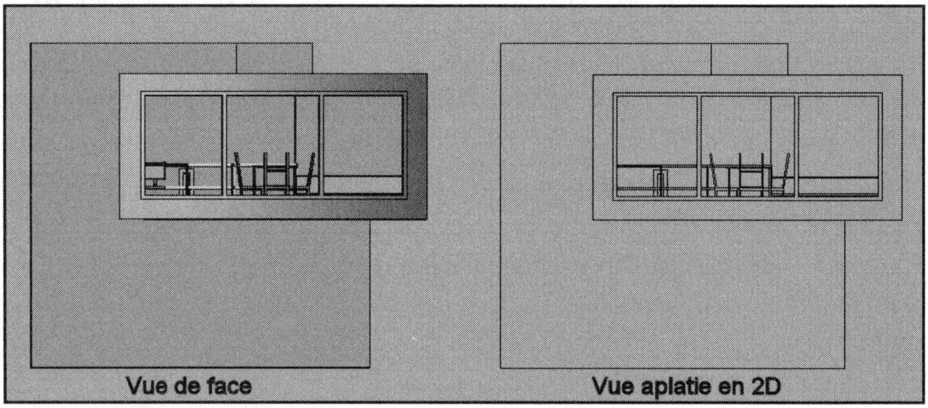

Fig.23.22

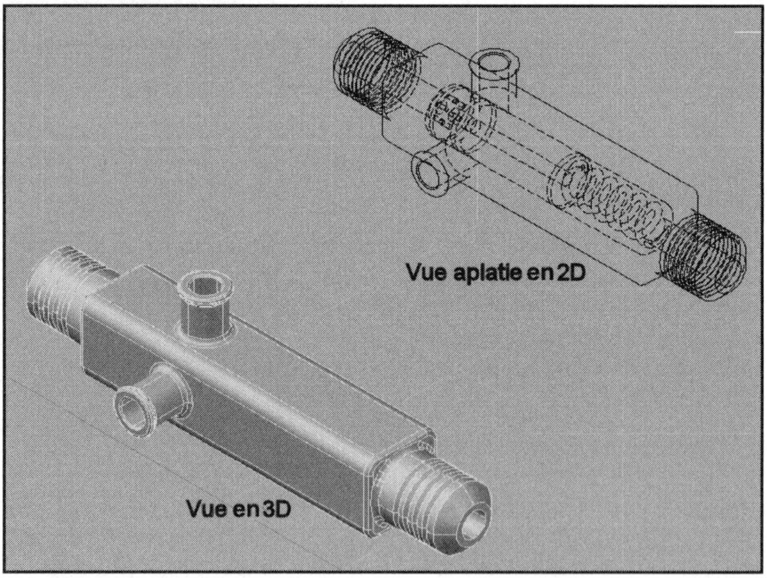

Fig.23.23

La création de vues à partir de modèles 3D

Vous pouvez générer, dans l'espace papier, des dessins (vues) associatifs avec le modèle 3D (solide ou surface) à partir duquel ils ont été générés.

La première vue placée dans le dessin est qualifiée de vue de base. Les vues de base sont des vues de dessin dérivées directement du modèle 3D.

Dès lors qu'une vue de base est placée dans une présentation, vous pouvez générer des vues projetées à partir de celle-ci. Contrairement à une vue de base, les vues projetées ne sont pas directement dérivées du modèle 3D, mais d'une vue de base (ou d'une autre vue projetée figurant déjà dans une présentation). Les vues projetées conservent une relation parent-enfant avec la vue à partir de laquelle elles ont été générées. La plupart des paramètres d'une vue enfant sont dérivés de la vue parent.

Une fois que vous avez créé les vues, vous pouvez ajouter des notes, des cotes, des symboles, des traits d'axe, ainsi que d'autres annotations, si cela est nécessaire.

Lorsque les modèles 3D sources changent et les vues de dessin provenant de ce modèle deviennent obsolètes. AutoCAD met en évidence les vues de dessin obsolètes en affichant des repères de couleur rouge dans les angles du bord de la vue. Pour synchroniser ensuite une vue obsolète avec son modèle 3D source, vous devez actualiser la vue.

Personnalisation des paramètres par défaut des vues de dessin

Afin de veiller à ce que les vues de dessin suivent les normes de dessin correctes, vous pouvez personnaliser les paramètres par défaut à l'aide de la boîte de dialogue Normes de dessin. Les paramètres que vous spécifiez s'appliquent aux nouvelles vues de dessin que vous créez. Ils n'ont aucune incidence sur les vues de dessin existantes.

La boîte de dialogue relative aux normes de dessin s'affiche lorsque vous exécutez la commande NORMVUE (Viewstd) ou que vous cliquez sur la flèche droite du groupe de fonctions Vues de dessin (Drawing Views) de l'onglet Annoter (Annotate). Cette boîte de dialogue vous permet de contrôler les éléments suivants (fig.23.24).

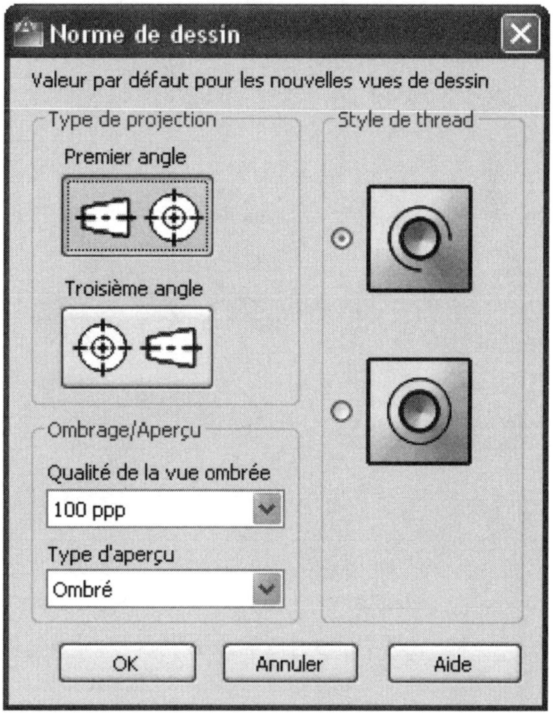

Fig.23.24

- **Le type de projection :** la norme ISO utilise le premier angle de projection et la norme ANSI le troisième angle de projection. Vous devez sélectionner l'angle de projection correspondant à la norme de dessin à laquelle le dessin doit se conformer (fig.23.25).

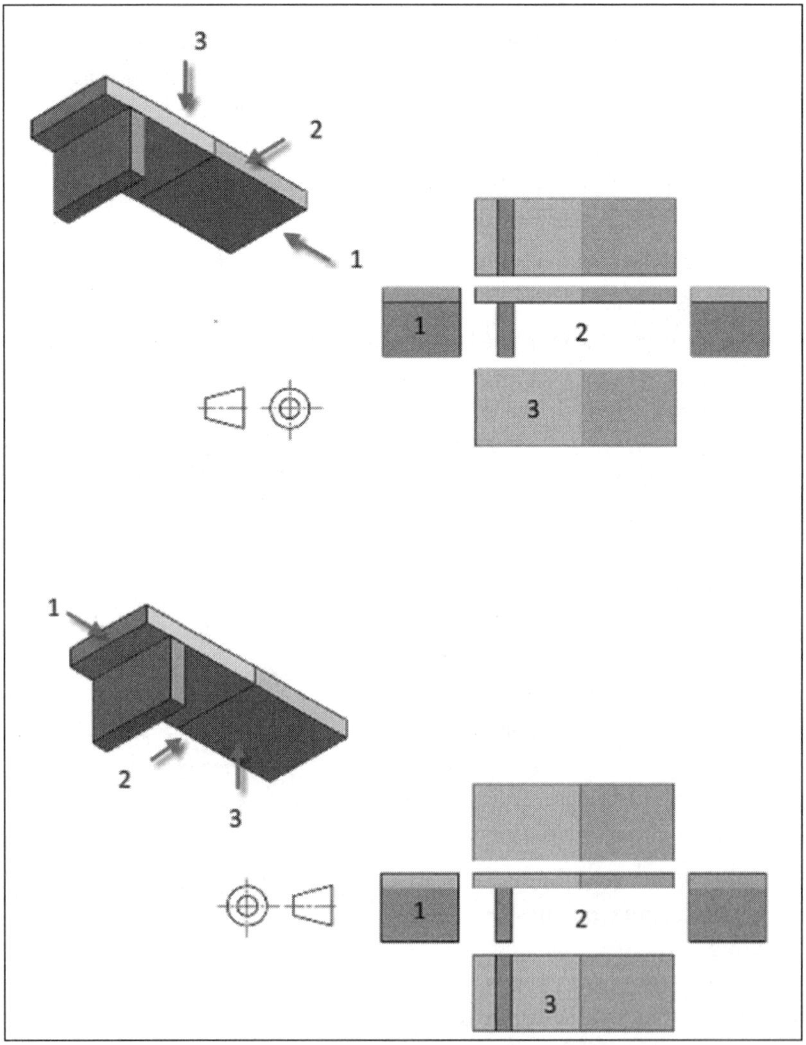

Fig.23.25 (Doc.Autodesk)

- **Style de filetage :** la norme ISO utilise un cercle partiel pour indiquer une arête de filetage. La norme ANSI utilise un cercle complet pour indiquer une arête de filetage. Vous devez sélectionner l'angle de filetage correspondant à la norme de dessin à laquelle le dessin doit se conformer (fig.23.26).

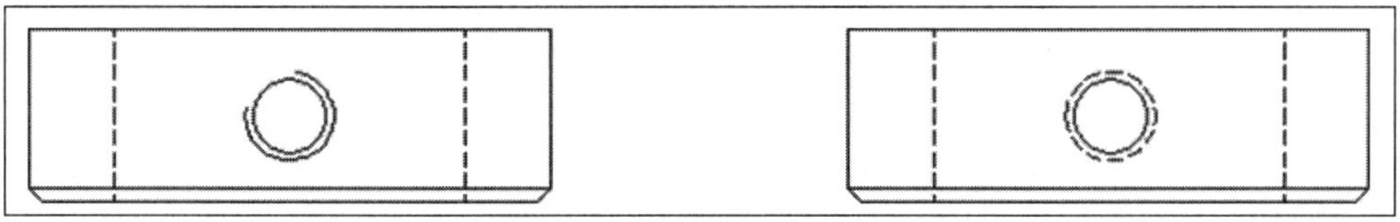

Fig.23.26

- **Le type d'aperçu :** l'aperçu correspond à une image temporaire affichée à l'aide du curseur au moment où vous placez une vue dans la zone de dessin. Les aperçus ombrés fournissent des informations visuelles vous permettant de sélectionner l'orientation du modèle souhaitée lors de la création de la vue. Cependant, il se peut que la génération des aperçus ombrés de modèles volumineux prenne du temps. Dans de tels cas, vous pouvez remplacer l'image temporaire par une zone de contour, au lieu d'utiliser un aperçu ombré (fig.23.27). Bien que ce paramètre ne soit pas associé à une norme de dessin, vous devez le spécifier avant de créer une vue de dessin. Vous pouvez également définir la résolution de l'aperçu ombré. Des résolutions plus élevées permettent d'obtenir des aperçus de meilleure qualité, mais des résolutions supérieures à 150 ppp risquent de ne pas être réalisables pour des modèles volumineux. Lorsque la résolution spécifiée n'est pas réalisable, le programme abaisse automatiquement la qualité.

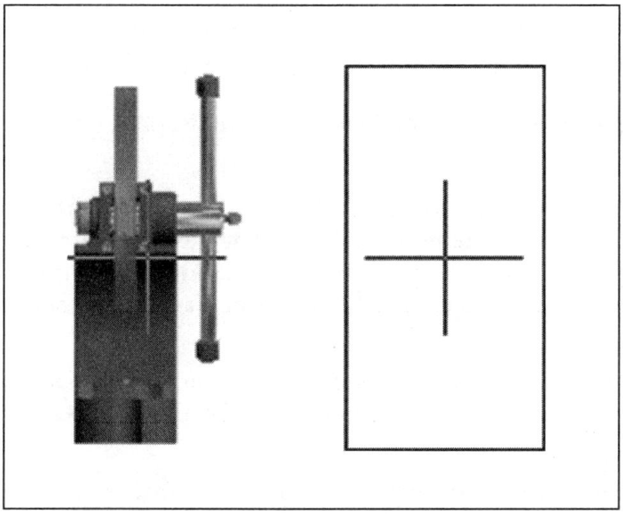

Fig.23.27

Création de vues de base à partir de modèles 3D

La première vue de dessin placée dans une présentation est une vue de base. Les vues de base définissent l'échelle, les paramètres d'affichage et l'alignement des vues suivantes.

La création d'une vue de base commence lorsque vous cliquez sur le bouton **Vue de base** (Base View) du groupe de fonctions **Vues de dessin** (Drawing Views) de l'onglet **Annoter** (Annotate). Une fois la commande activée, les opérations suivantes sont effectuées.

- L'onglet du ruban contextuel de création d'une vue de dessin s'affiche (si le ruban est actif).
- Un aperçu ajusté du modèle s'affiche sur les réticules.
- La ligne de commande vous invite à placer la vue de base dans l'espace objet.

La commande ne se ferme pas tant que vous placez la vue de base dans la zone de dessin. Vous pouvez continuer à modifier les options jusqu'à ce que vous cliquiez sur le bouton OK du ruban.

Vous placez la vue de base dans le dessin, puis constatez que la vue est trop grande. Vous utilisez alors l'option Echelle du ruban afin de modifier l'échelle. Lorsque cela est fait, vous constatez que la vue n'est pas positionnée correctement. Utilisez ensuite la commande Déplacer du ruban afin de bouger la vue. Une fois terminé, cliquez sur OK dans le ruban.

Par défaut, le programme vous invite à créer des vues projetées immédiatement après avoir terminé la création de la vue de base. Cependant, si le modèle que vous créez est volumineux, il se peut que la création de vues de base et de vues projetées dans la même session de commande prenne du temps. Dans un tel cas, vous pouvez utiliser l'option de ligne de commande Type et spécifier que vous créez uniquement une vue de base.

Pour créer une vue de base à partir de solides et de surfaces de l'espace objet, la procédure est la suivante :

1. Cliquer sur l'onglet **Annoter** (Annotate), puis sur le groupe de fonctions **Vues de dessin** (Drawing Views) et la fonction **Vue de base** (Base View). Cette commande est uniquement disponible à partir d'un onglet de présentation. Si l'onglet de présentation contient une fenêtre, nous recommandons de la supprimer avant d'invoquer cette commande.
2. Dans le groupe de fonctions **Orientation** de l'onglet de ruban contextuel **Création d'une vue de dessin** (Drawing View Creation), sélectionner l'orientation de la vue de base.
3. Dans le groupe de fonctions **Présentation** (Apparance) de l'onglet de ruban contextuel Création d'une vue de dessin, spécifier l'échelle et le style de la vue.

[4] Cliquer dans la zone de dessin pour indiquer l'emplacement de la vue de base.

[5] Cliquer sur OK dans le groupe de fonctions **Créer** (Create) (fig.23.28).

[6] Le programme vous invite à créer des vues projetées immédiatement après avoir terminé la création de la vue de base. Une vue projetée est une projection orthogonale ou isométrique d'une vue de base ou d'une vue projetée existante.

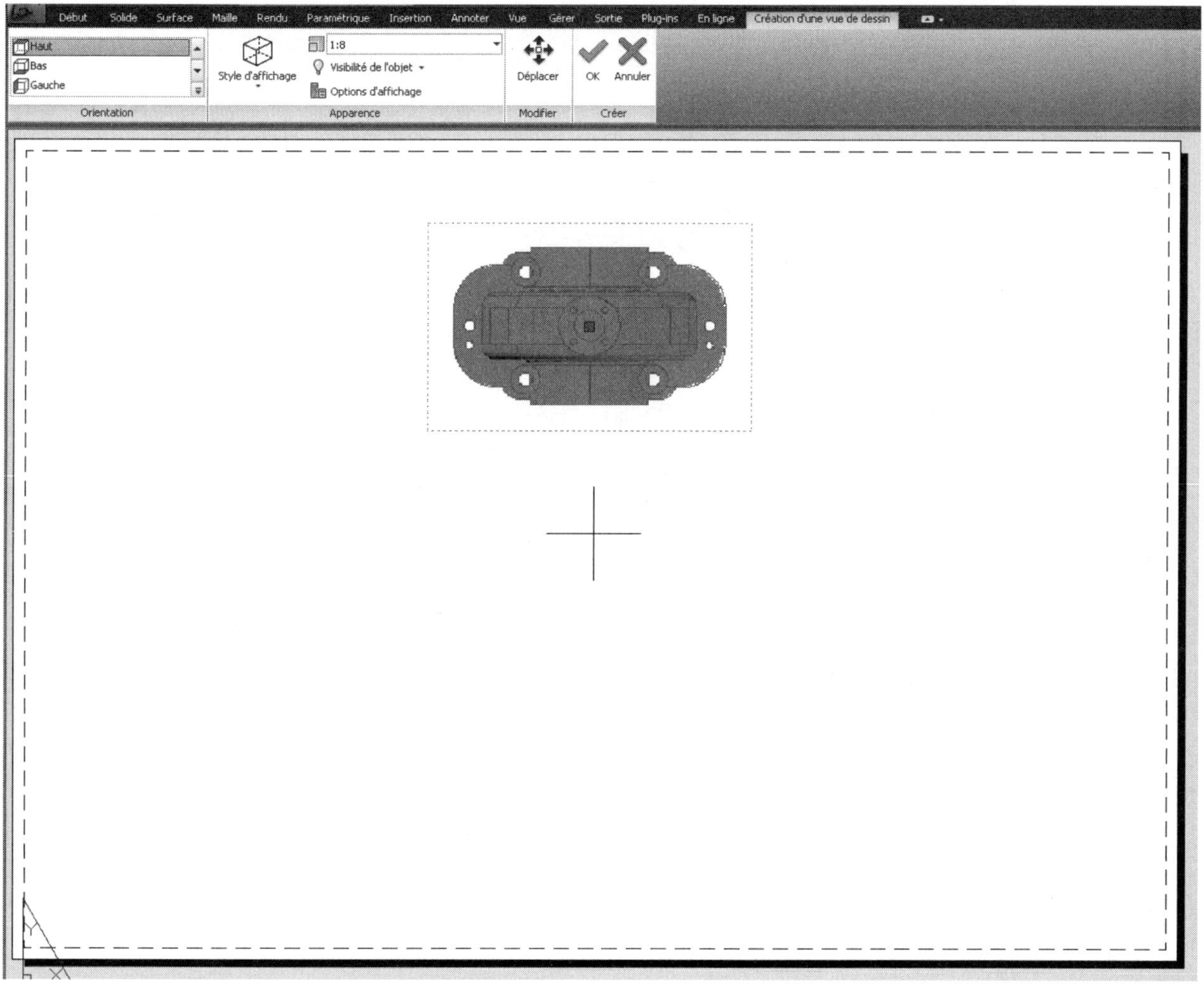

Fig.23.28

[7] Spécifier l'emplacement de la vue projetée ou ‹Quitter› : pointer la position des différentes vues (fig.23.29).

[8] Appuyer sur Entrée pour terminer. Les vues s'affichent selon le style prédéfini (fig.23.30).

Par la suite, il est toujours possible d'ajouter des vues projetées par la fonction **Vue projetée** (Projected View) du groupe de fonctions **Vues de dessin** (Drawing Views).

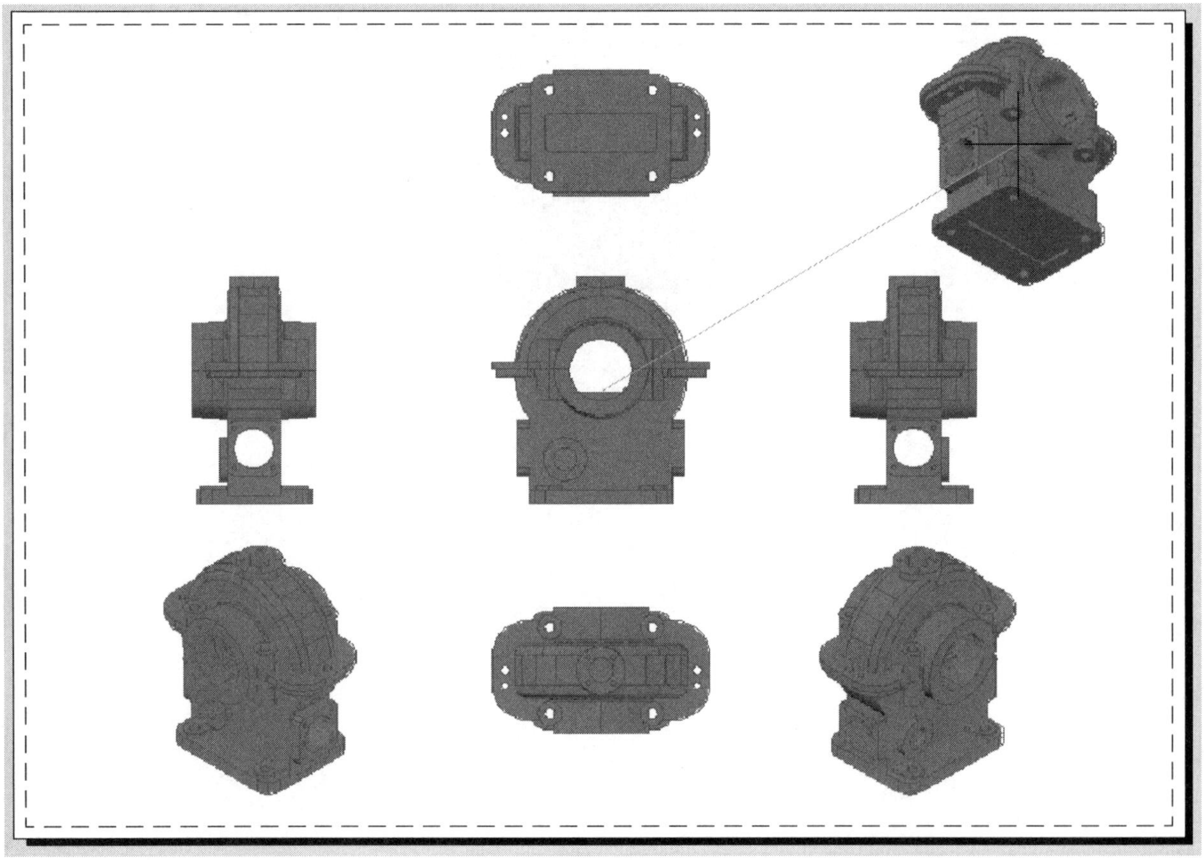

Fig.23.29

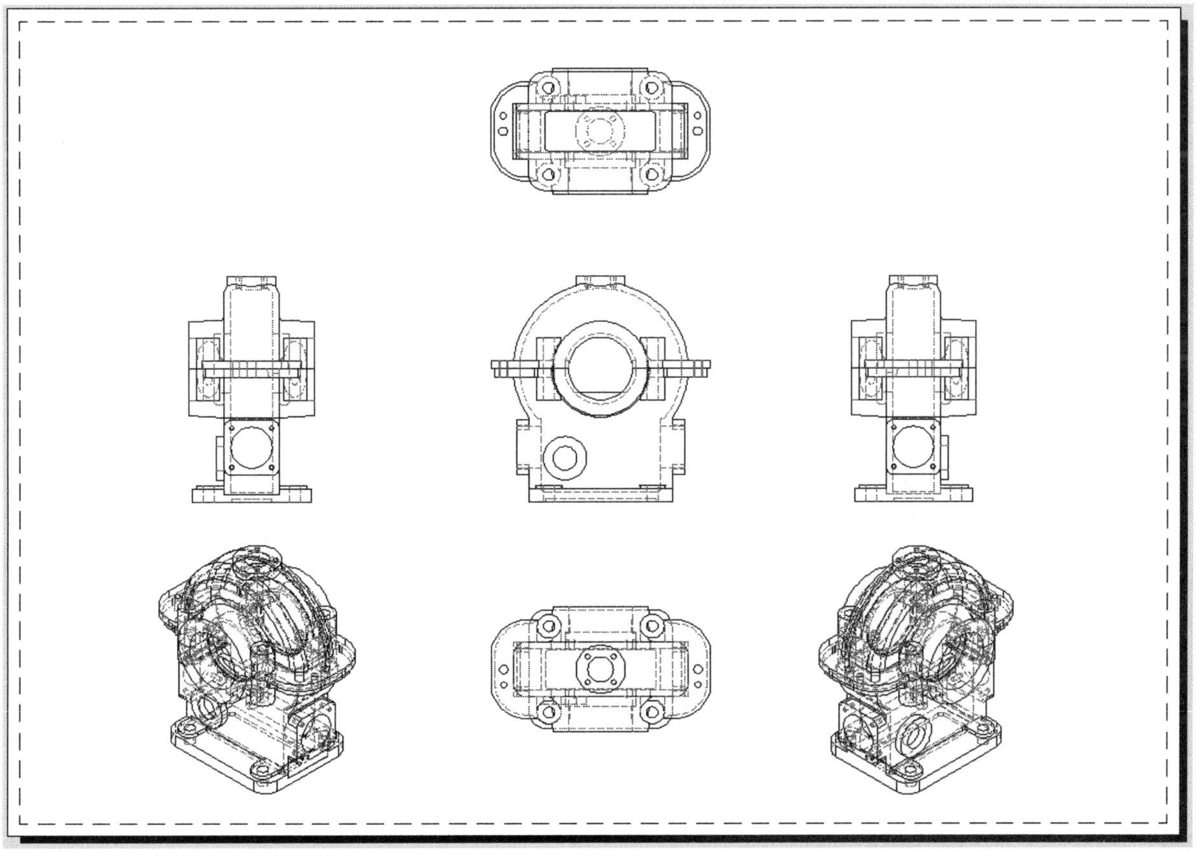

Fig.23.30

Mise à jour des vues de dessin suite à une modification du modèle 3D source

Lorsque vous travaillez sur un dessin contenant des vues de dessin, le programme vérifie périodiquement si le modèle 3D source référencé a été modifié. Si la source a été modifiée, une info-bulle s'affiche en regard de l'icône des vues de dessin dans la barre d'état, dans le coin inférieur droit de la fenêtre de l'application (fig.23.31). Cliquez sur le lien du message pour mettre à jour toutes les vues obsolètes.

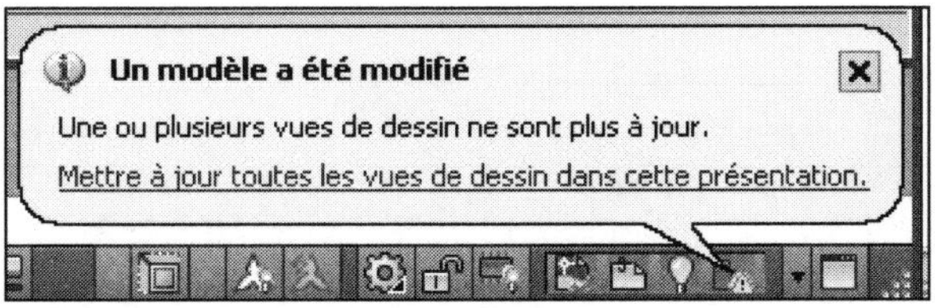

Fig.23.31

Si vous fermez le message sans mettre à jour les vues, un avertissement est attaché à l'icône de la vue de dessin dans la barre d'état. En outre, AutoCAD met en évidence les vues de dessin obsolètes en affichant des repères de couleur rouge dans les angles du bord de la vue (fig.23.32). Vous pouvez mettre à jour une vue obsolète en cliquant dessus avec le bouton droit de la souris, puis en choisissant l'option Mettre à jour dans le menu contextuel. Vous pouvez aussi utiliser la commande Mettre à jour la vue (ou Mettre à jour toutes les vues pour actualiser toutes les vues obsolètes) dans le groupe de fonctions du ruban relatif aux vues de dessin.

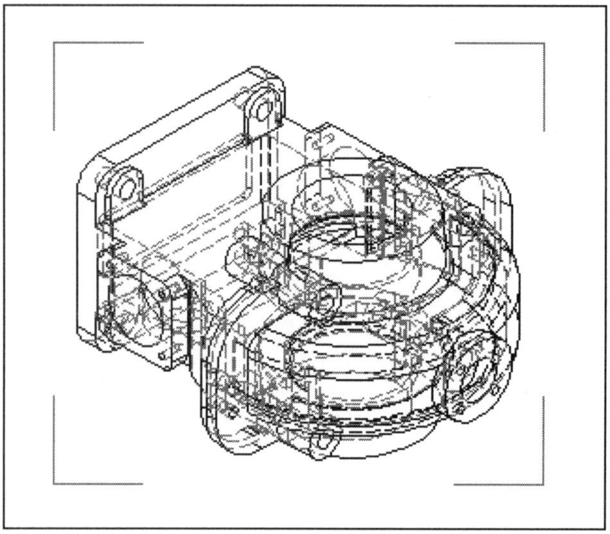

Fig.23.32

En fonction de la modification apportée au modèle source, la vue risque de s'agrandir ou de se réduire. Il existe deux méthodes d'ancrage d'une vue dans le dessin : centré et fixe (fig.23.33).

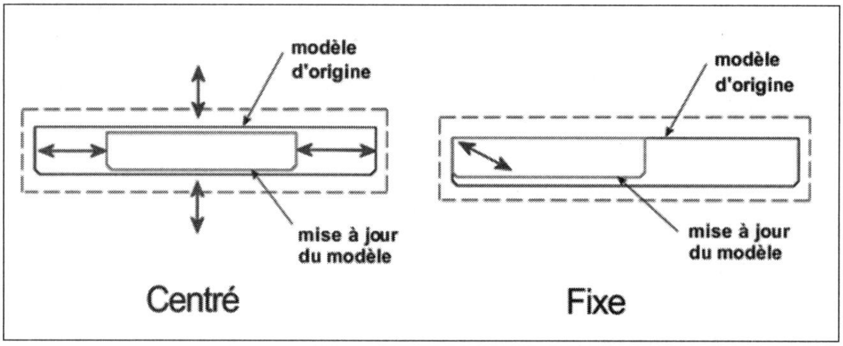

Fig.23.33

Vous pouvez choisir de centrer la vue, de façon à ce qu'elle soit agrandie ou réduite autour de son centre, ou choisir l'option Fixe : dans ce cas, la géométrie inchangée du modèle reste à l'emplacement auquel elle figurait avant la mise à jour. Il est souvent préférable d'utiliser cette option car elle engendre moins de modifications.

Pour spécifier l'ancrage d'une vue, la procédure est la suivante :

1. Cliquer deux fois sur la vue à ancrer.
2. Dans l'onglet contextuel du ruban de l'éditeur de vue de dessin, cliquer sur **Options d'affichage** (View Options) (fig.23.34).
3. Dans la liste de justification de vue, sélectionner l'option d'ancrage souhaitée : fixe ou centrée.
   - Pour ancrer la vue de façon à ce qu'elle soit agrandie ou réduite autour de son centre, sélectionner Centré.
   - Pour ancrer la vue de sorte que la géométrie du modèle non modifié ne soit pas déplacée, sélectionner Fixe.
4. Dans l'onglet contextuel du ruban de l'éditeur de vue de dessin, cliquez sur OK.

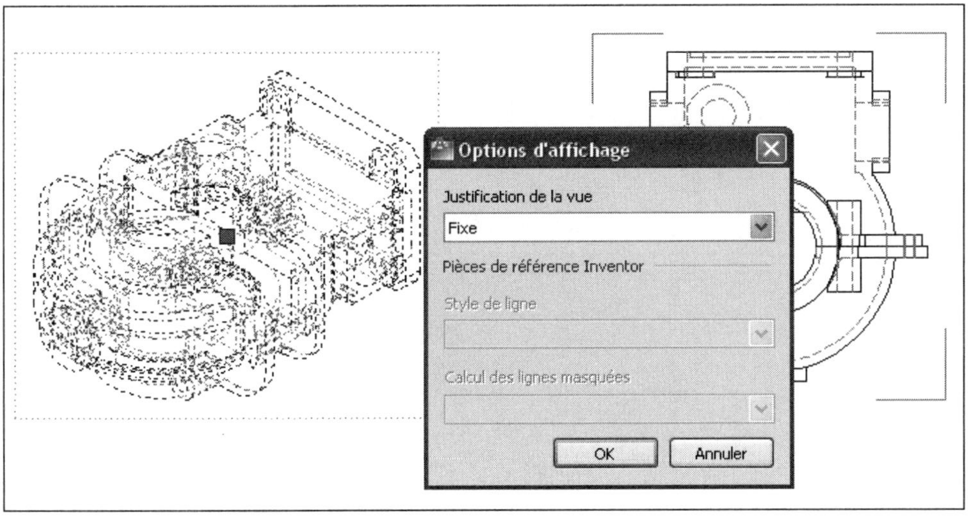

Fig.23.34

CHAPITRE 24

LES STYLES VISUELS

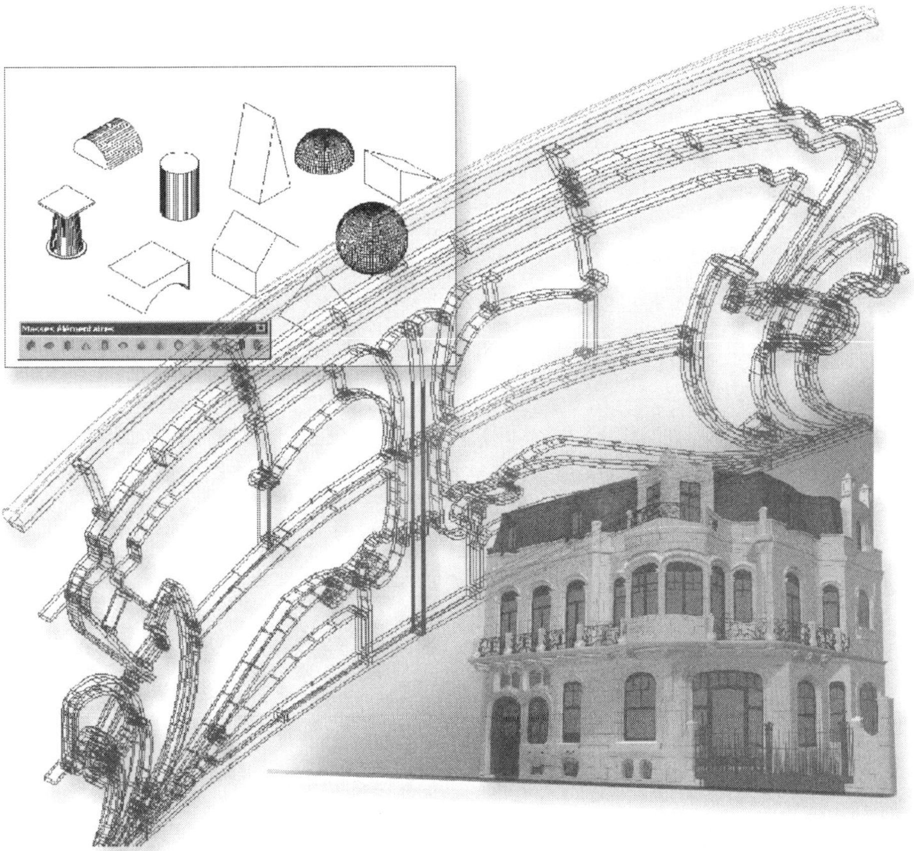

Les styles visuels

Un style visuel est un ensemble de paramètres qui définissent l'affichage des arrêtés, des faces et des ombres dans la fenêtre d'AutoCAD.

Dix styles visuels par défaut sont disponibles via le Panneau de configuration Style visuel (fig.24.1) :

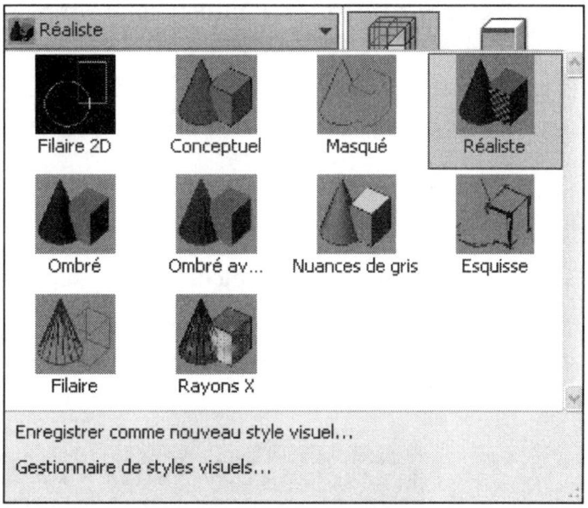

Fig.24.1

- **Filaire 2D** (2D Wireframe) : affiche les objets en matérialisant leurs contours à l'aide de lignes et de courbes. Les images bitmaps, les objets OLE, les types et les épaisseurs de ligne sont visibles avec ce type d'affichage.
- **Filaire 3D** (3D Wireframe) : affiche les objets en matérialisant leurs contours à l'aide de lignes et de courbes.
- **Masqué 3D** (3D Hidden) : affiche les objets à l'aide d'une représentation filaire 3D et masque les lignes correspondant aux faces arrière.
- **Réaliste** (Realistic) : ajoute une ombre aux objets et lisse les arêtes entre les faces des polygones. Les matériaux attachés aux objets sont affichés.
- **Conceptuel** (Conceptual) : ajoute une ombre aux objets et lisse les arêtes entre les faces des polygones. Cette option utilise l'ombrage Gooch, une transition entre les couleurs froides et les couleurs chaudes plutôt que du foncé au clair. L'effet est moins réaliste, mais les détails du modèle sont plus faciles à voir.
- **Ombré** (Shaded) : affiche les objets avec un ombrage lisse.
- **Ombré avec arêtes** (Shaded with edges) : affiche les objets avec un ombrage lisse et des arêtes visibles.
- **Nuance de gris** (Shades of gray) : affiche les objets avec un ombrage lisse et des nuances de gris monochromes.
- **Esquisse** (Sketchy) : affiche les objets avec un effet d'esquisse à main levée.
- **Rayon X** (X-ray) : affiche les objets avec une transparence partielle.

Dans les styles visuels ombrés, les faces sont éclairées par deux sources distantes qui suivent le point de vue à mesure que vous vous déplacez autour du modèle. Cet éclairage par défaut est conçu pour illuminer toutes les faces dans le modèle afin de pouvoir les distinguer visuellement. L'éclairage par défaut n'est disponible que lorsque d'autres sources de lumière, dont le soleil, sont désactivées.

Pour appliquer un style visuel à une fenêtre, la procédure est la suivante :

[1] Cliquer dans une fenêtre pour en faire la fenêtre courante.

[2] Sélectionner le style visuel par l'une des méthodes suivantes (fig.24.2) :

Ruban : choisir le groupe de fonctions **Vue** (View) puis l'option **Styles visuels** (Visual styles).

Icône : sélectionner le style dans la barre d'outils **Styles visuels** (Visual styles).

Clavier : taper la commande **STYLESVISUELS** (Vscurrent).

Le style visuel sélectionné est appliqué au modèle dans la fenêtre.

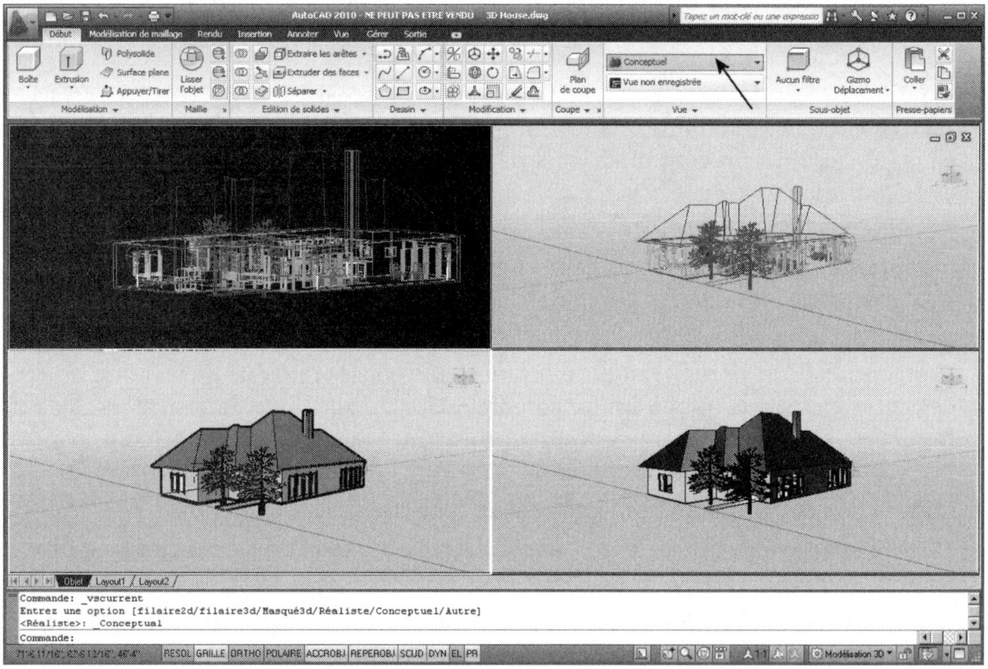

Fig.24.2

Le gestionnaire des styles visuels

Le gestionnaire des styles visuels permet de créer, d'appliquer, de modifier, de copier, d'exporter et de supprimer un style visuel. Il est disponible à partir de l'option **Styles visuels** (Visual styles) du groupe de fonctions **Vue** (View) ou de la barre d'outils **Styles visuels**.

Le gestionnaire comprend dans sa partie supérieure les dix styles prédéfinis et juste au-dessous une série de boutons avec les options suivantes (fig.24.3) :

- **Créer un style visuel** (Create New Visual style) : permet d'afficher la boîte de dialogue **Créer un style visuel** (Create New Visual Style), dans laquelle vous entrez un nom et une description facultative. Une nouvelle image d'exemple est placée à l'extrémité du panneau et est sélectionnée.
- **Appliquer le style visuel sélectionné à la fenêtre courante** (Apply Selected Visual style to current viewport) : permet d'appliquer le style visuel sélectionné à la fenêtre courante.
- **Exporter le style visuel sélectionné dans la palette d'outils** (Export the selected visual style to the Tool Palette) : permet de créer un outil pour le style visuel sélectionné et le placer sur la palette d'outils active. Si la fenêtre Palettes d'outils est fermée, elle s'ouvre et l'outil est placé sur la palette supérieure.
- **Supprimer le style visuel sélectionné** (Delete the selected visual style to the Tool Palette) : permet de supprimer le style visuel du dessin. Un style visuel par défaut ou en cours d'utilisation ne peut pas être supprimé.

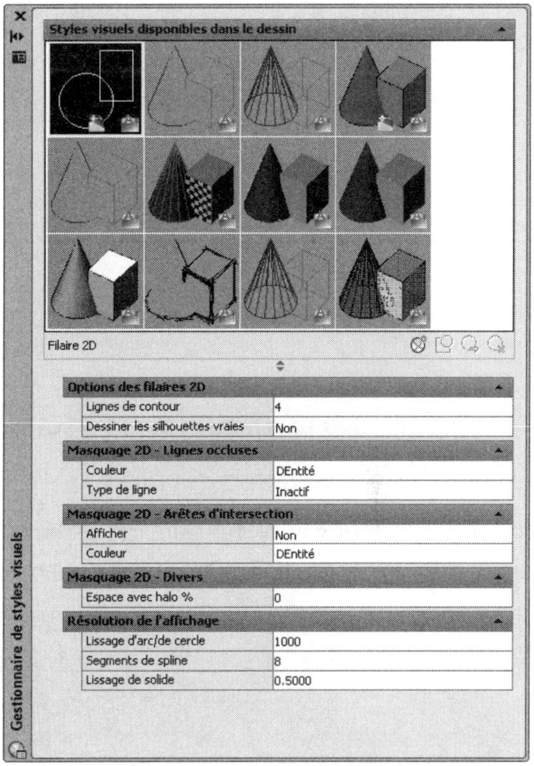

Fig.24.3

Dans le cas de la création d'un nouveau style, trois méthodes sont disponibles :

- Création en utilisant le bouton **Créer** (Create) du Gestionnaire de styles visuels.
- Création par l'opération Copier/Coller d'un style existant.
- Création en modifiant directement l'apparence courante du modèle 3D en utilisant les outils du panneau de configuration **Styles visuels**.

Créer un nouveau style visuel par l'option « Créer »

[1] Dans la palette du **Gestionnaire de styles visuels**, cliquer sur l'icône **Créer** (Create).

[2] Entrer le nom et la description du nouveau style visuel et cliquer sur **OK** (fig.24.4). Un nouveau style est ajouté dans la liste des styles visuels disponibles dans le dessin (fig.24.5).

[3] Modifier les différents paramètres désirés. Par exemple : dans la section **Paramètres d'arêtes** (Edge Settings), changer la couleur en Rouge.

Fig.24.4

Fig.24.5

Les paramètres sont les suivants :

Paramètres des faces

Ils contrôlent l'apparence des faces dans une fenêtre.

- **Style des faces** (Face style) : permet de définir l'ombrage sur les faces. Les options sont les suivantes (fig.24.6) :

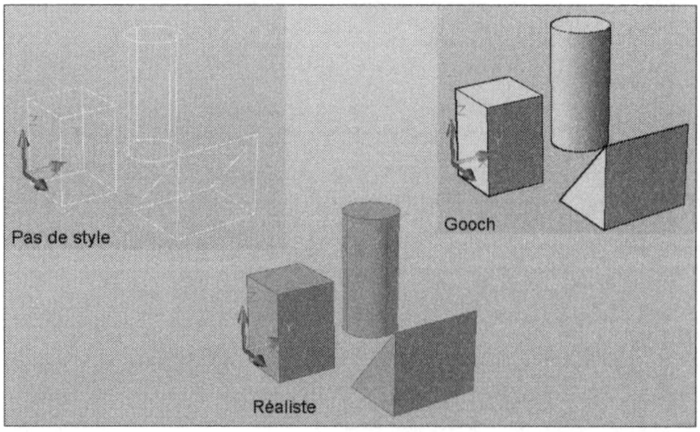

Fig.24.6

- **Pas de style de face :** la valeur Aucun (None) n'applique pas de style de face. Les autres paramètres sont désactivés.
- **Style de face réaliste :** valeur par défaut, le style est aussi proche que possible de l'apparence de la face en réalité.
- **Style de face Gooch :** Gooch utilise des couleurs chaudes et froides au lieu des paramètres foncés et clairs pour améliorer l'affichage des faces qui peuvent être ombrées et difficiles à voir dans un affichage réaliste.

- **Qualité de l'éclairage** (Lighting quality) : définit l'éclairage pour afficher les facettes sur le modèle ou non. Par défaut, elles sont lissées (fig.24.7).
- **Mode de couleur de face** (Face color mode) : contrôle l'affichage des couleurs sur les faces. Les options sont les suivantes :
  - **Normal :** n'applique pas de modificateur de couleur de face.
  - **Monochrome** : affiche le modèle dans les ombres de couleur que vous spécifiez.
  - **Teinte** (Tint) : modifie la valeur de teinte et de saturation des couleurs de face.
  - **Désaturer** (Desaturate) : adoucit la couleur en réduisant son composant de saturation de 30 %.

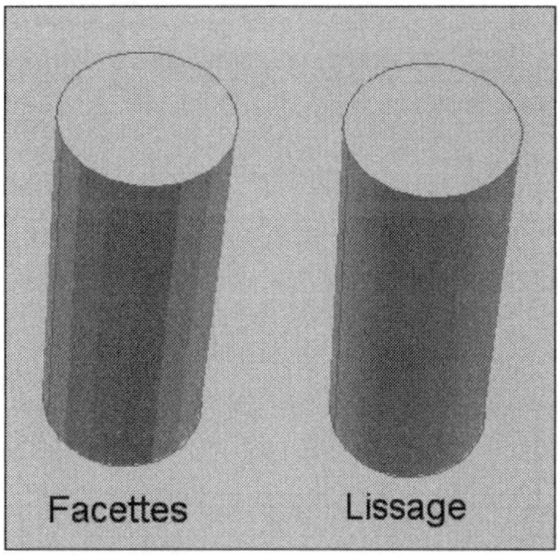

Fig.24.7

- **Couleur monochrome/Couleur de la teinte** (Monochrome color) : affiche la boîte de dialogue Sélectionner la couleur dans laquelle vous pouvez sélectionner une couleur monochrome ou la teinte, selon le mode de couleur de face. Ce paramètre n'est pas disponible lorsque le mode de couleur de face est défini sur Normal ou Désaturer.
- **Opacité** (Opacity) : contrôle l'opacité ou la transparence des faces dans une fenêtre (fig.24.8).
- **Affichage des matériaux** (Materials display) : contrôle si les matériaux et les textures sont affichés.

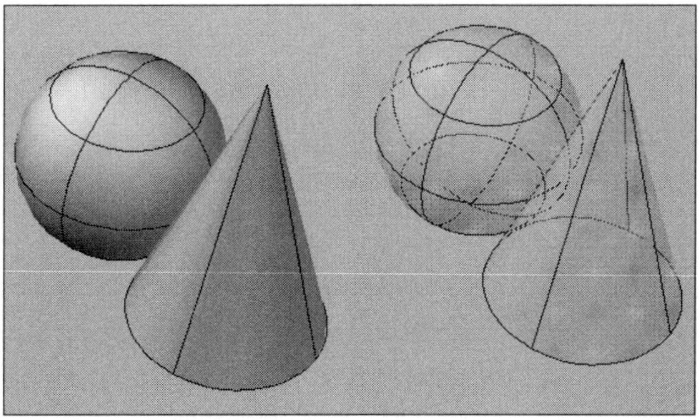
Fig.24.8

Eclairage

- **Intensité de la surbrillance** (Highlight intensity) : contrôle la taille des surbrillances sur les faces sans matériaux (fig.24.9).

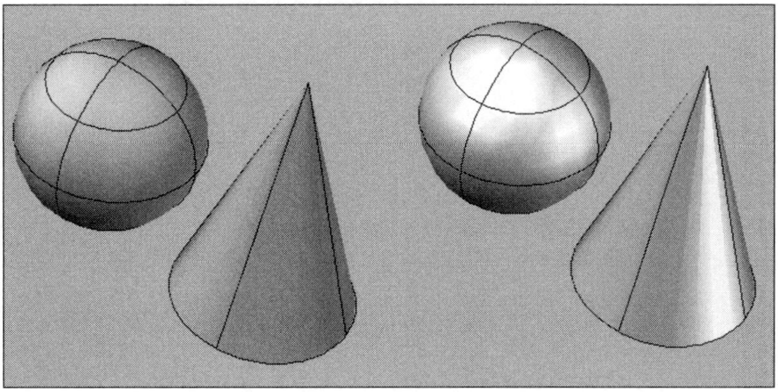
Fig.24.9

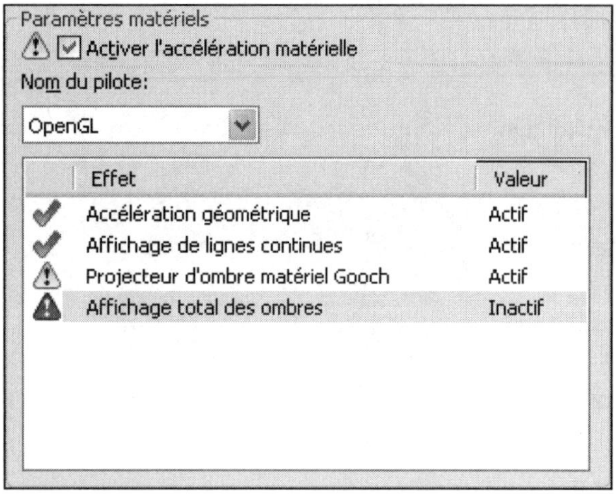

Fig.24.10

- **Affichage des ombres** (Shadow display) : contrôle l'affichage des ombres. Les options sont les suivantes : Pas d'ombre, Ombres sur le sol uniquement et Ombres pleines. Il est conseillé de désactiver les ombres pour augmenter les performances. Pour afficher les ombres complètes, il convient d'activer l'accélération matérielle. Lorsque l'option **Accélération géométrique** est désactivée, les ombres complètes ne peuvent pas être affichées (pour accéder à ces paramètres, entrez config3d sur la ligne de commande). Dans la boîte de dialogue Dégradation adaptative et ajustement des performances, choisissez Ajuster manuellement (fig.24.10).

Paramètres d'environnement

Ils contrôlent l'arrière-plan.

- **Arrière-plans** (Background) : contrôle si les arrière-plans s'affichent dans la fenêtre ou non.

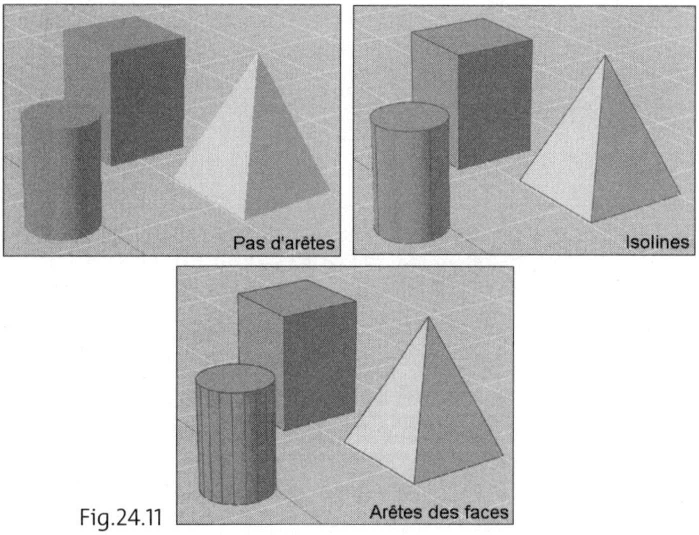

Fig.24.11

Paramètres d'arêtes

Ils contrôlent l'affichage des arêtes.

- **Mode d'arête** (Edge mode) : définit l'affichage des arêtes sur Arêtes de facette, Isolignes ou Aucun (fig.24.11).
- **Couleur** (Color) : affiche la boîte de dialogue Sélectionner la couleur dans laquelle vous pouvez définir la couleur des arêtes.

Modificateurs d'arêtes

Ils contrôlent les paramètres qui s'appliquent à tous les modes d'arête à l'exception de l'option Aucun.

- **Prolongement de lignes** (Line Extensions) : prolonge les lignes au-delà de leur intersection, pour donner un effet dessin manuel (fig.24.12). Ce bouton permet d'activer et de désactiver l'effet de saillie. Lorsqu'il est activé, vous pouvez modifier le paramètre.
- **Créneler** (Jitter) : donne l'apparence d'une esquisse aux lignes (fig.24.13). Les paramètres sont Faible, Moyen et Elevé ; ils peuvent être désactivés Ce bouton permet d'activer et de désactiver l'effet de crénelage. Lorsqu'il est activé, vous pouvez modifier le paramètre.
- **Angle du pli** (Crease angle) : définit l'angle auquel les arêtes de facette s'affichent dans une face, pour un effet de lissage.
- **Espace avec halo %** (Halo gap %) : spécifie la taille d'un espace à afficher à l'endroit où un objet est masqué par un autre objet. Cette option est disponible lorsque les styles visuels Conceptuel ou Masqué 3D, ou un style visuel basé sur ceux-ci, est sélectionné. Lorsque la valeur d'espace avec halo est supérieure à 0, les arêtes de silhouette ne sont pas affichées.

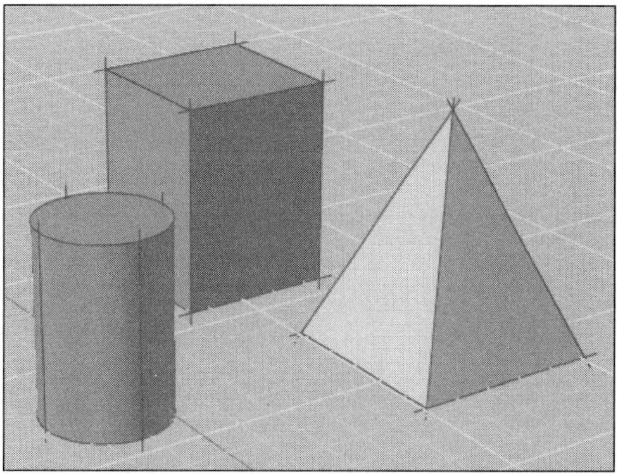

Fig.24.12

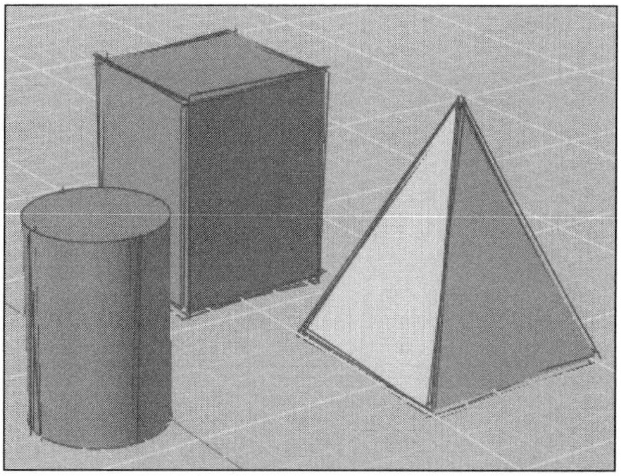

Fig.24.13

Arêtes de silhouette

Elles gèrent les paramètres qui s'appliquent aux arêtes de silhouette Les arêtes de silhouette ne sont pas affichées sur les objets filaires ou transparents (fig.24.14).

- **Afficher** (Show) : contrôle l'affichage des arêtes de silhouette.
- **Largeur** (Width) : spécifie la largeur à laquelle les arêtes de silhouette s'affichent.

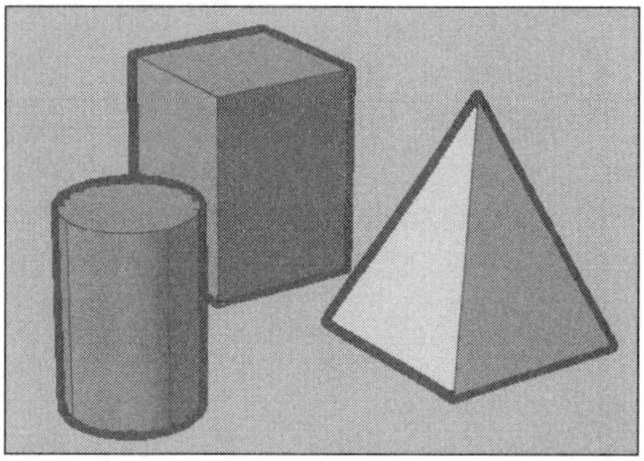

Fig.24.14

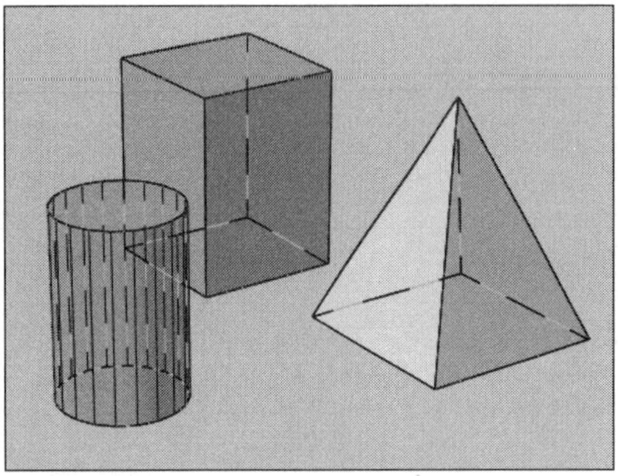

Fig.24.15

Arêtes occluses

Elles gèrent les paramètres qui s'appliquent aux arêtes foncées lorsque le mode d'arête est défini sur Arêtes de facette (fig.24.15).

- **Visible** (Show) : contrôle si les arêtes foncées s'affichent ou non.
- **Couleur** (Color) : affiche la boîte de dialogue Sélectionner la couleur dans laquelle vous pouvez définir la couleur des arêtes foncées.
- **Type de ligne** (Linetype) : définit le type de ligne pour les arêtes foncées.

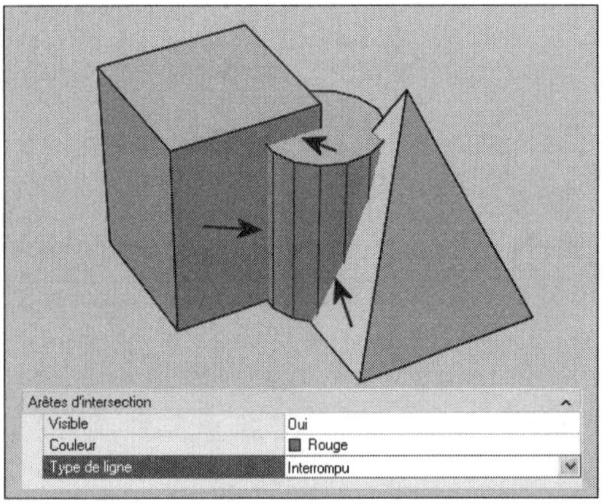

Fig.24.16

Arêtes d'intersection

Elles gèrent les paramètres qui s'appliquent aux arêtes d'intersection lorsque le mode d'arête est défini sur Arêtes de facette (fig.24.16).

- **Afficher** (Show) : contrôle si les arêtes d'intersection s'affichent ou non. Pour augmenter les performances, il est conseillé de désactiver l'affichage des arêtes d'intersection.
- **Couleur** (Color) : affiche la boîte de dialogue Sélectionner la couleur dans laquelle vous pouvez définir la couleur des arêtes d'intersection.
- **Type de ligne** (Linetype) : définit un type de ligne pour les arêtes d'intersection.

Créer un nouveau style visuel par l'opération Copier/Coller

1. Dans la palette du Gestionnaire de styles, effectuer un clic droit sur l'icône d'un style et choisir **Copier** (Copy).
2. Effectuer à nouveau un clic droit et choisir **Coller** (Paste). Une icône est dupliquée dans la section Styles visuels disponibles dans le dessin (fig.24.17).
3. Sélectionner l'icône dupliquée et effectuer un clic droit. Choisir ensuite **Modifier le nom et la description** (Edit Name and Description).
4. Modifier les différents paramètres désirés comme spécifiés précédemment.

Exporter un style visuel

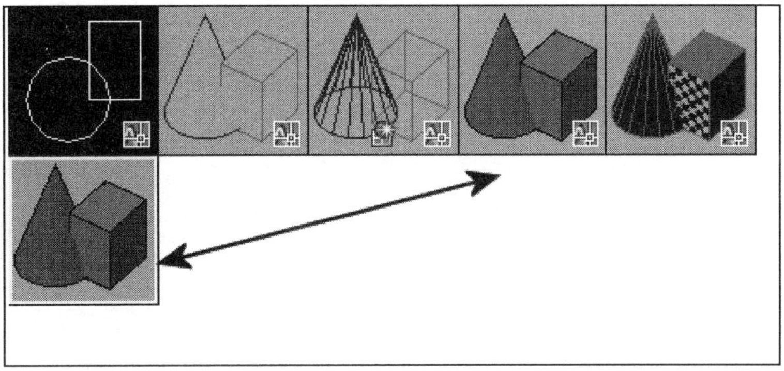

Fig.24.17

Les styles visuels sont stockés dans le dessin actif lors de leur création. Pour les rendre disponibles dans les autres dessins, il faut les exporter dans la palette d'outils. La procédure est la suivante :

1. Ouvrir le dessin comportant le style visuel que vous voulez utiliser.
2. Ouvrir le gestionnaire de styles visuels dans le groupe de fonctions **Vue** (view).
3. Cliquer sur **Palette d'Outils** (Tool Palettes) dans le groupe de fonctions **Palettes** de l'onglet **Vue** (View).
4. Dans la fenêtre **Palettes d'outils** (Tool Palettes), cliquer sur l'onglet **Styles visuels** (Visual Styles).
5. Dans le gestionnaire de styles visuels, sélectionner l'image d'exemple du style visuel.
6. Sous les images, cliquer sur le bouton **Exporter le style visuel sélectionné dans la palette d'outils** (Export to Active Tool Palette). Le nouveau style visuel est intégré dans la palette.
7. Ouvrir le dessin dans lequel vous voulez utiliser le style visuel.
8. Sélectionner le style visuel dans la palette d'outils.
9. Cliquer avec le bouton droit de la souris et choisir **Ajouter au dessin courant** (Add to Current Drawing).

Le style visuel est ajouté aux images d'exemple dans le Gestionnaire de styles visuels.

Le rendu réaliste et l'animation

Outre l'utilisation des styles visuels, vous pouvez rendre votre projet encore plus réaliste grâce à l'utilisation des matériaux, de l'éclairage et des techniques de rendu. Ces différents aspects sont abordés en détail dans mon ouvrage « AutoCAD 3D – Modélisation et rendu » également publié aux Editions Eyrolles.

CHAPITRE 25

METTRE EN PAGE ET IMPRIMER

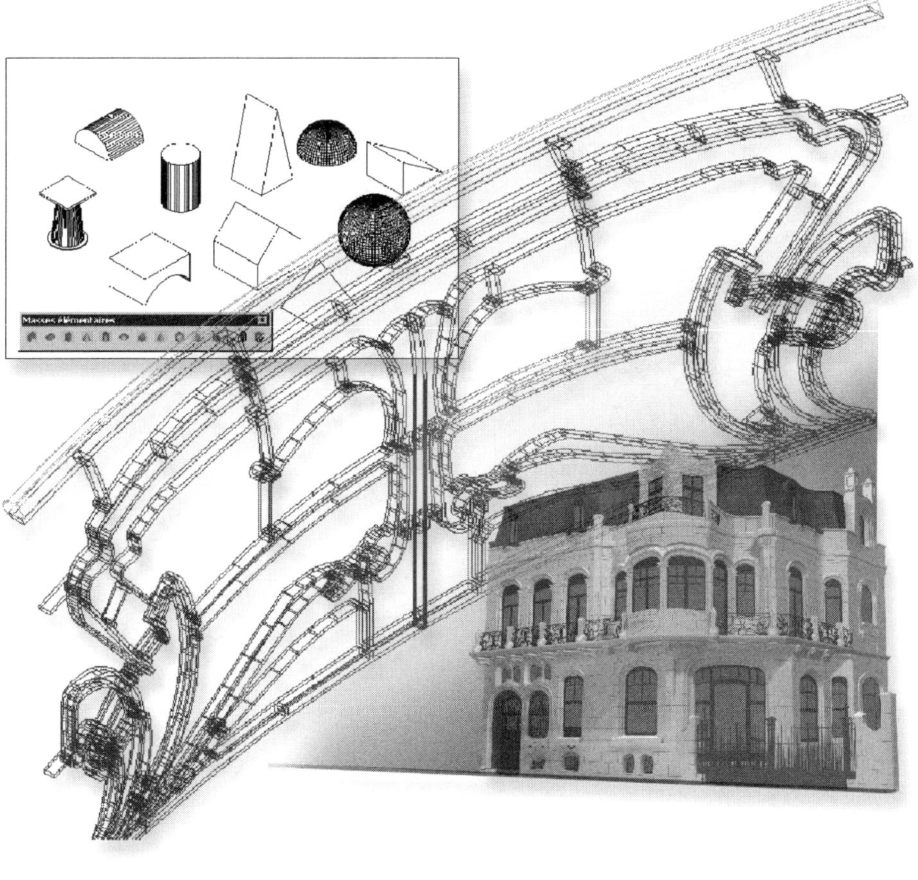

La mise en page et l'impression

Introduction

La mise en page et l'impression constituent les phases finales du travail avec AutoCAD. Il s'agit de deux étapes importantes car elles permettent de communiquer les projets réalisés à l'ensemble des personnes concernées. La clarté de la présentation et la justesse des échelles prises en compte sont essentielles pour une bonne compréhension des documents transmis.

La mise en page d'une feuille de dessin peut s'effectuer très facilement dans AutoCAD grâce à l'existence d'un environnement particulier dénommé « l'espace de présentation » (ou espace papier). Celui-ci permet de placer un cadre et un cartouche et de définir des fenêtres flottantes pouvant afficher n'importe quelle partie du dessin créé dans l'espace objet (fig.25.1).

L'opération d'impression permet de définir la configuration du tracé (échelle de traçage, épaisseur des traits, choix du périphérique, etc.) et d'envoyer le dessin vers un fichier d'impression ou un périphérique d'impression.

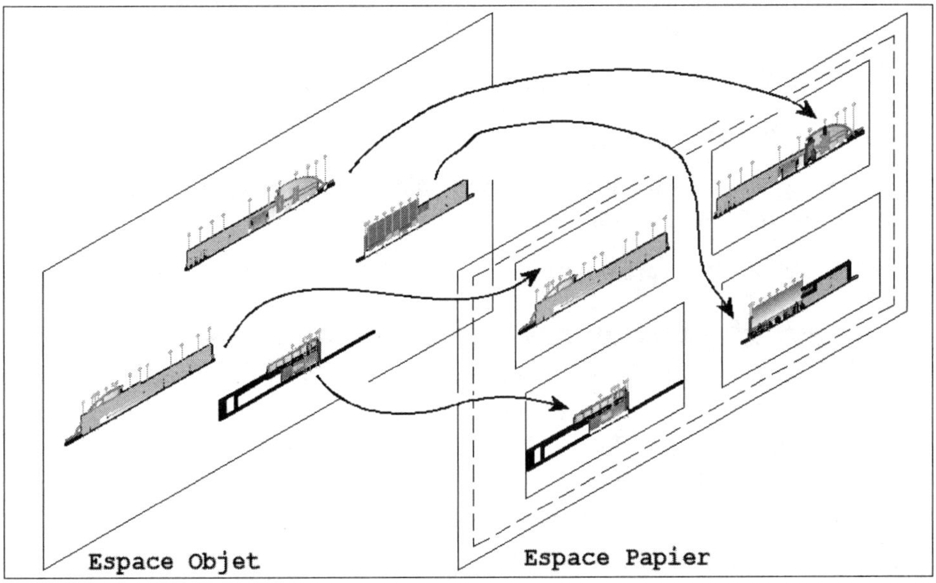

Fig.25.1

Utilisation de l'espace papier et l'espace objet

Lorsque le dessin créé dans l'espace objet est prêt à être configuré pour le traçage, il convient de basculer vers un onglet de présentation (layout) situé en bas à gauche de l'écran. Chaque onglet de présentation est associé à un espace papier dans lequel on peut créer des fenêtres et définir une mise en page pour chaque présentation à tracer. La mise en page n'est en fait qu'un ensemble de paramètres de tracé enregistrés avec la présentation. La configuration des paramètres de mise en page d'une présentation peut être enregistrée sous un nom, puis appliquée à une autre présentation. Il est également possible de créer une nouvelle présentation à partir d'un fichier gabarit de présentation déjà défini (.dwt ou.dwg).

En principe, le tracé d'une présentation se déroule en plusieurs étapes :

- Configuration d'un périphérique de traçage.
- La création de styles de tracé.
- Activation ou création d'une présentation.
- Définition de la mise en page de la présentation (périphérique de traçage, style du tracé, format de papier, aire de tracé, échelle du tracé et orientation du dessin).
- Insertion d'un cartouche.
- Création de fenêtres flottantes et positionnement dans la présentation.
- Définition de l'échelle des fenêtres flottantes.
- Au besoin, annotation, cotation ou création d'un élément de géométrie dans la présentation.
- Traçage de la présentation.

La configuration des traceurs et imprimantes

Outre l'utilisation d'une imprimante système configurée dans Windows, AutoCAD est aussi fourni avec plusieurs pilotes de traceur non système spécialisés. Pour réaliser une impression à l'aide de l'un de ces pilotes de traceur, il convient de configurer le traceur non système, qu'il soit local ou en réseau, à l'aide du Gestionnaire de traçage d'Autodesk®.

Le Gestionnaire de traçage d'Autodesk permet de configurer trois catégories d'imprimantes :

- L'imprimante (ou traceur) locale (ordinateur individuel) non système (c'est-à-dire non configurée dans Windows).
- L'imprimante (ou traceur) réseau non système.
- L'imprimante (ou traceur) système (pour modifier certains paramètres déjà définis dans Windows).

Dans le cas particulier d'une imprimante système Windows, la configuration se fait de la manière suivante :

1. Dans le menu **Application** (A) choisir **Imprimer** (Print) puis **Gérer les traceurs** (Manage Plotters) (fig.25.2).
2. Cliquer deux fois sur l'icône **Assistant Ajouter un traceur** (Add-A-Plotter Wizard).
3. Une fois dans l'assistant **Ajouter un traceur** (Add Plotter), il convient de lire l'introduction puis de cliquer sur **Suivant** (Next) pour ouvrir la page de début de configuration.
4. Dans la page de **début** (Begin) de l'assistant **Ajouter un traceur**, cliquer sur **Imprimante système** (System Printer). Cliquer sur **Suivant** (Next).

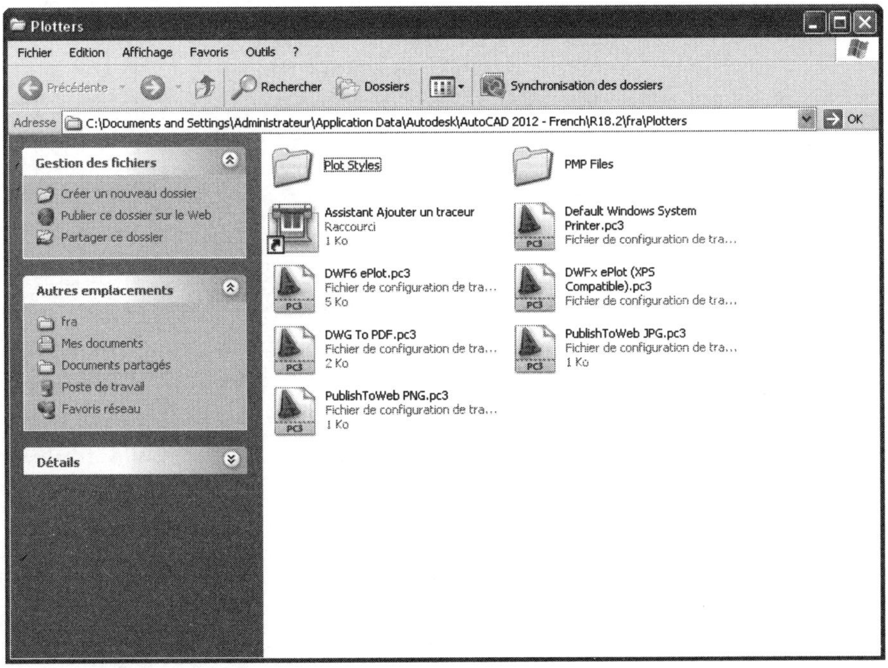

Fig.25.2

5 Dans la page **Imprimante système** (System Printer) de l'assistant **Ajouter un traceur**, sélectionner l'imprimante système à configurer.

Cette liste présente toutes les imprimantes système définies sur le système. Si l'on souhaite connecter une imprimante absente de la liste, il faut préalablement l'ajouter par le biais de l'assistant Ajout d'imprimante du Panneau de configuration de Windows.

6 Cliquer sur **Suivant** (Next) pour aboutir à l'écran **Importer fichier PCP ou PC2** (Import Pcp or Pc2). Il permet d'utiliser les données de configuration d'un fichier PCP ou PC2 créé sous une version antérieure à AutoCAD 2000. Cliquer sur **Suivant** (Next), si cette option ne présente pas d'intérêt.

7 Dans la page de définition du **nom du traceur** (Plotter Name), entrer un nom identifiant le traceur en cours de configuration. Cliquer sur **Suivant** (Next).

8 Dans la page **Fin** (Finish), on peut modifier les paramètres par défaut du traceur en sélectionnant **Modifier la configuration du traceur** (Edit Plotter Configuration). Il est également possible de tester l'étalonnage du nouveau traceur configuré en sélectionnant **Calibrer le traceur** (Calibrate Plotter).

9 Cliquer sur **Terminer** (Finish) pour quitter cet assistant.

REMARQUE

Vous pouvez aussi tracer vos dessins dans un certain nombre de formats, dont DWF, PDF ou JPEG en utilisant des pilotes de traceur spécifiques.

Dans l'un et l'autre cas, un pilote de traceur non système est configuré pour imprimer les informations du fichier. Vous pouvez gérer les propriétés personnalisées de chaque pilote non système dans l'éditeur de configuration du traceur.

La création d'un style de tracé

Un **style de tracé** (Plot Style), permet de modifier l'apparence d'un dessin imprimé de manière élaborée. En modifiant le style de tracé d'un objet, il est possible d'intervenir sur sa couleur, ainsi que sur le type et l'épaisseur de ses lignes. On peut également définir des styles d'extrémité, de jointure ou de remplissage, ou encore des effets de sortie comme le panachage, les nuances de gris, le choix des plumes ou le tramage. Les styles de tracé permettent par ailleurs d'imprimer le même dessin de plusieurs manières.

Les caractéristiques des styles de tracé sont définies dans des tables de styles de tracé que l'on peut associer à l'onglet **Objet** (c'est-à-dire aux éléments de l'espace Objet), aux présentations et aux fenêtres des présentations (c'est-à-dire aux éléments de l'espace papier). Il est également possible d'associer un style à un calque ou à un objet en particulier.

Les modes de styles de tracé

Il existe deux modes de styles de tracé : le mode **Dépendant de la couleur** (Color-dependent Plot Style) et le mode **Nommé** (Named Plot Style). Chaque dessin ouvert dans AutoCAD est soit dans un mode soit dans l'autre. Le mode par défaut est **Dépendant de la couleur** (Color-dependent Plot Style).

Mode de style de tracé dépendant de la couleur

Les styles de tracé dépendants de la couleur sont basés sur la couleur de l'objet. Il existe 255 styles de tracé dépendant de la couleur. Chaque couleur représente ainsi un style de tracé différent. Dans une table de styles de tracé dépendant de la couleur, il n'est pas possible d'ajouter, supprimer ni renommer des styles de tracé. On peut y contrôler la manière dont tous les objets de la même couleur s'impriment en mode dépendant de la couleur en adaptant le style de tracé correspondant à cette couleur d'objet. Dans un modèle dépendant de la couleur, on peut modifier le style de tracé utilisé par un objet en modifiant la couleur de l'objet. Les tables de styles de tracé dépendant de la couleur sont enregistrées dans des fichiers ayant l'extension .ctb.

Mode de style de tracé nommé

Les styles de tracé nommés sont indépendants de la couleur de l'objet. Il est ainsi possible d'attribuer n'importe quel style de tracé à un objet, quelle que soit sa couleur. En effet, en associant une couleur à une plume spécifique, on perd la possibilité de travailler avec cette couleur indépendamment de l'épaisseur et du type de ligne. Les styles de tracé nommés permettent d'utiliser la propriété de couleur de l'objet comme toute autre propriété. Les tables de styles de tracé nommés sont enregistrées dans des fichiers ayant l'extension .stb.

Par exemple, si l'on a un projet de construction à réaliser par étapes, on peut utiliser la procédure suivante :

- Créer une table de styles de tracé qui définit des styles de tracé, par exemple, Phase 1 et Phase 2 pour les objets concernés par les différentes phases du projet.
- Utiliser le rouge pour les objets de la Phase 1 et la gamme de gris pour ceux de la Phase 2.

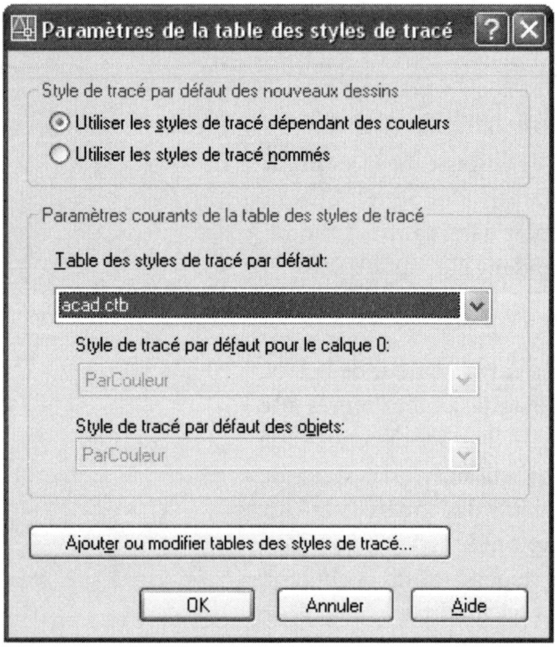

Fig.25.3

▸ Dans la fenêtre des propriétés, affecter le style de tracé Phase 1 aux objets de la phase 1 et le style de tracé Phase 2 aux objets de la Phase 2.

Définir le style de tracé pour les nouveaux dessins

1. Dans le menu **Applications** (A), choisir **Options** puis l'onglet **Tracer et Publier** (Plot and Publish).
2. Cliquer sur le bouton **Paramètres de la table des styles de tracé** (Plot Style Table Settings).
3. Sous **Style de tracé par défaut des nouveaux dessins** (Default Plot Style Behavior for New Drawings), indiquer le mode de style de tracé a utiliser en sélectionnant l'une des options suivantes (fig.25.3) :
   - Utiliser les **styles de tracé dépendants des couleurs** (Use Color Dependent Plot Styles).
   - Utiliser les **styles de tracé nommés** (Use Named Plot Styles).
4. Sélectionner le style de tracé par défaut dans la liste **Table des styles de tracé par défaut** (Default plot style table).
5. Cliquer sur OK.

Créer une nouvelle table de styles de tracé

La création d'un style de tracé s'effectue à l'aide de tables de styles de tracé, qui sont de deux types : les tables de styles de tracé nommés et les tables de styles de tracé dépendant de la couleur.

Les tables de styles de tracé nommés contiennent des définitions de style de tracé nommées STYLE1, STYLE2, etc. On peut ajouter de nouveaux styles et au besoin, modifier leur nom pour en choisir un plus descriptif : par exemple, PHASE CONSTRUCTION 1, PHASE PAYSAGE, ou CANALISATIONS EAU.

Les tables de styles de tracé dépendant de la couleur contiennent 255 styles de tracé nommés Couleur 1, Couleur 2, etc. Chaque style de tracé est lié à une couleur ACI. Il n'est pas possible d'ajouter ou de supprimer des styles de tracé dépendant de la couleur, ni de modifier leur nom.

Les tables de styles de tracé renferment les définitions des styles de tracé et sont mémorisées sous forme de fichiers CTB et STB dans le dossier ../Documents and Settings/nom utilisateur/Application Data/Autodesk/Autocad xxxx/Rxxx/fra/Plotters/Plot styles.

Pour se familiariser avec la création d'un style de tracé, il est conseillé d'utiliser en premier lieu le style dépendant de la couleur.

Pour créer une table de styles de tracé, la procédure est la suivante :

1. Cliquer sur le menu **Application** (A) puis survoler l'option **Imprimer** (Print) et cliquer ensuite sur **Gérer les styles de tracé** (Manage Plot styles).
2. Sélectionner l'Assistant **Ajouter une table des styles de tracé** (Add-A Plot Style Table Wizard).
3. Lire la première page et cliquer sur **Suivant** (Next).
4. Dans la page Début, vous pouvez choisir d'utiliser un fichier de configuration (CFG) ou un fichier de configuration de traceur (PCP ou PC2) pour importer les paramètres de plume, baser la nouvelle table des styles de tracé sur une table existante ou en créer une entièrement nouvelle. Si vous utilisez une table des styles de tracé existante, la nouvelle table utilise le même type que la table d'origine. Par exemple : **Commencer avec un brouillon** (Start from scratch).
5. Cliquer sur **Suivant** (Next).
6. Dans la page Choisir une table des styles de tracé, sélectionner **Table des styles de tracé dépendant de la couleur** (Color-Dependent Plot Style Table) ou **Table des styles de tracé nommés** (Named Plot Style Table).
7. Si vous importez les paramètres de plume d'un fichier PCP, PC2 ou CFG, ou si vous basez la nouvelle table sur une table existante, spécifiez le fichier sur la page Rechercher le nom de fichier. Si vous utilisez un fichier CFG, vous devrez peut-être sélectionner la configuration de traceur à importer.
8. Cliquer sur **Suivant** (Next).
9. Dans la page **Nom de fichier** (File Name), indiquer le nom de la nouvelle table des styles de tracé. Par exemple : Style 1-100.
10. Cliquer sur **Suivant** (Next).

11 Dans la page **Fin** (Finish), vous pouvez modifier la nouvelle table en cliquant sur **Editeur de la table des styles de tracé** (Plot Style Tablc Editor). Dans le cas du style dépendant de la couleur, vous pouvez assigner à chaque couleur utilisée dans le dessin une série de paramètres dont une autre couleur (le noir par exemple), un niveau de gris, une épaisseur de ligne, etc (fig.25.4). Dans le cas d'un style nommé (Nammed Plot style), vous devez d'abord créer des styles en cliquant sur **Ajouter style** (Add Style) et ensuite définir les paramètres. Par exemple : le style MUR pour créer un style à appliquer aux dessins de murs (fig.25.5).

12 Cliquer sur **Enregistrer et Fermer** (Save and close) puis sur **Terminer** (Finish).

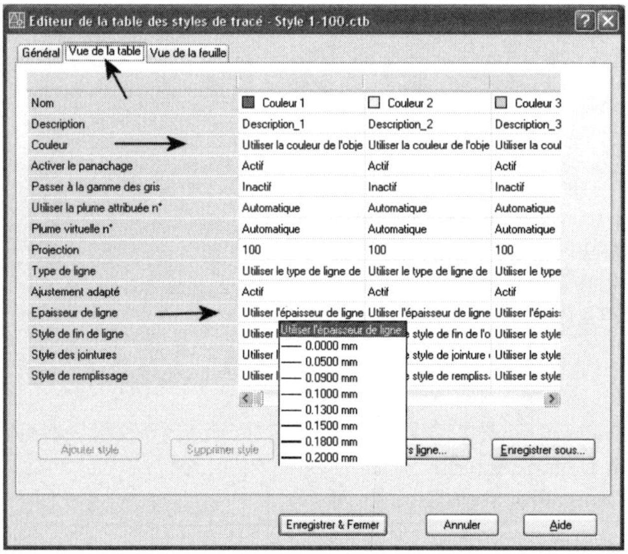

Fig.25.4

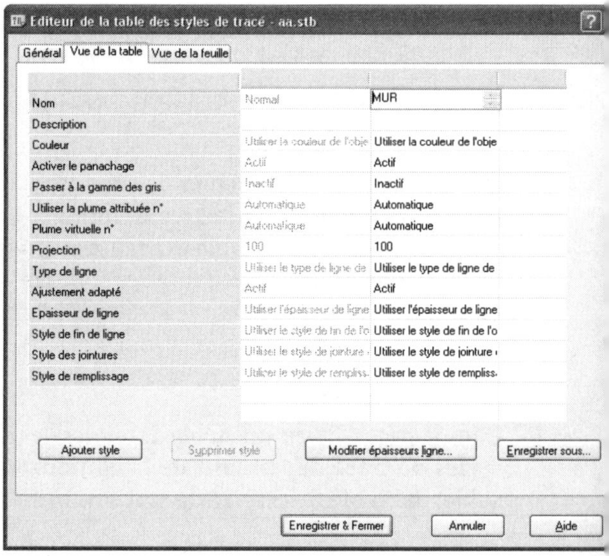

Fig.2

La nouvelle table des styles de tracé est disponible à la fois dans les boîtes de dialogue **Tracer** et **Mise en page** pour tous les dessins qui utilisent des tables de styles de tracé dépendant de la couleur ou des tables de style de tracé nommés.

Utiliser des styles de tracé

Les styles de tracé peuvent être utilisés à plusieurs niveaux dans AutoCAD, à savoir :

- Pour la globalité de l'espace objet.
- Pour une **présentation** (layout) dans l'espace papier.
- Pour un objet particulier.
- Pour un calque.

Pour associer une table de styles de tracé à l'onglet Objet ou à une présentation, la procédure est la suivante :

1. Choisir l'onglet **Objet** ou l'onglet de la présentation à laquelle on souhaite associer la table de styles de tracé.
2. Effectuer un clic droit sur l'onglet et sélectionner **Gestionnaire des mises en page** (Page setup manager).
3. Sélectionner **Objet** (Object) ou une présentation.
4. Cliquer sur **Modifier** (Modify).
5. Dans la boîte de dialogue **Mise en page** (Page setup), sous **Table des styles de tracé** (Plot style table), sélectionner une table de styles de tracé dans la liste proposée.
6. Cliquer sur **OK** puis sur **Fermer** (Close).

Modification de la propriété Style du tracé pour un objet ou un calque

Tout objet AutoCAD possède un style de tracé, comparable à une propriété, par exemple la propriété de couleur. De même que chaque calque possède une valeur de couleur, chaque calque possède une propriété de style de tracé. Dans le cas du travail en mode de style de tracé nommé, il est possible de modifier le style de tracé d'un objet ou d'un calque à tout moment. En revanche, si l'on travaille en mode dépendant de la couleur, on ne peut pas modifier le style de tracé car celui-ci est automatiquement déterminé par la couleur de l'objet ou du calque.

Il est important de rappeler que le choix de travailler dans un mode ou dans l'autre, doit être spécifié avant la création de tout nouveau dessin.

Pour modifier le style de tracé nommé d'un objet, la procédure est la suivante :

1. Sélectionner l'objet et effectuer un clic droit.
2. Choisir **Propriétés** (Properties) dans le menu.
3. Dans la palette **Propriétés** (Properties), sélectionner **Style de tracé** (Plot Style).
4. Dans la liste des styles de tracé de la table des styles de tracé, sélectionner celui qui convient.

Pour modifier le style de tracé nommé d'un calque, la procédure est la suivante :

1. Choisir Propriétés du **Calque** (Layer Properties) dans le groupe de fonctions **Calques** (Layers) ou **Gestionnaire des propriétés de calques** (Page setup manager) dans la barre d'outils **Calques** (Layers).
2. Dans la boîte de dialogue **Gestionnaire des propriétés des calques** (Layer Properties Manager), sélectionner le calque à modifier (fig.25.6).
3. Dans la colonne **Style de tracé** (Plot Style), sélectionner un style de tracé pour le calque.
4. Cliquer sur **OK**.

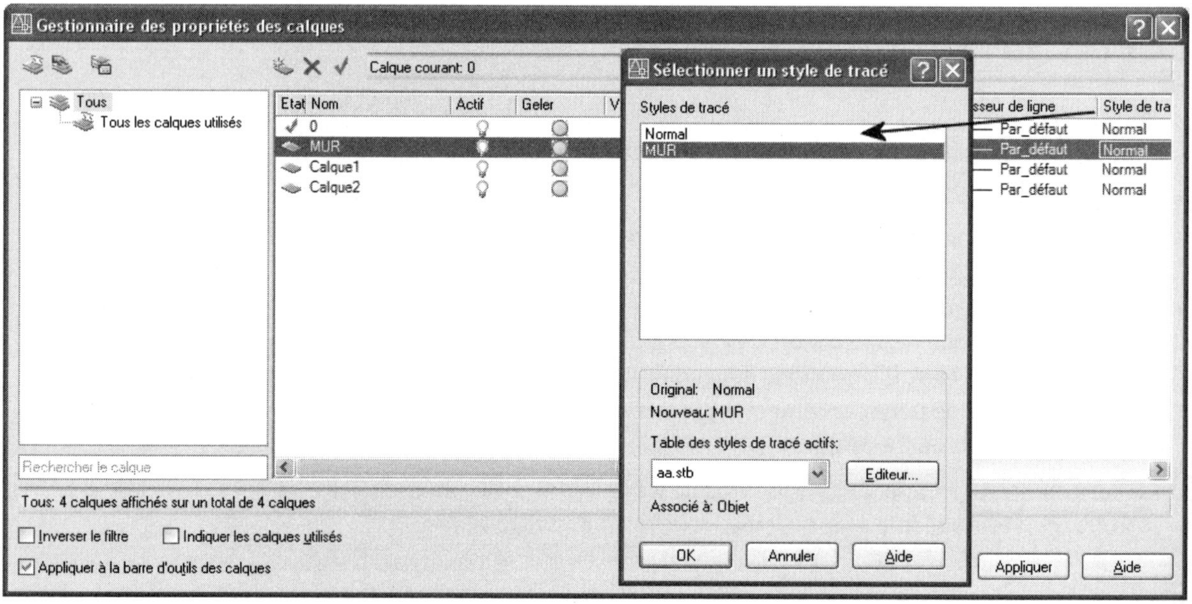

Fig.25.6

Afficher des styles de tracé dans un dessin

Lorsque l'on fait appel à des styles de tracé, on a la possibilité d'afficher les modifications apportées aux propriétés d'objet au moment où l'on régénère le dessin. Il n'est donc pas indispensable d'imprimer le dessin pour voir le résultat. L'affichage des styles de tracé peut cependant ralentir les performances. Si l'on choisit de ne pas afficher les styles de tracé dans le dessin, on peut néanmoins les visualiser à l'aide de l'option **Aperçu** (Preview) du groupe de fonctions **Traceur** (Plot).

Pour afficher des styles de tracé dans un dessin, la procédure est la suivante :

1. Cliquer sur l'onglet de présentation à l'endroit où l'on souhaite afficher des styles de tracé.
2. Effectuer un clic droit sur l'onglet puis sélectionner **Gestionnaire des mises en page** (Page setup manager) dans le menu contextuel.
3. Sélectionner la présentation et cliquer sur **Modifier** (Modify).
4. Dans la boîte de dialogue **Mise en page** (Page setup), sous **Table des styles de tracé** (Plot style table), activer le champ **Afficher style de tracé** (Display plot styles).
5. Cliquer sur **OK**.

> ***CONSEIL***
>
> Dans certains cas, il convient d'utiliser la commande **Regntout** (Regenall) pour afficher des styles de tracé dans une présentation.

La conversion de styles

Pour convertir un dessin afin d'utiliser les styles de tracé nommés :

1. Sur la ligne de commande, taper **CONVERTPSTYLES**.
2. Cliquer sur OK lorsque la boîte d'alerte apparaît.
3. Dans la boîte de dialogue **Sélectionner un fichier**, sélectionner la table des styles de tracé nommés à utiliser dans l'onglet **Objet** et dans toutes les présentations qui utilisent des tables de styles du même nom.
4. Choisir Ouvrir. AutoCAD affiche un message confirmant que le dessin a été converti.

Pour convertir un dessin afin d'utiliser les styles de tracé dépendant de la couleur

1. Sur la ligne de commande, taper **CONVERTPSTYLES**.
2. Cliquer sur **OK**. AutoCAD affiche un message confirmant que le dessin a été converti.

La mise en page dans l'espace objet

Le cadre et le cartouche

Si l'environnement idéal pour réaliser une mise en page est l'espace papier, il est cependant possible de rester dans l'espace objet et d'imprimer son projet à partir de cet environnement. Dans ce cas, il faut savoir que le travail dans cet environnement s'effectue en vraie grandeur projet et donc que les dessins du cadre et du cartouche doivent tenir compte de cette propriété. Ainsi, si le plan a été réalisé par exemple avec le mètre comme unité et si l'impression devra se faire à l'échelle 1/50 sur une feuille A3, il convient de créer un cadre de 21 x 14,85 unités (ou m pour l'utilisateur). En effet, 21 m imprimé à l'échelle 1/50 donne bien 42 cm qui est la dimension d'un A3 (fig.25.7).

Effectuer la mise en page dans cet environnement demande donc de créer un cadre et un cartouche distincts par format de papier (A0, A1, A2...), par unité de travail (m, cm, mm) et par échelle de sortie (1/100, 1/50, 1/20...). Cela peut facilement représenter plus de 60 configurations différentes, alors que dans l'espace papier seul le format du papier exige une configuration distincte.

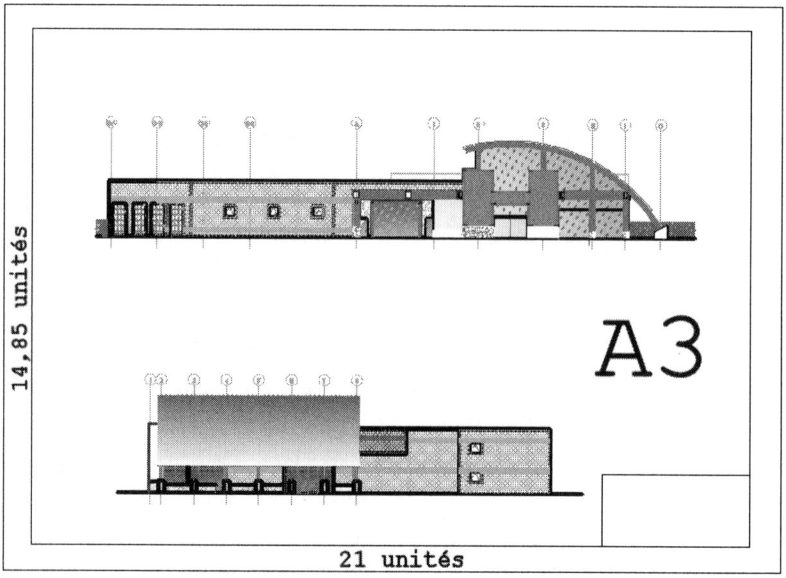

Fig.25.7

Le style de tracé

Il est possible d'attacher un style de tracé à l'onglet Model (Objet) selon la procédure suivante :

1. Cliquer avec la touche droite de la souris sur l'onglet **Objet** (Model).
2. Sélectionner **Gestionnaire des mises en page** (Page setup manager).
3. Sélectionner **Objet** (Object) puis cliquer sur **Modifier** (Modify).
4. Dans la boîte de dialogue **Mise en page** (Page setup), sélectionner un style de tracé dans la liste déroulante **Table des styles de tracé** (Plot style table).
5. Répondre éventuellement Non à la question : **Voulez-vous appliquer cette table des styles de tracé à toutes les présentations** (Assign this plot style table to all layouts ?), afin de limiter ce style à l'onglet **Objet** (Model).
6. Cliquer sur **OK**.
7. Pour visualiser l'effet du style sélectionner, cliquer sur l'icône **Aperçu avant l'impression** (Print Preview) de la barre d'outils standard.

La mise en page dans l'espace papier

Lorsque le dessin est terminé dans l'espace objet, il est temps de configurer celui-ci pour le traçage. Pour cela il convient de basculer vers un onglet de **présentation** (Layout). Chaque onglet de présentation est associé à un espace papier dans lequel on peut créer des fenêtres et définir une mise en page pour chaque présentation à tracer. La mise en page n'est en fait qu'un ensemble de paramètres de tracé enregistrés avec la présentation. La configuration des paramètres de mise en page d'une présentation peut être enregistrée sous un nom, puis appliquée à une autre présentation. Il est également possible de créer une nouvelle présentation à partir d'un fichier gabarit de présentation déjà défini (.dwt ou .dwg).

En principe, la mise en page se déroule en plusieurs étapes (fig.25.8) :

- Activation ou création d'une présentation.
- Définition du format de la présentation (périphérique de traçage, format de papier, aire de tracé, échelle du tracé et orientation du dessin).

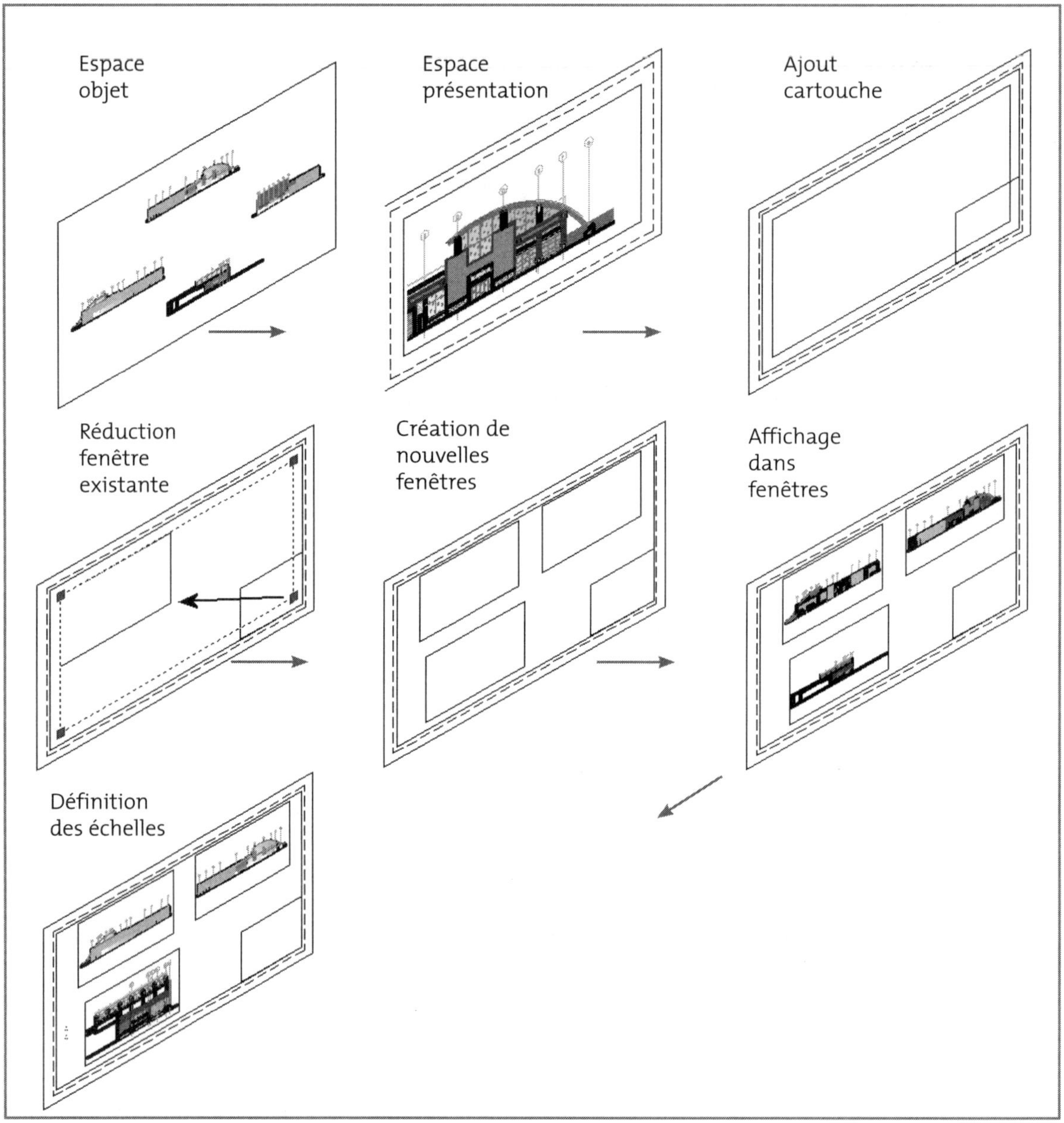
Espace
objet
Espace
présentation
Ajout
cartouche
Réduction
fenêtre
existante
Création de
nouvelles
fenêtres
Affichage
dans
fenêtres
Définition
des échelles

Fig.25.8

- Insertion d'un cartouche.
- Mise en page du contenu à l'aide de fenêtres flottantes.
- Définition de l'échelle des fenêtres flottantes.
- Au besoin, annotation, cotation ou création d'un élément de géométrie dans la présentation.

> ***REMARQUE***
>
> Si les onglets de présentation ne sont pas visibles dans l'interface, il convient d'effectuer un clic droit sur le bouton **Modèle** (Model) dans la barre d'état et de sélectionner **Afficher les onglets Présentaion et Objet** (Display Layout and Model Tabs)

Utilisation de l'espace papier

L'espace papier représente la zone graphique ou le « papier » sur lequel on organise le dessin avant le traçage. Depuis AutoCAD 2000, la conception et la manipulation des environnements d'espace papier, simples ou multiples, s'articulent autour d'onglets de **présentation** (layout). Pour accéder aux présentations, il suffit de cliquer sur un onglet situé dans la partie inférieure de la zone de dessin. Chaque présentation est une feuille de tracé ou une feuille d'un projet de dessin distincte. Lorsque l'on crée une présentation, on peut ajouter des fenêtres flottantes. Une fois que des fenêtres flottantes ont été créées dans une présentation, on peut y afficher le contenu et définir une échelle pour chacune des vues de la fenêtre et appliquer différentes visibilités aux calques qu'elle contient. Il est également possible -d'associer une table de styles de tracé à une présentation ou à une fenêtre.

Préparation d'une feuille de présentation

Avant de réaliser la mise en page proprement dite, il convient de configurer la feuille de présentation. La boîte de dialogue **Mise en page** (Page setup) permet de configurer les points suivants :

- Le nom de la présentation.
- Le choix de l'imprimante qui sera utilisée pour l'impression.
- Le style de tracé à utiliser dans le cadre de la présentation.

- Le format du papier et son orientation.
- L'unité de dessin utilisée.
- Le centrage du dessin.

L'ensemble de ces paramètres peut être sauvegardé sous un nom pour une utilisation ultérieure.

La configuration d'une Présentation s'effectue de la manière suivante :

1. Cliquer sur l'onglet **Présentation 1** (Layout 1), avec la touche droite de la souris, et sélectionner **Gestionnaire des mises en page** (Page setup manager).
2. La boîte de dialogue **Gestionnaire des mises en page** (Page setup manager) s'affiche à l'écran.
3. Sélectionner la présentation à configurer et cliquer sur **Modifier** (Modify).
4. Dans la boîte de dialogue **Mise en page** (Page setup), sélectionner l'imprimante à utiliser dans la liste déroulante **Nom** (Name). Par exemple : HP Deskjet (fig.25.9).

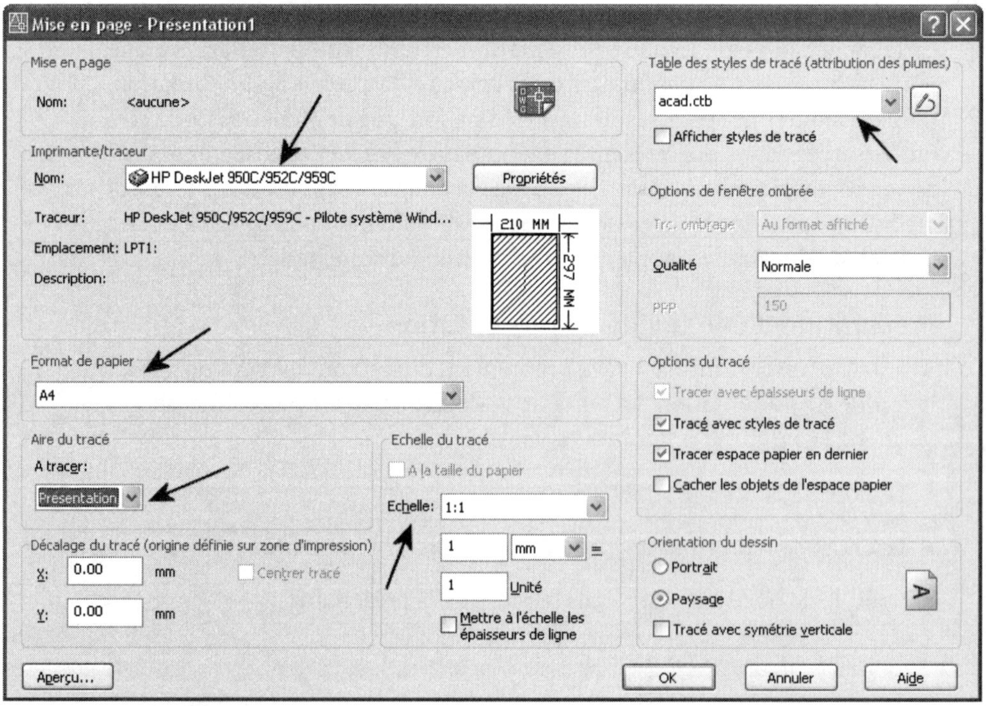

Fig.25.9

[5] Cliquer éventuellement sur **Propriétés** (Properties) pour modifier la configuration courante du traceur.

[6] Dans la zone **Table des styles de tracé** (Plot Style Table), sélectionner la table de style à utiliser, dans la liste déroulante. Par exemple : acad.ctb (impression en couleur) ou monochrome.ctb (impression en N et B).

[7] Cliquer éventuellement sur **Modifier** (Modify) si le style doit être modifié.

[8] Cocher éventuellement le champ **Afficher styles de tracé** (Display plot style) pour visualiser à l'écran l'effet du style de tracé.

[9] Sélectionner le format du papier dans la liste déroulante **Format de papier** (Paper Size). Par exemple : ISO A1.

[10] Sélectionner l'orientation du papier. Par exemple : **Paysage** (Landscape).

[11] Dans la zone **Aire du tracé** (Plot Area) sélectionner l'aire du dessin à tracer : **Présentation** (Layout), pour tracer le contenu de la présentation.

[12] Sélectionner l'échelle du tracé dans la liste déroulante **Echelle du tracé** (Plot scale) pour définir l'unité à utiliser dans l'espace papier (voir le paragraphe sur les échelles). Une échelle de 10:1 indique que l'unité est le centimètre (1 cm = 10 mm). Il est en effet important que les unités de l'espace objet et de l'espace papier soient identiques.

[13] Cliquer sur **OK** puis sur **Fermer** (Close) pour confirmer la configuration et retourner à l'écran AutoCAD. La fenêtre de présentation comprend 3 cadres (fig.25.10) :

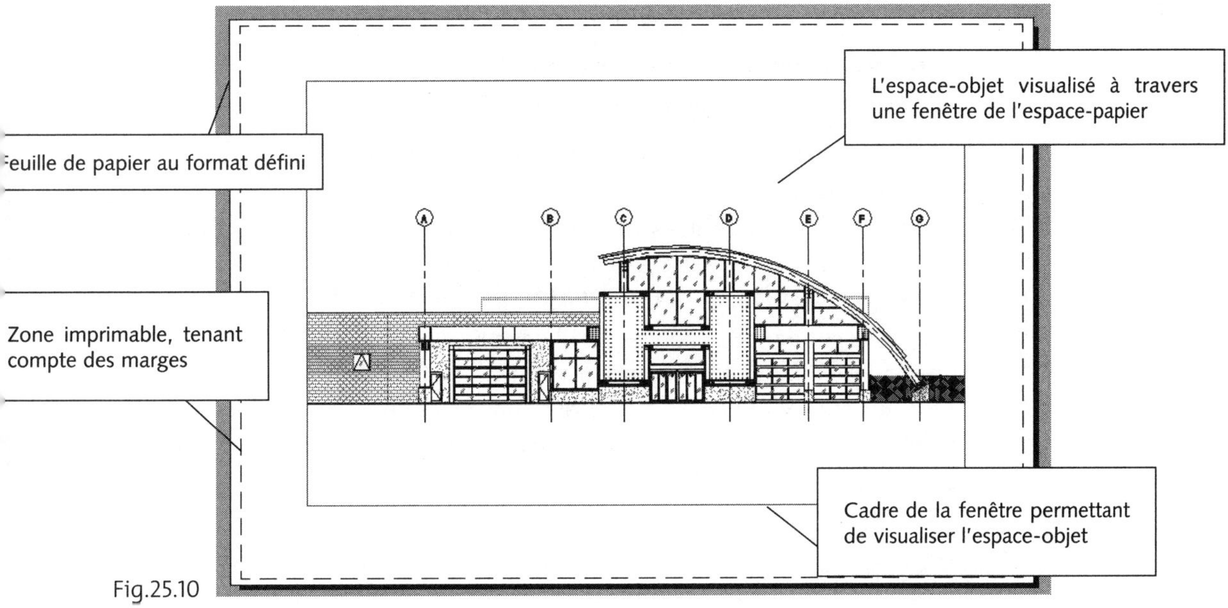

Fig.25.10

- Un cadre blanc : la feuille de dessin selon le format sélectionné.
- Un cadre pointillé : la zone imprimable tenant compte des marges du traceur.
- Un cadre en trait plein : une fenêtre par défaut permettant de visualiser le contenu de l'espace objet. La façon dont le contenu apparaît dans cette fenêtre n'a pas d'importance pour le moment.

Gérer les onglets de présentation

Plusieurs options de modification sont disponibles pour gérer les présentations et en créer d'autres. En effet, en cliquant avec le bouton droit de la souris sur l'onglet **Présentation** (Layout) on obtient un menu contextuel qui contient entre autres les options suivantes :

- **Nouvelle présentation** (New Layout) : pour créer une nouvelle présentation.
- **A partir du gabarit** (From template) : pour ajouter une nouvelle présentation à partir d'un fichier gabarit.
- **Supprimer** (Delete) : pour supprimer la présentation sélectionnée.
- **Renommer** (Rename) : pour renommer la présentation sélectionnée.
- **Déplacer ou Copier** (Move or Copy) : pour déplacer ou copier une présentation à la suite de la présentation courante.
- **Sélectionner toutes les présentations** (Select All Layouts) : pour sélectionner toutes les présentations.
- **Gestionnaire des mises en page** (Page setup manager) : pour modifier la configuration de la présentation courante.
- **Imprimer** (Plot) : pour imprimer la présentation courante.

Il est donc très facile, après avoir configuré une présentation de la recopier pour en créer d'autres identiques. Le nombre de présentations n'est pas limité.

Effectuer la mise en page à l'aide de fenêtres flottantes

Lors de la configuration d'une feuille de présentation, AutoCAD crée par défaut une fenêtre unique dans la présentation générée. Celle-ci occupe entièrement la zone de dessin. Il est cependant possible de créer plusieurs fenêtres et de personnaliser ainsi sa feuille de dessin en fonction des éléments à représenter.

Pour créer une fenêtre flottante rectangulaire, la procédure est la suivante :

1. Se placer dans la bonne présentation. Redimensionner, déplacer ou supprimer la fenêtre déjà existante dans la présentation. Il est possible d'utiliser les grips (poignées) pour redimensionner la fenêtre (fig.25.11). Par exemple, déplacer la poignée A vers B et la poignée C vers D.

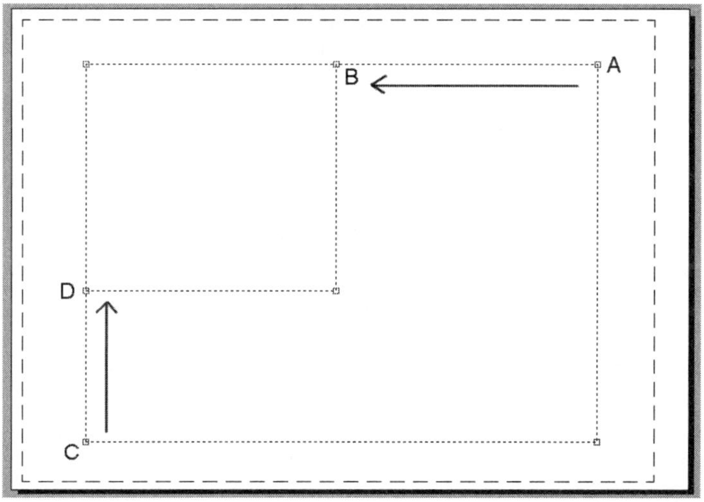

Fig.25.11

2. Pour ajouter d'autres fenêtres, sélectionner l'onglet **Vue** (View), et le groupe de fonctions **Fenêtres de présentation** (Viewports) puis **Rectangulaire** (Rectangular) pour créer une fenêtre rectangulaire.
3. Dans la présentation spécifier deux points (A et B) pour indiquer la position et les dimensions de la nouvelle fenêtre (fig.25.12).

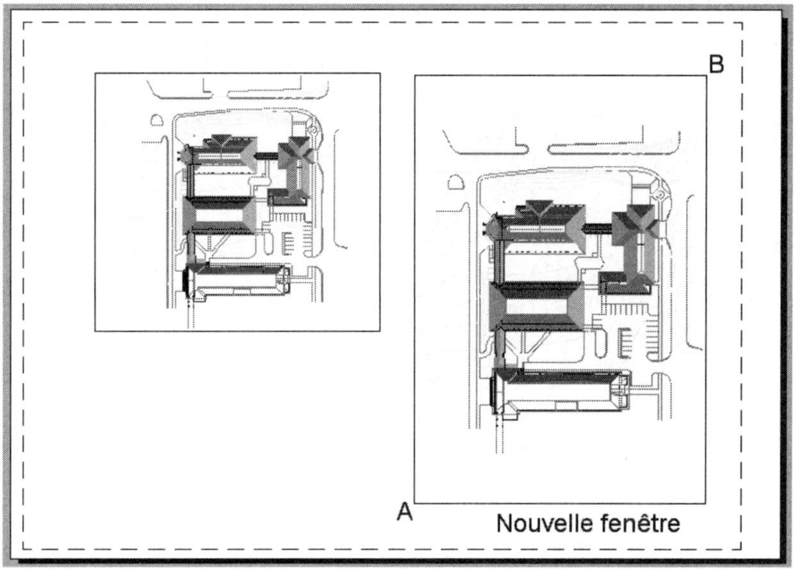

Fig.25.12

Pour créer une fenêtre polygonale, la procédure est la suivante :

1. Se placer dans une présentation.
2. Choisir le groupe de fonctions **Fenêtres de présentation** (Viewports) dans l'onglet **Vue** (View).
3. Sélectionner l'option **Polygonale** (Polygonal).
4. Dessiner le contour sur la feuille de dessin. Fermer éventuellement celui-ci par l'option **Clore** (Close) (fig.25.13).

Pour associer une fenêtre à un contour fermé existant dans la présentation, la procédure est la suivante :

1. Faire le contour dans la présentation : un cercle, une polyligne fermée...
2. Choisir le groupe de fonctions **Fenêtres de présentation** (Viewport) dans l'onglet **Vue** (View).
3. Sélectionner l'option **À partir de l'Objet** (From Object).
4. Sélectionner le contour dans le dessin, par exemple un cercle, il se transforme en fenêtre (fig.25.14).

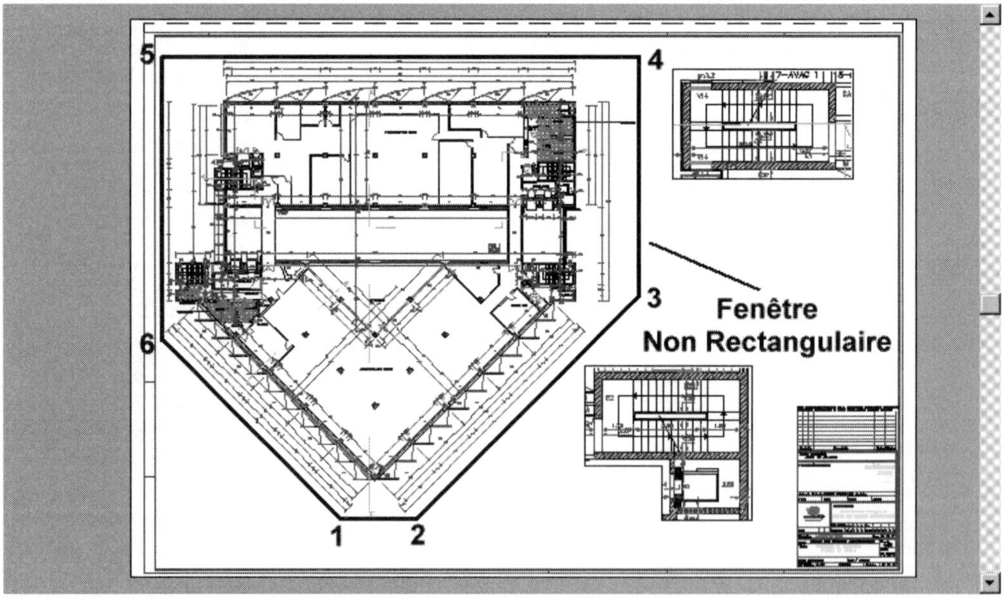

Fig.25.13

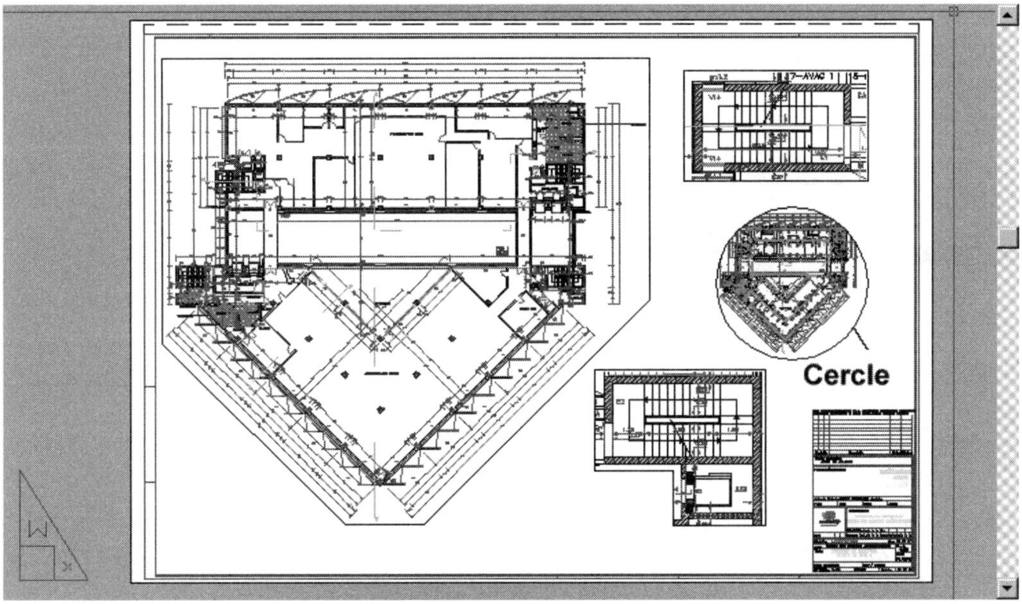

Fig.25.14

Remarque

Il est conseillé de placer ces différentes fenêtres sur un calque spécifique afin de pouvoir imprimer la présentation sans les cadres des fenêtres.

Afficher le contenu dans une fenêtre

Une fois les fenêtres placées sur la feuille, il convient de définir le contenu de chaque fenêtre. La procédure est la suivante :

1. Cliquer deux fois dans la fenêtre pour l'ouvrir.
2. Effectuer un zoom étendu dans la fenêtre pour y afficher le contenu complet de l'espace Objet.
3. Effectuer un zoom fenêtre pour sélectionner la partie à afficher (fig.25.15).
4. Effectuer éventuellement un panoramique pour bien cadrer le contenu.
5. Refermer la fenêtre en cliquant deux fois en dehors de celle-ci.
6. Définir l'échelle du contenu de la fenêtre (voir point suivant).

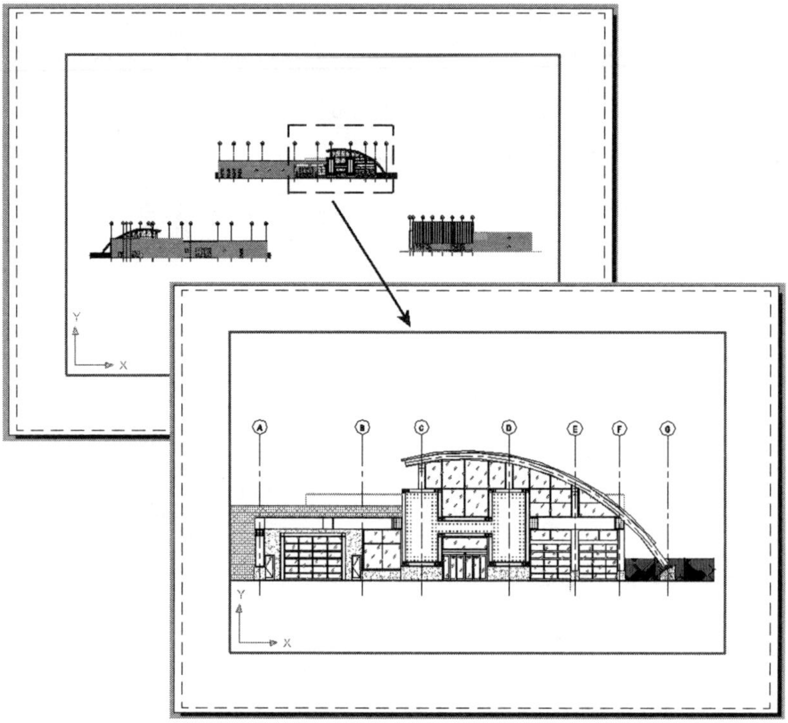

Fig.25.15

Contrôler l'échelle dans l'espace papier

Mise à l'échelle des vues (fenêtres) par rapport à l'espace papier

Pour obtenir une mise à l'échelle précise lors du traçage du dessin, il convient de définir l'échelle de chaque vue par rapport à l'espace papier. Lorsque l'on travaille dans l'espace papier, le facteur d'échelle représente le rapport entre les dimensions de la **présentation** (layout) et la taille réelle du modèle affiché dans les fenêtres. Pour que tout fonctionne correctement, il est conseillé de travailler dans l'espace papier avec la même unité que dans l'espace objet. Cette définition de l'unité s'applique, comme signalé précédemment, dans la section **Echelle du tracé** (Plot scale) de la boîte de dialogue **Mise en page** (Page Setup). Si l'unité de l'espace objet est le millimètre, ce qui constitue la solution la plus simple, l'échelle sera 1 = 1 pour définir le millimètre comme unité de l'espace papier. Si l'unité de l'espace objet est le centimètre, l'échelle sera 10 = 1 pour définir le centimètre comme unité de l'espace papier (fig.25.16). En effet, 10 mm équivalent bien à 1 cm. Dans le cas du mètre, l'échelle sera 1000 = 1. Cette méthode permet ensuite de définir facilement l'échelle de chacune des fenêtres : 1/10, 1/50, 1/100, etc.

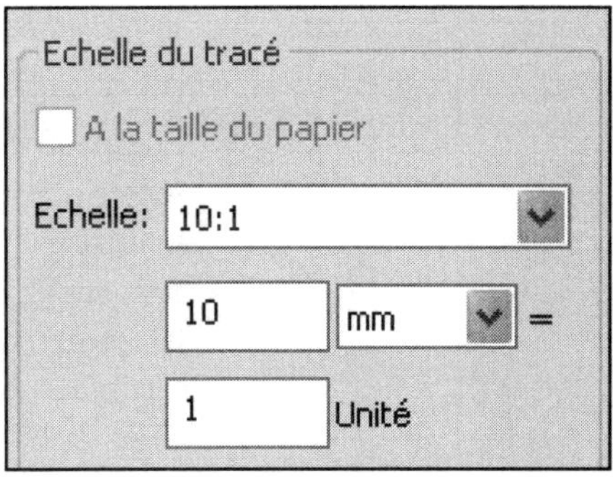

Fig.25.16

Pour définir l'échelle d'une fenêtre, la procédure est la suivante :

1. Dans l'espace papier, cliquer deux fois sur une fenêtre pour l'ouvrir.
2. Sélectionner l'échelle souhaitée dans la liste des échelles située dans la barre d'état ou la barre d'outils **Fenêtres** (Viewports) (fig.25.17).

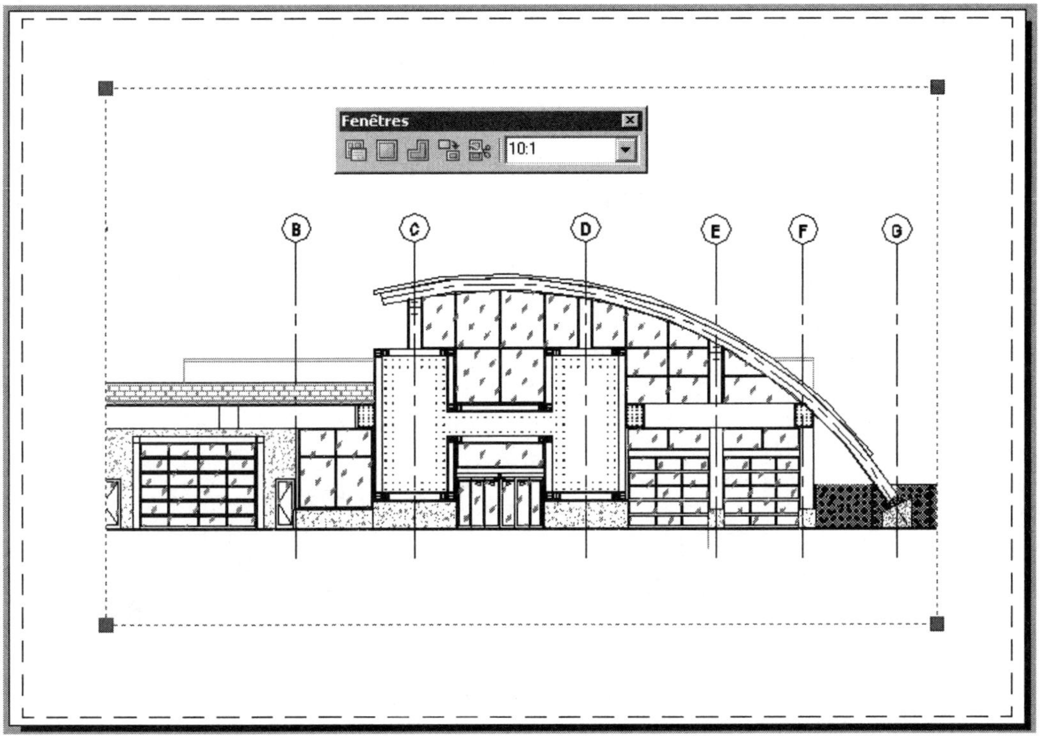

Fig.25.17

Verrouillage de l'échelle des fenêtres

Une fois que l'on a défini les échelles des fenêtres, il peut encore arriver que si l'on effectue dans la fenêtre courante un zoom sur la géométrie de l'espace objet, pour des raisons de modifications. Il en résulte que l'échelle de la fenêtre est modifiée en conséquence. En verrouillant l'échelle de la fenêtre, on peut effectuer un zoom pour afficher différents niveaux de détails dans la fenêtre sans modifier son échelle. Le zoom du contenu de l'espace objet est effectué dans l'espace papier, et non dans la fenêtre de l'espace objet (fig.25.18).

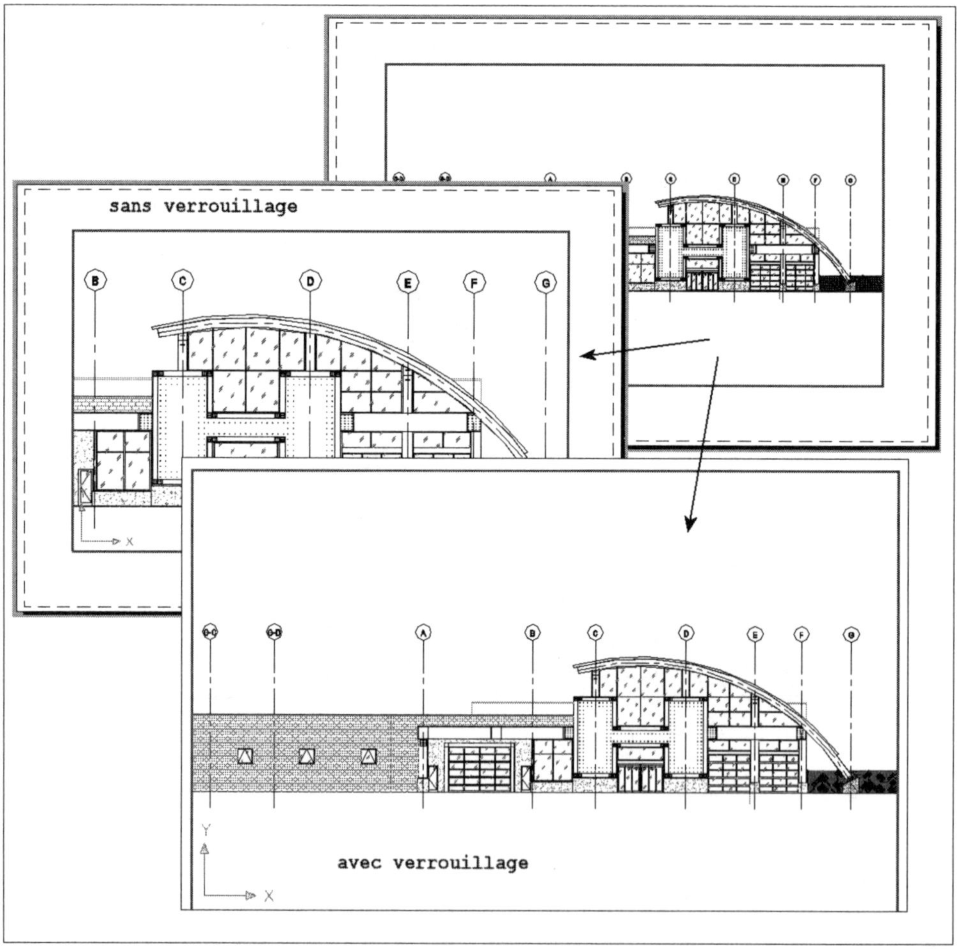

Fig.25.18

L'échelle verrouillée est celle définie pour la fenêtre sélectionnée. Une fois l'échelle verrouillée, on peut continuer de modifier la géométrie dans la fenêtre sans que l'échelle de cette dernière n'en soit affectée. Si l'on active le verrouillage de l'échelle d'une fenêtre, la plupart des commandes d'affichage, comme Pointvue, Vuedyn, 3DOrbite, Repere et Vues, ne sont plus disponibles dans cette fenêtre.

Pour activer le verrouillage dans une fenêtre, la procédure est la suivante :

1. Dans la présentation, sélectionner la fenêtre dont il faut verrouiller l'échelle.
2. Cliquer sur le bouton (un cadenas) **Verrouiller/Déverrouiller la fenêtre** (Lock/Unlock Viewport), située sur la barre d'état.

L'échelle de la fenêtre courante est verrouillée. Ainsi, si l'on modifie le facteur d'échelle dans la fenêtre, on agit uniquement sur les objets de l'espace papier.

Mise à l'échelle des objets d'annotation dans l'espace papier (présentation)

Comme nous l'avons abordé au chapitre 13, les objets couramment utilisés pour annoter des dessins sont dotés d'une propriété Annotatif. Cette propriété vous permet d'automatiser le processus de mise à l'échelle des annotations afin qu'elles soient affichées ou tracées selon la taille appropriée dans l'espace papier.

Au lieu de créer plusieurs annotations de différentes tailles sur des calques distincts, comme ce fut le cas dans les versions antérieures à AutoCAD 2008, vous pouvez activer la propriété Annotatif par objet ou par style et définir l'échelle d'annotation pour les fenêtres de présentation ou l'espace objet. L'échelle d'annotation détermine la taille des objets annotatifs en fonction de la géométrie de l'objet dans le dessin.

Pour définir l'échelle d'annotation pour une fenêtre de présentation, la procédure est la suivante :

1. Dans un onglet **Présentation**, sélectionner une fenêtre.
2. Sur la droite de la barre d'état du dessin ou de l'application, cliquer sur la liste des échelles.
3. Sélectionner une échelle dans la liste.

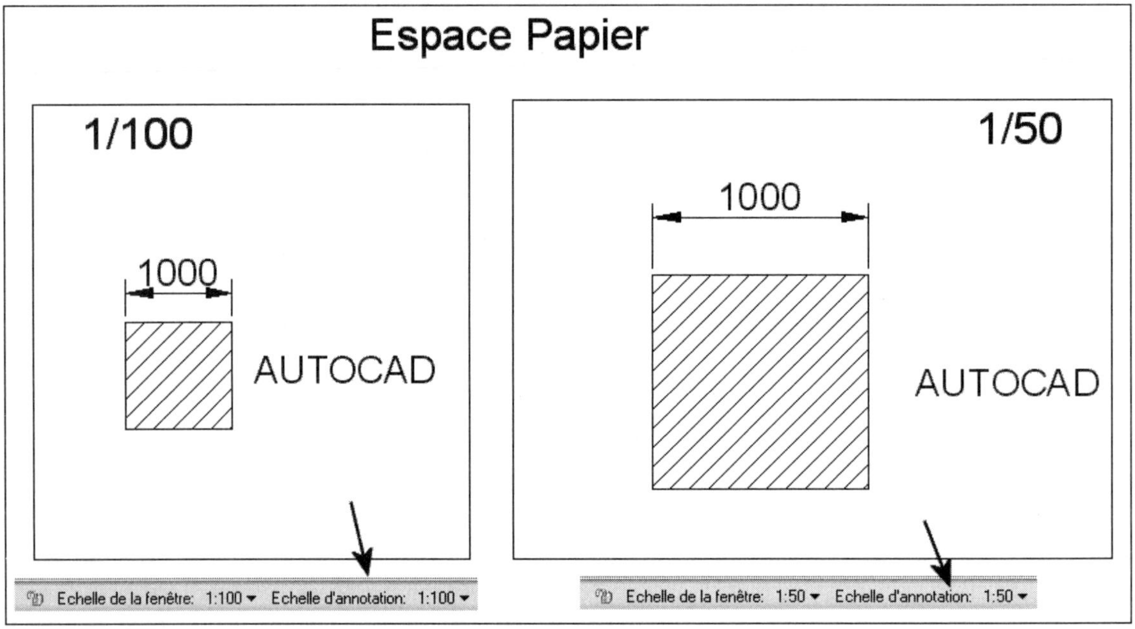

Fig.25.19

Dans le cas de l'exemple de la figure 25.19, on peut constater que le texte, la cotation et la hachure sont identiques dans les deux fenêtres. La première étant à l'échelle 1/100 et la seconde à l'échelle 1/50.

Passer entre l'espace objet et l'espace papier, et vice versa

Après avoir créé la présentation et les fenêtres flottantes, il est bien sûr toujours possible de continuer à travailler sur son dessin à partir de l'onglet **Objet** (Model) ou d'un onglet de **présentation** (Layout). Pour activer l'onglet **Objet**, il suffit de cliquer dessus. Pour passer de l'onglet **Objet** à l'espace papier, il suffit de cliquer sur un des onglets **Présentation** (Layout).

Une fois dans une présentation, on peut travailler indifféremment dans l'espace papier ou dans l'espace objet au travers d'une fenêtre. Dans ce dernier cas, il convient d'activer la fenêtre en cliquant deux fois à l'aide du périphérique de pointage alors que le curseur se trouve sur une fenêtre. Pour réactiver l'espace papier, il faut cliquer deux fois sur n'importe quelle zone de la

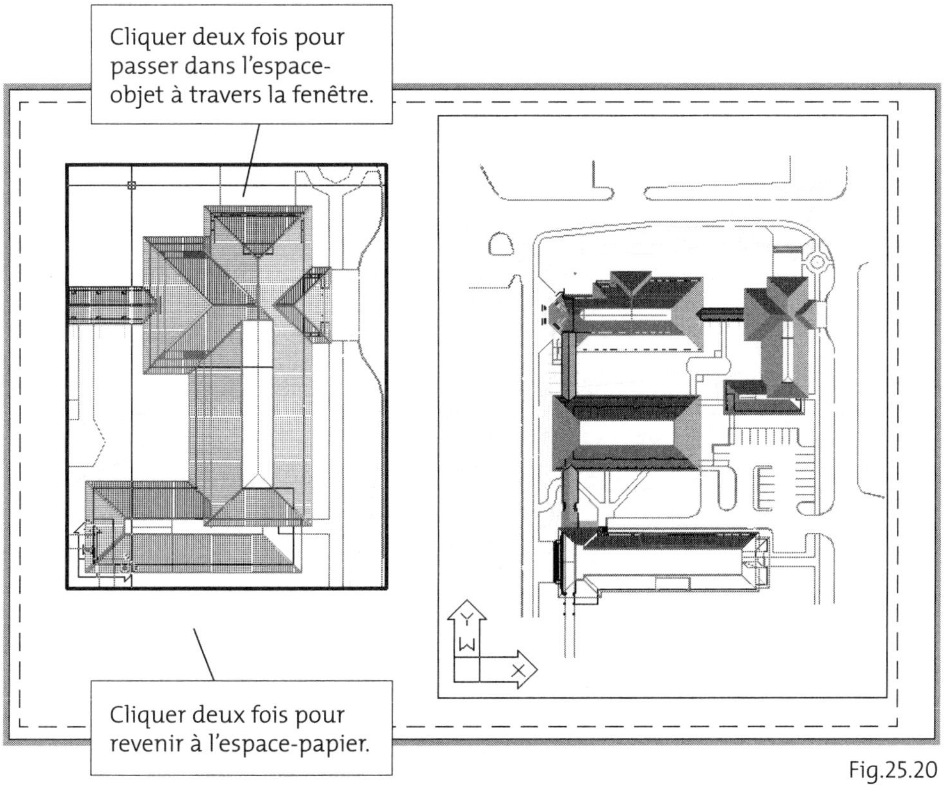

Fig.25.20

présentation, en dehors d'une fenêtre flottante (fig.25.20). Il est aussi possible d'afficher en mode plein écran une fenêtre flottante en cliquant sur le bouton **Agrandir la fenêtre** (Maximize Viewport) situé sur la barre d'état.

Placer un cadre et un cartouche dans l'espace papier

Le cadre et le cartouche sont des éléments importants de la mise en page du dessin. Il est conseillé de les créer dans l'espace papier plutôt que dans l'espace objet. Le cadre et le cartouche peuvent être dessinés directement dans l'espace papier ou être créés sous la forme d'un bloc contenant des attributs pour le remplissage du cartouche. Il suffit ainsi de créer un bloc cadre-cartouche par format de papier : A4, A3, A2, A1 et A.

Outre cette première méthode qui permet de créer des cadres et des cartouches personnalisés, AutoCAD propose également une série de cartouches standard qu'il est possible d'insérer dans le dessin par l'une des méthodes suivantes :

- à l'aide de l'utilisation d'un fichier **gabarit** (template) lors de l'ouverture d'un nouveau dessin ;
- à l'aide de la commande **MVSETUP**.

Procédure pour ajouter un cadre et cartouche fourni par AutoCAD :

1. Entrer la commande **MVSETUP** sur la ligne de commande.
2. Entrer « T » de carTouche (Title block) pour définir le cartouche.
3. Entrer « o » (origin) pour définir l'origine du cartouche. Pointer la nouvelle origine.
4. Appuyer sur Entrée pour afficher la liste des formats de papier standard.
5. Entrer le numéro correspondant au format de papier souhaité. Par exemple 2 pour le format ISO A3. AutoCAD insère le cadre et le cartouche (fig.25.21).

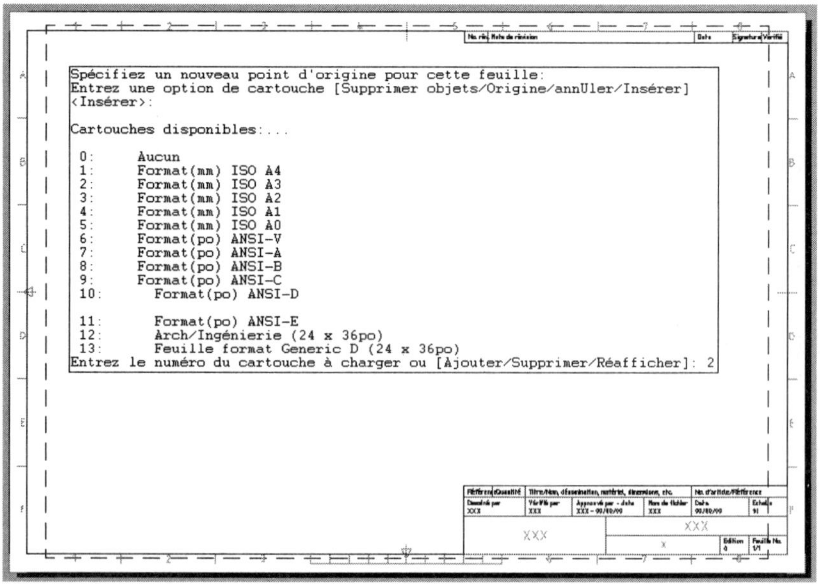

Fig.25.21

6 Entrer « O » (Y) ou « N » pour enregistrer ou non le cadre et le cartouche dans un fichier de dessin à part.

7 Appuyer sur Entrée pour sortir de la commande.

Gérer l'affichage des calques dans l'espace papier

Dans chacune des fenêtres créées dans l'espace papier, il peut être utile de pouvoir gérer individuellement l'affichage des calques. Ainsi dans une fenêtre on peut afficher le plan d'un bâtiment avec le mobilier, et dans une autre fenêtre le même plan avec uniquement la structure et les cloisons (fig.25.22).

Il est également possible de modifier les propriétés des calques dans chaque fenêtre. Ces différents aspects ont été abordés dans le chapitre 2 traitant des calques.

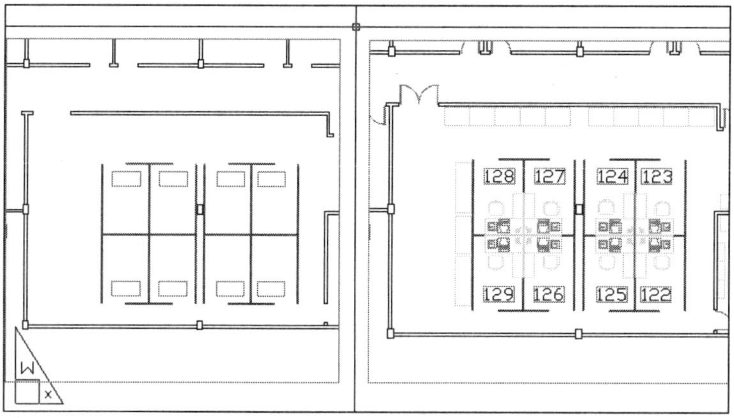

Fig.25.22

Tourner l'affichage des vues du contenu

Pour des raisons de présentation, il peut être utile de faire tourner le contenu d'une fenêtre de l'espace papier sans faire tourner le dessin dans l'espace objet. Deux méthodes sont disponibles :

- Via la commande MVSETUP
- Via la commande **ROTATION** (Rotate) et la variable VPROTATEASSOC

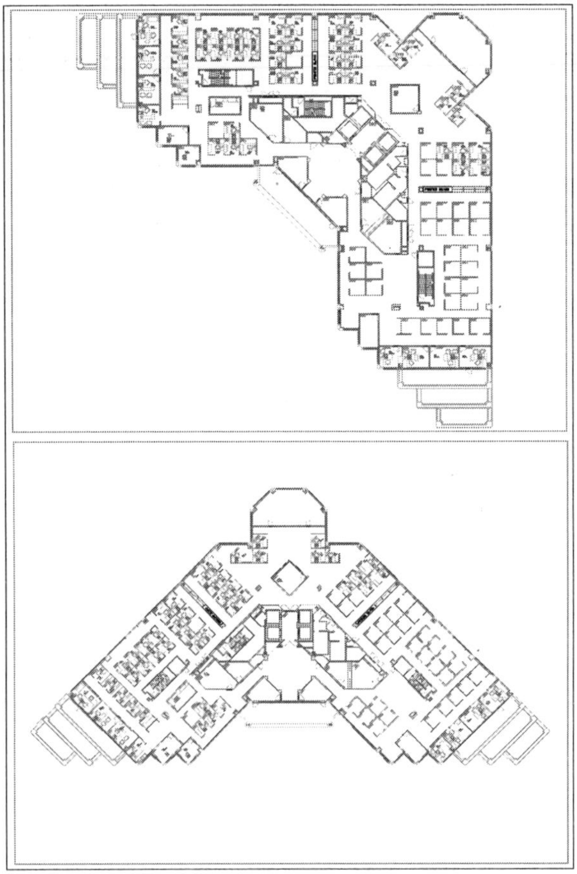

Fig.25.23

Pour faire tourner le contenu d'une vue via la commande MVSETUP, la procédure est la suivante :

1 Taper la commande MVSETUP au clavier.

2 Sélectionner l'option **Aligner** (Align).

3 Sélectionner l'option **Rotation de la vue** (Rotate View).

4 Spécifier le point de base dans la vue pour la rotation.

5 Spécifier l'angle de rotation. Par exemple : 45° (fig.25.23).

Pour faire tourner le contenu d'une vue via la commande Rotation, la procédure est la suivante :

1 Taper la variable VPROTATEASSOC au clavier et entrer la valeur 1.

2 Sélectionner la fonction **Rotation** (Rotate) du groupe de fonctions **Modification** (Modify).

3 Spécifier le point de base : l'origine de la vue.

4 Spécifier l'angle de rotation. Par exemple : 45° (fig.25.24). Dans ce cas le cadre de la vue tourne également.

La liste des échelles

La liste des échelles à utiliser pour les fenêtres, les mises en page et le traçage peut être gérée à l'aide de la boîte de dialogue **Modifier la liste d'échelles** (Modify Scale List). Elle permet d'ajouter, de modifier et de supprimer des échelles ou de réorganiser la liste d'échelles afin d'afficher en premier les échelles les plus souvent utilisées.

Pour accéder à la boîte de dialogue Modifier la liste d'échelles, la procédure est la suivante :

1. Dans le groupe de fonctions **Echelle d'annotation** (Annotation Scaling) de l'onglet **Annoter** (Annotate), sélectionner **Liste d'échelles** (Scale List).
2. Dans la boîte de dialogue, cliquer sur **Ajouter** (Add) (fig.25.25).
3. Dans la boîte de dialogue **Ajouter une échelle** (Add Scale), entrer un nom dans le champ **Nom apparaissant dans la liste d'échelles** (Name appearing in scale list). Par exemple : « 1 :5 » (fig.25.26).
4. Dans le champ **Unités de papier** (Paper units) entrer « 1 » et dans le champ **Unités de dessin** (Drawing units) entrer « 5 ».
5. Cliquer sur OK.

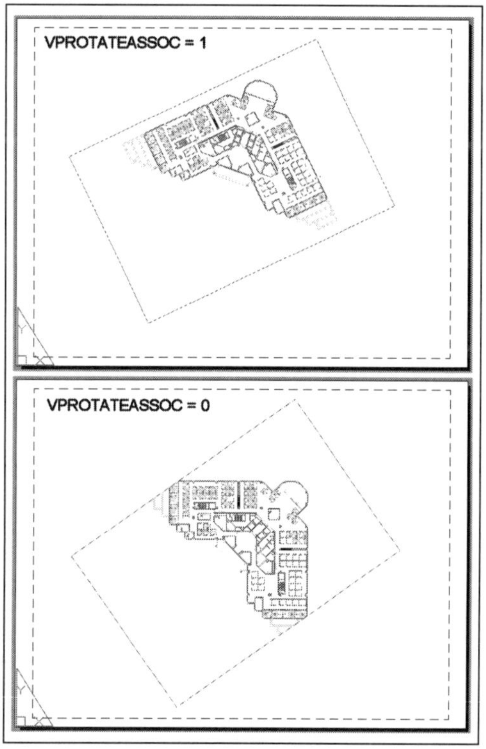

Fig.25.24

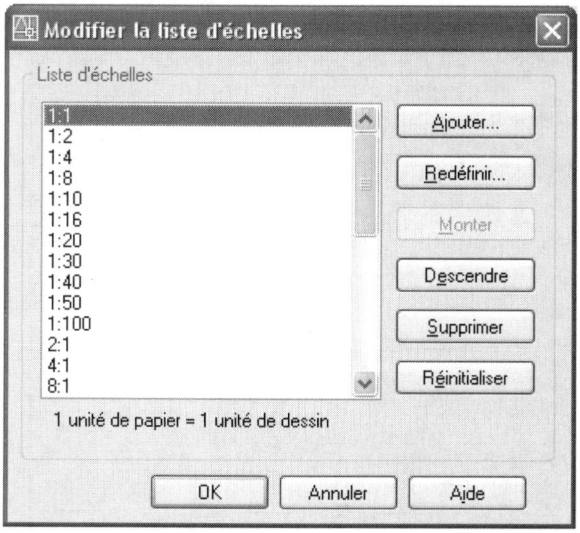

Fig.25.25

Fig.25.26

L'impression des documents

Une fois le traceur configuré, le style de tracé créé et la présentation terminée, le tracé du dessin est prêt à être lancé.

La procédure est la suivante :

[1] Exécuter la commande d'impression à l'aide d'une des méthodes suivantes :

Ruban : choisir le groupe de fonctions **Traceur** (Plot) de l'onglet **Sortie** (output) puis l'option **Traceur** (Plot).

Icône : choisir l'icône **Imprimer** (Plot) de la barre d'outils standard.

Clavier : taper la commande **TRACEUR** (Plot).

[2] Dans la boîte de dialogue **Tracer** (Plot), le nom de la présentation courante apparaît dans la bordure supérieure bleue.

[3] Dans le cas du tracé d'une présentation qui vient d'être mise en page, les paramètres sont en principe corrects car ils ont déjà servi pour la mise en page en question. Il convient néanmoins de vérifier les points suivants (fig.25.27) :

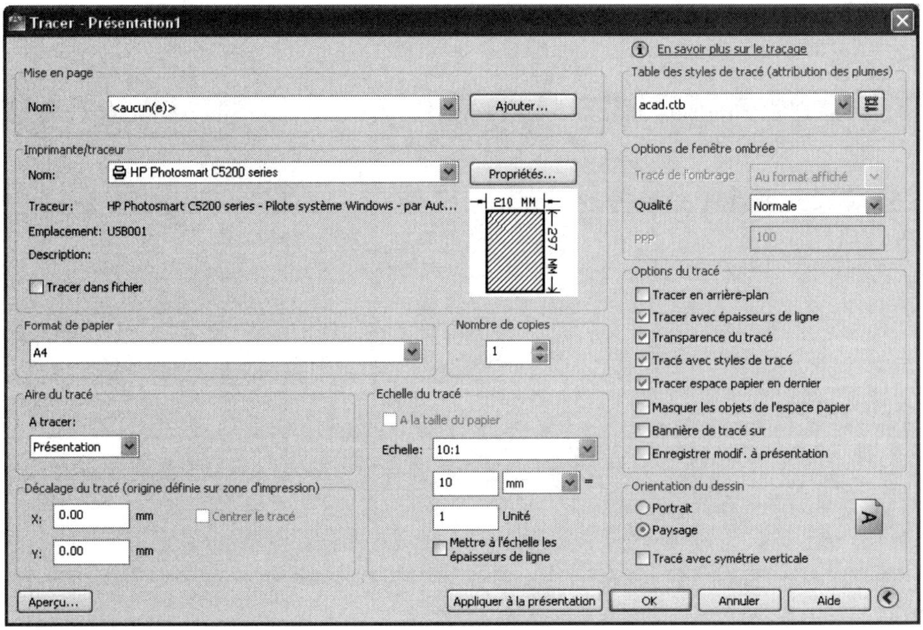

Fig.25.27

- le choix de l'imprimante dans le champ **Nom** (Name) ;
- le choix de la table de style dans le champ **Table de styles de tracé** (Plot style table) ;
- le format du papier dans le champ **Format de papier** (Paper size) ;
- l'orientation du dessin sous **Orientation du dessin** (Drawing orientation) ;
- la zone du dessin à imprimer sous **Aire de tracé** (Plot area) ;
- l'échelle d'impression sous **Echelle du tracé** (Plot scale) ;
- l'activation d'options de tracé comme la transparence.

Dans le cas d'une impression à partir de l'espace objet, il convient de spécifier le nombre de mm à tracer pour une unité de dessin. Ainsi pour tracer, par exemple un dessin en m à l'échelle 1/100, il convient de rentrer 10 = 1 (1 m/100 = 1 000 mm/100 = 10 mm, c'est-à-dire 10 mm sur la feuille pour 1 m de dimension réelle). La méthode est donc différente de celle utilisée dans le cas de l'impression d'une présentation.

[3] Indiquer le nombre de copies dans le champ **Nombre de copies** (Number of copies).

[4] Prévisualiser l'impression en cliquant sur le bouton **Full Preview** (Aperçu total).

[5] Cliquer sur OK pour lancer le tracé.

CONSEIL

Si l'on souhaite modifier les paramètres de tracé pour un seul tracé et conserver la présentation d'origine, il convient de désélectionner l'option **Enregistrer modif. à présentation** (Save changes to layout).

Publication de dessins au format DWF (Drawing Web Format)

Les fonctionnalités **DWF6-ePlot ou DWFx-e Plot** (boîte de dialogue Tracer) et **Publier** (menu Application) permettent de générer des fichiers dessin électroniques au format DWF (Drawing Web Format). Dans le premier cas on obtient un fichier à feuille unique et dans le second cas un fichier multifeuille.

Les fichiers au format DWF offrent une représentation compacte et encapsulée des graphiques de dessins qui n'incluent pas le jeu complet des données de conception sous-jacentes. Les fichiers au format DWF peuvent, car ils sont compressés, être ouverts et transmis beaucoup plus rapidement que des fichiers de dessins AutoCAD traditionnels. Les fichiers DWF sont créés dans un format vectoriel (sauf le contenu des images raster insérées) garantissant la préservation de la précision. Les fichiers DWF constituent un moyen idéal de partager des dessins AutoCAD avec d'autres personnes ne disposant pas d'AutoCAD. Les dessins AutoCAD originaux sont sécurisés car, contrairement aux fichiers DWG, les fichiers DWF ne peuvent être modifiés.

Les destinataires de dessins au format DWF n'ont pas besoin de posséder ni même de connaître AutoCAD. Où qu'ils se trouvent dans le monde, ils peuvent afficher et imprimer des présentations de grande qualité à l'aide d'Autodesk Design Review.

Pour imprimer un dessin au format DWF, la procédure est la suivante :

1. Dans le groupe de fonctions **Traceur** (Plot), choisir l'option **Traceur** (Plot) (fig.25.28).
2. Dans la boîte de dialogue **Tracer** (Plot), sélectionner le traceur **DWF6-ePlot.pc3** ou **DWFx-e Plot.pc3** dans la liste **Nom** (Name).

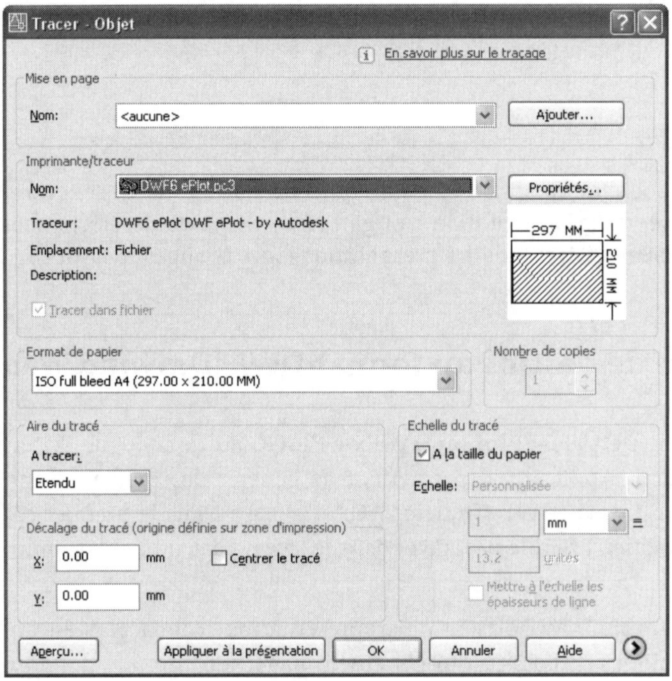

Fig.25.28

[3] Configurer les autres options pour le tracé et cliquer sur OK.

[4] Entrer le nom du fichier et l'emplacement d'un dossier local ou du réseau dans lequel on souhaite imprimer le fichier au format DWF.

[5] Cliquer sur **Enregistrer** (Save).

Pour imprimer plusieurs feuilles de dessin au format DWF, la procédure est la suivante :

[1] Après avoir ouvert un dessin enregistré, exécuter la commande de publication à l'aide d'une des méthodes suivantes :

Ruban : choisir le groupe de fonctions **Traceur** (Plot) puis l'option **Tracé en différé** (Batch Plot).

Icône : choisir l'icône **Publier** (Publish) de la barre d'outils standard.

Clavier : taper la commande **PUBLIER** (Publish).

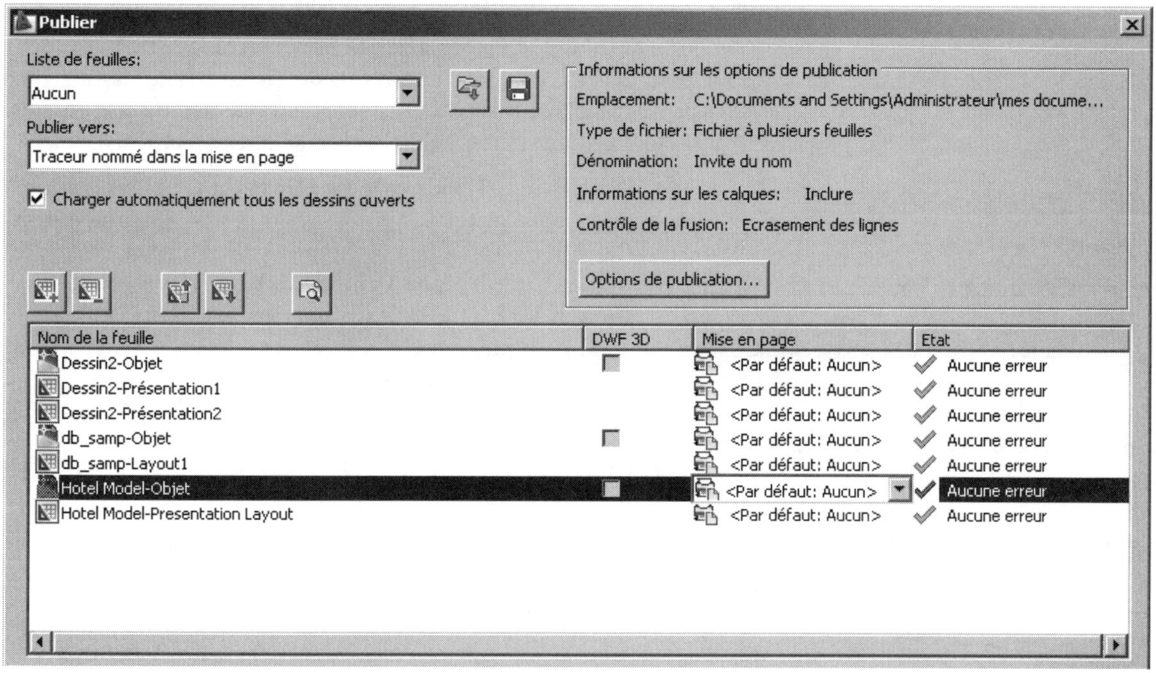

Fig.25.29

[2] Dans la boîte de dialogue **Publier** (Publish) (fig.25.29), les présentations de dessins sont affichées dans la liste des feuilles à publier. Pour modifier cette liste, effectuer l'une des opérations de base suivantes :

- **Ajout de feuilles :** pour ajouter des feuilles provenant d'autres dessins, cliquer sur **Ajouter des feuilles** (ou faire glisser des dessins à partir du bureau). Dans la boîte de dialogue **Choix des dessins** (Select Drawings), sélectionner les dessins requis, puis cliquer sur **Sélectionner** (Select) pour les ajouter à la liste des feuilles de la boîte de dialogue **Publier** (Publish). Toutes les présentations d'un dessin deviennent des feuilles individuelles dans la liste des feuilles à publier.
- **Suppression de feuilles :** pour supprimer des feuilles dans la liste, sélectionner une ou plusieurs feuilles dans la liste, puis cliquer sur **Supprimer les feuilles** (Remove Sheets).
- **Réorganisation de feuilles :** pour réorganiser les feuilles d'un cran vers le haut ou vers le bas dans la liste, sélectionner une feuille et cliquer sur Monter ou Descendre. Les feuilles du jeu de dessins seront alors visualisées ou tracées dans l'ordre indiqué dans la liste.

[3] Une fois la liste des feuilles de dessins assemblée et configurée comme souhaité, cliquer sur **Enregistrer la liste des feuilles** (Save list).

[4] Dans la boîte de dialogue **Enregistrer la liste sous** (Save List As), saisir un nom pour la liste dans la zone **Nom de fichier** (File name), puis cliquer sur **Enregistrer** (Save). La liste des jeux de dessins est enregistrée sous la forme d'un fichier DSD (Drawing Set Descriptions).

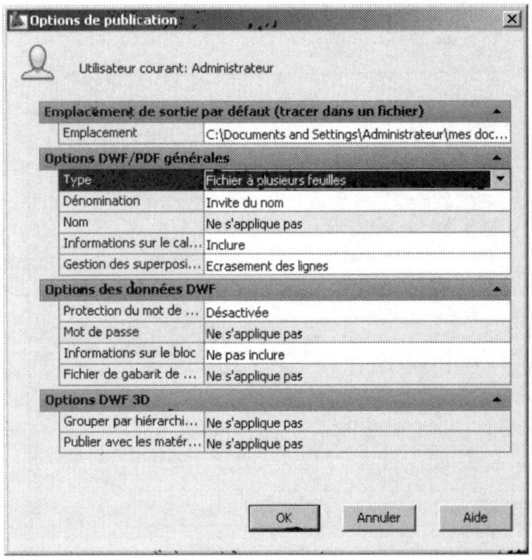

Fig.25.30

[5] Cliquer sur **Options de publication** (Publish Options) pour configurer la publication. Dans **Emplacement** (Location), indiquer le chemin pour l'emplacement du fichier DWF et dans **Type de fichier** (DWF type), sélectionner **Fichier DWF à plusieurs feuilles** (Multi-sheet DWF). Cliquer sur **OK**. (fig.25.30)

[6] Sélectionner **DWF** dans la liste **Publier vers** (Publish to) pour publier dans un fichier au format DWF.

[7] Cliquer sur **Publier** (Publish) pour lancer la création d'un jeu de dessins électroniques.

[8] Pour visualiser le fichier DWF, il suffit de lancer le programme Autodesk Design Review livré avec AutoCAD et d'ouvrir le fichier DWF.

REMARQUE

La même procédure convient pour publier plusieurs feuilles aux formats DWFx ou PDF.

Publication de dessins au format PDF (Portable Document Format)

A l'aide du pilote DWG to PDF, vous pouvez imprimer des fichiers au format Adobe PDF (Portable Document Format) à partir de dessins. Ce format constitue la norme pour l'échange électronique d'informations. Les fichiers PDF peuvent aisément être distribués afin d'être consultés et imprimés avec l'application Adobe Reader, disponible gratuitement sur le site Web d'Adobe. Les fichiers PDF vous permettent de partager des dessins avec pratiquement tout le monde.

A l'instar des fichiers DWF6, les fichiers PDF sont générés dans un format vectoriel pour conserver la précision. Les dessins qui sont convertis en PDF peuvent aisément être distribués afin d'être visualisés et imprimés dans les versions 6 ou ultérieures d'Adobe Reader.

Pour personnaliser l'impression, utilisez la boîte de dialogue **Propriétés personnalisées** de l'éditeur de configuration du traceur. Pour afficher cette boîte de dialogue, cliquez sur l'onglet **Paramètres du périphérique et du document** et, dans l'arborescence, sélectionnez **Propriétés personnalisées**. Dans la zone **Personnalisation de l'accès**, cliquez sur **Propriétés personnalisées**.

Vous pouvez personnaliser la sortie PDF en spécifiant une résolution. Dans la boîte de dialogue Propriétés personnalisées de l'Editeur de configuration du traceur, vous pouvez spécifier pour les images raster et vectorielles une résolution comprise entre 150 ppp et 4800 ppp. Vous pouvez également spécifier des résolutions personnalisées pour le vecteur, le gradient, la couleur et la sortie noir et blanc. Au niveau des polices, il est conseillé de sélectionner l'option « Les capturer toutes » pour éviter que certains caractères ne s'impriment pas.

Pour tracer un fichier PDF dans l'orientation Paysage vous pouvez sélectionner dans la liste Format papier, un format de papier dont la dimension la plus longue est mentionnée en premier. Exemple : ISO A1 (841 x 594 mm).

Au niveau de la taille, le format maximum lisible avec Acrobat Reader est de 5080 mm.

Exportation de fichiers aux formats DWF, DWFx et PDF

Les jeux de dessins constituent souvent l'élément principal à livrer pour la plupart des groupes de conception. Les options d'exportation d'AutoCAD permettent de transmettre les jeux de dessins électroniques aux formats DWF, DWFx ou PDF. La procédure est la suivante :

1. Dans le ruban, sélectionner l'onglet **Sortie** (Output), puis le groupe de fonctions **Exporter au format DWF/PDF** (Export to DWF/PDF) et enfin l'option Exporter DWFx, DWF ou PDF.
2. Spécifier les options d'exportation générales concernant le fichier DWF, DWFx ou PDF, notamment l'emplacement du fichier, la protection par mot de passe et les informations de calque, le cas échéant. Cliquer sur le bouton **Options**, pour ouvrir la boîte de dialogue **Exporter au format DWF/PDF** (Export to DWF/PDF). Cette boîte de dialogue contient les options suivantes (fig.25.31) :

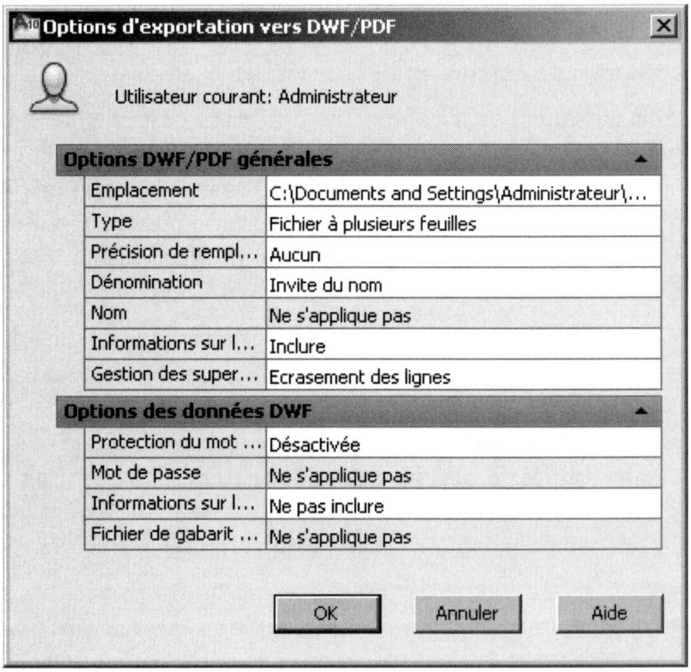

Fig.25.31

Options DWF/PDF générales (General DWF/PDF options) : permet de modifier les paramètres généraux concernant les fichiers DWF, DWFx et PDF.

- **Emplacement** (location) : indique si les fichiers DWF, DWFx ou PDF sont enregistrés lors de l'exportation des dessins.
- **Type** : spécifie si vous exportez les feuilles du dessin l'une après l'autre ou plusieurs à la fois.
- **Précision de remplacement** (Override precision) : vous pouvez sélectionner une valeur prédéfinie de précision offrant la meilleure résolution pour votre secteur ou créer une valeur de précision à l'aide de l'option **Gérer les valeurs prédéfinies de précision** (Manager Precision Presets). Ce paramètre ppp remplace les paramètres ppp du pilote DWF, DWFx ou PDF.
- **Attribution d'un nom** (Naming) : sélectionnez le moment où nommer les fichiers de plusieurs pages, invitez à fournir un nom au cours de l'exportation ou indiquez le nom préalablement à l'exportation.
- **Informations sur le calque** (Layer information) : choisissez d'inclure ou non les informations de calque dans le fichier DWF, DWFx ou PDF.
- **Gestion de la fusion** (Merge control) : spécifiez comment gérer la fusion des lignes superposées.

Options de données DWF (DWF Data options) : permet de définir les paramètres uniquement pour les fichiers DWF et DWFx.

- **Protection par mot de passe** (Password protection) : permet de choisir de protéger par mot de passe le fichier DWF, DWFx ou PDF et de demander ou non le nouveau mot de passe au cours de l'exportation ou de spécifier le mot de passe dans cette boîte de dialogue.
- **Mot de passe** (Password) : si vous sélectionnez **Spécifier le mot de passe** dans le champ **Protection par mot de passe**, entrez le mot de passe pour le fichier DWF, DWFx ou PDF.
- **Informations sur le bloc** (Block information) : choisissez d'inclure ou non les informations d'attribut et de propriété de bloc dans le fichier DWF, DWFx ou PDF.
- **Fichier de gabarit de bloc** (Block template file) : fournit des options permettant de créer un fichier de gabarit de bloc (DXE), de modifier un fichier de gabarit de bloc existant ou d'utiliser les paramètres d'un fichier de gabarit de bloc précédemment créé.

Transmission de fichiers sur Internet

Un des problèmes courants lors de l'envoi d'un dessin sur Internet est l'oubli de la part de l'expéditeur des fichiers associés (tels que les polices et les Xref). Dans certains cas, cet oubli peut empêcher le destinataire d'utiliser le dessin original. La fonction eTransmit permet de créer un jeu de transfert pour un dessin AutoCAD contenant automatiquement tous les fichiers qui lui sont associés (Xref, polices de caractères, etc.). Il est possible ensuite d'envoyer le jeu de transfert sur Internet ou l'envoyer en tant que pièce jointe d'un message électronique. Un fichier de rapport, automatiquement généré, contient des instructions détaillant les fichiers inclus dans le jeu de transfert et indiquant les actions à prendre pour les rendre utilisables avec le dessin original. Il est possible également d'ajouter des remarques à ce rapport et de spécifier une protection par mot de passe pour le jeu de transfert. De même on peut spécifier un dossier contenant les fichiers individuels du jeu de transfert ou créer un fichier zip ou un exécutable auto-extractible comprenant tous les fichiers.

La boîte de dialogue **Créer un transfert** (Create Transmittal) affiche deux onglets pour les fichiers dessin individuels, ou trois onglets pour les jeux de feuilles ou les fichiers dessin référencés par des jeux de feuilles. Ces onglets permettent de visualiser les fichiers à inclure dans le module de transfert.

- **Feuilles :** cet onglet est uniquement disponible lorsqu'un jeu de feuilles est ouvert. Il affiche une liste hiérarchique des feuilles dans le jeu de feuilles en cours. Lorsque l'on analyse une feuille, tous les fichiers principaux sont automatiquement inclus dans le module de transfert.
- **Arborescence des fichiers :** cet onglet affiche la liste des fichiers. On peut développer ou réduire chaque fichier dessin de la liste afin d'afficher leur fichier principal correspondant. Par défaut, les fichiers principaux sont automatiquement inclus dans le module de transfert, sauf si on les a décochés.
- **Table des fichiers :** cet onglet affiche une table des fichiers, l'emplacement de leurs dossiers ainsi que des informations sur les fichiers. Chaque fichier peut être sélectionné ou désélectionné, en permettant de contrôler directement le contenu du module de transfert. Les fichiers ne sont pas automatiquement sélectionnés ou désélectionnés.

Pour créer un jeu de transfert dans un dossier spécifié, la procédure est la suivante :

1 Exécuter la commande de transfert à l'aide d'une des méthodes suivantes.

Menu : choisir le menu **Application** (A) puis l'option **Publier** (Publish) et **eTransmit**.

Clavier : taper la commande **ETRANSMIT**.

2 (Facultatif) Dans l'onglet **Arborescence des fichiers** (Files Tree) ou **Table des fichiers** (Files Table) de la boîte de dialogue **Créer un transfert** (Create Transmittal) (fig.25.32), cliquer sur l'option **Ajouter un fichier** (Add file).

3 Dans la boîte de dialogue **Ajouter un fichier au transfert** (Add File To Transmittal), sélectionner les fichiers que l'on souhaite inclure. Cliquer sur **Ouvrir** (Open). Répéter cette étape pour les fichiers supplémentaires, le cas échéant.

4 Dans l'arborescence ou le tableau des fichiers de la boîte de dialogue **Créer un transfert** (Create Transmittal), désactiver les coches en regard des fichiers que l'on ne souhaite pas inclure. On peut cliquer sur un nœud du fichier dessin pour le développer et afficher ses fichiers principaux.

5 Cliquer sur **Config. de transfert**. (Transmittal Setups) puis sur **Modifier** (Modify).

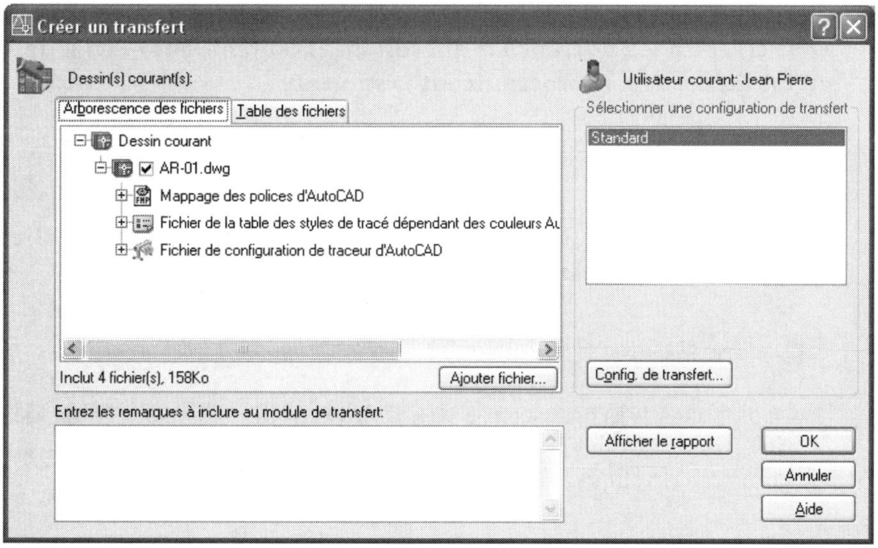

Fig.25.32

[6] Dans la boîte de dialogue **Modifier la configuration de transfert** (Modify Transmittal Setup), cliquer sur la flèche pour afficher la liste sous **Type de module de transfert** (Transmittal package type), puis sélectionner **Dossiers (Jeu de fichiers)** (Folder (set of files)). De même, préciser les options de transfert supplémentaires que l'on souhaite utiliser.

[7] Sous **Dossier du fichier de transfert** (Transmittal file folder), cliquer sur **Parcourir** (Browse) pour indiquer le dossier dans lequel doit être créé le module de transfert. Une boîte de dialogue standard de sélection de fichiers apparaît.

[8] Rechercher le dossier dans lequel on souhaite créer le module de transfert. Cliquer sur **Ouvrir** (Open).

[9] Cliquer sur **OK** pour fermer la boîte de dialogue **Modifier la configuration de transfert** (Modify Transmittal Setup).

[10] Cliquer sur **Fermer** (Close) pour quitter la boîte de dialogue **Configurations de transfert** (Transmittal Setups).

[11] (Facultatif) Dans la zone réservée aux remarques de la boîte de dialogue **Créer un transfert** (Create Transmittal), entrer des commentaires supplémentaires à inclure dans le fichier de rapport.

[12] Cliquer sur **OK** pour créer le module de transfert dans le dossier spécifié.

Pour créer un jeu de transfert qui soit un exécutable auto-extractible ou un fichier Zip, la procédure est la suivante :

[1] Exécuter la commande de transfert à l'aide d'une des méthodes suivantes :

Ruban : choisir le menu **Application** (A) puis l'option **Publier** (Publish) et **eTransmit**.

Clavier : taper la commande **ETRANSMIT**.

[2] Dans l'onglet **Arborescence des fichiers** (Files Tree) ou **Table des fichiers** (Files Table) de la boîte de dialogue **Créer un transfert** (Create Transmittal), cliquer sur **Ajouter un fichier** (Add File).

3 (Facultatif) Dans la boîte de dialogue **Ajouter un fichier au transfert** (Add File To Transmittal), sélectionner les fichiers que l'on ne souhaite pas inclure. Cliquer sur **Ouvrir** (Open). Répéter cette étape pour les emplacements de dossier supplémentaires, le cas échéant.

4 Dans l'arborescence ou le tableau des fichiers de la boîte de dialogue **Créer un transfert** (Create Transmittal), désactiver les coches en regard des fichiers que l'on ne souhaite pas inclure. Dans l'onglet **Arborescence des fichiers** (Files Tree), on peut cliquer sur un nœud du fichier dessin pour le développer et afficher ses fichiers principaux.

5 Cliquer sur **Config. de transfert.** (Transmittal Setups) puis sur **Modifier** (Modify).

6 Dans la boîte de dialogue **Modifier la configuration de transfert** (Modify Transmittal Setup), cliquer sur la flèche pour afficher la liste sous **Type de module de transfert** (Transmittal type and location). Sélectionner l'option **Zip** (*.zip) ou **Exécutable auto-extractible** (*.exe). De même, préciser les options de transfert supplémentaires que l'on souhaite utiliser.

7 Sous **Dossier du fichier de transfert** (Transmittal file folder), cliquer sur **Parcourir** (Browse) pour indiquer le dossier dans lequel doit être créé le module de transfert. Une boîte de dialogue standard de sélection de fichiers apparaît.

8 Rechercher le dossier dans lequel on souhaite créer le module de transfert. Cliquer sur **Ouvrir** (Open).

9 Cliquer sur OK pour fermer la boîte de dialogue **Modifier la configuration de transfert** (Modify Transmittal Setup).

10 Cliquer sur **Fermer** (Close) pour quitter la boîte de dialogue **Configurations de transfert** (Transmittal Setups).

11 (Facultatif) Dans la zone réservée aux remarques de la boîte de dialogue **Créer un transfert** (Create Transmittal), entrer des commentaires supplémentaires à inclure dans le fichier de rapport.

12 Cliquer sur **OK** pour créer le module de transfert dans le dossier spécifié.

Chapitre 26

Le travail collaboratif avec AutoCAD WS

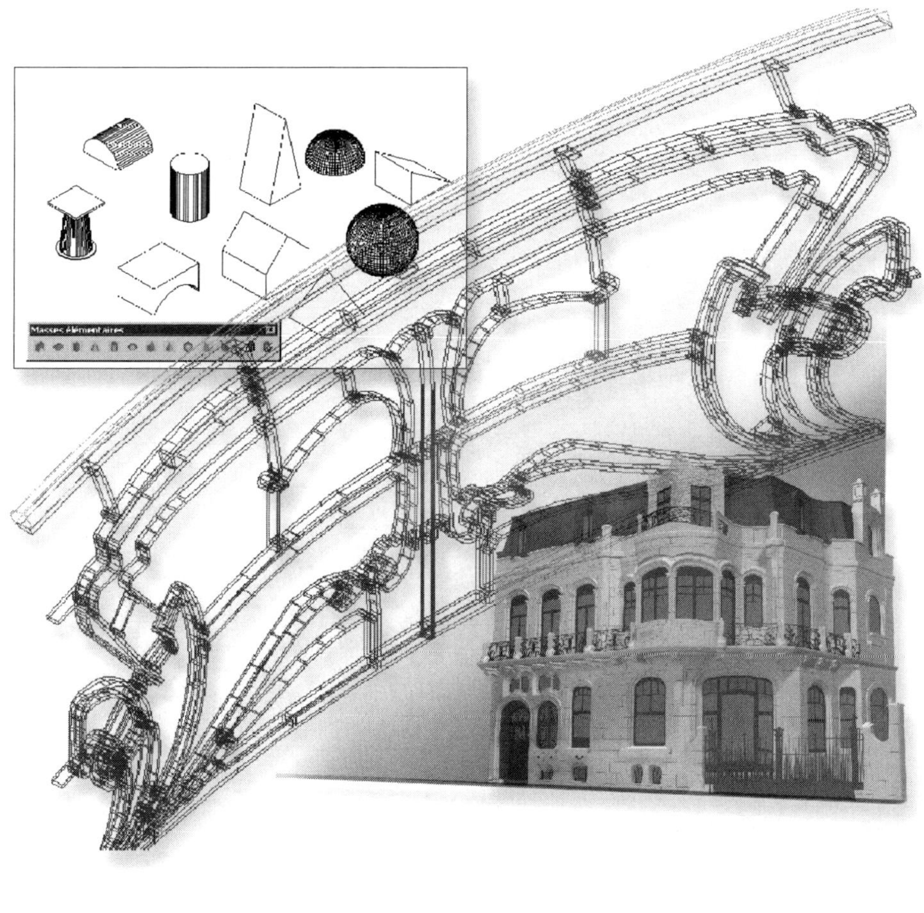

Introduction

AutoCAD WS est une application qui s'interface directement avec AutoCAD et qui permet de partager, modifier et gérer des dessins AutoCAD directement sur le Web. Les modifications apportées aux dessins AutoCAD locaux sont synchronisées avec les copies en ligne enregistrées sur le serveur AutoCAD.

L'éditeur AutoCAD WS permet de consulter et de modifier les copies en ligne à partir de n'importe quel ordinateur doté d'un navigateur Web. Plusieurs utilisateurs peuvent travailler sur le même fichier dessin en ligne et en temps réel. Il est également possible de télécharger d'autres fichiers partagés, tels que des fichiers PDF, des fichiers ZIP, des images tramées et d'autres fichiers.

Après avoir partagé des dessins en ligne, il est facile de collaborer avec d'autres utilisateurs en temps réel en les invitant à afficher et à modifier le dessin en même temps que vous.

Le plan de montage chronologique permet de suivre l'historique d'un dessin en ligne, et d'afficher les versions précédentes du dessin, y compris celles résultant de collaborations en temps réel. Tous les commentaires effectués en cours d'élaboration du dessin sont affichés.

Les procédures

Les différentes opérations s'effectuent à partir de l'onglet En ligne (Online) (fig.26.1).

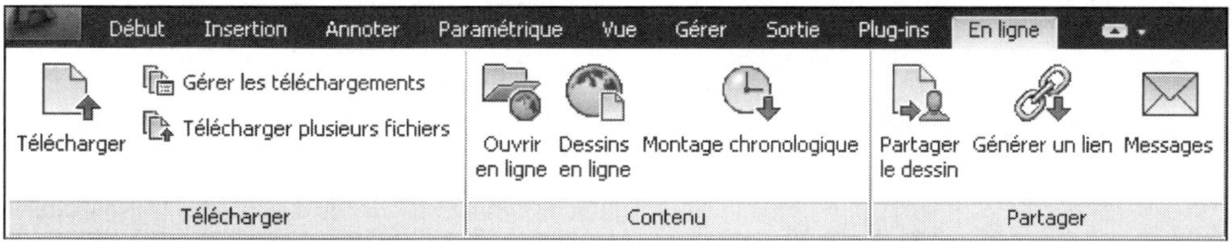

Fig.26.1

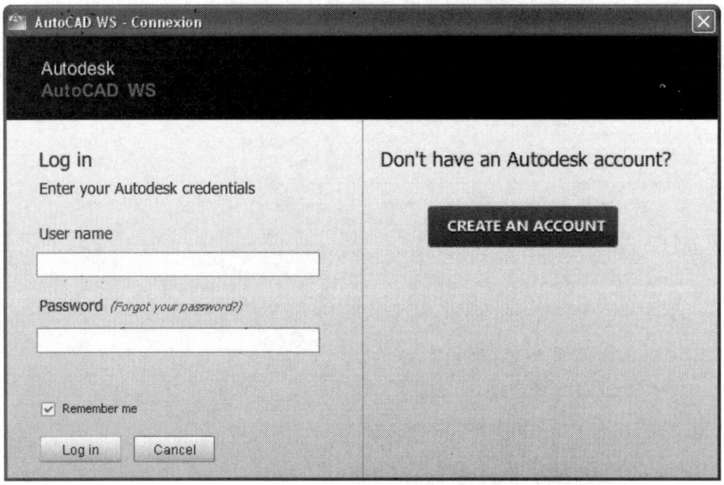

Fig.26.2

Pour télécharger automatiquement des dessins et des fichiers vers le serveur, la procédure est la suivante :

1. Cliquer sur l'onglet **En ligne** (Online), puis sur le groupe de fonctions **Télécharger** (Upload) et sur la fonction **Télécharger** (Upload).
2. S'il s'agit de la première utilisation d'AutoCAD WS, il faut créer un compte en cliquant sur Create an account. Par la suite, il suffit de s'enregistrer via le **User name** et le **Password** (fig.26.2).
3. Une fois enregistré, il est possible de télécharger le fichier sur le serveur AutoCAD WS et de spécifier que le téléchargement doit être automatique en mettant **Auto-upload changes** sur ON (fig.26.3).

Le dessin courant et les éventuelles références externes (Xref, images ou calques sous-jacents), polices et feuilles de styles sont téléchargés sur le site de stockage Web AutoCAD WS. Par défaut, ces fichiers sont automatiquement téléchargés chaque fois que le dessin est enregistré.

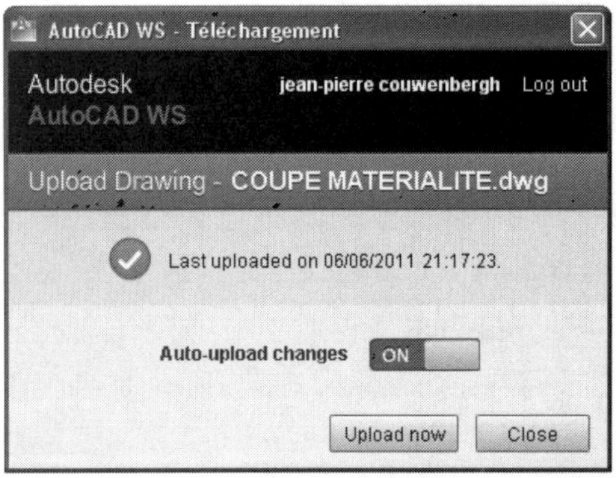

Fig.26.3

Pour télécharger des fichiers sélectionnés, la procédure est la suivante :

1. Cliquer sur l'onglet **En ligne** (Online), puis sur le groupe de fonctions **Télécharger** (Upload) et sur la fonction **Télécharger plusieurs fichiers** (Upload Multiple Files).
2. Dans la boîte de dialogue **Sélectionner les fichiers à charger** (Choose Files to Upload), sélectionner les différents fichiers à télécharger. Vous pouvez télécharger des fichiers de n'importe quel type, tels que des dessins AutoCAD (.DWG ou .DXF), des documents PDF ou des fichiers Microsoft Office.
3. Cliquer sur Ouvrir (Open).

Pour gérer les téléchargements, la procédure est la suivante :

1. Cliquer sur l'onglet **En ligne** (Online), puis sur le groupe de fonctions **Télécharger** (Upload) et sur la fonction **Gérer les téléchargements** (Manage Uploads).
2. Dans la boîte de dialogue **Gérer les téléchargements** (Manage Uploads), effectuer une des opérations suivantes (fig.26.4) :
   - Cocher un dessin pour en télécharger la version la plus récente et activer les téléchargements automatiques. Le dessin est téléchargé chaque fois qu'il est enregistré.
   - Désactiver la case correspondant au dessin pour annuler un téléchargement en cours et désactiver les téléchargements automatiques.
   - Pour supprimer un fichier de la liste, cliquer avec le bouton droit sur le fichier, puis sur Supprimer de cette liste.

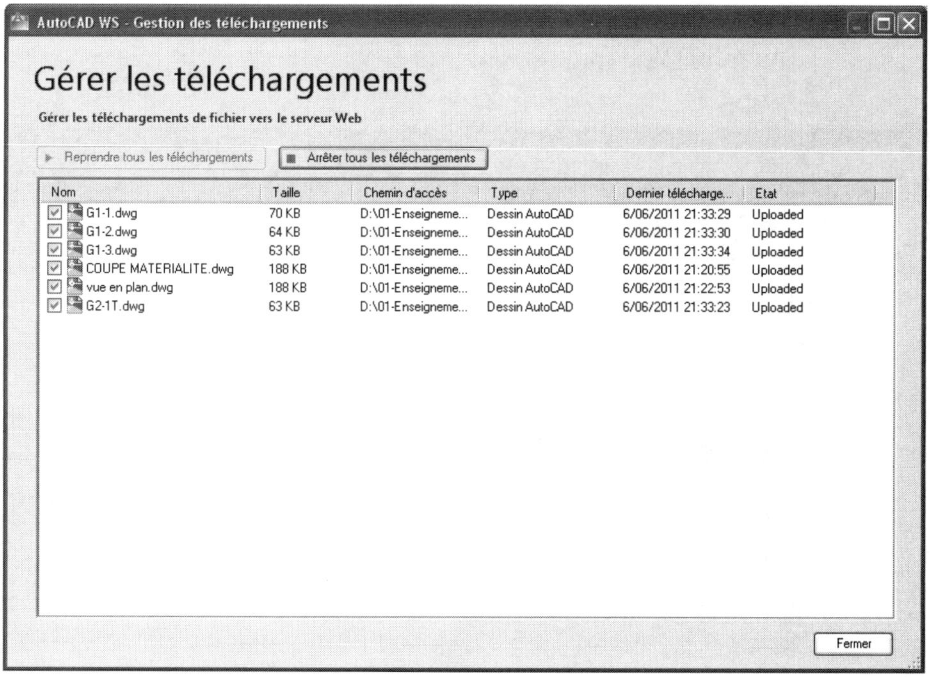

Fig.26.4

Pour ouvrir et modifier des dessins en ligne, la procédure est la suivante :

1 Sauver le dessin en cours devant être ouvert en ligne.

2 Cliquer sur l'onglet **En ligne** (Online), puis sur le groupe de fonctions **Contenu** (Content) et sur la fonction **Ouvrir en ligne** (Open Online).

Le dessin courant est téléchargé et ouvert dans AutoCAD WS. Il est à présent possible d'utiliser les outils en ligne pour modifier le dessin et travailler en collaboration avec d'autres utilisateurs (fig.26.5).

Pour afficher ses fichiers en ligne dans AutoCAD WS, la procédure est la suivante :

1 Cliquer sur l'onglet **En ligne** (Online), puis sur le groupe de fonctions **Contenu** (Content) et sur la fonction **Dessins en ligne** (Online Drawings). Tous les dessins et fichiers sont affichés dans la section Dessins d'AutoCAD WS (fig.26.6).

2 Cliquer deux fois sur un fichier de dessin pour l'ouvrir dans l'éditeur d'AutoCAD WS.

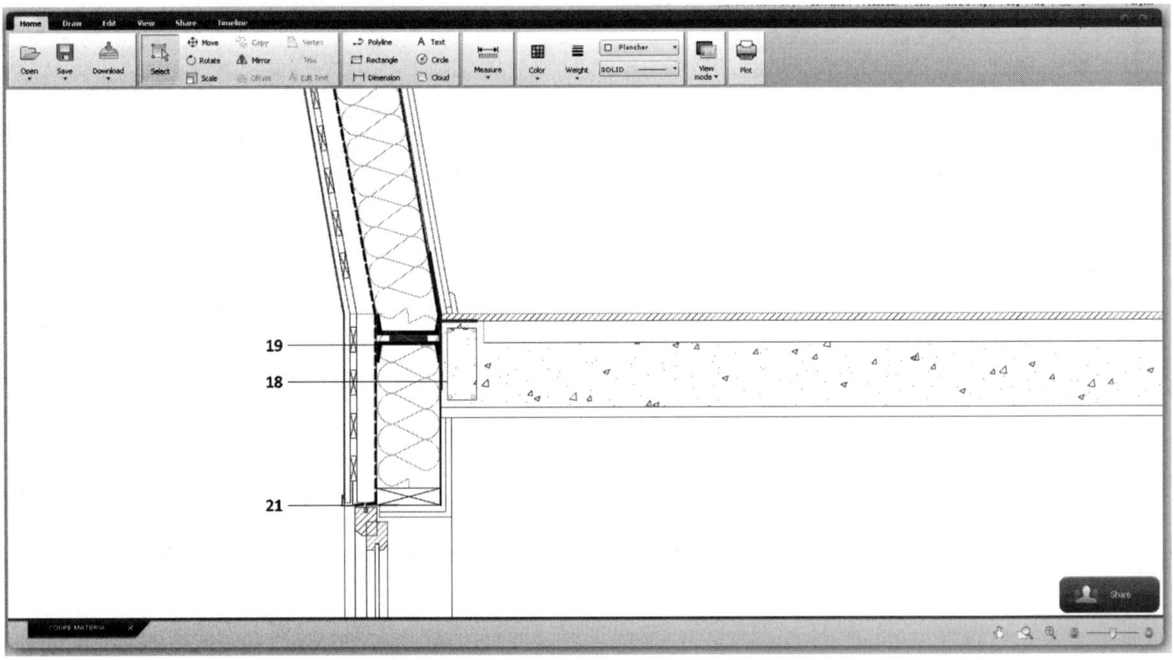

Fig.26.5

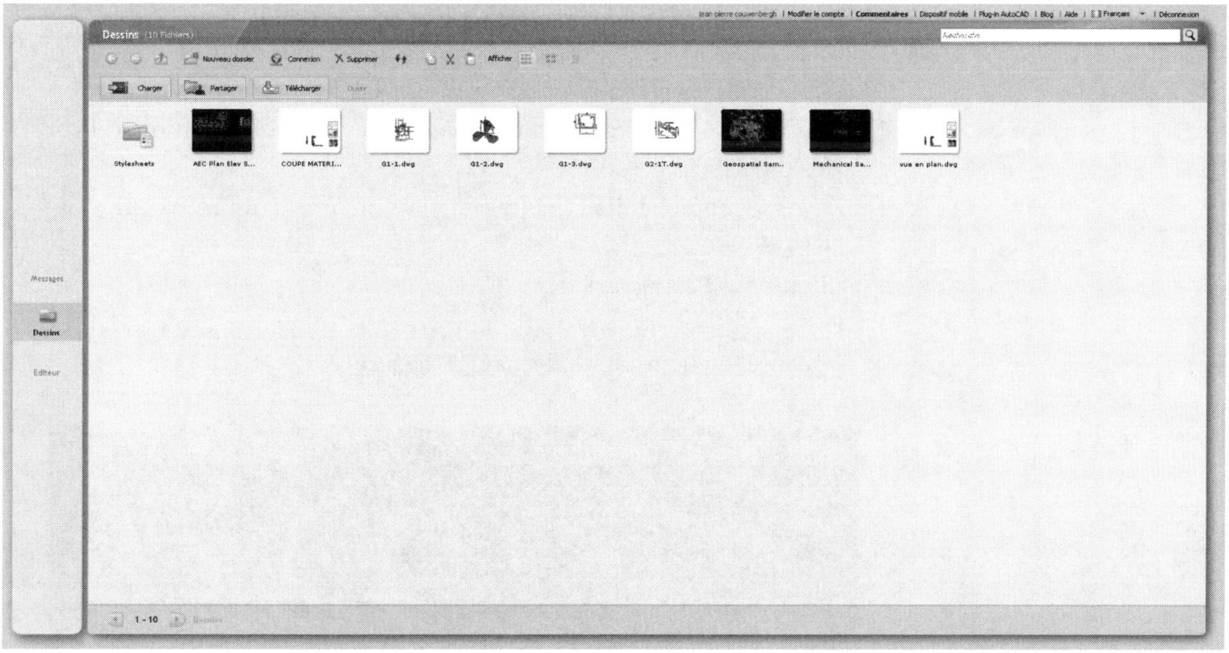

Fig.26.6

Pour sélectionner une version précédente du dessin courant, la procédure est la suivante :

1 Cliquer sur l'onglet **En ligne** (Online), puis sur le groupe de fonctions **Contenu** (Content) et sur la fonction **Montage chronologique** (Timeline). La boîte de dialogue **Montage chronologique** affiche toutes les versions précédentes de la copie en ligne du dessin courant.

2 Localiser la version souhaitée, puis cliquer sur l'une des options suivantes (fig.26.7) :

- **Afficher en ligne** (View online) : ouvre la version sélectionnée du dessin dans AutoCAD WS.
- **Télécharger** (Download) : enregistre une copie de la version du dessin sur le poste de travail local.

Pour partager la copie en ligne du dessin courant dans AutoCAD WS, la procédure est la suivante :

1 Cliquer sur l'onglet **En ligne** (Online), puis sur le groupe de fonctions **Partager** (Share) et sur la fonction **Partager le dessin** (Share Drawing).

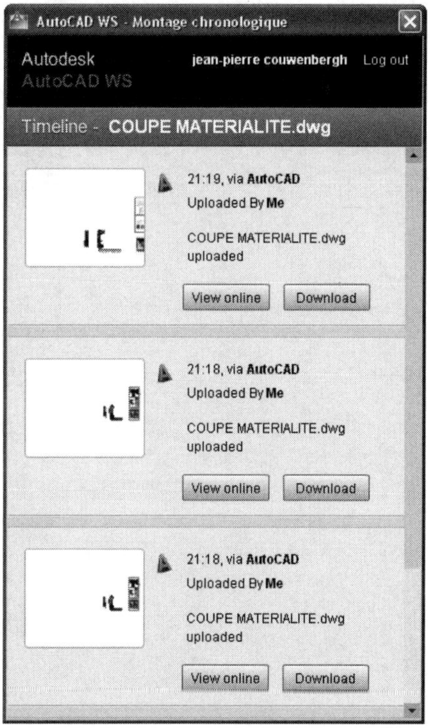

Fig.26.7

[2] Dans la boîte de dialogue **Partager le dessin** (Share Drawing), entrer les adresses électroniques des destinataires ou effectuer une sélection parmi les contacts AutoCAD WS (fig.26.8).

[3] Définir les droits d'accès de chaque destinataire : Edition (Edit), Téléchargement (Download).

[4] Entrer éventuellement un message à inclure dans la notification électronique.

[5] Cliquer sur **Partager** (Share).

[6] Un message est envoyé aux destinataires. Ils peuvent à présent le visualiser en ligne ou le télécharger (fig.26.9).

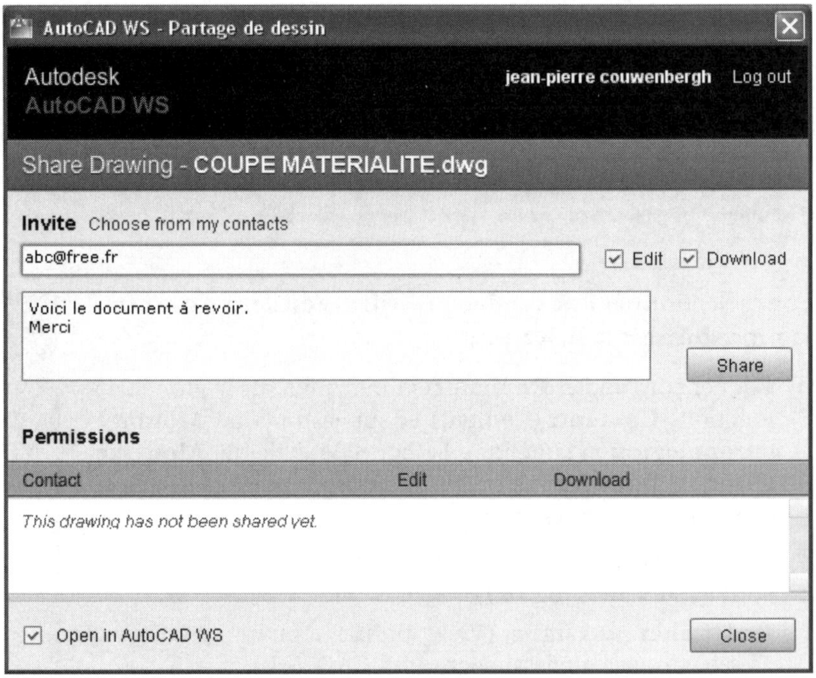

Fig.26.8

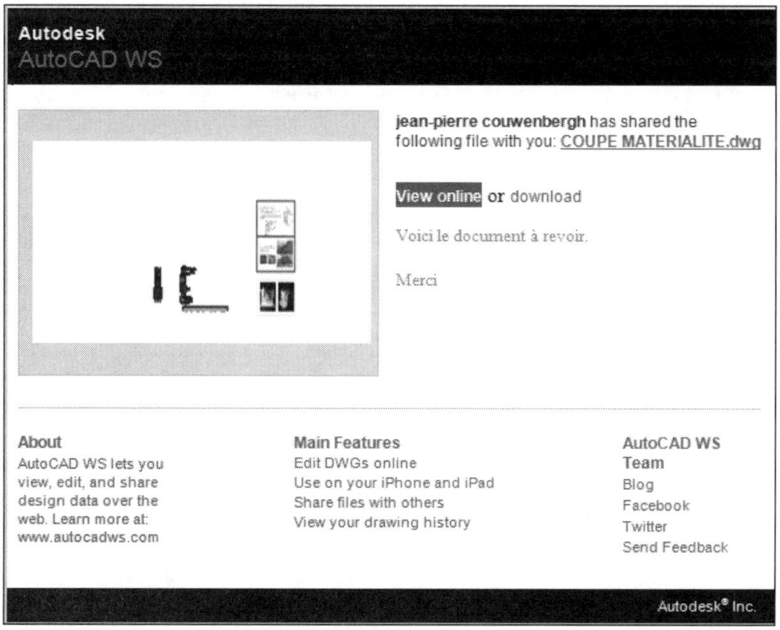

Fig.26.9

Pour obtenir l'URL de la copie en ligne du dessin courant, la procédure est la suivante :

1. Cliquer sur l'onglet **En ligne** (Online), puis sur le groupe de fonctions **Partager** (Share) et sur la fonction **Générer un lien** (Get Link).
2. Dans la boîte de dialogue **Générer un lien** (Get Link), sélectionner **Partager le lien** (Share Link).
3. Définir les droits d'accès de chaque destinataire : Editer (Edit) et Télécharger (Download).
4. Cliquer sur Copier pour copier le lien dans le Presse-papiers.
5. Cliquer sur OK (fig.26.10).
6. Coller le lien dans n'importe quel éditeur de texte ou e-mail pour le partager en ligne avec d'autres personnes.

Fig.26.10

Pour passer les messages en revue, la procédure est la suivante :

Cliquer sur l'onglet **En ligne** (Online), puis sur le groupe de fonctions **Partager** (Share) et sur la fonction **Messages**. La section Messages d'AutoCAD WS s'affiche (fig.26.11).

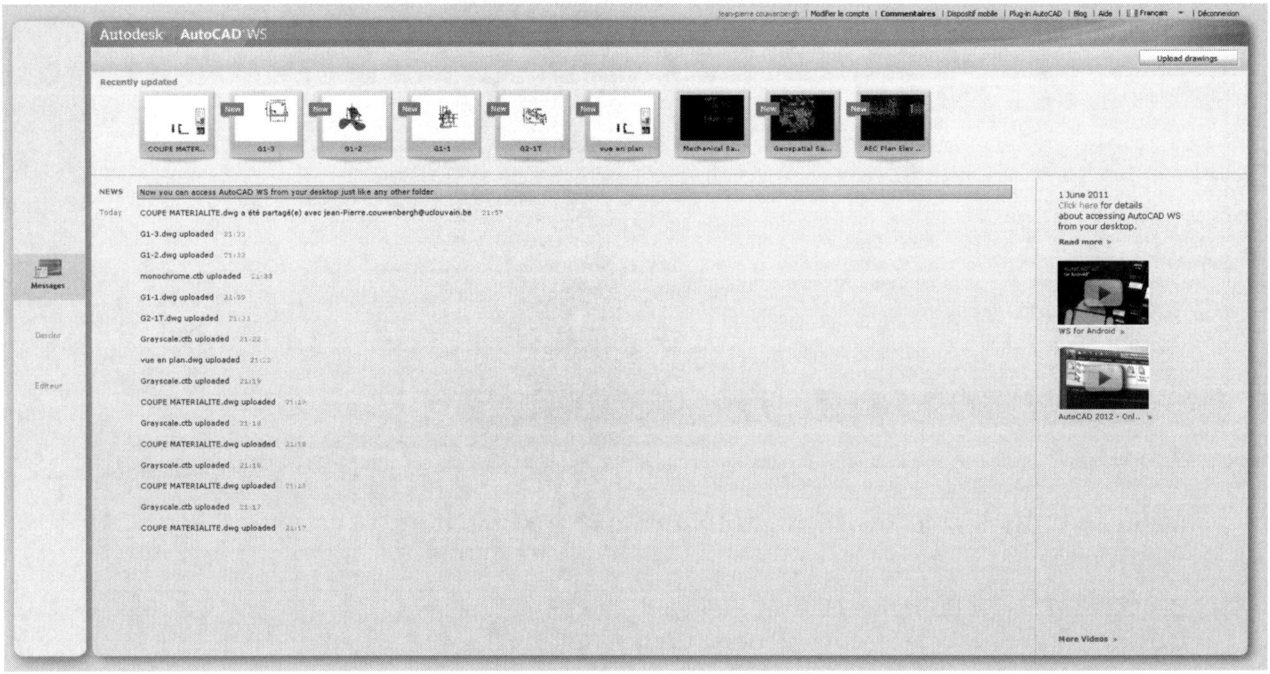

Fig.26.11

Chapitre 27

Espace de travail et gabarit de dessin

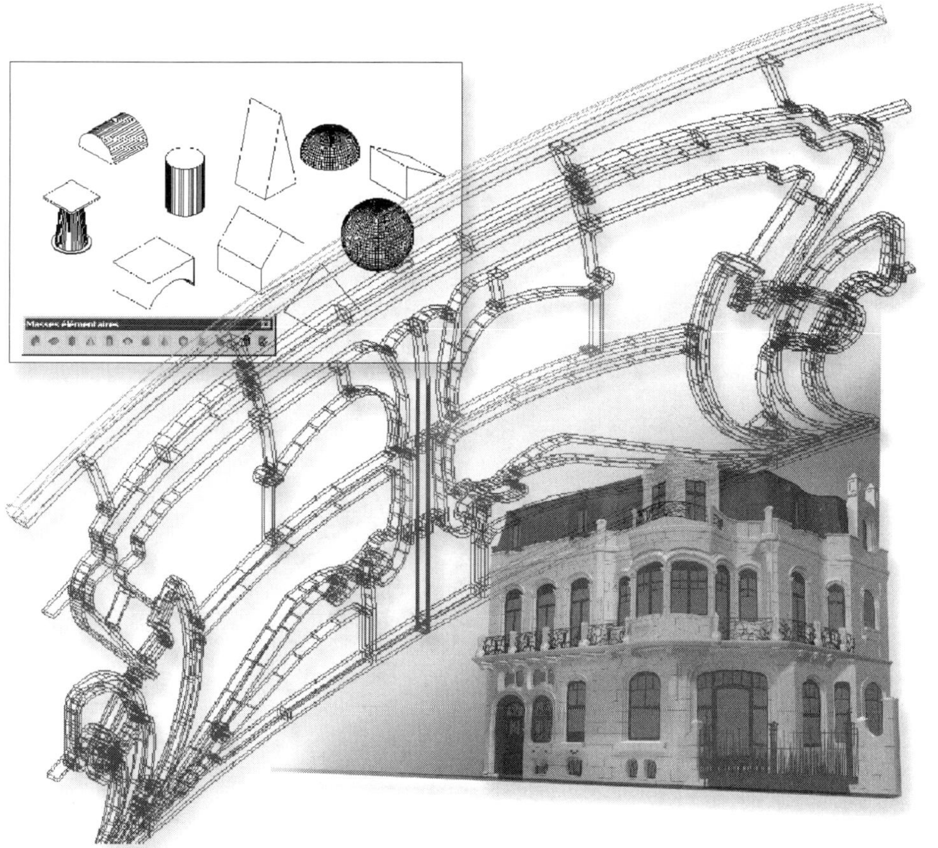

Depuis AutoCAD 2006, il est très facile de créer et d'enregistrer des espaces de travail optimisés ne contenant que les barres d'outils, palettes d'outils, menus et groupes de fonctions que l'on utilise le plus souvent pour réaliser des tâches spécifiques. Il est ensuite possible de passer rapidement d'un espace de travail à un autre en fonction des tâches à effectuer.

La création ou la modification d'un espace de travail

La méthode la plus simple, pour créer ou modifier un espace de travail, consiste à définir les groupes de fonctions, les barres d'outils et les fenêtres ancrables les mieux adaptées à une tâche de dessin, puis à enregistrer cette configuration sous forme d'espace de travail dans le programme. Cet espace de travail est accessible chaque fois que l'on souhaite dessiner dans cet environnement.

Pour rappel, les fenêtres ancrables sont des fenêtres que l'on peut ancrer ou non dans une zone de dessin. Il est possible de définir la taille, l'emplacement ou l'aspect d'une fenêtre ancrable en modifiant ses propriétés dans le volet Contenu de l'espace de travail de la boîte de dialogue Personnaliser l'interface utilisateur. Les fenêtres (ou palettes) ancrables sont les suivantes :

- Gestionnaire des calques.
- Propriétés.
- DesignCenter.
- Palette d'outils.
- Palette d'infos.
- Gestionnaire de connexion BD.
- Gestionnaire des jeux d'annotations.
- Calculatrice CalcRapide.

Pour créer un espace de travail via la boîte de dialogue Personnaliser l'interface utilisateur, la procédure est la suivante :

1. Dans l'onglet **Gérer** (Manage) cliquer sur l'option **Interface utilisateur** (User Interface) du groupe de fonctions **Personnalisation** (Customization).
2. Dans l'onglet **Personnaliser** (Customize) de la boîte de dialogue **Personnaliser l'interface utilisateur** (Customizations User Interface), accéder au volet **Personnalisations** (Customizations), puis cliquer avec le bouton droit sur le nœud **Espaces de travail** (Workspaces) et sélectionner **Nouvel Espace de travail** (New Workspace).

Le nouvel espace de travail est placé au bas de l'arborescence des espaces de travail et porte le nom par défaut « Espace de travail1 » (Fig.27.1).

Fig.27.1

3 Effectuer l'une des opérations suivantes :

- Remplacer le texte Espace de travail par le nom de l'espace de travail souhaité. Par exemple : AutoCAD 2D-3D.
- Cliquer avec le bouton droit sur **Espace de travail**. Cliquer sur **Renommer** (Rename). Entrer ensuite le nom du nouvel espace de travail.

4 Dans le volet **Contenu de l'espace de travail** (Workspace), cliquer sur **Personnaliser l'espace de travail** (Customize Workspace).

5 Dans le volet **Personnalisations dans ‹nom de fichier›** (Customizations in ‹file name›), cliquer sur le signe plus (+) situé à côté des nœuds Barres d'outils d'accès rapide, Ruban, Menus ou Fichiers de personnalisation partiels pour le développer.

6 Cliquer sur la case à cocher située en regard de chaque rubrique que l'on souhaite ajouter à l'espace de travail (fig.27.2).

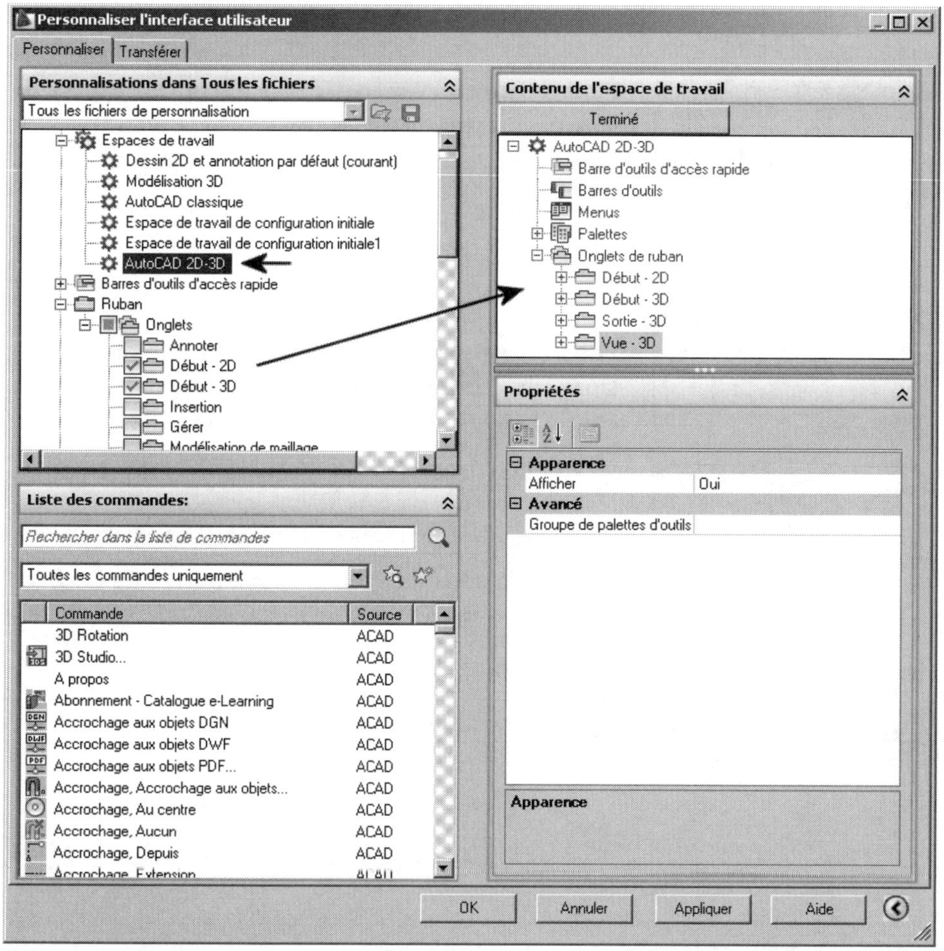

Fig.27.2

Dans le volet Contenu de l'espace de travail, les éléments sélectionnés pour être ajoutés à l'espace de travail apparaissent.

7. Dans le volet **Contenu de l'espace de travail** (Workspace Contents), cliquer sur **Terminé** (Finish).
8. Cliquer sur **OK**.

Pour créer un espace de travail à partir de la configuration de l'interface en cours, la procédure est la suivante :

1. Placer le ruban, les barres d'outils et les fenêtres ancrables aux endroits souhaités.
2. Dans la liste **Espaces de travail** (Workspaces) située sur la barre d'accès rapide, sélectionner l'option **Enregistrer espace courant sous...** (Save Current As).
3. Dans la boîte de dialogue **Enregistrer l'espace de travail** (Save Workspace) entrer un nom dans le champ **Nom** (Name), puis cliquer sur **Enregistrer** (Save) (fig.27.3).

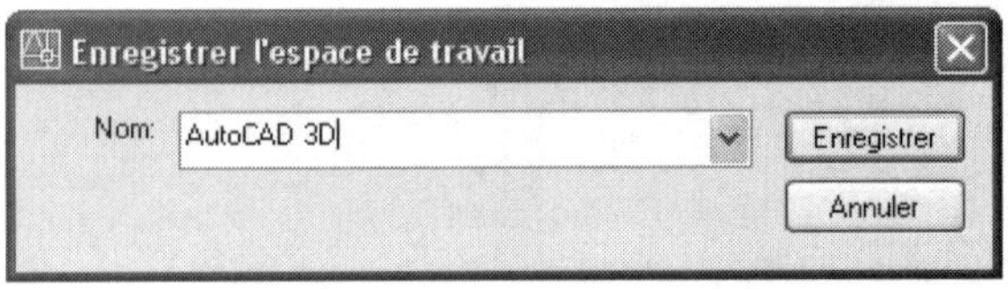

Fig.27.3

Pour définir un espace de travail comme espace de travail courant, la procédure est la suivante :

1. Cliquer dans la liste déroulante **Espaces de travail** (Workspaces) située sur la barre d'accès rapide.
2. Sélectionner l'espace de travail souhaité.
3. Le nouvel environnement s'affiche à l'écran.

Pour enregistrer automatiquement les modifications de l'interface dans l'espace de travail en cours, la procédure est la suivante :

1. Cliquer dans la liste déroulante **Paramètres de l'espace de travail** (Workspace settings) située dans la liste **Espaces de travail** (Workspaces).
2. Dans la boîte de dialogue **Paramètres de l'espace de travail** (Workspace settings), cocher le champ **Enregistrer automatiquement les modifications** (Automatically save workspace changes).
3. Cliquer sur **OK** pour terminer (fig.27.4).

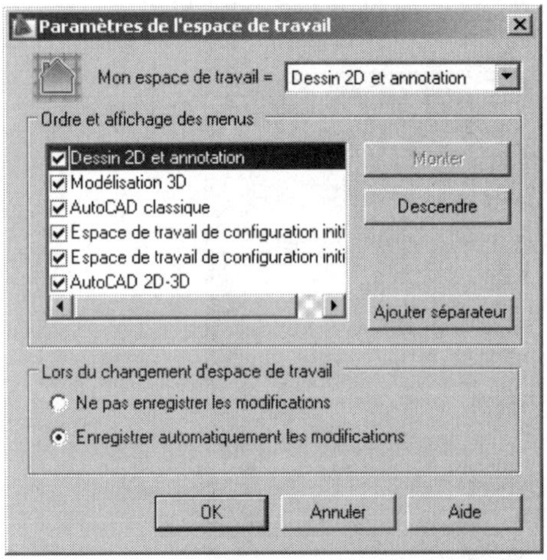

Fig.27.4

Personnaliser l'interface utilisateur

La boîte de dialogue **Personnaliser l'interface utilisateur** comporte deux onglets. L'onglet **Personnaliser** permet de gérer les paramètres d'interface courants. L'onglet **Transférer** permet d'importer des menus et des paramètres.

L'onglet **Personnaliser** contient deux volets (fig.27.5). Le volet de gauche affiche les éléments de l'interface utilisateur dans une structure arborescente, celui de droite affiche les propriétés spécifiques à l'élément sélectionné. Lorsque l'on sélectionne un élément principal de l'interface utilisateur dans l'arborescence, sa description s'affiche dans le volet de droite.

La liste des commandes énumère toutes les commandes disponibles, y compris les macros personnalisées. Il est possible d'afficher et de modifier les icônes de bouton et les propriétés associées, et faire glisser les commandes vers les éléments de l'interface utilisateur dans l'arborescence afin de personnaliser les menus, les barres d'outils et les palettes.

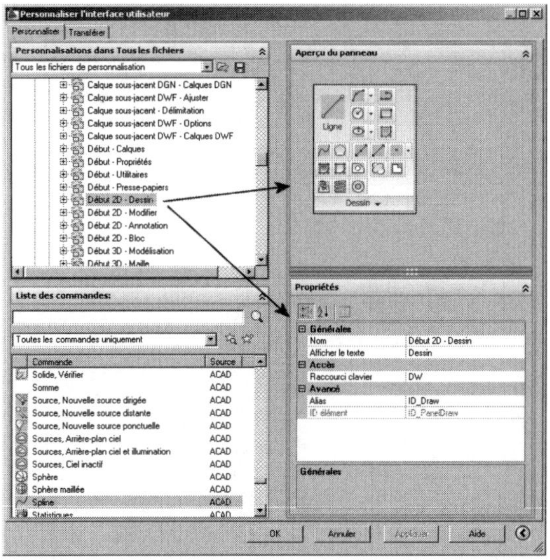

Fig.27.5

Pour personnaliser un groupe de fonctions du Ruban, la procédure est la suivante :

1. Cliquer sur l'option **Interface Utilisateur** (User interface) du groupe de fonctions **Personnalisation** (Customization) de l'onglet **Gérer** (Manage).
2. Dans l'onglet **Personnaliser** (Customize), cliquer sur le signe + situé devant les rubriques suivantes :
   - **Ruban** (Ribbon)
   - **Groupes de fonctions** (Ribbon Panels)
   - **Début 2D – Dessin** (Home 2D – Draw)
   - **Ligne 2** (Row 2)
   - Liste déroulante Point

   L'objectif est d'ajouter la fonction **Style de points** (Point Style) à la liste déroulante Point.

3 Dans la liste des commandes, sélectionner **Style de points** (Point style) et glisser la commande dans la liste déroulante Point (fig.27.6).

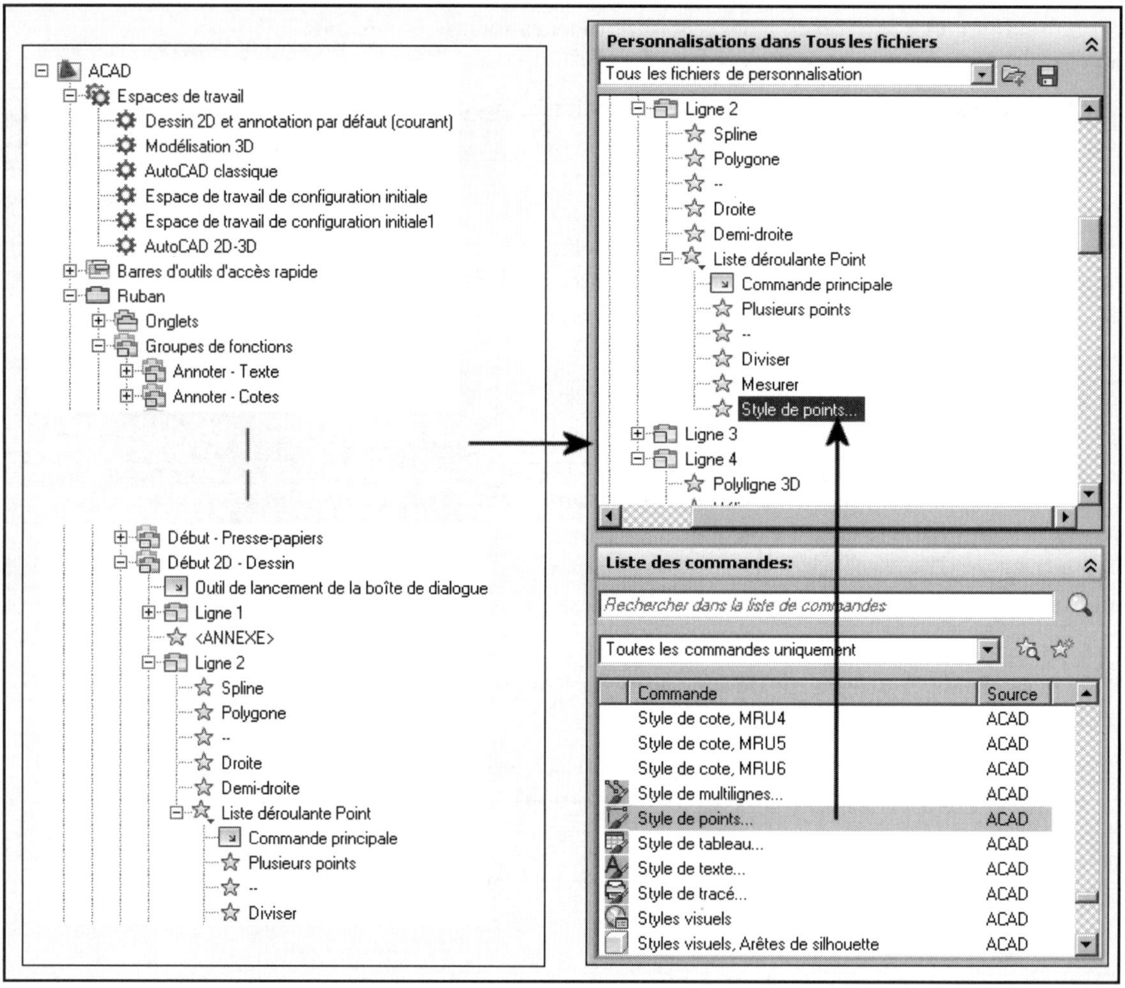

Fig.27.6

4 Fermer l'interface de personnalisation.

5 Activer le groupe de fonctions **Dessin** (Draw) de l'onglet **Début** (Home) et cliquer sur la liste déroulante Point. La liste est ainsi personnalisée (fig.27.7).

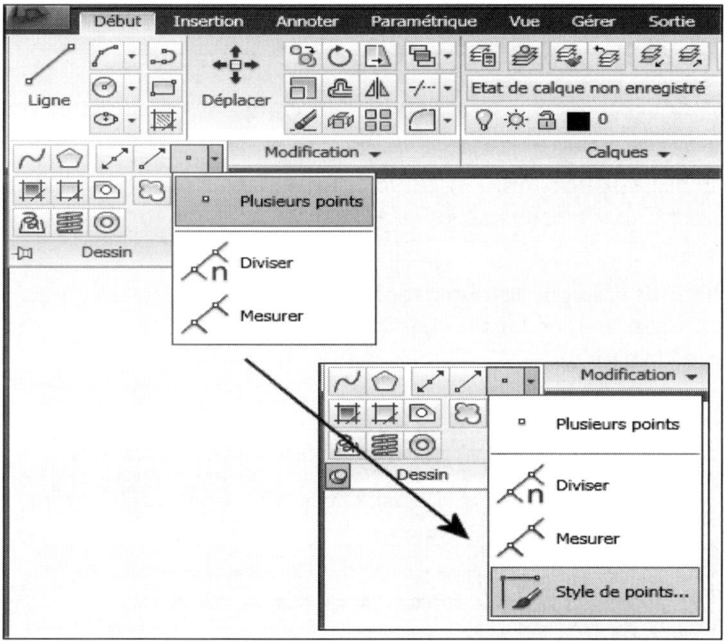

Fig.27.7

Les fichiers gabarits

Lorsque l'on doit créer plusieurs dessins utilisant les mêmes conventions et paramètres par défaut, il est facile de gagner du temps en créant ou en personnalisant un fichier gabarit plutôt que de définir ces paramètres et conventions chaque fois que l'on commence un nouveau dessin. Un fichier gabarit est un fichier de dessin classique qui contient tous les paramètres relatifs à un dessin et, dans certains cas, des calques prédéfinis, des styles de cote et des vues. Les fichiers des dessins gabarit se distinguent des autres fichiers dessins grâce à l'extension de fichier .dwt. Ils résident normalement dans le répertoire **gabarit** (Template).

Les conventions et les paramètres les plus couramment utilisés dans les fichiers gabarit sont les suivants :

- Type d'unité et précision.
- Cartouches, bordures et logos.
- Noms de calque.
- Grille d'accrochage, grille visible et options du mode orthogonal.
- Limites de la grille.
- Styles de cotes.
- Styles de texte.
- Types de ligne.

Pour créer un fichier gabarit, la procédure est la suivante :

1. Créer un nouveau dessin et y définir l'ensemble des paramètres ou ouvrir un fichier existant déjà paramétré.
2. Dans le menu **Applications** (A), survoler **Enregistrer sous** (Save As) et sélectionner Gabarit de dessin AutoCAD (AutoCAD Drawing Template) (fig.27.8).
3. Dans la boîte de dialogue **Enregistrer le dessin sous** (Save Drawing As), entrer le nom du fichier dans le champ **Nom de fichier** (File name). Par exemple : Mon gabarit.

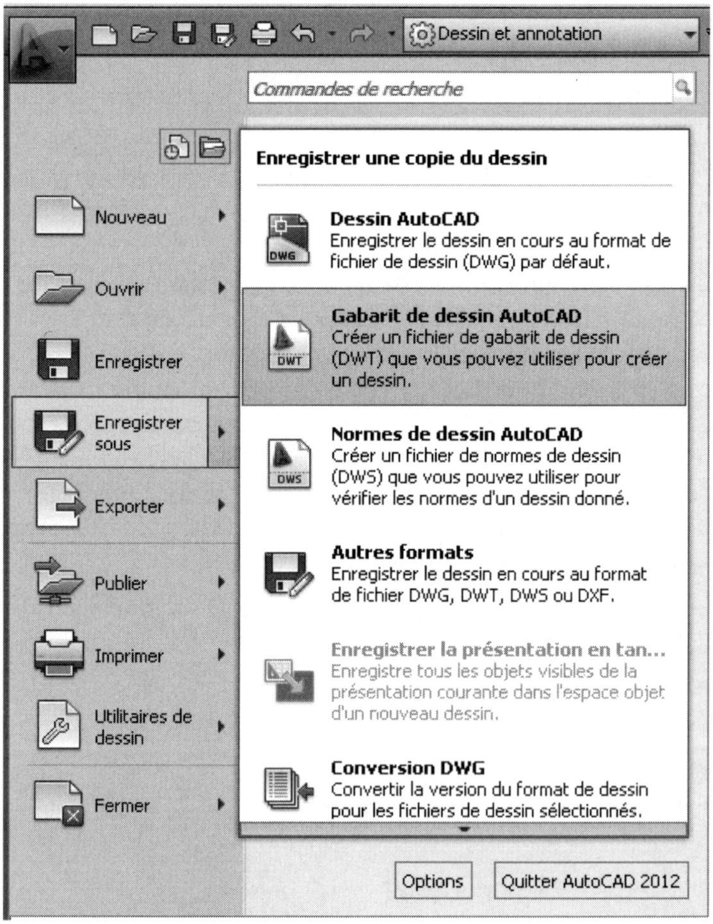

Fig.27.8

[4] Entrer le nom du fichier dans le champ **Nom de fichier** (File name). Par exemple : Mon gabarit.

[5] Cliquer sur **Enregistrer** (Save).

Pour utiliser un fichier gabarit, la procédure est la suivante :

[1] Dans le menu **Applications** (A) cliquer sur **Nouveau** (New).

[2] Dans la boîte de dialogue **Sélectionner un gabarit** (Select a Template) sélectionner un fichier dans la liste (fig.27.9).

[3] Cliquer sur **Ouvrir** (Open). Le nouveau dessin s'ouvre et utilise le paramétrage du fichier gabarit.

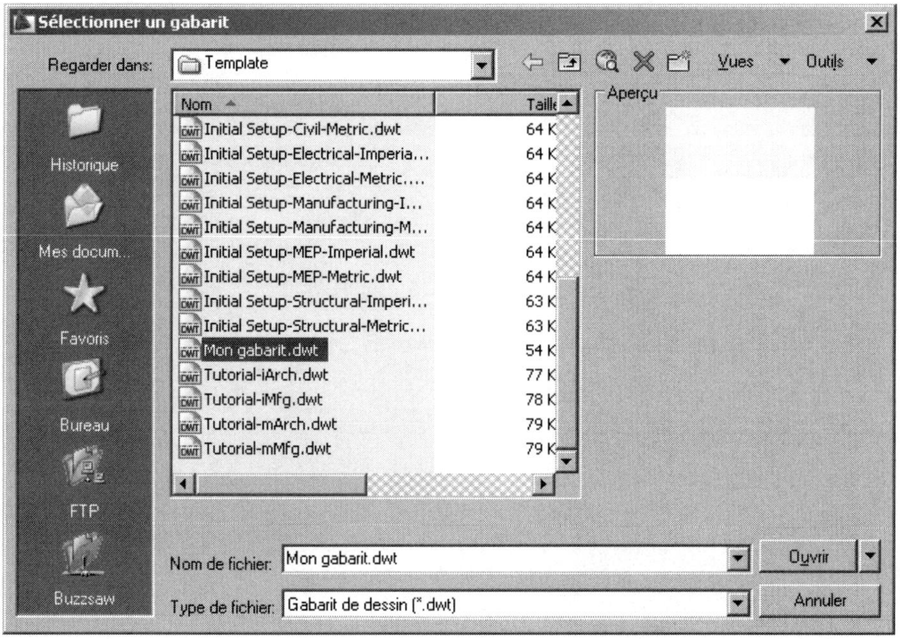

Fig.27.9

Index

Table des matières